北京丰台年鉴

2021

北京市丰台区地方志编纂委员会

中华书局
2021

图书在版编目（CIP）数据

北京丰台年鉴 . 2021 / 北京丰台区地方志编纂委员会编 . -- 北京 : 中华书局 , 2021.12
ISBN 978-7-101-15439-9

Ⅰ . ①北… Ⅱ . ①北… Ⅲ . ①丰台区 — 2021 — 年鉴 Ⅳ . ① Z521.3

中国版本图书馆 CIP 数据核字 (2021) 第 229961 号

责任编辑：朱慧

北京丰台年鉴 2021
北京市丰台区地方志编纂委员会编
*
中华书局出版
（北京市丰台区太平桥西里 38 号 100073）
http: // www. zhbc. com. cn
E-mail:zhbc@zhbc.com.cn
廊坊佰利得印刷有限公司印刷
*
889 × 1194 1/16 35.25 印张 24 插页 860 千字
2021 年 12 月第 1 版 2021 年 12 月第 1 次印刷
印数：1000 册 定价：260.00 元

ISBN 978-7-101-15439-9

编辑说明

一、《北京丰台年鉴》是一部综合性资料性工具书和史料文献。在丰台区委、区政府领导下，由区地方志编纂委员会主持编纂。

二、本年鉴以马克思列宁主义、毛泽东思想、邓小平理论、“三个代表”重要思想、科学发展观、习近平新时代中国特色社会主义思想为指导，全面贯彻党的十九大精神，坚持实事求是的原则，与时俱进，开拓创新，科学地反映客观情况。

三、本年鉴从2002年开始，逐年编辑出版。当年出版的年鉴全面汇集上一年度丰台区各项事业、行业等诸方面新发生的重大事件、新情况和重要的文献信息，为各级领导提供可资参考的依据，为各个行业提供有价值的资料，为各方面人士了解和研究丰台提供信息。

四、本年鉴以详记区属各系统、各单位为主，略记驻区部分中央、市属单位的情况。

五、本年鉴采用文章、条目等体裁，以条目以主，用规范的语体文、记述体直陈其事，文字力求言简意骇。

六、本年鉴文字内容设有特载、专文、大事记、区情概览、中国共产党丰台区委员会、丰台区人民代表大会、丰台区人民政府、政协北京市丰台区委员会、新冠肺炎疫情防控、对口扶贫支援、丰台区纪委、监委、民主党派、人民团体、法治、军事、农业与农村经济、工业、商贸服务业、科技、中关村科技园区丰台园、经济管理、金融、城乡规划与建设、城乡管理、交通邮政、文化、教育、卫生体育、社会生活、街乡（镇）、人物、统计资料、附录等一级栏目，一级栏目下设二级栏目，二级栏目下设条目。

七、本年鉴收有2020年内丰台区党、政、军、民主党派、团体、街乡（镇）、部分企业负责人名录及驻区部分单位负责人名录，所列职务均以2020年内任职为限，其中有任免情况的分别予以说明，同时收有获得国家（中央部委）、市奖励与荣誉称号的单位和个人名单。

八、入鉴资料均由各撰稿单位提供，并经主要负责人审核。部分资料由编辑部收集。主要数据和统计资料由丰台区统计局提供，部分数据由各相关部门提供。由于统计口径等原因，相关部门的个别数据与统计资料不一致的，以统计资料为准。

九、本年鉴反映2020年1月1日至12月31日期间的情况，文内一般直书月、日，不再写年份。

数字丰台

消费支出
72元
降11.5%

城镇登记失业率2.78%
新增就业3.2万人

区域总面积：305.53平方公里

常

地区生产总值**1854.2**亿元
（按不变价计算同比增长0.3%）

金融

居民

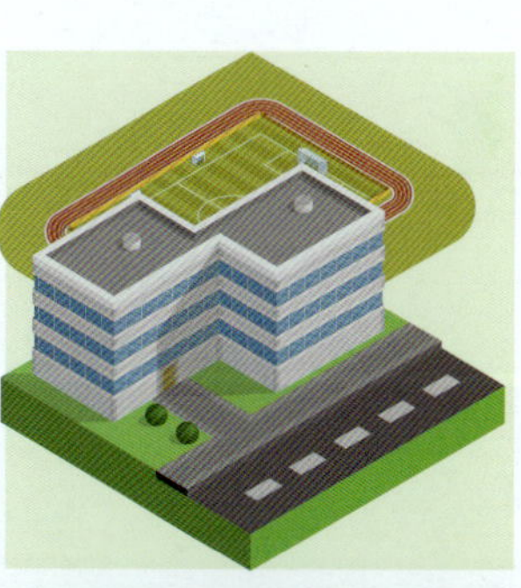

普通中学45所
在校学生数
2.7万人

中等职业学校5所
在校学生数
1536人

第一产业
0.04

第二产业
15.4

第三产业
84.6

第一产业、第二产业、第三产业
（比重）

第三产业增加值1568.4亿元

一般

卫生机构个数548个
卫生技术人员数量
24669人

科技专利申请量16032件
同比增长26.4%

园区收入6900亿元
同比增长10%

大事要闻

▲12月30日，中国共产党北京市丰台区第十二届委员会第十四次全体会议召开。

▲1月10日，丰台区召开“不忘初心、牢记使命”主题教育总结大会。

▲12月30日，北京市丰台区第十六届人民代表大会第八次会议开幕。

▲12月30日，政协北京市丰台区第十届委员会第五次会议开幕。

疫情防控

▲1月26日，南苑乡右安门医院组建抗击新型冠状病毒肺炎疫情医疗队。图为出征仪式。

▲6月18日，北京蓝天救援队出动30余名志愿者对岳各庄批发市场公共空间进行全范围消杀处理。

▲7月2日，丰台区率先在全市启动冷库排查工作，针对进口水产品、畜禽类食品进行重点检查。

▲丰台社区“智慧家医”助力新型冠状病毒肺炎疫情防控。(刘平 摄)

▲自2月1日起，新发地农产品批发市场流动党员党支部组成5支小分队，每天在市场里宣传督导落实防疫措施。（刘平 摄）

▲长辛店镇流动喇叭宣传车进行新型冠状病毒肺炎疫情防控宣传。

扶贫协作

▲5月，内蒙古自治区赤峰市林西县岳各庄农副产品物流集散中心项目正在紧张施工。

▲8月，岳各庄林西扶贫菜地丰收，首批圆白菜抵达岳各庄批发市场。（蔡晖 摄）

▲9月，内蒙古自治区赤峰市林西岳各庄绿色种植基地向北京供应蔬菜超过300吨。

▲8月15日至19日，丰台区优秀教师赴河北涞源开展帮教活动。

文明实践

▲5月21日，丰台区新时代文明实践中心开展"垃圾分类 文明同行"宣传活动。

▲6月4日，右安门街道开阳里第三社区开展"六一"垃圾分类知识竞赛。

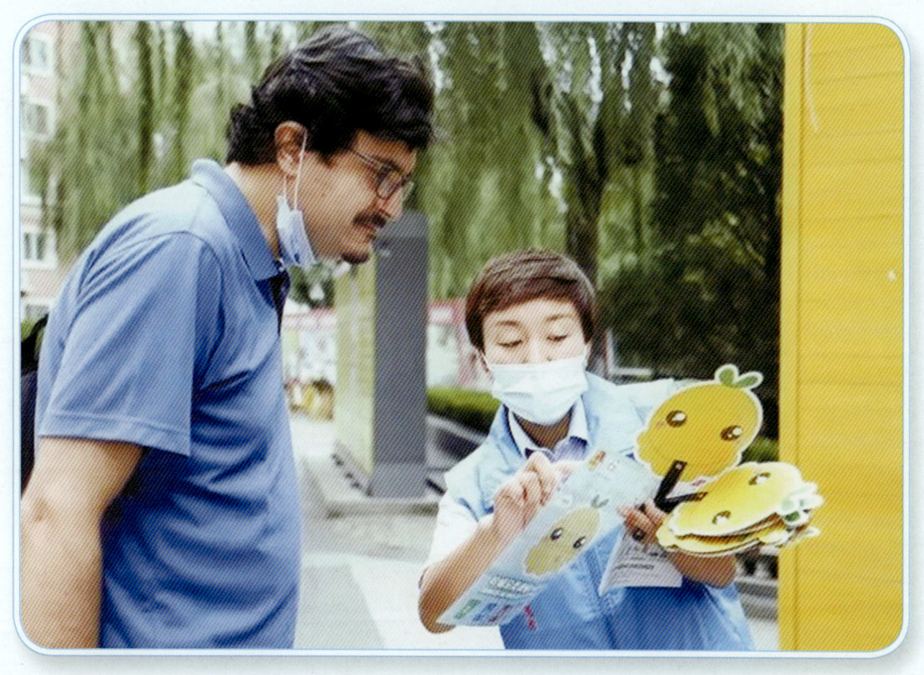

▲9月17日，丰台小V蜂新成员——公交青年，助力垃圾分类活动。

▲丰台3000多家餐饮单位设“制止浪费监督员”，店长（负责人）为第一责任人。

▲丰台区在东铁匠营、大红门、太平桥等6个街道投入使用“再生资源回收舱”。

科技创新

▲3月9日，中国运载火箭技术研究院研制的长征三号乙运载火箭将第54颗北斗导航卫星成功送入预定轨道。

▲5月16日，长征五号遥四火箭搭乘远望号运输船奔赴海南文昌卫星发射中心，执行我国首次自主火星探测任务。

▲7月19日，长征五号遥四运载火箭在海南文昌发射中心开展垂直转运工作。

▲10月14日，第三届中国航天创新创业大赛决赛在中关村丰台园举办。

▲10月23日，第二届中国铁路发展论坛在中关村丰台园召开。

▲12月3日，在首届中国科技资源与产业服务高峰论坛开幕式上，中关村轨道交通产业服务平台正式揭牌。

▲首都航天机械有限公司员工崔蕴荣获“大国工匠2019年度人物”。中国载人航天工程副总设计师杨利伟为崔蕴颁奖。

区域发展

▲1月18日，北京汽车博物馆策划的“赛·车嘉年华”主题活动正式拉开帷幕。

▲3月2日，因疫情影响的本市城六区最大劳动力安置用地项目——樊家村鼎业文化产业园正式复工。

▲3月31日，丰台火车站改建配套工程丰台特大桥顺利将拱桥顶推至设计桥位。

▲3月31日，丰台区“丰企通”企业服务系列活动正式启动。

▲4月初，长辛店C地块安置房项目点对点接务工人员进京复工复产。

▲5月11日，丰台区政务服务中心在全市率先推出“延时服务包”。

▲5月31日，丰台区税务局与六家银行的北京丰台支行举办“银税互动”签约仪式。

▲6月6日，2020丰台消费季启动。

▲7月，丰台区率先在全市开展进口冷链食品追溯，确保辖区生产经营企业“首站赋码”“凭码销售”。

▲8月14日，丰台消夏美食节“嗨吃龙虾节”活动在丰台区万丰餐饮街举行。

▲9月8日，丰台新能源"购时尚"生活节暨消费扶贫月启动。

▲9月9日，北京"金融开放"主题推介会丰台区就"打造新时代全球金融产业发展新区"进行推介。

▲10月18日，“党建引领消费扶贫”基地揭牌。

▲12月6日，“丰台区迎春消费月”活动在合生广场、马家堡新荟城购物中心和汽车博物馆三地共同启动。

▲12月15日，丽泽金融商务区骆驼湾路正式通车。

▲2020年，丽泽金融商务区建设全面提速。（原梓峰 摄）

社会民生

▲1月22日，东高地街道新闻发声人接受北京新闻广播专访。

▲5月7日，长辛店街道在朱南社区组织了“小空间·大生活”微空间改造设计方案民意征集活动。

▲7月23日，丰台区首个党政融合楼宇政务服务站在首科大厦党群服务中心成立。

▲9月10日，丰台法院正式启动“月说新案”新闻发布例会制度。

▲10月1日，丰台区上线全市首个职工养老保险政策宣教抖音平台。

▲年内，丰台人力社保局开启退休业务“不见面”一网通办理。

绿色生态

▲5月17日，“京西稻乡·百年传承2020年佃起村首届插秧节”在王佐镇佃起村金岗农业园举行。

▲6月，丰台区启动古树复壮修复工作。

▲7月，莲花池公园西区开放。

▲9月，久敬庄公园重现南苑水草丰美的水淀景观。(刘平 摄)

▲10月，永定河秋季补水0.67亿立方米水头到达北京园博园。

▲年内，以永定河历史文化为主题的北天堂公园正式建成。

文化教育

▲1月16日，第三届北京南宫新春赏灯游园夜拉开帷幕。

▲1月22日，2020北京迎春年宵花展暨组合盆栽大赛在北京花乡花卉嘉年华文化艺术中心举办。

▲1月26日至2月28日，新春赏灯线上游园夜活动在丰台区南宫五洲植物乐园举行。(徐伟 摄)

▲2月8日，丰台区2020年元宵节灯会在北京世界公园精彩上演，图为大地艺术灯组。(霍秋蕊 摄)

▲4月16日，丰台区职业教育中心学校开设首个咖啡专业。

▲7月7日，全民族抗战爆发83周年纪念仪式和平颂交响合唱音乐会在中国人民抗日战争纪念馆举办。

▲8月末，世界花卉大观园重启森野草坪市集。

▲9月，丰台区中小学开学，十八中教育集团学生在开学日放飞写着心愿的纸飞机。

▲9月4日至9日，在2020年中国国际服务贸易交易会上，丰台特色展台戏曲机器人互动表演。

▲10月16日，卢沟桥乡再版村（社区）志发布仪式在西局村西局玉璞园举办。

▲10月23日至29日，2020中国戏曲文化周亮相北京园博园。

▲10月25日，由央广网、区融媒体中心、陈铎龙艺术创作室发起的重阳诗歌诵读会暨“云朗读”颁奖活动举办。

▲10月31日，小井村隆韵戏迷社二十周年庆典举行。（蔡晖 摄）

▲12月11日，位于丰台区卢沟桥乡万丰路上的万开公共空间正式对外开放。

冬奥筹办

▲1月11日，丰台区第五届欢乐冰雪季在王佐镇南宫飞象冰球俱乐部启动。

▲1月17日，市民参与冰上活动。

▲8月8日，北京首块陆地冰球场——首高体育万达轮滑公园正式启用。

▲10月，北京百年二七厂与冰雪结缘，速滑馆轮滑馆准备就绪。

▲12月2日，丰台冰雪大篷车开进北京冬奥组委会。

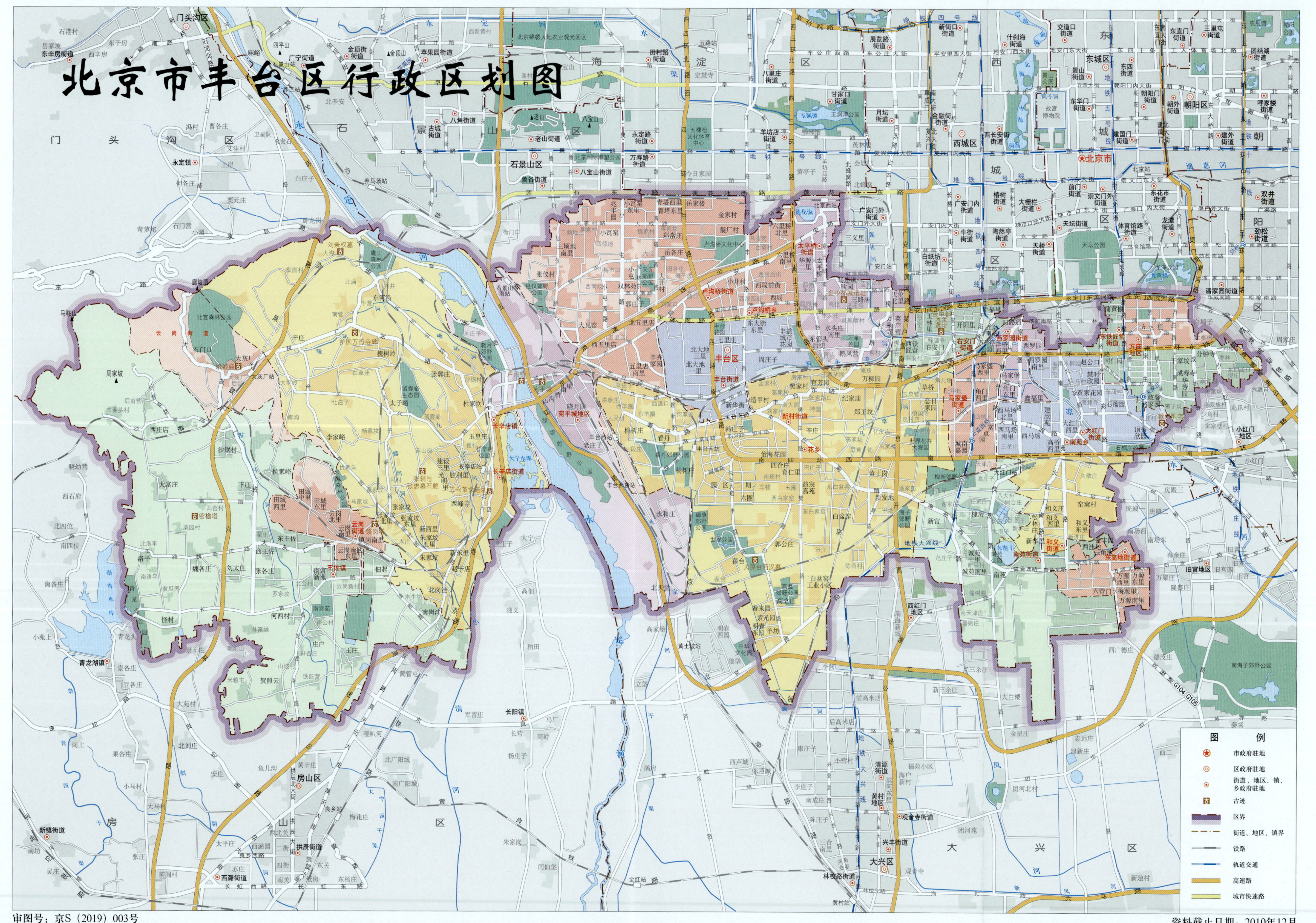

审图号：京S（2019）003号

资料截止日期：2010年12月

目　录

特载

区委十二届十四次全会上的工作报告 …… 1
北京市丰台区人民政府工作报告 …… 7

大事记

1月 …… 13
2月 …… 13
3月 …… 14
4月 …… 14
5月 …… 15
6月 …… 15
7月 …… 16
8月 …… 16
9月 …… 17
10月 …… 17
11月 …… 18
12月 …… 18

区情概览

基本地情
概况 …… 20
地理位置 …… 20
地形地貌 …… 20
气候 …… 20
资源 …… 21
人口 …… 21
人文历史 …… 21

经济高质量发展
概况 …… 21
高精尖产业发展 …… 21
优化营商环境 …… 21
“五新”建设 …… 22
城乡融合发展 …… 22
丽泽金融商务区建设 …… 22
中关村丰台科技园建设 …… 22

城市治理
概况 …… 22
疏解整治促提升 …… 22
“大城市病”治理 …… 22
水环境监管 …… 23
土壤污染源头管控 …… 23
绿色美化工作 …… 23
基础设施完善 …… 23
垃圾分类 …… 23
党建引领物业管理 …… 23

全面深化改革开放
概况 …… 23
疫情防控 …… 24
“吹哨报到”“接诉即办”改革 …… 24
垃圾分类 …… 24
物业管理 …… 24
“村地区管” …… 24
党的建设领域改革 …… 24
综合经济领域改革 …… 24
生态环境和城市管理改革 …… 24
城市规划建设和城乡一体化改革 …… 24
法治建设改革 …… 25
民生领域改革 …… 25
纪律检查和监察体制改革 …… 25

民主法治和平安建设
概况 …… 25
平安丰台建设 …… 25

民生保障
概况 …… 26
就业和社会保障 …… 26
住房保障 …… 26
社区建设 …… 26
教育发展 …… 26
健康丰台建设 …… 26
宣传文化 …… 26

党建工作
概况 …… 27
严格履行全面从严治党主体责任 …… 27
加强领导班子和干部队伍建设 …… 27
提升基层党组织组织力 …… 27

新型冠状病毒疫情防控
概况 …… 27
处置新发地聚集性疫情 …… 27
疫情防控常态化 …… 28

对口扶贫支援协作
概况 …… 28
脱贫攻坚战任务全面完成 …… 28
党建引领消费扶贫 …… 28
非公医疗健康扶贫 …… 28
结对协作和对口支援 …… 28

中共丰台区委员会

综述
概况 …… 30
政治建设 …… 30
文化建设 …… 30
社会建设 …… 30
经济建设 …… 30
城市建设治理 …… 30
作风建设 …… 30
干部队伍建设 …… 31

重要会议和活动
"不忘初心、牢记使命"主题教育总结大会 …… 31
统筹推进新冠肺炎疫情防控和经济社会发展工作部署会 31
区委常委会研究2020年工作要点 …… 31
垃圾分类和物业管理推进会 …… 31
推进疏解整治促提升、促进生态文明与城乡环境建设动员会 …… 31
创建国家卫生区启动大会 …… 32
区领导调研丽泽金融商务区 …… 32
蔡奇在丰台区召开疫情防控调度会 …… 32
区领导调研失管小区专项治理和物业管理工作 …… 32
区领导调研中关村丰台园 …… 32
区领导调研新发地市场复商复市工作 …… 32
区领导调研南苑－大红门地区 …… 32
中央生态环境保护督察组督察丰台区工作动员会 …… 33
蔡奇检查丰台区公共卫生安全 …… 33
区委十二届十二次全会 …… 33
蔡奇到丰台区进行"'十四五'高质量发展"主题调研 33
区委十二届十三次全会 …… 33
区委十二届十四次全会 …… 33
建设国家服务业扩大开放综合示范区宣传推介会 …… 33

组织工作
概况 …… 33
干部教育培训 …… 34
干部实践锻炼 …… 34
年轻干部选拔培养 …… 34
处级干部考核 …… 34
公务员考试录用 …… 34
公务员考核 …… 34
公务员管理 …… 34
个人事项报告 …… 34
干部人事档案审核专项检查 …… 34
农村基层党组织整顿 …… 34
村干部监督管理 …… 35
党建引领社区治理 …… 35
党建协调委员会 …… 35
党群服务中心体系建设 …… 35
"两新"组织党建工作 …… 35

党内帮扶慰问 …… 35
党建引领疫情防控 …… 35
发展党员违规违纪排查整顿 …… 35
国企退休党员组织关系转接 …… 35
打造“丰泽计划”人才品牌 …… 35
人才工作平台建设 …… 35
优化人才发展环境 …… 36
深化区域协同创新 …… 36
强化引才荐才 …… 36

宣传工作

概况 …… 36
宣传思想文化工作会 …… 36
意识形态工作 …… 36
党的创新理论大众化传播 …… 36
党的十九届五中全会精神宣讲 …… 36
抗疫工作宣传报道 …… 37
区域特色宣传 …… 37
新时代文明实践中心建设 …… 37
精神文明创建 …… 37
思想道德建设 …… 37
挖掘红色文化资源 …… 37
文化品牌建设 …… 37
优化文化营商环境 …… 37
“四力”学习教育专题培训 …… 38

网络安全

概况 …… 38
第二次网信委工作会 …… 38
发展成果网络宣传推广活动 …… 38
舆情管理与应对专题培训 …… 38
网络主题宣传 …… 38
互联网企业党建工作会 …… 39
网络安全和信息化工作 …… 39

统战工作

概况 …… 39
机构调整 …… 39
党建引领统战工作 …… 39
组织统战人士参与抗疫工作 …… 39
基层统战工作建设 …… 39
民主党派统战工作 …… 39
民族宗教事务管理 …… 40
民营企业管理 …… 40
新阶层统战 …… 40
港澳台侨统战工作 …… 40
统一战线“两支队伍”建设 …… 40

政策研究

概况 …… 40
起草文稿 …… 40
调查研究 …… 40
改革工作 …… 40

机构编制

概况 …… 41
优化职能体系 …… 41
乡镇机构改革 …… 41
行政执法体制改革 …… 41
事业单位改革 …… 41
优化机构编制资源配置 …… 41
社会信用代码和事业单位法人管理 …… 41

区直机关党建

概况 …… 42
组织疫情防控工作 …… 42
党员教育培训 …… 42
党建创新项目 …… 42
基层党组织规范化建设 …… 42
党支部工作法试点工作 …… 42
机关党建引领 …… 42
参加烈士纪念日活动 …… 42
区直机关体育活动 …… 42

党史编研

概况 …… 43
《丰台史话》完成终审 …… 43
《中国共产党北京市丰台区历史》编写工作 …… 43
挖掘红色历史文化 …… 43
史志宣传教育 …… 43

老干部管理

概况 …… 43
助力抗疫活动 …… 43

老干部工作会议 …… 43
离退休干部思想政治建设 …… 43
离退休干部党组织建设 …… 44
宣传正能量 …… 44
发挥老干部骨干作用 …… 44
老年大学建设 …… 44
离退休干部养老服务 …… 44
党建引领老干部工作向基层延伸试点工作 …… 44
老干部工作队伍建设 …… 44

保密管理
概况 …… 45
保密委会议 …… 45
国家安全教育日保密宣传活动 …… 45
区委理论学习中心组学习保密知识 …… 45
主题宣传活动 …… 45
新冠疫情防控期间保密督导检查 …… 45
保密宣传报道 …… 45
保密培训 …… 45
保密资质（格）抽查 …… 46
国家级考试考务保密检查 …… 46
集中销毁涉密载体 …… 46

党校教育
概况 …… 46
抗疫宣传 …… 46
教育培训“云课堂” …… 46
课题研究成果 …… 46
平安校园建设 …… 46
工作部署会 …… 47
徐文彩工作室揭牌 …… 47
专著《党建引领城市社区治理共同体建设研究》出版 …… 47
共识教育实践教学基地建设 …… 47
党的十九届五中全会精神宣讲会 …… 47
学苑餐厅量化评级 …… 47

丰台区人民代表大会

综述
概况 …… 50

重要会议
区第十六届人大第七次会议 …… 50
区第十六届人大第八次会议 …… 50
常委会第二十五次会议 …… 50
常委会第二十六次会议 …… 50
常委会第二十七次会议 …… 50
常委会第二十八次会议 …… 51
常委会第二十九次会议 …… 51
常委会第三十次会议 …… 51
常委会第三十一次会议 …… 51
主任会第三十六次会议 …… 51
主任会第三十七次会议 …… 51
主任会第三十八次会议 …… 51
主任会第三十九次会议 …… 51
主任会第四十次会议 …… 51
主任会第四十一次会议 …… 51
主任会第四十二次会议 …… 52
主任会第四十三次会议 …… 52

人事任免
依法人事任免 …… 52

专门委员会
法制委员会 …… 52
财政经济委员会 …… 52
教育科技文化卫生体育委员会 …… 52
城市建设环境保护委员会 …… 53
农村委员会 …… 53
社会建设委员会 …… 53

预算监督
深化预算审查等监督改革 …… 53

议案督办
停车治理专题 …… 53
督办代表建议 …… 53

代表工作
聚焦“两条例”深化“代表在倾听”活动 …… 54
推进代表“家”“站”建设 …… 54
组织代表培训 …… 54

视察与调研
深入基层调查研究 …… 54

重要活动
依法履职投身抗疫 …… 54
动员代表参与抗疫 …… 54
特事特办支持防疫 …… 55
助力民生保障 …… 55

丰台区人民政府

综述
概况 …… 57
疫情防控 …… 57
政务督查督办 …… 57
绩效管理 …… 57
经济建设 …… 57
城市规划 …… 58
生态环境建设 …… 58
社会综合治理 …… 58
民生保障 …… 58
教育卫生文体事业 …… 58

政务服务管理
概况 …… 59
疫情防控 …… 59
政务服务体系研究 …… 59
政务服务中心项目建设 …… 59
“互联网＋政务服务”升级建设 …… 59
政务服务事项在线导办 …… 59
“放管服”改革 …… 59
队伍建设 …… 60
创新政务服务“好差评” …… 60
打造无障碍环境 …… 60
区级综窗进楼宇 …… 60
错峰延时办理服务 …… 61
政务公开 …… 61
优化网站与政务新媒体服务 …… 61

外事及港澳事务
概况 …… 61
外事工作委员会第二次会议 …… 61
抗疫援助 …… 62

机关事务管理
概况 …… 62
疫情防控 …… 62
机关食堂监督值守 …… 62
机关运行成本统计工作 …… 62
公车平台运行管理 …… 62
机要智能流转系统运行管理 …… 62
网上预约就诊 …… 62
消费扶贫 …… 63
固定资产管理 …… 63

信访
概况 …… 63
领导干部接访 …… 63
矛盾排查化解 …… 63
信访事项“三级终结” …… 63
信访积案化解 …… 63
创新“枫桥经验”新模式 …… 63
发挥信访工作联席会议作用 …… 63
教育培训 …… 63

政协丰台区委员会

综述
概况 …… 65

全体委员会议
十届四次会议 …… 67
十届五次会议 …… 67

常务委员会会议
第十五次会议 …… 67
第十六次会议 …… 67
第十七次会议 …… 68
第十八次会议 …… 68

第十九次会议 …… 68
第二十次会议 …… 68
第二十一次会议 …… 68

政治协商

第五次政协工作会议 …… 68

参政议政

议政性常委会 …… 68

民主监督

民主监督 …… 68

专门委员会

文史资料委员会 …… 69
教文卫体委员会 …… 69
经济科技委员会 …… 70
人口资源环境和建设委员会（农业和农村委员会） …… 70
社会法制、民族宗教与港澳台侨专委会 …… 71
提案委员会 …… 72
学习委员会 …… 72

重要活动

走访慰问 …… 73
专题协商 …… 73
政协讲坛 …… 73

新冠肺炎疫情防控

综述

工作机制

区级领导督导新型冠状病毒肺炎疫情防控工作机制 …… 75
街乡镇领导包社区“三级联控” …… 75
干部下沉社区（村） …… 75
蔡奇检查疫情防控工作和市场供应 …… 75
区疾控中心向居民发出倡议 …… 75
区人大向全区人大代表发出倡议 …… 76
宣传部向全区文明单位发出倡议 …… 76
新冠肺炎疫情防控工作领导小组会 …… 76
在职党员“顶岗一日”活动 …… 78
统筹推进新冠肺炎疫情防控和经济社会发展工作部署会议 …… 78
中小学延期开学 …… 78
陈吉宁检查疫情防控措施落实和复工复产工作 …… 79
调研检查社区防控和入境进京人员健康管理工作 …… 79
多语种语言翻译志愿服务队成立 …… 79
检查境外人员闭环转送工作 …… 79
蔡奇检查社区疫情防控工作 …… 79
旅游景区有序恢复开放 …… 79
区领导检查高考准备和考点防疫工作 …… 79
中考考点防疫工作 …… 80
调研基层公共卫生工作 …… 80
涉疫情网络舆情管理 …… 80

防控措施

“零见面”审批 …… 80
丰台首批3名新冠肺炎患者治愈出院 …… 81
定点收治医院确诊和疑似病例双清零 …… 81
在鄂返京人员分流闭环转送工作 …… 81
市级干部下沉增援丰台 …… 82
养老机构疫情防控工作 …… 82
动物疫病防控 …… 82
新发地和岳各庄市场疫情防控 …… 82
“双楼长”制确保商务楼宇防疫全覆盖 …… 82
入境进京人员全流程管理 …… 82
入境进京人员集中观察点建设和管理 …… 83
消毒专员上岗 …… 83
院感防控 …… 83
困境儿童疫情防控 …… 83
农村地区疫情防控 …… 83
劳务派遣企业疫情防控 …… 83
精神障碍患者疫情管控 …… 84
进京商旅人员管理服务 …… 84
三级消杀标准化体系 …… 84
食品冷库排查整治和规范管理 …… 84
丰台区出台全市首个冷库管理规范 …… 84
“北京冷链”平台注册 …… 84

生活和物资保障

保障特困人员防疫需求 …… 85
新发地和岳各庄市场供应保障 …… 85
农副产品保障 …… 85

完成2020年高考适应性测试组考工作 …… 85
区级战略物资储备 …… 85
依文集团扩能转产抗疫物资 …… 85
北京丰台永定消毒设备厂 …… 86
新冠病毒抗原检测试剂盒（乳胶法）获批 …… 86

复工复产复学

各领域复工复产平稳有序 …… 86
30条措施助企业复工复产 …… 87
助力规上工业企业复工复产 …… 88
金融服务支持受困企业 …… 88
十条措施支持企业发展 …… 88
精准服务重点“服务包”企业 …… 88
多家企业列入国家及北京市疫情防控重点保障企业名单 88
“丰企通”企业服务系列活动 …… 89
助力中小微文化企业渡难关 …… 89
“新十条”支持中小微企业发展 …… 89
重点工程开复工保障工作 …… 90
新闻出版物零售企业复工复产 …… 90
新发20亿债券助力复工复产 …… 90
丰台站改建工程复工 …… 90
丽泽金融商务区市重点工程全部实现复工 …… 91
稳定就业形势 …… 91
地铁16号线丰台站完成主体结构封顶 …… 92
高三学生返校复课 …… 92
初三学生复学 …… 92
中学非毕业年级和小学六年级学生返校复课 …… 92
新发地疫情后中小学生返校 …… 92

援助捐助

中关村丰台园企业向湖北捐款捐物 …… 92
丰台区援助张湾区 …… 92
北京瑶医医院援助武汉 …… 93
区政协委员吴浩驰援武汉 …… 93
花乡向匈牙利贝尔卡道乡捐赠抗疫物资 …… 93
向日本东京葛饰区捐赠防疫物资 …… 93
民营企业捐赠物资 …… 93
区慈善协会接收捐赠 …… 94

新发地批发市场聚集性疫情

市领导到丰台现场调研 …… 94
现场调度新发地市场封闭管理和疫情防控工作 …… 94
丰台区启动战时机制 …… 94
下沉干部全部返岗 …… 95
新发地市场周边11个小区封闭管理 …… 95
食品安全检查 …… 95
区领导调研农贸市场 …… 95
学校防疫管控 …… 96
开展核酸检测 …… 96
新发地市场消杀和垃圾清运 …… 96
“外卖小哥”核酸检测采样工作 …… 96
餐饮环节加强疫情防控 …… 96
岳各庄市场疫情防控和保供工作 …… 97
试点零售农贸市场核酸检测结果“亮证经营” …… 97
强化商品交易市场防疫工作 …… 97
新发地市场临时交易区投入使用 …… 97
延长新发地市场牛羊肉综合大楼相关人员隔离期 …… 97
区领导检查集中隔离点 …… 98
封闭管控小区分期解封 …… 98
区领导检查解封小区管控 …… 98
率先增设预约式标准化核酸检测采样点 …… 98
新发地市场集中隔离人员分类分批解除隔离 …… 98
隔离人员转运安置工作 …… 99
新发地便民菜市场试营业 …… 99
区领导调研冷链食品监管 …… 99
新发地市场分期复商复市宣传引导 …… 99
新发地市场分期复市 …… 99
市场疫情防控常态化 …… 100
新发地发出复市后首张营业执照 …… 100
岳各庄市场开启批零分开模式 …… 100
社会福利机构疫情防控 …… 101

抗疫宣传

《丰台报·疫情防控特刊》发挥舆论引导作用 …… 101
青年讲师团“抗疫先锋青年担当”系列线上宣讲活动 … 101
“共抗疫情决胜小康”百姓宣讲团巡讲启动 …… 101
“筑梦新蓝图 奋进新征程”主题宣讲 …… 102

先进表彰

获全国抗击新冠肺炎疫情表彰大会表彰 …… 102
个人和集体获北京市抗击新冠肺炎疫情表彰大会表彰 102
榜样家庭 …… 102
丰台区红十字会被评为全国红十字会系统抗疫先进集体 …… 102

对口扶贫支援

综述

概况 …… 106
研究部署 …… 106
调研对接 …… 106
结对帮扶 …… 106

扶贫支援项目建设

概况 …… 107
涞源县“两区同建三金扶贫”模式 …… 108
林西县大营子乡老君沟村安置项目 …… 108
扎赉特旗草原鸿德乌鸡养殖合作社扶贫车间建设 …… 108

扶贫产业合作

概况 …… 109
涞源县玖兴养鸡屠宰场项目 …… 109
林西县德青源金鸡产业扶贫项目 …… 109
扎赉特旗安格斯牛养殖项目 …… 110

扶智与扶技

概况 …… 110
扶贫支援工作“云”培训 …… 110
林西县贫困人口就业创业服务中心 …… 111
北京市丰台区职业教育中心学校 …… 111
教育帮扶 …… 112
医疗帮扶 …… 112

消费扶贫

概况 …… 113
打造“产供销全链条”消费扶贫模式 …… 113
党建引领消费扶贫 …… 115
“我在扎赉特有一亩田”消费扶贫项目 …… 115
林西岳各庄农副产品交易中心项目 …… 115

扶贫支援宣传表彰

概况 …… 116
构建融媒体宣传矩阵 …… 117

中共丰台区纪委

综述

概况 …… 124
中共丰台区纪委十二届五次全会召开 …… 124

监督执纪

政治理论学习 …… 124
疫情防控监督 …… 124
整治腐败和作风问题 …… 124
日常监督 …… 124
正风肃纪 …… 125
纪律建设 …… 125

审查调查

惩治腐败 …… 125
巡查工作 …… 125
警示教育 …… 125

民主党派

中国国民党革命委员会北京市丰台区工作委员会

概况 …… 127
抗击疫情 …… 127
思想建设 …… 127
支部换届 …… 127
建言资政 …… 127
社会服务 …… 127
代表履行职责 …… 127

中国民主同盟北京市丰台区委员会

概况 …… 128
疫情防控 …… 128
课题调研与政协提案 …… 128
社情民意信息 …… 128
文化传承 …… 128
丰台盟讯 …… 128

社会服务 …… 128

中国民主建国会北京市丰台区委员会
概况 …… 128
疫情防控 …… 128
思想建设 …… 129
组织建设 …… 129
参政议政 …… 129
社会服务 …… 129

中国民主促进会北京市丰台区委员会
概况 …… 129
助力疫情防控 …… 130
主题思想教育宣传活动 …… 130
组织建设 …… 130
参政议政 …… 130
社会服务 …… 130

中国农工民主党北京市丰台区委员会
概况 …… 130
基层组织换届 …… 130
首个“党员之家”揭牌 …… 130
组织建设 …… 130
民主代表人士储备 …… 131
参加“制度自信”专题教育 …… 131
助力新时代爱国卫生运动三年行动方案活动 …… 131
骨干党员培训 …… 131
两会提交建议提案 …… 131
课题调研 …… 131
信息报送 …… 131
疫情防控 …… 131
新闻宣传 …… 131

中国致公党北京市丰台区委员会
概况 …… 131
2019年度区工委总结表彰会 …… 132
参加区统一战线诗歌演唱会 …… 132
疫情防控 …… 132
开展“科技抗疫”线上主题读书活动 …… 132
开展“庆祝国庆·喜迎冬奥”主题活动 …… 132
“中关村丰台园人才引进及培养研究”调研座谈会 …… 132
“智慧城市政策、发展现状及趋势”培训讲座 …… 132
调研成果获奖 …… 132
课题调研 …… 133
社情民意信息 …… 133
支部换届调整 …… 133

九三学社北京市丰台区委员会
概况 …… 133
积极部署抗击疫情 …… 133
抗击疫情医卫社员奋勇争先 …… 133
抗击疫情基层组织联防联控 …… 133
捐款捐物 …… 133
宣传传递正能量 …… 134
组织建设 …… 134
思想建设 …… 134
参政议政 …… 134
社会服务 …… 134
综合支社完成换届选举 …… 134
董家鸿院士工作室揭牌 …… 134
基层组织“社员之家”揭牌 …… 135

人民团体

丰台区总工会
概况 …… 137
疫情防控和复产复工 …… 137
基层组织建设 …… 137
劳模管理工作 …… 137
扶贫协作 …… 137
互助保障 …… 137
社会服务工作 …… 137
维护职工劳动经济权益 …… 137
职工服务体系建设 …… 138
职工素质建设 …… 138
女职工工作 …… 138
特色职工志愿服务 …… 138
经费管理 …… 138

共青团北京市丰台区委员会
概况 …… 138
丰台区“青年讲师团” …… 138

“分小萌”垃圾分类示范引导站 …… 138
社区青年汇 …… 138
青春战“疫” …… 138
“抗击疫情·希望同行”捐赠活动 …… 139
语言翻译志愿服务队 …… 139
“云陪伴·共战疫”志愿服务项目 …… 139
“丰青爱·心健康”精准帮扶项目 …… 139
丰台共青团工作会 …… 139
“青年服务国家 青春绽放疫线”宣讲 …… 139
创建国家卫生区志愿服务 …… 139
新发地市场环境消杀 …… 139
垃圾分类桶前值守行动 …… 139
团干部培训班(团校) …… 139
消费扶贫 …… 139
青年干部培训班 …… 140
非公领域团组织建设 …… 140
青联六届二次常委会 …… 140
对口扶贫工作 …… 140
新队员集体入队仪式 …… 140
共青团中央调研丰台共青团工作 …… 140
法治副校长专题培训 …… 140
戏曲文化周志愿服务保障 …… 141
青联助学金募集活动 …… 141
北京菊花文化节志愿服务保障 …… 141
“圆梦礼包”青少年帮扶行动 …… 141
青春建言“十四五” …… 141
单身青年交友活动 …… 141
团市委调研“两新”组织团建工作 …… 141
团市委权益工作调研座谈会 …… 141
青年工作联席会议 …… 141
“致敬,最美志愿者”主题活动 …… 141

丰台区妇女联合会

概况 …… 141
助力打赢疫情阻击战 …… 141
倾心尽力为妇女儿童办实事 …… 141
引领妇女建功立业 …… 141
推动“破难行动”落深做实 …… 142
以更实举措全力推进对口帮扶工作 …… 142
提升全区妇女能力素养 …… 142
推动妇女儿童两个“规划”实施 …… 142
推进“妇女之家”规范化建设 …… 142
落实妇女代表联系制度 …… 142
加强基层妇联干部培训 …… 142
扎实推进新时期家庭文明建设 …… 142
切实维护妇女儿童合法权益 …… 143

丰台区科学技术协会

概况 …… 143
送科技下乡 …… 143
疫情防控科普 …… 143
参加北京市第40届青少年科技创新大赛 …… 143
“垃圾分类 文明同行”新时代文明实践推动日活动 …… 143
全国科技工作者日活动 …… 143
科技工作者推优评优活动 …… 144
联合园区科协开展科技服务 …… 144
全国科普日丰台区主场活动 …… 144
首次举办线上公民科学素质大赛 …… 144
联合区卫健委举办青年科技论文评选活动 …… 144
实施科普益民惠农项目建设 …… 145
科普益民惠农项目评审会 …… 145
丰台区青少年机器人线上竞赛 …… 145
组织专家学者建言献策 …… 145
全民科学素质建设 …… 145

丰台区归国华侨联合会

概况 …… 145
思想引领侨界群众 …… 145
聚力同心抗疫情 …… 146
“石榴行动” …… 146
牵线搭桥引进优质企业 …… 146
深化“侨之家·怡海社区”建设 …… 146
承办“2020年北京市侨联侨法宣传月暨志愿服务周启动仪式” …… 146
“党心侨心永相连,中医助侨防新冠”活动 …… 146
积极建言献策 …… 146
调研成果获奖 …… 146
“侨之家”建设 …… 146
奉献爱心助力扶贫攻坚 …… 146
组织参观抗美援朝主题展览 …… 146
真情关怀归侨侨眷 …… 146

丰台区工商业联合会

概况 …… 147

强化对民营经济人士政治引领 …… 147
非公党建 …… 147
会员组织建设 …… 147
撰写调查研究报告 …… 147
精准扶贫 …… 147
疫情防控工作 …… 147
民营企业百强调研结硕果 …… 148

法治

政法工作

概况 …… 150
坚决打赢疫情防控阻击战 …… 150
圆满完成重大活动维稳安保任务 …… 150
社会矛盾防范化解 …… 150
深化重大决策社会稳定风险评估 …… 150
政法工作会议 …… 150
推动市域社会治理现代化试点工作 …… 150
提升群众安全感 …… 150
推进“雪亮工程”和智慧平安小区建设 …… 150
重点领域重点地区综合整治 …… 150
提升铁路护路智能化水平 …… 150
为区域经济社会发展提供法治保障 …… 150
扫黑除恶专项斗争圆满收官 …… 151

法治政府建设

概况 …… 151
依法行政 …… 151
行政执法协调 …… 151
行政应诉 …… 151
行政诉讼 …… 151

公安

概况 …… 151
“110”接处警专项整治 …… 152
派出所指挥室规范化建设 …… 152
警事宣传 …… 152
三级监督体系建设 …… 152
建“一站式”民警维权平台 …… 153
执法办案场所安全“零事故” …… 153
“三清三个一批”清查 …… 153
严格落实疫情防控四方责任 …… 153
提升医院安全防范水平 …… 153
枪爆专项整治 …… 153
社区民警疫情防控 …… 153
全局拥军工作 …… 153
“智慧社区”建设 …… 153
涉网案件侦查打击 …… 153
“雪亮工程”建设 …… 153
视频警务大队荣获公安部大练兵先进集体 …… 153
大力开展反恐宣传 …… 153
监所疫情防控常态化 …… 154
经济案件接报立案保持双下降 …… 154
编撰办案指引及案件汇编 …… 154
保安行业“清网”专项活动 …… 154
组建政治中心区一体化防控 …… 154
涉外系统百日会战 …… 154
“接诉即办”工作培训会 …… 154
全国抗击新冠肺炎疫情先进个人 …… 154
全市反恐特警系统比武成绩优异 …… 155
“智慧家医”工作室 …… 155
获监管系统先进工作法二等奖 …… 155
成立森林公安大队 …… 155

案例举要

寻衅滋事案 …… 155
诈骗案 …… 155
妨害公务案 …… 155
6人污染环境案 …… 155
危险驾驶案 …… 155
特大运输毒品案 …… 155
1993年抢劫杀人案 …… 155
“8.27”特大虚开增值税发票案 …… 155
纳蓝鸿鑫公司集资诈骗案 …… 156

检察

概况 …… 156
坚决维护疫情防控秩序 …… 156
平等保护民营经济健康发展 …… 156
纵深推进重点领域公益诉讼 …… 156
积极参与社会治理 …… 156
积极维护政治安全和社会稳定 …… 156
打赢扫黑除恶“收官战” …… 156

服务防范化解金融风险 …… 156
扎实推进反腐肃贪工作 …… 157
加强未成年人检察工作 …… 157
深化落实认罪认罚从宽制度 …… 157
工作报告获区人大全票通过 …… 157
主题教育总结大会 …… 157
检察长就假口罩案出庭支持公诉 …… 157
2020年度工作部署会 …… 157
市委政法委检查指导疫情防控工作 …… 157
区人大调研防范化解金融风险 …… 157
联合解决污水整治问题 …… 157
联合区水务局开展现场排查 …… 157
打击金融犯罪报告获区人大肯定 …… 157
进驻方庄市场指导防疫 …… 157
全面提升刑事办案质效 …… 157
观摩假冒“全聚德”烤鸭案审理 …… 158
全院警示教育大会 …… 158
村干部职务犯罪报告获肯定 …… 158
监督纠正餐馆无证照经营问题 …… 158
“法律进校园”普法宣传活动 …… 158
公益诉讼座谈会 …… 158
两干警获评“北京市先进工作者” …… 158
获评“双一流”创建特色典型单位 …… 158
检察长列席区法院审判委员会 …… 158
检察工作报告获全票通过 …… 158

法院

概况 …… 158
依法惩治犯罪保障人权 …… 159
深入推进“扫黑除恶”专项斗争 …… 159
切实保障群众民生合法权益 …… 159
全面加强知识产权司法保护 …… 160
支持监督行政机关依法行政 …… 160
加快兑现群众胜诉权益 …… 160
坚持依法防控疫情保障区域大局稳定 …… 160
服务保障“疏整促”专项行动 …… 160
助力优化法治化营商环境 …… 160
搭建12368“吹哨报到”诉源治理平台 …… 160
服务保障《物业管理条例》实施 …… 160
深化司法责任制综合配套改革 …… 161
加快智慧法院建设 …… 161
深入开展《民法典》学习宣传 …… 161
自觉接受人大和各界监督 …… 161
入选最高法院司法改革案例 …… 161
最高法院院长两次批示区法院司法大数据分析报告 …… 161
市政法委书记到区法院调研指导 …… 161
凝练丰法“担事儿”精神 …… 162
荣获全国法院学术讨论会“组织工作先进奖” …… 162
出台首个《关于依法严惩涉疫情防控刑事犯罪的工作意见》 …… 162
紧急解冻23个涉湖北籍被执行人账户 …… 162
22个工作日完成销售“假口罩”立审执全部工作 …… 162
市高院院长到区法院调研疫情防控工作 …… 162
建立全国首个“审判辅助性事务跨域协作机制” …… 162
“推进基层治理现代化，打赢扫黑除恶大决战”主题沙龙 …… 162
普通程序独任制审理制度适用专业法官会议 …… 162
建立深化诉源治理 推动行业清源双机制 …… 163
应邀参加最高法院“两会”全媒体直播访谈现场连线 …… 163
发布“弘扬社会主义核心价值观典型案例” …… 163
在全市率先书面审查司法确认案件 …… 163
现场督导花乡物华麟丰建材市场防疫工作 …… 163
确定为最高院司改办基层党建联系点 …… 163
与抗疫企业举办“绣梦行动在丰法”党日活动 …… 163
市相关部门到区法院调研涉疫纠纷化解情况 …… 163
向区人大报告参与社会治理工作 …… 164
签订意识形态工作责任书 …… 164
民事诉讼程序繁简分流改革工作研讨会 …… 164
对虚假陈述当事人罚款5万元 …… 164
建立“月说新案”新闻通报会机制 …… 164
原创歌曲《丽泽小苗》荣获全国一等奖 …… 164
1名老干警荣获“中国人民志愿军抗美援朝出国作战70周年”纪念章 …… 164
“丹柿”青年理论学习小组交流会 …… 165
机动车道路停车收费法律问题研讨会 …… 165
市法院系统全面深化改革第三方评估组到院调研 …… 165
挂牌成立“民营企业产权保护调解室” …… 165
运用司法大数据评估经济社会运行情况 …… 165
司法建议获生态环境部反馈 …… 166
发布原创歌曲《平凡英雄》MV …… 166
首次适用七人合议庭审理案件 …… 166

开庭审理涉治安 A 级重点上访人案件 …………………… 166

案例举要

杨某销售假冒注册商标口罩案 …………………………… 166
依法公开宣判“抢孩子”案 ……………………………… 167
全市首例行政处罚类案件达成调解协议 ………………… 167
寇某恶势力团伙诈骗案 ………………………………… 167
假冒“全聚德”注册商标、销售假冒注册商标的商品、
销售非法制造的注册商标标识案 ……………………… 167
尚某遛狗未拴狗链致人损害案 ………………………… 168
全国首例涉“企业年金方案”行政案件 ………………… 168

军事

人民武装部

概况 ……………………………………………………… 171
思想政治建设 ……………………………………………… 171
后备力量建设 ……………………………………………… 171
精准高效征兵 ……………………………………………… 171
正规化建设水平不断提升 ………………………………… 171
严实标准抓党建 …………………………………………… 171
安全管理抓落实 …………………………………………… 172
党管武装促双拥 …………………………………………… 172

人民防空

概况 ……………………………………………………… 172
“十四五人防建设规划”高质量开启 ……………………… 172
落实疫情防控四方责任 …………………………………… 172
完善组织指挥体系 ………………………………………… 173
人防工程管理 ……………………………………………… 173
疏解整治促提升 …………………………………………… 173
行政审批承接有序 ………………………………………… 173
依法行政建设 ……………………………………………… 173
宣传教育精彩纷呈 ………………………………………… 174
加强内部建设 ……………………………………………… 174
党建工作更加规范 ………………………………………… 174
人防系统警示教育 ………………………………………… 174

北京丽泽金融商务区

综述

概况 ……………………………………………………… 176
规划建设市级联席会第一次会议 ………………………… 176
市规自委领导到丽泽调研 ………………………………… 176
“2020丰台区文物普法进工地”宣传活动 ………………… 176
绿色零碳项目建设 ………………………………………… 176
市人大代表调研 …………………………………………… 177
荣获2020年度城市备受关注商业新地标 ………………… 177
宣传交流活动 ……………………………………………… 177
丽泽 SOHO 入围2020国际高层建筑奖 …………………… 177
疫情防控 …………………………………………………… 177

规划与建设

概况 ……………………………………………………… 177
东兴基金管理有限公司落户丽泽 ………………………… 178
北京大地泰华会计师事务所入驻 ………………………… 178
中国铁物大厦项目主体结构全部封顶 …………………… 178
中国广电网络股份有限公司入驻丽泽 …………………… 178
中华联合财产保险股份有限公司入驻丽泽 ……………… 178
湖南投资大厦项目奠基 …………………………………… 178
丽泽城市航站楼项目开工 ………………………………… 178
北京市首个数字人民币测试应用场景落地丽泽 ………… 179
中国农业再保险股份有限公司正式落户丽泽 …………… 179
数字金融科技示范园 ……………………………………… 179
新保投资管理有限公司落户丽泽 ………………………… 179
中核商业保理有限公司落户丽泽 ………………………… 179
国网商用电动汽车投资有限责任公司落户丽泽 ………… 179
威立雅(中国)环境服务有限公司北京分公司入驻丽泽 180
阿尔法公社正式落户丽泽 ………………………………… 180
东方证券承销保荐有限公司北京分公司入驻丽泽 ……… 180
民生教育集团有限公司入驻丽泽 ………………………… 180
中国融资担保业协会入驻丽泽 …………………………… 180
园区绿化 …………………………………………………… 180
滨水文化公园(一期)设计方案获批复 …………………… 180
城市运动休闲公园设计方案获批复 ……………………… 180
完成规划综合实施方案编制 ……………………………… 180
丽泽室外5G 基站布局方案编制完成 ……………………… 180

道路配套建设 …… 181
轨道交通建设 …… 181
新机场线北延工程建设 …… 181
能源基础设施建设 …… 181

园区服务与管理

概况 …… 181
地铁接驳班车开通 …… 181
商务区楼宇产权单位培训 …… 181
丽泽金融商务区市场所成立 …… 181
爱国卫生月活动 …… 182
提供餐饮服务 …… 182
落实人才公寓政策 …… 182
为入驻企业员工解决子女入学问题 …… 182
助力商务区复工复产 …… 182
平安幸福中心招商启幕活动 …… 182
平安幸福中心“云端会客厅”正式开放 …… 182
汇亚大厦首次线上招商宣传活动 …… 182

交流与合作

富邦华一银行参观考察 …… 182
服贸会中外金融机构高端对话 FIN-TALK 论坛 …… 182
太湖新城吴中管委会到丽泽调研 …… 183
亮相第三届进博会 …… 183
中国农业银行北京丰台支行财智私行活动走进丽泽 …… 183

新兴金融机构选介

中国证券金融股份有限公司 …… 183
银行业信贷资产登记流转中心有限公司 …… 183
中国东方资产管理股份有限公司北京市分公司 …… 183
北京海航金融控股有限公司 …… 183
中核商业保理有限公司 …… 183
北京圆心科技有限公司 …… 183
北水慧采（北京）科技有限公司 …… 184
华能资本服务有限公司 …… 184
北京首创新城镇建设投资基金（有限合伙） …… 184
北京集成电路产业发展股权投资基金有限公司 …… 184
三峡资产管理有限公司（以下简称三峡资产） …… 184

经济管理

发展改革综合管理

概况 …… 186
复工复产防控 …… 186
推动经济高质量发展 …… 186
落实城南行动计划 …… 186
重大项目资金保障 …… 186
保障落实投资任务 …… 186
推进公共资源交易平台建设 …… 186
优化营商环境 …… 186
编制十四五规划 …… 187
落实惠企政策 …… 187
服务重点企业 …… 187
价格监管 …… 187
推动生态文明建设 …… 187
推进节能降耗工作 …… 187
打赢脱贫攻坚战 …… 187
深化对口协作 …… 188

疏解工作

概况 …… 188
非首都功能疏解 …… 188
环境综合整治 …… 188
城市品质提升 …… 188
街乡镇整治提升 …… 188
重点区域整治提升 …… 188

财政

概况 …… 188
政府性基金预算执行情况 …… 188
国有资本经营预算执行情况 …… 189
社会保险基金预算执行情况 …… 189
政府债务 …… 189
财政发展十四五规划编制 …… 189
疫情防控 …… 189
保障区重点工作支出 …… 189
财源建设 …… 189
申报财政部建制县区风险化解试点 …… 189

国有金融资本监管 …… 189
预算绩效管理 …… 189
项目评审 …… 189
采购意向公开 …… 189
电子票据使用 …… 190
国库支付电子化改革 …… 190
扩大2021年预算公开覆盖面 …… 190

税务

概况 …… 190
“银税互动”签约仪式 …… 190
疫情防控工作 …… 190
优化税收营商环境 …… 191
助推全区税源建设 …… 191
助力企业复工复产 …… 191
纳税服务 …… 192
征收管理 …… 192
税源管控 …… 192
风险防控 …… 192
法治建设 …… 192

审计

概况 …… 192
政策跟踪审计 …… 192
疫情防控资金和捐赠款物专项审计 …… 192
财政审计 …… 193
民生项目审计 …… 193
经济责任审计 …… 193
固定资产投资审计 …… 193
国有企业审计 …… 193
内审监督与指导 …… 193
审计整改 …… 193

金融服务管理

概况 …… 193
丽泽招商引资 …… 194
企业发展服务 …… 194
推动企业上市挂牌 …… 194
规范地方金融机构发展 …… 194
打击非法集资 …… 194
金融安全宣传 …… 194
运用金融服务助力企业渡过发展难关 …… 194
资本市场专题培训会 …… 194
组织辖内银行全面核酸检测 …… 194
首家央企商业保理子公司落地丰台 …… 194
金融支持稳企业保就业融资对接会 …… 195
人行营管部到丰台区调研 …… 195
“打击非法集资，共创社会和谐”活动 …… 195
中外金融机构高端对话FIN-TALK论坛 …… 195
参加“首都金融专场活动” …… 195
北京首个央行数字货币应用场景落地丽泽 …… 195
中国农业再保险股份有限公司落户丽泽 …… 195

统计

概况 …… 196
疫情防控 …… 196
第七次全国人口普查 …… 196
统计改革 …… 196
规范和加强统计工作 …… 196
重点领域监测评价分析 …… 196
第四次全国经济普查数据开发利用 …… 197
加强专业统计执法 …… 197
全程办事代理 …… 197

市场监督管理

综述

概况 …… 197
疫情防控 …… 197
信息档案管理 …… 198

市场主体监管

提升登记注册效能 …… 198
西站和新发地市场监管所成立 …… 198
私营个体经济协会换届 …… 198
设立“诚信方庄自律联合会” …… 198
优化营商环境 …… 198
多举措有序推进复工复产 …… 198
事中事后监管 …… 199
无证无照经营和“开墙打洞”治理 …… 199
示范文本发布及规范 …… 199
网络交易监管 …… 199
强化市场监管执法 …… 199
广告监管 …… 199
打击传销规范直销 …… 199
接诉即办 …… 199

放心消费创建 …… 199
食品药品监督管理
进口冷链食品追溯体系 …… 199
食品抽检 …… 199
药品安全监管 …… 200
阳光餐饮工程 …… 200
学校食品安全监管 …… 200
免费配发安装智能体温计 …… 200
重大活动保障 …… 200
质量技术监督管理
质量月宣传活动 …… 200
计量科普线上云讲堂 …… 200
标准化战略补助项目 …… 200
养老服务标准化 …… 200
特种设备安全监管 …… 200
产品质量监管 …… 200

应急管理
综述
概况 …… 200
党建引领 …… 200
企业复工复产 …… 200
应急值守 …… 201
举报投诉办理 …… 201
安全生产月活动 …… 201
安全生产培训 …… 201
市应急局普法宣讲团走进丰台 …… 201
安全生产监督管理
制定年度工作要点和指导意见 …… 201
森林防火检查 …… 201
北京市第二次生产经营单位安全生产条件普查 …… 201
防汛抢险保障 …… 201
暴雨预警不放松 …… 202
应急管理部调研丰台区应急避难场所 …… 202
区领导重大节日安全生产大检查 …… 202
城市安全风险评估 …… 202
应急救援
地震灾害应急处置综合演练 …… 202
森林火灾扑救桌面推演 …… 202
危险化学品安全监管
危险化学品行政许可 …… 202
危险化学品安全专项整治三年行动 …… 202
安全生产标准化建设 …… 203
有限空间专项执法检查行动 …… 203
执法监察
企业落实疫情防控情况检查 …… 203
市应急局督导检查 …… 203
调研安全生产工作 …… 203
卢沟醒狮越野跑活动安全保障任务 …… 203

国有资产监督管理
概况 …… 203
加强基层党建 …… 204
疫情防控 …… 204
完善监管体制 …… 204
安全生产检查 …… 204
剥离国有企业办社会职能 …… 204
接诉即办 …… 204
推进区属企业调整重组 …… 204
参与重点功能区和重点项目建设 …… 204
精准扶贫 …… 204

烟草专卖与管理
概况 …… 204
破获“一大一网”双响炮 …… 205
发布“复工防疫 Disco”视频 …… 205
“抗疫”专项优惠金融信贷服务 …… 205
与公检法机关携手执法 …… 205
查获暗格藏烟 …… 205
首张告知承诺制许可证颁发 …… 205
获科技创新企业奖励 …… 205
捣毁大户库房 …… 205
完成2020年执法证件年度审验工作 …… 205
严控卷烟异常流动 …… 205
推行电子普通发票 …… 205
联手开展线上培训 …… 205
强化规范经营监管 …… 205
“绿篱”专项行动 …… 205
双面屏收银机推广 …… 205
电子烟检查 …… 205
综合市场治理 …… 206

"双诚信"表彰大会 …… 206
卷烟市场专项整治 …… 206
物流场站专项治理行动 …… 206
抗击疫情 …… 206
实现扶贫采购"两头甜" …… 206

农业与农村

农业

概况 …… 208
推进休闲农业产业发展 …… 208
第二十八届北京种业大会座谈会 …… 208
动物防疫 …… 208

新农村建设

概况 …… 208
人口就业 …… 208
社会保障 …… 208
农村地区疏解 …… 208
农村集体涉地合同清理整改 …… 208
美丽乡村建设 …… 208
一道绿隔建设 …… 208
二道绿隔建设 …… 209
推进长辛店统筹利用集体产业用地试点建设 …… 209
经济薄弱村精准帮扶 …… 209
新型农民培养 …… 209
农村基层党组织建设 …… 209

农村经济管理

概况 …… 209
产业结构调整 …… 209
农村集体经济 …… 209
应交税费 …… 210
农民收入 …… 210
农村集体资产运营 …… 210
农村劳动力就业 …… 210

工业

驻区工业企业

首都航天机械有限公司

概况 …… 212
2020年宇航任务首战告捷 …… 212
疫情防控 …… 212
核酸检测 …… 212
疫情防控工作部署会 …… 212
公司在京员工实现核酸检测全覆盖 …… 212
复工复产 …… 212
董事长调研公司复工及防疫情况 …… 212
国资委领导到公司查看复工复产情况 …… 212
长征五号B运载火箭首次飞行任务取得圆满成功 …… 212
成立增材制造中心 …… 213
第55颗北斗卫星发射取得圆满成功 …… 213
中央军委装备发展部载人航天工程办公室负责人到公司调研 …… 213
东高地体育场正式开放 …… 213
企业创建110周年系列活动 …… 214
职业健康安全、环境管理体系通过再认证审核 …… 214
北京市总工会领导到公司调研 …… 214
岳阳市市长一行到公司开展交流活动 …… 214
慰问抗美援朝老英雄 …… 214
国内首个2219铝合金3.35米直径共底贮箱研制成功 …… 214
关进良荣获"航天杰出青年奖" …… 215
长征五号遥五运载火箭发射成功 …… 215
崔蕴荣获全国劳动模范 …… 215
增材制造公司在廊坊举办开业仪式 …… 215
中华全国总工会主席率队调研公司 …… 216
长征八号运载火箭首飞成功 …… 216
连续17年荣获"中国机械500强"称号 …… 216

中车北京二七车辆有限公司

概况 …… 216
规划发展 …… 217
经营管理 …… 217
生产运营 …… 217
市场营销 …… 217

基建与技改 …… 217
人力资源管理 …… 217
疫情防控 …… 218
企业文化建设 …… 218
北京隆轩橡塑有限公司 …… 218
北京二七储运公司 …… 218

中车北京二七机车有限公司
概况 …… 219
规划发展 …… 219
经营管理 …… 219
人力资源管理 …… 219
基本建设和技术改造 …… 219
企业文化建设 …… 219

北京京丰燃气发电有限责任公司
概况 …… 219
党建融入生产经营特色活动 …… 220
首届技术技能专家聘任仪式 …… 220
两项实用新型专利获国家授权 …… 220
挖掘企业内部消费潜力扶贫攻坚 …… 220

北京三兴汽车有限公司
概况 …… 220
转型发展 …… 220
助力首都疫情防控 …… 220
领导调研 …… 221
技术创新 …… 221
党建活动 …… 221
应急演练 …… 221
自动化焊接技能培训班 …… 221
劳模表彰 …… 221

北京市赛欧工贸有限公司
概况 …… 221
领导考察调研 …… 221
制定培育壮大供销社工程实施方案 …… 221
年度安全工作会议 …… 222
为丰台区中小企业发展提供助力 …… 222
知识产权宣传活动 …… 222
欧泰大厦工程竣工仪式 …… 222
“应急宣传进万家”系列活动 …… 222
疫情防控 …… 222

商贸

商业贸易
概况 …… 225
民用防护物资保障 …… 225
防疫保供复市 …… 225
制定惠民消费政策 …… 225
搭建区级促消平台 …… 225
推进商业设施升级 …… 225
生活性服务业品质提升 …… 225
便民商业网点连锁化水平稳步提升 …… 225
推动便民服务功能集成 …… 225
推进区属国有商业网点便民功能回归 …… 225
深入推进消费扶贫 …… 225
夯实安全生产行业管理责任 …… 225
行业管理 …… 225
优化政务服务 …… 225

对外经贸
服务业扩大开放综合试点取得新突破 …… 225
精心组织参展服贸会和进博会 …… 225
稳定外资 …… 226

商贸企业
北京丰贸投资经营管理有限公司
概况 …… 226
自管宿舍疫情防控 …… 226
区域疫情防控 …… 226
党建阵地建设 …… 226
便民网点建设 …… 226
租金减免 …… 226
网点拆迁及彩钢板拆除 …… 226
退休社会化管理 …… 226
民生服务 …… 226
人才引进 …… 226
财务管理 …… 226
安全保障 …… 226
软件正版化 …… 226

丰台区国有资本经营管理中心

概况 …… 226
疫情防控 …… 227
有效发挥融资平台作用 …… 227
助力中小微企业发展 …… 227
强化国企履职担当 …… 227
投贷联动初现成果 …… 227
投资平台作用显现 …… 227
强化主体责任落实 …… 227
提升精细化管理水平 …… 227

丰台区综合投资集团有限公司

概况 …… 227
疫情防控 …… 227
丰台站改建及配套市政征地拆迁工作 …… 227
丰台站站城一体化建设 …… 227
基层党建 …… 228
群团工作 …… 228
纪检审计监督工作 …… 228
市政基础设施建设 …… 228
园林绿化建设 …… 228
静态交通建设 …… 228
垃圾处理 …… 228
物业管理 …… 228
土地一级开发 …… 228
资产管理 …… 228
提升企业治理水平 …… 228
房产证办理 …… 229
十四五规划编制 …… 229
安全维稳 …… 229
创卫环境整治 …… 229
精准扶贫 …… 229

投资促进

概况 …… 229
健全招商机制 …… 229
拓展招商渠道 …… 229
推介活动 …… 229
招商服务 …… 229
楼宇招商 …… 229
线上“云”招商活动 …… 230
参加2020投资北京洽谈会 …… 230
参加中国(北京)国际服务贸易交易会 …… 230
参加2020厦门国际投资贸易洽谈会 …… 230
2020驻京知名外商企业投资丰台行活动 …… 230
参加第三届中国国际进口博览会 …… 230
北京・香港经济合作研讨洽谈会 …… 230

服务业

丰台区餐饮住宿服务行业协会

概况 …… 230
新冠肺炎疫情防控 …… 230
“e口吃遍春天”2020丰台区线上美食月 …… 230
2020年第七届消夏美食节 …… 231
2020年第六届金秋美食节 …… 231
2020年涞源扶贫专场推介会 …… 231
制止餐饮浪费行为 …… 231
扶贫项目考察 …… 231

丰台区维修服务行业协会

概况 …… 231
行业规范 …… 231
新冠疫情防控 …… 231
技术培训交流 …… 231
社区维修服务 …… 231
服务会员单位 …… 231
会费收据变更 …… 231

旅游业

综述

概况 …… 233

景区景点建设

景区景点建设 …… 233

旅游节庆活动

2020到北京丰台过大年活动 …… 234
推出3条丰台春季旅游线路 …… 234
2020丰台文化旅游消夏季活动 …… 234
参展2020中国国际服务贸易交易会旅游专题展 …… 234
2020丰台金秋文化旅游季活动 …… 235

六家旅游景点上榜首届北京网红打卡地百强榜单 …… 235
策划推出2020丰台冬季欢乐游活动 …… 235
旅游咨询服务 …… 235
旅游咨询进社区活动 …… 235
参加2020年北京红色故事讲解员大赛 …… 235

旅游公共服务

完成旅游厕所提升改造项目 …… 235
完成2019年旅游发展一般转移支付资金项目 …… 235
2020年旅游发展一般转移支付资金项目 …… 235
完成疫情期间支付中小微文旅企业一次性运营补贴 …… 236
三家旅游新业态通过北京市文化和旅游局复核 …… 236
获得北京旅游商品扶持资金 …… 236
编制《长辛店红色文化旅游资源开发规划及三年行动计划》 …… 236

旅游监督管理

依法依规及时处理游客投诉 …… 236
推进城市风险评估工作 …… 236
保障旅游行业安全度汛 …… 236
假日及重点时段安全保障 …… 236
完成4家A级景区复核 …… 236
精神文明建设创建 …… 236

卢沟桥文化旅游区

概况 …… 236
旅游接待 …… 237
红色主题活动 …… 237
北京大学思政实践课程教育基地授牌 …… 237
入选北京网红打卡地 …… 237
扎实打好疫情防控阻击战 …… 237
全力保障国家市区级重大活动 …… 237
中秋节期间周边社会秩序保障 …… 237
景区基础设施提升改造 …… 237
景区旅游厕所提升改造 …… 237
雕塑园绿化养护工程 …… 237
文物构件保养维护工程 …… 237
《卢沟桥文物景观荟萃》编写完成 …… 237
卢沟桥（宛平城）文物保护规划 …… 237

中国人民抗日战争纪念馆

概况 …… 237
“清明节的铭记——缅怀抗战英烈致敬抗疫英雄”主题教育系列活动 …… 237
北大红楼与中国共产党早期北京革命活动旧址保护传承利用工作启动 …… 238
疫情防控常态化纪念馆有序开放 …… 238
《中国纪念馆发展报告·2019》发布 …… 238
抗战馆主要负责人职务调整 …… 238
李少言抗战题材木刻版画组画《120师在华北》及相关文物入藏抗战馆 …… 238
纪念全民族抗战爆发83周年仪式 …… 238
解放军总医院研究生院与抗战馆共建爱国主义教育基地 …… 238
纪念中国人民抗日战争暨世界反法西斯战争胜利75周年向抗战烈士敬献花篮仪式 …… 238
“伟大贡献——中国与世界反法西斯战争”巡回展 …… 238
“抗日根据地的创建与发展”专题展览开幕 …… 238
“绿水青山待我还——台湾同胞抗日遗址遗迹摄影展”线上展开通 …… 239
北京市中小学“四个一”活动恢复 …… 239
中国博物馆协会纪念馆专业委员会2020年会在湖南长沙召开 …… 239
杨艳喆、王经纬入选全国“五好”讲解员培养计划 …… 239
“中加友好使者——纪念诺尔曼·白求恩诞辰130周年”线上对话会 …… 239
李洋荣获首都红色故事讲解员大赛金牌讲解员 …… 239
“女性摄影记者镜头下的卫国战争”专题展开幕 …… 239
《抗日名将张自忠》短视频荣获全国优秀作品奖 …… 239
获评全国革命文物保护与利用优秀案例 …… 239
《日本侵华战争军事密档·最高决策》新书发布暨出版座谈会 …… 239

世界公园

概况 …… 239
快速响应多措并举抗击疫情 …… 239
支援抗疫 …… 240
合理配置安全防卫设施 …… 240
加强宣传提高服务质量 …… 240
抓安全保稳定 …… 240
复工复产拓宽经营 …… 240
关爱职工生活 …… 240

北京园博园
概况 …… 240
党建引领推动重点工作开展 …… 240
认真谋划全面落实主体责任 …… 241
抓实教育打牢思想政治基础 …… 241
多措并举加强意识形态工作 …… 241
疫情防控措施到位 …… 241
支援防控一线 …… 241
游客服务水平和游客满意度有所提升 …… 241
园林景观和基础设施设备维护管理 …… 241
提升环保意识做好垃圾分类 …… 242
严格财务管理 …… 242

北京汽车博物馆
概况 …… 242
荣获国家一级博物馆 …… 242
同心抗疫勇于担当 …… 242
世界汽车运动百年专题展 …… 242
国际和平海报作品展 …… 242
世界汽车百年人物雕塑展 …… 242
线上展览 …… 242
开启科普文化传播新模式 …… 242
加强文物保护和文化遗产传承 …… 243
开展汽车文化新消费 …… 243
以车为媒在国际舞台传播中国声音 …… 243

中国园林博物馆
概况 …… 243
恰同学少年——校徽上的大学记忆展 …… 243
中国营造学社纪实展 …… 243
颐和园建园270周年文物特展 …… 243
整合资源稳步推进文创开发与经营 …… 244
开辟“云端”系列宣传品牌 …… 244
以展促讲持续提升讲解水平 …… 244
“样式雷·皇家园林资源库”建设 …… 244
馆内藏品征集 …… 244
馆企融合推进北京市科技计划项目 …… 244
加强馆校合作提升馆内固展软硬件水平 …… 244
编写安全生产责任制筑牢疫情防控线 …… 244
提升室外环境布置加强动植物监管养护 …… 244

生态环境

综述
概况 …… 246
疫情防控 …… 246
行政审批 …… 246

环境质量
空气质量持续改善 …… 246
环境监测 …… 246

污染防治
蓝天保卫战 …… 247
碧水保卫战 …… 247
净土保卫战 …… 247
污染源管理 …… 248

环境监察
中央生态环境保护督察 …… 248
环境执法检查 …… 248
机动车尾气排放监管 …… 248

环境保护
应对气候变化 …… 248
自然生态建设 …… 248
环境宣传教育 …… 248

城乡规划与建设

城乡规划和自然资源管理
概况 …… 250
生态保护红线评估优化 …… 250
中共北京市丰台区委城市工作委员会 …… 250
“小蜜丰”丰台区责任规划师 …… 250
丰台区2019年度城市体检 …… 250
优化审批流程 …… 250
房屋建筑重点项目规划用地审批 …… 250

市政道路重点项目规划用地审批 …… 251
建设用地供应计划 …… 251
编制绿隔地区城市化建设工作办法 …… 251
编制规划综合实施方案 …… 251
城乡建设用地减量 …… 251
规划土地核验 …… 251
第三次全国国土调查 …… 251
土地利用动态巡查 …… 251
高精尖用地试点实施方案获批 …… 251
丰台国有自然资源资产管理报告 …… 251
开发区土地集约利用评价 …… 251
土地征收 …… 252
耕地保护空间优化调整 …… 252
不动产登记便民服务持续优化 …… 252
落实整改任务 …… 252
违法建设核查认定工作 …… 252
例行督察整改 …… 252
扫黑除恶专项斗争 …… 252
两处矿山生态修复治理项目实施 …… 252
矿产资源 …… 252
农村乱占耕地建房问题摸底排查 …… 253
丰台区违法用地违法建设责任追究实施办法 …… 253
地质灾害防治 …… 253
信访及信息公开 …… 253
接诉即办 …… 253
行政复议诉讼 …… 253
规划建设图编制 …… 253
丰台区街区指引工作调研 …… 253

建设管理

概况 …… 253
推进棚户区改造 …… 253
轨道交通建设 …… 253
助力重大项目有序复工 …… 253
政策性住房建设 …… 254
建筑节能管理 …… 254
落实公共服务配套设施移交管理 …… 254
处理群众反映问题 …… 254
优化营商环境 …… 254
行业管理 …… 254
政务服务 …… 255

房屋管理

概况 …… 255
房产交易信息 …… 255
房屋租赁市场管理 …… 255
保障性住房管理 …… 255
物业管理 …… 255
房屋安全管理 …… 256
老旧小区综合整治 …… 256
普通地下空间综合整治 …… 256

房屋经营管理

概况 …… 256
南苑棚户区项目 …… 256
长辛店棚户区项目 …… 256
亚林西公租房项目 …… 256
供暖服务 …… 256
防汛安全 …… 256
工程建设 …… 256
疏解整治 …… 257
房屋测绘和交易 …… 257
监理和检测 …… 257
人防工程管理 …… 257
接诉即办 …… 257
物业管理 …… 257
安全检查 …… 257
疫情防控 …… 257
租金减免 …… 257

房屋征收与补偿

概况 …… 258
小屯西路棚户区改造项目 …… 258
东铁营棚户区改造和环境整治项目取得进展 …… 258
地铁房山线北延试运营 …… 258
地铁19号线占地搬迁任务清零 …… 258

园林绿化

概况 …… 259
全民义务植树活动 …… 259
新一轮百万亩造林工程 …… 259
创建国家森林城市 …… 259
丽泽商务区绿化建设 …… 259
南苑湿地森林公园建设 …… 259

立体绿化 …… 260
规划编制 …… 260
园林绿化资源管护 …… 260
森林督查及森林资源一张图修编 …… 260
绿化美化先进集体创建 …… 260
行政审批 …… 260
代征绿地收缴 …… 261
行政执法 …… 261
森林防火 …… 261
公园管理与服务 …… 261
林木有害生物防控 …… 262
果品安全 …… 262
野生动植物资源保护 …… 262

城乡管理

城市综合管理

概况 …… 266
环境建设综合考核 …… 266
街巷长制和小巷管家推进落实 …… 266
新发地疫情防控 …… 266
背街小巷环境整治和管理 …… 266
重点大街环境整治 …… 267
久敬庄路沿线和新发地周边环境整治 …… 267
公厕保洁管理 …… 267
对社会招标保洁公厕进行消防安全检查 …… 267
完善门前责任区管理 …… 268
居住区积存垃圾清除 …… 268
指导扫雪铲冰准备工作 …… 268
病媒生物培训 …… 268
牌匾标识和户外广告整治 …… 268
确保夜景照明设施开放运行 …… 268
山寨指路牌清理 …… 269
采暖季供热保障 …… 269
就锅炉房弃管组织协调 …… 269
排查核实电力输电线路隐患 …… 269
区领导检查南郊灌瓶工厂 …… 269
对燃气供应企业开展燃气经营许可评价工作 …… 269
区级重点村燃气管理 …… 269
交通综合治理 …… 269
二期路侧停车建设项目 …… 269
公共停车场建设 …… 269
垃圾处理 …… 269
资源化利用 …… 269
垃圾分类终端处理稳定 …… 270
架空线入地任务 …… 270
智能地井安装 …… 270
井盖病害治理 …… 270
臭气在线监测系统实现精准除控臭 …… 270
渗沥液处理厂二期工程项目 …… 270
运输企业评估 …… 270
联合执法检查 …… 270
“街乡吹哨部门报道”工作 …… 271

城市管理监察

概况 …… 271
疫情防控 …… 271
拆违控违 …… 271
占道经营整治 …… 271
环境保护执法检查 …… 271
治理街面环境秩序 …… 271
生活垃圾分类专项执法 …… 271
地桩地锁专项执法 …… 272
燃气安全专项执法 …… 272
廉政工作与执法工作同部署同实施 …… 272
信息宣传 …… 272
信访和信息公开 …… 272

网格化管理

概况 …… 272
城市运行指挥体系建设 …… 272
网格化城市管理 …… 272
接诉即办 …… 272
系统建设 …… 272
媒体宣传 …… 272

市容环卫

概况 …… 272
重大活动及特殊天气保障 …… 273
各级检查考核 …… 273
蓝天保卫战 …… 273
接诉即办 …… 273

垃圾分类 …… 274
疫情防控 …… 274
创建国家卫生区 …… 274
重点工程建设 …… 274
车辆及设施管理 …… 275
技能竞赛 …… 275
安全维稳 …… 275

水务

概况 …… 275
水政执法 …… 275
水资源管理 …… 275
供水管理 …… 276
排水管理 …… 276
节水管理 …… 276
水利工程建设与管理 …… 276
水土保持 …… 276
水旱灾害防御 …… 276
落实各级河长制 …… 277
水环境治理与水生态建设 …… 277
水库移民后期扶持 …… 277
政务服务 …… 277
疫情防控 …… 277

电力供应

概况 …… 277
电网运行与保障 …… 277
电网规划与建设 …… 278
用电服务 …… 278

防震减灾

概况 …… 278
地震监测台站 …… 278
地震前兆资料处理 …… 279
地震趋势会商 …… 279
地震活动 …… 279
地震应急响应 …… 279
优化新建监测台站 …… 279
防灾减灾周系列宣传活动 …… 279
唐山大地震纪念日系列活动 …… 280
国家宪法日系列活动 …… 280

气象服务

概况 …… 280
大型活动及专项任务服务保障 …… 280
气候评价 …… 280
灾害性天气 …… 280
气象防灾减灾 …… 281
依法行政和社会管理 …… 281
气象科普与法制宣传 …… 281

消防

概况 …… 281
新发地涉疫处置 …… 281
排查消防安全隐患 …… 281
消防安全宣传 …… 282
消防服务 …… 282
救援演练 …… 282

交通

交通运输管理

概况 …… 284
约谈易到用车平台 …… 284
春运安全运输保障 …… 284
机动车维修行业网格化管理协调会 …… 284
安全生产月宣传教育活动 …… 284
危险化学品“打非”专项检查 …… 284
做客“治堵大家谈”节目 …… 284
水上交通安全教育宣传活动 …… 285
货运车辆网上年审宣传教育和培训 …… 285
货车非法改装专项整治 …… 285
“信用交通 驾培先行”主题宣传活动 …… 285
参与大红门街道联合整治行动 …… 285
道路运输企业质量信誉考核 …… 285
纯电动出租汽车推广应用 …… 286
推出“运政小助手” …… 286
货运车辆年审期限提醒服务 …… 286
惠企利民服务 …… 286
助力复工复产 …… 286
重点车辆动态监管 …… 286
维修行业污染整治 …… 286

出租汽车承包金减免 …… 286
车辆安全隐患整改 …… 287
防汛应急演练和检查 …… 287
约谈货运车辆动态监控违法违规严重企业 …… 287
冷链运输企业防疫管理 …… 287
重大活动重点时期交通运输服务保障 …… 287
大兴机场路侧接驳北京南站接续运输保障 …… 287

道路交通管理
概况 …… 287
"系好安全带、路上防意外"主题宣传活动 …… 288
慢行系统治理 …… 288
涉牌违法打击 …… 288
渣土运输车管控 …… 288
堵点乱点综合治理 …… 288
开展区域综合治理 …… 288
开展学校医院门前综合治理 …… 288
提升交通信号灯管理水平 …… 288
推进护栏精简和交通设施排查治理 …… 288
严格施工监管 …… 288
严格安监执法 …… 288
道路交通事故发生率下降 …… 289
逃逸事故侦办 …… 289
车管站对外窗口服务 …… 289
"系好安全带，平安防意外 视线有盲区，心中无死角"
交通安全专项整治 …… 289
落实社区交警工作 …… 289
道路交通安全隐患动态排查治理 …… 289
农村"两站两员"建设 …… 289
交通安全宣传教育活动 …… 289
常态化疫情防控 …… 289

北京南站
概况 …… 290
疫情防控 …… 290
推进机构改革 …… 290
北京南站地区综合治理 …… 290
秩序管控 …… 291
便民服务 …… 291
接驳换乘 …… 291
安全生产 …… 291
垃圾分类 …… 291
外宣活动 …… 291

丰台西站
概况 …… 291
设备配置 …… 292
生产与经营指标 …… 292
疫情防控 …… 292
全面改善现场作业环境 …… 292

邮政
中国邮政集团有限公司北京市丰台区分公司
概况 …… 292
开启邮政线上代办税新模式 …… 292
垃圾分类主题活动 …… 292
"集邮与爱情"集邮周主题活动 …… 292
提升邮政通信服务 …… 292

科技

综述
概况 …… 296

科技管理
发挥首都科技条件平台作用 …… 296
组织国家高新技术企业申报 …… 296
推荐科技型中小企业认定 …… 296
疫情防控 …… 296
加强创新载体建设 …… 296
创新线上服务新模式 …… 296
开展中小企业创新基金项目绩效评价 …… 296
丰台区轨道交通联合基金项目 …… 296
持续推进新场景建设 …… 296
科技人才建设 …… 297
持续提升区域科普能力 …… 297

科技活动
主题科普活动 …… 297
科普活动进校园 …… 297
特色科普活动 …… 297
科普主体活动 …… 297

阵地科普特色活动 …… 297
北京信息消费节活动 …… 297
科普邀您畅游公园 …… 297

科研成果
多项指标创历史新高 …… 297
获批学校科技成果转化和技术转移基地 …… 298
12项科研成果摘奖 …… 298

信息化管理
保障政务网络稳定运行 …… 298
千家商户亮诚信活动 …… 298
信用进社区宣传活动 …… 298
系统入云 …… 298
信息化项目评审 …… 298
信用信息归集共享 …… 299
促进优化营商环境 …… 299
整合大数据资源 …… 299
研发新发地疫情监测二维码 …… 299
“城市大脑”重点场景通过验收 …… 299
大数据汇聚平台项目通过验收 …… 299
“吹哨报到”平台运维 …… 299
多领域“数据防疫”效果显著 …… 299
编制丰台区大数据“十四五”规划 …… 299

知识产权
知识产权数据 …… 299
创建知产e客厅品牌服务平台 …… 299
完善知识产权制度体系 …… 300
强化知识产权保护体系 …… 300
完善知识产权公共服务体系 …… 300
商标品牌助力疫情防控 …… 300
“丰台区首届知识产权推介周暨第十四届中国专利周”活动 …… 300
专利资助项目 …… 300
知识产权保险试点培训 …… 300
知识产权试点、示范单位及北京市发明专利奖申报 …… 300

驻区科研机构
冶金自动化研究设计院
概况 …… 301
科研工作 …… 301
市场工作 …… 301
学会平台助力学术交流 …… 301

中关村科技园区丰台园

综述
概况 …… 304
市委书记蔡奇到丰台区开展调研 …… 304
市长陈吉宁到丰台区开展调研 …… 305

创新创业
2019增材制造全球创新应用大赛颁奖典礼 …… 305
“创业丰台2020”创新创业大赛 …… 305
第三届中国医疗器械创新创业大赛 …… 306
第三届中国航天创新创业大赛决赛 …… 306
中加创新创业合作论坛 …… 306

科技成果
华电科工荣获2019年度国家科技进步奖二等奖 …… 306
中铁印尼雅万高铁项目第二座隧道实现贯通 …… 306
谊安医疗荣膺“中国医疗设备优秀民族品牌奖” …… 306
第三届增材制造全球创新应用大赛正式启动 …… 307
凯普林斩获激光行业荣格技术创新奖 …… 307
园区企业参与项目荣获科学技术奖 …… 307
18家次企业入选2020北京市民营企业百强榜单 …… 307
丰台园区2人荣获全国劳动模范称号 …… 307
中国通号连续两年斩获中国专利奖银奖 …… 307
中国通号自主研发红外体温筛查系统助力疫情防控 …… 307
园区企业入选第二批专精特新“小巨人”企业名单 …… 307
控制地面系统核心装备落地欧洲市场 …… 308
久译科技项目入选中关村首台(套)重大技术装备试验、示范项目 …… 308
交控科技获评2020年国家技术创新示范企业 …… 308
8家企业获市级企业技术中心认定 …… 308

园区投融资
中航泰达成为全国首批新三板精选层入选企业 …… 309
首贷金融政策宣讲会 …… 309
国际化发展专项资金政策论证会 …… 309

招商引资

北京协同创新轨道交通研究院正式揭牌成立 …… 309
北京首家华为终端企业解决方案授权店落户丰台园 … 309
全国首个列车自主运行智能控制铁路行业工程研究中心落户丰台园 …… 309

服务与管理

商务楼宇"两区"建设培训动员会 …… 310
新增4家博士后科研工作站 …… 310
举办金种子企业项目路演 …… 310
丰台区高层次人才引进暨支持高精尖产业发展政策宣讲会 …… 310
中关村论坛之工业互联网和智能制造专场 …… 310

产业促进

印发《中关村丰台园轨道交通产业创新发展行动计划（2020–2022年）》 …… 310
第二届中国铁路发展论坛 …… 311
中关村轨道交通产业服务平台正式揭牌 …… 311

交流与合作

丰台区携26个高精尖招商项目亮相京港会 …… 311
2020信用北京暨第六届信用中关村高峰论坛 …… 311
丰台区建设国家服务业扩大开放综合示范区宣传推介会暨项目签约仪式 …… 312

开发建设

中关村丰台园1516–35、1516–36地块获国际LEED金级认证 …… 312
中关村丰台园1516–35、1516–36地块获北京市结构长城杯工程金质奖 …… 312
丰台航空航天创新中心主体结构封顶 …… 313
中国城市轨道交通运行控制系统研究与产业化中心工程项目顺利竣工 …… 313

新冠疫情防控

成立防疫专班 …… 313
做好新发地突发聚集性疫情防控 …… 313
组织抗疫新技术新产品推介活动 …… 313

园区企业选介

中建材信息技术股份有限公司 …… 313
交控科技股份有限公司 …… 313
北京元六鸿远电子科技股份有限公司 …… 314
北京中捷时代航空科技有限公司 …… 314
北京国卫星通科技有限公司 …… 314
航天科工惯性技术有限公司 …… 314
海丰通航科技有限公司 …… 314
国家知识产权局专利局专利审查协作北京中心 …… 314
中国铁路工程集团有限公司 …… 314
中国铁路通信信号集团有限公司 …… 314

文化

综述

概况 …… 330
行业疫情防控 …… 330
服务企业复工复产 …… 330
文艺创作助力抗击疫情 …… 330
扶持培育基层文艺团队 …… 330
推动区文化馆、图书馆法人治理结构改革 …… 330
《长辛店红色文化旅游资源开发规划及三年行动计划》 …… 330

文化设施

概况 …… 330
4个街乡镇级综合文化中心正式对外开放 …… 330
街乡镇级公共图书馆分馆实现100%全覆盖 …… 330
区文化馆剧场完成升级改造 …… 331
100个街道（乡镇）社区活动中心服务品质提升 …… 331
新村街道综合文化中心改扩建提升完成竣工验收》 … 331
初步完成文化专项规划与街区指引文化设施的统一 … 331
丰台区文化馆 …… 331
丰台区图书馆 …… 331

文化活动

概况 …… 331
节日群众文化活动 …… 331
"三下乡"集中示范活动 …… 331
2020到北京丰台过大年活动 …… 332
"周末场演出"活动 …… 332
丰台区"文化四进"工程文艺演出活动 …… 332

2020年“戏聚北京”获奖 …… 332
第十五届“舞动北京”群众广场舞蹈大赛获奖 …… 332
全民阅读推广活动 …… 332

文化遗产保护

概况 …… 333
举办“文化和自然遗产日”宣传展示活动 …… 333
金中都城墙考古工作取得重要成果 …… 333
西山永定河文化带建设 …… 333
持续推进重点文化片区文化保护 …… 333

文化市场监管

概况 …… 337
集中整顿交通枢纽内书店 …… 337
检查教育培训机构 …… 337
处罚非法印制书籍印厂 …… 337
制作文旅行业普法宣传系列公益短片及小视频 …… 337
责改网络出版单位 …… 337
办结跨省涉工程案件 …… 337

文化创意产业

概况 …… 337
2020丰台文化创意大赛 …… 337
“丰台文创训练营”活动 …… 337
“嬉戏”亲子剧场项目 …… 337
丰台特色文化街区打造项目 …… 337
参展中国国际服务贸易交易会文化服务专题展 …… 337
丰台文化产业园区推介活动 …… 338
第八届丰台惠民文化消费季 …… 338
2020（第四届）中国戏曲文化周 …… 338
产业政策引导扶持 …… 338

媒体传播

概况 …… 338
《丰台报》改版 …… 339
广播电视 …… 339
打造跨域“1+5”融媒扶贫矩阵 …… 339
学术经验交流 …… 339
疫情防控宣传动员 …… 339
新发地疫情防控报道 …… 340
多措并举助力丰台区申创国家卫生区 …… 340
社区微直播体验再升级 …… 340
百姓短视频孵化众多“网红”产品 …… 341
创新实践“融媒云转播”“实景云党课” …… 341
社区新闻发声人 …… 341
“客户端”创意运营 …… 342
创新举办网络视听文化节目 …… 342
新视听“云朗读”线上公益活动 …… 342

文联活动

概况 …… 342
文联深化改革工作 …… 342
运营文联“一号一刊” …… 342
组织文化下乡 …… 343
组织专题创作，助力疫情防控 …… 343
意识形态工作 …… 343
舞蹈主题论坛 …… 343
“南囿秋风”美术创作 …… 343
书法美术摄影作品展 …… 343
文艺志愿服务工作 …… 343
文艺交流与合作 …… 344
创作与展演获奖 …… 344

档案管理

概况 …… 344
信息档案归档 …… 344
档案行政执法检查 …… 344
档案法制培训 …… 344
档案业务指导 …… 344
档案资源建设 …… 344
档案安全建设 …… 344
档案鉴定开放 …… 345
档案利用服务 …… 345
馆藏档案数字化 …… 345
基层档案信息化建设 …… 345
国际档案馆日 …… 345
档案编研 …… 345

地方志编修

概况 …… 345
《北京丰台年鉴（2020）》出版发行 …… 345
《北京丰台区志（1991—2010）》出版发行 …… 345
推进卢沟桥乡社区（村）志编修 …… 345
市地方志办到丰台调研 …… 346

卢沟桥乡再版村(社区)志发布仪式举行 …… 346
游泳场北路社区史志园地正式开放 …… 346
搜集整理丰台扶贫和抗疫资料 …… 346
《地名志》工作逐步推进 …… 346

教育

综述

概况 …… 348
规范民办教育发展 …… 349
做好民生服务 …… 349

教育管理

丰台集团集群联系人研修班教育集群特色发展论坛 …… 349
教师合唱团创编防疫歌曲《守护》 …… 350
外籍教师与中国教师专题研讨活动 …… 350
全区中小学安装体温监测设备 …… 350
党政领导干部暑期专题培训 …… 350
丰台区名校长(园长)工作室结业典礼 …… 350
完成中小学幼儿园校长(园长)职级制评审工作 …… 351
丰台区挂牌两家青少年法治教育实践基地 …… 351
"小手拉大手·垃圾分类从我做起"活动 …… 351
抗击新冠疫情后勤保障 …… 351
丰台教育系统疫情防控 …… 351
完成北京市"空中课堂"义务教育课程561课时拍摄任务 …… 351

教育教学

暑期线上夏令营活动 …… 352
"教师网络教研+学生线上学习"研学模式探索 …… 352
丰台教师短期教育援藏 …… 352
丰台区2021年高考备考教学研讨会 …… 352
实施新高考总结研讨会 …… 352

教育督导

丰台区教育督导工作会 …… 353
春季学期高三、初三试开学情况专项督导 …… 353
完成2020年国家义务教育质量监测工作 …… 353
丰台区中小学、幼儿园2020年疫情防控专项督导 …… 353

学前教育

学前教研室美术课题组成果汇报展示会 …… 354
学前教育质量提升研讨会 …… 354
接收配套幼儿园 …… 355

基础教育

暑假中小学家长大讲堂正式开讲 …… 355
疫情期间网络联动护佑学生心理健康 …… 355
优秀教师赴河北涞源开展帮教活动 …… 355
精神卫生日活动 …… 355
第三批义务教育学校管理标准达标验收 …… 356
北京小学丰台万年花城分校办学实践研讨会 …… 356
中学生涯主题班会实践现场会 …… 356
京港澳京津冀教育协同发展专题研讨会 …… 356
丰台区中小学德育干部宣讲活动 …… 357
丰台区首批中小学生涯教育基地校揭牌 …… 357
获三项"国优"称号 …… 357
新队员集体入队仪式 …… 358
全面完成全童分批入队 …… 358
中华优秀传统文化习养教室种子教师培训 …… 358

驻区高校

首都经济贸易大学

概况 …… 358
思想建设 …… 358
新冠疫情防控 …… 359
党建工作 …… 359
师德师风建设 …… 359
网络思想政治教育 …… 359
学科建设 …… 359
人才培养 …… 359
科研项目申报及学术 …… 359
协同创新和社会服务 …… 359
干部队伍和师资队伍建设 …… 360
获第六届首都大学生思想政治工作时效奖一等奖 …… 360
获"北京市三八红旗奖章"称号 …… 360
入选2019年中国高被引学者榜单 …… 360
"党课开讲啦"活动举行 …… 360
入选"四个一批"人才 …… 360
获批教育部省部共建协同创新中心 …… 360
"驼韵师话"及新教工入职培训活动 …… 361

党的十九届五中全会精神宣讲团报告会 …… 361
获批高层次国际化人才培养创新实践基地 …… 361
第七次学生代表大会及第三次研究生代表大会 …… 361
获全国高等学校外语课程思政教学比赛一等奖 …… 361
当选全国财经类高校课程思政联盟常务理事单位 …… 361
获“北京市模范集体”称号 …… 361
“三全育人”体制机制构建 …… 361
获北京市教学名师奖 …… 361

首都医科大学

概况 …… 361
疫情防控 …… 363
推进“十四五”规划编制工作 …… 364
在首次全国三级公立医院绩效考核中位居前列 …… 364
中国首个牙髓间充质干细胞新药注册IND获批 …… 364
5个学科位居中国医院科技量值学科排行榜首位 …… 364
纪念建校60周年系列活动 …… 364
获北京市大学生模拟法庭竞赛一等奖 …… 364
8门课程入选首批“双万计划”国家级一流本科课程 …… 365
获批国自然基金项目 …… 365
推进新校区建设 …… 365

北京电子科技学院

概况 …… 365
首届优秀大学生暑期夏令营活动 …… 366
与华为技术有限公司签署合作协议 …… 366
学生成长需求调研 …… 366
规范专业技术职称评审 …… 366
马克思主义基本原理课程成果展示会 …… 366

中国戏曲学院

概况 …… 366
获批北京市教育信息化融合应用示范基地 …… 367
网上漫画抗疫 …… 367
“声”援抗疫 …… 367
助力《中国家庭报》制作抗疫科普宣传漫画 …… 367
与中国动漫集团签署“动漫新媒体联合体”合作协议 …… 367
《清官册》在央视戏曲频道播出 …… 368
本科生11个作品荣获北京市大学生文创设计大赛奖项 368
荣获“二王经典临创大展”一等奖 …… 368
《春华秋实》线上展播 …… 368
庆祝建校70周年线下展播 …… 368
2020北京国际设计周“新馨向荣——中国戏曲文化创意设计展” …… 369
与国家博物馆签约合作 …… 369
习近平总书记回信 …… 369
建校70周年守正创新大会 …… 369
中华优秀传统文化(校外)传承基地启动挂牌 …… 369
新中国戏曲教育70年学术研讨会 …… 369
教育教学体制建设 …… 369
打造“思政+戏曲”的思政课品牌 …… 370
贯彻落实好总书记重要回信精神 …… 370
第十一届“国戏杯” …… 370
戏曲普及教育 …… 370
“为人民画像”“绿水青山”主题写生活动 …… 370
“引智帮扶” …… 370
向国家博物馆赠送老唱片 …… 370
斩获“第十届新加坡国际舞蹈节”金奖 …… 371

职业和继续教育

丰职线上“智慧学堂” …… 371
丰台区社区教育教师教学能力展示活动 …… 371
丰台职教中心学校开创京雄职教协同发展新模式 …… 371
丰台区第十六届全民终身学习活动周活动 …… 372
丰台职教中心学校获全国比赛一等奖 …… 372
丰台职教中心学校教育精准扶贫 …… 372
市社区教育优秀成果展演活动获奖 …… 372

民办教育

丰台教育系统民办学校党建规范化建设项目启动会 …… 373
民办学校党组织书记专题培训 …… 373
民办学校党建工作调研 …… 373
“走进市级党建示范点”活动 …… 373

特殊教育

新队员入队 …… 373
师德交流活动 …… 373
消防培训演练 …… 374
校级研讨课活动 …… 374
校级班会课研讨活动 …… 374

卫生健康

卫生监督与管理

概况 …… 384
医疗工作 …… 384
卫生监督 …… 384
爱国卫生运动暨创建国家卫生区 …… 384
卫生健康教育 …… 385
医疗设施建设 …… 385
智慧卫生建设 …… 385
对口支援协作 …… 385

基层卫生

社区卫生 …… 386
农村卫生 …… 386
职业卫生 …… 386

疾病防治

新冠肺炎防控 …… 386
传染病防治 …… 387
计划免疫 …… 387
慢病防治 …… 387
艾滋病筛查 …… 387
结核病防治 …… 387
精神病防治 …… 387

妇幼卫生

妇女保健 …… 387
儿童保健 …… 387

计划生育

计生协会 …… 387
计生工作 …… 387
计生关怀 …… 388
计生药具服务管理 …… 388
计生宣传教育 …… 388

体育

综述

概况 …… 390
体教融合 …… 390
体育经营单位管理 …… 390
体育经营安全生产检查 …… 390

群众体育

概况 …… 390
卢沟桥醒狮越野跑活动 …… 390
第八届北京国际风筝节 …… 391
“丰采杯”全民健身双升（拖拉机）比赛 …… 391
“一区一品”家庭定向越野、8公里接力比赛 …… 391
第四届“青少杯”乒乓球团体比赛 …… 392
世界公园 GT 卡丁车场开业 …… 392
广场健身操舞大赛 …… 392

竞技体育

概况 …… 392
第四届京津冀校园足球夏令营邀请赛 …… 393
参加2020年北京市青少年射箭锦标赛 …… 393
参加北京市青少年短道速滑锦标赛 …… 394
参加北京市青少年短道速滑联赛 …… 394
丰台区运动员注册 …… 394

体育设施建设

概况 …… 394
建设多功能运动场地和健走步道 …… 394
全民健身路径工程器材更新 …… 394
白盆窑健走步道开放 …… 394

疫情防控

服务域内在鄂北京人员返京 …… 394
为核酸检测提供场地 …… 394

冰雪运动

概况 …… 395
国家冰雪运动训练科研基地 …… 395

丰台区第五届欢乐冰雪季 …… 395
冰雪嘉年华公益体验活动 …… 395
冰雪大课堂 …… 395
“冰雪大篷车”进基层 …… 396

社会生活

民政

概况 …… 416
社会救助 …… 416
社会救助委托审批权限下放 …… 416
社会组织发展 …… 416
殡葬管理 …… 416
清明节祭扫服务保障 …… 416
见义勇为权益保护 …… 416
婚姻登记 …… 416
福利彩票管理与发行 …… 416
社会捐赠 …… 416
慈善宣传 …… 417
养老服务 …… 417
养老机构建设 …… 417
残疾人福利保障 …… 417
行政区划调整 …… 417
流浪乞讨人员救助 …… 417
儿童福利和保护 …… 417

社会建设管理

概况 …… 418
推进街道工作和“吹哨报到”改革 …… 418
打造社区治理亮点 …… 418
社区减负评估项目 …… 418
社区服务建设 …… 418
社区疫情防控工作 …… 418
社会工作队伍建设 …… 419
社区党建 …… 419

人力资源管理

概况 …… 419
规范人事管理 …… 419
深化制度改革 …… 419
吸引人才聚集 …… 420
加强人才培育 …… 420

社会保障

概况 …… 420
援企稳岗打好政策支持就业“组合拳” …… 420
精心帮扶抓住重点群体就业“牛鼻子” …… 421
以训稳岗用好职业技能培训“工具箱” …… 421
创业创新培养创业带动就业“领头羊” …… 421
对口支援站上就业脱困扶贫“新起点” …… 421
推进基金扩面征缴及时足额发放各类待遇 …… 421
落实社保减免缓政策减轻企业经营负担 …… 421
不见面服务提升经办服务水平 …… 421
加大社保稽核查处力度强化基金安全防控 …… 421
构建和谐劳动关系体系维护劳动关系稳定 …… 422
多元化处理争议案件提升仲裁调解效能 …… 422
加大监察执法力度维护劳动者合法权益 …… 422

居民生活

居民收入稳定增长 …… 422
居民消费增速提高 …… 422

民族宗教

概况 …… 422
民族团结工作 …… 422
宗教领域疫情防控 …… 423
宗教团体换届 …… 423
专题培训 …… 423
推进宗教领域依法治理 …… 423

红十字事业

概况 …… 423
新冠肺炎疫情防控 …… 423
组织体系建设 …… 423
博爱募捐和人道救助 …… 423
应急救护培训 …… 423
招募造血干细胞志愿者 …… 423
扶贫助困 …… 423
红十字青少年活动 …… 423

残疾人事业

概况 …… 423
疫情防控 …… 424

市领导疫情防控调研 …… 424
国家卫健委专家组疫情防控调研 …… 424
残联党建 …… 424
区政府残工委扩大会议 …… 424
区残联七届三次主席团会议 …… 424
全国助残日活动 …… 424
肢残日座谈会 …… 424
无障碍环境建设 …… 424
十四五残疾人事业发展规划编制 …… 425
接诉即办 …… 425
残疾人社会保障 …… 425
残疾人教育就业 …… 425
残疾人康复服务 …… 425
残疾人维权 …… 425
残疾人宣传信息 …… 425
残疾人文体活动 …… 425

人口管理

概况 …… 425
新冠肺炎疫情防控 …… 425
民警兼任社区（村）党组织副书记 …… 426
推进“智慧社区”建设 …… 426
来京人员和出租房屋自主申报 …… 426
互联网受理核发电子居住证（卡） …… 426
城乡结合部重点地区综合整治 …… 426
推进就近办理临时身份证业务 …… 426
第七次人口普查户口整顿 …… 426
推进全局拥军工作和谐开展 …… 427

消费者权益保护

概况 …… 427
诚信服务承诺日常督导检查 …… 427
围绕中消协年主题开展工作 …… 427
部门协同联动提升消费纠纷解决效能 …… 427
推动区域消费环境建设 …… 427

街乡（镇）

丰台街道

概况 …… 429
平安建设 …… 429
城市管理 …… 429
社区建设 …… 430
民生服务 …… 430
接诉即办 …… 431
基层党建 …… 431
疫情防控 …… 431

卢沟桥街道

概况 …… 433
平安建设 …… 433
城市管理 …… 433
社区建设 …… 433
民生服务 …… 433
接诉即办 …… 433
基层党建 …… 433
非首都功能疏解 …… 434
垃圾分类 …… 434
安全监管 …… 434
扶贫协作 …… 434
精神文明建设 …… 434
疫情防控 …… 434

太平桥街道

概况 …… 438
平安建设 …… 438
城市管理 …… 438
社区建设 …… 438
民生服务 …… 438
接诉即办 …… 439
基层党建 …… 439
疫情防控 …… 439
群团工作 …… 439
垃圾分类 …… 439
退役军人服务 …… 439
文化建设 …… 439
人口普查 …… 440

新村街道

概况 …… 441
平安建设 …… 441
城市管理 …… 441

社区建设 …… 442
民生服务 …… 442
接诉即办 …… 443
基层党建 …… 443
疫情防控 …… 443
便民服务体系建设 …… 443
社保工作 …… 443
人口普查 …… 443

右安门街道

概况 …… 446
平安建设 …… 446
城市管理 …… 446
社区建设 …… 446
民生服务 …… 446
接诉即办 …… 446
基层党建 …… 447
疫情防控 …… 447
教体文卫 …… 447
疏解整治促提升 …… 447
对口帮扶 …… 447

马家堡街道

概况 …… 449
平安建设 …… 449
城市管理 …… 449
民生服务 …… 450
社区建设 …… 450
接诉即办 …… 450
基层党建 …… 450
疫情防控 …… 450
精神文明建设 …… 451
文化体育 …… 451

西罗园街道

概况 …… 452
平安建设 …… 452
城市管理 …… 452
社区建设 …… 452
民生服务 …… 452
接诉即办 …… 453
基层党建 …… 453
疫情防控 …… 453
法律服务 …… 453
文体活动 …… 453

东铁匠营街道

概况 …… 455
平安建设 …… 455
城市管理 …… 455
社区建设 …… 455
民生服务 …… 455
接诉即办 …… 456
基层党建 …… 456
疫情防控 …… 456
文化体育 …… 456

方庄地区

概况 …… 458
平安建设 …… 458
城市管理 …… 459
社区建设 …… 459
民生服务 …… 459
接诉即办 …… 459
基层党建 …… 459
疫情防控 …… 460
疏解整治促提升 …… 460
老旧小区改造 …… 460
垃圾分类 …… 460
优化营商环境 …… 460
精神文明建设 …… 460

南苑街道

概况 …… 462
平安建设 …… 462
城市管理 …… 462
社区建设 …… 462
民生服务 …… 462
接诉即办 …… 462
基层党建 …… 462
疫情防控 …… 463
双拥共建 …… 463
文教建设 …… 463

大红门街道

概况 …… 464
平安建设 …… 464
城市管理 …… 464
社区建设 …… 465
民生服务 …… 465
接诉即办 …… 465
基层党建 …… 465
疫情防控 …… 465
文体活动 …… 466

东高地街道

概况 …… 467
平安建设 …… 468
城市管理 …… 468
社区建设 …… 468
民生服务 …… 468
接诉即办 …… 468
基层党建 …… 469
疫情防控 …… 469
意识形态建设 …… 469
精神文明建设 …… 469
垃圾分类 …… 469
文化体育 …… 470

和义街道

概况 …… 470
平安建设 …… 470
城市管理 …… 471
社区建设 …… 471
民生服务 …… 471
接诉即办 …… 471
基层党建 …… 471
疫情防控 …… 472
精神文明建设 …… 472
国家卫生区创建 …… 472
垃圾分类 …… 473
精准扶贫 …… 473

长辛店街道

概况 …… 473
平安建设 …… 473
城市管理 …… 474
社区建设 …… 474
民生服务 …… 474
接诉即办 …… 474
基层党建 …… 474
疫情防控 …… 474
疏解整治促提升 …… 474
老旧小区改造 …… 475
结对帮扶 …… 475

宛平城地区

概况 …… 477
平安建设 …… 477
城市管理 …… 477
民生服务 …… 477
社区建设 …… 477
接诉即办 …… 477
基层党建 …… 478
疫情防控 …… 478
精神文明建设 …… 479
文体活动 …… 479

云岗街道

概况 …… 480
平安建设 …… 480
城市管理 …… 480
社区建设 …… 480
民生服务 …… 480
接诉即办 …… 481
基层党建 …… 481
疫情防控 …… 481
精神文明建设 …… 481
宣传报道 …… 481
工会工作 …… 481
帮扶救助 …… 481

卢沟桥乡

概况 …… 482

花乡

概况 …… 485

南苑乡

概况 …… 486

长辛店镇
概况 …… 489
王佐镇
概况 …… 491

人物 荣誉

先进人物
全国先进人物 …… 495
北京市先进人物 …… 496

先进集体
全国先进集体 …… 497
北京市先进集体 …… 498

统计资料

丰台区 2020 年国民经济和社会发展统计公报 …… 501

附 录

组织机构负责人名录 …… 508

中共北京市丰台区委主要文件目录
中共北京市丰台区委文件目录 …… 512
中共北京市丰台区委办公室文件目录 …… 513

丰台区人民政府主要文件目录
丰台区人民政府文件目录 …… 515
丰台区人民政府办公室文件目录 …… 515

索 引

索引 …… 516

特　载

区委十二届十四次全会上的工作报告

丰台区委书记　徐贱云

（2020年12月30日）

现在，我受区委常委会委托，向全会报告工作。分两个部分。

第一部分　关于今年工作

2020年，区委常委会坚持以习近平新时代中国特色社会主义思想为指导，深入贯彻党的十九大和十九届二中、三中、四中、五中全会精神，深入贯彻习近平总书记对北京重要讲话精神，深入贯彻党中央各项决策部署和市委各项工作要求，自觉主动接受市委巡视，先后召开了49次区委常委会会议并主持召开三次区委全会，统筹推进疫情防控与经济社会发展工作，各项事业都取得了新成效。突出抓了以下重点任务：

第一，深入学习贯彻习近平新时代中国特色社会主义思想。坚持以习近平新时代中国特色社会主义思想武装头脑，区委常委会、理论学习中心组开展集体学习39次，带动全区各级党委（党组）中心组持续抓好学习。把《习近平谈治国理政》第三卷等作为必读书，组织当代中国马克思主义读书活动，教育引导全区党员干部学懂弄通做实。组织全区处级领导班子和处级领导干部开展“不忘初心、牢记使命”主题教育常态化整治和整改落实“回头看”，开展全面自查自纠，引导全区党员干部进一步增强“四个意识”、坚定“四个自信”、做到“两个维护”。广泛开展宣传宣讲，组建“云端上的宣讲团”，大力开展线上理论宣讲，推动党的创新理论在丰台落地生根、开花结果。

第二，全力以赴抓好新冠肺炎疫情防控。第一时间成立丰台区疫情防控工作领导小组，指挥调度全区疫情防控工作。压实“四方责任”，抽调选派5100余名干部和400名医护人员下沉社区村，动员3.5万名在职党员参与社区村防控，对近72万名居家观察人员落实“足不出户”要求。扎实做好“三无小区”、人口倒挂村、学校、养老机构、商超等重点场所防控，切实堵塞漏洞。全力做好医疗救治，区级定点医院收治患者全部治愈。严格落实院感防控措施，辖区1.9万名医护人员实现零感染。坚持关口前移，认真做好首都机场、火车站入境进京人员闭环转运管控工作，完成1万余名离鄂返京人员转接安置。

新发地批发市场聚集性疫情发生后，全区上下紧急动员、迅速行动，16个小时快速锁定新发地感染源，对新发地市场及周边12个小区采取封控措施，对市场内人员全部闭环转运至集中观察点进行医学观察。开展“敲门行动”落地查人，对进出市场人员实施隔离医学观察。全面完成新发地市场清运消毒工作。大规模开展核酸检测，累计完成225万人次，有效遏制了疫情扩散蔓延。举一反三加强全区市场防疫，成立专项指挥部，对全区市场开展消毒消杀、环境检测以及从业人员核酸检测。加强冷库规范管理，累计关停违规冷库88家、拆除违章建筑冷库277家。通过努力，用了26天成功实现“控住疫情”的工作目标。

随着疫情防控工作进入常态化，认真落实各项防控要求，持续做好入境进京人员和国内中高风险地区来京人员的落地管控工作，按照“批零分开、干湿分开、生熟分开”的要求，完成新发地市场复市升级改造工作，严格做好进口冷链食品的全流程全链条管理，开展医院、学校、车站、集中医学观察点等重点场所的风险排查。7月6日以来，全区保持“零病例”，为经济社会加快恢复奠定了坚实的基础。

第三，深入学习宣传贯彻党的十九届五中全会精神。把学习宣传贯彻五中全会精神作为全区上下的重要政治任务，第一时间召开区委常委会扩大会议进行传达学习，对学习宣传贯彻作出安排。区领导带头深入基层开展宣讲，组建基层宣传宣讲队伍开展群众宣讲，切实把全区广大党员干部群众的思想和行动统一到五中全会精神上来。召开区委十二届十三次全会，研究提出了区委关于制定丰台区国民经济和社会发展第十四个五年规划和二〇三五年远景目标的建议，提出了“十四五”时期丰台经济社会发展的指导思想和主要目标，明确了“服务首都大局、把握功能定位、筑牢发展基石、实现重点突破”的基本要求，部署了全面落实城市规划、坚定不移疏解非首都功能、加快建设现代化经济体系、积极落实构建新发展格局的要求、推进治理体系和治理能力现代化等各项工作任务，进一步推动五中全会精神和市委十二届十五次全会要求落地落实，努力为北京率先基本实现社会主义现代化开好局、起好步，作出丰台贡献。

一年来，在做好疫情防控前提下，区委常委会统筹推进全区各项事业发展，主要做了以下工作：

一、认真抓好“三件大事”

深入实施北京城市总体规划和丰台分区规划。完成街区指引编制工作，将总体规划、分区规划的刚性要求，分解传导至街区层面。推进重点地区规划编制工作，编制完成并向社会公示大红门地区及南苑森林湿地公园地区的街区控规，完成丽泽金融商务区规划综合实施方案、卢沟桥五里店地区控规，初步完成丰台站地区、长辛店老镇有机更新街区控规，推动宛平城地区危房腾退。组建全市首个吸纳社区规划志愿者的责任规划师团队，提升城市设计管理水平。扎实推进市委规自领域专项巡视反馈问题整改，完成“大棚房”、“浅山区”、违建别墅清查等专项问题整改。制定实施违法用地违法建设责任追究实施办法。

以疏解非首都功能为“牛鼻子”推动京津冀协同发展。扎实推进疏解整治促提升专项行动，圆满完成年度任务。拆除违法建设154.1万平方米，腾退土地156.7公顷，超额完成年度任务。群租房、“散乱污”、“开墙打洞”和地下空间违规住人实现动态清零，常住人口保持负增长。开展第七次全国人口普查。着眼于建设“轨道上的京津冀”的重要节点，推进丰台站及周边市政工程建设，推动丰台站组团综合开发和站城一体化发展，积极融入京津冀协同发展。丰台站站房一期工程北区主体结构封顶，二期工程启动建设，周边万寿路南延、丰台东路、四合庄西路等配套市政工程开工建设。

认真落实2022年北京冬奥会冬残奥会筹办任务。服务保障国家冰雪运动训练科研基地建设，各场馆及配套设施全部投入使用，周边环境提升项目稳步推进。积极推广冰雪运动，举办丰台区欢乐冰雪季、冰雪大篷车进基层等系列活动，营造良好的冬奥氛围。

二、坚决打好三大攻坚战

精准脱贫方面，与受援地区签订携手奔小康结对帮扶协议，按时拨付扶贫资金5280万元，持续推进98个扶贫项目。加大帮扶力度，实现消费扶贫4.2亿元，推动7400余名贫困人口就业，助力4个受援旗县全部脱贫摘帽，与房山区的生态保护和绿色发展结对协作平稳推进。

防范化解重大风险方面，坚决守住不发生系统性风险的底线，积极防范化解金融风险，继续推进互联网金融专项整治，成功处置网贷机构8家，化解各类风险企业14家。防范化解政府隐性债务风险，树立过“紧日子”思想，压减非急需非刚性支出。

污染防治方面，做好第二轮中央环保督察服务保障工作，积极推动群众反映问题的解决。持续改善空气质量，深化“一微克”行动，加大对重型柴油车、挥发性有机物等污染源治理，严格管控扬尘污染，截至12月28日，PM2.5累计浓度36微克/立方米，为城六区最好水平。落实河湖长制，加强入河排污口整治，配合完成永定河丰台段生态补水任务，全区考核断面水质持续达标。推进净土保卫战，土壤环境质量总体良好，受污染耕地、污染地块均得到安全利用。

完成新一轮百万亩造林工程绿化年度任务2953亩，南苑森林湿地公园项目建设有序推进，完成先行启动区B地块工程建设和南苑公园改造升级，建成久敬庄等各类公园16处。全面启动国家森林城市创建工作。

三、全力推动高质量发展

认真贯彻新发展理念，加强经济运行调度，落实“六稳”“六保”任务，努力克服疫情冲击和影响，全区经济发展从下半年开始稳步回升，预计全年地区生产总值和一般公共预算收入均实现正增长。

惠企纾困推动复工复产。出台应对疫情支持企业发展的“丰台10条”、支持中小微企业应对疫情影响的“丰台新10条”，推动减免租金、金融纾困、减税降费、延迟缴税、研发补贴等政策落实，为中小微企业减租1.7亿元，为企业减免社保费55.9亿元，减免税费30.6亿元，帮助企业获得各类融资近60亿元，推动企业复工达产。

加快丽泽金融商务区建设发展。平安金融中心等3个项目投入使用，释放产业空间57万平方米。丽泽城市航站楼、轨道交通大兴机场线北延、14号线（丽泽段）实现开工，丽金线规划设计稳步推进，滨水文化公园一期、城市运动公园有序实施。高标准开展招商引资，中国广电网络、中国农业再保险、华为中国总部等88家企业机构实现入驻，金融业留区税收同比增长24.6%，产业聚集效应逐步显现。开展数字金融创新应用试点，推动构建金融科技应用环境，打造数字金融行业标杆。

推动中关村丰台园创新发展。加强轨道交通、航空航天两大主导产业集群建设，制定实施轨道交通产业创新发展三年行动计划，成立北京中关村轨道交通产业发展有限公司，举办第二届中国铁路发展论坛和第三届航天创新创业大赛决赛，推动交控科技、航天海鹰、海格通信等产业园建设。鼓励企业机构加大研发投入，研发支出增长40%，专利授权总量增长24%，新增国家高新企业超百家，科技创新成效凸显。园区全年总收入预计增长10%，人均、地均产出位列示范区第二，发展质量效益明显提升。

加强投资调度和消费促进。圆满完成第三轮城市南部地区发展行动计划，预计全年完成投资约300亿元。轨道交通房山线北延建成，新增里程5.2公里，通久路、六圈路、柳村路南段等城市主干路开工建设，建成渗沥液处理厂二期工程，地区综合承载力持续提升。扎实推进“五新”建设，出台加快新型基础设施建设实施方案，新建5G基站超千个，建设完成并试点运行城市精细化管理大数据工程。开展丰台特色消费季活动，围绕重点节日节庆，举办商旅文体融合的系列主题活动，进一步激发消费活力。

推动地区、城乡均衡发展。推动河东地区城市化，加快卢沟桥乡、花乡、南苑乡的城市化试点方案编制和项目实施。加快补齐河西地区基础设施短板，河西第三水厂竣工，河西再生水厂二期实现通水。开展清理滞留户专项行动，累计清理322户，促进重大项目、民生工程有序推进。落实“村地区管”要求，审议农村集体资产项目42个。持续开展农村人居环境整治，8个村通过全市第一批美丽乡村考核验收。

四、不断提高城市治理能力和水平

稳步推进行政区划调整。召开区委十二届十二次全会，审议通过丰台区行政区划调整方案，进一步优化区域行政布局，着力解决街乡镇边界交叉权责不清、部分街乡镇人口过多治理难度大等问题，努力提升城市管理及社会治理精细化水平。调整方案已经市政府常务会审议通过。

认真抓好垃圾分类、物业管理两件“关键小事”。全力推进垃圾分类，加强生活垃圾分类投放、收集、运输、处理的全过程管理，发动3万余名干部群众参与“桶前值守”，家庭厨余垃圾分出率稳步提升。在全区餐饮单位推广设立“制止浪费监督员”，引导群众参与“光盘行动”，从源头推动垃圾减量。深化党建引领物业管理，开展66个失管小区专项治理，新组建业委会（物管会）724个，其中新组建业委会110个，城六区排名第一，全区物业管理“三率”水平大幅提升。

夯实基层治理基础。严格落实社区工作准入管理办法，持续为社区减负，让社区回归服务群众的本位。组织开展社区工作者全员培训，注重培养“全能社工”，不断提高服务凝聚群众的能力。出台巩固疫情防控成果深化党建引领社区治理的“五个一”工作实施方案，着力破解基层治理难题，社区共建共治共享水平持续提升。

五、切实保障和改善民生

紧扣“七有”“五性”不断加大民生保障力度。落实援企稳岗政策，促进高校毕业生就业，帮助1.3万名登记失业人员再就业，确保“零就业家庭”动态清零。加强困难群众帮扶，发放各类社会救助资金1.42亿元。继续实施“内升外引”战略，深化教育教学和课程体系改革，实现线上线下教育有序衔接，新增普惠性学前学位990个，全区基础教育更加优质均衡。实施15个老旧小区综合整治，加装电梯27部，保障性住房新开工套数、竣工套数、棚户区改造签约搬迁户数超额完成年度任务。

把人民健康放在优先发展战略地位。丰台医院提质改建项目实现结构封顶，北京口腔医院迁建工程顺利推进，大力推广“智慧家医”模式，医疗卫生服务水平持续提升。全面推进国家卫生区创建，深入开展新时代爱国卫生运动，爱国卫生组织机构实现街乡镇、社区村的全覆盖，累计26万余人次参与“周末卫生大扫除”。提升养老服务水平，新建养老照料中心1家、社区养老服务驿站13家，“喘息服务”惠及9000余人次。推进体育事业发展，创建4个全民健身示范街道、1个体育特色乡镇，开展健身赛事180余场次。

全面提升“接诉即办”工作水平。强化区委对“接诉即办”工作的整体统筹，充分发挥区级工作专班作用，健全每月点评、督导约谈等工作机制，抓好主动治理、未诉先办，集中整治群众反映的突出问题。全年受理12345市民热线交办诉求36.3万件，同比增长了101.7%，群众诉求解决率、满意率由年初的73.5%和83.9%分别上升到89.8%和92.8%，综合成绩从去年的城六区末位，提升到今年城六区第三位。

六、持续抓好宣传文化工作

加强精神文明建设，持续开展文明城区、文明村镇、文明单位、文明家庭等各项创建工作。大力弘扬抗疫精神，推荐国家、市级抗疫先进个人、先进集体，营造正面舆论环境，凝聚共克时艰的强大合力。积极倡导文明健康生活方式，升级改造新时代文明实践网络互动平台，组织开展“文明健康 有你有我”“垃圾分类 文明同行”“一米行动”“光盘行动”“公筷行动”等新时代文明实践活动5800余场。扎实推进区融媒体中心建设，在新华社客户端发布50部丰台主题短视频，浏览量超1亿次，在移动端唱响主旋律，讲好丰台故事。

弘扬传统曲艺文化，依托中国戏曲学院等辖区戏曲资源，成功举办2020中国戏曲文化周。完成金中都城遗迹保护工程二期考古发掘，统筹推进长辛店革命活动旧址保护传承利用工作。加快基础文化设施建设，完成4个街乡镇级综合文化中心改造提升。推进“一区一书城”建设，完成每万人0.8个书店的目标任务。

七、积极推进各项改革任务

深入推进供给侧结构性改革，立足服务社区居民生活需要，推动大红门合生广场、马家堡凯德mall、方庄“时代Life”购物中心等一批传统商场转型升级为一站式商业中心；针对多样化住房需求，开工建设集体土地租赁住房项目6个，其中南苑乡成寿寺泊寓社区成为全国首个正式运营的集体土地租赁住房项目。持续优化营商环境，出台促进高精尖产业发展的“丰九条”，搭建“丰企通”企业服务平台和“丰政通”掌上办事大厅，全面推广错峰延时服务。出台街乡镇财源建设奖励实施办法，加大招商引资增收工作力度，积极引进优质企业。优化街道乡镇机构职能体系，深化区级综合行政执法改革，推动向街乡下放行政执法职权并实行综合执法，完成乡镇机构改革。制定年度街道工作和“吹哨报到”改革35项重点任务清单并逐项落实，推动条块结合、形成合力。着力优化事业单位布局结构，积极推进事业单位改革试点工作。研究制定《丰台区城市协管员队伍管理体制改革实施方案》，稳步推进管理体制改革工作。

大力发展开放型经济。出台落实丰台区建设服务业扩大开放综合示范区工作方案，成立领导小组，积极承接北京市新一轮服务业扩大开放综合试点建设任务，培育数字金融特色优势，丽泽金融商务区成功纳入全市金融科技创新示范区主阵地。加强项目储备，积极引进德国毕马（中国）轨道交通研究院等外资企业，提升经济开放水平。参展2020年中国国际服务贸易交易会，获得“最佳组织奖”和“最佳展示奖”。

八、稳步推进社会主义民主法治建设

加强党对人大、政协工作领导，充分发挥区人大常委会党组和区政协党组的作用。召开区委第五次政协工作会议，出台新时代加强和改进政协工作的实施意见。区人大常委会听取和审议新冠肺炎疫情防控工作情况等专项工作报告30个，督办加强停车秩序管理等议案，对生活垃圾管理、物业管理条例等实施情况进行检查。区政协在建言资政和凝聚共识上双向发力，认真组织实施政协协商年度工作计划，围绕中关村丰台园建设、完善疫情应急预案等议题开展协商议政，就财政专项资金使用情况开展民主监督。加强统一战线工作，建立民营经济统战工作联席会议机制，出台加强和改进新时代街道社区统战工作的意见。推进双拥共建工作，荣获全国双拥模范城“七连冠”。

九、切实维护地区安全稳定

坚决维护政治安全和社会稳定，圆满完成全民族抗战爆发83周年纪念活动、中国人民抗日战争暨世界反法西斯战争胜利75周年等重大活动的维稳安保工作。完善平安丰台建设领导小组体系，建立健全协调运行机制。认真落实意识形态工作责任制，妥善处置涉疫等舆情，印发《丰台区贯彻落实党委（党组）网络安全工作责任制实施细则》，坚决守好网络等阵地。深入开展扫黑除恶专项斗争，持续做好市委扫黑除恶工作督导反馈意见的整改工作。完善矛盾纠纷多元调解机制，全年化解信访积案23件。加强社会治安防控体系建设，建成584个智慧平安小区，打造更高水平的平安丰台，全年刑事、治安案件双下降，群众安全感持续提升。严格落实安全生产责任制，继续深入推进城市安全隐患治理三年行动，挂账隐患销账率99.7%。保障食药安全，重点食品、药品检测合格率分别达到99.3%、100%。

十、推动全面从严治党向纵深发展

严格履行全面从严治党主体责任。今年以来，区委常委会研究党建类议题113项，占议题总数的54.1%。召开5次党建工作领导小组会议。坚持定期听取区人大常委会、政府、政协、法院、检察院“五个党组”党建工作汇报，定期研判党风廉政、意识形态、重点领域党建工作。召开区委各议事协调机构会议，加强对重大问题的统筹与研究。严格落实《党委（党组）落实全面从严治党主体责任规定》，组织全区开展集体学习，研究制定区级分工方案，明确具体落实举措，督促各级党组织扛起管党治党政治责任。

旗帜鲜明把党的政治建设摆在首位。严格落实重大事项请示报告制度，完善区级请示报告清单，以区委名义向市委（及部门）请示报告62件次。严格落实党内政治生活若干准则，认真开好专题民主生活会和组织生活会。深入分析研究北京市全面从严治党（党建）工作考核结果，区领导对17家有关单位主要负责人进行约谈，督促整改落实到位。

加强领导班子和干部队伍建设。区委常委会专题研究干部教育监督管理工作。组织开展离京报备、个人事项报告、干部人事档案等专项检查，推动日常监管制度落细落实。制定《丰台区区管干部选拔任用工作流程（试行）》，进一步提高了选人用人规范化水平。开展全区处级领导班子分析研判，全年调整干部293人次。坚持严管和厚爱结合、激励和约束并重，完善干部考核评价机制。强化疫情期间考察考核和激励保障，制定考察考核相关工作意见和实施办法，出台关心关爱干部“十项措施”。坚持在重大斗争一线锻炼、考验干部，大力提拔使用优秀年轻干部。严格执行村干部监督管理各项制度，村“三套班子”、集体经济组织主要负责人454人完成个人重大事项申报。实施“丰泽计划”，强化人才支撑和智力保障，进一步完善企业人才联系网络和服务体系。

提升基层党组织组织力。优化社区村干部队伍结构，推进17个新建社区“两委”筹建。举办社区村党组织书记培训班、基层社会治理专题培训班。增强基层党组织服务群众能力，贯彻落实《巩固社区疫情防控成果推进首都社区治理工作方案》，将社区治理20条措施融入基层党建整体布局。在全市率先研究制定党群服务中心“1+3”建设管理政策体系，有效提升建设质量水平。制定“两新”领域党务专职工作者管理办法，加强商务楼宇专职党务配备，进一步提高党建工作质量。

注重打好作风建设持久战。坚决反对形式主义、官僚主义，力戒文山会海反弹回潮，广泛使用视频会议、电子政务等信息化办公手段，提升办文办会效率。严查疫情防控中的形式主义、官僚主义，直扑防控一线督查指导，严控向基层下派表格，让基层干部把更多精力投入到疫情防控一线。集中整治利用名贵特产谋取私利等隐性变异问题，严肃查处不担当不作为、违规乱决策等突出问题，全年查处违反中央八项规定精神问题17起。

一体推进不敢腐、不能腐、不想腐。坚持惩前毖后、治病救人，加强警示教育和日常提醒。运用监督执纪“四种形态”，其中第一种形态占88%。加大重点领域和关键环节反腐力度，全年立案161件，给予党纪政务处分122人。统筹推进巡察全覆盖，实现区属处级单位巡察覆盖58%、社区村巡察覆盖100%。严格落实分管联系区领导带头抓巡视巡察整改方案落实，做实巡察“后半篇文章”。深化派驻机构改革，完善村（居）务监督委员会制度，出台推进区管企业纪检监察体制改革的实施办法，推动监察监督向“最后一公里”延伸。

区委常委会高度重视自身建设，各位常委同志带头增强“四个意识”、坚定“四个自信”、做到“两个维护”，为全区作出表率。带头落实民主集中制，认真执行领导班子议事决策机制。力戒形式主义、官僚主义，严格落实直接联系群众制度，深入基层一线，解决群众身边的难点问题。加强党对各项工作领导，坚持和完善党委决策、政府落实、人大和政协监督的工作机制，充分发挥各套班子作用。在区委领导下，各级党组织战斗堡垒和党员先锋模范作用进一步增强，特别是在疫情防控中，全区党员干部冲锋在前、担当有为，为统筹推进疫情防控与经济社会发展提供了坚强保障。

以上报告的是区委常委会一年来的主要工作。这些成绩的取得，是以习近平同志为核心的党中央坚强领导的结果，是市委正确领导的结果，是全区各级党组织和广大党员干部拼搏奋斗的结果，是驻区单位和社会各界积极参与的结果。在此，我代表区委常委会向同志们表示衷心感谢！

在看到成绩的同时，区委常委会也清醒认识到，工作中还存在一些困难和不足：由于大型市场、冷链、物流等业态带来的传播风险，疫情防控压力依然很大；产业结构还需要进一步优化，优势产业还需要持续培育；基础设施、公共服务方面欠账仍然比较多，满足群众“七有”“五性”需求还存在短板；区域发展不均衡、不协调的问题依然存在。要高度重视这些问题，在下一步工作中认真加以解决。

第二部分　关于明年工作的总体考虑

明年是中国共产党成立100周年，是我国现代化建设进程中具有特殊重要性的一年，“十四五”开局，全面建设社会主义现代化国家新征程开启，做好明年各项工作意义重大。昨天，市委召开了十二届十六次全会，总结了2020的年工作，研究部署了2021年的各项任务。全会深入分析了当前全市经济社会发展面临的新形势，强调要深刻认识当前国内外环境面临的深刻变化，既要强化底线思维、风险意识，更要坚定必胜信心，善于在危机中育先机、于变局中开新局，在应对一个又一个风险挑战中发展壮大自己。会议要求全市各级党员干部都要增强责任感使命感和紧迫感，提高在复杂形势下改革创新、推动发展的能力和水平，提振干事创业的精气神，形成生龙活虎、奋力争先的生动局面。我们要认真学习、深刻领会，切实把思想和行动统一到市委对当前形势判断和明年工作部署上来。

做好明年全区各项工作，总的要求是，**坚持以习近平新时代中国特色社会主义思想为指导，全面贯彻党的十九大和十九届二中、三中、四中、五中全会及中央经济工作会议精神，深入贯彻习近平总书记对北京重要讲话精神，认真落实党中央决策部署和市委工作要求，坚持稳中求进工作总基调，坚定不移贯彻新发展理念，坚持以首都发展为统领，深入实施人文北京、科技北京、绿色北京战略，大力加强“四个中心”功能建设、提高“四个服务”水平，以推动高质量发展为主题，以深化供给侧结构性改革为主线，以改革创新为根本动力，以满足人民日益增长的美好生活需要为根本目的，围绕丰台区功能定位，深入实施北京城市总体规划和丰台分区规划，以疏解非首都功能为“牛鼻子”推动京津冀协同发展，扎实做好“六稳”“六保”工作，统筹发展和安全，落实构建新发展格局要求，推进治理体系和治理能力现代化，不断将全面从严治党引向深入，推动“妙笔生花看丰台”美好愿景成为现实，确保“十四五”开好局、起好步，以优异成绩庆祝中国共产党成立100周年。**

关于明年经济社会发展主要指标安排，综合考虑外部发展环境和经济增长基础，地区生产总值增速安排6.5%左右，一般公共预算收入增长3%，居民收入稳步增长。工作中着力把握以下几点。

第一，落实构建新发展格局要求，提升服务保障首都功能的能力和水平。构建新发展格局是中央着眼全局的重大战略决策，北京理应在构建新发展格局上做出表率。丰台区作为首都中心城区，要自觉在首都发展大局中谋划自身发展，坚持以首都发展为统领，牢牢把握首都发展全部要义，积极落实构建新发展格局的要求，以重点地区规划建设发展为重要抓手，进一步提升服务保障首都功能的能力和水平。要优化提升南中轴发展环境，加快推进地区的规划建设，为国家首都功能的布局营造良好环境。要抓住“两区”建设机遇，以丽泽金融商务区、中关村丰台园、首都商务新区为重要承载，积极争取各项政策落地，大力发展数字经济、数字金融，发展更高水平的开放型经济。要坚持扩大内需，以供给侧结构性改革引领和创造新需求，实施好新一轮城市南部地区发展行动计划，推进“五新”建设，培育新增长点和新动能。要以丰台站站城一体化发展为重要切入点，积极融入京津冀协同发展大局。

第二，积极推进减量发展，更加注重质量和效益。受疫情影响，今年经济基数较低，明年经济增速可能比前几年高。安排各项指标时要兼顾需要与可能、当前与长远，不刻意追求高速度，更不能为了应对经济下行走过去粗放式发展老路。要牢固树立减量发展理念，实施好北京城市总体规划和丰台分区规划，强化全域空间管控，落实“双控”“三线”要求，更加注重发展质量和效益。要坚定不移疏解非首都功能，继续在深化疏解、强化治理、优化提升上下功夫，持续巩固南苑—大红门疏解整治成果，严防传统业态回潮。要统筹利用疏解腾退空间，盘活低效存量楼宇，大力推动腾笼换鸟，持续提高人均、地均产出率和税收贡献率，实现集约高效发展。

第三，深化污染防治攻坚战，大力推动绿色发展。要持续加强细颗粒物、臭氧、温室气体协同控制，进一步巩固“一微克”行动成果。要继续加大水环境、土壤环境治理力度，进一步提升地区生态环境品质。要坚持“大尺度”建绿，加快南苑森林湿地公园等重点项目以及群众家门口公园的建设，坚决完成年度百万亩平原造林的任务，全力推进国家森林城市创建工作。要抓住“两条例一行动”实施的有利契机，推动生产生活方式向绿色转型，提高绿色低碳循环发展水平。

第四，加大民生服务保障力度，着力提高人民生活品质。要继续紧扣“七有”目标和“五性”需求，在民生领域持续发力，把住房、教育、医疗、养老等方面工作摆在民生福祉角度，坚持尽力而为、量力而行，不断增强人民群众获得感、幸福感、安全感。特别是要举全区之力推进国家卫生区创建工作，进一步提升地区的医疗保障和环境卫生水平。要继续深化党建引领“吹哨报到”改革，完善“接诉即办”机制，加大主动治理和未诉先办工作力度，切实解决好群众的操心事、烦心事、揪心事。要聚焦共同富裕，继续开展扶贫协作和经济薄弱村帮扶工作，进一步巩固拓展脱贫攻坚成果。

第五，坚持底线思维，严密防范、积极化解各类风险隐患。要坚持把维护政治安全作为首要任务，以庆祝建党100周年维稳安保工作为主线，严密防范敌对势力捣乱破坏活动，坚决守住不发生暴恐活动的底线，切实强化社会矛盾排查化解，全面落实意识形态工作责任，始终维护全区政治稳定和社会安定。要持之以恒抓好疫情防控工作，严格落实“外防输入、内防反弹”各项措施和“三防四早九严格”工作要求，进一步压实“四方责任”，加大对重点行业、重点领域的管理力度，科学、精准、依法、有效打好疫情防控阻击战。要持续加大安全隐患清理排查整治工作力度，有效维护公共安全。要加强行业监管，持续推进金融风险监测预警和应对处置，防范长租公寓及预付式、平台类、涉众型业态存在的潜在风险。

北京市丰台区人民政府工作报告

——2020年12月30日在丰台区第十六届人民代表大会第八次会议上

丰台区代区长　初军威

各位代表：

现在，我代表丰台区人民政府，向大会报告工作，请予审议。

一、2020年工作回顾

2020年是丰台发展历史上极不平凡的一年。我们坚持以习近平新时代中国特色社会主义思想为指导，深入贯彻习近平总书记对北京重要讲话精神，在市委、市政府和区委的坚强领导下，在区人大及其常委会和区政协的监督支持下，围绕“妙笔生花看丰台”的美好愿景，团结带领广大干部群众万众一心、奋力拼搏，统筹推进疫情防控和经济社会发展，扎实做好“六稳”“六保”工作，深入推进“两区”建设，顺利完成“十三五”主要目标和任务，在经济发展、城市建设、社会治理和民生改善等方面取得了新突破。全年预计地区生产总值1870亿元，一般公共预算收入127.8亿元，均实现正增长，赢得了“抗疫情、促发展”的双胜利，彰显了丰台力量，创造了丰台效率，作出了丰台贡献。

（一）新冠肺炎疫情防控取得重大成效

坚决打好疫情防控阻击战。坚持人民至上、生命至上，第一时间建立区级指挥调度机制，压实“四方责任”，完善“四级体系”，全区广大党员、干部冲锋在前，医务人员逆行出征，各行各业坚守阵地，统筹组织4万余人筑牢社区防线。扎实做好学校、养老机构等重点场所管理。认真做好机场、火车站入境进京人员和离鄂返京人员闭环转运安置。全力做好医疗救治，区级定点医院收治患者无死亡病例。严格院感防控，实现1.9万医护人员零感染。

果断有力处置新发地聚集性疫情。全区上下紧急动员、迅速行动，16小时锁定感染源。第一时间完成市场内人员核酸检测及转运观察，对市场周边12个小区采取封控措施。开展多轮次清运消毒工作，累计消杀面积1492万平方米。在全市率先开展全员核酸检测，累计完成225万人次，有效遏制了疫情蔓延。全区干部群众识大体、顾大局，风雨同舟、守望相助，筑起同心抗疫的钢铁长城，仅用26天成功实现了“控住疫情”的工作目标，探索出了突发聚集性疫情有效处置、精准防控的成功经验，为全市乃至全国抗疫斗争作出了贡献。

抓实抓细常态化疫情防控措施。毫不放松抓好“外防输入、内防反弹”工作，坚持常态化精准防控和局部应急处置有机结合，防松劲、补漏洞、强管理。从严规范小型医疗机构诊疗行为，取缔关停黑小诊所57家。加强全区71家商品交易市场日常防疫监管。按照市委市政府“浴火重生、凤凰涅槃”等工作要求，高标准完成新发地批发市场升级改造及复市工作。出台全市首个冷库管理规范，加大执法检查力度，累计关停违规冷库88家，拆除违章建设冷库277家。严格进口冷链食品监管，做到“人物地”同防，全链条精准监管，确保防控不松懈、疫情不反弹。

（二）经济高质量发展迈出坚实步伐

丽泽金融商务区建设取得新突破。基础设施建设加快推进，全国首个地铁五线交汇的城市航站楼实现开工，为增强区域对外辐射，提升国际化水平打下坚实基础。新机场线北延及地铁14线丽泽商务区站实现开工，地铁16号线进场施工。开展大尺度绿化，启动滨水文化公园一期、城市运动公园建设，区域小环境进一步靓化。空间资源持续释放，平安金融中心等项目投入使用，新增产业空57平方米。招商引资力度持续加大，核心金融央企中国农业再保险股份有限公司、注册资金超千亿的全国第四家5G运营商中国广电网络股份有限公司、华为中国区总部等88家企业实现入驻。紧抓全市建设国家服务业扩大开放综合示范区的有利契机，成为全市金融科技创新示范区主阵地之一。累计入驻金融类企业占比达到65.8%，金融业留区税收同比增长27.6%，产业聚集效应初步显现。

中关村丰台园创新引领作用持续增强。新增国高新企业超过百家，7家企业分别获得国家科学技术进步奖、北京市科学技术奖，研发费用同比增长40%，专利授权总量同比增长24%。持续打造两大千亿产业集群，发布轨道交通产业创新发展三年行动计划，成立北京中关村轨道交通产业发展有限公司、北京协同创新轨道交通研究院，成功举办第二届中国铁路发展论坛和第三届航天创新创业大赛决赛，海鹰产业园和海格通信产业园获评中关村航空航天特色园区。全年预计实现总收入6900亿元，同比增长10%，新引入规模以上企业138家，人均、地均产出率位列中关村示范区第二位。

营商环境持续优化。出台促进高精尖产业发展的“丰九条”，对金融、科技等重点产业给予支持。全年新增注册资本5000万元以上企业458家，同比增长27.6%。出台街乡镇财源建设奖励实施办法，积极构建全员招商、全员服务的工作格局，进一步夯实了财源基础。推行1000余个“零见面”办理事项，实现1500余个区级事项一门办理。代表北京市完成国家政务服务好差评制度试点，率先推出“问题不出厅”差评处置机制。完成“丰政通” 掌上办事大厅和电子证照分发中心建设。惠企纾困政策全面落地见效，疫情期间为企业减租1.7亿元，全年减免社保费55.9亿元、税费31亿元。

“五新”建设加快推进。全市首个数字人民币测试应用场景落地丽泽。建成城市精细化管理大数据汇聚平台，并试点运行“城市大脑”。出台加快新型基础设施建设实施方案，新建5G基站超千个，实现丽泽等重点区域精准覆盖。促进数字消费，搭建中小企业“云上”营销助力平台，实现网上零售额增长37.6%。

（三）城市总规引领作用更加彰显

规划编制进一步深化。完成街区指引编制，将总规、分区规划的刚性要求，分解传导至街区层面。扎实推进重点区域规划编制工作，完成丽泽金融商务区规划综合实施方案编制，完成南中轴大红门、南苑森林湿地公园和卢沟桥五里店地区控规编制，丰台站地区和宛平城地区街区控规取得阶段性成果。积极开展长辛店老镇城市更新控规编制，着力打造有机更新示范区。

城乡一体化建设不断加快。扎实推进卢沟桥乡、花乡、南苑乡的城市化试点方案编制和项目实施。制定宛平城解危三年行动计划，完成第一批解危工作。加大工作力度，累计清理滞留户322户，保障了重点工程、棚户区改造等32个项目顺利实施。释放空间资源，推动土地上市，全年实现供地6宗26公顷。加强集体土地和房屋管理，成寿寺集体土地租赁住房顺利竣工，成为全国首个投入运营的示范项目，创造了多方共赢的发展新模式。

规自领域整改扎实推进。全市第一批完成“大棚房”、“浅山区”、违建别墅清查专项问题整改。专项治理任务清单中95项具体工作全部完成。围绕城乡结合部重点地区开展综合整治，推动青塔、五里店京周路沿线项目纳入棚改实施计划，启动五里店项目一期搬迁。持续开展规自领域专项巡视整改，进一步强化规划的严肃性、权威性、约束性。

（四）城市环境品质持续提升

“疏整促”专项行动任务圆满完成。拆除违法建设154.4万平方米，腾退土地156.9公顷，超额完成年度任务。整治群租房1536处，违规户外广告设施、“散乱污”、“开墙打洞”和地下空间违规住人实现动态清零。做好腾退空间利用，启动南中轴大红门地区城市更新和优质产业资源导入。完成南苑森林湿地公园先行启动区500余亩绿化建设。建设提升便民商业网点88个，社区便利化程度持续提升。高标准完成第七次全国人口普查入户工作。

生态环境质量不断改善。圆满完成第二轮中央环保督察迎检工作。深化落实河湖长制，强化入河排污口整治，完成12处市级小微水体治理，全区考核断面水质持续达标。启动国家森林城市创建工作，完成新一轮百万亩造林工程绿化年度任务2953亩，建成久敬庄等各类公园16处，完成留白增绿59.6公顷，为群众提供了更多高品质绿色休闲空间。严格管控扬尘污染，加大执法检查力度，空气质量达标天数同比增加40天，PM2.5累计浓度36微克/立方米，达到中心城区最好水平，营造了宜居宜业的生态环境。

基础设施更加完善。扎实推进第三轮城南行动计划，预计全年完成投资约300亿元。积极推动丰台站及周边配套市政工程建设，跨西四环特大铁路桥顺利完工，万寿路南延等配套工程开工建设。地铁房山线北延建成通车。打通3条断头路，完成5条道路大修和5处交通疏堵工程，对23条道路进行交通综合治理。推进循环园垃圾处理设施规划建设，建成渗沥液处理厂二期。河西第三水厂、河西再生水厂二期实现通水。

（五）社会治理效能显著增强

基层治理能力进一步提高。《丰台区行政区划调整方案》获市级批准，为整合优化资源、完善区域功能、统筹推进地区发展，奠定了坚实基础。深入开展“接诉即办”，全年受理群众诉求36.2万件，快速解决了一批包括涉疫、复工复产在内的民生诉求。严格落实物业管理条例，在全市率先出台《业委会（物管会）组建参考手册》，新增业委会（物管会）724个，“三率”水平大幅提升。落实街道办事处工作条例，推进35项重点任务落地。完成35个楼门院示范点和11个社区议事厅试点建设，实现城市社区议事厅全覆盖。新成立17个、调整7个社区居委会，进一步消除了社会管理空白点。

城市精细化管理水平稳步提升。全力推进垃圾分类，规范提升分类桶站、驿站，累计处理生活垃圾73.2万吨，垃圾无害化处理率达到100%。完成75条背街小巷环境提升，改造5条精品大街。深入推进路侧停车系统建设，改造提升6083个停车位。全面推进国家卫生区创建，深入开展新时代爱国卫生运动，实现爱国卫生组织机构街乡镇、社区（村）全覆盖，累计26万余人次参与“周末卫生日”活动。深入开展农村人居环境整治，8个村通过全市第一批美丽乡村考核验收，超额完成创建任务。

平安建设成效显著。圆满完成中国人民抗日战争暨世界反法西斯战争胜利75周年等重大活动的维稳安保工作。继续深入推进城市安全隐患治理三年行动，挂账隐患销账率99.7%，超额完成市级任务。扎实做好交通安全、防火、防汛等工作，积水点治理任务全部完成。加强质量强区建设。重点食品、药品检测合格率分别达到99.3%、100%。开展社会矛盾纠纷大排查，全年化解信访积案23件。积极防范化解金融风险。深入开展扫黑除恶专项斗争，依法严厉打击电信诈骗、欺诈骗取医保基金等各类违法犯罪行为，刑事、治安案件数量双下降，群众安全感持续增强。

（六）民生福祉不断改善

就业和社会保障持续加强。落实援企稳岗政策，新增城镇就业3.1万人，城镇登记失业率2.81%。提升养老服务水平，新建养老照料中心1家、社区养老服务驿站13家，“喘息服务”惠及9000余人次。为各类困难群众发放社会救助资金1.42亿元。改造无障碍点位1万个。实施15个老旧小区综合整治和66个失管小区专项治理，为老楼加装电梯27部。加快政策性住房建设，开工1.16万套、竣工7000余套，超额完成年度任务。

教育、卫生、文体事业稳步推进。深化教育教学和课程改革，开展线上教育，做到疫情期间“停课不停学”。新增普惠性学前学位990个。加快推进北京十一学校中堂实验学校等项目建设。丰台医院提质改建项目实现结构封顶，北京口腔医院迁建工程扎实推进。家庭医生服务重点人群签约率达到97%。完成4个街乡镇级综合文化中心改造提升工作。北京汽车博物馆获评国家一级博物馆。成功举办第四届中国戏曲文化周。开展公共文化活动2400余场次、健身赛事180余场次。开展多功能运动场地和健走步道建设，更新健身器材2200余件。积极服务保障冬奥会、冬残奥会筹备工作，国家冰雪运动训练科研基地场馆及配套设施全部投入使用。

脱贫攻坚任务全面完成。与受援地区签订携手奔小康结对帮扶协议，推进98个扶贫项目建设，拨付扶贫支援资金5280万元。打造“产供销全链条”消费扶贫模式，消费扶贫金额达4.2亿元。抓好就业扶贫，推动7400余名贫困人口就业。助力4个受援旗县全部脱贫摘帽。进一步加强与房山区、十堰市张湾区结对协作，推动各项任务落地见效。加强对河西6个经济薄弱村的帮扶工作，村集体主要经济指标和农民人均收入持续提升。

一年来，区政府始终牢记“看北京首先要从政治上看”的要求，坚持把全面从严治党贯穿政府工作的各领域、全过程，不折不扣贯彻落实市委市政府和区委各项决策部署。牢固树立过“紧日子”思想，强化预算绩效管理，拓宽审计监督的广度和深度。建立社区工作准入管理办法，持续为社区减负。强化政务公开，完善重大政策意见征集机制，提高行政决策的科学性和透明度。加强依法行政，完善行政执法考评体系，圆满完成“七五”普法任务。自觉接受区人大及其常委会的法律监督、工作监督和区政协的民主监督，办复市区两级人大代表和政协委员的建议、提案293件。认真做好民族宗教、外事侨务、对台、双拥、工商联、文联、科协等工作，工会、青少年、妇女儿童、红十字会等事业取得新进步。

各位代表，一年来的奋斗充满艰辛，一年来的成绩令人振奋。这些成绩的取得，得益于习近平新时代中国特色社会主义思想的科学指导，得益于市委市政府和区委的坚强领导，得益于区人大、区政协的大力支持，得益于社会各界的鼎力相助。面对前所未有的困难挑战，全区广大干部群众展现了顾全大局、坚守奉献的崇高境界，展现了开拓创新、锐意进取的拼搏精神，展现了奋勇当先、争创一流的坚定信念，顺利实现了疫情防控和经济社会健康发展的工作目标。在此，我代表区政府，向全区人民，向给予政府工作大力支持的人大代表和政协委员，向各民主党派、各人民团体和各界人士，向驻区单位、部队，向所有关心、支持、参与丰台发展建设的同志们、朋友们，致以崇高的敬意和衷心的感谢！

同时，我们也必须清醒地认识到，疫情变化和外部环境仍然存在不确定性，区域发展不平衡、不充分的问题依然突出，特别是河西地区的发展仍需加快；基层治理水平有待提高，满足群众“七有”“五性”需求还存在短板；工作作风还需要持续改进，干部队伍专业化能力、国际化视野有待进一步增强。对于这些问题，我们一定努力改进，苦干实干，采取有力措施加以解决，不辜负丰台人民的期待。

二、当前形势及“十四五”时期展望

2020年是“十三五”规划的收官之年。经过五年的不断积累和淬炼升华，丰台已进入发展快车道。未来五年，将是我们实现“妙笔生花看丰台”美好愿景的关键阶段。

第一，地区综合经济实力持续增强，为实现创新发展、厚积薄发奠定了坚实基础。“十三五”时期，地区生产总值由2015年的1283.7亿元增加到1870亿元，年均增长5.3%；一般公共预算收入由94.5亿元增加到127.8亿元，年均增长6.2%；社会消费品零售额由1007.3亿元增长到1313亿元，年均增长1.8%；固定资产投资五年累计4050亿元，比“十二五”增长11%。经过五年的发展，地区经济结构更加优化，城市面貌明显改善，民生福祉不断增强，为丰台区实现从量变到质变、从大区到强区的深刻转型奠定了坚实的基础。

第二，国家推出创新发展各项政策，为丰台区高质量发展提供了强有力的战略支撑。“十三五”时期，丰台区依托重点功能区建设，不断推动产业结构优化提升，第三产业占地区生产总值比重由78.8%增至85%左右。科技、金融等重点产业发展壮大，对经济增长的贡献日益增强，形成了轨道交通、航空航天两大千亿级产业集群。“十四五”时期，随着国家服务业扩大开放综合示范区和自由贸易试验区等重大战略的实施，将进一步激发科技、金融、文化、商务等现代服务业活力，为壮大核心产业、优化产业结构、增强内生动力，带来新的发展机遇。

第三，在减量集约发展的大背景下，丰台区空间资源优势将进一步释放。“十三五”时期，随着疏解整治促提升工作的深入开展，丰台区累计拆除违法建设1187.6万平方米，疏解市场210家，腾退空间1513.2万平方米，实现土地供应283公顷，为丰台区厚植了广阔的发展空间。“十四五”时期，作为首都南北均衡发展战略和新一轮城南行动计划深化实施的“主战场”，随着丽泽金融商务区、中关村丰台园、南苑—大红门地区规划建设不断加快，以及河西地区发展潜能加速释放，丰台区必将成为支撑首都高质量发展的“主阵地”。

第四，丰台区特有的区位优势，将进一步助推区域经济发展。丰台区作为首都高水平对外综合交通枢纽，既紧邻“一核”，又连接“两翼”，丽泽城市航站楼让丰台与世界各地互联互通，丰台站、北京西站、北京南站让丰台与国内各大城市紧密相连。随着京津冀城市群战略的深化实施和高铁经济的加速发展，丰台区必将成为畅通“双循环”、汇聚转化各类资源的桥头堡。

为更好地谋划丰台区“十四五”时期发展蓝图，区委十二届十三次全会审议通过了《关于制定丰台区国民经济和社会发展第十四个五年规划和二〇三五年远景目标的建议》，明确了指导思想、基本要求和发展目标，并提出了“十四五”时期的重点任务。区政府通过广泛征求意见，充分听取区人大代表、区政协委员建议，制定了《北京市丰台区国民经济和社会发展第十四个五年规划和二〇三五年远景目标纲要（草案）》。

锚定二〇三五年远景目标，今后五年将努力实现：经济发展效益明显提升，地区生产总值年均增长5%左右；生态环境质量持续优化，主要污染物排放总量持续削减，山水林田湖草系统治理水平不断提升，森林覆盖率达到28.4%，成功创建国家森林城市；民生福祉持续改善，城镇登记失业率控制在4.5%以内，居民收入增长和经济增长基本同步，公共服务体系更加完善，成功创建国家卫生区；社会治理效能显著提升，共建共治共享的社会治理体系更加健全，防范化解重大风险和安全发展体制机制不断完善。

“十四五”时期经济社会发展的主要任务：

一是紧扣区域功能定位，服务首都发展大局。着力加强“四个中心”功能建设、提高“四个服务”水平，积极融入京津冀协同发展，全面践行城市南北均衡发展战略，深入实施新一轮城南行动计划，加快重大项目布局，补齐民生短板。

二是加快促进产业升级，推动经济高质量发展。把握“两区”建设机遇，构建面向未来的现代化产业体系，提升金融支撑力、科技创新力、文化影响力、商务竞争力。高标准规划建设南中轴地区，打造具有全球影响力的丽泽金融商务区，建设极具创新活力的中关村丰台园，加快培育河西地区经济增长新动能。

三是建设和谐宜居城区，提高城市治理水平。持续推动城市总规和分区规划实施。全力提升城市环境品质，加快城市空间有机更新，塑造城市景观特色风貌。加强城市基础设施建设，构建高效便捷的城市交通体系、可持续的水资源保障体系、安全可靠的能源供给保障体系。促进城市精细智慧治理。

四是加强区域协调统筹，促进均衡一体发展。贯彻协调发展理念，加速城市化进程，推动实现区域协调统筹、东西均衡发展目标。加快推进河东地区城市化，加快补齐河西地区发展短板。

五是文化为魂生态为本，建设绿色美丽丰台。落实北京市新时代爱国主义教育实施方案，把卢沟桥宛平城地区建设成为全国一流爱国主义教育基地，推动长辛店红色遗址群整体保护传承，弘扬戏曲文化，彰显文化自信。重建绿水苑囿，高水平建成南苑森林湿地公园，持续推进永定河生态功能修复与景观提升，再现古都京韵。

六是坚持人民健康优先，着力建设健康丰台。健全公共卫生管理体系，筑牢公共卫生安全网，坚持不懈抓好常态化疫情防控。夯实医疗卫生服务体系，加强优质医疗资源供给。全面提升养老服务水平，增强养老服务供给能力。

七是聚焦“七有”“五性”，厚植民生福祉。建设首都教育新高地，积极稳就业保增收，健全多层次保障体系，全面推动老旧小区综合改造，着力提高群众居住品质，繁荣发展文化体育事业，加强和创新基层社会治理。

八是提高风险防控能力，维护区域安全稳定。夯实安全保障基础，推进依法治区和平安丰台建设，提升风险应对能力，加强风险防控和应急管理。

按照会议安排，“十四五”规划纲要已提请此次大会审议，请各位代表提出宝贵意见建议，共同为丰台未来发展汇聚力量、凝聚共识。

三、2021 年主要任务

按照市委市政府工作要求和区委全会部署，2021年政府工作总体要求是：坚持以习近平新时代中国特色社会主义思想为指导，全面贯彻党的十九大、十九届二中、三中、四中、五中全会和中央经济工作会议精神，深入贯彻习近平总书记对北京重要讲话精神，增强“四个意识”、坚定“四个自信”、做到“两个维护”，坚持稳中求进工作总基调，立足新发展阶段，贯彻新发展理念，积极探索构建新发展格局的有效路径，以推动高质量发展为主题，以改革创新为根本动力，以满足人民日益增长的美好生活需要为根本目的，巩固拓展疫情防控和经济社会发展成果，扎实做好“六稳”“六保”工作，更好统筹发展和安全，持续将全面从严治党引向深入，确保“十四五”开好局、起好步，以优异成绩庆祝中国共产党成立100周年。

按照上述要求，综合研判形势，对接“十四五”规划，2021年全区经济社会发展主要预期目标是：地区生产总值增长6.5%左右，一般公共预算收入增长3%，居民收入稳步增长，生态环境进一步改善。

重点抓好以下几方面工作：

（一）深入落实北京城市总体规划，更好地服务保障首都功能

全力做好分区规划实施。切实发挥规划战略引领和刚性管控作用，严控用地、建筑规模，推动减量提质发展。编制完成宛平城地区、赵辛店、分钟寺地区控规。深化长辛店老镇有机更新综合实施方案编制。以提升轨道交通站城一体化水平为导向，深化河西地区控规研究，力争将河西地铁纳入北京市轨道交通三期规划建设。基本完成规自领域专项巡视问题整改，持续完善严格按规划办事的体制机制。

加快南中轴地区建设步伐。高标准推进首都商务新区建设，按照“北城南苑”的空间格局，围绕“生态轴、文化轴、发展轴”定位，持续开展南苑森林湿地公园先行启动区绿化建设，构建融入城市的生态公园体系。推进南苑—大红门地区腾退产业空间改造提升，加速文化、科技、商务等产业要素聚集，引领南中轴地区城市更新、产业升级和环境提升，构建撬动北京南部发展的核心引擎。

积极打造“轨道上的京津冀”重要节点。加快丰台站改建工程征拆收尾工作，力保丰台站年内通车。编制上报站城一体化启动区控规和综合实施方案，加快相关地块征拆和土地供应。加速周边配套市政工程建设，实现万寿路南延、丰台东路、四合庄西路等道路局部通车。围绕北京南站、北京西站等重要交通节点，加大周边区域环境、道路交通等方面的整治提升力度，建设彰显首都魅力和丰台特色的城市门户。

（二）强化创新驱动，加快形成高质量发展新优势

积极培育区域经济新增长点。紧抓全市“两区”建设的有利契机，充分发挥“丰九条”等政策引导和激励作用，加大招商引资力度，实施“1511”产业提升工程，吸引培育10家上市公司、50家高质量外资企业、100家高成长企业、100家区域贡献超千万的规模企业。建设方庄、马家堡、花乡奥莱等10个集商务、消费、文化、休闲于一体的区域活力中心，进一步塑造城市品牌，释放城市发展新动能。围绕市民对高品质生活的需求，持续推动新发地、岳各庄等农副产品市场升级，依托花乡花卉资源优势，打造具有全国影响力的都市精品花卉产业。充分发挥政务服务中心新址的平台作用，提供1700余个审批事项一站式服务，全程网办事项比例达到80%以上，完善精准服务企业机制，更好地优化提升地区营商环境。深化国有企业改革，做大做强区属国企，提高对区域经济发展的支撑保障作用。

推动丽泽金融商务区发展全面提速。加大基础设施建设力度，全力推动丽泽城市航站楼和新机场线北延工程建设，力争实现地铁14号线、16号线年内通车，持续深化地铁丽金线规划方案研究设计；完成金中都东路等3条道路建设，进一步畅通微循环。提高产业发展水平，以金融科技创新示范区建设为契机，积极引进金融、科技类头部企业，规划建设数字金融科技示范园，推动数字货币和智能保险等改革试验与测试应用落地，打造数字货币技术和应用生态圈。优化提升区域环境，年内基本完成滨水文化公园一期、城市运动公园一期等项目建设，加快推进金中都遗址公园建设，形成近500亩的开放绿色景观空间，打造“绿色生态样本”；加强整体风貌规划和管控，加快既有建筑的城市更新，打造规范有序、靓丽整洁的城市空间。

进一步激发中关村丰台园创新活力。深化与航天一院、航天三院、铁道科学院等重点院所的合作，加强与北航、北理工、北交大等重点高校的联系对接，支持引导航空航天、轨道交通创新技术发展；依托天坛医院、首都医科大学等区域资源，建设首都医学科技创新转化中心；举办第三届中国铁路发展论坛等全国性产业推介活动，进一步提升园区知名度、影响力。持续做强轨道交通和航空航天两大千亿级产业集群，壮大新一代信息技术、智能装备、医药健康、新材料四个百亿级产业集群。全年实现总收入同比增长8%、留区财政收入同比增长5%左右，园区人均、地均产出率继续保持全市领先水平。高水平规划建设中关村丰台园西区，加快推进数字经济创新产业园建设。围绕全市发展高精尖产业系列政策，继续落实好各项扶持惠企措施，提升园区配套服务的整体水平。

（三）不断提升环境质量，努力建设高品质宜居城市

持续打造天蓝水清地绿的生态环境。巩固“一微克”行动成果，加强PM2.5、臭氧、温室气体协同控制。深入落实河湖长制，实现国家和市级考核断面持续达标。继续推进永定河生态治理，实施晓月生态修复工程。逐步完善污水处理设施，加快河西农村地区污水主干管网建设。实施新一轮百万亩造林绿化工程3200亩。全力推进国家森林城市创建工作。

不断增强城市综合承载能力。推动一批重大项目纳入新一轮城南行动计划。持续优化交通环境，推进地铁19号线一期建设工作。实施3条次干路建设、3条道路大修、5处交通疏堵工程，开展2个区域交通综合治理。加快静态交通设施改造，新增1600个路侧停车位。推进河西第二水厂、生物质能源中心等项目建设。加快5G基站建设，实现区域全覆盖。

统筹推进城市均衡发展。加快一绿地区城市化建设，推动大瓦窑—小井组团等项目实施，加快推进花乡中部组团项目一期上市地块达到入市条件。推广集体土地租赁住房模式，开工建设张仪村、东管头村等项目，实现葆台村项目竣工。强化人居环境整治，持续落实背街小巷环境整治三年行动计划。完善“村地区管”机制，坚决制止耕地“非农化”行为，严守农地农用底线。加强集体资产监管，推动集体经济更好地融入城市发展。

（四）突出综合施策，全面提高城市治理现代化水平

持续开展“疏解整治促提升”专项行动。持续推进违法建设拆除，开展“基本无违建区”创建，实现新生违建、“开墙打洞”及占道经营动态清零。推动市属国企批发市场转型升级。持续巩固南苑—大红门地区疏解整治成果，严防传统业态回潮。抓好腾退空间统筹利用，实现留白增绿34.3公顷，鼓励模式创新，激活存量资源，打造一批成功案例和精品区域。

大力推进城市更新。统筹实施老旧小区综合整治，加快长辛店老镇有机更新，继续推进宛平城内住宅解危工作，焕发区域新活力。加快推动南苑村、五里店京周路地区、张郭庄等棚改项目实施。持续加大清理滞留户工作力度，加快回迁安置房建设，开工建设各类保障房4200套，竣工6000套，让百姓搬入

新居的心愿早日实现。

不断夯实基层治理基础。平稳有序推进行政区划调整工作，深入落实街道办事处职责规定，进一步提高基层治理能力和水平。以首善标准推进垃圾分类，促进垃圾减量。下大力气抓好物业管理，提高"三率"水平，探索利用市场化手段破解物业管理难题。继续深化落实"吹哨报到""接诉即办"工作，大力解决群众诉求集中的重点问题。严格规范完成村居"两委"换届工作。

切实抓好平安丰台建设。高标准做好全国"两会"、建党100周年、十九届六中全会等重大活动保障，深入开展反恐反分裂斗争，推动扫黑除恶常态化，营造和谐稳定的社会环境。加快丰台区综合指挥中心等智慧平台建设，组织开展安全生产专项整治三年行动和全国第一次自然灾害综合风险普查，全面提升预防和应急管理能力。加强区域金融系统监管，防范化解重大金融风险。完善矛盾纠纷多元调解机制，落实信访工作责任制。强化食品药品、特种设备及产品质量安全监管。严格冷链食品等重点产品风险排查，守好安全底线。

（五）聚焦美好生活新期待，持续增进民生福祉

推进健康丰台建设。坚持"外防输入、内防反弹"不放松，平战结合抓好常态化疫情防控。健全公共卫生应急管理体系，加强防疫物资储备，提升核酸检测能力，落实疫苗接种方案，发挥社区卫生服务中心发热哨点和二、三级医院发热门诊作用，增强疫情监测预警、精准防控和应急处置能力。统筹优化全区医疗资源布局，加强医院品牌建设，高质量推进丰台医院提质改建、丰台中西医结合医院二期工程和北京口腔医院迁建项目建设。举全区之力推进国家卫生区创建工作，持续深化新时代爱国卫生运动。

做好就业和社会保障。进一步加大援企稳岗力度，千方百计扩大就业，城镇登记失业率控制在4.5%以内。加强医保惠民便民，全面实施医保电子凭证就医结算。提升养老服务水平，新增床位200张，推进养老服务基本公共服务试点建设。持续开展无障碍环境建设专项行动，规划建设区级残疾人职业康复中心。做好困难群众和弱势群体帮扶，开展服务类社会救助试点工作。做好退役军人服务保障。继续开展结对帮扶工作，巩固拓展脱贫攻坚成果。

深化教育强区建设。围绕构建高质量教育体系，持续优化教育资源布局，完成长辛店铁路中学改扩建工程，加快推进北京十二中联合总校国际学校建设。新增普惠性学前学位800个。实施义务教育学校品质提升工程，启动高品质示范高中和品牌特色高中建设，设立高中校长基金，激发学校办学活力。加大优秀骨干教师培养引进力度，加强教育人才储备与优化配置。

推动文体事业繁荣发展。围绕建党100周年，推进卢沟桥—宛平城—长辛店文化片区建设，加强卢沟桥、宛平城文物和长辛店地区红色遗址群保护利用，推出革命活动旧址展览，做好红色文化传承。举办第五届中国戏曲文化周、中秋"卢沟晓月"等活动，开展不少于1800场次的群众文化活动。加快文化馆、图书馆、档案馆等公共文化设施建设，推进区图书馆新馆年内投入使用。新建不少于30处体育健身活动场所。举办第十三届全民健身节等系列赛事，组织开展欢乐冰雪季、冰雪大篷车进基层等活动，营造浓厚的迎冬奥氛围。

（六）加强自身建设，提升政府治理效能

持续强化政治建设。不断增强"四个意识"，坚定"四个自信"，坚决做到"两个维护"。发挥区政府党组示范作用，带头严守政治纪律和政治规矩，坚决贯彻党中央国务院、市委市政府和区委各项决策部署，确保政令畅通、令行禁止。巩固深化"不忘初心、牢记使命"主题教育成果。

深入推进依法行政。自觉接受人大及其常委会的法律监督，主动接受政协民主监督，进一步提升建议提案办理质量。严格落实"三重一大"决策制度，推进政务公开标准化、规范化，让权力在阳光下运行。持续强化过紧日子思想，继续压缩一般性支出。加强法治教育宣传，不断增强全社会法治意识。

坚决落实全面从严治党主体责任。坚定不移推动反腐败斗争，加强警示教育和反腐倡廉宣传，持续营造风清气正的发展环境。狠抓市委巡视反馈意见整改，推动全面从严治党取得新成效。持续深化作风建设，鼓励干部走出去，深入开展调查研究，开阔眼界、锤炼本领，以狠抓落实、敢于担当的精神，在实干中展现新作为、开拓新局面。

各位代表，"十四五"的美好画卷已向我们展开，"两个百年"的宏伟目标正向我们走来。蓝图鼓舞人心，目标催人奋进。让我们更加紧密地团结在以习近平同志为核心的党中央周围，在市委市政府和区委的坚强领导下，解放思想、振奋精神、真抓实干、奋勇争先，推动"妙笔生花看丰台"的美好愿景尽快成为现实，以优异成绩庆祝中国共产党成立100周年，为首都率先基本实现社会主义现代化，作出丰台贡献！

大事记

1月

6日至8日 政协北京市丰台区第十届委员会第四次会议召开。315名政协委员汇聚一堂，共商丰台发展和建设大计。

7日至9日 丰台区第十六届人民代表大会第七次会议召开。会议审议通过关于丰台区人民政府工作报告等多项决议。

10日 丰台区召开“不忘初心、牢记使命”主题教育总结大会。

11日 丰台区青少年儿童迎新春“娃娃庙会”在丰台区少年宫东区开幕。本届庙会以“娃娃们的冬奥梦”为主题，将北京冬奥会的宣传热点与丰台区中小学生非遗特色项目融会贯通，助力北京冬季奥运会，弘扬奥林匹克精神。

15日 丰台区2020年文化、科技、卫生“三下乡”集中示范活动在花乡黄土岗村文化中心开幕。

16日 丰台区第六届迎新春过大年欢乐美食节在北京市消费扶贫产业双创中心开幕。

同日 丰台区2020年“迎新春”民族音乐会在中国评剧院大剧场演出。

17日 丰台法院实现当日立案当日审结：刘先生等7名商铺经营者的起诉状，法院当庭出具判决书。丰台法院的这项举措是全国基层法院范围内响应最高人民法院民事诉讼程序繁简分流改革的首次尝试。

18日 南苑乡南苑村棚户区改造和环境整治项目回迁安置房奠基仪式举行。

19日 丰台区统一战线“同心同行·迈向新征程”诗歌演唱会在区文化馆礼堂举办。

21日 区人大常委会召开“万名代表下基层”开门立法工作部署会，就《北京市物业管理条例》和《北京市文明行为促进条例》的修订，组织人大代表深入基层宣讲和征求意见。

同日 “妙笔生花看丰台，蜂舞街巷百花开”——丰台区责任规划师“小蜜丰”和社区规划志愿者聘任仪式及工作交流会在北京汽车博物馆新闻厅举行。

26日 针对丰台区一药店N95口罩出售850元一盒事件，丰台区市场监管局向该药店制发《行政处罚听证告知书》，进行行政处罚。

同日 区发展改革委员会启动对全区176家重点“高精尖”企业新型冠状病毒肺炎预防控制工作，同时加强企业“一对一”精准服务和生产经营情况监测。

28日 市委书记蔡奇到新发地农副产品批发市场，检查新型冠状病毒肺炎疫情防控工作和市场供应。

25日至30日 第十二届北京市水仙雕刻艺术展在莲花池公园举办。

31日 中国铁路通信信号集团有限公司（中国通号）通过国务院国资委专门账户，向湖北省捐赠3000万元，坚决贯彻落实上级决策部署，助力打赢疫情防控阻击战。

2月

3日 丰台区区级政务服务中心、7类（不动产、出入境及户籍、医保、社保及公服、婚登、税务、交通）13个区级专业分中心、21个街道（乡镇）政务服务中心开始对外办公。

6日 北京市丰台区方庄社区卫生服务中心主任吴浩作为国家卫健委基层防控专家组负责人出征武汉，指导基层做好新型冠状病毒肺炎防控工作。

8日 丰台区融媒体中心推出“北京丰台”客户端元宵节“网上看花灯”公益行动，24小时网络浏览量2124万+，点赞量38万+。北京广播电视台《北京您早》《北京时间》客户端跟进播发“网上元宵灯会闪亮丰台”。

9日 丰台区发布加强防疫物资保障、做好复工复产复业保障、加大资金支持力度、减轻企业经营负担、优化企业服务能力和加强城市运行保障服务等6个方面30项具体举措。

10日 区政务服务管理局在全市首推政务专员帮办方式实现1000个事项“零见面”服务。

15日至16日 首支驰援武汉疫情一线的民族医疗队北京瑶医医院的21名医护人员集结完毕，进驻武汉红十字会医院，负责危重病人抢救。

18日 丰台区区级定点医院首批新冠肺炎3名患者治愈出院。其中，1名女性治愈者现场捐献血浆，成为北京市首例成功捐献血浆的新冠肺炎痊愈患者。

19日 丰台区印发《丰台区关于应对新冠肺炎疫情支持企

业发展的若干措施(暂行)》(简称“丰台十条”)。

20日　区委书记徐贱云赴西罗园街道意馨夕阳乐苑和南苑乡泰颐春养老中心调研检查养老机构疫情防控工作。

同日　中关村丰台园企业依文集团医用防护服项目正式投产，为疫情防控一线医护工作者提供医用防护装备。

21日　丰台区向全区在职党员发出倡议，在全区在职党员中开展“顶岗一日”行动。

25日　丰台区召开统筹推进新冠肺炎疫情防控和经济社会发展工作部署电视电话会议，深入学习贯彻习近平总书记在统筹推进新冠肺炎疫情防控和经济社会发展工作部署会议上的重要讲话精神，学习贯彻北京市统筹推进新冠肺炎疫情和经济社会发展工作部署会会议精神，对下一步工作进行再动员、再部署。

26日　丰台区规模以上正常经营工业企业123家，复工104家；在施工地272个，复工27个；商务楼宇708个，复工522个)；商超企业1097家，复工941家；餐饮企业5100家，复工887家；酒店住宿企业684家，复工254家。

29日　丰台区新冠肺炎疫情防控工作领导小组会以电视电话会议形式召开。

3月

3日　市委副书记、市长陈吉宁以“四不两直”方式到丰台区检查市级重点工程、轨道交通、办公楼宇等单位疫情防控措施落实和复工复产情况。

5日　区委书记徐贱云调研检查区密接人员集中隔离点疫情防控工作，并慰问一线工作人员。

同日　区委宣传部、团区委、区融媒体中心举办“丰台处处有雷锋”线上主题发布活动。

9日　由航天科技集团有限公司所属的、位于丰台区的中国运载火箭技术研究院(以下简称“火箭院”)抓总研制的长征三号乙运载火箭在西昌卫星发射中心点火升空，将第54颗北斗导航卫星成功送入预定轨道，圆满实现北斗导航工程新年“开门红”。

12日　丰台区新冠肺炎疫情防控工作领导小组会以电视电话会议形式召开，传达习近平总书记在湖北省考察新冠肺炎疫情防控工作时的重要讲话精神；传达北京市新冠肺炎疫情防控工作领导小组会议精神；通报丰台区疫情防控工作整体情况。

19日　中共丰台区第十二届纪律检查委员会第五次全体会议以电视电话会议形式召开。

同日　丰台区首家口罩生产企业——依文服饰股份有限公司2条医用口罩生产线运行投产。

19日　丰台区委教工委区教委召开援藏干部慰问座谈会，汇报丰台区组团式教育援藏工作开展情况。

25日　区委书记徐贱云到北京南站检查境外人员闭环转送工作，强调要加强与北京西站联防联控指挥部和市相关部门的沟通对接，精准掌握入境进京人员数据信息，严格落实入境进京各项管控措施。

同日　在鄂返京人员首批分两车次直达北京西站回京，共有800余人抵京，丰台区共转送102人，其中居家观察87人、集中观察15人。

31日　丰台区“丰企通”企业服务系列活动正式启动，首期活动采用线上方式在“北京·丰台”客户端直播，聚焦“疫情期间企业税费优惠政策”主题，邀请专家进行深度解读。

▲　河北省人民政府发布通知，正式批准涞源县退出贫困县序列，丰台区东西部扶贫协作帮扶的河北省保定市涞源县、内蒙古赤峰市林西县和兴安盟扎赉特旗全部脱贫“摘帽”。

▲　丽泽控股公司与京投公司的全资子公司北京京投交通枢纽投资有限公司(以下简称“京投交通枢纽公司”)正式注册成立北京市丽泽城市航站楼建设发展有限公司，作为推进丽泽城市航站楼综合体项目建设的平台公司。

4月

3日　北京瑶医医院驰援武汉医疗队的21名队员，从武汉乘坐高铁返京，结束在武汉的战“疫”支援。瑶医医疗队参与治疗新冠肺炎患者痊愈出院152名，治疗疑似患者800多例。中国非公立医疗机构协会通报表扬北京瑶医医院援鄂医疗队并赠予“中国社会办医战疫纪念章”。

6日　匈牙利当地时间4月6日晚6点，丰台区花乡向“中匈友好乡”——匈牙利贝尔卡道乡捐赠的第一批防疫物资顺利抵达目的地。这批防疫物资包括一次性口罩20000个、手套4000副、体温枪100个、防护服100件、护目镜100副。

11日　市委书记蔡奇以“四不两直”方式到丰台区新村街道怡海花园社区检查疫情防控工作，向坚守防疫一线的社区工作者、基层民警、下沉干部和志愿者表示感谢和慰问。

15日　是“全民国家安全教育日”，丰台区在王佐镇社区卫生服务中心开展以“公共卫生安全”为主题的疫情防控处置演练，演练通过“北京·丰台”客户端及官方微信微博等多个网络平台进行直播，让更多的人了解疫情防控工作流程，树立公共卫生安全意识。

23日　丰台区住建委在丰台站改建工程建设范围内发布《房屋征收暂停办理事项公告》，加快推进北京铁路枢纽丰台站改建工程工作进度。

28日　区第十六届人大常委会召开第二十六次会议，以无记名投票方式，任命初军威为丰台区政府副区长、代理区长。

30日　“丰台在线·云淘好物”消费月在花乡花卉嘉年华举行，以最大的优惠为市民提供云消费平台。

5月

1日　新版《北京市生活垃圾管理条例》正式实施。辖区内各街乡镇、各单位广泛开展了生活垃圾分类宣传活动。

8日　永定河卢沟桥拦河闸提升打开，向永定河北京段补水。

11日　是北京市初三学生试开学的第一天，当天，丰台全区近40所学校4000余名初三学生顺利返校复课。

20日　丰台区市花月季进社区活动在东铁匠营街道成仪路社区晶城秀府小区启动，种植月季2000余株，面积近600平方米。

22日　丰台区举行区委理论学习中心组学习（扩大）会，邀请市人大常委会城建环保办公室副主任杨中元解读《北京市生活垃圾管理条例》、市人大常委会城建环保办公室法规处处长李媛解读《北京市物业管理条例》。

26日　丰台区召开创建国家卫生区启动大会。

同日　北京市丰台区税务局以“发挥‘银税互动’作用，助力小微企业发展”为主题，与中国建设银行、中国银行、交通银行、邮政储蓄银行、兴业银行、宁波银行六家银行的北京丰台支行举办“银税互动”签约仪式，共同谋划银税合作，助力企业复工复产。

24日至29日　在新冠肺炎疫情常态化防控时期，丰台区卫生和计划生育监督所对丰台区155所中小学开展新冠肺炎疫情防控专项督导检查，确保全区中小学疫情防控措施落实到位，保障开学后师生有一个安全、健康的工作、学习环境。

30日　由云南省大理州剑川县人民政府和依文集团共同主办的“千年技艺·手工木雕——国家级非物质文化遗产剑川木雕展”在北京园博园依文时尚欧洲园开幕。

31日　国家冰雪运动训练科研基地西区一期整体完工，速滑馆、轮滑馆和运动员公寓投入使用。

6月

1日　按照全市统一部署，丰台区中学非毕业年级和小学六年级的学生正式返校复课，除初高三年级外，丰台区中小学其他学段学校有110多所2万多学生顺利返校复课。

同日　区委书记徐贱云主持召开街乡镇党（工）委书记工作点评会，重点点评统筹推进疫情防控和经济社会发展情况。

2日　丰台区共接收在北京西站转运的在鄂返京人员共计10013人，返京车次共计188次。

同日　区人大常委会开展《北京市生活垃圾管理条例》《北京市物业管理条例》《北京市街道办事处条例》执法检查推进工作会。

5日　由北京市医疗保障局主办、丰台区医疗保障局承办的“打击欺诈骗保 维护基金安全”集中宣传月启动仪式暨多部门联合宣传活动在首都医科大学附属北京天坛医院举行。

6日　区委宣传部发出《发挥文明单位作用 坚决打赢疫情防控阻击战》倡议书，号召全区251家文明单位和426个文明实践中心（所、站、基地）组织文明力量，动员各级志愿者参与疫情防控工作。

9日　区委书记徐贱云，区委副书记、代区长初军威到南苑大泡子、居然之家丽泽店、丰开孵化器公司等调研检查复工复产和促进消费工作。

12日　市委书记蔡奇与市委副书记、市长陈吉宁分赴西城区月坛街道、丰台区新发地批发市场等进行现场检查，要求果断处置、精准防控，迅速坚决阻断传染源，防止疫情扩散蔓延，守护好人民群众生命安全和身体健康。

同日　0时至24时，丰台区共报告5例新冠肺炎确诊病例。

13日　区委书记徐贱云到新发地市场现场紧急调度市场封闭管理和疫情防控工作，建立现场指挥调度体系，严格实施封控措施，设置临时交易周转区，做好货运车辆引导和周边交通疏导，保障市场供应。

同日　在北京市新型冠状病毒肺炎疫情防控工作新闻发布会上，丰台区代区长初军威表示，丰台区迅速启动战时机制，成立现场指挥部，暂时关停新发地市场，对市场及周边11个小区采取封闭管理措施，市场周边3所小学、6所幼儿园停课。已摸排密切接触者139人，全部实施集中隔离医学观察。

同日　区市场监管局开始在全区范围内开展以生鲜、冷冻猪肉、牛肉、羊肉、鸡鸭肉等畜禽肉类、水产品及其制品为重点的食品安全大检查，覆盖食品集中交易市场、超市、便利店、食杂店、已复工餐饮服务单位等，督促各经营主体履行好防疫责任，落实好防疫措施，严防食品安全事件发生。

14日　市委书记蔡奇再次到丰台区新发地批发市场、新村街道银地社区、中国肉类食品综合研究中心等地检查疫情处置和防控工作。

同日　全区4500名下沉干部全部返岗社区参与新冠病毒疫情防控。

15日　区委书记徐贱云先后到新村街道、花乡黄土岗村和大红门街道核酸检测站，现场查看核酸检测工作流程和进展情况，强调要从严从快排查5月30日后到新发地批发市场的人员。

16日　市委常委会召开会议，进一步研究部署新发地批发市场聚集性疫情应对处置工作，强调要根据疫情发展变化果断调整应急响应级别和防控策略。坚持外防输入、内防扩散，采取最坚决、最果断、最严格的措施，争分夺秒地开展排查、检测、流调、溯源等工作，做到应查尽查、应检尽检、应隔尽隔、应收尽收，坚决阻断疫情传播途径，迅速把这次疫情控制住。

同日　区委书记徐贱云，区委副书记、代区长初军威连夜检查辖区农贸市场防疫和保供稳价工作。

同日　丰台区组织开展“6·16全国宣传咨询日”活动，通过线下互动咨询、展览展示等系列活动传播安全知识，促进安全生产水平提升和安全生产形势稳定好转。

17日　丰台区对大数据筛查的涉疫市场相关人员进行核酸检测的同时，同步对重点行业、重点领域、重点地区的人员开展核酸检测工作。

同日　丰台区率先在全市开展全员核酸检测。

同日　区委副书记、代区长初军威来到新发地市场，对蔬菜水果交易周转区防疫及供应情况进行"四不两直"调研。

19日　区委书记徐贱云到市场、餐饮场所和集中隔离点检查督导疫情防控工作。

同日　新发地市场完成露天果蔬区90万平方米二次消杀作业。

20日　丰台区全面启动第三方网络平台"外卖小哥"的核酸检测工作。

同日　丰台区18条易积水道路和2座桥涵1227个智能井盖投入使用，一旦汛期井盖出现位移、震响、水位异常等情况，智能云端系统会通过短信、微信小程序等方式通知相关产权单位进行处理。

23日　丰台区新冠肺炎疫情防控工作领导小组会以电视电话会议形式召开。区委副书记、代区长初军威传达北京市新冠肺炎疫情防控工作领导小组会议精神，通报丰台区疫情防控工作整体情况。

24日　丰台区在营的3764户餐饮单位（含单位食堂）全部完成消杀工作。

28日　北京市新型冠状病毒肺炎疫情防控工作新闻发布会上，丰台区委副书记、代区长初军威介绍，经专家评估，新发地市场牛羊肉综合大楼相关人员为疫情极高风险人群。丰台区决定对新发地市场牛羊肉综合大楼相关集中隔离人员在原来14天的基础上再延长集中医学观察14天。

同日　丰台区率先启动冷库排查工作，特别是对进口水产品、畜禽类食品进行重点检查。

同日　地铁16号线丰台站提前完成主体结构封顶。

30日　市委书记蔡奇到丰台区调研疫情防控工作，并慰问奋战在抗疫一线的基层党组织和党员。

同日　即日起，新发地周边12个封闭管控小区依规分期解封。

▲　丰台区启动古树复壮修复工作，对卢沟桥乡和花乡的古皂荚、国槐、银杏进行保护复壮。

7月

1日　东铁匠营街道综合行政执法队举行揭牌仪式，由市、区相关部门行使的431项行政执法权由此正式下放至街道。

8日　丰台区以"展退役军人风采，立创业创新潮头"为主题的首届"创业丰台2020——丰台区退役军人创业创新大赛"举行。

17日　丰台区《北京市文明行为促进条例》律师宣讲团以"云宣讲"的方式从专业角度对《条例》进行解读，并向全体市民发出文明倡议。

18日　丰台区启动"清洁家园健康生活共创卫生城区"为主题的夏季社区周末大扫除活动，区四套班子领导深入基层联系点与全区21个街道乡镇394个社区（村）一起行动，共同消除疫情防控隐患，清理环境。

20日　零时起，北京市突发公共卫生事件应急响应级别由二级下调为三级。

28日　新发地市场自6月13日3时起休市至今，为方便周边居民购买鲜果鲜菜，建筑面积1000平方米的新发地便民菜市场试营业。

31日　北京消费季之约"惠"丰台重启活动在汽车博物馆举行，标志着以"约'惠'丰台·感受'丰'范"为主题的丰台消费季活动全面重启。

8月

2日　凌晨1点，一辆满载2万斤圆白菜的货车驶入丰台岳各庄批发市场，这是来自内蒙古自治区赤峰市林西县官地镇新民村岳各庄绿色蔬菜种植基地的首批成熟蔬菜，后期会有近30吨的圆白菜陆续进京。

6日　区政协和区融媒体中心共同推出《委员对话一把手·提案办理面对面》网络直播。

13日　北京市召开新冠肺炎疫情防控工作第164场新闻发布会。丰台区委常委、常务副区长周新春介绍，新发地市场主市场铁路以南区域将于8月15日正式对外开放，介时恢复市场正常时期果蔬交易量的60%，标志着新发地市场正式复市，并将全面取消新发地市场零售功能。

同日　"北京中医药大学东方医院——丰台区肿瘤诊疗中心"正式揭牌，标志着南苑医院与北京中医药大学东方医院紧密型专科医联体建设工作正式启动，是传承和发展中医药文化的重要举措。

14日　丰台消夏美食节"嗨吃龙虾节"活动在万丰餐饮街举行，丰台多家餐馆以"线上直播＋线下体验"的方式吸引食客约"惠"丰台美食记。

15日　新发地市场正式复市。当天有1000多辆货车近1.3万吨蔬菜水果进场。新发地市场复市后实行"批零分开"，不再向个人消费者开放。为保障居民日常供应，在市场外新设便民菜市场。

16日至18日　区委书记徐贱云率领丰台区党政代表团赴内蒙古自治区赤峰市林西县对接扶贫协作工作，研究巩固脱贫成果的长效机制，进一步推进全面脱贫与乡村振兴有效衔接。

20日　内蒙古自治区兴安盟扎赉特旗党政代表团到丰台

区对接扶贫协作工作，召开扶贫协作工作联席会，区委书记徐贱云出席会议并讲话，区委副书记、代区长初军威主持会议。

21日　北京市丽泽金融商务区控股有限公司、北京市基础设施投资有限公司和首都机场集团三方共同签订合作框架协议。

24日　2020年云上丰台科技周举行线上启动仪式。24日至30日举行丰台科技周活动，特别推出《探秘·美好生活》《科技战疫微访谈》线上栏目和《美丽丰台科普行》《垃圾分类我最行》等特色主题活动。

25日　北京大学二七厂1897科创城思想政治实践课教育基地授牌仪式在丰台区长辛店街道的二七厂1897科创城内举行。

28日　集露天观影、漫威人物展、影视文化长廊、深夜食街等多元素于一体的千禧影视文化节在千禧商业街开幕，中国商业联合会副会长、北京市商业联合会会长，北京市商业联合会副秘书长等出席启动仪式。

29日　今日起，中小学、幼儿园学生开始陆续返校。

30日　"家庭·家教·家风"丰台区第二届母婴淘宝嘉年华暨北京嘉禾妇儿医院首届电商狂欢节启动。

9月

1日　丰台区岳各庄农产品批发市场实行批零分开。由酒店用品城改造的岳各庄便民服务中心，作为岳各庄市场的独立零售区正式开放，其他区域不再接待零售业务。

3日　纪念中国人民抗日战争暨世界反法西斯战争胜利75周年向抗战烈士敬献花篮仪式在中国人民抗日战争纪念馆举行。党和国家领导人习近平、李克强、栗战书、汪洋、王沪宁、赵乐际、韩正、王岐山同各界代表一起出席仪式。

同日　由北京市国有文化资产管理中心、丰台区委宣传部指导，丰台区文化创意产业促进中心主办，丰台区总工会、丰台区商务局等20余家单位联合主办的第八届丰台惠民文化消费季在丰科万达广场启动。

10日　北京高院召开扫黑除恶专项斗争第3次新闻发布会，通报5起涉黑涉恶典型案例。其中丰台法院审理的寇强恶势力团伙"劳务黑中介"诈骗案入选该次扫黑除恶专项斗争新闻发布会典型案例。

11日至12日　区委副书记、代区长初军威率丰台区党政代表团赴内蒙古自治区兴安盟扎赉特旗对接京蒙扶贫协作工作。兴安盟委委员、副盟长孟文涛等一同参加活动。

12日　首届HICOOL全球创业者峰会暨创业大赛在北京圆满收官。在人工智能、生物医药等领域多个优秀参赛项目的激烈竞争中，本草瑞生从全球80多个国家的2000多个项目中脱颖而出，获优胜奖。本草瑞生在丰台新动能基金与本草资本的共同推荐下，成功对接引入国内并落地丰台园科创中心。

14日　北京第三十四届卢沟桥醒狮越野跑活动启动仪式在中国人民抗日战争纪念馆举行。

15日　22时30分，随着回迁房地块最后一户签约，花乡榆树庄村腾退回迁房地块签约工作全部完成。

17日　丰台团区委联合中建五局北京公司，依托丰台社区青年汇开展"光盘行动·你我践行"主题活动暨首届"超英杯"厨王争霸赛，100余名厨师、青年农民工、志愿者代表参加活动。

19日　市委书记蔡奇到丰台区调研检查爱国卫生运动。要认真贯彻习近平总书记关于爱国卫生运动的重要指示精神，发动社会齐动手，深入开展新时代爱国卫生运动，切实巩固疫情防控成果，保障人民群众生命安全和身体健康，大力推进健康北京建设。

21日　由北京市经济和信息化局、北京市商务局、丰台区政府联合主办，丰台区科学技术和信息化局、北京软件与信息服务业促进中心、中关村现代信息消费应用产业技术联盟、中国信息通信研究院智能+学院、北京工业互联网技术创新与产业发展联盟共同承办的北京信息消费节系列活动之丰台区数字化赋能中小企业行活动启动仪式暨丰台区"新基建""新场景"政策宣讲会成功举行。

23日　由北京市投资促进服务中心和丰台区人民政府主办，北京外商投资企业协会、北京丽泽金融商务区管委会、丰台区投资促进服务中心承办的2020驻京知名外商企业投资丰台行活动举行。

29日　部分区政协委员、区相关单位负责人在丰台联合律师楼召开专题座谈会，就加强委员联系群众工作进行座谈，并举行丰台区首个政协委员工作站揭牌成立仪式。

10月

9日　由区委宣传部牵头组建的丰台区"共抗疫情决胜小康"百姓宣讲团首场宣讲活动在卢沟桥乡举行。

15日　区委副书记、代区长初军威率丰台区党政代表团赴河北省保定市涞源县对接扶贫协作工作。保定市委副书记、市长郭建英一同调研考察。

同日　由区委宣传部、区文联和汽车博物馆主办，区书法、美术和摄影家协会承办的"使命在肩，抗疫有我"丰台区书法美术摄影优秀作品展开幕式在北京汽车博物馆举办。

17日　丰台区举行主题为"大国点名·没你不行"的第八届丰台区政府统计开放日暨丰台区第七次全国人口普查宣传月启动仪式。自11日起，丰台区全面开启第七次全国人口普查摸底工作，413个社区12026个普查小区同时启动，10660名普查人员深入千家万户，开展人口普查摸底工作。

18日　位于北京京丰岳各庄农副产品批发市场的北京市消费扶贫双创中心丰台分中心重装亮相，"党建引领消费扶贫"基地正式揭牌。

同日　第二十八届北京种业大会座谈会在丰台区世界种子大会品种展示基地召开。

20日至21日　丰台区融媒体中心与保定日报社联合采访组一行12人走进保定市涞源县，携手开展集中采访报道活动，全媒体、多角度讲述涞源脱贫攻坚故事。

23日　丰台区街乡镇应急小分队授牌仪式暨区级地震灾害应急处置综合演练在红星美凯龙国际家具建材广场举办，相关单位负责人及丰台区街乡镇应急小分队100多人参加活动。

30日　国家税务总局北京市丰台区税务局携手交通银行北京市分行、北京市首贷服务中心共同举办丰台区“银税互动”优质企业金融支持座谈会，为“专精特新”企业搭建融资平台，精准服务普惠金融，助力小微企业发展。

11月

2日　市委书记蔡奇就学习贯彻党的十九届五中全会精神和习近平总书记给中国戏曲学院师生的重要回信精神，到中国戏曲学院调研并与师生代表座谈。他强调，要学习宣传贯彻党的十九届五中全会精神，把习近平总书记重要回信精神转化为干事创业、教书育人的强大动力，进一步推动戏曲艺术和教育事业繁荣发展。

5日至10日　第三届中国国际进口博览会在上海举办，丰台区组建丰台交易分团参加。在5日举办的进博会“共创北京开放新篇章”主题活动中，区领导对丽泽金融商务区进行推介，作了题为《北京丽泽金融商务区·打造全球金融产业发展新区》的发言。展会期间，区领导还带队走访调研上海地区8家重点企业，开展座谈交流，加大招商引资力度。

12日　为期两个月的第八届丰台惠民文化消费季圆满落幕。本届惠民文化消费季精心组织开展了“丰·花”绽放、“丰·韵”梨园、“丰·范”时尚等八大主题系列惠民活动，为广大群众带来一场线上线下交融联动的文化消费盛宴。

11日至17日　全市经历了一次相对较长的污染过程。丰台区空气重污染应急指挥部办公室（区生态环境局）立即启动内部防控机制，提前采取应对措施。同时，充分利用大气精细化管理平台，强化帮扶指导，细化应对措施。经过全区上下共同努力，丰台区PM2.5浓度为77微克/立方米，比全市平均值低2微克/立方米，城六区排名第2名。

20日　丰台区卢沟桥乡中都科技大厦新的社会阶层人士联谊会（以下简称新联会）召开成立大会，这是丰台区成立的首个集体经济组织新联会，是更广泛开展楼宇园区新阶层人士统战工作的需要，也是丰台区开展统战工作的又一工作抓手和特色亮点。

同日　在第23届北京·香港经济合作研讨洽谈会上，丰台区精选“北京IN”等项目成功签约。此次项目签约旨在引导社会资本参与提升城市形象，激发区域活力，撬动区域产业资源，推动丰台区及周边区域产业从传统市场大区向高质量生活服务供给保障区转型，开启城市发展新进程。

26日　北京市学习贯彻党的十九届五中全会精神宣讲团报告会在丰台区举行。市委宣讲团成员、市委统战部常务副部长周开让作专题辅导。

27日　为期一周的丰台区首届知识产权推介周暨第十四届中国专利周圆满落幕。

同日　“诚信方庄自律联合会”启动仪式在方庄地区举行。这是丰台区成立的首个企业自律诚信试点联合会。

12月

1日　丰台区召开学习贯彻党的十九届五中全会精神宣讲工作动员部署会，对全区宣讲工作进行动员部署。

同日　由丰台团区委、西城团区委、丰台区右安门街道办事处、西城区月坛街道办事处、石景山鲁谷街道办事处、中国老龄事业发展基金会联合主办，北京右安门窦珍志愿服务联合会、北京市银发公益协会承办的“致敬，最美志愿者”国际志愿者日主题活动在丰台区凯德MALL大峡谷举办。

4日　丰台区第一个物业管理委员会在方庄地区芳群园三区正式成立并开展工作。

5日　以“科技·创新”为主题的第六届浙江大学校友创业大赛北部赛区启动仪式在丰台区首科大厦举行。

同日　“燃·速——世界汽车发展百年人物雕塑展”开展仪式在北京汽车博物馆举行。

6日　由区商务局主办、区商业联合会承办的“丰台区迎春消费月”活动在合生广场、马家堡新荟城购物中心和汽车博物馆三地同时启动。

8日　由北京市人民政府新闻办公室主办，中央广播电视总台国际在线承办的2020“丝路大V打卡最新北京”活动在中国园林博物馆启动。来自哥伦比亚、克罗地亚、埃及、法国、意大利、瑞士、南非、英国、美国等国家的外籍大V组成参访团，走访丰台区方庄社区卫生服务中心和北京市民12345服务热线中心，实地了解北京如何通过转型服务升级和优化营商环境，让百姓受益。

11日　市委副书记、市长陈吉宁到丰台区调研。他强调，丰台区要聚焦功能定位，充分发挥区位交通等方面优势，持续优化营商环境，不断提升精细化管理服务水平，积极吸引优质要素集聚，打造特色优势产业，加快培育高质量发展新动能。

同日　位于卢沟桥乡万丰路上的万开公共空间正式对外开放。它由文化艺术展廊、多功能共享办公空间、葡萄文化酒廊、咖啡馆和水系花园庭院5个公共空间组成，为这条餐饮街增添了文化艺术氛围。

同日　丰台区召开区委非公有制经济组织和社会组织工作委员会（简称“两新”工委）成立大会暨第一次全体会议，进一步完善组织体系，明确工作任务，标志着全区“两新”组织党建工作迈入了新的发展阶段。

18日 北京协同创新轨道交通研究院有限公司在北京丰台正式揭牌成立。

同日 北京丽泽城市航站楼及新机场线北延一体化工程动员大会在丰台区丽泽金融商务区北区举行，标志着丽泽城市航站楼及新机场线北延一体化工程进入开工建设阶段。

22日 “丰台区森林消防综合应急救援支队”举行揭牌仪式。

24日 丰台区建设国家服务业扩大开放综合示范区宣传推介会暨项目签约仪式在北京汽车博物馆举行。

23日至24日 由区政协和区生态环境局、区融媒体中心共同制作的《委员对话一把手·提案办理面对面：丰台区生态环境治理》访谈节目在学习强国、北京丰台APP及微博、北京时间、快手及抖音“丰台发布”六大平台发布，节目邀请到丰台区政协委员、提案者尹文君、王鹏，丰台区生态环境局党组书记、局长芮元鹏走进演播室，围绕丰台区生态环境治理的相关提案进行交流。

30日至31日 丰台区第十六届人民代表大会第八次会议召开。

30日至31日 政协北京市丰台区第十届委员会第五次会议召开。281名政协委员汇聚一堂，共商丰台发展和建设大计。

31日 地铁房山线北延实现正式开通运营。房山线北延南起丰台区白盆窑站，北至东管头南站，线路全长约5.25公里，共设4座车站，包含首经贸站、东管头南站2座换乘站。全线采用B型车6辆编组，列车最高运行速度100公里/小时。

区情概览

基本地情

【概况】丰台区是北京市的城六区之一，是首都中心城区和首都核心功能主承载区。历史上丰台区现辖地区没有设置单独的行政建置，分属不同的行政区划。商周时代，丰台地区属古北京——蓟城的郊野。秦时属广阳郡蓟县地，西汉属广阳国蓟县、阴乡县、广阳县地。唐建中二年（781），析蓟县西境为幽都县。今丰台区中部（卢沟桥乡和花乡）当时属幽都县；东部（南苑乡）属蓟县。辽会同元年（938），改蓟县为蓟北县，开泰元年（1012），改幽都、蓟北为宛平和析津。宋时分属析津县、宛平县、良乡县。金海陵王完颜亮迁都燕京并改名为中都，丰台部分地区在中都城内，大部分区域属宛平县、大兴县（即析津）、良乡县。元代，今丰台东部南苑乡属大兴县，西部的北宫以南属良乡县，中间大部分属宛平县。明代，丰台东半部成为京城南郊和西南郊，今右安门以东的南苑乡属大兴县，西部王佐北部及大灰厂一带属房山县，王庄—怪村以南属良乡县。清末东半部丰台镇以东、大红门以北划为城属区，西半部属宛平、良乡、房山县。民国初，分属京兆宛平、大兴、良乡、房山县。1928年6月，丰台区东部属北平市南郊区，丰台、大井以西分属河北省宛平、良乡、房山县。1945年后东部右安门外以东、北大红门以北为北平市郊三区之西部，右安门外以西、丰台以东为北平市郊四区之南部。民国时期，丰台开始作为行政区划，属宛平县特区，辖丰台镇及看丹乡、永和庄乡和小屯乡。1949年1月，丰台、长辛店、南苑及附近地区划归北平市，并相继建立区级人民政府。同年4月，北平市统一划区，南苑区为第二十三区，丰台区为第二十五区，长辛店为第二十六区。同年6月，北平市调整区划，其中第十四区（原第十五区与第二十三区合并，驻南苑）、第十五区（原第十六区南部并入第二十五区合并，驻丰台）、第十八区（原第二十六区改，驻长辛店）的一部分在今丰台境内，西南部仍属河北省良乡、房山县地。1949年4月，北平市统一划区，全市共划分为32个区，南苑地区为北平市第二十三区，丰台地区为第二十五区，长辛店地区为第二十六区。同年6月，北平市调整区划，将32个区改划为26个区，其中第十四区（驻南苑）的一部分、第十五区（驻丰台）、第十八区（驻长辛店）的一部分在今丰台区境内，西南部仍属河北省良乡、房山县地。1950年6月，北京市撤销第十八区（长辛店）并入第十五区。同年8月，北京市决定郊区名称与城区衔接，原第十四区（南苑）改为第十一区，第十五区（丰台）改为第十二区。1952年，撤销宛平县，成立丰台区、南苑区、石景山区，隶属于北京市。后经历多次区划调整，区名沿用至今。1958年，南苑区、石景山区大部并入丰台区。1963年7月，北辛安、金顶街、苹果园、广宁坟、新古城等街道由丰台区划归石景山办事处。1967年8月，石景山区建制恢复，石景山公社划出丰台区。后至1990年年底，形成现辖域。至2020年底，丰台区设有14个街道办事处、2个地区办事处、3个乡、2个镇，下辖353个社区，57个行政村。

（陈　亮）

【地理位置】位于北京市城区的西南部，跨北纬39° 46' ~ 39° 54'，东经116° 04' ~ 116° 28'。总面积约306平方千米，其中平原面积约224平方千米，山地面积约80平方千米。东接朝阳区，北接东城区、西城区、海淀区、石景山区，西北面接门头沟区，西南面接房山区，东南面接大兴区。东西横向长于南北纵向，从东极点东四道口村至西极点马鞍山，距离约35.3千米；从北极点青塔村北新开渠至南极点贺照云村南界，距离约15千米。区人民政府驻丰台区文体路2号。

（陈　亮）

【地形地貌】丰台区位于北京市区西南部、华北平原北部边缘与太行山余脉西山山脉交会地带。地形西北高、东南低，兼有山陵与平原，阶梯状下降，西部为低山、丘陵和台地，按地形分为三个地貌区：低山分布在羊圈头—后甫营以北，面积为800公顷，其中石灰岩区占2/3；丘陵分布于梨园村、大沟村，以北的为碎屑沉积丘陵，以南的为石灰岩质丘陵；台地位于永定河以西，八宝山断裂和良乡—前门断裂之间。东部为平原，占区域面积的3/4。平原主要包括永定河以西王佐乡东部和长辛店乡东部的东河沿、张郭庄、长辛店、赵辛店村，土地面积2800公顷；东部凉水河以北与城区接壤地带，海拔40米，属古永定河冲积扇高位平原，面积1400公顷。低位平原分布于永定河以东，面积为1.57万公顷，海拔从60米向东南降到35米，平均坡降1‰。全区最高点也是最西端的马鞍山，海拔654米，最低点为东南部的分钟寺，海拔35米。

有永定河、凉水河、小清河等3大水系，凉水河、水衙门、新开渠、丰草河、马草河等支流20多条。辖域内最大河流为永定河，自北而南由石景山区流经本区进入大兴区。2020年全区新水用量1.6亿立方米，万元GDP新水用量下降9%（北京市政府设定的目标任务为3%）。

（陈　亮）

【气候】丰台区地处暖温带半湿润半干旱大陆性季风气候区，四季分明。春季风大，湿度低；夏季炎热，降雨集中；秋季凉爽，光照足；冬季寒冷，雨雪少。冬季最长，夏季次之，春、秋季较短。

夏季多刮偏南风，春、秋、冬季盛行偏北风。3月至5月为大风集中季节，夏季有短时雷雨大风出现。雨量等气象要素年内差异明显，时空分布不均，暴雨、雷电、冰雹、大风、雪害等灾害性天气较多发生。2020年平均气温14.1℃，比常年(1981年—2010年)平均值(12.7℃)偏高1.4℃。年极端最高气温38.4℃(7月24日)，年极端最低气温零下12.6℃(12月30日)。降水受季风气候影响，年季变化很大，多集中在夏季。全年降水量为584.5毫米，日照时数2292.9小时。

(陈 亮)

【资源】丰台区矿产资源有冶金用白云岩、制灰用灰岩、水泥配料用页岩、矿泉水、地热等7种，矿产地15处，其中大型矿床1处、中型矿床2处。

(陈 亮)

【人口】2020年，全区常住人口为201.9万人，比上年减少9.2万人。全区常住人口中，外省市来京人口为64.5万人，占常住人口的32%。全区户籍人口117.1万人，比上年增加0.4万人，辖区人口出生率6.44‰，人口死亡率8.41‰，人口自然增长率-1.97‰。

(陈 亮)

【人文历史】丰台地区历史悠久，文化底蕴深厚，具有光荣的革命传统。穿区而过的永定河，哺育了北京地区最早的文明。"先有莲花池、后有北京城"，以莲花池为主要水源的金中都，拉开了北京860多年建都史的序幕。"卢沟晓月"作为著名的燕京八景而名不绝史。近代以来，长辛店成为党的早期革命活动的重点地区之一，是马克思主义同中国工人运动相结合的早期实践地，在党史上发挥了独特的作用。卢沟桥及宛平城是全民族抗战的爆发地，见证着中华民族的不屈之魂。新中国成立后，白盆窑、张郭庄、三路居等社会主义建设时期的农业合作化典型得到毛泽东主席的肯定。2020年，丰台区共有不可移动文物113处，其中全国重点文物保护单位4处、市级文物保护单位8处、区级文物保护单位19处、文物普查登记项目82处。

(陈 亮)

经济高质量发展

【概况】2020年，丰台区认真贯彻新发展理念，加强经济运行调度，努力克服疫情冲击和影响，全区经济发展从下半年开始稳步回升，全年地区生产总值和一般公共预算收入均实现正增长。全区固定资产投资(不含农户)比上年增长4.4%。其中，基础设施投资增长7.6%，建安投资增长5.3%。实现地区生产总值1854.2亿元，比上年增长0.3%。房地产开发投资比上年增长2.6%。其中，住宅投资增长52.3%；办公楼投资下降28.7%；商业营业用房投资下降66.9%。全区商品房施工面积1333.5万平方米，比上年下降6.1%。其中新开工面积226.5万平方米，比上年增长47.7%。商品房竣工面积146.7万平方米，比上年下降17.1%。商品房销售面积99.8万平方米，比上年下降32.9%。分产业看，第一产业实现增加值0.7亿元，下降15.6%；第二产业实现增加值285.1亿元，增长6.1%；第三产业实现增加1568.4亿元，下降0.7%。三次产业结构为0.04 ∶ 15.4 ∶ 84.6。实现农、林、牧、渔业总产值0.7亿元，比上面下降15.4%。区级一般公共预算收入完成129.9亿元，比上年增长1.7%。其中，增值税35.2亿元，下降14.8%；企业所得税20.8亿元，下降21.2%；房产税16.8亿元，下降7.7%；城市维护建设税7.1亿元，下降30.5%。一般公共预算支出279.6亿元，比上年增长10.7%。规模以上工业企业实现工业总产值330.4亿元，比上年增长9.5%。其中，现代制造业实现产值172.6亿元，增长22.7%；高技术制造业实现产值117.8亿元，增长37.7%；专用设备制造业实现产值56.6亿元，增长169.3%。实现社会消费品零售额1318.9亿元，比上年下降9.9%。进出口总额149.6亿美元，比上年下降14.9%。其中进口额106亿美元，比上年下降14.6%；出口额43.6亿美元，比上年下降15.4%。居民人均可支配收入66799元，比上年增长2.4%；居民人均消费支出38472元，比上年下降11.5%。城镇登记失业率2.78%。能源消费总量比上年下降5.05%。万元地区生产总值能耗按可比价格计算，比上年下降5.31%。细颗粒物(PM2.5)年均浓度值36微克/立方米，比上年下降14.3%；可吸入颗粒物(PM10)年均浓度值61微克/立方米，比上年下降14.1%；二氧化硫年均浓度值3微克/立方米，比上年下降25%；二氧化氮年均浓度值29微克/立方米，比上年下降19.4%。

(陈 亮)

【高精尖产业发展】年内，全区新注册规模以上企业同比增长约50%。"高精尖"产业落地工作推进专班机制实现项目"一库式"管理，协调解决项目需求，培育"高精尖"项目和企业，25个项目纳入市级高精尖产业项目库，总投资约19.1亿元。确定产业链龙头企业47家，其中6家企业为市级产业链龙头企业；所有企业全部纳入区级"服务管家"工作机制。北京英视睿达科技有限公司等公司获得2020年北京市企业技术中心。中铁高新工业股份有限公司获工信部制造业单项冠军产品企业，并获得市高精尖产业发展资金支持200万元。组织全路通等企业申报国家工程研究中心。新首钢高端产业综合服务区相关工作推进。

(陈 亮)

【优化营商环境】年内，惠企纾困推动复工复产。出台应对疫情支持企业发展的"丰台10条"、支持中小微企业应对疫情影响的"丰台新10条"，推动减免租金、金融纾困、减税降费、延迟缴税、研发补贴等政策落实，为中小微企业减租1.7亿元，为企业减免社保费55.9亿元，减免税费30.6亿元，帮助企业获得各类融资近60亿元。出台"丰九条"，促进高精尖产业发展。全年新增注册资本5000万元以上企业458家，同比增长27.6%。出台街乡镇财源建设奖励实施办法，全员招商、全员服务。推行1000余个“零见面”办理事项，实现1500余个区级事项一门办理。代表北京市完成国家政务服务好差评制度试点，率先推出“问题不出厅”差评处置机制。完成“丰政通”掌上办事大厅和电子证照分发中心建设。

（陈　亮）

【“五新”建设】 年内，全市首个数字人民币测试应用场景落地丽泽商务区。建成城市精细化管理大数据汇聚平台，并试点运行“城市大脑”。出台加快新型基础设施建设实施方案，新建5G基站超千个，实现丽泽等重点区域精准覆盖。促进数字消费，搭建中小企业“云上”营销助力平台，实现网上零售额增长37.6%。

（陈　亮）

【城乡融合发展】 年内，推动地区、城乡均衡发展。推动河东地区城市化，加快卢沟桥乡、花乡乡、南苑乡的城市化试点方案编制和项目实施。加快补齐河西地区基础设施短板，河西第三水厂竣工，河西再生水厂二期实现通水。制定宛平城解危三年行动计划，完成第一批解危工作，开展清理滞留户专项行动，累计清理322户，促进重大项目、民生工程等32个项目有序推进。释放空间资源，推动土地上市，全年实现供地6宗约26公顷。加强集体土地和房屋管理，成寿寺集体土地租赁住房顺利竣工，成为全国首个投入运营的示范项目，创造多方共赢的发展新模式。落实“村地区管”要求，审议农村集体资产项目42个。持续开展农村人居环境整治，8个村通过全市第一批美丽乡村考核验收。

（陈　亮）

【丽泽金融商务区建设】 年内，加快丽泽金融商务区建设发展。平安金融中心等3个项目投入使用，释放产业空间57万平方米。丽泽城市航站楼、轨道交通大兴机场线北延、14号线（丽泽段）实现开工，丽金线规划设计稳步推进，滨水文化公园一期、城市运动公园有序实施。高标准开展招商引资，中国广电网络、中国农业再保险、华为中国总部等88家企业机构实现入驻，金融业留区税收同比增长24.6%，产业聚集效应逐步显现。开展数字金融创新应用试点，推动构建金融科技应用环境，打造数字金融行业标杆。

（陈　亮）

【中关村丰台科技园建设】 年内，推动中关村丰台园创新发展。加强轨道交通、航空航天两大主导产业集群建设，制定实施轨道交通产业创新发展三年行动计划，成立北京中关村轨道交通产业发展有限公司。北京协同创新轨道交通研究院有限公司正式揭牌成立。举办第二届中国铁路发展论坛和第三届航天创新创业大赛决赛，推动交控科技、航天海鹰、海格通信等产业园建设，海鹰产业园和海格通信产业园获评中关村航空航天特色园区。7家企业分别获得国家科学技术进步奖、北京市科学技术奖。鼓励企业机构加大研发投入，研发支出增长40%，专利授权总量增长24%，新增国家高新企业超百家，科技创新成效凸显。园区全年实现总收入6900亿元，比上年增长10%，人均、地均产出位列示范区第二，发展质量效益明显提升。

（陈　亮）

城市治理

【概况】 年内，丰台区努力提升城市管理及社会治理精细化水平，深入实施北京城市总体规划和丰台分区规划。完成街区指引编制工作，将总体规划、分区规划的刚性要求，分解传导至街区层面。推进重点地区规划编制工作，编制完成并向社会公示大红门地区及南苑森林湿地公园地区的街区控规，完成丽泽金融商务区规划综合实施方案、卢沟桥五里店地区控规，初步完成丰台站地区、长辛店老镇有机更新街区控规，推动宛平城地区危房腾退。组建全市首个吸纳社区规划志愿者的责任规划师团队，提升城市设计管理水平。扎实推进市委规自领域专项巡视反馈问题整改，完成“大棚房”“浅山区”、违建别墅清查等专项问题整改。制定实施违法用地违法建设责任追究实施办法。

（陈　亮）

【疏解整治促提升】 年内，以疏解非首都功能为“牛鼻子”推动京津冀协同发展。扎实推进疏解整治促提升专项行动，圆满完成年度任务。拆除违法建设154.1万平方米，腾退土地156.7公顷，超额完成年度任务。群租房、“散乱污”“开墙打洞”和地下空间违规住人实现动态清零，常住人口保持负增长。开展第七次全国人口普查。着眼于建设“轨道上的京津冀”的重要节点，推进丰台站及周边市政工程建设，推动丰台站组团综合开发和站城一体化发展，积极融入京津冀协同发展。丰台站站房一期工程北区主体结构封顶，二期工程启动建设，周边万寿路南延、丰台东路、四合庄西路等配套市政工程开工建设。认真做好垃圾分类、物业管理两件“关键小事”，夯实基层治理基础。市属国企批发市场转型升级，启动南中轴大红门地区城市更新和优质产业资源导入。完成南苑森林湿地公园先行启动区500余亩绿化建设。提升75条背街小巷环境，改造5条精品大街。建设提升便民商业网点88个，社区便利化程度提升。统筹利用腾退空间，实现留白增绿34.3公顷，鼓励模式创新，激活存量资源，打造成功案例和精品区域。

（陈　亮）

【“大城市病”治理】 年内，丰台区做好第二轮中央生态环保督察服务保障工作，积极推动群众反映问题的解决。持续改善空气质量，深化“一微克”行动，细化《丰台区重点地区大气环境精细化管控指导手册》，全年可削减氮氧化物614.24吨、挥发性有机物210.12吨、化学需氧量1.1万吨、氨氮1100吨。区域空气质量改善，四项主要污染物浓度均下降：全区细颗粒物（PM2.5）年均浓度36微克／立方米，同比下降14.3%，取得城区最优；二氧化硫、二氧化氮和可吸入颗粒物（PM10）年均浓度分别为3微克/立方米、29微克/立方米和61微克/立方米，均达到国家二级标准；空气质量达标天数275天，同比增加40天。丰台区生态环境局在第二次全国污染源普查中表现突出，被授予表现突出集体奖。全年区降尘量均值为5.2吨/平方公里·月，同比下降18.8%。检查重型柴油车8.67万辆，查处超标重柴车8065辆、非道路移动机械129台。

（陈　亮）

【水环境监管】年内，落实碧水攻坚战59项任务措施，组织排查饮用水水源防护区风险，试行水环境质量评价考核办法，定期公开镇级集中式饮用水水源地水质信息，完成环境地质调查点位1125各次；区域水生态环境精细化管理系统试点项目，安装水质自动监测设备46台、流量计5台，试运行区域水精细化管理平台及手机APP。落实河湖长制，整治入河排污口，统筹完善水环境监管机制，联合区水务、公安、属地等开展涉水执法105个点位。全年国家和市级地表水考核断面水质达标（其中丰草河无水）。

（陈　亮）

【土壤污染源头管控】年内，推进净土保卫战年度各项任务措施督查落实，完善区相关部门间的监管协调机制。推进区域土壤环境详查，落实市控4个点位土壤样品采集送样，报送9家重点监控企业周边土壤监测数据。强化建设用地管控，筛查2012–2019年区内479家关停企业原址用地，16家纳入并更新区级疑似污染地块名录。6个地块土壤环境污染状况调查完成专家评审并移出调查名录。印发实施耕地分类管理工作方案，划定6000亩永久基本农田、600亩永久基本农田储备区及3000亩耕地保有量储备区，年度新增耕地5块，优先保障耕地土壤环境质量，区域生态环境状况指数持续提升。全区受污染耕地、污染地块安全利用率均达到90%以上。

（陈　亮）

【绿色美化工作】年内，完成新一轮百万亩造林年度任务2953亩，栽植各类苗木11.23万株，实施留白增绿894.6亩。启动南苑森林湿地公园建设。全面启动创建国家森林城市工作，在全区印发《丰台区国家森林城市建设总体规划（2019–2035年）》及《丰台区创建国家森林城市工作实施方案》。有序推进群众性绿化美化工作，完成重大植树活动保障，共新植树木2000余株，养护树木1.2万株。创建5个花园式社区、6个花园式单位、打造了7个月季社区。完成0.65公顷屋顶绿化及1.624公里垂直绿化任务。建成1处园艺驿站（万芳亭园艺驿站）。

（陈　亮）

【基础设施完善】年内，圆满完成第三轮城市南部地区发展行动计划，全年完成投资约300亿元。轨道交通房山线北延建成，新增里程5.2公里，通久路、六圈路、柳村路南段等城市主干路开工建设。推动丰台站及周边配套市政工程建设，跨西四环特大铁路桥顺利完工，万寿路南延等配套工程开工建设。地铁房山线北延建成通车。打通3条断头路，完成5条道路大修和5处交通疏堵工程，对23条道路进行交通综合治理。共规范和新增10957个停车位，推进路侧停车系统建设，改造提升6083个停车位，完成41处、2966个错时共享停车位。完成非拆迁区域63条历史遗留无灯道路安装。

（陈　亮）

【垃圾分类】年内，丰台区以党建引领垃圾分类形成“新风尚”，全力推进垃圾分类，加强生活垃圾分类投放、收集、运输、处理的全过程管理，发动3万余名干部群众参与“桶前值守”，家庭厨余垃圾分出率稳步提升。在全区餐饮单位推广设立“制止浪费监督员”，引导群众参与“光盘行动”，从源头推动垃圾减量。规范提升分类桶站、驿站，累计处理生活垃圾73.2万吨，垃圾无害化处理率达到100%。16个小区、1个村获评北京市首批生活垃圾分类示范小区、村。全面推进国家卫生区创建，深入开展新时代爱国卫生运动，实现爱国卫生组织机构街乡镇、社区（村）全覆盖，累计26万余人次参与“周末卫生日”活动。

（陈　亮）

【党建引领物业管理】年内，丰台区深化党建引领物业管理，开展66个失管小区专项治理，新组建业委会（物管会）724个，其中新组建业委会110个，城六区排名第一，全区物业管理“三率”水平大幅提升。

（陈　亮）

全面深化改革开放

【概况】2020年，区委全面深化改革委员会研究各类改革议题32个，出台各类改革文件55个。深入推进供给侧结构性改革，立足服务社区居民生活需要，推动大红门合生广场、马家堡凯德mall、方庄“时代Life”购物中心等一批传统商场转型升级为一站式商业中心；针对多样化住房需求，开工建设集体土地租赁住房项目6个，其中南苑乡成寿寺泊寓社区成为全国首个正式运营的集体土地租赁住房项目。在全市率先全面启动筒子楼简易楼治理工作，在民生领域改革中形成“智慧家医”等典型经验。持续优化营商环境，出台促进高精尖产业发展的“丰九条”，搭建“丰企通”企业服务平台和“丰政通”掌上办事大厅，全面推广错峰延时服务。出台街乡镇财源建设奖励实施办法，加大招商引资增收工作力度，积极引进优质企业。优化街道乡镇机构职能体系，深化区级综合行政执法改革，推动向街乡下放行政执法职权并实行综合执法，完成乡镇机构改革。制定年度街道工作和“吹哨报到”改革35项重点任务清单并逐项落实，推动条块结合、形成合力。着力优化事业单位布局结构，积极推进事业单位改革试点工作。研究制定《丰台区城市协管员队伍管理体制改革实施方案》，稳步推进管理体制改革工作。大力发展开放型经济。出台落实丰台区建设服务业扩大开放综合示范区工作方案，成立领导小组，积极承接北京市新一轮服务业扩大开放综合试点建设任务，培育数字金融特色优势，丽泽金融商务区成功纳入全市金融科技创新示范区主阵地。加强项目储备，积极引进德国毕马(中国)轨道交通研究院等外资企业，提升经济开放水平。参展2020年中国国际服务贸易交易会，获得“最佳组织奖”和“最佳展示奖”。

（陈　亮）

【疫情防控】 年内，探索完善重大疫情防控体制机制，建立区级疫情防控统一指挥调度机制，在全市率先开展全员核酸检测，坚持批零分开、干湿分离、生熟分开，取消零售功能和鲜活水产品交易，实行卖家注册制、买家会员制。建立市场公共卫生监测哨点，落实出入信息登记、每日健康报告、佩戴测温手环等防控措施。出台全市首个冷库管理规范，严格进口冷链食品全链条精准监管，做到“人物地”同防。

（陈　亮）

【“吹哨报到”“接诉即办”改革】 成立街道工作和“吹哨报到”改革工作专班，制定年度街道工作，推动“吹哨报到”改革35项重点任务清单落实。制定区行政区划调整方案并通过市政府审批。全面落实街道办事处条例，出台关于进一步修订完善街道(地区)党工委工作规则。抓好“吹哨报到”“接诉即办”工作机制，建立完善书记月度点评、区领导包片督导和约谈提醒机制，打造“全调度、强分析、详指导”城市管理指挥调度体系。制定实施《丰台区打造网上12345“接诉即办”工作方案(试行)》。1-11月丰台区解决率和满意率同比提高44.61%和47.11%。

（陈　亮）

【垃圾分类】 建立垃圾分类体系和落实机制。完善分类设施体系，规范建设分类桶站、分类驿站、密闭式清洁站；构建“固定+流动+在线”三级回收体系，方便居民就近资源回收，实现垃圾源头减量。建立评议挂牌机制，根据工作成效分批组织区级评议并申报市级示范小区(村)，发动志愿者参与“桶前值守”；强化动态倒逼机制，开展垃圾分类抽查“巡回看”和问题整改“回头看”，对垃圾分类问题点位全覆盖动态管理。全区所有密闭式清洁站全部不再接收混合垃圾，生活垃圾无害化处理率100%。

（陈　亮）

【物业管理】 落实物业管理条例。将物业管理纳入社会治理范畴，健全区、街乡镇、社区三级物业管理体制，建立实施双组长+专班制、专门机构+综合执法、社区党组织+议事协商等工作机制，形成科学有效统筹调度、推动落实、齐抓共管的基层治理新格局。建立物业行业信用监管系统平台，在全市率先出台《业委会、物管会组建参考手册》，制定丰台区住宅项目物业服务履约评价工作指引和党建引领业主委员会和物业服务企业建设的实施意见等政策。全区新增业委会(物管会)724个，数量全市第二，“三率”水平大幅提升，提前完成市级目标要求。聚焦老旧小区，实施15个老旧小区综合整治方案和66个失管小区专项治理。

（陈　亮）

【“村地区管”】 出台建立健全“村地区管”机制的实施办法和农村集体涉地经济合同管理办法，健全“管规划、管用途、管合同、管程序、管监管、管查处”具体举措。严格执行丰台区关于加强农村集体土地和房屋管理工作的意见，在落实区、乡镇、村三级管控机制的基础上，深化农村党建、严控产业准入、强化资产安全，建立完善党建引领、区级统筹、监督管理机制，促进农村集体产业提质增效。共联审42个项目，建筑规模3000平方米以上的20个，预计村集体年收益3.97亿元、留区税收1.81亿元；其中25个原有项目较之前年收益提升0.3亿元，增长34.82%，11个新增项目年收益0.94亿元。实施乡镇审核区级备案的共102处(253份合同)，涉及总建筑规模21.87万平方米，预计集体年租金收入1.25亿元。

（陈　亮）

【党的建设领域改革】 年内，制定《丰台区区管干部选拔任用工作流程》，提高选人用人规范化水平。实施“丰泽计划”，强化人才支撑和智力保障，完善企业人才联系网络和服务体系。出台丰台区离退休干部工作领导责任制，做到老干部工作责任明、路线清、考核严。提升“两新”领域党建工作质量，坚持抓党建、优环境、促发展，紧抓40座地标性商务楼宇，以党群服务中心为主渠道，统筹各类政府资源，形成5大类30项服务清单，助力企业发展。制定党群服务中心“1+3”政策体系，明确建设、管理和保障标准，强化资金、政策等方面支持，目前已建成15个街乡党群服务中心。制定“两新”领域党务专职工作者管理办法，完善党务工作者招募、管理、考核标准和流程，提升工作规范化程度。

（陈　亮）

【综合经济领域改革】 紧抓全市建设国家服务业扩大开放综合示范区的有利契机，成为全市金融科技创新示范区主阵地之一。制定丰台区建设国家服务业扩大开放综合示范区工作方案，全市首个数字人民币测试应用场景落地丽泽。制定实施轨道交通产业创新发展三年行动计划，推动轨道交通、航空航天两大主导产业集群建设。

（陈　亮）

【生态环境和城市管理改革】 制定《丰台区重点地区大气环境精细化管控指导手册》等规范性文件，建立空气质量督促帮扶工作制度，帮扶指导覆盖21个街乡镇。大力推进典型城乡结合区域水生态环境精细化项目实施，建设高密度监测网络，实现重点有水河道水质指标的全天候监测。建立全链条监管体系。持续推进街巷长制，启用街巷长信息管理系统。研究制定丰台区城市协管员队伍管理体制改革实施方案。推动街巷长制工作，招募“小巷管家”973人，积极引导群众参与城市管理。持续落实背街小巷环境整治三年行动计划，区域环境品质显著提升。

（陈　亮）

【城市规划建设和城乡一体化改革】 落实市委关于推动建立

发展若干激励政策和战略留白增绿用地管理办法，制定年度减量实施方案，在违法建设拆除等5个方面制定分圈层、多维度的城乡建设用地减量途径，完成年度减量任务6.4平方公里。组建全市首个吸纳社区规划志愿者的责任规划师团队。推进卢沟桥乡、南苑乡、花乡城市化统筹试点建设，推进长辛店镇统筹利用集体产业用地试点。长辛店镇统筹利用集体产业用地试点实施方案，成为全市首个通过市级部门联审并正式上报市政府的乡镇统筹利用集体产业用地试点项目。完成丰台区城乡结合部农村人居环境整治实施方案编制，41个村庄完成整治任务。

（陈　亮）

【法治建设改革】 推动开展市域社会治理现代化试点，出台关于深入开展市域社会治理现代化试点工作的实施方案，将市域社会治理现代化工作纳入平安丰台建设考核内容。建立针对群众安全感、矛盾化解、基层治理等重点问题督办反馈机制，成立区信访诉求人民调解委员会并配备专职调解员，出台全面推进智慧平安小区建设实施方案。推进民事诉讼繁简分流试点改革，组建“1+N+人民调解员”速裁团队，实施三级案件甄选、“三五五”速裁等工作机制。设立调解工作站和巡回司法确认点，建立“最后一公里＋司法确认”工作机制，推动法治化、精细化的治理模式向基层末梢延伸。推动公安分局视频辅警队伍职业化建设，制定职业化专业化建设意见。

（陈　亮）

【民生领域改革】 推进公共文化机构法人治理结构改革，成立“丰台区文化馆理事会”“丰台区图书馆理事会”。深化教育教学和课程改革，开展线上教育，做到疫情期间“停课不停学”。开展国家中医药综合改革试验区建设，深化丰台区紧密型专科医联体建设。推进“智慧家医”服务改革，形成“五个智慧”服务模式，累计为71.92万名签约居民提供服务。推进全国居家和社区养老服务改革试点工作，“喘息服务”惠及9000余人次。

（陈　亮）

【纪律检查和监察体制改革】 推进区管国有企业派驻机构改革，出台推进区管企业纪检监察体制改革的实施办法，完成3家企业派驻改革，将5家企业纳入综合监督范围。出台深化区纪委区监委派驻机构改革的实施意见，形成区纪委常委会统一领导、区纪委区监委统一管理，2名区纪委副书记、区监委副主任分管16个派驻组和3家区管企业纪检监察机构的领导体制；建立派驻组组长定期向区纪委区监委述责述廉工作机制，制定落实派驻机构参加或列席驻在部门重要会议、约谈驻在部门领导干部等制度。推动纪检监察机关网上审批系统试点，制定区纪检监察系统全面推行网上审批工作方案，确立由“线上线下双轨制”过渡到全面网上审批的时间节点，实现原则上能够运用网上审批的业务事项全部实现网上办理。共开展网上审批1500余件次。

（陈　亮）

民主法治和平安建设

【概况】 2020年，丰台区加强党对人大、政协工作领导，充分发挥区人大常委会党组和区政协党组的作用。召开区委第五次政协工作会议，出台新时代加强和改进政协工作的实施意见。区政协在建言资政和凝聚共识上双向发力，认真组织实施政协协商年度工作计划，围绕中关村丰台园建设、完善疫情应急预案等议题开展协商议政，就财政专项资金使用情况开展民主监督。区人大常委会听取和审议新冠肺炎疫情防控工作情况等专项工作报告30个，督办加强停车秩序管理等议案，对生活垃圾管理、物业管理条例等实施情况进行检查。区人大及其常委会发挥法律监督、工作监督和区政协的民主监督职能，办复市区两级人大代表和政协委员的建议、提案293件。加强统一战线工作，建立民营经济统战工作联席会议机制，出台加强和改进新时代街道社区统战工作的意见。推进双拥共建工作，荣获全国双拥模范城“七连冠”。

圆满完成全民族抗战爆发83周年纪念活动、中国人民抗日战争暨世界反法西斯战争胜利75周年等重大活动的维稳安保工作。完善平安丰台建设领导小组体系，建立健全协调运行机制。认真落实意识形态工作责任制，妥善处置涉疫等舆情，印发《丰台区贯彻落实党委（党组）网络安全工作责任制实施细则》，坚决守好网络等阵地。率先启动特种设备超期未检科所联动工作机制，全年特种设备超期未检率始终保持在0.5%以下。强化非医用口罩、超薄塑料袋、电动自行车等产品质量监管，对6大类、525组与人民群众生活密切相关的重点产品进行周期性监测。针对以玩具为主的3C认证产品乱象进行严肃查处。在30个商场、超市等重点行业建立消费维权精品调解室，开展消费精品课堂活动。牵头丰台区市场消费环境建设联席会，积极处理预付式消费纠纷等侵害消费者权益难点问题，为3万余名消费者挽回经济损失3000余万元。设立“诚信方庄自律联合会”，为创造群众满意的诚信丰台氛围作出有益探索。推进街乡镇“赋权增效”，深化区级综合行政执法改革，推动向街乡下放行政执法职权并实行综合执法。调整优化区、街乡、社区（村）三级党建工作协调委员会成员。推进阳光餐饮工程，打造品质餐饮示范店255家，建成2条阳光餐饮示范街区。治理网络餐饮服务、食用农产品、保健食品、校园及周边、销售长江流域非法捕捞渔获物等食品安全突出问题。保障食药安全，重点食品、药品检测合格率分别达到99.3%、100%。3月，丰台区被北京市食品药品安全委员会正式命名为“北京市食品安全示范区”。加强依法行政，完善行政执法考评体系，圆满完成“七五”普法任务。全区民族宗教、外事侨务、对台、双拥、工商联、文联、科协、防震减灾、工会、青少年、妇女儿童、残疾人、红十字会等事业均取得新的进步。

（陈　亮）

【平安丰台建设】 深入开展扫黑除恶专项斗争，持续做好市委扫黑除恶工作督导反馈意见的整改工作。完善矛盾纠纷多元调解机制，全年化解信访积案23件。加强社会治安防控体系建设，建成584个智慧平安小区，打造更高水平的平安丰台，全年刑事、治安案件双下降。推进城市安全隐患治理三年行动，挂账隐患销账率99.7%，超额完成市级任务。扎实做好交通安全、防火、防汛等工作，积水点治理任务全部完成。坚决守住不发生系统性风险的底线，积极防范化解金融风险，继续推进互联网金融专项整治，成功处置网贷机构8家，化解各类风险企业14家。依法严厉打击电信诈骗、欺诈骗取医保基金等各类违法犯罪行为，刑事、治安案件数量双下降，群众安全感持续增强。全面提升"接诉即办"工作水平，全年受理群众诉求36.2万件，群众诉求解决率、满意率由年初73.5%和83.9%分别上升到89.8%和92.8%，综合成绩提升到城六区第三位。

（陈　亮）

民生保障

【概况】2020年，丰台区居民人均可支配收入66799元，比上年增长2.4%。居民人均消费支出38472元，比上年下降11.5%。城镇登记失业率2.78%，比上年提高1.4个百分点。全区新增就业3.2万人。城市居民最低生活保障标准1170元；农村居民最低生活保障标准1170元；职工最低工资标准2200。

（陈　亮）

【就业和社会保障】年内，落实援企稳岗政策，促进高校毕业生就业，帮助1.3万名登记失业人员再就业，确保"零就业家庭"动态清零。全区参加基本养老、基本医疗、失业、工伤和生育保险人数分别为106.7万人、116.2万人、76.5万人、72.4万人和79.4万人，分别比上年末增加4.8万人、5.7万人、1.4万人、–0.8万人和11.5万人。年末参加城乡居民养老保险的农村居民为9.6万人，比上年末增加403人。全区享受城市最低生活保障的人数为9275人，享受农村最低生活保障的人数为145人。累计支付各类保险待遇139.34亿元，同比增加14.49%。为各类困难群众发放社会救助资金1.42亿元。为各类困难群众发放社会救助资金1.42亿元。共审批各项企业帮扶资金3.7亿元，涉及企业8485家，审核灵活就业社保补贴等市级促进就业资金3.3亿元、区级自谋职业社会保险补贴等就业资金3037万元。改造无障碍点位1万个。区养老服务基本公共服务试点列入全国首批基本公共服务标准化试点项目，推动9家养老机构完成标准化体系建设，41家养老机构实现国家标准实施100%全覆盖。全市率先完成多参数监护仪建标任务，计量检测所2项科研成果获国家级实用新型专利。年末全区有各类收养性单位43家，床位10441张，年末在院人数4423人。全区有社区服务中心17个。

（陈　亮）

【住房保障】年内，全区政策性住房建设开工1.16万套、竣工7000余套，超额完成年度任务。实施15个老旧小区综合整治和66个失管小区专项治理，为老楼加装电梯27部。

（陈　亮）

【社区建设】年内，严格落实社区工作准入管理办法，持续为社区减负，让社区回归服务群众的本位。组织开展社区工作者全员培训，注重培养"全能社工"。落实物业管理条例，在全市率先出台《业委会（物管会）组建参考手册》，新增业委会（物管会）724个。方庄地区成立丰台区第一个物业管理委员会。"三率"水平大幅提升。落实街道办事处工作条例，推进35项重点任务落地。完成35个楼门院示范点和11个社区议事厅试点建设，实现城市社区议事厅全覆盖。新成立17个、调整7个社区居委会，进一步消除社会管理空白点。社区共建共治共享水平持续提升。

（陈　亮）

【教育发展】年内，全区深化教学和课程体系改革，实现线上线下教育有序衔接，新增普惠性学前学位990个。教育总投入54.68亿元（不包含以前年度存量资金），中小学固定资产总值308891.25万元（不含特教）。设立教育集群8个。优化教育布局，提高教育教学质量，推进教育改革，全区基础教育更加优质均衡。

（陈　亮）

【健康丰台建设】年内，各项医保改革任务落地落实。实施第二、三批国家药品集中带量采购，两次集采覆盖区内所有定点医疗机构，涉及87种中选药品，集采药价平均降幅53%，最大降幅超过95%。疫情期间，协调有条件的定点医疗机构开通"互联网＋送药上门"医保结算服务，解决患者开药难、买药难问题。启动应用医保电子凭证改革，做好政策解读、业务培训、实地调研、现场验收，制定应急保障方案，进行应急演练。推进京津冀门诊直接结算，共接收23家定点医疗机构试点申请，9家完成系统业务验收，3家医院开通运行。丰台医院提质改建项目实现结构封顶，北京口腔医院迁建工程顺利推进。提升养老服务水平，新建养老照料中心1家、社区养老服务驿站13家，"喘息服务"惠及9000余人次。推进体育事业发展，创建4个全民健身示范街道、1个体育特色乡镇，开展健身赛事180余场次。全年完成多功能运动场地建设27.5片、健走步道5.861公里，完成对2012年区内安装的2200多件全民健身工程器材的更新。

（陈　亮）

【宣传文化】年内，丰台区持续开展文明城区、文明村镇、文明单位、文明家庭等各项创建工作。大力弘扬抗疫精神，推荐国家、市级抗疫先进个人、先进集体，营造正面舆论环境，凝聚共克时艰的强大合力。积极倡导文明健康生活方式，升级改造新时代文明实践网络互动平台，组织开展"文明健康 有你有我""垃圾分类 文明同行""一米行动""光盘行动""公筷行动"等新时代文明实践活动5800余场。扎实推进区融媒体中心建设，在新华社客户端发布50部丰台主题短视频，浏览量超1亿次，在移动端唱响主旋律，讲好丰台故事。弘扬传统曲艺文化，依托中国戏曲学院等辖区戏曲资源，成功举办2020中国戏曲文化周。完成金中都城遗迹保护工程二期考古发掘，统筹推进长辛店革命活动旧址保护传承利用工作。加快基础文化设施建设，完成4个街乡镇级综合文化中心改造提升。推进“一区一书城”建设，完成每万人0.8个书店的目标任务。

（陈　亮）

党建工作

【概况】 2020年，区委坚持以习近平新时代中国特色社会主义思想为指导，深入贯彻党的十九大和十九届二中、三中、四中、五中全会精神，深入贯彻习近平总书记对北京重要讲话精神，深入贯彻党中央各项决策部署和市委各项工作要求，自觉主动接受市委巡视，先后召开三次区委全会，统筹推进疫情防控与经济社会发展工作，推动全面从严治党向纵深发展。全区处级领导班子和处级领导干部开展“不忘初心、牢记使命”主题教育常态化整治和整改落实“回头看”，开展全面自查自纠，引导全区党员干部进一步增强“四个意识”、坚定“四个自信”、做到“两个维护”。广泛开展宣传宣讲，组建“云端上的宣讲团”，大力开展线上理论宣讲，推动党的创新理论在丰台落地生根、开花结果。

（陈　亮）

【严格履行全面从严治党主体责任】 区委常委会研究党建类议题113项，占议题总数的54.1%。召开5次党建工作领导小组会议。坚持定期听取区人大常委会、政府、政协、法院、检察院“五个党组”党建工作汇报，定期研判党风廉政、意识形态、重点领域党建工作。召开区委各议事协调机构会议，加强对重大问题的统筹与研究。严格落实《党委（党组）落实全面从严治党主体责任规定》，组织全区开展集体学习，研究制定区级分工方案，明确具体落实举措，督促各级党组织扛起管党治党政治责任。严格落实重大事项请示报告制度，完善区级请示报告清单，以区委名义向市委（及部门）请示报告62件次。严格落实党内政治生活若干准则，认真开好专题民主生活会和组织生活会。深入分析研究北京市全面从严治党（党建）工作考核结果，区领导对17家有关单位主要负责人进行约谈，督促整改落实到位。运用监督执纪“四种形态”，其中第一种占88%。加大重点领域和关键环节反腐力度，全年立案161件，给予党纪政纪处分122人。统筹推进巡查全覆盖，实现区属处级单位巡查覆盖58%、社区（村）巡查覆盖100%。

（陈　亮）

【加强领导班子和干部队伍建设】 年内，区委常委会专题研究干部教育监督管理工作。组织开展离京报备、个人事项报告、干部人事档案等专项检查，推动日常监管制度落细落实。制定《丰台区区管干部选拔任用工作流程（试行）》，进一步提高了选人用人规范化水平。开展全区处级领导班子分析研判，全年调整干部293人次。坚持严管和厚爱结合、激励和约束并重，完善干部考核评价机制。强化疫情期间考察考核和激励保障，制定考察考核相关工作意见和实施办法，出台关心关爱干部“十项措施”。坚持在重大斗争一线锻炼、考验干部，大力提拔使用优秀年轻干部。严格执行村干部监督管理各项制度，村“三套班子”、集体经济组织主要负责人454人完成个人重大事项申报。实施“丰泽计划”，强化人才支撑和智力保障，进一步完善企业人才联系网络和服务体系。

（陈　亮）

【提升基层党组织组织力】 优化社区（村）干部队伍结构，推进17个新建社区“两委”筹建。举办社区（村）党组织书记培训班、基层社会治理专题培训班。增强基层党组织服务群众能力，贯彻落实《巩固社区疫情防控成果推进首都社区治理工作方案》，将社区治理20条措施融入基层党建整体布局。在全市率先研究制定党群服务中心“1+3”建设管理政策体系，有效提升建设质量水平。制定“两新”领域党务专职工作者管理办法，加强商务楼宇专职党务配备，进一步提高党建工作质量。

（陈　亮）

新型冠状病毒疫情防控

【概况】 2020年，丰台区全力以赴抓好新冠肺炎疫情防控。第一时间成立丰台区疫情防控工作领导小组，指挥调度全区疫情防控工作。压实“四方责任”，抽调选派5100余名干部和400名医护人员下沉社区（村），动员3.5万名在职党员参与社区（村）防控，对近72万名居家观察人员落实“足不出户”要求。扎实做好“三无小区”、人口倒挂村、学校、养老机构、商超等重点场所防控，切实堵塞漏洞。全力做好医疗救治，区级定点医院收治患者全部治愈。严格落实院感防控措施，辖区1.9万名医护人员实现零感染。坚持关口前移，认真做好首都机场、火车站入境进京人员闭环转运管控工作，完成1万余名离鄂返京人员转接安置。

（陈　亮）

【处置新发地聚集性疫情】 6月，新发地批发市场聚集性疫情发生后，全区上下紧急动员、迅速行动，16个小时快速锁定新发地感染源，对新发地市场及周边12个小区采取封控措施，对市场内人员全部闭环转运至集中观察点进行医学观察。开展“敲门行动”落地查人，对进出市场人员实施隔离医学观察。全面完成新发地市场清运消毒工作。大规模开展核酸检测，累计完成225万人次，有效遏制了疫情扩散蔓延。举一反三加强全区市场防疫，成立专项指挥部，对全区市场开展消毒消杀、环境检测以及从业人员核酸检测。加强冷库规范管理，累计关停违规冷库88家、拆除违章建筑冷库277家。通过努力，用了26天成功实现“控住疫情”的工作目标。

（陈　亮）

【疫情防控常态化】随着疫情防控工作进入常态化，认真落实各项防控要求，坚持常态化精准防控和局部应急处置有机结合，防松劲、补漏洞、强管理。持续做好入境进京人员和国内中高风险地区来京人员的落地管控工作，按照“批零分开、干湿分开、生熟分开”的要求，完成新发地市场复市升级改造工作，严格做好进口冷链食品的全流程全链条管理，做到“人物地”同防，全链条精准监管，确保防控不松懈、疫情不反弹。开展医院、学校、车站、集中医学观察点等重点场所的风险排查。从严规范小型医疗机构诊疗行为，取缔关停黑小诊所57家。加强全区71家商品交易市场日常防疫监管。出台全市首个冷库管理规范，加大执法检查力度，累计关停违规冷库88家，拆除违章建设冷库277家。7月6日后，全区保持“零病例”，为经济社会加快恢复奠定坚实基础。

（陈　亮）

对口扶贫支援协作

【概况】2020年，丰台区精准消费扶贫，决胜脱贫攻坚圆满收官。结对帮扶的河北省涞源县，内蒙古自治区赤峰市林西县、兴安盟扎赉特旗，青海省治多县全部脱贫摘帽，13.2万名贫困人口全部脱贫。通过构建“政府主导、社会参与、市场运作、多元帮扶”的工作体系，强化前方后方、政府、企业、社会力量联动，调动各方资源形成合力，通过落实资金项目、深化产业合作、干部人才支持、加强劳务协作以及动员社会力量等措施，开展多层次、多形式、宽领域、全方位的帮扶活动。直接拨付扶贫支援资金5280万元，实施市区两级项目98个，完工率98%，惠及贫困人口5.7万人。推动“三专一平台”建设，创新党建引领消费扶贫模式，实现消费扶贫金额4.16亿元，惠及贫困人口6056名。狠抓稳岗就业，多措并举推动7481名贫困人口就业。深入开展携手奔小康结对帮扶，累计捐赠物资2873.4万元。创新构建“丰台1+5融媒体扶贫矩阵”，在央广网和“北京丰台”客户端开设“乡里乡亲，扶贫同心”扶贫平台，累计发稿1500多篇次。

（陈　亮）

【脱贫攻坚战任务全面完成】2月，丰台区助力涞源县推出国家贫困县序列。4月，助力治多县退出国家贫困县序列。至此，实现丰台区结对帮扶的涞源县、林西县、扎赉特旗、治多县全部脱贫摘帽，林西县成为内蒙古自治区首个脱贫摘帽的旗县。

（陈　亮）

【党建引领消费扶贫】年内，丰台区在北京市消费扶贫双创中心丰台分中心挂牌成立了“党建引领消费扶贫基地”，以“党建引领消费扶贫”为切入点，通过激发党员先锋力量，带动社会各界积极参与消费扶贫，奉献一份爱心，共同推动形成“人人参与消费扶贫，人人支持消费扶贫，人人宣传消费扶贫”的良好氛围。分中心的消费扶贫专区展销河北、内蒙古、湖北、新疆等多个贫困地区近400种农副产品。分中心承办“决战决胜脱贫攻坚、巩固脱贫成果”主题党建教育及宣传教育活动40余场，超过1000余名党员参与，实现消费扶贫金额150万元。

（陈　亮）

【非公医疗健康扶贫】北京嘉禾妇儿医院实行以“关心家庭幸福，关爱妇幼健康”为主题的禾苗妇幼健康公益计划，定向帮扶河北省涞源县和丰台区以及周边地区妇女儿童健康。开展妇女儿童健康筛查普惠行动、儿童康复关爱行动、母乳喂养普及行动、妇女肿瘤防治行动、防艾进社区科普行动、儿童生长发育关爱行动六大健康行动，投入资金1000多万元，帮助贫困家庭提升健康水平、树立健康生活理念。

（陈　亮）

【结对协作和对口支援】落实与房山区生态涵养区结对协作工作，向房山区拨付结对协作资金5000万元，完成市级绩效任务，在促进产业融合发展、公共服务合作、深化区界协同治理、创建多元结对模式等方面取得成效。向湖北省十堰市张湾区拨付150万元区级财政资金，专项用于新冠肺炎疫情防控，向十堰市及张湾区捐赠社会物资242万元。在京堰两地组织三场直播带货活动，线上线下销售额累计527.6万元。推进青海玉树州的对口支援工作。

（陈　亮）

2021

北京丰台年鉴

中共丰台区委员会

综述

【概况】2020年，中共北京市丰台区委员会（简称区委）坚持以习近平新时代中国特色社会主义思想为指导，深入贯彻党中央各项决策部署和市委各项工作要求，围绕"妙笔生花看丰台"的要求，统筹推进疫情防控与经济社会发展工作，各项事业取得新成效。全年召开区委全会4次、区委常委会议50次、书记专题会42次。

（李典典）

【政治建设】年内，丰台区深入学习贯彻习近平新时代中国特色社会主义思想和党的十九届五中全会精神，开展"不忘初心、牢记使命"主题教育常态化整治和整改落实"回头看"，教育引导全区党员干部增强"四个意识"、坚定"四个自信"、做到"两个维护"。落实重大事项请示报告制度，以区委名义向市委（及部门）请示报告64件次。加强党对人大、政协工作领导，召开区委第五次政协工作会议，出台新时代加强和改进政协工作的实施意见。加强统一战线工作，建立民营经济统战工作联席会议机制，出台加强和改进新时代街道社区统战工作的意见。推进双拥共建工作，获得全国双拥模范城"七连冠"。深化区级综合行政执法改革，完成乡镇机构改革，推进事业单位改革试点。深入开展扫黑除恶专项斗争，做好市委督导反馈意见整改。完成中国人民抗日战争暨世界反法西斯战争胜利75周年纪念活动等重大活动维稳安保任务。

（李典典）

【文化建设】年内，丰台区组织区委常委会、理论学习中心组开展集体学习39次。弘扬抗疫精神，推荐市级抗疫先进集体和个人。落实意识形态工作责任制，坚决守好网络等阵地。举办2020中国戏曲文化周；完成金中都城遗迹保护工程二期考古发掘；统筹推进长辛店革命活动旧址保护传承利用。组织开展垃圾分类、"光盘行动"等新时代文明实践活动5800场。推进区融媒体中心建设，在新华社客户端发布50部丰台主题短视频，浏览量超1亿次。

（李典典）

【社会建设】年内，丰台区紧扣"七有"（即幼有所育、学有所教、劳有所得、病有所医、老有所养、住有所居、弱有所扶）"五性"（即便利性、宜居性、多样性、公正性、安全性）加大民生保障力度。新增普惠性学前学位990个，丰台医院提质改建项目、北京口腔医院迁建工程持续推进。帮助1.3万名登记失业人员再就业，发放各类社会救助资金1.42亿元，建设提升便民商业网点88个，实施15个老旧小区综合整治，超额完成棚户区改造年度任务。"接诉即办"接诉36.3万件，综合成绩从2019年的城六区末位，提升到2020年城六区第三位。举全区之力创建国家卫生区，发动26万余人次参与"周末卫生大扫除"。与受援地区签订携手奔小康结对帮扶协议，持续推进98个扶贫项目，拨付扶贫资金5280万元。完成新一轮百万亩造林绿化年度任务2953亩，有序推进南苑森林湿地公园项目建设，启动国家森林城市创建工作。做好第二轮中央生态环保督察服务保障和问题整改工作。深化"一微克"行动，PM2.5累计浓度36微克/立方米，为城六区最好水平。开工建设集体土地租赁住房项目6个，其中南苑乡成寿寺泊寓社区成为全国首个正式运营的集体土地租赁住房项目。

（李典典）

【经济建设】年内，丰台区出台应对疫情支持企业发展"丰十条""新十条"，推动减免租金、金融纾困、减税降费、延迟缴税、研发补贴等政策落实。出台促进高精尖产业发展"丰九条"。制定实施街乡镇财源建设奖励实施办法。承接北京市新一轮服务业扩大开放综合试点建设任务。丽泽金融商务区纳入全市金融科技创新示范区主阵地，释放产业空间57万平方米，华为中国总部等88家企业机构实现入驻，金融业留区税收同比增长24.6%。推动中关村丰台园创新发展，举办第二届中国铁路发展论坛和第三届航天创新创业大赛决赛，全年总收入同比增长10%，人均、地均产出位列示范区第二。推进"五新"建设（即新基建、新场景、新消费、新开放、新服务），新建5G基站1000余个，全市首个数字人民币测试应用场景落户丽泽金融商务区。完成第三轮城市南部地区发展行动计划，地区生产总值和区级一般公共预算收入实现双增长。

（李典典）

【城市建设治理】年内，丰台区深入实施北京城市总体规划和丰台分区规划。编制完成并向社会公示大红门地区及南苑森林湿地公园地区街区控规，完成丽泽金融商务区规划综合实施方案、卢沟桥五里店地区控规，初步完成丰台站地区、长辛店老镇有机更新街区控规。拆除违法建设154.1万平方米，腾退土地156.7公顷，超额完成年度任务。推进丰台站及周边市政工程建设，推动"站城一体化"发展。丽泽城市航站楼、轨道交通大兴机场线北延、14号线（丽泽段）实现开工，丽金线规划设计稳步推进。落实2022年北京冬奥会冬残奥会筹办任务，服务保障国家冰雪运动训练科研基地建设，各场馆及配套设施全部投入使用，周边环境提升项目稳步推进。建成584个智慧平安小区。持续开展农村人居环境整治，8个村通过全市第一批美丽乡村考核验收。

（李典典）

【作风建设】年内，区委落实全面从严治党主体责任，区委常委会研究党建类议题113项，占议题总数的54.1%。落实《党委（党组）落实全面从严治党主体责任规定》。深入分析研究北京市全面从严治党（党建）工作考核结果，对17家单位进行约谈。加大重点领域和关键环节反腐力度，全年立案161件，给予党纪政务处分122人。统筹推进巡察全覆盖，严格落实分管联系区领导带头抓巡视巡察整改方案落实，做实巡察“后半篇文章”。集中整治利用名贵特产谋取私利等隐性变异问题。坚决反对形式主义、官僚主义，严查疫情防控走过场，严控向基层下派表格。

（李典典）

【干部队伍建设】 年内，丰台区制定区管干部选拔任用工作流程，提高选人用人规范化水平。强化疫情期间考察考核和激励保障，出台关心关爱干部“十项措施”。严格村干部监督管理，村“三套班子”、集体经济组织主要负责人454人完成个人重大事项申报。提升基层党组织组织力，优化社区（村）干部队伍结构，推进17个新建社区“两委”筹建。在全市率先研究制定党群服务中心“1+3”建设管理政策体系。制定“两新”领域党务专职工作者管理办法，加强商务楼宇专职党务配备。

（李典典）

重要会议和活动

【“不忘初心、牢记使命”主题教育总结大会】 1月10日，丰台区“不忘初心、牢记使命”主题教育总结大会召开。区委书记、区委“不忘初心、牢记使命”主题教育领导小组组长徐贱云主持会议并作总结讲话。会议强调要更加紧密地团结在以习近平同志为核心的党中央周围，在市委坚强领导下，充分汲取主题教育经验成果，砥砺前行，艰苦奋斗，不断推动丰台区各项工作上台阶，把市委“妙笔生花看丰台”的要求落到实处，为夺取全面建成小康社会伟大胜利和推动首都新发展作出更大贡献。并学习习近平总书记在中央“不忘初心、牢记使命”主题教育总结大会上的重要讲话精神，传达蔡奇同志在全市“不忘初心、牢记使命”主题教育总结大会上的讲话要求。市委主题教育第三巡回指导组组长姜贵平出席会议并讲话。区人大常委会主任张巨明，市委主题教育第三巡回指导组副组长彭方军出席。

（李典典）

【统筹推进新冠肺炎疫情防控和经济社会发展工作部署会】 2月25日，徐贱云主持召开丰台区统筹推进新冠肺炎疫情防控和经济社会发展工作部署会议。深入学习贯彻习近平总书记在统筹推进新冠肺炎疫情防控和经济社会发展工作部署会议上的重要讲话精神，学习贯彻北京市统筹推进新冠肺炎疫情和经济社会发展工作部署会会议精神，对下一步工作进行再动员、再部署。区委区政府班子成员、区人大常委会主任、区政协主席一同参加。各有关单位、街乡镇领导在视频分会场参会。

（李典典）

【区委常委会研究2020年工作要点】 3月5日，区委常委会召开第162次常委会议，确定全区2020年工作要点。总要求：坚持以习近平新时代中国特色社会主义思想为指导，全面贯彻党的十九大、十九届二中、三中、四中全会和中央经济工作会议精神，深入贯彻习近平总书记对北京重要讲话精神，增强“四个意识”，坚定“四个自信”，做到“两个维护”，认真贯彻落实市委十二届十次、十一次全会精神和市委对丰台区工作的指示要求，紧扣全面建成小康社会目标任务，坚持稳中求进工作总基调，坚持新发展理念,围绕当前首都加强“四个中心”（即全国政治中心、文化中心、国际交往中心、科技创新中心）功能建设、提高“四个服务”（即为中央党、政、军领导机关的工作服务，为国家的国际交往服务，为科技和教育发展服务，为改善人民群众生活服务）水平的总体要求，抓好“三件大事”（即组织实施新一版北京城市总体规划、以疏解北京非首都功能为“牛鼻子”推动京津冀协同发展、全力筹办好2022年北京冬奥会、冬残奥会），打好“三大攻坚战”（即防范化解重大风险、精准脱贫、污染防治），全力以赴打赢疫情防控阻击战，统筹做好改革发展稳定和改善民生各项工作，不断将全面从严治党引向深入，推动丰台区各项工作上台阶，让“妙笔生花看丰台”愿景一步步成为现实。工作要点：深入学习贯彻习近平新时代中国特色社会主义思想，党的十九大和十九届二中、三中、四中全会精神；严格落实党中央和市委市政府关于疫情防控各项部署要求，坚决打赢疫情防控阻击战；围绕加强“四个中心”功能建设、提高“四个服务”水平，更好地服务保障首都发展大局；坚定不移疏解非首都功能，不断提升区域发展品质；坚决打好三大攻坚战，确保完成党中央、市委各项任务部署；加快重点功能区建设，推动地区经济高质量发展；紧扣“七有”“五性”，全面提升服务群众和保障民生水平；加快城市化发展进程，提升基层治理水平；加强精神文明建设，推动文化事业繁荣发展；按照党中央和市委部署要求，推进全面深化改革；加强平安丰台建设，不断增强群众安全感；推进社会主义民主法治建设，凝聚推动区域发展的强大合力；推动全面从严治党向纵深发展，为各项工作上台阶提供坚强保证；加强区委常委会自身建设。

（李典典）

【垃圾分类和物业管理推进会】 5月6日，丰台区召开生活垃圾分类和物业管理推进大会。徐贱云就加快推进全区垃圾分类和物业管理工作作讲话，初军威主持会议，周新春部署生活垃圾分类相关工作，刘永宗部署物业管理相关工作。方庄地区、丰台街道东幸福街社区、京丰物业有关负责人先后发言。张巨明、高峰、梁家峰、李正斌、李岚、葛海斌、李树元、王建斌、王振华、王百玲、张婕、周宇清、苏扬、连宇、冯晓光一同参加。

（李典典）

【推进疏解整治促提升、促进生态文明与城乡环境建设动员会】 5月9日，丰台区召开深入推进疏解整治促提升、促进生态文明与城乡环境建设动员大会。徐贱云出席会议并讲话，初军威主持会议，周新春部署“疏解整治促提升”专项行动、全区生态文明和城乡环境建设2020年工作安排。徐贱云充分肯定过去一年丰台区在疏解整治促提升和生态环境建设各项工作取得的新进展并强调五点意见：要提高站位，充分认识深入推进疏解整治促提升、促进生态文明和城乡环境建设的重要性和紧迫性；深入推进疏解整治促提升专项行动，抓好疏解，基本完成集中退出的阶段性任务，持续巩固南苑—大红门地区疏解整治成果，加强与承接地深度协同对接；坚决打好污染防治攻坚战，打赢蓝天保卫战，继续开展“一微克”行动，完善生态环境精细化监管平台，抓好重污染天气应对，打好碧水保卫战，深化落实“河长制”“湖长制”，持续开展“清河行动”和“清四乱”专项行动；推进生态文明和城乡环境建设，大幅度扩大绿色生态空间，深化与房山区的生态保护和绿色发展结对协作工作，共同推动生态涵养区建设；切实凝聚推动疏整促、生态文明与城乡环境建设工作的强大合力。区委区政府领导班子成员，区属各部门、各单位主要领导，街道乡镇党政主要领导在主会场和分会场参加会议。

（李典典）

【创建国家卫生区启动大会】5月26日，丰台区召开创建国家卫生区启动大会。市卫生健康委领导、区委书记出席会议并讲话，初军威主持会议。会议强调，丰台区创建国家卫生区要紧紧围绕首都城市战略定位，坚持“以人为本，完善功能，优化环境，提升品位”原则，全区动员、全民动手、全力以赴，力争2023年达到国家卫生区的标准。为确保创卫成功，丰台区坚持高标准、严要求、注重部门联动、狠抓落实。全区实行由区委、区政府一把手任组长的双组长负责制，组建“一办七专班”的综合协调机构，建立47个委办局、21个街乡镇为成员单位的部门联动机制，同时明确部门职责、建立工作台账、强化督导考核，严肃追责问责，做到谁主管谁负责，谁丢分谁担责，事事有人管，件件有着落，举全区之力，全面推进创卫工作开展。各成员单位主要负责同志参会，全区21个街乡镇和392个居（村）委会有关同志以视频形式在分会场参加会议。张巨明、高峰、梁家峰、李岚、周新春、张婕、连宇出席会议。

（李典典）

【区领导调研丽泽金融商务区】6月5日，徐贱云、初军威到丽泽金融商务区调研，召开座谈会研究商务区建设发展工作。实地察看了解地铁14号线、16号线、丽泽城市航站楼规划建设及工程进度，结合展板了解地下交通环廊整体建设规划，并乘车察看交通环廊建设现状。在丽泽管委召开座谈会，研究商务区重点工程和招商工作。徐贱云强调，市委市政府高度重视丽泽金融商务区建设发展工作，要深刻认识这项工作的重要性和紧迫性，统一思想、凝心聚力，紧抓关键机遇，加快推进丽泽金融商务区规划建设，实现丰台区经济高质量发展。

（李典典）

【蔡奇在丰台区召开疫情防控调度会】6月12日，蔡奇在丰台区主持召开新发地疫情防控紧急视频调度会，要求果断处置、精准防控，迅速坚决阻断传染源，防止疫情扩散蔓延，守护好人民群众生命安全和身体健康。徐贱云、初军威、李岚、葛海斌、张婕一同在主会场参会。

（李典典）

【区领导调研失管小区专项治理和物业管理工作】8月6日，徐贱云调研失管小区专项治理和物业管理工作。先后来到长辛店街道杜家坎甲19号楼、卢沟桥街道程庄子68号院、大红门街道海户屯小区、东铁匠营街道刘家窑北里小区，实地察看小区整治管理现状，了解专项治理工作进展，以及小区环境提升、垃圾分类、停车管理、物业服务和物管会组建等情况。随后在东铁匠营街道办事处召开座谈会，听取区房管局关于丰台区66个失管小区专项治理工作进展的汇报，东铁匠营街道、长辛店街道、大红门街道、卢沟桥街道分别针对本辖区失管小区治理工作存在的问题和困难提出意见建议。

（李典典）

【区领导调研中关村丰台园】8月14日，徐贱云、初军威到中关村丰台园调研高质量发展工作，走访海丰通航科技有限公司、中航泰达环保科技股份有限公司，实地察看企业在航空保障、环保工程领域核心技术研发、产品生产制造相关情况，了解企业发展需求。张鑫一同参加。

（李典典）

【区领导调研新发地市场复商复市工作】8月19日，徐贱云调研新发地市场复商复市工作，在市场富农门，通过市场运行大数据电子屏幕察看当日进出市场车辆、人数、上货量等数据情况，了解市场复商复市进度。在市场农产品检验检测中心、翠鲜缘进口水果专营区、上货区、批发区等区域，察看了解农产品检验检测、市场分区管理、水果蔬菜经营交易、冷库管理、垃圾无害化处理、防疫措施落实情况。徐贱云强调，要严格按照“批零分开、干湿分开、生熟分开”工作要求，规范交易流程和经营秩序，严控进货渠道，稳步推进市场复商复市进度，全力做好保供稳价工作。要切实抓好常态化疫情防控工作，将各项防疫措施落实落细，重点加强冷链食品和冷库经营管理，严格做好进口食品进库前消毒消杀、垃圾无害化处理等工作，紧盯薄弱环节，确保防疫安全。李岚、周新春一同参加。

（李典典）

【区领导调研南苑－大红门地区】9月1日，徐贱云到南苑－大红门地区调研检查公园建设工作。在南苑森林湿地公园先行启动区，了解启动区A、B地块工程建设进度、公园整体规划建设、项目投资以及未来运营等情况。在久敬庄公园，实地察看公园环境、景观设计和休闲设施建设，了解南中轴周边利用疏解腾退空间建设群众家门口公园，提升区域环境品质等工作开展情况。李岚、刘永宗一同参加。

（李典典）

【中央生态环境保护督察组督察丰台区工作动员会】9月2日，按照中央、市委统一部署，丰台组织召开配合中央第一生态环境保护督察组督察北京市工作丰台区动员会。徐贱云出席会议并作动员讲话，初军威主持会议。周新春传达“中央第一生态环境保护督察组督察北京市动员会的主要内容”，张鑫部署“中央第一生态环境保护督察组督察北京市工作期间丰台区服务保障工作”。吴继东、李正斌、李岚、葛海斌、周新春、张鑫一同参加。

（李典典）

【蔡奇检查丰台区公共卫生安全】9月19日，蔡奇到丰台区调研爱国卫生运动，在新发地农产品批发市场，察看公共卫生监测哨点、垃圾站和粮油、蔬菜、水果交易摊点，强调新发地市场要浴火重生、凤凰涅槃，必须加强公共卫生管理，严格批零、干湿、生熟分离，全力推动转型升级。在凯德MALL大峡谷店，察看“光盘行动”开展情况，要求推广半份菜、无接触配送等好做法，设置劝导员，严把食品安全关。随后在马家堡街道党群服务中心召开座谈会。陈吉宁一同调研检查。市领导张家明、卢彦，市政府秘书长靳伟，徐贱云、初军威、梁家峰、李岚、周新春、张婕分别参加调研和座谈。

（李典典）

【区委十二届十二次全会】9月27日，中共北京市丰台区第十二届委员会第十二次全体会议召开。全会以习近平新时代中国特色社会主义思想为指导，深入贯彻党的十九大和十九届二中、三中、四中全会精神和习近平总书记对北京重要讲话精神，落实市委对丰台区工作的指示要求，审议通过《丰台区行政区划调整方案（送审稿）》。初军威作说明，徐贱云作讲话。区委委员、候补委员，各职能部门、街道乡镇、区直事业单位党政主要领导，各区属企业主要负责人分别在主会场和视频分会场参加。

（李典典）

【蔡奇到丰台区进行“‘十四五’高质量发展”主题调研】11月12日，蔡奇利用一天时间，围绕“深入学习贯彻党的十九届五中全会精神，谋划‘十四五’高质量发展”主题到丰台区调研。先后到南苑乡成寿寺村集体土地租赁住房项目、南苑乡久敬庄公园、大红门街道合生广场、丽泽SOHO大厦、丽泽金融商务区中华保险公司、丰台创新中心、北京当升材料科技股份有限公司调研指导工作，并在中关村丰台科技园管委会召开座谈会。市领导陈雍、殷勇、张家明、隋振江，区领导徐贱云、初军威、高峰、李正斌、李岚、葛海斌、周新春、张鑫、刘永宗分别参加调研和座谈。

（李典典）

【区委十二届十三次全会】12月4日，中国共产党北京市丰台区第十二届委员会第十三次全体会议召开。全会认真学习贯彻党的十九届五中全会精神和市委十二届十五次全会精神，审议通过《中共丰台区委关于制定丰台区国民经济和社会发展第十四个五年规划和二〇三五年远景目标的建议》。徐贱云就《建议（审议稿）》向全会作说明，并作讲话。全会提出丰台区到二〇三五年远景目标，即全面服务首都现代化建设的宏伟进程，聚焦“四个中心”功能，践行“四个服务”使命，紧扣首都工作大局，通过十五年的努力，让“妙笔生花看丰台”的美好愿景成为现实。首都功能显著增强，经济实力大幅跃升，治理体系日趋完善，文化发展日益繁荣，城市面貌日新月异，社会事业全面进步。全会提出“十四五”时期丰台经济社会发展主要目标，即经济发展效益明显提升，生态环境质量持续优化，民生福祉持续改善，社会治理效能显著提升。

（李典典）

【区委十二届十四次全会】12月30日，中国共产党北京市丰台区第十二届委员会第十四次全体会议召开。全会深入学习贯彻市委十二届十五次、十六次全会各项部署要求和市委对丰台区工作指示要求，总结2020年工作，研究部署2021年各项任务。抓好明年工作，落实构建新发展格局要求，提升服务保障首都功能的能力和水平；推进减量发展，更加注重质量和效益；深化污染防治攻坚战，大力推动绿色发展；加大民生服务保障力度，着力提高人民生活品质；坚持底线思维，严密防范、积极化解各类风险隐患。徐贱云代表区委常委会作工作报告并讲话。全会审议区委常委会落实全面从严治党主体责任（党建工作）报告。

（李典典）

【建设国家服务业扩大开放综合示范区宣传推介会】12月24日，丰台区建设国家服务业扩大开放综合示范区宣传推介会暨项目签约仪式在北京汽车博物馆举行。会上，毕马（北京）轨道交通研究院、北京娱美德知识产权服务有限公司、中国保险行业协会等金融、科技、文化、商务等领域的13家高质量机构现场签约入驻丰台发展。自北京市建设国家服务业扩大开放综合示范区以来，4500余家企业入驻丰台。丰台区将通过建设国家服务业扩大开放综合示范区试点任务的深化落实和先行先试，释放丽泽金融商务区、中关村丰台园、首都商务新区等区域高水平开放引领效应，显著提升新兴金融、科技服务、轨道交通、航空航天等领域开放创新能级，打造全市服务业扩大开放新高地。徐贱云，初军威，以及来自金融、轨道交通、航空航天、科技服务、数字经济、互联网信息、专业服务业企业和相关行业协会代表100余人参会。

（李典典）

组织工作

【概况】2020年，区委组织部坚持以习近平新时代中国特色社会主义思想为指导，深入学习贯彻党的十九大和十九届二中、三中、四中、五中全会精神，深入贯彻党中央各项决策部署和市委区委各项工作要求，全面践行新时代党的组织路线，紧盯服务大局，突出问题导向，完成疫情防控、干部队伍建设、党建引领基层治理、人才引育等工作任务。全年发展党员1248名。其中，在抗疫一线发展党员55名。调整处级干部242人次，晋升职级56人。其中提拔和进一步使用79人，平级交流38人，兼职免职125人；提拔正处级领导干部15人、副处级领导干部33人。提拔女干部24人，少数民族干部1人，非中共党员干部3人。

（杜忠仁）

【干部教育培训】年内，区委组织部组织开展区级主体培训班15期，举办专题班次8期，培训各类干部2000余人次。继续实施习近平新时代中国特色社会主义思想教育培训计划，突出理想信念教育。在年轻干部培养中开展中长期实践教学，采取“理论学习+实践锻炼”的模式，举办副处级、正科级、副科级、选调生等系列年轻干部任职培训班。实施“干部专业化能力提升计划”，举办金融科技产业融合、党建引领基层社会治理、规划与城市管理、“丰九条”政策解读和“两区建设”等专题培训班。完成撰写市党建研究会课题《在年轻干部培养中开展中长期实践教学的探索与思考》的调研报告。

（杜忠仁）

【干部实践锻炼】年内，区委组织部坚持在重大活动、重点任务和急难险重工作中培养历练干部。对敢担当、有知识、有潜力的优秀年轻干部，安排到急难险重的基层和重点工作一线锻炼。统筹全区干部资源，抽调6000余名干部下沉到疫情防控一线，选派22名干部参与保障冬奥会、对口帮扶、市委巡视等国家和市级重大任务，选派170名干部参与垃圾分类、区委巡察、“两区”建设、村和社区“两委”换届等区级重点工作，有力保障各项工作任务的推进。

（杜忠仁）

【年轻干部选拔培养】年内，区委组织部强化统筹规划，坚持动态管理，通过日常调研了解、干部考察等，对优秀年轻干部库进行更新调整。建立科级干部选任预审制度，对科级干部选任人选结构进行把关，引导各单位选拔一定数量30岁左右的正科级干部、28岁左右的副科级干部，切实加强源头建设。做好选调生工作，落实2017届选调生期满安置工作，部署2019届选调生到基层锻炼工作，招录2020届选调生15人。

（杜忠仁）

【处级干部考核】年内，区委组织部完成2019年度区委管理的处级干部考核奖励评定工作，确定优秀三等功95人、优秀嘉奖119人、称职嘉奖175人，并将考核结果作为干部选拔任用的重要依据。在疫情防控期间，通过“五看班子（即看思想认识是否到位、看责任落实是否到位、看组织动员是否到位、看防控措施是否到位、看服务引领是否到位）、七看干部（即看政治站位高不高、看宗旨意识牢不牢、看担当意识强不强、看表率作用好不好、看工作思路清不清、看底数情况明不明、看措施成效实不实）”开展疫情防控专项考核，通过“暖心十条”激励干部担当作为，加强对干部的关心关爱。

（杜忠仁）

【公务员考试录用】年内，丰台区招录公务员221名，其中，“双一流”院校毕业生81人（世界一流大学建设高校29人，世界一流学科建设高校52人），占录用人数的36.7%。硕士及以上学历的96人，占总招录人数的43.4%。

（杜忠仁）

【公务员考核】年内，区委组织部完成2019年度全区5274名公务员年度考核和奖励备案工作，其中1174人确定为优秀等次，1人被确定为不称职；1954人获得奖励，其中获三等功奖励486人，获嘉奖1468人，充分发挥考核奖励的“杠杆”作用。开展第七届北京市“人民满意公务员”和“人民满意公务员集体”评选推荐工作，推荐“人民满意公务员”3名，“人民满意公务员集体”1个。东铁匠营街道办事处主任李振国和区市场监管局登记注册科科长刘若被评为北京市人民满意公务员并受到表彰。

（杜忠仁）

【公务员管理】年内，区委组织部根据中央新修订的《公务员法》和《党政领导干部选拔任用工作条例》，制定科级干部选拔任用“1+3”制度，即修订印发《丰台区科级领导干部选拔任用工作办法》，并配套制定《丰台区科级领导干部选拔任用工作流程》《丰台区科级领导干部选拔任用纪实工作办法》和《丰台区科级领导干部及职级公务员交流工作实施办法》，强化党管干部原则，规范工作流程、细化具体标准。全年审核备案科级干部选拔任用交流轮岗512人次，科级及以下干部晋升职级4912人次。

（杜忠仁）

【个人事项报告】年内，区委组织部对处级干部报告个人有关事项工作进行专题部署，对所有填报对象及组织人事部门负责人1000余人，分两批进行集中专题培训，制作《致领导干部家属的一封信》，选取典型案例，编印易错易漏问题实例解析宣传折页逐人发放，随机抽查一致率稳步提升。根据市委组织部安排部署，开展领导干部个人有关事项报告专项整治工作，规范不一致问题认定处理的精准性和科学性。

（杜忠仁）

【干部人事档案审核专项检查】年内，区委组织部对101家单位开展科级干部人事档案检查，对巡察尚未覆盖的56家单位组织选人用人专项检查，实现全覆盖。由主管副部长约谈14家问题较多单位，并进行问题反馈和督促整改，干部人事档案工作水平进一步提升。

（杜忠仁）

【农村基层党组织整顿】年内，区委组织部对全区55个村集中开展村“两委”换届“回头看”，认定示范村3个、重点提升村2个、软弱涣散村6个。落实“五个一”工作机制，由区领导挂点、职能部门帮扶、乡镇领导包村、第一书记和选调生（乡村振兴协理员）驻村工作，进行“一村一策”精准整顿。

（杜忠仁）

【村干部监督管理】年内，区委组织部深入推进“四议一审两公开”和“三务公开”制度，规范村级组织重大决策事项清单和重大资金支出额度标准。开展村党组织书记个人重大事项报告，村“两委”和村集体经济组织及各级全资、控股企业主要负责人454人完成报告，抽查核实107人。建立健全村干部信访线索排查处置机制，开展两轮村书记主任信访线索排查。

（杜忠仁）

【党建引领社区治理】年内，区委组织部深入贯彻落实“首都治理20条措施”，系统总结疫情防控和基层治理经验做法，制定《丰台区巩固疫情防控成果深化党建引领社区治理“五个一”工作实施方案》，从“固化一批机制、升级一批举措、攻坚一批难题、培育一支队伍、搭建一组平台”5个方面，明确25条措施、70项具体任务，为推进党建引领社区治理提供方向指引和具体落脚点。

（杜忠仁）

【党建协调委员会】年内，区委组织部结合常态化疫情防控、垃圾分类、物业管理等重点任务，调整优化413个三级党建工作协调委员会成员构成，吸纳大院单位、物业企业、产权单位等治理主体进入，推动全区2765家成员单位形成协同治理、议事协商共同体。组织街乡镇、社区（村）围绕基层治理重难点问题，完善“需求、资源、项目”三项清单，实行项目化运作，解决一批实际问题。

（杜忠仁）

【党群服务中心体系建设】年内，区委组织部按照“阵地、家园、平台、窗口”的功能定位，研究制定全区党群服务中心建设“1+3”政策框架和党务工作者管理办法，理顺全区“两新”党建工作机制；推进区级党群服务中心建设，反复研究比选，做好内容设计、评审、施工等相关工作；加强对街乡、楼宇党群服务中心的指导和督促，截至12月底，区级党群服务中心和21个街乡党群服务中心全部建设完成，40座地标性商务楼宇中建成25个党群服务中心（站）；坚持“抓党建、优环境、促发展”，召开楼宇党建工作座谈会，搭建政企对话平台，加强政务资源导入，以党群服务中心为主渠道，推出30项政策服务包，使党组织有资源开展企业服务。

（杜忠仁）

【“两新”组织党建工作】年内，成立丰台区委非公有制经济组织和社会组织工作委员会，明确运行规范和基本制度，标志着全区“两新”党建工作迈入新的发展阶段。聚焦全区纳税百强企业，加强直接联系，精准推进龙头行业、重点企业“两个覆盖”。开展“两新”党建大调研，从属地和行业两方面入手，集中力量、集中时间，对“两新”组织党建工作情况进行摸底排查，加快推进党组织组建。推动“两新”组织在防疫抗疫、稳定民生、复工达产等方面贡献力量，依文、九州通等企业党组织，推动企业转产防护用品，助力疫情防控；北京瑶医医院等民营医院党员医务人员主动请缨，支援武汉抗疫工作；广大楼宇党组织积极带领物业、企业，投身抗疫工作，勇挑重担、坚守一线，有力地保障企业职工和社区群众的生命安全。

（杜忠仁）

【党内帮扶慰问】年内，区委组织部在春节、“七一”期间开展党内帮扶慰问工作。走访慰问市区两级生活困难党员1177人次、党务专职工作者29人次、新中国成立前老党员18人次、因公牺牲党员干部家属14人次、第一书记10人次。

（杜忠仁）

【党建引领疫情防控】年内，区委组织部全面贯彻落实习近平总书记关于新型冠状病毒感染的肺炎疫情防控工作系列重要讲话和重要指示批示精神，在区管党费中三次划拨专项党费375.64万元。其中，划拨资金270万元、购买慰问品105.64万元，发挥党费解决基层实际困难、传递关怀温暖、坚定信心决心的重要作用。区委组织部号召全区31个直属党工委组织党员疫情防控自愿捐款，全区111457名党员捐款1322万元，党员捐款覆盖面达79%。

（杜忠仁）

【发展党员违规违纪排查整顿】8月至11月，区委组织部以南苑乡为试点，对其十八大以来发展和转入的398名党员进行排查，最终确定涉及违规违纪问题党员12名，其中移交纪委处理党员6名，由乡党委提醒谈话6名。

（杜忠仁）

【国企退休党员组织关系转接】6月，丰台区在21个街道乡镇全面推进国企退休党员组织关系转接工作。加强统筹协调、工作培训、规范工作流程。与接转党员人数较多的东高地街道、云岗街道、长辛店街道就程序、经费、场地、党组织设置等问题进行具体指导。对居住在空白点小区的党员，由区级层面直接指派，确保应接尽接。全年共统筹协调21个街乡镇接收国有企业退休党员16000人。

（杜忠仁）

【打造“丰泽计划”人才品牌】年内，丰台区开展首批“丰泽计划”高层次人才评选，聚焦科技、金融、商务、文化等区域主导产业和教育、卫生等公共服务领域，认定高层次人才（团队）59名，在资金支持、项目资助、人才培育、交流合作、服务保障等方面制定全方位服务举措，优化人才创新创业环境，增强创新动力，为区域高质量发展提供人才智力支撑，激励企业贡献丰台，打造具有影响力的丰台人才工作品牌，提升区域人才集聚力。

（杜忠仁）

【人才工作平台建设】年内，丰台区立足区域重点产业发展方向，持续推进产学研用合作平台建设，全面提升人才载体的质量和能效，全区共有院士专家工作站7家，在站院士9名。推进博士后工作站建设，建立丰台博士之家，搭建在站博士后沟通交流平台，全年新招博士后4人，设站企业16家，共引进博士后（青年英才）研究人员65名。持续强化大创园、留创园工作，打造“北京IBI

创业训练营”品牌活动，助力创新创业发展。

（杜忠仁）

【优化人才发展环境】 年内，丰台区加大众创空间、科技企业孵化器培育扶持力度，优化创新创业环境，全区共有科技企业孵化器24家，众创空间41家，科技孵化协同创新中心7家。优化“聚才引智”服务，构建企业人才服务“绿色通道”。优化营商环境，开展“企业、人才服务月”活动，对接企业需求，加强人才公共服务保障。

（杜忠仁）

【深化区域协同创新】 年内，丰台区构建军地协同、央地合作、需求对接、资源共享的体制机制，推动“航天一院航天机器人与智能装备产业创新中心”“航天三院航天海鹰军民融合特色产业园区”等落户丰台，整合创新要素，释放人才智力资源优势。设立“北京市自然科学基金—丰台轨道交通前沿研究联合基金”，借助北交大、北工大等高校学科资源优势，推动解决轨道交通领域热点难点问题。加强与清华、北航、北师大等一流高校协作，推动达成产学研用、劳动实践、人才储备培养等战略合作。

（杜忠仁）

【强化引才荐才】 年内，丰台区借助国家级、省部级重点人才工程和重大科技专项等平台吸引培育人才，重点关注在新冠肺炎疫情防控工作中作出突出贡献的驻区企业、优秀人才，推荐74名地域内优秀人才参评“全国创新争先奖”“青年北京学者”“北京市优秀青年人才”等重点人才工程和表彰项目，入选15人次。

（杜忠仁）

宣传工作

【概况】 2020年，区委宣传工作坚持把学习宣传贯彻习近平新时代中国特色社会主义思想作为首要政治任务，贯彻落实习近平总书记关于宣传思想工作的重要思想和《中国共产党宣传工作条例》，坚持守正创新、稳中求进，在抓好疫情防控的基础上，推进宣传思想文化各项工作，讲好丰台故事、传播丰台声音、打造丰台品牌、展示丰台形象，进一步凝聚人气、提振士气、弘扬正气，为推动丰台高质量发展提供坚强思想保证和精神动力。

（任海东）

【宣传思想文化工作会】 3月11日，区委宣传部召开全区2020年宣传思想文化工作会，会议以电视电话会议形式，传达全国、全市2020年宣传部长会议精神，部署丰台区2020年宣传思想文化工作任务。区委常委、宣传部部长梁家峰出席并讲话，区宣传系统单位领导班子成员、区各委办局、街乡镇、企事业单位主管宣传思想文化工作领导及科室负责人150余人参会。

（任海东）

【意识形态工作】 年内，区委宣传部压实意识形态工作主体责任，把意识形态工作纳入全面从严治党考核。每季度召开意识形态工作联席会，通报首都和丰台区意识形态领域总体情况，明确工作要求和重点内容；定期收集汇总各单位意识形态工作报告，分析研判意识形态工作风险点，提出解决措施；每季度向区委常委会专题报告意识形态工作情况，加强意识形态工作统筹领导。落实《丰台区户外宣传阵地管理办法》等三项制度，强化主管主办和属地责任；升级改造宣传文化阵地信息化平台；持续抓好“学习强国”学习平台的管理使用，完善“区委宣传部统筹指导、各党（工）委组织实施”的运行模式；围绕国家卫生区创建、生活垃圾分类等重点工作，做好社会环境布置工作。

（任海东）

【党的创新理论大众化传播】 年内，区委宣传部逐步建立“区级统筹、委办局和街乡镇联动、社区（村）延伸”的三级宣讲架构，将“专家讲理论、干部讲政策、百姓讲故事”宣讲模式覆盖到最基层，运用“点单式”“互动式”宣讲方式，推动党的创新理论“飞入寻常百姓家”。运用“北京丰台”两微一端以及抖音、快手等新媒体资源，搭建“云宣讲”平台，组建致敬抗疫英雄、决胜全面建成小康社会、决战脱贫攻坚、弘扬抗疫精神等专题宣讲团20个。丰台区委宣传部被中宣部评为“基层理论宣讲先进集体”。

（任海东）

【党的十九届五中全会精神宣讲】 年内，区领导带头开展宣讲，深入基层一线，结合区域社会发展，全面准确阐释好、解读好全会精神；组建1个区级宣讲团

▲12月18日，区委书记徐贱云前往宛平城地区新时代文明实践所，围绕“学习贯彻党的十九届五中全会精神”作宣讲报告。（区委宣传部 供图）

和3个特色宣讲团，多维度、全方位地开展针对性宣讲活动300余场次；构建“云端”宣讲团，制作一批新媒体理论宣讲作品。

（任海东）

【抗疫工作宣传报道】 疫情发生后，区委宣传部及时成立工作专班，每日调度会商，加强值班值守，深入现场一线，启动全天候24小时舆情监测和新闻应急响应机制，加强疫情防控工作的宣传教育和舆论引导，报道丰台区疫情防控举措成效及典型人物事迹，开展社会宣传引导，凝聚起打赢疫情防控阻击战正能量。特别是新发地聚集性疫情暴发后，立即启动战时机制，组织策划60余次重点宣传，做到“稳人心、消疑心、强信心”，做好“新发地分期复商复市”主题宣传工作。

（任海东）

【区域特色宣传】 年内，区委宣传部聚焦全面建成小康社会、决战脱贫攻坚等中心工作，挖掘区域特色、经验举措、亮点案例、人物典型的素材，展现丰台区助力脱贫攻坚的奋斗历程；聚焦丽泽金融商务区、丰台科技园区等重点功能区建设，展现丰台高质量发展成效；聚焦中国戏曲文化周、“卢沟晓月”等文化品牌，持续打造构建全流程传播模式，策划全媒体联动宣传，提升丰台文化的影响力。全年，中央、市属媒体正面报道1.6万余条。

（任海东）

【新时代文明实践中心建设】 年内，区委宣传部评选出第一批新时代文明实践示范所5个、示范站47个，构建“一所一特色”“一站一品牌”的建设格局；对新时代文明实践网络互动平台进行升级改造，开发“邻里驿站定制化标签”等模块，实现志愿服务清单化、即时化、精准化。采取主题活动和日常活动相结合的方式，围绕“疫情防控”“垃圾分类”“光盘行动”等内容，组织新时代文明实践主题推动日活动10次，各类实践活动5800余场。建立“文明实践主题推动日活动”联合会商机制，形成“实践中心顶层设计、实践所承上启下、实践站末端落实”的工作链条；完善三级新时代文明实践志愿服务体系，推进志愿服务品牌建设，构建整体联动的工作格局。

（任海东）

【精神文明创建】 年内，区委宣传部做好文明城区创建工作，细化全区1459个现场检查点位责任落实；组织第三方进行摸底测评，成立专项组开展重点点位督查，发现问题，限期整改落实；编制印发文明手册、一封信、宣传海报等宣传品，开展H5文明城市测评知识答题活动，提升群众的知晓率和满意度。做好精神文明创建评选工作，推荐参评全国文明典型6个，2018年—2020年度推荐参评首都精神文明创建先进单位274个，获首都文明街巷7条、首都文明商户14家、“美丽街巷我的家”宣传典型11个，建成乡情村史陈列室13个、农村精神文明宣传视屏42个。

▲10月23日，2020（第四届）中国戏曲文化周主场活动在北京园博园精彩上演。（区委宣传部 供图）

（任海东）

【思想道德建设】 年内，区委宣传部全面开展“光盘行动”，成立区级专项督导检查组，建立联席会议制度，在全社会营造“浪费可耻、节约为荣”的浓厚氛围。持续开展榜样人物选树工作，宣传先进典型事迹，2人荣登中国好人榜，1人被评为“全国疫情防控最美志愿者”，7人获“首都精神文明建设奖”。抓好未成年人思想道德建设、公共文明引导、志愿服务、诚信宣传等工作，提升城市文明程度和市民文明素质。

（任海东）

【挖掘红色文化资源】 年内，区委宣传部搜集整理中国共产党早期长辛店革命活动的历史资料，整理文字约30万字、素材和图片200余件，完成革命旧址大事记、简介、红色故事14篇，分类启动革命旧址文物保养维护、修缮等工作。完成全民族抗战爆发83周年国家纪念仪式、纪念中国人民抗日战争暨世界反法西斯战争胜利75周年向抗战烈士敬献花篮仪式的宣传保障工作。

（任海东）

【文化品牌建设】 年内，区委宣传部举办2020（第四届）中国戏曲文化周、“卢沟晓月”中秋诗会等大型文化活动；参展2020年中国国际服务贸易交易会，获“最佳组织奖”和“最佳展示奖”；策划编创反映对口支援、带领贫困地区实现脱贫的优秀舞台剧目；推进实体书店建设，提前完成每万人拥有0.8个书店的建设任务；以“我的丰台我的家”等品牌为载体，组织公共文化活动2195场次。

（任海东）

【优化文化营商环境】 年内，区委宣

▲9月5日至9日，丰台区参加2020年中国国际服务贸易交易会文化服务专题展。（区委宣传部 供图）

传部制定《丰台区扶持影院应对疫情影响保持平稳发展实施细则》等一系列办法措施，全区有17家实体书店、23家电影院、7家景区获得区级资金支持，帮助3520家文化企业获得市级补贴。推行“零见面”审批，优化审批流程，最大限度缩短办事流程和审批时限，完成出版物零售单位行政审批事项333件、电影放映单位行政审批事项3件，完成出版物零售单位年检730余家、印刷企业年检78家。推动园区认定和老旧厂房改造提升工作，首科大厦、石榴中心、依文城堡欧洲园3家园区入围第二批市级文化产业园区名单。开展“扫黄打非”工作，持续净化文化市场，查处发行非法出版物的书店6家、无进货凭证的非法出版物1家，丰台区“扫黄打非”办被评为“北京市‘扫黄打非’暨文化市场管理工作先进集体”。

（任海东）

【“四力”学习教育专题培训】 10月22日至23日，区委宣传部组织全区108家单位的宣传工作主管领导和具体负责人，围绕意识形态、涉疫舆情应对、媒体融合发展、新闻写作等7个方面，开展增强“脚力、眼力、脑力、笔力”学习教育专题培训，提升实际工作能力。

（任海东）

网络安全

【概况】 2020年，丰台区网络安全和信息化工作以习近平新时代中国特色社会主义思想、习近平总书记关于网络强国的重要思想为指导，坚持稳中求进、守正创新，强化网络意识形态管理，开展网络主题宣传，全面提高网络安全和信息化工作水平，抓好互联网企业党建工作。组织召开区委网信委第二次全体会议，推进区级网信工作体系的健全完善；召开全区舆情工作会议，提升全区各单位舆情应对与处置水平。结合“十三五”发展规划收官，开展丰台区发展成果网络宣传推广活动，多维度展示丰台阶段性发展成果；结合全区重点工作、活动，推送微博3600余条，总阅读量2200万+，壮大网上主流舆论声音；做好网络安全和信息化工作，维护网络安全；组织召开丰台区2020年互联网企业党建工作会，就做好全区互联网企业党建工作进行部署。

（陈　程）

【第二次网信委工作会】 3月25日，区委书记、区委网信委主任徐贱云主持召开区委网络安全和信息化委员会第二次会议，会议传达学习北京市委书记、市委网信委主任蔡奇在市委网络安全和信息化委员会第二次会议上的讲话精神，会议研究中共北京市丰台区委网络安全和信息化委员会成员建议名单；听取并研究区委网信委2019年工作完成情况及2020年工作要点、确定丰台区委网络安全直接责任人事宜以及《丰台区贯彻落实党委（党组）网络安全工作责任制实施细则》。

（陈　程）

【发展成果网络宣传推广活动】 11月至12月，区委网信办结合“十三五”发展规划收官，以“妙笔生花看丰台”为宣传主题，结合“党史学习教育”“区域高质量发展”“基层社会治理创新”“保障和改善民生”等丰台区重点工作，通过今日头条流量推送等形式开展网络宣传推广活动，对《为民办好“关键小事”丰台区物业管理交出亮眼答卷》《丽泽企联会成立，共同推动丽泽金融商务区成为全球新兴金融高地》等重点稿件进行推送，多维度展示丰台区经济、社会、文化等方面的阶段性发展成果，为区域发展营造良好氛围。

（陈　程）

【舆情管理与应对专题培训】 12月8日至17日，区委网信办举办丰台区2020年舆情管理与应对专题培训，邀请余仁山、涂光晋、黄河等业内专家和学者讲授网络舆情管理、公共突发事件处置与媒体应对及党政机关新媒体应用等主题课程，提升全区舆情工作水平。全区各街乡镇及部分委办局的宣传工作分管领导及宣传工作负责人参加培训。

（陈　程）

【网络主题宣传】 年内，围绕市、区中心工作，区委网信办策划开展网络主题宣传活动。利用区属媒体资源和社会媒体资源，加强对中央和市区相关政策解读，结合疫情防控、垃圾分类、卫生区创建、生态环境保护督察、戏曲文化周等全区重点工作、活动，共推送微博3600余条，总阅读量2200万+。

（陈　程）

【互联网企业党建工作会】12月18日，区委网信办组织召开丰台区2020年互联网企业党建工作会，就做好新时期全区互联网企业党建工作进行部署。区委网信办主任向参会企业作党的十九届五中全会精神宣讲。区委组织部、区委网信办、区公安分局、区政务服务局、区市场监管局围绕企业党建、网络安全、舆情应对、企业服务等内容为企业进行讲解，小米集团、新浪微博、贝壳找房等全市知名互联网企业党委负责人介绍党建经验。市委网信办互联网企业党建负责人出席会议。全区50余家互联网企业负责人及党支部书记参加会议。

（陈 程）

【网络安全和信息化工作】年内，区委网信办落实网络安全工作责任制，成立全区重大网络与信息安全事件应急指挥部，将网络安全工作纳入全区应急体系，初步形成协调联动的网络安全工作格局。维护疫情期间网络安全，加强个人信息保护和数据安全管理。对重点单位、属地重点网站开展安全检查。开展网络安全"五进"活动，加快政务服务网络体系建设，做好重大活动、重要会议的网络安全保障工作。

（陈 程）

统战工作

【概况】2020年，区委统战部坚持以习近平新时代中国特色社会主义思想为指导，全面贯彻党的十九大和十九届二中、三中、四中、五中全会精神，学习贯彻习近平总书记关于加强和改进统一战线工作的重要思想和对北京重要讲话精神，按照全国、全市统战部长会议和市委、区委全会部署要求，在区委的坚强领导下，紧扣凝聚人心这个根本，突出强化思想政治引领这条主线，加强统战领域制度体系建设，激发大统战工作格局效能，提高党外人士履职质量，增强统战干部队伍战斗力，提升全区统战工作水平，为推动全区高质量发展贡献统战力量。

（耿博昊）

【机构调整】年内，区委统战部对内设机构进行调整，原"区台办"更名为"港澳台侨科"；把由办公室承担的统筹协调和指导各部门各单位统一战线工作职责划入综合联络科；将综合联络科承担的涉港、澳、侨领域职能划入港澳台侨科管辖。调整后，统战部办公室负责内外联系及日常协调工作，综合联络科负责全区民族宗教领域各项工作的调查研究、贯彻落实及协调处置工作以及统筹协调和指导各部门各单位统一战线工作。港澳台侨科主要负责全区港、澳、台、侨领域工作的联系及贯彻落实。统战部内设办公室、党派科、新的社会阶层人士工作科、综合联络科、港澳台侨科5个科室，统战部单位性质、主要职能、编制情况等其他基本信息无变化。

（耿博昊）

【党建引领统战工作】年内，区委统战部将统战工作从区委全面从严治党（党建）特色考核指标提升为专项考核指标，实现统战工作与党建工作同研究、同部署、同检查、同考核，督促各级党(工)委、党组将"四个纳入"（即把统一战线工作纳入重要议事日程，加强组织领导；把统一战线工作纳入党政领导班子工作考核内容，作为选拔任用领导干部的重要依据；把统一战线理论和方针政策纳入各级党校的教学内容，作为培训党政干部的必修课程；把统一战线理论和方针政策纳入宣传、新闻工作计划，扩大统一战线的社会影响）、"三个带头"（即各级党政领导要身体力行，带头学习宣传、贯彻落实党的统一战线理论、政策和法律法规，带头参加统一战线重要活动，带头广交深交党外朋友）落到实处。针对各类统战成员特点，利用丰台区"两微一端""丰台统战"微信公众号等媒体资源，全媒体、多角度开展"网络思政"工作。全方位开展"不忘合作初心、继续携手前进"等八大主题教育活动60余场，宣传党的理想信念和奋斗目标，引导各领域统战成员不断深化"四个认同"，持续铸牢共同思想政治基础。

（耿博昊）

【组织统战人士参与抗疫工作】年内，区委统战部引导广大统战成员贯彻落实党中央决策部署和市委、区委工作要求，立足统战优势为战胜疫情作贡献。155名党外医卫界专家深入抗疫一线，24个统战组织近3000人次深入社区参与防控工作。全区统战系统向北京及湖北地区捐款捐物计9.3亿元，捐赠口罩87.7万只，建言献策400余篇，其中6篇建议得到市领导批示。方庄社区卫生服务中心主任吴浩、依文服饰有限公司董事长夏华，分别获全国卫生健康系统新冠肺炎疫情防控工作先进个人和"全国劳动模范"称号。

（耿博昊）

【基层统战工作建设】年内，区委统战部研究制定《关于加强和改进新时代街道社区统战工作的意见（试行）》，从5个部分14个方面明确基层统战工作"谁来做""做什么""怎么做"，规范街道乡镇统战工作领导机构设置及运行机制，完善区、街道乡镇、社区（村）三级统战工作网络，落实区、街道乡镇两级责任制，实现基层统战工作有人负责、有人落实。召开基层统战工作推进会，在全区21个街乡镇、中关村丰台园、丽泽金融商务区建立统战工作站。

（耿博昊）

【民主党派统战工作】年内，区委统战部研究制定《贯彻落实市委加强参政党建设意见若干措施的分工方案》，配套完善党派联席会议制度，建立民主党派领导班子民主生活会等制度，为民主党派加强自身建设、更好履职尽责提供制度保障。着眼提高协商实效、破解知情明政难题，建立多层通报机制，召开区情通报会、选题推荐会、政策解读会、联合议政会等，推动开展协商议政。引导支持党派团体围绕“支持企业有效应对疫情、稳定区域经济增长”等重点课题深入调研，形成建言成果24篇，为区委区政府决策提供参考。14个“党派之家”正式挂牌成立。

（耿博昊）

【民族宗教事务管理】年内，区委统战部做好宗教活动场所疫情防控工作，压实“四方责任”，实现民族宗教领域“零感染”。推进民族团结进步事业，组织开展民族宗教干部培训，提升干部履职能力。依法落实“四进”工作，实现中华人民共和国国旗、宪法和法律法规、社会主义核心价值观、中华优秀传统文化在宗教场所全覆盖。完成区级宗教团体换届工作。持续推进伊斯兰“三化”（即制度化、规范化、程序化）问题整治行动，组织开展存在问题的复查，维护民族宗教领域安全稳定。

（耿博昊）

【民营企业管理】年内，区委统战部组织召开企业家座谈会，开展“一对一”谈心谈话活动，制定《区领导联系服务民营企业制度》《丰台区民营企业产权保护社会化服务体系工作实施方案》等制度文件，23位区领导定点联系27家民营企业，全年走访民营企业近50家次，现场协调解决问题近30个；在区法院挂牌成立“民营企业产权保护调解室”，推动纠纷化解。引导31家民营企业完成扶贫帮扶协议事项。

（耿博昊）

【新阶层统战】年内，区委统战部创建“新动丰台”品牌，推动资源、平台、人才互通共享。发挥新阶层人士专业优势，推进“家园+”“爱心+”一体化服务项目，助推重点工作开展。创立新阶层智库，举办各类精品课堂100余期。启动“新联心”系列联谊活动，与中关村智造大街新联会、怀柔区新联会建立友好共建关系，加强区、街道、楼宇三级新联会横向互通、纵向互联。

（耿博昊）

【港澳台侨统战工作】年内，区委统战部搭建区委常委会–领导小组–专项联席会–街乡党（工）委四级港澳统战工作网络，保障香港统战专项工作。探索京港基层交流常态化、机制化模式，不断拓展京港交流空间，传播爱国爱港理念。梳理2014年以来全区对台基层交流工作及成效，制作宣传画册，采取“线上+线下”方式开展对台交流成果展。举办“感知新丰台、共谋新发展”2020年丰台区台商服务日、“两河源、庆团圆”中秋台商台胞联谊活动。建立健全涉侨资源数据库，完善为侨公共服务体系，加强侨务法治宣传，推进办事流程“一窗通办”“一网通办”，提升办事效率。

（耿博昊）

【统一战线“两支队伍”建设】年内，区委统战部落实全面从严治党主体责任，研究制定统战部领导班子、主要负责人、班子成员履行全面从严治党主体责任清单，年度党建工作计划，向区委请示报告事项清单等，推动管党治党主体责任有效落实。加大教育培训力度，全年组织5期统战干部及统战成员培训班，提高干部专业化水平。加强全区人才举荐、重点产业摸排、校地共建协作，物色党外知识分子194名。落实民主党派代表人士队伍建设规划，有区级代表人士142名。加大青年成员培养力度，举荐优秀人才到青联、妇联、新联会等团体中进行考察识别。将80余名优秀党外科级干部择优纳入重点培养。

（耿博昊）

政策研究

【概况】年内，丰台区政策研究工作以服务区委区政府工作大局为主线，做好文稿起草、课题调研、信息收集等重点工作，撰写区委区政府重要文稿起草80余篇，完成《关于丰台区新冠肺炎疫情防控的实践与思考》等7个区级重点课题研究，统筹全区调查研究并完成《丰台区调研报告选编2019–2020》。围绕履行区委全面深化改革工作办公室职能，加强全区深化改革工作的推动调度和政策研究，共起草相关文稿30余篇。

（戴玉其）

【起草文稿】年内，区政策研究室参与完成《区委十二届十一次全会报告》《区政府工作报告》和区委书记在街乡镇月度点评会上的讲话、区委书记在疫情防控会上的讲话等重要文稿。起草丰台区“‘十四五’规划和二〇三五年远景目标的建议”及说明，为编制区“十四五”规划纲要提供依据和遵循；配合市委巡视组完成文稿撰写工作，起草区委书记向市委第八巡视组工作专题汇报稿、区委书记在巡视动员部署会上的表态发言稿等文稿，为市委巡视工作的开展提供保障。

（戴玉其）

【调查研究】年初，区政策研究室对各单位年度课题选题方向进行指导。加大对课题进度和研究阶段成果的评价和指导，确保课题研究的正确方向。精选62篇调研报告编辑完成《丰台区调研报告选编2019–2020》。

（戴玉其）

【改革工作】年内，区政策研究室统筹推动各项改革任务。以贯彻落实中央、市委改革部署为主线，结合丰台区重点、难点工作，制定27项重点改革任务、20项议题计划和10项重点督察事项。注重发挥区委深改委议事协调作用，全年召开深改委会议6次、书记专题会议4次，研究议题32个，推动重点领域和关键环节改革取得新突破。协调各专项小组履行职能职责，全年共召开专题会69次，研究议题48个。建立改革任务台账，实施月汇总、季度汇报，开展疫情防控、物业管理等5项专项督察，深入责任部门，了解推动落实情况，提出督察意见建议。

（戴玉其）

机构编制

【概况】中共北京市丰台区委机构编制委员会办公室（简称区委编办）为中共北京市丰台区委机构编制委员会（简称区委编委）的常设办事机构，承担区委编委日常协调服务工作，为正处级，列入区委工作机关序列，归口区委组织部管理。2020年，区委编办办理法人登记业务136件，其中设立登记18家，变更登记115家，注销3家。受理24家机关、群团办理统一社会信用代码证的设立、变更及注销申请。

（徐　达）

【优化职能体系】年内，区委编办巩固机构改革成果，对区政府办公室、区商务局、区生态环境局等10个部门的内设机构进行调整。根据市级公布的权力清单事项，按照上下对应的原则分两批次对全区13个部门的119项行政职权事项进行动态调整，形成《北京市丰台区政府部门权力清单》（2020年版）对社会公开。加强生态环境保护职责体系建设，研究制定《北京市丰台区生态环境保护工作职责分工规定》，明确65家单位和社区、村的生态环境保护职责分工，厘清政府部门职权边界。推进重点领域体制机制改革，落实北京市重点站区管理体制改革要求，完成北京西站、北京南站职能及机构划转工作。推进森林公安管理体制改革，将区森林公安机关划归区公安分局领导管理并相应划转机构编制，进一步明确区应急管理局、区园林绿化局防火职能。结合疫情防控工作，组建调整市场监管所设置，增强基层市场监管尤其是各批发市场监管力量。

（徐　达）

【乡镇机构改革】年内，区委编办强化乡镇党委的属地领导责任和统筹管理责任，建立健全乡镇党委对地区社会治理重大工作的领导机制。在卢沟桥乡改革试点基础上按照综合化、扁平化的改革方向，整合乡镇党委、政府内设机构，将19个科室综合设置为党群工作、平安建设、城乡建设、民生保障、经济发展、社区建设、综合保障7个办公室。坚持以人民为中心，围绕亲民利民便民原则，统一设置市民活动中心、便民服务中心、市民诉求处置中心、农业服务中心、物业服务管理中心5个事业单位。推动派驻站所力量下沉，将司法所、统计所人员编制35名下沉至乡镇管理。明确乡镇党委对派驻机构的属地管理权限。

（徐　达）

【行政执法体制改革】年内，区委编办推进市场监管、生态环境、文化市场、农业、住房城乡建设5支综合执法队伍组建工作，实行一个领域一支队伍执法。按照市政府要求将教育、民族宗教领域相关职能划入市场监管、文化市场综合执法，进一步优化执法资源配置。完善街道乡镇综合执法体制机制，向街道乡镇下放行政执法职权431项。整合相关领域执法资源和力量组建街道乡镇综合行政执法队，7月1日起，以街道办事处、乡镇人民政府名义开展执法工作，实现“一支队伍管执法”。加强配套制度建设，调整街道、乡镇平安建设办公室职责，加挂司法所牌子，明确依法行政、执法规范、执法监督、行政应诉和行政复议等相关法制职责。

（徐　达）

【事业单位改革】年内，区委编办按照全市统一部署，围绕首都城市战略定位和丰台区功能定位，坚持“瘦身”与“健身”相结合，改革事业单位机构设置和职能配置，推进政事分开、事企分开、管办分离。采取整合重组机构，优化职能调整等措施，推进数据信息、公共资源交易、检验检测认证等事业单位改革。立足“七有（即幼有所育、学有所教、劳有所得、病有所医、老有所养、住有所居、弱有所扶）”“五性（即便利性、宜居性、多样性、公正性、安全性）”，突出服务改善民生，强化教育卫生公益服务职责，对区教委、区卫生健康委等部门所属事业单位进行整体重塑；推进公共文化服务体系建设，整合组建卢沟桥文化发展中心，成立基层公共文化指导中心；进一步构建基本养老服务体系，成立区老年福利中心。加强对职能弱化、职能相近事业单位的整合，优化整合17个主管部门所属的54家事业单位；精简21家任务弱化、设置分散、规模较小的“小散弱”事业单位；减少13家面向机关提供支持保障的事业单位，改革后，全区事业单位精简64家，精简比例25%。

（徐　达）

【优化机构编制资源配置】年内，区委编办坚持“总量控制、统筹使用、有减有增、动态平衡、保证重点”原则，创新挖潜，管住管好用活机构编制。推动编制资源向基层和一线倾斜、向发展最吃劲的部位流动，疫情防控期间，从卫健系统内部调剂100名编制加强疾控中心、社区卫生服务中心力量。统筹用好沉淀和低效配置的编制资源，做到有增有减，加强商务、水务、卫生健康、城市管理、市场监管、民族宗教等领域力量，核减区房屋经营管理中心、区机关事务管理中心等单位事业编制76名。指导区教委挖潜内部资源，按标准重新核定全区中小学编制，收回115名空余编制补充教育系统“周转池”；进一步探索建立公办幼儿园人员额度管理办法，不断提升机构编制资源使用效益。

（徐　达）

【社会信用代码和事业单位法人管理】年内，区委编办继续完善机关群团统一社会信用代码调整管理；规范事业单位登记管理工作，简化优化行政许可，完成事业单位法人办理登记、注销、变更等事项135项；落实“双公示”制度，上报率、合格率、公示率和多平台一致率100%；对“僵尸”事业单位开展集中清理。开展超审批权限设置机构等问题自查自纠，健全完善同纪检监察机关、组织人事、财政、审计等部门的联动机制，全面推进机构编制实名制管理。

（徐　达）

区直机关党建

【概况】2020年，中共丰台区委区直机关工作委员会（简称区直机关工委）有基层党组织73个，其中机关党委23个、党总支16个、党支部34个。党员20653人，其中离退休党员11945人，在职党员8080人（含非公党员1488人，社会组织党员410人），其他党员628人。区直机关工会所属单位42家，工会会员1540人。机关团工委所属团支部6个，团员58人。

（汪如峰）

【组织疫情防控工作】年内，区直机关工委按照区委新冠肺炎疫情防控工作要求，参加区疫情防控工作领导小组指导组工作，指导督促机关各单位在疫情期间，全面落实属地、部门、单位、个人的四方责任，建立全社会共同防控体系，完成区直机关系统67家单位、区政府南院办公区22家单位3批次7127人次集中核酸检测；组织系统党员为疫情防控捐款315.8万元，火线入党7人，号召机关在职党员回社区“顶岗一日”，充实社区疫情防控力量；联合机关事务管理服务中心在机关食堂设立党员指导服务岗，由机关28个单位709名党员干部轮流值守，进行机关单位疫情防控工作宣传指导服务。

（汪如峰）

【党员教育培训】11月23日至27日，区直机关工委在国管局东坝服务中心组织基层党组织书记培训。把新时代党的建设新要求作为培训重点，突出《习近平治国理政》第三卷学习、十九届五中全会精神解读等，强化政治教育和政治训练，健全完善机关党务干部培训长效机制，采取“菜单式”培训、“体验式”学习、“走出去”与“请进来”相结合，提升党务干部培训的针对性。参加培训100余人。

（汪如峰）

【党建创新项目】年内，区直机关工委继续开展党建创新项目申报，通过专家评审、工委领导班子把关、资金拨付等环节，对32个项目予以立项，给予27个项目75.49万元资金支持。

（汪如峰）

【基层党组织规范化建设】年内，区直机关工委审定完成党组织换届选举50个，指导调整任命党组织书记副书记35名，调整成立基层党组织7个。落实《基层党组织换届选举工作条例》要求，全程指导19家党组织完成换届。

（汪如峰）

【党支部工作法试点工作】年内，根据区委组织部《关于开展党支部工作法试点工作的通知》要求，区直机关工委开展党支部工作法试点工作，制定《关于开展党支部工作法试点工作方案》，区生态环境局机关党支部、区住建委行管处党支部和区园林绿化局第一党支部分别被区直机关工委推荐为党支部工作法试点支部。三家试点单位围绕强化政治功能、提高组织力，边学习边研究、边思考边实践，探索新时代党支部工作的方法和载体，不断完善工作机制，形成“412”工作法、“双核双控”“立足岗位做贡献”三个特色做法，在疫情防控、基层治理和业务工作中发挥党支部战斗堡垒作用和党员先锋模范作用。

（汪如峰）

【机关党建引领】7月至11月，区直机关工委着眼“关键小事”，带头参与垃圾分类和“光盘行动”，发挥党建引领作用。在职党支部参加对接社区垃圾分类工作491次，所属73个机关基层党组织491个党支部8112名党员，全部完成“双报到”，报到率100%。在职党员回报到社区参与垃圾分类8112人，服务时长26963.1小时。其中，“桶前值守”参与3488人次，服务时长6613.1小时；参加“周末大扫除”3115人次，服务时长5289.5小时；其他志愿服务1509人次，服务时长15060.5小时。

（汪如峰）

【参加烈士纪念日活动】9月30日上午，区直机关工委组织100名机关干部参加丰台区在长辛店二七公园举办烈士纪念日活动，向烈士敬献花篮。

（汪如峰）

【区直机关体育活动】10月29日，区直机关工委在北宫森林公园组织2020年度区直机关登山比赛。11月6日，与区体育局、区总工会在北京园博园联合举办丰台区直机关2020年定向越野团队比赛，30多家机关单位的150多名职工参加比赛。11月13日，区直机关工委、区体育局、区总工会共同举办区直机关

▲11月13日，在北京龙源景扬体育中心举办丰台区直机关2020年羽毛球比赛。（程晋彬 摄）

2020年羽毛球比赛，21家机关单位的近百名干部职工参加比赛。

（汪如峰）

党史编研

【概况】2020年，区委党史编研工作坚持"一突出、两跟进"，推动党史与党建工作有机结合，完成《党建资料汇编（2016－2018年）》和《中国共产党北京市丰台区历史大事记（2019年）》编写，推进丰台区历次党代会资料汇编工作。加强党史资料征集编研，扩大稿源数量和质量，编辑2期《丰台史志》期刊。指导服务宛平城地区党群活动中心做好专题展及相关内容审阅，并提出修改意见建议。

（张尚美）

【《丰台史话》完成终审】年内，党史办做好《丰台史话》编写工作，4月底，完成《丰台史话》复审稿的征求意见工作，针对标题、正文、注释、照片、图解等部分，收集意见180余条。编辑部在复审的基础上再次进行整理和完善，5月中旬完成终审稿，呈报区领导审核并进入出版环节。经反复修改完善，10月底完成最后审核工作。全书约30万字。

（张尚美）

【《中国共产党北京市丰台区历史》编写工作】年内，党史办把好政治关、史实关、文字关，开展《中国共产党北京市丰台区历史》编写工作，11月完成终审工作，进入出版环节。全书约30余万字，图片50余张，附表4幅，全面反映建党初期至2012年近百年的历史进程中，党在丰台地区的不懈奋斗和自身建设史，并对党在丰台地区的历史发展进程进行总结。

（张尚美）

【挖掘红色历史文化】年内，党史办协同完成长辛店地区8处革命旧址改造提升工作，广泛梳理挖掘相关资料，谋划二七纪念馆及相关点位展陈设计方案，编纂完成《"北方的红星——长辛店与中国工人运动"展览脚本（含两个专题展）》，并根据市委宣传部和各方面专家意见反复修改完善，确保展陈质量，同步做好史料挖掘和展品征集工作。二七纪念馆主题展览进入布展实施阶段。扩大红色文化志愿宣讲队伍，结合二七馆展陈提升工作，从中小学选拔培训一批学生作为红色故事志愿宣讲员，不断拓展红色文化宣讲覆盖面。

（张尚美）

【史志宣传教育】年内，区委党史办注重发挥利用区志编修成果，推进史志"七进"、史志园地建设等宣传教育工作。在《丰台报》开设《志说丰台》专栏，促进修志成果的转化利用，不断扩大史志宣传覆盖面。围绕全面建成小康社会为主题，在全区开展"共圆小康梦"主题征文活动，收到征文178篇，并形成60篇优秀征文成果汇编，发放到各单位进行广泛宣传。通过对全区党史梳理形成《北京的共产党早期组织在丰台大事记》《工人夜班通俗学校大事记》《劳动补习学校大事记》等资料。完成市委党史研究室统编的《红楼红色遗址群》一书中涉及丰台区的"骑着毛驴去游行"等4篇文章的编写。撰写毛泽东、邓中夏、史文彬、康景星等革命先驱在长辛店开展革命活动的红色故事15篇。

（张尚美）

老干部管理

【概况】2020年，丰台区老干部工作坚持以习近平新时代中国特色社会主义思想为指导，学习贯彻党的十九大和十九届二中、三中、四中、五中全会精神，落实市、区关于老干部工作的部署和疫情防控的要求，完成各项任务，持续推动全区老干部工作取得新成效、迈上新台阶。全区有离休干部211人、副处级以上退休干部1435人、离退休干部党组织92个、老党员先锋队161支。

（许　佳）

【助力抗疫活动】年内，区委老干部局先后抽调37名党员干部参加社区疫情防控、核酸检测协调督导、隔离点服务保障、新发地市场复工复产等一线工作；区老年书画研究会举办"众志成城抗击疫情"网络主题书画展，被中国老年书画研究会评为"抗击疫情书画创作贡献单位"；区老干部晓月诗社举办"抗击疫情 心系武汉"网上诗词朗诵会；区老干部金秋艺术团举办10期"战疫空中课堂"线上文艺演出；区老干部写作组撰写文章赞美各条战线的抗疫英雄；区老干部摄影组用镜头记录丰台"战疫"故事；区老教协通过参与社区执勤科普医学知识；长辛店镇4支老党员先锋队依托主题党日活动和社区文体活动加强对"智慧家医"的宣传。全区9176名离退休干部参与社区防控，参与社区防控上岗57848人次，参与捐款46468人，捐款5019451.7元。

（许　佳）

【老干部工作会议】年内，区委老干部局召开2020年老干部工作会议，学习贯彻全国离退休干部"双先"表彰大会、全国老干部局长会议和全市老干部工作会议精神，贯彻落实中央、市委、区委关于打赢疫情防控阻击战的相关精神，总结2019年全区老干部工作，部署2020年重点任务及疫情防控工作。

（许　佳）

【离退休干部思想政治建设】年内，区委老干部局组织全区离退休干部和老干部工作者收看学习三场全国离退休干部专题报告会和全市离退休干部专题辅导报告会。组织老干部参观建设中的新丰台站、通州循环经济产业园，参加北京市经济社会发展情况通报会、市委研究室"总结十三五成就，研究十四五规划"调研。开展"敢为先锋、筑梦有我"主题党日活动，鼓励各离退休干部党支部统筹好线上线下学习活动。引导老干部用好“学习强国”APP、“北京老干部”服务管理系统、微信微博等信息化手段，学习习近平新时代中国特色社会主义思想和党的十九届五中全会精神。组织区老干部写作组、理论组分别召开党的十九届五中全会精神学习交流会和座谈会，引领全区离退休干部广泛学习宣传。组织区老干部理论组开展民法典学习活动。

（许 佳）

【离退休干部党组织建设】 年内，区委老干部局结合市委老干部局开展“敢为先锋、筑梦有我”主题党日活动的要求，鼓励各离退休干部党支部统筹好线上学习和线下活动。研究制定《丰台区离退休干部党建工作联席会议制度》，完善离退休干部党建工作议事规则。分五批次组织离退休干部党支部书记参加市老干部党校线上理论学习班。继续总结推广离退休干部党支部工作法，配合北京电视台《晚晴》节目组录制反映区老科协临时党支部先进事迹的专题片《加强党建工作 促进协会发展》，列入北京市离退休干部党支部书记线上培训课程。通过“一报一网两微”平台，推广海南丰台后海小镇临时党支部在异地宣讲民法典、助力当地非公企业党建工作等经验做法。

（许 佳）

【宣传正能量】 年内，全国离退休干部先进个人郑福来在卢沟桥上开设的实景“初心讲堂”在“北京丰台”客户端、“丰台发布”快手号同步直播，在线听课人数超过2万人。区老干部宣讲团成员李富国、董华录制的“美好生活讲师团”宣讲视频分期在“北京丰台”APP线上播出，宣讲团成员郭俊彦走进海南宣讲党的创新理论。举办“风雨同舟战疫情 平安健康过重阳”系列文化活动。区老干部晓月诗社创作诗歌3000余首（幅），出版《卢沟吟》第25期刊物，10名会员在市级以上诗词创作活动中获奖。区老干部写作组在各级媒体发表文章120余篇，精选54篇在《枫叶正红》文集第六辑出版。区老年书画研究会创作书画作品近800幅。区老干部金秋艺术团开展庆祝建党99周年线上文艺演出，在市级舞蹈大赛上获团体银奖和组织奖。中国老年报社、北京广播电视台、丰台区融媒体中心等中央、市、区媒体刊登丰台区老干部工作成效的稿件180余篇次。

（许 佳）

【发挥老干部骨干作用】 年内，区委老干部局组织全区老干部抓好垃圾分类和物业管理两个“关键小事”。全区离退休干部党支部开展垃圾分类主题党日活动，近九成区属老干部签订垃圾分类承诺书，开展垃圾分类宣讲500余场，全区5200余名老干部值守1560个社区桶站点位。区委老干部局垃圾分类志愿队入选全市100家“优秀环保公益组织”。南苑街道平均年龄79岁的“老兵管家团”再上垃圾分类“战场”。丰台街道北大地西里社区老党员先锋队帮助社区引入物业公司，解决老旧小区停车难、卫生差的问题。东铁匠营街道老党员先锋队向社区党委自荐、推荐物管会、业委会候选人。云岗街道吸收央企老党员、老干部和在职党员参与物管会议事，为小区安装太阳能路灯、智能门禁。

（许 佳）

【老年大学建设】 年内，区老年大学创新开设网络直播课堂，开播15次，收听3000余人次。对区属79岁以下离退休干部开展学习兴趣需求问卷调查，确保将调查成果转化为教学管理实效。组织老年大学新村街道分校——怡海老年大学开展“示范校”争创工作。在常态化疫情防控期间，采取现场调研、电话微信交流、倡导制定疫情防控工作预案等多种方式对各分校工作进行指导。

（许 佳）

【离退休干部养老服务】 年内，区委老干部局印发《丰台区离休干部“一对一”精准服务工作实施意见》。组织全区助老员为离休干部解决疫情期间买菜、取药难等居家养老问题，给予心理慰藉。核对1163名“四就近”离休干部的住址，完成46.52万元“四就近”（即就近学习，就近活动，就近得到关心照顾，就近发挥作用）服务管理经费的下拨工作。分三批组织全区41名离休干部和33名局级退休干部到小汤山体检中心进行健康体检。为全区1406名副处级以上退休干部每人发放2张北宫森林公园游览年票。为4名离休干部补助大病医疗费27.8万元，在春节前夕为26名老干部发放困难补助慰问金6.4万元，在国庆节前夕为17名老干部发放特困慰问金4万元。春节前向全区46名去世离休干部无工作配偶发放一次性生活补贴每人2000元。为32名去世离休干部每人发放5.7万元慰问金，为26名去世处级退休干部发放2.5万元慰问金。

（许 佳）

【党建引领老干部工作向基层延伸试点工作】 年内，区委老干部局与首批试点单位丰台街道、太平桥街道建立专班推进机制，工作成效得到市委老干部局和中央纪委国家监委离退休干部局调研组的肯定。丰台街道指导各社区吸收离退休干部中的骨干人才，扶植培育老党员先锋队25支，参与重大节日隐患排查和安保巡逻、小区环境清洁整治、不文明行为劝导、垃圾分类宣传、物委会业委会组建等工作；聘请退休的区领导担任社区党建指导监督员，成立“社区党建指导先锋队”。太平桥街道依托文化服务中心建立丰台区老年大学太平桥街道分校，开设书法班、国画班等课程；针对精图社区的离退休干部多为空巢老人的特点，街道牵头与国丹医院实施“三个一”服务项目，即为每名离退休干部建立一份健康档案、每周社区工作人员走访一次、每月在社区工作人员的陪同下，医院的医生入户为其进行一次健康体检。年内新增卢沟桥街道、云岗街道、马家堡街道、东高地街道等作为第二批试点单位。

（许 佳）

【老干部工作队伍建设】 年内，区委老干部局修订完善《丰台区离退休干部工作领导责任制》，制定配套的《贯彻

▲11月12日，丰台区委老干部局组织召开丰台区党建引领老干部工作向基层延伸试点工作推进会。（区委老干部局 供图）

落实〈丰台区离退休干部工作领导责任制〉情况的检查考核工作方案》和《2020年〈丰台区离退休干部工作领导责任制〉考核指标》，并组织开展责任制检查工作。组织全区300余名老干部工作人员参加市委老干部局开展的"精准服务心连心，用心用情促提升"主题活动，利用"每周一课""北京老干部"APP参与"学习贯彻全国离退休干部'双先'表彰大会、全国老干部局长会议和全市老干部工作会议精神"网络答题活动等形式开展在线业务学习，发掘并推荐老干部工作人员责任担当的事迹，利用信息化技术提升老干部工作队伍的思想水平和业务能力。区委老干部局与云南省楚雄州委老干部局开展工作交流，使干部开阔眼界，提升创新发展的能力。

（许　佳）

保密管理

【概况】2020年，丰台区保密工作坚持党管保密原则，贯彻落实习总书记关于加强保密工作的重要指示批示精神，完成疫情防控期间的保密任务。提高保密宣传教育针对性，营造学保密懂保密的工作氛围。加强保密行政管理，提高依法治密水平。重视科技支撑和服务保障，增强保密技术监管和服务能力。全年未发生失泄密事件。

（贾京霞）

【保密委会议】4月21日，丰台区召开区委保密委全体会议，根据工作变动情况，调整区委保密委员会成员。参照市委保密委成员组成，增补区委网信办为区委保密委成员单位。会议审议并通过《2020年丰台区保密工作要点》。

（贾京霞）

【国家安全教育日保密宣传活动】4月13日至20日，在"4·15"国家安全教育日期间，区委保密办依托"北京·丰台"APP平台，播放由市委保密办（市国家保密局）制作的"保守国家秘密，维护国家安全"保密视频短片。增强全体公民的国家安全观和保密素养，提升领导干部、涉密人员、保密干部、公务人员的保密意识。

（贾京霞）

【区委理论学习中心组学习保密知识】8月28日，丰台区召开区委理论学习中心组学习（扩大）会议，邀请国家保密局监督检查司副司长陈新志，作保密工作形势与风险防范专题辅导报告。区四套班子领导成员、各单位党政主要负责人、街乡镇领导班子成员300余人参加学习。

（贾京霞）

【主题宣传活动】10月，组织以"弘扬法治精神，强化法治思维，推进国家秘密治理体系和治理能力现代化"为主题，开展纪念保密法修订实施十周年法治宣传月活动。购置配发《党员干部保密行为手册》1500余本、《机关单位保密自查自评指导手册》《新入职人员保密知识读本》各104本，编印下发《丰台区保密业务指导手册》208本，为基层保密干部提供案头卷、工具书。组织参加北京市举办的"依法治密大家谈"征文活动，报送征文60篇。向全区各单位推送疫情防控期间保密工作小提示、微视频和保密提醒短信，阅读量5000余人次，强化全区干部的保密意识。

（贾京霞）

【新冠疫情防控期间保密督导检查】年内，开展两轮疫情防控期间保密工作专项督查，由处级干部带队，保密及信息化工作人员组成12个组，开展实地督导105家（次）单位，制发两期督查通报，下发7份整改通知书，约谈7家单位，消除失泄密隐患。

（贾京霞）

【保密宣传报道】年内，国家保密局编辑出版的《保密工作》第4期、第7期、第8期，分别以《北京市丰台区强化保密监督指导工作》《北京丰台：党管保密持续发力》《在北京，他们与疫情一战到底》为题，对丰台区的保密工作和疫情防控中保密干部担当作为情况进行报道。信息报道被国家保密局《保密工作》采用4篇，市局采用9篇。

（贾京霞）

【保密培训】5月14日，区委保密委通过加密视频会议系统召开全区保密工作业务培训会，区委保密办就工作秘密管理进行培训。全年举行3场"保密大讲堂"业务培训会。邀请国家安全分局局长刘国华作国家安全形势报告；北京市国家保密局检查处副处长祁志宏围绕"扎实开展保密自查自评，构筑保密坚实防线”进行授课，保密办就定密管理有关工作和新任保密干部如何开展保密工作进行授课，各单位主管领导、办公室主任、保密干部参加培训。军转干部班、正科班、副科班开设保密专题讲座，教育培训1.2万余人次。

（贾京霞）

【保密资质（格）抽查】 9月，根据市保密局统一部署，区保密局随机抽查10家取得保密资质（格）的单位，从保密管理体系建设运行情况、保密领导责任制落实情况、涉密人员管理情况、涉密载体管理情况等10个方面进行检查，合格率90%。

（贾京霞）

【国家级考试考务保密检查】 年内，按照国家教育考试中心考务安全保密有关规定中的职责分工，在辖区高考、中考、会考、成考、自考等国家级考试期间，对区教委考试中心及各考点校保密室人防、物防、技防情况和责任落实情况进行检查，对试卷的运输、交接、分发、封装等重点环节现场监督，检查考点校20余个，无失泄密情况。

（贾京霞）

【集中销毁涉密载体】 年内，按照国家涉密载体销毁中心和北京市国家保密局的统一部署，区保密局每季度1次联系国家销毁中心到区政府机关上门回收涉密载体，全年协调销毁涉密载体30余吨。

（贾京霞）

党校教育

【概况】 中共北京市丰台区委党校（简称区委党校）为中共北京市丰台区委员会直属公益一类事业单位，加挂北京市丰台区行政学院（简称区行政学院）、北京市丰台区社会主义学院（简称区社会主义学院）牌子。2020年，贯彻落实习近平总书记关于党校办学治校系列重要指示精神、《中国共产党党校（行政学院）工作条例》和全国党校（行政学院）校（院）长会议等要求，坚持党校姓党的根本原则，围绕建设“首善一流区委党校”的目标，全面推进“从严治校、质量立校、人才强校、学术兴校”建设。全年完成29期3012人次的培训任务。其中主体班次14期，培训学员773人次；其他班次15期，培训学员2239人次。15项科研课题立项，其中市级课题5项，区级课题3项，校级课题7项。开放电子图书2000册、电子期刊100份。区委党校获市委党校（行政学院）系统2018年—2019年度优秀科研咨询工作组织奖。

（苏　君）

【抗疫宣传】 年内，区委党校（行政学院）组织教师深入基层，围绕疫情防控、社情民意、复工复产、社会治理等方面撰写理论文章和信息20余篇，《方庄楼栋党支部：战“疫”时刻凸显战斗堡垒作用》《我身边的花椒树抗“疫”故事》《党建引领 聚力同心战“疫”情》《充分发挥党建引领作用 筑牢社区疫情防控的坚强堡垒》等文章发表在《北京干部教育报》、丰台区融媒体中心《丰台报》，为疫情防控传播正能量。

（苏　君）

【教育培训“云课堂”】 年内，区委党校（行政学院）围绕校委提出的“从严治校、质量立校、人才强校、学术兴校”工作思路，按照既满足授课内容的安全性，又满足文稿、视频演示的清晰度要求，严选线上教学平台，通过对多款软件的比对、论证及反复测试，确定选择天翼云会议，为培训营造安全、稳定的网络授课环境。通过运用“学习强国”等新媒体软件，实现多人在线讨论，采用“小组出方案＋集体定决策”的方式，保证线上研讨交流的广度和深度。利用在线视频点名、全程在线跟班、不定时抽查等方式，确保出勤率100%，全程听课率100%；同时，依托班级、班委、小组等微信群组，即时通信缩短传递路径，实现组织管理扁平化、动态化。全年14个主体班次中，6个班次创新采用“线上＋线下”的教学模式，“云课堂”累计培训280人，做到疫情防控和干部教育培训工作两手抓、两不误、两促进。

（苏　君）

【课题研究成果】 年内，徐文彩教授执笔的《北京市基层侨联组织建设实践》《丰台区统战工作嵌入基层党建工作机制研究》分别获中国侨联2020年度优秀调研成果三等奖和2020年度北京市统战理论研究与调查研究优秀成果三等奖。《北京市基层侨联组织建设实践》以北京市首家“侨之家”社区——丰台区“侨之家”怡海社区为研究对象，研究丰台区侨联坚持党建带侨建，建设“侨之家”怡海社区的做法、经验，为新时代侨务、侨联工作的创新发展提供理论依据和实践支撑。《丰台区统战工作嵌入基层党建工作机制研究》立足丰台区实践，将统战工作嵌入基层党建工作，通过依托基层党建工作机制和组织资源来开展统战工作，实现统一战线与党的建设相互配合、相互促进，共同推动区域中心工作的全面开展。副教授杨新武主笔的区级咨政课题《丰台区中小企业复工复产调研报告》获得区委书记等多位区委常委的批示。

（苏　君）

【平安校园建设】 年内，区委党校（行政学院）开展垃圾分类工作和创建节约型机关。定期开展安全巡查，加强管理，建设平安校园。全年拉网式检查9次，发现安全隐患27处，消除隐患22处。7月至9月完成礼堂外立面综合改造，针对礼堂外立面外挂石材松动，结构构件变形，玻璃幕墙整体安全性降低等存在的潜在安全隐患开展综合性施工改造工作。改造面积2000余平方米。7月20日开工建设，9月17日完成施工，历时59天。11月完成综合楼门前雨棚改造，通过对支撑点进行多重加固，腐蚀严重雨棚框架采用整体结构改造，提升雨棚的整体安全性和密闭性，消除安全隐患。

（苏　君）

【工作部署会】 4月27日，区委党校（行政学院）、区社院召开2020年工作部署会，部署重点工作，对党建工作、党风廉政建设工作、平安校园建设三项专项工作进行部署。常务副校长管洪波以《持之以恒，方得始终》为题，明确提出2020年的工作方向，坚持“党校姓党”根本原则，以“建设首善一流区委党校”为目标，推动“从严治校、质量立校、人才强校、学术兴校”特色优势形成。

（苏　君）

【徐文彩工作室揭牌】 9月17日，区委党校（行政学院）举行“徐文彩工作室”揭牌仪式。市委统战部副部长、市社院党组书记、常务副院长吕仕杰；丰台区委常委、区委统战部部长、区社会主义学院院长李岚等参加揭牌仪式。工作室以“研究统战理论　服务教科研咨”为目标定位，承担习近平总书记关于加强和改进统一战线工作的重要思想研究，统战理论与实践的课题研究，区域统战特色的教学课程和现场教学基地的开发，举办、参加研讨会议和论坛等任务。

（苏　君）

【专著《党建引领城市社区治理共同体建设研究》出版】 10月，张桂华副教授执笔的《党建引领城市社区治理共同体建设研究》出版。该书以习近平新时代中国特色社会主义思想为指导，着眼国家治理体系及治理能力现代化的战略设计，立足城市基层党建和社区治理的实践探索，从相关概念和基础理论入手，深入探讨党建引领城市社区治理共同体建设涉及的若干重要问题。

（苏　君）

▲10月26日，市社会主义学院专家组审核验收共识教育实践教学基地。（区委党校 供图）

【共识教育实践教学基地建设】 10月26日，区社会主义学院迎接北京市社会主义学院专家组的审核验收共识教育实践教学基地。验收组由北京市委统战部副部长、市社院党组书记、常务副院长吕仕杰任组长，北京社院、海淀社院、石景山社院和丰台社院等相关人员组成。先后对丰台区雕塑园、卢沟桥、宛平城楼、“宛平记忆”展馆四个实践教学点进行现场验收，并提出意见。根据实践教学基地课程内容和讲解情况按照评价标准进行评分，验收通过。

（苏　君）

【党的十九届五中全会精神宣讲会】 11月26日，区委党校（行政学院）组织专职教师举办学习贯彻党的十九届五中全会精神宣讲会。围绕“历史新坐标上的重大战略谋划”“统筹好发展与安全两件大事”“坚持创新核心地位”“推进生态文明 建设美丽中国”“坚定文化自信 推动‘十四五’文化高质量发展”“坚持以人民为中心 推动经济社会高质量发展”等10个专题，交流党的十九届五中全会学习心得，把十九届五中全会精神转化为建设首善一流区委党校的强大动力。其中5个专题宣讲在央广网上刊播。

（苏　君）

【学苑餐厅量化评级】 年内，区委党校（行政学院）通过对餐厨卫生、防疫标准、灭鼠灭蟑、餐厅从业人员工作规范、餐饮加工流程和设备设施等进行检查评分，12月完成区市场局量化评级A级。

（苏　君）

2020 年丰台区委党校主体培训班一览表

表 1

序号	培训班名称	培训时间	参训人次
1	丰台区 2020 年年轻干部行动学习培训班	3 月—12 月	38
2	丰台区 2020 年副处级干部培训班	3 月 10 日—6 月 10 日	31
3	丰台区 2020 年正科级干部培训班	4 月 26 日—9 月 21 日	40
4	2020 年第一期副科级干部任职培训班	8 月 10 日—28 日	60
5	第一期正科级领导干部任职班	8 月 17 日—9 月 4 日	52
6	丰台区 2020 年副处级领导干部干部任职培训班	8 月 24 日—28 日	42
7	丰台区 2020 年青年干部培训班	9 月 21 日—29 日	38
8	丰台区规划与城市管理专题培训班	9 月 14 日—18 日	100
9	丰台党建引领基层社会治理专题培训班	9 月 23 日—28 日	48
10	丰台区金融科技产业融合与发展专题培训班	10 月 12 日—16 日	50
11	丰台区 2020 年第二期副科级干部任职培训班	10 月 26 日—11 月 6 日	58
12	2020 年第二期正科级领导干部任职培训班	11 月 2 日—13 日	59
13	丰台区 2020 年第二期副处级领导干部任职培训班	11 月 16 日—20 日	37
14	丰台区“两区”建设专题轮训班	11 月 26 日—27 日	120

（苏　君）

2021

北京丰台年鉴

丰台区人民代表大会

综 述

【概况】2020年，在中共丰台区委的领导和市人大常委会的指导下，区人大常委会坚持以习近平新时代中国特色社会主义思想为指导，全面贯彻落实党的十九大和十九届二中、三中、四中、五中全会精神，敢于担当、善于作为，切实履行各项法定职责，依法监督，为民履职，为全区经济社会发展和疫情防控提供有力的民主法治保障。全年共组织召开人民代表大会2次；召开常委会会议7次，听取和审议专项工作报告30项；依法作出决议、决定13项；依法任免新一届国家机关工作人员57人次，组织宪法宣誓57人次；召开主任会议8次，研究议题22项，听取专项工作报告4项；开展执法检查5项。

常委会党组严格执行向区委请示报告制度，全年向区委报告工作12项，重大事项做到事前有请示、事后有报告。落实会前学习制度，坚持把传达学习习近平总书记重要讲话精神和中央、市委重要会议精神作为党组会、常委会第一议程。党的十九届五中全会召开后，第一时间学习领会全会精神，统一思想、指导实践。严格落实全面从严治党主体责任，规范党组织建设，成立机关党委，完成党支部的换届选举。开展“不忘初心、牢记使命”回头看，深刻检视分析，推动问题立行立改。落实机构改革要求，组建社会建设委员会，社会建设领域监督工作开局良好。调整各专门委员会对口联系单位，加强重点监督和日常监督。严格常委会会议纪律，定期通报常委会组成人员出席情况。深化人大制度和人大工作宣传，办好人大信息和微信公众号，讲好人大故事，展示代表风采。进一步拓展代表履职APP、代表建议办理系统、预算联网监督系统等信息化平台功能，实现互联互通、资源共享，推进人大工作便捷高效。根据工作实际，常委会把疫情防控调整为重点监督事项，围绕《中华人民共和国突发事件应对法》等法律法规落实，组织市、区人大代表深入区防疫部门、街乡镇走访调研、座谈交流，了解医疗救治、防疫防控、群防群治等工作情况。

（徐 佳）

重要会议

【区第十六届人大第七次会议】1月6日至9日，区第十六届人民代表大会第七次会议在北京东方美高美举行。应到代表334人，因病因事请假32人，实到代表302人。会议听取和审议丰台区人民政府工作报告；审议丰台区2019年国民经济和社会发展计划执行情况与2020年国民经济和社会发展计划草案的书面报告、审查和批准丰台区2019年国民经济和社会发展计划执行情况的报告与2020年国民经济和社会发展计划；审议丰台区2019年预算执行情况和2020年预算草案的书面报告、审查和批准丰台区2019年预算执行情况的报告和2020年预算；听取和审议丰台区人民代表大会常务委员会工作报告；听取和审议丰台区人民法院工作报告；听取和审议丰台区人民检察院工作报告；决定设立丰台区第十六届人民代表大会社会建设委员会；补选李继征为丰台区人民检察院检察长。

（徐 佳）

【区第十六届人大第八次会议】12月30日至31日，区第十六届人民代表大会第八次会议在北京东方安颐国际酒店举行。应到代表336人，因病因事请假59人，实到代表277人。会议听取和审议丰台区人民政府工作报告；审查和批准丰台区国民经济和社会发展第十四个五年规划和二〇三五年远景目标纲要；审议丰台区2020年国民经济和社会发展计划执行情况与2021年国民经济和社会发展计划草案的书面报告、审查和批准丰台区2020年国民经济和社会发展计划执行情况的报告与2021年国民经济和社会发展计划；审议丰台区2020年预算执行情况和2021年预算草案的书面报告、审查和批准丰台区2020年预算执行情况的报告和2021年预算；听取和审议丰台区人民代表大会常务委员会工作报告；听取和审议丰台区人民法院工作报告；听取和审议丰台区人民检察院工作报告；补选初军威为丰台区人民政府区长。

（徐 佳）

【常委会第二十五次会议】4月16日召开。会前传达学习中央政治局常务委员会关于新冠肺炎疫情防控和全国复工复产情况工作会议精神。会议共进行六项议程：决定人事任免事项，并组织新任命人员进行宪法宣誓；听取和审议丰台区人大常委会代表资格审查委员会关于个别代表的代表资格的报告；审议通过区人大常委会2020年工作要点；听取和审议区政府关于2020年重要民生实事项目的报告；听取和审议区政府关于丰台区2020年新增政府债券和区级预算调整方案的报告；听取和审议区人大常委会关于2020年代表建议、批评和意见办理工作的意见。

（徐 佳）

【常委会第二十六次会议】4月28日召开。会议共进行一项议程：决定人事任免事项，并组织新任命人员进行宪法宣誓。

（徐 佳）

【常委会第二十七次会议】5月28日召开。会前传达学习十三届全国人大三次会议精神。会议共进行五项议程：决定人事任免事项，并组织新任命人员进行宪法宣誓；听取区人民检察院关于打击金融犯罪、防范金融风险工作情况的报告；听取区政府关于2019年环境状况和环保目标完成情况的报告；听取和审议丰台区人大常委会代表资格审查委员会关于个别代表的代表资格的报告；

审议通过《北京市丰台区人民代表大会常务委员会关于补选丰台区第十六届人民代表大会代表的决定》。

（徐 佳）

【常委会第二十八次会议】8月27日召开。会议共进行八项议程：决定人事任免事项，并组织新任命人员进行宪法宣誓；听取和审议区人民法院关于深入参与基层社会治理、推进社会治理体系治理能力现代化工作情况的报告；听取和审议区政府关于2020年国民经济和社会发展计划上半年执行情况的报告，审查2020年国民经济和社会发展计划上半年执行情况；听取和审议区政府关于2019年决算草案的报告，审查和批准丰台区2019年决算；听取和审议区政府关于2019年本级预算执行情况和其他财政收支审计工作报告；听取和审议区政府关于2020年预算上半年执行情况的报告，审查2020年预算上半年执行情况；听取和审议区政府关于丰台区2020年区级预算调整方案的报告；听取和审议区人大常委会代表资格审查委员会关于个别代表的代表资格的报告。

（徐 佳）

【常委会第二十九次会议】9月24日召开。会前传达学习习近平同志在全国抗击新冠肺炎疫情表彰大会上的讲话精神和习近平同志在科学家座谈会上的讲话精神。会议共进行四项议程：决定人事任免事项，并组织新任命人员进行宪法宣誓；听取和审议区政府关于农村集体产业发展情况的报告；听取和审议区政府关于医疗保障和基金管理工作情况的报告；听取区政府关于“七五”普法工作情况的报告。

（徐 佳）

【常委会第三十次会议】11月26日召开。会前传达学习习近平总书记在中央全面依法治国工作会议上的重要讲话精神。会议共进行七项议程：决定人事任免事项；听取和审议区政府关于“加强停车秩序管理、提高停车服务管理水平”议案办理情况的报告；听取和审议区政府关于2020年代表建议、批评和意见办理情况的报告；听取和审议区人大常委会关于2020年代表建议、批评和意见督办情况的报告；听取和审议区政府关于2019年度企业国有资产管理情况的专项报告；听取区政府关于2019年度本级预算执行和其他财政收支审计查出问题整改情况的报告；听取和审议区政府关于新冠肺炎疫情防控工作的报告。

（徐 佳）

【常委会第三十一次会议】12月16日召开。会前传达学习区委十二届十三次全会会议精神。会议共进行八项议程：决定人事任免事项，并组织新任命人员进行宪法宣誓；听取和审议区政府关于丰台区2020年区级预算调整方案的报告；听取和审议区政府关于提请审查批准丰台区2020年国民经济和社会发展计划部分指标调整方案议案的说明；听取和审议区政府关于2020年预算执行情况与2021年预算草案的报告，初步审查丰台区2021年预算草案；听取和审议区政府关于2020年国民经济和社会发展计划执行情况与2021年国民经济和社会发展计划草案的报告，初步审查丰台区2021年国民经济和社会发展计划草案；听取和审议区政府关于丰台区“十三五”规划纲要实施情况、“十四五”规划和二〇三五年远景目标纲要编制情况的报告；决定召开区第十六届人大八次会议有关事项；听取部分市人大丰台团代表履职报告。

（徐 佳）

【主任会第三十六次会议】4月8日召开。会议共进行两项议程：研究决定区第十六届人大常委会第二十五次会议的审议议题和开会时间；研究决定《北京市丰台区人大常委会2020年重点监督工作计划》。

（徐 佳）

【主任会第三十七次会议】4月26日召开。会议共进行两项议程：研究决定区第十六届人大常委会第二十六次会议的审议议题和开会时间；研究决定《北京市丰台区人大常委会关于进一步加强人大代表之家、人大代表联络站建设和工作的实施意见》。

（徐 佳）

【主任会第三十八次会议】5月21日召开。会议共进行一项议程：研究决定区第十六届人大常委会第二十七次会议的建议议题和开会时间。

（徐 佳）

【主任会第三十九次会议】8月13日召开。会议共进行三项议程：听取区政府关于丰台区名校办分校情况的报告；研究决定区第十六届人大常委会第二十八次会议的建议议题和开会时间；听取丰台区人大常委会关于贯彻落实《关于进一步加强市人大常委会对审计查出问题整改情况监督的实施意见》工作方案的汇报。

（徐 佳）

【主任会第四十次会议】9月17日召开。会议共进行六项议程：研究决定区第十六届人大常委会第二十九次会议的建议议题和开会时间；研究决定区第十六届人大常委会第二十八次会议关于“区法院深入参与基层社会治理、推进社会治理体系治理能力现代化工作的报告”的审议意见书；研究决定区第十六届人大常委会第二十八次会议关于“北京市丰台区2020年国民经济和社会发展计划上半年执行情况的报告”的审议意见书；研究决定区第十六届人大常委会第二十八次会议关于“北京市丰台区2019年区级决算（草案）、2019年本级预算执行和其他财政收支情况的审计工作及2020年预算上半年执行情况”的审议意见书；研究决定区人民政府关于落实丰台区第十六届人大常委会第二十一次会议审议意见的报告；研究决定丰台区人大常委会对2019年审计查出突出问题整改情况跟踪监督工作方案。

（徐 佳）

【主任会第四十一次会议】10月26日召开。会议共进行五项议程：听取区政府关于统筹推进一绿地区农村城市化

▲2020年，丰台区新任命的国家工作人员进行宪法宣誓。

建设工作情况的报告；听取区政府关于丰台区街区指引及重点地区控规编制情况的报告；研究决定区第十六届人大常委会第二十九次会议关于区政府“关于农村集体产业发展情况的报告”的审议意见书；研究决定区第十六届人大常委会第二十九次会议关于区政府“关于医疗保障和基金管理工作情况的报告”的审议意见书；研究区人民政府、区检察院关于落实丰台区第十六届人大常委会第二十二次会议审议意见的报告。

（徐 佳）

【主任会第四十二次会议】11月19日召开。会议共进行两项议程：听取区政府关于深入推进丰台区养老服务体系建设情况的报告；研究决定区第十六届人大常委会第三十次会议的建议议题和开会时间。

（徐 佳）

【主任会第四十三次会议】12月15日召开。会议共进行四项议程：研究决定区十六届人大常委会第三十一次会议的建议议题和开会时间；研究决定区第十六届人大常委会第三十次会议关于“加强停车秩序管理、提高停车服务管理水平议案办理情况”的审议意见书；研究决定区第十六届人大常委会第三十次会议关于“2019年度企业国有资产管理情况的专项报告”的审议意见书；研究决定区人民政府关于落实丰台区第十六届人大常委会第二十三次会议审议意见的报告。

（徐 佳）

人事任免

【依法人事任免】年内，坚持党管干部原则与人大依法任免相统一，依法任免国家机关工作人员57人次，确保区委推荐的人选通过法定程序成为国家机关领导人员。任命人民陪审员460人。

（徐 佳）

专门委员会

【法制委员会】年内，做好常委会审议议题的监督检查工作。积极联系区公、检、法、司等部门，做好区十六届人民代表大会代表补选的选民资格审查工作，并将相关情况反馈有关街乡镇。积极开展专委会活动，就《中华人民共和国环境保护法》《北京市街道办事处条例》《北京市促进科技成果转化条例》开展执法检查；落实《北京市文明行为促进条例》，就“光盘行动”开展视察检查。协助做好法律法规立项论证、调研、征求意见等基础性工作，完成中华人民共和国退役军人保障法、生物安全法、动物防疫法以及北京市突发公共卫生事件应急条例、医院安全秩序管理规定、住房租赁条例、历史文化名城保护条例等法律法规的征求意见工作，积极为提高首都立法规划科学性发挥作用。做好规范性文件备案审查工作，按照“有件必备、有备必审、有错必纠”的工作要求，对所有报送的规范性文件及时进行登记和初步审查，并分送到有关专门委员会和工作委员会进行审查。

（徐 佳）

【财政经济委员会】年内，扎实开展对政府部门统筹推进疫情常态化防控和经济社会发展各项工作的监督，进一步完善和细化审查程序，改进和创新监督方法，推进各项监督工作顺利开展。对支出预算和政策开展全口径审查、全过程监管，不断健全和完善预算管理机制，提高财政资源配置效率和使用效益，提高预算管理规范化水平和政策实施效果。做好代表建议督办工作，制定好代表建议督办安排，对建议进行综合分析，确定督办重点，就“尽快完成嘉囿城市公园南侧东西向道路产权移交并消除隐患”等9个建议件进行全程跟踪，加强与代表和承办单位的沟通联系，不断提升建议办理的质量和实效。参与全区疫情督导检查工作，多次深入社区和辖区商品交易市场开展疫情防控工作的检查，并加强疫情防控的宣传引导。

（徐 佳）

【教育科技文化卫生体育委员会】年内，紧紧围绕全区民生领域的各项社会事业发展，秉持主动、担当、精准、有效的工作理念，切实增强监督实效，充分调动发挥委员会委员、代表作用。重点围绕全区新冠肺炎疫情应对工作情况及全区公共卫生事件应急体系建设情况开展视察调研，及时发现防控工作存在的问题和不足，提出合理化建议，为常委会听取和审议提供重要依据。为持续推进全区优质教育资源均衡发展，更好发挥优质教育资源的辐射引领作用，教科文卫体委员会组织部分常委、专委会委员和代表，对全区名校办分校情况开展视察调研。听取各校办学理念、师资配备、办学成果及存在问题的情况汇报，与会委员和代表围绕合作办学促进全区教育发展进行座谈交流。组织委员和代表视察调研全区体育设施、场馆运营及管理利用情况。

（徐 佳）

【城市建设环境保护委员会】年内，扎实推进议案办理、环保领域监督、“两条例”执法检查、代表建议件督办、配合市人大立法调研等重点工作的落实，为城市规划建设管理和生态环境保护事业提供及时、有力的民主法治保障。共组织召开议案专题会、“两条例”执法检查等相关会议6次，调研活动5次，配合市人大开展法规修订调研、执法检查5次。市区代表、委员共180余人次参加活动。成立“两条例”执法检查组并编制执法检查工作方案；配合开展市区人大联动执法检查；全体机关干部结合党员报到、疫情防控下沉等工作，积极深入社区（村），带头落实“两条例”，检查法规实施情况，合计开展检查100余次；按照全市三级人大代表“两条例”三边检查部署，建立“动员、反馈、复核、整改、抽查”机制，积极组织代表参加检查反馈，及时向区委报告检查情况和督促整改建议，向政府交办问题清单。对于问题清单，第一时间进行现场复核，所有点位循环检查，做到整改一处、巩固一处。该项工作实现三个100%：代表参与率100%，检查街乡镇覆盖率100%，问题清单复核整改率100%。

（徐 佳）

【农村委员会】年内，重点围绕听取农村集体经济产业发展议题开展监督调研工作。按照“政府主导、农民主体、部门联动、社会参与”的工作思路，积极开展河东一绿地区统筹推进城市化进展情况的调研。加强对乡镇人大工作的指导，相继参加五个乡镇的人大会议，指导乡镇人大要以疏解首都功能为核心，把握区域性整体工作，找准关心群众、支持政府的工作切入点，积极发挥好“桥梁”作用。

（徐 佳）

【社会建设委员会】年内，聚焦社会领域民生实事，积极履职、主动作为，共召开2次委员会，审议研究6项议题。协助常委会听取和审议区政府关于新型冠状病毒感染肺炎疫情防控工作情况的报告和区政府关于医疗保障和基金管理工作情况的报告；协助主任会听取区政府关于深入推进区养老服务体系建设情况的报告；通过听取工作汇报、实地走访调研、查阅资料等方式对《中华人民共和国慈善法》《北京市街道办事处条例》《北京市文明行为促进条例》落实情况开展执法检查；组织调研、座谈11次，参加代表60余人次。

（徐 佳）

预算监督

【深化预算审查等监督改革】年内，推进人大预算审查监督重点向支出预算和政策拓展，加强全口径审查和全过程监督；充分发挥人大预算监督顾问、社会中介机构等专业优势，定期听取意见建议，提高监督的效率和效能。加强对审计查出突出问题整改情况的跟踪监督，常委会听取区政府2019年审计查出问题整改情况报告，各专门委员会首次对6个对口部门所涉及的1.6亿元资金整改情况开展跟踪监督，建立与纪检监察机关、审计、财政等部门的工作联动机制，形成监督工作合力。

（徐 佳）

议案督办

【停车治理专题】年内，密切关注区域发展，围绕区十六届人大七次会议提出的“加强停车秩序管理，提高停车服务管理水平”议案，本着“统筹规划、突出重点、加强督办、务求实效”的原则，认真制定议案督办工作方案，切实做好各项督办活动安排，并分别以函的方式向区政府进行交办。组织代表开展老旧小区停车治理、建成小区停车资源开发、新建小区和路侧停车秩序管理、公共场所周边停车疏导的集中视察，通过座谈交流、现场督办等方式，让“停车入位、停车付费、违停受罚”形成共识。常委会听取和审议区政府议案办理情况的报告，提出强化统筹管理机制、增加停车资源有效供给等方面的意见建议，推进停车设施建设、共享挖潜、秩序管理等问题的有效解决。

（徐 佳）

【督办代表建议】年内，加强统筹协调，健全完善领导领衔督办、各专委会对口督办、人大街工委和乡镇人大参与督办的工作格局。着力盯重点，就“尽快完成嘉囿城市公园南侧东西向道路产权移交并消除隐患”等9件重提建议开展重点督办；现场查热点，就“关于在横七条路人行道增设垃圾桶”等建议进行现场检查督办；全力解难点，对“关于提升长辛店辖区道路交通环境”等建议完成复查补办；公开促监督，注重运用代表建议办理系统，推进代表建议原文和答复意见在网上公开，主动接受监督。在各方共同努力下，区十六届人大七次会议上及闭会期间提出的100件建议全部办结。

（徐 佳）

代表工作

【聚焦“两条例”深化“代表在倾听”活动】年内，常委会多措并举，推动《北京市生活垃圾管理条例》《北京市物业管理条例》有效实施。树立全区一盘棋思想，多次召开部署会、推进会、培训会、专题会、督办会，发动市、区、乡镇近700名代表参与身边、周边、路边“三边”检查，主动向区委报告“三边”检查中发现的问题和代表建议，问题清单及时交区政府专题办理，所有点位循环复核、检查，做到整改一处、巩固一处，三轮检查代表参与率、检查覆盖率、问题清单复核整改率均达到100%。并在全市三级人大代表“两条例”“三边”检查总结会上就开展执法检查、推动条例实施的经验作交流发言。引导代表深入选区和代表“家”“站”，重点听取选民对生活垃圾和物业管理条例落实过程中的意见建议，组织召开有514名区、乡镇人大代表参加的167场选民见面会，针对选民提出的意见建议，推动问题迅速解决。

（徐 佳）

【推进代表“家”“站”建设】年内，常委会规范代表“家”“站”建设，制定《进一步加强人大代表之家、人大代表联络站建设和工作的实施意见》，按照“因地制宜、有效便捷”的原则，设立人大代表之家22个、人大代表联络站310个，实现代表“家”“站”全覆盖。

（徐 佳）

【组织代表培训】年内，创新代表履职学习方式，利用网络平台，分四批次组织区、乡镇人大代表1470人次参加培训，不断提升代表履职能力。

（徐 佳）

视察与调研

【深入基层调查研究】聚焦区域“十四五”规划编制，准确把握丰台功能定位新内涵，组织代表就区“十四五”规划编制开展问卷调查；多次深入民营企业开展调研，督促区政府进一步优化营商环境，服务企业发展；围绕《中华人民共和国突发事件应对法》等法律法规落实，组织市、区人大代表深入区防疫部门、街乡镇走访调研、座谈交流，了解医疗救治、防疫防控、群防群治等工作情况。

（徐 佳）

▲2020年，组织市、区人大代表视察南中轴湿地公园规划。

重要活动

【依法履职投身抗疫】1月21日，全区报告首例新冠肺炎病例以来，常委会领导坚持靠前指挥，多次到街乡镇及社区村检查指导，深入重点项目和驻区企业开展调研督导，保证疫情防控和复工复产两手抓、两不误。6月中旬，新发地批发市场聚集性疫情发生后，根据区委安排，常委会领导立即奔赴延庆、密云、房山、朝阳、大兴五个区，负责19个集中观察点工作，连续奋战近20天驻点督导疫情防控，与兄弟区“一对一”做好沟通协调、协作对接，全力保障近3000名集中隔离人员的健康安全及后续转运安置。围绕加强区内商品交易市场疫情防控工作，常委会领导分别担任工作组组长，督促指导集美家居市场、新世纪服装商贸城市场、岳各庄农副产品批发市场疫情防控工作。1月下旬至8月上旬，区人大机关共21名党员干部下沉社区村、隔离观察点、核酸检测点参加疫情防控工作；其他党员干部通过回社区报到、参加“顶岗一日”等活动，为疫情防控做出应有贡献。

（徐 佳）

【动员代表参与抗疫】2月4日，区人大常委会党组第一时间发出《致全区各级人大代表的一封信》，号召人大代表立即行动，参与抗疫。代表们积极响应，特别是医疗卫生战线和街乡镇、社区村基层一线的代表，放弃节假日，坚守岗位，担当作为，始终奋战在疫情防控工作的第一线，发挥表率作用。各行各业的区人大代表立足本职岗位，或奔跑一线，或建言献策，或慷慨解囊，助力疫情防控工作，涌现出一批先进典型，以实际行动践行人民代表代表人民、为了人民、服务人民的光荣使命。

（徐 佳）

【特事特办支持防疫】 年内，常委会按照法律和有关要求，支持区政府更好发挥抗疫特别国债作用，采取新增政府债券限额和预算调整方案先向人大常委会报备、后履行审批程序的方式，确保重点项目资金、抗疫特别国债资金及时拨付到位。常委会分别于4月、8月、12月三次听取和审议区政府关于丰台区2020年新增政府债券和区级预算调整方案的报告，并作出决议。

（徐 佳）

【助力民生保障】 年内，认真贯彻中央和市委文件精神，围绕全区发展的重大问题和人民群众普遍关心的突出问题，听取和审议区政府关于2020年重要民生实事项目安排情况的报告并作出决议。围绕推动丰台区医疗保障水平提升，常委会听取和审议区政府关于医疗保障和基金管理工作情况的报告，提出推进医疗改革落地、扎紧基金监管笼子、打击欺诈骗保行为等意见建议；围绕坚决打好污染防治攻坚战，常委会听取区政府关于2019年环境状况和环保目标完成情况的报告，促进生态环境质量持续改善；围绕教育问题，主任会议听取区政府关于丰台区名校办分校情况的报告，提出健全完善政策、加大资金投入等意见建议，推动优质教育资源均衡发展；围绕养老事业发展，主任会议听取区政府关于深入推进区养老服务体系建设情况的报告，促进养老服务水平提升，满足多样化的养老需求；就全区行政区划调整征求代表意见建议，支持和助推行政区划调整工作有序进行；健全信访工作机制，建立常委会主要领导审阅签发机制，严谨、规范、有序做好来信来访各项工作，推动依法妥善解决群众合理诉求。

（徐 佳）

2021

北京丰台年鉴

丰台区人民政府

综 述

【概况】2020年，丰台区政府坚持以习近平新时代中国特色社会主义思想为指导，深入贯彻习近平总书记对北京重要讲话精神，围绕“妙笔生花看丰台”的美好愿景，统筹推进疫情防控和经济社会发展，做好“六稳”（“六稳”即稳就业、稳金融、稳外贸、稳外资、稳投资、稳预期工作）“六保”（“六保”即保居民就业、保基本民生、保市场主体、保粮食能源安全、保产业链供应链稳定、保基层运转)工作,深入推进“两区”(“两区”即国家服务业扩大开放综合示范区和自由贸易试验区)建设，完成“十三五”主要目标和任务，在经济发展、城市建设、社会治理和民生改善等方面取得新突破。全年地区生产总值1854.2亿元，一般公共预算收入129.9亿元，实现正增长，赢得“抗疫情、促发展”的双胜利。统筹安排政务会务，全年组织召开各类会议388次，其中市政府常务会26次，专题会88次，市领导到丰台调研会议11次，区政府常务会22次，专题会111次，党组会8次，全区性会议5次，累计研究各类议题275个，制发会议纪要57期。

（付小娴）

【疫情防控】新冠疫情暴发时期，区政府第一时间建立区级指挥调度机制，压实“四方责任”（四方责任是指在疫情期间，把全市动员起来，全面落实属地、部门、单位、个人的四方责任），完善“四级体系”。全区广大党员、干部冲锋在前，医务人员逆行出征，各行各业坚守阵地，统筹组织4万余人筑牢社区防线。全力做好医疗救治，严格院感防控，实现1.9万医护人员零感染。新发地聚集性疫情发生后，全区上下紧急动员、迅速行动，16小时锁定感染源。第一时间完成市场内人员核酸检测及转运观察，对市场周边12个小区采取封控措施。开展多轮次清运消毒工作，累计消杀面积1492万平方米。在全市率先开展全员核酸检测，累计完成225万人次，遏制疫情蔓延。全区干部群众识大体、顾大局，风雨同舟、守望相助，筑起同心抗疫的钢铁长城，用时26天实现“控住疫情”的工作目标。在疫情防控常态化新阶段，抓好“外防输入、内防反弹”工作。从严规范小型医疗机构诊疗行为，取缔关停黑小诊所57家。加强全区71家商品交易市场日常防疫监管。按照市委市政府“浴火重生、凤凰涅槃”等工作要求，高标准完成新发地批发市场升级改造及复市工作。出台全市首个冷库管理规范，加大执法检查力度，累计关停违规冷库88家，拆除违章建设冷库277家。严格进口冷链食品监管，做到“人物地”同防，全链条精准监管，确保防控不松懈、疫情不反弹。

（付小娴）

【政务督查督办】年内，全区办理办结市政府督查事项146项、国务院联防联控机制及市领导批示指示事项54项、市领导疫情防控会议议定事项98项、工作组检查发现问题95项。完成第二轮中央环保督查交办任务，办理中央环境保护督察组交办件248件。推动丰台区承办的72项市政府工作报告任务、29项北京市重要民生实事任务、119项区政府工作报告重点任务、28项丰台区民生实事任务、24项区政府党组民主生活会整改任务全面落实，就财源建设、失管小区治理、道路停车治理等工作开展专项专题督查30余次，围绕重点、难点、热点问题累计现场督查50余次，对300余项任务落实情况进行察访核验，报送《督查与反馈》75期。针对群众反映热点、媒体曝光焦点，办理媒体和重点舆情问题199项。

（赵林泽）

【绩效管理】年内，全区落实30项市绩效任务，完成2020年度市绩效考评工作。优化区级绩效考核，突出任务导向，加大重点工作考评权重，将创卫工作、垃圾分类、物业管理条例落实等领导关注的重点工作纳入考评指标。加大领导对重点工作考评权重，提高市级对口部门对区级部门进行考评权重，引导部门加强与上级单位的沟通对接，鼓励各部门主动承担市级重大任务、重大项目，争取财政、政策等方面支持。加强过程管控，开展年中、年底两次察访核验，对项目或指标完成的数量、质量及效果情况进行评定，形成问题清单作为年底绩效考评的重要依据。有效落实为基层减负工作，在街乡镇考核体系设置方面，梳理市区工作重点，明确10项具体可量化的考核任务。开展公众满意度测评，围绕“七有”“五性”（“七有”：幼有所育、学有所教、劳有所得、病有所医、老有所养、住有所居、弱有所扶。“五性”：便利性、宜居性、多样性、公正性、安全性）及企业服务工作设计满意度调查问卷，调查有效样本6000余个。

（赵林泽）

【经济建设】年内，丽泽金融商务区建设取得新突破，基础设施建设加快推进，全国首个地铁五线交汇的城市航站楼、新机场线北延及地铁14号线丽泽商务区站实现开工，地铁16号线进场施工。启动滨水文化公园一期、城市运动公园建设，区域小环境进一步靓化。空间资源持续释放，平安金融中心等项目投入使用，新增产业空间57万平方米，招商引资力度持续加大，中国农业再保险股份有限公司、中国广电网络股份有限公司、华为中国区总部等88家企业实现入驻。紧抓全市建设国家服务业扩大开放综合示范区的有利契机，成为全市金融科技创新示范区主阵地之一，累计入驻金融类企业占比达65.8%，金融业留区税收同比增长27.6%，产业聚集效应初步显现。

中关村丰台园创新引领作用持续增强，新增国高新企业超过百家，7家企业分别获得国家科学技术进步奖、北京市科学技术奖，研发费用同比增长40%，专利授权总量同比增长24%。持续打造两大千亿产业集群，全年实现总收入6900亿元，同比增长10%，新引入规模以上企业138家，人均、地均产出率位列中关村示范区第二位。

营商环境持续优化，出台促进高精尖产业发展的“丰九条”，对金融、科技等重点产业给予支持。全年新增注册资本5000万元以上企业458家，同比增长27.6%。出台街乡镇财源建设奖励实施办法，构建全员招商、全员服务的工作格局。推行1000余个“零见面”办理事项，实现1500余个区级事项一门办理。惠企纾困政策全面落地见效，疫情期间为企业减租1.7亿元，全年减免社保费55.9亿元、税费31亿元。“五新”建设加快推进，全市首个数字人民币测试应用场景落地丽泽金融商务区，新建5G基站超千个。

（付小娴）

【城市规划】 年内，丰台区编制“十四五”规划和二〇三五年远景目标纲要，实现“十四五”规划社会经济重大部署与城市发展目标、空间发展重点协同一致。完成街区指引编制，将总规、分区规划的刚性要求，分解传导至街区层面。推进重点区域规划编制工作，完成丽泽金融商务区规划综合实施方案编制，完成南中轴大红门、南苑森林湿地公园和卢沟桥五里店地区控规编制，丰台站地区和宛平城地区街区控规取得阶段性成果。开展长辛店老镇城市更新控规编制，打造有机更新示范区。城乡一体化建设不断加快，推进卢沟桥乡、花乡、南苑乡的城市化试点方案编制和项目实施。制定宛平城解危三年行动计划，完成第一批解危工作。加大工作力度，累计清理滞留户322户，保障重点工程、棚户区改造等32个项目实施。释放空间资源，推动土地上市，全年实现供地6宗约26公顷。加强集体土地和房屋管理，成寿寺集体土地租赁住房竣工，成为全国首个投入运营的示范项目，创造多方共赢的发展新模式。规自领域整改扎实推进，全市第一批完成“大棚房”“浅山区”、违建别墅清查专项问题整改。围绕城乡结合部重点地区开展综合整治，推动青塔、五里店京周路沿线项目纳入棚改实施计划，启动五里店项目一期搬迁。持续开展规自领域专项巡视整改，进一步强化规划的严肃性、权威性、约束性。

（付小娴）

【生态环境建设】 年内，丰台区拆除违法建设154.4万平方米，腾退土地156.9公顷，超额完成年度任务。整治群租房1536处，违规户外广告设施、“散乱污”“开墙打洞”和地下空间违规住人实现动态清零。做好腾退空间利用，启动南中轴大红门地区城市更新和优质产业资源导入。完成南苑森林湿地公园先行启动区500余亩绿化建设。建设提升便民商业网点88个，社区便利化程度持续提升。高标准完成第七次全国人口普查入户工作。生态环境质量不断改善，完成第二轮中央环保督察迎检工作。深化落实河湖长制，强化入河排污口整治，完成12处市级小微水体治理，全区考核断面水质持续达标。启动国家森林城市创建工作，完成新一轮百万亩造林工程绿化年度任务2953亩，建成久敬庄等各类公园16处，完成“留白增绿”59.6公顷，为群众提供更多高品质绿色休闲空间。严格管控扬尘污染，加大执法检查力度，空气质量达标天数同比增加40天，PM2.5（细颗粒物）累计浓度36微克/立方米，达到中心城区最好水平。推动丰台站及周边配套市政工程建设，跨西四环特大铁路桥完工，万寿路南延等配套工程开工建设。地铁房山线北延建成通车。打通3条断头路，完成5条道路大修和5处交通疏堵工程，对23条道路进行交通综合治理。推进循环园垃圾处理设施规划建设，建成渗沥液处理厂二期。河西第三水厂、河西再生水厂二期实现通水。

（付小娴）

【社会综合治理】 年内，《丰台区行政区划调整方案》获市级批准。深入开展“接诉即办”，全年受理群众诉求36.2万件。落实物业管理条例，在全市率先出台《业委会（物管会）组建参考手册》，新增业委会（物管会）724个，“三率”水平大幅提升。落实街道办事处工作条例，推进35项重点任务落地。完成35个楼门院示范点和11个社区议事厅试点建设，实现城市社区议事厅全覆盖。新成立17个、调整7个社区居委会，消除社会管理空白点。推进垃圾分类，规范提升分类桶站、驿站，累计处理生活垃圾73.2万吨，垃圾无害化处理率100%。完成75条背街小巷环境提升，改造5条精品大街。深入推进路侧停车系统建设，改造提升6083个停车位。全面推进国家卫生区创建，深入开展新时代爱国卫生运动，实现爱国卫生组织机构街乡镇、社区（村）全覆盖，累计26万余人次参与“周末卫生日”活动。深入开展农村人居环境整治，8个村通过全市第一批美丽乡村考核验收，超额完成创建任务。继续深入推进城市安全隐患治理三年行动，挂账隐患销账率99.7%。做好交通安全、防火、防汛等工作，积水点治理任务全部完成。加强质量强区建设。重点食品、药品检测合格率分别达99.3%、100%。开展社会矛盾纠纷大排查，全年化解信访积案23件。防范化解金融风险。深入开展扫黑除恶专项斗争，依法严厉打击电信诈骗、欺诈骗取医保基金等各类违法犯罪行为，刑事、治安案件数量双下降，群众安全感持续增强。

（付小娴）

【民生保障】 年内，丰台区就业和社会保障持续加强，新增城镇就业3.1万人，城镇登记失业率2.81%。提升养老服务水平，新建养老照料中心1家、社区养老服务驿站13家，“喘息服务”惠及9000余人次。为各类困难群众发放社会救助资金1.42亿元。改造无障碍点位1万个。实施15个老旧小区综合整治和66个失管小区专项治理，为老楼加装电梯27部。加快政策性住房建设，开工1.16万套、竣工7000余套，超额完成年度任务。

（付小娴）

【教育卫生文体事业】 年内，开展线上教育，做到疫情期间“停课不停学”。新增普惠性学前学位990个。加快推进北京十一学校中堂实验学校等项目建设。丰台医院提质改建项目实现结构封顶，北京口腔医院迁建工程扎实推进。家庭医生服务重点人群签约率达97%。北京汽车博物馆获评国家一级博物馆。举办第四届中国戏曲文化周。开展公共文化活动2400余场次、健身赛事180余场次。开展多功能运动场地和健步走步道建设，更新健身器材2200余件。服务保障冬奥会、冬残奥会筹备工作，国家冰雪运动训练科研基地场馆及配套设施全部投入使用。脱贫攻坚任务全面完成，与受援地区签订携手奔小康结对帮扶协议，推进98个扶贫项目建设，拨付扶贫支援资金5280万元，助力4个受援旗县全部脱贫摘帽。

（付小娴）

政务服务管理

【概况】2020年，区政务服务管理工作坚持以习近平新时代中国特色社会主义思想为统领，深入贯彻党的十九大和十九届二中、三中、四中、五中全会精神和习近平总书记对北京重要讲话精神，贯彻落实市、区决策部署，坚持以党建统领政务服务业务，做到防疫服务两不误，统筹丰台区深入落实北京市政务服务跨越行动计划，加快打造丰台政务服务线上线下新平台，持续深化“放管服”改革和三级政务服务体系建设，助力区营商环境优化和经济社会发展。各级中心全年办件180.7万件，其中“零见面”办理60.2万件。

（赵 芮）

【疫情防控】年内，区政务服务管理局多次召开疫情防控部署会议，制定防控方案，确保防疫服务两不误、互促进。党员领导干部带头下沉到王佐镇南宫村、沙锅村、东方家园建材城，完成监督值守等工作；支援丰台街道、卢沟桥街道等地开展辖区居民核酸检测，下沉1000余人次；各级政务人员下沉一线参与社区（村）防控、协助核酸检测等10000余人次。组织全体干部参加社区“顶岗一日”“双报到”等活动，17名党员捐款约1700元。统筹全区政务服务防疫，动态调整窗口数量，减窗减员不减业务量。区级1000个事项、街乡镇50个高频事项实现“零见面”办理，提供全程帮办，区政务服务中心成立政务专员团队，提供双向免费邮寄服务。设立续贷和中小微企业减免房租窗口，助力复工复产。

（赵 芮）

【政务服务体系研究】年内，区政务服务管理局开展全市首个区级政务服务体系“十四五”规划研究。研究紧密衔接北京城市总规和丰台分区规划对丰台区的功能定位，充分对标北京市政务服务三年行动计划，结合区新址政务服务中心投入运行、三级政务服务人员队伍体系基本形成、河东河西统筹发展、“两区”建设落实等新形势、新要求进行编制，明确丰台区未来五年政务服务体系建设的总体目标、发展框架、主要任务和实施路径，是丰台区“十四五”时期政务服务改革发展的综合性、基础性、指导性文件。

（赵 芮）

【政务服务中心项目建设】年内，区政务服务管理局作为区级专班牵头部门，结合南中轴整体规划，依托“疏整促”工作成果，在原福成大厦打造丰台区新址政务服务中心，成为全市首个集党群服务、政务服务、文化服务、法律服务于一体的项目。新中心面积3万平方米，纳入全区45个部门的政务综合服务、不动产、婚登、税务、医保、社保等1700余项，实现政务服务事项统一“一门”办理，提供智能化、一站式、多维融合、绿色温馨的政务服务。同步开展配套信息化建设，谋划“线上＋线下双轨联动”“智能批”“智能审”“智能帮”服务模式，呈现“5G引领、精准服务、智慧赋能”的政务服务新平台。

（赵 芮）

【“互联网＋政务服务”升级建设】年内，区政务服务管理局启动丰台区“互联网＋政务服务”一体化平台项目，依托大数据、云计算、5G通信、人工智能等新兴科技，打造从办事预约、咨询引导、受理审批、结果反馈等服务全流程无感连接的智能政务服务。开展“一网通办”项目建设，按照“统筹规划、集约复用、科技引领、持续创新”的指导思想，打造“全程电子流转、全程信息共享、全程交互服务”的“一网通办”政务服务模式，让政务服务更高效、群众办事更便捷。“丰政通”掌上办大厅上线，实现“一号”预约、咨询、导航、申报，同时建设全市首个区级政务服务微信小程序。完成丰台区政务服务领域电子证照分发中心建设，助力推出电子证照应用场景。统筹组织开展丰台区政务服务领域电子云章刻制工作，共刻制99枚电子云章。10月10日推出丰台区第一个电子云章应用场景，实现“北京市丰台区政务服务管理局审批服务专用章”在审批过程中应用，创新推出“智能审批”。丰台区“智能＋”应用获北京市2020年度基层政务服务优秀案例。打造智能政务场景，运用大数据、生物特征识别、知识图谱、智能分析等技术，探索推出“线上线下”智能政务场景。

（赵 芮）

【政务服务事项在线导办】年内，区政务服务管理局组建各级“在线导办”团队，遵循“利企便民、准确严谨”的原则，通过“线上为主、线下为辅”“人工为主、智能为辅”的工作方式，依托市一体化平台，提供全程即时在线咨询服务，中心配备在线咨询导办专席，为企业群众在网上办理时提供咨询服务。自6月5日开通服务，共提供约2000件在线导办服务。

（赵 芮）

【“放管服”改革】年内，区政务服务管理局推进审批制度改革。力推告知承诺，强化信用监管，从梳理、监管、落

▲4月，在政务服务中心组织北京市优化营环境政策"千人千题"模拟考试。（区政务服务局 供图）

地等方面推进告知承诺，71个事项实现告知承诺。全区政务备查事项10项，涉及5个部门，完成办理备查事项700余件。清理隐形壁垒，对47家单位1680项依申请事项系统排查，持续清理证明事项，整合"零办件"事项，清理规范中介服务。推行委托受理，进驻事项除涉及国家秘密、国家安全等方面事项外，各审批部门最大限度将受理权限给予综合窗口，"一窗"受理事项1229项，约占全区政务服务事项的60%。截至年底，梳理公示主题事项350个，通过部门确认、平台研发实现260个主题事项开通办理。

（赵　芮）

【队伍建设】年内，区政务服务管理局组建锻炼一支140人的政务服务综合受理团队。以"增智强能、服务丰台"为主题，创建学习型单位，提高工作人员政策理论水平和专业能力。组织业务培训考核课程50余次，培训120余人/次。在2020年北京市优化营商环境3.0政策"千人千题"考试中，获得全市第6名，较上年提升3个名次。全年收到企业群众表扬信、感谢信226封，锦旗25面，"12345"热线表扬单26个。

（赵　芮）

【创新政务服务"好差评"】年内，区政务服务管理局推动"好差评"国标试点，区政务服务中心和方庄地区政务中心被列为全市"好差评"国标试点，创新推出"问题不出厅"机制，按照预案先行，制定"好差评"工作实施方案；运用"好差评"评价器、表扬台、曝光台等评价方式，将自查整改与社会监督结合；畅通网评渠道，推广"丰政通"公众号，实现对服务态度、办事效率评价全覆盖；按照"问题不出厅"原则实时做好问题处理、反馈、整改。

（赵　芮）

【打造无障碍环境】年内，区政务服务管理局推进无障碍设施整改，组织各级政务服务中心开展无障碍设施整改并开展"体验官"推广活动，其中在马家堡街道政务服务中心打造丰台区首个无障碍建设精品政务服务中心大厅，被北京电视台、《北京日报》等多家媒体宣传报道。截至11月30日，全区23个政务服务中心均完成无障碍设施整改工作。

（赵　芮）

【区级综窗进楼宇】年内，区政务服务管理局推出党群楼宇政务站，推行"互联网+党群服务+政务服务"模式，丰台区首个党政融合的楼宇政务服务站在太平桥街道首科大厦楼宇党群服务中心成立，重点为周边楼宇中小微企业就近办理政务服务事项提供方便。在区级综窗1000余个事项的基础上，针对楼宇企业急需的资质认证、设立变更、年检年审等高频事项，提供"点单式"个性化定制服务。

（赵　芮）

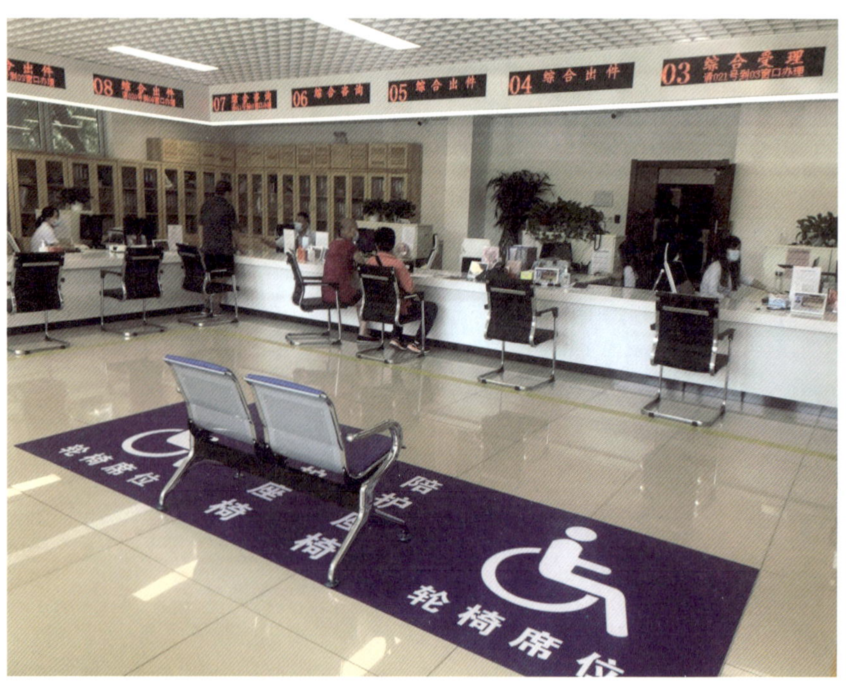

▲6月，马家堡街道打造丰台区首个无障碍精品政务服务大厅。（区政务服务局 供图）

▲7月，丰台区首个党政融合楼宇政务服务站在太平桥街道首科大厦楼宇党群服务中心成立。（区政务服务局 供图）

【错峰延时办理服务】 年内，各级政务服务中心全面推行“早晚弹性办”“午间不间断”和“周六不休息”延时服务，提供工作日前、后各1小时全部进驻事项的错峰办理服务，周六提供“延时服务包”功能。10月17日，在实行周六“预约受理”延时服务的基础上进行再升级，对小客车摇号、企业档案查询、道路运输等100多项业务实行“无需预约、来厅即办”的服务升级。实现月均提供240余件的延时咨询和办理服务。

（赵　芮）

【政务公开】 年内，区政务服务管理局印发《丰台区2020年政务公开工作要点》，动态更新全区政务公开全清单。完善重大政策意见征集机制，出台《关于加强本区政策性文件向社会公开征集意见的工作方案》。强化公文联审机制，对拟以区政府或区政府办名义下发的文件进行审查，严格落实政府信息从依申请公开向主动公开转化的要求，打造透明、公开的服务型政府。完成《北京市丰台区人民政府公报》（2020年版）并通过区政府网站对外公开。建设区级依申请公开数据资源共享平台，实现全区各单位依申请公开件及复议诉讼数据的实时共享，实现对各单位信息公开业务的指导。

（赵　芮）

【优化网站与政务新媒体服务】 年内，区政务服务管理局对区政府门户网站进行统一规范化改版，适应用户浏览和操作习惯，提升网站整体服务能力和服务效果。开设“中央生态环保督察在北京”等专栏。围绕区政府门户网站主阵地，坚持移动优先、内容为王，将新闻与政务、服务、问政有机结合，利用移动服务优势，将“丰政通”掌上办事大厅与“北京丰台APP”融合，方便群众办事。加强对区领导参与的政务活动、重大政策、突发事件应急回应及其他重大活动信息的宣传、报道，与区委宣传部、网信办、区融媒体中心和区城指中心建立定期沟通和联合报道机制，联手打造立体宣传体系和权威发布平台。

（赵　芮）

外事及港澳事务

【概况】 北京市丰台区外事办公室（简称区外办）是丰台区人民政府对丰台区外事工作进行管理的职能部门，负责党和国家有关外事的法律、法规和政策的贯彻执行，为区政府直属的正处级单位。在对外工作中履行战略谋划、政策研究、统筹协调、外事管理、检查督办等职责。贯彻落实市委、市政府和区委、区政府外事工作部署，服务推进国际交往中心建设。2020年，丰台区外事工作坚持聚焦涉外新冠肺炎疫情常态化防控，持续推进国际交往中心功能建设。

（高　瑞）

【外事工作委员会第二次会议】 4月

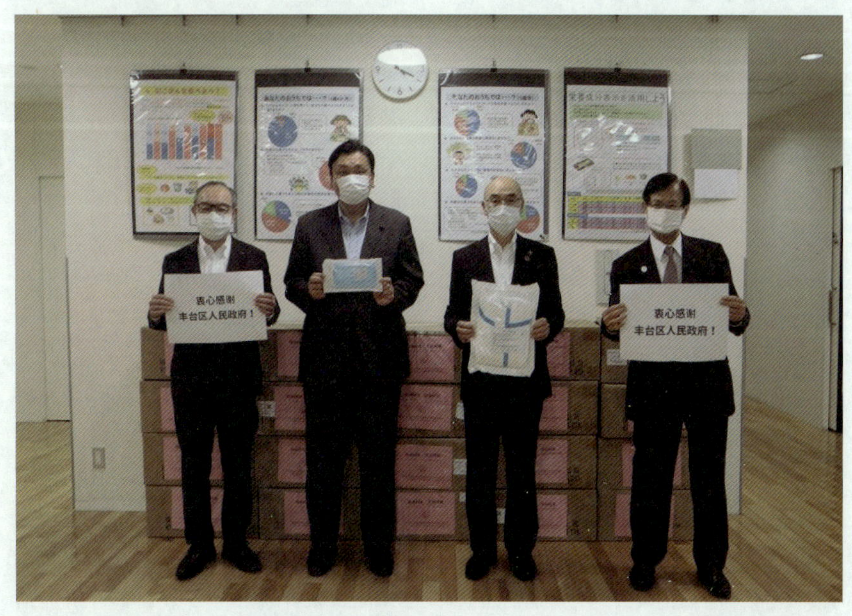

▲5月13日，日本东京都葛饰区政府于葛饰区接收丰台区捐赠防疫物资。（区外办 供图）

2日，区委书记、区委外事工作委员会主任徐贱云主持召开区委外事工作委员会第二次会议。会议审议通过《区委外事工作委员会成员名单》《丰台区2020年外事工作要点》和《丰台区推进国际交往中心功能建设2020年工作要点》。

（高　瑞）

【抗疫援助】 新冠疫情时期，丰台区向友好城市进行抗疫援助。丰台区委、区政府紧急调配物资，向日本东京都葛饰区捐赠医用口罩10000个，医用防护服200套；7月31日，应阿根廷圣达菲省政府的请求，通过阿根廷驻上海领馆的协助，将10000个医用防护口罩等防疫物资运抵阿根廷圣达菲省埃斯佩兰萨市；11月13日，向国际友好区比利时布兰肯堡市政府捐赠的1万个医用口罩、400套医用防护服运抵该市。丰台区经市政府外办批准后向国际友好区捐赠的防疫物资，旨在助力国际友好区的疫情防控工作，体现守望相助、同舟共济的人类命运共同体精神。

（高　瑞）

机关事务管理

【概况】 2020年，区政府机关事务管理服务中心（以下简称服务中心）围绕“管理、服务、保障”核心职能，抓好10个办公区的管理和服务保障，创新服务理念，深耕主责主业，加强队伍建设，完成机关财务、机要通信、公务用车、就餐服务、会务收发、医疗保健、安全保卫、物资采购、办公用房管理、固定资产管理等机关事务工作。

（丁　垚）

【疫情防控】 新冠疫情暴发后，服务中心先后抽调16名党员干部下沉到王佐镇西庄店村、和义街道、方庄街道参加疫情防控；到新发地批发市场负责中央专家、北京市防控工作组及区防控工作组的后勤保障工作；参加丰台区市场派驻专项工作组，负责玉美家园建材城有关防控工作。84名在职党员参加社区疫情防控值守、垃圾分类和周末大扫除等活动，全年参加活动共182人次286小时。

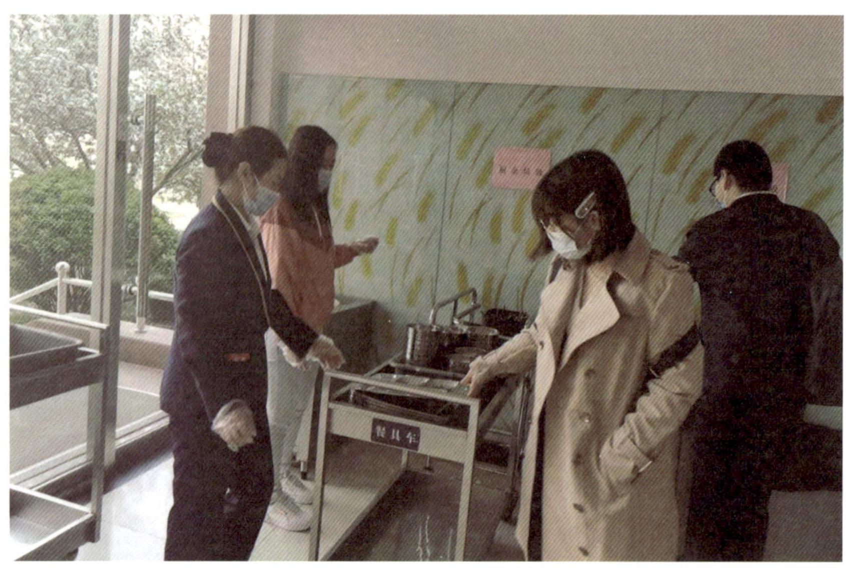

▲4月9日，机关党员在食堂进行“光盘行动”监督值守。

（丁　垚）

【机关食堂监督值守】 年内，服务中心贯彻落实《北京市生活垃圾分类条例》，为推动区垃圾分类和光盘行动在机关落实，区直属机关工委与服务中心在文体路2号院机关食堂，设立“垃圾分类、光盘行动”党员指导服务岗，食堂一层二层各设1个岗位，10月21日开始，由区直机关工委和服务中心统筹下发单位值班排序表，在机关食堂就餐的27家单位党员干部轮流值守。主要负责维持就餐秩序，指导厨余垃圾准确投放，督促文明就餐，记录反馈值班情况等，并结合实际填写岗位值守到岗情况。

（丁　垚）

【机关运行成本统计工作】 9月，根据市机关事务管理局《关于开展2019年度机关运行成本统计调查工作的通知》要求，服务中心按时完成丰台区政府机关所属39家行政及参公事业单位机关运行成本统计工作。统计调查便于市机关事务管理局掌握各区县机关运行成本，“三公经费”、固定资产等的支出数据，为进一步降低机关运行成本提供参考依据。

（丁　垚）

【公车平台运行管理】 年内，公车运行采用政府机关大院集中办公区24小时值班响应，基层单位派驻车辆方式保障日常公务出行和行政综合执法用车。公车平台一般公务用车派出67960车次，行政综合执法用车派出62500车次，安全行车230万公里，车辆运行费用比上年节约39%。为基层单位调整车辆12台，更换基层执法用车31台。完成五次重要工作组保障任务，派用车辆3380车次，提升基层一线单位用车保障力量。

（丁　垚）

【机要智能流转系统运行管理】 年内，机要文件智能流转管理系统运行良好，“一卡通”自助交换模式使全区机要文件交换工作上了一个新台阶。机要文件收发交换6.32万件，做到安全、及时、无误、无差错。组织全体交换员参加国家交换站业务培训，经过培训，交换员业务技能得到提升。

（丁　垚）

【网上预约就诊】 年内，新冠疫情暴发，由于医务室日常就诊取药人员多，为防止交叉感染，在落实体温检测，做好个人防护的基础上，采取网上预约就诊制度，按照预约时间就诊，一时一人，避免人员聚集，确保就诊安全。

（丁　垚）

【消费扶贫】 年内，服务中心承担全区近1/3的消费扶贫任务，实行线上、线下两步走，通过充分调研扶贫商品，对比配送周期、产品品质、商品价格等情况为领导决策提供参考。协调各食堂打通从采购到配送的各个流程，全年完成460.74万元的消费扶贫任务。

（丁　垚）

【固定资产管理】 年内，服务中心统管所辖9个办公区49个单位的固定资产，反映和监督资产增减变动，建立健全信息化资产账簿体系。截至年末，账面资产总值51932.60万元。其中通用设备16876件，共计22423.70万元；专用设备4521件，共计1032.90万元；家具类28835件，共计3446.50万元；土地房屋类共计21968.00万元；无形资产共计3061.60万元。新增3891.50万元资产，其中办公家具公开招投标11481件，共计1525.53万元。

（丁　垚）

信　访

【概况】 2020年，丰台区信访办公室贯彻市委市政府、区委区政府有关决策部署，围绕中心、服务大局，统筹推进疫情防控和信访工作，完成来信来访办理、重复信访治理、信访积案化解、矛盾纠纷排查及重点时期信访服务保障工作。全年受理群众来信来访总量同比上升246.2%，涉及人次同比上升42.8%。其中办理来信总量同比上升318%，涉及人次同比上升84.5%；受理来访总量同比下降37.1%，涉及人次同比下降55.6%。通过转办交办、跟踪督导、协调化解及时办结信访事项，实现初信初访办结率100%。

（王　旭）

【领导干部接访】 年内，区信访办组织落实区级领导干部信访接待日，区主要领导及其他区领导下访、接访79余次，接待群众150余批次。以《接待日报》形式向区委、区政府反映重点信访事项，推动重点案件化解。督促街道、乡（镇）、委办局主要领导定期开展接访工作，发现、解决群众反映合理诉求。

（王　旭）

【矛盾排查化解】 年内，区信访办狠抓源头预防，开展矛盾纠纷排查12次，排查出各类矛盾400余件，化解率99.5%，从源头化解潜在矛盾，保障社会安全稳定。

（王　旭）

【信访事项“三级终结”】 年内，区信访事项复查委员会受理信访复查80余件，办理信访复核20余件，复查复核维持率100%，推进区法治信访建设。

（王　旭）

【信访积案化解】 年内，区信访办发挥信访工作联席会议协调督办作用，逐案制定化解措施，落实责任单位和责任人，明确化解标准，减少全区信访积案。国家局和市交办的60余件信访积案全部落实区领导包案并办结，国家信访局下发的400余件重复信访积案全部办结。

（王　旭）

【创新“枫桥经验”新模式】 年内，区信访办把信访接待场所搬到矛盾突出的街乡镇和社区（村），进行“流动接访”，协调督促责任主体把重点矛盾化解在事发地，把重点人吸附在属地。把信访干部派驻到重点项目中，将矛盾及时化解。落实信访责任制，提升基层治理能力。

（王　旭）

【发挥信访工作联席会议作用】 年内，区信访办召开区信访工作联席会和办公室会议10次，研究解决历史遗留和信访突出问题30件。建立街乡镇信访工作联席会议工作机制，解决400余件信访矛盾纠纷。

（王　旭）

【教育培训】 年内，区信访办举办正科级干部培训班、副科级任职培训班，100余人参加。通过信访培训及授课，提升各级干部突发事件应对能力和信访矛盾纠纷化解能力。

（王　旭）

2021

北京丰台年鉴

政协丰台区委员会

综 述

【概况】2020年，政协丰台区委员会坚持以习近平新时代中国特色社会主义思想为指导，在中共丰台区委的坚强领导下，全面贯彻中共十九大和十九届二中、三中、四中、五中全会和中央政协工作会议精神，认真落实市委和区委第五次政协工作会议要求，紧扣统筹推进常态化疫情防控和经济社会发展工作履职尽责、凝心聚力，为推动丰台区改革发展稳定作出了新的贡献。

坚持党的领导，在党建引领上推出新举措。始终坚持在区委领导下开展工作。强化区政协党组的主体责任，制定区政协党组《关于加强和完善"三重一大"决策制度实施办法》《向区委请示报告重大事项清单》，重大事项、重要问题及时向区委请示报告。在区委领导下，参与筹备区委第五次政协工作会议，就落实区委关于新时代加强和改进政协工作的实施意见，制定重点任务分工方案，明确45项具体措施，增强了做好新时代政协工作的责任感、自信心。始终坚持抓好"两个全覆盖"。认真贯彻落实区委《关于加强新时代政协党的建设工作的实施意见》，在全体会议期间，组建临时党委和中共党员委员临时党支部并开展工作，调整充实机关党建工作力量。发挥党组在政协工作中的领导作用，健全联系联络机制，完善了党政情况通报会、慧政协APP为平台的委员"知党情"信息公开机制；科学设置中共党员委员学习活动组织，并组织开展学习研讨活动，发挥了政治引领、示范带动作用，有效推进了党的组织对党员委员的全覆盖、党的工作对委员的全覆盖。始终坚持发挥好中共党员委员作用。认真学习区委全会和第五次政协工作会议精神，在视察考察、调研座谈以及疫情防控工作中，充分发挥示范引领作用，保证了政协工作在哪里，中共党员委员的先锋模范作用就发挥到哪里。

深化理论学习，在思想武装上实现新提高。突出理论学习重点。始终把增进共识作为思想政治建设的根本，坚持用习近平新时代中国特色社会主义思想教育引导委员，将中共十九届四中、五中全会和中央政协工作会议精神、习近平总书记就疫情防控工作的重要讲话精神，以及市、区委部署要求作为重点学习内容，并以抗击疫情为主题，宣讲先进典型和感人事迹，不断从新思想中汲取理论的力量、信仰的力量、奋进的力量。不断丰富学习形式。根据疫情防控形势和要求，加强学习的组织筹划。围绕疫情防控、民法典、扶贫实践、生活垃圾管理等专题，参加"市政协报告厅"、组织"政协讲坛"等活动15次。积极建设"书香政协"，号召委员开展读书活动，线下读书、线上交流。完善了以政协党组理论学习中心组学习为引领，主席会议集体学、常务委员会会议专题学、专门委员会集中学的学习机制，组织各类学习活动46次，做到了学习常态化、制度化。完善学习交流机制。坚持习近平新时代中国特色社会主义思想学习座谈会制度，定期召开理论研讨会、学习交流会，建立机关双月学习研讨会和青年论坛学习机制，健全了适应疫情防控常态化的线上学习交流机制，及时编发相关学习资料上百篇，共形成理论与实践研究成果43篇，多次在全市政协系统作学习成果交流，强化了当好人民政协制度参与者、实践者、推动者的使命感和责任感。

投身疫情防控，在重大任务上作出新贡献。同心抗疫凝聚力量。认真贯彻习近平总书记重要讲话精神、中共中央决策部署和市、区委各项要求，动员政协各参加单位和全体委员参与疫情防控斗争。委员中的医护人员冲锋在前，留下"最美逆行者"的身影，吴浩、王福生委员荣获全国抗击新冠肺炎疫情先进个人称号。委员们用真情义举驰援抗疫一线，相继有287人次捐献资金约1000万元，并捐赠了大量抗疫物品。充分发挥专业特长、自身优势，就疫情防控、复工复产、社会保障等方面积极建言，委员报送提案、社情民意信息94件。广大委员积极参与防控值守、稳产稳岗、保障供应、疏解情绪等工作，以实际行动展现了责任担当。助力疫情防控常态化。围绕"总结新冠肺炎疫情防控工作，进一步完善应急预案"议题，区政协常务委员和相关界别委员，认真听取情况通报、深入开展实地调研、充分进行座谈交流、积极反映社情民意，召开议政性常委会进行协商，从加强应急管理体系建设、开展爱国卫生运动、健全公共卫生技术服务体系、发挥科技支撑作用等方面，提出了意见建议，向区委提交了专项报告，为全区疫情防控工作提供了重要参考。

围绕中心大局，在协商民主上取得新成效。建言高质量发展。贯彻落实中共十九届五中全会精神，围绕编制丰台区“十四五”规划，深入学习交流，积极建言献策。围绕“以科技创新中心建设为引领，打造中关村丰台园创新驱动发展新高地”议题，邀请并组织区各民主党派、工商联和知联会、新联会，深入开展调研，与区委统战部共同组织召开议政会进行协商。与各民主党派区工委、工商联负责人和无党派人士代表，就明确科技创新定位、提升规划建设水平、持续深化改革等方面深入交流，凝聚了推动中关村丰台园高质量发展的智慧和共识。建言民生改善。对“加强社会心理疏导，促进社区和谐稳定”议题，组织社会法制委员会和民族宗教界委员开展协商调研，召开专题协商会，从落实工作责任、加强宣传引导、完善组织网络等方面提出意见建议，提交党政部门决策参考。组织教文卫体委员会委员，就2019年“推广智慧家医服务模式，提高基层卫生服务能力”协商恳谈会议题的意见建议落实情况进行跟踪了解，促进了相关工作的落实。建言基层治理创新。针对“进一步深化丰台区农村集体产权制度改革”议题，组织相关界别委员开展协商调研，召开协商恳谈会，从做好顶层设计、创新体制机制、优化股权结构等方面提出意见建议。针对“推进《北京市生活垃圾管理条例》有效实施”议题，组织相关专门委员会委员开展协商调研，召开协商恳谈会，从工作机制、设施保障、流程优化等方面提出意见建议。相关意见建议，得到区党政领导的高度重视和相关部门的积极采纳。

强化工作实效，在履职为民上体现新担当。加强提案工作。坚持把提案作为解决民生实事的重要抓手，积极面向社会广泛征集提案线索，严把提案立案审查关，提升了提案质量。适应疫情防控需要，加强统筹协调，建立快速通道，强化追踪落实，开展双向评议，提高了提案办理协商的效能和水平。开播“委员对话一把手，提案办理面对面”全媒体直播节目，在《丰台报》刊登有代表性的提案，扩大了提案工作的社会影响力。区政协十届四次会议以来，共收到提案248件，立案提案203件，办复率达到100%。反映社情民意。坚持把反映社情民意信息作为政协履职的重要基础，委员们深入调研，积极建言，共提交社情民意信息189篇，报送市政协97篇，汇总编辑《委员话发展》专刊13期，内容主要涉及重点功能区建设、基层社会治理、“七有”“五性”民生事项以及文化建设等，所提意见建议得到市区有关领导的关注和批示。强化专项监督。坚持把破解民生重点问题作为民主监督的重要内容。组织常务委员和部分界别委员，对王佐镇农村人居环境整治工作、卢沟桥和宛平城的保护利用情况进行视察监督。教育民主监督小组对高考、中考等升学考试开展巡视监督，对2020年义务教育阶段入学派位情况开展现场监督。法治建设民主监督小组对检察机关实施公益诉讼情况开展专项监督。财政民主监督小组对生活垃圾分类资金投入使用情况开展专项监督。市容环境民主监督小组对“留白增绿”有关项目开展专项监督。各项监督活动促进了党政部门改进工作、转变作风、提升效能。服务基层一线。在“北京联合律师楼”建立首家委员工作站，拓展了委员联系群众的新渠道。组织文化界别委员赴各乡镇参加“文化下乡”活动。组织教育界别委员到北京教育学院丰台分院及附属实验学校施工现场、丰台五幼华润校区开展“委员与教育同行”活动。组织医药卫生界委员到区疾控中心、马家堡社区卫生服务中心开展“走基层”活动。组织委员中的律师到卢沟桥乡和太平桥街道开展“法治基层行活动”。组织农业界别委员到长辛店镇调研“农村回迁安置小区建设与运转情况”。积极同内蒙古兴安盟扎赉特旗开展对口支援工作对接，致力增进群众福祉。注重双向发力，在凝聚共识上展现新作为。注重团结合作。发挥新型政党制度优势，围绕年度协商议题和民主监督重点，邀请并组织各民主党派、工商联和有关人民团体开展联合调研。定期听取党派团体对政协工作的意见建议。首次召开党派团体提案办理工作会，推动所提建议得到落实。在大会发言、专题协商、视察监督中优先安排党派团体发表意见，统一战线组织功能得到进一步加强。注重联系联谊。积极搭建平台，创新形式，丰富内容，广交朋友，深交朋友，增进与各界委员的团结联谊。区政协主席会议组成人员会同各专门委员会，积极走访党派团体负责人、各界委员和宗教活动场所，调研委员企业，慰问宗教代表人士。加强同党外知识分子、非公有制经济人士、新的社会阶层人士沟通联系。年内共开展走访活动86次，在加强沟通、密切联系、听取意见、了解呼声的过程中汇聚了共识。注重协同联动。与市政协联动开展“全体委员齐参与，助力分类新时尚”专项民主监督活动。协同进行“加大老旧小区改造力度，加强物业管理”“科学推进新型城镇化建设”“完善‘接诉即办’工作机制”专题调研，形成了推进相关工作的合力。参与市政协“加强宗教事务依法管理，进一步提高宗教工作水平”议题调研，就“依法管理宗教事务能力建设和健全完善体制机制”开展专题协商。建立了同60名全国和北京市政协委员沟通联络机制，就地区重要问题共同调查研究、建言献策。组织委员参加市政协“醒狮杯”越野跑和“云上跑”活动。进一步健全完善区政协和区委统战部协同开展工作机制，定期召开协调会，通报情况、研讨工作。

致力强基固本，在自身建设上取得新进步。加强委员服务管理。聚焦“懂政协、会协商、善议政，守纪律、讲规矩、重品行”的具体要求，完善《委员履职考评办法》，将委员年度履职情况纳入委员履职档案，实行动态管理。编发《委员风采》专刊15期、《咨议建言集》第30辑，开展《与祖国同行》和《委员一日》文史资料征集活动，市政协采纳刊发12篇。落实专门委员会向常务委员会年度述职、委员在专门委员会发表“履职感言”制度，完善委员联系群众工作机制，督促和引导委员强化责任肯担当、提高能力善担当、模范带头真担当。完善专门委员会职能。按照区委总体要求，调整专门委员会设置，成立农业和农村委员会，由专门委员会工作三室承担相关组织协调服务工作。将城乡建设和管理委员会更名为人口资源环境和建设委员会。文史资料委员会的组织协调服务工作，由研究室调整至专门委员会工作一室。及时明确职责，充实力量，规范运行。加强政协机关建设。提升组织力，及时调整充实机关党组成员，完成机关党总支的换届工作，机关党的工作得到全面加强。突出规范化，完善制度规则，形成了清晰的工作运行机制。注重抓作风，召开机关党风廉政建设工作会议，定期开展警示教育。积极推进干部培养、使用和交流。相继抽调24名机关干部参加疫情防控一线工作，全员参与社区疫情防控和垃圾分类工作，激发了担当作为的主动性和自觉性。

（柴大方）

全体委员会议

【十届四次会议】1月6日，在北京东方美高美酒店召开十届四次会议开幕式，会议审议通过区政协十届四次会议议程，听取刘宇主席代表区政协常委会作的工作报告，听取段德珍副主席代表区政协常委会作的关于提案工作情况的报告，张兆旗副主席通报关于表彰2019年度优秀委员、优秀信息委员和优秀提案委员、优秀提案集体的决定。连宇副主席主持会议，市政协副主席燕瑛，区委书记徐贱云、区人大常委会主任张巨明和区委、区人大常委会、区政府、区政协、区法院、区检察院的领导出席。

1月8日，政协北京市丰台区第十届委员会第四次会议第二次大会（选举大会）在北京东方美高美酒店召开。会议审议通过了政协北京市丰台区第十届委员会第四次会议关于李小月、刘红不再担任区政协常务委员的决定、十届四次会议选举办法、总监票人、监票人名单，选举政协北京市丰台区第十届委员会常务委员。副主席连宇主持会议。主席刘宇，副主席冯晓光、段德珍、张兆旗、张振军、徐朝辉，秘书长赵冬辰出席。同日，政协北京市丰台区第十届委员会第四次会议第三次大会（大会发言）在北京东方美高美酒店召开。各民主党派区工委、区工商联负责人分别作大会专题发言。副主席段德珍主持会议，区委书记徐贱云、区人大常委会主任张巨明、区政协主席刘宇和区委、区人大常委会、区政府、区政协、区法院、区检察院的领导出席。同日，政协北京市丰台区第十届委员会第四次会议第四次大会（闭幕会）在北京东方美高美酒店召开。会议宣布虞承波、薛红当选政协北京市丰台区第十届委员会常务委员，会议审议通过了《中国人民政治协商会议北京市丰台区第十届委员会第四次会议政治决议》，主席刘宇出席并讲话。副主席冯晓光主持会议，区领导李岚、周新春、王建斌、连宇、段德珍、张兆旗、张振军、徐朝辉，区政协秘书长赵冬辰出席。

（柴大方）

【十届五次会议】12月30日至31日，政协北京市丰台区第十届委员会第五次会议在北京园博园丽维赛德酒店召开。开幕会首先审议通过了区政协十届五次会议议程；徐朝辉宣读了《政协北京市丰台区委员会关于表彰2020年度优秀委员、优秀信息委员、优秀提案委员和优秀提案集体的决定》；表彰了于安安等43位优秀委员、王富均等11位优秀信息委员、丁惠国等39位优秀提案委员及民革区工委等13个优秀提案集体；刘宇代表政协北京市丰台区第十届委员会常务委员会，向大会作工作报告。闭幕会审议通过了《中国人民政治协商会议北京市丰台区第十届委员会第五次会议政治决议》，选举肖文燕为政协北京市丰台区第十届委员会秘书长；会议审议批准区政协主席刘宇代表十届区政协常委会所作的工作报告，审议批准十届区政协常委会提案工作情况的报告，补选产生了十届区政协秘书长；会议听取、讨论政府工作报告及《丰台区国民经济和社会发展第十四个五年规划和二〇三五年远景目标纲要（草案）》，讨论大会印发的其他书面报告，对上述报告表示赞同，并提出意见建议。

（柴大方）

常务委员会会议

【第十五次会议】1月8日，区政协常务委员会在北京丽维赛德酒店召开第十五次会议，同意李小月、刘红不再担任政协北京市丰台区第十届委员会常务委员的决定，同时提名虞承波、薛红为区政协常务委员候选人建议人选；审议通过区政协十届四次会议选举办法（草案）、区政协十届四次会议总监票人、监票人名单（草案），听取大会秘书长关于十届区政协常委会工作报告、提案工作情况报告和区政府工作报告讨论情况的汇报，审议通过提案委员会关于区政协十届四次会议期间提案情况的报告、《中国人民政治协商会议北京市丰台区第十届委员会第四次会议政治决议（草案）》。主席刘宇主持会议，副主席连宇、冯晓光、段德珍、张兆旗、张振军、徐朝辉，秘书长赵冬辰出席。

（柴大方）

【第十六次会议】1月8日，区政协常务委员会在东方美高美酒店召开第十六次会议，听取总监票人关于选举十届丰台区政协常务委员的计票结果，听取大会秘书长关于区政协十届四次会议进行情况的汇报，协商决定区政协十届四次会议如期闭幕。主席刘宇主持会议，副主席连宇、冯晓光、段德珍、张兆旗、张振军、徐朝辉，秘书长赵冬辰出席。

（柴大方）

【第十七次会议】8月26日，区政协召开第十七次常委会会议。传达学习汪洋主席在全国政协十三届三次会议上所作的常委会工作报告，审议通过区政协机构改革有关事项、有关人事事项、常委会工作规则、提案工作条例、反映社情民意信息工作办法，通报了全区和政协上半年工作情况及下半年主要安排、《政协北京市丰台区第十届委员会主席、副主席、秘书长联系常委，常委联系委员分工》名单调整情况等事宜。主席刘宇主持会议，副主席连宇、冯晓光、段德珍、张兆旗、张振军、徐朝辉，机关党组书记肖文燕以及部分常委出席会议。

（柴大方）

【第十八次会议】11月24日，区政协召开第十八次常委会会议。传达学习党的十九届五中全会精神，听取区政协农业和农村委员会、人口资源环境和建设委员会、社会法制委员会、民族宗教和港澳台侨委员会、提案委员会、学习委员会履职情况报告。刘宇主席主持。区政协副主席冯晓光、段德珍、张兆旗，区政协机关党组书记肖文燕出席会议。

（柴大方）

【第十九次会议】12月17日，区政协常委会召开第十九次会议。审议通过调整增补政协委员、补选政协秘书长事宜，听取区委办、区政府办关于2020年提案办理情况，审议通过十届区政协常务委员会工作报告和提案工作报告，选举办法，总监票人、监票人名单等全会有关事项，通报关于表彰2020年度优秀委员、优秀信息委员、优秀提案委员和优秀提案集体的决定。主席刘宇主持会议，副主席连宇、冯晓光、段德珍、张兆旗、徐朝辉，机关党组书记肖文燕出席。

（柴大方）

【第二十次会议】12月31日，区政协常务委员会召开第二十次会议，审议通过人事事项、选举办法（草案）、总监票人和监票人名单；听取大会秘书长关于区政协常委会两个工作报告、区政府工作报告及丰台区国民经济和社会发展第十四个五年规划和二〇三五年远景目标纲要草案讨论情况的汇报；审议通过提案委员会关于区政协十届五次会议提案情况的报告、区政协十届五次会议政治决议（草案）。主席刘宇主持会议。副主席连宇、冯晓光、段德珍、张兆旗、徐朝辉，机关党组书记肖文燕出席。

（柴大方）

【第二十一次会议】12月31日，区政协常务委员会召开第二十一次会议，听取总监票人关于选举区政协第十届委员会秘书长的计票结果，听取大会秘书长关于区政协十届五次会议进行情况的汇报，协商决定区政协十届五次会议如期闭幕。主席刘宇主持会议。副主席连宇、冯晓光、段德珍、张兆旗、徐朝辉，机关党组书记肖文燕出席。

（柴大方）

政治协商

【第五次政协工作会议】4月3日，中共丰台区委召开第五次政协工作会议。区委书记徐贱云出席并讲话，区委副书记高峰主持会议，区人大常委会主任张巨明出席。区政协党组书记、主席刘宇就协商民主特点、人民政协制度特色及区委《关于新时代加强和改进政协工作的实施意见》作说明。区委、区人大常委会、区政府、区政协的有关负责同志，区法院、检察院负责同志，各民主党派区工委主委、区工商联主席和无党派代表人士及区政协常委，区委、区政府有关部门和区群团组织负责同志在主会场出席会议。区有关部门、各街道乡镇的主要负责同志，以及区委统战部、区政协的领导干部在分会场参加会议。

（柴大方）

参政议政

【议政性常委会】8月18日，区政协召开“进一步深化我区农村集体产权制度改革”协商恳谈会。区政协主席刘宇出席会议。会议由区政协副主席连宇主持。区领导苏扬、冯晓光、段德珍，区政协党组成员、机关党组书记肖文燕出席会议。11月24日，区政协召开“总结新冠肺炎疫情防控工作，进一步完善应急预案”议政性常委会。区政协主席刘宇，区政府副区长张婕，以及区政协常委会组成人员出席会议；部分委员、区委区政府有关部门的负责人、区政协机关各委室负责人参加会议。会议由区政协副主席冯晓光主持。

（柴大方）

民主监督

【民主监督】7月2日，区政协教育民主监督小组部分成员到丰台区教委，参加丰台区2020年义务教育阶段第二批派位入学计算机分配现场会，对丰台区2020年义务教育阶段小学入学、初中入学派位情况进行现场监督，充分发挥了人民政协民主监督作用，切实增强了民主监督实效，促进了丰台区义务教育阶段入学工作公平、公正、公开。8月19日，召开第二十九次主席会，研究成立农业和农村委员会及人员组成事宜、有关人事事项、区政协制度建设方案落实情况及调整意见，审议反映社情民意信息工作办法、《政协北京市丰台区委员会关于专门委员会参与提案工作的暂行办法》、法治建设民主监督小组成员调整情况、《政协北京市丰台区第十届委员会主席、副主席、秘书长联系常委，常委联系委员分工》名单调整情况。9月24日，区政协副主席段德珍带领区政协法治建设民主监督小组成员围绕“检察机关实施公益诉讼情况”到区检察院进行了专项监督调研。11月10日，区政协财政民主监督小组围绕生活垃圾分类有关资金投入及使用情况，对万丰路海航密闭式清洁站、长辛店街道中奥嘉园小区垃圾分类工作进行了监督考察。区政协党组成员、机关党组书记肖文燕参加了活动。

（柴大方）

专门委员会

【文史资料委员会】 年内，向全体委员征集“发挥人民政协专门协商机构作用”、《与祖国同行》《委员一日》文史稿件。其中，吴浩委员撰写的《勇于担当 履职尽责 -- 战疫前线最难忘的一天》一文，王福生委员撰写的《与祖国同行》《委员一日》稿件，郭媛媛委员撰写的《助力中国特色社会主义制度建设，政协应改革、创新、凝聚共识》理论研究文章，常卫东委员撰写的《落实“协商于民、协商为民”要求在基层协商中发挥专门协商机构作用》《政协组织和政协委员如何面向社会广泛传播共识》理论研究文章，向市政协推荐。

（柴大方）

【教文卫体委员会】 年内，知情明政。召开全委会暨议政性常委会议题调研工作部署会，组织委员重点学习教文卫体委员会2020年工作要点、议政性常委会议题调研工作计划，使委员全面了解教文卫体委员会全年工作安排和相关履职要求；请区卫健委主管领导通报丰台区疫情防控工作情况；邀请吴浩委员介绍赴武汉抗疫一线的工作体会，帮助委员更好地知情明政、履职建言。

协商议政。围绕“总结新冠肺炎疫情防控工作，进一步完善应急预案”议政性常委会议题，组织委员开展专题调研和协商活动，共计151余人次参加活动。到马家堡社区卫生服务中心、新村街道怡海花园社区、丰台区疾病预防控制中心、北京教育学院丰台分院进行实地调研，全面了解各单位抗击疫情所做的工作和疫情常态化防控工作情况。先后五次召开议题专项调研座谈研讨会，形成了《总结新冠肺炎疫情防控工作，进一步完善应急预案 -- 丰台区政协议政性常委会议题调研报告》，在此基础上，区政协召开议政性常委会。召开教文卫体委员会2020年工作对口协商会，详细介绍了2020年区政协教文卫体委员会工作的总体安排，并就其中涉及相关单位的重点事项与区委组织部、区教委、区卫健委、区文化和旅游局、区应急局等单位进行了对口协商。推荐2名委员参加区政协“推进《北京市生活垃圾管理条例》有效实施”季度协商议题调研组的调研、座谈、协商等活动；2名委员参加区政协“加强社会心理疏导，促进社区和谐稳定”季度协商相关活动。做好教育民主监督工作。充分发挥教育民主监督小组的作用，开展对高考、中考等升学考试的巡视监督；参加2020年义务教育阶段派位入学计算机分配现场会，对丰台区2020年义务教育阶段小学入学、中学入学派位情况开展现场监督，切实增强了民主监督实效。做好生活垃圾分类民主监督工作。向委员推送生活垃圾分类宣传材料，组织委员学习。朱庆婕等委员就生活垃圾分类管理民主监督工作进行了实地调研，5月17日北京电视台播出了朱庆婕等委员调研生活垃圾分类的新闻报道。做好提案分析督办工作。对2020年涉及教文卫体工作的47件、界别、委员提案的基本情况、重点内容、主要特点等进行了综合分析，形成《区政协教文卫体委员会2020年提案分析报告》，召开2020年教文卫体领域提案分析会。对医药卫生界别《关于加强中小学防控突发公共卫生事件和其他传染病工作的建议》提案加强关注、进行督办，有效推动了委员意见建议的落实。做好社情民意信息反映。定期向委员提供“优秀信息选登”和“近期信息报送要点”，及时了解信息采用和领导批示的情况并向委员通报，不断提高委员报送信息的积极性和主动性。在协商议政、调研考察等履职活动中，鼓励委员在倾听民意、发现问题、勤于思考的基础上积极撰写社情民意信息，提出高质量的意见建议。将收集与征集相结合，做好信息的收集、编辑、报送工作。年内，共整理报送社情民意信息52篇。其中，蔡奇书记批示1篇，市政协《诤友》刊登4篇，区政协《委员话发展》刊登3篇。

界别活动。开展“走基层 送文化”活动。组织文化界别委员赴花乡黄土岗村参加文化、科技、卫生“三下乡”活动，体现了政协委员的社会价值。以“传统文化进校园”“戏曲文化周”为载体，充分发挥委员专业特长，为丰台文化惠民工程献计出力。开展“委员与教育同行”活动。组织教育界别委员到北京教育学院丰台分院考察，了解疫情期间教育分院“线上教学”相关工作，参观教院发展历程展，听取教院“十三五”时期主要工作成果介绍，使委员们感受到了丰台教育的发展变化，凝聚了为丰台教育发展献计出力的共识。开展医药卫生界委员“走基层”活动。组织医药卫生界委员赴丰台区疾病预防控制中心、马家堡社区卫生服务中心实地考察，了解疫情防控情况，对2019年“推广智慧家医服务模式，提高基层卫生服务能力”协商恳谈会议题的意见建议落实情况进行跟踪了解，促进了相关工作开展。

积极履职。组织委员积极参加醒狮杯越野跑、2020年中国戏曲文化周开幕式等活动，丰富委员履职形式，激发委员履职积极性。编撰报送“委员风采”两期，全面展示委员的良好形象，促进了委员之间相互学习提高。加强对委员微信群的管理，充分发挥委员微信群作为“委员学习交流园地”的履职成果展示平台、相互学习交流园地、分享工作收获载体作用，及时在群里发送节日祝福短信、活动温馨提示，发布委员履职信息和照片，传递正能量，营造和谐氛围，增强了专委会的凝聚力。

制度建设。落实“制度建设年”要求，制定《政协北京市丰台区委员会议政性常委会会议组织实施办法》。完善委员与界别群众联系的制度机制，发挥界别作用，不断凝聚促进发展共识，积极支持和协助所联系界别开展履行职责工作。

（柴大方）

【经济科技委员会】 年内，在区政协常委会和主管主席的领导下，充分发挥委员主体作用和政协协商民主重要渠道、专门协商机构作用，注重政治引领、凝聚共识，紧紧围绕年度工作要点和计划，圆满完成2020年各项工作任务。全年开展协商、座谈、调研等各类活动13次，撰写社情民意信息80篇，共提交各类提案42篇，在融入中心工作、服务区域发展中发挥了积极作用。

加强理论学习，注重委员学习积极性主动性的发挥。组织引导委员持续深入学习习近平新时代中国特色社会主义思想、习近平在统筹推进新冠肺炎疫情防控和经济社会发展工作部署会议上的讲话、中共十九大和十九届二中、三中、四中、五中全会精神和区委第五次政协工作会议精神。在理论学习和日常工作中始终坚持党对政协工作的全面领导，努力实现“两个全覆盖”。不断巩固共同思想政治基础，使委员自觉“讲纪律、守规矩、重品行”，真正做到“懂政协、会协商、善议政”，牢牢把握新时代人民政协工作的政治方向。

加强对党员委员的教育管理。注重发挥党员委员在政治引领、发扬民主、凝聚共识、合作共事、廉洁奉公等方面的模范作用。做好经科委35名党员委员学习活动分组工作，党员委员联系45名非党员委员开展线上学习等。充分运用微信、慧政协APP等平台及时向委员推送会议精神、政策解读、新闻报道等。

组织落实协商议政工作。研究制定“以科技创新中心建设为引领，打造中关村丰台园创新驱动发展新高地”协商议政工作方案，组织各民主党派、工商联、知联会、新联会成立调研组，确定十个调研方向，组织座谈交流和实地考察调研，形成《以科技创新中心建设为引领，打造中关村丰台园创新驱动发展新高地调研报告》。在议政会上，课题组就调研情况进行介绍说明，区各民主党派、工商联、知联会、新联会负责人结合前期调研情况进行交流发言，分别从主导产业优化升级，配套产业发展，带动周边地区产业协同发展，提升科技创新能力，人才引进及培育，比较优势，产业政策体系，与丽泽金融商务区、首都商务新区协调发展，营商环境建设等十个方面为园区下一步建设发展提出了建设性意见。徐贱云对调研成果给予充分肯定，指出各民主党派、工商联、知联会、新联会及政协委员们的意见建议对做好中关村丰台园“十四五”规划、推动园区创新发展具有重要借鉴意义，表示区委区政府将认真研究、积极吸纳。

举办《政协讲坛》活动。区政协经科委委员、北京融今文化发展有限公司CEO、高级经济师殷丽莉从新冠疫情对消费影响及对策、非遗+跨界赋能的时代意义、非遗和非遗+的概念等七个方面给大家诠释了中国传统文化的历史与价值，报告内容丰富，与人们日常生活紧密相关，具有很好的实践意义，对委员关心关注历史文化保护与传承，积极推动传统文化的振兴，进一步树立民族文化自信起到了示范作用。区政协机关全体人员及部分政协委员40余人参加。

组织开展财政专项资金使用情况民主监督工作。区政协财政工作民主监督小组围绕生活垃圾分类有关资金投入及使用情况，对万丰路海航密闭式清洁站、长辛店街道中奥嘉园小区垃圾分类工作进行了监督考察。委员们实地查看了海航密闭式清洁站改造提升及压缩车喷涂、中奥嘉园小区分类桶站和驿站建设情况，区财政局、区城管委、区环卫中心、长辛店街道相关领导在现场分别介绍了项目的资金投入和使用情况。委员们在现场对丰台区垃圾分类工作提出了意见和建议，认为这次活动很有意义，收获很大，对丰台区做好垃圾分类工作非常有信心，并表示要从自身做起，帮助政府部门出谋划策，用实际行动做好垃圾分类工作。

做好疫情防控工作。利用委员微信群，组织动员经科委委员积极做好疫情防控和复工复产工作，得到委员的热烈响应，收到良好的效果。收集整理委员在疫情防控和复工复产工作中的先进事迹，以多种形式进行宣传，郑小丹、樊洪两位委员的先进事迹得到区领导的表扬。

（柴大方）

【人口资源环境和建设委员会（农业和农村委员会）】 年内，根据区政协机构改革的要求，城乡建设和管理委员会更名为人口资源环境和建设委员会，组建农业和农村委员会，由专委会三室承担农业和农村委员会履行职能的日常组织、协调、服务工作。

围绕“进一步深化丰台区农村集体产权制度改革”议题，召开协商恳谈会，分别从不断深化改革工作，更好地保障农民各项合法权益；完善产权制度建设，实现各类要素的优化配置；现代企业管理模式是集体产权制度改革的关键等多角度提出意见建议。

围绕“推进《北京市生活垃圾管理条例》有效实施”议题召开协商恳谈会，分别从提高分类投放的便捷性；提高物业企业做好分类工作的积极性；推广建设小型餐厨垃圾处理设施，优化处理流程、采取上门收运机制；在各类学校实行自助分餐制，进一步从源头上减少学校餐余垃圾总量等多角度提出意见建议。

组织委员到“留白增绿”项目开展环境民主监督。围绕湿地公园的规划与建设的主题，举办区政协讲坛（“生态、自然、人文——湿地的恢复与重现”）。

召开区政协农业和农村委员会第一

次全委会。审议并通过《政协北京市丰台区第十届委员会农业和农村委员会工作细则》。组织农业界别委员到长辛店镇围绕“农村回迁安置房小区建设与运转情况”开展界别活动。组织相关委员对“丰台区行政区划调整方案”进行座谈研讨。

配合市政协联动开展“五千委员齐参与，助力分类新时尚”专项民主监督活动。配合市政协农业农村委开展“准确把握京郊人口变化趋势，科学推进新型城镇化建设”议题的座谈和实地调研工作。配合市政协人资环建委开展“加大老旧小区改造力度，加强物业管理，不断改善提升市民生活环境”议题的调研工作。

做好区政协十届四次、五次全会安保及疫情防控工作。

（柴大方）

【社会法制、民族宗教与港澳台侨专委会】年内，围绕贯彻中央、市委、区委工作会议精神，发挥政协组织政治功能，新时代政协组织的新方位新使命，不忘合作初心凝聚时代共识，坚决打赢新冠疫情防控阻击战，决胜脱贫攻坚等7个主题，在普遍自学的基础上，利用网络微信平台进行研讨交流，进一步强化委员的责任意识、政治意识，落实“懂政协、会协商、善议政，守纪律、讲规矩、重品行”要求，引导党员委员、非党委员把握政治方向，不忘初心本色，自觉在思想上行动上同党中央保持高度一致。

围绕“加强社会心理疏导，促进社区和谐稳定”开展调研。邀请首都师范大学教授蔺桂瑞作心理专题报告暨“政协讲坛”活动，提高调研组成员对心理疏导的基本认识。以专委会为依托、委员为主体，研究协商调研方案，到丰台街道、大红门街道社区心理服务机构进行考察和实地观摩，认真梳理问题建议。在前期调研的基础上，以“加强社会心理疏导，促进社区和谐稳定”为主题，召开季度协商恳谈会。会后将委员提出的6项12条意见建议形成专题报告，报区委区政府。

按照市政协“加强宗教事务依法管理，进一步提高宗教工作水平”调研协商工作安排，结合丰台区实际，围绕“依法管理宗教事务能力建设和健全完善体制机制”制定调研方案，召开相关委办局、宗教人士座谈会各一次，向6个街道、2个乡进行了书面意见征询，形成调研报告并报送市政协。段德珍副主席受邀参加了市政协协商恳谈会，并代表丰台区政协作了发言。

参与市政协“深化‘吹哨报到’改革、完善‘接诉即办’工作机制，健全首都社会治理新格局”调研，通过对新村、南苑街道的部分社区解剖麻雀、情况分析，收集意见建议6条，为首都社会治理创新调研做好基础工作。

组织委员参与《北京市物业管理条例》立法协商。引导委员投身垃圾分类工作和监督调研，做好宣传员、监督员和示范员。以提案和社情民意的形式，资政建言，凝聚社会各界“对美好生活向往”的共识。

法治建设民主监督小组围绕“检察院实施公益诉讼情况”到区检察院进行专项监督调研，结合区检察院工作，在拓宽公益诉讼领域、提高公益诉讼效果、加强公益诉讼专业队伍建设以及宣传等方面提出意见建议。

按照政协党组指示精神，认真落实《市政协关于加强委员联系群众工作的意见》，牵头成立丰台区政协委员工作站，并于9月29日在丰台联合律师楼揭牌。委员工作站成员有9名委员组成，民进界别5名委员，社会法制委员会中相关公检法委员4名。协商产生委员工作站领导班子，制定了委员工作站工作规则，明确了委员工作站的工作目标、服务对象，讨论决定了2020年4季度工作计划。拓展了委员履职新渠道，探索尝试政协委员履职向基层延伸的新途径。11月份以“委员工作站”为载体，以宣传《民法典》为主要内容，在卢沟桥乡和太平桥街道所有社区（村）开展“法治基层行活动”。

对丰台区的4家宗教活动场所进行走访，实地查看了疫情防控期间，各宗教场所落实各项防控措施和加强宗教场所封闭管理的情况。不完全统计，专委会委员捐款13万元，捐物折计人民币10万元。委员参与一线疫情防控工作，撰写疫情防控、联防联控等社情民意信息23篇。

开展委员走访活动，在伊斯兰斋月期间，对丰台区的三座清真寺进行斋月慰问，看望正在把斋中伊斯兰宗教代表人士。在国庆中秋前夕走访丰台区的宗教活动场所，向宗教界委员

▲9月29日，区政协“委员工作站”揭牌仪式在丰台联合律师楼举行。

致以节日的问候。关注委员及委员企业的复产复工情况，主管主席带队走访委员共35人，考察16家委员单位，了解情况、交流思想、征求意见，帮助委员解决实际问题。

按照政协制度建设年要求，牵头完成《区政协主席会议工作规则》修订工作，修订完善了“政协全会宣传报导工作流程”和“专委会工作制度”。

（柴大方）

【提案委员会】 年内，共收到提案248件，其中大会提案233件、平时提案15件。经审查立案203件，其中党派、团体提案10件，界别提案4件，委员提案189件，均已办复。其中，已落实110件，部分解决或正在落实中的80件，转有关部门决策参考13件。区委、区政府高度重视提案工作，参加“以科技创新中心建设为引领，打造中关村丰台园创新驱动发展新高地”议政会；区政府常务会议向承办部门一把手集中交办；相关副区长领衔督办重点提案。区政协常委会听取区委办、区政府办年度提案办理情况通报，区政协党组会、主席会定期听取提案工作汇报，区政协领导领衔督办重点提案。区政协首次召开党派、团体提案办理工作会。组织经济界别委员和商界代表人士开展选题协商。在《丰台报》刊发高质量提案，在《提案工作通讯》选登各省市优秀提案。完善“会前预审、会中初审、会后专审”的提案审查程序，加大提案“撤、并、转”力度；组织委员成立5个提案办理专项工作小组，通过电话、微信、视频等方式，了解办理效果。围绕“校园饮水”“在建公园提前规划避难空间”等提案，组织委员走进区教委、区应急管理局面对面协商。追踪督办2019年计划逐步落实的B类提案58件。精心组织双向评议，提案质量和办理质量评价持续向好。修订《提案工作条例》《专门委员会参与提案工作的暂行办法》，为提案工作提供制度保障和基本遵循。编发《提案撰写十问十答》，回应委员提案撰写疑惑。首次开展“委员对话一把手，提案办理面对面”全媒体直播节目，紧扣“垃圾分类”“生态环境治理”等区委区政府中心工作，邀请区城管委、区生态环境局“一把手”和区政协委员走进直播间，推动提案办理从结果公开到过程公开，促进了社会层面共识的形成。

（柴大方）

【学习委员会】 年内，在区政协党组、常委会和主席会议的领导下，认真学习贯彻落实习近平总书记重要讲话精神和中共丰台区委《关于新时代加强和改进人民政协工作的实施意见》要求，切实履行专委会职责任务，推动常委会确定的年度工作要点得到有效落实。

突出学习重点。认真制定学习计划，明确学习内容、形式、手段，紧扣区政协党组中心组学习要求，注重统筹中共党员委员分组学习、组织全体委员学习、服务专委会学习相结合，推动学习全覆盖。重点学习总书记关于新时代加强和改进人民政协工作的重要思想、习近平总书记在领导推进新时代治国理政的实践中发表的系列重要论述、习近平总书记关于疫情防控和经济社会发展重要指示精神；学习党的十九大及十九届二、三、四、五中全会精神；学习贯彻区委十二届第十一次全会精神、区委第五次政协工作会议精神，特别是领会区委徐贱云书记讲话和刘宇主席辅导报告内涵和要求。委员们认真撰写学习体会，积极开展研讨交流。

丰富学习形式。为适应疫情防控常态化需要，采取线上与线下、集中与自学、研讨与交流相结合的学习形式，确保各项学习任务得到有效落实。在立足委员自学的基础上，做好日常学习内容的推送和重要精神的摘编，组织学习交流活动，做到常学常新、入脑入心。为新增补的33名委员编印专门的学习资料、邮寄政协工作书籍，积极开展线下自主学习。

注重学习效果。用好学习微信群和网络视频学习平台，组织委员通过网络视频方式参加市政协视频报告会，听取疫情防控工作、脱贫攻坚、民法典、载人航天应用、冬奥运会、垃圾分类等报告会。向全体委员发出《关于开展读书学习活动的倡议书》，引导委员在工作中“多读书读好书善读书”，争当学习表率，提高履职能力。

制定完善相关制度。按照区政协制度建设年要求，修订完善相关制度。针对届中委员调整，完善区政协领导、常委联系分工及各学习分组安排。牵头起草委员联系基层群众工作办法。修订委员履职考评办法。开展委员工作站的筹建。

加强专委会自身建设。坚持例会制度和学习制度。根据工作实际，组织委员认真开展学习研讨，积极参与相关专委会的参政议政、调查研究、协商议政等履职活动，广泛凝聚委员的智慧力量为区域发展建言献策。

围绕中心建言献策。委员们发挥专业优势，积极撰写社情民意信息5篇，参与“六稳”工作，落实“六保”工作，参与提交促进民生改善方面的意见建议，帮助群众反映和解决问题和困难，促进社会和谐稳定。

积极倡议体现责任担当。新冠肺炎疫情发生后，按照区政协党组要求，及时向全体委员发出《倡议书》，号召各位委员积极参与疫情筛查、救治病人、捐款捐物、稳产稳岗、保障供应、疏解情绪等工作，为助力打赢疫情防控阻击战做出应有的贡献。当丰台区启动战时机制的非常时期，再次向全体委员发出《致政协委员的一封信》，号召委员立刻行动起来，筑起丰台抗疫工作的强大合力。各界别委员积极响应，主动作为，立足岗位，以实际行动展现了责任担当。

收集事迹展现委员风采。疫情防控期间，始终坚守本职岗位，牵头各专委会做好疫情防控情况统计工作，整理汇总并向市政协报送。委员捐款捐物287人次，捐助资金约1000万元，捐赠了大量抗疫物品，用真情义举驰援抗疫一线。编辑刊发《委员风采》15期。

（柴大方）

▲8月28日，区政协召开“以科技创新中心建设为引领，打造中关村丰台园创新驱动发展新高地”协商议政工作部署会。

重要活动

【走访慰问】1月19日，区政协主席刘宇带队走访慰问军事科学院系统工程研究院、解放军文化艺术中心及92981部队，并代表区委向驻区部队全体官兵及军人家属致以节日的问候。区政协副主席冯晓光、秘书长赵冬辰陪同慰问。5月13日，区政协副主席连宇带领相关专委会工作室负责人走访作为区餐饮住宿服务行业代表企业负责人的政协委员，并对区内餐饮住宿服务业进行调研。

（柴大方）

【专题协商】4月23日，区政协召开“铁路系统老旧小区改造”专题座谈会，区政协部分常委、委员，区发展改革委、财政局、房管局相关负责同志参加会议。会议由区政协副主席连宇主持。5月12日下午，区政协社会法制和民族宗教港澳台侨委员会召开“依法管理宗教事务能力建设和健全完善体制机制”调研协商座谈会。区政协党组成员、副主席段德珍出席会议。会议由专委会主任王卫军主持。区政协委员代表和专委会调研组成员参加会议。8月28日，区政协召开“以科技创新中心建设为引领，打造中关村丰台园创新驱动发展新高地”协商议政工作部署会。区各民主党派、工商联、知联会、新联会、区委统战部、中关村丰台园管委、区政协相关委室负责人参加会议。区政协副主席冯晓光、区政协机关党组书记肖文燕、区委统战部副部长王晓轶等领导出席会议。会议由区政协专委会工作二室主任刘少华主持。

（柴大方）

【政协讲坛】6月9日，举办“政协讲坛”集中学习活动，邀请全国政协委员、北京市社区卫生首席专家、中央指导组社区防控专家组组长吴浩作《武汉疫情防控的得失与启示》专题报告。8月18日，区政协举办“政协讲坛——‘加强社会心理疏导，促进社区和谐稳定’专题报告”活动。围绕如何做好人的心理解压和心理疏导，促进社区和谐稳定，进行辅导和交流。邀请首都师范大学教授蔺桂瑞作“加强社会心理疏导，促进社区和谐稳定”专题辅导。9月25日，举办题为“新消费时代，传统产业如何通过文化赋能实现创新发展”的“政协讲坛”学习报告会。区政协委员和机关干部共计40人参加。

（柴大方）

2021

北京丰台年鉴

新冠肺炎疫情防控

综 述

2020年，丰台区全力抓好落实新冠肺炎疫情防控各项措施。在新冠疫情暴发后，迅速成立丰台区疫情防控工作领导小组，指挥调度全区疫情防控工作。压实“四方责任”，抽调选派5100余名干部和408名医护人员下沉社区（村），动员3.5万名在职党员参与社区（村）防控，对近72万名居家观察人员落实“足不出户”要求。做好“三无小区”（无物业管理、无主管部门、无人防物防）、人口倒挂村、学校、养老机构、商超等重点场所防控。做好医疗救治，区级定点医院收治患者全部治愈。落实院感防控措施，辖区1.9万名医护人员实现零感染。坚持关口前移，做好首都机场、火车站入境进京人员闭环转运管控工作，完成1万余名离鄂返京人员转接安置。

新发地批发市场聚集性疫情发生后，16个小时锁定新发地感染源，对新发地市场及周边12个小区采取封控措施，对市场内人员全部闭环转运至集中观察点进行医学观察。开展“敲门行动”落地查人，对进出市场人员实施隔离医学观察。全面完成新发地市场清运消毒工作。在全市率先开展全员核酸检测，累计完成225万人次。加强全区市场防疫，成立专项指挥部，对全区市场开展消毒消杀、环境检测及从业人员核酸检测。加强冷库规范管理，累计关停违规冷库88家、拆除违章建筑冷库277家。用时26天成功实现“控住疫情”的工作目标。

出台应对疫情支持企业发展的“丰台十条”、支持中小微企业应对疫情影响的“丰台新十条”，推动减免租金、金融纾困、减税降费、延迟缴税、研发补贴等政策落实，为中小微企业减租1.7亿元，为企业减免社保费55.9亿元，减免税费30.6亿元，帮助企业获得各类融资近60亿元，推动企业复工达产。

抓好“外防输入、内防反弹”工作，坚持常态化精准防控和局部应急处置有机结合，防松劲、补漏洞、强管理。持续做好入境进京人员和国内中高风险地区来京人员的落地管控工作，按照“批零分开、干湿分开、生熟分开”的要求，完成新发地市场复市升级改造工作，严格做好进口冷链食品的全流程全链条管理，开展医院、学校、车站、集中医学观察点等重点场所的风险排查。从严规范小型医疗机构诊疗行为，取缔关停黑小诊所57家。加强全区71家商品交易市场日常防疫监管。全年丰台区共报告新型冠状病毒肺炎确诊病例274例，其中死亡0例，危重型0例，重型4例，普通型214例，轻型56例；报告新型冠状病毒肺炎无症状感染者23例，累计完成流行病学调查658次。7月6日至年底，全区保持“零病例”。

（左曙航）

工作机制

【区级领导督导新型冠状病毒肺炎疫情防控工作机制】 1月，为确保新型冠状病毒肺炎疫情防控工作的统筹调度和防控措施压实落地，丰台区建立区级领导督导新型冠状病毒肺炎疫情防控工作机制，成立以区委书记徐贱云任总督导、区四套班子成员任督导员的疫情防控督导组。建立“21×3”区级领导包片督导机制，由21位区级领导分别督导联系1个街道乡镇，各配备1名由相关部门处级干部担任的督导助理和1名由社区卫生服务中心主任担任的防控专家，实时掌握包片街道、乡镇疫情防控工作动态，帮助协调解决重点难点问题。区级领导坚持一线调度指挥，到包片负责的街乡镇开展督导检查；21名督导助理发挥参谋助手作用，了解疫情防控工作实情，协调解决突出问题；21名防控专家发挥专业优势，深入社区（村）指导科学防治、精准施策。

（左曙航）

【街乡镇领导包社区“三级联控”】 1月，落实街道乡镇主体责任，建立街乡领导班子包社区（村）“三级联控”工作体系。即街乡镇领导班子、责任科室、社区（村）干部“三级联动”，全部下到疫情防控一线，实行网格化、地毯式管理。街道乡镇领导班子每日必下社区（村），做到底数清、情况明，加强统筹协调，动员社会各方力量，督导落实市委区委部署；职责科室入社区（村），即时指导解决具体问题；社区（村）干部划片包楼、联系到户。坚持每日情况必清、每日问题必解、每日任务必细，层层压紧压实责任，形成工作闭环，阻断传染源，确保各项防控措施落地落实。

（左曙航）

【干部下沉社区（村）】 1月，组建区级工作组，建立“392×3”干部下沉社区（村）工作机制，即为全区337个社区、55个村按照每个社区（村）增派3名干部的标准加强社区力量，3名干部包括区级机关干部1名、街道乡镇干部1名、社区卫生服务中心干部1名。丰台区1176名干部下沉到位。

（左曙航）

【蔡奇检查疫情防控工作和市场供应】 1月28日，市委书记蔡奇到新发地农产品批发市场，检查新型冠状病毒感染肺炎疫情防控工作和市场供应。检查中，蔡奇详细了解菜价、供应量是否充足、渠道是否通畅等情况，指出新发地是全市乃至全国菜价的风向标，要持续做好保供稳价工作，加大进货力度，保障商场超市、便民菜店充足供应；多向小区开通新发地直通车，将新鲜、价廉的蔬菜直接送到居民家门口。并强调，疫情防控工作进入关键阶段，要牢记人民利益高于一切，全力做好市场保供稳价工作，确保市民群众健康安心便利生活。市领导崔述强，区委书记徐贱云一同检查。

（左曙航）

【区疾控中心向居民发出倡议】 1月29

日，丰台区疾病预防控制中心向丰台区居民发出《共同防控新型冠状病毒感染的肺炎疫情倡议书》，向丰台区居民发出提高疫情防护意识、积极参与科学防治、保持冷静平和心态、切实加强自我防范、配合开展针对性防护的倡议。

（左曙毓）

【区人大向全区人大代表发出倡议】 2月4日，中共丰台区人大常委会党组发出《致全区各级人大代表的一封信》，向全区各级人大代表发出切实提高政治站位、自觉扛起防控责任、积极宣传防疫知识的倡议，号召全区各级人大代表行动起来，在疫情防控工作中发挥人大代表的责任与担当，保障人民群众身体健康和生命安全，为全力打赢疫情防控阻击战贡献人大力量。

（左曙毓）

【宣传部向全区文明单位发出倡议】 2月6日，区委宣传部发出《发挥文明单位作用 坚决打赢疫情防控阻击战》倡议书，向全区各级文明单位提出做立足岗位的带头担当者、做顾全大局的带头引领者、做排查治理的带头助力者、做志愿参与的带头服务者、做正面能量的带头传播者、做防控知识的带头普及者、做健康生活的带头践行者、做奖惩分明的带头执行者的倡议，号召全区251家文明单位和426个文明实践中心（所、站、基地）组织文明力量，在抗击疫情中发挥“八个带头”作用，统筹协调和调动辖区各类资源力量，动员各级志愿者参与疫情防控工作。

（左曙毓）

【新冠肺炎疫情防控工作领导小组会】 2月20日，领导小组工作会以电视电话会议形式召开。会议传达市领导小组会精神，汇报丰台区疫情防控工作整体情况。会议强调，进一步抓好复工复产工作。把做好防疫工作作为复工复产的基础和保障。加强对全区商务楼宇的摸底排查，组织区属职能部门、各属地街乡镇的干部进行“包楼”。在此基础上，保障好辖区企业，特别是中关村丰台园区、丽泽商务区企业的复工复产。加强对园区企业，特别是中小微企业复工复产的精细化指导，从落实政策、做好服务、加强协调等方面，有针对性地帮助企业解决困难，促进企业有序复工复产。持续做好院感防控和医护人员关心关爱工作。进一步强化主体责任，对院内可能存在的风险隐患和薄弱环节，进行再梳理、再排查，夯实、筑牢医院疫情防控防线。落实患者分类管理措施，做好普通门诊、发热门诊、急诊患者等各区域的隔离工作。更加关心关爱一线医护人员。做好医疗物资供应，保障好一线医务人员防护服、医用口罩等必备防护用品的需求。做好社会福利机构疫情防控工作。组织相关职能部门和各街乡镇，按照市级部门的指引导引，抓好各项防控措施和健康管理，防止在社会福利机构内发生感染。严格执行福利机构全封闭管理措施，做好入住人员的健康监测。督促机构落实主体责任，做好机构内部疫情防控工作相关规范。了解和解决社会福利机构在防控工作中的困难和问题，优先保障社会福利机构的防疫物资。加强检查督导，确保督导到位、关心到位、防控到位。

2月29日以电视电话会议形式召开。会议传达北京新冠肺炎疫情防控工作领导小组会议精神，汇报丰台区疫情防控工作整体情况。会议强调四方面工作。落实北京防控工作领导小组办公室向社会发布的《关于进一步严格疫情防控有关要求的通告》要求，抓好疫情防控各项工作；汲取在京某事业单位发生聚集性疫情的教训，督促全区各单位履行主体责任、做好疫情防控工作。落实“四方责任”，关键还是要督促单位主体责任的落实，包括驻区的中央机关、央企、部队和市属机关企事业单位、区属机关企事业单位、社会单位，都要按照全市的统一部署，履行主体责任，落实滞留在湖北的人员暂不返京、其他地区返京人员居家或集中观察14天等措施。重点是督促各单位管好自己的人，把戴口罩、量体温作为规定动作，建立因病缺勤报告制度。加强单位物业、保洁、后勤保障人员的筛查管理；做好会议室、食堂、集体宿舍、卫生间、电梯间、地下室等消毒通风；消除风险隐患，做到不留死角、没有盲区。区各专项工作组结合本领域工作实际及特点，进一步细化完善工作措施、标准和要求，做好业务指导、督促检查等各项工作。各街乡镇落实属地责任，督促检查本辖区各单位落实《通知》要求。各行业主管部门加大监管力度、执法力度，做好本行业、本系统防控工作。全区党政机关、企事业单位统筹做好本单位及下属单位内部疫情防控，创建“零感染”单位。区监督组加强监督检查，发现落实过程中存在的问题及不足，督促整改；进一步加强高风险人员管理，夯实社区（村）防控网络。严把入口关，梳理、排查社区防控中存在的隐患漏洞和薄弱环节，进一步强化高风险人员管理，织严、织密社区（村）防控网络，杜绝失管失控现象发生；加强高风险人员的集中管理，进一步严格小区（村）封闭式管理，严格海外入境进京人员的管理工作，加强复工复产场所的防控，特别是“七小场所”（小餐馆、小网吧、小旅馆、小浴室、小歌舞厅、小理发店、小便民店）的防控。丰台区“七小场所”的防控工作由区复工复产防控组牵头落实，区市场监管局负责检查，相关行业主管部门履行行业管理责任，共同督促各经营主体按照市疾控中心发布的“七小场所”经营防控指引，做好场所通风消毒、工作人员管理、特殊场所预防控制等措施。

3月12日以电视电话会议形式召开。会议传达习近平在湖北省考察新冠肺炎疫情防控工作时的重要讲话精神；传达北京市新冠肺炎疫情防控工作领导小组会议精神；汇报丰台区疫情防控工作整体情况。会议强调，强化入境进京人员管控工作。主要是负责做好目的地是丰台区的入境进京人员的转送和社区管控工作。有固定居所的，送至居住小区严格执行14天的居家观察；无固定居所的，送至集中隔离点进行14

天医学观察；对私家车接机且确定为居家观察的，在登记接机人员和旅客详细信息并签订承诺书后，核实无误的允许返回居住小区。对于居家隔离人员，属地街乡镇和社区在小区门口做好对接，出示居家观察告知书，签订居家观察承诺书，落实14天居家观察有关要求。对于集中隔离人员，做好餐饮、外文防疫指南等各项日常服务保障。做好复工复产后的防控工作。做好重点工程项目的服务保障工作，做好对施工工地的检查，督促复工单位落实防控主体责任，抓好施工现场和生活区的管控工作，消除风险隐患。针对复工复产申报手续复杂的问题，尽可能简化步骤、手续，为工程建设提供便利。继续抓好商务楼宇的防控工作，督促企业加强对自身员工的管理。持续抓好复工复产后的安全生产监管工作，进一步加强重点行业、重点领域，特别是集中隔离点的执法检查，消除各类安全隐患。注意加强对社会面火灾隐患的排查整改工作。对于封闭的小区、平房区，合理设置出入口，满足消防应急要求。各集中隔离点加强自身安全隐患的排查工作，制定应急疏散的方案和预案，确保遇有突发情况能够及时响应、妥善处置。做好人员聚集风险的排查化解工作。区卫健委牵头做好区内各类医疗机构的排查工作，督促各医疗机构加强患者及家属的分类管理和引导。区城管执法局、商务局、各街乡镇加大对辖区商场、超市、菜店的监督检查力度。区人保局组织街乡镇对辖区各劳务市场做好排查，避免出现务工人员聚集的情况，对非法劳务市场依法取缔。各街乡镇要对各类公共场所严格管理。公园、景区在人员可能聚集的部位增派力量、加强值守，对出现人员聚集的情况要及时劝阻。

3月22日以电视电话会议形式召开。会议传达北京市新冠肺炎疫情防控工作领导小组会议精神；汇报丰台区疫情防控工作整体情况。会议强调，进一步做好境外输入性风险的防范工作。入境进京人员进京后，必须严格落实集中隔离政策。各街乡镇、各社区（村）把好小区入口关，及时排查、发现北京以外口岸入境进京人员，不能让其进入小区。对于居家隔离人员，继续按照“足不出户”的标准要求，加强人防、技防各项措施，确保人员管控到位。恢复正常医疗秩序和服务。从3月21日零时起，各区级定点医疗机构暂停新冠肺炎病例收治工作，新发疑似和确诊病例全部由市级定点医院收治。区医疗保障组指导丰台中西医结合医院做好终末消杀、医疗设备转换、空间改造、合理配置医护人员等工作，尽快修复原有医疗体系，恢复正常医疗秩序。恢复正常医疗秩序后，继续采取严格措施，做好医院内部管理和医护人员防护工作，落实戴口罩、测体温、一米线、通风消毒等各项防控措施，守住门急诊、住院部等各道防线，防止发生院内交叉感染。

3月28日以电视电话会议形式召开。会议传达中共中央政治局会议精神；传达北京市新冠肺炎疫情防控工作领导小组会议精神；汇报丰台区疫情防控工作整体情况。会议强调，持续做好境外疫情输入风险的防范工作。区联防联控工作组各成员单位要严格落实责任，在入境进京人员接转、分流、运送、隔离等各个工作环节上，做到无缝对接、形成闭环、不出纰漏。对全区各集中隔离点进行梳理，进一步优化集中隔离点设置工作。高度重视无症状感染者的防治工作。区医疗保障组组织全区各级各类医疗机构、疾控机构，持续加强无症状感染者的监测、发现、报告、隔离等各项工作。做好湖北返京人员管控和服务保障工作。随着湖北返京人员数量逐步增加，丰台区北京西站工作专班进一步加大统筹协调力度，做好与西站前方指挥部和各街乡镇两个方面的沟通对接，通报和共享涉疫工作信息，做好湖北返京人员接转、分流、社区管控等各项工作。统筹推动疫情防控和经济社会发展工作，推进复工复产工作，加强公共场所管理，加强群众个人防护宣传，做好社会安全稳定工作。

4月8日以电视电话会议形式召开。会议传达北京市新冠肺炎疫情防控工作领导小组会议精神；汇报丰台区疫情防控工作整体情况。会议强调，做好集中医学观察点的日常管理工作，严格落实入境人员100%核酸检测措施，加强隔离人员健康状况实时监测，按照要求抓好隔离点消毒消杀、封闭管理、服务保障等各项工作。做好外籍人员的服务和管理工作。按照市里的统一要求，解除隔离的外籍人员也要纳入社区健康监测管理体系；社区防控组组织各街道乡镇、社区（村），做好社区外籍人员的服务管理工作，帮助、指导外籍人员正确使用“健康宝”。做好湖北、武汉返京人员接收安置工作。西站工作专班继续发挥好统筹协调作用，与西站前方指挥部和各街乡镇做好沟通对接，确保湖北人员返京各项工作安全有序；根据市级要求，对武汉返京人员，实行离汉前和进京后的双重核酸检测。做好社区（村）防控工作。做好疫情防控和复工复产各项工作。继续推进复工复产；做好各类复工复产场所的防控工作；做好生活必需品的供应和价格监测；做好商场超市等人员密集场所的防控工作。

4月24日以电视电话会议形式召开。会议传达北京市新冠肺炎疫情防控工作领导小组会议精神；汇报丰台区疫情防控工作整体情况。会议强调，进一步扩大检测范围，加强检测能力建设，全力确保“应检尽检”，推行“愿检尽检”，帮助、有序引导有检测意愿的单位和个人前往指定机构进行检测。做好“五一”期间疫情防控、城市运行等各项工作。各公园景区和辖区各商场超市严格落实各项限流疏导措施；做好公共服务设施的维护检修，保证水电气热平稳运行，加强生活必需品监测和储备，保证节日商品市场供应充足、价格稳定。进一步加大社区防控工作力度。继续执行小区封闭管理措施，落实24小时值守等各项措施；严格做好居家隔离人员日常管控措施；做好军队大院等大院单位的管理工作，执行各项防疫措施。

继续做好院感防控工作。加强源头排查管控，落实住院病人、发热门诊病人核酸检测措施；加强医护人员的教育培训，做好陪护人员管理工作，要求陪护人员必须持有核酸检测证明，严格实行一人一陪护，杜绝扎堆聊天；加大对公共服务设施、共用医疗设备及开水间、电梯间等密闭空间的消毒消杀力度，消除交叉感染风险。持续推进复工复产。继续执行好减免租金、金融支持等各项帮扶措施，了解、解决企业在生产经营过程中遇到的问题和困难，帮助企业应对疫情影响、渡过难关。加强社会福利机构的日常管理工作。继续实施养老院等社会福利机构的封闭管理措施，落实好禁止外出、谢绝探视、送药上门等管控措施。

5月12日以电视电话会议形式召开。会上传达北京市新冠肺炎疫情防控工作领导小组会议精神；通报全区疫情防控整体情况；相关工作组结合市领导小组会会议精神，汇报各自工作情况。会议指出，扎实有序推进学校复学复课，以最高的标准、最严的措施，抓好各项校园防控工作。严格中高风险地区返京人员的管理工作。加强对吉林市舒兰市、武汉市东西湖区、吉林市丰满区来京人员的管控工作，严防漏管失控；继续严格执行离汉返京人员各项管控措施，实现人员接转、核酸双检测、隔离观察等各项工作全流程闭环式管理。继续严格落实各项常态化防控措施。坚持不懈做好社区防控；持续抓好复工复产；保持院感防控不放松。做好两会服务保障工作。各单位各部门在抓好各项常态化疫情防控措施的同时，围绕安保维稳、城市运行、环境秩序等各项服务保障措施，提早研究制定工作方案，合理安排人员力量，统筹抓好疫情防控和“两会”服务保障各项工作，营造安全、有序的社会环境。

6月23日以电视电话会议形式召开。会上传达北京市新冠肺炎疫情防控工作领导小组会议精神；通报丰台区疫情防控工作整体情况。会议强调，加快推进全区核酸检测工作，按照突出重点、分批实施的原则，有序推进核酸检测工作；做好社区核酸检测的组织工作；统筹用好核酸检测能力；持续强化各类商品交易市场的管控工作。做好新发地市场消毒消杀、垃圾清运，农贸市场、菜市场、超市、餐饮单位、机关食堂防疫，保供稳价等工作。继续做好社区防控各项工作。按照二级响应的工作要求，严格落实各项封闭管理措施；用好12345市民热线平台，进一步做好群众的宣传教育和引导工作。进一步强化集中隔离点管控措施。进一步加强隔离点工作人员的健康监测；按照观察点设置标准和技术指引，借鉴医疗机构防院感的做法，做好通风消毒、垃圾处置等各项工作；继续落实观察点封闭管理措施，把牢隔离点的进出关口。督促复工复产单位做好防疫工作，尤其要重点抓好施工工地的防疫工作。进一步做好院感防控工作。会议强调，防疫防控是当前的主要工作，全区领导干部要高度重视，思想上不能有任何放松懈怠，工作上要互相补位，共同打赢疫情防控阻击战。要将核酸检测、社区和市场防控等各项重点工作做实做细，强化管控，加强流调隔离检测，严防疫情扩散蔓延。

（左曙航）

【在职党员“顶岗一日”活动】2月21日，丰台区向全区在职党员发出倡议，在全区在职党员中开展“顶岗一日”行动。“顶岗”活动中，除直接参与疫情防控工作的单位外，其他区属各级党政机关、国有企事业单位党组织发动在职党员利用周末时间主动向居住地社区报到，参与“顶岗一日”行动。把在职党员作为社区防控的第二梯队，编入工作小组，科学设置“4+3”类岗位，即排查登记、生活服务、环境卫生、协助监管4类通用岗位和综合、技术及宣传3类灵活增设专项岗位，优化力量编组，补齐社区力量短板。有计划地安排社区工作者周末轮休，原则上在整个疫情防控期间，每个社区利用周末两天时间，每天各安排一半左右社区工作者休息；每个社区工作者在一周内至少完整休息一天。

（左曙航）

【统筹推进新冠肺炎疫情防控和经济社会发展工作部署会议】2月25日，丰台区召开统筹推进新冠肺炎疫情防控和经济社会发展工作部署电视电话会议，学习贯彻习近平在统筹推进新冠肺炎疫情防控和经济社会发展工作部署会议上的重要讲话精神，学习贯彻北京市部署工作会会议精神，对下一步工作进行再动员、再部署。区委区政府领导班子成员，区属各部门、各单位主要领导，街道乡镇党政主要领导在主会场和分会场参加会议。会议指出，全力做好疫情防控各项工作，加大外防输入力度；严格内防扩散措施，确保不留死角和盲区；做好医疗救治，全力提高收治率和治愈率，降低感染率和病亡率；加强医用物资和生活必需品的保障；做好宣传教育和舆论引导；维护社会稳定。会议强调，统筹推进疫情防控和经济社会发展工作，加大复工复产企业帮扶力度；推动重大项目有序开工；稳定和促进居民消费；做好稳就业保民生工作；坚决完成扶贫支援任务。

（左曙航）

【中小学延期开学】2月，为落实市教委关于2020年春季学期中小学延期开学工作相关精神和要求，依据《关于落实中小学春季延期开学教育教学管理的实施方案》内容，丰台区教委制定《丰台区中小学生居家学习与生活安排建议》，研究部署做好延期开学期间中小学生居家学习与生活指导工作。要求学校以疫情防控为主，坚持健康第一，制定有针对性落实措施，指导中小学生在延期开学期间科学、有效居家学习，合理安排居家生活，锻炼基本生活技能，增强自主学习、自我规划意识和能力，促进学生健康成长和全面发展。区教委要求准确理解延期开学是假期的延续，指2月17日开始至正式开学为止的时间段，正式开学时间根据疫情形势发展再做确定。延期开学期间不以任何形式组织上新课，不开展线下教学活动和集体活动。学校区分学段制定学生居家指导措施，采用现代化信息手段，为学生提供全面、系统、适切的学习资源。学生每日安排要注重德智体美劳全面发展，做到休息、防疫、学习三结合。引导学生充足睡眠，加强体育锻炼，养成良好卫生习惯，全面保障学生的身心健康。不增加学生和家长的负担，学习资源供学生有选择性地使用，不要求学生每天上网打卡、不布置大量限时作业，不给家长布置过多任务等等。做好毕业年级学生指导工作，引导学生选择性点播北京数字学校网站、歌华有线电视平台学习资源。以市区教研部门提供的复习专题讲座为基础，学校教师做好统筹协调、在线辅导答疑、督促落实等工作。

（左曙航）

【陈吉宁检查疫情防控措施落实和复工复产工作】 3月3日，市委副书记、市长陈吉宁以“四不两直”方式到丰台区检查市级重点工程、轨道交通、办公楼宇等单位疫情防控措施落实和复工复产工作。陈吉宁指出，市级重点工程工地要做好封闭管理，严格落实各项防控措施，协调解决用工等方面问题，全力保障建设进度。大型商务楼宇要推行“双楼长”制，落实“一米线”等防控要求。相关部门要加强监督检查，指导帮助企业落实到位。要按照中央部署和市委要求，压实疫情防控“四方责任”，各类企业要严格落实员工健康管理措施，全面掌握员工及其共同生活家庭成员离京、返京、隔离等情况。按照防疫要求，加强后勤服务等重点人员及员工用餐、住宿管理。属地政府要针对驻区企业面临的实际问题，加强统筹调度，做好指导服务，为安全有序复工复产创造良好条件。

（左曙航）

【调研检查社区防控和入境进京人员健康管理工作】 3月11日，区委书记徐贱云到太平桥街道万泉寺东社区万泉寺北路10号院、大红门街道时村社区慧时欣园小区、新村街道怡海花园社区，实地调研检查涉及入境进京人员居住小区的疫情防控工作，并强调要按照中央、市委市政府的相关工作要求，把严防境外疫情输入作为当前防疫工作的重点，落实好入境进京人员防疫管控各项政策；做好入境进京人员的接收、运送、入住等工作，加强协调联动，确保无缝对接、闭环管理；做好隔离人员的健康管理和生活服务，在尊重外籍人士文化传统和风俗习惯的基础上，做好宣传告知和沟通服务，引导其主动配合参与隔离观察和健康监测管理。

（左曙航）

【多语种语言翻译志愿服务队成立】 3月，为协助一线防疫工作者做好外籍人士返京疫情防控工作，丰台团区委联合清华大学、北京大学、北京语言大学、首都经济贸易大学4所高校，定向招募英语、意大利语、波斯语、西班牙语等7个语种专业大学生志愿者32人，正式成立语言翻译志愿服务队，通过电话、微信等线上服务方式，“点对点”协助社区、机关及企事业单位一线防疫工作人员，做好外籍人士有关疫情防控提示、信息登记、体温监测等工作，解决“语言不通、交涉困难”问题。

（左曙航）

【检查境外人员闭环转送工作】 3月25日，区委书记徐贱云到北京南站了解境外人员到站接转、健康状况监测、专用通道设置等情况；到集中点和等候区，察看物资保障和防控措施落实情况，了解境外人员闭环转送工作流程；到北京南站场站指挥部，检查北京南站联防联控工作情况，看望慰问一线工作人员。他强调指出，要加强与北京西站联防联控指挥部和市相关部门的沟通对接，精准掌握入境进京人员数据信息，落实入境进京各项管控措施；协调北京南站、市公联公司开辟畅通专用通道，确保到站人员接转、分流、集中观察等工作无缝衔接、闭环管理；提升集中观察点和等候区的服务保障水平，加强物资保障，注重服务细节，让旅客感到温暖；合理安排一线值守人员倒休调整，保持良好工作状态。

（左曙航）

【蔡奇检查社区疫情防控工作】 4月11日，市委书记蔡奇以“四不两直”方式到丰台区新村街道怡海花园社区检查疫情防控工作，向坚守防疫一线的社区工作者、基层民警、下沉干部和志愿者表示感谢和慰问。他强调，没有病例不等于没有疫情，防控工作决不能松劲，不能有丝毫松懈，要完善社区防控常态化机制，加强基层公共卫生应急能力建设，补齐短板、堵塞漏洞，严防疫情反弹，有序恢复正常生产生活秩序。将社区防控好做法固化下来，进一步提升基层治理效能。社区是基层治理的“神经末梢”，深化党建引领“吹哨报到”改革，完善“接诉即办”机制，发挥基层党组织战斗堡垒和党员先锋模范作用，加强居民自治，共同建设管理好美丽家园。市委常委、组织部部长魏小东，区委书记徐贱云参加检查。

（左曙航）

【旅游景区有序恢复开放】 3月31日，北京市文旅局正式印发《等级景区有序恢复开放实施方案》，区文旅局随即建立工作机制、部署落实工作职责，规范工作程序，强化对景区公共设施管理、游客安全游览、游客流量控制、游客聚集引导等工作的指导，稳步有序做好景区恢复开放各项工作。4月14日，“闭园”两月有余的世界花卉大观园、世界公园、紫谷伊甸园景区恢复开放，同时规定游客需提前进行网络预约购票，入园时须出示健康码、佩戴口罩、进行实名登记并接受体温检测。游览过程中保持1.5米以上距离。为保证游客安全、有序游览，各景区均对游客量进行限量控制，日接待量不超过日最大承载量和瞬时最大承载量的30%。

（左曙航）

【区领导检查高考准备和考点防疫工作】 7月5日，区领导到中国教科院丰台实验学校，实地察看考生入场组织、考场设置和考务室、监控室、保密室等区域保障工作情况，检查高考准备和考点疫情防控工作。区委书记徐贱云强调，要坚持考生为本，落实考点疫情防控各项措施，规范体温检测、间隔距离、健康监测等工作流程，提前研判可能出现的情况和问题，做好各环节的保密管理，做好高考组织保障工作。代区长初军威指出，要做好疫情防控下的高考准备工作，按照统一防疫标准和要求，进一步加强工作研判，完善应急预案，抓好各环节工作任务落实，确保高考健康顺利。

（左曙航）

【中考考点防疫工作】7月15日，区领导到北京十二中科丰校区和首师大附属丽泽中学，实地察看考点环境、考场布置和考试组织等准备工作，检查体温检测、防疫物资、备用考场等防疫措施落实情况。区委书记徐贱云强调，要做好中考疫情防控和服务保障工作，总结高考组织经验，提前摸排研判考生情况、需求及可能出现的问题，落实疫情防控各项措施，做好极端大气应对和人文服务等各项工作，确保中考安全顺利。代区长初军威指出，要将中考服务保障做实做细，在抓好疫情防控前提下，做好防暑降温和交通保障，加强宣传提示引导，为考生提供良好服务、营造良好环境。

（左曙航）

【调研基层公共卫生工作】8月7日，区领导先后到洋桥门诊部、贺氏三通中医专科门诊部、善佳口腔门诊部，了解各卫生服务站点医疗资源特色、诊疗科室设置、就医服务流程等情况，实地督导检查预检分诊、体温检测、信息登记、消毒消杀等防疫措施落实情况。区委书记徐贱云强调，要健全完善丰台区公共卫生应急管理体系，加强基层卫生服务设施和人才队伍建设，提升规范运营和管理服务水平。严格落实测温登记、环境消毒等常态化疫情防控措施，发挥好发热筛查“前哨”作用，同时注重做好医护人员个人防护，为患者营造安全有序的就医环境、提供及时有效的健康指导。进一步梳理摸排全区公共卫生服务设施的运营情况，找准薄弱环节，紧盯突出问题，制定有效整改措施，实施分级分类、精准有力的监督管理。推动小型医疗机构规范化、标准化建设，畅通举报投诉渠道，严厉打击非法行医，坚决取缔黑小诊所，消除安全隐患。代区长初军威指出，要持续推进公共卫生应急管理体系建设，完善基层医疗卫生服务设施，落实常态化疫情防控各项措施，提高基层发现、预警和防控能力。全面排查医疗卫生服务设施风险隐患，加大巡查和执法力度，对新发现和摸排出的黑小诊所，坚决予以清理取缔，净化辖区医疗市场，营造良好就医环境。

（左曙航）

【涉疫情网络舆情管理】年内，丰台区“四项机制”加强涉疫情网络舆情管理工作。完善网络舆情采集机制，确保监测预警全覆盖。制定专项应急预案，指导相关单位加强涉疫情舆情的收集研判，增强网络舆情采集、分析、预警等工作的针对性；采用“智能＋人工”的方式，以社区封闭管理、返京人员管理服务等为重点，预警、处置各类问题；持续跟踪涉疫情热门话题，整理编发各类舆情报告。健全网络诉求处置机制，提高“接诉即办”效率。至4月9日，成立由38家区属单位组成的专项工作群，健全网络“接诉即办、快速办理”机制，协调处理群众网络诉求370余个，整改落实30余件网民高关注度问题，通过官微等反馈回应群众关切。优化网上宣传机制，传播正能量。严格信息发布内容审批，加强各类传播阵地管理，压实意识形态主体责任；借力市级政务新媒体资源，发挥区级“两微一端”官方账号作用，整合区属各单位政务新媒体力量，形成三级协同宣传推广模式，加强对政策制度解读，即时推送防疫科普知识、便民利民生活资讯、复工复产信息。“北京丰台”官微推送相关新闻1400条，总阅读量3800万＋。强化舆论引导机制，增共识。组织网评员对媒体发布涉丰正面报道开展转载、跟帖和评论，形成正面舆论引导的集群效应；与“北京头条”等媒体合作，撰写网评主帖文章，科学引导网络舆论；建立与市委网信办及区应急、卫健、公安等部门联动应急机制，及时处置谣言类、煽动性信息，凝聚共识。

（左曙航）

防控措施

【“零见面”审批】2月10日，区政务服务管理局在全市首推政务专员帮办方式实现1000个事项“零见面”服务，在丰台区政务服务中心（菜户营大厅）推行“零见面审批”工作，通过EMS双向免费寄递服务实现申请人与审批部门“零见面”办事的工作效果。申请人可通过拨打63429421、63395571、63469955(4305)申报办事诉求，项目专员在20分钟内对接申请人，对申办资料进行辅导帮办和材料预审，将预审合格后的材料流转至审批部门进行受理确认，对确认受理的材料协调EMS上门揽收流转至审批部门业务审批，对审批后的成果文书进行EMS寄递送达。申请人还可以通过首都之窗“丰台区政务服务网”进行网办申请，区政务中心通过业务系统对申报材料进行帮办指导和材料预审，对预审合格后的材料，系统流转至后台审批部门进行受理确认，对确认受理的材料协调EMS上门揽收并流转至审批部门业务审批，对审批后的成果文书进行EMS寄递送达。制定全区政务服务体系防控方案，指导各中心动态压缩受理窗口，推行网办、EMS寄递服务、电话帮办代办等措施实现“零见面”办事服务，在全区35个政务服务中心点推行“零见面”。至2月14日，区级政务服务中心、7类（不动产、出入境及户籍、医保、社保及公服、婚登、税务、交通）13个区级专业分中心、21个街道（乡镇）政务服务中心，35个点位受理业务15771件，其中“零见面”业务5827件。

（左曙航）

【丰台首批3名新冠肺炎患者治愈出院】 2月18日，经过北京市丰台中西医结合医院治疗，3名新冠肺炎确诊患者符合出院标准，成为丰台区区级定点医院首批治愈出院的患者。3名患者包括1名男性、2名女性，年龄最小者32岁、最大者47岁，分别于1月31日至2月4日进入丰台区中西医结合医院接受治疗，医院按照国家新冠肺炎诊疗方案，落实中西医结合治疗原则，一人一方，为住院患者提供中医药和中医适宜技术治疗，做到中医治疗手段全覆盖。出院治愈患者中，1名女性治愈者现场捐献血浆，成为北京市首例成功捐献血浆的新冠肺炎痊愈患者。另2名治愈出院患者表示愿意成为新冠肺炎捐献血浆的志愿者。

（左曙毓）

▲2020年，"蓝马甲"成为丰台区工作人员的"标配"，"北京丰台"标识贴成为丰台欢迎在鄂返京人员的特别标志。（汪鲁兵 摄）

【定点收治医院确诊和疑似病例双清零】 3月21日，北京市丰台中西医结合医院最后1例新冠肺炎确诊患者出院，新冠肺炎丰台区唯一一家区级定点收治医院实现确诊和疑似病例双清零。医院1月31日收治第1例确诊病例，共收治22名新冠确诊患者，全部治愈出院，治愈出院率100%，实现病例"零死亡"，医务人员"零感染"。医院发挥中西医结合治疗优势，实行中西医双主任诊疗制度，中医和西医专家联合会诊、辨证施治，为每位患者配一名固定中医专家，实行首诊负责和全流程管理，坚持"一人一策""一人一方""两日一调方"的原则，全部患者均予以中西医结合治疗，中药汤剂、中成药、中医非药物治疗使用率100%，总有效率100%，病死率为0。诊疗过程中，有130人参加隔离病区和发热门诊工作，271名外围服务、保障工作人员，14名特殊病区选派人员，278名医务工作者保证医院日常运转。

（左曙毓）

【在鄂返京人员分流闭环转送工作】 3月25日，在鄂返京人员首批800余人分两车次直达北京西站抵京，丰台区转送102人，其中居家观察87人、集中观察15人。丰台区按照市社区防控组要求，全面做好在鄂返京人员分流工作，制订《丰台区在鄂北京人员返京分流闭环转送工作方案》，召开在鄂返京人员分流闭环转送工作部署会，分两批次对参与接站和分流工作的人员进行工作培训。成立北京西站工作专班，下设接站组、运送组、集散点工作组等6个组，确保从北京西站到街乡镇（社区村）或集中观察点的闭环转送。在鄂返京人员在北京西站站台下车后，由丰台区清点人数做好交接，转送至北京西站P2停车场。随后，丰台区组织运送到丰台区体育中心集散点，转送至各街乡镇（社区村）或区集中观察点，按要求进行管控和服务，形成人员转送的"闭环"、无缝对接。所有在鄂返京人员需居家或集中观察14天，对有发热症状的人员，听从现场医护人员处置或送至区定点医院；居家观察的人员，由所在社区（村）负责管控和服务；对一些无固定居所的符合集中观察的人员，由区统一安排送至区集中观察点，费用自理。符合居家观察条件的在鄂返京人员到达社区（村）后，各街乡镇（社区村）向在鄂返京人员出示《居家观察个人告知书》，签订《居家观察承诺书》，协调现场填报"京心相助""健康宝"两个程序，提出居家观察的有关要

▲2020年，在鄂返京人员有序转运。（汪鲁兵 摄）

求。街乡镇(社区村)做好居家观察人员的日常管控服务，开展疫情防控政策知识宣传，掌握居家观察人员身体健康状况、思想动态和生活需求，提供物资采购、心理疏导等必要的生活服务。居家观察人员每天至少两次向社区(村)工作人员报告体温检测情况，不主动报告的，由社区卫生服务中心上门了解情况。3月25日至6月2日，丰台区接收在北京西站转运的在鄂返京人员10013人，返京车次188次。

(左曙航)

【市级干部下沉增援丰台】3月，为补充基层防控力量，根据市委组织部安排，丰台区与市直机关工委、市国资委党委及9家市级机关、2家市属国有企业进行对接，明确需求，确定人员。将城乡结合部人口倒挂村和未返京户数超1000户的社区(村)作为派驻重点，确定150名市级党员干部支援丰台。其中，市纪委市监委机关、市政务服务管理局、市委党史研究室市地方志办、市检二分院对接卢沟桥乡4个村；市审计局、市二中院、国家统计局北京调查队、国家大剧院对接花乡4个村；抗战纪念馆对接宛平地区2个村；首发集团对接长辛店镇1个村；公交集团对接长辛店镇和王佐镇各1个村。所有市级下沉干部，由街乡统筹管理使用，将下派干部编入社区(村)防控工作团队，同岗同责。各街乡对市级下沉干部进行统一培训，明确工作职责与要求，掌握工作技巧与注意事项，严格考勤管理与健康监测。区委组织部统一为下沉的150名干部办理人身意外保险。

(左曙航)

【养老机构疫情防控工作】疫情期间，全区养老机构实行严格封闭式管理，暂停来访咨询接待业务及不必要的志愿服务和社会实践活动，引导和帮助老年人利用视频、电话等方式同家属联系，暂停春节期间离院老人返院和外地工作人员返京。全区养老机构每日早晚开展老年人和工作人员体温监测，做好老年人个人卫生清洁。暂停室内老年人集体活动，暂停集体用餐。做好内部设施消毒及居室通风工作。养老机构“一事一议”为老人提供个性化“解决方案”,妥善处理因离院老人返院、亲人探望探视不便等导致的问题。逐一对全区39家有收住老人的养老机构、14家有托养老人的社区养老服务驿站防控措施进行反复检查，督促问题整改落实。

(左曙航)

【动物疫病防控】年内，强化动物疫情监测，深入重点养殖户开展巡查，掌握动物疫病发生情况和野生动物管理情况。强化执法检查，统筹调配动物卫生监督和渔政监督管理执法力量，多部门互联互通，开展野生动物及动物交易专项执法检查。强化宣传告知，通过线上线下相结合的方式，宣传疫情防控工作举措和要求，普及疫情防控知识。做好动物无害化处理，针对市民弃养动物情况，组织专车、专人负责，无害化处理市民弃养活畜禽。加强批发市场动物产品疫情防控，督促市场加强对肉类大厅、官方兽医室、人员办公区域的日常消毒，对运输车辆严格喷淋消毒，确保防控无纰漏；官方兽医室严格落实“信息提前报备、资料符合规定、证物核对无误”三位一体的分销换证规定，确保动物产品证物相符；定期对市场供应的动物产品进行瘦肉精和兽药残留检测，确保抽样检测有效性、及时性，截至2月14日，共采集动物产品82份，开展检测246项次，检测结果全部合格。

(左曙航)

【新发地和岳各庄市场疫情防控】年内，丰台区多举措做好两大市场疫情防控工作。做好管控、消杀工作。加强市场出入口管理，对进出车辆进行高强度消杀作业，通过红外体温仪对进入市场的人员进行体温检测；对外地回京商户进行隔离，劝阻重点区域返京商户暂缓返京；每日对交易区地面、下水道、电梯等重点区域进行高频次消毒，确保安全。抓好消费、交易细节。要求商户通过样品摆放等方式售卖裸露产品，做好产品覆盖保护；利用紫外线消毒设备对肉制品售卖区域进行全时段消杀，确保重点区域无污染。

(左曙航)

【“双楼长”制确保商务楼宇防疫全覆盖】年内，丰台区全面推进“双楼长”制确保商务楼宇防疫全覆盖。街乡镇楼宇和风险重点楼宇专人专楼，全区715家商务楼宇的493位物业楼长及250位属地楼长全部到位。区投促中心、园区管委、丽泽管委、科信局、金融办、经管站等组建商务楼宇信息数据组，专人包片进行楼宇信息采集，截至3月2日，全部完成“京心相护”APP平台信息登记与核对。明确属地楼长“联系、走访、指导、督查”8字职责，楼宇楼长“防疫、记录、报告、处置”8字职责，细化具体职责清单，逐一落实到位。加强楼长信息发布规范要求，确保楼长接收指令的统一性、准确性。实施扁平化管理，将市、区最新的政策要求在第一时间发至楼长，确保楼宇第一时间掌握权威信息、执行统一要求。

(左曙航)

【入境进京人员全流程管理】年内，丰台区采取多种措施加强入境进京人员全流程管理。健全工作机制，抽调组织部、政法委、外办、卫健委等部门人员组成工作专班，下设综合组、调度组、接机组、运送组、基层工作组，制定工作方案，细化操作流程，逐一梳理抵达登记、中途转运、居家或集中观察等环节，实现闭环管理。严格隔离措施。将入境人员全部纳入社区健康管理范围，做好健康检测、自查指导和生活保障；对从疫情严重国家入境到京人员，采取“1+2”管控机制(1名社区工作人员、2名保安)、佩戴随身监测设备等“人防+技防”手段；对于从其他国家入境到京人员，严格落实居家观察或集中观察。强化沟通引导。印发多种语言的告知书、宣传手册等材料1万余份，告知入境人员隔离措施和需注意事项；招募外语专业志愿者20余名，与隔离人员点对点联系，共同做好疫情防控。

(左曙航)

【入境进京人员集中观察点建设和管理】 年内，丰台区多措并举管理好入境进京人员集中观察点。成立临时党组织，邀请专家进行培训指导，明确工作区域和岗位职责。选取硬件条件较好、规模适度、相对独立、功能齐全的酒店作为疫情防控期间集中观察点，设有观察点11个，房间1569个，包括丽维赛德酒店等星级酒店，全季酒店、月桂树酒店等经济型酒店，7天优选酒店、吴裕隆酒店等快捷酒店多种类型。截至3月20日已启用7个，集中观察入境进京人员436人。入境进京人员抵达新国展丰台区临时集散点后，可根据工作人员提供的集中观察点位置、环境、价格等信息，进行自主选择。入住后，如不满意可进行二次选择。每个观察点统一设立健康监测组、防控消毒组、信息联络组、安全保卫组、后勤保障组5个工作组，明确各自工作职责，确保每个岗位都有专业人员负责，同时，明确登记、测温、诊疗、解除等8类操作标准。观察点划分观察人员生活区、工作人员生活区，实现分区管理，降低交叉感染风险。坚持每天早晚两次健康问询，实行无接触式取餐，每日早晚两次对公共区域全面消毒，对家属送达的衣物包裹进行专业消毒。分批次对入境进京人员进行核酸筛查，逐人化解风险。针对外籍人士，观察点制作中、英、韩、日等多种语言提示卡，写明入住须知、个人防护、用餐要求、体温监测等内容。建立2+1专属服务小组，安排1名工作人员和1名外语志愿者，定向联系1名外籍人士，提供翻译服务和心理疏导服务。针对出现身体不适的入境进京人员，观察点安排专业医护人员提供诊疗服务，对有基础病人员，提供代购药物等服务。开通24小时热线电话服务，每天定时询问入住人员需求，提供心理疏导和咨询服务。

（左曙航）

【消毒专员上岗】 7月，丰台区根据市、区两级社区防控专家巡查指导组意见，针对社区防控中存在的漏洞与问题，在全市首创社区消毒专员制度，2700余名消毒专员上岗，专职负责社区（村）消毒工作。每个社区（村）均设1名消毒指导员、1名消毒监督员和若干名消毒操作员，定职定责定岗，加强公共区域消杀工作。消毒指导员由辖区社区卫生服务中心委派专人担任，负责制定消毒方案，对社区（村）消毒监督员及操作员开展消毒知识、实际操作和个人防护培训，指导社区（村）做好公共区域日常消毒，同时进行监督检查，指导社区（村）消毒监督员开展工作，定期监督检查社区（村）消毒情况，并通报监督检查情况。消毒监督员由社区居（村）委会下属公共卫生委员会主任担任，负责组织社区（村）消毒操作员按照专业技术流程和操作规范，定期开展公共区域日常消毒工作；疫情发生时，负责组织消毒操作员和相关力量，配合专业部门开展消毒工作；指导居民正确开展居家消毒，严格掌握消毒剂浓度配制比例，做到科学、有效、安全消毒；负责本社区（村）消毒用品的储存、发放和及时补充，定时检查消毒用品使用期限，做好消毒用品的安全管理，监督检查辖区内各小区（村）消毒工作开展情况。消毒操作员由物业公司或外聘第三方机构保洁责任人、保洁工作人员担任，工作力量覆盖到本社区（村）所辖所有小区（村）。

（左曙航）

【院感防控】 年内，丰台区实行“一三三”医院感染防控措施，即“一米线、全封闭、全预约、全会诊、零陪护、零等候、零感染”。“一米线”即在门诊挂号、缴费、取药等排队区域设置1米间隔线，拉开患者间距；候诊椅适当拉宽间距，自动扶梯设立提示，严防交叉感染。“全封闭、全预约、全会诊”即加强医院出入口、门急诊入口和住院楼入口三道防线的管理，划分人流、物流线路；在全市率先将一级医院及社区卫生服务机构纳入非急诊预约制管理，除急诊、发热门诊外、取消现场挂号，实行网络、电话预约挂号；对全部确诊患者实行区级专家每日会诊，对择期手术病人进行肺CT检查和核酸检测。“零陪护、零等候、零感染”即所有住院病区严格探视制度，实行“零陪护”制度，因特殊情况确需家属陪护的，安排1名固定人员陪护；大幅压缩就诊等待时间，实现患者转运和入院零等待；固定岗位固定人员，严格执行管理规范，确保人员零感染。

（左曙航）

【困境儿童疫情防控】 年内，丰台区采取多举措做好困境儿童疫情防控工作。院内儿童封闭防控。对儿童福利院的48名儿童，实行封闭式管理，取消所有活动和慰问来访；厨师、保安等人员分区域居住，除医护人员外均不与儿童正面接触，减少感染风险。散居儿童联合防控。对52名分散在各街道乡镇的散居孤儿、事实无人抚养儿童、贫困家庭重病和残疾儿童，明确属地责任，建立信息收集和反馈机制，做好口罩等防护用品保障，加强联防联控。寄养儿童跟踪防控。对寄养在延庆的42名困境儿童，要求家长每日上报情况，为每名儿童邮寄口罩，指导家长为儿童做好安全防护。

（左曙航）

【农村地区疫情防控】 年内，丰台区建立“风险分级、主动巡查”工作机制做好农村地区疫情防控工作。建立村级防控基础数据台账、巡查台账和问题整改台账，重点关注城乡结合部人口倒挂村、市级软弱涣散村、经济薄弱村防控数据，动态调配巡查力量。根据村级防控基础数据和村域特点开展综合评定，将全区55个村划分为A、B、C三级，A级村一周至少检查2次，B级村一周至少检查1次，C级村两周至少检查1次。利用区规划建设图改编作战图，标明封闭管理不到位的风险点，用颜色区分风险等级，如每周风险点新增超过2个，评定风险等级时即上调一级，巡查频次加大一倍。

（左曙航）

【劳务派遣企业疫情防控】 年内，丰台区多举措做好劳务派遣企业疫情防控工作。强化人员摸排，采取电话、微信和反向确认等形式，重点对有湖北籍用工情况的65家劳务派遣企业进行逐一排查，实施动态监控，落实日报告制度。落实防控要求，密切关注企业人员动态变化，指导企业做好派遣人员自身防护，落实集中住宿不超过6人、分散用餐等措施，提升就业人员防控意识。强化服务指导，传达疫情防控相关政策，开展实时在线解读答疑，开通劳务派遣行政许可电话预审业务，指导劳派企业做好复工准备，指导企业用好劳动用工、薪酬待遇、社会保障、就业补助、援企稳岗等扶持政策。

（左曙航）

【精神障碍患者疫情管控】 年内，丰台区采取多种措施做好精神障碍患者疫情管控工作。整合建立前置病区，对中西医结合医院独立病区进行专业改造，率先开设前置病区，由精防院选派专业医务人员进驻，针对疑似病例的精神障碍患者开展提前诊疗筛查，实现关口前移。严格封闭管理，精防院采取病区全封闭防控措施，对34名医护及后勤保障人员集中统一管理，严格专车接送、上下班路线、行为规范和工作制度。成立心理危机干预工作指导小组，开通24小时心理援助热线，提供线上心理咨询，主动对疫情一线医务工作者及患者提供心理援助服务。截至3月11日，对116名一线医务人员和14位确诊新冠肺炎患者进行一对一心理疏导。

（左曙航）

【进京商旅人员管理服务】 年内，丰台区加大力度做好进京商旅人员管理服务工作。做好政策对接，明确入住酒店办理口径和入住指定周转酒店办理流程及注意事项，对“办理入住信息登记、提供核酸检测服务、住宿观察等待结果、获取检测结果、周转期间日常管理”5个环节进行规范明确。指定周转酒店，选定4家全季酒店作为集中接收无核酸检测证明来京商旅人员的周转酒店。提供上门服务，安排第三方检测机构上门提供集中检测服务，指导酒店做好商旅人员健康管理，酒店对入住旅客进行早晚体温监测等相关服务。多方联动，区委政法委、区文旅、公安、卫生健康等部门联合属地，做好全区星级酒店和社会旅馆的政策宣传贯彻工作，检查督促各酒店落实防疫责任，监督旅客如实填报信息，逐一核对旅客核酸检测阴性证明。

（左曙航）

【三级消杀标准化体系】 年内，丰台区建立“政府行业监管—消杀专员指导监督—消杀员专业消杀”三级消杀标准化体系，组建专业消杀队伍，推进行业防疫规范化、制度化、常态化。针对各行业特点分别编发消毒指引要点，明确重点区域、消毒液配比、消杀频次等工作要求。通过定期举办专业培训、开设线上消杀培训课程等方式，提升消杀人员综合业务水平。截至7月10日，全区有消杀员1万余名、消杀专员100人，完成6701户市场、餐饮、超市的消杀工作，实现由“专业机构消杀”向“市场自行消杀常态化”转变。

（左曙航）

【食品冷库排查整治和规范管理】 年内，丰台区持续开展食品冷库排查整治和规范管理工作。成立区常态化疫情防控冷库整治工作专班，区市场监管、城管、卫健、规自、消防、商务、应急等部门共同参与，制定工作方案，在全区范围内持续开展冷库经营场所排查整治，形成动态信息台账。截至8月13日，摸排食品生产、流通、餐饮全环节经营性冷库2759家。研究制定《冷藏冷冻食品贮存管理工作规范（试行）》，对冷库实行“实名制”“双备案”管理，逐一登记在账冷库地址、产权关系、身份信息等，对冷库产权方和使用方全部采取实名备案管理。明确标准，消除安全隐患。制定《冷库疫情防控排查整治工作标准》，从主体资质、建筑规划、安全管理、食品监管、疫情防控等方面，明确冷库关停、拆除具体情形和执行标准，做到“应查尽查、应关尽关、应拆尽拆”。截至年底，关停违规冷库88家、拆除违章建筑冷库277家。对冷库管理责任人开展指导培训，由冷库管理方对入库产品货主资质、入关证明、核酸检测合格证明、中文标签等内容进行查验，执行产品进、出、存登记管理流程，细化产品名称、数量、货主、出入库时间等信息，确保产品来源可溯、去向可追。

（左曙航）

【丰台区出台全市首个冷库管理规范】 年内，丰台区出台全市首个冷库管理规范，明确食品冷库经营管理要求。组织中国农业大学、中国肉类食品综合研究中心、北京产品质量监督检验院、区冷链协会、冷库经营企业等单位专家研讨冷藏冷冻食品贮存管理策略，制定《丰台区冷库管理工作规范（试行）》，在全区范围内实施。将冷库相关经营主体划分为从事冷藏冷冻食品贮存业务的食品生产经营者和非食品生产经营者两大类，明确管理责任。提出冷藏冷冻库地址、贮存能力等信息30日内备案，名称或姓名、联系方式、贮存食品等信息在贮存场所公示，检验检疫证明等存档2年备查等具体要求。覆盖食品生产、销售企业，餐饮企业，冷库开办单位，食品批发市场等涉及冷库使用的各个行业企业，对硬件要求、从业人员管理、过程风险控制、台账档案管理等内容进行培训，提出食品生产经营企业、冷库开办者“双备案”要求。

（左曙航）

【“北京冷链”平台注册】 年内，丰台区在全市率先完成在账冷链经营主体“北京冷链”平台注册工作。截至11月19日，完成平台企业注册审批2010户，主要包括辖区经营进口冷藏冷冻肉类和水产品、进口其他冷链食品、国产冷链食品3类市场主体，为全市数量最多。按规定，京外进口冷藏冷冻肉类、水产品运入北京市后，其首个经销单位须在“北京冷链”平台上传相关数据，并进行“首站赋码”。商超环节，追溯码通过货架价签公示，消费者可扫码查询；餐饮、批发市场环节，由执法人员通过系统后台监督核实。要求经销企业不得采购、销售未在“北京冷链”平台登记的进口冷藏冷冻肉类、水产品。

（左曙毓）

生活和物资保障

【保障特困人员防疫需求】年内，丰台区重视特困人员疫情防控工作，针对特困人员年龄大，自身防控能力差的情况，采取多种措施兜住兜牢特困人员基本生活防线和生命安全底线。采取负面清单日报告制，要求街道、乡镇每天了解特困对象的个人防护情况及生活健康情况，督促照料护理人及照料机构实际履行照料护理责任，落实好防护措施，既不降低照料服务标准，又确保不感染疫情。指导街道、乡镇保障特困人员基本生活，对基本生活存在困难的特困人员给予救助；为出行不便的特困人员购买、储备所需生活物资、米面粮油等。保障好特困人员必要的防护用品，协调防疫物资，帮助特困人员做好防护工作，截至3月10日，分两批次为特困人员发放口罩790个，酒精消毒片104盒。为保障好集中供养特困人员疫情期间的基本生活，从慈善捐款中为丰台区2个集中供养机构各拨款2万元，专项用于特困人员防疫工作。

（左曙毓）

【新发地和岳各庄市场供应保障】年内，丰台区两大市场多举措做好供应保障工作。新发地市场协调安排2600平方米库房和8200平方米场地供商户免费试用，动员销售大户组织调运应季蔬菜和水果补充市场，截至2月19日，市场蔬菜供应为每天1.8万吨左右，达到疫情前水平。岳各庄市场与各厂商签订“场厂挂钩”供应保障协议，组织经营大户做好物资储备工作，确保肉、蛋、菜等储备销售不少于3天。线上、线下同步供应，新发地市场120余辆蔬菜直通车辐射300余个小区，提供100余品种的蔬菜、水果，其中大白菜、白萝卜等12个品种每日限价销售（低于北京市平均价10％）；岳各庄市场通过线上社区生活超市开展线上销售，并在社区“错时定点”提货。

（左曙毓）

【农副产品保障】年内，丰台区持续做好农副产品民生保障工作。协调“应季菜＋储备菜”两类基地，与海南、云南等多地商户达成合作协议；统筹“主市场＋分市场”两大渠道，依托北京市五大批发市场和外地15家分市场，组织调拨货源。1月20日至2月19日，五大批发市场保障蔬菜供应39.35万吨、白条猪2.7万余头、牛羊肉69.1万公斤。织密“菜篮子”便民网络，增加直通车及社区销售网点数量，配置配送车124辆，辐射279个社区网点；引导鼓励批发市场“线上”发展，实施“线上下单、线下配送”，推出“悠乐果”等网络批发零售品牌。提前向交通部门报备运输车辆车牌信息，畅通绿色通道，保证农产品运输车辆顺利进京；做好对口支援工作，至2月19日，向湖北地区运输圆生菜、莴笋、盐等计60余吨的优质蔬菜、调料。

（左曙毓）

【完成2020年高考适应性测试组考工作】3月3日至6日，丰台区2481名考生采取居家分散考试的方法，完成2020年高考适应性测试考试工作。各校有序组织，提前查找疫情防控风险点，采取“实地分发”和“自行打印”两种方式发放试卷，避免人员聚集，实现考生对新高考“全流程、全要素”演练。

（左曙毓）

【区级战略物资储备】年内，丰台区做好区级战略物资储备工作。制定战略物资储备管理制度、捐赠物资管理办法等管理规范，建立每日库存盘点报送机制，细化物资全流程管理操作。组建工作组，负责采购、调配、管理等工作，结合全区防疫物资供应量、物资目录，协调辖区药械企业，优选采购物资，确保产品快速到位。设置常温库、阴凉库、冷藏库三个库区，实现物资分类存放、产品标识清晰、运输路线合理。截至3月26日，入库防护用品、消毒用品等物资17种、60余万件；出库14种、20余万件。

（左曙毓）

【依文集团扩能转产抗疫物资】年内，在丰台区政府和中关村科技园丰台园的支持下，多部门联动开展场地协调、工程验收、资质审批、证照办理等工作，协调解决生产线调配和原材料供应等问题，开设检测审批绿色通道，推进全市最大规模医用防护服生产线落地投产。2月2日，依文集团通过集合智造互联网产业平台调配生产资源，确定转产扩能，用时10昼夜，改造6条防护服、隔

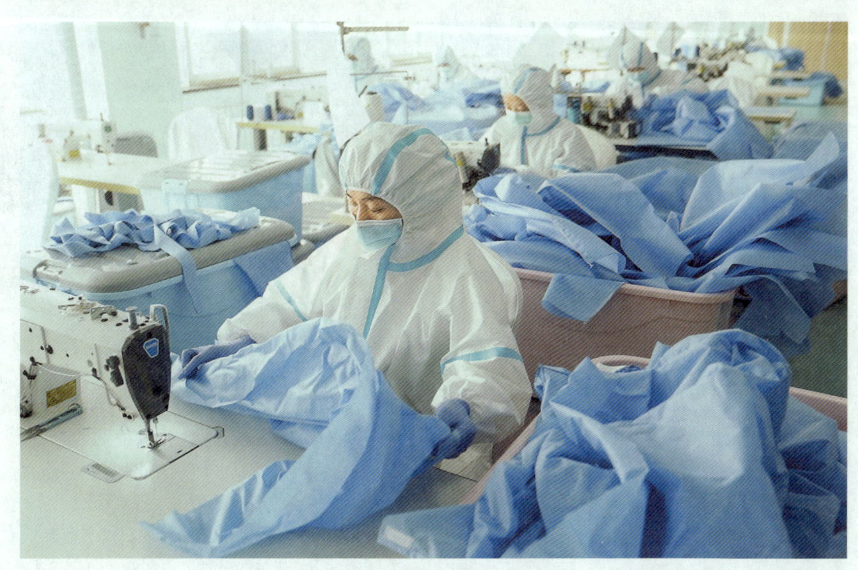

▲2月，依文集团建立10万级无菌净化车间生产防护服。（刘平 摄）

▲2月24日，技术人员安装调试口罩生产线。（原梓峰 摄）

离衣生产线，建立面积4800平方米的10万级无菌净化车间进行防护服生产。2月20日，依文集团医用防护服项目正式投产，为疫情防控一线医护工作者提供医用防护装备。该项目涉及防护服、隔离衣等医用防护产品研发和生产，全部交由国家储备，被纳入国务院应对新冠肺炎联防联控机制（医疗物资保障组）扩能改造方案中，被列为防疫重点保障企业，并被工信部列入国家重点调拨肺炎医用防护扩能企业名单。2月28日，首批医用一次性非无菌防护服通过检验并投入市场。截至3月3日，依文集团交付非无菌防护服6万余件，隔离衣、手术帽等产品44万件。至3月27日，依文集团实现日产防护服20000至25000件、隔离衣40000至50000件，完成国家调拨的国标医用防护服15万件。针对防护口罩短缺的实际，依文服饰股份有限公司转产口罩生产。3月18日，公司取得"一次性使用医用口罩"产品注册证，完成医疗器械生产许可证增项，成为北京市首家同时具备"医用一次性防护服、一次性使用医用口罩"的双资质生产企业。3月19日，公司2条高速平面耳带式医用口罩全自动生产线运行投产，成为丰台区首家口罩生产企业。至4月3日，依文集团防护服生产线运转顺畅，库存17.7万件，取得欧盟CE和美国FDA认证；口罩销售50.18万只，取得欧盟CE认证。国务院应对新冠肺炎疫情联防联控机制医疗物资保障组给依文集团发出感谢信，对依文人在疫情期间所作的贡献表示感谢，并鼓励企业再接再厉、再创佳绩。

（左曙毓）

【北京丰台永定消毒设备厂】 新冠疫情暴发后，作为北京唯一一家专门生产口罩、防护服等医用物资专用的消毒设备厂家——北京丰台永定消毒设备厂，为满足全国各地采购环氧乙烷消毒柜的需求，于1月27日启动复工流程，24小时连轴转生产，产能提高50%，启用新技术，使口罩消毒解析时间从14天缩短至1天。工厂生产的环氧乙烷灭菌柜中，最大的单柜体100立方米，一次能消毒200万个口罩，最小的1立方米，服务于北京、湖北、新疆、河南、陕西、山东等地区新增口罩生产线。至3月20日，生产出600立方米的环氧乙烷消毒柜，每24小时能够完成1200万只口罩的灭菌生产。

（左曙毓）

【新冠病毒抗原检测试剂盒（乳胶法）获批】 11月，丰台科技园区企业北京金沃夫生物工程科技有限公司申报的"新型冠状病毒（2019-nCoV）抗原检测试剂盒（乳胶法）"获国家药品监督管理局审批通过，成为全国首批上市的2种新冠病毒抗原检测试剂之一。该产品检测时间可控制在20分钟之内，在急性感染期病毒载量较高时能够快速检出阳性病例，有助于对疑似人群进行早期分流和及时管控。

（左曙毓）

复工复产复学

【各领域复工复产平稳有序】 年内，丰台区落实市级复工复产防控组工作要求，设立区复工复产防控组，组内设办公室和复产、复工、楼宇、商超及文旅

▲3月，北京丰台永定消毒设备厂工人生产环氧乙烷消毒柜。（赵智和 摄）

▲3月4日，樊家村鼎业文化产业园项目复工现场。（赵智和 摄）

五个工作小组，构建“一办五组”工作格局。各工作小组建立基础台账，结合行业特点开展分级分类、动态监测各领域开复工及疫情防控工作，指导、督促、检查商务楼宇、工业、工地、商超、餐饮企业的主体责任落实，确保落实复工复产防控工作的管理对象、分级分类管控、执法检查、宣传指导“四个全覆盖”。至2月13日，丰台医院提质改建项目，地铁19号线07标段，丰台区循环经济产业园渗沥液处理厂二期项目，丰台站改建工程，房山线北延02、03标段，佑安医院改造工程实现开复工。截至2月26日，丰台区规模以上正常经营工业企业123家，复工104家（复工率84.6%）；在施工地272个，复工27个（复工率9.9%）；商务楼宇708个，复工522个（复工率73.7%）；商超企业1097家，复工941家（复工率85.8%）；餐饮企业5100家，复工887家（复工率17.4%）；酒店住宿企业684家，复工254家（复工率37.1%）。至3月31日，全市一季度计划新开工160个项目，涉及丰台区14项，实现开工13项，开工率92.9%，高于全市平均水平（88.1%），在计划新开工项目总数10个以上的6个区中开工率第一；全市规模以上在建工程2130项，涉及丰台区138项，复工率100%，高于全市平均水平（87.1%）；全市3010家正常经营规上工业企业中，丰台区131家，复工率100%，高于全市平均水平（97.7%）。至10月16日，708栋商务楼宇、1075家商超企业以及320家规模以上餐饮企业实现复工，其中有生产制造环节的规模以上工业企业、在施工地以及超市到岗率均为100%；丰台区2020年城南行动计划55个项目实现开复工，开复工率超过90%，其中主责续建项目全部复工；轨道交通房山线北延试运行；中国城市轨道交控系统研究与产业化中心完工；保障房建设、棚户区改造分别提前超额完成全年开竣工建设和签约搬迁任务；天坛口腔医院迁建工程启动土方、护坡和降水施工；中央民族大学完成第一、二组团的建设。

（左曙航）

【30条措施助企业复工复产】 2月9日，丰台区为解决企业复工复产复业和实际经营困难，制定工作任务分解方案，面向社会发布加强防疫物资保障、做好复工复产复业保障、加大资金支持力度、减轻企业经营负担、优化企业服务能力和加强城市运行保障服务等6个方面30项具体举措，责任到单位、责任到人，要求各单位主动对标，主动作为，响应企业诉求，落实落细防控措施，安全有序复工复产，促进城市平稳有序运行。30项具体举措为：1.统筹全区防控疫情所需物资组织、调运、储备、配送、销售，做好市场监测等工作。2.对新落地生产防控疫情所需物资的项目，积极协调加快审批，开辟一站式、全链条并行、48小时内办结的审批绿色通道。3.做好市区级重点项目开复工服务保障，对全区在施工地疫情防控工作开展监督指导，协助解决原材料调配运输、工人住宿就餐等问题。4.监督指导批发零售业、餐饮业企业疫情防控，对受疫情影响或在疫情防控工作中保障市民基本生活的重点连锁餐饮（早餐）、菜店（生鲜超市）、便利店等网点落实市级有关政策，制定切实可行措施，给予运营、房租等支持。5.监督指导文化、旅游、住宿企业做好疫情防控开展生产经营活动，落实市级有关政策，给予企业支持。6.监督指导体育冰雪场所逐步恢复经营，协助受疫情影响滑冰滑雪场所申请水电补贴。7.监督指导工业企业按照北京市工业企业防控疫情指引开展生产经营，服务保障工业企业复产复业需求。8.监督指导软件和信息服务业企业按照北京市软件和信息服务业防控疫情指引开展生产经营，服务保障软件和信息服务业企业复产复业需求。9.支持企业开展防疫药品、医疗器械研发和技术攻关，鼓励人工智能、大数据、物联网、5G等技术产品在抗击疫情一线的创新应用。10.对中关村丰台园范围内重点工程项目开复工、企业复产复业，做好服务保障。严格落实疫情防控措施，确保安全运行。落实市级有关政策，给予企业支持。鼓励园区内企业发挥科技创新优势，助力疫情防控。11.对丽泽金融商务区范围内重点工程项目开复工、企业复产复业，做好服务保障。严格落实疫情防控措施，确保安全运行。落实市级有关政策，给予企业支持。发动园区内金融机构，加大对受疫情影响中小企业信贷支持。12.设立疫情防控专项资金，加大疫情防控库款保障力度，确保预算安排的疫情防控资金及时足额到位。13.协调金融机构向直接参与防

控的重点医用物品和生活物资生产、运输和销售重点企业提供优惠利率信贷支持。对受疫情影响经营暂时出现困难但有发展前景的企业不抽贷、不断贷、不压贷。14. 建立采购绿色通道，加大政府采购和中小微企业购买产品服务支持力度，进一步提高面向中小微企业采购的金额和比例。15. 落实新冠肺炎疫情期间市级相关政策，对于期间确诊和疑似感染新冠肺炎患者发生的医疗费用的个人负担部分由财政给予补助，并将符合卫生健康部门制定的新冠肺炎诊疗方案的药品和医疗服务项目临时性纳入医保支付范围。16. 中小微企业承租区内区属国有企业房产从事生产经营活动，按照政府要求坚持营业或依照防疫规定关闭停业且不裁员、少裁员的，免收2月份房租；承租用于办公用房的，给予2月份租金50%的减免。17. 鼓励大型商场、购物中心对中小微租户适度减免疫情期间的租金，对采取减免租金措施的租赁企业可给予适度补贴。18. 鼓励商务楼宇等各类产权单位对中小微租户适度减免疫情期间的租金，对采取减免租金措施的产权单位可给予适度补贴。19. 疫情期间，对受影响较大的中小微企业停征特种设备检验费、污水处理费、占道费。20. 为受疫情影响经营困难企业办理延期纳税。21. 将1月、2月应缴社会保险费征收期延长至3月底。对于受影响较大的行业企业，经相关行业主管部门确认，可将疫情影响期间应缴社会保险费征收期延长至7月底。延迟缴费期间，不收取滞纳金，不影响正常享受各项社会保险待遇，不影响个人权益记录。22. 实施援企稳岗政策，指导用工企业开展灵活多样的就业招聘活动。符合条件的企业可按规定给予失业保险费返还。23. 落实重点企业“服务包”制度，将参与疫情防控工作重点企业纳入“服务包”工作机制，及时回应疫情期间企业诉求，提供更多“雪中送炭”服务。24. 充分发挥12345市民服务热线作用，及时回应企业诉求，加强督办力度。25. 加大政务服务利企便民力度，推行“零见面”服务，推动更多政务服务事项“网上办、掌上办、指尖办”，既便利企业群众办事，又避免人员聚集。26. 为中小微企业提供咨询、代理、“法治体检”等多种形式的法律服务，为受疫情影响的中小微企业提供专门公证服务。27. 确保生活必需品供应保障，做好区域内生活必需品零售供应，启动实施“点对点”监测补货保障机制，提升缺货商品补货效率。28. 落实绿色通道政策，积极协调将重要防疫和生活物资纳入应急运输保障范围，优先便捷通行。29. 加强价格监测，每日通报食品价格变动情况。30. 严格价格监管，严肃查处借疫情防控之机囤积居奇、捏造散布涨价信息、哄抬物价等扰乱市场价格秩序的违法行为。

（左曙毓）

【助力规上工业企业复工复产】年内，丰台区建立全区131家规模以上工业企业台账，借助区政府网站、微信公众号等宣传平台，发布国家、市区促进中小微企业发展政策信息。帮助防疫物资生产企业转产扩能，摸排有意向引进口罩生产线的企业，促进更多口罩生产项目落地。实地走访30家重点规上工业企业，了解企业复工复产诉求，将9家年产值5亿元以上工业企业纳入重点企业服务包制度，协调市、区和属地相关部门帮助企业解决困难。截至3月31日，丰台区规模以上工业企业复工率实现100%，员工到岗率85.1%，高于全市平均水平，位居全市前列。

（左曙毓）

【金融服务支持受困企业】年内，公布驻区主要金融机构名录、联系方式和区级相关部门联系方式，开通21条银行机构绿色热线，构建7×24小时不间断服务，满足客户金融服务需求。强化服务管家机制，摸排疫情防控下的企业发展和需求。搭建“银政企融资平台”，支持并鼓励辖区银行主动对接疫情防控重点企业，截至2月14日发放贷款1亿元，新增授信额度20.4亿元。对受疫情影响较大的批发零售、住宿餐饮等企业，通过增加信用贷款和中长期贷款等方式，帮助企业摆脱困境。截至2月14日，驻区银行为受困企业发放贷款及新增授信额度5000万元。

（左曙毓）

【十条措施支持企业发展】2月19日，在出台30条任务分解方案的基础上，丰台区主动回应企业诉求，针对疫情期间企业经营发展难题，印发《丰台区关于应对新冠肺炎疫情支持企业发展的若干措施（暂行）》（“丰台十条”），制定强化对疫情防控重点企业支持；开辟审批绿色通道；加大产业资金支持力度；缓解企业信贷压力；降低企业物业成本；支持创新创业载体平台；支持企业开展疫情防控技术与产品创新；支持生活必需品保供、储备企业稳定运营；加大援企稳岗力度；加强法律服务保障10项措施，帮助企业共渡难关和稳定发展。

（左曙毓）

【精准服务重点“服务包”企业】年内，为确保新冠肺炎防控期间经济稳定发展，做好企业复工复产的服务保障工作，区发展改革委加强重点企业“服务包”工作，为136家重点“服务包”企业逐一配备“服务管家”，将原有的9个服务管家，调整为3个服务管家，发挥区投资促进中心和区金融办的部门职责、丰台园管委会属地责任优势，理顺工作机制。根据财政部等5部门《关于打赢疫情防控阻击战强化疫情防控重点保障企业资金支持的紧急通知》精神，争取低息贷款政策，针对重点“服务包”企业开展征集工作，将北京谊安医疗系统股份有限公司等有资金需求的15家重点“服务包”企业上报市发展改革委。抓住交通银行政策窗口期，为区内企业发放专项低息贷款5000多万元。助力企业做好疫情防护，为企业协调口罩、测温枪、医用酒精等物资，帮助解决防护用品短缺的问题。截至3月10日，除2家企业未复工外，其余均已实现全员或弹性复工，复工率98.5%。

（左曙毓）

【多家企业列入国家及北京市疫情防控重点保障企业名单】年内，为加大对疫情防控重点保障企业支持力度，根据财政部等5部门《关于打赢疫情防控阻击战 强化疫情防控重点保障企业资金支持的紧急通知》精神及市发展改革委有关要求，丰台区组织相关部门申报，前后数次向市发改委上报符合通知要求的疫情防控重点保障企业59家，融资规模55亿元。截至3月24日，有47家企业列入国家及北京市疫情防控重点保障企业名单，审核通过率80%；其中22家列入国家名单。上报名单中包括北京谊安医疗系统股份有限公司等有资金需求的区级“服务包”企业15家，其中9家企业纳入国家或北京市疫情防控重点保障企业名单。

（左曙航）

【“丰企通”企业服务系列活动】 3月31日，丰台区“丰企通”企业服务系列活动正式启动，首期活动采用线上方式在“北京·丰台”客户端直播，聚焦“疫情期间企业税费优惠政策”主题，邀请德勤中国税务专家，就企业关心关注的问题，对疫情期间出台的税费优惠政策进行全方位、多角度解读。“丰企通”系列活动，是由丰台区投促中心发起，区发展改革委、区市场监管局、区税务局等部门联合打造的企业服务平台，旨在优化营商环境，做好企业服务。活动定期举办，围绕经济发展、产业布局、招商政策、人才服务等主题，聚焦企业关心关注的热点难点问题，通过云招商、云服务、云课堂等方式，助力企业发展，推动区域经济发展提质增速。

（左曙航）

【助力中小微文化企业渡难关】 年内，为进一步帮扶区内中小微文化企业应对疫情影响渡过难关，丰台区开启中小微文化企业“护苗行动”。精准摸底，梳理区内中小微文化企业台账，对接区人力社保局、区市场监管局、区税务局等部门，对全区文化企业2月至4月生产经营受损等情况进行核实，有针对性地研究制定扶持政策，为后续实施精准援企稳岗施策提供依据。精准施策，进一步加大对实体书店、影院的扶持力度，分别出台实体书店和电影院资金扶持细则，对获得市级政策支持的实体书店、新建且经营面积1000平方米以上的书城、受疫情影响停止营业的电影院分别一次性给予不高于市级补贴资金的30%、50万元、20万元的运营补贴。精准推介，利用“北京丰台”APP等新媒体平台，开设“走进你身边的书店”专栏，对丰台的特色书店和阅读空间进行推介，帮助实体书店扩大社会知名度，吸引读者购书和阅读。精准服务，对接市新闻出版局、市政务服务局、区政务服务局等相关单位梳理编制本部门告知承诺事项清单，加速推进政务服务事项告知承诺审批工作，持续优化营商环境，提振企业信心。

（左曙航）

【“新十条”支持中小微企业发展】 5月13日，为贯彻落实党中央、国务院和市委、市政府关于支持中小微企业发展的决策部署，进一步精准帮扶中小微企业应对疫情影响、渡过难关，在《丰台区关于应对新冠肺炎疫情支持企业发展的若干措施（暂行）》（“丰台十条”）基础上，丰台区政府统筹安排10亿元中小微企业发展扶持专项资金，印发《丰台区进一步支持中小微企业应对疫情影响保持平稳发展若干措施（暂行）》（“丰台新十条”），提出十条措施，进一步支持中小微企业应对疫情影响，保持平稳发展。十条措施分别为：一是加大专项基金支持。设立总规模5亿元专项扶持基金，精准支持轨道交通、航空航天等领域。二是加大租金减免政策支持。延长区属国企房产减免租金政策，新纳入餐饮、便利店等4类生活性服务业企业，免收民办幼儿园、实体书店2月至4月房租。三是加大多元化金融支持。发挥“银政企融资”平台作用，鼓励提高信贷额度，发行小微金融债券。力争将综合融资担保费率降至1%以下。四是加大创新发展产业生态支持。鼓励驻区轨道交通、航空航天等龙头企业及区属国企，为产业链上的中小微企业开放空间载体、场景应用。开展基于区块链的政府、国有企业对民营企业债务关系确权和促进供应链融资等。五是加大商务消费领域支持。鼓励大型商业设施为入驻商户减免租金，促进汽车消费，开展特色促销费活动。六是加大外贸企业转型发展支持。引导与大型电商平台合作，扩大线上交易，提升贸易便利化水平，扩大出口信用保险覆盖面。七是加大民生服务保障支持。发放运营补贴，扶持便民网点、旅游产业、实体书店影院发展。八是加大援企稳岗

▲3月31日，“丰企通”企业服务系列活动首期活动“疫情期间企业税费优惠政策”举行。（区投促中心 供图）

支持。开展多样化招聘活动。严格落实援企稳岗政策。九是加大复工达产支持。在遵守防控要求的前提下，推动与居民密切相关的产业以及部门公共场所复工复产，提高达岗率。十是加大中小微企业服务支持。建立中小微企业信息管理服务数据库，对可能出现的问题及时预警。搭建"丰企通"企业服务平台，促进企业供需信息对接。

（左曙航）

【重点工程开复工保障工作】 年内，丰台区采取五项举措保障重点工程开复工建设。一是落实建设项目疫情防控各项准备工作。将重点工程防疫物资需求纳入市、区防疫物资保障统一调度范围，分片巡查全区建设工程复工及疫情防控情况，组织做好劳务人员返回、材料进场、机械设备维护等开复工准备，做好工地的集中封闭管理和防疫检查。二是"全程电子化"开展建设工程招投标。应用电子化招投标平台，企业通过专属数字身份认证及CA电子印章参与招投标活动，在线交易全过程无纸化，监管服务事项全程网上受理、备案、办结。社会类投资项目可自主决定发包方式，直接申请施工许可证；政府投资、国有投资占控股和主导地位项目，施工招标全流程备案事项改为即时办理。实行分时段错时、预约方式进行开标评标。三是建立重点项目联络协调机制，倒排建设计划，强化项目协调，责任落实到人。通过重大项目管理平台，针对市重点工程采取一对一的方式逐项对接，组织协调会研究、推进项目开复工。四是结合市区防疫工作要求，合理制定复工检查标准、流程和工作机制，加强联合复工审查，区住建、卫健和属地联合进行现场核查，合格一家复工一家。对全区所有施工工地和已复工工地实施全覆盖检查，每隔3天对复工项目实现一次覆盖。截至3月20日，利用远程视频监控系统非现场巡查19734项次，检查人员1967人次，检查在建工地929项次。发现问题99项，全部整改。五是主动与项目单位联系，协调项目在复工过程中存在的问题，为复工工地联系解决口罩、酒精、测温枪等防护物资，在复工协调、疫情防控、建筑材料供应、运输等方面提供服务，加快项目的复工进度。截至3月31日，市重点工程"3个100"中180个续建项目，涉及丰台区14个，复工13项（市重大办负责的轨道交通新机场线北延因规划调整不具备复工条件），包括丰台火车站周边道路等基础设施类项目、丰台医院提质改建等民生改善类项目、丰台区航空航天创新中心等高精尖产业类项目、南苑森林湿地公园先行启动区A地块等生态环境类项目，复工率100%，高于全市平均水平（94.4%）；120个新开工项目，涉及丰台区主责项目2个，按期开工，开工率100%。

（左曙航）

【新闻出版物零售企业复工复产】 年内，丰台区"四个到位"助力新闻出版物零售企业复工复产。扶持政策到位。启动"2020年实体书店扶持项目"，对全区实体书店申报情况进行全面摸排和实地踏勘，做好申报材料准备，对符合条件的实体书店，给予企业资金、税收等方面的扶持。走访指导到位。区委宣传部主要领导牵头，实地走访辖区新华书店、雨丝书店等实体书店，了解企业复工复产、疫情防控和经营销售等情况，解读相关扶持政策，职能部门对接指导。审批年检到位。对涉及的11项审批事项推行"零见面"审批，区新闻出版局与区政务服务局配合，分设专员接待审批事项，为企业提供便利；出版物零售企业全部实行网上年检，在线提交材料、审核、公示，至3月6日，为364家企业完成网上年检初审。宣传引导到位。向全区图书零售企业转发《复工复产企业疫情防控指引》，做好企业复工复产防控宣传指导工作；坚持"日报周检"制度，对全区已复工书店进行每日统计报送和每周实地巡查指导，做好复工复产疫情防控物资需求协调保障。

（左曙航）

【新发20亿债券助力复工复产】 年内，为降低国有企业融资成本，提振资本市场投资丰台区发展的信心，引导更多社会投资参与丰台区各类项目建设和企业发展，区国资中心在中国银行间市场面向社会投资人成功发行20亿元3年期中期票据，用于丽泽商务区等重点功能区建设，票面利率为全国历史同期限、同规模、同评级债券最低，债券发行当日获5.36倍认购。

（左曙航）

【丰台站改建工程复工】 新型冠状病毒肺炎疫情发生后，丰台区协调市级相关部门将丰台站改建工程列为涉及保障城市运行必需和国计民生项目，推动丰台站改建工程复工。截至2月1日，丰台站改建工程土方开挖120万立方米，达

▲2020年，丰台站改扩建工程施工现场。

到工程总量的70%，混凝土浇筑20万立方米，钢筋绑扎4.2万吨，钢结构吊装5.8万吨，平均进度都在工程总量的30%左右。2月6日，丰台站改建工程站房工程复工。8月18日一期工程北区主体结构封顶，随后地铁16号线标段完成施工移交，一期工程南区实现开工。原经过二期工程所在地的既有京广线、京沪线普速铁路已转线至一期工程北区站房内，9月8日丰台站房二期工程正式启动。为克服疫情对施工的影响，丰台站项目部对中央站房施工段重新进行调整，在中央站房区域增加两台重塔，在东站房区域增加400吨重型履带吊，全施工区域使用自主研发的塔吊与履带吊防碰撞系统，提高大型机械使用率和安全性。对工程复杂节点、重点部分进行深化建模，对整个站房的管线综合排布进行优化，提高施工作业精细化程度。丰台站是国内首例普速、高速双层车场站型布置的大型现代化铁路站房，建成后将成为北京规模最大的铁路综合交通枢纽。站房地上四层、地下三层，一层是普速列车车场，二层是候车厅，三层是高速列车车场，地下一层为出站厅，地铁16号线在此设站。丰台站周边道路交通顺畅，站房南北各有一个广场，南北走向的四合庄西路以及东西走向的丰草河北路与主站房形成立体交通模式。丰台火车站将于2021年11月投入试运行，12月正式运行。

（左曙航）

【丽泽金融商务区市重点工程全部实现复工】 年内，丽泽商务区管委会采取多种措施推动重点工程实现复工。建立人员基础台账和日报送工作机制，实时掌握工地人员变动情况，开展疫情防控知识培训。加强日常检查，重点检查项目人员返京登记、隔离、定时消毒、体温检测等防疫措施落实情况，协调解决防疫物资短缺问题。针对丽泽集中临建生活区人员数量多、构成复杂且流动性大等特点，研发"有个社区"小程序，确保人员进出信息登记准确。截至3月25日，丽泽商务区地铁14号线05标、房山线北延03标、地铁16号线21标、平安金融中心、通用时代大厦、开创金润6个市重点工程实现100%复工。

（左曙航）

▲3月，地铁14号线丽泽商务区站实现复工。（刘平 摄）

【稳定就业形势】 年内，丰台区发挥就业工作领导小组作用，统筹协调各成员单位，追踪企业开复工、生产经营和用工所受影响情况，采取应对措施，通过推动企业复工复产，促进居民就业，确保全区就业形势总体稳定。按用工规模挑选4类20家企业，其中国企5家，民营15家，针对企业开复工、返岗、用人需求、政策满意度等方面开展调查和实时跟踪，了解企业情况和需求。针对各类单位和就失业人员两个方面，高校毕业生、城镇就失业人员、农村劳动力三类群体，开展调研调查工作，截至5月1日，收集整理全区各类劳动力信息36万余条、回收企业调查问卷230余份，回收个人调查问卷7877份。区发改委、商务局等7部门联合对全区124家疫情防控保障重点企业进行筛查、摸排，对26家急需用工的重点企业实行动态跟踪监测，将收集、整理的779个岗位通过百姓就业超市网、微信公共平台进行发布，推荐558名劳动者上岗就业，缓解企业用工缺口压力。为解决失业人员就业问题，组织67家企业提供2721个就业岗位举办4期"线上"招聘会，1389名求职人员在"线上"投递应聘简历，120余名求职者与用工企业达成初步就业意向；与河北省涞源县、内蒙古林西县、扎赉特旗联合开展线上"春风"招聘活动，推送招聘信息6次2256条岗位信息。对符合政策要求的企业给予岗位补贴、社会保险补贴、失业保险金返

▲2020年，丰台区公共服务中心工作人员依托微信公众号组织开展线上招聘活动及职业指导服务。（王璐丹 摄）

还等资金支持。2月至6月为丰台区5.5万参保单位减免三项社会保险费25.41亿元，其中，5.3万家中小微企业减免8.59亿元。截至5月1日，丰台区支出市级岗位补贴和社会保险补贴1111.09万元，涉及93家企业、职工870人次；失业保险金返还590.77万元，涉及企业139家，职工2531人次；临时性岗位补贴（滞留湖北人员）914家企业302.46万元。至8月21日，支出岗位补贴和社会保险补贴2770.2万元，惠及2075人；发放精准帮扶重点行业中小微企业临时性岗位补贴2422万元，惠及1212家企业、15731人；返还企业失业保险金1.44亿元，惠及2473家单位。

（左曙航）

【地铁16号线丰台站完成主体结构封顶】 6月28日，地铁16号线丰台站提前完成主体结构封顶。地铁16号线丰台站与丰台站改建工程一体实施建设，坚持科学防控、有序推进工程建设，在作业区、办公区、生活区出入口安装红外测温安检门和人脸识别速通门，劳务人员凭门禁卡、身份证和面部扫描出入，全员接受核酸检测，实行封闭式管理。地铁16号线贯通后可分别与丰台站及既有10号线实现换乘，为丰台站枢纽打通“交通大动脉”。

（左曙航）

【高三学生返校复课】 4月27日，丰台区16所高中校的2414名高三学生返校。学生入校前，374名高三年级的专任教师和1100多名行政管理及后勤服务人员，丰台区教育、卫健、公安、交通、属地街乡镇等多部门人员到校开展服务保障工作；入校时按照分班级、分时段方式，学生一米距离一个人，通过核验身份、测量体温依次入校。为确保返校复课安全有序，丰台区落实北京市委书记关于“严格落实校园防疫各项措施”“守护好校园健康安全”的要求，提出决不允许学校评估检查不合格、决不允许校园出现疫情、决不允许出现各类安全事故的工作目标，细化工作体系，建立医校联动保障机制，出台三级应急响应标准，投入专项资金为全区各学校集中配置自动测温设备；按照“应检尽检、愿检尽检”的原则，分期分批在开学前为全体高三师生4000多人进行免费核酸检测，均为阴性；组成由教育、卫健、疾控、市场监管等多部门组成的联合检查组，对16所高中开展评估检查，确保各防控要求逐一得到落实。

（左曙航）

【初三学生复学】 5月11日，丰台区4000多名初三学生返校复课，试开学工作涉及38所学校、42校址。为确保返校顺利，区教委稳步推进初三年级试开学准备工作。开展试开学条件评估，由区教委、区卫健委等部门组成4个联合检查评估组，按照39条评估要点，逐校、逐条对标评收验收，全部满足试开学条件。强化服务保障，统筹防疫物资准备，建立师生健康排查清单，针对相关人员开展体温测量、消毒等技能培训，合理调整班级容量、宿舍密度及安全距离。严把工作细节，关注学生心理健康，做好心理疏导，筹备上好开学第一课，缓解焦虑情绪；落实《北京市生活垃圾管理条例》，培养学生养成良好习惯。

（左曙航）

【中学非毕业年级和小学六年级学生返校复课】 6月1日，丰台区中学非毕业年级和小学六年级2万多名学生返校复课，涉及学校约110多所。为保证返校复课平稳有序，区教委“四到位”做好中小学、幼儿园复学准备工作。机制保障到位。成立8个联合检查评估小组对全区154个中小学进行评估验收，确保全部达标；建立幼儿园开园信息台账，实现动态管理，推进各项准备工作。核酸检测及物资准备到位。按照“应检尽检”要求，对全体中小学师生员工和幼儿园教职员工进行核酸检测，结果阴性方可返校；加强物资保障，为学校配备消毒液2.47万升、口罩49万余个、防护服1611套。防控措施落实到位。统一配置自动测温设备，设置家长等候区、测温区、“一米线”，做好上下学引导分流安排，确保出入有序；全面开展学校环境卫生清洁、校园安全隐患排查整改、校园周边环境秩序维护等工作。应急处置到位。建立复学预案和应急保障机制，加强应急演练和专题培训，指导学校及属地做好复学以后社区管控、师生个人防护、应急处置、心理辅导等工作。

（左曙航）

【新发地疫情后中小学生返校】 8月29日，新发地批发市场聚集性疫情后，丰台区首批中小学生开学，其中包括小学一年级、初一、初三年级，高一、高二、高三年级共6个年级。9月1日和7日，中小学其余6个年级学生分批开学。

（左曙航）

援助捐助

【中关村丰台园企业向湖北捐款捐物】 1月31日，中国铁路通信信号集团有限公司（中国通号）通过国务院国资委专门账户，向湖北省捐赠3000万元现金。北京谊安医疗系统股份有限公司为汉川市人民医院捐赠5台转运呼吸机，召集多名专业人员到武汉各大医院提供专业技术支持。北京元六鸿远电子科技股份有限公司及公司董事长、副董事长向湖北地区捐款150万元。北京天健源达科技股份有限公司组织相关人员赶往一线，缓解黄梅县疫情防控时期就医压力。依文集团联系全球口罩生产渠道，采购N95口罩和医用手套援助武汉，同时向贵州、云南、北京等地捐赠医用手套、医用一次性口罩和N95口罩。北京科园信海医药经营有限公司、国药控股北京天星普信生物医药有限公司等科技园区企业也配合北京市卫健委等相关部门开展医疗耗材及器械供应工作。

（左曙航）

【丰台区援助张湾区】 年内，丰台区了解到南水北调对口协作的湖北省十堰市张湾区在集中医学观察、防护物资和消杀用品采购等防控工作中存在资金短缺的情况，丰台区委、区政府拨付到位区级财政资金150万元用于张湾区疫情防控工作，并向张湾区致慰问信，动员组织区内有关单位开展捐赠工作，助力张湾区战胜新冠肺炎疫情。

（左曙航）

【北京瑶医医院援助武汉】2月14日，位于中关村丰台科技园区的北京瑶医医院接到武汉红十字会医院的紧急支援请求函。2月15日，21名瑶医医护人员集结完毕，成为首支驰援武汉疫情一线的民族医疗队。医疗队抵达武汉后进驻武汉红十字会医院，负责危重病人救治。2月21日，经医疗队救治的3位新冠患者发烧咳嗽等临床症状完全消失，通过各项身体检测，均显示正常，检查核酸阴性，符合出院条件，出院转隔离观察。截至3月8日，又有16位新冠肺炎患者出院，进入隔离观察期。应武汉红十字会医院推荐，医疗队接管16个社区福利院的防疫工作。4月3日，医疗队21名队员返京。治愈新冠患者380余例，治疗疑似患者800多例。病人零病亡、医护零感染。中国非公立医疗机构协会通报表扬北京瑶医援鄂医疗队并赠予《中国社会办医战疫纪念章》。

（左曙航）

【区政协委员吴浩驰援武汉】吴浩，全国政协委员、丰台区政协委员、中央指导组社区防控专家组组长、丰台区方庄社区卫生服务中心主任。1月中旬，他带领团队与方庄地区办事处成立包片联防联控工作组。2月初，与相关专家提出“以县域为单元，确定不同县域风险等级，分区分级制定差异化防控策略的建议”被中央采纳，同时参与国家卫健委组织的社区疫情防控文件的起草和防治制度制定。2月6日，作为中央指导组防控组社区专家组组长驰援武汉。援鄂51天，提出在武汉市立即居家封闭管理小区，制定涉疫生活垃圾处理，组织干部党员下沉社区等关键性策略，带领专家组提出社区防控1000余条建议和解决措施，被当地政府采纳。实地走访武汉13个区，深入377个街道、500余个小区和161家社区卫生服务中心、养老院、福利院及疫病隔离点现场指导社区防控，指导转运2万余名确诊患者，制作课件组织培训社区防控工作者，审核各区评估报告并汇总问题提出建议，为中央指导组提供决策参考。参与起草《社区和农村防控技术方案》《武汉无疫情小区有条件解禁指导意见》等文件；参与起草多项国家新冠疫情相关的工作指导意见；主审编写中央指导组防控组《新冠病毒社区防治手册》，组织和参与编写《新型冠状病毒感染基层防控指导意见》并翻译成外文供世卫组织分享，在中国CDC周刊发表《武汉社区防控策略》，参加世卫组织亚太会议，向国际传递中国社区抗疫经验。3月4日，吴浩被授予“全国卫生健康系统新冠肺炎疫情防控工作先进个人”称号，他带领的团队被评为“全国卫生健康系统新冠肺炎疫情防控工作先进集体”。

（左曙航）

▲2月，北京瑶医医院医护人员驰援武汉。

【花乡向匈牙利贝尔卡道乡捐赠抗疫物资】4月4日，丰台区花乡向“中匈友好乡”——匈牙利贝尔卡道乡捐赠的第一批防疫物资起运，并于匈牙利当地时间4月6日抵达目的地。防疫物资包括一次性口罩20000个、手套4000副、体温枪100个、防护服100件、护目镜100副。截至14日，贝尔卡道乡已将防护物资陆续分配给居民、医疗和教育机构等。贝尔卡道乡乡长绍莫吉·鲍拉什在贝尔卡道乡网站撰文表示，感谢花乡在困难时刻伸出援手。贝尔卡道乡位于匈牙利首都布达佩斯南部约70公里处。1960年，在庆祝匈牙利解放15周年之际，经国务院批准，原黄土岗人民公社（现花乡人民政府）正式与匈牙利共和国原贝尔卡达农业合作社（现贝尔卡道乡）结为“中匈友好人民公社”。2001年8月，双方正式签署协议成为友好乡。

（左曙航）

【向日本东京葛饰区捐赠防疫物资】截至5月9日，丰台区向友好区日本东京葛饰区捐赠医用口罩1万个、医用防护服200套等防疫物资，助力当地疫情防控工作。

（左曙航）

【民营企业捐赠物资】年内，丰台区工商联会员企业和非公经济人士主动履行社会责任，为打赢疫情防控阻击战提供支持。区工商联50余家会员企业开展捐赠活动，截至2月11日，捐款捐物1468.559万元，捐赠口罩29.31万只，医用手套27.2万副，防护服3010套等。北京元六鸿远电子科技股份有限公司向湖北武汉地区捐款150万元，企业员工募捐善款22万余元；泛华集团捐赠物资210万元；北京真视通科技股份有限公司捐赠湖北疫区设备200万元，现金100万元，党支部捐赠特殊党费6.6万元；北京红黄蓝儿童教育科技发展有限公司董事长捐助300万元；集美控股集团有限公司捐赠口罩18.2万只、医用一次性手套2.5万双等医用物品，物资合计108.13万元；北京丰顺工贸集团董事长兼总经理先后向定点发热门诊医院、社区防疫等一线工作人员捐款2.5万元及购买口罩、消毒液、药品等物资价值8万元，共计10.5万元；绿旗科技集团有限公司董事长向武汉华中大学附属医院协和医院、同济医院捐赠医用防护口罩10万只；首投创通建设集团有限公司捐赠丰台区新型冠状病毒防疫及救治项目100万元；北京中联国信物业管理有限公司董事长向红箭救援队、丰台区社区及幼儿园、中小学校等单位捐赠消毒液；依文集团捐赠医用口罩、防护服等物资抗击新冠肺炎疫情。截至6月5日，北京中科宇杰节电设备有限公司董事长先后从海外运回4万只N95口罩，77.9万个外科口罩，72万只医用手套，1.6吨消毒泡腾片等，捐赠给武汉、四川、贵州、河南、江苏等多家新冠定点医院和养老院，北京市6家医院及丰台区38家医院和社区服务中心。

（左曙毓）

【区慈善协会接收捐赠】 截至3月31日，区慈善协会共接收单位和个人捐款1264619.21元，其中，捐赠武汉77843.00元。首投创通建设集团向丰台慈善协会捐赠100万元，用于区卫健委疫情防控；荣威远保安服务有限公司董事长捐赠10万元，用于民政系统疫情防控。接收北京华浩源科技有限公司捐赠口罩5000个，定向用于大红门街道社区防疫；集美董事长代表北京集美家居市场有限公司捐赠一批价值约40余万元的防疫物资；北京国卿律政国际法律咨询中心捐赠10万余元贵州黔树康青钱柳茶，定向用于社区防控和慰问。

（左曙毓）

新发地批发市场聚集性疫情

【市领导到丰台现场调研】 6月12日，市委书记蔡奇，市委副书记、市长陈吉宁到丰台区新发地批发市场进行现场检查，要求果断处置、精准防控，迅速坚决阻断传染源，防止疫情扩散蔓延，守护好人民群众生命安全和身体健康。14日，蔡奇再次到丰台区新发地批发市场、新村街道银地社区、中国肉类食品综合研究中心等地检查疫情处置和防控工作。蔡奇要求，要按照既定部署，争分夺秒、不折不扣落实防控措施，抢在疫情前头，不留防疫死角，坚决遏制疫情扩散蔓延，及时组织货源，科学调配，做好保供稳价工作，满足市民群众日常生活需求；市场方要落实主体责任，做好场地环境消杀和卫生保洁，关注重点部位和细节，落实体温检测、一米线等措施；对商户要做好服务，免收市场管理费等各环节费用，帮助解决餐饮、如厕等实际困难，引导做好个人防护；加强全市市场供应的统筹协调，做好保供稳价工作，严查坐地起价现象，尤其要保障市民群众家门口的超市、菜店、便利店供应，确保不断货。市区工作组要力量下沉、靠前指挥，在现场第一时间发现问题、解决问题；丰台区和市级相关部门要扛起责任，冲在一线、快速反应、狠抓落实。19日，陈吉宁以“四不两直”方式到丰台区疾病预防控制中心检查疫情应对处置工作情况并慰问疾控工作者，要求丰台区以新发地区域和医务人员、服务业从业者等为重点，开展流调工作，优化流程、提高效能，与相关部门加强对接，了解病毒传播路径。统筹市级资源，动员第三方参与，加强封闭小区和集中隔离点健康管理，做好核酸检测和环境消杀工作，及早、有效控制疫情。30日，蔡奇到丰台区调研疫情防控工作，并慰问抗疫一线的基层党组织和党员，并强调，全市基层党组织和党员要冲锋在前、敢于担当，发挥战斗堡垒作用和先锋模范作用，以投身抗疫一线的实际行动践行初心使命。

（左曙毓）

【现场调度新发地市场封闭管理和疫情防控工作】 6月13日凌晨，区领导到新发地市场现场紧急调度市场封闭管理和疫情防控工作，实地察看市场出入口封控、环境消毒消杀、卫生安全防疫、交通组织引导等工作情况，在新发地村委会召开会议，研究部署新发地市场及其周边区域管控工作。区委书记徐贱云强调，要坚决贯彻落实市委市政府对疫情防控工作的部署要求，认清丰台区疫情防控的严峻形势，坚持“首都安全是第一位”，压实各方责任，落实各项措施，坚决遏制疫情扩散蔓延。立即成立区新发地市场疫情防控工作组，建立现场指挥调度体系，严格实施封控措施，设置临时交易周转区，做好货运车辆引导和周边交通疏导，保障市场供应。配合市疾控部门开展流调溯源，做好市场内人员和环境检疫检测工作，有序安排好人员闭环转运和集中医学观察。开展市场内环境消杀和卫生整治，确保各项防控措施落实到位。

（左曙毓）

【丰台区启动战时机制】 6月13日，丰台区启动战时机制。在新发地成立现场指挥部，3时起暂时关停市场，调查市场相关人员及外部环境污染状况，扩大检测范围，对市场人员和环境进行采样。至19日，共采集人员样本8186件，5803份咽拭子样本完成检测，均为阴性；采集各类物体表面、肉类及肉制品、加工台、清洗池、门把手、垃圾桶等环境样本1901件，评估感染风险，进行卫生整治和环境消杀；原在市场内交易的蔬菜和水果移到指定区域进行，运送牛羊肉的车辆分流至丰台区岳各庄批发市场；围绕新发地市场有关人员和环境开展核酸检测工作，在新发地市场设置现场采样点5个，联系外区第三方检测机构2家，紧急抽调来自医院、社区卫生服务中心、疾控中心等各级医疗卫生机构的业务骨干，全力开展检测工作。对市场及周边11个小区采取封闭管理措施，市场周边3所小学、6所幼儿园停课。增派下沉干部，全员全时在岗，编入社区防控团队，定人定岗定责，全职参加防控工作。向全区69家商品交易市场派驻工作组，督促检查指导市场防疫工作，加强丰台区商品交易市场疫情防控工作。各街乡镇、社区村全面恢复二级响应下的社区防控措施，做好“测温、验证、登记、扫码”4项工作措施。在封闭管理小区内部，安排物业、产权单位等加强小区环境消杀，在小区外部，安排专人提供送餐、代购等服务，做好居民日常生活和防疫物资保障。逐一摸排辖区内自5月30日后到过新发地市场的人员和密接人员，建立每日报送机制。

（左曙航）

【下沉干部全部返岗】6月13日3时，新发地周边250名干部下沉到位；13时，相关18个街乡和75个机关单位2300名干部返岗到位；6月14日9时，全区4500名下沉干部全部返岗继续坚守社区防控。

（左曙航）

【新发地市场周边11个小区封闭管理】6月13日，新发地市场周边11个小区采取封闭管理措施。全区抽调街道乡镇干部80人、区级机关干部170人下沉到小区，公安机关配备140名干警，统筹楼门长、志愿者、在职党员、物业、企业保安等150余人参加封闭现场24小时值守，定岗定责定人定时段，严格落实防控责任。至19日，2980多人参与小区管控工作。对4.6万名居民全部进行核酸检测。发动封闭小区内核酸检测为阴性的物业企业、在职党员干部、居民志愿者，结合实际组建安全保障、宣传引导、物资保障、快递投放、消杀清运、问医送药、诉求保障等7支服务保障小分队，制定居民服务工作方案，为居民提供健康监测、送菜代购、心理疏导、垃圾收运等服务，解决居民基本生活需求。社区（村）党组织发挥网格作用，以楼门为单位通过微信等媒介，征询居民的生活日用、防疫物品等需求，定期统一代购。引进北菜等专业配菜公司，直采直购为居民提供蔬菜包；协调快递企业，将快递向封闭社区道路卡口点对点投放，开通顺丰、中国邮政、平台订单等可供选择。由街乡包片领导、下沉干部组建服务队，将卡口的蔬菜、快递分送至各个小区门口，再由小区内志愿者将其逐户送达。发动小区内本人及家人检测结果均为阴性的医护志愿者投身问医送药组，开通电话登记专线，了解用药需求，上门取卡送药，解决居民小区封闭期间慢性病、重症的用药问题。落实双楼门长责任制，以楼门为单位关注封闭小区内独居老人、残疾人、特殊疾病患者等弱势群体，通过电话、微信、敲门等方式询问需求，提供心理疏导等帮助。

（左曙航）

【食品安全检查】6月13日起，区市场监管局在全区范围内开展以生鲜、冷冻猪肉、牛肉、羊肉、鸡鸭肉等畜禽肉类、水产品及其制品为重点的食品安全大检查，覆盖食品集中交易市场、超市、便利店、食杂店、已复工餐饮服务单位等，主要检查市场防疫落实情况和商户的执照、索证索票是否齐全，商品是否正规渠道进货等，排查隐患，严防食品安全事件发生。

（左曙航）

【区领导调研农贸市场】6月15日，区委书记徐贱云先后到新村街道、花乡黄土岗村和大红门街道核酸检测站，现场察看核酸检测工作流程和进展情况，查找问题漏洞，并强调，要加快推进核酸检测工作，对检测点位的检测能力、检测人数进行统筹评估，加强协调，合理规划，规范流程，提高检测速度；要进一步摸清底数、查找漏洞，开展“敲门行动”，从严从快排查5月30日后到过新发地批发市场的人员，做好沟通和心理疏导，确保应检尽检、愿检尽检。6月16日凌晨，区委书记徐贱云，区委副书记、代区长初军威检查辖区农贸市场防疫和保供稳价工作。徐贱云先后到马家堡街道、南苑乡、方庄地区、花乡，实地督导检查农贸市场环境消杀、核酸检测、市场供应等工作落实情况，现场指出市场防控工作中存在的问题，要求各街道乡镇做好农贸市场防疫大检查，督促市场经营主体落实防疫责任，加强环境消杀和卫生整治，按时完成环境消杀、核酸检测各项任务，防止疫情扩散蔓延；进一步明确市场环境消杀标准，规范作业流程，加大消杀频次和力度，使用专业高效的消毒剂品，对市场摊位、地面

▲6月，区市场监管局工作人员进行食品安全检查。（刘平 摄）

等各区域开展全面消杀，不留死角。初军威先后到岳各庄市场、大成双盈市场、路通丰盛市场、游泳场北路市场，对市场消杀、防疫及市场供应进行“四不两直”调研，强调要在做好疫情防控的同时，保障好市场供应，加强组织调配和货源补充，严厉打击哄抬物价等违法行为，满足市民群众日常生活需求。17日，区领导到岳各庄农副产品批发市场，新村街道万年花城二区社区，卢沟桥街道、花乡纪家庙核酸检测站，实地检查农贸市场、社区疫情防控和核酸检测工作。检查中，徐贱云强调，要进一步强化农贸市场防疫管理，公布市场专项工作组成员、市场管理人员及相应的责任清单和监督举报电话，以公开促落实；做好市场卫生环境的清洁、消杀、通风及人员防护工作，防止疫情扩散蔓延；全面加强核酸检测工作，加快对全区农贸市场、菜市场等重点区域、重点人员的摸排检测，提高检测速度和进度，确保按时完成目标任务；做好采样检测点的秩序维护，引导群众分批、错峰采样，防止人员扎堆聚集，避免交叉感染风险；持续抓好社区疫情防控，在严格落实各项防疫措施的基础上，做好重点人员摸排、信息核实、隔离医学观察、核酸检测、健康监测、生活服务、心理疏导等工作，确保防控到位、百姓安全。

（左曙航）

【学校防疫管控】 新发地市场疫情发生后，区教委强化工作统筹部署，传达市教委疫情防控工作会议精神，通知学校干部、班主任和每位学生家长确保学生不到校，至6月16日全区各中小学全部净校，消杀后进入封闭式管理。开展线上线下无缝衔接，按照“一校一策”做好线上教学安排，做好心理疏导和家长沟通，确保学生平稳进入居家学习。加强师生健康管理，坚持身体健康日报告制度，重点掌握初高三年级学生及与其共同居住人员情况；及时回应家长问题，确保舆情稳定。做好听力考试保障，设置10个考点、1个备用考点，补充专业疾控人员进入考务管理队伍，做好学生进出封闭小区的协调工作，确保考试顺利。

（左曙航）

【开展核酸检测】 6月17日，丰台区对涉疫市场相关人员进行检测的同时，同步对重点行业、重点领域、重点地区的人员开展核酸检测工作。并率先在全市开展全员核酸检测。全区21个街乡镇设置50余个核酸检测采样点，由市卫健委协调301医院、302医院、东方医院、丰台医院等26家医疗机构近1400名医务人员投入采样工作。截至年底，累计检测225万人次。

（左曙航）

▲6月，医务人员为居民核酸检测采样。

【新发地市场消杀和垃圾清运】 新发地市场疫情发生后，建立消杀专班，划定重点部位，对市场内各集中检测点、主干道、绿化带等所有室外区域及周边主要道路，开展早晚常态化消杀。6月19日6时完成露天果蔬区90万平方米二次消杀作业。做好清运保障，对所有完成腐烂物处理、清运的车辆、货仓、大棚、空场地进行二次高强度消杀，通过先消杀、后清理、再消杀、再清洁的方式，确保消杀效果，清运垃圾约2700吨。进一步强化临时交易区市场监管，东部水果交易区、西部蔬菜交易区严格落实消毒、通风等防控措施，安排环卫人员做好卫生清理及防疫物资储备工作。

（左曙航）

【“外卖小哥”核酸检测采样工作】 6月20日，丰台区全面启动第三方网络平台“外卖小哥”的核酸检测工作，在丰台体育中心增设2个“外卖小哥”核酸检测点以分流提速，涉及辖区内“美团”“饿了么”2家外卖平台。22日晚24时完成采样工作，共计核酸检测采样10302人。

（左曙航）

【餐饮环节加强疫情防控】 新发地市场疫情发生后，丰台区制定行业消毒方案，指导餐饮单位对设备设施及全部经营区域进行消杀。6月24日，在营的3764户餐饮单位（含单位食堂）全部完成消杀工作。组建专业消杀员队伍，通过“北京丰台”APP、“阳光餐饮”显示屏等对消杀员开展视频教学培训，提高消杀规范化水平。26日，完成复工餐饮单位低温设施的消杀工作。至27日，辖区餐饮业安全消杀员队伍超3000人。建立常态化消杀机制，明确就餐区、后厨等重点点位消杀频率不得低于3次/日，就餐座位“一客一用一消毒”。低温设施全方位消杀，发放《冰箱冰柜清洁消毒指引》，指导餐饮单位按照指引对冰箱、冷库等低温设施“每日消、每日清”，确保低温设施消杀全方位、无死角。组织从业人员进行核酸检测，实现“应检尽检”，各餐饮单位2.8万余名从业人员完成核酸检测采样。组织食品溯源追查，对各餐饮单位采购的海鲜、猪牛羊肉等食品原材料进行排查溯源，杜绝购买和使用来源不明的肉类、水产品及其他食品原料；对从新发地市场采购的食品就地封存，按指引消杀处理。

（左曙航）

【岳各庄市场疫情防控和保供工作】 成立市场防疫现场专班，由卢沟桥乡政府主要领导、包村领导任组长，区市场监管局监督管理科，卢沟桥乡市场监管所、平安建设办公室、国医中心、岳各庄村、岳各庄批发市场为成员单位，现场指挥协调岳各庄批发市场疫情防控工作。划分责任区，对进出人员、车辆全面做到“人人测温、车车消毒、佩戴口罩、有序限流”；所有员工佩戴口罩上岗，各部门厅内每天消毒不少于2次，下水道每天清理1次，消毒记录登记备案，限制各厅人流量，保持安全距离交易。持续强化源头管控，对5月30日后到过新发地市场的商户全部进行登记造册筛查，并向居住地主动登记，自觉接受隔离观察，安排专人每日监测商户身体状况；对入场禽类产品的检疫合格证明、实际数量、来源情况加强检查，无食用农产品产地证明或购货凭证文件的一律不得入场销售。确保食品供应，延长肉类大厅交易时间，营业时间“提前一小时、延后一小时”，猪肉上市量由每天1000头增加至2000头至3000头，牛肉羊肉由每天300头增加至800头至1000头，蔬菜由每天100万公斤增加至150万公斤。

（左曙航）

【试点零售农贸市场核酸检测结果“亮证经营”】 年内，以青塔大成双盈综合市场为试点，为场内210名员工及商户统一预约专业核酸检测机构，实现全员检测。检测合格证统一悬挂于各商户摊位前，与营业执照、食品经营许可证、检验检疫证明、进货票据等材料一同向消费者公示，实现从业人员、主体资质、产品质量、进货渠道的全项目“亮证经营”。

（左曙航）

【强化商品交易市场防疫工作】 年内，持续强化商品交易市场防疫工作。各市场均派驻一个专项工作组，其中8个规模以上市场专项工作组由区领导任组长，62个规模以下市场专项工作组由处级干部任组长，全面督导市场防疫工作。摸清市场商户人员及经营情况，建立工作台账，全面开展核酸检测，做到应检尽检。对各市场出入口加强管控，严格落实佩戴口罩、体温检测等防控措施，做到应测尽测。对进出车辆进行高强度消杀作业，对肉制品售卖区域利用紫外线消毒设备进行全时段消杀，对交易区地面、下水道、电梯等重点区域每日高频次消毒。组织市场监管、商务、卫健委等部门开展卫生健康环境检查，督促指导各市场主体落实各项防控措施，确保市场疫情防疫全覆盖、无死角。

（左曙航）

▲6月，岳各庄批发市场菜品供应充足。（刘平 摄）

【新发地市场临时交易区投入使用】 新发地市场疫情发生后，为不影响首都农产品供应，新发地市场开辟新的农产品交易场所，启动国际名酒城场地、新发地市场大货车停车场、新发地村停车场、新发地北桥东侧国际水产城场地4个蔬菜指定交易区域和盛芳国际花卉总部基地北二门的羊坊临时交易场区1个水果交易区域，计619亩。所有交易农产品需在产地做好全面安全检测，运抵临时交易场地后再次进行全面检查。截至6月19日，临时进场交易车辆350辆、2100吨，日环比增长近两成，交易秩序逐步好转。

（左曙航）

【延长新发地市场牛羊肉综合大楼相关人员隔离期】 6月28日，丰台区在北京市新型冠状病毒肺炎疫情防控工作新闻发布会上宣布，经专家评估，新发地市场牛羊肉综合大楼相关人员为疫情极高风险人群，决定对新发地市场牛羊肉综合大楼相关集中隔离人员在原来14天的基础上再延长集中医学观察14天。新发地市场聚集性疫情发生后，丰台区对相关高风险人群进行快速有效的集中隔离，同步开展核酸检测150万人，做到中高风险人群应检尽检。6月13日新发地市场实施封闭管理至27日24时，丰台区累计有确诊病例212例，无症状感染者18例，疑似病例3例。在212个确诊病例中，通过主动就医筛查出8例，密接人员筛查出139例，通过社区核酸检测筛查出65例。集中隔离人员筛查出122例，占确诊病例的57.55%。至7月3日，在筛查病例中，新发地市场牛羊肉综合大楼地下一层从业人员确诊102例，占丰台区确诊病例的48.11%。

（左曙航）

【区领导检查集中隔离点】 6月28日，区领导到秋果酒店北京新天坛医院店和布丁酒店花乡桥店集中隔离点检查疫情防控工作和核酸检测点相关工作开展情况。区委书记徐贱云要求，要持续加强集中隔离点规范管理，按照集中隔离点管控标准和要求，堵漏洞、补短板，做好留观人员转运、安置工作，确保“一人一间”；进一步强化健康监测、消毒消杀、垃圾清运等防疫措施，杜绝在集中隔离点内出现交叉感染；进一步做好留观人员信息摸排和数据统计工作，掌握集中隔离点尤其是涉及新发地牛羊肉综合交易大楼、周转二区等高风险点位及密接的留观人数、留观时间、隔离房间、工作摊位等信息，从严从细实现精准防控；做好留观人员服务保障工作，尤其对延长隔离期人员，加强心理疏导和情绪安抚，帮助解决实际问题和困难，争取理解和支持。

（左曙航）

【封闭管控小区分期解封】 6月30日起，新发地周边12个封闭管控小区依规分期解封，5个管控期间无病例的小区解除封闭管控，对出现病例的经营者乐园及6个小区的14个单元按照末次病例环境消杀后继续实行14天封闭管控；5月30日进出过牛羊肉大厅的人员及同住人员继续居家观察，其他居民解除管控进行封闭管理。为做好分期解封工作，社区向居民发放统一制作的印有实名信息的出入证，并签署一式两份的承诺书，发放调整防控工作的提示，提示居民每日开展自身健康监测，外出做好个人防护等。下沉的520名市、区、街乡干部继续在岗值守，参加出入口值守、居家观察人员生活服务等工作。

（左曙航）

【区领导检查解封小区管控】 6月30日，区领导先后到花乡天伦锦城小区、经营者乐园和新村街道银地家园C区居民小区，检查解封小区管理和居民日常生活服务保障工作。区委书记徐贱云强调，要持续强化解封小区疫情防控工作，落实出入口测温、查证、验码、登记等各项封闭式管理措施，提示居民做好健康监测和个人防护；维护好出入证办理、领取等工作的现场秩序，避免扎堆聚集；进一步做好封控管理小区和单元楼门的人员管控和环境消杀，精细化提供生活必需品采买、问医送药以及快递代取等服务，做好心理疏导和情绪安抚，争取居民的理解和支持；重点加强解封小区居民日常生活保障，合理开放、布局菜市场、便民菜车、商超等便民网点，增加临时早市、蔬菜摊位数量，拓宽瓜果蔬菜、粮油副食等生活必需品供应渠道，保障供应和价格稳定，确保满足解封小区居民生活需求。7月1日，区委副书记、代区长初军威先后到花乡黄土岗村宜兰园小区和丰台中西医结合医院检查社区解除封闭后疫情防控各项措施落实情况，调研医院疫情防控工作并慰问医院一线医务人员，要求继续严格落实“四方责任”，确保各项防控措施落实到位；继续做好小区居民各项日常基本生活保障工作。

（左曙航）

【率先增设预约式标准化核酸检测采样点】 7月5日，丰台区率先在卢沟桥乡、花乡、总部基地、王佐镇增设4个新冠核酸检测预约式标准化“愿检尽检”采样点。市民可根据自身需求自愿、自费进行核酸检测。每天每个点采样量约1000人次，报告在24小时内出具，可通过北京健康宝、各检测机构微信公众号等渠道查询。

（左曙航）

【新发地市场集中隔离人员分类分批解除隔离】 7月7日起，新发地市场集中隔离期满核酸检测合格人员陆续解除隔离，按照解除隔离人员实际情况，分批次开展转运安置工作。第一批转运安置解除隔离观察人员5000多人。11日，第二批隔离期满核酸检测合格人员陆续转运安置，16日，完成全部转运任务，转运安置5750人。针对新发地市场集中隔离人员，丰台区按照科学精准、安全有序的原则，分类分批解除隔离措施。第一类是对新发地牛羊肉综合交易大楼隔离人员，风险等级高，采取“14+14”天的隔离观察措施，隔离期满，核酸检测结果为阴性，解除隔离观察。第二类是新发地市场其他区域隔离人员，对5月30日至6月13日未到

▲7月7日，第一批新发地市场集中隔离人员解除隔离，分批乘转运安置车，返回新发地市场取车取物。 （刘平 摄）

过新发地市场牛羊肉综合交易大楼，且隔离人员同批次进入隔离点，隔离期间隔离点未出现阳性检出者，经评估后实施隔离“14+7”天的隔离政策，隔离期满后，核酸检测为阴性，解除隔离观察。这些人员需签订承诺书，此后7日内进一步做好健康监测，外出做好个人防护，出现异常情况向所在地社区(村)报告。

（左曙航）

【隔离人员转运安置工作】 为做好转运安置工作，丰台区制订《转运安置工作手册》，做好人员分类、转运安置、人员入场离场、后续服务等工作，人员转运安置实现“人车对接、人物对接、人人对接”的闭环管理。针对需要返回新发地市场取车取物的人员，直接从隔离点安排转运至新发地市场登记取车。车辆停放区域设置消杀点，对出入场车辆轮胎进行消杀。7月11日、12日，区领导先后到新发地长途客运站、视频监控调度室、市场三农门等，实地察看转运到场落客、人员登记核录、进场取车取物、货车离场组织等工作，了解现场秩序维护、外围交通疏导、后续跟踪服务等情况。区委书记徐贱云强调，要进一步加强转运工作组织调度，科学合理安排发车频次，控制好到场和离场时间，做好人员进出引导、现场秩序维护、车辆离场清点工作，防止发生扎堆聚集；加强人员和车辆离场后续追踪服务管理，对回到社区(村)的人员，做好健康监测和服务保障工作，对离场大货车，登记核录信息，掌握动态去向；及时回应和解决相关人员诉求，确保社会面稳定。

（左曙航）

【新发地便民菜市场试营业】 7月28日，新发地便民菜市场北区试营业，建筑面积1000平方米，位于新发地小学东侧，在新发地批发市场配送中心基础上改造而成，销售鲜菜、粮油、水果、蛋类及主食。进货渠道为新发地市场周转区及岳各庄市场，经检测合格后进入销售环节，进货、销货票据对外公开。8月28日，新发地便民菜市场南区开业投入使用，主营猪、牛、羊肉及分割鸡，全部为厂家直供。该便民市场实行“批零分开、干湿分离、生熟分开”，严格落实常态化疫情防控措施，设立机动车、非机动车专用停车场和出入口，安排专人每日3次对市场内全覆盖消杀，确保环境安全。该市场根据干湿分离原则，划分为南北两个区域，可满足周边4万居民日常生活需求。

（左曙航）

【区领导调研冷链食品监管】 8月4日，区领导调研检查冷链食品监管工作，并召开专题会。区委书记徐贱云强调，要高度重视，毫不松懈抓好疫情防控。聚焦常态化疫情防控，紧盯防疫安全漏洞和薄弱环节，以最严格的标准和最完善的措施抓好农产品市场整改升级和冷链食品全链条监管工作，做好风险防范，严防疫情通过冷链传播。落实责任，督促市场主体归位尽责。各相关部门和属地街乡在做好服务的同时，进一步强化市场主体责任，督促市场经营主体按照要求落实落细各项安全标准和防控措施。加强监管，全面排查开展专项整治。成立专项整治工作专班，对全区市场，特别是冷链食品市场和冷库经营场所开展全面排查，以疫情防控为重点，结合违法建设拆除工作，对存在食品安全、消防安全、防疫隐患及违法建设的市场主体和场所进行整治拆除，消除安全隐患。严格标准，加快推进岳各庄市场升级改造。落实各项防控要求，推动管理转型升级，实现分类划片经营，在取消市场零售功能的同时，建设便民零售市场为周边居民提供日常农产品零售服务，做到“批零分开、干湿分开、生熟分开”；成立市场升级改造专班，加快方案制定，确保“十一”之前整改升级到位。区委副书记、代区长初军威指出，要提高政治站位，进一步明确丰台区作为中心城区的功能定位，下大气力拆除违法建设，为高质量发展腾出空间；坚决整治冷库等防疫安全薄弱环节，吸取新发地疫情教训，规范冷库经营，查拆违法违规，彻底杜绝隐患；推进市场转型升级，严格标准、规范经营，强化现代化物流体系和信息化建设，高质量推进全区各类市场升级改造；加强服务和管理，强化服务意识，严格规范管理，堵住漏洞，补齐短板，统筹疫情防控和经济社会发展，落实各项整改要求。

（左曙航）

【新发地市场分期复商复市宣传引导】 年内，丰台区开展新发地市场分期复商复市宣传引导工作。邀请中央、市属30余家主流媒体记者实地探访新发地，中央电视台《朝闻天下》《共同关注》等10个栏目滚动报道，北京电视台《北京新闻》《北京您早》栏目播发“新发地农产品批发市场筹备完毕准备复市未来将全面取消零售功能”等系列报道，《北京日报》头版头条以“新发地市场复市前夕探营”为题，报道新发地市场分期复市各项准备工作情况。主管区领导参加北京市新型肺炎疫情防控工作新闻发布会，介绍丰台区成立新发地市场复市工作专班，按照“批零分开、干湿分开、生熟分开”等工作要求，深化升级改造，推进市场分期复市工作情况。邀请中央、市(区)属40余家媒体开展集中采访，中央电视台《新闻联播》《新闻直播间》等栏目播发“北京新发地市场复市只批发不零售”等新闻，人民网、《经济日报》《北京青年报》、香港《大公报》《文汇报》等境内外媒体均在首页、头版位置刊发正面报道，全景展现新发地市场复市当天各项工作运转情况。截至8月20日，在中央、市属及境外媒体刊发相关报道近400(条)。

（左曙航）

【新发地市场分期复市】 8月15日，新发地主市场铁路以南区域对外开放营业，标志着新发地市场正式复市。该区域占地651亩，其中水果批发区域304亩，临时蔬菜交易区域166亩，上货区71亩。加上先期试运行的周转新区(原苹果、梨交易区)146亩和周转一区81亩，累计复市面积878亩，恢复市场正常时期果蔬交易量60%。复市当日1000多辆货

▲9月，新发地“上新”蔬菜供应恢复往年水平。（吴镝 摄）

车1.3万吨蔬菜水果进场，售卖商品涉及蔬菜18个品类，水果16个品类。9月6日，新发地主市场铁路以北区域正式开放营业，标志着新发地全面复市。占地约640亩，为新发地主市场内原蔬菜经营区，售卖玉米、豆角类、花生、大白菜等40余个蔬菜品类。6日8时至7日8时，新发地主市场累计进入各类卖方车辆1211辆、采购车辆4338辆，卖方商户2628人次、采购人员6416人次，市场总上市量2.58万吨，果蔬供应能力达到历史同期水平。新发地市场于6月13日休市，为保障和满足首都农产品供应，丰台区委区政府成立新发地市场复市工作专班，坚持问题导向，制定复市升级工作方案，深化市场升级改造，稳步推进市场分期复市。全面取消新发地市场零售功能，不再向个人消费者开放，坚持批发属性。建立完成市场智能管理系统，通过实名认证方式，推行“卖方注册制，买方会员制”，买卖双方在“北京新发地”或“新发地”微信公众号上进行注册，通过验证后进入市场交易。货品进场需在新发地市场智能管理系统上登记，上传货物品种、数量、产地证明、产品检测合格证明等信息，市场对登记信息进行核实，确认无误后进场交易。场内交易时，由买方出示交易码，卖方识别后填写货品、金额、数量、产地等信息，买卖双方确定提交后进行货物交易。交易完成后买方离场需展示会员码，由市场工作人员使用PDA扫描识别买方会员二维码，收集交易信息上传到智能管理系统，做到货品来源信息可追溯，货品去向可清查。市场内实行分区管理，按照经营品类，重新划分为铁路以北蔬菜市场、铁路以南水果市场、周转新区、周转一区、周转二区、芒果交易区六大区域，形成“蔬菜水果为主、其他农产品为辅”供应格局；同时按照交易功能划分经销区（卖方区域）、采购区（买方区域）、摆渡区（周转区域），买卖双方车辆进场后停放在相应区域，实现人车分流。

（左曙毓）

【市场疫情防控常态化】年内，丰台区整治新发地市场内外环境秩序，修补、硬化、平整地面36万平方米，完善施划各类标识、标线4.8万米，拆除广告牌匾1.2万平方米，增设现代化果蔬垃圾处理站2个，改造垃圾中转站5个。优化市场周边交通秩序，安装各类道路标识、标志牌177个，分离货运车辆和社会车辆，引导车辆有序进入市场。建立常态化疫情防控机制，按照“三防四早九严格”的要求，建立“四个一”防疫工作机制，即体温一日一监测、摊位一日一清洗、场所一日一消毒、市场一周一次全面消杀，在市场出入口设立红外测温设备，利用人脸识别技术，全面、准确、快速登记进出人员信息，做到可查询、可追溯。安排第三方检测机构入驻，定期对市场内环境、物品、包装材料、公共用具开展新冠病毒核酸抽检。全面取消地下空间交易，禁止在地下、半地下空间从事一切交易行为。在市场内设立公共卫生监测哨点，区疾控中心工作人员驻场指导市场开展环境消杀和防疫知识培训，指导市场开展爱国卫生运动，提升市场从业人员的健康素养水平，构建以人员、物品、环境等为监测对象的综合监控体系，实现对市场人员全覆盖的日常健康监测。设立新发地市场监督管理所，加强对市场的日常监督管理，重点加大对食品安全、冷库冷链设施设备的监管力度。严格安全生产执法，对市场内外建筑物及冷库进行全面安全生产排查，截至8月14日，拆除临时建筑4.5万平方米，整改消防隐患20个、安全生产隐患22个。

（左曙毓）

【新发地发出复市后首张营业执照】8月24日，区市场监督局新发地市场所向商户发出复市以来第一张营业执照。为破解新发地新建市场所许可公章、登记系统和打照系统不完善的壁垒，区市场监督局新发地市场所、登记注册科、花乡市场所三部门建立联合办理机制，助推市场尽快对外营业和复工复产。新发地所按照“一窗受理、提前指导、集成服务”的原则，直接对接市场主办方，采用“即时预约、批量受理”模式，实现市场准入“零跑腿”。批量办结后，统一送照上门，实现“批量受理、批量办结、即办即领”。

（左曙毓）

【岳各庄市场开启批零分开模式】9月1日，丰台区岳各庄农产品批发市场实行批零分开。由酒店用品城改造的岳各庄便民服务中心为独立零售区，面积3500

▲2020年，市民在批零分开后的岳各庄市场购物。（张雪峰 摄）

平方米，其他区域不再接待零售业务。岳各庄市场2号门是便民服务中心专门出入口，零售区与批发区通过铁栅栏实施硬隔离。便民服务中心一层东部为牛羊肉、猪肉及水产品区，与其他区域的蔬菜和水果进行分区设置、干湿分离；二层为粮油、副食、调料和干果、豆制品、熟食、奶制品，三层是小食品。岳各庄市场严格功能分区，划分交易区、仓储区和综合服务区，杜绝交易、仓储和住宿混合的"三合一"现象，禁止各类人员在仓储交易区域居住，禁止在地下、半地下空间内从事交易行为。建设智能管理系统，9月底前完成了各入口人脸识别系统的安装调试，完成市场商户及会员注册，非注册商户及采购人员禁止进入市场批发交易。调整市场车辆出入口，设立零售专用通道，拆除5000平方米建筑增加停车位；所有进场车辆电子录入，市场内车辆按规定路线单向行驶，不得停车配货上货。实行常态化疫情防控，建立专属消杀员队伍，交易区摊位一日一清洗、公共场所一日一消毒、市场一周一次全面消杀，保持经营场所环境整洁，提高对鲜活水产品、冻品区域、洗手间、下水道等重点区域的消杀频次。

（左曙航）

【社会福利机构疫情防控】 新发地市场疫情发生后，区民政局组成14个工作督导组，对全区39家养老机构、11家养老服务驿站开展检查走访，暂停接收新入住老人，停止走访慰问、探视咨询等社会活动。对5月30日后到过新发地等3个市场的养老机构工作人员、老人及其家属进行排查，按照防控要求进行隔离观察。对新发地相关人员及新发地3公里以内的养老机构、救助管理站、儿童福利院相关人员进行核酸检测，做到应检尽检。

（左曙航）

抗疫宣传

【《丰台报·疫情防控特刊》发挥舆论引导作用】 年内，丰台区融媒体中心利用《丰台报》覆盖社区（村）的阵地优势和北京号、百家号等新媒体优势，编辑出版《丰台报·疫情防控特刊》传递党中央和市委区委的指示精神，报道全区各部门各街道乡镇联防联控的措施成效，讲述防疫抗疫一线事迹，凝集人心，鼓舞士气，发挥舆论引导作用。自1月22日至5月1日，编辑出版26期，内容包括权威信息、政策解读、防控知识和举措进展等等，每期6万份，打通投递、赠阅、张贴等渠道送到居民群众手中。

（左曙航）

【青年讲师团"抗疫先锋青年担当"系列线上宣讲活动】 3月27日，丰台团区委在北京团市委和丰台区委宣传部的领导和具体指导下，启动"抗疫先锋青年担当"系列宣讲，选树战疫一线的丰台青年榜样，通过青年专家讲理论、青年干部讲政策、青年榜样讲事迹，宣传丰台青年事迹、解读防控政策、开展主题教育，引导青少年坚定理想信念。截至5月8日，组织11名青年讲师围绕"疫情防控下的治理能力""传承英烈精神争当时代先锋""疫情防控中的90后"主题开展3场宣讲，覆盖各领域、各战线青年1800余名，光明日报、人民网等媒体均有报道。以五四青年节为契机，组建"疫情防控"青年宣讲团，开展疫情防控五四专题宣讲1场，覆盖人群约2000人。

（左曙航）

【"共抗疫情决胜小康"百姓宣讲团巡讲启动】 10月9日，由丰台区委宣传部牵头组建的丰台区"共抗疫情决胜小康"百姓宣讲团首场宣讲活动在卢沟桥乡举行。活动中，宣讲团成员讲述了自新冠肺炎疫情暴发以来，丰台区人民抗击疫情、守护生命、服务群众的故事。方庄社区卫生服务中心汪丹讲述中心主任吴浩作为社区防控专家驰援武汉的51个日夜；丰台区疾控中心杨霄星讲述疾控战士的24小时；花乡黄土岗村马春梅讲述黄土岗村党员干部以及志愿者日夜坚守架起疫情防控线的经历；丰台区环卫中心苏玉兰讲述丰台环卫人51个昼夜的新发地市场清理工作；花乡天伦锦城社区张金侠讲述天伦锦城社区抗疫铁军的故事；卢沟桥乡张蕾讲述岳各庄村确保岳各庄批发市场安全，守护市民菜篮子的故事。巡讲采取线上、线下两种方式进行。线上，在北京丰台客户端、北京丰台微信公众号等开展云宣讲。线下，根据疫情常态化防控要求，适时组织开展现场宣讲，走进21个街乡镇和部分委办局，活动持续至11月底。

（左曙航）

【"筑梦新蓝图 奋进新征程"主题宣讲】 年内，北京市丰台区学习贯彻党的十九届五中全会精神青年宣讲团开展"筑梦新蓝图 奋进新征程"主题宣讲，邀请抗疫一线工作者，结合丰台抗疫实践，讲述丰台青年在新冠肺炎疫情防控工作中的事迹。12月8日，宣讲团到花乡开展宣讲，宣讲人钱诚作为基层一线社区工作者，以《天伦锦城社区的抗疫铁军》为题，讲述新发地疫情期间，天伦锦城的社区工作者用责任解决居民"散小愁急"身边事、用初心守护辖区居民安危、用担当打造抗疫铁军的事迹；宣讲人谢雯菁分享团区委从响应"做后援"，到下沉社区"搭把手"，再到深入新发地"排头兵"的战"疫"经历。17日，宣讲团走进区卫生健康委开展宣讲，宣讲人孙卓是区消防救援支队的消防指挥员，获"北京青年五四奖章"、2019年"北京青年榜样·时代楷模"年度人物、2020年北京市"应急先锋·北京榜样"年榜人物等，讲述消防队员投身新发地疫情防控工作的故事；宣讲人叶财德是铁营社区卫生服务中心副主任、区青联常委，获"北京市优秀共产党员""北京市抗击新冠肺炎疫情先进个人""北京青年榜样"、援鄂新冠肺炎疫情防控工作"突出贡献"先进个人、新时代"最美逆行者"等，以《"医"往无前，"疫"无反顾》为题，分享作为中央指导组社区防控专家支援武汉社区防控75天、参与新发地疫情防控和支援天津疫情防控工作的经历；宣讲人韩青是基层非公党建负责人、党的十九大代表、全国青联常委，获"全国劳动模范""北京青年五四奖章""北京市三八红旗手"等，讲述疫情期间敢当抗疫先锋、坚守防疫岗位、守护群众安全健康、帮助企业复工复产的事迹。

（左曙航）

先进表彰

【获全国抗击新冠肺炎疫情表彰大会表彰】 9月8日，在全国抗击新冠肺炎疫情表彰大会上，丰台区花乡天伦锦城社区党总支被授予"全国抗击新冠肺炎疫情先进集体"荣誉称号；方庄社区卫生服务中心主任吴浩、丰台中西医结合医院老年科副主任医师熊盈、右安门派出所三级警长兼玉林西里社区党委副书记傅天雷获"全国抗击新冠肺炎疫情先进个人"荣誉称号。

（左曙航）

【个人和集体获北京市抗击新冠肺炎疫情表彰大会表彰】 9月29日，在北京市抗击新冠肺炎疫情表彰大会上，丰台区40名个人获得"北京市抗击新冠肺炎疫情先进个人"称号、15个集体获得"北京市抗击新冠肺炎疫情先进集体"称号；5名党员获得"北京市优秀共产党员"称号、5个党组织获得"北京市先进基层党组织"称号。

（左曙航）

【榜样家庭】 年内，丰台区广大家庭以多种形式参与到疫情防控战中，张晨、曹桂丹、司红星、赵立建、张雪梅家庭被评选为"首都最美家庭"，其中张晨、曹桂丹家庭被评选为"全国抗疫最美家庭"。

（左曙航）

【丰台区红十字会被评为全国红十字会系统抗疫先进集体】 年内，在中国红十字会抗击新冠肺炎疫情表彰大会上，丰台区红十字会获得"中国红十字会抗击新冠肺炎疫情先进集体"称号，表彰其抗击疫情作出的贡献。

（左曙航）

▲2020年，曹桂丹家庭被评选为"全国抗疫最美家庭"。

丰台区获北京市抗击新冠肺炎疫情表彰个人和单位一览表

表 2

获表彰名称	姓名	单位
北京市抗击新冠肺炎疫情先进个人	乔树斌	丰台中西医结合医院呼吸与危重症科主任、主任医师
	叶财德	丰台区铁营社区卫生服务中心副主任、副主任医师
	韩 鑫	丰台医院普外科副主任医师
	朱云龙	丰台中西医结合医院骨科主治医师
	王欣心（女）	丰台区疾病预防控制中心性病艾滋病科科长、主治医师
	王建成	丰台区云岗社区卫生服务中心主任
	赵时宏（女）	丰台区南苑医院门诊办公室主任、主治医师
	代照东	丰台区铁营医院医务科科长、主治医师
	费家勇	丰台区南苑医院放射科主任、主任医师
	杨秀泉	丰台医院副院长、主任医师
	林 庆（女）	丰台区社区卫生服务管理中心主任、副主任医师
	王丽民（女）	北京急救中心丰台区新发地急救站主任、护师
	李 静（女）	丰台区南苑医院院感科负责人、主管护师
	赵艳会（女）	丰台医院护士长、主管护师
	王艾莹（女）	丰台区新村社区卫生服务中心护理部主任、院感负责人、主管护师
	邰韩珍（女）	丰台区医疗急救管理中心网络组组长、主管护师
	敬燕燕（女）	丰台区疾病预防控制中心环境卫生科科长、副主任医师
	杨霄星（女）	丰台区疾病预防控制中心传染病与地方病防制科科长、主治医师
	赵 静（女）	丰台区疾病预防控制中心主任护师、党总支书记、主任护师
	杨军勇（女）	丰台区疾病预防控制中心应急办科员、副主任医师
	丁黎亮	北京市公安局丰台分局卢沟桥派出所综合指挥室一级警长
	王福明	北京市公安局丰台分局洋桥派出所副所长兼社区警务三队队长
	许 中	北京市公安局丰台分局刑侦支队四中队中队长
	张 跃	北京市公安局丰台分局岳各庄派出所民警
	姚彩艳（女）	丰台区卢沟桥街道五里店第一社区党委书记
	李志萍（女）	丰台区右安门街道玉林东里一区社区党委书记
	于湉湉（女）	丰台区马家堡街道嘉园二里社区党委书记
	王 麟（女）	丰台区大红门街道海户屯社区党委书记、居委会主任
	王玉梅（女）	丰台区东铁匠营街道成仪路社区党委书记、居委会主任
	王艳梅（女）	丰台区长辛店街道东山坡社区党委书记、居委会主任
	李 洪（女）	丰台区花乡人民政府副乡长
	王丽杰（女）	丰台区新村街道办事处党群工作办公室科长
	金其俊	丰台区委办公室副主任
	刘博涵	丰台区团委副书记
	徐崇伟	丰台区环境卫生服务中心环境卫生科科长
	项 娜（女）	丰台区卫生健康委疾控科科长
	郭少民	丰台区市场监督管理局食品市场科科长
	顾艳平（女）	丰台区商务局副局长
	翟光红	丰台区委政法委分管日常工作的副书记
	何洪涛	丰台区委宣传部新闻科科长

续表 2

获表彰名称	姓名	单位
北京市抗击新冠肺炎疫情先进集体		丰台中西医结合医院
		北京市公安局丰台分局新发地派出所
		丰台区新村街道怡海花园社区
		丰台区花乡黄土岗村党总支
		丰台区南苑乡果园村党委
		丰台区卢沟桥乡岳各庄村党总支
		丰台区丰台街道北大地西区社区
		丰台区人民政府办公室
		丰台区委组织部
		丰台区纪委区监委党风政风监督室
		丰台区发展和改革委员会
		丰台区委社会工委区民政局
		丰台区环境卫生服务中心
		依文服饰股份有限公司党支部
		丰台区太平桥街道首科大厦党总支
北京市优秀共产党员	叶财德	丰台区铁营社区卫生服务中心副主任、副主任医师
	李静（女）	丰台区南苑医院院感科负责人、主管护师
	敬燕燕（女）	丰台区疾病预防控制中心环境卫生科科长、副主任医师
	刘博涵	丰台区团委副书记
	徐崇伟	丰台区环境卫生服务中心环境卫生科科长
北京市先进基层党组织		北京市公安局丰台分局新发地派出所党支部
		丰台区新村街道怡海花园社区党委
		丰台区委组织部机关党支部
		丰台区环境卫生服务中心党委
		依文服饰股份有限公司党支部

2021
北京丰台年鉴

对口扶贫支援

综 述

【概况】丰台区深入贯彻党中央、国务院脱贫攻坚决策部署和北京市委市政府工作安排，提高政治站位，强化使命担当，开展多层次、宽领域、全方位的帮扶活动，着力构建“政府主导、社会参与、市场运作、多元帮扶”的工作体系，助力河北省保定市涞源县、内蒙古赤峰市林西县、内蒙古兴安盟扎赉特旗及青海省玉树州治多县打赢脱贫攻坚战，13.2万名贫困人口全部脱贫，完成脱贫攻坚目标任务。

丰台区分别于2016年11月、2016年12月、2017年11月、2018年4月与内蒙古林西县、河北省涞源县、青海省治多县和内蒙古扎赉特旗正式建立携手奔小康结对关系，共同开展扶贫支援工作。强化组织统筹和系统谋划，援受双方党委政府主要领导实现互访对接21次；先后召开区委常委会、区政府常务会、扶贫协作联席会等42次，统一思想认识，研究部署扶贫支援工作。区委区政府主要领导统筹调度，建立各级各部门协同抓，统筹有力、上下联动、前后互动的扶贫协作工作体系。累计投入市、区财政资金7.8亿元，实施市区扶贫项目319个，充分发挥区内项目监管单位作用，切实发挥资金最大效益，形成资金管控有效闭环，惠及贫困人口6.2万人。坚持把产业合作作为扶贫协作的首要任务，先后引导19家企业到受援地区投资兴业，共建产业园区、扶贫车间，累计在当地投资24.5亿元，惠及22000余名贫困人口。坚持扶贫扶智，把脱贫攻坚作为培养锻炼干部人才的重要阵地，组织干部人才双向挂职，累计选派干部人才265人次赴受援地区挂职帮扶，接收受援地区干部人才550人次。组织开展扶贫业务及各类专题培训132次，累计培训1324人次。坚持将劳务协作作为脱贫攻坚的主攻方向，通过招聘活动、规范设置公益岗位、支持稳岗就业补贴、引导产业项目吸纳务工等方式助力10304名贫困人口就业。充分发挥政府和社会两方面力量作用，组织召开“万企帮万村”扶贫协作工作会，会同区国贸委、区园区管委、丽泽管委会、区工商联等相关部门及各乡镇全力动员区内企业参与东西部扶贫协作工作。通过传达中央及北京市领导关于扶贫协作的重要讲话精神、扶贫协作政策宣讲等多种形式，经过各相关部门广泛动员，实现与受援地区深度贫困乡镇、深度贫困村结对全覆盖。

（杜雨薇 孙艳霞）

【研究部署】2018年5月，经十二届市委常委会第68次会议研究决定，完善“丰台区对口支援合作工作联席会议制度”，由区委、区政府主要领导作为召集人，区委常委、常务副区长作为副召集人。2018年8月，为更好地聚焦扶贫协作工作，经区委、区政府同意，将“丰台区对口支援合作工作联席会议”更名为“丰台区扶贫协作和支援合作工作联席会议”，并对成员单位工作职责进行细化调整。成员单位由之前的17个增至29个，2019年增至51个，从顶层设计上形成领导合力，共同抓好扶贫支援工作。“十三五”以来，丰台区召开涉及扶贫支援工作的区委常委会、区政府常务会、扶贫协作联席会等42次，研究制定丰台区扶贫协作和支援合作工作计划和政策措施等30余项，涵盖联席会议制度、工作计划、资金项目管理制度等方面，形成严密的政策体系，强化组织统筹和系统谋划，坚决助力受援地区打赢脱贫攻坚战。

（杜雨薇 孙艳霞）

【调研对接】“十三五”以来，丰台区委区政府主要领导每年率团到受援地区进行调研对接，研究推进重点任务，走访贫困群众，慰问援派干部；并与来京的受援地党政代表团座谈，形成高层交流互访机制。脱贫攻坚战以来，丰台区委区政府主要领导与受援地交流互访20余次。

（杜雨薇 孙艳霞）

【结对帮扶】“十三五”以来，丰台区21个街乡镇、91个社区（村）、95家企业、42家社会组织参与扶贫支援工作，实现与受援地区深度贫困乡镇、深度贫困村结对全覆盖。34家丰台区学校与受援地区学校建立36个结对关系，5家医院、14家社区卫生服务中心与受援地区建立35个结对关系。动员社会各界奉献爱心，截至2020年，累计向受援地区捐款捐物约6600万元。

（杜雨薇 孙艳霞）

街乡镇结对帮扶一览表

表3

序号	丰台区街乡镇	结对旗县	西部乡镇	结对年度
1	卢沟桥乡	河北省涞源县	塔崖驿乡	2018
2		河北省涞源县	王安镇	2018
3	大红门街道	河北省涞源县	北石佛乡	2018
4		河北省涞源县	水堡镇	2019
5	东高地街道	河北省涞源县	白石山镇	2018
6	和义街道	河北省涞源县	杨家庄镇	2018
7		河北省涞源县	烟煤洞乡	2019

续表 3

序号	丰台区街乡镇	结对旗县	西部乡镇	结对年度
8	马家堡街道	河北省涞源县	金家井乡	2018
9		河北省涞源县	涞源镇	2019
10	宛平街道	河北省涞源县	走马驿镇	2018
11	西罗园街道	河北省涞源县	南屯镇	2018
12	新村街道	河北省涞源县	上庄乡	2018
13	右安门街道	河北省涞源县	乌龙沟乡	2018
14	长辛店街道	河北省涞源县	东团堡乡	2018
15	长辛店镇	河北省涞源县	东团堡乡	2018
16	王佐镇	河北省涞源县	银坊镇	2018
17	太平桥街道	河北省涞源县	留家庄乡	2018
18	卢沟桥街道	河北省涞源县	南马庄乡	2018
19	新村街道	内蒙古林西县	新林镇	2019
20	宛平街道	内蒙古林西县	统部镇	2019
21	东铁匠营街道	内蒙古林西县	十二吐乡	2019
22		内蒙古林西县	大井镇	2017
23	丰台街道	内蒙古扎赉特旗	新林镇	2018
24		内蒙古扎赉特旗	巴彦乌兰苏木	2019
25	南苑街道	内蒙古扎赉特旗	巴彦扎拉嘎乡	2018
26		内蒙古扎赉特旗	巴达尔胡镇	2019
27	南苑乡	内蒙古扎赉特旗	巴彦高勒镇	2018
28		内蒙古扎赉特旗	宝力根花苏木	2019
29	云岗街道	内蒙古扎赉特旗	阿拉达尔吐苏木	2018
30		内蒙古扎赉特旗	种蓄场	2019
31	方庄街道	内蒙古扎赉特旗	音德尔镇	2018
32		内蒙古扎赉特旗	图牧吉镇	2019
33	西罗园街道	内蒙古扎赉特旗	阿尔本格勒镇	2019
34	右安门街道	内蒙古扎赉特旗	好力保镇	2019
35	太平桥街道	内蒙古扎赉特旗	努文木仁乡	2019
36	东高地街道	内蒙古扎赉特旗	胡尔勒镇	2019
37	卢沟桥街道	青海省治多县	治渠乡	2019
38	王佐镇	青海省治多县	扎河乡	2019
39	长辛店镇	青海省治多县	多彩乡	2019
40	长辛店街道	青海省治多县	立新乡	2019
41	花乡	青海省治多县	索加乡	2019
42		青海省治多县	加吉博洛镇	2017

（杜雨薇 孙艳霞）

扶贫支援项目建设

【概况】“十三五”以来，丰台区向受援地区拨付区级扶贫支援资金1.73亿元，资金支持重心向深度贫困地区倾斜，资金使用聚焦建档立卡贫困户，会同受援地区利用市、区资金7.8亿元，实施市区扶贫项目319个。项目聚焦解决“两不愁、三保障”突出问题，重点围绕与建档立卡贫困户利益直接相关联的农村饮水、住房改造、教育医疗、产业就业和农副产品销售等领域。组建调度组赴受援地区开展项目开、完工实地调度工作，会同受援地区、挂职干部团队三方共同推动项目早完工、早见效，惠及贫困人口6.2万人。

（杜雨薇 孙艳霞）

扶贫支援资金项目统计表

表 4

序号	年度	市级资金（万元）	市级项目（个）	区级资金（万元）	区级项目（个）
1	河北省涞源县	24003.3	56	5830	98
2	内蒙古林西县	9433.4	37	3440	40
3	内蒙古扎赉特旗	14936	30	4400	29
4	青海省治多县	14422	8	1190	21
5	合计	62794.7	131	14860	188

（杜雨薇 孙艳霞）

【涞源县“两区同建三金扶贫”模式】 自丰台区与涞源县结对以来，坚持按需帮扶、精准发力的原则，利用北京扶贫协作资金支持产业园区建设，实施白石山搬迁片区与扶贫产业园区“两区同建”工程。园区依托特色农业、加工业、现代服务业等劳动密集型产业，打造芽苗菜深加工食品项目，创新“三金一定单”扶贫模式，即企业入驻租赁厂房付租金、帮扶项目持续稳定分股金、农民不出远门打工挣薪金的家庭种植订单回收方式，增强贫困人口造血功能。配套建设的一期产业园区工程已完工，可带动2000名建档立卡贫困人口增收脱贫，吸纳1000个贫困人口就业，每人每年增收500元～18000元，实现贫困群众“打工不往外走，挣钱就在家门口，生活生产两不误，就业创业稳增收”的愿望。该扶贫模式获人民网、《中国扶贫》杂志社“大国攻坚聚力扶贫——第二届中国优秀扶贫案例报告会”东西协作与定点扶贫十大优秀案例。

（杜雨薇 孙艳霞）

【林西县大营子乡老君沟村安置项目】 林西县大营子乡老君沟村圆梦新村距离林西县城32公里处，总建筑面积591.2亩，共建设安置房145处，安置贫困户145户308人，项目惠及9个自然村。完善生活基础设施建设，配套建成活动广场、便民超市、活动室、卫生室等附属设施，村内道路畅通，水电暖齐全，环境优美，宜居宜业。为保障产业支撑，配套建设扶贫产业园区暖棚134栋，发展优势产业种植，建设扶贫车间，为有劳动能力的贫困户提供就业保障，增强新村“造血”功能，夯实脱贫攻坚后劲，带动搬迁群众增收致富。林西县大营子乡紧扣“搬得出、稳得住、有产业、高收入”的总目标，打造老君沟村圆梦新村、二八地村富康新村以及大营子村思源幸福互助院三处独具特色的易地扶贫搬迁安置小区，全部建成并投入使用，截至2020年，共安置贫困户315户554人。通过实施精准扶贫带动，完善配套设施，强化后续管理，推动全乡移民搬迁工作规范化、科学化进程，开创后扶贫时代“居家为基础、互助为特色、产业做保障、社会为辅助”的新型农村社会化养老新模式，群众幸福指数不断提升。2020年11月3日，林西县大营子乡老君沟村安置区，入选国家发展改革委办公厅全国“十三五”时期搬迁工作成效明显、美丽搬迁安置区等典型案例。

（杜雨薇 孙艳霞）

【扎赉特旗草原鸿德乌鸡养殖合作社扶贫车间建设】 扎赉特旗草原鸿德乌鸡养殖合作社创办于2016年，是自治区级合作社示范社，主营畜牧良种繁殖活动、饲料加工销售等，位于扎赉特旗巴彦扎拉嘎乡，总占地面积3万平方公里，建筑面积1万平方米，拥有600平方米标准化育雏车间，全自动育雏设备、600平方米标准化孵化车间、100吨冷藏库。2019年，丰台区投入协作资金50万元建设扶贫车间，安置温都尔村建档立卡贫困人口5人就业，同时直接带动温都尔村24户贫困户，每年每户分红1250元，合计分红3万元。并通过扶贫车间开展乌鸡养殖技术培训，培训贫困人口200人次，带动周边村民进行乌鸡饲养，达到社会效益和经济效益双佳的效果。合作社负责人陈建钧先后被评为人民日

▲涞源县白石山产业园区（扶贫办 供图）

报“全国乡村致富带头人”、团中央“中国青年五四奖章”获得者以及中央宣传部等9部委联合授予的“全国最美志愿者”等称号。

（杜雨薇 孙艳霞）

▲林西县德青源厂区（扶贫办 供图）

扶贫产业合作

【概况】“十三五”以来，丰台区坚持把产业合作作为扶贫协作的首要任务，从输血向造血倾斜，从帮扶向合作拓展，增强受援地区脱贫攻坚的内生动力。先后引导19家企业到受援地区投资兴业，共建产业园区、扶贫车间，截至2020年，累计在当地投资24.5亿元，惠及2.2万余名贫困人口，助力超过1万名贫困人口就业。

（杜雨薇 孙艳霞）

【涞源县玖兴养鸡屠宰场项目】涞源县玖兴养鸡屠宰场位于涞源经济开发区内，厂区占地245.27亩，总建筑面积163236平方米。生产设备采用荷兰进口分割设备和全自动生产线，年屠宰能力8100万只肉鸡。玖兴养鸡项目依托县政府与玖兴公司签订的合作协议，开展公司＋基地＋村“两委”＋合作社＋贫困户的模式，由玖兴公司统一提供雏鸡、兽药、饲料、技术服务、以及统一回收结算；固定鸡雏价格、饲料价格和回收价格，解决贫困户发展生产的后顾之忧，带动11000余名建档立卡贫困户稳定增收。项目总投资5.8亿元，其中北京市投入帮扶资金5348万元，丰台区向该项目周边配套基础建设及乡镇鸡舍建设投入帮扶资金453万元。自2020年投产以来，丰台区为企业拓宽进京销售渠道，促进企业成为丰台区政府机关食堂、西南郊肉类水产品市场等地的供货商，帮助企业增加销量461吨、销售额521万元。

（杜雨薇 孙艳霞）

▲涞源县玖兴农牧（涞源）有限公司肉鸡屠宰车间（扶贫办 供图）

【林西县德青源金鸡产业扶贫项目】林西县德青源金鸡产业项目位于林西县南部十二吐乡，总占地540.08亩，建筑面积7.9万平方米，是林西县与北京农业产业化龙头企业德青源公司合作实施的京蒙产业协作重点项目。项目总投资3.75亿元，其中林西县政府固定资产投资2.5亿元（含丰台区帮扶资金190万元），德青源公司生物资产和流动资金投资1.25亿元。项目建成后，德青源公司租用15年，年租金2500万元，合作期内可实现租金收益3.75亿元。该项目于2017年5月开工建设，当年11月建成投产，实现当年规划、当年立项、当年开工、当年投产。2019年1月1日实现180万羽蛋鸡、60万羽雏鸡满产运营。在北京市、丰台区大力支持下，通过在岳各庄、新发地两大批发市场举办产销对接会、设立免租销售展位、引导北京消费企业签订大宗采购订单、开展线上销售等方式，截至2020年底，累计销售鸡蛋超过9.4亿枚、销售额5.1亿元，其中在京销售鸡蛋6.2亿枚、销售额3.5亿元，占总销量的66%。金鸡产业扶贫项目采用“379”扶贫模式，“3”即公司就业带贫，贫困人口不低于员工总数的30%，贫困人口55名，占比31%；“7”即关联产业带动扶贫，企业或合作组织生产经营用工中需有70%贫困人口，直接用工贫困人口42名，通过玉米订单、捐赠有机肥和蛋鸡等方式惠及贫困人口1200人，占比超过70%；“9”即资产收益带贫，项目租金收益偿还融资贷款本息后，净收益90%以上用于贫困人口，利用租金收益设置保洁员、护林员等公益性岗位带贫2418人，用于健康扶贫、大病救助510人。“379”扶贫模式被国务院扶贫办认可并向全国推广。

（杜雨薇 孙艳霞）

【扎赉特旗安格斯牛养殖项目】 扎赉特旗安格斯牛养殖项目位于扎赉特旗巴彦扎拉嘎乡宏发村，总占地面积1000亩，建筑面积3.6万平方米，共有牛舍11栋，主营业务为安格斯牛养殖繁育，项目实施主体为兴安盟森发牧业有限公司。该项目投入3000余万元用于青储饲料收购及扩大种畜繁育数量，安格斯牛存栏数达2000余头。2020年，扎赉特旗华扶资产管理公司将京蒙扶贫协作专项资金1000万元以资产收益方式交付给兴安盟森发牧业有限公司使用，使用期限为五年，每年向森发牧业有限公司提取6%的收益资金60万元，收益资金用于壮大嘎查村集体经济、推动乡村振兴、人居环境整治等方面的公益事业或为贫困人口分红和开发公益性岗位发放工资，每年利益联结带动人口100人以上，5年带动贫困人口600人次以上，同时通过回收贫困人口农作物秸秆、提供就业岗位等方式每年带动建档立卡贫困人口50人以上。

（杜雨薇 孙艳霞）

▲扎赉特旗安格斯牛养殖项目（扶贫办 供图）

扶智与扶技

【概况】 丰台区坚持扶贫扶智，把脱贫攻坚作为培养锻炼干部人才的重要阵地，组织干部人才双向挂职，开展多层次、多渠道、多形式的人才交流。截至2020年，丰台区累计选派干部人才265人次赴受援地区挂职帮扶，接收受援地区干部人才550人次。组织开展扶贫业务及各类专题培训132次，累计培训1324人次，着力打造懂扶贫、会帮扶、作风硬的扶贫干部队伍以及素质高、能力强、技术硬的专业人才队伍。

丰台区坚持将劳务协作作为脱贫攻坚的主攻方向，通过组织技能培训、开展就业服务多种形式，打出一套“就业扶贫”组合拳。开展家政、育婴师等多种职业技能培训，增加其就业砝码，组织致富带头人培训，大力培养“领头雁”人才。通过招聘活动、规范设置公益岗位、支持稳岗就业补贴、引导产业项目吸纳务工等方式助力10304名贫困人口就业。其中，实现进京就业2038人，就近就地就业7572人，到其他地区就业694人。

（杜雨薇 孙艳霞）

【扶贫支援工作“云”培训】 2020年，

扶贫支援党政干部挂职及培训统计表

表5

内容	东部地区	西部地区	2020年	2016-2020年
党政干部交流	丰台区	河北省涞源县	3人	8人
		内蒙古林西县	2人	6人
		内蒙古扎赉特旗	4人	5人
		青海省治多县	4人	11人
党政干部培训	丰台区	河北省涞源县	209人	416人
		内蒙古林西县	504人	1131人
		内蒙古扎赉特旗	177人	372人

（杜雨薇 孙艳霞）

扶贫支援专业技术人才挂职及培训统计表

表 6

内容	东部地区	西部地区	2020 年	2016-2020 年
专业技术人才交流	丰台区	河北省涞源县	37 人	91 人
		内蒙古林西县	33 人	63 人
		内蒙古扎赉特旗	38 人	83 人
		青海省治多县	4 人	22 人
专业技术人才培训	丰台区	河北省涞源县	337 人	771 人
		内蒙古林西县	2343 人	8712 人
		内蒙古扎赉特旗	961 人	1910 人

（杜雨薇 孙艳霞）

克服疫情影响，丰台区组织开展2020年度扶贫协作和支援合作工作网络“云”培训。培训坚持“实际、实用、实效”的原则，具有“三新”特点，即形式新，克服新冠疫情的不利影响，改变传统培训方式，创新通过网络会议系统远程联动51家扶贫支援联席会成员单位领导干部及5个受援地的挂职干部共110余人参加培训；导向新，学习贯彻习近平总书记在决战决胜脱贫攻坚座谈会上的重要讲话精神及北京市扶贫支援工作重要会议精神，聚焦增强扶贫干部决战决胜脱贫攻坚的责任感使命感紧迫感，解读2020年扶贫支援工作要点，注重统筹推进疫情防控和扶贫支援工作；举措新，编制307页的《扶贫支援工作手册》发给参训人员，作为全年扶贫工作的政策索引和行动指南。

（杜雨薇 孙艳霞）

【林西县贫困人口就业创业服务中心】 林西县贫困人口就业创业服务中心位于林西县城兴林路82号，占地48.3亩、主体建筑面积3930平方米，总投资2017.49万元，其中京蒙扶贫协作资金500万元（北京市400万元、丰台区100万元）。该项目2016年9月开工建设，2017年10月建成，通过开展就业服务、技能培训、贫困劳动力输出、就业安置等多种形式，打出一套“就业扶贫”组合拳，是林西县京蒙劳务协作的主阵地。服务中心一层是求职招聘大厅，2018年、2019年连续两年举办京蒙劳务合作暨就业扶贫招聘大会，2020年克服疫情影响，开展网上对接、网上面试，助推转移就业。二层是就业创业培训学校，由丰台区协调引进的“中国家政十大扶贫品牌”——北京无忧草家庭服务产业集团，注册成立北京衡惠无忧职业技能培训学校和劳务公司，重点针对贫困劳动力开展育婴、家政、医护、养老、特色种养殖、手工艺品编制等专业技能培训，同时学校充分利用农闲时间，采取集中连片的方式把技术送到田间地头，免费培训贫困劳动力。2018年5月培训学校运营以来，累计培训2049人，其中贫困人口752人（1011人次），546人实现就业。三层是新业态就业基地，丰台区引导在区内成功创业孵化的北京贝奥兰电子商务有限公司入驻，在林西县成立内蒙古京林电子商务有限公司，运营健康大数据暨电子商务产业示范基地，累计培训509人，275人先后上岗。

（杜雨薇 孙艳霞）

▲林西县贫困人口就业创业服务中心大厅。（扶贫办 供图）

【北京市丰台区职业教育中心学校】 在北京市教委和区教委的支持下，北京市丰台区职业教育中心学校共承担教育部、北京市、丰台区等各级教育扶贫与支援任务66项，辐射河北、辽宁、新疆等7个省、自治区，涉及连片贫困区国家级贫困县涞源、阜平、沽源、林西、扎赉特旗以及其他存在贫困群体的县域共23个，援建职业学校10所，完成受援地干部挂职22人，骨干教师定岗带训24人，教师教学能力专题培训627人，受

▲2019年2月，丰台区与扎赉特旗在扎赉特旗宣传文化中心联合举办“春风行动”京蒙劳务协作专场招聘会。（扶贫办 供图）

援地职校管理干部专题培训260人，专家名师送教入县实施教学诊断指导258人。6名干部教师援疆支教，3名干部教师赴河北结对学校支教。完成教师教学能力专题培训627人，学生专业技能提升培训1647人，建档立卡人员就业创业培训689人。开展新农村建设致富技能培训，受益农户120户。学校坚持“扶贫扶智扶技，治贫治愚治本”的指导思想，创新管理机制，深度调研、搭建平台、整合资源、精准施策，实施职教扶贫五个转变，探索出多元协同职教扶贫新模式。通过专业孵化，提升帮扶校的人才培育能力；通过技术技能培训，助力学生就业创业；通过对标帮扶地区域经济，实施技术研发，拉动当地产业，带动脱贫致富。多措并举，促进当地职业教育和区域经济发展。

（杜雨薇 孙艳霞）

【教育帮扶】 丰台区依托自身诸多优质教育资源，动员引导区内4家学校与受援地区学校建立36个“手拉手”结对关系，先后选派教育行政管理干部及优质教师到受援地一线挂职交流，组织开展高水平的专业讲座培训，探索远程教育，形成多层次、全方位、广覆盖的教育扶贫支援格局。

（杜雨薇 孙艳霞）

【医疗帮扶】 丰台区发挥自身医疗资源优势，动员区内5家医院、全部14家

丰台区扶贫支援工作教育领域结对情况一览表

表7

序号	东部学校	结对旗县	西部学校
1	首师大附属云岗小学	河北省涞源县	涞源实验小学
2	北京市丰台区丰台第二中学	河北省涞源县	河北涞源三中
3	北京市丰台区职业教育中心学校	河北省涞源县	涞源县职业技术教育中心
4	首经贸附中	河北省涞源县	涞源县第一中学
5	东高地四小	河北省涞源县	涞源县涞源小学
6	中国教科院丰台实验学校	河北省涞源县	涞源县第二中学
7	丰台分院附属学校	河北省涞源县	涞源县易衡联合学校
8	北京教科院丰台实验小学	河北省涞源县	涞源县第一小学
9	新发地小学	河北省涞源县	涞源县第二小学
10	首医大附小	河北省涞源县	涞源县南关小学
11	长辛店一小	河北省涞源县	涞源县联合关小学
12	北京市丰台第八中学	内蒙古林西县	内蒙古林西县第二中学
13	北京市丰台区职业教育中心学校	内蒙古林西县	林西县职业技术教育中心学校
14	芳古园小学	内蒙古林西县	林西县第二小学
15	东铁营一中	内蒙古林西县	林西县实验中学
16	丰台一幼	内蒙古林西县	林西机关幼儿园
17	北京十二中	内蒙古林西县	林西一中
18	赵登禹学校	内蒙古林西县	林西三中

续表 7

序号	东部学校	结对旗县	西部学校
19	东高地三小	内蒙古林西县	林西县实验小学
20	纪家庙小学	内蒙古林西县	林西县第三小学
21	北京舞蹈学院附中丰台实验小学	内蒙古林西县	林西镇寄宿制小学
22	丰台三幼	内蒙古林西县	林西县第二幼儿园
23	北京市丰台区职业教育中心学校	内蒙古扎赉特旗	扎赉特旗中等职业学校
24	北京市第十中学	内蒙古扎赉特旗	扎赉特旗音德尔一中
25	海淀实验小学丰台分校	内蒙古扎赉特旗	音德尔镇第一小学
26	北京师范大学第四附属中学	内蒙古扎赉特旗	音德尔四中
27	芳城园小学	内蒙古扎赉特旗	音德尔七小
28	首师大附属云岗中学	内蒙古扎赉特旗	音德尔五中
29	航天中学	内蒙古扎赉特旗	音德尔第三中学
30	和义学校	内蒙古扎赉特旗	音德尔第六中学
31	长辛店学校	内蒙古扎赉特旗	巴达尔胡中心学校
32	草桥小学	内蒙古扎赉特旗	巴彦高勒中心学校
33	西马金润小学	内蒙古扎赉特旗	音德尔第四小学
34	卢沟桥二小	内蒙古扎赉特旗	音德尔第三小学
35	丰台第一小学	青海省治多县	治多县完全小学
36	北京教育学院附属丰台实验学校	青海省治多县	治多县第二民族寄宿中学

（杜雨薇 孙艳霞）

社区卫生服务中心与受援地区建立35个“手拉手”结对关系，从科室建设提升、培训当地医疗人才，到支援医院相关医疗设备、提升管理等多方面综合提升受援地区医疗服务水平。

（杜雨薇 孙艳霞）

消费扶贫

【概况】 丰台区作为首都高品质生活服务供给的重要保障区，依托区内新发地、岳各庄市场等大型市场优势，探索创新“党建引领消费扶贫”等多个消费扶贫特色亮点，实现消费扶贫金额9.7亿元，为助力受援地区打赢脱贫攻坚战提供有力支撑。

（杜雨薇 孙艳霞）

【打造“产供销全链条”消费扶贫模式】 丰台区按照“政府引导推动、市场主体运作、社会广泛参与、援受双方协同”的工作思路，充分发挥龙头市场规模优势，开展从受援地区扶贫产品到北京市场商品的全流程培育。强化政府引导，构建协作机制。建立健全与受援地区高层、相关职能部门及挂职干部团队的消费扶贫协作机制。引导新发地、岳各庄等龙头市场及餐饮协会、商联会等社会力量参与消费帮扶工作，凝聚合力。与北京市消费扶贫双创中心协同联动，深化丰台区消费扶贫分中心建设，打造集展示展销、党建引领、社会力量参与等功能于一体的消费扶贫平台；培育市场主体，注重脱贫实效。引导新发地、岳各庄市场参与构建农副产品产销对接流通系统，创新打造“政府、龙头企业、批发市场、销售大户合力抓两头，农民干中间”的产销对接模式。新发地市场在全国19个省、76个县建设87万亩果蔬种植基地，带动36万名贫困人口受益，为消费扶贫提供坚实保障。丰台区会同林西县投资2亿元建设林西岳各庄农副产品交易中心项目，打造集加工、仓储、冷链物流为一体的大型区域性、综合性线上线下交易平台。引入丰台区及北京市结对帮扶的河北、内蒙古、湖北、新疆等贫困地区近400种农副产品在消费扶贫双创中心丰台分中心和首航超市等地进行直采订购、展示展销。举办扶贫产品品鉴会、“消费扶贫月”等活动，拓宽扶贫产品销售渠道。会同受援地区完善与北京市场对接的当地消费扶贫龙头公司、合作社、致富带头人与贫困人口的利益联结机制，将涞源小米、林西粉条、扎赉特旗大米等带贫成效突出、贫困户受益广的优质农副产品确定为重点推广对象，助力其打开北京市场。此外，动员社会力量，推动全民参与。深入开展消费扶贫“七进”、直播带货等线上线下活动，引导区内预算单位按照不低于30％的预留份额采购扶贫产品。动员社会力量办理北京消费扶贫爱心卡4.5万张。加大受援地区扶贫产品、休闲农业和乡村旅游精品景点线路宣传推介力度，营造消费扶贫的良好氛围。

（杜雨薇 孙艳霞）

丰台区扶贫支援工作医疗领域结对情况一览表

表 8

序号	东部医院	结对旗县	西部医院
1	丰台医院	河北省涞源县	涞源县医院
2	丰台区妇幼保健计划生育服务中心（原北京市丰台区妇幼保健院）	河北省涞源县	涞源县妇幼保健院
3	丰台中西医结合医院	河北省涞源县	涞源县中医医院
4	丰台区大红门社区卫生服务中心	河北省涞源县	涞源县银坊镇中心卫生院
5	丰台区卢沟桥社区卫生服务中心（原丰台区丰台社区卫生服务中心）	河北省涞源县	涞源县白石山镇卫生院
6	丰台区宛平社区卫生服务中心（原卢沟桥社区卫生服务中心）	河北省涞源县	涞源县涞源镇中心卫生院
7	丰台区蒲黄榆社区卫生服务中心	河北省涞源县	涞源县乌龙沟乡镇卫生院
8	丰台区新村社区卫生服务中心	河北省涞源县	涞源县水堡镇卫生院
9	丰台区右安门社区卫生服务中心	河北省涞源县	涞源县东团堡乡卫生院
10	丰台区长辛店镇社区卫生服务中心	河北省涞源县	涞源县北石佛乡卫生院
11	丰台区长辛店镇社区卫生服务中心	河北省涞源县	涞源县南马庄乡卫生院
12	丰台区铁营社区卫生服务中心	河北省涞源县	涞源县上庄乡中心卫生院
13	丰台区王佐镇社区卫生服务中心	河北省涞源县	涞源县南屯乡卫生院
14	丰台区和义社区卫生服务中心（原丰台区南苑社区卫生服务中心）	河北省涞源县	涞源县走马驿中心卫生院
15	丰台区马家堡社区卫生服务中心	河北省涞源县	涞源县留家庄卫生院
16	丰台区马家堡社区卫生服务中心	河北省涞源县	涞源县金家井卫生院
17	丰台区西罗园社区卫生服务中心	河北省涞源县	涞源县烟煤洞乡卫生院
18	丰台区西罗园社区卫生服务中心	河北省涞源县	涞源县杨家庄卫生院
19	丰台区方庄社区卫生服务中心	河北省涞源县	涞源县塔崖驿乡卫生院
20	丰台区方庄社区卫生服务中心	河北省涞源县	涞源县王安镇卫生院
21	丰台区妇幼保健计划生育服务中心（原北京市丰台区妇幼保健院）	内蒙古林西县	林西县妇幼保健所
22	丰台区宛平社区卫生服务中心（原卢沟桥社区卫生服务中心）	内蒙古林西县	林西县统部镇中心卫生院
23	丰台区新村社区卫生服务中心	内蒙古林西县	林西县大营子乡中心卫生院
24	丰台区大红门社区卫生服务中心	内蒙古林西县	林西县新林镇中心卫生院
25	丰台区卢沟桥社区卫生服务中心（原丰台区丰台社区卫生服务中心）	内蒙古林西县	林西县五十家子中心卫生院
26	丰台区蒲黄榆社区卫生服务中心	内蒙古林西县	林西县官地镇中心卫生院
27	丰台区右安门社区卫生服务中心	内蒙古林西县	林西县大井镇中心卫生院
28	丰台区铁营社区卫生服务中心	内蒙古林西县	林西县新城子镇中心卫生院
29	丰台区王佐镇社区卫生服务中心	内蒙古林西县	林西县社区卫生服务中心
30	丰台区和义社区卫生服务中心（原丰台区南苑社区卫生服务中心）	内蒙古林西县	林西县十二吐乡卫生院
31	丰台医院	内蒙古扎赉特旗	扎赉特旗人民医院
32	丰台中西医结合医院	内蒙古扎赉特旗	扎赉特旗中医院
33	丰台区王佐镇社区卫生服务中心	内蒙古扎赉特旗	扎赉特旗巴彦高勒中心卫生院
34	丰台区王佐镇社区卫生服务中心	内蒙古扎赉特旗	扎赉特旗好力保中心卫生院
35	丰台区疾病预防控制中心	内蒙古扎赉特旗	扎赉特旗疾病预防控制中心
36	丰台区铁营社区卫生服务中心	青海省治多县	治多县人民医院
37	南苑医院	青海省治多县	治多县人民医院

（杜雨薇　孙艳霞）

▲北京市消费扶贫双创中心丰台分中心“党建引领消费扶贫”基地（扶贫办 供图）

【党建引领消费扶贫】 2020年10月，在北京市消费扶贫双创中心丰台分中心挂牌成立“党建引领消费扶贫基地”，以“党建引领消费扶贫”为切入点，通过激发党员先锋力量，带动社会各界积极参与消费扶贫，奉献一份爱心，共同推动形成“人人参与消费扶贫，人人支持消费扶贫，人人宣传消费扶贫”的良好氛围，助力贫困地区打赢脱贫攻坚战。北京市消费扶贫双创中心丰台分中心的消费扶贫专区，来自河北、内蒙古、湖北、新疆等多个贫困地区近400种农副产品琳琅满目，包括米面粮油、肉禽蛋奶等生活日常所需。通过“消费扶贫爱心卡”结账，还可以享受满减优惠。另一侧的“党建引领消费扶贫基地”展示了习近平总书记扶贫工作重要论述、脱贫攻坚重大决策、重大成就，北京市、丰台区的扶贫支援工作成果，以及丰台分中心的消费扶贫创新举措，承办决战决胜脱贫攻坚、巩固脱贫成果主题党建教育及宣传教育活动30余场，近800人参与；推动全区各级各部门、社会各界持续提高思想认识，将开展消费扶贫作为党建助力脱贫攻坚的重要抓手，引导广大党员干部发挥示范引领作用，做消费扶贫的“热心参与者”和“公益宣传员”，以实际行动帮助贫困户实现脱贫致富的梦想。

（杜雨薇 孙艳霞）

【“我在扎赉特有一亩田”消费扶贫项目】 “我在扎赉特有一亩田”消费扶贫项目是丰台区与扎赉特旗京蒙扶贫协作消费扶贫重点项目之一。2018年京蒙扶贫协作龙头企业带动项目100万元资金支持“一亩田”主要企业魏佳米业发展水稻种植加工产业，项目通过资产收益形式年底资产收益6万元，分红受益贫困户60户。消费者可在订制认领基地任意挑选一块心仪的稻田，可选择稻鱼、稻鸭、稻蟹共生共养模式，挂上认领牌，平时基地负责育苗、插秧、田间管理。认领人可高清视频连线，利用手机实现全天候监控，随时查看水稻的长势，亦可使用手机实时互动参与田间管理（手持动态视频连线）。收获时节，基地会将鲜米、稻鱼、稻鸭或稻蟹一起配送到认领人家中。根据稻米品质，“我在扎赉特有一亩田”订制认领价格为6600元或12000元不等。在好力保镇，订制稻田有8个基地共7000亩。自2018年在丰台区开展扎赉特旗农产品推介会以来，“我在扎赉特有一亩田”已订制1600余亩，辐射带动贫困人口256户720人。

（杜雨薇 孙艳霞）

【林西岳各庄农副产品交易中心项目】 林西岳各庄农副产品交易中心位于林西县林西镇，占地面积149.8亩（通过招拍挂获得），总建筑面积约15.3万平方米。丰台区卢沟桥乡岳各庄村和郑常庄村在林西县注册成立林西县京蒙同兴实业有限公司负责项目建设运营。该项目总投资2亿元（岳各庄村1.4亿元，郑常庄村0.6亿元），其中京蒙扶贫协作资金854.81万元（北京市454.81万元，丰台区400万元）。项目分两期进行建设，一期为农副产品批发市场建设，建筑面积约5.4万平方米；二期计划建设酒店1.4万平方米、住宅8.5万平方米。该项目带贫效益分为两个阶段，第一阶段是一期开工后，每年将京蒙扶贫协作资金收益68.3万元，统筹用于全县683名建档立卡贫困人口，人均增收

▲“我在扎赉特有一亩田”消费扶贫项目（扶贫办 供图）

▲林西岳各庄农副产品交易中心项目（扶贫办 供图）

1000元；建立蔬菜种植示范基地，直接带动31名贫困人口年人均增收5000元以上；录用4名贫困人口在工地务工，年均增收10000元以上。第二阶段是建成运营后，预计年农副产品交易量3亿公斤，交易额28亿元；可创造500个就业岗位，其中可雇佣约100名贫困人口，年人均增收2.5万元；可辐射带动全县设施农业项目18634亩、4062个设施大棚，间接带动全县大批建档立卡贫困户从中受益。林西岳各庄农副产品交易中心的建设，实现了北京和赤峰农产品销售直通，构建了京蒙产业协作平台、蒙东最大的农副产品集散基地、北京优质菜篮子供应地以及京蒙消费、就业示范基地。

（杜雨薇 孙艳霞）

扶贫支援宣传表彰

【概况】丰台区坚持充分挖掘脱贫攻坚宣传点，总结好工作经验，讲好丰台扶贫故事，全方位立体展现丰台区脱贫攻坚奋斗历程和经验成效，在中央、市属主要

市级以上主流媒体上报道丰台区扶贫支援工作一览表（不完全统计）

表9

序号	标题	媒体	日期
1	帮到点上，扶到根上，丰台区发挥优势精准扶贫	北京晚报	2018年8月30日
2	携手受援地共同奔小康	人民日报	2018年11月11日
3	1500名贫困村民在“家门口”挣钱	北京日报	2019年6月14日
4	“订单式种植”的启示	北京日报	2019年6月21日
5	涞源：两区同建，新生活牛起来	北京日报	2019年6月24日
6	助力河北28万人脱贫，北京帮扶探索出新模式	北京电视台	2019年6月24日
7	“三金式”扶贫背后的北京智慧	北京日报	2019年6月26日
8	新发地派“大王”送高新农产品扎根涞源助脱贫	北京电视台	2019年7月27日
9	助力河北28万人脱贫，北京帮扶探索出新模式	北京电视台	2019年8月1日
10	带着“大王”涞源扶贫	北京晚报	2019年8月13日
11	丰台：消费线串起致富路	北京晚报	2019年8月29日
12	丰台“消费”金钥匙打开脱贫致富门	北京晚报	2019年10月16日
13	新发地百万亩果蔬种进贫困地区	北京日报	2020年3月12日
14	新发地扶贫重在“造血”	北京电视台	2020年5月3日
15	首批圆白菜进京岳各庄林西扶贫菜地丰收了	北京日报	2020年8月3日
16	山乡农产品对接大市场	人民日报	2020年8月24日
17	全市首个党建引领消费扶贫基地成立	北京电视台	2020年10月18日
18	内蒙古林西县组建党建联合体，围绕脱贫形成合力	人民日报	2020年10月23日
19	全市首个党建引领消费扶贫基地成立	中央电视台	2020年10月25日
20	北京援青干部谢智刚：让高原的绿水青山变金山银山	北京日报	2020年11月02日
21	北京的扶贫“金鸡蛋”	北京日报	2020年12月23日
22	“一亩田”打开北京市场	北京日报	2020年12月23日

（杜雨薇 孙艳霞）

媒体推出脱贫攻坚相关报道100余篇。同时，加强对扶贫支援工作中涌现出一批先进集体和个人进行表彰和宣传推广，发挥示范引领作用，营造良好的社会氛围。

（杜雨薇 孙艳霞）

【构建融媒体宣传矩阵】 推动丰台区融媒体中心与5个受援地区融媒体对接，畅通信息渠道，形成“丰台1+5融媒体扶贫矩阵”，在央广网和“北京丰台”客户端开设“乡里乡亲，扶贫同心”扶贫平台，同步报道扶贫协作工作动态、受援地区经济社会发展情况，展示扶贫协作工作成果，2020年累计发稿超1500篇次。《丰台报》《丰台新闻》文字记者、摄像记者组成融合报道团队6次奔赴内蒙古自治区兴安盟扎赉特旗、赤峰市林西县和河北省涞源县大山腹地、田间地头、贫困家庭、施工现场，现场采写编发《丰台携手林西决战决胜脱贫攻坚》《林西岳各庄农副产品交易中心拔地而起》等融合报道30余篇，通过“北京丰台”全媒体平台多角度、多维度、多梯次进行广泛传播，取得显著成效。2020中国服贸会举办期间，丰台区融媒体中心设立展台，重点推介北京丰台“1+5”融媒扶贫矩阵亮点成果。

（杜雨薇 孙艳霞）

丰台区历年获得全国脱贫攻坚奖项一览表

表10

时间	奖项	获奖名单
2018年	组织创新奖	北京首农供应链管理有限公司
2019年	组织创新奖	北京新发地农副产品批发市场中心
2020年	先进个人	安钟岩（北京丰顺工贸集团董事长兼总经理）
	先进集体	北京京丰岳各庄农副产品批发市场中心

（杜雨薇 孙艳霞）

丰台区历年获得北京市扶贫协作相关奖项一览表

表11

时间	奖项	获奖名单
2018年	突出贡献奖	顾艳平 丰台区商务局副局长
2018年	突出贡献奖	刘艳艳 丰台区卫生健康委医政科科长
2018年	突出贡献奖	陈海龙 中关村科技园区丰台园管委会副调研员，挂职和田地区墨玉县商经委副主任
2018年	创新案例奖	穆慧妍 北京万丰志欣大连海鲜农家菜餐饮有限公司总经理
2018年	创新案例奖	王丰 北京圣火科贸有限公司董事长
2018年	组织工作奖	丰台区卢沟桥乡人民政府
2018年	爱心奉献奖	张桂琴 北京绿山谷芽菜有限责任公司董事长
2018年	爱心奉献奖	安钟岩 北京丰顺工贸集团董事长、总经理
2018年	社会责任奖	北京新发地农副产品批发市场中心
2019年	突出贡献奖	杨继军 丰台区花乡政府副乡长
2019年	突出贡献奖	陈葳 丰台区发展和改革委扶贫支援科科长
2019年	突出贡献奖	崔茂华 北京十二中副校长，挂职拉萨北京实验中学校长
2019年	突出贡献奖	谢智刚 青海省玉树州治多县委常委、副县长
2019年	突出贡献奖	刘建 丰台区南苑乡党委委员、武装部部长，兴安盟扎赉特旗委常委、副旗长
2019年	组织工作奖	南苑乡人民政府
2019年	爱心奉献奖	夏华 依文集团董事长
2019年	爱心奉献奖	阮冀 北京市丰台中西医结合医院
2019年	创新案例奖	吴志广 北京志广富庶农产品有限公司总经理
2019年	社会责任奖	北京京丰岳各庄农副产品批发市场中心

续表 11

时间	奖项	获奖名单
2019 年	社会责任奖	北京丰顺机动车驾驶员培训中心
2020 年	先进个人	刘志敬 北京教育学院附属丰台实验学校教学主任
2020 年	先进个人	杨勇学 北京市丰台区第二中学
2020 年	先进个人	王冬梅 北京市丰台区南苑医院妇产科主任
2020 年	先进个人	李佳 丰台区宛平卫生服务中心主治医师
2020 年	先进个人	刘雪檀 丰台区园林局丰台花园管理处工勤人员
2020 年	先进个人	曹晨 丰台区区行管处施工现场管理科科长
2020 年	先进个人	马莹 丰台区区城管执法监察局花乡执法队四级主任科员
2020 年	先进个人	王辰 丰台区区动物卫生监督所三级主任科员
2020 年	先进个人	李蔚波 丰台区国资委二级主任科员
2020 年	先进个人	穆慧妍 北京万丰志欣大连海鲜农家菜餐饮有限公司总经理
2020 年	先进个人	夏华 依文集团、依文众承手工坊（北京）有限公司董事长
2020 年	先进个人	王新建 东铁匠营街道办事处便民服务中心三级主任科员
2020 年	先进个人	杜雨薇 区发展改革委扶贫支援科三级主任科员
2020 年	先进集体	区卫生健康委
2020 年	先进集体	丰台区职业教育中心学校
2020 年	先进集体	北京市丰台区丰台第八中学
2020 年	先进集体	丰台中西医结合医院
2020 年	先进集体	丰台妇幼保健院
2020 年	先进集体	丰台区宛平社区卫生服务中心
2020 年	先进集体	北京中隆兴雅国际体育文化传媒有限公司

（杜雨薇 孙艳霞）

丰台区扶贫支援工作“万企帮万村”结对一览表

表 12

序号	牵头单位	东部企业	结对旗县	西部贫困村	结对年度
1	国资委	北京市丰台区国有资本经营管理中心	内蒙古林西县	五十家子镇西耳子村	2018
2	国资委	北京市丰台区城市建设综合开发公司	内蒙古林西县	五十家子镇老房身村	2018
3	国资委	北京园博园运营有限公司	内蒙古林西县	五十家子镇西耳子村	2018
4	国资委	丰台区房管中心	内蒙古林西县	新林镇上升村	2018
5	国资委	北京市丰台区保障性住房发展公司	内蒙古林西县	新林镇上升村	2018
6	国资委	北京市丰台区综合投资公司	内蒙古林西县	统部镇统部村	2018
7	国资委	北京丰贸投资经营管理有限公司	内蒙古林西县	统部镇统部村	2018
8	丰台科技园管委会	北京斯坦福科技孵化器有限公司	河北省涞源县	东团堡乡北辛庄村	2018
9	丰台科技园管委会	北京瀚海润泽科技孵化器有限公司	河北省涞源县	上庄乡上老芳村	2018
10	丰台科技园管委会	北京元六鸿远电子技术有限公司	河北省涞源县	上庄乡横山岭村	2018
11	丰台科技园管委会	北京动力源科技股份有限公司	河北省涞源县	上庄乡黄郊村	2018

续表 12

序号	牵头单位	东部企业	结对旗县	西部贫困村	结对年度
12	丰台科技园管委会	国能中电能源集团有限责任公司	河北省涞源县	上庄乡黄郊村	2018
13	丰台科技园管委会	北京凯普林光电科技股份有限公司	河北省涞源县	北石佛乡石道沟村	2018
14	丰台科技园管委会	北京科园信海医药经营有限公司	河北省涞源县	王安镇东刘家庄村	2018
15	丰台科技园管委会	北京海鑫科金高科技股份有限公司	河北省涞源县	南屯镇黑山村	2018
16	丰台科技园管委会	国药控股北京天星普信生物医药有限公司	河北省涞源县	东团堡乡西团堡村	2018
17	丰台科技园管委会	贝壳菁汇（北京）生态创新科技有限公司	河北省涞源县	东团堡乡汤子岭村	2018
18	丰台科技园管委会	北京华远意通热力科技股份有限公司	河北省涞源县	乌龙沟乡小庄村	2018
19	丰台科技园管委会	北京首科创融科技孵化器有限公司	河北省涞源县	走马驿镇松树坨村	2018
20	丰台科技园管委会	北京京辰瑞达科技孵化中心	河北省涞源县	塔崖驿乡北铺村委会	2018
21	丰台科技园管委会	北京华远意通热力科技股份有限公司	内蒙古林西县	大营子乡老君沟村	2018
22	丰台科技园管委会	中矿资源勘探股份有限公司	内蒙古林西县	大营子乡老君沟村	2018
23	丰台科技园管委会	京卫惟科生物科技孵化（北京）有限公司	内蒙古林西县	新城子镇樱桃沟村	2018
24	丰台科技园管委会	北京谊安医疗系统股份有限公司	内蒙古扎赉特旗	新林镇山林村	2018
25	丰台科技园管委会	北京铁道工程机电技术研究所股份有限公司	内蒙古扎赉特旗	种畜场西胡日台嘎查	2018
26	丰台科技园管委会	北京天健源达科技股份有限公司	内蒙古扎赉特旗	音德尔镇查干嘎查	2018
27	丰台科技园管委会	依文众承手工坊文化（北京）有限公司	内蒙古扎赉特旗	音德尔镇其格吐嘎查	2018
28	丰台科技园管委会	交控科技股份有限公司	内蒙古扎赉特旗	音德尔镇兴隆村	2018
29	团区委	视觉锋尚文化产业（北京）有限公司	河北省涞源县	白石镇斗军湾村	2018
30	团区委	慈铭健康体检管理集团有限公司	内蒙古林西县	大营子乡老君沟村	2018
31	工商联	戎威远保安服务（北京）有限公司	河北省涞源县	东团堡乡东团堡村	2018
32	工商联	北京嘉禾妇儿医院有限公司	河北省涞源县	东团堡乡东团堡村	2018
33	工商联	北京中润发汽车销售有限公司	河北省涞源县	上庄乡清风沟村	2018
34	工商联	国泰瑞安股份有限公司	河北省涞源县	上庄乡横山岭村	2018
35	工商联	北京百瑞盛田环保科技发展有限公司	河北省涞源县	金家井乡牛栏村	2018
36	工商联	北京长丰新车科技发展有限公司	河北省涞源县	金家井乡斜山村	2018
37	工商联	北京中燕通会计师事务所有限公司	河北省涞源县	金家井乡黄土岭村	2018
38	工商联	黑钻石（北京）文化传媒股份有限公司	河北省涞源县	北石佛乡石道沟村	2018
39	工商联	北京和义文化产业有限公司	河北省涞源县	北石佛乡石道沟村	2018
40	工商联	北京市丰台区康助护养院	河北省涞源县	北石佛乡石道沟村	2018
41	工商联	北京九洋建设工程有限公司	河北省涞源县	北石佛乡牌坊村	2018
42	工商联	北京京海人机电泵控制设备有限公司	河北省涞源县	北石佛乡牌坊村	2018
43	工商联	北京宝晨富华投资管理有限公司	河北省涞源县	王安镇银山口村	2018

续表 12

序号	牵头单位	东部企业	结对旗县	西部贫困村	结对年度
44	工商联	北京汇丰正业汽车维修有限公司	河北省涞源县	王安镇银山口村	2018
45	工商联	北京国卫星通科技有限公司	河北省涞源县	白石镇斗军湾村	2018
46	工商联	北京鑫丰华彩印有限公司	河北省涞源县	白石镇斗军湾村	2018
47	工商联	北京首资新能源科技有限公司	河北省涞源县	白石镇斗军湾村	2018
48	工商联	北京万丰志欣大连海鲜农家菜有限公司	河北省涞源县	白石镇斗军湾村	2018
49	工商联	北京圣火科贸有限公司	河北省涞源县	白石镇斗军湾村	2018
50	工商联	北京卓邦电子技术有限公司	河北省涞源县	白石镇斗军湾村	2018
51	工商联	北京中联勤公益基金会	河北省涞源县	留家庄乡留家庄村	2018
52	工商联	北京华夏金钰文化有限公司	河北省涞源县	留家庄乡留家庄村	2018
53	工商联	集美集团	河北省涞源县	南马庄乡马庄村	2018
54	工商联	北京邦顺贸易公司	河北省涞源县	塔崖驿乡北铺村	2018
55	工商联	北京年年有余酒楼	河北省涞源县	东团堡乡汤子岭村	2018
56	工商联	北京中原开泰国际船舶贸易有限责任公司	河北省涞源县	塔崖驿乡北铺村	2018
57	工商联	北京建培教育咨询有限公司	河北省涞源县	塔崖驿乡北铺村	2018
58	工商联	北京永嘉和建筑有限公司	河北省涞源县	塔崖驿乡北铺村	2018
59	工商联	北京农商银行丰台支行	内蒙古林西县	大营子乡老君沟村	2018
60	工商联	德汇工程管理（北京）有限公司	内蒙古林西县	新城子镇樱桃沟村	2018
61	工商联	北京市女企业家协会	内蒙古林西县	大营子乡老君沟村	2018
62	工商联	北京世纪东方国铁科技股份有限公司	内蒙古扎赉特旗	新林镇太平村一组	2018
63	工商联	北京市圣奇律师事务所	内蒙古扎赉特旗	音德尔镇丰源村	2018
64	工商联	北京净洁宝科技有限公司	内蒙古扎赉特旗	音德尔镇前进嘎查	2018
65	工商联	北京市常鸿律师事务所	内蒙古扎赉特旗	图牧吉镇乌雅嘎查渔场屯	2018
66	工商联	北京冠京投资管理有限公司	内蒙古扎赉特旗	巴达尔胡镇三宝山嘎查	2018
67	工商联	北京值得买科技股份有限公司	内蒙古扎赉特旗	新林镇新发村	2018
68	工商联	中安中视集团有限公司	内蒙古扎赉特旗	阿拉达尔吐苏木巴雅嘎查后巴雅屯	2018
69	工商联	北京六合伟业科技股份有限公司	内蒙古扎赉特旗	巴彦扎拉嘎乡宏发村新发屯	2018
70	南苑乡	北京花园宏达投资管理公司	内蒙古扎赉特旗	巴彦乌兰苏木温德根嘎查	2018
71	南苑乡	盛世中保（北京）保安服务有限公司	内蒙古扎赉特旗	宝力根花苏木胡日宝力高嘎查	2018
72	南苑乡	北京东铁营工贸集团	内蒙古扎赉特旗	巴彦高勒镇前进村	2018
73	南苑乡	中福丽宫（北京）投资管理有限公司	内蒙古扎赉特旗	巴彦高勒镇前进村	2018
74	南苑乡	北京中苑盛世投资管理有限公司	内蒙古扎赉特旗	巴彦高勒镇兴隆村	2018
75	南苑乡	北京特卫保安服务有限公司第三分公司	内蒙古扎赉特旗	巴彦乌兰苏木温德根嘎查	2018
76	南苑乡	马家堡鑫华工贸集团	内蒙古扎赉特旗	音德尔镇民胜村	2018
77	南苑乡	北京市金石庄源投资管理公司	内蒙古扎赉特旗	图牧吉镇靠山嘎查	2018
78	南苑乡	北京市嘉祥工贸公司	内蒙古扎赉特旗	巴彦高勒镇兴盛村	2018
79	南苑乡	北京丰台右安门医院	内蒙古扎赉特旗	巴彦高勒镇兴盛村	2018
80	南苑乡	北京西铁营投资管理公司	内蒙古扎赉特旗	巴彦高勒镇四方城村	2018
81	南苑乡	北京西铁营万达广场商业管理有限公司	内蒙古扎赉特旗	巴彦高勒镇四方城村	2018
82	南苑乡	北京鑫福海工贸集团	内蒙古扎赉特旗	宝力根花苏木温都拉布其台嘎查	2018
83	南苑乡	北京金城源投资管理公司	内蒙古扎赉特旗	宝力根花苏木胡日宝力高嘎查	2018
84	南苑乡	北京中恒金苑投资管理公司	内蒙古扎赉特旗	阿拉达尔吐苏木胡力斯台嘎查	2018
85	南苑乡	北京槐房万达商业管理有限公司	内蒙古扎赉特旗	阿拉达尔吐苏木胡力斯台嘎查	2018

续表 12

序号	牵头单位	东部企业	结对旗县	西部贫困村	结对年度
86	卢沟桥乡	北京卢沟桥中都投资有限公司	河北省涞源县	塔崖驿乡北铺村	2018
87	卢沟桥乡	北京丰顺工贸集团	河北省涞源县	王安镇银山口村	2018
88	卢沟桥乡	丰台女企业家协会	河北省涞源县	王安镇东刘家庄村	2018
89	卢沟桥乡	北京丰正聚源投资管理公司	内蒙古林西县	新林镇五星村	2018
90	卢沟桥乡	北京中展伟宏投资管理公司	内蒙古林西县	新林镇五星村	2018
91	花乡	北京世界公园	河北省涞源县	上庄乡清风沟村	2018
92	花乡	北京骐骥投资管理中心	青海省治多县	索加乡莫曲村	2019
93	花乡	新发地宏业投资管理公司	青海省治多县	索加乡当曲村	2019
94	花乡	北京榆树庄投资管理公司	内蒙古扎赉特旗	新林镇育林村委会	2018
95	花乡	北京新发地农产品批发市场	内蒙古扎赉特旗	巴彦乌兰苏木玛拉图嘎查	2018
96	长辛店镇	北京东颐食品科技有限公司	河北省涞源县	东团堡乡西团堡村委	2018
97	王佐镇	北京绿山谷芽菜有限公司	河北省涞源县	银坊镇松树台村	2018

（杜雨薇 孙艳霞）

丰台区扶贫支援工作社会组织结对情况一览表

表 13

序号	社会组织名称	地区	贫困村	结对年度
1	北京市丰台区彩虹星社会工作事务所	河北省涞源县	南马庄乡望天岭村	2020
2	北京市丰台区养合老年公寓	河北省涞源县	南马庄乡桑树彦村	2020
3	北京市丰台区民族养老院	河北省涞源县	南马庄乡小关城村	2020
4	北京市丰台区颐养康复养老照护中心	河北省涞源县	南马庄乡范庄旺村	2020
5	北京市丰台区西罗园街道意馨夕阳乐苑	河北省涞源县	白石山镇斗军湾村	2020
6	北京市丰台区嘉祥敬老院	河北省涞源县	南马庄乡谢家台村	2020
7	北京市丰台区颐年堂养老院	河北省涞源县	南马庄乡向阳湾村	2020
8	北京市丰台区六圜养老中心	河北省涞源县	塔崖驿乡塔崖驿村	2020
9	北京市丰台区红黄蓝教育培训学校	河北省涞源县	塔崖驿乡黄岩斗村	2020
10	北京市丰台区瑞普华老年护理中心	河北省涞源县	塔崖驿乡板铺庄村	2020
11	北京市丰台区老吾老养老院	河北省涞源县	塔崖驿乡东杏花村	2020
12	北京市丰台区夕盈社会工作事务所	河北省涞源县	塔崖驿乡西杏花村	2020
13	北京市丰台区沁园心理社会工作事务所	河北省涞源县	塔崖驿乡西二道河村	2020
14	北京市丰台区宛平敬老院	河北省涞源县	塔崖驿乡北铺村	2020
15	北京市丰台区福康家园养老院	河北省涞源县	塔崖驿乡大东沟村	2020
16	北京市丰台区馨园老年公寓	河北省涞源县	塔崖驿乡卜荷村	2020
17	北京市丰台区颐海园养老院	河北省涞源县	塔崖驿乡榆树台村	2020
18	北京市丰台区意馨艺术幼儿园	内蒙古林西县	五十家子大马金村	2020
19	北京市丰台区颐养康复养老照护中心	内蒙古林西县	五十家子镇太平庄村	2020
20	北京市丰台区民族养老院	内蒙古林西县	五十家子镇五十家子村	2020
21	北京市丰台区嘉祥敬老院	内蒙古林西县	五十家子镇孤榆树村	2020
22	北京市丰台区养合老年公寓	内蒙古林西县	五十家子镇九连庄村	2020
23	北京市丰台区颐年堂养老院	内蒙古林西县	五十家子镇水泉沟村	2020
24	北京市丰台区夕盈社会工作事务所	内蒙古林西县	五十家子镇轿顶山村	2020
25	北京市丰台区餐饮住宿服务协会	内蒙古扎赉特旗	努文木仁乡宝聚源村	2020

续表 13

序号	社会组织名称	地区	贫困村	结对年度
26	北京市丰台区餐饮住宿服务协会	内蒙古扎赉特旗	巴彦扎拉嘎乡拉嘎乡温都尔村	2020
27	北京市丰台区意馨艺术幼儿园	内蒙古扎赉特旗	好力保镇好力保村	2020
28	北京市丰台区康助护养院	内蒙古扎赉特旗	好力保镇水田村根窝卜屯	2020
29	北京市丰台区长辛店街道老年协会	内蒙古扎赉特旗	好力保镇水田村根窝卜屯	2020
30	北京市丰台区老吾老养老院	内蒙古扎赉特旗	努文木仁乡两家子村	2020
31	北京市丰台区茗芝苑养老院	内蒙古扎赉特旗	努文木仁乡三家子村	2020
32	北京市丰台区颐康养老照护中心	内蒙古扎赉特旗	努文木仁乡宝聚源村	2020
33	北京市丰台区民族养老院	内蒙古扎赉特旗	努文木仁乡新民村	2020
34	北京市丰台区彩虹星社会工作事务所	内蒙古扎赉特旗	好力保镇五家子村	2020
35	北京市丰台区泰颐春养老中心	内蒙古扎赉特旗	好力保镇永兴村	2020
36	北京市丰台区温馨精康园	内蒙古扎赉特旗	好力保镇边沁巴拉村	2020
37	北京市丰台区颐年堂养老院	内蒙古扎赉特旗	好力保镇包德福村	2020
38	北京市丰台区养合老年公寓	内蒙古扎赉特旗	好力保镇好力保村	2020
39	北京市丰台区右安门翠林敬老院	内蒙古扎赉特旗	好力保镇新胜村	2020
40	北京市丰台区康助社会工作事务所	内蒙古扎赉特旗	好力保镇水田村	2020
41	北京市丰台区嘉祥敬老院	内蒙古扎赉特旗	好力保镇水田村	2020

（杜雨薇 孙艳霞）

2021

北京丰台年鉴

中共丰台区纪委 丰台区监委

综 述

【概况】2020年，区纪委区监委全面落实市纪委市监委和区委的决策部署，履行监督执纪问责和监督调查处置职责，坚持稳中求进，突出政治监督，强化日常监督，持之以恒正风肃纪反腐，坚定不移推进全面从严治党，为区域经济社会发展提供坚强纪律保障。

（辛永禄）

【中共丰台区纪委十二届五次全会召开】3月19日，中共丰台区纪委十二届五次全体会议召开。全会的主要任务是以习近平新时代中国特色社会主义思想为指导，深入贯彻落实党的十九大和十九届二中、三中、四中全会精神，贯彻落实十九届中央纪委四次全会、市纪委十二届五次全会和区委十二届十次全会工作部署，回顾2019年纪检监察工作，总结监察体制改革以来推动纪检监察工作高质量发展的经验体会，部署2020年任务，审议通过李正斌代表区纪委常委会所作的题为《坚守初心使命、忠诚履职尽责，为推动丰台上台阶实现全面小康目标提供坚强保障》工作报告。会议强调2020年是全面建成小康社会和“十三五”规划收官之年，做好纪检监察工作意义重大。要坚持稳中求进工作总基调，协助党委深化全面从严治党，把各项工作放到坚持和完善中国特色社会主义制度和国家治理体系的大局中思考、谋划、推进，充分发挥监督保障执行、促进完善发展作用，一体推进不敢腐、不能腐、不想腐，建设高素质专业化纪检监察干部队伍，为推动丰台工作上台阶、实现全面小康目标提供坚强保障。

（辛永禄）

监督执纪

【政治理论学习】年内，区纪委区监委把学习贯彻习近平新时代中国特色社会主义思想作为首要政治任务，在学懂弄通做实上下功夫。坚持班子带头学，学习《习近平谈治国理政》（第三卷）和习近平总书记新观点、新论述，注重把握精神实质和指导实践，全年共组织集体学习25次。坚持全员深入学，班子成员到支部、入基层领学导读，把总书记对北京重要批示作为学习习近平新时代中国特色社会主义思想“北京篇”的总索引，与贯彻中央纪委全会、市委全会和市纪委全会精神结合起来，使全区纪检监察干部深刻认识进入新发展阶段、贯彻新发展理念、构建新发展格局对纪检监察工作的新要求，结合职能职责，找准工作定位、保证方向正确。

（辛永禄）

【疫情防控监督】疫情防控初期，区纪委区监委在全市率先下发严明纪律的通知，全面部署防控监督工作，探索建立“1+4+N”监督格局；紧盯防疫措施落实情况，派出31批次、1900多人次深入全区各社区（村）开展“四查四看”，督导“四方责任”落实；紧盯口罩、体温计等紧俏物资生产调配情况，对辖区内37家医疗机构进货、库存、派发情况逐一核实；围绕人员确定、档次区分、审核申报，对医护人员临时性工作补贴的发放全程监督，先后被《中国纪检监察报》《北京日报》等媒体报道。新发地疫情发生后，坚持跟进监督、精准监督、全程监督，按照市纪委要求迅速启动问责调查，坚持用“四方责任”定人、“四早”要求定标，依规依纪对5名失职失责党员领导干部问责，给全区干部醒神加压，同时，迅速调整监督力量，围绕隔离安置、环境消杀、污物处理等环节，先后开展院感防控专项检查78批次，集中隔离点专项检查52批次，高考、中考专项检查17批次。直查快办涉疫问题线索，全年受理涉疫检举举报113件次，党纪政务处分8人，重大职务调整3人，为战“疫”胜利提供坚强纪律保障。

（辛永禄）

【整治腐败和作风问题】年内，区纪委区监委开展“接诉即办”专项监督，建立并完善派单制度，围绕垃圾分类、污染防治等任务，派出核查组直插点位开展实地检查，查实问题316个，谈话提醒56人次，批评教育46人次，责令检查12人次。紧盯集体“三资”、合村并居等重点领域，查处群众身边腐败和作风问题，党纪政务处分25人，问责20人。加强对党中央重大决策部署和习近平总书记重要指示批示精神落实情况的监督检查，明确25项重点监督任务，加强对拆违控违、大棚房治理等工作监督力度，严肃查处优筑绿地公园、南宫泉怡园农庄等一批违法建设问题；深入开展人防系统腐败问题专项治理，发现问题线索8件，立案3件，党纪政务处分3人，组织处理2人；强化对中央环保督察转办问题监督执纪问责，督促相关部门完成整改218件，核查中央环保督察组重点关注信访件19件，向4家单位发出提醒函，对9名责任人谈话提醒，使“两个维护”落有抓手、做有成效。

（辛永禄）

【日常监督】年内，区纪委区监委强化监督检查室、派驻机构、街道乡镇纪（工）委联动关系，完善立体监督格局。综合运用谈话函询、检查抽查、列席民主生活会、受理信访举报、督促巡察整改等方式，把监督融入日常、做在经常。印发《进一步发挥村（居）务监督委员会主任作用实施意见》，为基层监督赋权，实现区—街道乡镇—社区（村）三级纪检监察监督工作上下贯通。开展“三项监督”，贯彻《党委（党组）落实全面从严治党主体责任规定》，协助区委制定区级领导班子责任清单，明确8个方面21项责任。定期向区委报告日常监督情况，为街乡镇党（工）委书记月度点评会精准提供问题清单，为区委履行主体责任当好参谋助手。发挥区反腐倡廉领导小组办公室作用，协助区委开展全面从严治党（党建）工作考核，加强动态抽查，发现问题81个，通过督促整改、通报反馈、约谈问责、制度建设等方式强化成果运用，推动各级党组织和党员领导干部切实担负起管党治党政治责任。建立起具有丰台特色的政治生态分析研判机制，制作工作手册，明确职责分工，对全区21个街道乡镇"精准画像"，为净化政治生态奠定基础。

（辛永禄）

【正风肃纪】年内，区纪委区监委加大对违反中央八项规定精神等问题曝光力度，通报6起典型案例，形成有力震慑。全年查处违反中央八项规定精神问题17起，党纪政务处分14人，组织处理3人。将整治形式主义、官僚主义融入日常监督检查的各个方面，以整治向社区（村）摊派表格为切口，严肃查处只表态不落实、层层摊派任务、以文件落实文件等问题。疫情期间，深入全区27个社区（村）实地查访为基层减负落实情况，确保基层一线干部全力投入疫情防控。全年共查处形式主义、官僚主义案件11起，党纪政务处分8人，组织处理3人。

（辛永禄）

【纪律建设】年内，区纪委区监委落实中央纪委《关于贯彻落实党中央决策部署紧紧围绕统筹疫情防控和经济社会发展跟进监督精准监督全程监督的工作意见》，把"三项监督"（一般指政治监督、专项监督、日常监督）既作为日常监督的主要内容，也作为检验监督效果的标准，紧盯复工复产、复商复市强化监督，对全区10个规模以上商品交易市场开展驻点监督，督促相关部门维护市场稳定，保障民生供应。把握政策策略，坚持"三个区分开来"，既严肃追责问责，又积极容错纠错，深入开展受处分人员回访教育，激励干部干事创业、担当作为。全区纪检监察组织运用"四种形态"批评教育帮助和处理1178人次，第一、二、三、四种形态占比分别为88%、8%、3%、1%。坚持失责必问，实施精准问责，共问责党组织2个、领导干部31人。

（辛永禄）

审查调查

【惩治腐败】年内，区纪委区监委坚持一手抓疫情防控，一手抓案件查办，严字当头、动辄则咎，严肃查处一批发生在群众身边的"蝇贪"和违反工作纪律、生活纪律的"腐吏"。牢固树立"一盘棋"思想，组织业务骨干重点突破，完成市纪委交办3起大案要案。全年共受理检举控告926件次，处置问题线索1062件，立案161件，留置4人，党纪政务处分122人，移送司法机关5人。做好案件质量评查，开展党纪政务处分执行专项检查，全面提升案件质量。深化以案为鉴、以案促改，完善"一案四查"（是指查摆思想"总开关"的松懈点、查摆制度建设的薄弱点、查摆权力运行的风险点、查摆监督管理的空白点）明法纪、"三会两书"（"三会"指组织召开处分决定宣布会、专题民主生活会、警示教育大会；"两书"指编发严重违纪违法人员忏悔书、制发纪检监察建议书）促整改工作体系，推动办案、整改、治理贯通融合。全年制发纪律检查建议书10份，监察建议书10份，提醒函12份，督促相关部门精准整改问题，堵塞制度漏洞。运用监督执纪成果，细化监督检查审查调查统计分析，督促人防、规自等领域完善制度、推进治理，举一反三、抓好整改。

（辛永禄）

【巡查工作】年内，区纪委区监委紧扣"两个维护"根本任务，聚焦中央重大决策部署和市委、区委重点工作落实情况，紧盯领导班子和"关键少数"履职情况开展政治巡察，全年共完成2轮16家处级单位、113个社区（村）的常规巡察。疫情期间，对6个街道及所属社区（村）疫情防控情况开展调查式监督，推动"四方责任"落实。强化巡察整改落实。制定《分管联系区领导带头抓巡视巡察整改任务分解方案》，提请区级领导通过实地调研、专题汇报等形式，到分管联系单位检查、督促、指导巡察整改。紧盯巡察整改落实，开展常态化、近距离、可视化的日常监督，组织相关部门召开巡察整改监督工作会，明确牵头部门，部署监督任务，确保巡察发现问题件件有着落、事事有回音。

（辛永禄）

【警示教育】年内，区纪委区监委坚持用身边事警示身边人，协助区委召开警示教育大会，制作警示教育片，实名指出问题，全面系统剖析原因。精准分级分类，针对性开展对"一把手"、关键岗位人员、新入职人员、基层干部的警示教育200余场次，实现从"大水漫灌"到"精准滴灌"。打造"廉洁丰台"特色文化体系，深入挖掘全区廉政教育资源，拍摄《迷失的"报恩"》等10余部专题片、公益作品，引导党员干部清正廉洁干事创业。发放党员干部家风建设读本，引导党员干部修身律己、廉洁齐家。

（辛永禄）

2021
北京丰台年鉴

民主党派

中国国民党革命委员会北京市丰台区工作委员会

【概况】2020年，民革丰台区工委以思想政治建设为核心，深入学习贯彻十九大以来的会议精神和习近平主席系列重要讲话精神，开展“不忘合作初心继续携手前进”和“增强制度自信主题教育”系列活动。年内区工委在册党员326人，发展新党员23人。区工委党员积极投身“抗击疫情”之中，王静、王庆华、孙婕、孙斌、李百花、杨毅、张钰麟、郝泽忠、栾晓巍、黄威、曹长青、梁春生等12名党员代表获得民革北京市委抗击新冠肺炎疫情先进个人称号。郝泽忠荣获民革中央抗击疫情先进个人。广大青年党员参加组织活动活跃，参政议政热情高涨，民革整体参政议政能力稳步提升。6名党员荣获民革北京市委参政议政先进个人。区工委被评为丰台区政协2020年度优秀提案集体，郝黎、蔺熠获优秀提案委员，李征、庞忠、孟涛、蔺熠被评选为优秀委员。郝泽忠，在中央文明办举办的2020年“我推荐我评议身边好人”活动中，经广大网民推荐评议光荣入选“中国好人榜”。杜庆洁获2020年“北京榜样”八月第三周榜样人物。

（康冬花）

【抗击疫情】2月6日，民革丰台区工委发起“百元绵薄爱心无限抗疫捐款倡议”活动，共筹集善款近12万元。经工委党员大力协调，购买医用N95口罩2800只，医用外科口罩2200只，并全部捐赠区卫健委。与马家堡街道两个社区建立定点帮扶对象，捐赠大批医用外科手套、口罩和浓缩消毒片和测温枪。工委社会服务专委会助力河北张家口赤诚县共建助残就业基地抗疫，向基地捐赠口罩及酒精。疫情期间，多名党员奋战在抗疫一线，区各界党员为疫情防控工作助力，捐款70余万元。

（康冬花）

【思想建设】年内，组织开展“不忘合作初心继续携手前进，增强制度自信主题教育”系列活动。开展抗疫事迹线上线下分享会，制作“民革丰台区工委抗击疫情有我”微视频，通过抓典型、树榜样，开展学习先进党员活动。组织《探索中国古建艺术——中国名亭赏析》线上讲座和《戏曲文化欣赏·园博园赏秋》等活动，增强党员文化自觉、坚定文化自信。

（康冬花）

▲2020年，民革丰台区工委抗击疫情在行动。

【支部换届】8月28日，召开民革丰台区工委支部换届工作部署会，9月20日前完成上届支部班子民主测评和候选人推荐工作，10月11日至24日全区7个支部，完成支部班子队伍选举。举办新老支部主委工作交流会，建立和谐共进新格局。

（康冬花）

【建言资政】年内，组织报送信息160余篇，被市政协采用9篇。围绕中关村丰台园主导产业优化升级课题，组织区内相关领域党员开展深入调研，走访园区及区内外有关企业，高质量完成《关于中关村丰台园培育工程咨询服务产业集群的建议》调研报告。围绕丰台区应急避难场所建设和运维情况开展调研，先后赴西城区应急局座谈并调研西城区应急避难场所，提出《在我区十四五规划中加强应急体系建设规划的建议》，并形成相关联的政协大会发言和党派提案。

（康冬花）

【社会服务】年内，组织开展“我为扶贫下一单活动”，党员自愿购买贵州、武汉等贫困县农副产品3万余元。开展扶贫项目开发、义诊扶贫、公益演出、残病人培训就业等公益活动。组织党员参加北京市统战部门头沟8+1扶贫项目认领三年10棵梨树。联合中国电影股份有限公司，组织开展面向农民工子弟学校师生公益观影活动。在北京佟麟阁学校组织“缅怀抗日英雄传承爱国之志”——佟麟阁将军家中旧物委托保管交接仪式。

（康冬花）

【代表履行职责】年内，在北京市政协会上，市人大代表马列清针对医改、医疗服务及传染病投入提出的建议，政协常委张兆旗提出的安全问题、老城建设问题提案，备受众多媒体和百姓关注。区政协全会上，民革丰台区工委提出“关于中关村丰台园培育工程咨询服务产业集群的建议”2件党派集体提案；张兆旗主委代表民革丰台区工委作了关于“加强应急体系规划建设，服务丰台经济社会发展”的大会发言。

（康冬花）

中国民主同盟北京市丰台区委员会

【概况】2020年，在民盟北京市委和中共丰台区委的正确领导下，民盟丰台区工委认真履行参政党职能，思想政治建设、参政议政、组织建设和社会服务等各方面工作取得新进展。结合基层组织建设年活动，着力提升两级领导班子“五种能力”，全年共召开主委会9次，工委（扩大）会4次。新成立北京戏曲艺术职业学院支部、法律支部、科技园区支部，丰台民盟支部总数达到17个，支部活动覆盖率100%，规范支部达标率100%。新成立“盟员之家”4个，区工委“盟员之家”数量达到8个。全年发展新盟员37名，支部发展覆盖率100%。全区盟员总数达到507人，年轻化专业化优势凸显，盟员结构更加优化。

（韩　亮）

【疫情防控】疫情暴发后，区工委及时发布《关于投身社区疫情防控工作的倡议书》，26名盟员“医卫战士”坚守岗位，主动请缨投身防控一线。8个支部对接16个街道112个社区，24位盟员分配到19个社区。两级民盟组织、广大盟员（含盟员企业）捐款捐物合计3320万元，在全市区级民盟组织中位居第一。成毅刚、孙炎荣获民盟中央抗击疫情先进个人。

（韩　亮）

【课题调研与政协提案】年内，联合民盟北京市委法制委成功主办第二届民盟（北京）法治论坛，编纂印发《民盟法治论坛论文集》，受到民盟中央、民盟市委、区委统战部等各有关方面高度评价。区工委荣获“优秀提案集体”称号，5人荣获“优秀委员”，3人荣获“优秀信息委员”，3人被评为“优秀提案委员”。民盟籍人大代表、政协委员、特约监督员、人民陪审员认真履行职责，充分展现了民盟力量。经过广泛调研论证，形成“关于助推解决丰台科技小微企业融资问题的建议”的党派提案，支撑民盟市委联合完成关于《北京市住房租赁条例》的课题调研报告。唐致军参加市政协“提升金融服务科技创新能力，助推全国科技创新中心建设”重点专题协商议政会，代表民盟市委作专题汇报。焦建参加民盟中央法治论坛，提交论文《传染病防治法律制度的完善》荣获三等奖。

（韩　亮）

【社情民意信息】年内，发布《民盟丰台2019年参政议政建言集》，编纂形成《民盟丰台2020年参政议政建言集》。召开信息工作研讨会。全年报送信息157篇，其中1篇被市领导批示，2篇被全国政协采纳，2篇被民盟中央采用。焦建作为主要成员参与民盟中央《关于进一步完善〈外国人永久居留管理条例（征询意见稿）〉的建议》，成果获国务院副总理韩正批复。

（韩　亮）

【文化传承】年内，“民盟先贤肖像巡回展”首次走进丰台，受到各有关方面高度评价。配合市委统战部完成《接过父辈的旗帜》专题片制作，讲述京剧院支部三代盟员接力传承京剧国粹的动人故事，在北京电视台播放后社会效果良好。制定《民盟丰台区工委宣传工作规程》等系列文件。

（韩　亮）

【丰台盟讯】年内，编印《丰台盟讯》5期，其中抗击新冠疫情专刊1期。由张娜主笔的统战理论研究课题报告《从一届三中全会到新政协的召开——民盟为新型政党制度的确立所做的贡献》获得民盟中央理论研究课题一等奖。

（韩　亮）

【社会服务】年内，经济支部倡议发起“衣旧情深”募捐活动，分两批次定向四川省甘孜州石渠县藏族同胞捐赠冬装。文化支部、法律支部发挥各自优势，支撑民盟市委开展支持门头沟“8+1”行动。科技支部与教育一支部联合开展“2020年青少年暑期编程公益培训活动”。北京京剧院支部为居民提供线上京剧教学，普及京剧知识，弘扬传统文化。

（韩　亮）

中国民主建国会北京市丰台区委员会

【概况】2020年，民建丰台区工委在民建北京市委和中共丰台区委的领导下，坚持以习近平新时代中国特色社会主义思想为指导，认真贯彻落实中共中央和中共北京市委关于加强中国特色社会主义参政党建设有关文件精神，围绕区委、区政府工作大局和工作重点，统筹推进疫情防控和日常工作，扎实履行参政党职能，为推进丰台区经济社会高质量发展贡献力量。截至年底，民建丰台区委员会共有会员723名，平均年龄50.4岁，经济界人士以及相关专家学者478名，占比66%。工委设有16个支部，7个专委会。

（杜永娜）

【疫情防控】新冠肺炎疫情发生后，区工委严格贯彻落实民建市委和区委统战部疫情防控工作部署，立足党派优势，主动担当作为，强化力量统筹，积极助力疫情防控阻击战。各尽其责，全力抗击疫情。全区会员积极响应民建市委、区工委号召，发挥行业优势、调动人脉资源，通过保障生产、捐款捐物、防疫科研、艺术创作等不同方式有序投身疫情防控工作。全区会员累计捐款13.2万元，捐物总价值266.6万元，会员企业带动社会筹集善款总计6150多万元。敢于担当，主动投身一线。疫情期间，5名医务工作者会员逆向而行，奋战在疫情防控的最前线。成立“新时代文明志愿者服务队”，积极参与社区疫情防控，在17个社区志愿服务活动300余人次。就职于政府部门、乡镇街道的会员充分发挥先锋表率作用，夜以继日为疫情防控贡献力量。发挥优势，积极建言献策。全区会员累计报送疫情防控信息50余篇，其中9篇被民建北京市委采纳。在这场战“疫”中，会员张婕、臧红梅获民建中央全国抗疫情先进个人；区工委及2个支部获民建市委抗疫先进集体，11名会员获民建市委抗疫先进个人；在区工委抗疫工作中有4个集体、25名会员受到表彰。

（杜永娜）

【思想建设】年内，以深入学习贯彻习近平新时代中国特色社会主义思想为主线，以坚定中国特色社会主义制度自信为主要内容，加强政治理论学习，引领广大会员增强“四个意识”、坚定“四个自信”、做到“两个维护”。坚持以上率下，切实学深悟透。区工委班子先学一步、深学一层，各专委会主任、各支部主委指导学、带头学，带动各基层组织和广大会员深学细研习近平新时代中国特色社会主义思想。坚持以点带面，拓宽覆盖范围。以“会员之家”为重点，配备红色经典理论书籍，每个“会员之家”带动4至5个支部共同开展学习活动。坚持突出主题，创新学习载体。紧扣制度自信教育主题，开办“新·好”读书会、“听前辈讲民建”等系列学习活动，通过“线上+线下”方式提高会员参与度。加大宣传力度，讲好民建故事。加强对会员履职成效、典型榜样的宣传，累计在民建市委网站、公众号、《丰台报》等媒体发布相关稿件80余篇，制作《丰台民建》纸质版、电子版报刊各4期，向民建市委、中共区委统战部报送抗击疫情典型人物微视频9部，其中3个作品参加首都统一战线“奋斗·2020”微视频展播，通过典型示范、榜样引领，营造出创先争优的良好氛围。

（杜永娜）

【组织建设】年内，以学习好、宣传好、贯彻好“三个文件”精神为主线，以“四新三好”工程为统领，不断加强自身建设。严格标准条件，突出发展质量。认真贯彻落实组织发展政策，强化会章会史教育和多党合作理论学习，确保新发展的会员懂会史、靠得住、能放心。全年发展新会员42人，发展比率6.2%，其中民营经济人士21人，占比50%。强化制度保障，落实作风建设。以强化作风建设工作为契机，制定区工委领导班子民主生活会制度，将作风建设与履职尽责相结合，与日常工作相融合，统筹推进，实现作风建设常态化。规范换届程序，优化组织结构。制定支部换届工作方案，严肃换届纪律，各支部在充分发扬民主、广泛征求意见的基础上，顺利完成换届调整工作。调整后，全区支部班子成员平均年龄比调整前下降4岁，大学以上学历比调整前高3.4个百分点，其中研究生以上学历比调整前提高8个百分点，中高级以上职称比调整前提高6个百分点。支部班子年龄结构、知识结构得到优化，支部组织活力得到提升。发挥两个“作用”，提升支部活力。发挥直属支部生力军作用，在综合考虑会员意愿及支部需求的基础上，向其他9个支部输送新会员33名，激发了组织活力，提升了履职能力。发挥“会员之家”作用，通过会员之家建设加强区内、区间基层组织交流互动，延伸活动触角，丰富活动内涵。强化数据库建设，完善会员信息。以支部为单位开展会员信息普查，完成100余份骨干会员简历的收集整理汇总工作，着力提高组织建设的规范化、信息化水平。

（杜永娜）

【参政议政】年内，以重点课题调研和议政队伍培养为抓手，提高思想认识、创新调研方式，注重工作实效，履行好参政党职能。加强组织领导，成立由主委牵头的参政议政课题调研协调小组，组建由“专委会+支部”骨干会员参与的9个课题调研小组，围绕丰台区党政所需和百姓所想，开展有针对性、前瞻性的研究。加强调查研究，紧扣疫情防控常态化形势，依托互联网信息化手段，通过线下点对点、线上点对面等形式开展交流研讨，开展调研活动26次，280人次参与，撰写调研报告18篇，其中《中关村丰台园西区发展带动周边地区产业协同发展研究》等3篇报告得到区政府相关部门高度重视，《完善重大疫情防控机制体制，健全国家公共卫生应急管理体系》获会中央采用，关于公共卫生服务体系的问题与建议转化为政党协商发言材料，调研质量和成果转化率进一步提升。加强信息工作，因时而动、因地制宜地收集社情民意信息，利用可视化图表定期展示和反馈各支部和会员的信息工作成绩，充分调动会员积极性，提高信息保送质量。累计报送信息100余篇，共有30篇被民建中央、北京市政协和民建北京市委等单位采纳。

（杜永娜）

【社会服务】年内，响应民建中央和民建北京市委号召，积极参与对口帮扶，引导会员为河北丰宁光伏发电和菌类加工车间两个扶贫项目捐款3万余元。持续做好门头沟“8+1”帮扶工作，综合五、文化东铁匠营支部充分发挥“名誉户主”作用，组织帮扶活动6次，通过收购农产品、送医问诊、文化扶贫等形式巩固房良村脱贫成果。引导开展消费扶贫，带领丰台餐饮住宿服务行业协会，通过开展扶贫直播、扶贫招商推介会等，帮助贫困地区企业对接丰台市场，建立在京销售网点，累计销售农产品价值1500余万元。

（杜永娜）

中国民主促进会北京市丰台区委员会

【概况】2020年，民进丰台区工委在民进北京市委和中共丰台区委统战部的正确领导下，认真贯彻落实上级决策部署，以首善标准履行政治责任，勇于担当作为。成立疫情防控工作领导小组，同舟共济，共同抗疫。开展主题思想教育宣传活动。完成基层组织换届工作。积极参政议政，上报民意信息58篇。

积极参与社会服务，组织会员参与民进中央《黔货在京消费扶贫线上直播活动》，配合区委统战部完成冰雪人才和从事冰雪产业人员推荐工作，参与民进中央“民营经济人士调研问卷”线上问卷工作。

（涂英丽）

【助力疫情防控】疫情暴发后，区工委迅速成立以主委为组长的疫情防控工作领导小组，统筹推进各项工作。及时传达学习习近平总书记重要讲话精神，确保各级组织、全体会员与党中央保持一致。及时发布民进丰台区工委关于投身社区疫情防控工作倡议书，动员激励全体会员为抗击疫情贡献力量。民进丰台区工委杨中春副主委带头为区委、街道办事处多次捐赠防疫物资。财政部支部秦立梅老师，多次为武汉捐赠药品，价值100余万元。经济支部侯伟、焦洋老师，多次为本社区捐赠防疫物品及慰问品等。捐款捐物传递民进会员无疆大爱。财政部支部会员、艾滋病防疫中心李东民老师，新年伊始成为奔赴一线参加疫情防控的最美“逆行者”。桥南支部会员、丰台中西医结合医院消化科主任吕芹老师，在抗疫一线医疗组一干就是20多天。李东民、吕芹获得市、区抗疫先进人物。在疫情防控期间，民进丰台区工委实现零感染，全体会员捐款211.77万元（湖北省慈善总会、武汉市慈善总会等），个人和企业捐赠口罩、酒精、消毒液等急缺物资价值394.9万元，会员及会员企业共捐款捐物合计416.07万元。

（涂英丽）

【主题思想教育宣传活动】年内，按照市、区主题思想教育宣传活动部署，结合当年形势及自身建设需要，积极组织基层支部开展线上学习活动，学习会章会史，并组织开展答题竞赛活动。开展线上“习近平谈治国理政第三卷”自学活动，通过学习，增强了会员自觉履行参政党职能的使命感和责任感。参与民进市委庆祝70周年会章知识竞赛、民进市委组织的“在正道上行”宣讲会活动。参与区委统战部组织的“民法典”大讲堂活动。配合民进中央完成关于“民进会员基本情况问卷调查”、民进市委关于“民进会员思想政治状况调查问卷”工作。

（涂英丽）

【组织建设】2020年是基层组织换届年，截至12月29日，区工委18个支部平稳顺利完成换届任务。依据民进市委要求，坚持“不重数量求质量”原则，发展新会员9名，分属教育、经济、出版、文艺等领域。成立文艺支部及社会事务联合支部。10月，区工委在嘉安律师楼成立第二个民进会员之家，受到上级部门及广大会员的认可与好评。

（涂英丽）

【参政议政】年内，积极参政议政，共计上报社情民意信息58篇，其中李朝晖撰写的《关于社区组建“涉外”调解志愿者队伍的建议》被民进中央采用、傅国辉撰写的《给北京市教委的几点建议》被市政协采用。数次选派会员，参加区政协组织的调研活动，并提出可行性建议，其中区工委副主委邓莉丽撰写的《关于进一步推进中关村丰台园建设发展工作建议》受到区委领导的肯定与认可。

（涂英丽）

【社会服务】年内，民进市委领导赴门头沟黄台村参观解微润灌溉项目，出资建设该项目的区工委副主委杨中春接受了采访。会员李桂林、任国京、曹佳林三位书画家参与民进北京市委组织的赴延庆“书画下乡”活动。民进区工委与西城农商行党委及桥北支部联合举办文化交流活动。经济支部郑爱利走进丰台区40余个社区开展《民法典》讲座进社区活动。食品报社支部王学平走进东罗园社区宣传食品健康知识讲座。丰台二中支部王怀青参与民进中央、河北省委主办的书法教育大型公益活动烛光计划线上教师培训活动。组织会员参与民进中央“黔货在京消费扶贫线上直播活动”，配合区委统战部完成冰雪人才和从事冰雪产业人员推荐工作，经济支部会员参与民进中央“民营经济人士调研问卷”线上问卷工作。

（涂英丽）

中国农工民主党北京市丰台区委员会

【概况】2020年，农工党丰台区工委在农工党北京市委和中共丰台区委的领导下，在区委统战部的指导帮助下，认真贯彻落实《中共中央关于加强中国特色社会主义参政党建设的意见》精神，增强“四个意识”，坚定“四个自信”，做到“两个维护”，加强自身建设，不断提高履行职责能力，为丰台区经济社会发展做出应有的贡献。

（姜元近）

【基层组织换届】年内，是农工党北京市委基层组织换届年，按照农工党北京市委的统一安排和工作要求，认真学习领会《农工党北京市委2020年基层组织换届工作方案》精神和要义，参加农工党北京市委组织的基层支部换届工作推进会，制定《农工党丰台区工委支部换届工作实施方案（草案）》，拟定与基层支部换届工作有关的指导性文件，农工党丰台区工委10个基层支部顺利完成基层支部换届工作。换届后，基层支部新班子平均年龄45.8岁，女性党员占比56%，中高级职称党员占比91%；支部领导班子的政治素质和思想觉悟都有进一步的提高，为今后党派履行职责提供了良好的基础。

（姜元近）

【首个“党员之家”揭牌】12月9日，举办农工党丰台区工委首个“党员之家”揭牌仪式。按照市委“完善功能、一室多用”的要求，该“党员之家”融合党史展示、支部活动、书画交流等多种用途，成为丰台基层党员学习、交流、履职、提高的重要场所。

（姜元近）

【组织建设】11月27日，农工党北京

市委在丰台区党派楼302会议室召开支部属地丰台区工委座谈会，传媒支部、天坛医院支部正式属地丰台区工委。截至年底，丰台区工委共有基层支部12个，共有党员447名。

（姜元近）

【民主代表人士储备】年内，为认真贯彻落实《民主党派代表人士队伍建设规划（2018–2027年）》和《北京市民主党派代表人士队伍建设规划（2018–2027年）》精神，进一步推进丰台区民主党派代表人士队伍建设，按照《丰台区民主党派代表人士队伍建设规划（2020–2024年）》的要求，在与区委统战部、农工党北京市委沟通的基础上，完成工委民主代表人士储备工作。

（姜元近）

【参加“制度自信”专题教育】年内，组织党员参加农工党北京市委组织的“新语大讲堂”制度自信线上线下专题教育，内容涉及新闻宣传工作培训班、民法典的基本内容与意义讲座、纪念农工党成立90周年暨新闻宣传工作培训、香港国家安全的法律保障讲座、优秀援鄂农工党党员宣讲大会等内容，累计参加党员超过400人次。

（姜元近）

【助力新时代爱国卫生运动三年行动方案活动】年内，为贯彻落实农工党北京市委开展“制度自信”专题教育活动会议精神，10月17日，以“践行垃圾分类 建设健康北京”为主题的“制度自信”专题教育活动暨全面助力新时代爱国卫生运动三年行动方案活动在卢沟桥乡周庄子家园社区举行。此次活动由农工党北京市委主办，农工党丰台区工委和卢沟桥乡人民政府联合承办。本次活动是农工党北京市委进一步发挥界别优势，贯彻落实习近平总书记关于疫情防控和深入开展新时代爱国卫生运动的重要讲话精神，深入发动群众，大力开展爱国卫生运动，践行垃圾分类，提倡文明健康、绿色环保的生活方式的一次有益的实践，也是全面助力落实北京市新时代爱国卫生运动三年行动方案的开端，为建设健康北京贡献力量。农工党北京市委所属各区委、区工委、总支、直属支部以及周庄子家园社区工作人员和居民100余人参加了活动。

（姜元近）

【骨干党员培训】9月8日，区委统战部在公园158文化创意基地（丰台区丰葆路158号）举办《民法典》专题讲座，区工委部分骨干党员参会。17日，组织7名骨干参加丰台区统战部在丰台区党校举办的“2020年丰台区民主党派中青年骨干培训班”，接受制度自信教育和参政议政能力提升教育培训，并组织参观丰台区循环经济产业园。

（姜元近）

【两会提交建议提案】1月7日、12日，区工委人大代表出席区人大十六届七次会议和市人大十五届三次会议，分别提交了《关于多措并举加快丰台区旧楼电梯安装步伐的建议》《关于加强口腔医疗机构消毒灭菌管理的建议》《关于发挥街道在就近养老服务体系建设中区域统筹作用的建议》《关于加强“以案释法”涉医违法犯罪普法力度的建议》等多个提案。1月6日、10日，区工委政协委员出席区政协十届四次会议和北京市十三届三次会议，分别作《深化“街乡吹哨、部门报到”改革提升北京城市精治、共治、法治水平》《关于发挥街道在就近养老服务体系建设中区域统筹作用的建议》的大会发言，提交了《关于发挥街道在就近养老服务体系建设中区域统筹作用的建议》《关于提高我区街道办事处管理水平的建议》《关于建立丰台区医药卫生事业发展规划多部门协作机制的建议》《发挥北京健康资源优势，助力丰台打造首都发展新的增长极》等提案。

（姜元近）

【课题调研】年内，组织17名党员参加课题调研活动，承担了区政协《围绕新兴产业培育，提升丰台科创能力》议政协商课题，形成的《围绕养老服务最后一公里，聚焦养老驿站可持续发展》调研报告上报区委统战部，并转化为大会发言稿和党派提案。

（姜元近）

【信息报送】年内，区工委党员积极报送《关于建立重大医疗应急事件的重要物资筹备机制的建议》《北京垃圾分类也需要从源头用功》《关于进一步明确因疫情被封闭小区职工误工假的建议》《关于建立大型人员密集型活动过程中医疗会商机制》等社情民意信息33篇，其中被农工中央、农工北京市委等采用7篇，内容涉及疫情防控、医疗卫生、垃圾分类等行业领域。

（姜元近）

【疫情防控】年内，抗击新冠肺炎疫情期间，区工委全力动员党员、入党积极分子投入抗疫一线。农工党员叶财德、华海琴、杨燕林3人成为“最美逆行者”，奔赴武汉抗疫前线。28名农工党员战斗在发热门诊、隔离病房等抗疫一线。农工党员李宏军、杨自强的新冠肺炎影像学诊断标准、医院洁净室与负压隔离病房建设标准等科技成果充分发挥了作用；全体党员以各种方式向中国初级卫生保健基金会、北京市慈善协会、武汉市慈善总会、政府主管机关等单位捐款捐物，折合价值100余万元。

（姜元近）

【新闻宣传】年内，累计向区委统战部、农工党北京市委、社会媒体报送《农工携手社区，并肩抗击疫情》《积极投入社区疫情防控，彰显丰台农工合作初心》《向疫区逆行，向疫情宣战》《发挥技术优势，心系复工复学》等新闻稿件20余篇，其中5篇被“丰台统战”等有关媒体发表，发挥了宣传丰台农工、传播正能量的作用。

（姜元近）

中国致公党
北京市丰台区委员会

【概况】2020年，致公党丰台区工委

在致公党北京市委和中共丰台区委的领导下，在区委统战部的指导下，继续深入开展“不忘合作初心，继续携手前进”主题教育活动，带领全体党员认真学习贯彻落实习近平新时代中国特色社会主义思想和中共十九届二中、三中、四中、五中全会精神，围绕丰台区经济社会发展战略布局，大力加强自身建设，积极履行参政党职能。区工委现有委员11名，其中主任委员1名，副主任委员3名，秘书长1名。发展新党员9人，截至年底共有党员113人，分布于政府机关、经济、科技、法律、卫生及教育等领域，具有“侨、海”关系的党员占80.5%。

（王　峻）

【2019年度区工委总结表彰会】1月11日，召开致公党丰台区工委2019年度总结表彰会。中共丰台区委统战部副部长王晓轶、致公党丰台区工委主委王艳霞参加会议。会议由副主委曹莹主持，主委王艳霞致开幕词，曹莹代表区工委对全年工作进行了总结，副主委王诗雪宣读了区工委表彰决定。总结会上，对优秀干部和优秀党员进行了表彰。

（王　峻）

【参加区统一战线诗歌演唱会】1月19日，区工委组织10名党员参加区委统战部组织的“同心同行，迈向新征程”诗歌演唱会。表演了由党员徐建娟创作的配乐诗朗诵《永结同心，点亮新时代》，讲述了致公党成立以来“侨海报国”的理想与初心，回顾了与中国共产党紧密合作的光辉历史，展望了伟大祖国的美好明天，得到了与会人员的肯定与好评。

（王　峻）

【疫情防控】年初武汉疫情暴发，2月9日，区工委向全体党员发出倡议书，号召大家捐款捐物，支援湖北抗击疫情，捐款金额8.19万元。国内疫情严峻时，广大党员想方设法，联系国外亲戚朋友，为国内提供医疗防护用品，协助政府、企业、社区抗击疫情。国内疫情得到有效控制后，积极响应致公党市委号召，主动向海外侨胞和留学生捐款购买邮寄“爱心包裹”，向海外华人送去温暖。疫情期间，区工委主动与右安门街道“结对”抗击疫情。广大党员积极投身疫情防控工作，赠送防疫物资，开展心理疏导，社区主动值守，在不同的岗位为疫情防控贡献力量。在致公党北京市委开展抗击新冠疫情表扬活动中，曹莹、陈妍等13人获得先进个人称号，宋煜被致公党中央评为抗疫工作先进个人。

（王　峻）

【开展“科技抗疫”线上主题读书活动】5月1日，在世界读书日来临之际，为庆祝“五一”国际劳动节以及北京市疫情防控取得阶段性胜利，第一支部和第四支部利用互联网会议系统组织党员开展“科技抗疫”主题读书交流活动。活动中，区工委和支部干部带领大家学习了习近平总书记《为打赢疫情防控阻击战提供强大科技支撑》等重要指示精神，就新冠病毒防疫期间如何进行心理疏导进行了辅导讲座，分享了企业复工复产的感想，传授了社情民意信息撰写的心得体会。

（王　峻）

【开展“庆祝国庆·喜迎冬奥”主题活动】10月4日，在大兴奥悦冰壶馆，组织开展“庆祝国庆·喜迎冬奥”主题学习培训活动。党员们先后听取了2022年北京冬奥会和冬残奥会筹备情况、冰壶运动发展历史和比赛使用场地装备和比赛规则、中国冰壶运动项目的发展现状、冰壶竞赛战术和布局等。实地学习、体验了冰壶运动项目的竞技规则与动作要领，对冰壶运动项目有了初步的认识和了解。

（王　峻）

【“中关村丰台园人才引进及培养研究”调研座谈会】10月13日，在区党派楼302会议室，围绕《园区科技人才引进及培育相关政策研究》协商议政分课题，在区委统战部的协调下，区工委与中关村丰台园区内北京世纪东方国铁科技股份有限公司、北京国卫星通科技有限公司、国药控股北京天星普信生物医药有限公司等10家单位主管或人力部门主管，围绕人才引进渠道、培养方式、使用过程中存在的问题、人才政策和人才服务方面的需求等内容进行了深入的座谈交流。

（王　峻）

【“智慧城市政策、发展现状及趋势”培训讲座】10月24日，为了提高党员科技素养，使大家深入了解国家和地方智慧城市建设相关领域的发展状况与趋势，更好地为区域经济社会发展服务，为统战工作服务，举办了以“智慧城市政策、发展现状及趋势”为主题的培训讲座。本次活动邀请了国家信息中心信息化和产业发展部战略规划处副处长，国家信息中心智慧城市发展研究中心副主任，区块链服务网络联盟常务副秘书长唐斯斯博士主讲。

（王　峻）

【调研成果获奖】在致公党北京市委表彰的2019年度调研成果中，区工委有五篇荣获优秀调研成果奖，分别是：宋煜参与撰写的《全面落实城市总体规划，加强保护与有机更新，激活提升老城活力》，王艳霞、宋煜撰写的《大力推动冬季运动普及，筹办好北京2022年冬奥会冬残奥会》，曹莹、宋煜撰写的《北京市社区居家养老设施建设与机构运营机制研究的报告》，李蕊撰写的《切实满足“五性”要求，持续提升生活性服务业品质》，徐薇娜、蒙乐撰写的《推动以“三城一区”为主平台的科技创新中心建设》其中，《全面落实城市总体规划，加强保护与有机更新，激活提升老城活力》被中共北京市委统战部评为2019年度参政议政优秀调研成果一等奖，《大力推动冬季运动普及，筹办好北京2022年冬奥会冬残奥会》《北京市社区居家养老设施建设与机构运营机制研究的报告》两篇被中共北京市委统战部评为2019年度参政议政优秀调研成果三等奖。围绕“以科技创新中心建设为引领，打造中关村丰台园创新驱动发展新高地”开展协商议政，通过深入调研、走访座谈、研究分析，重点围绕《园区科技人才引进及培育相关政策研究》，认真总结存在问题、形成原因和措施建议，形成了高质量的协商议政成果，得到区委、区政府、区政协主要领导肯定。

（王 峻）

【课题调研】年内，认真统筹谋划，科学调配力量，充分调动、激发大家参政议政积极性，发挥参政议政专委会的引领带动作用。在继续推进《关于筹办好北京2022年冬奥会、冬残奥会，大力推动冬季运动普及》主委课题的基础上，申报了《点亮京城夜经济，提升城市软实力》《深化港澳青少年暑期实践和国情教育，促进港澳青少年人心回归》《基础教育阶段生涯发展辅导如何开展与保障》《构建具有首都特点的超大城市基层治理新格局》4个致公党市委调研课题，并按时提交了高质量调研报告。

（王 峻）

【社情民意信息】年内，积极发挥"侨海"特色优势，多渠道了解国际国内经济发展、抗击疫情等方面情况，撰写社情民意信息，积极建言献策。全年市委共采用丰台区党员社情民意信息61篇，40篇被致公党中央、市政协、市委统战部等单位采用，其中，由曹莹撰写的《近期基层社区防疫工作中存在问题的反映》和张晓临撰写的《在京各校"内高班"防控情况的反映》2篇信息得到蔡奇书记批示，由宋煜撰写的《关于加大占用消防车道违法成本的建议》得到张家明副市长批示。另外，由宋煜执笔的市委建言专报《关于加强专业性机构技术支撑，提高社区疫情防控能力的建议》得到蔡奇书记批示。

（王 峻）

【支部换届调整】12月16日至20日，为进一步加强基层组织建设，经报请致公党北京市委批准，根据《中国致公党章程》和《中国致公党北京市委员会基层组织换届调整工作办法》有关规定和要求，区工委四个支部按照组织程序，先后完成支部换届选举工作，为推进区工委各项工作高质量发展打下坚实的组织基础。

（王 峻）

九三学社北京市丰台区委员会

【概况】2020年，九三学社丰台区工委在九三学社中央、九三学社北京市委的领导下，在丰台区委统战部的指导下，积极抗击新冠肺炎疫情，注重抓好日常工作，组织建设、思想建设、参政议政、社会服务均收到良好效果，较好的完成了年度工作任务。全年共发展会员34名，社员总数453名，共有支社16个。荣获全国三八红旗手1人，北京市师德标兵3人。

（刘 颖 郑成保）

【积极部署抗击疫情】新冠肺炎疫情暴发后，九三学社丰台区工委坚决贯彻落实上级决策部署，以首善标准履行政治责任，展现担当作为。迅速成立以主任刘颖为组长的疫情防控工作领导小组，统筹推进各项工作。及时传达学习习近平总书记重要指示批示和讲话精神，确保各级组织和全体社员思想统一、步调一致。及时发布九三丰台区工委关于投身社区疫情防控工作倡议书，动员激励全区社员为抗击疫情贡献智慧力量。截至6月底，共计报送社情民意信息80余篇。

（刘 颖 郑成保）

【抗击疫情医卫社员奋勇争先】疫情期间，97名丰台社员医卫战士坚守岗位，主动请缨投身防控一线，为护佑人民生命安全作出重要贡献。丰台医院支社的全体社员在主委周秀梅、组织委员薛影的带领下，积极向医院党委发出倡议，纷纷递交了奔赴火线抗击疫情请战书，周秀梅主委备好行囊参加了出征誓师大会，后因北京保存一线力量的需要而被留京坚守在一线岗位；薛影主动请战到一线的事迹被北京日报客户端报道；夏振江大夫在一线工作之余还创作了抗疫歌曲，激励医务人员的抗疫斗志。丰台医药卫生支社的主委李洁（丰台疾病预防控制中心原主任）吃住在单位，一直奋战在紧张的一线。天坛医院支社、北京中西医结合医院、中国康复研究中心支社、北京电力医院筹备组、首医大支社佑安医院全体社员、东方医院支社等涉医支社也都全部积极参与抗疫工作。中共北京市委统战部决定利用远程诊疗平台面向海外提供医疗咨询服务后，九三丰台心理咨询室刘慧源积极报名参加，主动承担这份责任。李洁、尹乐芳、励国被社中央表彰为全国抗疫先进个人，李洁、杨霄星分别被中共北京市委市政府表彰为抗疫先进工作者、先进个人。

（刘 颖 郑成保）

【抗击疫情基层组织联防联控】丰台区工委除了7个医务方面的支社外，所属其他9个基层组织对接一个街道，47位社员到29个社区报到，参与社区联防联控活动1902人次。在与南苑街道"结对"开展联防联控工作中，共有6名社员报名参加社区一线执勤任务。丰台区人大常委会副主任、九三丰台区工委主任刘颖、副主任温建东、张云贵亲自带队到南苑街道办事处，慰问办事处和社区工作人员，并捐赠一批防疫物资。副主委张云贵用自己设计的小软件协助社区进行人员管理，发挥了九三学社的科技优势，3月18日北京市委统战部副部长刘先传到丰台，慰问参与基层疫情防控的民主党派成员，赞扬了九三学社丰台区工委在抗疫中发挥党派特色的做法。

（刘 颖 郑成保）

【捐款捐物】疫情期间，区工委领导班子成员带头捐款捐物，广大社员慷慨解囊，充分展现九三学社担当和大爱。社市委发出通知不到2天，截至2月10日，12个支社131名社员捐款83674.93元，另有50美元。其中，捐往武汉76574.93＋50美元（通过王选基金为抗击新型冠状病毒驰援武汉捐款72574.93元），捐往北京共7100元，500元以上62人，1000元以上30人，10000元1人，4000元1人，3000元2人，2000元3人。得到社中央九三学社王选关怀基金秘书长、九三学社湖北省委、九三学社北京市委和丰台区领导的充分肯定。另外还为九三之光书画社著名抗战书画家重病患者郑民老师捐款46000元，助他转危为安，渡过难关。

（刘 颖　郑成保）

【宣传传递正能量】疫情期间，在九三北京市委官微官网平台发布专题新闻50余篇。范贻光、柏溪、何属辉、李云飞、郑珉、许洪涛等九三海棠书画社筹备组成员创作大批书画等主题作品，为守望相助、激励斗志、凝聚力量作出积极贡献。

（刘 颖　郑成保）

【组织建设】年内，共发展社员34名，社员总人数453人。共有16个支社。制定组织发展计划，合理分配发展指标，即突出界别特色，又关注重点领域。创新组织活动方式，疫情期间，充分发挥网络、微信群等作用，建立疫情常态化视频活动保障组。关爱冲在一线的医务工作者，发个微信、打个电话，问声平安！关爱老社员，加强联系，挨个打电话，给予关爱和问候。

（刘 颖　郑成保）

【思想建设】年内，参加政协工作会议，把握好政协工作的新定位、新提法。4月10日，用视频会议方式召开区工委政协委员、人大代表学习活动，认真学习协商民主的特点、人民政协制度特色，全面把握人民政协的新方位新使命，以便更好地发挥专门协商机构作用，为实现新时代党的历史使命凝心聚力。12月29日，借助区“两会”召开前夕，对区工委的人大代表和政协委员进行会前履职培训。

（刘 颖　郑成保）

【参政议政】结合抗击疫情和全国两会，全年共报送社情民意信息64篇，被全国政协、社中央、市政协采用25篇。全年共有25篇次信息获得社中央、全国政协《每日社情》、市政协、社市委的采用，社市委信息采用率达到55%以上，社中央、市统战部采用率达到24.59%以上。其中与疫情相关的信息14篇次被社中央、全国政协《每日社情》、市政协采纳。8月区政协启动各党派“以科技创新中心建设为引领，打造中关村丰台园创新驱动发展新高地”主题的议政协商，刘颖带队此次调研活动并形成调研报告，关超、高如阳参与了该项课题调研。针对社会治理迫切需要研究的问题，安静带队进行了基层业委会发挥作用的调研。窦立敏、安静、权燕子参与了刘颖主笔的党派大会发言修改工作。王宏镭等社员，积极参加区工委组织的十四五规划和政府工作报告征求意见的研讨，既提意见建议，又做文字推敲，一些意见建议被区长初军威当场接受采纳。全年共完成调研报告4篇，大会发言稿3篇，均得到区委书记、区长的高度好评。在2020年区政协会上，九三学社丰台区工委被评为优秀提案集体，李洁、邹迎、郎大鹏被区政协评为优秀政协委员，丁惠国、安静、郎大鹏、温建东被评为优秀提案委员。

（刘 颖　郑成保）

【社会服务】疫情期间，组织开展丰富多彩的基层活动，丰台金融支社、丰台综合支社、科技园区支社、冶金自动化院支社、学苑出版社支社、矿冶研究院支社、首都经济贸易大学支社、丰台医院支社等或单独或联合开展“防控疫情有我”活动。开展领衔支社活动，5月16日，首经贸支社领衔举办“年度终了算大账——个人所得税汇算清缴”的政策讲座，来自社市委、内蒙古九三、丰台新联会、支联会等50多人在线聆听讲座，社员普遍反映雪中送炭收获大。借助文艺支社、学苑出版社，中国戏曲学院、中国歌剧舞剧院、北京京剧院、北方昆曲剧院、中华书局中的成员文化力量，成立“九三之光文化艺术团”，努力把区工委打造成九三中央全国文化建设方面的先进区级组织。

（刘 颖　郑成保）

【综合支社完成换届选举】10月24日，根据《九三学社章程》，按照九三学社北京市委和丰台区工委2020年换届工作总体安排，九三学社丰台综合支社在丰台区文化馆2层会议室举办换届选举大会。受区工委主任刘颖委托，区工委原副主任胡国强、区工委办公室主任郑成保代表区工委参加换届会议，会议由综合支社主委杨素华主持，17名社员代表36名社员参加会议。杨素华作了综合支社工作情况总结和本次换届选举工作的具体说明。会上，经无记名投票表决，选举产生了九三学社丰台综合支社新一届班子成员，主委：彭红梅；副主委：窦立敏（组织、参政议政）、尹乐芳（宣、社会服务）；支委委员：李佳（社会服务）、陈海量（组织、参政议政）、郭子风（宣传）。换届选举会议结束后，召开了九三学社丰台综合支社委员会第一次会议。新当选主委彭红梅代表委员会进行了表态，并介绍了新一届支社未来工作谋划。期望在组织发展、参政议政、社会服务等方面再接再厉，继续秉持九三学社“爱国、民主、科学”的优良传统，在各方面工作中开拓进取、锐意创新，团结每一个社员，建设一个团结、温暖、协作的大家庭。

（刘 颖　郑成保）

【董家鸿院士工作室揭牌】11月29日，北京电力医院举行中国工程院董家鸿院士工作室签约仪式。国康集团董事长、北京电力医院董事长张刚，中国工程院院士、清华大学临床医学院院长、北京清华长庚医院院长董家鸿，分别致辞。北京电力医院院长林方才、北京清华长庚医院肝胆胰外科执行主任卢倩代表双方签约。董家鸿、张刚为院士工作室揭牌。仪式由北京电力医院党委书记辛利平主持。张刚在致辞中介绍了国康集团概况和健康养老、健康管理、医疗服务、健康疗养四大业务板块。北京电力医院作为国康集团的旗舰医院，建院30多年来，已发展成为首都西南地区具有较高行业影响力的三级医院，医院普外科在学科带头人张宗明教授带领下，形成了以肝胆微创为特长，以胃肠、腹外疝、肛肠、甲状腺为特色的学科体系，成为国家卫健委重点培育学科。成立北京电力医院“董家鸿院士工作室”，是医院加强重点学科建设、推进医疗技术更上新水平的重大举措，标志着医院普外科学科建设进入新的发展时期，对于提高学科专业技术能力、培育高水平外科专业团队、深化科研技术创新、提升北京电力医院整体学科发展水平，具有十分重要的意义。董家鸿教授是国际著名肝胆外科和肝脏移植专家，中国工程院院士，长期致力于现代肝胆外科理论和技术研究，创立了精准肝胆外科范式，确立了系统化干预策略和关键外科技术体系，破解了肝胆外科手术中一系列技术难题，提升了中国肝胆外科整体水平，在世界肝胆外科学界享有盛誉。

（刘　颖　郑成保）

【基层组织“社员之家”揭牌】 12月3日，九三学社丰台区工委在丰台科技园区北京备安应急众创空间、北京卓邦电子技术有限公司两地联合丰台综合支社、丰台科技园区支社共同举办“社员之家”揭牌仪式，九三学社中央组织部部长杨玲、九三学社北京市委理论研究会主任方炎、丰台区工委主任刘颖、丰台综合支社、丰台科技园区支社班子成员及部分社员代表共30余人出席仪式。仪式由刘颖主持。杨玲在致辞中对“社员之家”的成立表示热烈的祝贺，并提出要在物理空间和精神空间两个层面办好、用好“社员之家”，未来还要联合统战部门探索共建模式，在全国范围内交流学习，探索参政党建设的新举措。方炎在致辞中表示，社员之家要充分发挥社员交流的平台和阵地作用，通过服务社员，进一步达到服务九三学社、服务社会的目标。

（刘　颖　郑成保）

2021

北京丰台年鉴

人民团体

丰台区总工会

【概况】2020年，面对突如其来的新冠肺炎疫情，丰台区总工会党组在丰台区委和市总工会的领导下，始终坚持以习近平新时代中国特色社会主义思想为指导，深入贯彻党的十九大和十九届二中、三中、四中、五中全会精神，按照党中央决策部署，紧紧围绕统筹推进疫情防控和经济社会发展，锐意进取、真抓实干，积极拓展服务职能、转变工作作风、打造工会特色品牌，全面深入履行工会权益保障、助推创新、素质建设、帮扶助困、民主管理、志愿服务等各项职能。

（孙　霏）

【疫情防控和复产复工】年内，把有效防控疫情作为首要政治任务，第一时间团结动员职工群众齐心协力投入到疫情防控阻击战中。累计投入资金850万元，通过配备防护物资、引导企业复工复产、解决职工家庭困难、支援对口协作地区等多种形式开展慰问。加强宣传引导，发挥融媒体优势，通过微博微信和北京日报客户端、北京工人客户端、北京丰台客户端等平台，对疫情防控进行报道220次，阅读量超25万。号召劳模代表，依文集团、集美集团等区属优秀企业向我区捐赠防控物资累计价值达161.5万元。关爱职工身心健康，推出公益瑜伽网上互动课程127期，服务职工万余人次。积极响应全总、市总号召，为全区小微企业返还工会经费1200余万元。坚持党建引领，落实“双报到”要求，140名工会系统党员干部和专职社工下沉到社区（村），共同筑牢群防群治防线。

（孙　霏）

【基层组织建设】年内，落实《北京市总工会2020–2021年加强非公有制企业工会组织建设工作的实施意见》，以职工沟通会、企业沟通会常态化开展为抓手，依法推进百人以上企业、新兴企业以及行业工会的组建工作，通过“两步走”方式，稳步推进工会组建和会员发展工作，努力扩大对新领域新阶层新群体的组织覆盖和服务覆盖，现已建会单位10225家，会员总数210918人。

（孙　霏）

【劳模管理工作】年内，通过组建劳模宣讲团、劳模志愿者服务队，创建劳模创新工作室，拍摄制作4部“垃圾分类”丰台劳模在行动微视频等多种形式，让劳模、工匠的身影活跃在全区各个领域、各个平台，让劳模、工匠的事迹感染着各行各业的职工群众。全年获评全国劳动模范和先进工作者4人，北京市劳动模范和先进工作者51人。建成劳模创新工作室2家，在“两节”期间为全区劳动模范、先进工作者发放慰问款物共计82.23万元。

▲7月7日，丰台区总工会开展“夏季送清凉”活动慰问区疾控中心一线工作者。

【扶贫协作】年内，区总工会在扶贫协作和对口支援工作中，支持湖北省十堰市、张湾区、内蒙古扎赉特旗等工会组织开展项目扶贫、消费扶贫，投入资金近80万元购买各类扶贫物资助力脱贫攻坚。

（孙　霏）

【互助保障】年内，以职工需求为导向，持续开展贴心服务，投入经费近400万元做实做细“春送岗位、夏送清凉、金秋助学、冬送温暖”工作大力唱响“四季歌”、打好“五送牌”。发展职工互助项目，职工互助保险累计投保人数94764人，年内理赔2477人次，赔付金额达427.4万元，做到精准帮扶、雪中送炭。按照市总要求帮助困难职工解困脱困，为6户困难职工家庭实现解困脱困，全区在档困难职工户数从306户减少到13户。用好北京市温暖基金会平台，制订温暖基金丰台专项基金试行办法及细则，针对不同原因致困人群实施多项保障措施，对6名大病职工及时送去温暖救助金13.66万元，起到为职工保驾护航的“娘家人”作用。

（孙　霏）

【社会服务工作】年内，以12351服务平台为载体，开展丰富多彩的线上线下会员活动，结合职工需求和区域优势开展的“免费逛公园”“10元游汽博”“节日网上抢票”“健康丰台人—建设美丽丰台”系列健康活动等累计服务职工8.5万人次。

【维护职工劳动经济权益】年内，以“四必谈”为重点深化集体协商，全区集体合同建制率达到97%，覆盖职工达15.6万人。全面落实民主管理要求，区建会企事业单位职代会制度建制率保持在97%以上。进一步完善劳动关系三方委员会和劳动争议调解六方联动机制，扩大工会劳动争议调解和法律援助覆盖面，成功调解劳动争议案件129件，化解劳动纠纷集体案件25件，法律援助案件171件，劳动争议调解案件129件，涉及金额2000余万元。通过建立工会普法长廊、开展微信有奖竞答、组织律师进企业宣讲等方式进行全方位、多元化普法宣传，有效提升职工知法守法意识。开展“安康杯”促安全生产保职工健康活动，全区共有245家企业的1211个班组、42167名职工参赛。

（孙　霏）

【职工服务体系建设】 年内，进一步推进“会、站、家”一体化建设，在丰台科技园区、方庄地区、卢沟桥街道、太平桥街道建立公共区域职工之家，在新发地建立集商户服务、法律援助、技能培训等功能为一体的示范职工之家，在北京汽车博物馆、花乡花卉嘉年华建设智能职工之家，在最美大街镇国寺北街、商业门店、车间班组等场所建立职工暖心驿站，有效打通服务职工“最后一公里”。现已建成工会服务站24家，职工之家712家，职工暖心驿站1630家。

（孙　霏）

【职工素质建设】 年内，在区域高质量发展中献计出力。围绕丽泽金融商务区、南苑森林湿地公园、接诉即办等重大工程和重要工作，积极开展职工素质教育、职业技能竞赛活动，搭建技能大赛、公益大讲堂、读书沙龙、技术工人培养“四位一体”培训平台，开展各类职工素质教育培训12场，申请首都职工素质建设工程电子图书阅览卡680张。落实在职职工职业发展助推计划，为229名高技能职工发放市区两级助推资金近50万元。推进高技能人才队伍建设，作为承办单位连续两年支持北京市“职工技协杯”绿化环保花艺师职业技能大赛暨北京地景设计艺术节活动，年内评选出区级职工创新工作室10家，获评市级示范性职工创新工作室1家，获评名师带徒4对，“张春岩创新工作室”获评全国示范性劳模和工匠人才创新工作室。通过多措并举，引导职工开展科技攻坚和技术革新，推动形成尊重劳动、崇尚技能、鼓励创造的社会风尚。

（孙　霏）

【女职工工作】 年内，关心关爱女职工共建成母婴关爱室25家，走访慰问19家一线单位发放包括防疫物资在内的各类慰问品惠及女职工5700余人。

（孙　霏）

【特色职工志愿服务】 年内，在重大活动、创建国家卫生区等重要时间节点，组织开展环境整治、文明引导、疫情值守等多项职工志愿服务活动，已累计招募职工志愿者近10万名，“蓝马甲”已成为丰台大街小巷中一道靓丽的风景线。

（孙　霏）

【经费管理】 年内，按照《北京市工会预算管理办法》的规定编制并上报丰台区总工会本级预算。严格根据市总基层工会经费使用的相关规定审批基层预算。在全市区县中率先启用工会财务集中管控和审计管理系统，实现了对基层单位工会经费收缴、管理、使用的实时监控。

（孙　霏）

共青团北京市丰台区委员会

【概况】 2020年，丰台团区委认真学习宣传贯彻党的十九大及十九届二中、三中、四中、五中全会精神，坚决贯彻落实团市委和区委各项工作部署要求，坚持培养中国特色社会主义事业建设者和接班人的根本任务，坚持巩固和扩大党执政的青年群众基础的政治责任，坚持围绕中心、服务大局工作主线，圆满完成各项工作任务。

（张　洁）

【丰台区“青年讲师团”】 年内，“丰青讲师计划”形成一支62人的丰台区“青年讲师团”队伍以及“青年抗疫宣讲团”“垃圾分类青年宣讲小分队”“丰台区学习贯彻党的十九届五中全会精神青年宣讲团”三支宣讲分队。围绕疫情防控、垃圾分类、脱贫攻坚、党的十九届五中全会等主题，开展线上线下区级宣讲近20场，各战线宣讲263场，覆盖万余名团员青年、党员群众。青年讲师事迹宣传辐射上百万人，引领全区青少年进一步坚定中国特色社会主义理想信念，在全面建设社会主义现代化国家新征程中建功立业。

（张　洁）

【“分小萌”垃圾分类示范引导站】 年内，团区委共设立44家“分小萌”垃圾分类示范引导站，3000余名青年志愿者每日在投放垃圾高峰时段开展垃圾分类示范引导、宣传推广、协助分类，提供志愿服务超20000小时。举办垃圾分类线上“微课堂”，为500余名社工、志愿者答疑解惑。开展“垃圾分类我先行”短视频征集活动，70余个快手短视频作品超过110万播放量。用相声、舞蹈、主题宣讲等形式传播垃圾分类理念，累计覆盖超10万人次。

（张　洁）

【社区青年汇】 年内，丰台社区青年汇发挥平台优势，积极引导青年、凝聚青年、服务青年，共完成思想引导、学习培训、志愿公益、文体健康等各类活动2000余次，参与人数约2万人次，有效服务青少年学习、成长和生活中的切实需求。

（张　洁）

【青春战“疫”】 面对新冠疫情，团区委第一时间响应号召、行动起来。1月26日，发布《致全体丰台青年的一封信》，号召丰台青年助力疫情防控，发动48支小V蜂志愿服务团、75支青年突击队，冲锋奋战在医疗救治、医院建设、核酸检测、城市运行、民生保障、基层治理、复工复产第一线。全区400余名团干部坚守社区防控岗位，4000余名团员志愿者回社区报到，织密社区防护网，推动社区防疫工作取得积极成效。

（张　洁）

【“抗击疫情·希望同行”捐赠活动】1月29日，丰台青联123名委员参与北京共青团发起的“抗击疫情、希望同行”爱心捐赠活动，累计捐赠金额65万余元，用实际行动与爱心助力疫情防控。

【语言翻译志愿服务队】3月初，针对外防输入需要，团区委发起多语种语言翻译志愿服务。来自北京大学等4所高校7个语种专业的33名语言翻译志愿者，为外籍返京人员提供防控须知、信息登记、体温监测等远程翻译工作。

（张　洁）

【“云陪伴·共战疫”志愿服务项目】3月初，团区委联合清华大学、北京大学、中国人民大学等6所首都高校团委，启动“云陪伴·共战疫”线上志愿服务，为丰台区抗疫一线医护工作者、社区工作者未成年子女提供课业辅导、心理疏导和关爱陪伴，累计志愿服务2460小时，志愿者用行动守护抗疫“后”方，助力一线防控。

（张　洁）

【“丰青爱·心健康”精准帮扶项目】4月，团区委启动“丰青爱·心健康”精准帮扶项目，为困境青少年开设区级心理咨询热线及线上心理自测平台，累计接听公益热线200余通，引导青少年及家长参与自测210余人次，针对3名初高中青少年跟踪开展入户心理疏导服务30人次，及时解决疫情期间青少年心理健康服务需求。

（张　洁）

【丰台共青团工作会】4月24日，团区委召开2020年丰台共青团工作会，总结2019年工作，部署2020年重点工作及“绽放战疫青春·坚定制度自信”主题教育实践活动，就垃圾分类工作进行集体学习。北京团市委基层组织建设部副部长、丰台团区委书记班子成员出席。

（张　洁）

【“青年服务国家 青春绽放疫线”宣讲】4月29日，团区委启动“绽放战疫青春·坚定制度自信”主题宣传教育活动，成立青年抗疫宣讲团，举办“青年服务国家 青春绽放疫线”“五四”主题宣讲活动。通过宣讲，集中展现丰台青年投身抗击疫情阻击战感人事迹，激励和引领广大青少年进一步坚定制度自信，在党和人民最需要的地方贡献力量、绽放青春。

（张　洁）

▲6月6日，丰台团区委在玉璞公园举办“践行垃圾分类，共建美丽家园”丰台区创建国家卫生区志愿服务启动仪式。

【创建国家卫生区志愿服务】6月6日，团区委举办“践行垃圾分类，共建美丽家园”丰台区创建国家卫生区志愿服务启动仪式。100余名志愿者代表参加活动，线上观看现场直播人数超5.5万人次。围绕“清洁家园 健康生活 共创卫生城区”主题，发动8万余名青年开展周末大扫除，携手打造卫生清洁、健康舒适生活环境，凝聚青春力量，共创全国卫生城区。

（张　洁）

【新发地市场环境消杀】6月13日，新发地市场聚集性疫情发生后，团区委9名机关干部全力投入新发地市场环境消杀工作，连续奋战34天，调集专业消杀队伍7支、专业消杀车辆466车次、消杀工作人员2914人次，全覆盖消杀市场内96万平方米封控区，累计消杀面积2103万平方米，高标准完成终末消毒，确保市场安全。

（张　洁）

【垃圾分类桶前值守行动】7月底，团区委启动团员回社区报到参与“垃圾分类桶前值守行动”志愿服务项目，384支社区（村）青年志愿服务队，通过“志愿北京”平台发布项目401个，总参与人数2.3万人，总服务时长17万小时，有效助力居民垃圾分类习惯的养成。

（张　洁）

【团干部培训班（团校）】8月26日至29日，团区委举办2020年度丰台区青年领导力训练营暨团干部培训班（团校）。北京团市委副书记毛晓刚以“共青团提升‘三力一度’”为题在开班式上授课，区委常委、副区长张鑫在结业式上寄语学员。培训以讲清青年政治理论、讲实基础业务知识、提升干部综合素养为目标，构建课程体系，进一步加强团干部队伍建设、做好教育管理，坚定理想信念、锤炼优良作风，提高丰台区各级团干部青年领导力、综合素质和业务水平。

（张　洁）

【消费扶贫】8月27日，丰台青联联合清华大学实践支队、北京市消费扶贫产业双创中心及区融媒体中心举办公益助农直播，累计观看量45万，点赞量超过10万次，动员驻区企业购买涞源县扶贫农副产品价值2.78万元。通过汇聚多方力量，传递扶贫声音，凝聚更多爱心，为决战脱贫攻坚战贡献青春力量。

（张　洁）

【青年干部培训班】9月21日至29日，区委组织部、团区委、区委党校组织举办丰台区2020年青年干部培训班，街道乡镇、委办局的39名青年干部参加培训。培训班注重理论课程、现场教学、分组研讨相结合，按照政治理论、能力素质、基层治理三大板块设计理论课程体系，带领学员到西城区红墙意识党性教育基地实地调研，引导学员围绕青年干部成长和如何做好区域中心工作展开研讨，为青年干部搭建起教育培训、实践交流平台。

（张　洁）

▲10月15日—16日，丰台团区委、区青联在河北涞源开展“万企帮万村”项目对口帮扶。

【非公领域团组织建设】深化“两新”组织团建工作，积极探索建立楼宇联合团组织、行业联合团组织。9月28日成立时代风帆楼宇餐饮联合团支部，11月17日成立首科大厦团总支，12月11日成立航天万源商务楼宇联合团支部等，扩大团组织覆盖面，拓展工作平台。

（张　洁）

【青联六届二次常委会】9月30日，丰台青联召开六届二次常委(扩大)会，组织青联委员深入学习全国青联第十三届全委会精神及习近平总书记致全国青联十三届全委会和全国学联二十七大贺信精神，通过政策理论学习增进理性认同。

（张　洁）

【对口扶贫工作】10月，团区委、丰台青联赴河北省涞源县、内蒙古林西县开展对口帮扶活动，与内蒙古扎赉特旗、青海省治多县开展对接，累计捐赠助学金13万元、学习文具活动物资100余套、图书近1000册。2家委员企业与林西县大营子乡老君沟村及涞源县白石山镇斗军湾村结对帮扶，捐赠4.5万元扶贫物资，并参与教育扶贫、健康扶贫。

（张　洁）

▲6月16日，丰台团区委疫情防控逆行新发地。

【新队员集体入队仪式】10月12日，区教工委、团区委、区少工委在北京市第十二中学附属实验小学联合主办“从小学先锋，长大做先锋”新队员集体入队仪式，118名新队员入队。区委副书记、区少工委名誉主任，区委常委、区委组织部部长，区人大常委会副主任，区委教工委书记，团区委副书记(主持工作)、区少工委主任等出席仪式。仪式进一步增强少先队组织凝聚力和吸引力，提升少先队员光荣感和组织归属感。

（张　洁）

【共青团中央调研丰台共青团工作】10月17日，共青团中央办公厅负责同志带队考察时代风帆楼宇党建、团建工作，听取丰台团区委工作汇报，并就共青团工作开展座谈交流。团中央办公厅负责同志提出工作要求：要思考如何以“三力一度”为引擎，推动共青团改革再出发；要多从政治上思考问题，围绕团中央部署、区域中心工作，找准共青团工作切入点、结合点、着力点；要加强政治学习，深刻领会习近平总书记讲话精神，推动共青团工作。

（张　洁）

【法治副校长专题培训】10月20日，团区委开展2020年法治副校长专题培训，区公安分局、区法院、区检察院、区司法局及社会专业机构的法治副校长80余人参加培训。培训分为专家授课和实地调研，进一步提高法治副校长工作水平，强化队伍建设，增强青少年法治教育工作针对性和实效性。

（张　洁）

【戏曲文化周志愿服务保障】10月23日至29日，第四届中国戏曲文化周举办。团区委组织80名青年小V蜂志愿者持续上岗6天，在19个岗位上贡献志愿服务240余人次，志愿服务时长达2240小时，累计服务游客30000人次，用实际行动书写新时代雷锋故事。

（张　洁）

【青联助学金募集活动】10月24日，丰台青联举行2020年度助学金募集仪式，现场进行捐款仪式及义拍活动，线上线下共计募集助学金26万余元，募集款项全部用于丰台青联助学金专项，为困难青少年成长成才贡献爱心和力量。

（张　洁）

【北京菊花文化节志愿服务保障】11月1日至22日，花乡草桥社区青年汇组织82名首都经济贸易大学青年志愿者参与北京菊花文化节志愿服务，累计服务时长1200余小时，为文化节的顺利举办贡献青春力量。

（张　洁）

【“圆梦礼包”青少年帮扶行动】11月2日，团区委启动“圆梦礼包”精准帮扶项目，通过团干部入户走访和需求摸排，为323名困境青少年提供12类个性化礼包，满足微小心愿，助力青少年健康成长。

（张　洁）

【青春建言“十四五”】11月6日，丰台青联召开界别组长工作会，开展“青春建言十四五”活动，动员委员参与首都经济社会事业发展，为北京市“十四五”规划、“十四五”时期丰台区青少年发展规划建言献策。

（张　洁）

【单身青年交友活动】11月8日，团区委举办“青春不留白，团团来相伴”青年交友活动，通过环保主题户外活动为90名单身青年搭建沟通交流平台，帮助单身青年扩大交友范围，助力解决婚恋需求。

（张　洁）

【团市委调研“两新”组织团建工作】11月11日，北京团市委书记带队调研丰台区非公有制经济组织和社会组织团建工作，并与区委书记等领导会见座谈。团市委有关部门负责同志、宛平城地区党工委负责同志、团区委书记班子及非公组织代表参加调研座谈。

（张　洁）

【团市委权益工作调研座谈会】11月11日，北京团市委青少年发展和权益维护部领导等一行到长辛店街道，就构建新时代北京共青团“大权益”工作格局开展调研。区公安分局、区检察院、区法院、区司法局、区教委、团区委、长辛店街道等单位相关工作负责人参与座谈交流。会议明确了下一步权益工作部署，进一步推进“大权益”格局构建工作。

（张　洁）

【青年工作联席会议】11月25日，丰台区青年工作联席会议第一次全体会议召开。会议传达北京市青年工作联席会议第一次全体会议精神，听取区青年工作联席会议办公室（团区委）关于丰台区落实国家《中长期青年发展规划（2016–2025年）》、编制《“十四五”时期丰台区青少年发展规划》情况及下一阶段重点工作汇报。联席会议召集人、区委副书记高峰出席会议并讲话，要求各相关单位进一步提高政治站位，深刻认识党的青年工作的重要意义；充分发挥联席会议机制作用，扎实推动丰台区青少年发展规划编制实施；切实加强党对青年工作领导，推动丰台区青年工作实现新发展。

（张　洁）

【“致敬，最美志愿者”主题活动】12月5日，团区委联合共青团西城区委、丰台区右安门街道办事处、西城区月坛街道办事处、石景山区鲁谷街道办事处、中国老龄事业发展基金会举办“致敬，最美志愿者”国际志愿者日主题活动。乐龄志愿服务队在活动中正式成立，致力于为老年人参与社会治理，发挥余热创造更多机会和平台。

（张　洁）

丰台区妇女联合会

【概况】2020年，区妇联在区委区政府的坚强领导下，紧紧围绕党政工作大局，始终以习近平新时代中国特色社会主义思想为指导，深入学习贯彻党的十九大和十九届二中、三中、四中、五中全会精神，带领各级妇联组织为打赢新冠疫情防控人民战争、总体战、阻击战贡献巾帼力量，为实现“妙笔生花看丰台”的美好愿景提供坚强保证。

（李　震）

【助力打赢疫情阻击战】年内，在疫情防控工作中，始终坚持“党建带妇建妇建促党建”的工作思路，依托区、街（乡）、社区（村）三级妇联工作体系，明确各级职责、落实各方责任。通过发放倡议书等形式，各级妇联干部7017人、巾帼志愿者832支队伍、401个家庭矛盾调解团、1000余户最美家庭投入抗疫工作中。区女企业家联谊会、区巧娘协会等组织捐赠口罩、消毒液等防疫物资。各级执委、兼职副主席在各自领域为复工复产做出贡献。

（李　震）

【倾心尽力为妇女儿童办实事】两节期间，开展大病贫困妇女慰问工作，慰问贫困两癌患者、老妇救会主任。疫情期间，走访慰问21个街乡镇、60余家单位抗疫一线的妇女工作者，送去必备物资。同时，重点做好特殊时期困境妇女儿童帮扶工作，看望隔离点的孕妇、儿童以及养老院、精神康复院老人。

（李　震）

【引领妇女建功立业】年内，多视角多渠道大力挖掘宣传疫情防控工作中一线医护工作者、广大妇联干部、执委及

▲10月30日，丰台区妇联在内蒙古扎赉特旗举行对口帮扶物资捐赠仪式。

巾帼志愿者在基层一线的感人作为，弘扬巾帼正能量，以“致敬抗疫‘她’力量”为主题，开展“三八”宣传服务月系列活动。16人荣获首都三八红旗奖章，12个集体荣获首都三八红旗集体，3人荣获首都最美巾帼奋斗者，1人荣获全国三八红旗手。

（李　震）

【推动“破难行动”落深做实】年内，召开深化组织建设改革推进会，举办妇联干部能力提升培训班，明确“破难行动”和新领域妇女组织建设的目标任务和工作举措，强化细化完善妇联执委作用发挥机制，增强妇联干部综合素质和履职能力。

（李　震）

【以更实举措全力推进对口帮扶工作】年内，联合区巧娘协会，为帮扶地妇女制作10大类120期手工制作线上课程视频。为内蒙古林西县、河北涞源县、青海玉树州治多县、湖北十堰张湾区基层妇女开展手工技能培训3期，捐赠物资总价值57.8万元。

（李　震）

【提升全区妇女能力素养】年内，在全区21个乡镇(街道)开展基层妇女培训班88场，1760名基层妇女群众参与。培训内容采取“菜单式”服务，精选课程50余种，由基层自选课程，内容涵盖扎染、剪纸、布艺玲珑枕、景泰蓝画等。课前，由党员干部讲授专题党课，宣讲创卫及疏解整治促提升重点工作要求、法律知识、垃圾分类知识等，提高妇女群众对全区重点工作的了解。

（李　震）

【推动妇女儿童两个“规划”实施】年内，不断加大“两个规划”实施力度，加强与区民政局及区卫健委沟通协调力度，在婚姻登记处建立婚登和婚检“一站式”服务点，完成婚检率52.27%，已达到“十三五”时期指标任务50%的要求，位列城六区第一名。围绕“十三五”规划各项指标要求，定期提示成员单位对未完成的指标予以关注。认真总结“十三五”妇女儿童规划实施的经验和存在的问题，编制丰台区“十四五”时期妇女、儿童发展规划初稿。

（李　震）

【推进“妇女之家”规范化建设】年内，紧紧围绕建设“坚强阵地”和“贴心家园”的总体目标，从形象、标识上统一规范设计各“妇女之家”场地。根据各妇女之家特色及要求进行课程安排，按照“一家一品”原则着力打造11家特色“妇女之家”。以“妇女之家”为立足点，以“示范妇女之家”品牌建设项目为依托，将服务送基层，开展65场专题活动。

（李　震）

【落实妇女代表联系制度】年内，为落实《北京市妇联代表联系制度》，举办妇女代表联系制活动，通过座谈交流的方式，反应妇女群众切实关心的问题，加强妇女代表的履职能力和责任意识，拉近妇联与群众间的距离，打通联系群众的“最后一公里”。

（李　震）

【加强基层妇联干部培训】年内，结合区委深化党建引领社区治理“五个一”工作要求，区妇联彰显参与基层社会治理过程中独特的政治、组织和工作优势，重点提升妇女参与社会治理的能力和水平。不断提升基层妇联干部群众工作能力，全年举办3场培训，134名干部参加。

（李　震）

【扎实推进新时期家庭文明建设】年内，通过月寻季推的方式，开展寻找“最美家庭”活动，全年推选100户“丰台最美家庭”、10户“首都最美家庭”、3户“全国最美家庭”、1户“全国五好家庭”。全面推进《丰台区妇联垃圾分类“家”行动实施方案》的落实，助力全区创卫工作。开展线上“我分类 我承诺”“制止餐饮浪费 践行光盘行动”云接力承诺活动，10余万家庭参与。举办“书香飘万家，阅读悦成长”线上亲子阅读公益讲座，吸引上万家庭观看。全年开办42期亲子活动，840组家庭参加。

（李　震）

▲9月16日，区妇联为河北省涞源县对口帮扶地妇女开展玲珑枕手工培训。

【切实维护妇女儿童合法权益】年内，采取线上线下相结合的方式，积极开展反家暴宣传、禁毒宣传教育工作。和区禁毒办共同开展了"禁毒歌曲"传唱征集活动，丰台区推荐的7首优秀歌曲全部获得市级奖项。全年区妇联信访室接件105件，结案率100%，回访率100%。

（李　震）

丰台区科学技术协会

【概况】2020年，区科协按照"党建促科普"的工作思路，深入学习贯彻习近平新时代中国特色社会主义思想和党的十九届五中全会精神，在抗击疫情和履行科协"四服务"职责的大考中，持续巩固和深化党建工作成效，围绕中心，服务大局，圆满完成年度各项目标任务。科学决策，合理部署，全体党员干部下沉社区防疫值守，疫情防控工作成效明显。发挥科普宣传职能开展应急科普，助力科学防疫，全年编辑6期22276张科学防疫知识海报进341个社区（村），做到"疫情不解除、科普不掉线"。加强为科技工作者服务，努力搭建学术交流等服务平台，科技人员推优评先数量较往年有大幅度提升。投入525万元用于社区（村）、企事业单位、科研院所基层科普设施建设和科普活动的开展。疫情期间，创新科普方式，首次采取线上与线下相结合、点与面相结合的形式举办丰台区全国科普日主场活动和丰台区公民科学素质大赛，有效推进全民科学素质建设，被中科协办公厅评为2020年全国科普日优秀活动。与教委及各校外科技教育单位合作，组织丰台区青少年参加市级科技竞赛，40多所中小学校参加，累计574人次获奖，青少年科技教育再创佳绩。

（邱群思）

【送科技下乡】1月15日至17日，按照区委三下乡工作部署，区科协利用三天时间，分别到长辛店镇赵辛店村、南苑乡时村、花乡黄土岗村、卢沟桥乡小瓦窑村、王佐镇怪村等五个乡镇（村）开展科普惠农服务活动，为广大农村群众送去科普图书、科普宣传品1.5万余份，丰富广大农民的精神文化生活，增进农民群众的获得感、幸福感。

（邱群思）

【疫情防控科普】年内，区科协充分发挥职能作用，积极争取中科协、市科协科普资源，开展应急科普宣传。编印专题宣传海报1万余张，寄送到社区（村）。订购《科技生活——战疫增刊》2000册，编印《丰台全民科学素质行动——战疫专刊》2700册和"科学流言榜"6000册，用于社区（村）防疫一线科普宣传。利用"科普丰台"微信公众号推送200余篇文章，有针对性的解疑释惑和科学辟谣。联合解放军总医院第五医学中心组织专家以抖音直播的方式，开展线上科普讲座，为安稳人心、维护社会稳定发挥了积极作用。

（邱群思）

【参加北京市第40届青少年科技创新大赛】5月4日至5日，区科协与教委及各校外科技教育单位合作，择优选拔青少年参加北京市第40届青少年科技创新大赛，在中小学生科技创新项目、科技实践活动、教师创新成果、科幻画等四类竞赛中，共获得83个奖项，其中：一等奖8项，二等奖32项，三等奖42项，东高地科技馆刘雯老师获得"十佳科技辅导员"。疫情期间，区科协组织20多所学校参加市青少年科技创新大赛"少年同行、共战疫情"科幻画比赛，上报400余件作品获得：一等奖62个，二等奖133个，三等奖218个。

（邱群思）

【"垃圾分类 文明同行"新时代文明实践推动日活动】5月19日，区科协组织召开理论中心组扩大学习会议，深入学习《关于构建现代环境治理体系的指导意见》和《北京市生活垃圾管理条例》，积极落实《丰台区党政机关社会单位生活垃圾强制分类、减量工作方案（暂行）》相关工作措施。迅速购置四分类垃圾桶放置单位楼道。号召机关全体党员干部做好表率，签订生活垃圾分类承诺书，带头践行垃圾分类。充分发挥科协职能作用，印制垃圾分类相关知识科普海报2046张，送至全区341个社区村，张贴在科普宣传廊内，推进新时代文明实践宣传深入基层，提升居民垃圾分类意识。

（邱群思）

【全国科技工作者日活动】5月30日，在"全国科技工作者日"之际，区科协通过"科普丰台"微信公众号、门户网站、丰台区科技工作者群，以致一封信的方

▲1月15日，区科协到花乡黄土岗村开展送科技下乡活动。

式，向全区广大科技工作者致以节日的问候，向长期关心和支持丰台区科技工作的社会各界人士表示感谢。同时，编印“5.30全国科技工作者日”专题科普海报，在全区341个社区（村）宣传栏张贴。宣传活动深入社区（村），贴近居民群众，覆盖全区85%的社区（村），提升科技工作者日宣传活动的覆盖面、受众率和影响力。

（邱群思）

【科技工作者推优评优活动】年内，区科协先后组织全区科技人员参加“最美科技工作者”、全国创新争先奖、百千万人才工程、政府特殊津贴专家、院士专家工作站、青年北京学者、北京市科学技术奖、北京优秀青年工程师、北京优秀青年工程师创新工作室、金桥工程、优秀中外青年交流计划候选人、中国青年女科学家和未来女科学家计划候选人、茅以升青年科技奖、中国特色现代科技馆体系“科普之星”宣传推介、北京市新时代文明实践基层科普行动、丰泽计划、区党外知识分子联合会会员、区青年优秀科技论文评选等18项推优活动，累计推荐科技人员105人次，获得全国、市、区级表彰63人次，其中获得中科协表彰1人次、市级表彰13人次、区表彰49人次。最美科技工作者、百千万工程、对外交流计划等7项是首次参与推荐。

（邱群思）

【联合园区科协开展科技服务】年内，区科协联合丰台科技园区科协组织开展北京优秀青年工程师创新工作室申报工作。在市级评选的20个支持项目中，丰台区5个项目获得支持。金桥工程种子资金项目中，丰台区有4个项目获得支持。丰台区推荐的工程师中，1人被评为北京优秀青年工程师标兵，12人被评为北京优秀青年工程师。院士专家工作站在加强管理后，丰台区现有7个院士专家工作站，为企业开展科技服务工作。

（邱群思）

【全国科普日丰台区主场活动】9月19日上午9:00，由丰台区科协、区委宣传部、区科信局主办的2020年全国科普日丰台区云启动仪式举行。这是丰台区首次与全国科普日主场、北京市主场同步云启动，同步播发科普日活动实况。活动以“决胜全面小康，践行科技为民”为主题，以“创新点亮未来，科技融入生活”为区活动副主题，采取线上与线下相结合、点与面相结合的方式，通过云启动仪式、科学素质大赛、基层科普巡展、科学大讲堂、云游科普场馆等活动，面向全区群众，广泛开展“多阵地、多战线、广覆盖、齐参与”的系列科普活动。中科协全国科普日平台记载丰台区活动浏览量达到13974人次，获得3123人次点赞。今日头条、搜狐新闻、网易新闻、科学加等新闻媒体对活动进行宣传报道。此次活动被中科协办公厅评为2020年全国科普日优秀活动。

（邱群思）

【首次举办线上公民科学素质大赛】为响应疫情防控减少聚集的要求，9月19日，区科协首次举办线上公民科学素质大赛。全区21个街乡（镇）的选手参加比赛。大赛采用线上方式进行，选手经过六轮答题，角逐出最后优胜者。比赛过程中，中日友好医院高级健康管理师肖志云医生对评委答题情况进行点评，体现大赛“公平、公正、公开”的原则和精神，也提高活动的权威性和科学性。这是科普活动方式创新的一次积极探索。

（邱群思）

【联合区卫健委举办青年科技论文评选活动】10月，区科协、区卫健委联合举办2020年丰台区卫生健康系统青年优秀科技论文评选活动。从天坛医院、佑安医院、解放军总医院第五医学中心、航天总医院、东方医院等单位征集到论文109篇，丰台区三级以上医院参与率达到100%。经过初评、函评、会评等环节，评出优秀论文49篇，其中推荐市科协论文10篇，并将10篇论文为主要内容，区科协编印成《丰台区优秀青年科技论文集（医学类）》，向全区医疗单位发放，为科技人员提供交流平台，为促进青年人才成长提供借鉴。

（邱群思）

【实施科普益民惠农项目建设】年内，区科协高度重视基层科普设施建设和基层科普能力建设，拨付480万元专项资金用于资助33个社区(村)科普活动室、科普图书室、科普画廊等科普设施建设和科普活动开展，占科协科普专项经费的86.4%。同时，为基层单位争取市级项目资金，从北京市基层科普行动计划项目中为汽博、电力医院、营养源研究所等单位的3个科普项目累计争取45万元的资助。

(邱群思)

【科普益民惠农项目评审会】10月28日至30日，区科协组织5位专家对2021年区科普益民惠农项目进行评审。区财政局安排专业人员对评审进行指导。评审分为6场，街乡镇、学校、医院共计45个项目，通过回答专家质询，与专家进行沟通交流，增强基层单位人员对科普项目的理解，开阔视野，提升对科普服务于民的认识，促进基层科普益民惠农实践行动。

(邱群思)

【丰台区青少年机器人线上竞赛】12月11日，在丰台区青少年剧场举办2020年丰台区青少年机器人线上竞赛，来自全区30所中小学校及校外教育机构的109支队伍报名参赛，设计机器人并完成以“医疗先锋”为主题的赛事任务。竞赛以线上形式进行，所有参赛选手均需接受身份核验和全程录音录像监考，提交的竞赛作品由竞赛系统根据任务分值实时计分，确保竞赛的公平、公正、公开。青少年通过参加比赛提高线上实践活动的水平与能力。

(邱群思)

【组织专家学者建言献策】年内，区科协发挥科协组织人才荟萃、智力密集优势，通过在自办的《丰台全民科学素质行动专刊》开设“建言献策”和“专家看丰台”专栏，组织中国社科院、中国农业科学院、清华大学、中国农业大学、国家城市环境污染控制技术研究中心专家围绕疫情后的经济发展问题、垃圾分类问题、餐饮浪费行为、提倡节约粮食问题等进行专题调研，形成12篇对策建议，以科协服务区委区政府决策部署的实际成效助力区域各项重点工作的顺利开展。

(邱群思)

【全民科学素质建设】年内，区科协协调9个牵头单位和16个成员单位携手参与科学素质建设工作，推动“大科普”工作的开展。向各成员单位下发《2020年丰台区全民科学素质工作要点》，对全区科学素质工作进行统筹部署。组织辖区开展北京市科学素质特别行动网上答题活动，答题人数3600余人，保持全市名列前茅。丰台区组织参加北京市公民科学素质大赛以第五名的总成绩，获得北京市公民科学素质大赛优秀组织奖。在2020年中国公民科学素质调查工作中，丰台区具备科学素质公民的比例达到20.8%，超额完成“十三五”丰台区公民科学素质比例达到16.0%的目标任务。

(邱群思)

丰台区
归国华侨联合会

【概况】丰台区归国华侨联合会(简称丰台区侨联)是中国共产党领导的由归侨、侨眷组成的人民团体，是党和政府联系广大归侨、侨眷和海外侨胞的桥梁和纽带。丰台区侨联成立于1986年，现为第六届委员会，委员27人，其中常委13人、主席1人、兼职副主席4人、秘书长1人。已成立方庄、右安门、丰台、东高地、云岗、南苑、新村、东铁匠营、西罗园、大红门等街道侨联，教育系统侨联，怡海社区侨联等共12个基层侨联组织。2020年，丰台区侨联在区委、区政府的领导下，在北京市侨联的指导下，贯彻落实党的十九大精神和习近平新时代中国特色社会主义思想，疫情防控、服务区域经济、开展群众工作、主动参政议政、依法维护侨益、为侨服务等各项工作在巩固深化中明显提升，在改革创新中不断前进。

(李昭仪)

【思想引领侨界群众】年内，带领侨

▲12月11日，丰台区青少年机器人线上竞赛在区青少年剧场举行。

界群众学习中央精神，筑牢习近平新时代中国特色社会主义思想根基。在多个渠道发布疫情防控、垃圾分类、光盘行动等主题宣传文章500余篇，编辑出版《丰台侨讯》，引导侨界群众形成正面思想舆论。开展“我与北京侨联”七十年征文活动，征文29篇。

（李昭仪）

【聚力同心抗疫情】 贯彻落实中央、市委和区委关于疫情防控的各项部署，第一时间成立疫情防控工作领导小组，制定工作方案，统一指挥。12个基层侨联对接15个社区、40余名侨界群众对接30余个社区，参加志愿防控工作300余人次。协调统筹海内外侨界为国内捐款约300万元、捐赠防护物资约18万件（套），牵线广东省天行健慈善基金会为丰台高风险地区一线工作者捐赠10万元“北京预防一号方防疫饮剂”，为海外侨胞开通24小时热线电话。侨联机关全体人员回社区报到参与社区疫情防控工作，秘书长王颖同志被评为丰台区抗“疫”之星。丰台区侨联被中国侨联评为“全国侨联系统抗击新冠肺炎疫情先进集体”，怡海社区“侨之家”被中国侨联评为“全国侨联系统抗击新冠肺炎疫情先进集体”。

（李昭仪）

【“石榴行动”】 年内，联合北京市侨联、北京怡海公益基金会等单位开展支援海外侨胞的“石榴行动”，向塞尔维亚侨胞和“侨之家·怡海社区”海外留学生捐赠抗疫物资。

【牵线搭桥引进优质企业】 年内，牵线注册资本2.9亿元的中航证券下属全资子公司“航证科创投资有限公司”落户丰台丽泽，丰富丽泽新兴金融产业结构。

（李昭仪）

【深化“侨之家·怡海社区”建设】 年内，夯实社区基础工作，完善社区为侨服务网络，建立侨务工作会议研讨机制，设立专门为侨服务窗口，拓展社区侨联“商通卡”项目。怡海社区“侨之家”被中国侨联评为“2020年度全国侨联系统优秀‘侨胞之家’”。

（李昭仪）

【承办“2020年北京市侨联侨法宣传月暨志愿服务周启动仪式”】 9月22日，中国侨联、市委统战部、市侨联、区委等部门相关领导出席活动，活动现场开展12类志愿服务项目，服务群众300余人次，发放宣传品1000余份。在全区各基层侨联长期开展以“侨法宣传”“垃圾分类”和“志愿服务”为重点的系列活动。

（李昭仪）

【“党心侨心永相连，中医助侨防新冠”活动】 年内，树立疫情防控常态化意识，为基层侨联归侨侨眷讲解中医药防疫及穴位艾灸相关知识，共举办12场次，360多名归侨侨眷参与。

（李昭仪）

【积极建言献策】 年内，共提交建议、提案14件，团体提案1件。组织侨联委员协助文旅局办理侨联团体提案、参加区政协“委员对话一把手 提案办理面对面”节目。区侨联获评丰台区政协2020年度优秀提案集体。

（李昭仪）

【调研成果获奖】 年内，与多方配合开展《北京“侨之家·怡海社区”发展模式及建设经验研究》《北京市基层侨联组织建设实践与思考》课题研究并形成调研报告，其中，《北京市基层侨联组织建设实践与思考》被中国侨联评为2020年度优秀调研课题成果三等奖。

（李昭仪）

【“侨之家”建设】 年内，组织东高地街道侨联参加中国侨联“侨之家”项目建设，开展“牢记中华情、不忘中国心”系列活动。

（李昭仪）

【奉献爱心助力扶贫攻坚】 年内，组织归侨侨眷为“京侨帮扶·双百行动”捐款15026元，参与丰台区红十字会“两癌女性呵护计划”和“精准助困扶贫行动”捐款活动。

（李昭仪）

【组织参观抗美援朝主题展览】 11月25日，组织辖区30余名归侨侨眷到军事博物馆参观“铭记伟大胜利 捍卫和平正义——纪念中国人民志愿军抗美援朝出国作战70周年主题展览”，深入学习宣传中国人民志愿军英雄事迹和革命精神。

（李昭仪）

【真情关怀归侨侨眷】 春节前夕，开展“送温暖、献爱心”活动，走访慰问60户困侨、空巢老侨；核实完善侨界空巢

▲4月3日，第五期“石榴行动”向塞尔维亚侨胞捐赠抗疫物资。（区侨联摄于首都机场）

老人数据，为95户空巢老人申请“京侨空巢陪伴计划”，上门安装“小度在家”智能陪伴产品。

（李昭仪）

丰台区工商业联合会

【概况】 2020年，区工商联在市工商联指导和区委、区政府的坚强领导下，深入学习贯彻党的十九大及十九届二中、三中、四中、五中全会精神和习近平总书记在民营企业座谈会上的重要指示，继续开展理想信念教育实践活动，围绕中心工作聚焦发力，主动作为，引导民营企业家自觉做爱国敬业、守法经营、创业创新、回报社会的表率和践行“亲”“清”新型政商关系的典范。紧紧围绕疫情防控和复工复产开展调查研究，确保各项扶持政策落地，稳步推进各项工作的落实。

（赵来福）

【强化对民营经济人士政治引领】 年内，注重教育引导民营经济人士增强“四个意识”，坚定“四个自信”，做到“两个维护”，坚定不移听党话、跟党走，为实现“两个一百年”奋斗目标，实现中华民族伟大复兴的中国梦作出更大贡献。持续深入开展理想信念教育实践活动，针对突发疫情，积极引导企业做好疫情防控和复工复产，注重发挥桥梁纽带和助手作用，积极宣传市、区两级相关政策，贯彻落实应对疫情支持企业平稳健康发展的相关政策，全力支持中小微企业复工复产，并做好“六稳”工作，落实“六保”任务。

（赵来福）

【非公党建】 年内，工商联（商会）会员单位党委发展党员12名，预备党员转正19名，接转组织关系30人次，成立非公企业党支部1家，积极做好党委换届的各项准备工作，面对新冠疫情，各基层党组织积极应对，充分发挥党员的先锋模范带头作用，积极参与所在社区的防控工作，加入志愿者队伍。会员单位所属24个党支部在工商联（商会）会员单位党委号召下，组织党员积极捐款捐物，累计捐款23707元。

（赵来福）

【会员组织建设】 年内，发展会员40家。推荐市工商联青年企业家专委会委员3人，优化营商环境监督员6人。启动民营企业产权保护社会化服务体系建设工作，研究起草了《丰台区民营企业产权保护社会化服务体系工作实施方案》，并以区委统战工作领导小组名义正式下发。

（赵来福）

▲10月23日，新村街道侨联举办“党心侨心永相连、中医助侨防新冠”活动。（区侨联拍摄）

【撰写调查研究报告】 年内，联合民建区工委召开助力民营企业发展座谈会，针对疫情以来的经济发展环境和企业发展开展调研；协调区总工会、区人保局组成劳动关系三方调研小组，分别到企业开展调研，为企业在劳动关系和谐发展方面建言献策；结合疫情防控加强对企业的线上调研和实地走访。全年走访会员企业200多次，了解企业疫情期间生产经营状况，宣传市区两级惠企政策，征询企业意见，及时与有关部门反映疫情期间企业合理发展诉求，为会员协调解决经营场地，融资贷款等问题。与区委党校合作，完成《丰台区民营企业复工复产面临的问题与对策建议》调研报告；整合资源，完成《中关村丰台园产业政策体系研究》课题调研报告，为区委、区政府决策提供参考依据。

（赵来福）

【精准扶贫】 年内，对接扶贫项目落地，推动涞源上谷马业扶贫项目，完成基建投入资金1500万；积极推进脱贫攻坚战工作任务，广泛号召企业开展脱贫攻坚扶贫捐助活动，号召广大会员企业积极参与购买扶贫受援地“爱心羊”认购活动，累计收购羊肉22973.4斤，合计人民币91.89万元；全年召开扶贫协调会两次，进一步明确扶贫工作任务，完成帮扶协议修改和帮扶企业替换工作。39家帮扶企业全部完成帮扶对接工作，共计捐款捐物折合人民币共计62.9万元。

（赵来福）

【疫情防控工作】 年内，积极开展疫情防控，开展医疗物资捐赠帮扶活动。3月至8月，共发动会员企业100余家，捐赠防疫钱款物资合计1800余万元，为各级医疗组织和扶贫对接村解决防疫物资紧缺难题；全体党员轮流下沉社区，支援抗疫一线，并积极与相关会员企业对接，为社区提供防疫物资；向会员企业发放市级调查问卷5次，区级调查问卷3次，发放问卷370余份，走访企业20余家，召开座谈会3次，充分了

▲12月22日，区工商联组织会员企业赴涞源县金家井乡斜山村开展扶贫公益捐赠活动。（韩晓林 摄）

解企业存在困难、问题，收集企业针对复工复产的意见建议，及时将相关情况反馈给有关部门。

（赵来福）

【民营企业百强调研结硕果】 年内，动员全区民营企业参加"2020年度北京市民营企业百强调研工作"，涵盖19个街乡镇和科技园区亿元以上企业402家，推荐80余家民营企业参加民营企业百强评选，其中25家企业分别获评相关榜单百强企业。

（赵来福）

丰台区2020年北京市民营企业百强名单

民营企业百强主榜单

北京建龙重工集团有限公司
北京中能昊龙投资控股集团有限公司
北京华夏建龙矿业股份有限公司
北京涂多多电子商务股份有限公司
阔扬科技集团有限公司

民营企业科技创新百强

北京东方通科技股份有限公司
北京值得买科技股份有限公司
北京海鑫科金高科技股份有限公司
北京动力源科技股份有限公司
交控科技股份有限公司

民营企业文化产业百强

北京值得买科技股份有限公司
北京人天书店有限公司
北京卫多多电子商务有限公司

民营企业社会责任百强

北京中能昊龙投资控股有限公司
北京谊安医疗系统股份有限公司
戎威远保安服务（北京）有限公司
北京值得买科技股份有限公司
北京元六鸿远电子科技股份有限公司
集美控股集团有限公司

民营企业中小百强

北京华电瑞通电力工程技术有限公司
北京志能祥赢节能环保科技股份有限公司
北京安铁软件技术有限公司
北京德泉兴业商贸有限公司
富盛科技股份有限公司
北京中星时代科技有限公司
北京庆洋汽车服务有限公司

2021

北京丰台年鉴

法治

政法工作

【概况】2020年，区委政法委坚持以习近平新时代中国特色社会主义思想为指导，认真学习贯彻习近平总书记关于平安中国建设重要指示精神，深入贯彻党的十九大和十九届二中、三中、四中、五中全会以及中央、市委政法工作会议精神，坚持党对政法工作的绝对领导，以疫情防控为首要任务，以确保首都和丰台政治社会大局持续稳定为目标，以扫黑除恶专项斗争、市域社会治理现代化试点、政法领域全面深化改革、过硬政法队伍建设为牵引，努力创造安全的政治环境、稳定的社会环境、公正的法治环境和优质的服务环境。

（梁　超）

【坚决打赢疫情防控阻击战】年内，圆满完成社会稳定组和集中隔离点管理组各项工作任务。1月28日率先在全市设置第一个集中隔离观察点，并成立集中观察点临时党支部，先后设置43个隔离观察点，累计隔离13357人。新发地市场聚集性疫情突发后，政法委果断行动，连夜将病源地新发地市场负一层牛羊肉大厅916人转运至集中隔离观察点，及时切断病毒传染源。新发地疫情期间，区委政法委牵头统筹协调，派驻区管干部124名，转运隔离人员7141人，有效遏制了疫情蔓延。

（梁　超）

【圆满完成重大活动维稳安保任务】年内，坚持维稳第一责任，圆满完成全国“两会”、纪念中国人民抗日战争暨世界反法西斯战争胜利75周年向抗战烈士敬献花篮仪式、党的十九届五中全会、扫黑除恶专项督导、市委巡视工作等系列重大会议活动和重要敏感时期维稳安保任务。

（梁　超）

【社会矛盾防范化解】年内，落实重点人分级分类动态管控，建立区级重点人“一人一册”档案，重点时期启动“1+X”稳控机制，全部落实视线内动态稳控，严防漏管失控。全年共排查梳理重点矛盾纠纷131件，逐一落实领导包案，推动问题解决。

（梁　超）

【深化重大决策社会稳定风险评估】年内，严格落实“应评尽评”，协调指导责任单位梳理86项风险评估事项，完成率100%。各单位建立社会稳定风险评估工作台账，确保资料齐全，数据完整、内容更新及时，情况动态掌握。

（梁　超）

【政法工作会议】4月16日，区委政法委召开2020年丰台区委政法工作会议，会议研究审议了区委平安丰台建设领导小组及办公室人员调整名单和丰台区扫黑除恶专项斗争领导小组及办公室人员调整名单；听取并研究了《2020年平安丰台建设工作要点》和《2020年丰台区扫黑除恶专项斗争工作要点》；传达了中央、市委政法工作会议精神；部署了2020年政法、平安丰台建设、扫黑除恶专项斗争工作。会议由高峰同志主持，区委书记徐贱云同志出席会议并讲话。

（梁　超）

【推动市域社会治理现代化试点工作】年内，成功申报第一期全国市域社会治理现代化试点区，成立市域社会治理现代化试点工作协调指导组，区委书记和区长任组长，涉及成员单位74个。区委政法委成立工作专班，开发建设市域社会治理现代化监测评价督导考核系统，纳入平安丰台建设考核内容，开展自查自评，为推进试点工作开好头、起好步。

（梁　超）

【提升群众安全感】年内，加强对属地和相关职能部门的统筹指导，依托“12345”接诉即办平台，以问题为导向，着力解决群众反映的突出问题和薄弱环节。全年全区群众安全感为99.5%，全市排名第十，城六区排名第三，创下有史以来最好成绩。

（梁　超）

【推进“雪亮工程”和智慧平安小区建设】年内，新建高清摄像机1500个，在全区警情高发区、政治敏感区、治安复杂区、人流密集区等重点部位和场所等公共区域完成新建摄像机100个，人脸卡口摄像机50个，车辆卡口摄像机80个，依托视频系统共计破获刑事案件411起，刑事拘留432人，行政拘留860人。全面摸排全区1498个住宅小区、村庄和平房院落，先后提请区政府常务会和区委常委会审议通过智慧平安小区建设工作方案和资金申请，完成335个小区建设任务，有效延伸“雪亮工程”触角。

（梁　超）

【重点领域重点地区综合整治】年内，加强城乡结合部地区安全隐患综合整治，细化10个区级挂账重点村“一村一策”，疏解流动人口11584人，拆除违法建设46635.67平方米，整改消防安全隐患153处，整改安全隐患1482件，全部完成“三站三室”建设，并实现视频监控系统并入街道乡镇视频网络。开展马家堡、石榴园、岳各庄地区3个市级挂账地区整治行动，年底全部达标。

（梁　超）

【提升铁路护路智能化水平】年内，成立区委平安丰台建设领导小组平安铁路建设协调专项组，加强与铁路单位、铁路公安等专业部门的沟通与协调配合，保障铁路线路沿线复杂区段、复杂情况的处理，净化线路两侧治安环境，开发护路队员定位卡、巡检车辆定位器，加强铁路巡线日常管理，确保铁路沿线安全。

（梁　超）

【为区域经济社会发展提供法治保障】年内，依法稳妥协调大红门三期疏解、金隅集团木材厂执行、马家堡枫竹苑社区办公用房产权纠纷、民办社区卫生服务中心涉案、教委办公用房租赁、丽泽景园公维资金等敏感案事件，依法处理葛某某等涉稳案件。加强法学会建设，围绕全区中心工作提供有力的法治服务保障。

（梁　超）

【扫黑除恶专项斗争圆满收官】自2019年起，扫黑除恶专项斗争开展以来，在市委市政府的坚强领导下，丰台区认真贯彻落实中央的决策部署和市委的工作要求，自觉增强“四个意识”、坚定“四个自信”、做到“两个维护”，扫黑除恶专项斗争领导小组及办公室强化统筹、强力推动，区政法单位敢于斗争、履职尽责，区纪检监察、组织、宣传等单位主动担当作为，大力加强纪法协同、基层组织建设、宣传发动等工作，行业主管部门积极参与、深入开展行业整治，形成了齐抓共管的工作格局，圆满完成了线索清仓、逃犯清零、案件清结、伞网清除、黑财清底、行业清源等任务目标，社会秩序得到有效清整，行业管理得到明显加强，基层组织建设环境进一步优化，涉黑涉恶违法犯罪防范打击机制更加健全，人民群众获得感、幸福感、安全感不断增强。

（梁　超）

法治政府建设

【概况】2020年，统筹全区依法行政工作，组织开展区依法行政考核工作。积极推进区级机构改革行政执法衔接工作，确保行政执法工作衔接到位，后续改革顺利实施。严格抓好行政规范性文件合法性审查工作，共审核文件40余份，提出修改意见100余条。由区政府和政府办制定的行政规范性文件7件，向市政府备案7件，向区人大备案7件。全区各单位向区政府备案的行政规范性文件25件。为区政府、相关委办局、街道办事处、行政事业单位提供法律服务1000余件，其中审核合同700余件，完成法律咨询和专题论证300余件。

（赵　楠）

【依法行政】年内，统筹推进全区依法行政工作，制定《2020年度丰台区依法行政考评细则》，组织开展全区依法行政考核工作。开展法治政府建设示范项目创建，有效提升政府治理能力和水平。加强各类文件合法性审核工作，全年在教育、卫生、农村、发展改革、生态环境以及城市管理等领域共审核各类文件40余件，提出有针对性的修改意见建议100余项。加强政府重要合同审查，共审查各类政府合同40余件次，研提意见建议200余条。强化区政府会前议题合法性审查，全年共审核议题20余件次，提出意见50余条。认真研提涉及全区立法草案修改意见，研提修改意见20余条。开展年度行政规范性文件备案检查工作，及时开展关于民法典涉及的行政规范性文件清理工作，清理范围涉及行政规范性文件143件。认真落实丰台区法律服务指派制度，全年共收到并办理各委办局、街乡镇等部门法律服务申请894件，其中合同审核700余件，完成法律咨询和专题论证100余件。

（赵　楠）

【行政执法协调】年内，推进机构改革行政执法衔接，制定并下发《丰台区司法局落实＜北京市人民政府关于向街道办事处和乡镇人民政府下放部分行政执法职权并实行综合执法的决定＞实施方案》，并对各司法所人员有关依法行政、执法监督、复议应诉、规范行文审核等内容开展岗前培训2次。协调区城管执法局、农业农村局、生态环境局、水务局和卫健委等5家单位与全21个街乡镇开展执法案件交接工作，共收集汇总各单位交接清单100余份，涉及各类交接事项近千余项，对接各类案件50余件。针对10余家行政执法机关，围绕行政处罚、许可、征收等工作中涉法涉诉问题，提供法律指导20余次。认真做好岗位与执法人员关联的动态调整工作，组织开展四个批次执法资格考试，涉及全区28个执法部门和单位，考试通过111人，考试通过率75.5%。

（赵　楠）

【行政应诉】年内，收到行政复议申请220件，结案200件，全部于法定期限内办结。进一步加强行政复议委员会非常任委员参与复议案件听证审理、案例研究工作，共研提法律意见书50余件，进一步提高审理质量。

【行政诉讼】年内，全面统筹行政应诉工作，认真落实行政应诉业务培训、行政应诉情况定期报告和涉诉案件定期分析三项制度，依法履行出庭应诉职责。截至年底，收到一审法院应诉通知174件，二审法院应诉通知115件，其中起诉复议决定58件，以区政府为被告的行政诉讼案件共289件，法院维持率为95.8%。

（赵　楠）

公　安

【概况】2020年是丰台公安队伍奋发有为、彰显担当的“战疫”之年，也是各项重点工作破难攻坚、提质增效的实干之年。在市局党委和区委、区政府的坚强领导下，北京市公安局丰台分局（简称分局）坚持以习近平新时代中国特色社会主义思想为指导，忠实践行总书记重要训词精神和“十六字”总要求，始终秉持“四个第一”的工作理念，牢牢把握“万无一失、一失万无”和“细致、精致、极致”的工作标准，在成功应对处置新发地市场聚集性疫情，慎终如始做好常态化防控的同时，统筹抓好重大保卫、反恐维稳、打击整治、智慧警务和队伍建设等重点工作，持续深化“扫黑除恶”“平安行动”“三清三个一批”系列专项行动，打防管控建各项机制措施落实起效，全区群众安全感指数创历史新高，社会大局持续稳定，以“战疫情、防风险、保安全、护稳定”的过硬表现深刻诠释对党和人民的绝对忠诚。

“丰台战疫”取得决定胜利。应对新发地市场聚集性疫情行动迅速、处置果断，1小时完成全警集结封控任务，16小时快速锁定感染源头，26天成功控住疫情，全方位彰显队伍过硬素质和强大执行力。副市长、市局党委书记、局长亓延军，区委书记徐贱云，区委副书记、区长初军威等领导多次一线指导慰问，对分局工作给予高度肯定。多名抗疫典型人物事迹被央视、人民日报等国家主流媒体报道刊播。

重大安保任务连战连捷。将全国“两会”、中国人民抗日战争暨世界反法西斯战争胜利75周年纪念大会、十九届五中全会等系列重大安保任务与疫情防控常态化工作一体统筹、协调推进，实现了政治责任和社会责任的有机统一，保障了各项安保任务的绝对安全。

警卫勤务模式日臻完善。立足“平安铁路”建设，持续强化铁路周边基础信息摸排，最大限度消除各类潜在风险隐患。优化路线警卫“三长制”和“1+1”勤务交通机制，模式完善、运行高效。全年圆满完成“4.20”“9.16”等党和国家领导人重要警卫勤务181起，各项工作任务万无一失。

意识形态领域隐患清零。坚持预警监测和情报建设并重，全区7760名重点人分级分类落实管控措施，妥善处置网上有害信息12万条、敏感舆情42件。积极拓展海外秘力，成功填补涉台、涉朝等情报空白点，达成情报持续回传的预期目标，得到公安部部长助理陈思源充分认可。

反恐维稳质效显著增强。细化“六住”“八控”机制措施，打造政治中心区一体化防控菜户营“精品岗”。依托区反恐办统筹牵动，固化齐抓共管、并肩治理新局面。及时防范化解北京木材厂商户煽动集访事件，严打非访闹访和极端行为，得到市局领导批示肯定。反恐维稳防控网络更加严密，各条防线固若金汤。

治安形势始终平稳可控。扫黑除恶专项斗争圆满收官，涉黑恶重点线索、督办线索100%办结。“两抢”案件全部侦破，命案连续10年100%侦破，“云剑-2020”命案清理专项名列前茅，全年打击工作排名创历史最佳。高压严打黄赌毒犯罪，破获20.9公斤特大贩卖毒品案，创全市缴获海洛因最高纪录。侦破“银升资本”特大非吸案等经济案件14起，追赃挽损17.4亿元。57处“6+N”重点部位治安秩序明显好转，社区可防性案件同比下降66.5%。

智慧警务建设多点开花。扎实推进110接处警专项整治，打造派出所“数据+视频+指挥”综合指挥平台，市局领导到分局主持召开派出所建设现场会。加大视频大数据警务投入，如期建成335处智慧平安小区，创新视频预警跟控打击地缘性犯罪人员工作模式，服务实战的支撑效能凸显。

便民服务水平持续提升。持续深化放管服改革，推行疫情期间简政便民措施7项，结合辖区特点积极构建“智慧办”“一桌办”和“自助办”相结合的“互联网+”管理模式，户政、出入境业务办理时间减少30%以上，全局各接待窗口好评率达100%，警务改革红利最大化惠及人民群众。

执法规范程度更进一步。推动“接诉即办”向“未诉先办”“主动治理”转型，及时制定涉疫案件打击处理法律指引4部，深化侦审一体化改革和“办案中心+案管组”两级管理，督促7.4万件问题瑕疵立行立改，逮捕和绝对起诉效能名列前茅。“两所一中心”保持“零脱逃”“零事故”“零死亡”，新涉案物品中心智能化管理作用得到实践验证。

队伍建设发展成果丰硕。创新“坚持政治建警全面从严治警”教育整顿“五个二”主线机制，政治文化氛围日渐浓厚，得到公安部教育整顿办公室刊文推荐。“美丽丰警·百名标兵”品牌影响持续放大，先进典型示范引领作用凸显。制定分局特色《爱警暖警“十全”意见》，40件爱警实事一一兑现销账，“有困难找组织”理念深入警心。深入开展全局干部调研，做大做深优秀人才“蓄水池”。全警实战大练兵“十大专项”牵动有力，“五全”练兵格局成型显效。

纪律作风态势持续向好。丰台特色三级监督体系建设走在市局前列，经验做法被《人民公安报》头版头条刊发。严格落实“三个百分之百”和“一案双查”要求，自主查处比例保持100%。政风行风热线数和初次信访举报件数同比分别下降55.6%、12.9%，110投诉率同比下降45.5%，全面从严管党治警成效充分彰显。

（李战文）

【“110”接处警专项整治】年内，分局以全警大练兵工作为推动，明确“二级聚能、三级发力、科技支撑、视频融合”总体思路，健全完善二三级指挥体系，优化街面巡控力量布局，110接处警整体效能显著提升。平均出警速度7.1分钟，环比提升30%；采取虚设警情方式，每周对全局32个派出所逐一拉动一次，保持民警“快反”状态。

（李战文）

【派出所指挥室规范化建设】年内，分局立足实际、着眼实战，全方位、多层次推动派出所指挥室规范化建设提档升级，累计投入资金400余万元，重点从基础环境、基础通信、视频监控、指挥系统等方面对全局32个派出所指挥室进行升级改造，汇聚大视频大数据资源，助推指挥室完善功能，为一线快反快处提供有力支撑。

（李战文）

【警事宣传】年内，分局对外宣传选题贴近基层、贴近实战。全年通过“丰台警事”官方新媒体平台发布微博1700余篇，微信120余篇，累计阅读人次7000余万，制作宣传视频40余部，播放量达100余万次。其中，“全国抗疫先进个人傅天雷事迹”“抗疫夫妻——卢沟桥派出所社区民警丁黎亮夫妇和六里桥派出所民警刘尚辉夫妇的事迹”被央视新闻、北京日报、北京电视台等多家市属主流媒体报道。

（李战文）

【三级监督体系建设】年内，分局纪委贯彻落实《丰台分局纪律检查委员会关于强化党（总）支部纪检委员作用发挥的工作意见（试行）》，发挥基层纪检委员近距离监督的优势，对局属各基层单位领导干部和民警队伍中的苗头性倾向和问题，做到早发现、早提醒、早干预、早处置，全面打通了从严治党的“最后一公里”，实现了监督触角全覆盖。12月，分局纪委加强三级监督工作的经验做法被《人民公安报》刊发。

（李战文）

【建“一站式”民警维权平台】 年内，分局维权办推出“一站式”维护民警执法权威平台。“一站式”维权工作的核心是以服务民警需求为导向，破解维权保障机制中的难点问题，确保维护民警执法权威的每一个工作环节无缝衔接。全年，维权数量比上年下降11.02%，核查投诉不规范执法类案件比上年下降36.5%，维权办回访民警满意率达到100%。

（李战文）

【执法办案场所安全“零事故”】 年内，分局警务督察大队坚持“信息督察，科技强警”的理念，通过网上巡检系统，对三级平台32个单位进行巡检，监督检查各单位报备、三室使用、电话接听、窗口服务等情况。全年，发现、纠正和解决问题961件，比上年下降18.6%。实现了全局执法办案场所安全“零事故”。

（李战文）

【“三清三个一批”清查】 年内，分局围绕各项重大安保任务，开展“三清三个一批”社会面集中清查专项工作，累计排查重点行业、部位2万余处，出租房屋15.6万余间，取缔群租房1514处，关停日租房41处、拘留39人，处罚违法出租人1219人、罚款24.7万元，查获移交涉访人员1397人，收缴危险物品292件。

（李战文）

【严格落实疫情防控四方责任】 年内，分局全年共取得各类疫情专项经费370万元，用于购置应对疫情防护装备物资等。自疫情防控工作开展以来，共购买防护服、口罩、酒精、消毒液等应急物资共计8万余件，市局配发、社会捐赠共56.9万余件。新发地疫情暴发以来，分局邀请红箭搜救队对全局40个单位开展专业的防疫消杀。

（李战文）

【提升医院安全防范水平】 年内，分局治安支队对辖区16家二级以上医院设立了警务室，每个医院警务室派驻3名专职院警，实行24小时三班倒，民警全天候驻守医院。同时，对其他医院落实一院一专班工作机制，加强医院内部安全检查和隐患排查。全年共开展安全检查和隐患排查1023次，发现并整改安全隐患52处，及时发现并有效化解医患矛盾纠纷25起，行政拘留2人，稳控扬言伤医人员1人。

（李战文）

【枪爆专项整治】 年内，分局治安系统检查危险品从业单位1250家次，摸排检查可能销售刀具场所4437家次，下架封存各类刀具1228把，收缴枪支45支、仿真枪248支，各类子弹1万余发，处理涉案人员57人，批评教育27人。

（李战文）

【社区民警疫情防控】 年内，为做好疫情防控分局围绕全区97个7×24小时值守警务室、1367处小区（村）出入口防控卡点及396处“三无”小区，规范社区民警开展疫情防控职责任务，组织985名社区民警对上述点位每日开展巡检，确保防控措施落实到位。配合国家卫健委专家组开展流行病调查工作，成立专班保障流调工作安全有序进行。会同疾控专家协助流调确诊病例25人，走访密切接触者180人。对市、区相关部门流转的782批次近33万条重点人员逐一落地核查。

（李战文）

【全局拥军工作】 年内，分局与区武装部、区退役军人事务局做好对接，全力做好疫情期间征兵政审、转业军人和随迁家属落户问题，共征兵政审2470人、入伍176人，完成各类转业军人和随迁家属落户2437人。7月，分局荣获市级退役军人事务工作优秀单位、市级征兵先进工作单位的荣誉称号。

（李战文）

【“智慧社区”建设】 年内，丰台区完成369处智慧小区点位建设，完成率110.5%。通过“丰台区智能安防社区系统”共抓获违法犯罪人员17人，其中治安拘留6人，刑事拘留9人，在逃人员2人。已建成的智慧平安小区全部实现入室盗窃案件“零发案”。

（李战文）

【涉网案件侦查打击】 年内，分局依托“净网2020”专项行动，警务支援大队立足“打串案、打规模、打团伙、打系列”，先后办理申报部督案件13件，侦破各类涉网案件188起，刑事拘留207人。发现研判各类刑事治安线索12494条，上报公安部情报线索334条，核查处置市局下发情报线索20条。受理配侦案件1012件，协助抓获嫌疑人960人。捣毁“小瓢虫”招嫖论坛，抓获涉黄人员139人，行政拘留116人。

（李战文）

【“雪亮工程”建设】 年内，分局继续推进“雪亮工程”建设，在全区重点地区新建一类监控摄像机1600余套，其中机动车卡口摄像机800套，人脸卡口摄像机350套，其他类型摄像机450套，完成1100余套模拟摄像机的数字高清摄像机改造，全区摄像机数字化比例达到100%。全年依托视频图像信息系统累计破获刑事案件2960起，刑事拘留1569人，行政拘留2646人。

（李战文）

【视频警务大队荣获公安部大练兵先进集体】 年内，分局视频警务大队开展以“五训五考”为主的业务技能培训和考核，定期到视频应用先进省市、单位开展业务交流学习，邀请19名在视频打击、智能化应用方面具备丰富经验的民警担任教官进行授课，累计开展各类培训182次，各类演练32次，并制定下发《优秀视频应用案例汇编》等培训教材。丰台分局视频警务大队获得公安部实战大练兵先进集体荣誉称号。

（李战文）

【大力开展反恐宣传】 年内，丰台区反恐办全面推动反恐防恐宣传、演练“进

▲ 11 月 10 日，区反恐办在北京市第十二中学科丰校区组织“2020 年反恐卫士校园行”主题嘉年华宣传演练活动。

企业、进单位、进社区、进学校、进家庭”。承办“2020 反恐卫士校园行”、《反恐法》普法宣传视频彩铃等线上线下宣传活动。全年，张贴海报6万张，发放宣传品3万余份，开展现场宣传318次，进社区、学校、单位开展反恐演练116次，组织培训186次，参训人员10.6万余人次，涉恐涉暴线索奖励9人、发放奖励2.3万元。

（李战文）

【监所疫情防控常态化】 年内，分局看守所疫情防控力度不减、标准不降，落实封闭管理、入所隔离、医疗防护等各项措施。监所工作人员封闭管理，严明防控纪律，强化对封闭备勤、在家涵养警力的管理力度，做到轨迹清、情况明；对新收入所人员落实核酸检测、轨迹筛查、风险评估和隔离观察等疫情防控刚性要求；组织驻所医务人员强化对在押1400余名被监管人员的医疗管控及监区监室的卫生防疫工作，每日消毒2次、巡诊3次。

（李战文）

【经济案件接报立案保持双下降】 年内，分局经侦大队开展以“5.15”打击和防范经济犯罪宣传日为龙头的系列经侦特色宣传活动270余次、累计受教育群众5.4万余名。全年，共受理各类经济犯罪案件638起，比上年908起减少270起、下降29.7%；立案458起，比上年717起减少259起、下降36.1%。

（李战文）

【编撰办案指引及案件汇编】 分局1月23日编撰《关于利用疫情、编造疫情破坏秩序类违法犯罪打击处理指引》，2月12日编辑《涉疫情违法犯罪案件汇编（一）》。《办案指引》主要列举涉及利用疫情、编造疫情破坏秩序的11类案件法律适用问题。《案件汇编》列举了12件涉及疫情的案例，涵盖了虚构事实扰乱公共秩序、销售假冒注册商标的商品、寻衅滋事等违法犯罪行为。办案指引和案件汇编，为办案单位打击处理涉及疫情违法犯罪提供了法律支撑和保障。

（李战文）

【保安行业“清网”专项活动】 3月至5月，分局开展保安服务行业“清网”专项活动。以实现“四精”为目标，紧密结合“一统一、两复核、三规范、四清除”等工作措施，对辖区23家保安公司的2.2万余名保安员逐一进行核对和信息更新。共筛查比对重点人1068人，查获一级临控人员2名，二级临控人员7名，责令保安公司辞退799人。

（李战文）

【组建政治中心区一体化防控】 4月，按照市局统一部署，分局反特巡支队组建政治中心区一体化防控莱户营阻截岗，与属地交通、武警查控力量密切配合，落实管车、控人、查隐患各项措施，依托“科技远端发现，卡口封控”信息化手段，全年累计核录3万余车次、7万余人次，盘查抓获移送284人次，其中刑拘3人、治拘15人；查获管制刀具14把。在市局政治中心区一体化防控“第一道防线”岗位考评中获得第一名。

（李战文）

【涉外系统百日会战】 9月，分局开展涉外系统百日会战暨涉外基础摸排回头看专项行动。重点围绕涉恐关注国家人员、港澳台人员、涉外重点部门和物品开展排查。针对外国人生活聚集区，易涉足的娱乐、餐饮、休闲场所，加强日常检查和定期清查，落实常态化社会面外国人盘查核录工作。期间，共走访境外人员144人，核销需求政治避难者2人，核销离开丰台境外人员7人。

（李战文）

【“接诉即办”工作培训会】 9月，分局法制支队为进一步提升“接诉即办”三率水平，召开线上“接诉即办”工作培训会。局属相关职能部门、基层派出所主管领导和主责民警、文职参加培训。全年，分局共受理“接诉即办”（“12345”非紧急救助服务热线）6173件，响应率100%，平均结办率55%，满意率67%。

（李战文）

【全国抗击新冠肺炎疫情先进个人】 9月8日，全国抗击新冠肺炎疫情表彰大会在人民大会堂隆重举行。分局右安门派出所社区民警傅天雷作为“全国抗击新冠肺炎疫情先进个人”参加表彰大会。傅天雷载誉归来后表示：作为首都公安的一员参加表彰大会，现场聆听总书记重要讲话让他心潮澎湃、倍感振奋。他将把荣耀和力量带给身边每一位战友，进一步履行好“穿警服的副书记”职责，在“人民公安为人民”的庄严承诺中做出更多更大的贡献。

（李战文）

【全市反恐特警系统比武成绩优异】 11月、12月，分局反恐怖和特巡警支队积极参加市局反恐特警系统练兵比武。在反恐侦查练兵考核中取得团体第三名；在反恐特警系统警务技能比武中取得团体第六名、综合体技能科目取得团体第二名、狙击步枪科目取得团体第二名、拓展比赛取得团体第二名的优异成绩。

（李战文）

【“智慧家医”工作室】 12月7日，分局与区卫健委联合举行“智慧家医”工作室揭牌仪式。“智慧家医”是依托“智慧家医健康管理”平台，建立“四色预警、四驱干预、四维评估”全流程健康管理机制，使全警“健康意识、健康习惯、健康干预、健康工作、健康生活”能力全面提升。

（李战文）

【获监管系统先进工作法二等奖】 12月18日下午，市局监管总队组织召开监管系统“先进工作法”现场展示评审会，分局看守所民警代表通过现场讲解、多媒体演示，介绍丰台看守所服务群众“四三二一”工作法的产生背景、具体措施和取得的突出成效并获得二等奖。

（李战文）

【成立森林公安大队】 12月22日，北京市公安局召开市公安局森林公安分局揭牌仪式。丰台分局森林公安大队编制12人，下设防火科、刑侦科、太平岭森林公安派出所。森林公安大队承担森林防火工作，负责火场警戒、交通疏导、治安维护、火案侦破等，查处森林领域其他违法犯罪行为。协同区园林绿化局开展防火宣传、火灾隐患排查、重点区域巡护、违规用火处罚等工作。

（李战文）

案例举要

【寻衅滋事案】 2月13日，丰台分局破获一起寻衅滋事案，抓获犯罪嫌疑人汤某某（男，1991年6月出生，北京市丰台区人）。经审查，2月12日15时许，汤某某在本市丰台区红山郡小区西门内，因不带口罩与防疫点保安张某某发生纠纷，并对保安张某某、物业主管王某进行殴打，致张某某头部受伤，王某手部受伤，后汤某某被民警抓获。2月28日被移送区检察院审查起诉。

（李战文　王　松）

【诈骗案】 11月17日，丰台分局破获一起诈骗案,抓获犯罪嫌疑人王某某（女，1990年11月出生，山东省德州市人）。经审查，3月间，犯罪嫌疑人王某某在微信群中以销售口罩为由诈骗事主张某人民币11000元。11月17日，嫌疑人王某某在云南省被抓获，后被区检察院批准逮捕。

（李战文　王　松）

【妨害公务案】 5月18日，丰台分局破获一起妨害公务案，抓获犯罪嫌疑人时某某（女，1977年7月出生，黑龙江省海林市人）。经审查，时某某于5月17日，在本市丰台区六里桥一餐厅门前，阻碍丰台分局某某派出所民警工作，并殴打民警杨某某。经法医鉴定，民警杨某某伤情为轻微伤。时某某被区检察院批准逮捕。

（李战文　王　松）

【6人污染环境案】 1月15日，丰台分局破获一起污染环境案，抓获犯罪嫌疑人孙某某（男，1987年3月出生，河北省泊头市人人）、马某某（男，1991年3月出生，四川省兴文县人）等6人。经查，2019年12月7日 至2020年1月14日期间，犯罪嫌疑人孙某某伙同马某某、陈某某在本市丰台区南苑槐房路东侧一空地内，非法设立渣土消纳场所。经认定，此处存放的垃圾全部为未经处置的生活垃圾，处置费用合计81.55万元。孙某某、马某某等6人被移送区检察院审查起诉。

（李战文　王　松）

【危险驾驶案】 12月2日，丰台分局破获一起危险驾驶案，抓获犯罪嫌疑人齐某某（男，1972年11月出生，北京市丰台区人）、李某某（男，1975年6月出生，北京市大兴区人）。经审查，齐某某、李某某于11月30日上午8时许，在本市丰台区榴乡路因驾驶车辆并道问题引发矛盾，双方进行追逐竞驶，导致两车发生交通事故。齐某某、李某某对危险驾驶行为供认不讳，被移送区检察院起诉。

（李战文　王　松）

【特大运输毒品案】 5月27日，丰台分局破获一起特大运输毒品案，抓获犯罪嫌疑人史某某（男，1990年3月出生，河南省虞城县人）。经查，5月中旬，犯罪嫌疑人史某某在云南省瑞丽市将其从境外缅甸购买的大量毒品藏匿在4辆电动自行车的电瓶内，后以物流运输的方式发往北京大兴某地待交易。5月26日在北京大兴区某物流公司将嫌疑人史某某当场抓获并起获吗啡类毒品20.9千克。此案为北京市自中华人民共和国成立以来单案缴获毒品量的最大记录。史某某8月25日被移送北京市人民检察院第二分院审查起诉。

（李战文　王　松）

【1993年抢劫杀人案】 9月22日，丰台分局破获一起抢劫杀人案，抓获犯罪嫌疑人杨某某（男，1969年2月出生，北京市丰台区人）。经查，1993年1月9日，在本市丰台区玛钢厂发生一起抢劫杀人案，犯罪嫌疑人杨某某负案在逃。5月，经侦查，民警在陕西省延安市宝塔区将犯罪嫌疑人杨某某抓获，12月21日移送北京市人民检察院第二分院审查起诉。

（李战文　王　松）

【“8.27”特大虚开增值税发票案】 9月11日，丰台分局破获一起特大虚开增值税发票专案，抓获涂某（男，1962年3月出生，北京市丰台区人）、齐某某（男，1979年6月出生，北京市丰台区人）、杨某某（男，1982年7月出生，甘肃省酒泉市肃州区人）、张某某（男，1989年1月出生，四川省汶川县人）等12名嫌疑人，此案涉及虚开增值税专用发票690份，涉案金额8871.2万元。10月16日，涂某、齐某某、杨某某、张某某等4名嫌疑人被移送区检察院审查起诉。

（李战文　王　松）

【纳蓝鸿鑫公司集资诈骗案】11月5日，丰台分局破获一起集资诈骗案，抓获嫌疑人史某某（男，1982年9月出生，吉林省长岭县人）。经审查，2013年7月至2014年下半年期间，犯罪嫌疑人史某某在本市丰台区角门西新时代广场某大厦内以加入北京纳蓝鸿鑫国际贸易有限公司会员返利为由，诈骗27名事主，涉及金额100余万元。12月11日，犯罪嫌疑人史某某被丰台区人民检察院批准逮捕。

（李战文　王　松）

检　察

【概况】2020年，丰台区人民检察院（以下简称丰台检察院），坚持疫情防控与法律监督两手抓、两不误，忠实履行法律监督职责，各项检察工作取得积极成效。受理审查逮捕案件1163件1496人，受理审查起诉案件1711件2080人；批准逮捕各类犯罪嫌疑人814件1013人，提起公诉1346件1601人；追捕14人，追诉漏罪32人；不批捕329件453人，不起诉245件326人。监督公安机关立案27件49人，对3起涉民营经济案件监督撤案，对侦查违法违规行为发出纠正违法通知书9份。依法开展刑事抗诉和刑事审判监督，提起抗诉8件。办理社区矫正违法违规案件8件8人，受理羁押必要性审查案件103件103人，变更强制措施47件47人。审结民事诉讼监督案件51件，向法院制发书面检察建议11份。开展民事虚假诉讼专项监督活动，向法院发出再审检察建议4件。开展行政非诉执行案件专项监督，立案监督案件6件。

（卢圣勇　马虹柳）

【坚决维护疫情防控秩序】年内，依法从严从快办理涉疫情案件36件39人，妥善办理汤某某扰乱疫情防控秩序案等系列典型案件，其中杨某销售假冒医用口罩案获评“全市检察机关疫情防控精品案件”。积极响应上级安排，先后5批次、共派出110余名干警下沉社区、驻守隔离观察点、协助开展核酸检测；进驻方庄市场，组织检查疫情防控，实现“零感染”目标，正义网等媒体对丰台检察院抗疫事迹进行了专题报道。

（卢圣勇　马虹柳）

【平等保护民营经济健康发展】年内，落实服务民营经济11项检察政策，坚持慎捕、慎诉，保市场主体，对16名依法可不继续羁押的民营企业负责人取保候审。保护民营企业产权，办理侵犯民营企业知识产权案件11件18人，办理的张某某销售假冒注册商标的商品案，获评“全国检察机关保护知识产权典型案例”。主动走进丽泽商务区、中关村丰台园等重点园区，为企业“问诊把脉”；与企业界人士座谈，充分听取意见建议；与区工商联签署“民营企业产权保护社会化服务体系战略合作协议”，优化区域营商环境、护航民营企业发展。

（卢圣勇　马虹柳）

【纵深推进重点领域公益诉讼】年内，聚焦解决人民群众关切的问题，开展“公益诉讼守护美好生活”专项监督。守护首都生态文明，就永定河流域环境污染、垃圾非法倾倒等问题，积极与相关单位沟通协调、推动问题解决；依法办理京广高铁沿线高架桥下污水案，入选全国检察机关典型案例。落实食药领域“四个最严”要求，就冷库管理漏洞、餐馆无证照经营等问题，发出诉前检察建议督促整改，保障“舌尖上的安全”。维护国家财产利益，监督纠正服刑人员违规领取养老金问题，避免了社保基金流失。

（卢圣勇　马虹柳）

【积极参与社会治理】年内，发挥检察机关法治参谋助手作用，针对办案中发现的非法行医乱象、金融机构安全隐患等社会治理问题，及时提出检察建议，帮助堵塞漏洞、强化管理，做到“办理一案、治理一片”。认真落实“接诉即办”，将心比心对待群众信访，接待来访人员797批次1213人次，解决群众诉求2498件次。注重办好群众身边的小案，让人民群众感受到检察温度。扎实推进“十进百家、千人普法”活动，先后走进北京西站、卢沟桥乡等30多家企事业单位、街道社区进行普法宣传，增强全社会法治观念、坚定法治信仰。

（卢圣勇　马虹柳）

【积极维护政治安全和社会稳定】年内，办理涉邪教、涉政、涉港、涉军等各类危害国家安全犯罪16件18人。起诉故意伤害、强奸、绑架等暴力犯罪174件191人；依法惩治盗窃等多发性侵财犯罪，加大对“黄赌毒”犯罪的打击力度。维护人民群众居家生活幸福感、安全感，就办理的“高空抛物入刑案”，同步开展释法说理、预防宣传等工作，提高人民群众对该行为危害性的认识。

（卢圣勇　马虹柳）

【打赢扫黑除恶“收官战”】年内，全部办结市委政法委挂账督办案件，依法对“套路贷”、建筑工程领域涉恶案中34名被告人提起公诉，其中胡某某等人“招工诈骗”案、朱某某等恶势力敲诈勒索案入选“北京市检察机关扫黑除恶优秀典型案件”。聚焦扫黑除恶“六清”行动，全面核查全国扫黑办下发的73件线索，实现“线索清仓”。扎实推进扫黑除恶专项斗争财产刑执行检察专项活动，充分利用公检法“1+3”工作联动机制，强化沟通协商，形成打击合力，确保扫黑除恶工作常态化推进。

（卢圣勇　马虹柳）

【服务防范化解金融风险】年内，起诉涉众型经济犯罪案件42件110人，妥善办理了慢点富、今时信合、中金环球等涉案金额超10亿元的非法集资案件。强化追赃挽损力度，在审查逮捕和审查起诉期间挽回损失7600余万元，保障人民群众财产安全。依法打击“两卡”犯罪，办理非法买卖电话卡、银行卡犯罪22件23人，其中赵某收买信用卡信息案获评"北京市检察机关精品案件"。持续落实最高人民检察院"三号检察建议",开展"非法集资宣传月""知识产权宣传周"等活动,努力护航金融安全。

(卢圣勇 马虹柳)

【扎实推进反腐肃贪工作】年内,提起公诉的杨某行贿案,入选"2020年度全国检察机关职务犯罪检察精品案例"。加强对已办职务犯罪案件的分析研判,系统总结近年来丰台区村干部职务犯罪特点,及时呈报区委等机关单位辅助决策。聚焦提升职务犯罪案件办理质效,建立健全与区监察委案件沟通、线索移送等协作机制,并就证据标准等问题加强案件研讨,统一认识尺度,形成打击合力。

(卢圣勇 马虹柳)

【加强未成年人检察工作】年内,开展法律援助17人,作出不起诉决定21人,依法保护涉案未成年人合法权益。持续推进"一号检察建议"落实落地,就无证幼儿园安全隐患问题,向相关教育部门发出检察建议,护航幼儿成长;积极参与校园教学条件评估,就影响学生健康的校园杨柳飞絮问题,及时制发诉前检察建议,助推校园教学环境改善。牵头搭建未成年人社会支持体系,成功开展全市首例困境儿童异地救助工作。在专门学校建立犯罪预防和教育矫治工作机制,与区教委联合推出《我为抗疫做贡献》"云课堂",取得良好社会效果。

(卢圣勇 马虹柳)

【深化落实认罪认罚从宽制度】年内,认真贯彻宽严相济的刑事政策,将认罪认罚从宽制度适用到全部刑事案件,确保制度有效发挥,对1662人适用认罪认罚制度,适用率达到83.8%。提高量刑建议精准化率,对认罪认罚案件提出量刑建议1121人,采纳率达到90.5%。探索类案精准化量刑建议,在酒驾型危险驾驶案件中,提出以十五天为基准单位进行量刑的建议,与区法院达成一致意见。

(卢圣勇 马虹柳)

【工作报告获区人大全票通过】1月7日至9日,丰台检察院党组书记、代检察长李继征在召开的丰台区第十六届人民代表大会第七次会议上作检察工作报告,报告2019年检察工作情况及2020年工作思路,报告获全票通过,并全票当选丰台检察院检察长。

(卢圣勇 马虹柳)

【主题教育总结大会】1月14日,丰台检察院召开全院"不忘初心、牢记使命"主题教育总结大会。会上,丰台检察院党组书记、检察长李继征带领全院干警集中学习了习近平总书记在中央"不忘初心、牢记使命"主题教育总结大会上的重要讲话精神,全面回顾和总结了丰台检察院主题教育的经验和成效,并就学习贯彻习近平总书记重要讲话精神、持续巩固和深化主题教育成果、深入推进全面从严治党等进行了安排部署。

(卢圣勇 马虹柳)

【检察长就假口罩案出庭支持公诉】2月28日,丰台检察院就一起涉疫情"假口罩"案件提起公诉,院党组书记、检察长李继征作为公诉人出席法庭支持公诉。案件采取在线庭审方式开庭审理,在公诉人的有力指控下,被告人认罪认罚,法院全面采纳丰台检察院指控的事实、罪名及量刑建议。

(卢圣勇 马虹柳)

【2020年度工作部署会】3月20日,丰台检察院召开2019年工作总结暨2020年工作部署会。丰台检察院党组书记、检察长李继征传达了全国检察长会议、北京市检察长会议等重要会议精神,对2019年全院工作进行总结,对2020年工作进行安排部署。

(卢圣勇 马虹柳)

【市委政法委检查指导疫情防控工作】3月26日,市委政法委来丰台检察院专门听取疫情防控及检察工作汇报。丰台检察院党组成员、副检察长常青和党组成员、政治部主任王清会进行了专题汇报。市委政法委充分肯定了疫情期间丰台检察院采取的各项有效防控措施,并就办理的涉疫案件在社会引发的积极反响,给予了高度评价。

(卢圣勇 马虹柳)

【区人大调研防范化解金融风险】5月12日,丰台区人大常委会党组成员、副主任王振华带领区人大法制委员会委员到丰台检察院,就打击金融犯罪、防范化解金融风险工作情况进行专题调研。丰台检察院就承办的2019年度经济、民生领域典型案例进行了汇报展示,取得良好效果。

(卢圣勇 马虹柳)

【联合解决污水整治问题】5月22日,丰台检察院与北京铁路局北京通讯段、丰台区生态环境局、卢沟桥街道办事处等多家单位召开会议,协商京广线高速铁路青塔段铁路桥下污水整治施工等问题,有效落实整改措施,确保高铁运营安全。

(卢圣勇 马虹柳)

【联合区水务局开展现场排查】5月26日,丰台检察院检察长李继征带领干警,会同区水务局局长赵钢等,在永定河丰台段沿岸开展现场排查工作,推进保护永定河公益诉讼专项活动。

(卢圣勇 马虹柳)

【打击金融犯罪报告获区人大肯定】5月28日,丰台检察院党组书记、检察长李继征向区人大常委会报告关于打击金融犯罪、防范金融风险工作情况,获充分肯定。

(卢圣勇 马虹柳)

【进驻方庄市场指导防疫】6月16日,按照区委统一部署,丰台检察院与区纪委监委、区市场监管局、方庄地区办事处成立专项工作组。丰台检察院党组书记、检察长李继征作为工作组组长,带领工作组第一时间进驻方庄市场,开展该市场的疫情防控工作。

(卢圣勇 马虹柳)

【全面提升刑事办案质效】7月8日,丰台检察院召开全面提升刑事办案质效工作推进会。院党组书记、检察长李继征就贯彻落实市院全面提升刑事办案质效工作提出要求,进行部署。会议传达了高检院检察长张军对北京市检察机关部署全面提升刑事办案质效工作的重要批示及市检察院贯彻落实的具体要求。

(卢圣勇 马虹柳)

【观摩假冒“全聚德”烤鸭案审理】8月25日，国家市场监督管理总局执法稽查局、国家药品监督管理局新闻宣传中心、最高人民检察院第四检察厅、北京市人民检察院检委会等领导到丰台检察院，观摩谭某某等8人假冒“全聚德”品牌烤鸭案法庭审理。丰台检察院党组书记、检察长李继征，党组成员、副检察长李毅荣参加活动。

（卢圣勇　马虹柳）

【全院警示教育大会】9月25日，丰台检察院召开全院警示教育大会，院党组书记、检察长李继征以《以案为鉴，以案促改，推动丰台检察院检察队伍建设全面纵深发展》为题，为全体干警讲授廉政党课，院党组成员、政治部主任王清会主持会议。会上发布了《丰台区人民检察院关于深入开展“以案为鉴、以案促改”专项警示教育实施方案》。

（卢圣勇　马虹柳）

【村干部职务犯罪报告获肯定】11月，丰台检察院党组成员、副检察长李毅荣在丰台区政府第104次常务会会前学习上，作《关于村干部职务犯罪情况调查分析的报告》，代区长初军威对丰台检察院在打击职务犯罪、维护区域社会发展过程中所作的努力表示肯定。

（卢圣勇　马虹柳）

【监督纠正餐馆无证照经营问题】11月，丰台检察院针对履职过程中发现的青塔西里社区青塔村西口13家小餐馆无证无照经营问题，向区市场监督管理局发出公益诉讼诉前检察建议，推动该地无证无照餐饮经营整治工作的开展，保护群众食品安全。

（卢圣勇　马虹柳）

【“法律进校园”普法宣传活动】11月，丰台检察院走进北京师范大学实验中学丰台学校、中国教育科学研究院丰台实验学校、北京市第十八中学等学校，就《未成年人保护法》等内容开展“法律进校园”普法宣传活动。

（卢圣勇　马虹柳）

【公益诉讼座谈会】12月21日，为深入贯彻中共北京市委办公厅、北京市人民政府办公厅《关于深入推进检察公益诉讼工作的意见》，推动检察公益诉讼工作向纵深发展，丰台检察院与区纪委区监委就加强检察公益诉讼工作召开座谈会，丰台检察院党组成员、副检察长苏从舜参加会议。

（卢圣勇　马虹柳）

【两干警获评“北京市先进工作者”】12月22日，北京市劳动模范、先进工作者和人民满意的公务员表彰大会在北京会议中心举行，丰台检察院金朝、辛欣被授予“北京市先进工作者”荣誉称号。

（卢圣勇　马虹柳）

【获评“双一流”创建特色典型单位】12月24日，在北京市检察机关加强新时代首都基层检察院建设暨“双一流”创建总结活动大会上，丰台检察院获评北京市检察机关“双一流”创建活动特色典型单位。

（卢圣勇　马虹柳）

【检察长列席区法院审判委员会】12月28日，丰台检察院党组书记、检察长李继征列席区法院审判委员会2020年第12次会议。李继征指出，下一步丰台检察院将认真落实两高《关于人民检察院检察长列席人民法院审判委员会会议的实施意见》要求，推动法检良性互动。

（卢圣勇　马虹柳）

【检察工作报告获全票通过】12月31日，丰台检察院党组书记、检察长李继征在丰台区第十六届人民代表大会第八次会议上作检察工作报告，报告了丰台检察院2020年检察工作情况及2021年工作思路，经大会表决，报告获全票通过。

（卢圣勇　马虹柳）

法　院

【概况】2020年区法院全体干警坚持以习近平新时代中国特色社会主义思想为指导，深入贯彻习近平法治思想，深入贯彻党的十九大和十九届二中、三中、四中、五中全会精神，不断增强“四个意识”，坚定“四个自信”，自觉做到“两个维护”。面对疫情对审判执行工作的重大挑战，保障决胜全面建成小康社会、服务“六稳”工作落实“六保”任务、扫黑除恶收官、优化营商法治环境等艰巨任务，全院干警准确识变、以变应变、创新求变，按照“业务精湛、服务精准、改革精深、队伍精尖”的发展目标，推动审判执行、司法改革、党建队建等各项工作取得新突破、新成绩。全年区法院收案54680件，结案54712件，均排名全市法院、一类法院第四。结收比100.06%，排名一类法院第二。结案率91.51%，排名一类法院第一。深入开展习近平新时代中国特色社会主义思想大学习大培训大研讨，扎实开展“不忘初心、牢记使命”主题教育“回头看”“两个坚持”专题教育，严格落实请示报告制度，制定党组班子主体责任清单，常态化开展党支部书记述职评议，出台《意识形态工作责任规定》，开展支部书记政治轮训，推动全面从严治党取得扎实成效。弘扬伟大抗疫精神，288名党员下沉35个社区，40余名干警紧急维护全区核酸检测现场秩序，全院干警加班加点完成5000余名群众信息流调，9名精干力量干警进驻一线隔离点封闭执勤45天，42个“云”法庭保障诉讼服务“一直在线”，妥善审理妨害疫情防控犯罪案件23件，推动新发地市场已登记纠纷98%化解，疫情防控和审执工作实现“双统筹、双胜利”，守住“双干净、双安全”抗疫成果，得到市、区领导的充分肯定。充分发挥审判职能，严格落实立案登记制，打击犯罪重拳出击、严惩不贷，扫黑除恶力度不减、成果显著，民商事审判充分彰显司法智慧，行政审判首例案件亮点多，府院联动不断开创新局面，审判监督与矛盾化解提档加速，善意文明执行和增强执行惩戒力并重，加快兑现群众胜诉权益，司法公信力不断提升，执法办案再获新突破。

主动融入党委领导下的基层社会治理体系，打造"类型化、智慧化、区域化"诉源治理新模式。依法服务区域高质量发展，保障市、区委"拔钉行动"，开展"六稳""六保"专项执行，积极为棚户区拆迁提供法律建议，有序审理大灰厂村"非宅"拆违等引发的纠纷，2020年中国营商环境评价数据集中填报工作获市高院通报表扬，弘扬社会主义核心价值观工作在全国打响品牌，"冰面遛狗溺亡案"写入最高人民法院工作报告并被确定为全国指导性案例，1起群体性租赁纠纷入选北京法院"疏整促"优秀案例。深化司法体制综合配套改革，制定《院庭长审判监督管理职责》《审判权力和责任的清单》，深入推进民事诉讼繁简分流改革，举办司法改革专项评比，打造"一站式"诉讼服务体系，建立全国首个辅助事务跨域协作机制，研发全市首个"金融类案件一体化办案平台"，司法公开工作进一步深化，12368联系法官100%到位、反映事项100%办结，代表委员的意见建议全部办结，司法责任进一步压紧压实，改革红利进一步释放，群众的司法获得感进一步增强，受邀参加最高法院直播访谈全面介绍繁简分流改革经验，创新的"人力资源系数审判管理法"入选最高法院司法改革案例和北京法院"微创新"示范案例。人才干部培养扎实推进，增补党组成员2人、审委会委员6人，择优选升二级高级法官1人，8名副处级领导干部按期转正，轮岗交流65人次，完成460名人民陪审员换届，开展"拔尖型人才推荐评选"活动，1名法官获评第五届"北京市审判业务专家"，3名法官获评北京法院审判业务标兵，3个团队获评北京法院先进审判团队、模范审判团队，首次中标最高法院司法研究重大课题顺利结项，《房屋买卖纠纷案件审判实务研究》专著付梓出版，20余篇论文在全国获奖，56篇案例被国家级刊物采用，1篇调研得到最高院法院周强院长批示、被中共中央办公厅采用并荣获全国法院"数助决策"示范应用一等奖。机关党建工作全面开花，凝练丰法"担事儿"精神，组建青年理论学习小组，成为最高法院司改办基层党建联系点，扫黑除恶党建工作入选市直机关工委优秀党建案例，"红辛·暖辛"党建工作法荣获北京市政法系统首届"优秀党支部工作法"，5个党支部党建创新项目被区直机关工委确定为年度党建创新项目，丰法人抗击疫情纪实获《人民法院报》头版报道，《丽泽小苗》荣获全国法院优秀原创歌曲征集评选一等奖，《"担事儿"小院》获评全国法院百优微电影奖，1名法官荣获全国最美家庭，"放飞心灵 筑梦丰法"系列活动获评北京市优秀职工心理服务助推项目。狠抓党风廉政建设，"严"的主基调贯穿始终，扎实开展"以案释德、以案释纪、以案释法"及"以案为鉴、以案促改"专项警示教育，深入开展"三个规定"专项整治，建立任职回避和"零过问"承诺制度，完成司法作风问题专项整治、第三轮党建、廉政"双巡查"，常态化开展审务督查，打造让党和人民群众信得过、靠得住、能放心的新时代政法铁军。一年来，区法院荣获"全国文明单位""全国法院一站式多元解纷和诉讼服务体系建设先进单位""全国'互联网+智慧法院'先进单位""全国法院案例组织工作先进单位"等全国荣誉20项、市级荣誉66项，涌现出北京市三八红旗集体、全国法院先进个人、北京市三八红旗奖章、北京市先进工作者、北京市优秀退伍军人等一批先进集体和个人。

（邹　赫）

【依法惩治犯罪保障人权】 年内，区法院审结各类刑事案件1496件，判处罪犯1746人。严惩妨害疫情防控犯罪，研究制定全市法院首个《依法严惩涉疫情防控刑事犯罪的工作意见》，妥善审理销售"假口罩"诈骗罪、隔离期间袭警妨害公务罪等案件，坚决保障防控大局稳定和群众生命安全。严惩暴力犯罪，依法审结抢劫、故意伤害等案件210件230人，对侵犯妇女、儿童合法权益的暴力犯罪，依法从重处罚。严惩经济犯罪，审结"中宏利""中金贷""聚梦利"等涉众型非法吸收公众存款案43件66人，涉案金额18.7亿元。落实宽严相济刑事政策，决定逮捕被告人31件34人，准予检察院撤诉4件，对316名具有减免情节的被告人判处非监禁刑、4人免于刑事处罚。

（邹　赫）

【深入推进"扫黑除恶"专项斗争】 年内，区法院深入推进"六清"行动，坚决夺取扫黑除恶专项斗争全面胜利。从严从快推动"案件清结"，依法审结市、区全部挂账涉恶犯罪18团伙44案148人，朱某某黑中介案作为全市扫黑除恶战果向中央督导组展示，寇某团伙诈骗案入选北京法院扫黑除恶典型案例。坚决打财断血，开展涉恶案件"黑财清底"专项行动，执结案件92件，执行到位250.53万元。坚决打伞破网，坚持"一案三延伸"，排查线索全部移送，依法审结涉"保护伞"案，判处涉案人员9年有期徒刑，并处罚金15万元，确保"线索清仓""伞网清除"。坚持综合治理，与区市场监督管理局建立"深化诉源治理、推动行业清源"双机制，彻底斩断黑恶势力经济基础。坚持长效常治，发布全市法院首篇恶势力犯罪新态势调研文章，在《丰台报》发布典型案例74篇，对涉恶案件"一案一建议"，推动农村基层组织建设、矿产资源开采等重点领域整改突出问题17个。

（邹　赫）

【切实保障群众民生合法权益】 年内，区法院审结民商事案件31292件。妥善审理家事纠纷，审结婚姻关系、子女抚养、老人赡养等案件3195件，保障群众老有所养、幼有所育、家庭和睦。依法保护劳动者合法权益，审结网约车司机薪酬、互联网平台农民工维权等劳动争议纠纷1620件，追回劳动报酬4667万元。准确适用不可抗力规则，针对受疫情影响大的买卖、租赁、定作等合同纠纷，引导当事人共担风险，把疫情不利影响降到最低。服务保障涉军维权工作，协调解放军军事法院，高效审结涉军房屋租赁纠纷案7件，涉案标的额1200余万元，涉案房屋全部按期腾退。

（邹　赫）

【全面加强知识产权司法保护】年内，区法院审结知识产权案件610件，妥善处理真假“鲍师傅”商标侵权、“携程”商标三年不使用抗辩、涉新发地商户商标侵权等一批新型知识产权案件，维护市场公平竞争秩序。依法对制造假冒“全聚德”烤鸭注册商标、销售假冒商品的8名被告人判处有期徒刑，并处罚金142万元，保护“老字号”企业驰名商标。审结全市首例适用小额诉讼程序知识产权纠纷案件。

（邹　赫）

【支持监督行政机关依法行政】年内，区法院审结行政诉讼案件756件。保障行政机关依法履责，审结全国首例涉“企业年金方案”履责案，进一步厘清人力资源和社会保障部门的职责范围。审结全市首例涉“医保基金”追回案，依法保障医保基金预付管理制度改革。审结“机动车违反禁令标志指示行政处罚”案，有效维护全市机动车限行秩序，助力缓解交通拥堵。保护行政相对人合法权益，坚持合法性审查与合理性审查并重，推动行政争议实质性化解，在商标侵权行政处罚案中，促成行政机关与当事人达成全市首例行政处罚类案件调解协议。不断规范执法行为，针对行政行为程序瑕疵等问题，向市交通委等5部门发出“靶向性”司法建议，相关单位积极整改。

（邹　赫）

【加快兑现群众胜诉权益】年内，区法院执结案件21008件，发还案款17.28亿元。开展“涉民生案件专项执行”行动，优先立案、优先执行、优先发放执行款，为393起案件当事人执行到位891万元。强化善意文明执行，为提供防疫服务的湖北医院及时解封2900余万元。对经营困难的中小微企业、个体工商户，积极促成执行和解1563件，实现执行双赢。增强执行威慑力，对拒不履行生效裁判的被执行人依法判处刑罚，全年限制消费、限制出境10991人次，列入失信被执行人名单799人次。2669名被申请人主动履行执行义务。创新财产处置方式，集约处置小额动产150件，在淘宝等网络司法拍卖平台，运用VR科技、直播等方式，促成网拍成交320件5.79亿元，财产变现时长缩短近20天。

（邹　赫）

【坚持依法防控疫情保障区域大局稳定】年内，区法院主动担当作为投入疫情防控一线，288名党员下沉35个社区连续服务6个月，40余名干警紧急维护全区核酸检测现场秩序，全院干警加班加点完成5000余名群众信息流调，9名精干力量干警进驻一线隔离点封闭执勤45天，完成近千人隔离、转运任务，让党旗在疫情防控一线高高飘扬。强化司法应对服务疫情防控大局，一周建成42个“云”法庭保障诉讼服务“一直在线”，妥善审理妨害疫情防控犯罪案件23件，预测新发地休市可能引发的8类纠纷，选派审判业务标兵对接新发地市场及市场调委会会商10余次，指导形成买卖、运输等7类涉疫纠纷调处方案，推动市场内98%已登记纠纷妥善解决，预防化解各类涉疫矛盾纠纷4500余件，年内无一例涉新发地疫情纠纷成诉。区法院疫情防控和审执工作实现“双统筹、双胜利”，守住“双干净、双安全”。

（邹　赫）

【服务保障“疏整促”专项行动】年内，区法院审结涉“疏整促”案件455件。严格落实市、区委“拔钉行动”，到拆迁指挥部针对重点问题提示法律风险，深入当事人家中释法说理推动签订拆迁协议，助力南苑—大红门地区“疏整促”加快推进。依法保障长辛店地区拆迁腾退，成功调解涉张郭庄棚改1480万元租赁纠纷，有序审理大灰厂村“非宅”拆违、东河沿村“非宅”换签等引发的54件案件，联合大红门街道历时14个月3批次腾退近6000平方米疏解市场，保障重点项目顺利推进。依法保障区域发展空间，率先完成非法占用集体土地、擅自改变林地用途等非诉执行案件“裁执分离”，拆除违法建设4245平方米。妥善执结科技园区一万平方米厂房腾退案，为中关村丰台科技园建成全国知名总部经济示范区提供司法保障。

（邹　赫）

【助力优化法治化营商环境】年内，区法院审结商事纠纷6969件。在区委坚强领导下，挂牌成立民营企业产权保护调解室，为民营企业发展提供更精准、高效、多元、便捷的司法服务。开展“走企业、提建议、促发展”活动，深入时代风帆楼宇党委、科技园区，调研中小企业复工复产需求10余次，指导企业防范化解风险。全力提高商事审判效率，建立预警监控、审限监管等七项机制，商事案件审理周期平均缩短29.3天。发挥“府院联动”优势，强化对破产管理人指导力度，专班推进破产案件办理，网络拍卖破产企业异地资产632万元，形成80亿元债权处置决议，推动生产要素优化配置。

（邹　赫）

【搭建12368“吹哨报到”诉源治理平台】年内，区法院制定《关于进一步推进12368与诉源治理深度融合的工作方案》，丰台区党政机关、街乡镇、楼宇党委、基层调委会、行业协会、社会公益组织等部门或单位，可通过12368诉讼服务热线进行“吹哨”，向区法院提出矛盾排查、纠纷调处、教育引导、培训指导等与涉疫纠纷预防化解相关的司法需求。区法院以“工单”形式派发责任庭室进行“报到”，2个工作日内完成“吹哨”内容的办理落实。全年，区法院响应时代风帆楼宇党委等单位“吹哨”30余次，针对性化解纠纷、开展专题培训。

（邹　赫）

【服务保障《物业管理条例》实施】年内，区法院围绕区域多发、易发的物业、供暖纠纷，成立诉源治理工作专班，摸清近三年全区91个纠纷集中小区的主要争议，编制纠纷多发物业供暖公司名册，出台物业、供暖案件诉源治理工作实施办法，建立预约立案制度，明确物业供暖公司诉前信息核实义务。同时，建立纠纷预警、居民走访和焦点反馈机制，走访纠纷集中社区，听取居民和业主委员会意见建议，向物业供暖公司发送“纠纷预警提示单”，组织10余家企业召开整改座谈会，促进物业供暖单位提升服务水平，全年物业供暖纠纷大幅下降。

（邹　赫）

【深化司法责任制综合配套改革】 年内，区法院出台《规范院庭长审判监督管理职责的规定》，规定院庭长个案监督管理权责、监督管理方式，确保行权公开化、组织化。创新落实随机分案机制，以案件直分团队为原则，在全院打通民商事案由，同步开展轮岗交流，着力解决人员固定、案由固定可能引发的司法廉洁风险。统一法律适用，修订审判委员会运行规则，明确必须提请和可以提请审委会讨论的情形，建立强制类案检索机制，全年召开审委会、法官会议讨论疑难复杂案件638件。创新人力资源系数考核工作法，将办案数量、质量、效率、效果等4类10项指标，纳入审判团队目标责任考核，考核结果与法官遴选、职级晋升、评先评优挂钩，激励干警多办案、办好案，该工作法入选最高法院第十批司法改革典型案例及北京法院司法改革“微创新”最佳示范案例。

（邹　赫）

【加快智慧法院建设】 年内，区法院全面推进在线司法工作。打造标准化、智能化、系统化“一站式”诉讼服务体系，群众足不出户，实现在线立案、网上缴费、提交材料等“一号通办”。网上立案同比增加2000件，远程阅卷量同比提高5倍。建成42个“云”法庭，打破时间、场所限制，实现诉前调解、证据交换、在线开庭等“一网通办”。全年在线庭审19013件，同比增加14.9倍。研发调解案件流转跟踪平台，委派调解案件全程可视、节点可控，群众“扫一扫”实时查看案件进展，获评“2020全国智慧法院优秀创新案例”。首创金融类案件一体化办案平台，推动金融案件治、分、调、裁、审、执“一站办理”，该平台在北京法院试点推广，并被最高法院推介向全国法院。

（邹　赫）

【深入开展《民法典》学习宣传】 年内，区法院召开专题党组会部署《民法典》系列学习活动，将《民法典》作为政治理论学习的重要内容列入各党支部重点工作，统一采购配发《民法典》学习材料，组织干警参加最高法院、市高院举办的《民法典》辅导讲座、专题培训38场次，与检察院联合开展“法检共学《民法典》活动”，到丰台区法学会讲解《民法典》新增居住权制度，在“北京丰台”客户端发布“以案说法”民法典系列宣讲课程8期，成立普法宣传服务队进楼宇、行业协会、企业等开展《民法典》宣讲，切实让《民法典》走进群众心中，为准确理解、适用《民法典》做好准备。

（邹　赫）

【自觉接受人大和各界监督】 年内，区法院认真研究区第十六届人民代表大会第七次会议审议法院工作报告时提出的意见建议，全院统筹落实，逐项整改反馈。主动向区人大常委会报告深入参与基层社会治理、推进社会治理体系治理能力现代化工作，密切配合专题调研、集中视察，认真研究落实审议意见。加强代表联络，全年走访联络市、区人大代表182人次，开展代表委员联络活动69场次，代表委员提出的意见建议全部办结，满意率100％。接受检察机关诉讼监督，落实检察长列席审委会制度，认真办理检察建议。广泛接受社会监督，利用“两微多端”等新媒体渠道全面公开法院工作，全年处理群众来信来访623件次，办结率100％。

（邹　赫）

【入选最高法院司法改革案例】 年内，区法院建立人力资源系数目标考核机制。根据岗位职责，将员额法官、法官助理、庭长、聘任制人员、人民调解员和外包人员分别赋予不同任务系数，依据团队“人力资源系数”总和分配审执任务。将办案数量、质量、效率、效果的4类10项考核指标直接考核至团队，团队成绩即为法官、法官助理成绩，庭长考核成绩70％来自庭室审判业绩得分。同时，建立人力资源、结案任务、结案效能三套公示体系，月公示、季打分、年汇总，考核结果作为员额进出、等级晋升、评先评优、绩效奖金发放的重要依据，形成考核指标体系化、方式差别化、过程可视化、结果精细化的考核工作格局。该机制入选最高法院第十批司法改革案例选编，也是区法院第二个入选的司法改革案例。

（邹　赫）

【最高法院院长两次批示区法院司法大数据分析报告】 年内，最高法院党组书记、院长周强两次对区法院和中国司法大数据研究院联合报送的《非法集资案件逐年上升，2019年大幅上扬，涉众比例高且涉案金额大，多以投融资和借贷为名，需持续做好风险防范和化解工作》分析报告作出批示。9月，周强院长批示：“请办公厅摘报中办”。随后根据该报告编写的《非法集资案件多发需切实加强风险防范》信息被中央办公厅采用。同时，该报告被“处置非法集资部际联席会议”《处置非法集资动态》采编并下发各省市阅研。银保监会将采编动态发回最高法院后，周强院长再次批示：“请送院领导，各刑庭传阅。此报告颇有价值。”该报告荣获2020年全国法院“数助决策”系统及专题研究示范应用一等奖。

（邹　赫）

【市政法委书记到区法院调研指导】 年内，区法院总结四种批量案件类型，提出加大诉源治理、强化示范诉讼、精细化考核等对策建议。市政法委书记张延昆批示：丰台法院的调研分析清晰、建议合理。6月，到区法院花乡法庭调研指导诉源治理工作。查看了花乡法庭“7日调解工作室”，观摩了一起在线司法确认案件，听取了花乡法庭诉源治理工作情况汇报，对区法院工作给予充分肯定。他指出，近两年北京高院推进诉源治理工作的思想更加统一，力度更加强化，措施更加精准，取得积极成效。丰台法院对如何更好地开展诉源治理工作的分析客观全面、系统完整，符合中央和市委工作要求。诉源治理需要社会各界形成合力，法院要解放思想，树立正确的政绩观，不以案件数量论英雄，党委政府要为法院开展诉源治理提供有力支持保障。

（李廷悦）

【凝练丰法“担事儿”精神】年内，区法院凝练发端于区法院人民法庭的“担当”精神。该精神的主要内涵是，担政治之事，让党放心；担共治之事，让社会和谐；担解纷之事，让人民满意。该精神发端于王佐人民法庭。当地百姓为感谢王佐法庭干警坚持以人民为中心，长期扎根基层、贴近百姓，为群众化干戈、解纠纷，赠送锦旗赞扬“公心断纠纷，担事解民忧”。后经法庭干警总结提炼、丰富发展，凝练为“担事儿”精神，成为全院干警喜爱、践行的担当精神。

（李廷悦）

【荣获全国法院学术讨论会“组织工作先进奖”】1月，区法院5篇论文在全国获奖，其中二等奖2篇、三等奖1篇、优秀奖2篇，获奖层次、数量居全市法院前列，国家法官学院发布表彰决定，区法院被授予“全国学术论文组织工作先进奖”。

（李廷悦）

【出台首个《关于依法严惩涉疫情防控刑事犯罪的工作意见》】2月，区法院出台全市法院首个《关于依法严惩涉疫情防控刑事犯罪的工作意见》。梳理抗拒破坏疫情防控、利用疫情防控实施犯罪、涉疫情职务犯罪等3类22种疫情防控期间可能涉及的犯罪，并具化犯罪形态、法律依据，为精准打击犯罪提供指引。依托丰台区扫黑除恶1+3联动协作平台，牵头建立公检法涉疫情防控案件提前介入、网上会商、类案研判等机制，形成打击妨害疫情防控犯罪的区级联动。打通立审执信绿色通道，建立涉疫情防控犯罪“全院一体处置”机制，确保“专案专办、优先办、快速办”，依法从严从快惩处。

（李廷悦）

【紧急解冻23个涉湖北籍被执行人账户】2月，区法院执行一起民间借贷纠纷中发现，涉案被执行人为食品生产类企业，户籍地或注册地均为湖北省武穴市，属新冠疫情重灾区。涉案企业在疫情影响下，受账户冻结等影响，已停产停业。为支持疫区抗疫，承办人主动联系申请执行人，积极释明执行和解对被执行人复工复产经济效益和对当前开展疫情防控工作的重要意义。申请人表示，愿意达成执行和解并申请解除冻结措施。收到申请后，区法院立即线上解冻被执行人名下23个账户，助力涉案企业抓紧复产复工。

（李廷悦）

【22个工作日完成销售“假口罩案”立审执全部工作】2月，区法院受理杨某涉嫌销售假冒注册商标的口罩一案。2月28日，区法院党组书记、院长祖鹏担任审判员，开庭审理该案并当庭宣判。3月10日该案生效，11日立案执行，18日该案罚金刑全部执行到位，均上缴国库，27日，涉案口罩销毁完毕。区委政法委书记对该案办理作出批示：“丰台法院依法从快打击妨害疫情防控犯罪行为，值得肯定，下一步继续为区域发展、稳定提供司法保障。”

（李廷悦）

【市高院院长到区法院调研疫情防控工作】4月，市高院党组书记、院长寇昉到区法院调研疫情防控和逐步开放线下庭审工作。他表示，区法院严格落实市区委、市高院各项决策部署，工作扎实稳健、务实高效，线上审判工作取得了很好成绩，做到了法院干警和诉讼群众“双干净、双安全”。他强调，要继续发挥线上审判优势，减少人员聚集，降低防控风险，逐步开放线下庭审，严格落实“一院一方案、一院一审核”工作要求，确保线下庭审稳中有序，慎终如始做好疫情防控工作，坚决落实“外防输入、内防反弹”防控策略，维护好来之不易的防控成果。

（邹　赫）

【建立全国首个“审判辅助性事务跨域协作机制”】4月，区法院搭建智慧司法服务平台，牵头建立全国首个审判辅助性事务跨域协作机制，联合海南、福建、新疆、武汉等13个省（直辖市、自治区）法院，合力协作办理跨域送达、跨域取证等审判辅助事务。成员单位需向外省（直辖市、自治区）进行跨域送达、取证的，可依托该平台，以线上、线下方式发起跨域协作任务，协作单位3日内在平台上确认收悉任务，完成任务后1日内在平台上反馈完成情况，实现任务发起、执行结果等信息在各成员间全程共享留痕。通过该机制实现不同地域、不同层级法院间跨域送达、取证、诉讼服务等领域常态化协调联动，进一步提升当事人的诉讼获得感。

（李廷悦）

【“推进基层治理现代化，打赢扫黑除恶大决战”主题沙龙】4月，为推进扫黑除恶专项斗争深入开展，区法院举办主题沙龙，市人大代表、国家法官学院和北京工商大学专家学者代表、市高院和二中院法官代表、区市场监督管理局有关同志线上远程参加。区法院扫黑办四位干警从基层治理现代化路径选择，以及司法建议理论价值、实际效用、举措完善四个角度进行发言，提出在扫黑除恶专项斗争中推动系统治理、综合治理、依法治理、源头治理的建议。与会人员围绕将党的领导贯穿基层治理始终、深挖司法建议理论价值、提升司法建议主动性、针对性、规范性等维度提出参与基层治理的建议。

（李廷悦）

【普通程序独任制审理制度适用专业法官会议】5月，为深入贯彻实施最高法院《民事诉讼程序繁简分流改革试点实施办法》，区法院召开普通程序独任制审理制度适用专业法官会议，党组书记、院长祖鹏及部分党组成员、民商事繁案精审团队法官等参会。会上，

11名法官围绕“适用范围”“异议权行使”“文书撰写”三个主题，从条文理解与适用、程序范围边界、目标考核等方面，结合相关案例进行发言。与会人员充分讨论，并形成会议纪要，指导全院民商事审判工作。

（李廷悦）

【建立深化诉源治理 推动行业清源双机制】5月，区法院与区市场监督管理局签署《对涉黑恶势力等犯罪企业启动联动清理的工作意见》《进一步深化诉调对接工作机制的合作协议》。强化行刑衔接，以刑事司法认定的涉黑恶等犯罪企业为突破口，推动市场监督管理部门及时依法处置在丰台区登记注册的犯罪企业，进一步斩断非法利益链；强化诉调对接，搭建行政调解协议司法确认平台，增设市场监管局巡回审判点，定期开展疑难热点问题研判，合力提升纠纷调处效率效果。全年区法院为区市场监督管理局开展5次专项培训，合力化解消费类涉疫纠纷3批21件。双方通过犯罪企业的市场清理和类型纠纷诉源治理，共同为推进丰台区基层社会治理现代化贡献力量。

（李廷悦）

【应邀参加最高法院“两会”全媒体直播访谈现场连线】5月，最高法院举办2020年全国“两会”《最高人民法院工作报告》解读系列直播访谈，中央电视台新闻中心现场连线区法院。区法院党组书记、院长祖鹏围绕“用好电子诉讼科技红利，提升案件审理质效”“用足制度红利，让人民群众切身获益”“用对程序优势，让诉讼体验便捷高效”三方面，介绍了区法院坚持以人民为中心，努力用较低诉讼成本，创造较高诉讼效益，为人民群众提供公正、高效、便捷司法服务的总体情况。

（李廷悦）

【发布“弘扬社会主义核心价值观典型案例”】6月，区法院召开“弘扬社会主义核心价值观典型案例”新闻发布会，发布第二批10个弘扬社会主义核心价值观案例。发布会上，区法院2名法官介绍了所承办案件的裁判思路和弘扬社会主义核心价值观的具体内容。区法院从“夯实三个基础、立足三个阵地、践行三项培育”等方面，介绍了近年来弘扬社会主义核心价值观的“333工程”情况。参会的三位市区人大代表对区法院案例发布工作给予高度评价。新华社、法制日报、北京青年报等媒体对本次新闻发布会进行现场报道，并对人大代表、法官进行现场采访。

（李廷悦）

【在全市率先书面审查司法确认案件】6月，区法院在全市法院率先采用完全书面审查方式，成功办理6起金融纠纷司法确认。区法院先后收到同一原告、不同被告的30多起金融借款合同纠纷案件。区法院审查后，邀请调解员使用北京市在线调解系统，与各方当事人“面对面”“背对背”在线视频调解。部分案件调解成功后，区法院严格规范适用书面审查司法确认的操规流程，批量化、集约化审查申请材料并作出裁定，实现类案专案“云调解”、司法确认“书面审”，防疫办案两不误。

（李廷悦）

【现场督导花乡物华麟丰建材市场防疫工作】6月，区法院党组书记、院长祖鹏作为丰台区物华麟丰建材市场专项工作组组长，在物华麟丰建材市场召开现场会指导疫情防控工作。祖鹏听取专项工作组、物华麟丰建材市场及属地村委会的工作汇报，了解工作中的重点和难点，并对防疫工作中的关键点进行了重点询问，强调要提高政治站位，始终绷紧疫情防控这根弦，按照市区委统一部署，压实“四方责任”，细化预案、开展演练，确保防疫工作全覆盖、无盲区，突发情况高效科学处置。

（邹 赫）

【确定为最高院司改办基层党建联系点】6月，最高院司改办党支部与区法院在线签订党建共建协议，将区法院确定为基层党建联系点。双方将从阵地资源共享、党建文化交流、双向业务交流等方面加强联系。区法院将围绕深化民事诉讼繁简分流改革、两个“一站式”建设、服务优化营商环境、诉源治理、在线审判等主题，为最高院司改办调研改革推进情况提供基层实践。双方联合开展“不忘初心、弘扬优良家风”“始终坚持党的领导、牢记法院初心使命”等两次主题党日活动。

（邹 赫）

【与抗疫企业举办“绣梦行动在丰法”党日活动】7月，区法院与依文集团共同举行“七月丰法·绣梦行动”联合主题党日活动，市高院相关领导参加。依文集团董事长夏华讲述了依文集团保护和传承中国传统手工艺等非物质文化遗产，助力精准扶贫，火线转型支援全国防疫等事迹。区法院党组书记、院长祖鹏分享了区法院防疫情况及特色党建工作。市高院领导对依文集团疫情防控期间“火线转型”生产防疫物资，支持全国防疫工作表示敬佩，对区法院冲锋疫情防控一线、创新开展党建活动给予高度肯定，并强调要强化政治引领，以党建创新引领业务创新，把党建落实到法院工作每个环节，凝聚起践行“两个维护”的高度自觉，坚决打赢疫情防控阻击战，确保疫情防控与各项工作“双统筹”“双推进”。

（邹 赫）

【市相关部门到区法院调研涉疫纠纷化解情况】7月，北京市委驻新发地市场善后工作组到区法院就新发地市场善后工作中涉法重点问题进行调研，并对涉疫诉源治理工作提出意见建议。同月，市高院副院长携高院民一庭、行政庭、审管办、诉服办等部门负责人，到区法院调研指导新发地市场涉疫矛盾纠纷预防化解工作。区法院介绍了新发地疫情暴发来丰台区整体疫情防控工作情况、工作重点以及区法院投身全区战时疫情防控体系的主要工作。市高院重点介绍了新发地涉疫纠纷处置工作方案、为疫情防控提供司法保障的主要方式，强调了纠纷处理的总原则、法律依据等。副院长充分肯定区法院疫情防控和审判执行等整体工作，要求区法院在深化涉疫纠纷的诉源治理上、复市复产司法研判上、圆满完成审判执行任务上更进一步。

（邹　赫）

【向区人大报告参与社会治理工作】 8月，区第十六届人民代表大会常务委员会第二十八次会议听取和审议区法院关于“深入参与基层社会治理、推进社会治理体系治理能力现代化工作”的专项报告。区法院从主动融入党委领导下的基层治理体系、创建类型化矛盾纠纷专项治理路径、强化社会主义核心价值观融入社会治理的价值导向等方面，报告了近年来参与基层治理的主要做法和成效，客观分析了当前工作中存在的问题，并明确了坚持在党委领导下凝聚各方力量，打通社会治理“最后一公里”，进一步强化人民法庭作用，推动完善基层社会治理考核评价体系等下一步工作思路。

（邹　赫）

【签订意识形态工作责任书】 8月，区法院党组书记与党组成员分别签订《党组成员意识形态工作责任书》，党组成员分别与分管部门负责人签订《部门领导意识形态工作责任书》。责任书明确了意识形态工作责任制，强调重大案件、重要会议、重点举措要严格落实“三同步”工作要求，并加强干警参加讲座、论坛、研讨会等活动的备案管理和规范使用自媒体账号等工作要求，确保党中央关于意识形态工作的要求贯彻落实到区法院各项工作中。

（邹　赫）

【民事诉讼程序繁简分流改革工作研讨会】 8月，区法院邀请最高法院司改办规划处、调研处及市高院督查办相关同志，到院研讨民事诉讼程序繁简分流改革工作。区法院党组书记、院长祖鹏携部分党组成员，全体民商事审判庭负责人、员额法官参会。会上，区法院介绍了改革试点工作总体情况，5名干警围绕小额诉讼、简易程序、独任制适用等试点内容做主题发言。高院相关领导结合最高法院关于深化司法责任制综合配套改革的实施意见进行点评；充分肯定了区法院改革试点工作，就基层普遍关心关注的改革内容作了进一步解读，并从试出“丰台经验”、研究成果转为实践准则、讲好中国法院改革故事等方面，对区法院下一步改革推进工作提出意见建议。

（邹　赫）

【对虚假陈述当事人罚款5万元】 9月，倪某在一起民间借贷纠纷中，虚假陈述对方当事人的还款行为，经法庭查实后，法官对倪某进行批评教育，倪某主动承认错误，并向法院出具悔过书。为维护司法严肃性，区法院适用新修订的《最高人民法院关于民事诉讼证据的若干规定》，依法对虚假陈述当事人倪某作出罚款5万元的决定。

（邹　赫）

【建立“月说新案”新闻通报会机制】 9月，区法院建立每月向社会公布与群众生活密切相关典型案例的新闻通报会机制。邀请人大代表参加，以“小案件讲述大道理”，深度解读案例背后的法律适用、行为准则及价值导向，旗帜鲜明的表明司法鼓励什么、提倡什么、反对什么，坚决同“和稀泥”做法说不，在全社会深入宣传法治精神，大力弘扬社会主义核心价值观。全年共发布典型案例28个。该机制在北京市委网信办、千龙网主办的第一届“京彩”网络正能量精品评选活动中获评优秀“网络正能量活动”。

（邹　赫）

【原创歌曲《丽泽小苗》荣获全国一等奖】 9月，在最高法院举办的“全国法院优秀原创歌曲”中，区法院干警作词作曲并演唱的作品《丽泽小苗》荣获一等奖。该作品创作来源于区法院服务保障丽泽金融商务区建设的实践感悟，反映基层干警扎根基层、坚守初心、服务保障大局发展的真挚感情。该作品先后应邀参加市高院联欢会调演及中央广播电视总台《道德观察》春节特别节目。

（李廷悦）

【1名老干警荣获“中国人民志愿军抗美援朝出国作战70周年”纪念章】 10月，区法院离休老干部边俊相同志荣获中共中央、国务院、中央军委颁发的“中国人民志愿军抗美援朝出国作战70周年”纪念章。边俊相同志1928年11月出生，曾任区法院副院长。1950年，边俊相同志兄弟三人赴朝作战，边俊相同志担任卫生前勤部队联络员、机要员，参加多线作战，完成了许多急难险重的任务，其兄长和弟弟为国捐躯。获得纪念章后，区法院党组书记、院长祖鹏携部分党组成员专程到边俊相同志家中进行慰问。

（李廷悦）

▲9月10日，区法院召开首期“月说新案”新闻发布会。

▲10月，区法院举办"丹柿"青年理论学习小组交流会。

【"丹柿"青年理论学习小组交流会】 10月，区法院在王佐人民法庭举办"丹柿"青年理论学习小组交流会。市高级法院领导，区法院院长及部分干警代表参加。区法院10名干警聚焦党建队建、诉源治理、结案攻坚等主体进行主题宣讲。市高院领导充分肯定此次活动，对区法院创新党建品牌建设、繁荣法院文化取得的一系列成果表示祝贺，并鼓励青年干警传承担事精神、锻造担事能力、履行担事责任、善用担事智慧，让每一起案件都能实现法律效果、政治效果和社会效果的统一。

（李廷悦）

【机动车道路停车收费法律问题研讨会】 11月，区法院联合市高院行政庭召开机动车道路停车收费相关法律问题研讨会。市高院、各中基层法院行政庭相关领导及干警代表，市交通委、市司法局、区司法局代表及北京工商大学专家学者等30余人参会。围绕区法院受理的1起机动车道路停车行政收费行政纠纷，与会人员就行政行为性质、收费合法性、规范行政行为合理化等方面进行讨论。研讨会为全面把握新类型行政案件特点、难点提供了第一手资料，对统一类案裁判尺度具有重要作用。

（邹　赫）

【市法院系统全面深化改革第三方评估组到院调研】 11月，受市委政法委委托，北京师范大学法学院党委书记、北京市法院系统全面深化改革第三方评估组专家，市法学会应用法学研究中心领导等一行，到区法院进行全面深化改革情况第三方评估调研。房山法院、大兴法院及区法院负责司法改革工作的有关同志参加。座谈会上，围绕全面深化改革任务落实，区法院汇报了人力资源系数管理工作法、院庭长行权监督体系、法律统一适用保障机制等情况。评估组就法官遴选、人员分类管理、诉源治理、诉讼制度改革等内容，同与会人员充分交流。评估组肯定了区法院的改革实践，并表示将形成报告，全面客观反映各院在深化改革中的经验方法及面临的问题，为市委决策提供有效参考。

（李廷悦）

【挂牌成立"民营企业产权保护调解室"】 12月11日，"丰台区人民法院、丰台区工商业联合会民营企业产权保护调解室"在区法院挂牌成立。区委统战部副部长、区台办主任与区法院院长揭牌后分别表示，丰台区委统战部将一如既往的支持全区民营经济发展，全力推动"民营企业产权保护调解室"平稳、顺畅运行，成为企业满意、社会认可的金牌调解机构，为区域高质量发展提供有力保障；区法院将严格贯彻落实市区委的各项部署要求，坚持全面、依法、平等保护民营企业产权，努力将"调解室"打造成纠纷高效化解中心、行业性法律风险研判预警中心、民营企业产权保护政策研究中心、产权保护政策法治宣传中心、行业性专业性调解人才培养中心，全面助力区域法治化营商环境建设。

（邹　赫）

【运用司法大数据评估经济社会运行情况】 12月，区法院向区委报送了《基于司法大数据的2020年前三季度丰台区经济社会运行情况评估报告》。区委书记批示："区法院前三季度经济社会

▲11月，丰台法院举办全市法院机动车道路停车收费法律问题研讨会。

▲12月11日，区法院挂牌成立民营企业产权保护调解室。

运行情况评估报告全面分析了各方面的风险和隐患，为妥善做好风险防范提供了重要借鉴。这种服务精神值得肯定。请相关部门对照报告反映的问题结合工作实际综合施策，不断提高社会治理水平。”区委政法委书记批示：“区法院强化调查研究，深入分析司法数据与经济社会发展间的规律性联系，为党委提供决策参考，值得肯定和推广。”

（邹　赫）

【司法建议获生态环境部反馈】12月，区法院在审理一起排除妨害纠纷中，发现国家对现行居民楼内的电梯、水泵、变压器等设备产生的噪声问题缺乏明确评价标准，导致相关纠纷频发，遂向生态环境部发出司法建议，建议明确居民楼内为日常生活提供服务的设备产生噪声的评价标准。生态环境部收到建议后，专门组织地方生态环境主管部门和有关专家研讨，并对现行相关法制规定、立法推进情况向区法院进行了回函。该司法建议获得2020年全市法院司法建议二等奖。

（邹　赫）

【发布原创歌曲《平凡英雄》MV】12月，由区法院扫黑办干警作词、作曲，六位干警演唱的《平凡英雄》MV正式发布。作品内容均取材于三年来区法院扫黑办的工作日常，记录了区法院扫黑除恶专项斗争的成果。MV发布后，中国长安网、学习强国、人民法院报、光明日报、北京政法等中央、市、区级新媒体平台广泛推广宣传。

（邹　赫）

【首次适用七人合议庭审理案件】12月，区法院依据《人民陪审员法》相关规定，由刑事审判庭庭长担任审判长，会同2名法官、5名人民陪审员，首次组成七人合议庭审理一起涉诈骗、伪造国家机关证件、印章，伪造公司印章罪案。

（邹　赫）

【开庭审理涉治安A级重点上访人案件】12月，区法院开庭审理葛某某寻衅滋事罪一案。公诉机关指控称，2011年9月至2019年7月间，被告人葛某某以不同方式扰乱机关单位正常工作秩序，通过强闯选举现场、撕坏选票、扰乱唱票秩序等行为扰乱村委会正常选举，多次在网络散布不实信息，取保候审期间拒不听从民警传唤并强行驾车离开致民警受伤。公诉机关认为被告人葛某某已构成寻衅滋事罪，向区法院提起公诉。12月15日开庭当日，在区政法委统一协调下，区公安分局、区治安支队、辖区派出所及街道等单位协助下，庭审顺利完成。

（邹　赫）

案例举要

【杨某销售假冒注册商标口罩案】1月，被告人杨某以营利为目的，在明知石某某购买口罩捐赠新冠肺炎疫情防控一线的情况下，仍向其销售假冒“飘安”牌医用口罩8万余只，销售金额达15万余元。2月26日，区检察院提起公诉，指控被告人杨某犯销售假冒注册商标的商品罪。区法院经审理认为，被告人杨某购入大量假冒“飘安”注册商标的口罩并销售，销售金额数额较大，其行为已构成销售假冒注册商标的商品罪，依法应予惩处。区检察院指控被告人杨某犯销售假冒注册商标的商品罪的事实清

▲12月，丰台法院首次适用7人合议庭审理一起刑事案件。

楚，证据确实、充分，指控罪名成立，量刑建议适当，应予采纳。被告人杨某在新冠肺炎疫情防控期间，明知口罩是疫情防控必需品，且其所销售的口罩将用于捐赠疫情防控一线的情况下，仍为获取非法利益销售假冒他人注册商标的口罩，其行为严重妨害疫情防控工作，可能危害他人健康，社会危害性大，社会影响恶劣，应依法严惩。鉴于被告人杨某到案后能如实供述主要犯罪事实，自愿认罪认罚，故对其从轻处罚。2月28日，区法院以销售假冒注册商标的商品罪，判处被告人杨某有期徒刑二年，并处罚金人民币15万元。一审宣判后，被告人杨某未提起上诉。

此案是全区首例疫情防控期间出售假冒口罩刑事案件，集中体现了区法院在党委坚强领导下，坚决贯彻落实习近平法治思想，服务保障疫情防控大局的鲜明立场。案件向全社会传递了人民法院依法从严从快打击妨害疫情防控犯罪的坚定决心，形成了对违法犯罪行为的强有力震慑，取得了良好的社会效果和法律效果。

（邹　赫）

【依法公开宣判“抢孩子”案】 11月，区法院依法审结备受社会关注的“抢孩子”案，宣判后双方均未上诉。2018年10月2日上午，李某某伙同沙某某、运某某、高某某在银泰商场内，将张某婴儿车内婴儿误认作李某某的孙子，在张某等待电梯时上前抢夺婴儿并与张某发生激烈拉扯。婴儿被沙某某抱起并脱离张某监护，张某往回抢夺时被运某某、高某某拉拽阻止。银泰商场菜百专柜工作人员自沙某某处将婴儿抱回。事发后张某报警，丰台分局10月3日分别给予李某某、沙某某、运某某、高某某行政拘留五日的处罚。随后，张某将李某某等四人诉至区法院。该事件被中国之声《新闻纵横》等诸多媒体报道，社会关注度高。区法院受理该案后，依法审理后判决，李某某、沙某某、运某某、高某某连带赔偿张某医疗费、交通费、精神损害抚慰金10209元，连带婴儿赔偿精神损害抚慰金10000元，并向原告书面赔礼道歉。宣判后双方服判息诉。

（邹　赫）

【全市首例行政处罚类案件达成调解协议】 6月，区法院在全市率先成功促成一起行政处罚案件达成调解协议。2019年8月，区市场监督管理局对原告某洗衣店作出处罚决定，认定自2016年5月至2018年11月期间，该洗衣店在经营场所使用的字母文字组合标识涉及商标侵权，违法所得30余万元，对原告处以罚款90余万元。该洗衣店不服并申请行政复议。2019年11月，复议机关作出维持复议决定。同月，该洗衣店诉至区法院，请求撤销处罚决定及复议决定。区法院经审理认为，案件事实清楚，争议焦点明确，行政处罚决定及复议决定并无不当。但在审理过程中，承办法官得知洗衣店经营者身患重疾，需长期服药治疗，家庭负担重，洗衣店系全家唯一收入来源，且原告对自身违法经营事实认可并于事后积极配合改正。承办法官综合案件情况，多次与案件双方沟通联系，耐心细致开展调解工作，最终促成案件双方达成调解协议。

此案系北京市全市范围内首例促成行政处罚决定双方达成调解协议的案件，充分体现了区法院深刻贯彻落实习近平法治思想，树立新时代正确司法理念，拒绝机械司法，在精准把握案件事实法律的前提下，兼顾国法天理人情，积极开展调解，向全社会传递出司法温度，实现了政治效果、法律效果、社会效果的有机统一。

（邹　赫）

【寇某恶势力团伙诈骗案】 寇某及其团伙23人以劳务公司名义，发布高薪招聘信息，诱骗他人与其签订劳务服务合同，收取中介费，而后以高端保姆服务需要整容为由，诱骗被害人贷款整容，以此赚取提成。随后，该团伙成员采用假冒雇主要求发生性关系、敷衍拖延切断联系等手段逼退应聘者，使应聘者主动放弃履行劳务服务合同。该团伙通过收取中介服务费、美容整形费等方法共计骗取24名被害人48.4万余元。区检察院提起公诉指控被告人寇某及其团伙23人犯诈骗罪。区法院经审理认为，被告人寇某等人的行为严重扰乱社会生活秩序，有较强的组织性，造成较为恶劣的社会影响，形成恶势力团伙。寇某及其团伙23人结伙诈骗公民财物，数额较大，其行为均已构成诈骗罪，应予惩处。2019年12月31日，区法院以诈骗罪，判处被告人寇某及其团伙23人有期徒刑13年到1年不等，并处罚金26万元到4万元不等。宣判后，部分被告人提起上诉，二审维持原判，该案已生效。

本案入选北京法院扫黑除恶典型案例。“就业”是人民群众最关心最直接最现实的民生问题。以寇某为首的黑恶势力团伙长期盘踞劳动就业市场，严重影响正常的劳动用工秩序，社会危害性极大。区法院准确把握法律政策界限，精准区分罪与非罪，此罪与彼罪，有效识别涉恶案件、治乱案件，依法严惩寇某等黑恶势力团伙，严厉打击了黑恶势力的嚣张气焰，增强了群众的安全感、幸福感。

（邹　赫）

【假冒“全聚德”注册商标、销售假冒注册商标的商品、销售非法制造的注册商标标识案】 2019年1月至8月，在未取得知识产权人委托或授权的况下，张某某购进标有“全聚德”注册商标的包装材料并对外销售28万余件。谭某某等6人从张某某处购买注册商标包装材料，加工制做标有“全聚德”注册商标的烤鸭进行销售，销售金额达260万余元。刘某某通过微信等方式加价转售谭某某等人生产的烤鸭，销售金额达43万余元。2020年1月2日，区检察院向区法院提起公诉，指控被告人张某来犯销售非法制造的注册商标标识罪，指控被告人谭某平等7人犯假冒注册商标罪，指控被告人刘某文犯销售假冒注册商标的商品罪。区法院经审理认为，被告人张某来伙同他人销售伪造、擅自制造的注册商标标识，情节特别严重，其行为已构成销售非法制造的注册商标标识罪，依法应予处罚；被告人谭某平等5人未经注册商标所有人许可，在同一种商品上使用与其注册商标相同的商标，情节特别严重，被告人王某和未经注册商标所有人许可，在同一种商品上使用与其注册商标相同的商标，情节严重，其行为均已构成假冒注册商标罪，依法应予处罚；被告人刘某文销售明知系假冒注册商标的商品，销售数额巨大，其行为已构成销售假冒注册商标的商品罪，依法应予处罚。区检察院指控被告人张某来犯销售非法制造的注册商标标识罪，被告人谭某平等6人犯假冒注册商标罪，被告人刘某文犯销售假冒注册商标的商品罪的事实清楚，证据确实、充分，罪名成立。被告人王某和曾因犯罪被判处刑罚，此次再次犯罪，在量刑时予以考虑并从重处罚；鉴于各被告人均认罪认罚，到案后如实供述犯罪事实，故依法对其予以从轻处罚；鉴于被告人张某来、谭某海在共同犯罪中起次要作用，系从犯，故依法对其减轻处罚。2020年10月30日，区法院以假冒注册商标罪，判处被告人谭某平有期徒刑五年，被告人闵某国有期徒刑三年，被告人孙某秀犯有期徒刑三年，被告人高某平有期徒刑三年，被告人谭某海有期徒刑一年九个月，被告人王某和有期徒刑一年三个月；以销售假冒注册商标的商品罪，判处被告人刘某文有期徒刑三年六个月；以销售非法制造的注册商标标识罪，判处被告人张某来有期徒刑二年。一审宣判后，8名被告人均未上诉。案件现已生效。

创新是引领发展的第一动力，是新发展理念的第一理念，是新发展格局的主要特征，是高质量发展的应有之意。保护知识产权就是保护创新。本案中，8名被告人通过假冒、制造、销售注册商标标识、产品等行为，侵犯知识产权人合法权益，破坏正常市场经济秩序，造成公众食品安全隐患，社会危害性极大。区法院在依法适用主刑严惩侵害犯罪同时，依法适用追缴违法所得、没收犯罪工具、销毁侵权产品等罚金刑，从经济上彻底摧毁犯罪分子再犯的条件，有效惩治侵犯知识产权行为。

（邹　赫）

【尚某遛狗未拴狗链致人损害案】 2018年8月，尚某在小区内遛狗时将狗链解开，使自己饲养的一只大型犬和一只小型犬脱离自身控制范围在小区内随意跑动，此时63岁赵某在小区内散步，尚某两只狗突然向赵某跑去，导致赵某受惊吓并摔倒，后被确诊为腰椎骨折。因双方未能就赔偿达成一致，赵某遂将尚某诉至法院，请求赔偿医疗费等共计21万余元。尚某辩称，赵某骨质疏松，需承担部分责任。区法院经审理认为，尚某违反饲养犬类的相关规定，无证养犬，未拴狗链遛狗，造成赵某受惊摔伤，作为动物饲养人，需承担侵权损害赔偿责任。赵某的年龄、患病情况等个人体质因素与损害后果的发生并无法律上的直接因果关系，故不存在减轻或者免除侵权人赔偿责任的法定情形。据此，区法院判决尚某赔偿医疗费等共计18万余元。宣判后，双方均未上诉，该案已生效。

近年来，不规范不文明养狗引发邻里纠纷，并在一定范围内形成了“爱犬者”和社会公众间的认知冲突。本案充分考量当下不文明养狗存在的问题及社会公众的感受，将社会主义核心价值观充分融入司法裁判，严格依法适用侵权责任规则认定饲养动物过错方承担赔偿责任，旗帜鲜明地向全社会传递了司法提倡什么、反对什么、禁止什么，在全社会深入宣传法治精神，推动社会主义核心价值观转化为社会公众的情感认同和行为习惯。

（邹　赫）

【全国首例涉“企业年金方案”行政案件】 2019年12月，原告乔某某等人向被告北京市丰台区人力资源和社会保障局递交《履行法定职责申请书》，请求其对第三人某航空科技实业公司企业年金公共账户余额分配及所依据的原《岗位聘任制员工企业年金方案》在内容、备案程序等方面的违法违规问题进行查实并依法查处。2020年2月12日，被告作出《回复》，对原告申请查处的两个事项内容和备案程序未查处和答复，告知原告第三人2018年新《方案》备案的情况。原告认为被告不履行法定职责，请求人民法院判令被告撤销《回复》，并判令其限期履行法定职责，对第三人实施的原《方案》企业年金公共账户余额分配，以及所依据的原《方案》的内容、备案程序和具体执行中的违法违规问题，依法依规予以查实并处理。2020年7月，区法院经依法审理后认为，原告请求被告查处相关事宜无法律依据，不属于行政诉讼受案范围。同时，对原《方案》备案行为不服提起诉讼的主体资格，应由第三人公司工会享有。综合考虑本案案情及法律规定，裁定驳回原告等人的起诉。二审维持一审裁定。

该案系全国首例涉“企业年金方案”行政案件。通过该案厘清了企业年金方案作为集体合同，在订立、履行以及备案方面发生争议时，应提起的诉讼类型，明确了企业年金方案备案行为引发争议时的原告主体资格问题，确定该类诉讼应由维护职工合法权益的公司工会作为原告提起，对维护劳动者合法权益具有典型意义。

（邹　赫）

所辖派出法庭

卢沟桥人民法庭：北京市丰台区近园路9号，邮编100071

右安门人民法庭：北京市丰台区右安门外大街翠林小区二里18号楼，邮编100069

长辛店人民法庭：北京市丰台区长辛店镇杜家坎南路甲19号，邮编100072

方庄人民法庭：北京市丰台区方庄芳城园一区2号楼一层，邮编100078

王佐人民法庭：北京市丰台区王佐镇南宫路1号，邮编100074

花乡人民法庭：北京市丰台区花乡纪家庙168号，邮编100070

南苑人民法庭：北京市丰台区南苑西路11号院12号楼，邮编100076

2021
北京丰台年鉴

军事

人民武装部

【概况】2020年，丰台区人民武装部（以下简称人武部）在卫戍区党委和区委区政府的坚强领导下，认真学习贯彻习主席视察讲话精神，围绕“铸忠诚、尽职责、抓从严”的总体要求，以高度的政治自觉和强烈的使命担当抓工作搞建设，年度各项工作任务有序推进，不断推动区武装部全面建设发展进步。南苑街道武装部部长刘晓红被评为“优秀基层专武干部”，卢沟桥街道民兵工程抢修连被评为“先进民兵基层单位”，丰台区人武部职工部爱军被评为“先进人武部职工”，丰台街道民兵双25高炮连文书戴紫逊被评为“先进民兵”。

（付言师）

【思想政治建设】年内，部党委牢牢扭住对党绝对忠诚这一“生命线”“根本点”固本培元，在卫戍区召开学习贯彻习主席视察讲话精神推进会后，及时组织传达学习，对标对表全面检视，对年度各项工作进行二次筹划，研究制定3个方面11条48项具体措施，切实把讲话精神走深走实。坚持用习近平强军思想铸魂育人，按照“一分三定”模式，认真学习贯彻习近平强军思想、党的十九届五中全会和军委党的建设会议精神，抓好理论武装；按照“传承红色基因、担当强军重任”主题教育要求，科学制定学习计划，按程序、步骤抓好主题教育落实。党委委员紧贴习主席讲话精神，结合自身分管工作，选择调研方向、确定调研课题，自觉把学习成果转化为建设思路、工作成效。积极开展强军思想学习调研实践，深入乡镇、街道、高校，破解人武部发展难题，真正把理论武装的成果，转化为推动国防后备力量建设发展的具体对策、思路和措施。

（付言师）

【后备力量建设】年内，以《新时代人武部建设研讨会暨民兵工作会议》为指导，研究制定了国防动员、军事训练、政治工作、保障工作要点，探索编写了“5个规范、3个办法、1个意见”。深化民兵调整改革，构建组织建设新格局，形成乡（镇）、国有企业以区级应急力量、高炮分队为主，街道以辖区内应急力量和专业力量为主，高新技术企事业单位以新质力量为主的民兵组织新格局。按照应急、专业和特殊三种力量，组建107支分队4600人的基干民兵队伍。疫情期间，组织民兵担负设卡防控、巡逻巡查、支援保障、群众帮扶、舆论引导、公共卫生整治等工作。出动民兵7722人次，参加“两会”安保执勤。先后组织100人高炮骨干以及120人的应急分队训练，组织1500余名基干民兵进行轻武器实弹射击训练，5月，组织民兵、协调驻区部队做好抗洪防汛、抢险救灾、应急维稳等准备，极大的提升了民兵应急应战的水平。投入20万元完善部本级战备器材库，投入100余万元，规范21个基层人武部和23个民兵营（连）部建设标准，实现了基层武装部和民兵营（连）部从无到有，从杂乱到统一的质的飞跃。

（付言师）

【精准高效征兵】年内，积极探索符合本区实际精准高效征兵新路子。利用基层武装部参加疫情防控值守有利时机，采取点对点、一对一送信上门方式精准宣传；开展“拉起横幅贴宣画，宣传手册送到家”活动，探索出“抓住三类群体，实施精准宣传”的征兵宣传方法。投入15万元，印刷“致适龄青年的一封信”、征兵宣传挂图，制做了征兵宣传片、手提袋、折扇、卡包，向各高校和基层武装部发放。指导高校和基层武装部开设征兵宣传微博、微信，全面规范征兵宣传条幅内容。协调区委区政府，出台《关于提高和完善丰台区征兵政策实施办法》，调动适龄青年参军积极性。严把兵员质量关、坚持会议定兵、廉洁征兵、科学役前教育，圆满完成了年度兵员征集任务。

（付言师）

【正规化建设水平不断提升】年内，部党委始终坚持问题导向，突出正规秩序，打牢安全基础，安全管理连续39年实现“双无”。结合“学法规用法规守法规”和“争创安全年”活动，围绕“坚持依法治军从严治军的意义何在”“我部依法治军从严治军的薄弱有哪些”“践行依法治军从严治军怎么做”，让大家在反思交流中提升法治信仰，立起依法治军新标准。规范内部秩序，采取走出去、请进来，积极借鉴兄弟单位管理模式，研究制定人员管理规定、车辆管理规定、保密管理规定、安全管理责任制、财务管理规定等8类13项规章制度。始终把防范政治性问题、安全保密问题、人车管控、财务管理和两个装备库房作为日常管理的重中之重突出来。始终严把训练安全，在组织民兵轻武器实弹射击、应急分队训练演练、高炮分队实操训练时，始终把训练安全作为重点，从人员选调、风险评估、组织实施等各个环节，从严安全措施要求，强制落实安全规定。

（付言师）

【严实标准抓党建】年内，部党委始终把政治建设摆在首位，从严从实立起抓班子、带队伍、正作风的鲜明导向。着力提升政治能力，始终坚持从强化党委“一班人”的理论学习入手，紧紧围绕人武部主责主业和瓶颈问题的解决，联系工作实际深入进行理性思考，努力提高班子成员和党委集体从政治上、大局上、战斗力的提升上思考问题的能力和思维层次。着力强化组织功能，认真学习《党委工作条例》贯彻落实民主集中制，准确把握议事范围，自觉做到党委议事规则化、自我约束制度化。严格落实《军队党员领导干部参加党的组织生活若干规定》，“三会一课”、领导干部过双重组织生活等制度形成常态。认真填写个人事项报告表，主动向组织说清楚、交明白账。着力加强正风肃纪，抓好中央八项规定和军委十项规定精神落实。在抓实练兵备战、解决历史遗留问题、完成卫戍区督办等工作中，党委严格执行组织纪律，集体研究决定重大事项，采取超常措施，主动出击，敢于担当。清退干部超占住房3套。

（付言师）

【安全管理抓落实】 年内，坚决贯彻落实军委、陆军和卫戍区制定出台的财经规章制度，把抓从严的千钧律令落到位。坚持党委理财，抓好年度预算，严格按照预算开支。全年各项开支基本都采用了集中采购、网上采购的形式，严格落实公务卡结算规定。认真核对民兵信息，精准发放安保执勤经费。严把采购、伙食调剂、饭菜质量和食堂卫生“四个关口”，积极清运生活垃圾，疏通下水管道和化粪池，定期检查维修水电设施，更换供热管道，维修办公楼防水，铺装营区路面，完成职工工资系统维护及上报，竭力解除大家后顾之忧。疫情发生后，部党委把抓好疫情防控作为首要政治任务，按照党委统揽，主官主抓，各科包干的模式，全时全域实施封闭式管理，实现了零感染目标。制定人武部安全自查方案，严格落实“打钩式”检查，对核心涉密人员进行重新政审，留印指掌纹。对上新岗的厨师和保安进行政审、体检，确保政治上纯洁可靠，身体上符合集体生活要求。健全“四委”工作机制，加强人车、枪弹、保密等管理管控，全面开展网赌网贷、网上勾联、酒驾醉驾、枪爆违法、安全保密清理清查活动，坚决守住安全底线，确保四个不出，一点小事也不出，连续39年实现“双无”。

（付言师）

【党管武装促双拥】 丰台区有“大营”之称，驻区部队百余家，部党委每年定期召开区委常委议军会议、研究解决国防后备力量建设和驻区部队的矛盾问题。召开党管武装工作会议，组织基层党（工）委书记述职，增强各级领导党管武装的责任意识，强化地方领导关心支持国防后备力量建设的政治责任。协调区政府出资，由区委、区政府领导带队走访慰问驻区部队和家属，现场解决部队建设难点问题。有效推进停止有偿服务落实，为中国融通公司军队资产管理诉讼项目开辟绿色通道。为参加国庆阅兵预备役方队队员落实优抚政策。帮助解决军人子女入学、随军家属就业和军转干部安置难题。年内丰台区连续获得“全国双拥模范城”七连冠殊荣。

（付言师）

人民防空

【概况】 年内，丰台区人防办坚持以习近平新时代中国特色社会主义思想为引领，以党建工作为统领，以年度重点工作任务为牵引，认真谋划全年工作，“十四五人防建设规划”高质量开启，疫情防控取得阶段性成果，组织指挥体系不断完善，工程管理日趋规范，“疏解整治促提升”深入推进，行政审批承接有序，法制建设走在前列，宣传教育精彩纷呈，党建工作稳步推进，自身建设切实加强，有效履行了“战时防空、平时服务、应急救援”的使命任务，不断开创丰台人民防空事业新局面。

（许晓宁）

【“十四五人防建设规划”高质量开启】 年内，建立健全领导机制，形成主要领导负总责，主管领导具体负责，各部门抓落实的工作格局。拟定丰台区“十四五”专项规划工作方案，组织开展前期课题研究工作。积极对接市人防办，多次组织专家论证，专题座谈，不断修改完善《规划》，作为丰台区38个专项规划之一的《“十四五”丰台区人民防空发展建设规划》已正式成文。

（许晓宁）

【落实疫情防控四方责任】 年内，始终把疫情防控作为当前最重要的工作来抓，加强组织领导，落实四方责任，强化机关防控措施，对人防工程实行分类防控。成立5个检查组对全区所有在用人防工程及口部管理用房开展地毯式排查，出动274人次，检查排查人防工程1153处。督促人防工程使用单位和街乡镇落实属地责任和“零报告”制度。发放《强化责任 共同筑牢疫情防控“地下长城”》一封信1400余份，暂停使用人防工程257处。应急指挥车出动保障人员59人次，圆满完成新发地批发市场疫情处置现场指挥部的车辆服务保障。支援区农业农村局班用帐篷30顶，3人帐篷3顶用于防疫工作。13批65人次主动请战，投入社区防控。组织5批62人次协助街道进行核酸检测，党员干部们身着防护服，每天工作十余小时，“晴天一身汗、雨天一身湿”，用自己的实际行动诠释了使命担当，充分展示人防人的风采，得到了基层一致好评。

（许晓宁）

▲4月4日，全市鸣响警报器向新冠肺炎疫情斗争牺牲烈士和逝世同胞哀悼。

【完善组织指挥体系】年内，完善区人防指挥所指挥平台建设，组织人防日常业务信息系统、高点监控系统、图像信息管理平台二级等保系统及人防指挥所自动化系统操作培训，做好运行维护工作。完成10处高点监控建设任务。对全区108台警报器进行加电测试，圆满完成4月4日和9月19日警报试鸣任务，鸣响率100％。拟制《丰台区2020年人民防空指挥部训练计划》和《丰台区2020年人民防空专业队伍训练方案》，召开动员部署会，圆满完成人民防空指挥部及专业队训练工作。制订指挥车、人防视频会议、卫星通信等8个项目的学习和训练计划，全年安排训练388小时、1781人次。参加京津冀人防无线通信协同训练、市人防系统通信业务日常训练、全市指挥通信车驻训及应急指挥车的日常训练，在卫星通信训练工作中受到市人防办表扬。圆满完成新发地疫情处置、警报试鸣、“两会”“五一”和“十一”等重大节日、重点时期的通信保障任务。充实完善应急救援队伍建设，不断推进人防应急物资储备库精细化建设管理。

（许晓宁）

【人防工程管理】年内，实行人防管理“234”工作法，完善检查制度和检查程序，规范检查执法，全年共出动991人次，检查人防工程4959处，双随机抽取96人次，检查工程1008处。对440处人防工程维护维修项目进行验收，完成354处、66.78万平方米人防工程恢复战备效能项目前期工作。汛前排查安全隐患19处，组织4支60人抢险队伍开展演练，值守备勤人员320人次。对早期人防工程局部塌陷进行回填处理，确保安全度汛。充分利用“12345”市民服务热线作为“哨声源”，积极响应各街乡镇“街乡吹哨、部门报到”11次，着力解决各街乡镇在人防工程安全监管工作中的难点、热点问题。全年处理区接诉即办43件，配合市人防办处理576件。处理信访系统举报件4件、群众来电反映情况36起，办结率达100％。

（许晓宁）

【疏解整治促提升】年内，制定《丰台区人防工程安全生产专项整治三年行动计划方案》，建立目标任务及隐患问题清单，规定完成时限，细化整改措施。完成68处内部隔断拆除任务，拆除57650平方米。新增人防车位3078个，超额完成利用人防地下空间提供1000个停车位的实事项目，极大地缓解居民的停车需求。积极利用清退后人防工程或口部管理房开展便民服务网点。目前，全区在用人防工程594处，用于公益便民类人防工程475处，占在用人防工程79.97％。用于公益便民类人防工程口部管理房48处。

（许晓宁）

【行政审批承接有序】年内，推进实施“互联网＋政务服务”，实现全部政务服务事项一网通办理、网上全程办理，实现不见面审批。为77家企业进行图纸审核。完成人防工程许可事项383件，人防工程竣工备案59处，21万平方米。对35处未竣工备案历史遗留人防工程进行现场核验，13处工程完成备案手续，完成进度在全市人防系统名列前茅，经验做法得到市人防办的肯定。在市质监站的大力支持下，聘请第三方为区人防工程质量监督工作提供技术支持，办理人防工程质量监督21件，开工16处，深入现场监督18次，为企业提供现场指导服务，减少了企业成本和时间。提供延时服务，工作时间外提供手机电话、短信、微信、邮件全方位的服务，极大的方便了企业和群众。服务单位送来锦旗34面。

（许晓宁）

【依法行政建设】年内，对《北京市人民防空条例》提出建设性修订意见，在市办修订调研会上做典型发言。完成规范性文件合法性审核、备案，有序做好行政规范性文件废、改、立、释工作，行政处罚案卷在区案卷评查中排名第三。制定并实施《行政处罚裁量基准制度》《北京市丰台区人民防空办公室关于建立人民防空行业市场责任主体守信激励和失信惩戒制度的实施方案（试行）》，为有序推进依法行政工作夯实基础。圆满完成2020年普法宣传工作。组织法制培训两次。将处罚事项纳入行政检查单，完成新版人防工程安全检查记录单的制作及其他检查单的推广使用工作。完成行政诉讼1起，民

▲10月14日，在北京四中璞瑅学校开展新中国人民防空创立70周年“人防为民·铸盾七十年”主题活动。

▲10月至12月，在赵登禹学校开展校防空袭疏散演练及人防知识培训。

事诉讼3起。"双公示""双随机"有序进行。全年行政处罚8起，行政许可291件，公示率100%。做好行政执法信息服务平台的维护工作，执法数据库人员变更、行政执法检查单变更调整，行政执法监督绩效考核项全区排名第二。

（许晓宁）

【宣传教育精彩纷呈】"国际民防日"、"5.12防灾减灾日"、"全民国防教育日"、"新中国人民防空创立日"，以微信公众号、微博为载体，组织开展主题宣传活动，粉丝关注人数增长7%。全年共发布微信120余条、微博2000余条。在北京四中璞瑅学校开展新中国人民防空创立70周年"人防为民·铸盾七十年"主题活动。携手丰台人防蓝天救援队开展校园防空袭疏散演练及人防知识培训，进学校9场次，参训师生达3000余人。丰台人防蓝天救援队组成防疫消杀小组，深入社区、学校、单位，参与疫情防控消杀作业106天，涉及场所360余处，共计消杀面积1200余万平方米，受益人数160余万人次。在6个街道41个社区进行防空及防灾减灾社区建设。安装人防知识宣传栏40个，人防指示标识牌760个，应急救援亭30台。发放社区应急物资41份。建立社区综合志愿者队伍，共上报社区人防志愿者772人。

（许晓宁）

【加强内部建设】年内，坚持以协同高效、职能优化为着力点，完成2个内设机构的更名与职能配置调整工作。完成27人次岗位等级晋升工作，完成2人次职级晋升工作。配合区委组织部完成2名补充录用公务员招录工作，完成4名达到法定退休年龄人员的退休审批工作，不断促进干部队伍年轻化。完成2019年度机关、事业单位财务决算工作，配合审计和纪检部门完成专项审计、年度预决算审计相关工作并完成整改。开展工会决算和本年度预算编制工作，完成年度工会审计工作。机要、保密工作更加严格，后勤、公车、档案管理工作更加规范。

（许晓宁）

▲11月25日，参观香山公园双清别墅"人防和你在一起"暨新中国人民防空创立70周年——北京人防70年历程撷英展。

【党建工作更加规范】年内，制定落实《2020年全面从严治党工作要点》，完善并签订全面从严治党主体责任清单，认真落实意识形态工作责任制。全体人员签订意识形态工作责任书，形成一级抓一级、层层抓落实的责任传导机制。每季度召开全面从严治党工作分析例会，各主管领导就分管部门在党建、党风廉政建设、意识形态方面开展的工作、存在的问题等进行汇报、分析研判。突出加强疫情期间党员群众思想引导，正确看待疫情，积极参加社区疫情防控，始终以不信谣、不传谣、不造谣要求全体人员，确保人员思想稳定，疫情防控措施落实到位。党组研究党建类议题10项，严格落实重大事项请示报告制度，以党组名义向区委（及部门）请示报告12件次。深入开展"不忘初心、牢记使命"主题教育，巩固学习教育成果，中心组学习12次，支部学习42次，党组书记讲党课1次，发放学习书籍600余本。用好用活"学习强国"平台，构建线上线下相互融合的学习新形式，达到学深悟透，入心入脑。观影1次、组织活动1次，视频学习2次，进一步增强学习效果。积极与丰台街道开展区域化党建引领协同发展活动2次，号召在职党员回社区参加疫情防控、垃圾分类、环境整治等志愿服务活动300余人次。

（许晓宁）

【人防系统警示教育】年内，持续深化"以案为鉴、以案促改"警示教育活动，把党风廉政教育、党规党纪内容纳入党员学习计划，组织观看《阳光大厅里的暗影》等警示教育片。运用全国人防系统腐败问题典型案例开展警示教育活动，不断筑牢党员干部的底线意识、纪律意识和规矩意识，增强党员干部防腐拒变能力。出台《丰台区经营类人防工程使用收费标准》（丰人防发〔2020〕9号），开展使用费追缴工作，确保全区公用人防工程使用费及时、足额收取。健全完善各类规章制度，形成相互衔接、相互配套的长效工作机制。以巩固深化"不忘初心、牢记使命"主题教育成果为契机，把学习《党章》《中国共产党廉洁自律准则》等党规党纪纳入学习计划；把党风廉政教育纳入科务会、支部党员大会、全体会，坚持逢会必讲；每季度召开全面从严治党形势分析会，点评党风廉政落实情况；紧盯重要时日、重要节点，通过召开全体大会、网上通知、发送警示短信等方式开展廉政教育；严格落实《丰台区人防办作风纪律检查考核办法》，每月开展检查讲评，进一步转变工作作风。

（许晓宁）

2021

北京丰台年鉴

北京丽泽金融商务区

综 述

【概况】丽泽金融商务区地处北京西二三环路之间，是北京市邻近二环的最后一块成规模集中建设区，也是首都西南部发展的新地标，规划研究范围总用地8.09平方公里，核心区总用地2.81平方公里，用地功能包括商务办公、多功能混合以及配套居住等。核心区新建地上建筑规模546万平方米。丽泽金融商务区是新兴金融产业集聚区、首都金融改革试验区，是“国家级智慧城市试点”“北京信息化基础设施提升综合示范区”“北京市绿色生态示范区”“北京市服务贸易示范基地”和“北京市服务业扩大开放综合试点示范园区”。2020年，丽泽金融商务区管委会推动规划建设和招商引资工作。商务区规划蓝图规划优化提升方案编制完成，助力丽泽金融商务区建设成为重点功能区实施样板和大都市精细治理典范；年内释放产业空间57万平方米，累计释放产业空间152万平方米；4条道路投入使用，形成南区道路循环；地铁14、16号线、丽泽城市航站楼、新机场线实现开工，丽金线、地铁11号线抓紧推动前期工作，丽泽“五线换乘+航站楼”的交通枢纽正式启动建设。与丽泽重点机构中国人民银行数字货币研究所在丽泽金融商务区D片区合作打造“数字金融科技示范园”，打造数字货币技术和应用生态圈，成为首都数字金融创新发展试验区和全球数字金融交流窗口和发声平台，完成数字金融科技示范园概念方案编制工作。丽泽北区一体化综合开发区域包括地面层以及地下4层，各层互联互通，包含丽泽城市航站楼综合体、5条轨道线等，形成交通换乘、商业办公、文化休闲等重要功能于一体的复合型“立体城市活力中心”。与国际知名企业寻求合作，携手共同打造国际金融中心和全球活力中心。截至年底，丽泽金融商务区入驻企业共计618家，其中金融类企业386家，占企业总数量的64.66%。全年共引进109家企业，其中金融企业30家，包括核心金融央企中国农业再保险股份有限公司、注册资金超千亿的中国广电网络股份有限公司、华为中国总部及中国南水北调集团有限公司等多家重点企业，产业集聚带动作用逐步形成。财税收入不断增长，实现全口径税收38.04亿元，同比增长17.08%，实现留区税收14.07亿元，同比增长51.78%。其中，金融业实现全口径税收27.61亿元，同比增长24.20%，金融业实现留区税收6.51亿元，同比增长27.65%。

（郑宏博）

▲9月28日，中国农业再保险股份有限公司创立大会、第一次股东大会召开。

【规划建设市级联席会第一次会议】8月6日，为落实市政府高标准规划建设北京丽泽金融商务区的指示精神，加快推进商务区规划建设各项工作，市政府副秘书长邹劲松召集市发展改革委、市财政局、市规划和自然资源委、市住房城乡建设委、市城市管理委、市交通委、市水务局、市文物局、市园林绿化局、市人防办、市重大项目办相关部门领导、京投公司、轨道建管公司、快轨公司、公联公司、市电力公司相关负责人召开北京丽泽金融商务区规划建设市级联席会第一次会议，刘永宗副区长、区委办局相关部门领导、丽泽管委主要领导参加会议。

（郑宏博）

【市规自委领导到丽泽调研】9月18日，市规划和自然资源委相关领导到丽泽金融商务区开展调研座谈，听取关于丽泽金融商务区规划建设进展情况的汇报。强调丽泽金融商务区地理位置优越，在规划建设中要对标国际成熟商务区，在建筑风貌管控、公共空间打造、城市形象塑造、文化内涵挖掘等方面着力提升，打造在新时代、新总规、新要求背景下的首都发展新的增长极。

（郑宏博）

【“2020丰台区文物普法进工地”宣传活动】9月29日，丽泽商务区管委会联合区文旅局开展“2020丰台区文物普法进工地”宣传活动。向商务区施工单位发放《中华人民共和国文物保护法》《北京市地下文物保护管理办法》《文物普法宣传册》《丰台文博》等相关宣传材料，共计150余份。此次文物普法宣传活动，意在提高施工单位的文物普法意识，增强施工管理人员对文物保护法律法规的了解，营造全民参与文物保护的良好氛围。

（郑宏博）

【绿色零碳项目建设】10月12日，清华大学金融与发展研究中心相关人员到丽泽金融商务区调研，并就商务区绿色零碳项目建设等进行指导与交流，就丽泽金融商务区开展绿色零碳建设的实现路径进行了深入研究与讨论。

（郑宏博）

【市人大代表调研】 11月12日，围绕《关于调整第四水厂水源二级保护区范围》的议案，北京市人大代表杨华、张雪梅、武长亮调研丽泽金融商务区，听取丽泽商务区规划建设情况和地下饮用水水源保护区情况的汇报，并就第四水厂饮用水水源保护区划定与管理专题进行沟通交流。

（郑宏博）

【荣获2020年度城市备受关注商业新地标】 12月18日，首创龙湖北京丽泽天街在“2020中国商业地产创新大会”上荣获“2020年度城市备受关注商业新地标”奖。丽泽天街坐落在丽泽金融商务区首创中心（北京市丰台区丽泽路300号），商业建筑面积为9.2万平方米，项目定位“都市乐享舞台”，强调顾客与店铺的互动。已引入超220家品牌，招商率已达90%，租户进场装修率已达50%。

（郑宏博）

【宣传交流活动】 12月25日，为进一步发挥丽泽金融商务区政企联动合力，提升各入驻企业的公众知名度和社会影响力，更好地促进区域高质量发展，丽泽商务区管委会组织区金融办、银行、北京电视台和丽泽金融商务区入驻企业新闻宣传工作负责人共同参加宣传工作交流座谈活动。座谈会上，丽泽商务区工委相关领导向与会人员介绍丽泽商务区管委会情况并总结2020年的宣传工作。与会人员分别就各自单位情况、未来工作开展情况和对商务区的期望等进行简短交流。座谈会还邀请北京电视台记者对如何做好新闻宣传进行交流讲解。

（郑宏博）

【丽泽SOHO入围2020国际高层建筑奖】 年内，德意志建筑博物馆（DAM）、德卡银行（DekaBank）、法兰克福市宣布了2020国际高层建筑奖的5个入围项目，由已故建筑师扎哈·哈迪德设计的北京丽泽SOHO入围。国际高层建筑奖（International Highrise Award）自2004年起每两年颁发一次，表彰那些融合可持续性、空间品质和城市设计的模范高层建筑。本届5个入围项目从14个国家/地区的31座提名建筑中竞争，且每座塔楼至少高于100米，并在最近两年内完工。中国是获提名项目最多的国家，最终丽泽SOHO入选。

（郑宏博）

【疫情防控】 年内，为切实做好新型冠状病毒肺炎疫情防控工作，及时防范和应对可能出现的疫情，确保正常工作秩序，丽泽商务区工委、管委会部署疫情防控工作。第一时间向机关全体及各单位有关人员传达市防控领导小组、区委疫情防控工作会议精神。各单位团结一心、形成合力，按照“坚守责任，细化落实，外防输入，内防扩散”的总原则开展工作。成立领导小组。第一时间成立由丽泽金融商务区管委会主要负责人为组长的防控疫情工作领导小组，制定《丽泽商务区管委会关于做好新型冠状病毒肺炎疫情防控工作方案》，明确责任分工，加强内控监测及物资保障，各相关单位分别制定、报送应急预案并严格执行。严格值班值守。积极坚持机关和入驻企业日报制度，对机关单位及丽泽控股公司人员离京返京、健康情况和各入驻楼宇每日在岗人数、酒店及公寓入住情况进行及时统计、全面摸排。加强在建项目监管。针对务工人员返京、工地复工等复杂情况，提前谋划部署，建立联动机制，实时掌握人员情况，建立基础台账，做好筛查、监测工作，如有异常情况及时向卫生疾控部门和住建部门报送。做好宣传教育工作。加强宣传力度，及时做好预防知识教育，提高个人防疫意识和能力，消除恐慌心理，加强舆情监控及社会面引导工作，防止谣言等不实信息传播。

（郑宏博）

规划与建设

【概况】 丽泽金融商务区南区已供地19个项目，地上建筑规模约247万平方米，规划实施率约57%，累计释放产业空间152万平方米。2020年，丽泽金融商务区在建设发展过程中，高水平建设对外综合交通枢纽，打造“轨道上的京津冀”，率先实现区域交通一体化，全面提高丽泽轨道交通可达性，实现与金融街15分钟直连，与新机场、三大客运枢纽及CBD等城市重要功能区半小时可达，建设成为引领城市南部地区整体发

▲6月11日，北京大地泰华会计师事务所入驻聚杰金融大厦。

展关键节点。中设集团总部综合楼、金唐西联大厦、平安金融中心、通用时代中心E09地块4个项目释放产业空间57万平方米。平安幸福中心项目结构封顶。湖南投资大厦奠基。

（郑宏博）

【东兴基金管理有限公司落户丽泽】 3月17日，东兴基金管理有限公司完成工商注册手续，落户丽泽金融商务区。该公司是东兴证券股份有限公司（以下简称“东兴证券”）发起设立的公募基金管理公司，于2月14日获证监会核准设立，是年内丽泽金融商务区引进的第一家持牌金融机构。主要经营范围为公开募集证券投资基金管理、基金销售。公司成立后将负责东兴证券所有公募基金产品的募集和运作。

（郑宏博）

【北京大地泰华会计师事务所入驻】 6月11日，北京大地泰华会计师事务所入驻丽泽金融商务区聚杰金融大厦。该事务所是一家专业化经营、多元化发展的集团性事务所，具有经财政部、中国人民银行等国家机关批准的财务审计执业资质及资产评估资质等相关从业资质。

（郑宏博）

【中国铁物大厦项目主体结构全部封顶】 6月30日，中国铁物大厦项目结构全部封顶。该项目位于丽泽金融商务区D–03、D–04地块，总建筑面积约23.25万平方米，由A、B两栋塔楼和C、D两座裙房组成，A塔楼地上200米/45层，B塔楼地上150米/32层，将建设集5A甲级商务高端写字楼和商业中心为一体的综合体。项目已顺利通过北京市绿色安全样板工地验收和北京市结构长城杯金奖过程验收，并已取得美国LEED–CS金级预认证，完成中国绿色建筑二星设计、运营标识双体系内部评估。

（郑宏博）

【中国广电网络股份有限公司入驻丽泽】 9月25日，中国广电网络股份有限公司与区政府正式签订战略合作协议，落户丽泽金融商务区。该公司是首个入驻丽泽即达到初始注册资本金千亿级（1012亿元）的龙头企业，在丽泽强势崛起过程中具有重大战略意义，是丽泽从规划建设阶段到产业聚集阶段的重大转折点，其龙头企业优势和辐射作用，将推进相关联产业链上下游企业落户，带动丽泽高精尖产业集聚发展、创新发展，打造产业领域领先地位，促进丽泽产业生态体系优化升级。该公司是由拥有第四张5G牌照的中国广播电视网络有限公司联合省级网络公司、战略投资者（阿里巴巴集团、中信集团等）共同发起，组建形成的“全国一网”股份公司，着力打造集人工智能、云计算、大数据、区块链于一体的千亿级产业集群，实现“有线”“5G”双轮驱动发展。

（郑宏博）

【中华联合财产保险股份有限公司入驻丽泽】 9月28日，中华联合财产保险股份有限公司工商及税务关系正式由西城迁至丰台区并入驻丽泽金融商务区中华保险大厦办公。该公司是经中国保监会批准于2006年12月设立的全国性财产保险公司，注册资本146.4亿元，是全国唯一一家以“中华”冠名的财产保险公司。曾连续多年入选“亚洲品牌500强”“中国企业500强”“中国金融机构金牌榜最佳农险服务保险公司”“中国最具价值品牌”和“中国服务业企业500强”等。

（郑宏博）

【湖南投资大厦项目奠基】 11月23日，丽泽金融商务区湖南投资大厦项目奠基仪式举行。湖南投资大厦位于丽泽金融商务区D27地块，总建筑规模约4万平方米，建筑高度约80米。项目已完成施工单位招标，取得建设工程规划许可证，加紧办理施工许可证。该项目是湖南省国际工程咨询公司投资建设的首个在京项目，奠基仪式的成功举办，标志着项目进入全面建设新阶段，是沟通湖南省与北京市的一座新交往桥梁。

（郑宏博）

【丽泽城市航站楼项目开工】 12月18日，丽泽城市航站项目实现开工建设。在市领导大力支持下，丽泽城市航站楼将按照“先地下后地上原则”推进建设工作，以“一会三函”模式推进前期手续办理。北京丽泽金融商务区控股有限公司、北京京投交通枢纽投资有限公司、首都机场临空发展集团有限公司三方并合作成立北京丽泽城市航站楼投资发展有限公司。公司注册资本金1亿元，其中丽泽控股公司占股70%，京投枢纽投资公司（京投公司的全资子公司）占股30%。

（郑宏博）

▲6月30日，中国铁物大厦项目结构全部封顶。

▲11月23日，丽泽金融商务区湖南投资大厦项目举行奠基仪式。

▲12月18日，丽泽城市航站楼及新机场线北延一体化工程开工动。

【北京市首个数字人民币测试应用场景落地丽泽】12月25日，在丰台区的支持与协调下，央行数字货币研究所所在楼宇咖啡厅成为北京市首个数字人民币应用场景的测试点，获得授权消费者通过下载数字人民币钱包，即可支付购买商品，还可以体验无网络离线支付。同时，为给数字货币研究所提供更多配套服务与支撑，丽泽商务区部分楼宇也即将开展应用测试，进一步扩大数字人民币在丽泽的测试应用范围。北京首个数字人民币测试应用场景落地丽泽，对于丰台区构建数字货币应用生态圈和发展数字金融产业具有里程碑意义。

（郑宏博）

【中国农业再保险股份有限公司正式落户丽泽】12月31日，中国农业再保险股份有限公司（以下简称“中国农再”）完成工商注册，正式落户丽泽金融商务区。中国农再注册资本161亿元，由财政部、中再集团、人保财险、中华联合财险等9家单位共同发起筹建，主要承担农业再保险服务、农业保险大灾风险基金统筹、农业保险数据信息管理及推动完善农业保险制度等支农惠农政策职能，对完善中国农业保险大灾风险分散制度具有重要意义。中国农再作为唯一的国家层面农业再保险机构，其发展目标是成为全球领先的农业风险管理机构。公司预计2023年实现农险保费收入181亿元以上，总资产超过280亿元。中国农再入驻丽泽，将发挥其辐射作用，推动相关保险业总部、保险科技、产业基金、专业服务机构等为农业领域提供金融服务的关联产业和上下游企业落户丽泽，加快丽泽金融产业聚集，对于促进丰台区金融体系优化提升具有重大意义。

（郑宏博）

【数字金融科技示范园】年内，与中国人民银行数字货币研究所在丽泽金融商务区D片区合作打造“数字金融科技示范园”，打造数字货币技术和应用生态圈，力争成为首都数字金融创新发展试验区和全球数字金融交流窗口和发声平台。已完成丽泽南区D片区概念设计方案编制。同步聚焦数字金融产业聚集，围绕数字货币研究所的行业引领带动作用，进行产业链布局。在丽泽扩大和丰富数字人民币测试应用场景，进一步在丽泽楼宇中开展数字金融支付。

（郑宏博）

【新保投资管理有限公司落户丽泽】年内，新保投资管理有限公司落户丽泽金融商务区。该公司经营范围包括投资管理、投资咨询顾问、财务咨询顾问。其股东中保投资有限责任公司（以下简称“中保投资”）是依据国务院2015年6月批复同意《中国保险投资基金设立方案》设立的专业投资管理公司，注册地为上海自贸试验区，持股34%，由27家保险公司、15家保险资产管理公司以及4家社会资本企业共46家股东单位出资设立。股东北京普莱斯咨询合伙企业（有限合伙）、北京九里道咨询合伙企业（有限合伙）是发起人及核心业务团队与中保投资合作在丽泽商务区专门成立的持股机构，持股分别为35%和31%。核心业务团队专业领域包括基础设施、不动产及股权投资三个方面，在项目开发、交易结构设计、客户推进和后续管理方面具有长期成功案例，拥有广泛的合作基础。

（郑宏博）

【中核商业保理有限公司落户丽泽】年内，中国核工业集团有限公司旗下的中核商业保理有限公司经市金融监管局批准在丰台区注册成立，注册资本金30000万元。该公司以落实中核集团战略为依托，利用集团在核技术应用全领域的核心地位，挖掘集团内成员单位及其贸易供应链上中下游企业的融资需求，以应收应付账款为切入点为供应链上的企业提供保理服务。该公司的成立是中核集团积极响应国资委产融结合号召的有力举措，同时也是丰台区首家央企商业保理子公司。

（郑宏博）

【国网商用电动汽车投资有限责任公司落户丽泽】年内，国网商用电动汽车投资有限责任公司落户丽泽。该公司是由国家电网全资子公司、全国最大智慧车联网平台运营公司——国网电动汽车服务有限公司发起设立，旨在打造新能源商用车充换电综合投资运营平台，推动商用车新能源化快速发展。新公司在丽泽商务区已完成工商注册，注册资本金实缴9200万元。未来该公司将依托国家电网资源，根据业务开展情况大幅增资，并将业务范围拓展至江苏、江西、青海、内蒙古、新疆等多省和自治区。

（郑宏博）

【威立雅（中国）环境服务有限公司北京分公司入驻丽泽】 年内，世界500强外资公司威立雅（中国）环境服务有限公司北京分公司及相关板块公司入驻丽泽金融商务区。该公司于2012年成立，总公司注册资本金认缴1889万（美元）。是一家以环境服务为主业的大型集团，位列世界500强之一，为中国各大中城市、各级政府机构和工业企业提供水务、废弃物和能源管理领域的方案和服务，是最早进入中国市场的全球环保企业之一。总公司投资设立的北京嘉威雅污水处理技术有限责任公司和威立雅凯文能源管理（北京）有限公司已办理完工商注册手续，落户聚杰金融大厦。两家公司注册资本金分别认缴4200万元、8400万元。

（郑宏博）

【阿尔法公社正式落户丽泽】 年内，由北京市科创基金、新动能基金推荐引入的知名创投基金管理人阿尔法公社正式落地丽泽金融商务区，围绕已投资项目和新一期基金开展招商引资。阿尔法公社的落户，可加强丰台区在半导体、人工智能和信息技术等领域的行业深度，同时借助阿尔法公社在人才引进方面的经验，可为丰台区引入更多优质创新企业和国际化专业人才，推动丰台区高精尖产业领域的投资、引进与人才资源的聚集、发展。阿尔法公社是天使投资基金品牌，专注于早期创业公司的投资，面向全球精选有潜力的行业领跑者，通过行业资源的整合与对接，重度帮助创业者，其投资人包括百度、科大讯飞、商汤、“360”、电信行业知名专家田溯宁等，总规模数千万美元。

（郑宏博）

【东方证券承销保荐有限公司北京分公司入驻丽泽】 年内，东方证券承销保荐有限公司北京分公司入驻丽泽金融商务区。东方证券承销保荐有限公司为东方证券股份有限公司全资子公司，位于上海，属于进博会期间重点走访企业。该公司为挂牌金融机构，主要从事证券承销与保荐业务。

（郑宏博）

【民生教育集团有限公司入驻丽泽】 年内，民生教育集团有限公司正式入驻晋商联合大厦，旗下相关公司一并迁入丽泽。该公司是一家专业从事高等教育和职业教育的机构，于2017年在香港联交所主板上市，是首家上市的中国民办高等教育集团。该公司的入驻有利于优化丽泽商务区高等教育和职业教育资源配置，完善教育配套，提升丽泽综合服务能力。

（郑宏博）

【中国融资担保业协会入驻丽泽】 年内，中国融资担保业协会确定入驻丽泽金融商务区内汇亚大厦并签订租赁协议。引入中国融资担保业协会，有利于促进融资担保相关金融业态在丽泽聚集，助力丽泽新兴金融产业培育发展。该协会是经原中国银行业监督管理委员会和中华人民共和国民政部批准，于2013年正式成立的，是由融资担保机构、地方融资担保行业自律组织和担保领域具有一定影响的个人自愿组成的全国性融资担保行业自律组织，共有305家会员，其中会长1家、副会长42家、理事24家、监事4家、地方协会37家、会员197家。

（郑宏博）

【园区绿化】 年内，开展首都义务植树活动准备工作，完成约54487平方米植树区域。

（郑宏博）

【滨水文化公园（一期）设计方案获批复】 年内，全力推进滨水文化公园（一期）项目建议书及可研批复工作，完成施工监理单位招标，初步设计概算上报市发改委审批。丽泽金融商务区滨水文化公园位于商务区西南部，北起东管头路，南至规划丰草河北路，西靠西三环南路，东临规划西站南路，属区域性综合公园。滨水文化公园（一期）总用地面积约17.19公顷。建成后的公园将改善区域内生态环境，为周围居民提供良好游憩场所，同时为城市，特别是西三环的道路创造优美景观。

（郑宏博）

【城市运动休闲公园设计方案获批复】 年内，丽泽金融商务区城市运动休闲公园设计方案取得市园林局批复。该项目位于丽泽金融商务区西侧，西临西三环南路，东至东管头路，北至丽泽路，南至万泉寺路，总面积约32.32公顷，属于区域性综合公园。公园设计在打造绿色多元的商务环境、生态发展的城市景观基础上，突出运动主题，布置小型体育设施，满足健身运动需求；建设生态慢行系统，重视临街界面设计，打造高品质人性化公共空间；融入丽泽文化底蕴，增加智慧科技元素，提供多维度休闲活动体验。

（郑宏博）

【完成规划综合实施方案编制】 年内，按照首都规划委会议指示精神和市委、市政府工作部署，组织市规划院、北建院、金利安房地产咨询评估公司开展城市设计、交通专项、市政工程、资金测算等多个专题专项，全程对接相关行政事权与市场主体，全面提升规划科学性和高效性，实现共编、共治与共享，并按照市政府要求，汇总多轮意见，完善形成综合实施方案成果，完成规划综合实施方案编制。其主旨在于切实支撑项目立项、土地开发、工程建设与运营管理，助力丽泽金融商务区建设成为重点功能区实施样板和大都市精细治理典范。

（郑宏博）

【丽泽室外5G基站布局方案编制完成】 年内，丽泽室外5G基站布局方案编制完成，报区5G建设联席会审议通过。规划共建基站58座，其中规划新建36座，年底前启动南区基站体系规模化部署。已投用的13个楼宇均同步完成通信接入，协调做好中国广电、银河证券等重

▲5月28日，丽泽规划综合实施方案专家咨询会召开。

点入驻企业的专网专线保障工作。金都科技公司与中国移动、中国电信等基础运营商就管道租赁事项达成原则一致，签订已投运管道的租赁协议。

（郑宏博）

【道路配套建设】年内，根据企业入驻实际情况，加快推进交通配套建设。丽泽南区规划4条主干路，其中西站南路、柳村路、金中都南街已建成通车。13条次干、支路全长约9.7公里，累计完成道路建设8.6公里，其中已正式开放交通3.8公里。同时，以丽泽南区交通路网基本形成为基础，依据交通流线及车辆数据等信息，按照"应通尽通"和"近远期结合"的原则，研究精细化交通组织综合方案并组织实施，确保丽泽南区道路体系顺畅高效运行。

（郑宏博）

【轨道交通建设】年内，地铁14号线在丽泽商务区范围内设有东管头站—丽泽商务区站—菜户营站。东管头站及东丽区间主体结构完工；丽泽商务区站实现主体结构封顶；丽菜区间及菜户营站主体结构完工。作为丽泽金融商务区"五线换乘"中首条贯通的地铁线路，14号线建成后横跨北京东西城区，可提升丽泽商务区交通运营能力，满足日益增长交通需求，同时作为丰台区首个贯穿北京东西城区的重要交通路网，可打通丰台城市"大动脉"。地铁16号线在丽泽金融商务区范围内设有东管头南站—丽泽商务区站—红莲南里站。东管头南站及东丽区间主体结构已完工；丽泽商务区站已进行主体结构施工；红丽区间盾构始发井及盾构部分正在施工。房山线北延于12月31日顺利实现通车运营。

（郑宏博）

【新机场线北延工程建设】年内，新机场线北延工程在丽泽金融商务区范围内设有折返—丽泽商务区站—草桥站。丽泽金融商务区范围内已开展文物考古和前期管线调查，办理临时占地规划许可。同时加快与丽泽地下空间一体化、丽泽城市航站楼等周边项目对接设计和施工组织方案。丽金线已纳入轨道交通线网三期规划，地铁11号线丽泽商务区站正在与丽泽城市航站楼项目同步推进建设。

（郑宏博）

【能源基础设施建设】年内，万泉110KV（千伏）变电站投产发电。丰益110KV（千伏）输变电站正在进行主体结构施工；地下能源站2号站已投产并实现供冷供热，1号站已开工建设，同步加快丽泽220KV（千伏）变电站和智能电网调控指挥中心项目规划建设。

（郑宏博）

园区服务与管理

【概况】2020年，丽泽金融商务区管委会积极为入驻企业提供精细化服务，开展企业走访活动，组织召开企业对接会，协调区人力社保局为重点企业解决工作居住证相关需求，获得企业高度好评。加强环境整治，大力整治园区环境尤其是道路两侧乱停车、主干路通行不便等问题，推进道路施工、绿地建设及工地围挡美化，提升商务区整体形象。联合静态交通建立临时停车场3个，共计342个车位。

（郑宏博）

【地铁接驳班车开通】6月1日，丽泽金融商务区管委会与市公交集团合作开通的"商务区地铁接驳车"正式投入使用。这是丽泽金融商务区进一步优化营商环境，提高企业服务质量，完善交通配套设施和服务的又一举措。商务区地铁接驳车为商务区入驻企业员工提供免费的地铁接驳服务，除工作日的早晚高峰时段运营外，还特别为企业工作日晚班及周六日加班的员工，开通工作日晚上和周六日早晚班次。该接驳车共设置站位7处，日接驳能力1300人次。

（郑宏博）

【商务区楼宇产权单位培训】7月29日，丽泽商务区管委会联合丰台区不动产登记事务中心，为企业重点讲解不动产首次登记及相关流程，解决企业在入驻环节遇到的问题和困难，中华联合保险、丽泽SOHO、汇能鼎兴、通用时代中心等企业相关人员参加了培训。

（郑宏博）

【丽泽金融商务区市场所成立】12月10日，丽泽金融商务区市场所正式挂牌成立。该所是丰台区市场监督管理局的派出机构，主要服务于丽泽金融商务区，开展商务楼宇企业注册登记、年报相关服务，对接辖区内产权单位，梳理企业登记情况，检查工地食堂和餐饮企业食品安全。

（郑宏博）

【爱国卫生月活动】 年内，组织“开展爱国卫生运动 改善环境 共享健康”卫生大扫除和爱国卫生科普知识线上答题活动。发动辖区内在施项目、入驻楼宇等相关单位积极参与爱国卫生月大扫除活动，做好项目工地和楼宇的清洁、消毒、消杀和通风工作。组织机关及直属企事业单位干部职工对丽泽金融商务区招商展示中心、东管头天主教堂等周边单位附近的垃圾和杂物进行清理，号召干部职工通过“北京丰台”客户端和“健康中国”微信公众号，参与爱国卫生运动知识线上答题，向大家普及爱国卫生科普知识，助力大家健康水平提高。

（郑宏博）

【提供餐饮服务】 年内，丽泽控股公司下属丽泽服务中心专门组建丽泽餐饮服务团队，为晋商联合大厦提供员工用餐，为中国农业再保险公司建立专属食堂。

（郑宏博）

【落实人才公寓政策】 年内，为商务区重点企业配租149套夏家胡同公租房，同时积极开展提供人才引进支持和保障工作。

（郑宏博）

【为入驻企业员工解决子女入学问题】 年内，加快推进十二中国际部建设。丽泽控股公司与金融街教育集团成立的合资公司加快推进学前教育学校项目的落地工作。为重点企业3名员工协调解决了子女入学问题。

（郑宏博）

【助力商务区复工复产】 年内，制定《北京丽泽金融商务区关于做好新型冠状病毒肺炎疫情防控工作方案》《北京丽泽金融商务区商务楼宇疫情防控工作方案》《北京丽泽金融商务区施工现场新型冠状病毒肺炎疫情防控工作方案》，对入驻企业和施工项目疫情防控工作进行安排部署，确保防疫工作落实到位，助力复工复产。向入驻企业发送《关于贯彻落实京政办发〔2020〕5号和7号的通知》，指导帮扶企业纾困解难，共同渡过疫情难关。协调丽泽SOHO、汇亚大厦、晋商联合等物业企业为楼内中小微企业减免房租约576万元，并协调区投促中心为以上楼宇补贴172.9万元；为各入驻企业员工联系集中送菜上门服务；为施工项目单位开展核酸检测工作，共计检测约11000人次；为入驻企业及施工项目单位提供口罩、消毒液、酒精等防疫物资。

（郑宏博）

【平安幸福中心招商启幕活动】 年内，丽泽金融商务区平安幸福中心招商启幕活动成功举办。此次活动的举办标志着华夏幸福基业股份有限公司首个轻资产运营项目正式进入招商阶段。平安幸福中心位于商务区D-03、D-04地块，总建筑面积约23.25万平方米，由A、B两栋国际甲级写字楼和C座办公独栋及精致商业“幸福汇”组成，A塔楼地上200米/45层，B塔楼地上150米/32层，是集5A甲级商务高端写字楼和精致商业为一体的幸福商务综合体。

（郑宏博）

【平安幸福中心“云端会客厅”正式开放】 年内，平安幸福中心“云端会客厅”正式开放。“云端会客厅”位于平安幸福中心A座10层，使用面积约600平方米，涵盖招商接待、展示、会议、样板间、办公等多个功能。该空间设计以简洁为主，注重访客体验感，强调其建筑特性，通过真实的材料和细节赋予每一个区域功能及人性化；抛光地面与镜面玻璃的巧妙融合加强室内的明亮度，使原本围合型的功能空间视觉相通，并且与远处的天空相融，犹如漂浮在云端之境，故名“云端会客厅”。

（郑宏博）

【汇亚大厦首次线上招商宣传活动】 年内，丽泽金融商务区汇亚大厦举办主题为“焕新丽泽，悦享汇亚”的项目线上品鉴活动。直播通过VTC互动云直播平台，围绕招商与该楼宇代理经纪人、客户及网友进行多轮的互动交流，展示丽泽商务区的发展进程和汇亚大厦的新变化。宣传活动线上观看人数达6000余人次，圆满完成汇亚大厦的精彩亮相。

（郑宏博）

交流与合作

【富邦华一银行参观考察】 4月15日，富邦华一银行北京分行相关负责人到丽泽金融商务区参观考察。富邦华一银行是富邦金控旗下的全资子公司，1997年6月在上海浦东新区正式开业，秉承“立足海峡两岸，积极服务台商”的立行宗旨，以广大台商为中心，为两岸三地资金流通搭建桥梁，在增进两岸经济金融交流合作方面发挥积极促进作用。

（郑宏博）

【服贸会中外金融机构高端对话FIN-TALK论坛】 9月4日至9日，由商务部和北京市人民政府共同主办的2020中国国际服务贸易交易会在京举行。丽泽金融商务区通过现场闭门会议与线上同步直播形式成功举办中外金融机构高端对话FIN-TALK论坛。FIN-TALK论坛由北京市地方金融监督管理局和北京市丰台区人民政府主办，北京市金融发展促进中心、北京资产管理协会、CFA北京协会、北京市丰台区金融服务办公室和北京丽泽金融商务区管理委员会承办。财政部、全国社会保障基金理事会相关领导出席论坛，丰台区委副书记、区长初军威致论坛开幕词。丽泽金融商务区作为中国人民银行数字货币研究所的坐落地也亮相本次论坛，其相关发言人在论坛上现场推介丽泽金融商务区将围绕数字货币研究所聚焦数字技术研发、数字金融服务、数字资产交易、数字金融新基建等方向，加快科技资源和金融资本的聚集融合，打造数字货币技术和应用生态圈，带动产业转型升级和服务实体经济，建设首都数字金融创新发展试验区和全球数字金融交流窗口和发声平台。

（郑宏博）

【太湖新城吴中管委会到丽泽调研】10月21日，苏州太湖新城吴中管委会相关人员到丽泽金融商务区调研座谈。双方就各自商务区开发建设进展情况进行介绍，就重点项目建设中的地下空间商业规划布局、园区产业引导、招商引资渠道及绿色生态示范区建设等情况进行了深入交流与研讨。

（郑宏博）

【亮相第三届进博会】11月5日至10日，在上海举办的第三届中国国际进口博览会上，丽泽商务区管委会、区金融办、区商务局以及丽泽控股公司相关负责同志共同走访调研东方证券股份有限公司、建信金融科技有限责任公司，了解两家企业发展情况，同时向企业介绍丽泽金融商务区发展情况及优势，并就下一步双方合作事宜进行充分沟通。在进博会“共创北京开放新篇章”主题活动中，丰台区相关领导以《北京丽泽金融商务区 打造全球金融产业发展新区》为题对丽泽金融商务区进行宣传推介，着重介绍商务区区位得天独厚、交通四通八达、绿色生态示范、发展空间充足、产业集群细化、服务保障有力的6大优势。在进博会场馆内，积极与金融企业对接交谈，深入了解企业需求，进行招商引资工作。随着丽泽金融商务区产业空间不断释放，金融企业不断集聚，丽泽金融商务区正成为北京新时代最具活力、最具发展潜力的地区之一。

（郑宏博）

【中国农业银行北京丰台支行财智私行活动走进丽泽】11月13日，中国农业银行北京丰台支行财智私行活动走进丽泽金融商务区。嘉实基金、东兴基金、农银人寿等各金融机构相关部门参观体验丽泽SOHO、5G实验室。

（郑宏博）

新兴金融机构选介

【中国证券金融股份有限公司】注册资本15000000万元，主要经营范围是为融资融券业务提供资金和证券的转融通，为开展转融通业务筹集资金和证券。中证金是中国境内唯一从事转融通业务的金融机构，是重点持牌金融机构。

（郑宏博）

【银行业信贷资产登记流转中心有限公司】注册资本35000万元，主要经营范围是为信贷资产及银行业其他金融资产的登记、托管、流转、结算服务等。其不良资产收益权转让业务曾入选“2016年中国银行业十件大事”。

（郑宏博）

▲9月5日，丽泽金融商务区在2020中国国际服务贸易交易会上的展台。

【中国东方资产管理股份有限公司北京市分公司】主要经营范围是为收购、受托经营金融机构不良资产，对不良资产进行管理、投资和处置等。其母公司中国东方资产管理股份有限公司曾获2020新浪金麒麟波特菲勒评选“年度最佳资产管理公司”。

（郑宏博）

【北京海航金融控股有限公司】是海航实业集团下的投融资平台，致力于发展成为以不动产金融、财富中心、股权投资、产业基金为主的不动产金融管理公司，注册资本为2120000万元。海航金融在建立不动产基金、基础设施建设基金、产业基金、并购基金、资管平台、REITs平台等基础上完成产业链的基金化、证券化，实现企业轻重资产分离。以基金募投为核心手段，通过现有产业上下游的投资完成产业链布局，目前已跻身百亿私募基金机构行列。

（郑宏博）

【中核商业保理有限公司】由集团公司二级单位——中国核工业集团资本控股有限公司发起组建。公司以落实集团战略为依托，以“服务主业”为主线开展业务，为集团成员单位及供应链上下游企业提供商业保理服务，进一步推进集团公司产融结合，助力集团公司发展壮大，塑造集团公司金融服务品牌，打造新的利润增长点。公司组建初期主要服务对象为集团内成员单位。以实现集团发展战略为宗旨，以提升集团综合竞争力为目标，以服务集团产业发展为使命，打造商业保理服务、创新与发展平台，利用中国核工业集团有限公司在核技术应用全领域的核心企业地位，挖掘集团内成员单位及其供应链贸易中上下游企业的融资需求，以应收应付账款为切入点为供应链上的企业提供保理服务。

（郑宏博）

【北京圆心科技有限公司】成立于2015年，是中国互联网医疗及用药管理领域独角兽企业，旗下5大业务品牌：妙手医生、圆心大药房、圆心惠保、圆心医疗、无界医疗，通过医疗服务、药事服务、保险服务结合，连接医生端、患者端、药品端、保险端，打造“医—患—药—险”服务闭环。凭借整合型服务获得医院、医生、患者、工业的一致好评，现拥有2300名员工，建立了7大专业病种线的医患复诊及用药管理业务。

（郑宏博）

【北水慧采（北京）科技有限公司】该公司是其股东北控水务（中国）投资有限公司的供应链公司。北控水务（中国）投资有限公司是北控水务集团旗下最主要的业务实体，业务涵盖城镇水、流域水、工业水、环卫及固废、清洁能源、科技服务等领域。注册资本50000万（美元），控股企业129家，拥有人工湿地水质净化、生物除臭等多项专利技术。是国内集产业投资、设计、建设、运营、技术服务与资本运作为一体的大型综合性、全产业链、领先的专业化水务环境综合服务商。

（郑宏博）

【华能资本服务有限公司】是华能集团的金融资产投资、管理专业机构和金融服务平台。主要负责制定金融产业发展规划，统一管理金融资产和股权，合理配置金融资源，协调金融企业间业务合作，提供多元化金融服务。该公司是华能集团的全资子公司，于2003年12月30日成立。作为国内产业集团办金融的先行者之一，公司依托华能强大实业背景所提供的声誉优势和业务资源优势，坚持走专业化、特色化道路，加大旗下企业资源整合力度，在金融业务门类、经营业绩、综合管理、服务创新等方面居于国内产业集团办金融的领先地位，是一家门类齐全的金融控股类公司。

（郑宏博）

【北京首创新城镇建设投资基金（有限合伙）】成立于2013年2月，是由北京市发改委牵头、北京工程咨询公司代表政府出资，与北京首都创业集团公司合作设立，专注于北京市新型城镇化建设投资的有限合伙企业。基金首期规模10亿元。公司秉承“政府引导、企业参与、统筹规划、整体开发”的原则，参与北京市城镇化建设，促进城市人口疏解，引导产业升级，提升小城镇居民生活、居住和就业环境，提高当地居民生活水平。投资范围涉及住宅、办公、基础设施、环境治理、文化旅游、教育、医疗等几乎全部与城镇建设、产业升级、城市人口疏解相关的领域。成立后，已与房山区、大兴区、顺义区、平谷区的多个重点镇镇政府合作，主导或参与实施镇域土地一、二级开发，镇域整体规划设计，集体经营性土地试点，以及配套基础设施和公共服务设施建设项目，成为北京市新型城镇化建设的先行参与者。

（郑宏博）

【北京集成电路产业发展股权投资基金有限公司】由中关村发展集团（政府资金出资代表）设立，采取公司制，基金总规模90亿元，全部来源于政府资金，分3年通过中关村发展集团（政府资金出资代表）注入母基金。主要投资于制造和装备、设计和封测两支子基金，基金存续期采用7+5年。其主要投向有：投资集成电路产业中设计、制造、封装、测试、核心装备等产业关键环节的重点项目；投资一批工程研究中心、工程实验室、企业技术中心等创新实体；在条件允许的情况下进行海外收购；开发建设集成电路产业专业化园区。

（郑宏博）

【三峡资产管理有限公司(以下简称三峡资产）】组建于2015年10月14日，是中国长江三峡集团有限公司（以下简称集团公司）所属全资二级企业，2017年完成由全民所有制转变为有限公司的改制工作，注册资本13亿元人民币，资产总额约20亿元人民币。经营宗旨是服务国家和集团公司战略。建立健全产权清晰、权责明确、管理科学的现代企业制度；健全各司其职、各负其责、协调运转、有效制衡的法人治理结构。以资产管理为主，发展绿色、环保产业，依法经营，努力成为具有市场竞争力的现代企业，实现国有资产保值增值。

（郑宏博）

2021 北京丰台年鉴

经济管理

发展改革综合管理

【概况】2020年，发展改革委坚持新发展理念，落实高质量发展要求，统筹推动疫情防控和复工复产，在复工复产防控、经济运行调度、“十四五”规划编制、投资管理、疏解整治促提升、营商环境优化、产业发展、扶贫支援、价格监测管理等领域取得进展，完成主要经济指标年度任务目标。全年实现地区生产总值1854.2亿元，增长0.3%。实现固定资产投资增长4.4%，建安投资增长5.3%。完成工业总产值330.4亿元，增长9.5%。发展改革委牵头的43项市区折子、绩效任务全部完成，被市委、市政府授予“北京市抗击新冠肺炎疫情先进集体”。

（闫　鹏）

【复工复产防控】年内，新冠肺炎疫情发生后，迅速成立区复工复产防控组，建立全区复工复产防控工作机制。指导各行业主管部门，督促各类企业等经营主体，落实各项防控措施，安全有序复工复产。全年印发数据信息简报255期。明确每家企业的防疫负责人，对所有防控主体开展防控执法检查，实现主体责任和监督检查全覆盖。第一时间转发市复工复产防控组各项防控措施，印发政策文件、防控指引、工作提示，督促各管理主体聚焦重点人员健康监测、重点场所消杀、秋冬疫情防控等方面务必贯彻落实各项防控措施和防疫指引。迅速进入战时状态控住新发地疫情，以最严措施、最高标准，全面落实各项防控措施，坚决遏制疫情扩散蔓延。组织从业人员完成核酸检测，紧急开展食品安全大检查，实施全面消杀，成功实现了市委提出的“控住疫情”的目标要求。主动服务防疫物资生产企业转产扩产，帮助企业对接生产空间需求，设立快速绿色审批通道，协调紧缺原材料供应、拓宽市场销售渠道。经主动服务，全年共为依文集团落实主料26批，共计8.1吨，落实辅料386公斤，依文集团医用防护服日产能达4万件，完成国家调拨任务30万件，全部保供武汉，并收到国务院应对新冠肺炎联防联控机制医疗物资保障组感谢信；完成北京市调拨任务7万件；一次性使用医用口罩日产能达16万只，全部销往北京。

（郝祺君）

【推动经济高质量发展】年内，承担丰台区疫情防控期间稳经济领导小组办公室职能，加强经济数据日监测工作，编印150期全区经济运行专报和发改委工作日报，并密集调度经济工作。制定印发《丰台区2020年经济社会重点指标任务分解方案》和2020年上半年指标任务分解方案，强化经济形势分析研判，开展疫情防控情况下经济稳定和发展分析、季度经济形势分析和月度分析，为区委区政府决策提供参考。本着“激励性、突破性、灵活性”原则，在对现有产业政策集成优化基础上，加强大力度支持、个性化服务、专业化招商、创新性激励，出台《丰台区促进高精尖产业发展扶持措施（试行）》（简称“丰九条”），并组织制定实施细则。牵头推动“五新”（新基建、新场景、新消费、新开放、新服务）领域发展，形成分领域区级专项方案、任务项目两台账。建立130家正常经营工业企业台账，加强工业企业运行状况分析和精细化服务。

（潘世伟）

【落实城南行动计划】年内，组织实施2020年城南行动计划重点任务和重点项目。丰台区41项年度重点任务基本实现年度目标。加快推进丰台站改扩建工程、丽泽平安金融中心等56个重点项目，全年实现投资303亿元，完成年度任务的106%。丽泽城市航站楼等2个项目年内新开工，北天堂公园等7个项目完工。

（向　涛）

【重大项目资金保障】年内，制定政府投资计划，全年保障政府建设资金77.5亿元。落实市级财政建设资金35亿元，涉及32个项目。下达区级财政建设资金42.5亿元，涉及丰台站周边配套道路工程等79个项目。通过政府一般债、抗疫特别国债保障项目资金24.2亿元。

（刘晨曦）

【保障落实投资任务】年内，组建全区投资调度工作专班，落实“日监测、周调度、半月通报”机制和四方联动机制，高位高频调度投资。印发《丰台区2020年重点工程计划和区政府投资计划》。区重点工程计划中建设项目138项，计划完成年度固定资产投资505.86亿元、年度建安投资171亿元；推进前期工作项目52项，总投资634.64亿元。政府投资计划中安排项目93项，年度政府建设资金需求82.87亿元。全年完成固定资产投资766.7亿元，增长4.4%；完成建安投资275.2亿元，增长5.3%；超额完成固定资产投资720亿元、建安投资260亿元的年度投资任务。

（黄　蕾）

【推进公共资源交易平台建设】年内，疫情期间克服公共资源交易平台一期过渡场所的物理条件限制及技术困难，对公共资源交易平台紧急优化，推出“异地评标”“在线申请”“不见面抽取”“自助打印”等系列举措，承接区级政府采购项目顺利进行，保障全年公共资源交易规范有序开展。完成与市公共资源交易担保金融服务平台对接，推广电子保函应用，降低企业交易成本，提高交易效率。

（张文杰）

【优化营商环境】年内，研究制定《丰台区2020年迎接世界银行营商环境评价暨落实<北京市新一轮深化“放管服”改革优化营商环境重点任务>工作方案》，落实市委、市政府优化营商环境系列举措和各项工作部署，推进丰台区99项任务落地见效。印发优化营商环境政策3.0版文件汇编、学习手册，组织窗口工作人员和后台审批人员开展培训、考试，丰台区在全市“千人千题”竞赛中名列第六。通过对重点企业上门走访、微信公众号、政企沟通系统等进行政策宣传，覆盖约76万人次。统筹在全市首批试点市场主体登记告知承诺制和“证照联办”业务，利用区块链技术推行增值税电子专用发票及其他电子票据。推出1000个“零见面”办理事项，政务服务实现延时办理、就近办理、网上办理、智能办理。工程建设项目审批制度改革稳步推进，成为全市首个实现施工许可与安全和质量监督同步办理的城区、全市社会投资简易低风险全流程案例最多的城区。

（李　阳）

【编制十四五规划】 年内，统筹全区“十四五”规划有关工作，发布《丰台区“十四五”规划研究编制工作方案》《关于做好丰台区“十四五”规划研究编制经费使用有关工作的通知》《关于加强丰台区“十四五”规划研究编制工作管理的通知》。统筹推进丰台区34个“十四五”前期课题研究和38个“十四五”专项规划编制工作，深化区域系列重大问题、重大政策、重大项目、重点任务研究。根据中央和市、区“十四五”规划建议要求，贯彻国家、北京市“十四五”规划总体思路，编制完成《北京市丰台区国民经济和社会发展第十四个五年规划和二〇三五年远景目标纲要》。

（崔　博）

【落实惠企政策】 年内，开展《丰台区关于优化营商环境的若干措施》年度兑现工作，惠及企业251家，资金规模近3亿元，同比分别增长93%和85%。执行国家、市级政策，出台应对疫情支持企业发展的“丰台10条”、支持中小微企业的“丰台新10条”，帮扶中小微企业渡难关。为中小微企业减免房租1.7亿元，助力约4000家企业获得各类融资近60亿元。建立全区中小微企业数据库，对辖区11.1万家中小微企业登记注册、税收、就业情况等重点指标开展动态监测。

（张　静）

【服务重点企业】 年内，丰台区“服务包”企业（2018年10月，北京市在系统推进优化营商环境过程中推出重点企业“服务包”，根据企业定位提供普惠的政策集成，解决信息不对称问题，并针对企业设立和企业发展中遇到的瓶颈及需要协调帮助的困难，依法依规量身定制解决方案）累计达到186家，数量在全市各区排名第四。针对企业提出的诉求，区发展改革委发挥“总管家”作用，发送并统筹督促“服务管家”办理，“服务管家”按照职责分工发送相应责任部门办理。企业依托全市企业发展和项目落地统筹服务双平台累计提出服务事项282个，办结率99%，办结率在全市排名第三。各相关单位共为市区两级“服务包”企业办理人才引进16人，办理工作居住证791人，办理应届生落户62人，解决保障性住房455套，协调解决子女入学165人，各项惠企政策为“服务包”企业提供资金支持奖励1.3亿元。

（刘　影）

【价格监管】 年内，通过统筹协调价格调控，启动疫情期间应急监测，完成生活必需品日常监测及专项监测任务，完成保供稳价工作任务。市价格监测中心通过对“价格监测报告制度执行情况、信息报送情况、专项工作完成情况、价格预警和应急监测开展情况以及价格监测基础建设情况”五个方面开展质量考核，丰台区连续四个季度考核满分，位列全市第一，被评为2020年度北京市价格监测工作先进单位。

（孟佳循）

【推动生态文明建设】 年内，加强统筹协调，发挥区委生态文明建设委员会推动形成绿色发展方式和生活方式工作小组（以下简称“绿色发展小组”）牵头作用，制定并印发绿色发展工作小组2020年工作要点，重点围绕提升产业绿色发展水平、提升区域绿色发展水平、持续提高资源节约高效利用水平、全面倡导绿色生活和绿色消费四个方面明确10项年度重点任务，协调推进具体工作落到实处。

（曲鑫竹）

【推进节能降耗工作】 年内，强化能源消费总量和强度“双控”机制。能源消费总量实际完成值为444万吨标准煤，单位地区生产总值能耗下降5.3%，顺利完成市发展改革委下达的能源消费总量控制目标480万吨标准煤、单位地区生产总值能耗下降率0.5%的年度目标。加强节能降耗综合管理工作，分析能源消费增量和减量因素，研究节能降耗重点领域、重大问题和重要措施。发挥节能发展专项资金引导和支持作用，重点支持节能技术改造、新能源和可再生能源利用等优质节能项目。拨付节能发展专项资金2019年奖励资金873.71万元，奖励项目22个，涉及公共建筑节能绿色化改造、节能技术改造等五类。开展节能监察执法，完成6家用能单位能源利用状况报告落实情况专项监察。

（曲鑫竹）

【打赢脱贫攻坚战】 年内，发挥丰台区扶贫支援工作联席会议制度作用，形成区委区政府主要领导负总责、班子成员共同抓、全区上下协同推进、援受双方协调推动的组织领导机制，建立健全援受双方高层、扶贫主管部门及各职能部门三个层级的工作对接机制。制定印发年度工作计划等系列文件，明确责任分工，细化工作安排，保障工作目标高质量完成。直接拨付扶贫支援资金5280万元，实施市区两级项目98个。选派干部、人才125人，协同培训党政干部、专业技术人才4531人次。引导17家企业到受援地投资兴业，年度投资额累计近7.9亿元。聚焦消费扶贫，推动“三专一平台”（消费扶贫专柜、专馆、专区和中国社会扶贫网）建设，创新党建引领消费扶贫模式，实现消费扶贫金额4.2亿元。推动7481名贫困人口实现就业。持续动员社会力量，捐赠现金及物资2990万元。河北省涞源县、青海省治多县分别于2月、4月退出国家贫困县序列，实现丰台区结对帮扶的4个旗县全部脱贫摘帽，贫困人口全部脱贫。北京京丰岳各庄农副产品批发市场中心获“全国脱贫攻坚先进集体”，丰顺工贸集团董事长兼总经理安钟岩获“全国脱贫攻坚先进个人”。区卫生健康委、职业教育中心学校等7个集体获“北京市扶贫协作先进集体”，北京教育学院附属丰台实验学校教学主任刘志敬、南苑医院妇产科主任王冬梅等13位同志获“北京市扶贫协作先进个人”。

（杜雨薇）

【深化对口协作】年内，进一步深化与湖北省十堰市张湾区的南水北调对口协作工作，拨付区级财政资金150万元，捐赠社会物资242万元。开展多层次、宽领域的合作，在助残助老服务、党建引领社会治理创新、扶贫产业项目建设、消费扶贫进京等方面取得了实质性进展。持续深入开展与房山区结对协作推动生态涵养区生态保护和绿色发展工作，拨付年度结对协作资金5000万元，重点投向霞云岭乡红色旅游项目建设。有序推进各项任务落地见效，全面完成3项年度市级绩效任务和4项重点实事项目，在促进产业融合发展、公共服务合作、深化区界协同治理、创建多元结对模式等方面取得突出成效，8月首个结对乡镇霞云岭的堂上村被评为“中国美丽休闲乡村”。

（王　敏）

疏解工作

【概况】2020年，全面完成疏解整治促提升任务10大项、22小项，涉及市级量化考核指标18项，其中8项超额完成全年目标。完成第七次全国人口普查登记，全区常住人口规模持续下降。紧密结合“七有”要求“五性”需求，坚持问题导向、群众生活需求导向，选取66个失管小区进行微改造、微整治、微提升。建成久敬庄公园，重现南苑水草丰美的水淀景观，为居民提供了休闲娱乐新场所。坚决防止传统业态回潮，坚决不走回头路，持续深化大红门地区疏整促工作。

（孟凡静）

【非首都功能疏解】年内，完成疏解一般制造业企业5家，压缩培训机构3个。清理整治“散乱污”企业，实现“动态清零”。

（孟凡静）

【环境综合整治】年内，拆除违法建设154.1万平方米，腾退土地156.7万平方米，完成占道经营整治重点点位67处，无证无照经营整治110处，地下空间环境恢复116处。群租房治理、“开墙打洞”清理整治和违规户外广告设施治理全部实现“动态清零”。对12345热线市民举报、媒体监督、社会曝光等涉及专项行动确认点位实施动态挂销账管理，推动占道经营等治理类任务实施“计划管理+动态清零”管理。

（孟凡静）

【城市品质提升】年内，完成棚户区改造415户。通过拆违腾退土地实现“留白增绿”“战略留白”复垦、绿化共68.34公顷，建成久敬庄公园、木樨园御道入口公园等公园绿地13处。完成背街小巷整治75条。建设提升基本便民商业网点88个。

（孟凡静）

【街乡镇整治提升】年内，为尽快实现“降量、提率、脱低”（降量指月接诉量不进入全市前10；提率指市民诉求解决率60%以上，满意率70%以上；脱低指解决率、满意率不进入全市后10%，综合排名不进入全市后10%）目标，丰台区对接市级部门，制定“两清单、两方案”，将2019年被列入治理类街乡镇的大红门街道、卢沟桥街道、东铁匠营街道和新村街道纳入“疏整促”工作计划的工作重点，从资金、项目等方面给予倾斜，完成了西翠路改造提升、地铁车辆公司空地绿化提升及增设停车场项目等6项市级责任事项。区级部门与属地统筹联动，完成大红门街道木樨园桥东南角绿化提升、新村街道刘庄子91号院微提升等22个区级提升类项目及10个街乡镇级提升类项目。4个街道开展综合整治，完成10项区级问题事项、36项街乡镇级问题事项。

（孟凡静）

【重点区域整治提升】年内，大红门地区加大疏解整治促提升力度，针对个别商户堆放货物、打包推车及区域周边路侧停车揽货的现象，实施现场整改1087户次，责令关停整改82户次。开展金泰大厦“商改仓”专项治理，规范整改商户362户。查处大货车、面包车路侧停车交易4090余台次。督促天雅市场、新世纪市场和大红门服装市场严格落实主体责任，加大巡查力度，规范商户经营行为，维护市场良好经营秩序，严格防止批发业态回潮，实现“两个只减不增”（即经营面积只减不增、商户数量只减不增）的工作要求，同时做好后续升级改造工作。

（孟凡静）

财　政

【概况】2020年，一般公共预算总收入3458437万元。其中区级一般公共预算收入1298785万元，完成调整预算的101.7%，增长1.7%；上级补助收入742347万元；预算稳定调节基金调入164528万元；政府债券转贷收入470422万元；调入资金262195万元；上年结余资金100297万元；中央及市专项转移支付收入419863万元。一般公共预算总支出3458437万元。其中区级一般公共预算支出2377847万元，完成调整预算的99.6%，增长11.7%；上解上级支出394868万元；补充预算稳定调节基金191331万元；年终结余74528万元；中央及市专项转移支付支出418630万元，中央及市专项转移支付结余1233万元。

（邢　雪）

【政府性基金预算执行情况】年内，

政府性基金预算总收入3173655万元。其中区级政府性基金预算收入2171398万元；上年结余资金265009万元；政府债券转贷收入450000万元；中央及市专项转移支付收入287248万元。政府性基金预算总支出3173655万元。其中区级政府性基金预算支出2348138万元；上解上级支出313139万元；调出资金139373万元；中央及市专项转移支付支出372997万元；年终结余8万元。

（邢　雪）

【国有资本经营预算执行情况】年内，国有资本经营预算总收入5675万元。其中区级国有资本经营预算收入2066万元；上年结余资金965万元；中央及市专项转移支付收入2644万元。国有资本经营预算总支出5675万元。其中区级国有资本经营预算支出1439万元；调出到一般公共预算548万元；结转下年使用1044万元；中央及市专项转移支付支出2644万元。

（邢　雪）

【社会保险基金预算执行情况】年内，社会保险基金预算总收入162786万元。其中区级社会保险基金预算收入50238万元；上年结余资金112548万元。社会保险基金预算总支出162786万元。其中区级社会保险基金预算支出49281万元；上缴市级专户109510万元，年末结余3995万元。

（邢　雪）

【政府债务】年内，申请政府债券920422万元。其中新增债券400000万元，再融资债券520422万元。丰台区政府债务应还本金550000万元，其中一般债券300000万元，专项债券250000万元，使用再融资债券偿还520422万元，自筹资金偿还29578万元。应付一般债务利息48964万元、专项债务利息62649万元，分别使用一般公共预算资金和政府性基金预算资金支付。截至年末，丰台区政府债务余额3365065万元。其中一般债务1455065万元，专项债务1910000万元。

（邢　雪）

【财政发展十四五规划编制】年内，成立区财政“十四五”规划编制工作领导小组，研究制定《“十四五”时期丰台区公共财政发展规划(征求意见稿)》。“十四五”时期，财政工作从制度体系建设、治理能力提升和技术支撑等方面确保丰台区“十四五”公共财政改革发展目标任务的实现。围绕首都中心城区功能定位，树立过“紧日子”的思想，控制行政成本，压缩一般性支出，加强财政资金统筹，盘活存量用好增量。围绕市区重点工作，支持重点项目建设，为丰台区经济社会协调发展提供财政保障，促进丰台区平稳健康高质量发展。

（邢　雪）

【疫情防控】年内，成立疫情防控工作专班，研究制定系列相关财政政策，建立经费审批、指标下达、政府采购等环节的“绿色通道”，确保防疫资金拨付及时并规范使用。筹措资金保障疫情防控，申请抗疫特别国债和中央、北京市疫情防控相关补助资金，全年投入防疫资金12.3亿元，用于支持医疗物资、核酸检测、隔离点运行、复工复产等工作。加大中小微企业购买产品服务支持力度，配合研究制定“丰台10条”，提前兑现“园区创新十二条”，落实房租减免、金融纾困等政策，缓解中小微企业经营压力，帮助企业渡过难关。

（邢　雪）

【保障区重点工作支出】年内，落实疏整促资金10.6亿元，保障疏解整治促提升专项行动推进；投入资金1.48亿元用于推进丰台区垃圾分类工作；落实2.5亿元资金推动丰台区营商环境优化，保障新政务服务大厅入驻；做好丰台站、五里店、宛平城等重点区域控规编制资金保障工作；申请债券资金保障丰台火车站及周边配套工程建设；争取土地出让收益20亿元保障丽泽金融商务区建设。

（邢　雪）

【财源建设】年内，为克服减收因素影响，挖掘潜在增收点，增加财源建设专班成员单位至39个部门，组建以区长任组长，财政、税务双牵头的财源专班。累计走访服务企业2152户；新增财源企业7458户，实现地方级税收0.4亿元；引进京外企业25户，实现地方级税收0.05亿元；储备财源项目28个，地方级税收预期0.3亿元。

（邢　雪）

【申报财政部建制县区风险化解试点】年内，建制县区隐性债务风险化解试点申报成功，申请再融资债券4.4亿元，协助丽泽偿还到期存量债务，降低债务风险。

（邢　雪）

【国有金融资本监管】年内，履行出资人职责向区政府报送《关于我区2019年及2020年上半年国有金融资本经营情况的报告》，首次明确区财政局对丰台区发展投资有限公司和两笔政府投资基金的监管范围、监管方式。

（邢　雪）

【预算绩效管理】年内，开展23个财政重点支出项目绩效评价，涉及资金76亿元，覆盖资金量是上年的5.6倍，首次实现“四本预算”（一般公共预算、政府性基金预算、国有资本经营预算、社会保险基金预算）全覆盖；开展事前绩效评估项目112个，评估金额9.23亿元，支持资金5.16亿元，核减资金4.07亿元，预算资金核减率44.09%。首次实现对全区所有单位和所有项目的绩效目标管理全覆盖，以及部门事后和事中跟踪自评全覆盖。

（邢　雪）

【项目评审】年内，完成评审项目253个，送审金额18.28亿元，审定金额14.95亿元，审减金额2.81亿元，平均审减比例为15.37%。利用宣讲培训等方式逐步推进部门评审。

（邢　雪）

【采购意向公开】年内，政府采购立项共计3999个，立项金额合计28.52亿元。组织全区预算单位进行采购意向公开工作，成为北京市首个公开政府采购意向的区。

（邢　雪）

【电子票据使用】 年内，完成丰台区教育领域电子票据改革，教育领域93家用票单位全部启用电子票据。完成丰台区139家医疗单位的医疗票据换版工作。

（邢　雪）

【国库支付电子化改革】 年内，开通授权支付自助柜面试点业务，使丰台区成为全市首个启动自助柜面支付功能的区，实现预算单位财务人员“不出单位、不进银行”办理支付业务的目标。

（邢　雪）

【扩大2021年预算公开覆盖面】 年内，将部门所属单位纳入预算公开名单，预算单位公开范围由2020年的104家拓展至306家，实现所有使用财政资金的区级预算单位（涉密信息除外）全部向社会公开预算。

（邢　雪）

税　务

【概况】 2020年，丰台区累计完成各项税费收入408.5亿元（不含社保费，下同），同比减收50.6亿元，下降11%。完成一般公共预算收入219.6亿元，同比减收19.2亿元，下降8%。完成区级收入120.2亿元，同比增收3.7亿元，增长3.2%。累计完成税收收入397.1亿元，同比减收47.4亿元，下降10.7%。累计完成非税收入10.7亿元，同比减收3.8亿元，下降26.3%。区税务局共设置38个科级单位，其中，18个内设科室，18个税务所，2个事业单位（纳税服务中心、信息中心）。内设机构主要集中在局机关办公区办公，老干部科、税收风险管理局、纳税服务中心、各税务所分设在其他12个办公区内。

（尹佳奇）

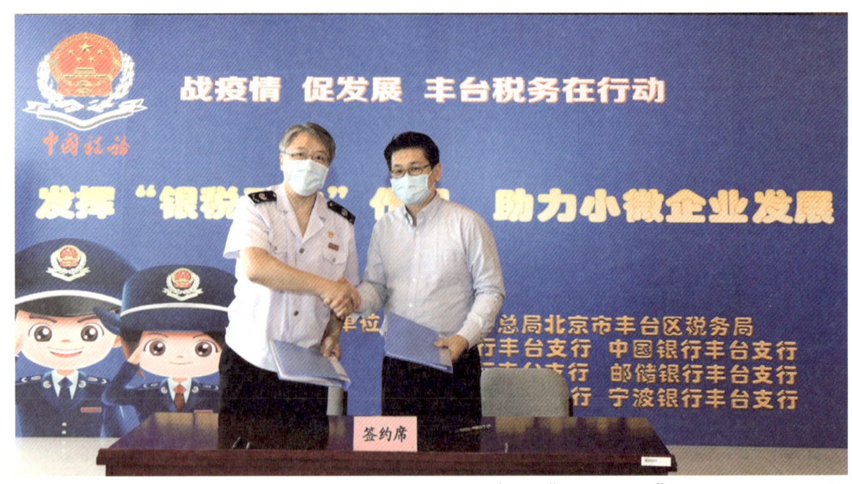

▲5月26日，丰台区税务局与6家银行举办“银税互动”签约仪式。（丰台区税务局 供图）

【“银税互动”签约仪式】 5月26日，区税务局以“发挥‘银税互动’作用，助力小微企业发展”为主题，与中国建设银行、中国银行、交通银行、邮政储蓄银行、兴业银行、宁波银行6家银行举办“银税互动”签约仪式，共同谋划银税合作，助力企业复工复产。贝壳菁汇科技集团有限公司、志欣大连海鲜有限公司作为中小微企业代表现场参与，其余近200户优质中小微企业通过“线上”远程参加。会上，丰台税务局与6家银行分别签署了“银税互动”合作协议与数据安全保密协议，特别是抗疫期间各银行向企业推介促进企业复工复产类的相关融资产品，供有资金需求的企业选择。税务、银行和企业三方代表进行座谈。此次签约仪式被中国财经报、北京日报、北京青年报、北京商报等多家媒体报道。全年，发挥“银税互动”作用，新推出“普惠贷、极速贴现”等信贷产品，盘活区域资金，解决中小微企业融资难题，为324家优质信用企业发放贷款22.89亿元。

（尹佳奇）

【疫情防控工作】 年内，成立疫情防控工作领导小组，制发《应急处置工作预案》《疫情防控工作指导手册》，强化“四方责任”。严格执行离京审批、健康监测等制度。加强办税服务厅安全防范，制定办税服务厅应急预案，确保“工作不断、标准不降、服务不减”。配齐配全防护设备，共配备口罩、一次性医用手套等4大类18项防疫物资。选派254名党员干部轮流脱产下沉社区，驻守75个防疫执勤点；491名党员参与社区疫情防控志愿服务；794人次参与捐款，共计9.26万元。组建

2020年各项税费收入增减幅图示

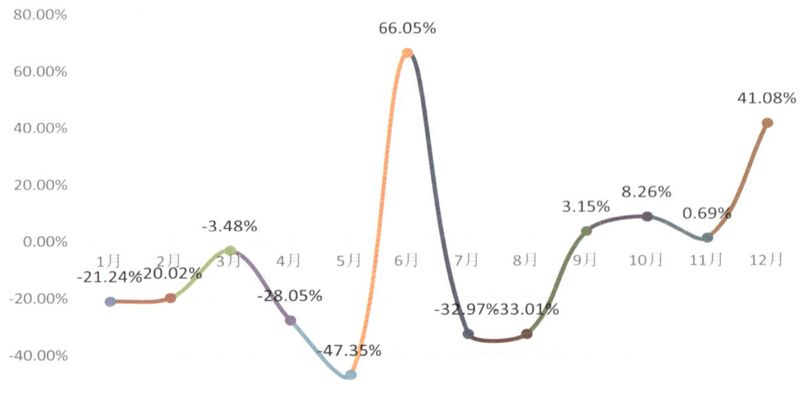

30人的“党员突击队”，增援社区核酸检测工作。

（尹佳奇）

▲4月10日，区税务局与区人力资源和社会保障局在映客直播联合举办疫情期间社保政策宣传直播活动。（丰台区税务局 供图）

【优化税收营商环境】 年内，在全市率先推行区块链电子普通发票，简化发票开具流程，已实现两个停车场、一个公园样本应用。完成全市首例增值税电子专用发票受票企业辅导服务。与区不动产登记中心、房产交易管理中心共同推行不动产登记“早晚弹性办、午间不间断、周末不休息”服务。引导网上办税，实行预约办税、错峰办税，电子税务局及时受理率稳定在99.99%以上。享受“票e送”免费政策8.25万户次，“票e送”比例由不足50%提升至75%。

（尹佳奇）

【助推全区税源建设】 年内，建立税源建设专班，协助完成企业奖励政策兑现、经济普查等工作。开展“银税互动”，为中小型优质纳税信用等级企业发放信贷22.89亿元。加强税源形势研判，共撰写66篇分析报告，其中6篇报告获得区委、区政府领导的批示和关注。联合区金融办、发改委等单位举办2期“丰企通”活动，为2140户民营企业纾困解难。

（尹佳奇）

【助力企业复工复产】 年内，对新发地市场内3000余户企业、1200余户个体户开通延期申报申请绿色通道，制定未申报户服务清册。受理延期申报9000余户次、延期缴纳税款申请264户次，涉及缓缴税款金额4.2亿元。办理不予加收滞纳金申请2270户次，免予加收滞纳金256万元，对1.02万户次逾期申报户免予行政处罚。畅通京鄂企业间精准对接，筛选出135户重点企业进行问需对接，帮助22户企业实现购销，帮助12户企业达成采购意向。

（尹佳奇）

2020年丰台区税务局税务所一览表

表14

序号	部门	办公区地址
1	右安门税务所	西四环南路36号
2	卢沟桥税务所	
3	丰台税务所	
4	太平桥税务所	
5	第三税务所	丰台区丰体南路3号
6	第四税务所（丰体办公区）	
7	第一税务所	海鹰路5号
8	新村税务所	
9	方庄税务所	芳群园4区23号
10	第一税务所（方庄办公区）	
11	大红门税务所	丰台区星河苑1号院
12	马家堡税务所	
13	南苑税务所	
14	东高地税务所	
15	西罗园税务所	
16	第二税务所	科技园外环西路8号
17	第五税务所	
18	东铁匠营税务所	东铁营顺四条甲20号
19	长辛店税务所	丰台区杜家坎南路6号
20	第四税务所	东安街3号
21	第一税务所（纪家庙办公区）	纪通东路78号

【纳税服务】年内，深化“非接触”式政策辅导，建立税企沟通微信群108个，“京税通”平台建立钉钉群133个，“点对点”推送信息1.24万条。发放宣传材料10万余份，录制小视频31个，制作易拉宝38个。不断提升小型呼叫中心服务水平，热线接听数量共计15.94万人次，智能语音识别正确率93%。推进投诉机制建设，投诉处理率达100%。

（尹佳奇）

【征收管理】年内，逐项梳理《厅所职责分工清单》，编发《厅所分工相关税种申报操作手册》，增设票证管理员及用票人权限，分事项、分步骤推进厅所职责分工。为2466户企业增设“丽泽金融商务区企业”“重点税源企业”“集中办公区企业”等标识，推动对纳税人实施分事项、非固定关系管理。

（尹佳奇）

【税源管控】年内，加强土地增值税清算管理，推进重点项目清算进度。应对增值税扣税凭证政策变化，对2.3万份海关缴款书进行分析，锁定569户重点纳税人开展“滴灌式”辅导。完成个人所得税综合所得年度汇算工作，录制小视频18个、微课堂13期，累计申报人数43.03万人，涉及扣缴单位3.01万户。稳步推进社会保险费划转，编制职业年金“一键查询”小程序，实现全区519家机关事业单位“足不出户、一键查询”。

（尹佳奇）

【风险防控】年内，累计完成风险管理全流程2.39万户次，查补入库税款8234.84万元，加收滞纳金216.69万元。做好虚开专票风险防控工作，识别涉嫌企业48户，涉及金额1.79亿元；识别涉嫌虚开普票企业196户，涉及金额2.84亿元。开展自然人异议申诉风险核查工作，共接收申诉事项2.41万条，已全部按期完成。

（尹佳奇）

【法治建设】年内，推进法制审核工作，共审理重大执法决定18件。畅通行政复议渠道，共受理行政复议案件3起，化解涉税争议4起。对落实组织收入原则情况、高风险领域税收管理等工作开展专项督察，对4个税务所进行全面督察。

（尹佳奇）

审 计

【概况】2020年，丰台区审计机关完成审计项目42个，其中审计40个，专项审计调查2个。查出主要问题金额786128万元，其中违规金额11143万元、管理不规范金额764984万元；审计发现非金额计量问题119个；出具审计报告和专项审计调查报告126篇，被批示、采用8篇次。审计处理处罚金额11416万元，其中应上缴财政11082万元、应调账处理金额334万元；移送司法机关、纪检监察机关和有关部门处理事项8件，移送处理金额5277万元；审计促进整改落实有关问题资金74454万元；审计提出建议226条，被采纳226条；推动被审计单位制定整改措施102项；促进被审计单位建立、健全规章制度8项；提交审计信息170篇，被采用167篇次。向社会公告审计结果9篇。区审计局人员编制64人，在编58人。内设办公室、组织人事科、综合科、法规审理科、教科文卫审计科、财政审计科、固定资产投资审计科、经济责任审计科、内部审计指导监督科、企业社保审计科、农业与资源环境审计科、电子数据审计科12个科室，下设1个纳入规范管理的事业单位北京市丰台区审计局园区审计所。年内，被评为首都文明单位标兵和北京市三八红旗集体，1名审计干部获“北京市先进工作者”称号。

（李　冉）

【政策跟踪审计】年内，围绕中央、市委重大战略决策和区委区政府重要部署，持续开展重大政策措施落实情况跟踪审计。重点关注减税降费、援企稳岗、保障基本民生、优化营商环境、新增财政资金直达基层直接惠企利民等重要政策落实情况，做好各季度重大政策跟踪审计、“疏解整治促提升”专项行动落实情况跟踪审计。

（李　冉）

【疫情防控资金和捐赠款物专项审计】年内，落实党中央、市委市政府和区委区政府各项防疫部署要求，抽调12名审计干部组成3个审计组，对疫情防控资金和捐赠款物开展专项审计。重点关注疫情防控专项资金、捐赠款物的规模、分配和管理使用等情况，促进疫情防控

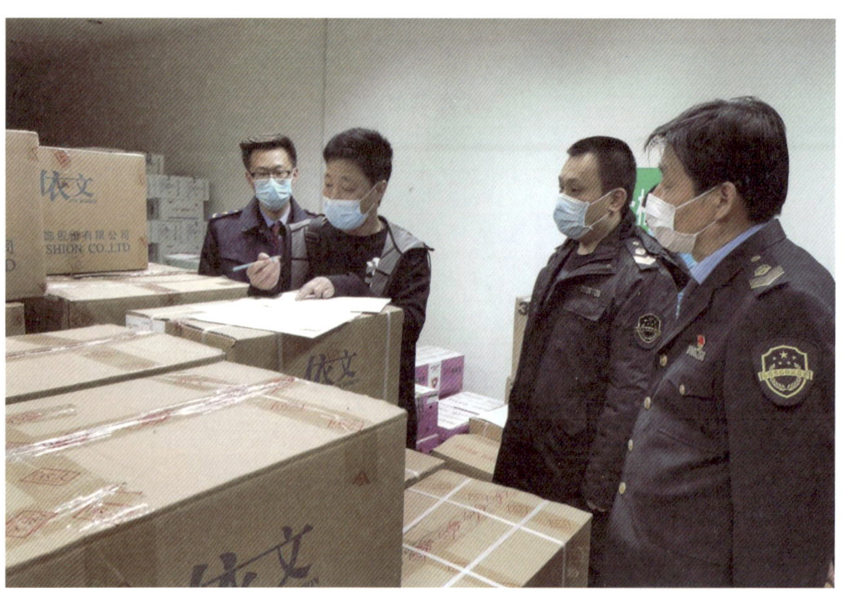

▲3月27日，区疫情防控审计组抽查市场监管局物资储备库防疫物资。（陈妍 摄）

资金物资规范管理、高效使用和信息公开，延伸审计13个部门单位，涉及资金近4亿元。结合区情“短平快”精准实施第二阶段审计工作，在审计内容、审计范围上拓展延伸，促进相关单位出台管理制度、完善管理台账等举措。在审计监督的同时深化审计对口监督服务模式，为28个相关单位提供政策解答和审计意见建议52次，发挥审计监督与服务职能。

（李　冉）

【财政审计】 年内，聚焦财政预算绩效管理改革，落实厉行节约、过“紧日子”要求，开展预算执行和决算草案审计，推进审计全覆盖。组织对丰台区2019年度本级预算执行及其他财政收支情况审计，实现“四本预算”全覆盖；对88家一级预算单位预算执行和决算草案开展数据分析审计，实现审计全覆盖；对区民政局、区城管委2家重点部门及4家基层单位开展现场审计，实现重点领域查深查透。

（李　冉）

【民生项目审计】 年内，围绕“七有”“五性”，聚焦民生大事、难事、急事，开展养老和救助等重点民生保障资金绩效审计、中小学课外活动经费管理及使用情况绩效审计、区级基层治理预算资金投入和使用绩效情况审计等民生审计、绩效审计，以促进社会公平，保障百姓基本生活，完善首都基层治理为目标，从揭露和查处重大违纪违法问题入手，从体制机制层面提出审计建议，推动各项惠民政策落到实处，提高财政资金使用绩效。

（李　冉）

【经济责任审计】 年内，聚焦权力运行和责任落实，组织开展对12位领导干部的经济责任审计。出台丰台区领导干部经济责任审计和自然资源资产离任（任中）审计五年规划，重启丰台区经济责任审计工作联席会议机制，编制《经济责任审计常见问题提示提醒清单》印发全区。同时在各项审计中，注重揭示重大违纪违法、重大损失浪费、重大失职渎职等问题，以及涉黑涉恶问题线索的挖掘。

（李　冉）

【固定资产投资审计】 年内，围绕区委区政府中心工作，关注区域重要项目推进情况，开展丰台医院提质改建、丰台火车站配套市政工程、政务服务中心及图书馆改造等3个重点项目跟踪审计，促进项目建设管理规范，保障资金使用安全，推进项目有序开展，针对3个重点项目跟踪审计结果撰写的专题报告获得多位区领导批示。

（李　冉）

▲9月20日，区审计局审计干部与丰台医院参建单位代表联合现场踏勘。（丰台区审计局 供图）

【国有企业审计】 年内，立足区委区政府当前国企改革发展的重点难点，全面梳理掌握全区国有企业底数，实施丰台区国有企业国有资产管理情况审计，从体制机制建设、深化国企改革、现代企业制度、风险防控等方面提出具体建议。同时，对丰台区综投集团、国资中心及中关村科技园区丰台园5家企业开展财务收支审计，聚焦国资管理节约集约，促进保值增值，维护国有资本安全，推动区属国有企业做大做强，提高对区域经济发展的支撑保障作用。

（李　冉）

【内审监督与指导】 年内，以全面贯彻落实《北京市内部审计规定》为工作主线，出台贯彻落实《北京市内部审计规定》实施意见及内部审计工作指导意见，对全区内审工作进行全面部署；对区园林绿化局所属二级单位组织开展内部审计；先后组织各内审单位参加内审规定知识竞赛答题、线上直播培训及后续教育平台等活动，累计90余家内审单位，约2600余人次响应。

（李　冉）

【审计整改】 年内，通过加大培训力度、强化部门联动、深化结果运用三方面推动丰台区审计整改落实，提高审计整改质量与效果。全年，审计工作报告中审计查出问题整改事项整改率提高至98%，其中通过上缴财政、调整账目方式整改问题涉及金额5.83亿元。

（李　冉）

金融服务管理

【概况】 2020年，丰台区金融业实现逆势增长，全区金融业实现增加值285亿元，同比增长23%，占GDP比重15.4%，拉动经济增长2.8个百分点，成为丰台区第一大支柱产业。全区人民币存贷款余额合计13935亿元，同比增长11.2%。全区金融业实现区级收入13.1

亿元，同比增长15.1%。

（路　媛）

【丽泽招商引资】年内，引进金融机构25家，其中持牌金融机构6家（东兴基金、鲲鹏保险经纪、中华联合财险、中核商业保理、华信保险经纪、中农再保险公司），全国性行业协会2家，特别是核心金融央企中国农业再保险、头部券商银河证券、全国性行业协会中国保险行业协会等机构实体入驻，大幅提升了丽泽的知名度和影响力。

（吴　玄）

【企业发展服务】年内，做好政策兑现工作，组织中国证券金融股份有限公司等17家重点金融机构和上市企业申请兑现高管奖励及扶持奖励资金，为东兴基金、财达资本等新设立持牌机构申请一次性落地奖励；为基金业协会协调解决工作居住证问题，摸排20余家重点机构员工子女入学需求情况，为邮储银行北京分行、建行丰台支行等重点机构解决骨干员工子女入园入学10人次；为中证信用北京分行、东兴基金、长城国融等协调人才引进事宜。

（吴　玄）

【推动企业上市挂牌】年内，推动中航泰达成为全国首批（32家）晋层新三板精选层企业。在其申报过程中，协助其对接市、区及致函外省市相关部门加快出具证明材料。截至年底，丰台区境内A股上市企业27家，排名全市第四；新三板挂牌企业49家，排名全市第七。

（路　媛）

【规范地方金融机构发展】年内，对区3家融担公司、9家小贷公司、2家商业保理公司、43家典当行公司、11家融资租赁公司、2家交易场所共70家地方金融机构开展现场检查工作，督促企业整改，规范企业发展，防控地方金融机构风险。

（吴　玄）

【打击非法集资】年内，强化组织体系建设，通过调整打非工作小组机构名称、成员单位及职责，夯实防范金融风险和处置非法集资工作基础。提升监测预警能力，运用金融风险监测预警平台、组建打非网格员队伍、制定非法集资举报奖励细则等措施，调动群众积极性，加强源头管控和线索排查力度，实时评估风险等级。坚持分类处置措施，建立风险防控联审机制，从源头阻断风险企业迁入丰台区；通过现场核查、联合约谈、专题会商等手段，平稳化解风险隐患，通过精准摸排、制定预案、持续跟踪等方式，严防风险死灰复燃。同时，充分发挥专班作用，做好来访接待和解释安抚工作，缓解矛盾纠纷，全年共接待来访710人次、接听来电520人次。

（任婉莹）

【金融安全宣传】年内，加大宣传教育力度，结合防疫抗疫、复工复产等形势特点，运用电视、新媒体、社区宣传栏等渠道，开展灵活多样的“非接触”宣传活动，扩大宣传触及面，增强群众抵御非法集资风险的能力。联合区委组织部开展专题培训班，进一步提升区领导干部防范处置金融风险的能力。全年共开展宣传讲座142场，制作并发放宣传材料5万余份，实现街乡镇全覆盖。

（任婉莹）

【运用金融服务助力企业渡过发展难关】疫情期间，为符合条件的防疫抗疫企业落实降费、贴息政策，累计为企业降低担保费用500余万元，对区内符合条件企业贴息约165万元。协助企业获得信贷支持，截至年底，在全市金融支持稳企业保就业银企对接工作中，丰台区覆盖企业3981户，中心城区排名第三。已放款总额37.49亿元，全市排名第二。

（路　媛）

【资本市场专题培训会】6月8日，组织召开资本市场业务知识培训会。邀请上交所、深交所北京中心专家为区内19家拟上市企业的29名企业高管进行资本市场专题培训，介绍资本市场和最新改革政策，助力企业选好上市方向，加快企业上市进展。

（路　媛）

【组织辖内银行全面核酸检测】6月中旬，区金融办应对辖区内银行的疫情防控工作，启动战时机制，全办统一调度，在不影响金融机构业务开展、不影响居民生产生活、不影响金融秩序平稳有序的情况下，摸清底数，与区疫情防控领导小组做好沟通，为驻区银行人员核酸检测制定工作方案。6月29日，组织驻区银行最后一批应检未检人员（近千人）完成核酸检测，驻丰台区银行机构7000余人全部实现应检尽检。

（路　媛）

【首家央企商业保理子公司落地丰台】7月17日，中国核工业集团有限公司旗

▲6月29日，区金融办组织驻区银行应检未检人员在卢沟桥中学检测点完成核酸检测。（丰台区金融办 供图）

▲8月21日，区金融办在中都科技大厦四层路演厅举办丰台区金融支持稳企业保就业融资对接会。（丰台区金融办 供图）

下的中核商业保理有限公司经市金融监管局批准在丰台区注册成立，注册资本金3亿元人民币。该公司以落实中核集团战略为依托，利用集团在核技术应用全领域的核心地位，挖掘集团内成员单位及其供应链贸易中上中下游企业的融资需求，以应收应付账款为切入点为供应链上的企业提供保理服务。该公司的成立是中核集团响应国资委产融结合号召的有力举措，将有效弥补丰台区央企商业保理子公司的空白。

（路　媛）

【金融支持稳企业保就业融资对接会】 8月21日，区金融办联合区发改委、丰发展公司共同举办丰台区金融支持稳企业保就业融资对接会。中国人民银行营管部、10家驻区金融机构、11家优先和保障类企业参加了会议。会上，相关部门对市、区金融支持稳企业保就业相关工作和政策情况进行了介绍，各需求企业与驻区金融机构进行了沟通交流。

（路　媛）

【人行营管部到丰台区调研】 8月31日，中国人民银行营业管理部相关人员到丰台区就金融支持稳企业保就业工作情况进行调研，并走访区首批科创板上市企业——交控科技股份有限公司。

（路　媛）

【“打击非法集资，共创社会和谐”活动】 9月5日，区金融办在区太平桥街道东管头社区开展以“打击非法集资，共创社会和谐”为主题的宣传活动，现场为社区居民发放折页、布袋、扇子等宣传材料，同时围绕如何防范和识别非法投资活动、投资遭受损失如何维权等重点内容进行宣讲，解答投资者投资知识和法律维权方面的疑问，帮助社区居民建立正确的投资理念，提升风险防范意识和识别能力。活动吸引了50余名社区居民参加。

（任婉莹）

【中外金融机构高端对话FIN-TALK论坛】 9月6日，丰台区参展中国国际服务贸易交易会，期间组织举办中外金融机构高端对话FIN-TALK论坛，并在论坛中对丰台区及丽泽金融商务区进行了推介。此次活动受到服贸会官网、经济观察报、凤凰财经、网易财经等15家媒体进行同步直播，直播总点击量330万次。

（吴　玄）

【参加“首都金融专场活动”】 10月22日，常务副区长代表丰台区参加金融街论坛年会“首都金融专场活动”，以数字金融为关键词，详细介绍了丰台区数字金融发展的情况、基础优势、发展规划等内容，并重点推介了丽泽金融商务区，阐述了丽泽的发展优势及打造活力丽泽的规划。同时介绍了区优化营商环境、服务企业机构、支持实体经济情况。

（吴　玄）

【北京首个央行数字货币应用场景落地丽泽】 12月25日，北京市首个央行数字货币应用场景在丽泽落地。央行数字货币研究所所在楼宇咖啡厅成为北京市首个数字人民币应用场景的测试点，获得授权消费者通过下载数字人民币钱包，即可支付购买商品，还可以体验无网络离线支付。

（吴　玄）

【中国农业再保险股份有限公司落户丽泽】 12月31日，核心央企中国农业

▲9月5日，“打击非法集资，共创社会和谐”宣传活动在太平桥街道东管头社区举行。（丰台区金融办 供图）

再保险股份有限公司完成注册，正式落户丽泽金融商务区。中国农再注册资本161亿元，由财政部、中再集团、人保财险、中华联合财险等9家单位共同发起筹建，主要承担农业再保险服务、农业保险大灾风险基金统筹、农业保险数据信息管理及推动完善农业保险制度等支农惠农政策职能，对完善中国农业保险大灾风险分散制度具有重要意义。

（吴　玄）

统　计

【概况】 年内，丰台统计局队统筹抓好疫情防控、第七次全国人口普查和街乡镇统计体制改革等重点任务。通过对丰台区经济和社会发展运行情况的监测，全年实现地区生产总值1854.2亿元，比上年增长0.3%；固定资产投资（不含农户）增长4.4%；实现社会消费品零售额1318.9亿元，下降9.9%；居民人均可支配收入66799元，增长2.4%。落实职务与职级并行规定，完成98人次职级晋升工作，其中晋升一、三、四级主任科员93人，晋升四级调研员4人，晋升三级调研员1人。完成1名副队长试用期满转正，10名科级干部试用期满转正。对39名干部进行轮岗，抽调5名同志参与区重点工作，抽调15人次参与区疫情防控数据分析工作，抽调1人到新发地专班工作，抽调1人参加首都机场防疫工作，80人次参加社区疫情防控工作。加强干部教育培训，以强化思想政治建设为统领，以提升统计业务能力为重点，全方位、深层次、多形式自主开展干部教育培训25场近2000人次。

（赵国红）

【疫情防控】 1月25日，领导班子紧急研究部署疫情防控工作，成立疫情内部防控领导小组和办公室，明确部门职责分工，推动各项防疫措施落实落细。领导小组先后召开14次会议，统一调配人力，统筹推动内部疫情防控和统计业务工作。疫情期间，局队148名干部职工零感染，实现了创建“无疫情”机关的既定目标。新发地聚集性疫情暴发后，书记赵钢被抽调到区核酸检测指挥部协调指挥核酸检测工作。班子成员分别带队，连续11天先后带领74名干部共计165人次帮助开展社区核酸检测。宋晔晖、崔春梅带领10名干部参加区疫情防控数据分析，开展大数据比对和疫情分析，为疫情防控提供数据支撑。

（赵国红）

【第七次全国人口普查】 年内，主要领导先后组织召开4次普查领导小组全体会议和4次普查办公室主任会，研究部署人口普查各阶段工作，严明普查工作纪律，夯实普查数据基础，确保普查工作有序开展。班子成员落实《联系街乡镇工作制度》，到联系街乡镇实地调研普查工作开展情况，督促各地区按时完成机构组建、“两员”选聘与培训、建筑物标绘与普查小区划分、户口整顿、普查摸底、短表与长表登记、比对复查、行职业编码等工作。在普查准备、清查摸底、正式登记等阶段，班子成员先后20余人次采取“四不两直”方式对各街乡镇开展督导检查。12月，国务院人普办对区大红门街道、丰台街道、长辛店镇开展“七人普”国家事后质量抽查工作，丰台区普查登记流程合规，普查数据质量总体较好。

（赵国红）

【统计改革】 年内，成立统计所改革领导小组，按照“工作不断、数据不乱、干部稳定”的原则，制定了《丰台区统计局统计所改革方案》，明确改革目标、责任分工、时间安排及工作要求，多次召开统计所改革专题会议。多次与区委组织部、区委编办、各街乡镇进行沟通，争取支持；与涉改人员逐一谈心谈话，了解、掌握改革期间人员的思想动态及转隶意向。制定《丰台区乡镇机构改革统计业务实施方案》，按照两级分工、各负其责的方式共同组织实施全区统计调查工作，同时为确保统计年定报工作顺利完成，采取由业务科室与街乡镇统计所共担工作的临时性措施。审核整理统计所人员人事档案，清查办公及信息化设备资产，明确统计所人员报到、人事关系、党团关系、工会关系转接流程以及资产划拨等具体事项，制定工作交接制度、统计所工作规范等。

（赵国红）

【规范和加强统计工作】 年内，以迎接国家统计督察为契机，规范和加强全区统计工作。强化区属部门对统计各项制度的贯彻落实，贯彻中央《关于深化统计管理体制改革提高统计数据真实性的意见》《统计违纪违法责任人处分处理建议办法》《防范和惩治统计造假、弄虚作假督察工作规定》和市委市政府《关于全面深化统计改革提高统计数据科学性真实性准确性的实施意见》，落实北京市统计系统防范和惩治统计造假、弄虚作假工作责任制，在区政府常务会上专题解读中央三个文件，在区委常委会进行再学习、再部署，区委书记根据中央文件要求提出具体落实意见。落实“统计进党校”制度，围绕“保障数据质量 全面依法治统”在领导干部培训班上进行授课。引导督促区级相关部门学习贯彻《防范和惩治统计造假弄虚作假重要文件选编》。按照全市开展统计督察自查自纠工作部署，制定《统计督察自查自纠工作方案》，成立领导小组，梳理任务清单44项，坚持问题导向，制定整改措施，推进立行立改，坚持整改常态化。

（赵国红）

【重点领域监测评价分析】 年内，结合新冠疫情对工业、能源、投资、消费以及科技创新等领域的影响开展监测，对未来走势进行分析研判。加强对企业的线上服务和指导，推送填报指南，利用微信群发送问题解答，降低疫情对统计调查工作的影响。通过联网直报平台、微信公众号、电话调查、“问卷星”等方式了解疫情对企业的影响，连续开展快速问卷调查，组织开展近4000家中小微企业复工复产及经营情况快速调查，将问卷调查结果和各专业报表相结合，分行业、分领域、分企业规模对区经济运行跟踪监测。成立工作专班，对重点投资项目和7个重点行业60余家重点企业进行持续跟踪监测，与行业主管部门重点企业、项目衔接，第一时间掌握项目开复工、到岗人数情况，商务楼宇复工情况和重点商业企业客流情况等，对主要指标走势进行研判，向区政府报送的重点企业监测报告和经济运行统计分析，多篇被主要领导及主管领导批示。紧盯“七有五性”评价结果，做好相关解读，向区委作专题汇报，与区民政局联合收集整理牵头领域指标进展情况，形成汇总报告报送区委。利用第四次全国经济普查（以下简称“四经普”）数据，开展“高精尖”产业、重点产业、供给端消费、产业准入及中小微企业研究，突出丰台特色，形成有针对性、有参考价值的意见建议。首次开展、完成自然资源资产负债表编制工作。全年局队共完成各类分析301篇，其中重点分析36篇，获得区领导批示18篇。

（赵国红）

【第四次全国经济普查数据开发利用】 年内，完成普查文件资料汇编，发布普查公报，对照第三次全国经济普查基础数据，做好四经普数据分析解读。整理普查资料，编印普查年鉴，完善补充丰台区统计基础数据库，为科学制定丰台区“十四五”规划提供数据支持。将四经普成果向区委财经委和区政府作专题汇报。依托四经普数据成果，开展特色研究分析。结合四经普数据，关注区域发展问题，突出丰台特色，确立“高精尖”经济结构、重点产业、供给端消费、产业准入及中小微企业五个研究方向，开展课题研究，形成有参考价值的政策建议。

（赵国红）

【加强专业统计执法】 年内，建立专职执法队伍，充实统计执法后备力量，局队10位同志通过国家统计执法证考试，平均分位列城六区第一。持续加大执法检查力度，全年共完成执法检查案件551起，行政处罚34起，将被处罚企业在信用北京、信用中国和丰台双公示平台进行公示。为实现权力运行公开透明，局队为每个执法小组配备了执法记录仪，规范执法全过程记录制度。在查处统计违法行为中，严格执行立案“三审制”，做到公正公平处罚。

（赵国红）

【全程办事代理】 年内，继续推行全程办事代理——统计登记工作，区政府企业服务大厅统计窗口全年共接待受理咨询办事人员4744人次，其中接待各类咨询1998人次，受理审批2746件，新增统计登记单位1912家，即办率100%，无行政投诉事件发生。

（赵国红）

市场监督管理

综　述

【概况】 2020年，丰台区市场监督管理局围绕“妙笔生花看丰台”的美好愿景，落实各项工作部署，统筹推进疫情防控和经济社会发展。共有内设科室36个，下辖市场监管所25个，综合执法大队1个，所属事业单位9个。共有机关行政编制178名，市场所编制290名，综合执法大队编制110名，纳入规范管理事业人员编制126名，全额事业人员编制103名。年内，完成20名正科级领导干部提任和43名副科级领导干部提任工作。全年新设企业12081户，同比增长12.84%。营商环境考核指标一周办结率达到99%，在全系统排名第一。丰台区被北京市食品药品安全委员会正式命名为“北京市食品安全示范区”，丰台区市场监管局获“北京市模范集体”称号以及北京市“七五”普法先进集体。

（白莹莹）

【疫情防控】 年内，开展全区市场、商超、餐饮、外卖配送等行业人员核酸检测14.6万人次，督导经营场所进行全面消杀。组织新发地市场人员疏散及相关货品的追溯排查清运工作。指导新发地市场货源渠道与岳各庄批发市场进行对接，保障民生商品供应。建立临时储备仓库，全力保障全区疫情防控医药物资需求。推动防疫物资投产达产，加快应急审批，选派业务骨干从广东运回口罩生产线，指导依文公司成为全市首家同时具备“医用一次性防护服、一次性使用医用口罩”的双资质生产企业。成立疫

▲2月19日，发出疫情防控以来首张医疗器械生产许可证。（梁忠涛 摄）

情防控工作专班，抽调干部驰援新发地市场、集中隔离点、参与社区疫情防控等共计400余人次。组织全局干部职工开展核酸检测和疫苗接种。牵头区市场防疫工作组，制发全市首个冷库管理规范文件，开展冷库专项整治，累计关停违规冷库88家，拆除违章建设冷库277家。严格进口冷链食品监管，建立"双公示""双备案"管理制度，推行风险监测预警和突发事件应急处置工作机制。

（白莹莹）

【信息档案管理】年内，共接收整理各类档案8万余卷，扫描企业档案总量132万余页，接收行政处罚案件档案3965件，企业档案鉴定189户。简化档案查询手续，推进便捷服务事项，共接待查询企业档案15787人次，日均接待63人次。

（白莹莹）

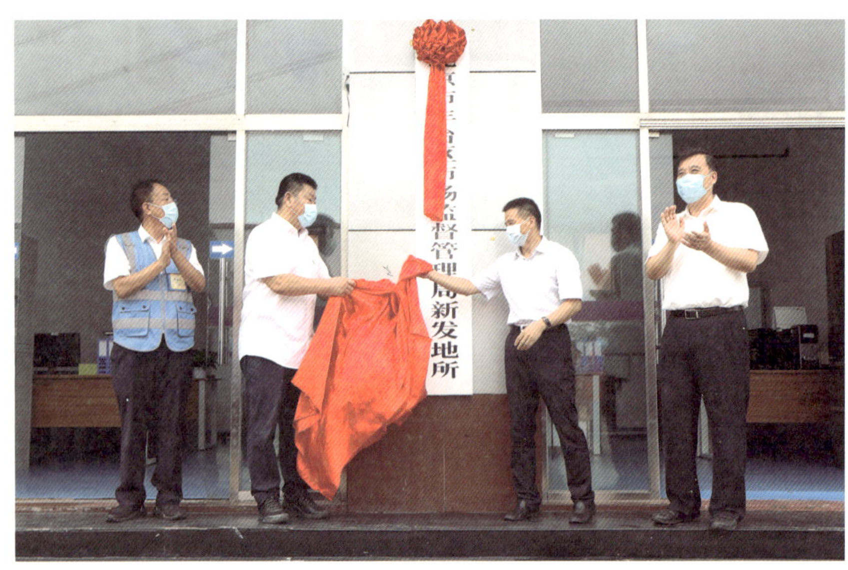

▲7月31日，丰台区市场监督管理局新发地所成立。（渠忠涛 摄）

市场主体监管

【提升登记注册效能】2月15日，丰台区在全市率先试行市场主体登记告知承诺制，登记效率平均提升六成以上。10月29日，北京市市场监管局全程电子化"证照联办"登记模式在丰台区试行，成功解决了营业执照和食品许可"分头跑、挨个办、重复提交材料"的堵点问题，实现"一次办结"。全年，通过告知承诺制形式办理登记企业累计52415户。

（刘　莉）

【西站和新发地市场监管所成立】按照中共北京市丰台区委机构编制委员会办公室关于一街乡镇设立一个市场所的原则，年内设立了2个市场监督管理所。5月13日，区委编办批复成立北京市丰台区市场管理局西站所；7月31日，区委编办批复成立北京市丰台区市场监督管理局新发地所。

（刘　莉）

【私营个体经济协会换届】9月22日，区私营个体经济协会召开第六届换届选举大会，选举产生了新一届丰台区私营个体经济协会领导成员和93名协会理事。

（刘　莉）

【设立"诚信方庄自律联合会"】11月27日，"诚信方庄自律联合会"启动仪式在方庄地区举办。"联合会"是非法人非营利性的行业性自律组织，现共有理事会成员7名，监事会成员3名，共建单位成员7名，普通会员80个。"联合会"的成立，旨在弘扬社会诚信理念，为构建多元共治的监管格局作出有益探索。

（白莹莹）

【优化营商环境】年内，压缩办事时间，全面推行企业开办"一网通办"，1个工作日内办结并一次性发放营业执照、公章或票据。释放住所资源，支持住所按照互通适用的原则登记，允许"一址多照"及分支机构"一照多址"。允许从事一般经营活动的市场主体依法自主选择经营项目，按"大类"登记经营范围，同时对有特殊经营范围需求的企业，满足个性化需求。优化退出程序，全力做好破产、被吊销企业的注销登记工作，畅通市场主体退出渠道。

（刘　莉）

【多举措有序推进复工复产】年内，精准出台并持续落实双向寄递、在线咨询和网上审批、为疫情防控相关企

▲10月30日，丰台区市场监管局召开证照联办新闻发布会。（渠忠涛 摄）

▲11月27日，"诚信方庄自律联合会"启动仪式在方庄地区举办。(梁忠涛 摄)

业开辟绿色通道等纾困惠企措施。加强"双非"校外培训机构、"五类"之外市场主体动态监管，开展防控检查17万户次。对受疫情影响较大的中小微企业停征特种设备检验费820余万元。对疫情防控和复工复产计量器具做到"有需即检，随送随检"，全年完成强检器具2.6万台件，为企业减负260余万元。

(白莹莹)

【事中事后监管】年内，印发《北京市丰台区加强和规范事中事后监管的实施方案》，进一步厘清部门职责。推动联合惩戒不断深化，企业列入异常名录6585户次，严重违法失信企业名单4661户次。

(白莹莹)

【无证无照经营和"开墙打洞"治理】年内，以改善居民居住环境，提高城市生活品质为动力，发挥联席会议牵头部门作用，提前7个月完成110处无证无照经营整治任务，保持"开墙打洞"动态清零。开展群众诉求问题督导行动，全面巩固治理成果，防反弹、控新生。

(白莹莹)

【示范文本发布及规范】年内，发布《电脑维修服务合同》，开展在网络交易中利用格式条款侵害消费者合法权益诉求突出问题专项整治等工作。累计检查企业211户次，检查格式条款118条，下发行政建议书16份。

(刘 莉)

【网络交易监管】年内，建立丰台区网络交易智慧监管系统，组织召开电商平台落实主体责任整治工作会，对辖区5家平台进行集中约谈，陆续开展各类专项整治工作14项，网络监控巡查1716户次，规范辖区网络交易经营秩序。

(刘 莉)

【强化市场监管执法】年内，持续开展扫黑除恶专项斗争、治乱除害五大战役、网剑行动等专项执法行动，严惩不正当竞争、虚假违法广告、价格违法等扰乱市场秩序行为。对济民康泰大药房第五十五分店擅自提高口罩销售价格的行为处以300万元的最高限处罚，成为北京市首案，作为北京市唯一案例入选"全国市场监管部门十大法治创新案例"。

(白莹莹)

【广告监管】年内，采取技术手段统筹开展传统媒体和互联网广告的监测任务，共计监测媒介广告5073230条次，其中互联网监测5028526条次。

(白莹莹)

【打击传销规范直销】年内，严把监管关口，紧抓直销监管工作，对辖区75家直销企业实现监督检查百分之百全覆盖。在重要交通枢纽、区域重点商户以及大型社区等地，通过发放宣传单、张贴海报、悬挂横幅、设置宣传栏等方式实现社会广泛参与。开展"和谐社区无传销，健康北京一起行"的无传销社区宣传活动。撰写"远离传销，共建和谐，丰台区市场监督管理局致丰台区全体大学生的公开信"，并录制宣传视频，在各种网络平台滚动播放，帮助青年学生树立消除传销风险隐患的意识。推进无传销社区创建评选工作，全年共认定65个无传销社区和1个无传销网络平台，创建率20%。

(刘 莉)

【接诉即办】年内，办理群众诉求3.6万余件，约占全区委办局转派量的50%。围绕"七有""五性"需求，以全链条考核方式、高质量办理诉求、周期性调度推进、智能化监管平台的工作模式，"接诉即办"工作呈现出积极为民服务、体系运转有效、成绩优异稳定的局面，年度综合成绩在全区各委办局中排名第一。

(白莹莹)

【放心消费创建】年内，制发"预付式消费风险告知书"，引导企业主动公示相关信息和处理投诉人员电话，畅通消费纠纷渠道。制定《市场主体产品质量法律义务及禁止性行为清单》，深度推进多部门协同，建立共享对接机制、定期联系机制、日常培训机制、协同执法机制。

(刘 莉)

食品药品监督管理

【进口冷链食品追溯体系】11月1日，"北京冷链"系统正式运行后，引导相关企业在"北京冷链"平台中完成注册和使用工作，做到"应注册尽注册、应使用尽使用"。严格约束企业录入食品产地、报关单、核酸检测证明等信息，做到"应录入尽录入"，确保中下游销售企业"可追可溯"。

(刘 莉)

【食品抽检】年内，共开展食品监督抽检6580批次，合格率98.7%，开展食品快速检测9822批次，合格率99.9%。开展国家食品安全抽样检验信息系统中三级（国抽、市抽、区抽）监督抽检不合格案件核查处置督查督办。

（白莹莹）

【药品安全监管】年内，开展无菌和植入性医疗器械、中药饮片专项监督检查、新型冠状病毒检测试剂等专项检查，以及药品医疗器械“清网”行动等专项整治行动。检查出口（捐赠）药品涉及6个国家，9个品种，36个批次，约168561盒。全年开展药品抽检300批次，合格率100%。

（白莹莹）

【阳光餐饮工程】年内，完成阳光餐饮创建任务，打造品质餐饮示范店255家；打造合生广场、花乡奥莱2条阳光餐饮示范街区。在市级评定验收中，2条餐饮街区均一次性通过现场验收，品质餐饮示范店评估验收中，门店平均90分以上。

（白莹莹）

【学校食品安全监管】年内，会同区教委、区卫健委对高校、中小学、幼儿园进行开学前全面评估，累计完成800校次的评估检查，保障复学学校食品安全。举行“丰台区疫情期间学校食品安全保障应急演练”，进一步强化各相关部门协调机制、规范学生餐及食堂卫生要求。

（白莹莹）

【免费配发安装智能体温计】年内，建立区局、市场所和智能体温计使用单位三级管理机制，开展智能体温计的安装、使用、调度和管理工作。先后为411个单位2412人配发智能体温计，实现了已复工单位佩戴者的注册率100%，平均日活率达到80%左右，有效监测率稳定在95%之上。

（白莹莹）

【重大活动保障】年内，参与了“全国两会”“服贸会”等大型活动食品安全保障。安全供应食品500吨，盒饭4000余份。

（白莹莹）

质量技术监督管理

【质量月宣传活动】年内，组织“质量云课堂”培训活动，推进质量课堂进机关。组织2020年质量月暨“质量丰台、品牌丰台”标杆企业宣传倡议活动。组织质量管理奖申报，加强质量标杆企业培育，其中北京汽车博物馆已完成最后现场评审环节。开展“关爱生命，关注电梯安全”电梯安全进社区主题宣传教育活动。

（刘　莉）

【计量科普线上云讲堂】年内，开展多种形式“5·20世界计量日”宣传活动，举办计量云讲堂，全市500余家医疗卫生单位计量负责人同步观看。

（刘　莉）

【标准化战略补助项目】年内，鼓励引导企业参与2020年首都实施标准化战略补助项目申报，12家企业获补助共计121万元，其中《城市综合管廊工程施工及质量验收规范》是中国第一部施工类京津冀区域协同标准。

（白莹莹）

【养老服务标准化】年内，搭建由6职能部门组成的试点工作专班，组织34家二星级以下养老机构开展标准化专题培训，推动区内9家养老机构完成标准化体系建设，社区卫生服务机构标准化达标率达92.6%，全区41家养老机构实现国家标准实施100%全覆盖。

（白莹莹）

【特种设备安全监管】年内，在全市率先启动特种设备超期未检科所联动工作机制，全年特种设备超期未检率始终保持在0.5%以下。开展燃气、起重机械、压力容器、老旧电梯等特种设备专项安全检查，配合市局完成512部住宅老旧电梯风险评估工作。完成2019年评估的589台高风险电梯综合治理工作。

（白莹莹）

【产品质量监管】年内，强化非医用口罩、超薄塑料袋、电动自行车等产品质量监管，对6大类、525组与人民群众生活密切相关的重点产品进行周期性监测。针对以玩具为主的应3C认证产品未经认证或认证证书过期的违法违规行为进行严肃查处。

（白莹莹）

应急管理

综　述

【概况】2020年，丰台区应急管理局以区安委会名义制定印发《丰台区安全生产专项整治三年行动计划》，制定印发了11个“目标任务清单”，梳理出3个专题、8个专项288项具体任务。年内，丰台区共发生安全生产死亡事故28起、死亡29人。其中生产经营性道路交通死亡事故19起、死亡19人；生产安全死亡责任事故8起、死亡9人，含201所、丰台火车站各1起、死亡1人；特种设备死亡事故1起、死亡1人。未发生生产经营性火灾、铁路交通、农业机械和食品安全死亡事故。疫情暴发期间，发动党员利用“双报到”机制，先后组织54人次下沉社区参加疫情防控。新发地疫情暴发后，由局领导带队，抽调11名党员干部成立先锋队，参与新发地专班开展防控工作，完成了“市场保供、清运保障、返场保序、复市保全”工作任务。

（安　东）

【党建引领】年内，区应急局落实“三重一大”决策机制，落实《丰台区应急管理局党委2020年履行全面从严治党责任清单》，全年研究党建议题19项，完成了应急管理“十四五”专项规划的调研起草，组织理论学习中心组和各支部集中学习7次，网上远程自学5次，学习应急管理相关专题5次。审核发布各类报道240余条。

（孙立营）

【企业复工复产】年内，落实工业企业疫情防控检查指导，经核查，丰台区具有生产制造环节工业企业173家（其中规模以上企业49家全部复工、规模以下企业124家复工108家）。协调并组织对丰台区医学隔离场所进行全覆盖安全大检查，发现9类167条问题，存在问题均已采取防控措施。做好危险化学品企业疫情防控的检查指导工作，丰台区危化单位150家（其中加油站78家、工业气体5家、票据经营单位65家、油库2家）复工复产顺利，未出现疫情。

（肖 勇）

【应急值守】年内，区应急局坚持每日对应急委成员单位进行抽查并通报情况，在全市应急值守抽查中按时响应率达到100%。丰台区在全市应急值守年度考核中被评为“优秀”等次（全市排名第4）。区应急局获2020年度“北京市应急值守先进单位”称号。

（薛 波）

【举报投诉办理】新冠肺炎疫情期间，按照“人员在岗，快查快办”的工作要求，在做好自身防护的同时，开展接诉即办工作，采取细分责任落实、节假日轮岗值守等举措，全力完成各项生产安全举报接办工作。与执法人员沟通配合，督促按照时限和规范模板进行办结上报。定期做好接诉即办情况汇总，实时掌握每个案件的办理进度，守住安全生产红线，维护人民群众生命财产安全。

（蔡 捷）

【安全生产月活动】6月，区应急局结合实际制定丰台区方案，印制安全宣传贴纸等系列宣传品发放至各属地、各单位，依托微信平台开展“看安全科普动画答题”“场景内找隐患活动”等多个线上活动。安全月期间参与线上答题达到79194人次。

（郭卫平）

【安全生产培训】9月14日至10月16日，区应急局组织开展安全生产大培训。按市安委会要求，以区安委会名义统筹街乡镇培训任务、确定服务机构、制定实施方案，条块结合、分工明确，对大培训工作进行现场动员并监督。培训考核任务指标为2000人，实际完成培训2062人，完成率103.1%，超额完成培训任务。2020年街乡镇、区级职能部门主管领导安全生产专题培训，结合疫情防控常态化形势，培训采取“线上+线下”模式进行，共计40学时，按要求完成培训任务。12月1日，组织开展1100余家安责险参保企业参加的安全生产培训，重点讲授用电、燃气使用、有限空间作业、触电急救现场按摩等多个学习内容。安责险2020年参保企业达2500余家，保费收入稳步增长，累计事故保费赔付达400多万元。

（郭卫平 成光华）

【市应急局普法宣讲团走进丰台】10月13日，市应急局“法律十进”及“以案释法”普法宣讲团走进丰台，走进丰开集团公司，服务基层、服务企业。市应急局法制处、区应急局、丰开集团公司领导及公司各级管理人员约40余人参加活动。

（王金泉）

安全生产监督管理

【制定年度工作要点和指导意见】3月，以区安委会名义制定印发《2020年丰台区安全生产重点工作任务的通知》，下达丰台区年度《目标任务书》。全年以区安委会、安办名义共发文162份；每季度向区委、区政府汇报丰台区安全生产工作，分析形势、研究部署重点工作，出台规范性文件等。

（李 颖）

【森林防火检查】4月26日，由国家应急管理部火灾防治管理司副司长带队的国家森防指联合督查组一行7人对丰台区森林防灭火工作开展督导检查。此次督导检查主要围绕区森林防灭火工作部署、森林防灭火责任落实、野外火源管控、安全措施施救、应急准备以及“五一”森林防灭火工作部署六方面情况开展进行。

（张显扬）

【北京市第二次生产经营单位安全生产条件普查】6月开始，结合丰台区实际，组织成立丰台区第二次生产经营单位安全生产条件普查工作领导小组，完成普查工作招标，同时召开普查工作部署培训会，印发普查宣传品及海报。此次普查实际核查各类生产经营单位12.2342万家，核查率117.6%。

（窦爱国）

【防汛抢险保障】7月7日，区应急局组织区防汛抢险大队、市排水集团四分公司在北京十二中、北京十中等考点周

▲6月30日，在区防汛抢险一大队组织开展区级防汛物资配发活动。（区应急局 供图）

边布控了14台防汛抢险单元(其中包括1台水陆两栖车),58名防汛抢险人员开展现场推水及应急抽排工作,保障了降雨期间本区高考考点周边道路交通畅通。

(张显扬)

【暴雨预警不放松】 8月12日晚暴雨橙色预警期间,北京市委书记蔡奇实地检查了丰西铁路桥下积水点。随后,丰台区调配8辆市排水集团抢险单元、10辆消防救援车辆及8辆区属防汛抢险单元对丰西铁路桥下进行抽排。区领导要求各单位、各部门迅速开展排水抢险工作;紧盯现场,及时调配力量,安排不间断值守,严防车辆行人涉水进入,确保周边居民安全。

(张显扬)

【应急管理部调研丰台区应急避难场所】 11月10日,由国家应急管理部、国家和市属相关单位领导及专家组成的调研组到丰台区针对应急避难场所情况开展专项调研。调研组先行实地察看莲花池公园内地震应急避难场所的设备、设施情况,对公园内应急避难场所整体建设情况进行详细了解,察看应急厕所、应急棚宿区设置、应急供水、应急广播等标志标识和应急物资,并就建设标准、维护、管理等现状作了详细询问。

(王金泉)

【区领导重大节日安全生产大检查】 12月28日,丰台区分管副区长带队对北京西南郊食品冷冻有限公司安全生产和疫情防控工作进行节前检查,了解厂区规划改造和隐患整改情况;到冷库站台客服部检查溯源系统投入使用情况,详细了解货品入库流程各环节防疫消杀工作和工作人员疫苗接种情况。

(熊灯根)

【城市安全风险评估】 2020年城市安全风险评估共覆盖9个委办局的10个重点行业(领域)以及22个街乡镇、管委会。丰台区共有12298家企业参与城市安全风险评估(市安办下发2020年度目标6200家),完成率为183%,共填报风险源31285条。其中低风险24551条、一般风险6657条、较大风险73条、重大风险4条。主要安全风险类型包括:火灾、触电、车辆伤害、高处坠落、机械伤害、起重伤害、容器爆炸、坍塌、物体打击、中毒和窒息、灼烫、其它爆炸、其它伤害,其中数量最多的安全风险是火灾风险,其次是触电风险。

(陈　浩)

应急救援

【地震灾害应急处置综合演练】 10月23日,由区应急局牵头在红星美凯龙广场组织开展丰台区地震灾害应急处置综合演练。演练模拟丰台区发生4.9级地震灾害,以卢沟桥街道某社区灾情现场为情景。演练分为五个环节,分别为区地震局根据预案向区政府报告,启动二级响应;属地社区进行紧急疏散;政府部门应急响应;现场搜救;安置群众。演练当日区主管应急工作副区长、市应急局二级巡视员以及区委宣传部、区卫健委、区应急局、区地震局、消防救援支队、区公安分局、区交通支队、属地街道领导参与演练活动,丰台区21个街道(地区)办事处、乡镇政府、管委应急工作相关负责人及安全生产检查队队长100余人参与演练观摩。

(薛　波)

【森林火灾扑救桌面推演】 11月18日,区应急局组织开展2020年丰台区森林火灾扑救应急预案桌面应急演练,区森林防火指挥部相关成员单位分管领导和相关科室负责人等参加演练。桌面推演模拟长辛店镇太平岭发生森林火灾,属地扑救力量不能对火势进行有效控制,区森林防火应急指挥部启动应急响应,联动协同部门按各自职责配合扑救工作。桌面推演把问题解决在实战演练之前,检预案、明职责、建机制。

(陈　勇)

危险化学品安全监管

【危险化学品行政许可】 年内,区应急局危险化学品经营许可证行政许可64家。首次申请10家、延期申请35家、变更申请19家;注销危险化学品经营许可证13家;完成危险化学品生产经营单位事故应急预案备案64家;危险化学品重大危险源备案1家。第二、三类非药品类易制毒化学品经营备案4项。

(陈　伟)

【危险化学品安全专项整治三年行动】 年内,区应急局以安委会办公室名义正式印发《丰台区危险化学品安全专项整治三年行动实施方案》《丰台区危险化学品安全专项整治三年行动目标任务清单》,制定21项重点整治任务、46项具体目标任务,明确每项目标任务的牵头

▲10月23日,在红星美凯龙广场开展丰台区地震灾害应急处置综合演练。(区应急局 供图)

单位、协办单位和每年的工作目标。召开部署推进会，明确任务提出要求。丰台区相关委办局、街乡镇、管委会安全科室负责人及部分危险化学品经营、储存企业安全负责人参加会议。

（肖　勇）

【安全生产标准化建设】年内，丰台区安全生产标准化创建任务为650家（小微500家，三级150家），已完成668家（小微518家，三级150家），超额18家。其中，丰台区86家危险化学品储存经营企业完成三级标准化达标工作。另外，按照全市统一工作要求，对丰台区三级达标企业按不少于20%进行核查，共核查50家；小微企业按不少于10%进行核查，共核查61家。标准化项目共投入经费63.2万元。

（李　志）

【有限空间专项执法检查行动】年内，区应急局汲取“8·26”有限空间事故教训，开展有限空间专项执法检查行动，丰台区共检查生产经营单位2000家，下达检查文书578份。11月印制有限空间安全作业宣传折页2万份，发放到各街乡镇和相关行业主管部门。

（肖　勇）

执法监察

【企业落实疫情防控情况检查】2月21日，区应急局接到市局关于开展企业防控情况检查的紧急通知后，组织执法队梳理丰台区复工企业台账，并安排执法干部自22日起连续三天深入辖区开展检查，督促做好防控疫情工作。检查中，执法干部查看防控措施落实情况，统计复工复产人员状况，发放有序复产倡议书，讲解安全生产注意事项，要求负责人务必把好“进入关”，返岗人员必须测体温，工作生活中必须戴口罩、勤洗手，办公场所要通风消毒。

（温　燃）

【市应急局督导检查】2月26日，北京市应急管理局二级巡视员杨永军一行到丰台区开展企业落实疫情防控工作专项检查，并对复工复产情况进行调研。检查组采取听取汇报、查阅资料、实地检查等方式，就防控责任落实、员工健康教育、分类防控返京职工、食堂环境和办公密度等内容进行督导检查。区应急局主要领导陪同检查。

（蔡　捷）

【调研安全生产工作】4月24日，区应急局主要领导带领区执法队负责人和相关执法人员，采取“四不两直”的方式到南苑乡、花乡安全管理部门对安全生产工作进行调研，向安全检查队员详细了解关于施工工地安全相关会议精神落实情况，并进一步强调释读区安委会办公室印发的《丰台区安全生产事故防控处置要点规程》。

（蔡　捷）

【卢沟醒狮越野跑活动安全保障任务】9月13日，区应急局执法监察人员到第34届卢沟桥醒狮越野跑举办场地监督舞台搭建、音响等设施布置的安全情况，现场查验布展单位的搭建资质，监督搭建中影响安全的环节因素，特别是舞台背板抗风能力和根据风力变化情况采取的应急措施等，叮嘱布展单位严格执行搭建操作程序和电气设施的漏电防护措施。

（蔡　捷）

国有资产监督管理

【概况】2020年，丰台区国资委坚持党对国有企业的全面领导，以管资本为主加强国有资产监管，依据《国企改革三年行动方案（2020–2022年）》，推动国有经济布局优化和结构调整，不断提高国有企业活力和效率。区所属国有及国有控股企业101家，比上年增加17家。据国有资产统计数据显示，截至12月31日，企业账面资产总额801.46亿元，同比增长12.63％；负债总额660.22亿元，同比增长15.61％；所有者权益总额141.24亿元，同比增长0.52％；年末合计国有资产总量140.83亿元，同比增长0.34％。企业实现营业收入20.21亿元，同比增长6.26％；盈亏相抵后实现利润总额1.01亿元，同比下降57.4％。企业平均资产负债率82.38％，比上年

2020年丰台区国资委一级监管企业一览表

表15

序号	企业全称	规范简称
1	北京市丰台区城市建设综合开发集团公司	丰开集团
2	北京市丰台区综合投资集团有限公司	综投集团公司
3	北京丰贸投资经营管理有限公司	丰贸公司
4	北京市丰台区国有资本经营管理中心	国资中心
5	北京市丰台区保障性住房发展有限公司	保障房公司
6	北京园博园运营有限公司	园博园运营公司
7	北京南苑森林湿地公园建设管理有限公司	南森公司

增加2.96个百分点。国有资本保值增值率100.23%，实现了国有资本保值增值任务。全年企业平均从业人员3143人，年末职工人数2804人，职工人均工资129241元，同比增长3.87%。年内，结合机关科级职位空缺情况及工作实际，对委机关干部进行了适当调整，新提拔科长2名。

（王　劼）

【加强基层党建】 年内，制定全面从严治党主体责任清单，召开国资系统全面从严治党专题工作会。落实好党支部工作条例，选取3家党支部开展支部工作法试点，打造党建特色品牌。落实“双报到”工作要求，党员回社区报到率达94.63%。与7家直属党组织签订《2020年意识形态工作安全责任制责任书》，确保意识形态领域安全。

（王　劼）

【疫情防控】 年内，落实“四方责任”，完成丰台区“回京人员集中观察点”工作保障任务。全系统先后抽调260名干部参与疫情防控工作。落实支持中小微企业发展减免房租政策，细化房租减免工作流程和工作要求，实际完成中小微企业房租减免共计794户，涉及金额5080.36万元。优先推动长馨园保障房建设项目、丰台火车站改建工程征地拆迁项目等市区重点工程复工复产；有序推动区属国有企业商业网点逐步复商复市；开展面向中小微企业的融资担保服务，为支持中小微企业发展提供良好的金融环境。

（王　劼）

【完善监管体制】 年内，牵头起草《2019年度企业国有资产管理情况的专项报告》，代表区政府向区人大常委会报告全区国有资产管理情况。制定《丰台区国资委出资人监管权力和责任清单》，明确出资人各项权利责任，实行清单化管理。起草《丰台区国有企业违规经营投资责任追究暂行办法》，出台《监管企业投资监督管理暂行办法》《监管企业国有经营性房屋出租管理意见》等制度文件。办理11件重大事项审批，涉及资金13.6亿元。完成国有及国有控股（集体）企业年度财务决算工作、年度企业负责人薪酬核定工作。

（王　劼）

【安全生产检查】 年内，制定《丰台区国资委监管企业安全考核实施办法》，将安全考核结果纳入薪酬体系。结合安全生产专项整治三年行动，领导班子成员分别带队开展安全生产专项检查，督促指导企业化解各类风险隐患，确保节假日和重点时期的安全稳定。

（王　劼）

【剥离国有企业办社会职能】 年内，推进区属国有企业“三供一业”（供水、供电、供热和物业管理）移交，确定由房管中心作为接收主体，丰贸公司与房管中心签署移交协议。在全市范围内率先完成区属国有企业退休人员社会化管理工作，共完成6468名退休人员移交。

（王　劼）

【接诉即办】 年内，共接办12345热线问题121件，信访37件。协调区属企业及相关部门推动解决历史遗留问题，丰贸公司解决王佐镇大灰场中路粮库宿舍区厕所污水问题，综投公司下属益恒开发公司完成益丰园小区159户教职工房产证的办理工作。制定领导干部包案制度，采取下访、约访等方式，力争把群众反映强烈的信访突出问题解决在基层。

（王　劼）

【推进区属企业调整重组】 年内，起草《丰台区区属国有企业调整重组方案》，以重点区域和产业板块建设为带动，优化国有资本布局，形成分层分类、功能明确、协同发展、规模经营的区属国有企业集团。以完善中国特色现代企业制度为导向，提高企业集团化管理水平，主动适应和引领区域经济发展新常态。

（王　劼）

【参与重点功能区和重点项目建设】 年内，丰开集团参与南中轴建设，承担南苑湿地公园土地一级开发项目；参与宛平城地区整体保护提升工作。综投集团公司承办丰台火车站征地拆迁项目；参与区域基础设施建设，完成40余个绿化养护项目；完成京开东路等13个续建和16个新建项目。保障房公司完成共有产权住房合同签订1477套；投资3.5亿元对幸福路6号院等6个老旧小区共3.8万平方米进行综合整治，惠及2888户居民。国资中心全年累计为长辛店老镇西区一级开发、区政府福成大厦办公区改造并提供担保服务，同时为680余户中小企业提供融资40亿元。

（王　劼）

【精准扶贫】 年内，以产业扶贫为重点，通过“万企帮万村”行动，精准帮扶结对地区贫困群众。国资系统7家企事业单位与内蒙古林西县4个贫困村签订结对帮扶框架协议，3年累计落实帮扶资金420万元，其中2020年落实帮扶资金145万元，推动3个产业扶贫项目建设落地，可惠及贫困户186户。

（王　劼）

烟草专卖与管理

【概况】 2020年，北京市丰台区烟草专卖局（北京市丰台烟草公司）（以下简称丰台烟草）采取多举措应对新冠肺炎疫情，确保防疫与工作齐抓共进。狠抓案件查办。坚持“以打为主”方针，深化联合执法机制建设，加强情报线索收集和案件经营。开展“绿篱”专项行动，查获卷烟数量位居全市前列。年度内查获违法卷烟888.35万支，假私烟305.29万支，真烟583.06万支。主办国标网络案2起，占全市40%，其中加热不燃烧网络案是北京市唯一一起烟弹实物过百万支的案件。狠抓物流寄递。巩固联合执法机制，深化与邮政、公安、交通等部门会商协作，整合情报信息，时刻保持联络、无缝对接支援，对汉龙物流场站等“重灾区”严厉查处，查获违法案件3起，涉案卷烟182万支，案值145

万元。通过丰台烟草微课堂微信公众号进行云普法，开展包括入职培训、业务培训、政策培训等各类培训25项，培训计划执行率100%。完成账款清欠专项自查、年度内审和2019年度企业所得税汇算清缴工作，开展2020年末固定资产盘点和年度保密自查自评，各项工作取得新进展。

（杨丽君）

【破获“一大一网”双响炮】1月，执法人员破获一起倒卖加热不燃烧卷烟特大案件，查获各类烟弹1244条，实物案值20余万元，刑拘3人，该案是全市少有的烟弹储存量过20万支的案件。联合河北烟草成功破获“1·11加热不燃烧网络案”，该案是丰台首起烟弹网络案，历时近一年，查获各类违法卷烟86万支，其中烟弹66万支；实物案值85万元，总案值突破100万元；刑拘7人，其中河北省刑拘3人。

（张 楠）

【发布“复工防疫Disco”视频】2月28日，丰台烟草发布“复工防疫Disco”MV，宣传普及复工和防疫要求。歌词改编自歌曲《野狼Disco》，MV由职工自主编排、拍摄，将企业复工复产各项要求融入歌词，并对防护知识进行普及。

（熊婧霓）

【“抗疫”专项优惠金融信贷服务】3月3日，丰台首批零售客户享受“抗疫”专项优惠金融信贷服务。此前，丰台烟草整理并编写了《各大银行对中小企业的贷款政策汇编》，为客户提供融资指导、咨询服务，缓解客户资金周转困难。

（张铁玲）

【与公检法机关携手执法】疫情期间人员流动大幅度减少，案件办理出现瓶颈，执法人员主动作为，针对尚未完结的江金行贩卖假烟网络案联合公检法进行二次分析研判，并于3月6日下发逮捕决定书，选择适当时机实施跨省抓捕。

（张 楠）

【查获暗格藏烟】4月27日，根据“12313”市民举报线索，执法人员在丽泽桥商业写字楼区域一零售户柜台的暗格中查获违法经营卷烟雄狮（薄荷）、RAISON（ICE SODA）、玉溪（硬扁DF）等共计79个品种，204条卷烟。

（张 楠）

【首张告知承诺制许可证颁发】4月，随着“放管服”改革的不断推进，丰台烟草深化行政审批制度改革，按照市局、区政府部署，实行“您承诺、我许可”式的承诺制审批模式，为北京创造蜂连锁商业有限公司榴乡路店颁发了首张“告知承诺制”烟草专卖零售许可证。

（张 楠）

【获科技创新企业奖励】4月，丰台烟草获中关村丰台科技园区2019年度科技创新企业奖励，并获资金支持528万元，肯定丰台烟草在创新卷烟零售业发展模式、优化营商环境、建设辖区市场“首善终端”等方面的工作。

（杨丽君）

【捣毁大户库房】“五一”期间，稽查人员会同丰台分局治安支队在一隐蔽库房内当场查获各类违法卷烟28个品种753条，案值6万余元。

（张 楠）

【完成2020年执法证件年度审验工作】5月6日，丰台烟草完成2020年执法证件年度审验工作。此次审验的内容包括：执法人员在岗情况、上年度考核情况、年度法律知识培训情况、违法违规情况等。丰台烟草共有56人持有烟草专卖执法检查证件，全部审验合格。

（赵 播）

【严控卷烟异常流动】5月6日，根据国家局、市局相关文件要求，结合丰台实际情况，根据区局卷烟异常流动管控工作整体部署，出台《北京市丰台区烟草专卖局关于进一步加强卷烟异常流动管控的工作措施》，进一步明确专卖、营销、内管部门具体工作措施，加强辖区卷烟异常流动管控工作，为卷烟异常流动管控工作夯实制度基础。

（吕海东）

【推行电子普通发票】7月2日，丰台烟草实现电子普票“上线”、9月1日完成专票系统切换，按期完成市局（公司）开票业务阶段目标，并以此为精益课题，于11月获得北京烟草精益十佳，并向全市推广。

（闫 卡）

【联手开展线上培训】7月3日，丰台烟草联合海南、四川、上烟集团开展零售客户品牌培育线上培训活动，培训涉及66个诚信互助小组，覆盖约500名零售客户，将“战疫隔离期”转变为“价值增值期”。

（张铁玲）

【强化规范经营监管】8月3日，按照市局发布的《北京市烟草专卖局卷烟经营内部专卖管理监督工作指引（试行）》要求，对需求预测、品牌进退、货源组织、客户分档、营销策略、订单采集、货款结算、物流配送等八个卷烟经营环节相关的工作规则制定和执行情况进行监督。在日常监管、定期检查、预警处理、线索核实和案件查办过程中，按照卷烟经营八个环节梳理存在问题，排查管理漏洞，构建发现问题、报告问题、反馈问题、督导整改的监督闭环。

（吕海东）

【“绿篱”专项行动】8月，为贯彻落实市局（公司）“绿篱”专项行动（根据“扎紧篱笆、管好市场、联防联控、分类治理”的工作方针，对物流快递点加强监管，依法查处违法运输快递烟草专卖品案件，严控卷烟非法流出，严打卷烟非法流入），丰台烟草针对辖区重点地区、重点零售户，采用错时检查的方式，针对重点监管对象进行重点监管，治理真烟异常流动。

（张 楠）

【双面屏收银机推广】9月3日，丰台烟草在营销中心的支持下，开展工商银行双面屏收银机推广工作，助力零售客户提升收银台形象、开展现代化经营管理。

（张铁玲）

【电子烟检查】9月，丰台烟草在做好前期摸排、研判的基础上，与公安、区市场监管局等部门开展联合执法检查，对辖区市场电子烟自动售卖机和电子烟销售点重点检查396次，出动执法人员896余人次。无证户存在经营行为的，现场张贴公告进行登记，对不符合要求及规定的，由市场监管局告知其限期下架整改。

（张　楠）

【综合市场治理】10月，执法人员针对辖区内居民消费区域周边的综合市场进行专项检查行动。行动共持续4天，出动执法人员80余人次，先后走访新发地、岳各庄、草桥、光彩、东高地等综合市场，检查卷烟零售户32户，共立案4起，查获白沙、红梅、红河等各类违法卷烟413条，案值2万余元。

（张　楠）

【“双诚信”表彰大会】11月10日，丰台烟草召开诚信互助百强小组暨诚信星级户授牌大会，对100个“百强小组”组长和20个诚信等级3A级以上的零售客户代表予以表彰，加强示范引领。

（张铁玲）

【卷烟市场专项整治】11月，联合西站管委对站内零售户进行专项联合检查。检查商户计10户，当场在1户店内查获假私卷烟0.64万支。

（张　楠）

【物流场站专项治理行动】12月3日，联合公路分局、区公安分局、市交通委、市场监管局等相关执法部门对辖区“汉龙”物流场站开展专项治理行动。共出动执法人员44人，发放宣传材料200余份。

（张　楠）

【抗击疫情】年初，丰台烟草面对疫情形势，把握疫情防控与复工复产“两手抓、两不误”的总要求，构建与零售户、相邻社区、内部员工的“三方命运共同体”，化解疫情对各项工作的影响。编写并发布《卷烟经营场所新型冠状病毒肺炎卫生防护指南》，推出市场调研、法律宣传、证件办理等线上服务，加强对零售户疫情期间经营指导与心理疏导。制定《丰台烟草防疫宣传手册》，确保防疫与工作齐抓共进。结合实际研究制定并下发了《疫情防控工作应急预案》《进一步做好节后疫情防控工作的通知》等文件，确保全员明确责任。强化人员分类管理，严控外来人员进入、严控常驻人员外出、严管进驻人员状态、严管在岗员工防护。鼓励党员参与居住地社区防疫活动，与丰台区科技园管委会、相邻社区沟通协作，做好防疫知识宣传与情况报送。多方协调采购应急防护物资及消毒用品，统筹调配相关物品，为全员配备防护用品用具，确保防护措施到位。6月，结合疫情新形势、新变化，进一步升级疫情防控提示，订立“十一条”疫情防控新规，聘请北京谱尼医学实验室对区局（公司）干部员工、劳务人员及进场施工人员进行新型冠状病毒核酸检测。

（杨丽君）

【实现扶贫采购“两头甜”】年内，丰台烟草按照市局（公司）定点扶贫农产品采购工作的通知要求，抓好定点扶贫地区农产品采购工作落实，从需求端做好清单，与供应端密切协作，既保障采购方权益，又促进贫困地区脱贫致富，助力打好脱贫攻坚收官之战。

（杨丽君）

2021 北京丰台年鉴

农业与农村

农　业

【概况】2020年，丰台区集体土地面积133.27平方公里，占总面积(305.56平方公里)的43.62%，其中农用地77.87平方公里。农用地中，耕地9600亩(其中可利用耕地8416亩)，基本农田6003亩，基本菜田最低保有量800亩。粮食播种面积776.4亩，蔬菜播种面积1919亩。全区有9家无公害认证企业，认证面积96.93公顷，认证产品74个；有9家农业标准化备案基地，其中6家为市优级标准化蔬菜生产基地。实现农林牧渔业总产值1.6亿元，比上年下降18.1%。其中林业产值1.2亿元，下降21.2%；农业产值4564万元，下降4.1%。全区12个农业观光园接待123.7万人次，比上年下降31.8%；实现总收入1.1亿元，下降36.8%。

（李雅荣）

【推进休闲农业产业发展】年内，促进区域资源整合，开展休闲农业线路建设、园区升级改造、举办丰收节等基层节庆活动、星级休闲农业园区复核创星和宣传推介等各项工作，开拓如“互联网+”“文化遗产+”“农景艺术+”休闲农业等多种经营模式，推动农村文化建设，促进农业观光及农业科普教育发展，丰富农民精神文化生活，提升农村产业收益，促进农民增收。

（刘艳艳）

【第二十八届北京种业大会座谈会】年内，为更好的组织开展现代种业创新成果转化行动、建设种业交流交易平台，北京种子大会升级为北京种业大会。受新冠疫情影响，第二十八届种业大会调整为以座谈会的形式召开。会议总结了已举办的北京种子大会所取得的成绩与经验，肯定了其作用和价值，确定了2021年北京种业大会的定位、目标和办会模式。

（刘凯丽）

【动物防疫】年内，辖区内无规模化畜禽养殖场，散养畜禽已完成清退。有2家实验动物养殖单位、8家观赏动物园、29家马属动物养殖户。在做好重大动物疫病风险监测的同时，全力做好狂犬病免疫工作，全年登记免疫犬只26300只，未发生犬狂犬病及人感染病例。

（鲍文玉）

新农村建设

【概况】2020年，丰台农村地区辖三乡两镇一地区、57个行政村、70个集体经济组织。其中，卢沟桥乡、花乡、南苑乡三乡及下属38个行政村位于河东地区，长辛店、王佐两镇和宛平城地区及下属19个行政村位于河西地区。

（李雅荣）

【人口就业】截至2020年底，农村地区登记失业人口4385人，实现就业3383人，其中农村地区就业困难人员2663人，实现就业2084人，城市化建设地区登记失业率1.54%，同比增加0.53个百分点。

（朱　锡）

【社会保障】年内，参加城乡居民养老保险的农村居民为9.5万人，比上年增加400人。全区享受城市最低生活保障的人数为9287人，享受农村最低生活保障的人数为145人。

（朱　锡）

【农村地区疏解】年内，全区农村地区疏解整治促提升任务全面完成。拆除违法建设111.15万平方米，留白增绿完成绿化土地面积52.41公顷，城乡结合部拆迁腾退面积59.05万平方米、涉及人口2330人，城乡结合部绿化面积44.1公顷，疏解一般制造业企业3家，治理散乱污企业1家。

（白　健）

【农村集体涉地合同清理整改】年内，出台《丰台区关于开展涉地农村集体经济合同自查自纠的工作方案》。成立以主管副区长任组长的工作专班，下设办公室。推进违建别墅合同清理整改工作以及涉地经济合同自查自纠工作，全年录入市级台账平台经济合同7633份，其中问题合同190份，已完成整改185份，整改率为97.4%；未完成整改的问题合同5份，全部为历史遗留问题合同。区农业农村局加强合同监督管理，制定印发《丰台区农村集体涉地经济合同管理办法》(丰政农函〔2020〕50号)，发放到各乡镇和宛平城地区。

（唐解霞）

【美丽乡村建设】年内，在全面开展农村地区人居环境整治的基础上，将庄户、西庄店等35个村纳入全市“千村整治”任务，重点实施村庄人居环境整治，着力解决环境问题，将南宫村纳入全市“百村示范”任务，重点培育“乡村振兴示范村”。全年累计清理农村生活垃圾3825.7吨，拆除私搭乱建117处、0.3656万平方米，清理乱堆乱放乱贴乱挂乱画1932处，清理村域河塘沟渠及生活污水直排溢流51处。建立农村地区基础设施台账，农村公厕、绿化等7项基础设施纳入财政保障，投入经费1.5亿余元，建立“五有”（即“有制度、有标准、有人员、有经费、有考核”）长效管护机制；启动城乡结合部农村人居环境整治实施方案编制。

（朱　锡）

【一道绿隔建设】丰台区“一绿”地区涉及卢沟桥乡、花乡、南苑乡38个行政村，农村地区总面积166.15平方公里，其中集体土地43.89平方公里。通过旧村改造新村建设、重点村城市化、棚户区改造及城市化建设统筹试点等一系列政策和路径，加快一绿地区城市化建设进程。截至年底，完成宅基地腾退758.27万平方米，占宅基地总建筑规模的88.67%；实现土地入市建筑规模1276.99万平方米，占规划入市规模的56.1%；按规划实现产业175.25万平方米，占规划产业规模的23.22%；实现回迁房竣工783.37万平方米，占回迁房规划面积的68.23%；回迁安置人口12.67万人，40个村基本完成回迁上楼任务，占比78%。实施绿化22.21平方公里，占应实施绿化面积的62.07%。完成23个村3.5万人整建制农转居，其中13个村实施撤村建（并）社区。农业户籍人口减至5.3万人。

（白　健）

【二道绿隔建设】 丰台区“二绿”农村地区涉及长辛店镇、王佐镇、宛平城地区办事处19个行政村，总面积139.4平方公里，其中集体土地89.38平方公里。长辛店镇9个行政村中，除赵辛店、长辛店、大灰厂村3个村外，其余6个村列入棚户区改造项目（5个村棚改项目在途实施，太子峪项目2021年启动）。王佐镇8个行政村中，南宫、佃起、西王佐、庄户4个村依靠村集体自身经济发展实施旧村改造；魏各庄、怪村、西庄店、沙锅村4个村纳入青龙湖地区棚户区改造和环境整治项目。截至年底，回迁安置房竣工132.16万平方米，完成30.49%，安置上楼2.86万人；累计腾退宅基地建筑面积166.3万平方米，完成32.06%；累计腾退集体企业建筑面积295.82万平方米，完成42.38%；已入市土地建筑面积345.9万平方米，完成50.62%。已建设规划产业建筑面积52.79万平方米，完成25.77%；实施绿化29.94平方公里，完成60.7%，实现农转居0.39万人，剩余农业户籍人口减至3.1万人。

（白　健）

【推进长辛店统筹利用集体产业用地试点建设】 4月，长辛店镇统筹利用集体产业用地项目成为全市首个通过市级部门联审并正式上报市政府的项目；12月，市政府已原则同意该试点方案，相关部门按照市级要求继续细化落地方案。成立镇级联营公司并进行工商注册，全部试点村以集体土地使用权入股，完成《长辛店镇镇级联营公司设立方案》编制工作，已履行完成民主程序。

（白　健）

【经济薄弱村精准帮扶】 年内，按照《关于开展经济薄弱村精准帮扶工作的实施方案》要求，督促河西两镇制定年度工作计划，细化任务分解。落实经济薄弱村公益事业补贴600万元。指导经济薄弱村开展项目申报和财政评审工作，涉及支农项目5个。

（刘艳艳）

【新型农民培养】 年内，开展新型农民专业素质培养2163人，其中职业技能培训721人，特种作业和特种设备培训889人，农村中层管理人员培训553人。新型农民一般指新型职业农民，是以农业为职业、具有相应的专业技能、收入主要来自农业生产经营并达到相当水平的现代农业从业者。

（李　倩）

【农村基层党组织建设】 年内，丰台区农村地区有党员1.41万人。建制村党组织55个，其中村党委5个，村党总支47个，村党支部3个，党员7611人，女性党员3045人，占40%。按年龄分，35岁以下647人；36–55岁3079人；56岁以上3885人。按学历分，大专以上3140人；中专505人；高中、中技1193人；初中及以下2773人。2020年农村地区新发展农牧渔民党员103人。分级分类举办农村基层干部培训班。对村“两委”和村集体经济组织及各级全资、控股企业主要负责人454人进行个人重大事项报告，按比例抽查核实。对906名村干部进行资格联审。在农村地区开展党支部“三个一”（即“一支好队伍”，发挥战斗引领作用；“一套好制度”，提升村级治理水平；“一个好路子”，确保农民增收致富）工作法试点工作。健全村级中青年人才选育管用机制，截至2020年底，储备中青年人才131人。完善“四议一审两公开”（四议：村党组织提议、村三套班子会商议、村党员大会审议、村民（股东）代表会议决议；一审：乡镇（地区）审核；两公开：决议公开、实施结果公开）“三务公开”（即党务、村务、财务公开）制度。

（李　倩）

农村经济管理

【概况】 2020年，丰台区农村集体经济因地上物拆迁、停产停业及搬迁补助款结转收入的特殊因素影响，实现总收入173.9亿元，与上年同期相比增加30亿元，增长20.9%（如扣除此因素，受新冠疫情影响，丰台区农村集体经济总收入同比下降2.1%）。其中主营业务收入103.1亿元，同比减少近6.4亿元，下降5.8%。从各乡镇情况来看，花乡实现总收入近97.6亿元，与上年同期相比增加39.6亿元，增长68.5%，主要原因是榆树庄村因结转收入，总收入增加33.6亿元；乡组织因销售花香美域项目，总收入增加7.8亿元。卢沟桥乡总收入实现小幅增长，增长0.6%。南苑乡总收入减少近8.5亿元，主要原因是乡企业北京市永联房地产开发有限公司销售经适房收入及补助收入均减少，总收入减少近4.8亿元；果园村因疫情影响，全村总收入减少近2.4亿元；因疫情原因部分村出租率降低，租金拖欠及租金减免减少村级收入。长辛店镇和王佐镇因疫情停工停产等因素影响，总收入均同比减少。

（尹建成）

【产业结构调整】 年内，在三大产业中，第一、二、三产业分别实现收入0.4亿元、18.8亿元、83.9亿元，同比分别减少0.3亿元、0.7亿元、5.4亿元，第一、二、三产业实现收入占主营业务收入的比重分别为0.4%、18.2%、81.4%，与上年相比，因第三产业实现收入受疫情影响大幅减少，第二产业所占比重提高0.4个百分点，第一产业和第三产业所占比重均下降0.2个百分点。

（尹建成）

【农村集体经济】 年内，丰台区农村集体经济实现利润22.6亿元，比上年同期增加近13.9亿元，增长161.8%。

全区利润实现大幅增长的主要原因是花乡因榆树庄村收入增加利润增长迅速，除花乡外，其他各乡镇实现利润均同比下降，减少6.9亿元，尤其受新冠疫情影响，收入减少费用增加，亏损进一步加重。

（尹建成）

【应交税费】 年内，丰台区农村集体应交税费10.1亿元，与上年同期相比略有下降，减少318万元，下降0.3%。其中增值税1.9亿元，受企业营业收入减少影响，比上年同期减少0.28亿元，下降12.6%；应交所得税2.9亿元，比上年同期增加0.3亿元，增长11.8%，花乡榆树庄村因收入增加，应交所得税同比增加1.8亿元；其他税费2.5亿元，比上年同期减少0.2亿元，下降8.5%。

（尹建成）

【农民收入】 年内，丰台区农民收入受疫情影响增速放缓，较上年同期回落4.5个百分点，但总体稳中有增。全区农民人均所得为38260元，比上年同期增加2007元，增长5.5%。其中从集体所得为28812元，比上年同期增加1806元，增长6.7%，占农民人均所得的75.3%，所占比重比上年提高0.8个百分点，从集体所得依然是农民收入的主渠道。在农民收入构成中，报酬性收入为20497元，比上年同期增加301元，增长1.5%，占农民人均所得的53.6%，比上年同期下降2.1个百分点，但依然是农民收入的主要来源；财产性收入为13492元，比上年同期增加1649元，增长13.9%，占农民人均所得的35.3%；家庭经营净收入和转移性净收入分别为938元和3333元，所占比重分别占2.5%和8.7%。

（尹建成）

【农村集体资产运营】 年内，丰台区农村集体资产总额1756亿元，比上年同期增加111亿元，同比增长6.7%，集体资产实力不断增强。其中乡级集体资产总额109亿元，比上年同期减少5亿元，下降4.4%，占全区农村资产的6.2%；村级集体资产总额1647亿元，比上年同期增加116亿元，同比增长7.6%，占全区农村资产的93.8%，比上年同期提高0.7个百分点。农村集体所有者权益531亿元，比上年同期增加27.6亿元，同比增长5.5%。其中乡级集体所有者权益46亿元，比上年同期减少0.3亿元，同比下降0.7%；村级集体所有者权益485亿元，比上年同期增加28亿元，同比增长6.1%。丰台区农村集体资产总额在亿元以上的村现有67个，占全区70个集体经济组织的95.7%；所有者权益在亿元以上的村有42个，占全区70个集体经济组织的60%。

（尹建成）

【农村劳动力就业】 年内，丰台区农村劳动力就业形势基本稳定，就业率继续保持在较高水平。全区农村劳动力总数为72564人，比上年同期减少2235人，主要原因是部分村民年龄达到本村退休年龄办理了退休。就业劳动力为66830人，就业率为92.1%，受新冠疫情影响，比上年下降0.9个百分点。未就业劳动力为5734人，未就业率为7.9%，稳定在较低水平。在就业劳动力中，在本地就业的有47661人，占就业劳动力的71.3%，与上年的71.8%相比，下降了0.5个百分点，集体安置仍是农村劳动力就业的主要途径。从就业行业来看，在第一、二、三产业就业的劳动力人数分别为2812人、3851人、60167人，占就业劳动力总数的比重分别为4.2%、5.8%、90%，第一、二产业所占比重与上年同期相比分别下降2%和0.8%，第三产业所占比重提高2.8个百分点，第三产业吸纳农村劳动力就业的主渠道地位进一步提升。

（尹建成）

2020年丰台区各乡镇主要经济指标示意图

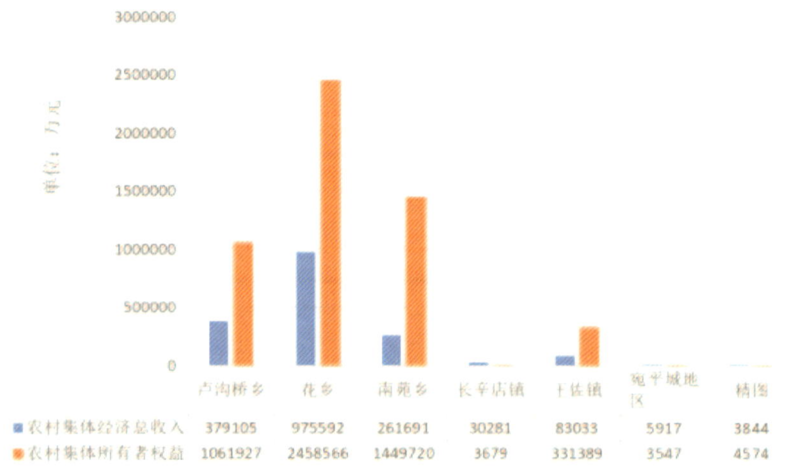

2021

北京丰台年鉴

工业

驻区工业企业

首都航天机械有限公司

【概况】2020年，长征五号B运载火箭首次飞行任务取得圆满成功。成功将第55颗北斗导航卫星送入太空，中国提前半年完成北斗三号全球卫星导航系统星座部署目标。长征五号运载火箭成功发射。长征八号运载火箭首飞成功。增材制造公司在廊坊开业。召开疫情防控专题会议，部署疫情防控工作。完成对10000余名员工新冠肺炎疫情排查，及348名在职员工和离退休人员核酸检测工作。公司职业健康安全、环境管理体系顺利通过再认证审核。国内首个2219铝合金3.35米直径共底贮箱研制成功。开展企业创建110周年系列活动。改扩建的东高地体育场正式开放。公司连续17年荣获“中国机械500强”称号。公司员工关进良荣获航天杰出青年奖，崔蕴荣获全国劳动模范。

（魏晓欣）

【2020年宇航任务首战告捷】1月7日23时20分，在西昌卫星发射基地，长征三号乙遥六十二火箭将通信试验技术卫星五号成功送入预定轨道，2020年宇航发射任务的首战告捷，拉开新一年高密度发射序幕。

（魏晓欣）

【疫情防控】1月22日，公司高度重视，紧急召开新型冠状病毒感染的肺炎疫情防控宣传贯彻和工作布置会，发动部署，宣传贯彻防控知识，采取防控措施，明确责任落实。公司党委书记陶钢、副总经理赵宝杰，各单位负责人参加会议。会议传达了集团、院关于开展疫情防控相关工作的要求，传达了航天总医院关于防控要点，并针对当前严峻形势，提出具体工作要求和注意事项。

（魏晓欣）

【核酸检测】6月15日，完成对10000余名员工新冠肺炎疫情排查，及348名在职员工和离退休人员核酸检测工作。自6月11日以来，北京市结束了连续50多天无新增病例的历史，新发地聚集性疫情发生，北京市累计确诊病例已超百例。公司第一时间组织对万余名在职员工及其家属、离退休员工进行了详细排查，并组织对有关在职员工和离退休人员进行核酸检测。此次排查涉及3种类型，即：本人去过新发地批发市场，共同生活的家属去过新发地批发市场，以及路过新发地批发市场。公司共排查出在职员工241人，离退休人员107人，并及时组织核酸检测。

（魏晓欣）

【疫情防控工作部署会】6月22日，公司召开专题会议，进一步部署新冠肺炎疫情防控工作，并对后续科研生产管理提出要求。会议传达了集团、院关于进一步强化现阶段集团公司新冠肺炎疫情防控工作措施的通知，汇报了公司防疫情况及疫情对公司型号生产影响评估分析。随后，公司领导结合各自分管领域，围绕人员出京、出差管理、会议管理、内部服务机构管理、试验队管理、核酸检测与复检工作、单身公寓人员管控、离退休人员管控、对员工的关心关爱及心理疏导等工作进行研讨，提出相关要求和措施。

（魏晓欣）

【公司在京员工实现核酸检测全覆盖】6月26日至27日，公司2446名在京员工完成核酸检测，这是继6月14日和6月18日之后公司组织的第三批核酸检测。至此，在北京工作的公司所有员工全部完成了核酸检测。

（魏晓欣）

【复工复产】2月10日起，为确保重大型号科研生产任务按节点有序推进，公司本级及各子公司全面复工复产。期间为扎实做好疫情防控工作，减少人员汇集和集中，公司制定了正常班、两班倒、隔天上班、周工作40小时等弹性工作时间方案，并利用微信及设计小程序等方式进行各单位当天上岗人数情况统计，提高工作效率，降低人员聚集风险。在满足科研生产任务需求的同时实现了日均减少人员聚集约1100人。

（魏晓欣）

【董事长调研公司复工及防疫情况】2月13日，集团公司董事长吴燕生到公司五车间现场调研复工及疫情防控情况。院长王小军，院党委书记李明华，院总会计师彭建国，公司总经理赵熙春等有关领导陪同调研。针对疫情防控，吴燕生详细了解了公司复工情况、口罩储备情况、复工人员用餐保障、体温监测形式等有关工作，以及疫情对型号生产带来的影响。针对科研生产，吴燕生在现场了解了贮箱生产流程和模式，指出公司要持续优化工作现场环境，确保产品质量。吴燕生对公司防疫工作表示认可，并要求针对后续防疫工作，公司要坚持科学防疫，精准施策，积极做好员工思想教育和心理疏导，坚决杜绝群体性感染事件的发生。

（魏晓欣）

【国资委领导到公司查看复工复产情况】2月27日，国资委主任郝鹏一行到公司总装事业部现场查看疫情防控期间复工复产情况。集团公司董事长吴燕生、总经理袁洁，一院院长王小军、党委书记李明华，公司总经理赵熙春等领导陪同。郝鹏查看了公司总装事业部现场型号研制生产工作，对公司复工复产情况表示满意。同时他指出，在抗击疫情期间，中央企业承担的重大工程、重点项目加速复工复产对全社会具有示范和引领意义。在后续工作中，要坚决防范在复工复产过程中可能产生的疫情风险，保障科研生产任务有序开展，努力完成全年目标。

（魏晓欣）

【长征五号B运载火箭首次飞行任务取得圆满成功】5月5日18时，长征五号B运载火箭在文昌航天发射场点火升空，将中国航天员“新座驾”的试验版——新一代载人飞船试验船等载荷的组合体顺利送入预定轨道，首飞任务

▲2月27日，国务院国资委党委书记、主任郝鹏一行到首都航天机械有限公司总装事业部，检查指导公司疫情防控和复工复产工作。

取得圆满成功。标志着空间站阶段飞行任务首战告捷，拉开中国载人航天工程“第三步”任务序幕。长征五号B运载火箭是在长征五号运载火箭基础上改进研制而成，主要承担中国空间站舱段等重大航天发射任务，是中国近地轨道运载能力最大的火箭。长征五号B火箭全长约53.7米，相当于18层高楼，起飞质量约849吨，近地轨道运载能力达到25吨级，可满足约22吨的空间站舱段发射需求。此次发射任务在新冠肺炎疫情防控和航天严峻质量形势下，公司试验队顶住压力，发扬严慎细实的工作作风，科学防控、全面复查，充分识别风险，严格细化管理，既有效地防控疫情，又顺利地完成发射前的相关工作。任务圆满成功之际，中共中央、国务院、中央军委专门发来贺电，对任务取得的重大胜利表示热烈祝贺和亲切慰问，并表达了继续为实现“两个一百年”奋斗目标、实现中华民族伟大复兴的中国梦作出新的更大贡献的殷切期望。

（魏晓欣）

【成立增材制造中心】4月29日，公司成立增材制造中心，加速推进公司增材制造技术产业化转型发展。增材制造中心定位为公司增材制造项目孵化主体，组织开展项目运营工作，承担增材制造技术研发、产品研制生产、市场开拓、产业化发展等任务。增材制造中心对外使用“首都航天机械有限公司增材制造中心”的名称开拓市场，对内作为工艺研发中心内部班组进行管理。10月17日，经公司进一步研究决定：成立增材制造廊坊分公司，取消工艺研发中心下设的增材制造中心建制。分公司作为公司增材制造项目孵化主体，开展增材制造项目的经营管理。

（魏晓欣）

【第55颗北斗卫星发射取得圆满成功】6月23日9时43分，长征三号乙遥六十八运载火箭在西昌卫星发射中心成功发射第55颗北斗导航卫星。随着第55颗北斗导航卫星顺利入轨，中国提前半年完成北斗三号全球卫星导航系统星座部署目标。此次发射任务取得圆满成功，标志着北斗三号全球星座部署全面完成，也标志着北斗卫星导航系统“三步走”战略任务圆满收官。这是中国从航天大国迈向航天强国的重要标志，也是“十三五”期间中国实现第一个百年奋斗目标过程中航天领域完成收官的首个国家重大工程。自2000年10月31日发射中国第一颗北斗导航试验卫星算起，长三甲系列运载火箭至今共进行了44次北斗卫星任务发射，将59颗北斗导航卫星成功护送升空，发射成功率100%。

（魏晓欣）

【中央军委装备发展部载人航天工程办公室负责人到公司调研】7月7日，装备发展部载人航天工程办公室主任助理季启明一行到公司就新一代载人运载火箭关键技术攻关及深化论证阶段研制保障条件情况开展调研工作。季启明到贮箱焊接车间现场对公司贮箱焊接装配条件进行了调研，了解贮箱箱底焊接工艺流程及配套设备工作原理，现场调研结束后听取了新一代载人运载火箭关深阶段基建技改项目有关情况的汇报，深入了解了项目建设方案及必要性。季启明指出，此次调研的目的是推动新一代载人运载火箭关深阶段研制保障条件后续工作的顺利开展，现阶段研制任务时间紧，任务重，要提前筹划好前期准备工作，在后续论证和实施工作中，要统筹安排，突出重点，急需先行，确保项目顺利进行。

（魏晓欣）

【东高地体育场正式开放】9月2日上午，东高地体育场正式开放。院党委副书记张为民及有关人员，东高地街道有关领导，参加体育场揭牌仪式。该体育场改造工程于2020年5月29日开工，公司要求施工单位合理调整施工内容，保证施工质量与进度。8月底，工程全面竣工。本次改造工程包含基础翻修与功能规划两个方面。基础翻建部分，本次改造对整个体育场进行重新翻建，包括草坪更换，塑胶跑道重铺，篮球场、排球场、网球场建设，非运动区域建设，周边围网更换等。改造后，体育场具备一个标准足球场、一个标准篮球场、两个标准篮球半场、一个标准排球场、一个标准网球场的功能。同时也增强了灯光照明系统，更加方便晚间锻炼的人群，消除了因光线昏暗带来的安全隐患。整个体育场划分为五个功能区域，分别是健身器材区、

▲9月2日，改造后的东高地体育场正式开放。

体育运动区、休闲棋艺区、舞蹈健身区、娱乐活动区，满足员工多样化的运动需求。

（魏晓欣）

【企业创建110周年系列活动】 9月6日，企业创建110周年，开展主题升旗仪式、参观座谈交流、职工文艺汇演等活动。首先举行"新时代 新首航 守初心 图更强"主题升旗仪式，回顾110年发展历史，展望新时代美好蓝图。110名干部员工代表参加升旗仪式。参观座谈交流活动中，公司邀请了39位曾经在企业任职的领导参加活动，先后前往总装事业部现场、文化走廊和厂史馆参观，并在总装事业部大会议室进行了座谈。最后举办了喜迎国庆暨庆祝企业创建110周年职工文艺汇演。整个汇演以企业与祖国的血脉联系为主线，用诗朗诵、舞台剧、相声、快板、舞蹈、器乐演奏、光影秀等多种形式，展现了企业110年发展的峥嵘历程，表达了一代代首航人不忘航天报国初心、牢记航天强国使命的信念与决心。

（魏晓欣）

【职业健康安全、环境管理体系通过再认证审核】 9月14日至18日，北京军友诚信检测认证有限公司审核组，对公司职业健康安全、环境管理体系进行现场再认证审核（职业健康安全管理体系同时结合换版审核），结果公司顺利通过审核，并将继续保持认证注册资格。

（魏晓欣）

【北京市总工会领导到公司调研】 9月22日，北京市总工会工业（国防）工会主席周玉忠一行到公司调研工会工作。调研过程中，参观了火箭总装现场、企业文化走廊、总装事业部职工小家、高凤林全国示范性劳模和工匠创新工作室。周玉忠一行详细了解了院和公司职工之家、职工小家建设工作，对院和公司生产的大国重器表示震撼，对一代代航天人为实现强国梦的无私奉献表示敬仰，对院和公司作为航天发祥地、源源不断地为国家输送人才表示感激。他表示，北京市工业（国防）工会各部门将在后续的工作中为以院和公司为代表的在京中央单位职工做好服务工作，助力中央企业劳模选树、人才培养、班组建设、职工小家建设等工作再上新的台阶。院党委副书记、工会主席张为民，中华全国总工会兼职副主席、院工会兼职副主席、大国工匠高凤林，公司党委书记陶钢等相关领导陪同调研。

（魏晓欣）

【岳阳市市长一行到公司开展交流活动】 10月20日，湖南省岳阳市市长李爱武一行到公司开展交流活动，院长王小军、院产业发展部部长何国胜、公司总经理赵熙春等领导陪同。李爱武一行先后参观了公司钣金车间、贮箱焊接间、厂史馆以及总装事业部现场。李爱武表示，公司见证了中国从航天大国向航天强国的转变，航天精神是中华民族的文化财富，推动军民融合事业大有可为。王小军提出，希望与湖南省及岳阳市进一步加强沟通与合作，进一步开展新型军工产业合作，共同发展。赵熙春表示，公司将加快论证以及生产线设计，南方市场的发展空间很大，争取与岳阳市政府有更加深入的合作。

（魏晓欣）

【慰问抗美援朝老英雄】 年内，在中国人民志愿军抗美援朝战争70周年之际，公司组织开展慰问抗美援朝老英雄活动，走访慰问78位老战士，为他们送上"中国人民志愿军抗美援朝出国作战70周年"纪念章。10月22日，公司党委书记陶钢走访了公司抗美援朝志愿军老战士代表胡新和田宜德，91岁的退休老同志胡新和90岁的退休老同志田宜德，分别讲述了自己在抗美援朝战争中的经历，陶钢表示，抗美援朝战争是保卫和平、反抗侵略的正义之战，公司全体干部将永远铭记伟大的抗美援朝精神，肩负起祖国和人民赋予航天事业和公司的艰巨使命。陶钢叮嘱老同志要保重身体，在重阳节到来之际，祝福老英雄和家人阖家幸福安康。

（魏晓欣）

【国内首个2219铝合金3.35米直径共底贮箱研制成功】 11月15日，公司研制的国内首个2219铝合金3.35米直径共底贮箱成功下架，标志着公司贮箱制造水平再次得到大幅度提升，为未来新型号贮箱研制提供了强有力的技术支撑。共底贮箱是提高箭体结构效率、提升运载能力的有效途径，是未来新型号贮箱研制发展的趋势。2020年，公司围绕新型号研制需求和未来技术发展方向，全力开展了2219铝合金3.35米直径共底贮箱研制。公司自开展共底贮箱产品工艺技术攻关以来，先后突破了2219铝合金3.35米直径贮箱箱底整体旋压成形技术、整体成型箱底热处理技术、

▲ 11月24日4时30分，长征五号遥五运载火箭在中国文昌航天发射场成功将嫦娥五号探测器送入地月转移轨道。

整体成型箱底机械加工和化学铣切成形技术、贮箱双轴肩搅拌摩擦焊接技术、箱底大直径法兰电子束焊接技术、全冗余超安全共底装配焊接技术、3.35米共底贮箱总装焊接技术等多项关键制造技术。共底贮箱产品的研制成功实现了四个“国内第一”，即国内第一个2219铝合金3.35米直径整体成型箱底、国内第一个3.35米直径全冗余超安全共底、国内第一个应用双轴肩搅拌摩擦焊接技术的贮箱、国内第一个2219铝合金3.35米直径搅拌摩擦焊共底贮箱，具有重大的里程碑意义。

（魏晓欣）

【关进良荣获“航天杰出青年奖”】 11月17日，为表彰先进、树立典型，营造崇尚先进、学习先进、争当先进的良好氛围，激励广大青年在集团公司全面深化改革和建设航天强国新征程中开拓进取、建功立业，集团公司对30名优秀青年予以表彰，授予他们2020年度“中国航天科技集团有限公司杰出青年奖”荣誉称号。公司员工关进良获此殊荣。

（魏晓欣）

【长征五号遥五运载火箭发射成功】 11月24日4时30分，长征五号遥五运载火箭在中国文昌航天发射场点火升空，成功将嫦娥五号探测器送入地月转移轨道，发射取得圆满成功。本次发射是长征五号运载火箭的第二次应用性发射，也是长征系列运载火箭的第353次发射。本次任务发射的嫦娥五号是国内首个实施无人月面取样返回的探测器，是嫦娥工程“绕、落、回”三步中最为关键的一步，是嫦娥工程的收官之战。本次任务中，公司各单位根据交付节点倒排生产计划，京津两地大力协同，顺利完成长征五号火箭的生产及总装工作，将长征五号火箭交付靶场。在靶场期间，公司试验队发扬严慎细实作风，充分识别风险，严格精细化操作，确保长征五号运载火箭发射成功，取得最后的胜利。

（魏晓欣）

【崔蕴荣获全国劳动模范】 11月24日，全国劳动模范和先进工作者表彰大会在北京人民大会堂隆重举行，会上，公司员工崔蕴荣获全国劳动模范称号。这是继2015年高凤林荣获全国劳动模范后，时隔5年公司又一位员工获此殊荣。崔蕴，作为中国新一代运载火箭“总装第一人”，敢于迎接挑战、勇于攻坚克难，以饱满和忘我的工作热情，数十年如一日扎根火箭总装测试一线，在中国新一代运载火箭长征五号、长征七号等型号的研制过程中发挥了关键作用，为2016年长征五号、长征七号两型火箭的首飞成功，以及2019年底长征五号遥三火箭、2020年长征五号B火箭首飞、长征五号遥四和遥五火箭的成功发射立下了汗马功劳，为中国航天探月工程、火星探测、空间站建设等重点工程实施奠定了重要基础，为航天强国建设做出了重要贡献。他先后荣获全国技术能手、长征五号运载火箭首次飞行任务突出贡献者、“大国工匠年度人物”等先进荣誉称号十余项。2016年，获得“国务院特殊津贴”，2019年被授予全国五一劳动奖章，2020年光荣当选天津市劳动模范、全国劳动模范。

（魏晓欣）

【增材制造公司在廊坊举办开业仪式】 12月4日，增材制造公司在廊坊举办开业仪式。集团公司首席信息官王国庆，廊坊市经济开发区工委书记王一平，院本级型号行政负责人张正平，院相关部门、院属单位，公司领导出席开业典礼。开业仪式上，公司总经理赵熙春、廊坊市的王一平为增材制造公司开业致辞。王国庆、王一平、张正平、赵熙春、陶钢共同为增材制造公司揭幕。王一平对增材制造公司扎根落户廊坊表示热烈欢迎和衷心祝贺，他希望增材制造公司研发的新技术在满足航天产品应用的基础上，也能在精密零件、汽车制造、个性加工等民用市场上广泛应用推广，打造完整的产业链，为航天事业发展、区域

▲ 11月24日，在2020年全国劳动模范和先进工作者表彰大会上，员工崔蕴被评为全国劳动模范。

▲ 12月4日，位于廊坊市经济技术开发区的首都航天机械有限公司增材制造公司正式揭牌开业。

经济繁荣共同努力。公司副总经理陈金存介绍了公司增材制造发展历程、现有制造能力和未来产业规划。

（魏晓欣）

【中华全国总工会主席率队调研公司】 12月9日，全国人大常委会副委员长、中华全国总工会主席王东明率队来院调研，前往公司总装事业部、高凤林劳模创新工作室、新时代工匠学院，慰问劳模代表，看望一线员工，重点了解新时代工匠学院、劳模创新工作室、产业工人队伍、职工小家建设等情况。全总党组书记、副主席、书记处第一书记李玉赋，一院首席技能专家、全总兼职副主席高凤林，全总和中国国防邮电工会有关领导，集团公司党组书记、董事长吴燕生，党组副书记方向明，党群工作部部长王亚军，院长王小军，院党委书记李明华，院党委副书记、工会主席张为民，公司总经理赵熙春，党委书记陶钢，党委副书记、工会主席石立强等领导参加了调研。王东明强调，各级工会要深入学习党的十九届五中全会精神，学习贯彻习近平总书记关于工人阶级和工会工作的重要论述，特别是全国劳模大会上的重要讲话精神，大力弘扬劳模精神、劳动精神、工匠精神，团结动员广大员工乘风破浪、开拓创新，不断凝聚起为“十四五”规划目标任务建功立业的磅礴力量。调研中，吴燕生向王东明一行汇报了集团公司总体情况和承担的重大航天工程任务进展情况。在听取了航天技能人才队伍建设、班组建设、劳模选树等工作汇报后，王东明对集团公司推动世界一流航天企业集团建设、支撑世界一流军队建设和航天强国建设做出的贡献给予充分肯定。

（魏晓欣）

【长征八号运载火箭首飞成功】 12月22日，长征八号遥一运载火箭在海南文昌发射场点火升空，首飞任务圆满成功，公司全年宇航任务圆满收官。长征八号运载火箭于2017年5月正式立项，采用绿色环保液体推进剂，是中国新一代中型运载火箭。火箭采用了模块化、系列化、组合化的设计思路，一级状态与长征七号火箭芯一级基本一致，二级状态与长征三号甲系列火箭三级基本一致，其中一级和助推均采用液氧煤油发动机，二级采用公司总装的氢氧发动机。长征八号也成为了以最小代价、最短时间研制成功的火箭。长征八号火箭主要聚焦于未来太阳同步轨道的高密度发射任务需求，700公里太阳同步轨道运载能力可达到4.5吨，同时还兼顾近地轨道和地球同步转移轨道发射需求，能为国内后续卫星组网工程建设提供有力支撑，并具备提供商业发射服务的能力。

（魏晓欣）

【连续17年荣获“中国机械500强”称号】 年内，公司连续第17次荣获“中国机械500强”荣誉称号，名列第235位，较上年排名提前了31名。据中国机械工业企业管理协会的研究和分析，机械行业效益指标整体呈下滑趋势，行业运行分化明显，实现平稳运行的压力依然较大。公司未来将继续坚持智能制造的发展方向，加速推动生产方式转型升级，实现高质量发展。

（魏晓欣）

中车北京二七车辆有限公司

【概况】 中车北京二七车辆有限公司坐落于北京市丰台区张郭庄甲1号，占地面积63.02万平方米，地上建筑物建筑面积19.36万平方米。2020年，公司员工人数为1222人，其中在岗员工人数为512人、内退员工人数为320人、待岗员工人数为390人。员工中教授级高级工程师3人，具有高级专业技术职称54人，中级专业技术职称51人，具有高级技师资格13人，技师资格18人。

2020年，公司土地资产账面价值6895.35万元，设备1185台，账面价16287.30万元，房屋及构建物307栋，账面价值17777.98万元。2020年，公司共计处置设备1481台，其中通过北京产权交易所竞价销售三批次36标的，完成摘牌23标的，成交设备数量1423台，账面净值3889.69万元；中车子企业选购55台；报废处置3台。2020年年初，集团公司下达二七车辆公司的净利润指标为-15000万元，11月将指标调增-11800万元，公司克服了重重困难，通过加强内部管控、严控费用支出、积极处置闲置资产等措施，实现净利润为-1594万元，超额完成净利润指标T1值，减亏13406万元；集团公司下达二七车辆公司的营业收入指标为15000万元，公司团结同心打赢疫情防控阻击战，积极复产复工，加快处置步伐，努力实现创收，实现营业收入15,108万元，完成指标。

（李 峰 费 霞）

【规划发展】年内，明确发展目标，推进整合重组，拓展孵化项目。契合首都定位，发挥自身优势，多方调研咨询，统筹谋划公司未来，制定公司“十四五”发展规划、“中车北京二七产业园”、框架性规划方案以及“中车国际交流创新展示中心”的规划方案，明确大力发展服务经济，建设并打造集交流体验、创新引领、孵化投资、配套服务于一体的“中车北京二七产业园”的发展目标。为贯彻落实中车集团《四个“二七”公司重组整合指导意见》要求，使“四个‘二七’公司”重组整合工作高效推进，公司成立5个专项组，全面梳理涉及重组整合的各项事宜并制定工作计划，系统策划重组整合推进工作，完成领导班子合一及南北二七合并后的机构设置及职责（讨论稿）。根据未来发展定位，公司营业范围增加“电信业务、广告代理、厂房出租、汽车租赁”等业务，为未来经营进一步增加“服务”元素。统筹规划、统一推进土地盘活，依循资源价值最大化及土地流转、产业园规划工作需要，策划流转方案，完成对建设规划、土地划分、财税处理等方案的分析论证。

（李 峰 费 霞）

【经营管理】年内，提质增效降本，强化人力管理，严格风险管控。实施公司三年“强基工程”，聚焦突出问题，补齐管理短板，夯实基础平台。聚焦转型发展、重组整合，开展管理提升，突出六大提升任务，制定管理提升行动方案与清单，初步建设起适应公司新业务、新常态的运营管理体系。制定“两金”管控三年工作方案，建立长效机制，管控成效纳入年度效绩评价考核中，年末“两金”余额净值13707万元，降幅13%，圆满完成“两金”指标，“两金”增幅低于收入增幅，有效降低了“两金”占用。多措并举，建立机制，层层分解，开展“降本节支增效”专项工作。压降可控管理费用，细致分解，全年九项可控管理费发生579万元，完成压降指标。通过加强日常财务管理，优化资金筹划等措施，最大限度的减少借款利息支出，财务费用较预算减少1000万元，降幅37%。充分落实国家财税、社保、援企稳岗等政策，贯彻落实用电用气政策，应享尽享减税降费红利，实现增利约1500万元。公司未发生决策失误、安全生产与质量责任事故、重点环境污染事故；重大违纪案件0件，重大法律纠纷案件0件；“三供一业”移交工作基本完成。全年未发生到中车总部及上级机关群体上访并造成不良影响事件。

（李 峰 费 霞）

【生产运营】年内，积极开拓设备租赁业务，实现对外租赁设备13台，汽车4辆。开展厂房、场地及办公用房短期租赁业务，租赁总面积合计49660平方米。有效维护原有装备维保业务客户，努力洽谈新业务伙伴，全年实现非关联收入480万元。招待所业务克服间断营业影响，高效做好疫情防控，主动联系原有客源，大力扩展新客源，扎实开展酒店服务，实现营业收入537万元，同比增长14%。积极组织劳务派遣招聘6次，为待岗员工提供劳务派遣岗位191个，实现收入92万元。增加营业范围“电信业务、广告代理、厂房出租、汽车租赁”等“服务”元素。对照政治巡视整改目标，严控新增一年期以上“两金”，逐项梳理明细，明确责任，依靠法律途径，收缴一年期以上应收账款2416万元，同比降低53%；一年期以上存货5万元，同比降低97%，超额完成巡视整改目标。

（李 峰 费 霞）

【市场营销】采取多种措施、主动作为，超额完成年度设备资产和积压存货及废旧物资处置任务，实现公司收益最大化。2020年共计处置设备1481台，占待处置设备总数的93%；积极利用中车废旧物资处置平台宜企拍处置存货及废旧物资，年末公司存货仅为公司在用办公用品、劳保及防疫物资，公司积压存货处置已全部完成。

（李 峰 费 霞）

【基建与技改】根据《国务院办公厅转发国务院国资委、财政部关于国有企业职工家属区“三供一业”分离移交工作指导移交的通知》（国办发[2016]45号）和《中国中车集团公司“三供一业”分离移交工作总体方案》（中车集团资产[2016]266号）等文件精神，我公司开展了“三供一业”分离移交工作和剥离辅助解决历史遗留问题工作。本公司根据《关于南车二七（北京）车辆厂有限公司职工家属区供电分离移交的批复》（中车集团资产（2018）375号），于2018年8月与国家电网北京市电力公司签订供电分离移交实施协议，分离移交总户数4065户。供电分离移交维修改造费用共计3739.8万元。二七车辆厂已于2018年12月完成了资产划转移交工作。2020年底全面完成分离移交协议约定的改造工作。物业移交维修改造工作经接受单位的积极组织和各方协调配合，于2020年底已基本完成了分离移交改造工作。

（李 峰 费 霞）

【人力资源管理】年内，认真落实集团公司下达的2020年用工总量计划，2020年度，中国中车下达公司用工总量指标，员工限额人数1250人，员工计划人数1225人。2020年12月末公司员工人数为1222人，超额完成集团公司下达的用工总量指标。规范有序开展核心人才选拔及职称评审工作。2020年，进一步加强公司核心人才队伍建设，加强评审工作的规范管理，提升评审工作质量。完成了5名核心人才的任期绩效考评，通过人力资源信息管理系统完成初级与中级17人的职称评聘工作；经公司评审会评审，推荐2名优秀管理人才参加中车核心人才评选。持续优化人才培训开发体系，制订下发《2020年教育培训计划》，全年共计培训项目27项，已完成培训21项，其余培训项目因疫情原因已办理延期或取消。特种作业取证、复审工作，按计划完成30人培训取证工作，16人到期培训复审工作。按照干部管理“五化”要求，持续加强领导干部管理和监督工作。持续梳理领导干部信息，对公司中层及以上领导人事档案进行全面核查，全面梳理了领导干部的“三龄两历”等信息，并对人力资源信息系统数据进行更新。深入贯彻落实《领导干部报告个人有关事项规定》，组织公司领导班子成员填报《领导干部个人有关事项报告表》。进一步做好中层领导绩效管理工作，完成中层领导绩效计划及年度绩效考评工作。根据南北“两个二七”公司转型升级形势，积极改善领导班子结构，组织调整公司领导班子成员分工并下发执行。协助集团公司开展企业领导人员任职交流。

（李　峰　费　霞）

【疫情防控】年内，全面落实北京市、中车集团指示精神，公司党委及时开展行动，成立疫情应急指挥中心，统一指挥公司疫情防控；成立现场应急处置组、专项检查组和8个日常疫情防控专业工作组严格、科学开展疫情防控。明确公司领导疫情防控责任和包保检查工作分工，公司各党支部、各部门积极行动起来，做好组织、宣传和引导，广大党员、干部冲在前沿，严格落实各项要求。克服内退、待岗员工多、管理难度大的不利因素，上下一心、共同努力，在复工前、复工后，公司疫情防控都做到严格有序。同时，积极鼓励党员参加社区（村）的防疫志愿服务活动。全年，公司一直坚持必要的防控措施，做到与北京市和中车集团要求高度一致。公司内员工未发生一起新冠肺炎感染事件。

（李　峰　费　霞）

【企业文化建设】年内，做好文化聚合、文化引领工作。结合中车五周年、中车一次党代会开展视频和书法作品征集，撰写公司党委工作经验和亮点，发掘基层支部党建成果。开通公司微信公众号，及时传达上级要求，宣传公司形势和任务，发掘员工工作和生活中的先进事迹与亮点，传播正向声音，进一步提升了全体员工的凝聚力向心力；展示企业形象，开展“中车日”系列活动，通过“中车之歌”征集、传唱活动，使中车形象浸入每个员工的血液，内化于心，增强了员工的自豪感、责任感，公司在节日当天举行庄重的升国旗（奏国歌）、升司旗（奏司歌）仪式，通过组织开展旗帜下微演讲活动，强化文化认同，凝聚员工力量；科学有序地推进二七文化建设，以展现员工风采、凝聚发展激情为主题，以提升员工素质为重点，以开展各项知识答题、竞赛活动为载体，积极开展丰富多彩的员工文化活动。

（李　峰　费　霞）

【北京隆轩橡塑有限公司】北京隆轩橡塑有限公司成立于2004年12月29日，系中外合作企业，注册资金5000万元，注册地位于北京市丰台科技园总部基地五区8号楼，生产基地位于北京市丰台区张郭庄3号，是北京市高新技术企业。公司股东构成与持股比例：北京隆长泰工程机械有限公司（持股56%）、申元通（香港）有限公司（持股25%）、中国铁道科学研究院集团有限公司（持股8%）、中车青岛四方车辆研究所有限公司（持股6%）、北京仟世名信息咨询中心（持股5%）。

公司下设技术中心、市场开发部、安全生产部、质量保证部、综合管理部、财务部6个部门，现有员工230余人。公司主营业务：公司以生产制造铁路机车车辆工程塑料零部件为主，主产品有铁路货车和客车轴承保持架、塑钢隔圈及风电轴承保持架、隔球器（隔离块）等。主要用户为国内各铁路轴承制造公司、铁路局及铁路车辆制造公司。公司现有5000余平方米的生产车间和16条先进的注塑自动化生产线及一批先进的检验仪器设备，已形成保持架等工程塑料产品550万件的年生产能力。

2020年度经营情况：实现营业收入11827万元，利润总额1558万元，净利润1311万元，上缴税金1468万元。

技术能力：公司在铁路货车的高分子注塑领域具有一定的影响力。2020年开发的新品有高速动车组轴承保持架、风电隔球器产品、航空保持架产品、地铁保持架和精密轴承保持架的设计研发。为了响应中国中车“智能制造”全面转型升级的号召，公司于2016年针对30B隔圈产品的实现过程数字化和自动化升级改造进行调研策划。经过近四年的走访调研、技术攻关、试验验证等相关工作，确定了30B隔圈等产品智能产线的建设方案。该产线的引进将实现30B隔圈产品自动生成、自动检测、智能运输和全过程数据数字化管理。同时，该产线的建设为公司智能工厂的整体规划和建设提供了前期应用验证和技术储备。2020年公司申请专利7项，获得专利7项，累计专利48项，其中自主专利34项。

体系建设：公司已通过了GB/T19001质量管理体系、GB/T24001环境管理体系和GB/T28001职业健康安全管理体系、CRCC产品认证及ISO/TS22163国际铁路行业标准体系认证，现各体系实现有效运行，各项管理工作得到有效规范。

（李　峰　费　霞）

【北京二七储运公司】北京二七储运有限公司，是以仓储、配送、库房租赁为主的服务中车北京二七车辆有限公司且对外经营的服务性公司，公司位于北京市丰台区张郭庄甲1号院内，距宛平城卢沟桥畔京石高速公路2公里、世界园林博览会1公里，东侧京广线，京石高铁也即将竣工通车，南侧长辛店车站与公司铁路直通有17公里的内部铁路专线，交通便利。

公司仓库面积34000平方米，现有员工15名，其中总经理1名、副总经理2名、各类专业、管理人员12名。专业管理力量雄厚，保证了对客户的服务质量和良好的企业信誉、社会信誉。公司下设三个部室，即综合管理部、财务部、市场部。主要负责二七公司及本公司的办公场所、库房及场地的短期租赁工作及二七公司原有物资存储、收发保管保养、物资装卸、物资配送业务。2020年公司主营业务收入1484万元，利润总额

22万元。

（李峰　费霞）

中车北京二七机车有限公司

【概况】中车北京二七机车有限公司（以下简称二七机车公司）隶属于中国中车集团有限公司，前身是始建于1897年的邮传部卢保铁路卢沟桥机厂。百年二七，历经风雨洗礼，是北京近代工业的主要发源地之一，是中国共产党领导下"二七"工人运动的主要策源地，新中国第一台内燃机车从这里诞生，"北京型"液力传动内燃机车曾跑遍祖国大江南北。2020年，二七机车公司主要经营范围包括：开发、设计、销售铁路及城市轨道交通运输设备、电子设备、机械电器设备；提供技术咨询服务；出租商业办公用房等。实现营业收入8229万元。拥有员工707人，资产约24.9亿元。下属参控股公司2家，分别为北京中车长客二七轨道装备有限公司、北京中车二七达诺巴特机床制造有限公司。

（周燕平）

【规划发展】年内，公司与国家体育总局冬季运动管理中心、北京体育大学联合，继续推进二七国家冰雪运动科研训练基地建设。本项目自2018年启动以来，克服各种困难，至2020年底，按照预定计划完成各主要场馆建设并投入使用。建成的主要场馆包括速滑馆、轮滑馆、职工宿舍、体育训练综合风洞、跳台滑雪风洞试验室、两座六自由度训练馆、康复中心以及配套设施。通过该项目建设，2020年公司实现租赁收入5671万元。

按照中车集团公司"两个二七，合二为一"的工作部署，公司成立了专项工作组，积极研究相关政策，梳理解决合并前和合并过程中存在的各种问题。同时与二七车辆公司保持对接，全面推动两个"二七"合并工作有序开展。7月中车集团下发了《四个"二七"重组整合意见》，意见中明确了合并路径和主要计划节点，公司按集团公司要求启动相关工作，10月完成领导班子合并。加快推进制造业收尾相关工作，处置低效无效设备595台，净值2158万元，清欠制造业阶段应收账款5058万元，同时重机公司、二七康库得公司两亏损子公司宣告破产。

（周燕平）

【经营管理】年内，依据集团公司持续深入开展"提质增效""降本节支增效""强基工程""管理提升"的工作部署，编制工作方案，分解落实指标任务，建立月度工作报告制度，按时总结上报，及时发现工作中存在的问题并加以解决。经过公司上下共同努力，超额完成2020年度主要经营目标，全面完成预算管控、亏损子企业治理、低效无效资产股权处置、应收账款清欠等工作。2020年，公司9项可控费用较2019年同期下降41.4%。"三供一业"移交。供水移交：自来水楼内线路改造施工因疫情推迟至6月开工。协助施工单位开展常态化疫情防控条件下的施工工作，继续协调解决居民现场阻挠施工问题。11月中旬实现主管线通水，进入入户管线改造阶段。供电移交：4月底，供电外线改造进场施工。外线高压改造工程完成总工程量的90%，低压电缆敷设工程完成总工程量的80%。供电移交完成职能移交及资产移交。供暖移交：完成职能移交，改造工作因疫情及供暖季的到来而推迟。物业移交：还在与承接单位沟通职能移交工作。

（周燕平）

【人力资源管理】年内，按照要求开展退休人员社会化移交工作，共完成3841名退休人员社会化管理现场信息采集工作（完成率占京籍退休人员社会化99.6%）。完成3711份档案的数字化，并完成除丰台区以外的14个区的送档工作，丰台区档案已登记备案，等待移交通知。转移涉及北京市16个区县3698人的养老关系和医疗关系的转接工作。

（周燕平）

【基本建设和技术改造】年内，完成中车轨道交通装备产业园（窦店产业园）项目，累计总投资19.2亿元。完成国家冰雪运动训练科研基地配套西区电力改造工程项目，投资0.3亿元。窦店产业园建设、结算工作已基本完成，长客二七公司开始在窦店产业园生产。积极推进窦店产业园移交相关工作。

（周燕平）

【企业文化建设】年内，重视企业文化宣传和思想引导工作，以舆论环境的新变化和员工思想的新特征为出发点，抓好意识形态建设。严格执行《中车北京二七机车有限公司党委意识形态工作责任制实施办法》，进一步明确职责、统一思想，坚决做到"两个维护"。制定下发《舆情管理办法》，规范舆论引导，传播正能量。积极组织开展"讲好时代党课溢彩党建名片"活动的录制和推荐上报工作。组织开展"爱我中车 唱响中车"公司歌曲传唱系列活动，营造喜迎党代会的浓厚氛围。在中车日举办升旗仪式，共同唱响与你同行，迎接中车成立五周年。微信公众号《百年二七》发布数量和质量较上年有了大幅度提升。制作《转型发展迎挑战，万众一心加油干》短视频，宣传展示中车成立五周年辉煌成绩，讲述中车好故事，传播中车正能量，展示中车新形象，在员工中营造昂扬向上、团结奋进的舆论氛围，激发广大员工的荣誉感、责任感和使命感。

（周燕平）

北京京丰燃气发电有限责任公司

【概况】2020年，北京京丰燃气发电有限责任公司，提高政治站位，全面研判疫情形势，科学、精准、有效落实疫情防控工作，保持"双零"良好态势。克服新冠疫情影响、单机运行等诸多不利因素，全力以赴保障电力可靠供应，全年累计完成发电量16.29亿千瓦时，供热量120万吉焦，圆满完成各项生产经营任务。公司全年未发生人身伤亡事故、有人员责任的重大设备事故、重大火灾事故，安全生产实现“十无”，生产经营继续保持良好态势。

（胡岩毅）

【党建融入生产经营特色活动】年内，为实现党建与生产经营的深度融合，公司党委以“党建引领促生产 凝心聚力筑堡垒”为主题，制定了党建融入生产经营特色活动实施方案，公司所属6个党支部结合各自工作实际，确定了“支部实字当头 党员以干为先”“锤炼党性 服务周到助力生产”“党旗引领攻坚克难 奉献担当桥稳丰安”“有担当 尽职责 保障安全经济稳定运行”“党建生产相融合 管理服务共提升”“党建引领 面向生产 服务职工”等活动主题，制定了35个党建融入生产经营的活动项目，涉及管理提高、服务生产、技术攻关等各个方面，实现了“一支部一特色、一支部一堡垒；一党员一旗帜，一党员一先锋”。通过党建工作带动安全、设备、技术、经营、生产等方面提质增效，共同助推全年任务目标圆满完成。

（胡岩毅）

【首届技术技能专家聘任仪式】5月19日，举行首届技术、技能专家聘任仪式，7名京丰公司职工获殊荣。首届技术、技能专家评聘工作，从启动、申报到评审历时一年半。公司技术、技能专家评审委员会按照技术、技能专家评聘管理办法要求，从道德品质、职业操守，工作责任心，执行力、工作配合度，团队管理和组织协调能力，培养后备能力，身体健康状况等一系列条件进行对照评选，并量化赋分，最终评选出7名实践经验丰富、技术水平高超、理论基础扎实的技术技能专家。此次聘任技术、技能专家是京丰公司历史上的第一次，是培养技术技能人才、提升企业竞争力的一次探索和重要举措，标志着公司实施人才强企战略、推进人才队伍建设又迈出了新的步伐。

（胡岩毅）

【两项实用新型专利获国家授权】年内，京丰公司“一种燃气轮机静叶栅焊接及热处理固定装置”“一种金属焊接时保护气体充气装置以及充气组件”两项发明专利通过国家知识产权局审查，获得国家授权。这是公司在自主知识产权保护方面取得的又一喜人成果。自2016年至今，公司共获得20项国家专利授权，其中防冰除湿系统两项专利为燃机电厂进气防冰除湿系统改造提供示范指导。各项科技成果的应用促进了企业安全效益的有效提升。

（胡岩毅）

【挖掘企业内部消费潜力扶贫攻坚】年内，按照市国资委、集团扶贫攻坚工作的要求，进一步挖掘企业内部消费潜力，以优先购买扶贫产品和办理“北京消费扶贫爱心卡”为抓手，让更多优质农产品进企业、进食堂、进职工家庭，营造全员支持参与消费扶贫的良好氛围。结合企业实际情况，采取以行政消费扶贫和工会消费扶贫为主的方式开展工作，职工食堂按照年度采购预算情况，采购农副产品21.6万元；工会结合年度预算情况，采购扶贫产品11.7万元。对北京市消费扶贫产业双创中心进行走访调研，考察品种梳理、价格成本等情况，共计采购肉类、蔬菜、水果等扶贫农产品共计5.5万元。广泛发动员工办理爱心卡，让职工奉献爱心的同时，享受扶贫爱心卡专属优惠。

（胡岩毅）

北京三兴汽车有限公司

【概况】2020年，面对疫情的严重冲击和严峻的市场竞争环境，北京三兴汽车有限公司坚持以习近平新时代中国特色社会主义思想和党的十九大、十九届四中、五中全会精神为指导，深入贯彻落实集团公司和新兴重工年度工作会议精神，准确把握发展机遇，团结带领广大职工，紧紧围绕疫情防控和生产经营、重点项目推进开展工作。研发项目23项，主要有，1.0吨通用挂车、MV3净水车、重型高机动整体自装卸车、卫生防疫车、负压救护车、综合救援车、油罐拖车、公告油车、无人割草机、净水方舱等产品，重点订单29项（含跨年订单），军品任务11项460台套，全部按照时间节点完成，合同履约率100%，实现营业收入1.8亿元。

（陈　静）

【转型发展】年内，由“现址销售研发中心+西六环中试中心+天津生产基地”构成的“三位一体”发展格局初步形成，为实现北京三兴高质量发展，成为装备制造领域小巨人企业奠定坚实基础。

（陈　静）

【助力首都疫情防控】2月26日，将公司生产的会议方舱和普通方舱分别安放到三个指定防控执勤点，为一线防疫工作者送去温暖的“避风港”。此次支援社

▲ 北京三兴汽车有限公司送到疫情防控一线的会议方舱。

区战疫一线的方舱,可以满足会议、休息、饮水、用餐等需求,为战疫助力,充分体现了央企的责任和担当。

(陈 静)

【领导调研】3月13日,北京市发改委副主任李素芳一行到公司调研防疫工作和复工复产情况。调研组深入生产车间了解企业生产和产品结构情况,检查企业在防疫方面采取的措施,对防疫工作表示认可,对公司发挥自身装备研发优势、加强区域应急保障能力建设的做法给予充分肯定。李素芳强调,当前疫情防控仍是头等大事,企业在复工复产的同时要落实好疫情防控的各项措施,要熟悉行业的防控指引,严格按照指引做好疫情防控工作,并表示市发改委将支持公司研发中试中心项目,帮助解决实际困难,全力保障企业复工复产安全有序,确保防控与发展两不误。

(陈 静)

【技术创新】5月,经北京市科学技术委员认证,北京三兴汽车有限公司荣获"北京市设计创新中心"称号,这也是公司继"国家高新技术企业""中关村高新技术企业"和"北京市企业技术中心"后,设计创新能力再次得到认可。北京市设计创新中心是经北京市科学技术委员会认定,设计创新基础良好、服务能力较强、队伍建设完备、业绩突出、发展水平居北京市先进地位的法人单位。

(陈 静)

【党建活动】6月30日,召开庆祝建党99周年暨"七一"表彰大会,向全体党员发出号召:牢固树立"危机感、使命感、责任感",强化"愿干、应干、会干、实干、能干"的精神理念,在自己的岗位上切实发挥先锋模范作用,勇于担当责任、勇于直面问题、勇于自我革新,勤奋务实,敢于担当,积极作为,开创美好未来。

(陈 静)

【应急演练】6月30日,组织开展综合应急预案,参加演练30余人。通过演练,检验了公司应急预案的可操作性、应急预案启动、各部门应急队伍响应与处置、现场协调指挥,以及灭火作战等各项动作的适用性、各应急小组应急处置能力,各类装备和防护器具的熟练操作使用情况,消防设施的完好性,应急救援及抢险器材、装备的适用性。

(陈 静)

【自动化焊接技能培训班】11月16日至21日,举办首都素质教育工程自动化焊接技能培训班。本次培训是为了落实《关于全面加强新时代首都技能人才队伍建设的实施意见》精神,不断提升职工技术技能素质,强化职工职业技能,为首都培养"高精尖缺"产业工人,造就一支有理想守信念、懂技术会创新、敢担当讲奉献的产业工人队伍。培训围绕《机器人焊接技术的发展现状》《新型耐热耐蚀合金焊接性及其应用》《焊接机器人应用与操作》《焊接机器人编程与入门》等方面,邀请了行业内的专家、教授进行授课,收到良好效果。公司生产一线的35名技术骨干参加培训。

(陈 静)

▲11月16日至21日,北京三兴汽车有限公司举办首都素质教育工程自动化焊接技能培训班。

【劳模表彰】12月22日,北京市劳动模范、先进工作者和人民满意的公务员表彰大会在北京会议中心举行。孙淑红当选"北京市劳动模范",受到大会表彰。

(陈 静)

北京市赛欧工贸有限公司

【概况】2020年,赛欧公司认真贯彻落实市国资委、市社各项指示精神,以回归主责主业、重新擦亮供销社金字招牌、培育壮大供销社工程和扩大赛欧品牌的社会影响力为核心目标,解放思想,攻坚克难,开拓创新,较好地完成了年度经营管理各项工作任务,实现了企业平稳有序的发展。2020年实现营业收入14343.19万元,同比增长4.72%;实现综合经济效益6689.37万元(其中利润5189.37万元、资产占用费1500万元)。截至年底,全系统共有在职职工156人,退休退职人员1785人。下属四个基层单位,机关设置七部三室。

(高雪芳)

【领导考察调研】3月12日,北京市供销合作社副主任郭子华等到赛欧公司王佐大院检查卫生防疫及复工复产安全工作。赛欧公司党委书记王海轮、副总经理邓继超及相关人员陪同检查。4月24日,市社党委第二巡察组到赛欧公司召开巡察北京市赛欧工贸有限公司党委情况反馈会。市社党委副书记马京生等3名同志及赛欧公司党委委员、领导班子成员、中层干部共30余人参加会议。会议由王海轮主持。

(高雪芳)

【制定培育壮大供销社工程实施方案】年内,为了进一步做好统一标识的推广和规范使用，高度聚焦乡村振兴战略，紧紧围绕主责主业，不断擦亮“供销社”金字招牌，有效提升北京市供销合作总社的社会形象和影响力。根据《北京市供销合作社培育壮大工程实施方案》，中共中央、国务院《关于深化供销合作社综合改革的决定》和《乡村振兴战略规划（2018-2022年）》文件精神，结合公司自身特点拟定《北京市赛欧工贸有限公司培育壮大供销社工程实施方案》。

（高雪芳）

【年度安全工作会议】 5月15日，召开全国“两会”期间信访维稳、“接诉即办”和安全生产工作会议。公司领导班子成员、各部室部长、各分公司主要负责人参加会议。会议由公司总经理张一帆主持。会议传达5月12日市国资委召开的“接诉即办”、信访维稳视频会议精神及5月13日市安委会办公室召开的市属国有企业安全生产工作视频会议精神。10月23日，召开关于做好党的十九届五中全会期间安全稳定和“接诉即办”工作部署会。王海轮、张一帆及公司各部室部长、各分公司主要领导参加会议。会议由王海轮主持。会上传达市社《关于做好党的十九届五中全会期间安全稳定和“接诉即办”工作的通知》和《关于十九届五中全会期间开展接访下访工作安排的通知》。公布公司领导班子成员下访基层单位的分工情况以及安保部下发五中全会会议期间安全稳定及“接诉即办”工作的部署通知。

（高雪芳）

【为丰台区中小企业发展提供助力】 4月8日，正值2020年税收宣传月，丰台区税务局副局长王冠凯携各科室干部、媒体记者一行7人到赛欧孵化中心，开展主题为“精准服务创新创业群体”的宣讲活动。孵化中心总经理肖宁、党支部书记陆春艳、副总经理于淼热情接待。8月，赛欧孵化中心成功入选由工业和信息化部中小企业局评定的“国家小型微型企业创业创新示范基地(2020年)”。本次评选全国共有117家基地通过审核，北京市有4家，其中有赛欧孵化中心。国家小型微型企业创业创新示范基地的评选，是为了进一步贯彻落实工业和信息化部《国家小型微型企业创业创新示范基地建设管理办法》《工业和信息化部办公厅关于组织推荐2020年度国家小型微型企业创业创新示范基地的通知》，切实推动大众创业、万众创新，进一步营造小微企业创业创新发展的良好环境，培育一批基础设施完备、综合服务规范、示范带动作用强的国家小型微型企业创业创新示范基地。8月21日，赛欧孵化中心获得北京市经济和信息化局“2020年度北京市支持中小企业发展资金”服务奖励类政策资金50万元，本次北京市支持中小企业发展资金项目申报及评审，是依据《北京市支持中小企业发展资金管理暂行办法》相关要求，目的是进一步改善中小企业融资环境，支持中小企业特别是小微企业融资，加强中小企业服务体系建设，支持服务机构持续为中小企业特别是小型微型企业提供优质服务。

（高雪芳）

【知识产权宣传活动】 4月25日，12330赛欧工作站举办世界知识产权日暨知识产权宣传周活动，向入孵企业发放宣传品，同时了解企业知识产权现状及需求。赛欧工作站人员介绍自身发展情况以及知识产权相关知识，统计企业的知识产权数量，征集企业的困难和需求，为各企业宣传讲解知识产权相关政策，切实为企业解决实际需求，并发放宣传资料及纪念品。

（高雪芳）

【欧泰大厦工程竣工仪式】 11月6日上午10时，北京市供销合作总社、旺泰控股集团有限公司和北京市赛欧工贸有限公司携手北京城建集团有限责任公司、中国建筑技术集团有限公司、北京建大京精大房工程管理有限公司以及欧泰大厦的建设者代表，在丰台区杜家坎南路20号欧泰大厦项目现场举行工程竣工仪式，共同庆贺欧泰大厦工程竣工落成。欧泰大厦作为长辛店中高端商务地标性建筑，一体两翼时尚大气，提高了土地利用价值，提升了市社品牌形象和资产规模，为区域经济和社会发展，改善地区城市面貌具有重要意义。

（高雪芳）

【“应急宣传进万家”系列活动】 从6月初到11月底，开展“应急宣传进万家”系列活动，活动包括：组织开展“安全生产月”活动、宣传教育活动、安全生产培训活动、防汛工作、安全分级考核工作、“安康杯”活动、“青年安全生产先锋岗”活动、“防风险保平安迎大庆”安全检查与督查工作、“119”消防宣传月主题宣传活动。

（高雪芳）

【疫情防控】 1月28日，召开新型冠状病毒肺炎疫情防控工作紧急部署会，传达贯彻习近平总书记重要指示，强调认真落实中央、市委、市国资委党委指示精神，按照市社党委部署做好疫情防控有关工作。公司党委书记王海轮主持会议并讲话，公司中层以上在京副职共计25人参加会议。1月31日，撰写并向入驻企业推送《致各地来（返）京的赛欧孵化中心入驻企业的一封信》。在信中，赛欧孵化中心首先向园区入驻企业及其所有员工表明携手战疫情、齐心谋发展的站位，宣传国务院办公厅、北京市政府发布的关于延长2020年春节假期的有关号召，进一步强调入驻企业返京人员务必根据地区差异合理安排好返京时间，来自湖北等疫情高发地区的人员务必暂缓返京，其他地区返京人员务必按要求做好居家隔离观察。2月2日，在孵化园区入驻企业返工前夕，赛欧物业分公司组织召开疫情防控措施落实协调会，按照疫情防控预案要求严格落实责任分工，检查疫情防控设备和物资的储藏、运输、领取、使用管理情况并进行现场演练。2月10日，市纪委监委第四监督检察室副主任杨艳华带队以“四不两直”方式到北京市供销社所属北赛欧孵化中心对疫情防控措施落实情况进行监督检查，赛欧公司党委书记董事长王海轮、总经理张一帆、副总经理邓继超、孵化中心党支部书记兼总经理肖宁等分别就赛欧孵化中心的楼宇防控、入驻企业人员管控、办公室场所消毒措施等情况作了专项汇报。2月10日下午，市社资产部领导专程到赛欧公司进行防控措施落实情况和复工情况专项检查，重点走访考查赛欧辖区重点经营性资产单位及防控难度大的老旧小区中防控措施落实情况。通过实地检查、听取汇报、抽查资料等方式，对赛欧公司对经营性资产进行分类管控、对复工企业进行严格管理、确保防控措施落实到位无死角等情况给予了高度肯定。市社资产管理部领导特别强调，当前疫情防控工作形势仍然严峻，伴随企业复工率提升管控难度将持续加大，赛欧公司全体干部职工不能有丝毫松懈，要确保从严管控，全面落实北京市政府有关指示精神及市社《关于进一步明确责任加强新型冠状病毒感染的肺炎防控工作的通知》要求，确保做到“两个绝不发生”，特别是要重点加强对复工后孵化园区、楼宇、网点等人员密集场所的防控，落实“四个责任”要求，针对承租户和园区企业中的返京人员做好重点隔离观察和健康状况登记管控，确保预案到位、防控到位、消杀到位，用实实在在的努力共打赢疫情防控阻击战。2月27日下午，丰台区委书记徐贱云带队到赛欧科技孵化中心调研检查楼宇防疫和入驻企业复产复工情况，丰台区委副书记、党校校长高峰，区委常委、副区长周新春，副区长张婕，区政府办主任杨杰，区卫健委主任刘婉莹，区城管执法局局长苏爱军，中关村丰台园常务副主任孙睿等一同调研检查。北京市供销合作总社副主任张守海、北京市赛欧工贸有限公司党委书记王海轮、总经理张一帆、副总经理邓继超，赛欧孵化中心党支部书记、总经理肖宁分别向检查组介绍了有关园区防疫工作开展、入驻企业复工复产服务保障有关情况。

（高雪芳）

2021

北京丰台年鉴

商贸 服务业

商业贸易

【概况】 2020年，丰台区商务局统筹疫情防控和商务发展，努力守住“保”的底线、夯实“稳”的基础、拓展“进”的态势，积极推进物资保障、复商复市、稳定商务经济等各项工作。全年实现社零额1319亿元，总量居全市第三位。新消费发展稳步提速，实现网上零售额329.7亿元，同比增长37.7%。

（牛格非）

【民用防护物资保障】 在疫情初期物资紧缺情况下，积极发动辖区内商贸流通企业资源，筹集口罩225.081万只、消毒液29.75吨等，为全区50余家单位提供了应急支援。

（张　萍）

【防疫保供复市】 年内，指导新发地、岳各庄、京深海鲜等批发市场复市升级。新发地休市后组织协调设立临时周转区。设立930余处抗疫取货站覆盖238个社区，在新发地周边解封小区设置8个临时便民网点，建立区级储备。组织商业企业完成核酸检测81826人，督导检查7000余家企业疫情防控，商超复工率达100%。

（张会利 张 萍）

【制定惠民消费政策】 年内，开展限量购车补贴活动，补贴资金1000万元，5月单月汽车类商品实现零售额15.2亿元，环比增长31%。制定租金减免补贴政策，19家商场减免租金超亿元，补贴总额1500余万元。

（牛格非）

【搭建区级促消平台】 年内，举办“丰台在线 云淘好物”消费月活动，推进线上建店400余家，带动直接消费近亿元。开展北京消费季之约“惠”丰台活动，重点打造购物嘉年华、汽车惠民文化消费季等特色消费品牌。

（牛格非）

【推进商业设施升级】 年内，推进公益西桥华联商厦、资和信百货等传统商场“一店一策”升级改造。联合方庄、马家堡街道研提方庄商圈、马家堡商圈提升改造的思路和举措，启动方庄商圈提升改造方案研究。引导传统商业企业充分利用线上活动向线下实体引流。

（牛格非）

【生活性服务业品质提升】 年内，新建及规范提升便民服务网点88个，完成全年任务的125.7%。基本便民商业服务功能持续实现社区全覆盖，全区共拥有基本便民商业网点4200余个，千人网点数2.1个，千人网点面积508平方米，平均每个行政社区拥有便民网点12.7个。

（张会利）

【便民商业网点连锁化水平稳步提升】 年内，全区共有连锁化网点1939个，连锁化率45.5%。引进的品牌化、连锁化企业不断丰富，包括全时、盒马鲜生、阳阳快餐等连锁品牌。

（张会利）

【推动便民服务功能集成】 年内，全区240余家便利店（超市）搭载蔬菜零售功能，累计建设“一站式”便民商业服务综合体66家，积极引进互联网蔬菜新零售。

（张会利）

【推进区属国有商业网点便民功能回归】 通过回收、回租、回业态等方式，完成新建规范网点30处。

（张会利）

【深入推进消费扶贫】 年内，助力内蒙古扎赉特旗、林西县、河北涞源县，实现消费扶贫4.2亿元。深入开展消费扶贫“七进”活动，梳理受援地区832扶贫平台产品目录，推进全区预算单位采购扶贫产品。搭建企业对接合作销售平台，推广“首航社区团购线上平台拼团”等销售活动，组织开展涞源县农副产品专场推介，建设消费扶贫智能专柜20台。推进扶贫双创分中心建设，岳各庄市场“党建引领消费扶贫”基地正式揭牌。

（张　萍）

【夯实安全生产行业管理责任】 年内，持续加大监督检查力度，督导检查商业经营单位3901家次，开展隐患排查343家。

（李学兵）

【行业管理】 年内，开展无障碍设施改造，23家规模商超、42家规模餐饮作为先行试点单位。开展“光盘行动”、商务行业垃圾分类和创建国家卫生区等工作。

（张　萍）

【优化政务服务】 年内，实现“一窗受理、限时办结”，办理各类审批备案4192件次。认真抓好12345“接诉即办”，全年平均得分98.29分，在月均考评30件以下部门中排名第6位。

（杨 磊 杨卫丽）

对外经贸

【服务业扩大开放综合试点取得新突破】 年内，牵头拟定丰台区建设国家服务业扩大开放综合示范区工作方案，提出“三大重点区域+四大重点领域”开放发展新格局。紧抓“两区”建设契机，积极争取试点政策，丽泽金融商务区比肩金融街、国家级金融科技示范区，纳入全市金融科技创新示范区主阵地。举办丰台区建设国家服务业扩大开放综合示范区宣传推介会暨项目签约仪式，金融、科技、文化、商务等领域13家高质量机构现场签约。征集新一轮储备项目44个。全年完成实际利用外资1.2亿美元，提前超额完成市级任务。

（宋　莉）

【精心组织参展服贸会和进博会】 年内，组建丰台服贸会交易分团，协调相关单位举办金融服务专题展、旅游服务专题展等，“中外金融机构高端对话 FIN-TALK 论坛”，参加北京日“金融开放”主题推介，发动195家企业报名参加服贸会线上办展。成立丰台进博会交易分团，在进博会“共创北京开放新篇章”主题活动中，丰台区对丽泽金融商务区进行推介，交易分团组织的70家企业现场意向成交额700万美元。

（李　蕊）

【稳定外资】 完善外资工作机制。成立稳外资工作专班，建立完善“外资企业基础库、重点外资企业库、新设增资大项目库、流动潜在项目库”，推进外资项目及资金落地。加强企业服务，为19家重点外贸企业争取高质量发展资金补贴2000万元，指导48家外贸企业146个项目申报开拓国际市场资金支持。开展服务贸易监测，135家企业填报金额2.6亿美元。

（李　蕊）

商贸企业

北京丰贸投资经营管理有限公司

【概况】 北京丰贸投资经营管理有限公司成立于2013年12月，主营业务为：接受委托经营管理国有资产、投资管理，兼营房地产租赁、物业管理等。机关总部设12个部室，全资子公司5家，分公司7家，控股公司1家，参股公司2家，兼托管企业7家。2020年，公司克服疫情影响，实现营业总收入1.55亿元，利润总额6776万元，净利润4310万元，上交国有资本金1240万元，上缴税费6009万元。

（冯　巍　钱超阳）

【自管宿舍疫情防控】 抗疫期间，成立5个防控督导组，克服物业基础薄弱、资产老破旧等问题，设置9个防控点，承担起10.5万平方米的自管宿舍防控工作。

（冯　巍　钱超阳）

【区域疫情防控】 年内，选派30名员工参与新发地疫情防控，近百名员工支援马家堡及右安门街道15个社区、3处入境人员隔离点、大红门核酸检测、电话流调等防控工作。协调所辖网点杜家坎24号改造为区首家集中医学观察点，将巴庄子139号用作应急物资生产员工住宿点。为国资国企筹措4万余只口罩、5吨消毒液，向16个社区捐赠3万余元防疫物品。

（冯　巍　钱超阳）

【党建阵地建设】 年内，完成北大地党支部党建阵地建设工作，推动西马场北里流动党员服务中心建设工作。进行“双报到”党员624人次。34名党员及职工受到社区、街道的表扬，支部收到锦旗7面，感谢信4封。全年发展预备党员6名，转正党员5名，抗疫期间，8名工作人员递交入党申请书，1名同志因表现优异火线入党。

（冯　巍　钱超阳）

【便民网点建设】 年内，完成31处便民网点建设工作，占全区总任务的1/3，便民商业服务网点辐射11个街道，23个社区，业态包含社区超市、便民早餐、蔬菜零售、美容美发、菜店、家政服务及配送。

（冯　巍　钱超阳）

【租金减免】 年内，成立“减免中小微企业房租”工作领导小组，通过减、免、延方式，为600余家符合条件的中小微企业和个体工商户减免租金4465万元。

（冯　巍　钱超阳）

【网点拆迁及彩钢板拆除】 年内，对纳入棚户区改造项目范围内的商业资产进行全面摸排，加强待拆迁网点上的清退改造，全年腾退土地面积4.6万余平方米，建筑面积3.8万平方米；拆除彩钢板11处，面积约8000平方米。

（冯　巍　钱超阳）

【退休社会化管理】 年内，成立退休职工社会化管理工作领导小组，完成5712名退休职工的档案关系转接工作。

（冯　巍　钱超阳）

【民生服务】 年内，完成丰台区杜家坎甲19号楼自来水管线改造及天然气入户、西王佐458号职工宿舍排水管线维修、丰台区南方庄4号自来水管线入户和云岗北区北里39号外立面和基础设施的改造工程。

（冯　巍　钱超阳）

【人才引进】 年内，通过“慧聚英才 筑梦丰台”丰台区进高校专场招聘活动，录用5名应届双一流高校毕业生。

（冯　巍　钱超阳）

【财务管理】 年内，制定《丰贸公司财务预算管理制度》《丰贸公司现金管理制度》，开启财务软件预算管理模块，开通资产管理单位租金收缴子账户，规范现金的使用范围和上限。

（冯　巍　钱超阳）

【安全保障】 年内，完善《安全考核管理办法》，落实安全隐患大排查大整治工作，应急演练活动2次，签订安全责任书、安全协议46份。

（冯　巍　钱超阳）

【软件正版化】 年内，投入65万元，购置终端操作系统、办公软件各152套，服务器操作系统3套，完成在账、在用计算机设备盗版软件卸载、正版软件安装工作，软件正版化工作全面达标。

（冯　巍　钱超阳）

丰台区国有资本经营管理中心

【概况】 北京市丰台区国有资本经营管理中心（以下简称国资中心）是2010年6月经丰台区政府批准、丰台区国资委出资设立的全民所有制企业，是以国有资本经营和国有股权管理为重点、以国有资本证券化和价值最大化为目标的投融资和运营管理平台，注册资金124.5亿元人民币。国资中心在职职工41人（含诚信佳担保公司21人及代管国资委推改办4人），退休职工1人。承担“做优做大国有资本、服务区域经济发展”的使命与责任，充分发挥资本运营、融资担保和基金投资等作用，以发行企业债、中票、短融为手段，聚焦园区建设、非首都功能疏解、民生保障等区域核心项目，致力于建成以专业化资本运作为核心、以市场化运作为特色的国有资本运营平台。

（国　帅）

【疫情防控】及时传达区委、区政府和区国资委防疫要求，主要领导亲自指挥，主管领导下沉防疫一线，与全体党员干部出色完成右安门街道和东铁营街道社区值守、首都机场境外人员和湖北返京人员接转、新发地封闭小区值守，卢沟桥街道核酸检测、丰台区重点市场疫情防控监督检查等防疫任务。根据防疫常态化要求，紧盯防控形势，制定并落实疫情防控方案，建立各类人员管控台账，做到“早发现”“早汇报”。

（国　帅）

【有效发挥融资平台作用】年内，紧紧围绕区委、区政府重点工作开展业务，为科技园区建设、大红门地区非首都功能疏解及丰开集团等提供资金及担保支持，审批金额54.28亿元，已实施借款26.8亿元、担保13亿元；高质量完成20亿元中票发行，创近年来北京市地方国企中同期限同评级最低利率，接近全国最低水平，为区域重大项目资金使用提供有力保障，为资本市场投资丰台提振信心。

（国　帅）

【助力中小微企业发展】年内，按照中央“六稳”“六保”工作部署，诚信佳担保公司第一时间分析研究并制定落实方案，提供融资性担保291户次，同比增长30.49%，累计降低企业融资成本1697.24万元，有效助力中小微企业发展；同时研发“抗疫贷”产品，提供资金支持超过1亿元。

（国　帅）

【强化国企履职担当】年内，严格落实《中国共产党重大事项请示报告条例》，上报重大事项23次。向林西县提供55万元扶贫捐赠资金，资助项目已投入使用并产生收益。建立健全安全生产工作责任制，推进生活垃圾分类，加强科学管理，健全长效机制，深入开展新时代爱国卫生运动和国家卫生区创建。

（国　帅）

【投贷联动初现成果】年内，与北京速特闪通科技有限公司共同出资设立国丰多达通公司，建设丰台区乃至北京市全域超级充电站网络，弥补充电基础设施建设短板，满足民生需求，解决新能源汽车发展痛点，推动形成充电设施规划建设新模式，打造丰台新基建亮点工程。

（国　帅）

【投资平台作用显现】年内，加快落实北京市及丰台区总体规划，成立南苑森林湿地公园建设管理有限公司。京丰创投基金公司完成京丰1号基金产品注销，有效回笼资金。

（国　帅）

【强化主体责任落实】年内，严格组织生活制度，完成问题党组织的整改。抓整改落实，完成主题教育“回头看”自查。坚持推进党建引领和保障企业发展的顶层设计，完成“三重一大”决策制度修订，强化支委会前置研究，完善党支部工作规则和支委会议事规则，梳理重大事项请示报告清单和决策清单，制定班子动态责任清单。

（国　帅）

【提升精细化管理水平】年内，全面梳理部门及岗位职责，强化制度建设，新增和修订制度18项。完成财务部门组织架构重建，设置内控专员，强化预算管理，完成电算化系统升级，积极搭建财务大数据平台。

（国　帅）

丰台区综合投资集团有限公司

【概况】北京市丰台区综合投资集团有限公司（简称“综投集团公司”）成立于1999年1月。主营范围：投资、兴建经济实体和新技术企业，房地产开发、经营，为国内外投资者提供咨询服务和工程咨询服务，土地开发，出租商业用房等。集团本部设8部2室，所属控股、参股、托管企业28家。2020年，资产总额290.46亿元，负债总额242.74亿元，所有者权益总额47.72亿元，资产负债率83.57%，完成经营收入15322.08万元，实现利润总额4070.88万元，上缴税收3018.48万元。

（李佳君）

【疫情防控】年内，成立2个下沉社区疫情防控临时党支部，选派85名干部职工下沉到新发地、长辛店街道、东铁匠营街道、方庄地区、集中隔离点、湖北专列转运点等一线参与疫情防控，抽调37名干部职工支援社区核酸检测。下属子公司方庄购物中心协助区商务局储备发放口罩150多万只，消毒液5000多桶，涉及企事业单位近300家，助力区委区政府有效解决区属各单位复工防控物资供应问题。疫情期间，减免中小微企业及个体工商户60家，减免金额为404.24万元。疫情防控专项资金投入约20万元。

（李佳君）

【丰台站改建及配套市政征地拆迁工作】年内，稳步推进丰台站改建工程及市政配套工程征地拆迁工作，征地拆迁项目涉及总拆迁面积约35.77万平方米，征拆总投资约132.1亿元；已完成18家国有非宅拆迁及6家集体非宅腾退签约工作；腾退加油站2座，迁坟125座，完成率100%；向丰台站项目工程管理部交付施工用地882亩，完成率99%；完成拆迁35.75万平方米，完成率99%；启动住宅搬迁1161户，完成1132户，完成率97.5%；完成征地拆迁投资63.48亿元。丰台站配套市政工程征地拆迁项目总投资约118亿元，需搬迁腾退面积约24.1万平方米；已完成万寿路南延、丰台东路丰草河北路等21家企业搬迁，完成率38%；完成一期成套住宅搬迁276户，搬迁率达100%，总体成套住宅完成率36%；实现交地约11.41万平方米，完成率47%；落实投资12.66亿元。

（李佳君）

【丰台站站城一体化建设】年内，配合区规自分局编制完成丰台站街区控规（初稿），初步形成项目实施方案；对项目范围内的产业定位进行深入研究，并提前谋划招商引资和产业运营方式，深化站城区域内功能布局和产业业态。同时，做好征拆的前期准备工作，与产权单位沟通拆迁诉求。

（李佳君）

【基层党建】 年内，整合成立党的建设和全面从严治党工作领导小组，认真落实党委全面从严治党主体责任。以开展“不忘初心、牢记使命”主题教育为载体，推进主题教育制度化、常态化，紧盯主题教育整改落实情况，持续深化整改成果，以群众满意度检验主题教育成效。选拔任用中层干部5名，公开招聘中层干部2名，组织完成11名中层干部试用期满转正工作，对方庄购物中心党支部书记进行了调整，向方庄购物中心董事会推荐干部3名；对恒盛宏大公司2名领导班子成员职务调整。进一步提升基层党组织组织力，完成3名预备党员转正工作和2名党员发展工作。

（李佳君）

【群团工作】 年内，充分发挥职代会作用，加强企业民主监督、民主管理，落实常务公开，维护职工合法权益、合法利益，签订综投集团公司区域性集体合同和工资专项合同。成立共青团区综合投资集团公司支部委员会，认真落实《共青团章程》，进一步引导广大团员青年充分发挥青年后备军作用，积极投身集团发展。组织团员青年开展“新时代文明实践活动”，在团区委开展的“青年大学习”活动中，参与率在区企业团支部中位列第一。

（徐贵锋　李佳君）

【纪检审计监督工作】 年内，深入贯彻落实全面从严治党及党风廉政建设和反腐败工作要求，开展全面从严治党专项检查6次。抓实“关键问题”的廉洁提醒，督促7家被审计单位落实后续整改，压实整改责任，做好廉政风险防范工作。加强重要工作部署的监督检查，推进党员干部离京外出请假、报备工作。以“12345”接诉即办、物业管理、垃圾分类等重点工作为抓手，严厉纠治形式主义、官僚主义问题。

（李佳君）

【市政基础设施建设】 年内，所属恒盛宏大道路公司以政府投资计划项目为重点开展工作。石榴庄路道路疏通工程、南顶路、关家坑路已完工通车；张新路桥梁工程、南苑公租房范家庄路、长辛店北二十路南延已开工建设；六圈路工程、京良路东段全线腾退率均达85%，通久路二期全线腾退率达45%，京良路西段完成拆迁量5%；落实投资约2.5亿元。水务建设方面，区部分农村污水管线建设、“两田一园”高效节水灌溉工程已完工；推进马草河基地东路桥等8项工程的前期工作；区农村污水治理工程已开工；完成6项工程征地拆迁及树木伐移工作；协助水务局开展2个河道治理工程、3个项目积水点治理工程；落实投资约1.25亿元。综投集团公司与国网北京市电力公司丰台供电公司签署战略合作协议，充分发挥双方资源优势，在区重点项目和重大电网建设项目上深度合作，助力丰台发展进入快车道。

（李佳君）

【园林绿化建设】 年内，所属金三环园林绿化公司承接留白增绿建设项目大红门锦苑绿化工程、区平原重点区域造林绿化工程（4标段）、延庆赛区A部分场馆配套基础设施景观生态修复工程施工项目、城市绿心园林绿化建设工程（初定）十六标段施工项目等23个园林绿化项目；承接并完成园博园绿地养护项目、通州区平原造林工程林木资源养护等11个绿化养护项目。实现工程收入1.99亿元。

（李佳君）

【静态交通建设】 年内，所属静态交通丰台公司经营备案停车场178个，备案停车位22303个；开发“静态交通共享”APP，新建、改造3个共享停车场，解决老旧小区停车难题；以物联网为基础，依托大数据、云平台等技术，建设6个远程值守停车场，为居民提供便捷、高效、优质的停车服务。区第二批道路电子收费系统建设项目部分路段上线运营；北京南站立体停车设施建设项目投入运营。落实投资约3000万元，实现营业收入约4800万元。

（李佳君）

【垃圾处理】 年内，所属环丰公司通过筛分、渗沥液处理、填埋、垃圾外运消纳丰台区原生垃圾共71.09万吨，完成经营收入17306.41万元。着力提升综投集团公司生活垃圾减量化、资源化、无害化管理水平，制定工作方案，设立领导小组，科学合理设置各类垃圾投放点位，签订垃圾收运服务合同。加强宣传力度，提高循环使用意识，开展“光盘”行动，实现环境效益、社会效益和经济效益同步发展。

（李佳君）

【物业管理】 年内，所属恒丰物业公司围绕新《北京市物业管理条例》贯彻落实各项工作。加强宣传力度，扩大《条例》了解覆盖面，营造依法进行物业管理的良好社会氛围；加强指导力度，提高工作人员的管理能力和服务水平；强化监管力度，开展消防安全、用电安全、环境卫生等专项检查，规范物业服务行为；推动业委会组建，引导居民自治；推进职业经理人制度，提升物业服务水平。

（李佳君）

【土地一级开发】 年内，就承接的丰台花乡中部组团项目与花乡总公司预建立战略合作关系，整合资源优势，共同在中部组团土地一级开发相关领域开展多维度、深层次的合作。郭公庄三期B地块已完成入市交易工作，定向安置房项目已基本完成回迁安置工作。

（李佳君）

【资产管理】 年内，有效盘活丰财投财会培训中心项目资产，实现年收益不低于560万元，且每年增幅在上年基础上增加10%，促进国有资产保值增值。

（李佳君）

【提升企业治理水平】 年内，加速推进现代化企业建设。不断完善科学化、规范化、系统化的公司管理体系。深化派驻机构改革，将纪检审计部分设为纪检监察部和审计部，进一步提升条线化管理效能；研究制定《投资监督管理暂行办法》《采购管理办法》等制度，为加强子公司管理，实现集团化管控奠定基础。

（李佳君）

【房产证办理】年内，托管企业兴丰公司启动莲怡园一区房改房产权证办理工作，完成入住居民信息采集分类、房改售房款开户工作，完成第一批次166户居民的办证上报工作。

（李佳君）

【十四五规划编制】年内，统筹开展十四五规划的编制工作。组建“十四五”规划编制领导小组，“十四五”规划编制起草组；多次组织召开工作协调会，编写完成十四五规划重点前期研究课题计划及十四五规划讨论稿，并逐步优化完善。

（王宏波　李佳君）

【安全维稳】年内，全面落实安全生产主体责任，签署各类安全生产责任书58份；组织开展安全夜查6次、安全检查148次；组织开展“安全生产月”“汛期”安全教育、“119”宣传月等宣传活动，开展年度消防疏散灭火演习，顺利完成重大活动期间及特殊时期的安全保障工作。办理区长信箱9件，96005市民热线案卷822件，全部案卷均在规定时限内办结并按照要求回复。

（李佳君）

【创卫环境整治】年内，围绕“统一标准、分项考核、全面达标”的创卫原则，建立创卫工作机制，积极开展垃圾分类、“三整治一提升”、建设无烟党政机关等专项行动，深入组织以“新时代文明实践推动日”“除四害、讲卫生”“清理牛皮癣小广告”等为主题的周末卫生日教育主题活动，形成了以综投集团、各子公司、各物业公司、各项目部四级联动的创卫体系和齐抓共管的工作格局。

（张　晨　李佳君）

【精准扶贫】年内，按照区国资委工作部署，与林西县扶贫办及统部镇进行扶贫协作和支援合作交流对接工作，带动集团数家所属企业定向购进林西县特色农副产品，增强精准扶贫实效，林西县已实现脱贫摘帽。

（李佳君）

投资促进

【概况】2020年，投资促进工作紧密结合丰台区发展战略，以高端产业集聚为导向，以优质项目引进为核心，切实提升专业化、精准化、市场化、国际化水平，各项工作取得新成效。成功促成中国广电网络股份、中建材信息、丰台铁路、通用新材料、农发行北分、东兴基金、中华联合财险、中核商业保理、威立雅北分、北京娱美德知识产权、首宏基金、圆心科技、九星智元、天兵科技等一批大型央企国企、金融机构、外资企业和高新技术企业项目落地。全年新设立注册资本5000万元以上规模企业440家，同比增长27.5%，注册资本共计1890亿余元，同比增长197%。

（秦　凡）

【健全招商机制】年内，建立丰台区招商引资重大项目会商机制，整合区内招商资源，形成上下联动、横向协调的项目推动机制。加强部门联动，明确各成员单位工作职责和任务目标，统筹资源渠道，对重大招商项目进行统筹调度。强化指标驱动，明确目标任务，量化招商任务指标体系，覆盖各行业主管部门和街、乡、镇、功能区等属地部门。建立信息联系和跟踪服务机制，各部门结合自身领域积极主动开展招商工作，并在项目对接、项目洽谈、协议签订、引导落户、后续服务等方面开展全链条、全响应服务。

（秦　凡）

【拓展招商渠道】年内，采用“紧密型+开放式”相结合的市场化招商模式，公开选聘渠道资源广、人脉资源丰富、合作意愿强的中介机构开展合作，扩大项目线索获取渠道。聘中智和、中科院人才中心等3家紧密型合作中介机构，与北交所、毕马威、新龙脉资本等25家机构形成招商定向合作，共储备中介推荐项目17个。

（秦　凡）

【推介活动】年内，围绕大型投资促进活动开展产业宣传。借助京洽会、厦洽会、驻京外商投资丰台行、进博会、京港会等活动，广泛宣传区位优势、营商环境、产业项目。组织全区相关委办局、街乡镇的主管领导、业务骨干等近200人进行集中培训，通过线下座谈、线上交流等方式对1300余家企业开展宣传活动近30场，营造浓厚的招商引资氛围。

（秦　凡）

【招商服务】年内，出台《丰台区促进高精尖产业发展扶持措施（试行）》（简称“丰九条”），对金融、科技等重点产业给予支持。组织丰台区各街乡及商务楼宇，举办政策解读活动30余场，向1300余家企业传递最新政策精神，提振企业在丰台区稳定发展信心。搭建“丰企通”企业服务平台，聚焦企业关注关心的热点难点问题，开展线上政策宣讲，共举办6期主题活动，15000人次观看。积极服务企业人才需求，为企业协调子女入学、办理工作居住证、协调申请公租房、共有产权房等，帮助企业留住人才，解决人才后顾之忧。

（秦　凡）

【楼宇招商】年内，完成全区疫情期间商务楼宇与入驻企业需求调研，全面调研疫情期间商务楼宇及企业在营业收入影响、运营成本、现金流、退租情况、防疫物资等问题需求，及时向区委区政府报送调研成果，传递楼宇心声，推动楼宇复工复产问题解决。创新楼宇招商合作模式，针对常态化疫情防控上线“招商云选址”平台协助楼宇招商，运用VR技术对全区39家楼宇近400万平米空间实现720度全景楼宇展示及空置房源展示，让企业足不出户高效实现招商选址。

（秦　凡）

【线上“云”招商活动】3月12日，开展主题为“提振信心、助力发展”的优化营商环境专题访谈活动，将招商推介活动放在线上举办，在做好疫情防控的同时，为企业发展助力。此次投资促进网络直播推介活动，是丰台区首次尝试通过新媒体形式，开展营商环境推介及政策解读。

（秦　凡）

【参加2020投资北京洽谈会】9月8日，2020年投资北京洽谈会（简称“京洽会”）在北京国家会议中心举行。京洽会期间，丰台区投资促进服务中心工作人员就相关政策及丽泽金融商务区、中关村丰台园等重点招商项目向咨询企业进行了详细介绍，并从企业需求出发，向意向企业精准推介了丰台区的营商环境及优惠政策，为企业答疑解惑。现场发放宣传折页等宣传材料500余份。

（秦　凡）

【参加中国（北京）国际服务贸易交易会】9月8日，2020投资北京洽谈会首次作为中国国际服务贸易交易会分场活动，以“共建开放合作、开放创新、开放共享的北京样本”为主题。丰台区投资促进服务中心精心筛选中核商业保理有限公司、中煤地生态环境科技有限公司等6个重大签约项目，涵盖新能源、节能环保、人工智能等高精尖产业。此外，还推出多个优质招商项目，其中包括中关村丰台园、北京丽泽D片区、国家数字出版基地、丽泽SOHO、二七科创城等园区类、土地类、楼宇类项目等。

（秦　凡）

【参加2020厦门国际投资贸易洽谈会】9月8日，2020厦门国际投资贸易洽谈会暨丝路投资大会开幕。丰台区投资促进服务中心在北京展区轮值负责推介丰台营商环境、产业项目，宣传最新政策、开展投资咨询洽谈活动，收集企业投资意向。先后对接中国出口信用保险公司、厦门国贸控股集团、泰普生物科学（中国）有限公司、厦门软件产业投资发展有限公司、厦门光莆电子、闽威实业等30余家企业。

（秦　凡）

【2020驻京知名外商企业投资丰台行活动】9月23日，2020驻京知名外商企业投资丰台行活动，在丰台区新青海喜来登酒店举行。40余家世界500强企业和知名跨国集团齐聚北京丽泽金融商务区，共同探讨北京市扩大对外开放新举措和丰台未来愿景。此次投资丰台行，依托北京外商投资企业协会独特的发展优势和丰富的外商资源，吸引了多家世界500强企业（知名跨国公司）聚集丰台、关注丰台、对话丰台。让更多跨国公司深入了解了丰台的相关政策、投资环境和市场前景，深入挖掘合作机会，为跨国企业在丰台投资兴业营造了良好的商务氛围。

（秦　凡）

【参加第三届中国国际进口博览会】11月5日至10日，第三届中国国际进口博览会在上海举办。丰台区投资促进服务中心参加此次进博会，重点走访调研了海量数据、外滩SOHO、艾迈科思、找油网等四家在沪企业，涵盖了科技、金融、商务服务、楼宇经济等多个方面。区投促中心紧抓对外创新发展机遇，充分利用第三届进博会等开放平台，开展系列招商引资活动，主动做好与外资和境外企业的对接联系，向各国企业展示丰台对外开放新形象，与国内外客商共享商机、共谋发展。

（秦　凡）

【北京·香港经济合作研讨洽谈会】11月19日，以“深化高水平开放，促进高质量发展”为主题的第23届北京·香港经济合作研讨洽谈会以线上方式，在北京、香港两地同时开幕。丰台区根据《北京城市总体规划（2016–2035）》中的功能定位，围绕首都“四个中心”建设，结合丰台优势资源和产业，在此次京港洽谈会上推出26个“高精尖”重大招商项目，其中包括丽泽金融商务区“数字金融科技园”、中关村丰台园、国家数字出版基地、二七厂1897科创城、丽泽SOHO、平安金融中心、斯玛特教育等。精选“北京IN”等签约项目成功签约，总投资额39亿。

（秦　凡）

服务业

丰台区餐饮住宿服务行业协会

【概况】2020年，在丰台区商务局的正确指导下，在市区各有关部门的大力支持下，经全体会员企业的共同努力，丰台区餐饮住宿服务行业协会（以下简称协会）自身建设不断完善，综合业务水平得到提高。积极配合区政府各有关部门开展疫情防控、数据调研等工作，组织会员企业开展专业培训、业务交流，搭建服务平台，充分发挥协会的桥梁纽带作用，圆满完成年度工作任务。

（李明浩）

【新冠肺炎疫情防控】年内，新冠肺炎疫情突发，协会高度重视疫情防控工作，带头组织会员企业、商户共722人进行核酸检测；向区内餐饮企业发放抗击新冠疫情宣传海报，并进行抗击新冠疫情服务指导等工作；每天收集、整理、汇总疫情防控信息和经营数据，为政府部门提供疫情期间行业管理的参考数据。7月6日，协会发挥地区行业社团组织优势，开展“共克时艰 爱心助力”地区防疫工作，向区内花乡地区进行了物资捐赠。

（李明浩）

【“e口吃遍春天”2020丰台区线上美食月】5月1日至31日，组织开展“e口吃遍春天”2020丰台区线上美食月活动。受新冠肺炎疫情影响，区内餐饮业经营受到重创，考虑消费者安全并结合现有资源，协会通过线上直播、销售、线上外卖促销等多种方式开展本次促消费系列活动，助力区内行业企业复产复工和经济的复苏。

（李明浩）

【2020年第七届消夏美食节】8月8日至16日，组织开展“玩转京城美食 嗨吃龙虾节暨2020年丰台区第七届消夏美食节”活动。成功举办小龙虾烹饪比赛，通过线上线下两种方式促进区内消费。同时协会开通腾讯直播间，积极组织美食直播、大V探店、扶贫产品直播、各类节日节点特色优惠直播等活动。

（李明浩）

【2020年第六届金秋美食节】9月29日至10月31日，组织开展“2020年丰台区第六届金秋美食节”活动。在本次活动中，协会除继续落实光盘行动外，联动区内各大餐饮街区同步宣传引流，倡导各个商圈同步开展“金秋美食节”活动。为了积极贯彻落实坚持精准扶贫、精准脱贫的基本方略，以活动为契机，组织林西扶贫推介会、食迅网扶贫推介会，签订意向协议，积极开展扶贫工作。

（李明浩）

【2020年涞源扶贫专场推介会】11月至12月，组织开展“2020年丰台第二届岁末美食节暨涞源扶贫专场推介会”活动。此次活动围绕“双十一”“双十二”“冬至”各时间节点，开展一系列优惠促销及扶贫专场活动。在做好常态化疫情防控工作的同时，在各时间节点开展多种形式优惠促销活动，满足丰台区百姓节日消费需求，全力营造丰台区餐饮行业消费热度。

（李明浩）

【制止餐饮浪费行为】年内，协会发出倡议，坚决制止餐饮浪费行为。9月协会设计制作光盘行动宣传海报，辐射区内100余家餐饮企业进行张贴。在餐饮企业宣传倡导并践行餐桌文明，积极推行“分餐制、公筷制、双筷制”；提供“半份、半价”“小份、适价”服务方式，倡导“光盘行动”。

（李明浩）

【扶贫项目考察】10月，协会在区商务局、区文化和旅游局的指导下，先后赴保定市涞源县和扎赉特旗两地，考察当地重点扶贫项目、旅游资源及特色农产品市场，与当地农副产品产销商建立联系，帮助部分企业对接，进一步促进两地旅游、农副产品市场的繁荣。

（李明浩）

丰台区维修服务行业协会

【概况】2020年，丰台区维修服务行业协会共有会员单位50家，按经济性质划分，有限责任公司40家，占会员总数的80%；个体工商户10家，占会员总数的20%。从业人员269人。组织培训中、高级锁具修理工16名。严格落实“四方责任”，积极做好疫情防控工作。开展社区维修“一刻钟服务”工作。

（梁生荣）

【行业规范】年内，开展《开修锁服务规范》行业自律活动，组织中、高级锁具修理工培训，并颁发职业资格证书和胸卡，基本实现锁具修理服务上门全区覆盖，会员单位未发生一例消费者投诉。

（梁生荣）

【新冠疫情防控】年内，新冠疫情来袭，加强宣传，在协会微信群中提醒会员单位认真落实“四方责任”，积极做好防控工作，并在疫情缓解时复工复产，及时为会员单位办理空调清洗、消毒工作。疫情期间，从事空调经营的会员单位，克服困难，冒着风险，为岳各庄市场、学校、医院、写字楼、宾馆酒店、政府机关、部队、商场、超市等50多家单位进行中央空调安装、清洗消毒以及安装新风机组系统工程计1652台套，为抗疫做出了贡献。

（梁生荣）

【技术培训交流】年内，开展系列行业培训及技术交流活动，共组织培训中、高级锁具修理工16名，中央空调清洗消毒与新风系统安装网上技术交流1次，锁具修理工职业道德和法规培训1期，组织锁具维修网上技术交流2次，有效提升了行业技术人员的技术水平和维修能力，提升了职业道德水平，增强了法制观念。

（梁生荣）

【社区维修服务】年内，继续开展社区维修“一刻钟服务”工作。在保证落实新冠疫情防控“四方责任”安全的前提下，上门服务11000余人次，维修各类物品11020件，免费为孤寡老人、特困群体维修服务16户，投诉率为零。基本做到“一刻钟”内到位上门维修，特殊情况经预约按时上门维修。

（梁生荣）

【服务会员单位】年内，积极为会员单位做好服务，通过协会网站、微信群、邮箱、电话，与会员互动和信息沟通，为会员单位提供空调清洗消毒专业资质认证，向会员提供工商、税务、经营、技术等多方面咨询服务100多次，受到会员的好评。

（梁生荣）

【会费收据变更】年内，按照区财政局的统一要求，完成新的会费票据打印版软件系统安装工作，严格遵守财务制度，按规定领取、使用会费收据，按期汇总上报会费收据情况。

（梁生荣）

2021
北京丰台年鉴

旅游业

综 述

【概况】2020年，丰台区文化旅游局多措并举推动文化事业繁荣发展、文物保护活化利用、旅游产业稳步复苏、行业秩序健康有序，较好的完成了年度各项任务。丰台区旅游业接待游客870.3万人，同比下降42.8%；实现营业收入95亿元，同比下降65.1%。

坚持融合发展，文化旅游区域形象显著提升。策划文化旅游推广活动，推出13条季节性特色精品旅游线路和10大网红打卡地，辖区内6家打卡地上榜北京网红打卡地百强名单。推出“夜赏丰台”系列促进消费活动，满足多元化消费需求。打造“北方红星长辛店”文化旅游消费新亮点，完成长辛店红色文化资源开发规划、启动三年行动计划和旅游资源手册编制。提升改造5个固定厕所、6个环保厕所和2个家庭卫生间。完成141座旅游厕所地图标注，标注率全市第一。以“晓月卢沟千年韵 妙笔生花看丰台”为主题参加2020服贸会旅游专题展，首次推出丰台文化旅游电子地图、微官网和线上虚拟展厅，展台荣获“最佳展台设计奖”和“最佳人气奖”。“发现新丰台”平台发布信息7553篇，传播量4186余万。举办4场旅游咨询和30场咨询进社区活动，受众300余万人次。4家企业获得北京旅游商品扶持资金。5家景区通过市文化旅游局红色旅游景区复核。3家红色旅游景区4名选手分别获得金牌或优秀讲解员称号。

聚焦两个安全，文化旅游市场秩序持续向好。启动文化旅游企业安全动态监管体系建设。完成A级景区城市安全风险评估、15家企业安全生产标准化创建和20家企业安责险参保。加强意识形态阵地管理，做好意识形态阵地内容的及时更新和撤销。严格检查文化市场，严格管理源头渠道。行政处罚西客站候车广场内6家书店。调查网络书店涉嫌售卖盗版图书。办结全国重大跨省销售盗版教辅图书案。取缔非法教会组织。跨区查处非法出版物窝点一处。集中开展“黑旅游”综合治理和文化执法检查，立案28起，结案31起，罚款13.4285万元，罚没非法出版物2.1419万册、音视频存储卡56张，收缴淫秽光盘40余张。开展多种形式，组织线上线下营造首都文明城区、国家卫生区、控烟示范单位创建以及生活垃圾强制分类、光盘行动宣传氛围，制作并在文化旅游经营单位张贴主题宣传海报，滚动播放标语口号，开展舆论引导和广泛宣传。

立足民情民声，服务意识服务效能不断提高。推进“一网一次”和互联网+政务服务，审批营业性演出117台次，网上办理113台，“一网一次”办理率达97%。压缩审批时限，服务事项100%提前办结。年内办理投诉681件，在年度综合考评中位列委办局第八。

（孙 权）

景区景点建设

【景区景点建设】年内，丰台区星级饭店21家，其中5星级1家、4星级7家、

丰台区旅游景区（点）统计表

表16

编号	名称	等级
1	世界公园	AAAA
2	南宫旅游景区	AAAA
	世界地热博览园	
	温泉水世界	
3	北宫森林公园	AAAA
4	花卉大观园	AAAA
5	抗日战争纪念馆	AAAA
6	北京汽车博物馆	AAAA
7	园博园	AAAA
8	园林博物馆	AAAA
9	青龙湖公园	AAA
10	抗日战争雕塑园	AAA
	卢沟桥 宛平城	待评
11	万芳亭公园	AA
12	莲花池公园	AA
13	丰台花园	AA

丰台区旅游星级饭店统计表

表 17

编号	名称	星级
1	北京西国贸大酒店	5
2	南粤苑宾馆	4
3	中成天坛假日酒店	4
4	北京好特热国际商务会馆管理有限公司	4
5	北京大方饭店有限责任公司	4
6	北京江西大酒店	4
7	北京商务会馆	4
8	北京万方苑商务酒店	4
9	京铁大酒店	3
10	华夏明珠宾馆	3
11	燕岭宾馆	3
12	弘利苑大厦	3
13	侨园饭店	3
14	国润商务酒店	3
15	北京哈特商务酒店有限公司	3
16	华苑饭店	3
17	冠京饭店	3
18	海兴大酒店	2
19	京华饭店	2
20	长征宾馆	2
21	京西南宫宾馆	2

3星级9家、2星级4家。A级旅游景区（点）13家，其中4A级8家、3A级2家、2A级3家。

（孙　权）

旅游节庆活动

【2020到北京丰台过大年活动】 1月17日，举办“2020到北京丰台过大年活动”。活动以“乐游丰台过大年”为主题，分为“迎新春——溢彩缤纷过大年”“戏冰雪——乐享冬趣过大年”“看大戏——文化荟萃过大年”“享丰味——欢欢喜喜过大年”四大版块，15项文化、旅游、体育、商业等特色活动。活动期间，通过北京电视台、千龙网、新华网等20余家媒体开展市场宣传，累计发布宣传报道30次，信息传播量189.5万人次。后因新冠肺炎疫情，活动暂停。

（施宇龙）

【推出3条丰台春季旅游线路】 4月30日，通过以点串线的方式，策划推出3条丰台春季旅游线路，涵盖踏青、赏花、游园等。在为期一个多月的时间内，通过北京电视台、新华网、首都之窗、FM96.9、一直播悦享航班、北京时尚生活派、旅游攻略君等30余家媒体开展市场宣传，累计发布宣传报道67次，信息传播量2084.84万人次。

（施宇龙）

【2020丰台文化旅游消夏季活动】 8月7日，举办“2020丰台文化旅游消夏季活动”。活动分为6大板块，涵盖夜游、嬉水、亲子、赏花、游园、休闲、文博展览等15项特色活动。配合活动的举办，推出5条夏季精品旅游线路。在为期一个多月的期间内，通过北京电视台、新华网、首都之窗、FM96.9、一直播悦享航班、北京时尚生活派、旅游攻略等30余家媒体开展市场宣传，累计发布宣传报道72次，信息传播量1442.23万人次。

（施宇龙）

【参展2020中国国际服务贸易交易会旅游专题展】 9月5日至9日，围绕“展示、商洽、推介”三大核心内容，精心策划、筹备、组织，圆满完成2020中国国际服务贸易交易会旅游专题展参展工作。展会期间，参观者近3万人，累计发放宣传资料17000余份，开展业务交流、咨询5800余次，有意向进一步交流、洽商的企业8家。展区荣获组委会颁发的“最佳展台设计奖”和“最佳人气奖”。展会开创多个“首次”：首次基于丰台文旅特色定位，策划推出“晓月卢沟千年韵，妙笔生花看丰台”品牌宣传语；首次推出丰台文旅资源电子地图，通过地图标点形式，分层分类呈现全区旅游景区、博物馆、文物古迹、网红打卡地、重点酒店、美食街区等20大类276个点位，实现一图在手，游遍丰台；首次推出丰台文旅微官网，将全区文旅资源，包括旅游景区、非遗文化、博物馆、文旅活动、交通讯息等18项内容进行梳理分类，实现线上查询功能和线下展示内容的延伸；首次推出线上虚拟展厅，配合线下展会，打造与实体展厅一致的虚拟场景。

（施宇龙）

【2020丰台金秋文化旅游季活动】9月25日，举办“2020丰台金秋文化旅游季活动”。活动以“打卡丰台 乐享金秋”为主题，推出丰台金秋10大打卡地。配合活动举办，推出5条秋季精品旅游线路。在为期近两个月的期间内，通过北京电视台、新华网、首都之窗、FM96.9、一直播悦享航班、北京时尚生活派、旅游攻略等30余家媒体开展市场宣传，累计发布宣传报道97次，信息传播量2189.52万人次。

（施宇龙）

【六家旅游景点上榜首届北京网红打卡地百强榜单】11月18日，由北京市文化和旅游局主办的2020首届北京网红打卡地评选活动百强榜单揭晓，卢沟桥、宛平城、北京汽车博物馆、紫谷伊甸园、二七厂1897科创城、绿野仙踪郊野乐园6家旅游景区点上榜网红打卡地百强榜单。

（施宇龙）

【策划推出2020丰台冬季欢乐游活动】12月23日，以“欢聚丰台 乐迎新年”为主题，策划推出“2020丰台冬季欢乐游”活动，活动由“欢游丰台迎新年”“文化荟萃迎新年”两大版块构成，涵盖冰雪、温泉、游园、音乐会、戏曲、歌舞、文博展览等26项活动。后因新冠肺炎疫情反弹，活动宣传推广暂停。

（施宇龙）

【旅游咨询服务】年内，旅游咨询服务活动调整为线上线下相结合，提供旅游咨询服务367.8万余人次，其中线上直播观看367万人次，咨询站、咨询活动接待游客咨询8000余人次，发放各类旅游咨询材料2.5万余份，旅游纪念品4000余份。旅游咨询服务方式由节庆假日现场咨询活动向线上直播宣讲等方式转变。梳理保留4家区内精品旅游咨询站，提升咨询站服务接待能力。

（王亚楠）

【旅游咨询进社区活动】年内，开展“2020年丰台旅游咨询进社区”系列活动。活动采用讲座以及现场旅游咨询相结合的方式，在30个社区为居民普及旅游法及旅游出行相关注意事项，解答居民在旅游出行中的困惑。向居民发放普及宣传资料及纪念品，并提供旅游咨询服务。活动期间共举办讲座30场，参与人数1.3万余人次，发放宣传资料2.5万余份。

（王亚楠）

【参加2020年北京红色故事讲解员大赛】12月7日，组织中国人民抗日战争纪念馆、卢沟桥文化旅游区、北京汽车博物馆3家区内红色旅游景区，参加由北京市文化和旅游局主办的，以“讲好红色故事 展现时代风采”为主题的2020年北京红色故事讲解员大赛。此次大赛，辖区内3家单位共派出4名选手参赛，取得了优异成绩。其中中国人民抗日战争纪念馆讲解员李洋、北京汽车博物馆讲解员胡子雨荣获专业组金牌讲解员，北京汽车博物馆讲解员王晨阳荣获业余组金牌讲解员，卢沟桥文化旅游区讲解员解樊荣获专业组优秀讲解员。

（施宇龙）

旅游公共服务

【完成旅游厕所提升改造项目】年内，北京市文化和旅游局下达旅游厕所提升项目资金150万元，用于丰台区旅游厕所提升改造，共有5家旅游景区进行了旅游厕所提升改造，包括：卢沟桥文化旅游区、莲花池公园、北京青龙湖公园、北京园博园、绿堤公园。共改造永久性旅游厕所5座，采购安装移动式环保厕所6座，增设家庭卫生间2处。

（刘迦慧）

【完成2019年旅游发展一般转移支付资金项目】2019年，北京市文化和旅游局下达丰台区旅游发展一般转移支付专项资金571万元。丰台区实施四类12个旅游项目，分别是：卢沟桥文化旅游区周边五种语言标识系统制作安装项目和相关监控硬件设备购置项目；北京汽车博物馆游客售票系统及设备更新项目；北京园博园广播系统购置、桌椅和遮阳伞采购、游客服务设备采购、售检票系统改造、垃圾桶购置、游客接待中心改造、标识系统更新工程项目；《长辛店红色文化旅游资源开发规划及三年行动计划》编制和复产复工疫情防控宣传资料制作项目。4月30日，所有项目均完成组织实施、竣工验收和资金拨付工作。

（刘迦慧）

【2020年旅游发展一般转移支付资金项目】年内，北京市文化和旅游局下达丰台区旅游发展补助资金694万元。立项6个旅游项目，分别是永定河（晓月湖－宛平湖）文化旅游规划编制、长辛店红色文化旅游资源点位标识制作项目、长辛店红色文化旅游资源智能语音解说开发和上线项目、西王佐农业观光园旅游设施提升项目、魏各庄千青爱草仙龙园标识系统安装项目、郭庄子公园旅游配套服务设施项目。

（刘迦慧）

【完成疫情期间支付中小微文旅企业一次性运营补贴】年内，研究制定《关于给予丰台区中小微文旅企业一次性运营补贴资金的实施细则》并对外发布，支付全区中小微文旅企业一次性运营补贴194万元。

（刘迦慧）

【三家旅游新业态通过北京市文化和旅游局复核】年内，按照乡村旅游国际驿站、乡村酒店、休闲农庄、养生山居、生态渔家、山水人家、采摘篱园、民族风范、葡萄酒庄9种类型特色业态评定标准，丰台区共有3家旅游新业态通过北京市文化和旅游局复核，分别是南宫泉怡园度假村乡村酒店、长辛店绿野田园采摘篱园、紫谷伊甸园休闲农庄。

（刘迦慧）

【获得北京旅游商品扶持资金】年内，辖区内的北京航天博物馆有限责任公司、中和博礼（北京）科技发展有限公司、北京博霖贺隅国际文化发展有限公司、北京结绳科技有限公司共4家区内旅游商品企业获得2019年度北京旅游商品扶持资金。

（施宇龙）

【编制《长辛店红色文化旅游资源开发规划及三年行动计划》】年内，根据2020年度全国文化中心建设重点任务清单，围绕革命活动旧址保护提升，完成《长辛店红色文化旅游资源开发规划及三年行动计划》编制。该规划立足长辛店红色文化旅游资源条件，提出构建“两核、两廊、四区”的文化旅游发展空间结构，将长辛店二七大罢工红色遗址群作为发展根基，以“北方红星长辛店”为名片，突出长辛店作为“中国北方工人运动的摇篮”与“机车工业老镇”的文化特色，将长辛店地区打造成为“中国工人运动纪念与红色教育基地”。并为后续红色文化旅游资源的开发和利用提供路径方向和指南。同时，配合规划的编制，完成《长辛店红色旅游资源手册》《游览手册》的编纂，6条旅游线路的设计，以及一套旅游线路导游解说词范本编纂等项工作。

（施宇龙）

旅游监督管理

【依法依规及时处理游客投诉】年内，发挥12345市民服务热线的“探头”作用，及时高效回应群众诉求，切实解决好群众身边的难题，提升行业服务标准和管理水平。全年接诉即办受理544件，办结544件。

（孙　权）

【推进城市风险评估工作】年内，委托第三方机构完成470家文化和旅游行业、文博单位城市安全风险评估工作。梳理辖区内酒店住宿业房屋使用情况，建立旅游企业设施基础台账。完成年度企业安全生产三级标准化15家创建工作，20家安责险的宣传和参保工作。

（孙　权）

【保障旅游行业安全度汛】年内，以防汛责任制为重点，狠抓防汛准备工作落实，确保防汛责任制、预案、物资、队伍、避险措施、隐患排查整改到位。检查辖区2家地质灾害类景区和7家涉水景区防汛准备工作。防汛期间，出动检查人员17人次，排查隐患12项，督察整改12项，应对“7·6”“7·12”“8·12”三次强降雨过程，发布旅游防汛分指工作提示3次，关闭景区15家次，发布游客提示3次，强降雨期间全区未发生汛期旅游突发事件，未发生旅游投诉事件。

（孙　权）

【假日及重点时段安全保障】年内，制定印发假日运行保障工作方案，国庆节、中秋节假日期间，首次采用集中值班制度，组织辖区12家重点单位集中值班值守，每日调度会商。实行假日旅游值班和备班双安排，督促指导旅游景区完善应急预案和大客流应对预案，节前应急演练，对游客进行总量控制、限量管理，防止聚集，杜绝扎堆，推行预约分时游览、间隔入园等举措。组织属地街乡镇加强景区外围社会面管控和巡查检查。组织行业监管（管理）部门开展节前安全隐患排查治理，对宾馆饭店、旅游餐饮、景区进行游乐设施、特种设备、消防安全、水电气城市运行等隐患排查治理，防范假日旅游安全事故。假日期间，丰台区文化旅游市场秩序井然，无重大旅游投诉，无重大安全事故发生，无疫情发热情况。

（孙　权）

【完成4家A级景区复核】年内，顺利完成丰台区青龙湖公园、莲花池公园、丰台花园、万方亭公园A级景区复核工作。

（孙　权）

【精神文明建设创建】年内，采取多种形式，线上线下结合营造首都文明城区创建、国家卫生区创建、生活垃圾强制分类、光盘行动、控烟示范单位创建等工作宣传氛围。制作以“光盘行动”“文明旅游”“公共文化”为主题的宣传海报，发放张贴至600余家宾馆饭店、170余家文娱场所、13家景区景点。在文化场所、酒店大堂电子显示屏滚动播放相关内容海报和标语口号。利用自有媒体开展舆论引导和广泛宣传，大力培育文旅行业文明新风。组织9家单位申报首都文明单位。

（孔小佳）

卢沟桥文化旅游区

【概况】2020年，在区委、区政府的正确领导下，旅游区办事处坚持以习近平新时代中国特色社会主义思想为指导，认真贯彻落实党的十九大和十九届二中、三中、四中、五中全会精神和习近平总书记对北京重要讲话精神，按照区委、区政府工作要求和部署，全体干部职工齐心协力，敢于担当，圆满地完成各项工作任务。

（闫 焕）

【旅游接待】年内，受疫情影响，卢沟桥景区于6月1日开园，接待各界游客12.72万余人次。接待领导团队42批，包括中组部、中纪委、外交部、公安部、最高人民法院、教育部、国家信访办、国家网信办、北京市政协、服贸会丰台站等。

（刘 飞）

【红色主题活动】年内，通过“实景云党课”形式与宛平地区党员进行党课交流，并在中宣部“学习强国”平台及“北京丰台”APP上播出，观看人数峰值达2000人。4月4日，举办“缅怀革命先烈，清明祭扫活动”及线上献花活动。

（刘 飞）

【北京大学思政实践课程教育基地授牌】年内，旅游区办事处与清华大学、北京大学开展党建交流，并于10月17日授牌，成为北京大学思政实践课程教育基地。

（刘 飞）

【入选北京网红打卡地】年内，卢沟桥、宛平城（城墙）入选2020首届北京网红打卡地（人文景观类）。

（刘 飞）

【扎实打好疫情防控阻击战】自疫情暴发以来，先后抽调11名干部下沉社区、村参与疫情防控工作，历时184天。抽调50余人支援南苑、太平桥等街道开展核酸检测工作。新发地疫情暴发后，旅游区办事处接到紧急任务，主要领导带领15名同志火速赶往怀柔区区外集中医学观察点开展工作。通过17个日夜的不断努力，圆满完成怀柔区集中医学观察点400名人员的转运任务，受到上级领导的好评。应急突发事件处理完成，总结出“依靠好属地、掌握好信息、解决好需求、保守好秘密”20字工作要诀，各项工作情况多次刊载在“工作专刊”中。

（闫 焕）

【全力保障国家市区级重大活动】年内，旅游区办事处作为服务保障单位，从方案制定、安全保障、疫情防控、环境整治、交通疏导、舆情监测、市场规范、餐饮保障、景区监控、后勤保障等方面确保指挥部日常运营。圆满完成全民族抗战爆发83周年、抗日战争暨世界反法西斯战争胜利75周年国家级纪念活动及第34届“醒狮杯”越野跑活动的服务保障工作。

（闫 焕）

【中秋节期间周边社会秩序保障】中秋节期间，丰台区委、区政府成立“卢沟桥—宛平城周边社会秩序保障工作指挥部”，旅游区办事处在加大安保力量的同时，积极开展疫情防控、环境整治、交通疏导、舆情监测、市场规范等工作，确保中秋期间卢沟桥—宛平城周边社会秩序安全、稳定。中秋节当天自发来卢沟桥—宛平城周边赏月人数达2.48万人次。

（闫 焕）

【景区基础设施提升改造】年内，旅游区办事处与美团网签订网络售票合同，实现了无接触售票的要求。购置安装全自动热成像仪，实时监测游客体温。安装五种语言导览标识系统。结合垃圾分类工作，对景区内的300亩绿地进行全面养护，制作垃圾分类标识牌280块，改造升级80组垃圾箱。

（刘 飞）

【景区旅游厕所提升改造】10月30日，完成景区内四座公共卫生间改造工作，改造总面积289平方米，达到国家二类厕所评判标准。

（焦文娥）

【雕塑园绿化养护工程】年内，完成雕塑园中心广场6000平方米草坪更换，并对园区内树木进行规划调整，补种桧柏130棵。

（焦文娥）

【文物构件保养维护工程】年内，对卢沟桥石质文物第77号望柱、第93号栏板进行抢险支护。进一步加大石质文物的收集规整力度，共收集券脸石3块、石磨盘4块。对卢沟桥石质文物风化开裂情况进行普查形成报告。对宛平城城墙周边1米内和10米内违建情况进行普查，形成统计材料。

（张际夏）

【《卢沟桥文物景观荟萃》编写完成】年内，完成了《卢沟桥文物景观荟萃》编写工作，该图册内容包括序言、文物景观简介、文保知识小问答等。进一步加大了卢沟桥、宛平城知识宣传的力度。

（张际夏）

【卢沟桥（宛平城）文物保护规划】年内，编制卢沟桥（宛平城）文物保护规划并完成初稿，通过规划的编制，进一步挖掘、展示卢沟桥及宛平城历史文化资源，弘扬革命传统，保护好文物。以卢沟桥宛平城的历史文化和抗战文化为主题，打造成为中华民族精神纪念地、国际和平交通承载地、爱国主义教育示范地、公众纪念活动举办地和首都文化旅游目的地。同时，以规划促民生，进一步提升区域环境质量，增强百姓的获得感、幸福感。

（李 莹）

中国人民抗日战争纪念馆

【概况】2020年，面对新冠肺炎疫情防控、重大活动筹办、政治任务推进、领导班子调整、正常工作开展等多重考验，抗战馆在市委宣传部的坚强领导下，认真贯彻中央和市委决策部署，一手抓疫情防控，一手抓重大纪念活动筹备，同步推进北大红楼与中国共产党早期北京革命活动旧址保护传承利用工作，圆满完成以纪念抗战胜利75周年为重点的各项任务。

（侯 斌）

【“清明节的铭记——缅怀抗战英烈 致敬抗疫英雄”主题教育系列活动】4月3日，由中共北京市委宣传部、市委教育工委、首都文明办、市教委、市退役军人事务局共同主办的“清明节的铭记——缅怀抗战英烈 致敬抗疫英雄”主题教育系列活动启动仪式举行。清明节期间主要开展抗战抗疫诗词朗诵、向抗战英烈献花、网上祭英烈、线上研学和云观展清明专场、京冀互动“雄安人民的骄傲”等系列活动，通过致敬英雄，开展现实生动的爱国主义教育课。

（侯　斌）

【北大红楼与中国共产党早期北京革命活动旧址保护传承利用工作启动】 4月15日，市委书记蔡奇主持召开北大红楼与中国共产党早期北京革命活动旧址保护传承利用工作领导小组第一次会议，传达中央领导同志有关批复精神，听取前期工作情况汇报，研究部署下一步工作安排，标志该项目启动。会议审议通过《北大红楼与中国共产党早期北京革命活动旧址保护传承利用工作领导小组及办公室组成方案》，抗战馆主要承担北大红楼主题展策展相关工作，另协助做好其余30处旧址立体传播史实把关工作，包括北京李大钊故居等9处重点提升类革命旧址专题展览、“亢慕义斋”等11处一般提升类革命旧址复原以及中共中央第一个机关报《向导》周报办公地等10处维持原状类旧址立牌展示。

（侯　斌）

【疫情防控常态化纪念馆有序开放】 5月12日，根据北京市疫情防控形势，中国人民抗日战争纪念馆有序开放，实行预约、错峰、限流参观。

（侯　斌）

【《中国纪念馆发展报告·2019》发布】 5月17日，由中国博物馆协会纪念馆专业委员会编撰的《中国纪念馆发展报告·2019》在南京雨花台烈士陵园发布，专委会秘书长罗存康出席发布会。该报告是新中国成立以来首部全面展现中国纪念馆发展情况的综合性报告。

（侯　斌）

【抗战馆主要负责人职务调整】 6月4日下午，中国人民抗日战争纪念馆召开领导干部会议，宣布市委市政府关于抗战馆主要负责职务变动的决定。市委宣传部常务副部长赵卫东出席并讲话。市委组织部负责和抗战馆中层以上领导干部参加。根据市委市政府决定：罗存康任抗战馆党委书记、馆长，李宗远不再担任抗战馆党组书记、馆长职务。

（侯　斌）

【李少言抗战题材木刻版画组画《120师在华北》及相关文物入藏抗战馆】 6月10日，李少言抗战题材木刻版画组画《120师在华北》及相关文物捐赠仪式，在中国人民抗日战争纪念馆四川美术馆举行。李少言亲属、四川省美协有关同志和抗战馆馆长罗存康出席。李少言是抗战时期120师师长贺龙、政委关向应的秘书，1942年到晋绥边区创办《抗战日报》（后改为晋绥日报）任美术科长，大型木刻版画组画《120师在华北》的作者。该组画创作于1940年敌后抗日根据地遭受敌人频繁扫荡和蚕食政策最困难的时期，原作共42幅（战争时期丢失了一些，现仅存34幅），反映了八路军120师浴血奋战、艰苦战斗的场景，其中很多场面都是作者亲身经历过的。原创作品用当时晋绥根据地特有的麦秆和马兰草混合制成的土纸手印贴裱，边区自制油墨印制，作者手写标题及内容，并随原作在边区各县和延安地区巡展，极大地鼓舞了边区敌后根据地军民的斗志，这套组画堪称“美术的黄河大合唱”。

（侯　斌）

【纪念全民族抗战爆发83周年仪式】 7月7日上午，由中宣部、北京市委市政府、中央军委政治工作部共同主办的纪念全民族抗战爆发83周年仪式在中国人民抗日战争纪念馆举行，市委书记蔡奇主持，仪式上，全场高唱国歌，领导同志和各界代表向抗战烈士献花。中央有关部门、北京市和中央军委政治工作部负责同志，在京参加过抗日战争的抗战将领亲属代表、抗战烈士遗属代表，首都学生、部队官兵、干部群众等各界代表200余人参加。同期，全国21个省市80余家相关主题博物（纪念）馆联动开展了形式多样的纪念活动。同日晚，由中共北京市委宣传部和丰台区委区政府主办，丰台区委宣传部、中国人民抗日战争纪念馆、北京音乐家协会承办的“和平颂——首都各界群众纪念全民族抗战爆发83周年交响合唱音乐会”在北京电视台等多家媒体以录播方式呈现。

（侯　斌）

【解放军总医院研究生院与抗战馆共建爱国主义教育基地】 7月23日，解放军总医院研究生院与中国人民抗日战争纪念馆举行爱国主义教育基地赠牌仪式，共同构筑青年学子爱国爱党爱军的精神家园。

（侯　斌）

【纪念中国人民抗日战争暨世界反法西斯战争胜利75周年向抗战烈士敬献花篮仪式】 9月3日上午，纪念中国人民抗日战争暨世界反法西斯战争胜利75周年向抗战烈士敬献花篮仪式在中国人民抗日战争纪念馆举行。党和国家领导人习近平、李克强、栗战书、汪洋、王沪宁、赵乐际、韩正、王岐山出席并向抗战烈士敬献花篮。市委书记蔡奇主持。丁薛祥、许其亮等领导同志，中央党政军群有关部门负责同志和北京市领导陈吉宁等同志出席。抗战老战士、抗战将领亲属、抗战烈士遗属代表，各民主党派中央、全国工商联负责人和无党派人士代表，以及首都各界群众代表约300人参加。

（侯　斌）

【“伟大贡献——中国与世界反法西斯战争”巡回展】 9月3日，由国家文物局指导，中国人民抗日战争纪念馆与中国文物交流中心合作，原创展览“伟大贡献——中国与世界反法西斯战争”分别在吉林省博物院和福建莆田市博物馆展出。9月3日和29日，原创展览“为抗战吹响号角——中国共产党与抗战文化”分别在八路军太行纪念馆和沈阳“九·一八”历史博物馆展出。

（侯　斌）

【“抗日根据地的创建与发展”专题展览开幕】 9月18日，中国人民抗日战争纪念馆联合中国人民革命军事博物馆等全国10家革命类纪念(博物)馆共同主办的《抗日根据地的创建与发展》专题展览在抗战馆开幕，该展分“创建抗日根据地”“抗日根据地的军事建设”“抗日根据地的政治、经济、文化建设”“抗日根据地建设的经验与启示”4个部分，共展出历史照片298张，文物约300件(套)，各馆向抗战馆提供珍贵文物50多件，全面、系统反映了在中国共产党领导下，敌后军民创建19块抗日根据地并英勇抗击日本侵略者的伟大壮举，描绘了抗日根据地开展政治、经济、军事和文化建设的生动场景。市委党史研究室、市文物局、军事博物馆相关同志和部分文物捐赠方代表出席展览开幕式。

(侯 斌)

【“绿水青山待我还——台湾同胞抗日遗址遗迹摄影展”线上展开通】 10月25日，由中国人民抗日战争纪念馆主办，北京和平教育基金会、北京中国抗日战争史研究会协办的“绿水青山待我还——台湾同胞抗日遗址遗迹摄影展”线上展览开通仪式暨学术座谈会在中国人民抗日战争纪念馆举行。

(侯 斌)

【北京市中小学“四个一”活动恢复】 10月27日上午，在北京市教委的安排下，北京市中小学“四个一”活动在抗战馆重新开课。来自丰台区卢沟桥中学的140余名师生走进纪念馆，看抗战小剧场演出、听抗战精神宣讲会、参观专题展览、完成自主性探究学习。

(侯 斌)

【中国博物馆协会纪念馆专业委员会2020年会在湖南长沙召开】 11月26日，由中国人民抗日战争纪念馆和湖南党史陈列馆共同主办的中国博物馆协会纪念馆专业委员会2020年会在湖南长沙召开，年会以“纪念馆与红色基因传承”为主题，共谋纪念馆未来发展，为献礼建党百年凝聚智慧力量。中国博物馆协会、国家文物局革命文物司、湖南省有关单位负责同志，专委会会员单位、支持企业、特邀嘉宾75家单位118名代表参加。

(侯 斌)

【杨艳喆、王经纬入选全国“五好”讲解员培养计划】 11月27日，根据《文化和旅游部资源开发司关于公示全国红色旅游五好讲解员培养项目入选讲解员名单的通知》，中国人民抗日战争纪念馆讲解员杨艳喆、王经纬拟入选全国红色旅游五好讲解员培养计划。

(侯 斌)

【“中加友好使者——纪念诺尔曼·白求恩诞辰130周年”线上对话会】 12月4日，北京市人民对外友好协会与中国国际友人研究会、白求恩精神研究会、中国人民抗日战争纪念馆以及加拿大滑铁卢孔子学院共同举办“中加友好使者——纪念诺尔曼·白求恩诞辰130周年”线上对话会。

(侯 斌)

【李洋荣获首都红色故事讲解员大赛金牌讲解员】 12月7日，由北京市文化和旅游局主办的“讲好红色故事 展现时代风采”2020年北京红色故事讲解员大赛举行，中国人民抗日战争纪念馆讲解员李洋以总分第一名的成绩荣获专业组“金牌讲解员”。

(侯 斌)

【“女性摄影记者镜头下的卫国战争”专题展开幕】 12月13日上午，中国人民抗日战争纪念馆举行南京大屠杀死难者国家公祭日悼念活动，并与俄罗斯驻华大使馆联合举办“女性摄影记者镜头下的卫国战争”专题展览。俄驻华大使杰尼索夫出席并代表俄政府向抗战馆授予由普京总统亲笔签发的卫国战争胜利75周年纪念奖章。中俄学生代表向两国人民发出和平倡议。全国妇联书记处、外交部欧亚司、全国友协、市委宣传部等有关领导出席。市文物局等单位负责同志和中俄两国学生代表200余人参加。

(侯 斌)

【《抗日名将张自忠》短视频荣获全国优秀作品奖】 12月18日，在中央宣传部宣教局、中央网信办网评局、退役军人事务部褒扬纪念司、国家文物局革命文物司、国家档案局办公室共同指导，环球网主办的“追寻先烈足迹”短视频征集展示活动中，中国人民抗日战争纪念馆创作的《抗日名将张自忠》短视频荣获“机构推选优秀作品”奖。

(侯 斌)

【获评全国革命文物保护与利用优秀案例】 12月25日，中国人民抗日战争纪念馆申报的《“学英烈事迹、诵抗战经典、做时代新人”主题教育活动》项目，在2020年全国革命文物保护利用案例宣传推介活动中荣获“优秀案例”称号。

(侯 斌)

【《日本侵华战争军事密档·最高决策》新书发布暨出版座谈会】 12月28日，《日本侵华战争军事密档·最高决策》新书发布暨出版座谈会在抗战馆举行。该书全套共45册，是抗战馆联合线装书局组织的国家出版基金项目，也是继2015年出版的《日本侵华密电·九一八事变》、2017年出版的《日本侵华密电 ·七七事变》、2019年出版的《日本侵华军事秘档·侵占台湾》多部力作之后的又一部揭露日本侵华罪行的恢弘巨作。

(侯 斌)

世界公园

【概况】 2020年，世界公园全体员工，坚决贯彻落实上级疫情防控要求，确保一方平安。疫情进入常态化，抓紧复工复产，有序恢复经营活动，严抓落实，注重检查，努力减少亏损。全年总体收入2628万元，与上年相比整体下滑60%。

(李 岩)

【快速响应多措并举抗击疫情】 年内，疫情暴发后，公园领导班子紧急召开会议，成立由党总支书记、总经理为组长的公园疫情防控领导小组，立即取消正月十五元宵灯会，布置防控措施。要求党员、领导干部提高政治站位，做到守土有责、守土尽责，坚守岗位，严格执行24小时值班制度。建立防疫物资台账，采购防疫物资，做好应急储备，确保科学防疫无死角。做好疫情防控宣传工作，正确引导身边人崇尚科学、相信科学，不传谣、不信谣，维护大局。对园区内非必要景点、商业街予以停水、停电，安排值班人员值守，确保公园内各点位安全。

（李　岩）

【支援抗疫】 年内，按照区委组织部统一部署，组织党员以微信转账形式开展捐款活动，所捐款项全额上缴区国资委党委，用于支持新冠疫情防控工作。6月13日，新发地出现疫情，公园领导紧急组织骨干员工配合花乡政府在公园停车场进行4天的核酸检测，每天派专人参与各项保障工作，随后又派出多人支援高家场和新发地市场的防控工作，圆满完成防疫支援任务，得到上级领导的好评。

（李　岩）

【合理配置安全防卫设施】 年内，按照公园的整体发展规划，对停车场进行改造，安装新的停车管理系统。落实安全防控，增加国际街摄像头，将原有16处摄像头增加至46处，做到全方位监控无死角，查有所依，查有所据。完善基础设施建设，确保公园正常运营。

（李　岩）

【加强宣传提高服务质量】 年内，把工作重点放在网络宣传方面。充分利用官方微信公众号、微博和网站自媒体，将园内举办的活动进行宣传。充分利用网络数字媒体平台加强宣传，公园的市场引流宣传实现良好的传播效果。正月十五的晚上，通过全媒体平台让大家足不出户欣赏到非遗自贡花灯和公园的美丽夜景。公园大门区域的工作人员是公园整体形象的代表，日常工作中始终把为游客服务放在首位，努力践行世界公园“圆你一个梦，送你一片情”的服务宗旨，对游客提出的每一个问题做到耐心解答，对一些残障游客进行无微不至的关怀和照顾，工作的付出有效减少了游客的投诉率。

（李　岩）

【抓安全保稳定】 年内，加大安全生产宣传教育力度，向全园职工及商户宣传普及各类安全生产和消防安全知识。开展全园安全大检查11次，维修保养消防栓，检测维修灭火器，对泵房、艺术剧场、日本园、大象馆等进行安全检查。召开安全隐患整改落实会议，对存在的问题及时整改。组织开展防控防爆应急演练、水上项目安全应急演练、防汛安全演练、微型消防站灭火和应急疏散演练，确保了重要节日、重大会议活动的开展，保证了全园的安全。加强对园区内经营商户的监督管理，严格执行食品卫生安全制度，确保为游客提供安全、卫生的食品。

（李　岩）

【复工复产拓宽经营】 年内，为加快经济复苏，8月8日至10月8日与红色盛宴餐饮集团共同打造盛宴啤酒花园美食夜场，品尝美食的同时观看精彩的演艺节目，演出场次共62场，给游客消夏夜生活带来快乐。“十一”期间推出汉服体验馆，在游览“世界”美景的同时体验中华民族的汉韵文化，拍一组照片，留下美好回忆，拉动了公园的经济增长。

（李　岩）

【关爱职工生活】 年内，慰问患病职工及困难职工，为全体职工办理住院医疗保险，为女职工续签保险。定期申报和审核二次报销情况，确保职工利益得到保障。根据区总工会金秋助学工作要求，对符合条件的在职单亲困难职工进行帮扶活动。

（李　岩）

北京园博园

【概况】 2020年是“十三五”规划的收官之年，也是谋划“十四五”、推动高质量发展的关键之年。面对突如其来的新冠肺炎疫情，园博园在区委区政府的坚强领导下，在全区相关单位的帮助支持下，坚持以习近平新时代中国特色社会主义思想为指导，深入贯彻落实区委区政府的决策部署，团结一心、攻坚克难，统筹推进疫情防控和公园运营管理工作，较好地完成了各项工作任务。全年接待游客90余万人次，接待社会团体132个、旅行社团39个；实现运营收入1705万元。两项指标均达到上一年度75%以上的水平。从收入构成来看，年票、电子票、散客门票收入895万元，电子票销售同比增长30%；观光车项目收入330余万元，基本实现经营目标；婚庆项目，下半年通过加大宣传力度，拓宽合作渠道等方式，拍摄量大幅提升，共接待1062对新人拍摄婚纱照，全年销售摄影门票46.7万元，比上年销售额增加7.3万元，增长18.5%；在按要求落实中小微企业租金减免后，商业合作房屋租金共计收入38.3万元。引进鹰山区域军事体验、武汉园竹外书院、戏曲文化砰咚社区等3个重点项目，增收28.3万元。积极打造自有品牌活动“园博周末”，从8月到年底，开展主题活动20余次，增收10万元。完成中国戏曲文化周、北京国际风筝节等重大活动保障。并以此为契机完成阳光剧场（温室）和梦唐园的改造，为今后继续举办戏曲文化周，吸引其他展演类项目入驻打下良好基础。接诉即办工作取得较好成绩。全年处理“12345”来件132件，总体响应率100%，满意率97%。其中，7个月达到满分，7个月全区排名并列第一，年终在全区排名第11位。

（李　媛）

【党建引领推动重点工作开展】 年内，将党建引领的组织优势转化为疫情防控、垃圾分类、创卫等重点工作的重要力量，特别是在疫情防控中，党组织和党员发挥了显著作用，既保障了游园环境的安全，又在社区、机场转运、集中隔离点、数据处理等全区联防联控工作中贡献重要力量。以党员带全员，充分发挥党员模范带头作用，中心机关党支部28名党员干部在报到社区积极开展志愿服务，累计参与活动104人次，在园区内结合疫情防控、制止餐饮浪费、践行垃圾分类开展“戴党徽、亮身份”主题党日活动，带动全员参与，充分发挥表率作用。

（李　媛）

【认真谋划全面落实主体责任】年内，将全面从严治党放到工作全局中谋划、推进，召开党组会研究党建工作、制度建设、干部选拔、意识形态等重点工作44次，切实将全面从严治党主体责任扛稳抓牢。认真梳理党组班子及成员责任清单52项，部门负责人81项，其他人员212项，逐级签定责任书，统筹推进责任落实。建立定期分析制度，组织召开落实全面从严治党主体责任工作例会3次，认真分析全面从严治党、班子成员、各部室负责人日常履行“一岗双责”情况，督促责任落细落实。巩固深化“不忘初心、牢记使命”主题教育成果，针对查找出的问题，建立整改清单，逐项整改落实到位。坚持正确选人用人导向，强化好干部标准，选拔科级领导干部2人，岗位等级晋升21人次，在党员干部中营造学习先进、勤政务实、敢于担当的良好氛围。

（李　媛）

【抓实教育打牢思想政治基础】年内，认真制定中心组、党支部理论学习计划，分阶段确定学习重点和要求，并针对党的十九届五中全会精神组织测试，以考促学，保证政治学习取得实效。严格落实“三会一课”制度，全年开展支部学习12次，主题党日活动5次，紧跟重点内容开展学习、交流研讨，在学深悟透中坚定党员干部的理想信念。党组成员带头学、带头讲，坚持先学一步、学深一步，开展中心组理论学习12次、专题研讨4次，撰写心得体会13篇。结合学习和分管工作，在中心分专题进行党课教育3次，促使党组成员下功夫学深悟透，为党员们树立榜样，形成好的学风。

（李　媛）

【多措并举加强意识形态工作】年内，加强意识形态教育管理，以理论学习和实践锤炼相结合方式，切实抓好干部职工思想教育工作。落实意识形态责任制，牢牢把握意识形态工作领导权，将意识形态工作作为党建重要内容来抓，在2020年党建工作要点中对意识形态工作进行具体安排。梳理意识形态风险点25项，层层签订责任书59份，专题开展意识形态工作分析研判3次，及时化解和有效管控意识形态风险。扩大舆论宣传引导，抓好《中国共产党宣传工作条例》贯彻落实，及时更新党建宣传栏内容，向党员干部做好宣传。围绕打赢疫情防控阻击战，运用多种形式大力宣传中央、市、区工作部署、防疫知识，拍摄制作“新时期的园博英雄”“抗击疫情，我们在一线”等微纪录片，宣传园博抗疫事迹。向市、区宣传渠道投稿60余篇，30余条被刊发，宣传活动信息首次入选《丰台信息》和《丰台政务》，普法短视频入选区“最美普法声音”优秀作品。

（李　媛）

【疫情防控措施到位】年内，认真贯彻落实市、区两级防控工作领导机构的部署和要求，主动作为、积极应对。中心党组在大年初二对疫情防控进行了专题研究，制定工作方案，成立领导机构、明确责任分工、提出具体要求，将全园各单位纳入防控范围。全年研究部署防控工作40余次，有针对性地制定了防控预案、应急预案、应急处置流程、复工复产方案等。及时转发或下发各类通知，认真传达落实上级、属地以及行业管理部门的要求，加强督查督办，牢牢掌握防控工作的主动权。及时安排资金采购和发放防护用品，按要求采取封闭管理措施，开展各类排查、体温自测登记、办公区管控、游客入园监管、关停室内项目、暂停观光车运营等。及时安排相关人员居家隔离、采取弹性工作制、错时分散就餐、加强公共区域消杀等。及时更新入园系统，开发线上预约系统，实现网络实名预约非接触式购票、数据共享等功能。加强正面引导，利用官网、微信和广播等平台加大防控知识宣传力度，发动干部职工和游客共同开展联防联控。发挥党员在疫情防控中先锋模范作用，开展“顶岗”活动，把疫情防控贯穿到运营管理的全过程。

（李　媛）

【支援防控一线】年内，在高标准做好自身防控、实现全园“零感染”目标的同时，按照区委组织部的要求，派出17名党员干部参加社区一线防控，安排8名干部参加新发地专班、机场转运专班、数据统计等工作，安排32人6次支援社区完成近20万人的核酸检测。外派人员顾大局讲奉献，积极主动不辞辛苦，受到用人单位的高度评价和致函表扬。6月28日至7月15日，主要领导带队赴延庆集中隔离点值守18天，与属地人员紧密配合、夜以继日、连续奋战，完成462人的信息采集、隔离观察和安全转运。全年迎接市、区两级领导和主管部门检查指导20余次，防控工作得到各级的充分肯定。

（李　媛）

【游客服务水平和游客满意度有所提升】年内，按照A级景区国标对游客服务中心和母婴室进行升级改造，更换手机加油站、购买电子智能储存柜和景区点播机等，提高旅游服务现代化水平。自主开展自然探索、传统文化、科普体验、技能提升等主题系列科普活动21场，受众达60000余人次。成立文明游园劝导队，新建青年志愿者之家，服务游客近17万人次。推进网格化管理模式，协调公安、城管、文旅部门联合执法，累计劝阻不文明游园行为22482次。

（李　媛）

【园林景观和基础设施设备维护管理】年内，通过打造精品园林文化主题园，提升月季园景观效果，扩大月季栽植面积550平方米，引进新品种月季2750株。栽摆时令花卉50余个品种45万余株。全年完成34个城市展园维修，开展小型维修3217项。投入专项资金，完成欧式展园周边停车场建设、售检票系统改造、增设家庭卫生间等21项改造维护工作。合理制定节电节水节能措施，电能耗同比上年降低18.5%，水能耗同比上年降低26.1%。配合区规划自然分局推进园博园征地手续补办工作，完成36个展园建筑(76315平方米)竣工测量并出具测量成果。

（李　媛）

【提升环保意识做好垃圾分类】年内，全面落实《北京市生活垃圾管理条例》，在主游线和收集点新增四分类垃圾桶120组、两分类垃圾桶235组，新增垃圾分类MR互动体验项目一处。协调专业公司严格落实垃圾分类收集和运输，加强垃圾分类知识培训。推进“厕所革命”，卫生间全部达到北京市二类建设标准。

（李　媛）

【严格财务管理】年内，按照国家费用开支范围和标准，以及各项财务制度规定，严格控制和审核开支，积极节约控制成本，提高资金使用效益。定期向区财政局报送预算执行情况，确保预算执行进度高于时间进度4个百分点，及时申报收回结余资金，防止形成资金沉淀。加强预算绩效全过程管理，逐步建成闭环预算绩效管理体系。配合区审计局完成2019年度预算执行和决算(草案)审计工作，协助区直机关做好2017至2019年度工会预算执行情况审计工作。

（李　媛）

北京汽车博物馆

【概况】2020年，受新型冠状病毒疫情影响，北京汽车博物馆(丰台区规划展览馆)自1月24日至6月1日，6月15日至7月23日两次采取临时闭馆措施，全年开放运行171天，接待观众17.88万人次，无重大消防事故及安全事故，场馆及展览设备设施安全稳定运行。围绕“举旗帜、聚民心、育新人、兴文化、展形象”使命任务，坚持闭馆不停工，继续夯实汽车文化、教育、传播3大体系，策划推出临时展览7项，数字展览11项。荣获国家一级博物馆、国家知识产权实用新型专利等国家级荣誉10项，北京市18项，丰台区9项，行业9项。

（刘艳敏　刘静波）

【荣获国家一级博物馆】年内，参与中国博物馆协会组织的第四批全国博物馆定级评估工作，通过在藏品特色、学术研究、制度建设和品牌影响力等方面的逐步提升，激发博物馆的创新活力。12月21日，北京汽车博物馆在全国5500余家博物馆中脱颖而出，被评为“国家一级博物馆”。

（刘艳敏　刘静波）

【同心抗疫勇于担当】从1月23日到7月31日，先后选派174名人员赴首都机场、集中隔离点、新发地市场、数据组、房山转运组、街乡镇、社区开展疫情防控工作，获得64次表扬，3面锦旗。在第十一届“牵手历史——中国博物馆十佳志愿者之星”评选活动中荣获“抗击新冠肺炎”团队特殊贡献奖，公众教育部部长王晓晨荣获“抗击新冠肺炎”个人优秀贡献奖，成为北京市唯一一家获得两项奖项的博物馆。

（刘艳敏　刘静波）

【世界汽车运动百年专题展】1月18日，由北京汽车博物馆和“JENNYAO汽车运动与安全研究中心”联合策划的“世界汽车运动百年专题展”在馆内开幕，分为探索与萌芽、勃兴与博弈、传递与变革三部分。展览以时间为纲，以世界汽车运动大事记时间轴为主要内容，多维度展现汽车运动百余年历史的壮阔风貌。通过场景互动、多媒体、VR体验等多种方式，向观众展现中国汽车运动与世界互通共融的故事。

（刘艳敏　刘静波）

【国际和平海报作品展】9月18日，由侵华日军南京大屠杀遇难同胞纪念馆、中国人民抗日战争纪念馆、南京艺术学院主办，北京汽车博物馆承办，以和平为主题，以海报的创作和展示为内容的公益性学术展览活动在馆内开幕。展览面向全世界的设计师、专业师生、艺术家和设计机构征集作品，展出60余幅优秀作品，旨在推动视觉艺术面向公众展示，通过海报这样一种世界性视觉语言，跨越了国家民族和文化的障碍，以多元的图文唤醒历史的记忆，在历史现在和未来之间铺设桥梁，让文化和艺术变得更加鲜活和生动。

（刘艳敏　刘静波）

【世界汽车百年人物雕塑展】12月5日，世界汽车百年人物雕塑展在北京汽车博物馆开幕，以吴为山为学术总主持，王雪峰为学术执行的雕塑家创作团队，以“汽车科技与艺术”为主题，以世界汽车发展历史为轴，通过20位经典汽车人物雕塑形象，多维度展现汽车运动100余年历史长河中汽车人物的风云故事。在展览传播上，以陈铎、刘纪宏等艺术家为主创，围绕“中国汽车工业奠基人——饶斌”“汽车之父——卡尔·本茨”策划科普广播剧，运用声音手段塑造人物，传承汽车人自强不息、百折不挠的奋斗精神，永不满足、与时俱进的创新精神。

（刘艳敏　刘静波）

【线上展览】年内，以举办过的临时展览为选题，策划线上专题展览，包括雷锋——一个汽车兵的故事、汽车广告百年画卷、世界汽车运动百年史、金戈铁马话军车、致敬旗迹——从1949走来、纪念改革开放40周年摄影展等；以常设展中的互动展项为选题，策划“未来创想系列微展”，包括会跳舞的汽车、碰撞试验、生产线之旅、校车安全体验营等微展览；以“车@城@人”为选题，策划车动京城、自行车的日子、公交车变迁、出租车记忆、共享汽车之城、简单看世界一起轻松生活等线上微展系列。

（刘艳敏　刘静波）

【开启科普文化传播新模式】年内，策划系列汽车学堂、线上故事会、“车立方”等栏目，打造汽车博物馆品牌教育活动。推出一系列贴近生活的科普小实验，通过“车立方”让观众深入了解馆藏资源的内部奥秘。以CCTV7频道#麦田云计划#为平台，通过云课堂为全国13个贫困县的学生送上开学第一课。联合汽车之家Young频道，开辟《云看北京汽车博物馆》项目，让观众随时随地云游汽车博物馆。联合神州共享合作平台，在全国284家省市级图书馆进行“雷锋线上展览”，并纳入国家文物局网上展览资源库。对接新华社、北京日报、首都之窗等媒体，在新华社、新华网刊登“云”赏车，阅读量近50万人次。全年通过网站、微信、微博、移动客户端等传播平台，直接或间接受益人数5000万人次。各类直播38场次，累计播放1485万次。

（刘艳敏　刘静波）

【加强文物保护和文化遗产传承】年内，抢救性征集汽车工业历史见证物。征集李岚清同志关于中国汽车工业创建与发展时期相关手稿、文献等见证物，开展汽车行业抗疫见证物征集，全年累计征集816件（套）。首次开展进口车辆林肯KB-V12汽车车身漆面养护项目，同步形成车辆修复管理体系研究成果。培育“宇哥说车”“审美阅车”等汽车文化品牌，深化藏品综合利用。深入挖掘中国汽车工业人物背后的故事，传播中国精神。

（刘艳敏　刘静波）

【开展汽车文化新消费】年内，开发12个系列100余款文创产品，“汽车梦”系列文创产品入选2020北京文化创意大赛文博创意设计赛区决赛。开通汽车博物馆文创网上商店，并与微博官方进行直播，每次直播观看量均破百万，实现线下线上同步销售，推出汽车博物馆印吧。以汽博文创为依托，参加2020年中国国际服务贸易交易会、中国国际科技产业博览会、2020年北京文创市集。推出2020汽车博物馆汽车文化惠民消费季，快手、北京时间、北京丰台三个平台观看人数近200万，直播间销售额达500万元。

（刘艳敏　刘静波）

【以车为媒在国际舞台传播中国声音】年内，受邀参加线上“2020年度国际最佳遗产利用组织大会”，作为中国最具创新力博物馆之一，介绍在博物馆服务标准化建设、科教文化旅游融合发展、创新教育项目等方面的探索和成果，分享中国博物馆的创新实践案例。作为支持单位，参与2020中关村论坛智能+交通平行论坛。

（刘艳敏　刘静波）

中国园林博物馆

【概况】2020年，面对新冠肺炎疫情常态化防控形势，中国园林博物馆北京筹备办公室（以下简称园博馆），在市园林绿化局和市公园管理中心（以下简称中心）的坚强领导下，严格按照中心党委工作部署，把疫情防控作为最大的政治任务，始终把职工生命安全和身体健康放在首位，全年实现疫情防控“零感染”、安全生产“零事故”，圆满完成度内各项工作任务。2020年受疫情影响，园博馆临时闭馆108天。5月12日开馆后，除开放常设展览外，共举办5项临时展览，累计接待服务游客17.7万余人次。创新线上教育模式，年内推送短视频81个，专题页111个，线上总访问量达755.2万人次，持续位居北京地区十大热搜博物馆排行榜前八名。园博馆全年接待国务院参事室、外交部培训学院、火箭军军史馆以及中央、地方、北京市等单位共计122批次，2200余人次讲解参观，受到社会的广泛认可，在疫情期间交出了“两手抓、两手硬”的满意答卷。

（孙　萌）

【恰同学少年——校徽上的大学记忆展】年内，举办“恰同学少年——校徽上的大学记忆展”。展览由中国园林博物馆主办，北京联合大学协办。依托馆内园林背景，围绕文化自信、制度自信、青春自信的主旨，以大学校徽为切入点，共分为徽源、徽印、徽黉、徽忆四个部分，全景式展现中国高等教育百余年来发展历程、时代风貌和人文价值。该展览是国内首次大规模的以大学校徽和大学园林为主题的校园文化展，顺利入选“全国十大热搜展览”榜单、国家文物局2020年度“弘扬优秀传统文化，培育社会主义核心价值观”主题展览百项推介项目，被国家文物交流中心列为文化类全国巡展项目库。

（孙　萌）

【中国营造学社纪实展】年内，举办“那些年 那些事 那些人——中国营造学社纪实展”。展览由中国园林博物馆、中国文化遗产研究院、清华大学建筑学院、天津大学建筑学院联合主办。展览以园博馆为叙事背景，从中国营造学社的创立、发展、历史贡献、时代特色为切入点，突出营造学社独具的团体代表性、组织影响力，传统的人文情怀、坚韧的学术精神等，加深观众对中国古典园林艺术与文化的理解，增强对中国历史建筑文化遗产的保护意识。展览展出的近80年中国营造学社相关展品，其中90%展品为首次亮相，是近70年来中国营造学社最为全面、系统的展览。

（孙　萌）

【颐和园建园270周年文物特展】年内，举办园说Ⅱ——颐和园建园270周年文物特展。展览由北京市公园管理中心主办，颐和园管理处和中国园林博物馆承办。展览围绕颐和园建园270周年为主题，以园藏文物全面阐述中国古典园林——颐和园百年兴衰的发展历程。展出文物数量共208件（套），其中一级文物13件（套）。为了突出展陈效果和园林特色，丰富藏品种类，展览还特别向国家博物馆、故宫博物院等9家单位借展文物31件（套）。在为期三个月的展览中，国内各相关媒体进行了报道，许多观众慕名而来，参观热情高涨，获得了公园系统、博物馆同行及社会公众的广泛认可和好评。11月18日，适逢园博馆独立运行7周年，北京市副市长卢彦到馆参观园说Ⅱ展览，对园博馆的服务、展览及疫情防控工作给予了指导。

（孙　萌）

【整合资源稳步推进文创开发与经营】 年内，克服疫情等不利因素，积极整合多方资源，合理利用现有政策和渠道，持续推进文创开发和经营。与中国民生银行、中国动漫集团有限公司签署战略合作协议，充分调用三方资源，整合书吧、水吧、文创店及吟红斋，挖掘场地优势，精心设计富有园林特色的环境风格，打造园博馆精品文创品牌。按照2020年北京文博会公园主题日创意项目征集的要求，甄选5种文创产品代表园博馆参展。完成2020年“中国国际服务贸易交易会”“深圳文博会”等参展工作，甄选馆内代表性文创产品，充分利用线上展示平台，进行在线直播，与观众互动，积极推广园博馆文化创意产品。

（孙　萌）

【开辟“云端”系列宣传品牌】 年内，受疫情影响园博馆线下教育停止，为及时响应科普不断线、宣教不落后的号召，迅速集中馆内优势资源，协调配合，将线下展教资源向线上宣传推广调整。推出云端探访服务，开辟“云课堂”“云园林”“云直播”三个云端品牌。满足线上广大观众的精神文化需求。“云端”系列连续3月上榜“中国博物馆热搜北京地区十佳排行”，获得极高的网络关注度。

（孙　萌）

【以展促讲持续提升讲解水平】 年内，以“园说2”展览为契机，选拔馆内讲解员参与中心年度讲解大赛。组织优秀讲解员参加“2020年全国林业和草原科普讲解大赛”“全国科普讲解大赛北京地区选拔赛”等。赛前组织业务学习和考核，并聘请馆外专家进行分项培训，全面提升讲解人员素质，锻炼讲解队伍，促进讲解水平提升。

（孙　萌）

【“样式雷·皇家园林资源库”建设】 年内，园博馆作为北京市公园管理中心课题《“样式雷”图档与北京皇家园林营造》的统筹单位，在前期资料、信息收集整理的基础上，制定统一登记编目标准，完成1529件图稿的登记编目工作；完成《北京皇家园林样式雷研究汇编》书稿框架的搭建，并发表相关论文1篇；完成《样式雷·皇家园林资源库》平台搭建及1854条数据的测试调整工作。

（孙　萌）

【馆内藏品征集】 年内，为丰富馆内藏品数量，完善藏品类型，持续开展馆内藏品征集工作。结合疫情期间防控需求，园博馆与中国文物信息咨询中心、北京市文物商店、中华老字号——懋隆等合作单位，采取线上线下相结合的模式，围绕博物馆园林文化主题，收集整理藏品314件套（组）。并邀请北京市鉴委会专家、园林专家开展藏品鉴定评估和分类整理汇总等工作，确保征集的藏品具有园林研究、展示、科普等价值功能。

（孙　萌）

【馆企融合推进北京市科技计划项目】 年内，园博馆与北京八亿时空信息工程有限公司合作，完成“基于多源数据融合的古典园林知识图谱构建和服务技术研究及应用”项目阶段工作。搭建完成以古典园林为基础数据的资源库1.5T；完成沉浸式展示技术集成；提出了《中国古典园林数据分类规范》和《中国古典园林元数据集》草案；申请发明专利3项，软件著作权2项，撰写论文3篇。

（孙　萌）

【加强馆校合作提升馆内固展软硬件水平】 年内，园博馆与清华大学、北京林业大学、中国农业大学、中国传媒大学四所高校合作，完成“专题陈列大纲修编及数字新技术应用”和“中国近现代园林展览陈列大纲修编”2项市财政研究性课题，形成5万余字的展陈大纲修编稿，整理筛选出博物馆中的数字新技术应用案例50个，积累了35万字的相关研究和展览资料，撰写完成论文4篇。课题成果为馆内专题文化厅、中国近现代园林厅更换展览及设施，奠定了理论基础。

（孙　萌）

【编写安全生产责任制筑牢疫情防控线】 年内，按照疫情防控要求，加强对馆内工作人员的健康管理。在门区增设健康宝扫码牌示，制作并发放疫情期间专用车证150张，人员专用证件222张。严格执行扫码登记、绿码放行工作要求。并将疫情防控常态化纳入到《中国园林博物馆安全生产责任制》制度中，完成园博馆领导岗位、职能部门及干部职工的岗位安全职责；同时，对5家社会化用工单位的95个岗位制定岗位责任制，实现全馆安全职责全覆盖、零死角。

（孙　萌）

【提升室外环境布置加强动植物监管养护】 年内，为提升园博馆室外绿化布置水平，不断丰富地被植物的多样性，实践科学生态的养护理念，增加了乡土地被栽植，将苔草过密地方进行分栽补植，种植苔草1200平方米，紫花地丁100平方米，白三叶200平方米，提高地被覆盖率，突出园博馆室外景观环境特色。在动物养护方面，结合疫情防控要求，持续做好水禽栖息地和兽舍的卫生清洁、消毒等工作，加强动物每日动态监测。增设隔离网、增加巡检频次，保障动物和游人的安全。荣获2020年度北京市委、市政府首都绿化美化先进单位称号。

（孙　萌）

2021

北京丰台年鉴

生态环境

综 述

【概况】2020年，区生态环境局以改善生态环境质量为核心，克服疫情防控影响，紧盯任务“进度+排名”，发挥区委统筹平台作用，印发《中共北京市丰台区委生态文明建设委员会2020年工作要点》《丰台区污染防治攻坚战2020年行动计划》，承办区委生态文明委及其办公室会议4次，召开22次污染防治工作调度会，研究解决涉及大气污染防治、断面水质超标等突出问题46个。出台区级《生态环境保护职责分工规定》，制发区级贯彻全市《污染防治攻坚战成效考核措施》实施方案。区域空气质量持续改善，达到年度及“十三五”目标要求。以开展入河排口“查、测、溯、治、管”为整体思路，在全市率先推进水精细化建设试点项目，全年国家和市级地表水考核断面水质达标。土壤污染整治深入落实，区域生态环境状况指数持续提升。率先实施生态环境损害赔偿，办理全市首例用替代修复方式赔偿的生态环境损害案件。办结各类环境信访投诉634件，办结区人大建议、政协提案主责2件、协办7件，办理政府信息公开申请12件，公开政务及环保信息182条。2020年获第二次全国污染源普查表现突出集体、北京市第二次全国污染源普查表现突出集体、北京市“我为打赢污染防治攻坚战献一策”活动优秀组织奖。

（孙 楠）

【疫情防控】疫情防控期间，共收集监管数据21485个，开展监督性检测620余次。对接纳涉疫情医疗废水的污水处理厂、乡镇级饮用水源地和市级饮用水源地、隔离点开展全方位监管监测。严格落实医疗机构及设施环境监管和服务100%全覆盖，医疗废物、废水及时有效收集转运和处理处置100%全落实。新发地批发市场聚集性疫情发生后，制定《关于新发地批发市场聚集性疫情防控“战时”工作方案》，启动“战时”工作机制，组建固废清运和污水处理两个专班，实现市区联动，24小时专人值守规范收运新发地防控人员产生危险废物，监督收集危险废物2865.55吨、处置隔离点医疗废物废水；分类制定隔离点污水消毒工艺，指导38个隔离点加强污水杀菌消毒处理，实现两个100%。在新发地周边布设7个监测点位，累计监测491点位次，获取监测数据598个。

（孙 楠）

【行政审批】年内，做到疫情防控与生态环境保护两手抓、两手硬、两促进，主动服务，推行不见面审批。通过政务服务管家在线1对1视频指导企业网上办理各类事项，采取函审、网络视频会审等方式召开专家评审会，既严格要求，保证环评项目审查质量，又方便群众，保证防控措施的落实。全年共组织专家评审会和函审18次，完成建设项目环评审批34项。参与“多规合一”平台项目会商21项。全年制发排污许可证395家单位，对10个行业30个项目实行承诺制；实施排污许可证后执法监管，现场核查发证企业点位125个。主动与辖区疫情防控重点企业联系，专设专人专班，开辟“绿色通道”，为新冠肺炎疫情防控急需的医疗卫生、物资生产、研究试验等三类建设项目提供环评应急服务保障，指导丰台区医疗机构为新型冠状肺炎疫情防治所需要增加的X射线影像设备，豁免办理环境影响评价和辐射安全许可手续。专人对接办结辐射安全许可证申请28件、延续18件、变更26件、重新申领17件、注销3件和台账维护2件；办理放射性同位素转让备案378件计1639枚，确保区域未发生辐射安全生产责任事故。

（孙 楠）

环境质量

【空气质量持续改善】年内，区域空气质量持续改善，全区PM2.5年均浓度36微克/立方米，同比改善14.3%，累计浓度、同比改善率首次实现城区第一，达到年度及“十三五”目标要求。其他主要污染物二氧化硫（SO_2）、二氧化氮（NO_2）和可吸入颗粒物（PM10）累计浓度分别为3微克/立方米、29微克/立方米和61微克/立方米，均达到国家环境空气质量二级标准，其中可吸入颗粒物（PM10）首次达到国家标准，二氧化硫（SO_2）年均浓度稳定在个位数水平。空气质量达标天数275天，同比增加40天，达标天数比率提高10.7个百分点。

（孙 楠）

【环境监测】年内，定期对空气质量监测数据进行分析报告，出具丰台区空气质量日报352期、高值点位分析日报352期、丰台区空气质量月报11期，丰台区降尘月报11期。定期收集重点地区周边四方向点位降尘缸，全面了解污染物来源方向，为完成全区降尘目标提供数据支撑。落实地表水环境质量监测工作，取得69个区级考核评价水质监测数据12256个，34个跨乡镇（地区）界补偿断面数据3300个。落实乡镇级地下饮用水环境质量监测工作，对丰台区长辛店水厂水源地和王佐镇水厂水源地地下饮用水开展定期监测，地下水环境质量稳定达标。建成区域环境昼间噪声大网格（28个）平均值为52.8分贝（A），相比2019年下降0.6分贝；建成区域环境昼间噪声小网格（138个）平均值为52.5分贝（A），相比2019年下降0.9分贝；全年道路交通环境昼间噪声70.0分贝（A），同比下降2.1分贝。对重点排污单位废气、废水监测102家次，土壤环境重点监管单位9家次，固体废物重点监管单位10家次，市控、区控医疗废水监测72家次，加油站周边地下水5家次，加油站油气回收装置非甲烷总烃监测34家次。

（孙 楠）

污染防治

【蓝天保卫战】年内，制定《丰台区2020年打赢蓝天保卫战行动计划》，细化《丰台区重点地区大气环境精细化管控指导手册》，主动应对多轮空气重污染过程，构建“提早分析预警、提前提级响应、分区分级管控、部门属地联动”的全方位、多层次治理监管格局。开展区级污染防治任务查访核验工作，检查单位覆盖13个委办局和21个街乡镇，检查问题201个。创新“班前提示”制度，发布污染应对精细化管理措施630余条。在丰台街道、南苑街道、卢沟桥地区开展挥发有机物（VOCs）走航监测试点，针对晚间餐饮集中区、汽修企业集中区和加油站周边进行走航监测26次，发现挥发有机物（VOCs）高值点位128处。率先购置便携式大气污染快速检测仪、微风风速仪等设备对挥发性有机物无组织排放情况进行检查，检测重点行业企业挥发性有机物（VOCs）治理设施废气收集率，提升执法效能。实现街乡镇帮扶指导全覆盖，开展点穴执法检查企业3136家，发现问题607个。建立街乡镇领导带队检查机制，围绕施工工地、餐饮、汽修等污染源，共开展街乡镇领导带队夜查778次，带队检查1544次。开展23轮次扬尘专项检查，发现问题651个，属地反馈整改情况634个，通报重点问题93个、曝光突出问题20个。各街乡镇粗颗粒物（TSP）浓度均实现同比改善，全区平均同比改善超过13%。

（孙 楠）

【碧水保卫战】年内，牵头推进碧水保卫战59项任务措施的落实，组织排查饮用水水源防护区风险，试行水环境质量评价考核办法，定期公开镇级集中式饮用水水源地水质信息，压实部门和街乡镇水环境治理责任。制定《丰台区入河排口分类分级管控工作实施方案》，率先开展地下水污染调查，实施典型城乡结合区域地下水污染调查及防护项目，组织开展水文地质、环境地质调查以及风险源排查工作，其中水文地质测量调查面积为225平方公里，调查点1000余个，环境地质测量调查污染源点位1125个次。同时，为查明区域地层结构，进行水文地质试验，开展同位素分析，进行地下水污染溯源。以开展入河排口“查、测、溯、治、管”为整体思路，率先建立水精细化系统，开展丰台区典型城乡结合区域水生态环境精细化管理系统试点项目，安装水质自动监测设备46台、流量计5台，组织开发并试运行区域水精细化管理平台及手机应用。落实河湖长制，强化入河排污口整治，统筹完善水环境管理机制，联合区水务、公安、属地等开展涉水执法105个点位，立案18起，罚款26万元，行政拘留1起1人。全年国家和市级地表水考核断面水质达标（其中丰草河无水）；水环境区域补偿跨界断面全年产生补偿金357.5万元，同比增加132.5万元。

（孙 楠）

【净土保卫战】年内，统筹推进净土保卫战年度各项任务措施的督查落实，完善区相关部门间的监管协调机制。持续推进区域土壤环境详查，落实市控4个点位土壤样品采集送样，报送9家重点监控企业周边土壤监测数据。建立农药包装废弃物和农膜回收处理机制，全年累计回收农药包装废弃物2.86吨、废旧地膜3.44吨，农膜回收率达到80%以上。对未利用地进行全面调查摸排，累计巡查面积约6052.7亩。强化建设用地管控，筛查2013–2019年区内479家关停企业原址用地，16家纳入并更新区级疑似污染地块名录。6个地块土壤环境污染状况调查完成专家评审并移出调查名录。印发实施耕地分类管理工作方案，划定6000亩永久基本农田、600亩永久基本农田储备区及3000亩耕地保有量储备

▲12月15日，区生态环境局主要领导在丰台区融媒体中心参加“委员对话一把手 提案办理面对面”栏目，现场展示大气精细化管理平台。（区生态环境局 供图）

▲10月14日，位于园博园永定河流域的水生态环境精细化管理系统高密度自动监测设备。（区生态环境局 供图）

区，年度新增耕地5块，优先保障耕地土壤环境质量，区域生态环境状况指数持续提升。全区受污染耕地、污染地块安全利用率均达到90%以上。

（孙　楠）

【污染源管理】年内，按照“控制总量、消化增量、削减存量、监督排量、腾出容量”的原则，统筹安排污染减排计划，抓好老旧机动车淘汰、餐饮油烟净化器升级改造及槐房再生水厂管理减排等重点减排措施落实，完成氮氧化物、挥发性有机物、化学需氧量、氨氮年度减排任务。削减推进挥发性有机物“一厂一策”治理工作，组织北京印刷集团有限责任公司印刷一厂开展挥发性有机物“一厂一策”治理工程，从原辅材料、生产工艺、无组织排放管控、废气收集等方面编制完成综合整治工作方案。

（孙　楠）

环境监察

【中央生态环境保护督察】年内，统筹做好第二轮中央生态环境保护督察服务保障，研究制定《丰台区配合中央生态环境保护督察服务保障工作方案》，组织召开“中央第一生态环境保护督察组督察北京市工作丰台区动员会”，编印《工作运行手册》《应知应会》《工作快报》等材料，协调组织各专项工作组和全区各单位全力配合督察服务保障和边督边改工作。期间，中央督察组调阅丰台区资料十三批57份，涉及26项任务，接办信访举报248件，办结218件，阶段性办结30件；下沉丰台区开展督察期间，实地核查点位19个。全年统筹推进第一轮中央和市级环保督察整改落实，对照市区整改方案和各单位任务措施，涉及全区22项整改任务均报送完成，12月底完成新增任务1项。

（孙　楠）

【环境执法检查】年内，坚持全时执法和靶向治理相结合，重点开展工业扬尘、餐饮、锅炉、挥发性有机物重点行业、“流域”及污水处理设施、污染地块巡查及涉重金属、危险废物产生单位等20多个专项环境执法检查，累计出动执法人员25121人次，检查固定污染源12459家次，立案177起，出具处罚决定书181起，处罚金额297.3万元。查封扣押51起。移送行政拘留2起，拘留2人；移送公安刑事拘留2起，拘留20人，申请强制执行11起。

（孙　楠）

【机动车尾气排放监管】年内，印发实施《丰台区移动污染源监管工作方案》，执法检查各类机动车87188辆，抽检柴油车排放达标合格率97.5%，动态完成95%达标排放要求。检测加油站油气（二次）回收205座次，加油站油品清净性41座次，重点车型在线动态审核率97%，动态符合年度审核率80%以上的任务目标。

（孙　楠）

环境保护

【应对气候变化】年内，将应对气候变化工作纳入区委生态文明委年度工作要点，统筹推进各项任务措施，印发《丰台区2020年应对气候变化重点工作计划》。会同统计、发改等部门定期分析全区排放单位碳排放总量及排放强度，并对重点单位排放量异常波动、能源结构变化等情况进行及时跟踪。健全温室气体排放统计数据管理制度，逐渐提高数据质量。定期对照本区温室气体排放控制目标，分析目标完成进度、预测和分析年度指标完成情况以及影响因素分析。开展丰台区应对气候变化指标分析及企业碳交易管理服务项目，通过聘请专业服务机构为区内碳排放单位提供针对性的服务，指导企业完成系统填报、数据复核、履约指导、新增配额申请指导专业技术服务。组织召开2020年丰台区碳排放工作培训会。在城六区中率先完成51家重点碳排放单位（航空企业不参与履约）年度履约工作。

（孙　楠）

【自然生态建设】年内，开展生态保护红线监管工作，配合开展生态保护红线评估优化工作。配合市级开展“三线一单”生态环境分区管控工作，补充饮用水源地名录、丰台区分区规划、污水处理厂相关信息等相关资料，做好“三线一单”（生态红线、环境质量底线、资源利用上线和生态环境准入清单）细化、更新工作，切实推动生态环境分区管控体系应用实施。加强农村环境质量监测，对小瓦窑村和小屯村2个城镇型村庄开展环境质量和周边土壤监督性监测，对日处理能力20吨以上的3家农村污水处理设施开展水质监测工作。

（孙　楠）

【环境宣传教育】年内，广泛开展生态环境宣传引导，联合区委组织部举办年度生态文明与环境保护专题研修班。采用视频方式组织“连接民意 初心同行”环保政务开放日活动。全年播发报纸新闻31篇、电视新闻23条，依托自媒体平台发布政务微博885条、政务微信“丰台生态环境直通车”836条，累计阅读量2236余万人次。开展丰台区首届“绿色丰台 寻找最美环保人”活动，表彰区“最美环保人”和“环保达人”各10名。

（孙　楠）

2021

北京丰台年鉴

城乡规划与建设

城乡规划和自然资源管理

【概况】北京市规划和自然资源委员会丰台分局内设14个科室，下设6个单位，编制238名。主要职责是负责丰台区规划和自然资源管理；推动国土空间规划全域覆盖和“多规合一”，加强规划的编制与实施，维护规划的严肃性和权威性；强化减量发展，推进功能疏解提升等职责。2020年，完成南中轴地区、丽泽金融商务区、丰台站地区、宛平城地区等重点功能区和卢沟桥五里店、长辛店老镇等重点地区约69.6平方公里作为控规编制试点。依据新版城市总体规划和丰台分区规划划定街区，传导分区规划确定的各项管控指标，完成全区的人口、建设用地、建筑规模等指标，细分至街区及三大设施区级统筹等工作。组织编制《丰台区国土空间近期建设规划（2021年—2025年）》。完成2020年度《丰台区地图》及《规划和自然资源专题图》的编制工作。

（吴荷媛　刘佳纬）

【生态保护红线评估优化】年内，会同丰台区园林绿化局、丰台区生态环境局等部门共同开展全区生态保护红线调整评估优化工作。在2018年7月国务院正式对外发布的北京市生态保护红线划定方案基础上，经过4轮逐图斑、逐地块校核评估、核查丰台区审批数据，形成丰台区生态保护红线评估调整最新成果。

（刘佳纬）

【中共北京市丰台区委城市工作委员会】年内，北京市规划和自然资源委员会丰台分局作为中共北京市丰台区委城市工作委员会办公室，5月，组织召开丰台区委城工委2020年第一次会议，审议并原则同意《中共北京市丰台区委城市工作委员会及办公室组成人员名单》和《中共北京市丰台区委城市工作委员会2020年工作要点》。6月，按照会议精神，正式印发《中共北京市丰台区委城市工作委员会2020年工作要点》等相关文件。8月，根据市委城工委工作分工方案，拟定了区级工作分工方案和任务清单，以作为后续协调、督促重要城市工作的依据。10月，商请各成员单位提供区委城工委2020年工作开展的情况，逐步建立起区委城工委办公室统筹协调、整体推进、督促落实城市工作的有力抓手。年底，根据市委城工委安排，按照《中共北京市委城市工作委员会2020年工作要点》，结合丰台区实际，汇总形成《关于报送丰台区委2020年度城市工作总结和研提市委城市工作委员会2021年工作要点的报告》上报市委城市工作委员会。

（刘佳纬）

【“小蜜丰”丰台区责任规划师】年内，在《丰台区责任规划师制度实施工作方案（试行）》的基础上，进一步明确责任规划师和社区规划志愿者工作内容，制定《丰台区责任规划师和社区规划志愿者工作组织及2020年任务清单》，通过建立“小蜜丰”轮值统筹机制，以组织头脑风暴、智囊研讨等形式发挥专家力量，随时解决“小蜜丰”工作中的难点问题。结合街区指引、城市体检等工作，组织“小蜜丰”丰台区责任规划师深入街巷，进行2次全面调研，了解属地和居民诉求、校核现状三大设施、城市韧性等情况。围绕“七有”“五性”需求、结合区内各部门街巷治理、小微空间改造等实际工作，夯实责任、倒排任务、明确工期，丰台区24个单元聚焦各自单元问题，编制年度亮点工作。

（刘佳纬）

【丰台区2019年度城市体检】年内，组织全区40余个部门和24个单元责任规划师共同开展丰台区2019年度城市体检工作。经过3次与40余个委办局沟通对接，2次征求意见，2次专家咨询会，2次责任规划师深入下沉调研，10751份社会满意度调查问卷分析，对2019年度城乡规划实施情况进行评估，形成包含一表（丰台区城市体检特色指标体系）、一库（丰台区城市体检基础数据库）、一清单（丰台区城市体检任务清单）、一调查（丰台区规划实施满意度调查）、一报告（丰台区2019年度城市体检报告）的丰台区2019年度城市体检成果。

（刘佳纬）

【优化审批流程】年内，响应市政府对防控疫情工程建设项目加快审批的紧急通知要求，4小时“零见面”完成北京中医药大学发热门诊许可办理，调配人员力量1个工作日内核发33.7万平方米的民生安置住宅规划许可。利用简易低风险“一站通”服务系统及优化营商环境工作平台，联动区政务服务、发改、住建、园林等部门，为建设单位提供一条龙式的服务，在5个环节、13天办理时限基础上，大幅压缩全流程办理时间，实现南苑乡槐新住宅楼加建门厅等3个项目办理总时间不超过2天，共办理简易低风险规划许可28件，形成全流程案例10件，数量位于全市前列。保障政策性住房项目实施，11个项目已有7个具备开工条件，可提供房源9380套。通过网上申报、网上受理，实现“数据多跑腿、群众零跑腿”，累计核发房屋建设类许可81件，建筑规模约415.6万平方米，许可规模同比增长300.39万平方米，约38%。其中住宅25件、286.17万平方米，公共建筑13件、75.75万平方米，基础教育设施4件、6.11万平方米，养老设施2件、3万平方米等。核发市政交通类许可184件，涉及用地面积约115.8公顷，场站建筑规模约10.2万平方米，市政管线约80.1千米。划拨土地9件，用地面积约24公顷。

（周礼司　高卫中）

【房屋建筑重点项目规划用地审批】年内，组织召开区长专题会4次、专家评审会8次，通过“多规合一”会商等形式，研究审查建设项目30个，完成8个项目的消防审查。核发二通东区共有产权房、东铁营棚改回迁房、青塔定向安置房、丰台区档案馆等27个项目“多规合一”初审及会商意见，涉及用地217.9公顷，规划建筑规模312.8万平方米（核发初审意见8个，用地面积143公顷，地上建筑规模124.4万平方米；核发会商意见15个，用地面积49.6公顷，地上建筑规模136万平方米；核发供地条件2个，用地规模16.4公顷，地上建筑规模29.7万平方米）。核发中直机关园博园保障房、中央民族大学公租房设计方案审查意见。完成口腔医院迁建工程、信访办、北京交通大学、京南演艺中心、南水北调管理设施等重大项目选址。市、区145个重点项目，规划用地手续可支撑开工的已达135个，占比93%，其中房建类项目75个，市政类项目54个，公园类项目6个，总投资额约500亿元，涉及用地约790公顷，总建设规模约934万平方米。

（李晓贝）

【市政道路重点项目规划用地审批】年内，办理渗沥液处理厂二期、河西第三水厂、长辛店北二十路南延、范家庄路、中央民族大学丰台校区配套民族苑路天然气、王佐公交保养场配套燃气和电力工程、房山线北延四环路站排水工程等重点项目建设工程规划许可证。协调推进丽泽航站楼、河西第二水厂、垃圾焚烧厂等重点项目方案实施落地。完成《丰台火车站周边交通系统改善研究》课题。核发丰台站220千伏变电站选址意见书及用地预审。核发丰台火车站配套供水及中水工程建设工程规划许可证。核发四合庄西路、东货场路、丰草河北路市政管线综合“多规合一”协同意见。核发横一路、纵一路、纵二路、纵三路、纵五路道路及市政管线综合“多规合一”协同意见，稳定火车站外部配套道路方案。

（高卫中）

【建设用地供应计划】年内，完成40公顷土地入库任务，供应商品住宅用地6宗约26公顷（含1宗预公告中用地），占供应下限总量62%，建筑规模约60万平方米，总成交价约293亿元，可收回土地补偿费约194亿元，实现政府收益约99亿元，带动后期建设投资约56亿元。通过资金回笼，化解政府隐性债务约34亿元。2宗约8公顷商品住宅用地具备入市交易条件，择机供应。

（李晓贝　肖　军）

【编制绿隔地区城市化建设工作办法】年内，为加快推进全区绿隔地区城市化建设，解决绿隔地区劳动力安置人口认定问题，结合王四营乡试点经验，拟定《关于丰台区绿隔地区劳动力安置人口认定工作办法（试行）》，经区政府研究同意后，会同区农业农村局及区住建委联合印发执行。

（李晓贝）

【编制规划综合实施方案】年内，借鉴“王四营”经验，草拟规划综合实施方案编制要点，探索出“属地政府初审、分局会审、委办局联审、专家评审、区政府审核”的规划综合实施方案区内报审路径，固化审核路径，保证规划实施工作合理有序开展。研究推进东铁营、0517街区项目、太子峪、小屯、东铁营、青塔等棚改项目的规划综合实施方案编制及报审工作。

（李晓贝）

【城乡建设用地减量】年内，贯彻落实“新总规”和“丰台分区规划”关于减量发展、留白增绿的要求，完成2019年减量图斑的验收和上报工作，全区完成减量实施任务3.32平方公里，实现净减量2.85平方公里，超额完成2019年度净减量任务；开展2020年度的城乡建设用地减量工作，全年全区完成减量实施任务约6.5平方公里，实现年度内6平方公里的净减量任务；组织开展“十四五”时期丰台区减量发展课题研究，明确“十四五”时期的减量目标，落实减量实施任务、减量地块的空间位置和实施路径，制定减量实施任务清单。

（李晓贝）

【规划土地核验】年内，办理规划验收109件，核验建筑规模369万平方米，保障了高立庄、首钢二通厂等地区定向安置房等系列民生工程投入使用。推进代征道路用地、绿地移交，全年完成11个项目的移交工作，腾退道路用地19.9万平方米、绿地17.8万平方米。

（李英辰）

【第三次全国国土调查】年内，完成第三次全国国土调查统一时点更新工作，实地举证2865个图斑，2012.32公顷，拍摄照片1.2万余张，在8月11日按时提交成果，顺利通过国家级核查。为避免主观人为干扰和弄虚作假，所有调查成果修改记录全部留痕，确保全流程可溯源检查。

（闫　鑫）

【土地利用动态巡查】年内，对全区208宗约761公顷土地开发利用情况开展336次调查工作，其中出让土地128宗约458公顷；划拨土地80宗约303公顷。落实开工、竣工申报制度，要求重点项目定期报送进展情况，加大监管力度，防止土地闲置，提高土地利用效率。

（安　洁）

【高精尖用地试点实施方案获批】年内，《北京市丰台区人民政府关于落实〈北京市人民政府关于加快科技创新构建高精尖经济结构用地政策的意见（试行）〉的试点实施方案》已经市政府审定，试点实施方案在中关村科技园丰台园进行试点。

（安　洁）

【丰台国有自然资源资产管理报告】年内，编制完成《丰台区2019年度国有自然资源资产管理情况专项报告》及本领域子报告，全面反映丰台区年度国有自然资源资产管理现状情况和取得成效。截至2019年底，丰台区土地资源总量为30552.63公顷，其中国有土地15525.20公顷，占全区总量的50.81%；集体土地15027.43公顷，占全区总量的49.19%。已查明矿产资源储量并编入《北京市矿产资源储量表》的固体矿产5种7处矿产地。水资源总量多年平均值5469万立方米，境内有43条河道，总长度约203.50千米。全区林地面积9726.11公顷，政区内无国有林场。

（宋婉煜）

【开发区土地集约利用评价】年内，开展2020年度中关村科技园区丰台园土地集约利用评价调查，涉及主区面积8.18平方公里，发展方向区面积10.11平方公里。更新补充主区和发展方向区范围各项数据，截至2019年底，新增加国有土地10.51公顷，总建筑面积增加56.16万平方米。12月，通过市规划自然资源委验收。

（宋婉煜）

【土地征收】 年内，完成集体土地征收项目上报1个；取得市政府征地批复项目4个，征收集体土地总面积128.7431公顷，其中耕地12.6419公顷；取得市政府农转用批复项目1个，占用集体土地4.9994公顷，其中耕地1.6629公顷，所涉及耕地已全部完成耕地占补平衡。

（许朝阳）

【耕地保护空间优化调整】 年内，完成丰台区640公顷耕地保护空间的优化调整工作，土地复垦项目立项5个，新增耕地面积32.9699公顷，新增耕地验收项目2个，新增耕地面积9.4536公顷。

（刘玄烨　许朝阳）

【不动产登记便民服务持续优化】 年内，全面启动“不动产延时服务”，推出“早晚弹性办、午间不间断、周末不休息”服务模式，为企业群众提供便捷的登记服务。为外省市银行办理抵押登记提速，由第二天领证改为即时办结，减少代理人在京停留时间。针对北京市辖内各银行、公积金中心全面开展不动产抵押登记网上办理，减少申请人跑动，网上办理量居全市前三位。联合丽泽金融商务区管委会对商务区楼宇产权单位进行不动产登记相关培训，为入驻企业提供“一对一”服务包，主动靠前做好登记服务。全年共办理各类登记业务103205件，发放权利证书和证明83745件，收缴登记费984万元，土地收益3.48亿元。受理信息查询143556卷次，实现档案数字化115834卷，完成权籍调查及权属审查业务322件。

（韩东芳）

【落实整改任务】 年内，完成规自领域专项治理任务清单95项。市委第五巡视组向丰台区反馈的4大类12个方面33个具体事例，已完成整改17个，基本完成整改6个，阶段性完成整改3个，需长期推进整改7个。区委巡察组反馈提出的5个方面9个问题，已完成整改5个，持续推进4个。“大棚房”排查整治7个项目52个问题和另案处理4个项目已全部整改到位。浅山区专项治理32宗一般违法已全部拆除。违建别墅清查整治，梳理上报问题项目6宗、43栋、47套，已全部按照国家时限要求完成整改并销号。

（周礼司　李　萌）

【违法建设核查认定工作】 年内，配合街乡镇核查620处涉嫌违法建设的规划审批情况，涉及建筑面积约22.54万平方米。另经举报、卫星图片等途径，依法移送街乡镇政府涉嫌违法建设线索409处，建筑面积约127.29万平方米。

（李　萌）

【例行督察整改】 年内，2019年国家自然资源例行督察列出丰台区具体问题共1424个，其中限期整改类545个，纳入持续整改类问题879个。限期整改类问题共完成整改454个，整改到位率为83.30%；持续整改类问题完成整改75个，整改到位率为8.53%。

（李　萌）

【扫黑除恶专项斗争】 年内，加强线索摸排处置，梳理群众举报线索，重点筛查涉及规划和自然资源领域群众反映比较集中地区的“两委”村干部的相关情况，筛查2571人次，最终上报疑似违法用地情况186例，同时配合区委区政府落实村和社区“两委”干部、集体经济组织班子成员建议人选资格联审286人（次），为组织用人提供了依据。

（李　萌）

【两处矿山生态修复治理项目实施】 年内，实施王佐镇西庄店羊圈头村石灰岩矿和长辛店镇大灰厂村石灰岩矿两处矿山生态修复治理项目。两项目总投资约331万元，修复治理面积约9.14公顷，治理后可提供绿化用地约2.32公顷。

（林亚森）

【矿产资源】 年内，丰台区主要矿产包括地热、矿泉水、冶金用白云岩、制灰用灰岩、水泥配料用页岩、建筑用砂、

▲10月13日，王佐镇西庄店羊圈头村石灰岩矿治理项目治理成果。（市规自委丰台分局 供图）

▲11月6日，长辛店镇大灰厂村石灰岩矿治理项目治理成果。（市规自委丰台分局 供图）

砖瓦用粘土，无新增矿产地和新查明重要矿产资源储量。开发利用的矿种有矿泉水资源及地热资源2种，有持证矿产资源勘查、开采单位16家，其中，矿泉水开采单位1家、地热开采单位13家、地热勘查单位2家。

（林亚森）

【农村乱占耕地建房问题摸底排查】 年内，市级共下发丰台区6批图斑，以此为线索结合乡镇自行摸排，丰台区涉及2673个图斑，全部完成摸排和系统填报，建立《丰台区农村乱占耕地建房摸底排查工作台账》。通过乡镇认定和区级审核，纳入农村乱占耕地建房问题共876宗。

（李　萌）

【丰台区违法用地违法建设责任追究实施办法】 年内，为进一步遏制违法用地违法建设行为，实现存量违法持续消减、新生违法动态清零，对《丰台区违法用地违法建设责任追究办法（试行）》进行了修订。经区委、区政府同意，7月30日印发并施行《丰台区违法用地违法建设责任追究实施办法》。《办法》以从严惩治涉地乱象和涉地腐败为根本，综合运用督查、考核、惩戒等措施，督促街乡镇和村级组织落实主体责任，履行违法用地违法建设管控和整改责任。

（李　萌）

【地质灾害防治】 年内，对全区突发地质灾害隐患点28处，其中崩塌17处、泥石流3处、不稳定斜坡8处巡查检查，完成搬迁地质灾害隐患险户1户5人。根据北京市泥石流沟精细调查与评价项目成果，完成无新增泥石流隐患点排查。

（林亚森）

【信访及信息公开】 年内，落实领导接访制度，每周三开展领导接待日。办理信访投诉请求356件次，书面答复356件。收到信息公开申请661件，书面答复594件，受理率和办结率均100%。

（张东琪）

【接诉即办】 年内，接收“接诉即办”工单3875件，其中办理2637件、回退1238件、局长信箱接收办理77件、区长信箱接收办理48件、政风在线接收办理2件，响应率100%。

（张东琪）

【行政复议诉讼】 年内，办理行政复议和行政诉讼案件170件、行政诉讼案件144件（一审92件、二审52件）、行政复议26件。从类型看，涉及不动产登记类48件、信息公开类18件、举报答复类16件、咨询答复类13件、违法建设认定类3件、行政许可类20件。

（张东琪）

【规划建设图编制】 年内，完成2020年度《丰台区地图》及《规划和自然资源专题图》的编制工作。《丰台区地图》包含了规划道路、现状道路、轨道交通、地名、地址、医疗、教育、行政办公等信息。《规划和自然资源专题图》包含了市区两级重点项目、在施一级开发项目、丰台区矿产资源分布情况等信息。同时在全区范围内向社会各界发放多种类型的地图制品，其中纸质折叠图10000张，挂图400张。

（程　鹏）

【丰台区街区指引工作调研】 年内，丰台街区指引从结合城市现状问题和发展需求出发，尊重历史发展和继承以往控规的有效合理部分，探索总规综合性战略意图、规模指标、空间底线、城市治理要求等内容向下传导的路径，同时尊重不同局部区域间问题和特色的差异性，区分需求的刚性与弹性，进一步细化传导模式和标准的多样化。通过街区指引建立以规模指标传导为核心的全区系统性空间发展框架，指导下一步控规和综合实施方案编制，服务于城市发展，统筹推进分区规划实施。

（余慧娟）

建设管理

【概况】 2020年，区住建委坚持“一手抓疫情防控，一手抓复工复产”，保障年度重点任务完成。全区建筑工程累计开复工357项，面积2322.67万平方米，其中住宅194项，面积1455.6 2万平方米；公建163项，面积867.0 6万平方米。装修219项，面积981.2 4万平方米。建筑面积比上年减少14.69%。全区房地产业、建筑业实现留区税收分别为39.8亿元、7.6亿元，合计47.4亿元。占全区税收的41.8%。

（孙旭　周宏斌）

【推进棚户区改造】 年内，以棚户区改造工作推进疏解进程，完成签约415户，提前超额完成年度搬迁200户的任务，疏解人口约1196人，其中流动人口约600人。五里店京周路沿线、蒲黄榆一四里棚改项目启动预签约工作。张家坟、张郭庄棚改项目首批入市地块达到入市条件。辛庄村、岳各庄村棚改项目启动安置房建设工作，纪家庙村棚改项目实现安置房竣工。张郭庄、纪家庙棚改项目取得征地手续。榆树庄A区、南苑村A区完成净地工作，万泉寺棚改项目完成全部住宅签约工作。

（鲁飞雄）

【轨道交通建设】 年内，地铁19号线一期工程征拆工作全部完成；地铁14号线剩余站点中丽泽商务区站实现进场施工，工程涉及房屋征拆工作已全部完成；地铁16号线榆树庄停车场、新机场线北延已实现进地施工；房山线北延实现开通运营。

（杨　宽）

【助力重大项目有序复工】 年内，组织召开重大项目调度会18次，审议议题73个。丰台站改建工程新增用地，拆迁完成99%、交地完成99%，完成站房一期北区主体结构封顶，京沪、京广线及丰沙线普速铁路顺利拨入以及二期土方开挖等重要节点工作。中央民族大学新校区项目第一、二组团已完工，第三组团正在进行招标，公租房项目已开工建设。丰台医院提质改建项目主体结构已实现封顶，二次结构完成30%。口腔医

▲2020年，中央民族大学新校区项目学生宿舍楼。（中央民族大学新校区基建处 供图）

▲2020年，丰台站改建工程。（北京铁路局丰台站工程项目管理部 供图）

院已完成土护降施工。

（刘克清　于丽萍）

【政策性住房建设】 年内，实现保障房性住房开工11633套，约81.4万平方米，完成开工任务的116%；实现保障房竣工7126套，约44.2万平方米，完成竣工任务的101.8%。推进集体土地租赁房建设，全年丰台区已实现开工建设成寿寺村集租房项目、果园村集租房项目、张郭庄村集租房项目、葆台村集租房项目、西局村集租房项目（地块一）、草桥村集租房项目6个集租房项目，共38万平方米，9351套。

（高欣欣）

【建筑节能管理】 年内，完成对辖区内719家公共建筑的电耗限额管理。推广装配式建筑，全年累计完成新建装配式建筑项目24个，建筑面积154.38万平方米，占新建建筑面积比例41.03%。

（段俊杰）

【落实公共服务配套设施移交管理】 年内，无偿接收配套设施46处，9.2万平方米。完成项目建设方案备案（含变更）9个，开展现场核查和发表核查39项次。

（张巧梅）

【处理群众反映问题】 年内，“吹哨报到”工作，建立专项工作台账，每周汇总“报到”事件，共协调处理161件，办理市民热线2918件。累计收到行政诉讼应诉通知书56件，复议答复通知书13件。累计收到信访件699件，接待来访200余批次，600余人次。

（杨　波　贾　岚）

【优化营商环境】 年内，利用政务服务数据共享资源及市级行政审批（公共服务）系统平台，压缩审批事项要件、大幅提升网办深度。施工许可审批工作中，执行《建筑工程施工许可证》“全程网办、限时办结、自行打证”改革政策，分类引导市区重点工程项目按照施工准备函、施工登记意见函程序办理，最大限度压缩开发企业的开发周期与成本，共办理《建筑施工许可证》249项。优化招标投标管理模式，将建设工程招投标活动中的招标公告、资格预审文件、投标人投标资格登记、招标文件、招投标情况书面报告等所有事前监管事项，全部调整为“双随机”监管工作机制。招标人依据相关规定填报信息或（和）上传要件后系统自动智能签章通过，实现接件即办，为整个招标流程的时限缩短了20个工作日，全年办理招标投标40项。工程联合验收共办理109项。

（刘　斌）

【行业管理】 年内，在施工安全监管方面，制定《丰台区施工现场安全管理若干规定》，开展两次为期20天的安全生产专项整治行动。通过政府购买服务、委托专家等方式对深基坑、高大脚手架、起重机械等重大危险源开展专项执法检查1597项次，排查各类安全生产隐患3746条。在施工质量监管方面，累计检查建设工程871项次，检查质量问题1692条。实行样板引路制度，设置率达97%。推进小业主开放日制度，在办理竣工备案的保障性住房工程中得到了100%落实。在绿色施工监管方面，结合《丰台区工地环境管理考评实施细则》和创建国家卫生区标准，对施工现场实地检查1197项次，远程视频监控系统巡查12911项次。广泛宣传《北京市生活垃圾管理条例》，开展建筑垃圾、生活垃圾分类管理情况检查582次。开展建筑垃圾运输违法违规行为检查219项次，移送处罚21辆。开展非道路移动机械联合检查634项次，检查非道路移动机械229台，联合约谈处理违规运输单位25个，联惩施工单位5个。在建筑市场管理方面，严肃查处违法发包、转包、分包、挂靠等各类违法违规行为，检查在施工程总包项目136项，分包项目277项，立案6起，处罚金额6.5万元。在劳务管理方面，累计化解73起劳务纠纷，涉及工人2.6万人，涉及金额约1亿元。在应急管理方面，针对防汛、防疫、空气重污染预警、各节假日及“两会”安保期间应急检查工作，开展应急检查8160项次，出动人员16510次，检查点位16320个，利用远程视频监控系统进行不间断巡查工地40690个。发布空气重污染、高温、暴雨、雷电、大风等各类预警183条，各类通知、预报等1842条。

（赵　甦）

【政务服务】年内，房地产企业管理方面，办理房地产开发企业资质核定147件。在建筑企业管理方面，审批建筑业资质事项393项，受理安全生产许可证业务89项，建造师注册业务受理2008项。工程监督备案方面，办理建设工程竣工验收备案73项，其中线上办理72项，线下办理1项，竣工面积317万平方米，同比上年增加25%。承发包交易管理方面，完成开标59项，评标89项，其中办理施工总包交易开标40项，评标62项；监理服务交易开标19项，评标27项。

（赵　甦）

房屋管理

【概况】2020年，在全市率先出台了业委会（物管会）组建参考手册及配套文件，得到市委书记蔡奇肯定。升级“物业信用信息管理系统”，实现小区物业信息实时更新和精准“落点落图”。5月1日《北京市物业管理条例》实施以来，全区“三率”（业委会（物管会）组建率、物业企业覆盖率、党的组织覆盖率）水平大幅提升，业委会（物管会）组建量从60个增长到786个，其中业委会组建量107个，城六区排名第一。推进老旧小区综合整治工作，66个失管小区中有35个小区有物业企业入驻提供服务，全区共拆除地锁1409个。筹集公租房源1582套，为克服疫情影响，进一步提高市场租房补贴标准，发放各类补贴惠及居民45036户次，多举措落实“应保尽保”。汛期巡查平房8184间次，楼房12750幢次，保障安全度汛；针对福建泉州隔离点坍塌情况，对丰台区50处隔离点房屋进行专项检查。

（陈　露）

【房产交易信息】年内，全区网签新建商品房11510套（不含保障房数据，下同），同比减少24.41%；网签面积112.4万平方米，同比减少15.41%。其中，普通商品住宅网签5878套，同比减少24.59%；网签面积69.11万平方米，同比减少28.03%。完成资格审核2280件（其中审核商办类购房资格52件）；存量房网签及注销3653件（其中三联办154件）；资格复议415件；整理存量房平台档案6075卷，完成抽检、质检5827件，监管存量房交易资金1.6亿元。预售许可初审18件，现售备案85件，预售许可延期20余件，现售延期约60件，商品房买卖合同注销100余件，在建工程抵押信息确认注销10件。

（李　敏　贺鲜丽）

【房屋租赁市场管理】年内，完成群租房整治数量1536处，涉及人口3292人，其中北京市“疏解整治促提升”综合调度信息平台群租房整治台账销账618处，在全市排名第一。租赁合同备案及注销142件；检查租赁中介机构405家，立案65起，处罚12起，罚款36万元。及时稳妥处置蛋壳公寓风险事件，涉及房源3984套，已化解3497套，化解率86%，矛盾化解率高于全市水平。

（邵　伟　陈　露）

【保障性住房管理】年内，受理保障性申请家庭资格申请3588户，审核备案2998户，复核8651户，保障性住房已备案家庭信息变更2496户。租金补贴发放45036户次，发放金额69539642.75元，其中公租补贴发放29812户次，发放金额46837387.15元；市场补贴发放15109户次，发放金额22608900元；廉租补贴发放115户次，发放金额93355.6元。开展公租房配租活动1次、选房工作2次，涉及康润家园、郭公庄家园等9个公租房项目，涉及房源1582套。组织开展夏家胡同璟岳园4#项目分配工作，涉及房源615套，主要面向丽泽、投促、园区重点企业，以及教育、卫生领域中高层管理人才、专业技术人才分配，申请家庭715户，因疫情影响实际签约321套。

（肖　雯　陈　露）

【物业管理】年内，完成全区987个住宅类物业管理区域的安全检查及物业管理情况调查。收到物业服务合同备案申请65件，其中新增备案19件，变更18件，注销28件。自10月19日开始，丰台区物业项目备案转由各街道办事处（乡镇）进行受理，房管局不再受理物业项目备案相关业务。实施物业管理三年行动计划，构建“区—街（乡）—社区”纵向三级物业管理工作机制，深化横向“片区”协作，将21个街乡分为4个片区，方便共性难点问题沟通协作，城市精细化治理机制逐步健全。成立“百名教员培训团”，强化线上、线下培训，在全市率先

▲9月8日，区房管局在大红门国际会展中心举办《北京市物业管理条例》工作培训会。（区房管局 供图）

出台了业委会(物管会)组建参考手册及配套文件。

(郭 喆 陈 露)

【房屋安全管理】年内,对全区街道、乡(镇)房屋进行安全检查,城镇房屋总面积为6701万平方米,其中城镇私房21万平方米,直管公房211万平方米;全区自管房单位722个,建筑面积6469万平方米;物业公司334个,建筑面积5461万平方米。万平方米以上单位(含物业公司)522个。发现危险房的单位有2个。汛期应对强降雨天气,累计巡查44766人次,巡查平房8184间次,楼房12750幢次。房产测绘审核工作审核楼房40件,1844525.22平方米,平房现场查看9次,审核20件。

(孙 诚 陈 露)

【老旧小区综合整治】年内,在施的10个老旧小区已有4个小区工程竣工、6个小区完成楼本体工程,既有住宅楼加装电梯27部。制发《丰台区失管小区引入物业管理工作实施方案》,推进失管小区引入市场化物业管理长效机制和改造施工。66个失管小区涉及的15个街道均已进场施工,其中宛平地区、卢沟桥、东铁匠营、西罗园街道有13个小区全面竣工。

(王立雪 陈 露)

【普通地下空间综合整治】年内,拆除普通地下室违规隔断48处,居全市拆除量第一,地下空间违规住人实现"动态清零"。在全市率先试点创设"普通地下室变更规划用途使用联席会"制度,聚合街乡及各部门力量协同推进工作,取得零的突破,实现有效再利用15处。

(罗 强 陈 露)

房屋经营管理

【概况】2020年,房管中心各单位从重发展速度向重发展质量转变。全年完成产值12.51亿元,较上年下降1.88%,净利润2660.09万元,较上年下降27.76%。直管公房共计收缴租金1793.1万元,完成计划定收的96.2%;供暖经营收入3.61亿元,累计定收率95.17%;廉租房租金收缴169.15万元,公租房租金收缴1265.93万元。共投资1928.8万元用于直管公房修缮及设备大修,完成98部电梯定期安全检测和14套二次生活饮用水系统水质检测工作,完成部分楼房消防、二次供水等设备设施大修。

(肖 茜)

【南苑棚户区项目】年内,推进住宅签约70户。年末,一期项目签约4320户,签约率94.64%;三期项目公示3515户,签约2847户,完成公示户数80.99%;E地块签约32户,剩余5户。

(肖 茜)

【长辛店棚户区项目】年内,完成搬迁252户,签约4585户,签约率为96%;国有土地非住宅搬迁三家产权单位共21处;对21户住房困难家庭进行安置;完成选房手续259户,选房407套;办理73套安置房的入住、28套安置房的变更购房人工作。

(肖 茜)

【亚林西公租房项目】年内,亚林西项目累计支出约5.72亿元,其中建安费用约4.1亿元。工程12月1日完成验收工作并取得竣工备案。

(肖 茜)

【供暖服务】年内,重点完成了丰台医院及七栋居民楼供暖改造工程、北京市十中晓月苑校区换热站新建工程、丰台区东铁营棚改项目锅炉房BOT工程、亚林西金茂地块热力并网工程、亚林西8号地块热力并网工程、文体路锅炉房改造工程、永乐居换热站改造工程、供暖所检修车间改造工程。全所56座锅炉房供热运行安全平稳。全年拓展供热市场面积24.09万平方米。完成指标3.55亿元。96118供暖报修中心接到应急抢修、抢险报修件261件。供暖所首次开展"微信自主缴费红包有礼"活动,绑定关注供暖所微信公众号的住户有75154户,占总采暖居民用户的55.04%,收入达1.41亿元,占供暖费总收入的38.90%。

(肖 茜)

【防汛安全】年内,房管中心共计普查房屋201.9万平方米,其中楼房406幢,192.4万平方米;查平房5566间,9.5万平方米。对直管公房的高层建筑物68栋的防雷装置进行检测。防汛期间成立10支共169人的应急抢险队,配备抢险车7辆、37台水泵等抢险物资,共出动防汛人员5300人次,查平房4100间次,楼房683栋次。查出平房漏雨46处,楼房漏雨129处,排除积水18处,所发现问题均及时妥善处置,确保了房屋安全度汛的防汛目标。

(肖 茜)

▲8月,防汛应急抢险队连夜上汛。(区房管中心 供图)

【工程建设】年内,完成产值5.13亿元,开复工面积274.54万平方米。完成2011年丰台区城镇住宅节能改造项目、2015年卢沟桥平改坡工程、2016年长辛店农宅项目、丰台北路28号营房抗震节能综合改造工程、北京市丰台区2016年王佐镇人民政府煤改电户内线路改造工程等115项工程的竣工结算工作。全面开展房山区长阳镇高佃三村经济适用住房项目、北京市公安局第一总队四支

▲丰房公司复工复产。（区房管中心 供图）

队六里桥业务用房工程、2020年房山区老旧小区综合整治项目四标段等新开工项目30项；福成布艺大厦装修改造项目、哈尔滨中润中国石油天然气管道局有限公司“三供一业”物业维修改造项目、丰台区2018年老旧小区综合整治太平桥西里项目等复工项目7项；各个项目安全平稳复工复产，顺利完成生产目标。

（肖　茜）

【疏解整治】年内，按照动态清零“发现一处清理一处的原则”要求，全年发现并清理直管公房违规转租转借清理整治任务6处，涉及人口11人，全面加强巡视和重点回访，确保已清理完毕的点位不反弹。

（肖　茜）

【房屋测绘和交易】年内，完成总测绘面积80万平方米。完成平房私产测绘31.5间；楼房私产及房改测绘2300套；商品房测绘36万平方米；完成区发改委一般制造业厂房测量、区政府办公用房使用面积测绘、益恒正阳小区、恒兴集团大兴测绘项目和长辛店棚户区标段测绘等项目。交易中心参与了房管中心清理未发证房屋工作、重点工程项目以及部分拆迁工作。

（肖　茜）

【监理和检测】年内，13个大型监理项目部顺利运行。新签订监理合同61个。截至年末，完成各项委托检测39780组；住房和城乡建设委员会核准，公司房屋安全鉴定资质业务完成专项维修鉴定报告90份，房屋安全鉴定报告45份（含廉租房鉴定报告16份），出具检查鉴定情况说明7份。11月26日，经北京市住房和城乡建设委员会核准，房屋安全鉴定资质业务范围由“小型”升为“中小型”。

（肖　茜）

【人防工程管理】年内，接管丰台区经营类人防工程985处，建筑面积255.14万平方米。进行四公开一监督和疫情防控检查，共出动2351人次，检查人防工程4154处；新办人防工程使用证48处，新签订人防工程经营合同47处，续签人防工程使用证79处，续签人防工程经营合同110处。上缴人防工程使用费789万元。制定《丰台区房屋经营管理中心人防工程经营管理实施办法》《丰台区经营类人防工程使用收费标准评估报告》草稿和《丰台区经营类公用人防工程使用费征收追缴实施方案》，并依据方案开始追缴工作。

（肖　茜）

【接诉即办】年内，围绕“七有”要求和“五性”需求，优化“接诉即办”工作，12345“接诉即办”平台接受市民群众投诉、举报、建议、咨询、求助等问题2407件，综合响应率100%，考评总量共836件，综合得分91.29。做好未诉先办，建立供暖季户内室温测温志愿者系统，全年共推进847户测温志愿者工作，共上传温度数据23698次。

（肖　茜）

【物业管理】年内，加入17个社区的物管会，专项应急接管铁营11个失管小区，提供应急物业服务，筹划老旧小区物业管理方案；制作安装宣传条幅88处、粘贴海报957张，发放宣传单9200张，设置垃圾桶站300余个，设置管理垃圾驿站6个，管理厨余垃圾中转站15个，新购置垃圾清运车辆55辆，垃圾分拣员近200人，总投资近370万元。完成丰台区退役军人事务局军休十四所等7个新的物业管理项目拓展工作，按照“四有一无”（有自治组织、有基本保洁、有垃圾分类、有停车管理、无私装地锁）标准推进社区物业管理。在街道和社区的引领与推动下，在马家堡西里、玉林西里、东大街东里等住宅物业项目，实施物业管理和停车管理服务工作。

（肖　茜）

【安全检查】年内，举行消防应急演习34次，开展安全检查共出动3360人次，查出各类安全隐患296处，整改294处。组织7次安全大检查行动，对老旧居民小区、人员密集场所、棚户区拆迁工地、地下空间、有限空间作业、消防设备设施、易燃易爆、电动自行车停放及充电行为等开展火灾隐患排查整治。

（肖　茜）

【疫情防控】年内，派出四批共50名党员干部下沉支援社区，派出5名干部到西客站接返武汉回京群众；承担管辖范围内71个物业小区和79个无物业小区的防控责任，累计派出干部12500余人，惠及群众3万余户；承接全区所有归国人员医学隔离观察点的服务保障工作；承担长辛店棚户区以及新发地地区的防疫执勤值守工作。

（肖　茜）

【租金减免】年内，办理租金减免134

户，全年减免金额9.57万元；减免中小微企业60家，累计减免金额331.72万元。

（肖　茜）

房屋征收与补偿

【概况】2020年，继续加大力度推进棚户区改造和轨道交通建设任务。小屯西路棚户区改造项目被征收人签约工作总签约率99.6%。东铁营棚户区改造和环境整治项目实现3个回迁房地块和2个上市地块清零。分钟寺桥西北侧地区回迁安置房项目，继上年完成签约676户，积极与区有关部门研究沟通滞留户问题，采取措施加大力度做工作。蒲黄榆一里、四里危改项目涉及拆迁1117户，12月19日正式启动为期1个月征收预签约。丰台桥南棚户区改造项目，因受丰台火车站建设影响，项目列入政府储备计划。张仪村路东侧棚户区改造项目，因受产权单位权属问题等原因导致项目停滞。年内，房屋征收中心承担着4条轨道（丰台段）线路（地铁8号线、16号线、19号线和房北线）和16号线榆树庄停车场、19号线新宫车辆段的征拆、占地工作和协调进场任务，以及北京铁路枢纽丰台站改建工程征收工作。建设任务主要分布在丽泽金融商务区、丰台火车站、中关村科技园区丰台园、南苑湿地公园等热点区域。各轨道项目累计完成拆迁约6.5万平方米、占地约19万平方米。

（张　怡）

【小屯西路棚户区改造项目】年内，继上年完成第一、二、四标段全部签约，就第三标段签约工作进行研究协调，完成权属认定，并启动该标段90户被征收人的签约工作，完成签约87户。该项目完成签约798户，总签约率99.6%。

（张　怡）

【东铁营棚户区改造和环境整治项目取得进展】按照区政府确立的分地块分批次择期启动的部署，截至年底，完成3、7、14、19、21号5个地块89户居民的搬迁补偿工作，实现3个回迁房地块和2个上市地块国有土地居民全部搬迁，为回迁房开工建设和地块上市奠定基础。该项目于2013年纳入中心城区棚户区改造和环境整治项目任务计划。2016年房屋征收中心受区征收办委托，作为实施主体负责项目征收工作。2017年9月，发布房屋征收暂停办理事项公告。2018年5月，启动项目整体入户调查工作。

（张　怡）

【地铁房山线北延试运营】12月31日，房山线北延开通试运营。该线路于2016年开工建设，全长5.3公里，全线设白盆窑站、花乡东桥站、首经贸站、东管头南站4座车站，均位于丰台区范围内，平均站间距约1.53公里。线路开通后，除9号线外，又增加两处与中心城线网其他线路的换乘节点，即首经贸站、东管头南站分别与既有10号线、在建16号线形成换乘，为房山地区及丰台科技园地区居民提供更多出行选择，实现丰台科技园区与丽泽金融商务区的直连。房山线北延占地总面积约14万平方米，涉及花乡和卢沟桥乡、6个村集体、4家国企单位，共完成拆迁总面积约5000平方米。

（张　怡）

【地铁19号线占地搬迁任务清零】年内，完成新宫车辆段住总项目部、新宫卫生服务站和新宫村3户宅基地搬迁，实现单位和宅基地全部搬迁清零，为加快新宫车辆段全面开工建设创造条件。地铁19号线丰台辖区内总长约8公里，涉及花乡、南苑乡，6个村集体、3家国企单位，需拆迁面积约18万平方米，总占地面积约36万平方米，设置右安门外站、草桥站、新发地站、新宫站及新宫车辆段，其中车辆段是地铁开通必要条件。

（张　怡）

▲4月24日，相关委办局在中铁建置业有限公司一层会议室召开东铁营棚户区改造及环境整治项目认定小组会议。（胡乔石　摄）

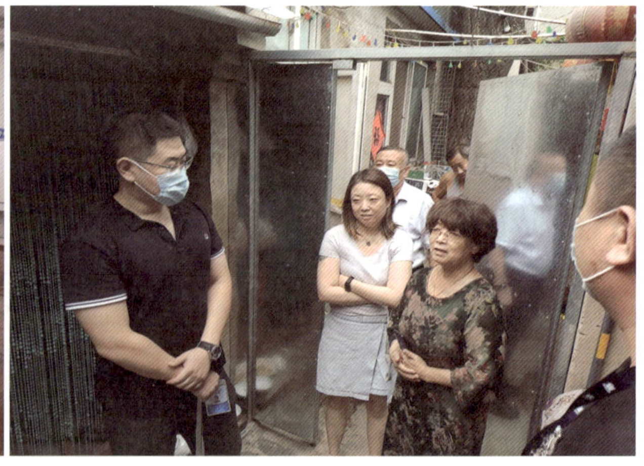

▲8月6日，区房屋征收中心工作人员与东铁营棚户区改造及环境整治项目搬迁人商谈搬迁补偿事宜。（胡乔石　摄）

▲12月25日，地铁19号线新宫车辆段全面开工建设。（倪佳 摄）

▲12月28日，地铁房山线北延花乡东桥站站台景观。（倪佳 摄）

园林绿化

【概况】 2020年，全区森林面积8554.68公顷，林地9206.71公顷，森林覆盖率27.97%，林木绿化率34.40%；绿地面积7674.70公顷，公园绿地面积2327.66公顷，城市绿化覆盖率47.54%。年内，通过城市代征地绿化、留白增绿等项目建设公园16处，完成各类绿化面积3000亩。未发生森林火灾，林业有害生物成灾率、测报准确率、无公害防治率、敏感地区美国白蛾等食叶害虫平均寄主叶片保存率均达标。

（窦 洁）

【全民义务植树活动】 年内，完成中央军委、全国人大、北京市纪监委、北京市审计局等单位以及社会各界人士义务植树活动服务保障工作。组织各类义务植树主题活动6次，国家级领导参加2次、市级部门领导参加2次，共新植树木2000余株，养护树木1.2万株。

（窦 洁）

【新一轮百万亩造林工程】 年内，新一轮百万亩造林年度任务为2953亩，其中新增造林面积2800亩，改造提升153亩。依托新一轮百万亩造林年度任务，平原造林建设1211亩；留白增绿计划任务873.45亩，实际实施894.6亩，超额完成计划任务。大瓦窑公园、北天堂公园全部完成建设并正式面向社会开放。

（窦 洁）

【创建国家森林城市】 年内，全面启动创建国家森林城市工作。编制印发了《丰台区国家森林城市建设总体规划（2019-2035年）》及《丰台区创建国家森林城市工作实施方案》，根据实施方案内容，设立区创建国家森林城市工作小组办公室，统筹协调落实任务分工，各部门各司其职，将于2021年底完成各自任务，实现创森目标。

（窦 洁）

【丽泽商务区绿化建设】 年内，启动丽泽金融商务区城市运动休闲公园（一期、二期）和丽泽金融商务区核心区（南区）绿地（一期）建设工程前期立项工作，取得绿化方案批复、规划和土地意见复函、项目建议书批复、可行性研究报告批复，上报初步设计概算请示报告。

（窦 洁）

【南苑湿地森林公园建设】 年内，南苑湿地森林公园建设共计1308亩，其

▲4月10日，中央军委官兵在丽泽金融商务区义务植树。（区园林绿化局 供图）

▲2020年，大瓦窑公园。（李晓竹 摄）

▲2020年，南苑湿地森林公园A地块建设。（宋浩洁 摄）

中南苑公园改造提升项目138亩、B地块园林工程370亩，已全部完工；A地块土方及水系工程800亩，因受C地块方案影响，进展延缓，完成全部任务的53%。

（窦 洁）

【立体绿化】年内，完成天坛医院地块、中润发奥迪4S店地块2处花园式屋顶绿化8187平方米；完成垂直绿化16240延米。

（窦 洁）

【规划编制】年内，开展自然保护地整合优化工作，编制完成《丰台区自然保护地整合优化预案》并上报市园林绿化局；开展《丰台区"十四五"时期园林绿化发展规划》编制工作，形成规划征求意见稿；启动新一轮林保规划编制工作。

（窦 洁）

【园林绿化资源管护】年内，做好898公顷城市公共绿地及区管14条河道102公里258公顷河道绿地的养护管理。全年完成城市专业绿地分栽、补种30.5万平方米，补植乔木324株、灌木50107株；河道绿地补植乔木258株，灌木401株，地被1.2万平方米。监督指导养护5740公顷生态林（山区生态林、平原生态林、平原造林、郊野公园、园博绿道）和94公顷村庄"五边"绿化，约占丰台国土面积的18.7%，持续发挥生态与社会效益，惠及50个村，绿岗就业3000余名，为村民解决处理绿化问题百余件。新出台《丰台区郊野公园养护管理细则（试行）》。落实分配养护和土地流转资金，对81家乡镇村相关单位约3.3亿元资金进行监管。完善2385个地块，10万多条数据字段，制作生态林养护一张图。完成生态林养护检查考核督改工作。落实郊野公园防疫、文明游园和垃圾分类工作，完成节假日专项检查工作。完成2484亩山区森林健康经营林木抚育和500亩国家公益林管护项目。完成卢沟桥乡2株、花乡2株、南苑乡2株、长辛店街道2株、长辛店镇1株和新村街道1株的古树复壮修复工作。完成集体林权制度改革电子档案建立工作，完成第九次园林绿化资源调查数据上报，完成森林经营方案专家评审，完成"十四五"采伐限额编制工作。

（窦 洁）

【森林督查及森林资源一张图修编】年内，完成2020年森林督查及森林资源一张图修编工作。调查核实图斑153个，包括督查图斑11个，变化图斑142个。经核实，督查图斑中存在破坏园林绿化资源问题的6个，其中属于城市绿地2个，图斑已移交区城管执法局；属于林地4个，其中2个已由森林公安进行处罚，现场已恢复；其余2个位于军事管理区范围内，属地部队已进行确认，已按要求进行挂账。

（窦 洁）

【绿化美化先进集体创建】年内，创建5个花园式社区、6个花园式单位、9个市花月季社区。完成万芳亭公园和花乡2处园艺驿站建设。注册"园语花香"园艺驿站微信公众号，实现活动预约、知识普及、驿站宣传等多种功能。

（窦 洁）

【行政审批】年内，对立项定位优化营商环境类项目，行政许可审批时限缩

▲5月27日，三环新城第一社区开展市花月季进社区活动。（区园林绿化局 供图）

绿化美化先进集体一览表

表 18

项　目	先进集体名称
花园式社区	山语城社区
	翡翠山社区
	大红门锦苑二社区
	三乐花园社区
	天伦锦城社区
花园式单位	长辛店街道园博派小区
	东铁匠营街道晶城秀府小区
	新村街道三环新城六号院
	丰台街道北大地三里 16 号院
	长辛店街道中国人民解放军 61001 部队营区
	南苑乡北京盛世开元物业管理有限公司第一分公司
市花月季社区	大红门锦苑二社区
	新宫家园社区
	精图社区
	三环新城第一社区
	三环新城第二社区
	春园社区
	北大街社区
	63 号院社区
	馨慧苑社区

短至6个工作日办结。全年受理行政许可481件，伐移林木、树木31802株（林木30176株、树木1626株），占用林地、绿地9.0825公顷（90825平方米），其中危险树清理127件，采伐林木、树木652株。共受理《产地检疫行政许可》10份，签发《产地检疫合格证》10份，产地检疫苗木30余万株，开具《植物检疫要求书》1200余份，生产经营行政许可证延续办证2份。完成建设项目绿化用地审查26件，完成7个项目31.69公顷绿地率复核。

（窦　洁）

【代征绿地收缴】年内，亚林西居住区土地一级开发项目，丰台科技园西区I园区建设及综合治理D地块项目，丰台区纪家庙回迁房项目，西四环中路83号0606–0644地块R2二类居住用地项目，丰台区长辛店张郭庄地区二类居住及文化娱乐用地项目，丽泽金融商务区园区B2B3地块开发整理及配套市政基础设施建设项目，丰台区长辛店杜家坎南路20号商业中心项目，丰台区南苑植物油厂保障性住房项目，丰台区丽泽金融商务区D–10地块F3其他类多功能用地项目，丰台区南苑乡石榴庄村0517–659等地块住宅混合公建、基础教育及医疗卫生用地项目，亚林西居住区8号地公共租赁住房项目11处代征绿地收缴，面积348419.5平方米。

（窦　洁）

【行政执法】年内，森林公安林业案件接警86起，立案25起，罚款86.98万元，补种树木61株，恢复林地面积31624.2平方米。办理“10.15非法占用农用地案”“11.19非法占用农用地案”林业刑事案件两起。森林公安野生动物行政案件办理4起，收缴野生动物活体3只，其他制品类33件，罚款4.63万元。配合丰台分局核查野生动物案件线索9条，协助丰台分局办理非法收购、出售珍贵濒危野生动物及制品案1起，猎捕野生动物刑事案件2起。解救蝙蝠、池鹭、缅甸蟒等野生动物20只。监督检查部门进行监督检查、投诉举报现场核查、疑似违法现场检查705次，林地核查21次，发现疑似违法并移交区城管执法局线索9件，移交森林公安线索6件。区林业工作站对花乡、南苑乡、宛平、王佐镇4个乡镇地区的平原造林工程17个批次的苗木（简称苗批）进行抽查，对2个不合格苗批要求整改，其中82株不符合要求的苗木全部退回；监理检查121批次，对7个不合格苗批要求整改，退回苗木257株。对全区苗圃进行2次产地检疫，检疫苗圃10家，检疫苗木30万余株，检疫面积3950亩。

（窦　洁）

【森林防火】年内，改造提升森林指挥中心监测系统及瞭望塔内部监控系统，清理林下可燃物3500公顷，林区散坟周边可燃物4800座，开设防火隔离带13.8万延米。召开森林防火工作会5次，研讨会1次，签订防火责任书6份，组织专业、半专业扑火队培训2次、演练2次，生态林管护人员培训2次。森林防火宣传4次，发放各类宣传品1万余份，受众1800余人。悬挂森林防火警示横幅200条，增设太阳能语音宣传杆20个，下发隐患整改通知书9份，全年未发生森林火灾。1月20日，将北京市丰台区森林防火指挥部等4个防火机构由区园林绿化局移交至区应急管理局，4月1日，将区森林消防队的管理职责由区园林绿化局移交至区应急管理局。

（窦　洁）

【公园管理与服务】年内，做好公园服务方面的疫情防控工作。各公园持续做好大客流管控，重点时段、重点公园实施网上预约、无接触售票，完成“五一”“十一”文明游园活动保障。“五一”

▲ 2020 年疫情期间，游客在莲花池公园南门口预约入园。（刘智 摄）

期间，区局属公园、行业注册公园及郊野公园共接待游客280388人，“十一”期间，区局属公园、行业注册公园及郊野公园共接待游客275552人。

（窦　洁）

【林木有害生物防控】 年内，出动防控人员7245人次，在61个市级、区级监测测报点悬挂美国白蛾、国槐小卷蛾、桔小实蝇等有害生物诱芯2.7906万个（套），悬挂色板7.2万张，粘虫胶带4000卷，监测到美国白蛾越冬代成虫836头、幼虫受害树木1078株，监测到桔小实蝇1561头；开展松材线虫病春、秋季疫情普查15648亩次，发现枯死松科植物176株，枯死松树采样送检7个批次、35个样本，未检测到松材线虫；实施灯光诱杀、信息素诱集等无公害措施预防作业面积8.285万亩次；采取树干围环措施防治面积8960.37亩；释放天敌昆虫0.48862亿头进行生物防治，作业面积3739亩；开展地面喷药防治打药车作业3224台次、防治人员5840人次，作业面积7.9945万亩次；开展夏、秋季两次飞机喷洒防治共45架次、作业面积6.75万亩次。继续开展“绿色防控 精准施药”工作，在原有基础上增加2个自动精准混药监测工作站，精准施药数据采集范围基本覆盖丰台区东片9个街道（地区）。

（窦　洁）

【果品安全】 年内，无公害果品产地、产品认证面积同比增加6%，果品安全抽检合格率达到98%以上，农药残留自检210个批次，市级抽检21个批次，检测结果全部合格。完成王佐镇洛平村果园的无公害认证扩项工作。2家企业建立果品追溯体系。

（窦　洁）

【野生动植物资源保护】 年内，森林公安处出警300人次，车辆160台次，检查经营场所100余次，驯养繁殖场所150余次，对非法猎捕野生动物巡逻检查3000余公里，接到并处理10起蝙蝠袭扰事件。

（窦　洁）

▲ 2020 年，病虫害防治工作悬挂诱捕器。（赵京芬 摄）

▲ 6 月 9 日，在千灵山公园开展林木有害生物飞机防治。（区园林绿化局 供图）

丰台区25家注册公园一览表

表19

序号	公园分类	公园名称
1	局属公园	莲花池公园
2		万芳亭公园
3		丰台花园
4		南苑公园
5		长辛店二七公园
6		北宫国家森林公园
7	乡镇村办公园	北京千灵山公园有限公司
8		青龙湖公园
9		南宫世界地热博览园
10		石榴庄公园
11	企业管理	北京世界公园
12		北京世界花卉大观园
13	航天系统直管	云岗森林公园
14		桃园公园
15	政府直管	北京园博园
16	区委宣传部直管	中国人民抗日战争纪念雕塑园
17	科技园区直管	丰台科技园区生态主题公园
18	绿地公园	丰益公园
19		嘉河公园
20		怡馨公园
21	郊野公园	御康郊野公园
22		海子郊野公园
23		高鑫郊野公园
24		天元郊野公园
25		万丰郊野公园

2020 年丰台区郊野公园一览表

表 20

序号	名称	乡镇	所在村	建成时间
1	高鑫郊野公园	花乡	高立庄村	2009
2	海子郊野公园	花乡	新发地村	2009
3	御康郊野公园	花乡	六圈村	2009
4	看丹郊野公园	花乡	看丹村	2010
5	榆树庄郊野公园	花乡	榆树庄村	2012
6	万丰郊野公园	卢沟桥乡	靛厂、六里桥、岳各庄、小井	2008
7	天元郊野公园	卢沟桥乡	大井、小屯	2009
8	经仪郊野公园	卢沟桥乡	张仪、大瓦窑	2010
9	晓月郊野公园	卢沟桥乡	卢沟桥村	2010
10	大瓦窑郊野公园	卢沟桥乡	大瓦窑村	2020
11	槐新郊野公园	南苑乡	槐房、新宫	2010
12	桃苑郊野公园	南苑乡	大红门、槐房	2010
13	绿堤郊野公园	宛平城	宛平地区河滩地	2009
14	北天堂郊野公园	宛平城	北天堂村	2020

2021 北京丰台年鉴

城乡管理

城市综合管理

▲新发地水菜市场

【概况】2020年，丰台区城市管理委员会承担市区绩效任务、实事折子39项，其中市绩效任务3项、市实事6项、市折子8项、区实事4项、区折子18项，全部按时完成。做好迎接首环办每月的专项检查工作，完成580处市级脏乱点的跟踪治理和检查验收任务。开展城市道路隔离护栏优化撤除工作，共拆除241公里，全年施划、复划标线352公里。清理违投、超投车辆300414辆。完成抗日战争暨世界反法西斯战争胜利75周年纪念活动、关于中国—中东欧国家领导人峰会、七七纪念活动的环境保障工作。全年有56家企业录入城市安全风险评估台账。完成13家三级标准化企业、3家企业安责险投保工作任务、300家安全生产主体责任评估。城市环境品质提升，城市道路交通发展，城市能源供给平稳高效，城市综合运行安全有序。

（凌燕军）

【环境建设综合考核】年内，制定《2020年丰台区城乡环境建设工作方案》，完善《丰台区环境建设综合考核办法》，按照“月考核、月排名、月公示”的工作要求，每月从环境管理、市容环境、秩序环境、工地管理、网格管理五方面对各属地街乡镇、地区管委会环境建设检查情况进行考核、通报，完成8766个区级台账的督导整治工作。

（凌燕军）

【街巷长制和小巷管家推进落实】年内，对全区307条街、907条巷进行建账管理，指导各属地单位选派街长271名、巷长581名，招募小巷管家973名，并悬挂公示牌予以公示。街巷长信息管理系统正式启用，每月对各单位街巷长工作落实情况进行汇总考核。

（凌燕军）

【新发地疫情防控】年内，区城管委负责新发地市场3个临时周转区疫情防控工作，主要任务是督促检查新发地市场临时周转区疫情防控，以新发地水菜市场临时周转区为主。临时周转区占地30000平方米，交易品种以水菜、绿叶菜为主，每天参与交易车辆200多辆，固定临时商户、配送商户40多家，交易现场人员车辆流动量大，疫情防控难度大。区城管委按照市疫情防控要求，落实《临时周转区疫情防控管理规定》，加强对临时周转区的管理，人人戴口罩，进门测体温，保持间隔不聚集，宣传教育常态化，发现问题，随时随地召开现场会进行教育。利用高音喇叭、小喇叭定时播放市场疫情防控要求，确保疫情防控工作的顺利进行。

（凌燕军）

【背街小巷环境整治和管理】年内，按照首环办《2020年首都环境建设任务书》和《北京市背街小巷精细化整治提升三年（2020–2022年）行动方案的通知》要求，依据街乡镇上报的群众反映强烈的环境问题，以及日常走访发现的环境薄弱区域，经过与规划、国土、住建等部门对接三年内拆迁建设计划，结合现场踏勘情况，将55条达标类、20条精治类背街小巷列为《区2020年环境整治任务台账》，涉及东铁营街道、新村街道、右安门街道、方庄街道、卢沟桥街道、马家堡街道、西罗园街道、东高地街道、太平桥街道、大红门街道、长辛店街道、云岗街道、花乡等13个街乡镇。投资金额约1.2亿，截至年底已全部完工。其中新村街道右安路、右安门路入围2020年“北京最美

▲新发地市场临时搭建菜棚

▲新发地市场车辆有序停放

▲新发地市场进门测体温

▲丰桥路整治前

▲丰桥路整治后

街巷"。督促各街乡镇做好全区5636条、7137056平方米背街小巷保洁，通过区级聘用第三方专业检查和街道乡镇自查的双重检查机制，对第三方专业公司进行日常检查考核。对检查发现的问题一天一通报，24小内背街小巷环境问题得到整改。

（凌燕军）

【重点大街环境整治】11月，按照《2020年重点大街环境整治工作方案》，区城管委负责对新村街道丰桥路，西罗园街道马家堡东路，马家堡街道角门北路，东铁营街道刘家窑路、沙子口路分别进行环境综合整治，5条重点大街按照《工作方案》要求，保质保量按时完成整治任务。

（凌燕军）

【久敬庄路沿线和新发地周边环境整治】年内，应群众诉求，区城管委结合久敬庄路沿线实际，配合周边整治，对久敬庄路沿线进行环境整治。新发地发生疫情期间，按照上级指示精神，为配合抗疫和复工复产需求，区城管委对新发地市场及周边环境进行整治，主要进行修补立面、清理墙面、外立面粉刷、增加交通设施、规范交通秩序等工作。

（凌燕军）

【公厕保洁管理】疫情期间，丰台区大街小巷1100余座达标公厕全部24小时开放，消毒保洁频次按照市城管委通知要求进行"翻倍"。加强公厕的消毒工作，每天定期对公厕内部、扶手、公厕门等常接触点位进行消毒，对公厕周边、粪井进行定期消毒。增加火车站、客运站、医院、市场及商圈一类的人流密集场所周边和重点区域公厕消杀频次。为兼顾"通风"和"保暖"双重标准，丰台区1100余座公厕门帘于2月初提前撤除，减少疫情传播途径。增加公厕的日常检查频次，每月对公厕开展不间断检查，发现问题以专报形式通知保洁单位整改，对扣分的保洁单位进行处罚。"五一"期间公共厕所保洁单位采用擦洗、拖洗、清理、消毒、清除等工艺精细做好厕内外保洁工作，采取除臭、灭蚊蝇措施，确保公厕干净整洁、无异味、无蚊蝇。

（凌燕军）

【对社会招标保洁公厕进行消防安全检查】7月17日，区城管委下发环卫设施夏季安全检查的通知，集中对社会招标公厕安全管理情况进行检查抽查。检查中，重点对公厕的用电安全、粪井安全、周边安全隐患进行排查。检查管理间有无私搭乱接、插座插板有无烧蚀、是否

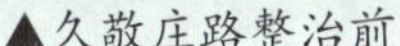
▲久敬庄路整治前

▲久敬庄路整治后

配备灭火器，检查粪井盖是否安全可靠、有无安全警示牌、有无杂物占压粪井等安全隐患，检查厕所周边有无堆物堆料、易燃易爆等隐患。对公厕的日常保洁和消毒作业情况进行检查。针对检查中发现的问题，现场通报保洁单位，督促整改。要求各保洁单位落实安全检查并形成常态化，及时排除周边安全隐患，确保设施运行安全。

（凌燕军）

【完善门前责任区管理】 年内，检查门前及其他责任区问题1246处。在原有门前卫生的基础上，增加店外经营、堆物堆料等设施环境和秩序环境的检查考核内容，减少门前管理的衔接漏洞问题。尤其是加大地面非法喷涂广告的督考力度，管理情况和处理标准提高，门前环境面貌持续改善。

（凌燕军）

【居住区积存垃圾清除】 年内，区城管委要求各单位结合垃圾分类工作，督促物业管理单位加强居住区垃圾的日常管理，实现小区生活垃圾日产日清，设置建筑垃圾、大件垃圾暂存点，并进行定期清理。各街乡镇在居住区公布垃圾收运、监管监督电话，畅通居民反映渠道，提前解决积存垃圾问题，达到“未诉先办”的目标。各街乡镇定期开展卫生大扫除活动，清除居住区积存垃圾，清理卫生死角，提高居民对环境的满意率。加强日常检查巡视，提前发现居住区的积存垃圾，立即整改，从源头上减少市民12345热线反映居住区积存垃圾问题的数量。

（凌燕军）

【指导扫雪铲冰准备工作】 10月15日，市城管委环管中心领导对丰台区扫雪铲冰工作进行现场指导，检查组对丰台区除雪车辆、设备、工具等进行盘点、调试和维护，对存在故障的车辆设备进行维修，对融雪剂搅拌站进行调试，检测指挥通讯系统并进行现场培训，要求配备足够的人力推雪铲、扫把、铁锹等工具，确保冬季前全部达到正常使用状态。要求各单位组建扫雪铲冰应急保障队伍，储备足够应对大到暴雪的融雪剂，完善部队支援扫雪铲冰工作机制，备足积雪清运车辆，协调交管部门保障扫雪铲冰作业和物资运输路线畅通，组织开展扫雪铲冰工作培训应急演练，确保冬季扫雪铲冰工作顺利开展。

▲10月15日，市城管委环管中心检查丰台区扫雪铲冰准备工作。（区城管委 供图）

（凌燕军）

【病媒生物培训】 年内，按照区创卫办的工作要求，为落实好行业部门的创卫工作，区城管委会同区环卫中心，对环卫中心基层主管设施的领导、班组长，食堂、库房及办公区域负责人，负责公厕管理的区环卫中心、专业保洁公司主管领导进行病媒生物培训。专家从“四害”的习性、如何正确运用物理和药物防制等方面进行讲解，并到垃圾站房、公厕、食堂、库房等场所进行现场实操示范。培训结束后，区城管委就本行业的创卫工作、管理工作、保洁工作、病媒生物防制工作等方面提出具体要求。

（凌燕军）

【牌匾标识和户外广告整治】 年内，依照推进全市对建筑物屋顶牌匾清理工作的要求，推进丰台区集中清理建筑物屋顶牌匾标识整治工作专项行动，共摸排上账64处、185块。将市级督办台账分解下发至属地街乡镇和管委会进行限时督办，组织各属地街乡镇按时限要求组织清理存量屋顶牌匾拆除工作。2017年至2020年底，累计拆除建筑物屋顶牌匾标识2000多处，拆除其它各类违法广告和不规范门头牌匾3700余块。依托《丰台区户外广告牌匾考核方案》，每月对各街乡户外广告牌匾治理情况进行检查，按百分制进行打分，并将分数和问题点位报区环境办进行考核后下发各街乡镇进行整改，在巩固已有的整治成果基础上，进一步加强日常巡视和复查工作。每月对辖区各主要大街进行巡查。对三、四环及主要联络线、重点大街、京港澳高速沿线等地违规户外广告易发地段出现的违规、违法现象，通过发督办函的形式，协调属地及城管部门加大执法力度和频次，全年共拆除其它各类违规广告和不规范门头牌匾1180块。针对全区疏整促工作，先后组织工作人员分片入户，讲解相关政策，通过面对面交流沟通，鼓励单位自拆。

（凌燕军）

【确保夜景照明设施开放运行】 年内，根据市级要求，在元旦、春节、“五一”“十一”等节日期间及其他重要事件节点，组织督促落实夜景照明开放工作，重大节假日（活动）照明设施按国家规定开启前夕和开启时间内，组织应急维修小组对维护范围内夜景照明设施进行全面消隐排查和巡视检修值守，发现问题当日处理，确保重大节假日（活动）亮灯正常。结合全市对安全工作的要求和部署，加强对重点地区、大街沿线夜景照明、户外广告的检查巡视，没有出现安全生产事件。在日常检查中督促城管执法部门加强对霓虹灯设置单位进行巡视，对缺字断亮的设施进行及时修复，确保霓虹灯设施完好，保证丰台区夜晚景观效果。

（凌燕军）

【山寨指路牌清理】年内，针对违规山寨指路牌高发问题，按照市城管委要求，区城管委年初下发《丰台区城市管理委员会关于进一步整治清理违规“山寨指路牌”的通知》，要求各街乡镇、南站管委会、科技园区管委会、丽泽开发办、区交通委、城指中心、城管执法局、交通支队、园林绿化局、工商分局、住建委、旅游委等单位按照各自职责，统筹做好丰台区山寨路牌清理整治工作，做到违规山寨路牌“随发现、随拆除”。明确区道路养护中心为丰台区应急保障队伍，全年出动清理批次90余次，拆除三、四环路及重要连接线上出现的山寨指路牌500余块。

（凌燕军）

【采暖季供热保障】受降温天气和新冠疫情影响，2020年供暖在往年正常供暖的时间上延长16天，至3月31日采暖季正式结束，完成2019–2020年供热保障工作。该采暖季，全区收到供热投诉工单8043件，同比投诉量下降27.5%，其中于1月8日启用的96069区级供热投诉平台至3月31日共分流供热投诉工单488件，延长采暖期内收到供热投诉169件。供暖停炉后，区城管委督促指导供热单位开展对供热管线检修，结合供热工作的季节特点，采取“冬病夏治”的方式，确保下一采暖季供热工作顺利开展。

（凌燕军）

【就锅炉房弃管组织协调】年内，因锅炉房房屋、管网老旧急需维修，维修过程中存在居民阻挠投诉，企业经营存在困难等问题，供热单位北京奥林联诚能源设备有限公司向区城管委递交报告提出长辛店东南街5号楼锅炉房弃管问题。为保障冬季按时安全稳定供暖，11月2日，区城管委组织锅炉房属地长辛店街道、供热单位及时召开会议，研究解决供暖问题，并对锅炉房后续运营管理工作进行明确，对供暖前管线检修工作进行部署。11月15日按时正常供热，长辛店东南街5号楼小区供热运行稳定。

（凌燕军）

【排查核实电力输电线路隐患】年内，为做好疫情期间丰台区电力保障工作，消除输电线路隐患，区城管委组织相关人员，在做好疫情防护的情况下，深入街道、社区、田间、林地、山区，对区供电公司提交的65处电力输电线路隐患进行排查核实，对发现的隐患问题，向相关街道和单位下发整改通知，要求限期整改，确保输电线路运行安全。

（凌燕军）

【区领导检查南郊灌瓶工厂】为进一步督促燃气供应企业做好“国庆、中秋”期间安全生产和疫情防控工作，9月28日，区委书记和区长对北京市液化石油气公司南郊灌瓶厂进行节前安全检查，对南郊灌瓶厂液化石油气日常保障和工厂搬迁工作进行指导。

（凌燕军）

【对燃气供应企业开展燃气经营许可评价工作】11月2日至20日，根据《北京市燃气管理条例》规定，区城管委组织第三方专业评价公司北京市劳动保护研究所相关专家对设施在丰台区且获得燃气经营许可的市燃气集团三、四、高压分公司，北京燃气绿源达清洁燃料有限公司小屯压缩天然气加气站，北京市液化石油气公司在丰台区的13个场站等开展燃气经营许可评价工作。对评价过程中发现的问题，区城管委组织第三方与企业负责人进行交流，要求在规定时间内整改合格并及时向第三方提交整改情况报告销账。

（凌燕军）

【区级重点村燃气管理】为进一步落实市发展改革委《加强城乡结合部重点村人口和水电气严格管理的工作方案》，进一步做好丰台区城乡结合部10个区级重点村燃气安全管理工作，根据市城市管理委要求，4月22日，区城管委组织市燃气集团四分公司、市液化石油气公司南郊分公司和相关乡镇，召开城乡结合部重点村燃气管理工作会。会议要求重点做好对用户和用气量的统计工作，坚持每月按时汇总用气情况；加强液化石油气气瓶管理，严格用气开户条件，控制气瓶数量；加强各级行业监管工作，落实行业管理要求，确保供气用气安全等三项工作。

（凌燕军）

【交通综合治理】年内，完成5项疏堵工程和28处三级堵点乱点治理。完成10所学校、3家医院周边综合治理工作。新增安装75套非现场执法设备。完成旅游景区交通综合治理工作。完成丰台站周边道路配套设施建设工作和北京南站周边交通治理工作。

（凌燕军）

【二期路侧停车建设项目】年内，丰台区开展二期路侧停车建设项目，计88条道路，停车位5786个，安装违停抓拍球机316台，高点视频矩阵235台并开通违停赋能，违停抓拍点位551个。

（凌燕军）

【公共停车场建设】年内，丰台区新增公共停车场43个、7430个停车位，完成区41处公共停车场错时共享停车试点。

（凌燕军）

【垃圾处理】年内，丰台区产生其他垃圾74.66万吨，同比减少27.8%，其中循环园区处理71.09万吨，同比下降31.4%；环境卫生服务中心直运首钢生物质能源中心3.57万吨。无害化处理率100%。无害化处理生活垃圾渗沥液19.75万吨。

（凌燕军）

【资源化利用】年内，外运38.26万吨其他垃圾（或筛上物）焚烧资源化利用，其中运营公司通过全密闭运输车辆运往首钢生物质能源中心焚烧处理的其他垃圾筛上物34.69万吨、丰台环境卫生服务中心直运首钢生物质能源中心其他垃圾3.57万吨进行资源利用。4773.39万立方米填埋气资源化利用，其中残渣填埋场产气4187.86万立方米，餐厨厂产气585.53万立方米。处理全区渗沥液产生达标中水16.35万吨，全部资源化循环利用。

（凌燕军）

【垃圾分类终端处理稳定】 年内，丰台区循环经济产业园生活垃圾终端处理设施全年处理丰台区厨余垃圾13.88万吨。5月1日实施新修订的《北京市生活垃圾管理条例》后，全区家庭厨余垃圾处理大幅提升，从垃圾分类实施前的日均处理39.05吨（1–4月平均值）增至314.14吨（5–12月平均值），增长7倍多，11月21日至12月20日全区家庭厨余垃圾分出率20.82%。运营单位直收直运车队有序收餐厨厨余垃圾处理厂分类处理，稳定运行。

（凌燕军）

【架空线入地任务】 年内，根据《北京市架空线入地任务书》及相关文件要求，区城管委协助北信基础公司进行管道建设，组织各运营商及党政机关进行线缆铺设。截至12月份，丰台区已完成49条城市道路、41.23公里的架空线入地任务，并通过市架空办验收。

（凌燕军）

▲9月30日，右安路进行清缆撤线工作。（钟一鸣 摄）

【智能地井安装】 年内，完成丰台区38个易积水点位智能地井设备的安装工作，对井盖的移位、震响、破损情况进行实时监测，做到风险提前发现，提前预警，提前处理。

（凌燕军）

▲6月4日，建新路安装智能地井设备。（钟一鸣 摄）

【井盖病害治理】 年内，协调井盖产权单位处理病害检查井2393座，组织区道路养护中心治理病害检查井1867座，补装无主井盖96套。

（凌燕军）

【臭气在线监测系统实现精准除控臭】 年内，为进一步提升循环园区除控臭应急处置能力，最大限度减少异味对周边居民影响，丰台区循环经济产业园管理中心依托臭气在线监测系统（俗称“电子鼻”）实现臭气24小时在线监测、预警，辅助除控臭。期间分布在园区内、外9个重点区域的“电子鼻”在线实时监测臭气情况，对臭气种类及浓度进行分析，及时启动预警，帮助工作人员快速“锁定”臭源点，并及时要求运营单位限时采取有效措施整改，为循环园区精准除控臭提供重要理论依据。

（凌燕军）

【渗沥液处理厂二期工程项目】 年内，区城管委统筹抓好疫情防控和丰台区循环经济产业园渗沥液处理厂二期工程项目建设。在项目建设过程中，建立问题收集、交办落实、协调解决、督查反馈的项目推进机制，实现精准施策推进制度。通过每日讲评工作进度，每周通报工作成果、每月定期研判等方式，掌握项目进展情况和推进难点。为满足园区新增设施产生的垃圾渗沥液处理需求，改善丰台区环境质量，该项目于2016年开始规划建设，为市、区重点工程，位于区循环经济产业园内（丰台区北天堂村420号），建设内容包括新建渗沥液二期工程，一期渗沥液升级工程，一、二期浓缩液新建工程。新建渗沥液二期工程及一期渗沥液升级工程设计规模均为600吨/日，一、二期浓缩液工程设计规模为250吨/日。项目总投资14720万元（初设批复14514万元），全部为政府投资，市、区政府各投资50%。项目于2018年11月30日取得施工登记意见函，实现开工。2019年7月完成主体工程。2020年5月，项目完工进入调试阶段。

（凌燕军）

【运输企业评估】 年内，渣土管理站联合区生态环境局尾气监测站，从制度落实、应急措施、运输数据、车辆外观及定位、办公场所、车辆停放场地、尾气排放等方面开展运输企业定期评估工作。全年在丰台区注册并取得经营资质的建筑垃圾运输企业93家，1096台车辆，已全部纳入监管。截至10月底，评估工作已经完成，评估率100%，全区注册运输车辆在线率始终保持在90%以上。

（凌燕军）

【联合执法检查】 年内，渣土管理站开展建筑垃圾运输执法检查252次，其中夜查48次。检查在施工地500余家（次），主要检查工地围挡和工地门前环境、施工现场扬尘控制措施、建筑垃圾消纳及运输管理等方面。执法检查过程中，城管执法局处罚车辆1203台，罚款167.25万元；处罚工地扬尘376起，罚款370.8万元。渣土站向职能部门和属地发送移交函100份，涉及非地标车辆运输、施工工地违规施工等问题。完成绿色工地工作组月度街乡考评12次。

（凌燕军）

【"街乡吹哨部门报道"工作】年内，渣土管理站依托"街乡吹哨、部门报到"机制，会同各街乡镇、职能部门，通过排查举报线索、巡查重点区域、随机设卡抽查等方式，兼顾源头、运输、消纳各个环节，打击违规运土、泄漏遗撒、无证经营等违法违规行为。全年街乡吹哨32次，涉及全区21个街乡镇。期间，渣土站出动人员81人次、车辆32台次，配合其他单位检查各类运输车辆350余台次、施工工地10家，排查疑似非法消纳场所1处。

（凌燕军）

城市管理监察

【概况】2020年，丰台区城市管理综合行政执法局坚持"一个系统、一支队伍、一个标准"的工作理念，牵动和推进全区综合执法队伍履职，完成了疫情防控执法检查、拆违控违、占道经营、生活垃圾分类等各项工作任务。全年立案处罚各类违法行为1.55万件、罚款1715.44万元，立案处罚量居全市第四，罚款额居全市第三。全年工作在市城管执法系统综合考核中名列城六区第一、全市第六。组织提前超额完成拆违专项任务，获区委书记和区长的批示及肯定。

（方雨濛）

【疫情防控】年内，区城管执法局抽调149人次支援社区一线防疫工作，组织"三类场所"督导检查，制定《关于进一步加强商务楼宇、商场和餐馆疫情防控工作监督检查执法方案和联合督导检查方案》《丰台区商务楼宇复产复工防控工作方案》，推进"三类场所"监督执法检查。丰台区"三类场所"上账5092家，全年实地检查"三类场所"15.22万家次，累计发现并消除"三类场所"问题隐患5523起，公示"三类场所"问题单位992家，实地检查量居全市第1位。

（方雨濛）

【拆违控违】年内，区城管执法局拆除并销账违法建设154.4万平方米、拆除销账率114.4%；腾退土地156.9公顷、腾退率102.5%，实现区委、区政府提出的"超额拆除全年任务量10%违法建设"的工作目标，销账率全市排名第7，腾地率全市排名第11。对新生违法建设采取"零容忍"措施，强化时间节点和工作责任，确保新生违法建设"零增长"。全区涉及市级存量违建图斑88717处、1958万平方米，经过规自分局套合相关数据和属地分类举证，基本完成分类认定工作。

（方雨濛）

【占道经营整治】年内，制定完善《丰台区占道经营整治专项行动综合评价办法》和《丰台区占道经营整治专项行动重点点位挂销账管理办法》，采取"月检查、月排名、月通报、月曝光"的工作机制，推进专项治理工作有序开展。针对莱户营鸽子市反弹问题，聘请300名保安，提前到岗，各相关属地开展周边环境秩序综合治理，自发市场已基本消除。丰台区348个占道经营重点点位违法形态全部实现动态清零，完成进度100%。

（方雨濛）

【环境保护执法检查】年内，落实河湖生态环境管理的联勤联动机制。针对大气污染类违法行为全年累计立案1835起，其中处罚施工工地扬尘类违法行为210起，处罚违规渣土运输车辆1261起，处罚露天烧烤235起，处罚露天焚烧4起，处罚夜间施工扰民违法行为125起，罚款810.91万元。

（方雨濛）

【治理街面环境秩序】年内，查处无照经营1.5万起，规范门前三包3.07万家次，审核上报小广告电话号码487个，立案125起，罚款3.43万元；拆除违规广告牌791块、拆除违规牌匾标识802块、清理山寨指路牌53块、清除临窗广告857处；处罚黑车31起，罚款5.81万元。

（方雨濛）

【生活垃圾分类专项执法】年内，聚焦"分类投放、分类收集、分类运输、分类处置"四个环节，采取数据"日统计、日公示"措施，主管副区长每日关注点评、每周视频调度，组织开展生活垃圾分类专项执法工作。全年开展联合执法130次，宣传教育4642起，批评教育1019起，责令改正1115起，累计立案3818起，罚款295.55万元，立案量和

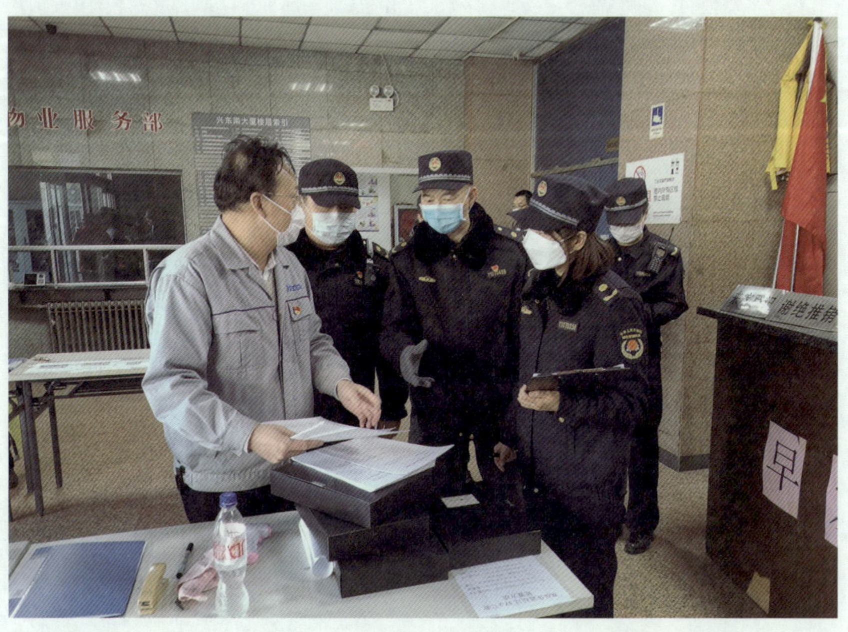

▲3月12日，区商务楼宇防疫督导组检查兴东南大厦防疫工作。（区城管执法局 供图）

罚款额均居全市第1位。

（方雨濛）

【地桩地锁专项执法】年内，牵头制定《丰台区2020年集中整治私装地锁专项行动工作方案》，主管副区长亲自部署，各属地每日报送执法数据，城管局每日统计并实行21个街乡镇大排名群内公示制度，持续推进专项执法落到实处。全年接群众举报3514件，同比下降8.58%；拆除违规地桩地锁1931个，立案查处128起，罚款6.6万元。

（方雨濛）

【燃气安全专项执法】年内，组织开展拉网式排查，建立《燃气专项执法检查工作台账》，做到“情况清、底数明、执法全覆盖”。全年检查燃气供应企业76家次、运输车辆5辆、餐饮公服用户5353家次，责令改正217家次，暂扣液化气罐583个，同比上升305%。立案处罚197起，同比上升60.16%，罚款33.5万元。

（方雨濛）

【廉政工作与执法工作同部署同实施】年内，层层签订全面从严治党责任清单，将廉政工作与执法工作同部署同实施，全面落实党要管党、从严治党的政治责任，推进队伍规范化建设；每逢节日提前开展廉政教育，筑牢思想防线，确保党风廉政建设落到实处。全年收到执法风纪投诉300件，同比下降38.8%。来信来电表扬2364件，同比上升20.1%。收到锦旗14条，同比上升22%。

（方雨濛）

【信息宣传】年内，市城管执法局内网采用丰台区城管执法局政务信息120篇，市委、市政府采用20篇，在信息考核中名列前茅；在各级媒体发布新闻稿件444篇（条），其中中央级媒体发布4篇（条）、市级184篇（条）、区级44篇（条）、新媒体212篇（条）；组织开展社会宣传暨志愿服务活动404次。

（方雨濛）

【信访和信息公开】年内，接待群众来访、咨询177人，办理信访件65件，办理人大建议、政协提案13件；主动公开政府信息36件，受理并答复政府信息公开申请9件。

（方雨濛）

网格化管理

【概况】2020年，丰台区信息化城市管理平台立案各类城市环境相关问题659631件，其中事件类问题588410件，占全部城市管理问题的89.2%，排名前五类的事件问题为道路破损、暴露垃圾、机动车乱停放、乱堆物堆料、非法小广告；部件类问题71221件，占全部城市管理问题的10.8%，排名前五类的部件问题为行道树、电力设施、立杆、交通护栏、雨水箅子、不明井盖。

（高　森）

【城市运行指挥体系建设】年内，按照《丰台区全面推进智能民情图工作方案》要求，在全区范围内逐步推进智能民情图建设工作。21个街道（乡镇）337个社区中已建成321个，基本实现全覆盖。完成智能民情图10项功能升级更新，并根据社区需要第一时间增加防控疫情和核酸检测功能模块，发挥智能民情图大数据优势，为社区防疫排查核实工作带来便捷。加入“微网格”矩阵平台的社区（村）共143个，关注总人数76260人，发送信息公告6051条。

（高　森）

【网格化城市管理】年内，网格化城市管理系统对接“接诉即办”，坚持以人民为中心的发展思想，着眼群众诉求，将城市环境类诉求问题第一时间派发监督员核实核查，属实案件由系统派发相关部门，纳入考核。推动网格化城市管理“未诉先发现”“未诉先办”。以“接诉即办”大数据为基础，梳理出高频次问题和重点区域，要求城市管理网格监督员特别关注、重点巡查，达到未诉先办、主动治理的目的。截至12月底，网格化城市管理系统对接“接诉即办”市容环境类问题诉求，核实案件15571件，情况属实派遣相关部门10596件。

（高　森）

【接诉即办】年内，办理群众诉求36.3万件，月均3万件。诉求响应率始终保持100%，解决率和满意率同比上年分别提高33.83%和17.45%。2020年度丰台区“接诉即办”综合成绩排名全市第8，城区第3。21个街乡镇和44个部门、企业陆续纳入“接诉即办”考评，区委区政府针对群众反映强烈的突出问题，陆续开展失管小区、停车地锁、物业管理、街面环境秩序等专项整治行动，“接诉即办”工作为区委区政府决策部署提供有力支撑。

（高　森）

【系统建设】年内，更新2020年度网格系统基础数据。完成丰台区“接诉即办”指挥调度平台市级对接项目建设，推动数据统计分析项目建设。做好运维保障，重大节假日前的安全大检查工作，确保智能民情图、热线、视频和三网融合系统平稳运行。

（高　森）

【媒体宣传】年内，向市城市综合管理动态刊物报送信息84篇，丰台信息、丰台政务采用信息20篇；主动向“丰台机关党建”微信公众号报送党建信息，《党建引领，积极引导党员在网上“12345”服务平台发挥作用》一文作为公众号专栏刊发。

（高　森）

市容环卫

【概况】2020年，环卫中心完成责任范围内1178条、2178.99万平方米道路的清扫保洁及道路两侧建筑物、构筑物及地面张贴喷涂宣传品和散发的非法宣传品的清除工作；机械化清扫保洁作业面积为1344.75万平方米，道路洗地作业面积为1344.75万平方米，道路冲刷

▲7月7日，环卫工人在南苑东路开展雨后推水作业。（苗豫霖 摄）

作业面积为1344.75万平方米；道路清扫保洁新工艺覆盖率92%。负责辖区内过街天桥91座、地下通道23座、地铁站口195座、绿地524.90万平方米、河道235.93万平方米的保洁。负责237座密闭式清洁站、342座公厕的日常管理。环卫设施全部按照标准要求进行保洁作业，运行平稳正常。

（贺　祺）

【重大活动及特殊天气保障】年内，完成重大活动及国家、市、区各级领导调研视察期间环境卫生保障工作60次；年度启动降雪预警6次，其中5次开展扫雪铲冰作业，出动各岗位人员33653人次，出动各类车辆3414台次，使用融雪剂3937吨，顺利完成扫雪铲冰专项作业任务；启动空气重污染预警3次，其中无级别预警2次、黄色预警1次。出动作业人员35216人次，作业车辆4461车次，用水量48934吨。

（贺　祺）

【各级检查考核】年内，接受北京市环境卫生管理事务中心道路清扫保洁、小广告清除、机械化作业、行业检查850次，合格850次，合格率为100%；密闭式清洁站市级检查81次，合格81次，合格率为100%；公共卫生间市级检查128次，合格128次，合格率为100%。三项检查共计1059次，合格1059次，综合合格率为100%。全年环境卫生专业检查考核位列城市功能拓展区第一名。尘土残存量监测检查位列城市功能拓展区第二名。

（贺　祺）

【蓝天保卫战】年内，对责任范围内道路实施“吸、扫、冲、收”的组合式道路清扫保洁新工艺，新工艺作业覆盖率92%以上；落实道路分级清扫保洁要求，重点道路每日机械冲洗两次以上。持续扩大再生水使用规模，辖区主干道基本实现每日再生水冲洗，日用水量6000余吨，超额完成市、区日均用水量5000吨任务指标。开展“比方法、比落实、比状态、比质量”活动，通过合力攻坚，全面提升道路洁净度，为全区扬尘管控工作助力。持续关注生态环境，取消备班车辆，所有道路作业车辆“应出尽出”“人歇车不歇”，加大冲刷、机扫、降尘作业频次，提升道路洁净度。重点加强云岗、天元公园两个子站周边56条道路的清扫保洁和洒水降尘力度，各作业工艺24小时无缝衔接，确保道路路面保持湿润，减少道路扬尘污染。

（贺　祺）

【接诉即办】年内，通过每周调度、分月点评、定期研究、专题通报，压实责任链条、完善运行机制、专班推进落实、快速提质增效，增强为民服务的思想认识和行动自觉。以“如何接”“怎么办”为突破点，着力在“访”的环节提升技巧、暖心回复，对咨询建议类诉求耐心倾听、热情回应，对投诉举报类诉求明确标准、

▲1月5日，在正阳大桥进行年度首场雪机械化扫雪作业。（孙铁军 摄）

▲8月4日，在莲花池南路开展高温天气道路洒水降温作业。（孙铁军 摄）

精准回应。全年，接收案卷2040件，考核得分98.88，在全区委办局中排名第一，被评为“北京市2019–2020年度‘接诉即办’工作先进集体”，1名同志被评为“北京市2019–2020年度‘接诉即办’工作先进个人”。

（贺　祺）

【垃圾分类】 年内，成立垃圾分类工作专班，建立“党委委员包所、支部班子包片、党员干部包点”的三级督导机制，加大对进站倾倒和上门收运的垃圾分类情况的管控力度，从源头入手，确保进站垃圾成分符合要求，垃圾分类及减量工作已见成效。继续加强对渗滤液收集处理工作的管控力度，做到日产日清、不积存。清运消纳其他垃圾590353.4吨，较上年减少29.83%；清运粪便192239.86吨，较上年减少10.93%；清运渗沥液9023.6吨，较上年同期减少22.56%；无害化处理率均达100%。

（贺　祺）

【疫情防控】 年内，先后组织53名党员干部下沉社区支援抗“疫”，动员全体党员干部参与“顶岗一日”活动。2名党员被评为“区抗疫之星”。发挥区域环境卫生服务保障主力军作用，做好涉疫垃圾清运和北京南站周转涉疫人员公厕保洁工作。成立涉疫生活垃圾清运工作点临时党支部，主动与各街乡镇对接，及时收运涉疫情生活垃圾到指定社区卫生服务中心，并做好登记备案，做到及时、有序、高效、无害化收运。2月11日起，历经163天，出动清运车辆529车次，清运涉疫情生活垃圾及全区核酸检测医用废弃垃圾8889箱，完成了涉疫情生活垃圾清运任务。在境外人员闭环转送工作中，紧急接收北京南站北广场下沉公交场站内三个独立式移动厕所的保洁工作，迅速调配人员，全面维护管理，以最快的速度将公厕投入使用，为在南站周转的涉疫人员如厕提供保障。新发地疫情发生后，担负市场危废品清理及环境恢复相关任务，抽调千余名党员干部按时到达指定点位并投入作业；采取分所包片、分组包车，多工艺配合、多班次作业，明确分工、合理调配，用19天时间完成果蔬区166.5万平方米、4350辆车的清理任务；严选189名人员组成“突击分队”，完成活鱼区、牛羊肉交易大厅等“红区”清理任务。9月，环卫中心获“北京市抗击新冠肺炎疫情先进集体”称号，1名同志被评为“北京市抗击新冠肺炎疫情先进个人”。

（贺　祺）

【创建国家卫生区】 年内，以实施“一年打牢基础、两年巩固提高、三年创出特色”系列活动为载体，按照“全面对标、有序推进、纵深开展、不留死角”的原则，第一时间召开动员大会，制定实施方案；组建领导小组，研究创卫工作内容，细化创卫职责分工，结合环卫中心实际制定实施方案及标准，明确6类29项重点工作任务，有序建立长效机制；全面促进创卫“督导分片、责任包干”责任制及整改责任制落实，成立15个创卫工作小分队；2次到兄弟区县开展调研学习；3次邀请专家对班组长以上人员讲解培训，参训人员300余人次；将创卫标准融入日常环卫作业，推进丰台区环境卫生面貌整体提升。

（贺　祺）

【重点工程建设】 年内，利用专项资金完成5处停车场地电力增容，安装充电桩30台，多点位解决环卫新能源电动车辆充电问题，减少路途消耗，降低运行费用。按照市、区无障碍设施建设要求，完成环卫中心339座公厕无障碍设施排查、上账、整改计划制定工作，完成138座公厕的无障碍设施改造。按照《首都城市建设管理委员会办公室关于做好2020年生活垃圾分类投放站点、密闭式清洁站新建改造提升和收集运输车辆涂装工作的通知》要求，结合实际情况，按照一站一方案，符合标准的原则，完成214座密闭式清洁站修缮提升的前期踏勘、图纸设计、造价编制、预算评审等工作。完善梅市口停车场相关配套设施建设，新建车辆维修地沟3条、污水收集池1座、蓄水池1座、洗车平台1处，地面硬化3650平方米，基本满足运行使用需求。通过现场踏勘、横向比较，秉承倾斜老旧、兼顾城区和乡镇的原则，

▲2月28日，区环卫中心成立涉疫垃圾清运队临时党支部。（苗豫霖　摄）

▲3月17日，在新村街道涉疫垃圾收运点，环卫清运队收运涉疫垃圾。（姜丽　摄）

▲ 11 月 12 日，环卫中心职工技能大赛。（苗豫霖 摄）

制定维修计划，完成公厕大修8座、设施维修11处。配合区城管委完成15座彩钢夹芯板中转站改造及21座公厕大修改造的相关工作。

（贺　祺）

【车辆及设施管理】年内，以车辆技术等级鉴定工作暨换季保养检查工作为切入点，持续提升环卫中心车辆技术状况，查车776车次，持续深入推动车辆尾气治理工作，接受市区检查7次，全部合格。按照市、区垃圾分类相关要求，组织完成110辆其他垃圾清运车辆外观喷涂工作。进一步规范公厕作业流程，修改完善公厕六步作业法，将公厕消杀作为常态化作业并细化要求，对消毒药品、消毒工具、消毒频次及消杀记录表在日常考核中进行要求，增加检查项目和分值。提升公厕保洁质量标准，对随脏随保和巡回保洁提出具体要求，加大公厕保洁断档时段的检查考核力度，将公厕午间和晚间的空档纳入日常检查考核中，覆盖重点区域重点公厕。着重加强对职工休息点管理，制定下发职工休息点的管理规定及检查标准，加大日常监管力度。建立环卫设施（职工休息点）动态台账，实时掌握环卫设施运行、使用、作业情况。

（贺　祺）

【技能竞赛】年内，以“学技术 练技能 当能手 做贡献”为活动主题开展岗位练兵、技能竞赛，分为掐路牙清扫、三轮电动车百米废弃物捡拾、中型机扫车曲线行驶、更换扫刷四个竞赛项目，营造良好的“比学赶帮超”的氛围。全年评审通过3项技改项目，始终坚持以技能竞赛提作业水平、以技术创新促质量提升。

（贺　祺）

【安全维稳】年内，落实《安全生产“党政同责、一岗双责”规定》，逐月召开安全生产工作会，每季度撰写安全生产形势分析，以案为鉴；开展周督查、随机抽、联合查等各类安全生产大检查58次500余点位，消除隐患。抓实交通安全管理，以“三查两会一治理”活动为依托，全力推动“宣传、教育、检查”三位一体，实施“制度与执行”和“干部与职工”两线结合，坚持“车辆技术状况、交通安全、环卫业务”三面统一的“三点两线一面”管理模式。以“摒弃交通陋习、安全文明出行”为主题，组织开展“车辆交通安全治理月”活动，全面强化细节管理，营造“学安全、知安全、保安全”的良好氛围。全年未发生严重安全生产、内部治安保卫责任事故。

（贺　祺）

水 务

【概况】2020年，区水务局完成水务建筑安装工程投资（简称建安投资）任务固定资产投资2.6亿元、建安投资1.4亿元。办理人大建议、政协提案28件，办理政府信息公开申请14件、行政复议8件、行政诉讼8件、信访8件、“吹哨报到”11件、“接诉即办”398件，主动公开163件。完成河湖管理和保护范围内建设项目及有关活动审批2件、河道管理范围内建设项目防洪评价报告审批7件、行政许可76项。万元GDP水耗下降8.8%，新水用量1.61亿立方米，较上年下降9.1%。处理应急抢修任务680次，应急供水1409车次。在北京市2019-2020年度水利建设质量考核工作中获得A级，位居全市第三名。完成“十四五”时期丰台区水环境建设课题研究、“十四五”时期丰台区水务发展规划征求意见稿，启动水生态空间管控规划编制工作。

（朱曦妍）

【水政执法】年内，对建设项目开展水文和水土保持检查123处，执法250余次，联合执法5次，约谈建设单位10余家，对已形成违法事实的建设单位立案8起，收缴罚金70万元。办理水土保持补偿费许可案件14件，其中征缴案件4件，征缴水土保持补偿费7.69万元；免缴案件办理10件，涉及园林绿化、雨污水收集管网、市政供水、垃圾处理、学校设施、土地整治、养老服务设施、建设保障性安居住房和开展小型农田水利建设等类型。开展水务行业生态环境损害赔偿制度改革工作，完成北京市首例水务行业以“替代修复”方式实现生态损害赔偿案，成为联合执法典型案例。

（朱曦妍）

【水资源管理】年内，收缴水资源税

3597余万元。加强水资源精细化管理，将全区用水指标分解至乡镇（街道）、社区（村庄）和用水户法人。开展机井核查建档工作，全区核查1456眼机井。开展取用水管理专项整治行动，掌握全区取水口信息。地下水位较上年回升2.15米，地下水压采成效明显。继续实施丰台区水文监测系统项目，在丰台区水衙沟、旱河、丰草河重要位置增设水位计1个、流量计5个。开展永定河（丰台段）春、秋季生态补水保障工作，编制保障方案，强化部门联动、联合执法，做好宣传引导工作。通过监测，收集“三湖”（即宛平湖、晓月湖、园博湖）水情、水流、水利工程以及涉河工程等动态信息，确保补水期间过水安全。督促沿河各级河长严格履行河道巡查管护职责，按照河长制五级河道巡查管理体系工作要求，做好河道“四乱”清理整治。

（朱曦妍）

【供水管理】 年内，为解决丰台区老旧小区“水黄”问题，建立全区老旧小区台账，推进解决问题小区试点，制定丰台区解决老旧小区“水黄”问题工作方案。全年完成自备井置换12个单位（小区），老旧小区内部供水管网改造98个。实现应急供水民生服务全覆盖。持续推进农村供水基础设施提档升级，健全长效管护机制，完成17个村级小型水站综合整治工作。为确保农村饮水安全，强化农村供水水质监测，完成全区集中供水厂和村级小型水站出厂水、末梢水每季度水质检测工作，并按要求予以公示；完成全区万人千吨供水厂源水每季度水质检测工作。应急供水民生服务全覆盖。对丰台区应急供水项目单位安全检查20次，完成6辆供水车防腐喷涂，全年应急供水1409车次，及时补给百姓所需。对鲁家山循环经济基地供水保障项目运行方进行监督考核12次，水质监测12次，全部合格达标，实现供水23.7万吨。对157公里区属供排水管线运行、安全和疫情防控等情况进行检查及考核23次，完成全线巡查35次，疏通污水管道约40公里，清掏检查井（含农村污水管线检查井）1089座，更换井盖58个，汛后对959座检查井冲洗和喷漆养护，保障公共服务设施平稳运行。

（朱曦妍）

【排水管理】 年内，检查污水处理厂（站）229站次，其中安全专项检查118站次，提出整改22次。河西再生水厂处理水量17246389吨，晓月苑污水处理水量1572605吨，花乡污水处理水量1643999吨，出水水质全部达到设计出水标准，农村污水处理站（小龙泉河、西庄店）处理水量141468吨。全年处理水量20604461吨，污水处理量同比上年下降0.4%。完成花乡南部污水处理站在线监测和除臭设施安装工作。推进河西地区农村污水基础设施建设，配合完成庄户自然村污水骨干、支户官网建设。完成丰台区河西地区农村污水治理工程立项、招投标工作，大灰厂村、后甫营村进场施工。对河西自建污水处理设施检查32站次，对部分小区自建污水处理设施的排入河道出水水质进行取水监测48站次。推进中水生产与合理使用，启动河西再生水厂和青龙湖再生水厂中水取水码头建设项目并完成验收。

（朱曦妍）

【节水管理】 年内，下达用水户计划用水指标18450万立方米。开展园林绿地节约用水情况专项执法检查，推动全区园林绿地节水工作。开展节水宣传“进医院、进校园”活动，举办“世界水日”“中国水周”“节水宣传周”等宣传活动。为全区老旧居民小区换装节水整体马桶1548套、花洒5000套；完成26个节水型单位、15个节水型社区、8个水务系统节水型单位的创建工作；换装180块节水宣传橱窗版面。完成“两田一园”（粮田、菜田、鲜果果园）高效节水灌溉工程建设任务和农业水价综合改革验收工作。完成临时用水指标审批30件、建设项目节水设施方案审查29件。

（朱曦妍）

【水利工程建设与管理】 年内，丰台区河西第三水厂实现通水，具备调蓄能力，河西再生水厂（二期）通水调试。加快推进2条中小河道治理（丰草河（暗涵－西三环）、佃起河（云岗路－王佐中环路））和4处积水治理工程（芦花路铁路桥、丽泽桥、小井桥桥下积水治理工程及丰台区京港澳南岗洼雨水调蓄工程）的工程建设。丰台区京港澳南岗洼雨水调蓄工程、芦花路铁路桥积水治理、小清河北支沟（京原铁路桥－北宫路）河道治理工程完工。丰草河河道、丽泽桥积水治理工程2项建设任务主体完工。非建成区黑臭水体专项清淤工程通过竣工验收。推动河西地区区属存量供水设施移交工作。

（朱曦妍）

【水土保持】 年内，完成水土保持日常监督管理建设项目151个，实现区域全覆盖管理。完成水影响评价审批26件，其中报告书15个、报告表5个、备案登记表6个。水土保持设施验收备案24个。

（朱曦妍）

【水旱灾害防御】 年内，组织开展“清管行动”专项整治，对全区2200余公里公共、专用雨水设施进行集中清掏。联合执法检查，整改雨污混接、错接问题11处。汛前，组织开展全区河道、水利工程设施及防洪设施的检查管护和隐患排查，完成河道清障工作，落实河道、塘坝、闸坝、堤防、蓄滞洪区和在建工程等防洪责任制，编制2020年度《北京市丰台区中小河道防御洪水方案》，结合永定河生态补水组织防洪抢险应急演练。入汛后，加强汛期日常指挥调度、降雨应对、数据监测、值班值守和领导带班制度等各项责任落实，及时报送降雨过程中在建工程安全巡视、突发应急供水保障工作、河道水位水量变化情况，确保突发事件第一时间得到处置；及时接收、报送每次降雨过程中各类突发事件处置情况及河道水位行洪情况。针对永定河（丰台段）防汛工作，组织开展防汛综合演练桌面推演，对刘庄子分洪口门爆破和小清河分洪区内群众避险转移路线进行实地勘察和方案制定，全程参与沿线4个属地政府开展的小清河分洪区内群众避险转移演练工作。全年，对8座雨水泵站安全和疫情防控情况进行检查及考核共52站次，完成雨水泵站日常设备养护及大修。完成抢险任务680次，其中应急抢修及接诉即办123次，污水应急抽排557次。疏通管线10510米，更换井盖5套，清掏雨水篦子和污水井213座，出勤车次667车次，出勤人工3290人次，到场核实率、案件完成率、群众满意率均为100%。

（朱曦妍）

【落实各级河长制】年内，落实河长制日常监督工作，通过监督区级河长、街乡镇级河长、社区村级河长、巡河员、第三方五级河道巡查管理体系落实落细，督促各级河长按时完成巡河任务并提高巡河发现问题的上报率与处置率，协调各责任单位以最快时间办结市、区多渠道巡河发现的各类涉河问题。全年，区级河长巡河63次，街乡镇级河长巡河3208余次，社区村级河长巡河5.2万余次，各级河长发现并解决河道周边问题450余起。协调办结督办问题340余起，启用问题移交单与整改反馈单完成问题整改40余件。做好节假日期间引导市民文明游河湖工作，持续推广当班河长工作机制，减少不文明涉水行为发生，引导市民安全文明游河新风尚。全区各级河长和相关单位共巡查河湖8300余人次，河湖保洁3000余次，清理垃圾760余立方米。开展执法检查633次、出动3200余人次，现场制止违法行为302人次；联合执法检查28次，主动曝光不文明及违法违规行为33人次。

（朱曦妍）

【水环境治理与水生态建设】年内，完成各项环保督查任务，整改率达到100%。全年处理污水2060.3万吨，同比下降0.4%，治污减排率达到94.3%，农村水环境得到明显改善。完成丰台区地表水、地下水、污废水等水质监测样品870个，形成监测数据9600个，出动采样人员650人次，为全区水环境发展提供科学依据。按照水利部和2020年第1号总河长令要求，通过建立河湖问题台账、制定实施方案、召集产权单位对“四乱”（乱占、乱采、乱堆、乱建）问题进行认定处置，推进丰台区历史遗留涉河建设问题整治，做到新增问题动态清零，推进丰台区河湖“清四乱”常态化、规范化。乱建问题被列入市河长办拆违范围内，全年拆除乱建面积23948平方米，全面推进整治历史遗留的涉河建设问题。加大整治力度，根据已有台账全面摸排全区小微水体现状，定期巡查小微水体确保治理工作每月有进展，推动整治工作纵深开展，完成12处整治任务，截至年底提前完成31处2021年小微水体整治任务。坚持“目标导向，问题导向”，明确近、远期要达到海绵城市建设要求的面积和比例，摸清丰台区的实际条件和问题，建立海绵空间管控格局，建成区实现“小雨不积水、大雨不内涝、水体不黑臭、热岛有缓解”的目标，建成区达到20%以上海绵城市面积的目标要求。

（朱曦妍）

【水库移民后期扶持】年内，完成2020年度大中型水库移民后期扶持补贴资金发放工作。核定登记大中型水库移民778人次，其中农业水库移民核定登记395人次，发放补贴资金23.7万元，涉及6个乡镇，97个村；农转非水库移民核定登记383人次，发放补贴资金21.45万元，涉及16个街道3个乡镇，166个社区。

（朱曦妍）

【政务服务】年内，依托北京市政务服务事项管理系统，对39项公共服务事项进行标准化梳理。政务服务事项按“全程网办”的工作要求，均已对接北京市政务服务网，完成“北京市丰台区水务局行政审批服务专用章”电子印章的刻制和激活，推进“全程网办”工作落实。全年受理办结964件。

（朱曦妍）

【疫情防控】疫情期间，为防止新冠病毒通过污水传播，保障城市运行安全，启动河西水厂日夜交替洗模作业，调配应急供水车620次，发动应急抢险作业83车次。6月13日至7月15日，对新发地市场内部管线及外部管网进行消杀，出动人工1500工日，车辆161台班，投放消毒药剂142.31吨。对市场各区的室内外场地进行冲刷，布设5个采样点覆盖所有流出新发地的生活污水井，持续不间断投加纯的和经水车稀释的次氯酸钠，加派实验室人员对水样进行检测。先后多次组织干部职工支援基层社区、村防疫，党员干部参与率100%。派驻12名干部支援10个社区（村）进行疫情防控，共计980人次“双报到”支援社区防控，14名干部服务保障天伦锦城社区居民生活25天，230人分6个批次支援西罗园、马家堡等6个街道开展核酸检测工作。

（朱曦妍）

电力供应

【概况】2020年，丰台供电公司负责96.6万客户的供电服务工作。全年累计安全生产长周期5184天，实现安全生产无事故目标。全年完成售电量87.23亿千瓦时，同比降低2.84%；完成业扩报装接电容量61.84万千伏安。供电可靠率达到99.9945%，电压合格率为99.999%。最大负荷181.1万千瓦。获全国文明单位、首都文明单位标兵、市级交通安全先进单位、国家电网有限公司先进集体、国家电网有限公司“十三五”档案工作突出集体、国家电网有限公司抗击新冠肺炎疫情功勋集体、2019年度全国青年安全生产示范岗等。

（李　放）

【电网运行与保障】年内，保电指挥体系24小时不间断运转，9个工作组各司其职、协同作战，1059名保障人员刚

▲7月7日，丰台供电公司运维人员对考点附近线路设备进行巡视。（国网北京丰台供电公司 供图）

性执行岗位职责，实现供电保障万无一失。完成中高考、“9.3重要活动”等特殊时期的重要保电任务81项、历时170天。深入分析电网风险，合理调整运行方式，稳妥应对夏季171.9万千瓦最大负荷。冬季，北京遭遇两轮次寒潮低温预警，气温“断崖式”骤降至零下17度，丰台电网负荷攀升至194.3万千瓦，2次刷新冬季历史最高负荷纪录。执行迎峰度冬八项举措，密切跟踪天气变化情况，提前部署抢修人员和物资开展延伸服务，确保电网安全稳定运行和4.2万“煤改电”居民温暖度冬。高质量开展配电设备运维，配网故障平均恢复时长同比下降35.88%。配网故障就地隔离84次，压缩故障停电时户数81%。年度综合供电可靠率99.9949%，户均停电时间0.45小时/户，同比下降32%。疫情期间，采取超常规措施保障解放军总医院第五医学中心、佑安医院两家市级定点医院供电安全。对全区39家防疫重点单位、68家相关机构提供重点供电保障，“一户一策”落实专业化保电措施。特别是新发地聚集性疫情发生后，供电保障应急小分队“逆行”新发地消除用电隐患，“红区共产党员突击队”担负起新发地及18个封闭小区的应急供电保障工作，受到有关党委、政府和上级单位的表彰与感谢。发挥电力大数据经济“晴雨表”作用，分析运用企业复工电力指数辅助政府决策，得到区委区政府的肯定。主动与依文集团对接，助力防疫物资生产企业转产用电不断档。

（李　放）

【电网规划与建设】年内，与区政府签署“十四五”电网建设战略合作协议。初步完成“十四五”期间“1+5+7”（1座500千伏变电站，5座220千伏变电站，7座110千伏变电站）电网规划。按期实现云岗110千伏主变扩建工程投产，大幅提升河西地区供电能力。克服交通导改和占掘路困难，完成穿越丽泽路隧道工程建设，实现丽泽商务区南、北区电力隧道贯通，为丽泽路断路施工和地铁十四号线进场提供有利条件。按期完成106项“三供一业”（供水、供电、供暖（气）和物业管理）改造任务，投资7.8亿元，涉及71家单位6.98万户居民。

（李　放）

【用电服务】年内，攻坚老旧小区电力设施改造，解决大负荷期间小区停限电难题，城市经典项目全面进场施工；大成秀园项目完成立项核准、资金申请批复和设计招标；吉利双星项目完成施工、监理招标。与丽泽管委达成合作意向，政企协同推进丽泽综合能源示范项目建设。为商务区内用户提供专业“电力管家”服务，完成5户节能审计服务。落实非高耗能大工业和一般工商业用户电费九五折结算和支持性两部制电价政策，惠及用户1.64万户，让利1.99亿元。仅上年一年，“三零”（零上门、零审批、零投资）服务惠及小微企业3248户，累计为客户节省投资3364.3万元；完成“三省”（省力、省时、省钱）服务送电15户。贯彻绿色发展理念，全年建成丰体中心、中都大厦等公共充电站11座，新建、迁址充电桩117台，服务周边60余个居民小区、办公楼宇，满足日均500余辆电动汽车充电需求。投产公交外电源工程2项，可满足215辆电动公交车运营。

（李　放）

防震减灾

【概况】2020年，丰台区地震局开展地震趋势会商65次，其中周会商52次，加密会商13次。开展地震监测设施及观测环境保护行政执法检查20次，其中日常巡检12次，重要节日及活动地震安全保障服务专项检查8次，未发现破坏地震监测设施及危害地震观测环境的行为。组织开展12场防震减灾宣传活动，受众人群约25万人次。在新冠疫情防控中，抽调5人下沉街道社区抗击疫情。

（张　璐）

【地震监测台站】年内，丰台区共建有地震监测台站25个，其中前兆监测台站8个，分综合台、形变台和流体台三大类，强震动监测台站19个，其中两个台站为前兆与强震动综合台。丰台区地震局台为前兆综合台，北京十中台、新村鸿业兴园台、长辛店长馨园台及东铁营顺四条37号院台4个为前兆形变台，丰台区政府南院台、丰台路口社区台及莲花池公园台3个为前兆流体台。监测仪器采用中国地震局地壳应力研究所生产的CZ-1A数字压磁应力仪、DRSW-II型地热水位气象三要素综合观测仪、WYY-1型气温气压雨量综合观测仪及北京赛斯米克地震科技发展中心生产的DXQ-1型大地倾斜仪和郑州晶微电子科技有限公司生产的GS-2000-QT二氧化碳数字化气体监测仪，观测项目主要涉及地下流体和地壳形变两大学科，共有测项10个，目的是获取地震发生前的各种异常变化，通过观测资料对比分析提出地震预测意见。强震动监测台19个，分别为南宫台、航天三院台、青龙湖台、槐树岭台、世界公园台、金家村台、右安门台、大红门台、宛平地区台、南苑乡台、西罗园台、丽泽台、张仪村台、卢沟桥台、丰体台、园区公园台、西宏苑台、西庄店台和北京十中台。监测仪器采用中国地震局工程力学研究所生产的GDQJ-1A型固态地震动强度记录仪、外置的SLJ-100型三分向力平衡式加速度计和北京港震仪器设备有限公司生产的GL-P2B型地震烈度仪，目的是获取有感地震发生时该地的三分向地震动加速度记录，给出该地地震烈度的估算值，构建地震预警观测网络，从而实现地震预警能力和烈度速报能力。

（吴晓文）

【地震前兆资料处理】年内，地震前兆资料共25个测项，2名监测预报人员每天按时观测报送数据，并进行数据入库监控和分析处理。主要涉及地壳形变、地下流体两大学科及气象三要素、降水量辅助观测。观测方式采用数字化和模拟观测，数字化观测数据通过网络自动传输至地震局前兆数据库保存，模拟观测数据通过地震行业专网上报市地震局。

（吴晓文）

【地震趋势会商】年内，开展地震趋势会商65次，其中周会商52次，加密会商13次，结合地震前兆数据及地震目录资料，分析地震前兆异常及地震趋势变化，提出会商意见上报北京市地震局。6月和11月，根据市地震局关于召开2020年中及2021年度地震趋势会商会的通知精神，区地震局分析对比丰台区及周边台站、地震局的各项前兆观测手段的数据变化，收集整理大量资料及图件，编写完成会商会报告，于会后上报区政府关于地震趋势结论意见及贯彻落实情况的报告。

（吴晓文）

【地震活动】年内，首都圈发生MS1.0以上地震163次，高于上年同期的159次，MS2.0以上地震17次（其中发生MS3.0以上地震5次，发生MS5.0以上地震1次，未发生MS6.0以上地震），低于上年同期的21次，最大地震为7月12日河北古冶MS5.1级地震。2020年，北京市发生MS ≥3.0级地震2次，分别为1月9日10:11房山MS3.2级地震，5月26日00:54门头沟MS3.6级地震。

（吴晓文）

【地震应急响应】5月26日00:54北京门头沟区3.6级地震和7月12日06:38河北唐山市古冶区5.1级地震后，区地震局迅速启动应急处置，收集汇总街乡防震减灾助理员反馈的震感情况，及时上报北京市地震局，同时积极回应社会群众问询。

（吴晓文）

【优化新建监测台站】年内，根据区地震局台站监测的总体目标、运行思路、应用背景及系统架构功能等情况，对北京十中观测室进行装修，更新部分设备。在长辛店街道北京十中、南苑街道西宏苑小区物业和王佐镇西庄店村村委会新建3个地震烈度观测点。

（吴晓文）

【防灾减灾周系列宣传活动】年内，围绕“提升基层应急能力，筑牢防灾减灾救灾的人民防线”主题，首次开设北京丰台APP专栏，宣传防灾减灾日主题和丰台区系列活动；依托丰台有线电视，播放《防震避险常识》科普宣传片；在《丰台报》深度周刊开设专版，引导公众正确认识地震、科学应对地震、理性看待地震预警；租用20个公交站候车亭宣传防灾减灾日主题；首次租用20辆公交车，在公交车内以挂板形式宣传避震知识；打造长效宣传阵地，与丰台区科技园生态主题公园合作，在南门广场常态化宣传地震应急三点通知识；发挥党建引领作用，主动下沉社区宣传，提供防震减灾咨询，发放防震减灾宣传资料5000余份。

（陈　超）

▲5月6日至20日，丰台区20个公交站台宣传防灾减灾日主题。（区地震局 供图）

【唐山大地震纪念日系列活动】 年内，在丰台有线电视台、北京丰台APP推送《防震减灾 你我同行》《地震破坏程度与哪些因素有关》和《地震发生时如何第一时间科学避险》3部科普宣传片；在北京丰台APP开设唐山地震纪念日专栏，发布“铭记地震灾害历史 增强防震减灾意识”“地震避险之家庭篇”主题教育内容；组织全体党员干部线上学习教育，在工作群推送“加强防灾文化建设，提升公众防灾意识”新闻发布会链接；发挥党建引领作用，为新村街道下辖37个社区配发《地震来了怎么办》《防震减灾宣传手册》等科普图书300本。

（陈　超）

【国家宪法日系列活动】 年内，组织全体党员集中学习十九届五中全会公报、宪法以及防震减灾法，增强法治意识，提升依法行政水平；组织全体人员参与北京丰台APP十九届五中全会线上专项答题均获得满分；组织全员参与“最美普法声音”评选投票，主管领导现场参与“最美普法声音”评选汇演暨丰台区宪法宣传周启动仪式；在北京丰台APP推送“图解中华人民共和国防震减灾法”和“依法保护地震监测设施人人有责”主题链接；利用办公区电子屏展示2020年“12.4”宪法宣传周电子海报。

（陈　超）

气象服务

【概况】 2020年，区气象局完成地面气象观测自动化业务改革。新建刘家窑区域自动气象站，升级改造10个区域气象站降水设备。全区1个国家气象观测站、18个区域气象站运行良好。开展花粉人工观测及全年雨雪应急加密人工观测。做好“6·18”“7·6”“7·31”“8·12”“8·23”等强降水天气预报服务，完成汛期、春运、“两会”、中高考等特殊时段和空气污染、森林防火、煤气中毒、扫雪铲冰等专项气象服务保障任务。发布《36小时天气预报》368期、《天气情况》106期、《旬月天气预报》48期、《未来5天天气预报》365期、《春运气象服务专报》40期、《气候预测》2期、《重要天气报告》18期、《雨情信息》234期、《大风信息》33期、《环境气象快报》14期，短信发布天气预报115万余人次，保障城市安全运行。每日通过“丰台气象”官方微博、微信公众号、头条号向公众提供气象信息。获评专业气象预报服务与特色气象科普区级职工创新工作室。1人获2020年北京市气象局优秀气象服务先进个人。

（刘霖蔚）

【大型活动及专项任务服务保障】 年内，完成中国人民抗日战争暨世界反法西斯战争胜利75周年纪念活动、中国戏曲文化周、北京国际风筝节、北京市卢沟桥醒狮杯越野跑等大型活动气象服务保障，提供天气服务专报14份。疫情期间为新发地消杀提供38期气象专报服务。

（刘霖蔚）

【气候评价】 2020年度，年平均气温为14.1℃，比常年（1981—2010年）平均值（12.7℃）偏高1.4℃。年极端最高气温38.4℃（7月24日），年极端最低气温－12.6℃（12月30日）。1月至6月、8月、9月、11月气温比常年偏高，其中1月、2月、3月、6月比常年明显偏高；12月气温比常年偏低；7月、10月平均气温与常年平均值持平。全年极端最高气温大于等于35℃的天数为17天（常年为8.7天）。全年降水量为584.5毫米，接近常年（537.4毫米），比上年（473.9毫米）偏多23.3%。3月至6月、10月、12月降水比常年同期偏少，其中12月降水明显偏少；1月、2月、8月、9月、11月降水比常年同期偏多，其中1月、2月、11月明显偏多；7月降水接近常年同期。主汛期6月至8月降水为406.2毫米，接近常年同期（383.8毫米）。降水日数（日降水量大于等于0.1毫米的日数）为71天，日最大降水量为78.1毫米（8月13日）。

（孙凤媛）

【灾害性天气】 年内，发生的气象灾害主要有短时暴雨、大风、冰雹等。其中短时暴雨灾害48起，损失约1812.84万元；大风灾害56起，损失约883.5万元；冰雹灾害39起，损失约1302.15万元。

（孙凤媛）

▲8月14日，区气象局到卢沟桥乡郑常庄村开展气象科普知识讲座。（区气象局 供图）

▲12月4日，区气象局在卢沟桥街道广安康馨家园社区开展法制宣传活动。（区气象局 供图）

【气象防灾减灾】年内，更新全区气象灾害防御队伍名单，气象信息员476人。线上开展气象灾害防御联席会，推广钉钉平台智慧信息员模块，对灾情上报和接收预警的使用进行培训。业务工作中落实"三防""三察""三报""三警""三应""三炼"（"三防"指防极端性、防突发性、防局地性天气；"三察"指上察天时、下察地势、中察人和；"三报"指报准落区、报准强度、报准时段；"三警"指风险预警、分区预警、有效预警；"三应"指决策叫应、部门响应、公众回应；"三炼"指锤炼党性、磨炼科技、锻炼人才）新要求，暴雨、大风、高温、冰雹等灾害性天气监测率100%，高影响天气前滚动更新预报，提前发布预警，发挥气象防灾减灾第一道防线作用。全年发布气象灾害预警信息118期，与规自委丰台分局联合发布地质灾害风险预警5期。

（刘霖蔚）

【依法行政和社会管理】年内，开展气象行政执法检查307次，其中防雷安全检查145次，施放气球执法检查110次，探测环境保护检查38次，气象信息发布传播检查14次。易燃易爆场所防雷安全执法检查率100%。疫情期间实行"零见面审批"，办结防雷装置行政许可2件。执法检查及许可办理结果在网上予以公示。

（刘霖蔚）

【气象科普与法制宣传】年内，"3·23"世界气象日以气象台站"云参观"、线上小课堂、校园知识竞赛等方式开展系列气象科普活动。"8·12"强降雨天气过程参加区融媒体中心组织的网络直播。1人获北京市气象科普讲解大赛二等奖。指导科普共建单位北京十二中附小参加第十六届北京市中小学生气象知识竞赛并获北京市小学组第一名。"5·12"全国防灾减灾日、"12·4"国家宪法日以线上宣传结合线下进社区、进农村、进工地、进企业活动，开展气象防灾减灾常识及气象法律法规宣传。原创视频《依法保护气象探测环境》获全国气象部门法治动漫微视频鼓励奖。

（刘霖蔚）

消 防

【概况】2020年，丰台消防救援支队将疫情防控和消防救援工作作为首要任务和中心工作，完成新发地涉疫处置和全国"两会"、中国国际服务贸易交易会、世界反法西斯抗战胜利75周年纪念活动及十九届五中全会等重大活动的消防安保任务，不断提高队伍建设水平和社会整体防控火灾能力，确保社会面火灾形势和队伍内部的"双稳定"。全年，支队接警出动2902起，其中火警出动1283起，同比下降15.9%；抢险救援1099起；社会救助520起。检查单位20104家，发现火灾隐患或违法行为21853处，下发责令改正通知书5770份，下发临时查封决定书263份，责令"三停"105家，罚款7561.95万元，拘留2人。

（郝家平）

【新发地涉疫处置】新发地批发市场聚集性疫情发生后，消防支队主动对接市区两级疫情防控指挥部，建立"1部6组1前指"指挥体系，40名突击队队员先后21次深入疫情核心区，连续528小时全时段重装值守，先后成功处置10余件疫区紧急任务，并从8个因素对39个交易区域进行风险分析，制定3类、16项防控措施。安装2套火眼监测器、80个联网型独立烟感探测器，建立场内技术环境交底和远程技术支撑机制。清理室内电动车和蓄电池617个，清理货车内充电宝、卡式炉燃气罐等危险源727个，关闭室内大功率电器1651处，消除涉疫场所各类消防安全隐患。市长、副市长先后作出重要批示，充分肯定参战指战员不畏艰险、顽强拼搏的战斗精神。应急管理部消防救援局局长、政委和副局长充分肯定工作成效，要求科学处置，认真总结。该次行动得到央视东方时空栏目的报道，消防支队指挥中心主任作为参战指战员代表得到《中国骄傲》栏目的采访。

（郝家平）

【排查消防安全隐患】年内，以消防安全整治三年行动为牵引，突出商场市场、仓储物流、城乡结合部地区村民自建出租房、彩钢板建筑和施工工地等重点场所，加强监督检查和督促整改。结合辖区突出火灾事故以及住宅小区风险特点，梳理分析“消防车道、电动自行车、可燃物清理、消防设施、家庭用火用电”五类火灾隐患风险点，制定21条防范措施。在丽泽消防救援站试点开展防火工作，组织开展培训考核3次。

（郝家平）

【消防安全宣传】 年内，推动将全民消防大培训工作列入市级民生实事项目，累计开展集中培训338场，约97074余人，线上培训约36910人。主动对接区融媒体中心，开设消防宣传专题专栏，实现区域媒体融合矩阵。部署开展“一警六员”（即社区公安民警和中央在京单位执勤武警；各街道、乡镇政府、村（居）委会基层工作人员；安全生产巡查员；物业服务企业职员；保安员；消防安全重点单位及餐饮、娱乐等火灾高风险场所职员；微型消防站、义务消防队和社会志愿力量等多种形式消防队员）专项工作，举办专题培训1296场，9803余人通过考核，切实培养一批“见火不慌、抬手就打”的基层一线“准消防员”，不断提升单位自防自救水平。

（郝家平）

【消防服务】 年内，消防支队出动26个消防技术服务组，实地检查指导“五类涉疫场所”，帮助隔离点单位建立健全消防安全机制，确保消防设施完好有效。围绕服务复工复产，发挥消防专业优势，开展专业指导服务，分类下发消防安全“八到位”要求。全面推动“双随机、一公开”工作，每月制定监督检查计划，调度消防支队监督执法指标等相关工作15次。指导各大队完成1类消防产品13批次的消防产品抽查及130个单位消防产品的检查录入工作。申请消防物联网远程监控系统运行维护费用28.56万元。开展“规范消防行政许可和处罚行为优化消防执法营商环境”专项行动。

（郝家平）

【救援演练】 年内，根据“全灾种、大应急”任务需要，依托方庄、西客站、五里店、右安门和长辛店等消防救援站，推进水域救援、地震救援等支队级专业队建设。地震救援队参加总队地震实战演练拉动，连续救援24小时，完成4个预设科目的实施操作。水域救援队参加总队水域救援演练，完成群众落水事故救援演练任务。成功处置“8.12”丰台西站五场桥洞积水和“5.14”永定河游人落水等事故。

（郝家平）

2021

北京丰台年鉴

交通 邮政

交通运输管理

【概况】2020年，丰台辖区有交通运输企业2058户、营运车(船)27879辆(艘)、从业人员28694人，六里桥、新发地、赵公口3个省际客运站，负责北京南站和大兴国际机场的接续运输保障工作。辖区地面公交企业3户，所辖车队23个，配备运力3087部。公交枢纽2个，公交场站93个。出租企业23户，指标车数11563辆，出租驾驶员9393人。汽车租赁备案企业71户，车辆2826辆，从业人员674人。省际客运经营企业5户，车辆288辆，从业人员552人。旅游客运经营企业7户，车辆144辆，从业人员162人。省际客运站3家，车辆1408辆，从业人员484人。货运企业1510户，营运车辆8482辆，其中危货运输企业11户，危货运输车辆184辆。机动车维修企业425户，一类企业83户、二类企业131户、三类企业211户，从业人员7805人。游船企业4户，运营游船129条(艘)，从业人员19人。汽车驾驶员培训学校7户，从业人员507人。丰台运输管理分局全年共受理各行业行政许可、备案服务事项12416件。完成148辆旅游客车旅游包车证换发工作，933辆省际客运车辆跨省市公路运输客运证核发工作。完成266辆道路货运车辆和50户道路运输企业的公告注销。共出动执法人员3748人次、检查1827户次、检查车辆1219辆，采取行政措施323起。完成2020年“两会”、2020年中国国际服务贸易交易会（以下简称“服贸会”）等重大活动和“五一”“十一”等重点时期运输保障工作。

（周露露）

【约谈易到用车平台】1月7日，针对易到用车平台投诉数量不断上升情况对该公司客诉部门负责人进行约谈，就客服无人接听、网约车收入无法提现、账户余额退费等问题进行沟通与分析，督促易到用车平台积极筹措资金，做好用户安抚工作。

（刘　峥）

▲5月18，组织危货运输企业联合安全检查，图为检查六里桥加气站。（吴鹏飞 摄）

【春运安全运输保障】春运期间，丰台运输管理分局参与北京南站接续保障出租车共计20万车次，累计运送旅客34.5万人次；夜间23点后到站旅客共计8.07万人次，同比减少67.4%；共启动北京南站夜间接续运输保障6次，直接调派出租车2000余辆次。辖区省际客运行业共发送旅客395637人次，投入运力13485车次，分别比上年同期下降59%和57%。共出动检查人员314人次，检查企业122户次，通过电话、微信等形式督导企业80余户次。

（郝　丹）

【机动车维修行业网格化管理协调会】5月21日，召开机动车维修行业网格化管理第一次协调会暨两会期间安全维稳工作部署会，16位乡镇街道负责人参加会议，部署两会期间安全稳定与疫情防控工作，各乡镇街道对如何更好开展网格化管理工作进行讨论，为未来联动、精治平台建设进言献策。

（薛　然）

【安全生产月宣传教育活动】6月，组织开展安全生产月宣传教育活动，向辖区企业发放安全月宣传品共计900余份，制作宣传横幅5条，宣传展板5块。累计出动执法人员140余人次，入户检查企业70余户次，累计采取责令(限期)改正措施12件次。

（郭贝贝）

【危险化学品“打非”专项检查】7月5日至9月17日，采取“双随机”入户执法检查、“四不两直”抽查、会同多部门联合检查等方式，对辖区12家危化品运输企业进行拉网式检查，共出动检查人员31人次，发现问题采取行政措施3件。

（吴鹏飞）

【做客“治堵大家谈”节目】8月26日，丰台运输管理分局3名工作人员做客北京交通广播“治堵大家谈”节目，介绍北京南站接续运输保障实现六个“首创”的具体举措和辖区交通运输行业监管工作：首次提出23时节点概念，北京南站23时后轨道交通和地面公交陆续停运，铁路到达客流与南站运力保障矛盾到达最高，抓住“高铁与地方交通不匹配”核心问题，创新提出轨道与地面公交延时、两铁融合、综合运输保障思路；首次尝试地铁延时，2014年首

▲6月9日，召开丰台区机动车维修企业安全生产月活动动员会暨安全生产工作部署会。（刘巧玲 摄）

次启动地铁4号线延时试点，2017年实现周五、周日常态化单向延时，2019年实现周五、周日常态化双向延时；首次设立出租汽车党员车队先锋岗，引导全市出租汽车党员车队参与北京南站保障，充分发挥共产党员先锋模范作用，坚守到最后一名旅客离开；首次设立高铁专线和定制公交，2017年在北京南站试点开行高铁专线，2018年在北京南站试点开行定制公交，取得良好社会效益，赢得媒体和舆论认可；首次将网约出租车引入火车站，协调开辟专用停车场地供首汽约车候客；首次与铁路部门合作，实现进京列车远端宣传，引导到京旅客提前规划出行方式。

（周露露）

【水上交通安全教育宣传活动】 10月22日，在丰台五小京铁校区开展丰台区“水上平安交通 安全伴我成长”主题活动。执法人员以专题视频形式，通过案例讲解、场景模拟、互动体验等趣味性较强的教学方式，向400余名教师、小学生讲授水上交通标识、水上求生救助、船舶水上航行、乘船和防溺水常识等安全知识和技能，并向校区赠送《小学生水上交通安全教育读本》。

（王建平）

【货运车辆网上年审宣传教育和培训】 10月，对专业运输企业的货运车辆网上年审进行宣传教育和培训，有计划、分批次地召开现场宣讲会，实现货运经营者由“线下跑”向“网上办”转变。共制作海报和宣传折页506份，组织召开线下开通服务4场次，制作宣传短视频5个。

（陈剑怡）

【货车非法改装专项整治】 11月3日，组织机动车维修行业召开丰台区货车非法改装专项整治工作部署会，传达货车非法改装专项整治文件精神，强调企业要严格遵守行业管理要求，严禁非法改装机动车，组织企业负责人签订承诺书，强化企业主体责任。

（金之艺）

【“信用交通 驾培先行”主题宣传活动】 11月，联合北京市机动车驾驶人培训行业协会在丰顺驾校共同举办“信用交通 驾培先行”主题宣传活动。全市驾培机构和教练员代表50余人参加现场宣传活动，并现场签署信用承诺书。

（李 豪）

【参与大红门街道联合整治行动】 12月14日，参与大红门街道组织的联合整治专项行动，重点对海户路周边地区大货车占道卸货、乱停靠问题进行综合整治，共查处未取得道路运营资格证车辆1起、处理违法停车2起、检测录入车辆尾气12起。

（李卫安）

【道路运输企业质量信誉考核】 年内，共评出机动车维修企业3A级59户、2A级64户、A级79户，驾驶员培训企业3A级2户、2A级4户，省际客运站3A级3户，省际客运企业3A级2户、2A级3户，汽车租赁企业优秀1户、良好3户、合格59户，旅游客运企业3A级企

▲10月22日，对北京市市政一建设工程有限责任公司搅拌站进行罐式运输企业入户监管检查。（吴鹏飞 摄）

▲11月5日，对万泉寺出租公司申请退出运营车辆进行报废勘验。（刘峥 摄）

业2户、2A级企业4户，完成256户货运企业初评。

（周露露）

【纯电动出租汽车推广应用】年内，按照《北京市打赢蓝天保卫战三年行动计划的通知》《北京市财政局、北京市交通委员会关于对出租汽车更新为纯电动车资金奖励的通知》要求，进一步加快出租汽车行业纯电动汽车推广应用，促进出租汽车结构性调整，对符合北京市纯电动出租汽车更新要求的出租汽车经营者给予一次性政府资金奖励，比照纯电动出租汽车生产环节电池采购价格，每辆车奖励上限为7.38万元，低于奖励上限的按实际电池采购价格确定，电池资产归出租汽车经营者所有。共退出运营油车2080辆，更换新能源车1256辆。

（刘　峥）

【推出“运政小助手”】年内，推出“运政小助手”小程序，实现“道路货物运输车辆许可”在线提交车辆信息、预约登记和“零见面”受理模式，录入一辆货运车辆信息从8分钟减少到5分钟，工作效率提高60%。辖区内货运车辆网上年审办理率和汽车租赁外网办理率同比提高182%，加快实现经营者由“线下跑”向“网上办”转变。

（王泽彦）

【货运车辆年审期限提醒服务】年内，对车辆年度审验有效截止期前30天的企业和有车业户经营许可证到期前30天内的企业提供电话、短信预警服务。累计服务650户次、1215车次。

（陈剑怡）

【惠企利民服务】年内，联系公交集团客三分公司、新发地村委会等部门，协调完成陈留村公交站台候车亭建设。借鉴“吹哨报道”模式，推进349路丰台西站和321路（区间）珠江御景站两处运营环境、基础设备设施较差的场站的规范运营建设。

（刘　峥）

【助力复工复产】年内，组织辖区旅游客运企业通过包车运力解决复工企业职工通勤，共出动车辆1000余辆次，运送乘客3万余人次。督促道路客运企业做好复工后疫情防控工作，发放疫情防控物资，共向11户道路客运企业发放口罩176包。

（刘　影）

【重点车辆动态监管】年内，不定时对道路客运车辆动态信息进行抽查，加强对车辆夜间行车行为的管控力度，共抽查道路客运车辆21350辆次，处理紧急报警130次，处理车辆82辆次。

（梁利宁）

【维修行业污染整治】年内，与区生态环境局建立沟通机制，定期开展联合执法检查，严厉打击非法更换机动车污染控制装置等行为。开展挥发性有机物污染治理，113家企业提交了烤漆房停用说明和改造材料，改造完成率96.58%。

（薛　然）

【出租汽车承包金减免】年内，落实市交通委员会、市财政局联合发布的出租汽车行业减收承包金政策，自1月24日至4月30日，对承包经营的驾驶员给予减收承包金等支持措施，出租汽车企业及个体工商户，对采用承包经营的驾驶员，按照单班车70元/日、双班车及纯电动巡游出租车110元/日的标准减

▲3月10日，检查信和汽车租赁有限公司的疫情防控工作。（王卫庭 摄）

收承包金；对处于运营状态的巡游出租车，每月既有的燃油补贴、岗位补贴全额发放。共初审补贴车辆9922辆，审核运营补贴1103.8万元。

（刘　峥）

【**车辆安全隐患整改**】年内，淘汰存在安全隐患老旧道路客运车辆68辆，安装前轮爆胎应急装置和智能视频监控系统车辆41台，责令停用因安全评价过期的烤漆房8台。11月19日，丰台运输管理分局联合区生态环境局召开丰台辖区喷烤漆房标准化治理改造工作推进会，探讨喷烤漆房改造工作的方式方法。

（冯　雪）

【**防汛应急演练和检查**】年内，组织各行业开展防汛应急演练10余次，成立由5家重点货运企业和17家骨干维修企业组成的防汛应急保障队伍。组织开展防汛工作大检查，累计派出执法人员209人次，检查企业100户次。

（郭贝贝）

【**约谈货运车辆动态监控违法违规严重企业**】年内，对货运车辆动态监控违法违规严重的10家企业进行安全约谈，要求被约谈企业针对车辆动态监控存在的问题，认真查找原因，对查证属实违规运营的驾驶员采取“批评教育、经济处罚、辞退开除”等手段进行处理，及时提交整改材料。

（吴鹏飞）

【**冷链运输企业防疫管理**】年内，将辖区冷藏企业细分为医药、保鲜食品、冷冻食品三类，共组织辖区1052名冷藏行业从业人员完成新冠疫苗接种。组织西南郊冷库11家冷链运输企业召开疫情防控工作会。

（李卫安）

【**重大活动重点时期交通运输服务保障**】年内，成立假日办，统筹重点时期辖区交通运输保障工作，通过提前研判、细化措施，做好运力筹备，加强巡查检查。全国“两会”保障期间，共计出动执法人员200余人次，重点检查北京南站接续运输保障和大兴国际机场路侧接续运输保障情况，对辖区重点交通枢纽、重要公交站点、省际客运场站、货物运输企业进行入户执法检查共计88户次。在服贸会期间，加强会上交通服务保障，协调北汽集团高标准做好大兴机场媒体记者接送机服务，督促做好上会车辆的消毒通风等疫情防控工作。“双节”期间，疏散夜间到达客流，共启动应急保障预案4次，累计调派保点出租车2400辆。与党员出租车队实行“党建共建”模式，在北京南站设立出租汽车党员先锋岗。10月6日至8日，各党员车队累计组织1200余辆次出租参与保障。鼓励旅客预约出行，定制公交和网约出租车发车车次和运送人次同比上年均有较大增长。

（郝　丹）

【**大兴机场路侧接驳北京南站接续运输保障**】年内，有序承接大兴机场红线区域内行业管理职责，组织和参与航班换季转场、恶劣天气应对、重大活动保障等部署动员会10余次。召开大兴机场网络定制客运服务研讨会议，到兴航达公司就网络定制客运服务进行调研，确定建立以兴航达公司为主体、到港旅客需求为导向的新型路侧接驳运输方式。启动北京南站夜间接续运输保障10次，累计调派保点出租车4400辆次。9月，在首都之窗在线访谈节目就北京南站接续运输保障接受专题访谈。

（陈　杨）

▲5月19日，检查宋家庄交通枢纽，部署“两会”安全维稳工作。（刘峥　摄）

道路交通管理

【**概况**】2020年，北京市公安局公安交通管理局丰台交通支队（以下简称区公安交通支队）全力开展综合执法整治行动，共接各类警情146210起，回访140154起，群众满意率100%；各级领导上路指挥15750人次，发布指挥调度指令13万余次；利用电视监控系统直接累计发现各类警情8978起。区公安交通支队深入贯彻市政府“慢行优先、公交优先、绿色优先”交通出行理念和《北京市城市慢行交通品质提升工作方案》总体方案部署，严格落实市公安局、市交管局“绿色出行守护”专项行动总要求，严查严处非法侵占“人行步道、非机动车道、公交车道、应急车道”交通违法，推进慢行系统治理，提升慢行交通出行环境。推进《交通综合治理行动计划》和公安部等四部委联合组织开展的《城市道路交通文明畅通提升行动计划》，开展交通综合治理行动。深入推进规范、依法使用头盔、汽车安全带行动，增强交通参与者主动安全防护意识，做好交通事故预防工作，维护辖区道路交通安全。疫情防控期间，高效处置了新发地市场封控、新发地市场隔离人员转运、新发地市场隔离期满人员分流转运、右安南桥凯德MALL疫情转运、西站在鄂返京人员抵京接站等重点专项工作。

（崔　妍）

【“系好安全带、路上防意外”主题宣传活动】4月30日，区公安交通支队在新发地长途客运站组织开展旅游客运、长途客运行业“系好安全带、路上防意外”主题宣传活动暨丰台区“一盔一带”安全守护行动启动仪式，70余人参加活动。活动中，新国线运输集团有限公司负责人围绕“落实企业主体责任、抓好工作落实”进行表态发言，客运驾驶员围绕“系好安全带、路上防意外”向全市专业驾驶员发出倡议，与会领导向驾驶员代表发放《北京司机手册》。

（崔　妍）

【慢行系统治理】年内，区公安交通支队早晚高峰以京开、京港澳以及三环公交道和151处常态管控岗为主、平峰时段以环路应急车道和非机动车违法为主，采取“科技＋警力、高峰＋平峰、动态＋静态”以及“点、线、面”相结合构建立体执法工作模式。突出治理占用非机动车、便道等违法停车行为，在常态坚持58条停车电子收费道路停车秩序治理的基础上，先后针对西铁营地区、科技园东三期、大瓦窑地区等6个地区产权不清晰的五圈南路、郭公庄南街等31条代征代建道路，督促属地和开发商完善标志、标线、信号灯等交通安全设施，综合运用现场贴条、“鹰眼”拍摄、“雪亮”采集等现场与非现场相结合常态执法方式，对违法乱停车辆实施严管严罚。对二手车市场周边摘牌停车、小区周边占用盲道、步道等群众反映强烈的乱停车辆进行拖移，累计拖移机动车1667辆。

（崔　妍）

【涉牌违法打击】年内，成立涉牌打击整治专班，坚持对“涉牌违法常抓不懈”，领导丰台涉牌打击工作，建立联动机制，搭建沟通协作网络，利用“云瞳”“首都交警车控大数据研判平台”等科技手段，通过静态核录、套牌立案信息共享、非现场信息录入比对等多种方式收集涉牌违法线索，形成科技支撑、精准定位的涉牌精准打击模式。对于涉牌违法车辆不易查、难追踪的特点，在查处涉牌违法的过程中辨识真假牌照，查处违法痕迹。学习熟悉正规牌照的生产流程、材质特点和防伪标记，总结“一看、二摸、三辨”鉴别方法，对查获的假牌照，进行色彩、材质、重量、工艺、质感、防伪等6个方面进行逐一分析，实战效果良好。

（崔　妍）

【渣土运输车管控】年内，持续与丰台区住建委、区城管委渣土站、区城管执法局等“绿工组”紧密配合，全方位联合执法，依托交通支队自建的渣土车专项执法小分队，常态对渣土车实施严格执法举措，先后查处丽泽商务区14号线地铁，岳各庄东路十一学校等10处工地渣土车违法运行情况，均实行多部门落实“联合处罚、高限处罚”措施。

（崔　妍）

【堵点乱点综合治理】年内，聚焦堵点乱点治理账单，在延续以往先进经验做法基础上，以体制机制创新，定量评估堵点乱点销账治理成效，推动治理标准化、规范化，先后完成56处堵点乱点的治理工作。

（崔　妍）

【开展区域综合治理】年内，依托区级交通综合治理平台，充分用足优化渠化、维护疏导、执法整治、宣传引导、科技提升等手段，会同区城管委先后参与完成大红门珠江骏景、蒲黄榆、马家堡地区等6个地区以及丰海街、大红门路等31条道路的设施和智能交通提升。

（崔　妍）

【开展学校医院门前综合治理】年内，完成小井小学等3所学校和电力医院等门前综合治理工作。对全区154所学校门前设施进行再次排查，对照“八个一律”标准，对市政道路上20所门前设施进行再次增补，累计增设网格线9处，复划人行横道6处，粘贴前方学校地面文字5处，增补更新标志11套。

（崔　妍）

【提升交通信号灯管理水平】年内，结合市交通综合治理工作部署，按照市政府制定的规划、产权、维护、运行、控制“五统一”原则，开展全区207处自建信号灯的数据排查以及资产移交工作。完成84处路口新建信号灯并配套智能监控的点位核查和方案的审查工作。协调市政开工建设49处，建设率达58.3%。申报对丰益桥等30处重要路口交通信号灯配时优化和信号灯绿波带的建设工作。

（崔　妍）

【推进护栏精简和交通设施排查治理】年内，优化隔离护栏规范清理工作，累计拆除各类交通隔离护栏（含市属、区属、街道、代征代建道路）241千米，按照“五同步”的原则，坚持拆管结合、不断强化护栏拆除后续的执法管理。

（崔　妍）

【严格施工监管】年内，共核准许可道路施工项目207项，其中交管局审批101项，交通支队审批106项。为保证施工进度和交通安全畅通，认真调研，周密组织，精心安排，积极与施工部门进行协调，加大对施工现场及周边道路交通的疏导维护力度。与施工单位建立了“三个制度”，即施工单位主要领导的定期例会制度，定期通报施工期间的内部安全制度落实情况；施工单位安全工作的内查制度、外查制度，采取单位内部自查与管界队日常检查相结合的方式督促各项安全措施的落实。

（崔　妍）

【严格安监执法】年内，“一区一警”

安监民警、专业小分队派驻民警对60余家存在违法超标和严重违法突出运输单位，进行约谈曝光，对上述单位法人下发“重大交通安全隐患警示牌”。对32家单位给予行政处罚，形成有力震慑和严管氛围。

（崔　妍）

【道路交通事故发生率下降】 年内，全区共发生道路交通事故324起，伤289人，死亡事故49起，死亡49人，事故起数、伤人数同比分别上升了48%和46.7%，死亡事故起数与亡人数均下降26.9%。

（崔　妍）

【逃逸事故侦办】 年内，共上网立案逃逸事故43起，其中亡人逃逸事故1起，侦破1起，处罚5起；伤人逃逸事故24起，侦破17起，处罚完毕9起；财产损失逃逸案件18起，侦破17起，处罚完毕11起。

（崔　妍）

【车管站对外窗口服务】 年内，区公安交通支队车管窗口办理业务总量63694件，其中驾驶证业务30618件、临时号牌业务16240件、残疾车业务436件、免检业务15043件、互联网绑定业务592件、开具事故证明信355件。按照市政府新冠疫情防控部署要求，区公安交通支队车管站坚持做好防控措施，实行查验健康码、测量体温、要求佩戴口罩等措施，合理调控进站人员数量和间隔距离，保证疫情期间大厅工作安全有序高效运行。

（崔　妍）

【“系好安全带，平安防意外 视线有盲区，心中无死角”交通安全专项整治】 年内，针对丰台地区公交线路多，公交司机从业人员多，辖区路面交通环境复杂安全隐患多等特点，减少和消除因车辆盲区造成的安全隐患，专门设计“视线盲区，请勿靠近”盲区反光提示贴，在全区公交车上粘贴，警示行人和其他交通参与者远离盲区，避免事故。与联合公交集团共同组织召开“系好安全带，平安防意外 视线有盲区，心中无死角”交通安全专项整治行动。自专项整治行动开始后，丰台区未再发生一起因公交车盲区引发的亡人事故，此项创新公交集团现已在全市范围进行推广。

（崔　妍）

【落实社区交警工作】 年内，区公安交通支队社区交警增加至19名。通过深度融入社区，用好“六个一”民意征集渠道，累计征集反馈群众意各类意见建议50余条，反馈12345热线派单10余件，针对群众意见有的放矢地为社区解决周边道路拥堵问题、小区消防通道疏通、校园周边维护、静态秩序整治、开展交通安全宣传、政策解答等交通安全工作，有效解决社区重点问题、深化群众服务，致力于实现“一个社区要创立一个品牌、发展一项特色”工作目标。

（崔　妍）

【道路交通安全隐患动态排查治理】 年内，区公安交通支队发挥“一区一警”职能，坚持每月组织街乡镇开展一次道路交通安全隐患治理工作，累计排查、治理路树遮挡交通标志、交通隔离护栏被挪移等隐患500余处。

（崔　妍）

【农村“两站两员”建设】 年内，持续巩固、深化“两站两员”工作模式，确保农村道路交通安全形势稳定。新增警保合作劝导站3处，依托“一区一警”及乡镇交安联办工作人员深入乡镇、农村、市场，积极发现和录入农村面包车452辆，驾驶员444人。发动农村劝导员劝导违法行为、录入日志37589条，交通安全宣传和预防交通事故效果初显。

（崔　妍）

【交通安全宣传教育活动】 年内，协助中央人民广播电台、中国交通频道、中国交通广播、北京电视台、搜狐网、《北京日报》《北京晚报》及交管局双微平台等30余家媒体录制刊播各类新闻733条。全年共开展各类宣传活动480余场次，发放宣传材料5万余份，教育群众约5万余人次，取得良好效果。

（崔　妍）

【常态化疫情防控】 年内，立足管界实际，发挥领导职能，紧盯路面、场站、医院、市场等重点地区，周密部署、主动作为，倾力做好重点区域及社会面交通防控，确保防疫期间各项交通保障工作措施有效落实。严密部署，统筹安排。疫情发生后，面对严峻复杂的形势，认真分析、深入研究，先后分别制定下发了疫情期间社会面防控、应急处突、春运2个火车站、4家长途站、10家重点医院（含7家三甲医院）以及新发地市场封控、北京西站在鄂返京人员接站、新发地隔离人员转运等各类疫情工作方案20余套，确保各项工作同步推进，有条不紊；发挥职能，精准施策。为做好疫情处置期间及疫情常态化社会面防控工作，区公安交通支队构建“全面防控、一体运作、精确指导、有效管控”的疫情防控模式，加强交通规律特点、发展态势的动态分析和综合研判，建立丰台支队疫情期间每日路面交通运行通播机制，科学安排警力投向、投量，坚持最大限度地把警力摆上街面，最大限度地织密巡逻管控网，最大限度地预防和减少道路交通事故；加强协调，细化措施。积极加强与管界区应急局、卫生局、医院等政府部门、重点单位的工作对接，联勤联动，协同建立政府主导、分级负责、无缝衔接、联勤联动的工作机制。特别是在新发地市场封控、转运及西站在鄂返京接站等处置工作中，紧盯重点，关口前移，协同建立应急指挥体系，精准研判分析工作形势，及时通报各类敏感信息，因情因势梯次采取防控措施，精细交通组织措施，精准设置岗位警力。在新发地疫情处置期间，为新发地市场隔离期满转运规划5条转运路线，部署22处疏导岗位，做到减少交叉，高效转运。在鄂人员返京接站期间，在路线上部署7处定点岗位，划定了2个外围等候停车区，做到外等近接，减轻影响，全力做好交通应急保障工作。

（崔　妍）

北京南站

【概况】2020年，北京南站地区（以下简称站区）面对疫情、改革等复杂形势，积极稳控局面、坚决推进转隶，聚焦精细化管理、突出系统化治理，全面完成市区两级和重点站区管委会下达任务要求，同时干部队伍在应对各种风险挑战中，实现了政治上、思想上、行动上、能力上的有效提升。

（彭　蕊）

▲10月23日，机构改革后，北京南站地区管理办公室举行揭牌、授牌仪式。（彭蕊　摄）

【疫情防控】疫情暴发后，按照上级部署，北京南站地区第一时间成立疫情工作领导小组和指挥部，迅速建立信息通报和联防联控机制，制定方案、成立专班、分工负责、严管实督，做到全域全员全流程管控，坚持落实“一米线”“六条新规”“手递手”“三防”“四早”“九严格”等要求。增设站内体温检测点15个，配备各类测温设备80余台，每日站内消毒通风面积约2万平方米；积极配合疾控中心开展密集场所病毒外环境监测和分析评估2次，城管执法大队共检查商户疫情2053家次，收集旅客信息卡2429袋；地区排查出体温异常人员共计69人，无确诊信息反馈。丰台新发地疫情发生后，开展紧急排查，严格管控措施，强化监督检查，落实属地责任，并按照丰台区统一部署，火速抽调15名干部组成丰台区外集中隔离点转运保障工作专班，争分夺秒做好统筹协调、数据统计、信息跟踪等相关工作，高效组织完成区外9个区、39个隔离点、7430名集中医学观察隔离人员疏散转运任务。

（彭　蕊）

【推进机构改革】年内，按照站区改革要求，北京南站协调推进“三定”方案落地，科学划定站区责权边界，有效剥离非站区功能，提升综合管理能力，理清资产和债权债务关系等。启动实施管辖范围调研论证、国有资产清查审计、档案整理归档对接、人事档案专项审查、会议办公软件接入、监控协同对接联网等基础性工作。同时，多方式开展干部教育，提升站位、统一思想，树立科学正确选人用人育人导向，为机构转隶以及后续改革打下良好思想基础。主动对接重点站区管委会相关部门，协调丰台区率先提前完成人员转隶，配合完成班子分工调整，研究提出人员编制定岗方案，为下一步改革深化奠定坚实基础。

（彭　蕊）

▲7月25日，北京南站在地下一层举行“三类场所”防疫宣传活动。（彭蕊　摄）

【北京南站地区综合治理】年内，继续巩固第一轮火车站综合整治成果，注重统筹协调地区各部门、各单位力量。编订年度任务一览表，以部门为单位，实行网格化管理，共分解任务110项，其中绩效任务15项、要点任务72项、重点任务6项、火车站地区第二轮综合整治任务17项，并细化、量化任务目标，明确主责、配合部门及联络人，以季度为节点进行任务分解。全年绩效任务有序推进14项，要点任务均有序推进，火车站地区第二轮综合整治任务已基本完成，长期坚持的任务有14项。立体停车设施建设完工，视频监控手机APP上线，制定地区道路交通优化方案，明确新一轮综合整治任务和编制“十四五”地区整体发展规划。

（彭　蕊）

【秩序管控】年内，北京南站重点保障春运、暑运、“两会”“两节”任务，全天候对重点地区、重点路段进行执法巡查，持续保持高压态势打击各类违法行为。持续开展夜间综合集中整治行动，共劝离违法停车21189辆，查处黑车112辆，清理呲活揽客人员6816人；开展联合执法行动共2546次，劝离疏导车辆23687辆，查扣黑车13辆，移送派出所呲活揽客人员178人；地区流浪上访人员留宿人员基本清零。转隶后，交通执法职能整合归并至南站地区执法大队，有效解决多头执法、重复执法等问题，管控效果明显，机构改革优势初步显现。

（彭　蕊）

【便民服务】年内，督促南站改造候车大厅东侧车次综合信息显示屏，单面屏面积、屏幕清晰度大幅提升；督促公联对东北侧无障碍电梯进行升级改造，增加手势和语音呼梯装置；在地下换乘层服务台处增设智能机器人；加大爱心服务力量，组织志愿者提供温馨服务。南站办坚持接诉即办“六步工作法”，共接到“12345”热线及市民投诉共47件，全部办理完结。

（彭　蕊）

【接驳换乘】年内，协调北京铁路局、丰台运输管理分局、公交集团、地铁公司等单位，广泛发动运力增补。到达客流量集中时，强化轨道交通延时、夜班公交等保障措施，增加免费摆渡车车次，组织保点出租车分批次、分时段到站运营，并发动党员车队带头，及时应对夜间突发情况。出租车调度站累计服务出租车160.5万车次，服务旅客274.6万人次；免费摆渡车共出动441车次，服务旅客2111人次。

（彭　蕊）

【安全生产】年内，完成国务院安委会督查组专项督查整改任务，推动建立南站地区安全生产和应急管理协调联动机制，加强安全生产培训力度和应急队伍建设，开展建筑领域安全百日行动，确保地区安全稳定。

（彭　蕊）

【垃圾分类】年内，积极开展垃圾分类工作，建立“南站地区垃圾分类推进工作会议”制度，按照垃圾分类“四分法”要求，站区重新规划垃圾桶、垃圾箱设置位置，举办垃圾分类培训和垃圾管理责任执法培训，集中力量严查辖区单位生活垃圾四个处理环节的违法行为。

（彭　蕊）

【外宣活动】年内，北京南站突出思想政治工作，强调组织有号召、个人有行动。疫情期间，深入开展“以党旗引领战旗 用行动践行初心”主题教育“八个一”系列活动。坚持围绕抓严落实、抓细节、讲奉献主题，持续加强队伍思想建设、提升业务能力，开展“传帮带”活动以上率下，用好学习调训和岗位交流机制，取得积极成效。采取多种学习形式，持续抓好干部思想武装工作，共计安排理论中心组学习、集中培训、个人自学等活动30余次。坚持抓好意识形态工作，切实用好管住媒体渠道和宣传阵地，共计刊发《南站地区信息》40余期，向站区《快报》投稿200余篇，推送微信公众号180余期，发布抖音100余条，中央电视台、《北京日报》《北京晚报》、北京电视台、新华社、人民网等主流媒体，全年对南站地区正面报道50余次。同时，继续加强南站地区舆情实时监测，为有效开展舆论引导工作提供可靠数据支撑。

（彭　蕊）

丰台西站

【概况】丰台西站位于北京市丰台区西南部，为路网性特等编组站，站场为三级八场、双向纵列式、自动化驼峰。连接京广、丰沙、京原、京哈、京沪、京九、京通、丰双八条铁路干线车流，担负华北、华东、中原、东北、西北等方向的货车中转和货物集散任务，是全路重要的咽喉枢纽、主要的车辆集散地和晋蒙煤外运的重要通道。车站站坪面积8.5平方公里，南北长9.5公里，东西最宽处3.5公里。2020年，丰台西站设站长办公室、综治内保科、劳动人事科、计划财务科、安全科、职工教育科、运输和统计科、技术科等8个职能科室，党群组织设党委、纪委、工会、团委，辖党群办公室、行政监察科。下设一场、二场、三场、五场、调度、货检、西道口、南信号、设备、信息化、安全生产调度指挥中心、经营开发部、高铁乘务室（临时机构）等13个生产经营机构。职工总数1318人，其中干部182人，女职工30人；初级、中级、高级技工分别为41人、200人、319人，技师43人；全站党员471人，团员108人。二场车间、货检车间、南信号车间被评为集团公司十三五企业文化“示

▲9月29日，北京南站在北广场举行消防演习。（范文进 摄）

范车间”；2020年度集团公司纪检监察工作先进集体。

（崔德彬）

【设备配置】年内，配属调车机12台；有货检设备货车超偏载检测装置6台、货车超限检测及装载状态高清数字监视装置19套；机械动力设备13台。固定资产原值14226.93万元。

（崔德彬）

【生产与经营指标】年内，丰台西站日均办理出入车22055.6车，其中有调13779.9车、无调8179.7车，中转时间7.03小时，停站时间32.0小时，日均装24.4车、卸33.5车，货物发送量72719吨。

（崔德彬）

【疫情防控】年内，组织召开疫情防控领导小组工作例会18次、专题党委会5次，研究制定《丰台西站防控新型冠状病毒感染的肺炎疫情工作方案》等制度和措施20余项，确保疫情防控各项重点工作有序推进。多渠道、多途径采购口罩9.5万余只，体温测量设备1212只（台），消毒液、酒精1100余桶，确保物资供给及时充足。

（崔德彬）

【全面改善现场作业环境】年内，多方筹措资金240余万元，修补、铺设走行通道、横通道160平方米，铺设交分岔区胶砖270平方米，峰顶安装防滑木板92平方米，平移信号机、电箱28个，下沉道岔转辙机2套，新设照明灯塔3座，增设“设备区禁止调车作业”标识牌30个，清理废旧钢轨、枕木、辙岔3222根，设置标准化路料码放区8个。

（崔德彬）

邮 政

中国邮政集团有限公司北京市丰台区分公司

【概况】中国邮政集团有限公司北京市丰台区分公司（简称丰台区邮政分公司）是中国邮政集团有限公司北京市分公司下属城区分公司，承担北京市丰台区的通信服务任务，服务面积306平方公里，服务人口约202.5万人。丰台区邮政分公司下辖55个服务网点，其中10个邮政支局、45个邮政所、4个邮政惠民生活驿站，下设综合办、财务部、人力部、市场部、运管部、服质部、寄递部、金融部、渠道部、文传部、党建部、工会、纪委办13个职能部室；经办国际和国内函件、普通包裹、国内快递包裹、特快专递、汇款，报刊订阅和零售、集邮业务和集邮品制作、商业信函制作、邮政贺卡、定制邮资封片、邮送广告、朋友圈广告业务、代理保险、代办电信以及金融类代办业务，邮政短信、代收代缴业务、代售机票业务、代办交管业务、代开代征个人增值税发票、自邮一族、邮乐、分销业务、ETC业务，国内和国际标准快递、国际E系列产品、国际非邮业务、代收货款业务等。丰台区邮政分公司依托中国邮政四通八达、遍布城乡的营业和投递服务网络，秉承“服务人民、造福职工”的企业宗旨和“用户是亲人”的服务理念，以建立与首都地位相适应、业内一流、和谐发展的现代丰台区邮政为愿景，竭诚为各界用户提供迅速、准确、安全、方便的邮政服务。

（刘 然）

【开启邮政线上代办税新模式】年内，丰台区邮政分公司进一步拓展与区税务局合作的广度和深度，在邮政网点线下代开增值税普通发票并代征相应税款的便民办税服务基础上，建立全新的“互联网+税邮服务”业务模式，推出“税邮微服务”微信小程序，并完成小程序线上业务选点、微信商户号申请、线上业务测试和员工操作培训等工作。通过在网点摆放小程序二维码，引导客户通过“税邮微服务”小程序自助办理业务，通过线上申请、线下自取或寄递的方式，将业务办理延伸至纳税人手机端，进一步丰富纳税人办税渠道，避免客户到现场排队等待的困扰，让纳税人足不出户随时完成办税事宜，实现“网上办”、“自助办”的服务新模式，为纳税人提供了更为便捷、高效、低成本的办税服务。全年代开增值税发票18.03亿元，代征税费3410万元。

（刘 然）

【垃圾分类主题活动】5月，丰台区邮政分公司联合丰台街道党工委和丰台街道办事处在丰台花园举办了“垃圾分类 文明同行”主题实践日活动。活动现场采取了垃圾分类知识讲座、互动游戏、有奖答题、废品艺术展示等环节，让周围群众对垃圾分类的作用和意义有了更加深刻的认识。后期，丰台区邮政分公司积极发挥网点优势、渠道优势和资源优势，陆续组织下属支行开展以“垃圾分类”为主题的绿色推广活动，配合地方政府做好宣传和推进活动，引领更多居民参与到垃圾分类行动中，做好垃圾分类宣传的同时也进一步践行了绿色邮政发展理念。

（刘 然）

【“集邮与爱情”集邮周主题活动】8月25日，丰台区邮政分公司与丰台区民政部门再次合作，开发“爱满京城相约幸福”——《执子之手 与子偕老 相期美满 相守幸福》连体明信片，为在传统佳节结婚登记的新人们奉献上了连体明信片。该连体明信片4张相连，分别以“执子之手”“与子偕老”“相期美满”“相守幸福”为主题设计，以玫瑰、爱心等元素溢满了对新人们的祝福。在将连体明信片赠送前来登记的新人们的同时，以直播形式向社会宣传中国传统文化内涵，引领社会风尚、促进社会和谐，共同推动婚姻管理工作从单纯的行政登记管理向和谐婚姻家庭建设发展延伸。活动共吸引30万网友围观，得到北京电视台、《北京日报》等公共媒体的关注和现场采访报道。

（刘 然）

【提升邮政通信服务】年内，丰台区邮政分公司深入落实《邮政普遍服务标准》《邮政营业系列标准》《邮政投递服务规范》等规章制度，加强邮政营业及投递人员的培训，全面提高营投人员服务质量意识，落实邮政普遍服务和特殊服务标准，开展普遍服务专项整治“回头看”、窗口服务大提升专项整治等活动，查找营业服务存在的薄弱环节和问题，推动营业网点服务和客户体验全面提升；各营业网点严把邮件收寄验视关，确保了全国“两会”等重要会议期间通信生产安全。强化投递业务质量管控，设置重点操作考核项目，强化对不规范行为的考核；落实“日通报、周点评、月自查、季互查”制度，强化问题突出机构重点督导，持续提升服务质量管控能力，提高投递效率，提升用户体验。强化全流程投诉管理工作，严格落实“首问负责制”，提升客户查询、受理和处理质量，高标准、高水平、严要求，做到接诉即办，坚决做好各类投诉工单回复和回访工作，切实提升邮政诚信服务形象和服务满意度。全年受理11185转发投诉工单2598件，12345工单96件，12305工单36件。

（刘　然）

▲5月，丰台区邮政分公司在丰台花园举办了“垃圾分类 文明同行”主题实践日活动。

▲8月25日，丰台区邮政分公司与丰台区民政部门合作开展“爱满京城相约幸福”活动。

丰台区分公司邮政支局、所一览表

表 21 （截至 2020 年底）

序号	局所名称	序号	局所名称
1	角门邮政支局	29	八一厂邮政所
2	开阳里邮政所	30	周庄邮政所
3	嘉园邮政所	31	京铁家园邮政所
4	北京南站邮政所	32	靛厂邮政所
5	马家堡邮政所	33	华源三里邮政所
6	西马场邮政所	34	望园邮政所
7	洋桥西里邮政所	35	西站主楼东邮政所
8	镇国寺北街邮政所	36	木樨园邮政支局
9	科学城邮政支局	37	刘家窑邮政所
10	万年花城邮政所	38	杨家园邮政所
11	新华街邮政所	39	东高地邮政支局
12	富丰园邮政所	40	和义邮政所
13	新发地邮政所	41	六营门邮政所
14	丰台邮政支局	42	西罗园邮政支局
15	五里店邮政所	43	新世纪营业所
16	正阳大街邮政所	44	天雅邮政所
17	丰台路口邮政所	45	方庄邮政支局
18	大成路邮政所	46	芳群园邮政所
19	小屯路邮政所	47	芳古园邮政所
20	长辛店邮政支局	48	蒲黄榆邮政所
21	云岗邮政所	49	成寿寺邮政所
22	卢沟桥邮政所	50	紫芳园邮政所
23	朱家坟邮政所	51	石榴庄邮政支局
24	槐树岭邮政所	52	宋庄路邮政所
25	晓月苑邮政所	53	宋家庄邮政所
26	南宫邮政所	54	大红门邮政所
27	太平桥邮政支局	55	海慧寺邮政所
28	莲香园邮政所		

2021
北京丰台年鉴

科技

综 述

【概况】丰台区科学技术和经济信息化局（简称“区科信局”）职能是贯彻落实党中央关于科技创新、软件和信息服务业、信息化方面的方针政策、决策部署和市委、区委有关工作要求，在履行职责过程中坚持和加强党对科技创新、软件和信息服务业、信息化工作的集中统一领导。主要职责包括贯彻执行国家、市、区有关科技、信息化发展和大数据及无线电管理方面的方针政策、法律法规，起草有关地方性法规、规章草案，拟订相关政策措施，并组织实施和监督检查等14项。2020年，区科信局在区委、区政府的正确领导下，围绕新冠疫情防控、推动全国科技创新中心建设、加强信息化基础设施建设、发挥大数据的支撑作用等中心工作，真抓实干，主动作为，各项工作取得明显成效。全区技术市场实现交易额实现1080亿元、5G基站建设数量突破1000个、“丽泽城市航站楼项目”成功入选市科委发布的第二批30项应用场景建设项目，研发经费支出增速达到6.3%；15家单位获得国家、北京市科技进步奖，国家级孵化机构新认定数量达20家，推动丰台区成功被认定为“高等学校成果转化和技术转移基地”。

（周俊峰）

科技管理

【发挥首都科技条件平台作用】年内，聚集需求49项，新增成员单位32家，新增科技人才25人，高效开展对接服务8次；疫情期间，开展线上政策宣讲会，参与企业近120家，人数超千人；协助市科委生物医药领域中心共同组织召开首都科技条件平台中医药基地“百家重点实验室进千家企业”线上对接活动。深入区内永同昌等重点孵化器、产业园区企业集群，开展“宣传政策、加油助力、传递温暖”活动。

（周俊峰）

【组织国家高新技术企业申报】年内，区科信局发布《关于启动2020年度北京市高新技术企业认定管理工作的通知》，全区四批国家高新技术企业认定申报企业共计778家/次，同比增长20.8%。全区国家高新技术保有量为1691家，排名全市第四。

（周俊峰）

【推荐科技型中小企业认定】年内，区科信局开展科技型中小企业评价工作，发布《关于疫情防控期间开展科技型中小企业评价工作的通知》，通过电话、邮件的方式指导企业填报。科技型中小企业评价系统全区累计注册企业954家，全年共推荐上级评审企业242家，取得入库编号企业232家。

（周俊峰）

【疫情防控】年内，全力推进复工复产。做好软件信息服务业领域复工复产工作，为通号等25家企业提供防疫口罩11万只、协助普华讯光等14家企业对接人员招聘需求400多个、为国网富达等9家企业后勤、厨师等人员免费发放智能体温测量仪近60个，实时监控特殊岗位人员身体情况。为受疫情影响较大、为防控疫情服务的7家企业提供担保贷款1000余万元；优先对采取减免租金措施的孵化机构给予孵化政策支持近1500万元；对接市经信局为丰台妇幼保健院和丰台医院引进移动式新冠病毒鼻咽拭子采集亭4台，降低工作人员以及被采集人员的病毒感染风险。

（周俊峰）

【加强创新载体建设】年内，举办2020年丰台区级孵化机构专项政策解读培训，邀请国家级科技企业孵化器评审专家李靖为70余家孵化机构进行讲解《丰台区关于促进众创空间、科技企业孵化器发展的支持办法（试行）》。对40家区级孵化机构资金支持近1500万元。全区各类孵化机构数量达到65家，其中孵化器24家，众创空间41家。其中有10家国家级科技企业孵化器，9家市级科技企业孵化器；国家级众创空间10家，北京市级众创空间20家。

（周俊峰）

【创新线上服务新模式】年内，科技企业创新活力充沛，受疫情影响，一些企业面临压力。区科信局迎“难”而上，创新服务模式，通过“线上+线下”结合的方式，开展线上培训、云课堂、云“诊断”，组织线上培训3次，惠及企业300余家次。同时，建立3个QQ群，对企业进行线上指导，提升高技术企业申报效率。

（周俊峰）

【开展中小企业创新基金项目绩效评价】年内，完成2018年度“创新基金”实际扶持41个项目评价工作。获得专利授权132项，制定相关企业、行业、国家标准10项；获得国家高新技术企业荣誉的有39家，9家企业曾获得国家级或北京市级奖项31项，其中北京市级奖项22项，国家级奖项9项；带动企业资金投入1.7亿元，是创新基金总投入的约6倍，新增产值5.8亿元，形成销售收入4.5亿元，新增利润8000多万元，新增税收3000多万元。

（周俊峰）

【丰台区轨道交通联合基金项目】年内，开展北京市自然科学基金—丰台轨道交通前沿研究联合基金项目申报工作，全年共接收106项项目申请，重点研究专题19项，前沿项目87项。

（周俊峰）

【持续推进新场景建设】年内，落实市区领导要求和政策，积极向市科委推荐新场景项目，其中北京市丽泽城市航站楼建设发展有限公司承担的“丽泽城市航站楼项目”成功入选市科委发布的第二批30项应用场景建设项目。该项目连同丰台区政务服务管理局承担的“丰台区‘互联网+政务服务’一体化平台项目”向市级有关部门领导进行汇报，并及时建立全区“新场景”政策措施落实督查项目台账。

（周俊峰）

【科技人才建设】年内，以项目为依托开展科研工作，选拔优秀的青年科技骨干，逐步形成青年科技专家群体。征集丰台区科技新星计划项目申报材料32个，扶持9名年轻科技骨干81万元。开展首批“丰泽计划”科技赛道申报评选工作，共向区委组织部推送136人。

（周俊峰）

【持续提升区域科普能力】年内，面向全区征集2020年丰台区科普社会项目，共征集43个，列入支持16个；组织区域内优质科普教育基地申报市级科普项目，“南宫自然艺术科普馆”获得市级科普能力提升项目立项；组织“北京南宫农业科技园”申报“北京市农业科技园区”。

（周俊峰）

科技活动

【主题科普活动】1月15日至17日，到南苑乡时村、卢沟桥乡小瓦窑村、王佐镇怪村、花乡黄土岗、长辛店镇赵辛店村开展科技三下乡科普宣传活动。发放科普图书3000余册，环保袋1000个，受众人群2000人次。

（周俊峰）

【科普活动进校园】6月12日，丰台区科技馆、区气象局，在北京十二中附小开展了主题为“消除事故隐患，筑牢安全防线”安全生产月进校园宣传活动。科技馆将精心准备的《送你安全儿童自救手册》《恐怖的次生灾害》《可以泄露的天机》《危险小朋友不要靠近我》等十几种600余册科普图书以及400支多功能笔赠送给同学们自主阅览和使用。

（周俊峰）

【特色科普活动】年内，组织开展了丰台区2020年小学生线上天文知识竞赛活动；将“e点知”无人值守设备，“12星座与二十四节气”、“从地球到宇宙”展板，天文望远镜在北京十二中、东高地四小、丰台二小、北京教育学院附属丰台实验学校等学校流动展出。

（周俊峰）

【科普主体活动】年内，举办“美丽丰台科普行”主题式科普活动，绘制科普基地电子地图，实现线上免费兑换基地门票6000张；组织开展科技活动周活动，紧紧围绕“科技战疫 创新强国”主题，设置“科技战疫”与“美好生活”两大部分内容；组织《科技战疫微访谈》等科普活动近50项，线下参与人数近4万人次，线上近250万人次。

（周俊峰）

【阵地科普特色活动】年内，完成《垃圾分类从我做起》《疫情防控与自我心理调节》等4期画廊的刊出。在“丰台V科技”发布5期防控疫情科普知识，提高群众自我防控意识。

（周俊峰）

【北京信息消费节活动】年内，参与“信息消费 创新未来”为主题的“2020北京信息消费节”活动，组织丰台区数字化赋能中小企业行启动活动暨“新基建”“新场景”政策宣贯培训活动，推介中小企业线上赋能平台，帮助区内中小企业及商家实现“企业上云”，通过数字化赋能解决中小企业数字化转型痛点。

（周俊峰）

【科普邀您畅游公园】10月26日，2020年北京市丰台区“美丽丰台科普行”活动正式启动。本次科普活动依托区科信局公众号“丰台V科技”平台，搭建活动专属程序，以全新的展现形式为大家带来不一样的活动体验。活动特别推出电子科普畅游护照、全景舆图、VR趣游、科普地图，贴心实现足不出户便能轻松享受云端畅游的乐趣。一批具有影响力的丰台区科普教育基地为公众提供了一个在游玩中了解科普的机会，提升了市民的科学素养和创新意识，激发了市民的科普文化建设活力和科技创新活力，具有十分重要的社会意义。

（周俊峰）

科研成果

【多项指标创历史新高】年内，实现研发经费支出增速6.3%；全区技术市场实

▲9月21日，丰台区举办数字化赋能中小企业行启动活动暨“新基建”“新场景”政策宣贯培训活动。

现交易额1080亿元；5G基站建设数量突破1000个。

（周俊峰）

【获批学校科技成果转化和技术转移基地】 年内，根据教育部办公厅《关于开展第二批高等学校科技成果转化和技术转移基地认定工作的通知》及《高等学校科技成果转化和技术转移基地认定暂行办法》的要求，丰台区依托医药健康产业服务平台资源，联合首都医科大学及驻区多家孵化机构共同建设丰台区高等学校科技成果转化和技术转移基地。教育部审批认定北京市丰台区人民政府为第二批高等学校科技成果转化和技术转移基地。

（周俊峰）

【12项科研成果摘奖】 年内，在2019年度北京市科学技术奖励大会上，丰台区相关单位、企业牵头或参与完成的12项科技成果荣获2019年度科学技术奖。其中，荣获一等奖2个项目、二等奖10个项目。加快科技创新成果转化落地，体现的是创新作为驱动高质量发展的“主引擎”，区科信局以打造高效益企业的“胜负手”、成就市民高品质生活的“魔法棒”为推动区科技创新工作指导理念。12个获奖项目中有15家参与单位在丰台区，再次印证了家门口“富矿”的创新效应。

（周俊峰）

信息化管理

【保障政务网络稳定运行】 年内，政务数据中心云平台分配虚拟机422台，占用物理服务器部署系统4台，托管服务器170台，覆盖区级48家单位业务系统，实现了全区政务数据资源的整合共享，为政务信息系统的稳定运行提供了技术环境支撑。区公安分局“雪亮工程”项目机柜托管由2019年的30个增至45个。为保障政务服务大厅新址业务系统安全可靠部署，在区政务服务中心福成大厦新址建设政务云第二节点机房，300多平方米的机房建设工作持续推进。完成全区政务外网覆盖72家处级单位（集中办公的单位算成一个节点）、21个街乡镇及375个社区（村）的853公里线路铺设及组网调试工作以及426家处级单位下属职能所队的光缆接入工作。

（周俊峰）

【千家商户亮诚信活动】 10月31日，丰台区社会信用体系建设联席会议办公室在北京槐房万达广场组织开展了2020年“丰台区‘千家商户亮诚信’——信用进商圈”活动暨万粉盛典启幕仪式，区科信局、区商务局、区融媒体中心、北京槐房万达广场商业管理有限公司以及百余家商户代表参加活动。活动现场采取播放信用主题宣传片、设置宣传展板、发放信用知识宣传手册等多种形式，向万达商圈商户与消费者传播诚信知识，引导经营者和消费者进一步增强诚信意识；自觉接受政府部门与消费者共同监督，商户负责人现场签署了《诚信商家承诺书》100余份，诚信模范商户代表作了诚信宣言。为真实了解商户与消费者在诚信建设方面的意见建议，现场还邀请了商户负责人及消费者填写《北京市社会信用立法和十四五规划建言献策》电子调查问卷120余份。

（周俊峰）

【信用进社区宣传活动】 11月18日，区社会信用体系建设联席会议办公室在卢沟桥街道文化活动中心组织开展2020年丰台区“信用进社区”诚信宣传活动启动仪式。区科信局、区公安分局、区融媒体中心、卢沟桥街道办事处、各街乡镇观摩代表、社区居民代表共计116人参加活动。活动以“共建诚信社区，共享品质生活”为主题，采取播放信用主题宣传片、设置宣传展板、发放宣传手册、填写线上调查问卷、签署丰台市民诚信公约承诺书以及举办诚信知识竞赛的形式向居民普及个人诚信知识、传播诚信文化，提升居民对信用的感知度，为各街乡镇观摩代表分发6种诚信宣传资料共计22000余份。

（周俊峰）

【系统入云】 年内，以信息化项目事前评审为切入点，严把新建项目入云这道关卡，逐步推动既有系统上云。各委办局在政务云数据中心部署48家委办局的110个业务系统，虚拟机数量共495个，全区新建系统入云率达到90%；云平台的互联网出口带宽、CPU核数、内存等资源使用率为83%。

（周俊峰）

【信息化项目评审】 年内，共追加信

▲10月31日，2020年“丰台区‘千家商户亮诚信’——信用进商圈”活动在北京槐房万达广场举办。

▲11月18日，2020年丰台区"信用进社区"诚信宣传活动在卢沟桥街道文化活动中心启动。

息化项目总数60项，新建数46项、升级改造数9项，运维数4项，购买服务数1项。截至10月16日，共申报项目总数270项，新建数63项、升级改造数45项，运维数159项，购买服务数3项。

（周俊峰）

【信用信息归集共享】 年内，完善"双公示"等信用信息公开机制，组织全区行政单位定期全量向市公共信用信息平台报送"双公示"数据信息。建成区级信用网站并上线运行。调研各单位信息报送需求，建设区公共信用信息共享平台，并完成数据库建设。

（周俊峰）

【促进优化营商环境】 年内，健立完善联合奖惩工作机制，形成5000多个联合奖惩案例。实施分级分类监管制度，在15个领域开展行业信用监管工作。支持满足条件的区内134家企业完成信用修复，实现信用中国行政处罚修复全年零扣分。倡导各类市场主体签署信用承诺，通过信用网站公示企业信用承诺书一千余份。组织开展"信用五进"等信用宣传活动，提升企业及社会公众知信、守信意识。

（周俊峰）

【整合大数据资源】 年内，编制完成全区38家单位政务资源目录编制上链工作；完成大数据汇聚平台二期项目；收集近30家委办局反馈的275类数据，20余万条具体数据，完成丰台区"城市大脑"项目研发。

（周俊峰）

【研发新发地疫情监测二维码】 疫情期间，落实区领导关于采用信息化手段加强新发地人员和车辆管理的紧急要求，区科信局在6小时内开发建设新发地疫情防控二维码系统，服务于新发地返市隔离人员。全局人员参与新发地现场防疫工作10天，完成统计监测新发地车辆2898辆、商户9356人。

（周俊峰）

【"城市大脑"重点场景通过验收】 10月23日，丰台区"城市大脑"——城市精细化管理大数据工程通过专家验收。该项目深入呈现丰台经济和社会城市运行状态，依托大数据平台技术支撑能力，聚焦于城市治理领域住建、环保等5个场景领域，打造全区"城市大脑"初代模型。

（周俊峰）

【大数据汇聚平台项目通过验收】 10月22日，大数据汇聚平台（二期）项目通过专家验收。该项目是全区数据汇聚的统一资源池，二期项目建立在一期的基础上，形成了政务数据资源三级目录体系，明确了目录与数据、信息系统的关联对应，形成全区数据和系统的一套"家底"。

（周俊峰）

【"吹哨报到"平台运维】 年内，承接全区"街乡吹哨、部门报到"系统运维保障工作，全年共完成技术指导400余次，"吹哨报到"行动6000余次。

（周俊峰）

【多领域"数据防疫"效果显著】 年内，发挥运营商信令数据作用，实时统计返丰台人口和复工复产指数，短信通知告知重点人群。启用新研发的大数据汇聚平台，助力楼宇数据流转。协助市经信局推广"健康宝"，助力"健康宝"数据成为市民出行标配。全年共发送各类防疫短信近750万条，统计返丰人口约43万人，流转3.6万家楼宇企业核心数据，保障对防疫工作的精准数据支撑。

（周俊峰）

【编制丰台区大数据"十四五"规划】 年内，调研全区重点部门和164家大数据相关企业，完成"十四五"大数据发展研究和建设规划，明确丰台区"四通八达四底座"的"十四五"工作整体思路，确定优政兴业、安民强基的工作目标。

（周俊峰）

知识产权

【知识产权数据】 年内，全区专利申请总量16032件，同比增长26.43%；发明申请总量6870件，同比增长16.94%；专利授权总量10052件，同比增长39.13%；发明授权总量2721件，同比增长25.74%；专利合作条约（PCT）申请量80件；有效发明专利拥有量13109件，同比增长18.63%；有效注册商标总量16.6万件；地理标志商标6件。

（白莹莹）

【创建知产e客厅品牌服务平台】 年内，依托"丰台市场监管"公众号，建立"知产e客厅"，以"干部讲常识，专家讲知识，企业讲故事"为主线，面向全区企业普及知识产权知识，发布相关授课视频

15个，受众人次约达20000人次。

（刘　莉）

【完善知识产权制度体系】年内，修订完善《丰台区专利促进与保护管理方法（试行）》《关于深入推进商标品牌战略的实施意见》。依托“知识产权办公会”“打击侵权假冒工作领导小组”等区级联席会议，增强知识产权工作的统筹能力。制定《2020年丰台区打击侵权假冒工作要点》，全力推进跨部门执法联动，严厉打击侵权假冒违法犯罪。

（白莹莹）

【强化知识产权保护体系】年内，深入开展“铁拳”“网剑”“昆仑”等专项执法行动，立案查处商标侵权、盗版违法案件120件，收缴非法出版物2000余件，侦破知识产权犯罪案件11起，抓获犯罪嫌疑人22人，审结知识产权刑事案件14件，民事侵权案件715件。疫情期间，多部门联动打击口罩侵权违法犯罪，从发现线索到起诉、判决仅用20余天，对制售侵权假冒防疫商品形成有力震慑。在2020年全国知识产权保护实地检查考核工作中，得到了考核组的充分肯定。

（白莹莹）

【完善知识产权公共服务体系】为最高人民法院知识产权法庭、国家知识产权局专利审查协作北京中心、北京互联网法院做好服务工作，充分利用资源优势，打造丰台知识产权服务业集聚区。建立工作站8家，指导站5家，选聘145位专家组建“专家库”。

（白莹莹）

【商标品牌助力疫情防控】年内，推动依文服饰股份有限公司快速取得商标注册，向国家知识产权局提请商标注册申请优先审查，缩短注册时间近40%。推出“商标受理e服务”，向企业发送“企业复工知识产权提示”，助力企业加强疫情期间知识产权管理。

（刘　莉）

【“丰台区首届知识产权推介周暨第十四届中国专利周”活动】本次活动11月23日开幕，27日闭幕，为期5天，包括展览展示、专题培训、投融路演、专家论坛等系列活动。活动完成知识产权落地转化签约和意向共计5.5亿元，18家媒体先后报道推介周相关活动26次，2000多人次参与了系列活动。

（白莹莹）

【专利资助项目】年内，完成知识产权专利项目评审工作，共计拨付资金1199.5041万元，支持企业243家。开展2019-2020年度丰台区商标品牌战略资金奖励申请的审查评审工作，奖励企业7户，涉及奖励资金350万元。

（白莹莹）

【知识产权保险试点培训】年内，与中关村知识产权促进局，中关村科技园区丰台园科技创业服务中心联合举办“北京市知识产权保险试点工作宣讲活动”，为辖区十大高精尖领域小微企业及硬科技领域中小微企业详细讲解《北京市知识产权保险试点工作管理办法》，引导和鼓励企业用好政策，稳定发展。

（白莹莹）

【知识产权试点、示范单位及北京市发明专利奖申报】年内，协助北京市知识产权局完成北京市发明专利奖及北京市知识产权试点示范单位初审工作。辖

丰台区知识产权服务站一览表

表22

序号	名称
1	科创中心工作站
2	赛欧工作站
3	贝壳菁汇创新生态圈工作站
4	京辰瑞达工作站
5	企联众创工作站
6	竹海工作站
7	二七厂1897科创城工作站
8	国家数字出版基地工作站

丰台区知识产权指导站一览表

表23

序号	名称
1	永同昌指导站
2	瀚海指导站
3	丽泽指导站
4	地理标志指导站
5	科技园区指导站

▲11月23日，“丰台区首届知识产权推介周暨第十四届中国专利周”活动在北京汽车博物馆开幕。（梁忠涛　摄）

▲8月28日，开展2019-2020年度丰台区商标品牌战略资金奖励申请的审查评审工作。（梁忠涛　摄）

区共47家企业申报，其中34家企业被评为北京市知识产权试点示范单位，同比增长47.8%。协助4家企业申报北京市发明专利奖，便捷企业申报途径，压缩申报流程，提高发明专利质量，促进发明专利的实施和商用化。

（白莹莹）

驻区科研机构

冶金自动化研究设计院

【概况】2020年冶金自动化研究设计院（简称自动化院）以习近平新时代中国特色社会主义思想为指引，认真落实中国钢研科技集团有限公司的工作部署。在冶金行业呈现“结构调整、低速增长”的大背景下，不断推进绿色化、智能化与冶金工艺工程深度融合，实现新签合同稳步增长、冶金工艺工程领域高质量新签合同显著增加。同时，聚焦需求导向、问题导向、目标导向，统筹优势力量，针对性开展科技创新的系统布局和科技创新平台的系统建设。搭建共性平台，统筹行业重大共性工艺技术和思想，加大重大基础技术研发力度；加强科研协作，致力行业重大科技成果应用研究，推动工程化、产业化示范；明确转化载体，积极发挥实体单元的人才、市场、资金综合优势，积极开展科研成果向工程项目转化。

（孔　菲）

【科研工作】年内，围绕“十四五”战略规划，在信息化、智能化、工业机器人、大数据、云平台、先进制造和智能软件领域，引领和推动智能制造在钢铁行业实施，充分发挥国家级科研平台优势，统筹协调各项资源，聚焦核心领域。联合中国钢铁工业协会、北京科技大学等单位申报工信部2020年工业互联网创新发展工程“冶金重点工业设备上云解决方案应用推广公共服务平台项目”和国家重点研发计划“网络协同制造和智能工厂”重点专项“钢铁工业网络化协同生产智能管控平台开发及应用”（应用示范类）项目。获得工信部2020年工业互联网创新发展工程“特定行业工业互联网平台数据贯通与管理系统项目”和2020年中国电力科学研究院“基于宽禁带的直流配网关键设备应用场景与场景需求调研及基于场景的系统仿真验证”项目。进一步提升自动化院在工业互联网平台、云计算和钢铁行业智能制造等领域的引领作用。工信部工业互联网创新发展工程工业机理模型库项目“面向冶金流程行业工业机理模型库”和“基础共性平台试验测试环境建设项目”按计划顺利实施。获得省部级科技进步奖1项。“基于多智能体模型的炼钢智能调度关键技术及应用”获得2020年中国自动化学会科技进步二等奖。12月，北京金自天正智能控制股份有限公司参加第二届中国工业互联网大赛全国总决赛。其主导制定的“基于盐湖工业互联网的钾盐生产工艺优化解决方案”荣获领军组二等奖。在知识产权申报方面，共获得专利授权15件（其中发明专利8件），获得软件著作权17件。

（孔　菲）

【市场工作】年内，在做好疫情防控工作的前提下，通过电话会议、视频会议、网上投标、电子邮件等各种形式，与客户保持密切联系，开拓市场。成功签订日照钢铁轧钢有限公司棒材技改项目主轧线电气系统工程、重钢轧钢厂2700毫米中板线升级改造机电EPC项目成套设备等多个项目，新签合同额同比大幅增长。全力推进工程项目实施和验收，湖北新冶钢1280立方米高炉项目组，热风炉系统顺利调试。河钢集团石家庄钢铁有限责任公司环保搬迁产品升级改造项目领跑大棒智能制造，是多项智能制造技术在大棒生产线首次应用，并按业主要求顺利过钢。津西转炉项目、唐山凯源实业有限公司二期镍铁合金项目顺利调试完成。江阴兴澄1500立方米高炉项目得到初次合作的业主认可与高度评价。泰国新科原有限公司1700毫米热连轧项目是唯一一条宽带生产线，正在进行详细设计工作。伺服液压缸业务领域，在疫情形势最严峻的2月底，完成鞍钢4300厚板液压缸现场抢修，确保现场生产及时恢复。

（孔　菲）

【学会平台助力学术交流】年内，挂靠自动化院的学会有中国自动化学会应用专委会、中国金属学会冶金自动化分会、中国仪器仪表学会青委会等。其中，

▲12月，北京金自天正智能控制股份有限公司的项目荣获中国工业互联网大赛领军组二等奖。

中国金属学会冶金自动化分会创办精品学术会议，切合行业热点，提升学术交流质量，扩大学术影响力，服务行业科技发展和转型升级，在服务绿色制造、智能制造方面做出贡献，共主办学术交流活动2次，累计邀请领域内专家特邀报告30人次，会议规模总计达600人次。其中的“2020全国第二十五届自动化应用技术交流会”参会人员超过400人，会议规模未受到新冠疫情影响，再创新高。11月25日至27日，中国金属学会冶金自动化分会与首钢集团有限公司人才开发院联合主办的“冶金领域智能制造专家论坛”在北京首钢园召开。来自钢铁企业、研究院所，从事智能制造相关专业的领导、技术人员等80余人参加论坛。

（孔　菲）

▲11月13日，中国金属学会冶金自动化分会举办第二十五届自动化应用技术学术交流会。

2021

北京丰台年鉴

中关村科技园区丰台园

综 述

【概况】 中关村科技园区丰台园（简称丰台园区）是中关村最早的“一区三园”之一，是首批国家级高新区，是全国首批向APEC开放的科技工业园之一。总规划面积17.63平方公里，由东区、西区Ⅰ、西区Ⅱ、科技孵化一条街和扩区后的丽泽地块、永定河北区、永定河南区、二七车辆厂、二七机车厂、首钢二通产业园、应急救援地块共11个区块组成。其中园区主责开发的区域为东区、西区Ⅰ和西区Ⅱ，总用地面积约7.7平方公里，规划地上建筑面积1060万平方米。丰台园区重点打造轨道交通和航空航天两个千亿级产业集群；重点培育电子信息、先进制造与自动化、新材料及生物与新医药四个百亿级产业集群。丰台园区作为全国领先的轨道交通产业聚集地，产业规模大、产业链完整、创新能力强，拥有国家级研发机构4家，市级研发机构16家，聚集了150余家重点轨道交通企业，涵盖了从规划设计咨询到工程建设施工、装备制造、运营增值服务的全产业链，收入规模从2015年开始连续五年突破千亿元，年均增幅达到12%。园区上市企业28家（居示范区第二位），国家级高新技术企业1015家，拥有中央企业、上市公司、地方进京企业三大企业总部群，2013年被授予首批“北京市总部经济集聚区”称号。拥有国家和市级工程实验室、工程（技术）研究中心24家；国家和市级企业技术中心61家。聚集了全区90%以上的高质量创新创业孵化平台：国家级孵化器9家，国家级众创空间10家，市级众创空间17家，中关村硬科技孵化器1家。从最新创新数据来看，上市公司、国高新、院士专家工作站、国家科技进步奖、国家级孵化器、北京市科学技术奖、北京市工程技术研究中心总数等多项创新指标位居示范区前列。

2020年，园区按照市委、市政府“办好中关村丰台园”和区委、区政府创新发展的工作要求，认真贯彻丰台区分区规划，积极开展产业政策研究，做强轨道交通和航空航天两大产业集群，努力提高人均地均产出率，全面提升丰台园发展水平。注重优势产业招商。除引进通用技术高新材料集团、一重集团融创科技发展公司等重点企业外，加大外资招商力度，毕马（中国）轨道交通研究院、昆仑湖（北京）科技公司等落户园区。组织千余家企业参加“2020年中国国际服务贸易交易会”“轨道交通智能化发展论坛”“第三届进出口博览会”等活动，通过进博会与21家国内外知名企业对接，多家企业已落户或意向落户园区。高精尖用地试点方案获批。3月9日，《北京市丰台区人民政府关于落实<北京市人民政府关于加快科技创新构建高精尖经济结构用地政策的意见（试行）>的试点实施方案》正式获得批复，将在丰台园区进行试点并由管委会具体实施。方案在落实全市产业目录、正负面清单、准入标准和鼓励政策的基础上，确定入园企业的准入条件，全面把控园区的用地项目。产业生态逐步完善。聚焦轨道交通，通过“组建一个平台、出台一个计划、举办两项活动、设立两支基金”，搭建起产业生态系统的四梁八柱。“一个平台”即联合中发展集团、京投公司共同出资成立北京中关村轨道交通产业发展公司。“一个计划”即联合中关村管委会制定《中关村丰台园轨道交通产业创新发展行动计划》，从加强关键技术研发、打通创新链条、打造特色空间、链接全球高端创新网络等6个方面，提出22条支持举措。“两项活动”，一是联合中国铁道学会、中国铁道科学研究院、北京交通大学成功举办第二届中国铁路发展论坛，龙头企业和科研院所共400余人参会；二是联合中国宇航学会、中国航天基金会和中关村管委会举办第三届中国航天创新创业大赛决赛，不断发现和培育创新好苗子。“两支基金”，一是联合中车集团、国家制造业转型升级基金和北京科创基金，参与发起设立中车装备转型升级基金；二是联合京投公司、中国中铁等龙头企业，参与发起轨道交通产业并购基金。科技创新取得成效。加强特色产业载体建设，海鹰产业园和海格通信产业园获评中关村航空航天特色园区。全年认定国高新企业超过100家。新增国家级科技企业孵化器1家；新增国家备案众创空间3家。中国华电科工集团获得国家科学技术进步奖；北京磁浮交通发展有限公司、北京全路通信信号研究设计院和当升材料等6家公司获得北京市科学技术一等奖。完善服务平台建设。园区博士后科研工作站顺利通过2020年度博士后工作综合评估，新增企业分站4家，引进博士后研究人员4人。北京协同创新轨道交通研究院和北京市地铁运营有限公司技术创新研究院两家新型研发机构落户园区，进一步打通轨道交通“产、学、研、用”全产业链条，加速创新成果在丰台园区转化落地。申报第三批大众创业万众创新示范基地，获批融通创新方向示范基地。开发建设进展顺利。园区自持开发的1516–35、1516–36和1516–48地块项目有序推进，其中35地块正在进行室内装修和小市政施工；36地块具备竣工验收条件；48地块实现结构封顶。同时，35、36号地块的丰台创新中心项目获得国际LEED金级认证和“北京市结构长城杯金奖”验收。西区Ⅰ签订了A、B地块《征地补偿安置协议》，完成社会稳定风险评估工作，完成征地补偿款支付和征地公示。

（魏立亮）

【市委书记蔡奇到丰台区开展调研】 11月12日，市委书记蔡奇利用一天时间，围绕学习贯彻党的十九届五中全会精神，谋划“十四五”高质量发展到丰台园区调查研究。他强调，“妙笔生花看丰台”，丰台区是拓展首都功能的重点地区，要深入贯彻党的十九届五中全会精神和习近平总书记对北京重要讲话精神，牢固树立新发展理念，扎实推进城南行动计划，积极构建丰台发展新格局。蔡奇到丰台创新中心了解特色产业集群发展情况，走访北京当升材料科技股份有限公司，并要求聚焦高精尖产业，大力加强自主创新，发展好创新型总部经济。在丰台园区管委会第一会议室召开座谈会时，蔡奇强调，要抓好重点功能区规划建设，构建发展新格局。中关村丰台园区要继续保持全市领先位置，围绕做强轨道交通和航空航天两大产业集群，多培育和引进高科技企业、行业龙头企业和上市公司，促进全产业链发展。加强关键技术攻关，着力解决“卡脖子”问题。抓好剩余土地开发，提高自持比例。

（魏立亮）

【市长陈吉宁到丰台区开展调研】 12月11日，市委副书记、市长陈吉宁到丰台区调研。他强调，丰台区要深入学习贯彻党的十九届五中全会精神，认真落实市委十二届十五次全会部署，聚焦功能定位，充分发挥区位交通等方面优势，持续优化营商环境，不断提升精细化管理服务水平，积极吸引优质要素集聚，打造特色优势产业，加快培育高质量发展新动能。陈吉宁走访联行网络科技有限公司、中国农业再保险股份有限公司（筹）和谊安医疗系统股份有限公司，强调要加快推进丽泽金融商务区规划建设和中关村丰台园区创新发展，加快提升城市品质。丰台区要加强聚焦、保持定力，在轨道交通、航天航空等领域深耕厚植，抓住细分行业创新升级机遇，努力在打造产业优势上取得新突破；抓住“十四五”消费升级机遇，加快推动现代服务业和高端商务发展；加强空间资源统筹，深化与其他区协同互动，承接科技创新溢出效应，加快形成错位发展优势；抓好债务风险管理，加强平台公司建设，提高产业发展能力。

（魏立亮）

创新创业

【2019增材制造全球创新应用大赛颁奖典礼】 1月9日，以IN(3D)NOVATION——3D打印引领应用创新为主题的“2019增材制造全球创新应用大赛”颁奖典礼暨第三届3D打印产业创新发展年度演讲举行。本次颁奖典礼暨年度演讲由中关村丰台园、丰台区科信局主办，北京丰台科技园建设发展有限公司、中关村科技园区丰台园3D打印数字维创中心承办，聚集来自全球各地的专家学者、企业家一同把脉产业发展动态，剖析未来发展趋势。6月14日，大赛正式在北京双创周发布，立足专业深度，携手多家相关领域企业机构，形成3D打印应用于航空航天、汽车创新设计、骨科技术与应用、城市景观与建筑、博物馆文创，消费品升级——运动鞋等六大竞赛单元。经过四个月的时间，从众多参赛方中层层评选出35组项目获得六大竞赛单元一、二、三等奖。2017年至今，丰台园持续推进3D打印专家院士工作站的建设并不断积蓄科研力量，现已引入专家院士工作站的首席专家近20位。本次颁奖典礼上，丰台园区再次向在科研领域做出杰出贡献的专家学者授予“3D打印专家院士工作站首席专家”荣誉。大赛还为创新项目搭建平台，北京丰台科技园建设发展有限公司分别与本次大赛的多家获奖企业/团队的代表就落地入驻中关村科技园区丰台园3D打印数字维创中心进行签约；对中关村科技园区丰台园增材制造共享中心进行介绍以及发布重点项目；举行中关村科技园区丰台园欧盟软着陆平台发布仪式。

（魏立亮）

▲1月9日，2019增材制造全球创新应用大赛颁奖典礼闭幕。

【“创业丰台2020”创新创业大赛】 7月14日，以“创想新时代 共圆中国梦”为主题的“创业丰台2020”创新创业大赛暨第三届“创业北京”创业创新大赛丰台区决赛在丰台区石榴中心落下帷幕。此次大赛由中关村丰台园区及丰台区发改委、丰台区科信局等单位作为指导单位，中关村丰台园区科技创业服务中心联合丰台区人力社保局创业指导服务中心、丰台区中小企业服务中心、丰台区中小企业创新创业促进会、丰台区退役军人服务中心共同主办，北京斯坦福科技孵化器有限公司、丰台区优秀创业服务机构、丰台区市级服务平台和小企业基地、北京首科创融科技孵化器有限公司具体承办。最终有59个符合报名条件的项目参赛，涉及文化创意、人工智能、医疗健康、现代农业、疫情防控等多个领域，涵盖高校毕业生、留学归国人员、企事业单位科研人员、复转军人等多个群体。相比历届创新创业赛事，本次大赛紧跟时代潮流和社会关注热点，分为主体赛和专项赛。主体赛以高精尖产业等硬科技项目为主要方向，适度向科技防疫类项目倾斜；专项赛重点支持丰台区对口扶贫支援地区创业项目和退役军人创业创新项目。在疫情防控的特殊时期，大赛通过“互联网+”，依托竹海科技、蓝信移动等第三方平台为创业者们提供“不打烊”的政策解读、赛前培训指导等服务。最终9个项目脱颖而出，多脑区血氧监测仪项目获得一等奖。

（魏立亮）

【第三届中国医疗器械创新创业大赛】 9月12日至13日，由国家科技部指导，丰台区人民政府、首都医科大学等单位联合承办的“第三届中国医疗器械创新创业大赛——医院项目专场赛”在丰台区举办。本届大赛旨在激发医生、护士、医技人员创新活力，促进临床医疗器械创新成果转化。生物与新医药作为丰台区重点培育的战略性新兴产业之一，并作为中关村丰台园区重点建设的创新创业生态体系中百亿级产业集群，已成为丰台区作用于全国科技创新中心前沿阵地的有力抓手。

（魏立亮）

【第三届中国航天创新创业大赛决赛】 10月14日，由中国宇航学会与中关村科技园区丰台园管理委员会联合举办的第三届中国航天创新创业大赛决赛在丰台园区北京盈坤维景酒店举行。中国科学院院士、中国航天科技集团有限公司科技委主任包为民，中国航天科工集团有限公司科技委、丰台园管委会企业服务中心等相关领导出席本次决赛。决赛旨在通过大赛让更多优秀创新创业者肩负起时代重任，推动创新发展，为北京高质量发展注入新动能。最终共有20个项目脱颖而出入围本次决赛。其中，创新组10个、创业组10个。两组参赛代表依次上台进行项目路演，并接受现场评审专家的提问，其中包含有4个丰台园区企业项目。本次参赛项目涉及新产品、新技术、新应用等多个领域。经过一天激烈的角逐，根据参赛选手们路演及评委问答情况，评选出4个优胜奖、3个三等奖、2个二等级和1个一等奖。北京遥感设备研究所的毫米波雷达传感器项目获得创新组一等奖，丰台园区企业北京国卫星通科技有限公司的基于磁流体动力学的宽频惯性基准技术项目获得创业组一等奖。

（魏立亮）

【中加创新创业合作论坛】 年内，2020年海外大众创业万众创新活动周活动之一——中加创新创业合作论坛在北京斯坦福孵化器举办。会上举行了部分Hicool获奖项目落地丰台园区意向签约仪式。本次合作论坛由2020年海外大众创业万众创新活动周组委会主办，由丰台园管委会、丰台区科信局承办，北京加中天使科技有限公司协办。9月，Hicool全球创业者大赛颁奖典礼在北京举办，来自全球82个国家和地区推荐出的100个全球创业者奖项颁布。CCAA中加天使联盟作为Hicool全球创业者大赛——加拿大赛区承办方共组织116个创业项目参赛，6个项目获得最终奖项。在丰台区政府、丰台园管委会、CCAA（中国认证认可协会）等推动下，共有3个项目意向落地丰台园区。

（魏立亮）

科技成果

【华电科工荣获2019年度国家科技进步奖二等奖】 1月10日，在中共中央、国务院举行的2019年度国家科学技术奖励大会上，丰台园区企业中国华电科工集团有限公司参与的“新型多温区SCR脱硝催化剂与低能耗脱硝技术及应用”项目荣获国家科学技术进步奖二等奖。中国华电科工集团有限公司始创于1978年，是中国华电集团有限公司所属的全资企业，是中国华电集团有限公司科工产业的重要组成部分和发展平台，已经逐步发展成为投资、工程承包、产品业务协同发展，高端制造及系统工程，环保水务、电站投资建设，清洁能源四大板块齐头并进的国有大型企业集团，综合实力位居国内同行业前列。产品和服务涵盖电力、化工、港口、矿业、冶金、市政、新能源、分布式能源等领域，业务遍及全国各地及东南亚、欧美、澳大利亚等国家和地区，先后荣获过中国工业大奖表彰奖、电力行业优秀企业、中央企业先进集体等称号。

（魏立亮）

【中铁印尼雅万高铁项目第二座隧道实现贯通】 3月12日，中国中铁印尼雅万（雅加达至万隆）高铁项目雅万高铁5号隧道顺利贯通，这是中国中铁雅万高铁项目第二座隧道实现贯通。中国和印尼全面合作的雅万高铁是“21世纪海上丝绸之路”倡议向前迈进的重要一步，是印尼“全球海洋支点”战略的重要落地项目。该项目是中国高速铁路从技术标准、勘察设计、工程施工、装备制造、物资供应，到运营管理、人才培训、沿线综合开发等全产业链走出国门的“第一单”。雅万高铁全长142.3公里，最高设计时速350公里。建成后车程将由3个多小时缩短至40多分钟。本次贯通的雅万高铁5号隧道全长422米，属浅埋隧道，全部为黏土地质，自稳能力差，地质条件复杂。为保证安全施工，该隧道采用先进的地质超前预报及围岩监控量测技术以确保隧道安全快速施工。在该隧道施工中，还培养出79名印尼隧道技术工人。

（魏立亮）

【谊安医疗荣膺“中国医疗设备优秀民族品牌奖”】 7月4日，在由《中国医疗设备》杂志社联合多部门共同打造的2020年第十届中国医疗设备行业数据发布大会暨医疗设备售后服务体系提升及持续发展线上高峰论坛上，经本次发布的行业数据及售后服务年度调查结果评选，谊安医疗凭借在设备保有率方面综合排名的出色表现，以“麻醉类产品线”市场保有率、售后服务满意度综合排名第一名的优异成绩，荣膺“中国医疗设备优秀民族品牌奖”。本次评选是10年来首次通过实名认证进行样本采集，涵盖各省2000余家医疗机构的一线临床工作者的真实售后服务反馈。其评判指标也细分到维保履行率、无间断服务、净推荐值、再次购买率、维修付款方式等10个领域。

（魏立亮）

【第三届增材制造全球创新应用大赛正式启动】 7月15日，由区科信局、中关村科技园区丰台园管理委员会主办，北京丰台科技园建设发展有限公司联合丰科博创北京科技服务有限公司及北京电视台等单位承办的“第三届增材制造全球创新应用大赛”正式举办线上发布会，在线同步收看超过3000人次。本届大赛首开线上科技创新先河，利用线上科技服务模式，开设线上发布、征集、评选等一系列大赛活动。大会聚焦“航空航天”“数字化骨科”“消费品升级—文博文创”三大竞赛单元，进一步推动3D打印增材制造在重点领域的创新应用和产业化前景。来自中国航发、中国商飞、工信部、天津大学等的重要专家进行线上演讲，与主办方共同发布并解读大赛命题，并洞悉行业发展趋势与前景。

（魏立亮）

【凯普林斩获激光行业荣格技术创新奖】 8月21日，2020年度激光加工行业——荣格技术创新奖在上海举行。丰台园区企业北京凯普林光电科技股份有限公司450nm—200W蓝光半导体激光器荣获本年度激光行业荣格技术创新奖。凯普林成立于2003年，是国家高新技术企业，专注于高功率激光器件、激光系统研发及产业化，致力于高性能光纤耦合半导体激光器、光纤激光器、超快激光器等产品的开发与市场应用。凯普林450nm—200W蓝光半导体激光器于2019年推出，现已进入小批量供应阶段。

（魏立亮）

【园区企业参与项目荣获科学技术奖】 9月10日，北京市科学技术奖励大会召开，会上为154项获奖项目颁奖。丰台园区企业北京磁浮交通发展有限公司参与完成的“中低速磁浮交通系统关键技术及应用”项目获得北京市科学技术进步奖一等奖。成果建成的国际上首条A型车、大编组的磁浮运营示范线——北京市中低速磁浮交通运营示范线（S1线）自2017年试运营以来，改善居民出行方式，日客流近5万人。成果还被用于在建的广东清远磁浮线，引领全国以北京地区为中心的磁浮交通产业发展，有力支撑了绿色交通体系建设。

（魏立亮）

【18家次企业入选2020北京市民营企业百强榜单】 10月10日，北京市工商联发布了2020北京民营企业百强榜单，同时发布的还有民营企业科技创新百强、民营企业文化产业百强、民营企业社会责任百强榜单，以及2020年新增加的民营企业中小百强榜单。丰台园区共18家（次）企业入选，其中北京值得买科技股份有限公司斩获科技创新百强、文化产业百强、社会责任百强三项荣誉。

（魏立亮）

【丰台园区2人荣获全国劳动模范称号】 11月24日，全国劳动模范和先进工作者表彰大会在北京举行。丰台园区有2人荣获全国劳动模范称号。全国劳动模范和先进工作者五年评选表彰一次，代表着全国劳动工作者的最高荣誉。郜春海曾荣获国家科学技术进步二等奖还被评选为北京市劳动模范，享受国务院政府特殊津贴，是丰台园区企业交控科技股份有限公司的董事长、研究员，也是全国全自动无人驾驶技术的提出者和践行者、互联互通研究和示范技术总牵头人。夏华曾荣获全国三八红旗手、“全国五一劳动奖章”等荣誉称号。她是丰台园区企业依文服饰股份有限公司的董事长，为贫困地区上万名绣娘在深山中建造绣梦工坊，形成文化扶贫新模式；作为阿拉善生态协会理事会员，她连续10年出资治理阿拉善区域沙漠化；在汶川及雅安地震中，她带头向灾区捐款捐物；捐赠数百万元用于孤贫先天性心脏病患儿的手术治疗项目。

（魏立亮）

【中国通号连续两年斩获中国专利奖银奖】 年内，国家知识产权局发布第二十一届中国专利奖授奖，中国通号发明专利“列车运行控制方法、装置、车载设备及列控系统”（专利号：ZL201010272925.3）荣获中国专利银奖。这是继2019年首次获奖后，中国通号连续第二年斩获该奖项。中国专利奖由国家知识产权局与世界知识产权组织共同开展评选工作，是我国专利领域最高奖项，该奖项不仅强调专利的新颖性、创造性，还要求专利解决领域内的关键性、重要性技术问题，以及良好的社会经济效益。每年从各领域申报的2400多项专利中评出专利金奖30项、银奖60项、优秀项目奖若干项，具有广泛的影响力。中国通号近三年共荣获银奖2项、优秀项目奖2项。

（魏立亮）

【中国通号自主研发红外体温筛查系统助力疫情防控】 年内，由中国通号研究设计院集团自主研发的红外体温筛查系统投入使用，助力打赢疫情防控阻击战。该系统以红外热成像体温筛查仪和一体化客户端为基础，以红外热图及高清图像处理、精确测温等技术为核心，具有系统精简、部署快速、操作简便、应用方式灵活、场景适应性高，测量精度高、定位准确、响应快速等特点。能够实现区域人员识别、精确人员温度检测及基于病理的人体温度监控，一旦发现体温异常者，红外体温筛查仪便会自动报警，便于及时进行疫情排查和处置，能够在各类场景下助力疫情监控及响应机制的可靠执行。

（魏立亮）

【园区企业入选第二批专精特新“小巨人”企业名单】 年内，工业和信息化部公示第二批专精特新“小巨人”企业名单，北京市共有92家企业入选，丰台园区北京四环科宝制药有限公司、北京六合伟业科技股份有限公司、国信优易数

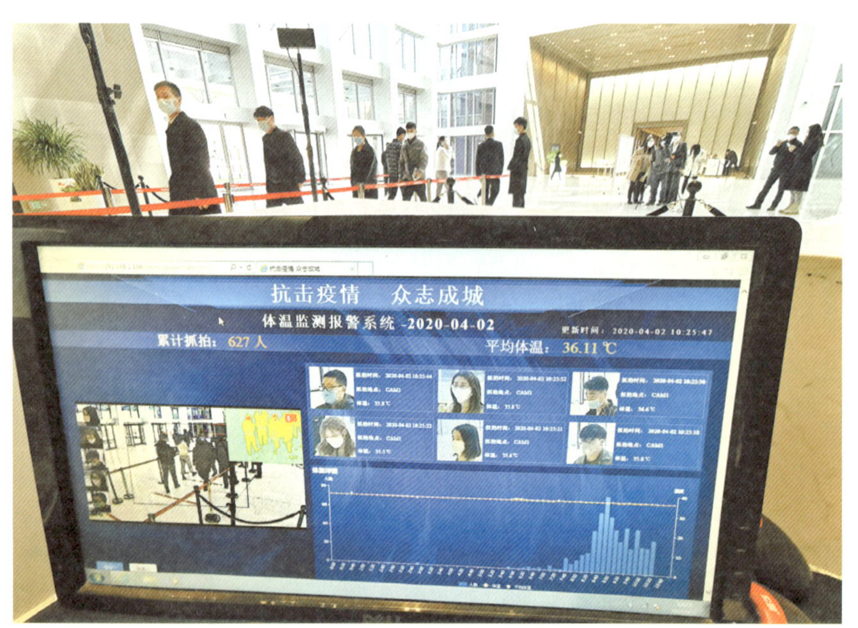

▲年内，中国通号自主研发的AI红外热成像测温仪助力疫情防控。（赵智和 摄）

据股份有限公司3家企业入选。根据中办、国办《关于促进中小企业健康发展的指导意见》等文件精神，专精特新“小巨人”企业主导产品应符合《工业“四基”发展目录》所列重点领域，从事细分产品市场属于制造业核心基础零部件、先进基础工艺和关键基础材料；或符合制造强国战略明确的十大重点产业领域，属于重点领域技术路线图中有关产品；或属于产业链供应链关键环节及关键领域“补短板”产品；或属于国家和各省（区、市）重点鼓励发展的支柱和优势特色产业等领域。评选流程为各省级中小企业主管部门初核和推荐、行业协会限定性条件论证、专家审核。丰台园区现共有4家国家级、3家市级专精特新“小巨人”企业。

（魏立亮）

【控制地面系统核心装备落地欧洲市场】 年内，丰台园区企业中国通号旗下研究设计院集团自主研发的高铁列车运行控制地面系统核心装备成功中标匈塞铁路贝旧段。中标的列控地面系统核心装备包括：无线闭塞中心（RBC）、临时限速服务器（TSRS）、安全数据网等。本次中标是中国通号继全电子联锁、调度集中系统（CTC）、集中监测系统（CSM）等设备在匈塞铁路进行现场实施后，更核心的轨道系统控制装备又一次落地欧洲。匈塞高铁是国家“一带一路”倡议下的重点跨境基础设施工程，是中国高铁进入欧洲的第一单，也是中国高铁成套技术和装备“走出去”的重要组成部分，中国通号作为匈塞高铁塞尔维亚境内贝尔格莱德中心站至旧帕佐瓦的通信信号信息系统集成商参与工程实施。该项目建成后，匈牙利、塞尔维亚之间的运行时间将从8小时缩短至3小时以内，不仅能完善塞、匈两国交通网络建设，更能进一步向北联通西欧发达国家，向南延伸至希腊港口入海，成为贯通中东欧地区的骨干铁路线。

（魏立亮）

【久译科技项目入选中关村首台（套）重大技术装备试验、示范项目】 年内，中关村管委会、市发改委等部门公布了2019年度中关村首台（套）重大技术装备试验、示范项目评审结果，共计73家企业申报的77个项目入选。丰台园区企业北京久译科技有限公司（简称“久译科技”）的“沉浸式互联展示平台”及“人员情绪识别系统”2个项目位列其中，项目分别应用于河北张家口高新技术产业开发区管理委员会及市政府办公厅。久译科技专业从事人工智能（AI）及深度学习算法，全球首创激光和计算机视觉的智能融合技术，致力于用激光和图像重构世界，为垂直行业提供全面智慧化的解决方案。公司以智能激光、计算机视觉、声纹识别等技术融合为中心。服务领域涵盖全息感知的智慧城市轨道交通、智慧园区、智慧景区、智慧康养、智慧展馆、智慧社区、智慧政务等场景。核心技术已应用于庆祝中华人民共和国成立70周年活动服务保障、科技冬奥服务保障等国家重大活动服务保障工作。

（魏立亮）

【交控科技获评2020年国家技术创新示范企业】 年内，工业和信息化部正式公布了2020年国家技术创新示范企业名单，认定63家企业为国家技术创新示范企业，园区企业交控科技股份有限公司（简称“交控科技”）凭借突出的科技创新成绩和科研攻关优势脱颖而出，被认定为“国家技术创新示范企业”，科技创新能力再获认可。工信部和财政部自2011年以来，已连续10年联合开展“国家技术创新示范企业”认定工作，旨在深入实施创新驱动发展战略，强化企业技术创新主体地位。考核从创新投入、人才激励、创新合作、创新队伍建设、创新条件建设、技术积累储备、技术创新产出、技术创新效益等方面，对企业进行全面系统的评价，最终遴选出技术创新能力强、创新业绩显著、具有重要示范和导向作用的企业。本次评选北京市仅有3家当选，交控科技即为3家企业之一。

（魏立亮）

【8家企业获市级企业技术中心认定】 年内，丰台园区8家企业获得北京市企业技术中心认定，分别为北京六合伟业科技股份有限公司、北京天拓四方科技有限公司、华电重工股份有限公司、北京英视睿达科技有限公司、中化环境控股有限公司、北京旭阳科技有限公司、航天科工惯性技术有限公司、通号城市轨道交通技术有限公司。截至2020年底，

园区累计拥有60家市级企业技术中心。

（魏立亮）

园区投融资

【中航泰达成为全国首批新三板精选层入选企业】7月27日，新三板精选层设立暨首批企业晋层仪式在全国股转公司挂牌大厅举行。丰台园区企业北京中航泰达环保科技股份有限公司作为新三板精选层全国首批32家（北京首批6家）企业之一完成公开发行程序，正式开市交易。中航泰达是国内领先的工业烟气治理领域综合服务商，自2016年新三板挂牌上市后，连续4年入选创新层，入选首批精选层计划发行不超过3499万股股票，用于环保装置平台化运营升级建设项目、补充流动资金。此次亮相的精选层既是新三板改革的重要突破口，又是连接各项改革措施的关键“枢纽”，让优质挂牌企业能够更加灵活、从容地选择资本市场服务，实现高层次规范发展。

（魏立亮）

【首贷金融政策宣讲会】8月28日，丰台园区联合北京市首贷中心、中关村管委会组织召开北京市首贷普惠金融政策宣讲会，园区20余家企业负责人参会。宣讲会旨在提升小微企业融资便利度、缓解企业融资难、融资贵问题，进一步优化区域营商环境。会上，北京市首贷服务中心、中关村管委会科技金融处、工商银行北京分行分别进行宣讲，并就企业重点关注的科技金融政策及相关金融产品进行互动交流。丰台园区推进融资服务进园区、融资培训进园区、融资对接进园区，促进实体经济、科技创新和现代金融协同发展，提高企业融资能力，助力企业发展，破解企业融资难题。

（魏立亮）

【国际化发展专项资金政策论证会】年内，丰台园区召开丰台园国际化发展专项资金政策论证会。丰台园区科创中心、中关村海外科技园有限责任公司以及由行业领袖、决策咨询专家、企业高管组成的资金政策专家论证组参加会议。会议围绕丰台园国际化发展专项资金政策（草案）的可行性、实用性、普惠性展开。资金政策专家论证组对于关系丰台园国际化发展改革发展的战略性、关键性问题，开展针对性、系统性研究与讨论，以加强政策制定的科学性，切实服务丰台园企业国际化发展。出台国际化发展资金政策影响广泛、意义深远，政策聚焦“引进来”和“走出去”，有利于提升丰台园重点行业的国际竞争力，推动丰台园国际化发展，加快区域经济高质量发展。

（魏立亮）

招商引资

【北京协同创新轨道交通研究院正式揭牌成立】12月18日，北京协同创新轨道交通研究院有限公司正式揭牌成立，落户中关村丰台园。协同创新研究院由北京市基础设施投资有限公司牵头，联合北京市地铁运营有限公司、北京京港地铁有限公司、中国铁道科学研究院集团有限公司、北京电子控股有限责任公司、紫光集团有限公司、清华大学、北京交通大学等创新机构共同组建成立，是首都轨道交通行业创新科技成果转化、践行产业转型的有益尝试，将成为首都建设科技创新中心的新引擎。创新研究院致力于打造北京轨道交通协同创新平台，统筹开展北京轨道交通领域创新工作，推进北京轨道交通创新成果转化，主营业务涵盖轨道交通领域创新研究及应用各个环节，这也是打通产业创新发展链条、落实《中关村丰台园轨道交通产业创新发展行动计划》，推动智慧地铁高质量发展的重要举措。协同创新研究院初期拟打造以企业为创新主体的智能列车、智能控制、人工智能、云计算与大数据、通信网络五大科技创新中心。平台围绕运行控制系统、调度指挥和乘客服务、运行维护、装备制造等方面开展协同创新研究，组织研制新一代轨道交通运行控制系统，推进面向复杂网络控制的智慧中枢关键技术研究，推进具有资产运维一体化特色的智能运维关键技术及装备研究，推进智能列车关键技术及装备研究等一系列技术攻关和项目申报。

（魏立亮）

【北京首家华为终端企业解决方案授权店落户丰台园】年内，华为终端企业解决方案授权店在丰台园区汉威国际广场正式开业。这标志着北京首家华为终端企业解决方案授权店正式落户中关村丰台园，不仅为广大政企客户提供了零距离接触、体验相关行业方案的机会，对于传统企业的转型升级也有着至关重要的意义。30多位来自政企各界的企业家、行业专家参加开业庆典。通过场景展示、产品感知，莅临现场的领导与嘉宾对华为解决方案项目有了直观体验和了解，部分企业客户现场签约。

（魏立亮）

【全国首个列车自主运行智能控制铁路行业工程研究中心落户丰台园】年内，由国家铁路局认证的首批铁路行业科技创新基地正式对外发布，“列车自主运行智能控制铁路行业工程研究中心”（以下简称中心）落户丰台园企业中国通号。中心由中国通号研究设计院集团牵头，联合北京交通大学、西南交通大学、中南大学、同济大学、中国交通运输协会等相关知名高校、企业和组织共同组建，是企业作为技术创新主体，集聚创新要素，产学研深度融合的创新平台。作为铁路行业首个列车控制技术方向的工程研究中心，在以信息通信技术为驱动的新一轮的铁路技术革命发展背景下，聚焦行业技术创新和产业发展任务，实现列车自主运行智能控制前沿技术突破创新、行业共性技术协同创新和产业化技术发展创新。“十四五”期间，工程研究中心将着力构建中国铁路列车自主运行智能控制系统技术体系和标准体系，攻克列车自主运行系统的安全、智能控制关键技术和区域轨道交通协同控制等技术难题，构建安全控制专用低延时、高安全、高可靠和互操作的行业基础平台，研制具备世界领先水平的国家铁路列车自主运行智能控制系统及成套装备，实现快速成果转化和批量产业应用，最终建立全国铁路行业完备先进的列车控制系统全产业链。

（魏立亮）

服务与管理

【商务楼宇“两区”建设培训动员会】 12月8日，为贯彻落实北京市及丰台区“两区”建设工作要求，确保有效推进“两区”建设试点举措和重点任务落地，丰台园区组织召开商务楼宇“两区”建设培训动员会。汉威广场、华夏幸福创新中心等近20家重点商务楼宇相关负责人员参加。会议重点围绕“两区”政策及目标任务进行宣讲，尤其对国高新、知识产权转化等领域试点政策进行深入解读。各商务楼宇相关人员也结合自身情况，围绕楼内外资项目情况，外资渠道开辟等积极发言，并对如何为服务业扩大开放建立营造园区良好营商环境进行热烈讨论。

（魏立亮）

【新增4家博士后科研工作站】 12月18日，在“北京博士后工作助力‘两区’建设推进会”上，北京市人力资源和社会保障局为新设博士后工作站单位授牌，丰台园新增4家博士后科研工作站企业分站，分别是北京凯普林光电科技股份有限公司、北京军懋国兴科技股份有限公司、北京六合伟业科技股份有限公司、北京新兴华安智慧科技有限公司。丰台园博士后科研工作站2010年设立，现有企业分站20家，累计引进博士后研究人员65名。

（魏立亮）

【举办金种子企业项目路演】 年内，由中关村科技园区管委会主办，中关村丰台园协办以及其他相关单位、企业支持的2020年中关村金种子企业项目路演（丰台园专场）在丰台园科创中心举办。路演活动邀请到中关村管委会以及相关科技企业的5位嘉宾担任路演评审专家。出席活动的还有丰台园科创中心、丰台园管委会企业服务中心等领导。活动现场，8家企业分别进行了路演汇报，评审专家从技术先进程度、知识产权能力、协同创新能力、合作伙伴及企业成长性、团队构建情况、获奖情况、参与抗疫等方面对路演企业进行打分，并对企业项目给予了专业点评。

（魏立亮）

【丰台区高层次人才引进暨支持高精尖产业发展政策宣讲会】 年内，由区委组织部、区人力社保局主办，区发改委以及中关村丰台园协办的“人才政策宣传周”主题活动之——丰台区高层次人才引进暨支持高精尖产业发展相关政策宣讲会在华夏幸福创新中心举行。辖区轨道交通、高新技术、新兴金融、文化创意等领域的企业代表共150余人参加。会上，丰台区相关负责人就北京及丰台区相关政策进行了详细解读，并从各政策适用范围、办理条件、申报流程等方面一一作了介绍。在互动答疑环节，主讲嘉宾针对企业关注度最高的人才引进政策及工作居住证办理等问题进行了现场解答。参会人员通过政策宣讲更加全面地了解了政策内容，表示将积极借力区内优惠政策，提升企业创新力、竞争力。通过政策宣讲活动，促进政策落实到企业，切实让政策走出机关、走进基层，面对面地向群众、向企业宣传讲解，实现政策服务零距离。丰台园会不断地推出各类政策宣讲活动，提升园区服务质量，让最新政策解读直达企业，让各项引才聚智政策发挥更大效应，为企业发展提供强力支持。

（魏立亮）

【中关村论坛之工业互联网和智能制造专场】 年内，由中关村科技园区管理委员会指导，中关村论坛技术交易大会组会委主办，中关村宽带无线专网应用产业协会、华夏幸福创新中心、北京电子城高科技集团股份有限公司、北京高校技术转移联盟、中关村认同应用技术跨界创新联盟共同承办的2020年中关村论坛新技术新产品首次发布系列活动——工业互联网和智能制造专场发布会在丰台园华夏幸福创新中心举办。中关村论坛已成为科技企业每年一度的科技盛典。本次新技术新产品首发活动是“中关村论坛技术交易大会”的重要组成部分，也是增强工业互联网和智能制造领域自主创新能力的一次契机，汇聚国内外新技术、新产品的发布，引领国内外科技界、产业界沟通交流与创新合作，共议前沿科技和未来产业发展趋势，使中国科技创新能力在交流与切磋中获得进步，推动经济高质量发展。华夏幸福创新中心作为中关村丰台园具有代表性的人工智能创新发展平台，一直致力于智能科技产业发展与创新创业生态打造，在本次首发活动中，共有12家企业入选首发清单。

（魏立亮）

产业促进

【印发《中关村丰台园轨道交通产业创新发展行动计划（2020—2022年）》】 10月14日，为促进中关村丰台园轨道交通产业发展，中关村科技园区管理委员会与丰台区人民政府共同制定并印发了《中关村丰台园轨道交通产业创新发展行动计划（2020—2022年）》（以下简称“计划”）。计划将紧抓国家新型基础设施建设重大机遇，把握轨道交通产业智能化、电气化、轻型化发展趋势，充分发挥中关村国家自主创新示范区科技创新与产业资源优势，聚焦支持中关村丰台园，以关键核心技术研发攻关为重点，以特色产业园区、创业孵化和产业化平台建设为依托，以央地合作发展为突破口，着力聚集全球人才、技术、资本等资源，进一步提升产业垂直服务能力，支持中关村丰台园构建多维度的轨道交通产业支持体系，推动一批重大技术创新成果项目落地，打造龙头企业引领、高端要素集聚、产业生态完整的具有全球影响力的轨道交通产业创新中心。计划明确了加强产业关键技术研发、打通产业创新发展链条、打造产业特色空间载体、做强做大做优产业集群、优化产业创新创业生态、链接全球高端创新网络六个方面的具体任务，并提出了2022的具体目标：中关村丰台园轨道交通产业规模快速增长，产业收入超过3000亿元；创新能力进一步提升，建成4个国家级研发和产业化平台，形成一批标志性成果；产业服务能力进一步强化，成立1家专业化轨道交通产业促进服务机构，组建2支以上产业投资基金，引进1家以上轨道交通国际高端人才培训机构；产业集群优势进一步凸显，建成2个以上轨道交通特色产业园，企业数量超过170家；国际影响力进一步扩大，聚集国际知名品牌和具有较强国际竞争力的跨国公司3至5家，成为具有全球影响力的轨道交通创新中心和产业发展示范高地。

（魏立亮）

【第二届中国铁路发展论坛】 10月23日，由中国铁道学会、北京市丰台区人民政府、中国铁道科学研究院集团有限公司、北京交通大学联合主办，中关村科技园区丰台园管理委员会、华为技术有限公司、轨道交通工程信息化国家重点实验室、中国铁道学会轨道交通工程分会、中国铁道学会通信信号分会承办的第二届中国铁路发展论坛在北京园博园丽维赛德酒店召开。论坛聚焦"轨道交通智能化发展"主题，深入探讨轨道交通行业的发展现状和愿景，邀请多位行业专家、院士及其他相关部门代表参加会议。中国国家铁路集团有限公司领导出席会议并致辞。论坛上，丰台区发布《中关村丰台园轨道交通产业创新发展行动计划（2020-2022年）》，以加快推动中关村丰台园轨道交通产业创新发展。中关村管委会、丰台区政府、京投公司和中关村发展集团签署四方战略合作协议，实现优势互补、互利互惠，推进轨道交通产业在丰台区聚集化、智能化、服务化、平台化发展。论坛期间，由中国铁道学会组织评选的30位"最美铁道科技工作者"也集体亮相并进行颁发获奖证书仪式。开幕式结束后，与会院士和专家重点围绕融合基建、智慧救援、智慧城市、智慧交通、智能高铁、智能建造、高铁列控、数字样机、数字孪生、装配式建筑等技术领域展开充分交流和研讨，展示了相关领域最新的科研成果，对助力轨道交通智能化发展具有重要的现实意义。

（魏立亮）

【中关村轨道交通产业服务平台正式揭牌】 12月3日，在首届中国科技资源与产业服务高峰论坛开幕式上，中关村轨道交通产业服务平台正式揭牌。平台由北京中关村轨道交通产业发展有限公司联合首批产业服务机构共同发起建设。该平台作为落实《中关村国家自主创新示范区关于推进特色产业园建设，提升分园产业服务能力的指导意见》和《中关村丰台园轨道交通产业创新发展行动计划（2020-2022年）》的重要举措，涵盖创新研发服务、检验检测服务、知识产权服务、投融资服务等多类服务内容，主要围绕丰台区千亿级轨道交通产业，发挥资源整合、共建共享、合作共赢等服务优势，服务区内轨道交通行业各类企业，共同打造产业服务生态，为丰台区轨道交通产业上台阶贡献力量。平台共建首批产业服务机构共计13家，包括北京市地铁运营有限公司运营创新研究院、北京市丰台区发展投资有限公司、北京知识产权运营管理有限公司、北京交通大学知识产权与技术转移中心、深圳市查策网络信息技术有限公司、中关村意谷（北京）科技服务有限公司、中国轨道交通网、北京易创新科信息技术有限公司、北京八月瓜科技有限公司、北京鹿苑天闻投资顾问有限责任公司、上海牵翼网络科技有限公司、广州仪速安电子科技有限公司、北京丰台新动能投资管理中心。

（魏立亮）

交流与合作

【丰台区携26个高精尖招商项目亮相京港会】 11月19日至20日，以"深化高水平开放，促进高质量发展"为主题的第23届北京·香港经济合作研讨洽谈会以线上方式在北京、香港两地同时举办。本届京港会上，丰台区携26个高精尖招商项目亮相，成功签约2个重点项目，总投资额达39亿元。丰台区根据《北京城市总体规划(2016-2035)》中的功能定位，围绕首都"四个中心"建设，结合丰台优势资源和产业，推出这26个"高精尖"重大招商项目，其中包括丽泽金融商务区——"数字金融科技园"、中关村丰台园、国家数字出版基地、二七厂1897科创城、丽泽SOHO、平安金融中心、斯玛特教育等。

（魏立亮）

【2020信用北京暨第六届信用中关村高峰论坛】 12月22日，2020信用北京暨第六届信用中关村高峰论坛在北京华夏幸福创新中心召开，"信易+"的创新应用成为本届论坛最为突出的亮点。本届论坛以"数字经济＆服务业开放高地与信用经济创新动能"为主题，由北京市经济和信息化局、中国人民银行营业管理部、中关村科技园区管理委员会指导，中关村发展集团、中关村企业信用促进会、北京市中小企业公共服务平台联合主办，北京中关村科技创业金融服务集团有限公司、北京中关村科技融资担保有限公司、北京中关村科技服务有限公司、北京中关村资本基金管理有

限公司、中关村科技园区丰台园管理委员会、华夏幸福创新中心、北京中关村轨道交通产业发展有限公司等单位联合承办。作为国内信用领域的年度盛会，北京社会信用体系建设的风向标，“信用北京暨信用中关村高峰论坛”承接全国信用体系建设总体部署，全面展示北京社会信用体系建设、中关村科技金融创新与信用应用成果，邀请业界同仁，共同探讨信用体系建设发展思路。论坛上，20家信用领跑企业代表200多家企业领取了“亮信”证书，展示企业品牌形象，接受社会监督。北京市企业创新信用领跑行动(简称“信用领跑行动”)是全面提升中小企业信用意识和信用管理应用水平的信用培育计划，构筑赋能企业创新与高质量发展的社会化激励机制，带动市场主体“知信、守信、管信、用信”，推进企业持续健康发展。本届论坛亮点纷呈，多层面、多维度地展现了社会信用体系建设的最新成果。作为本届论坛承办方之一的中关村丰台园，抢抓“两区”建设的历史机遇，用好政策、土地、资金等资源要素，全力推动数字经济的创新发展。

(魏立亮)

【丰台区建设国家服务业扩大开放综合示范区宣传推介会暨项目签约仪式】 12月24日，丰台区建设国家服务业扩大开放综合示范区宣传推介会暨项目签约仪式在北京汽车博物馆举行。此次宣传推介旨在落实北京市建设国家服务业扩大开放综合示范区工作部署，宣传服务扩大开放政策措施和新业态新模式创新，着力促进服务业扩大开放试点政策落实和示范项目落地。丰台区委、区政府主要领导、中关村丰台园负责人以及来自金融、轨道交通、航空航天、科技服务、数字经济、互联网信息、专业服务业企业和相关行业协会代表100余人参会。会上，毕马(北京)轨道交通研究院、北京娱美德知识产权服务有限公司、中国保险行业协会等金融、科技、文化、商务等领域的13家高质量机构现场签约入驻丰台园。宣传推介会重点介绍了丰台区建设国家服务业扩大开放综合示范区的四项重点工作，包括提升重点区域开放示范引领、推动重点领域先行先试突破、强化开放发展要素供给保障、营造与国际接轨的制度环境。丽泽金融商务区、中关村丰台园及首都商务新区将作为重点区域高水平开放，着力发挥国家服务业扩大开放综合示范区建设示范引领效应。中关村丰台园发挥科技产业基础和资源优势，吸引跨国公司设立区域性总部、外资研发中心，对接科技类国际组织和国际服务机构。同时，深化与北京交通大学、航天一院、航天三院等高校院所的合作，推动轨道交通和航空航天两大千亿级产业发展；推动数字技术和园区主导产业深度融合，在中关村丰台园西区建设数字经济创新示范园。

(魏立亮)

开发建设

【中关村丰台园1516-35、1516-36地块获国际LEED金级认证】 1月，中关村科技园丰台园东区三期1516-35、1516-36地块获美国绿色建筑委员会(USGBC)和绿色建筑认证机构(GBCI)颁发的LEED金级认证。LEED-ND认证(全称为LEED for Neighborhood Development)是全世界第一个集精明增长、城市规划和绿色建筑原则的国际评估系统，由美国绿色建筑委员会(USGBC)、绿色建筑认证机构(GBCI)为高标准的环境建设和可持续设计提供独立的第三方认证。LEED-ND认证体系主要包含三个领域，分别是选址及周边联动(Smart Location and Linkage)、社区模式及规划(Neighborhood Pattern and Design)和绿色建筑及设施(Green Infrastructure and Buildings)，强调可供公众共享的多样化开放社区和基于生态原则的景观环境建设在发展绿色街区中的重要作用。

(魏立亮)

【中关村丰台园1516-35、1516-36地块获北京市结构长城杯工程金质奖】 8月30日，中关村科技园丰台园东区三期1516-35、1516-36地块获北京市优质工程评审委员会颁发的北京市结构长城杯金奖。金质长城杯为北京市建设工程质量最高荣誉奖，北京市开展和评审建筑长城杯工程活动，是在北京市建设委员会主管下的行业活动行为。北京市

▲12月24日，丰台区建设国家服务业扩大开放综合示范区宣传推介会暨项目签约仪式在北京汽车博物馆举行。

工程建设质量管理协会负责组织全市建筑长城杯工程评审，并成立市建筑长城杯工程评审委员会。评审标准必须符合国家工程建设标准强制性条文和现行规范、标准及设计要求，并结合北京市质量管理和工程质量实际水平的发展，要高于国家标准，严于规范、规程，有量化和定性的明确要求，要实事求是，高、严适度，既要体现技术先进性和可行性，又要兼顾经济合理性和成本可行性。结构长城杯工程，必须保证地基基础坚固、稳定，主体结构安全、耐久、确保抗震烈度设防和耐火等级，是内坚外美的精品结构工程。

（魏立亮）

【丰台航空航天创新中心主体结构封顶】年内，丰台区航空航天创新中心C座楼主体结构正式封顶。该项目是北京市2020年重点工程之一。此次成功封顶标志着该项目主体结构施工全部完成，进入二次结构施工阶段。丰台区航空航天创新中心项目总建筑面积约7.8万平方米，由三栋高层科研楼（A、B、C座）和一栋技术服务楼（D座）组成。项目以航空航天为产业定位，依托空间优势，吸引生产要素集聚，不断促进产业链条延伸和配套协作能力提升，推动一批创新成果转化落地，充分吸引卫星应用、航空航天、信息技术等相关企业入驻，营造产业链协同、创新发展的产业氛围，形成优势企业主导、中小企业集聚、复合型产业发展的航空航天产业群。

（魏立亮）

【中国城市轨道交通运行控制系统研究与产业化中心工程项目顺利竣工】年内，丰台区中国城市轨道交通运行控制系统研究与产业化中心工程项目顺利竣工。该项目位于中关村科技园丰台园东区三期1516–47地块，东至四合庄三号路，南至四合庄一号路，西至1516–45地块，北至1516–45地块。地理位置优越，北距南四环主路仅约150米，西距樊羊路约80米；距房山线北延四环路站约370米，距9号线丰台科技园站约1.6公里。项目占地面积1.43公顷，总建筑面积5.5万平方米，其中地上3.4万平方米，定位高新技术产业研发楼。建筑形式为双塔形式，地上9层，地下3层，建筑高度约45米，标准层层高4.5米。项目建成后，将在丰台区建成一个拥有核心技术的、具有高附加值的轨道交通高技术研究和产业化中心。

（魏立亮）

新冠疫情防控

【成立防疫专班】年内，园区按照区委部署要求，成立园区防疫专班，将583栋楼宇划分为16个片区，形成片长、楼长、物业、企业的四级责任体系，组织巡查检查2000余次，公示问题企业28家，累计完成核酸检测2万余人次。

（魏立亮）

【做好新发地突发聚集性疫情防控】年内，由园区管委牵头，相关部门配合，设立集中观察点“一办五组”。新发地疫情期间，园区3家酒店为集中观察点，派驻工作人员驻点办公，累计接收观察人员741人。开展新发地市场工作人员隔离点疏散工作，园区派出80余名工作人员组成的工作小组，分别前往通州、朝阳、昌平三地，19天共疏散、接回新发地市场隔离人员4324名。

（魏立亮）

【组织抗疫新技术新产品推介活动】年内，联合中关村技术经理人协会、清华大学技术转移研究院等多家具有企业出海发展经验的单位共同举办“中关村抗疫新技术海外推介活动”，8家企业通过在线路演的形式向全球推介针对疫情防治的新技术和新产品；推荐科园信海、英视睿达等23家企业入选疫情防控重点保障企业名单；推荐谊安医疗、久译科技等10余家企业的防疫新技术新产品申报纳入中关村科技抗疫产品推介名单。

（魏立亮）

园区企业选介

【中建材信息技术股份有限公司】创立于2005年4月，注册地址丰台区南四环西路186号二区9号楼，注册资金14935万元。公司为混合经济体制企业，是中建材集团进出口有限公司的下属公司。公司客户涉及政府、金融、互联网、教育、制造、能源、交通等多个领域。公司以北京为中心，在上海、广州、深圳、成都、沈阳、西安、武汉等国内主要城市，以及埃塞俄比亚、阿尔及利亚等海外国家在内，共设立近60个分公司与办事处，并成立香港全资子公司及西藏全资子公司，建立起遍布全国并辐射海外的增值服务网络。中建材信息公司始终致力于向行业客户提供安全、可靠、高质量、易扩展的行业解决方案。先后荣获“中国IT服务创新服务奖”“最佳分销云转型潜力奖”“生态卓越建设奖”等重要行业荣誉，并连续四年被评为“增值分销商十强”“中国IT十大卓越分销商”，在企业级ICT产品增值分销领域居于行业前列。

（魏立亮）

【交控科技股份有限公司】成立于2009年12月，是国内第一家掌握自主CBTC信号系统核心技术的高科技公司，面向公众提供高效、可靠、低耗能的轨道交通控制设备以及全生命周期的技术服务，是轨道交通信号解决方案领域的领先者，产品涵盖基础的CBTC系统、兼容多种信号制式的互联互通系统、GOA4等级的全自动运行系统等。交控科技致力于为更好的轨道交通提供更多元的信号系统解决方案以及全生命周期服务，2019年7月22日在上交所科创板上市。交控科技董事长、城市轨道交通列车通信与运行控制国家工程实验室主任郜春海，是北京市第十五届人大代表，曾多次荣获国家科学技术进步二等奖、北京市科学技术一、二、三等奖，被评选为国家“万人计划”科技领军人才、国家百千万人才工程“有突出贡献中青年专家”、首批中关村高端领军人才、北京市劳动模范、北京市有突出贡献的科学技术管理人才、全国劳动模范等荣誉称号，荣膺“中国地铁50年致敬人物”，享受国务院政府特殊津贴。

（魏立亮）

【北京元六鸿远电子科技股份有限公司】是国家级高新技术企业，拥有完整的多层次介电容器生产线，产品应用覆盖军、民领域，军用多层瓷介电容器，主要应用于对产品质量可靠性有较高要求的领域，如航天、航空、船舶、兵器、通信、国防军事等领域中，已承接并圆满完成了“神舟”“嫦娥”“天宫一号”等多项国家科研生产任务。2019年，北京元六鸿远电子科技股份有限公司成功登陆上交所主板。

（魏立亮）

【北京中捷时代航空科技有限公司】是国家高新技术企业，主要产品为基于北斗卫星导航系统的导航终端设备以及核心部件产品（卫星导航接收机、天线、抗干扰处理器等），具有灵敏度高、定位启动时间短、定位更新率快、定位精度高、授时精度准、抗干扰能力强等特点，主要性能指标处于国内领先水平。已获得武器装备科研生产单位二级保密资质，武器装备科研生产许可证，具备武器装备科研生产资质。

（魏立亮）

【北京国卫星通科技有限公司】是国家高新技术企业，主要从事“反无人机低空防御系统”“惯性导航系统”“卫星定位定向系统”研发，具有研制综合电子设备的能力。公司先后承担并参与了国家多个重点科研项目，如航天科技集团XX航天器地面对接实验项目、“十三五”国家科技创新规划深海无人自主式潜航器AUV姿态测量项目、国家“3XX工程”导航系统研制和生产项目。针对“低慢小”目标，公司研制的反无人机系统已承担全国两会等重大活动安保任务，获得相关部门嘉奖。

（魏立亮）

【航天科工惯性技术有限公司】隶属于中国航天科工集团，主要从事惯性传感器、特种电源电路、专业测试设备、油气测控装备、安全监测系统的研制、生产和服务。产品广泛应用于航空、航天、船舶、石油、地质水利、交通等行业。多项技术居国内领先水平，参与了载人航天和探月等重点工程，先后获得国家科学技术进步奖特等奖1项、一等奖3项、二等奖6项、三等奖1项、省部级科技进步奖19项。

（魏立亮）

【海丰通航科技有限公司】隶属于中国船舶工业集团公司，长期承担海军舰船航空保障装备科研、生产和服务任务。其中，直升机下滑系统和着舰格栅产品应用于海军所有战斗舰艇和军辅船，以及部分海警、海监和交通部载有直升机的舰船，为我国国内唯一掌握和提供该技术的公司，核心产品处于国际先进水平。

（魏立亮）

【国家知识产权局专利局专利审查协作北京中心】成立于2001年5月18日，是世界少数通过ISO9001质量管理体系认证的知识产权机构之一。主要职能是受国家知识产权局专利局委托，承担部分专利申请的审查工作，包括发明专利申请的实质审查；PCT国际申请的国际检索和国际初步审查；发明、实用新型、外观设计专利申请的初步审查；专利复审案件的审查；做出实用新型专利的专利权评价报告；为企业提供技术与法律咨询服务。业务涵盖机械、计算机、生物技术、电力、航空航天、能源、通信、医药等全部技术领域。

（魏立亮）

【中国铁路工程集团有限公司】前身为铁道部工程总局和设计总局，成立于1950年，1989年7月1日组建为中国铁路工程总公司，2003年5月起隶属国务院国资委管理，为中央特大型骨干企业。2017年12月由全民所有制企业改制为国有独资公司，更名为中国铁路工程集团有限公司。2007年9月，整体重组创立中国中铁股份有限公司，于当年12月3日和7日分别在上海、香港两地上市。中国中铁先后参与建设的铁路占中国铁路总里程的三分之二以上；建成电气化铁路占中国电气化铁路的90%；参与建设的高速公路约占中国高速公路总里程的八分之一；建设中国五分之三的城市轨道工程。作为全球最大建筑工程承包商之一，连续14年进入世界企业500强，2019年在《财富》世界500强企业排名第55位，在中国企业500强排名第12位。

（魏立亮）

【中国铁路通信信号集团有限公司】前身为铁道部通信信号工程公司，成立于1953年，2001年更名为中国铁路通信信号集团公司。2010年，以中国铁路通信信号集团公司为主发起人，成立了中国铁路通信信号股份有限公司，并于2015年8月7日在香港联合交易所挂牌上市；2019年7月22日在上交所科创板上市，成为登陆科创板的首家大型央企和A+H股的上市公司。中国通号现有一级子公司20家，员工1.5万人，是国务院国资委直接管理的大型中央企业，是以轨道交通控制技术为特色的高科技产业集团，全球最大的轨道交通控制系统解决方案供应商，掌握的高速铁路列车运行控制技术是中国高铁的三大核心技术之一。

（魏立亮）

丰台园区国家级高新技术企业名单一览表

表 24　　（截至 2020 年底）

序号	企业名称	序号	企业名称
1	北京七兆科技有限公司	40	北京蓝鲸智能科技有限公司
2	北京首科创融科技孵化器有限公司	41	北京智农天地网络技术有限公司
3	北京鸿通供应链管理有限公司	42	卡斯柯信号（北京）有限公司
4	北京鲲鹏凌昊智能技术有限公司	43	北京皓客航空科技发展有限公司
5	普华讯光（北京）科技有限公司	44	北京中路安交通科技有限公司
6	北京思创立方科技有限公司	45	北京健行天下环保科技有限公司
7	北京华尚融通科技有限公司	46	北京市振隆科技股份有限公司
8	北京元六鸿远电子科技股份有限公司	47	北京戴纳实验科技有限公司
9	北京祥瑞缘科技有限公司	48	北京中陆源环保科技有限公司
10	北京科丰世纪环保机电设备有限公司	49	北京中科格励微科技有限公司
11	北京国联政信科技有限公司	50	交控科技股份有限公司
12	北京意诚信通智能卡股份有限公司	51	北京福瑞康正医药技术研究所
13	北京世纪东方国铁科技股份有限公司	52	北京六合伟业科技股份有限公司
14	中科微步科技（北京）有限公司	53	北京锦鸿希电信息技术股份有限公司
15	北京盛大华源科技有限公司	54	京软伟业信息技术（北京）有限公司
16	北京致远宣大科技有限公司	55	北京航丰和美网络技术有限公司
17	北京森沃克莱科技有限公司	56	北京富华宇祺信息技术有限公司
18	隆润新技术发展有限公司	57	北京东方通科技股份有限公司
19	北京智慧兄弟科技有限公司	58	乾元浩生物股份有限公司
20	北京云星宇交通科技股份有限公司	59	量子数聚（北京）科技有限公司
21	中铁电气化局集团第一工程有限公司	60	北京毅通信息技术有限公司
22	北京京卫燕康药物研究所有限公司	61	北京中电丰业技术开发有限公司
23	中建水务环保有限公司	62	航天建筑设计研究院有限公司
24	北京慧能分享科技有限公司	63	中钞科堡现金处理技术（北京）有限公司
25	北京瑞拓电子技术发展有限公司	64	北京启联恒通轨道交通科技有限公司
26	北京亿人亿车科技有限公司	65	北京中瑞祥合建筑工程有限公司
27	北京中安兴坤科技有限公司	66	航天科工惯性技术有限公司
28	北京万数科技有限公司	67	易尚明天科技有限公司
29	北京安赛克科技有限公司	68	北京一雄信息科技有限公司
30	文达卓众（北京）数字科技有限公司	69	银河互联网电视有限公司
31	北京天威国网电气成套设备有限公司	70	北京中才远达科技有限公司
32	北京易创智慧科技集团有限公司	71	埃洛克航空科技（北京）有限公司
33	北京超智控信科技有限公司	72	北京华信瑞德信息技术有限公司
34	北京华铁视通科技有限公司	73	富盛科技股份有限公司
35	北京舜土规划顾问有限公司	74	北京腾华科技有限公司
36	北京金凯达水务工程有限公司	75	北斗国信智能科技（北京）有限公司
37	北京益现科技有限公司	76	北京长征高科技有限公司
38	北京联泰信科铁路技术股份有限公司	77	北京东方新星勘察设计有限公司
39	北京琳薇金笛科技有限公司	78	北京六盛合医药科技有限公司

续表 24

序号	企业名称	序号	企业名称
79	北京中兵同泰能源科技有限公司	120	北京国电富通科技发展有限责任公司
80	华电环保系统工程有限公司	121	北京航天地基工程有限责任公司
81	北京爱特泰克技术股份公司	122	北京星际导控科技有限责任公司
82	北京拓扑智鑫环境科技股份有限公司	123	北京市华宇博泰科技发展有限公司
83	北京万泰中联科技股份有限公司	124	北京爱心亦嘉医药有限公司
84	北京圣喻环保科技有限公司	125	北京天健智慧科技有限公司
85	通号城市轨道交通技术有限公司	126	北京企信云信息科技有限公司
86	北京新世翼节能环保科技股份有限公司	127	北京中科三维科技有限公司
87	北京赛尔克瑞特电工有限公司	128	北京多维视通技术有限公司
88	北京汇智凯亚信息技术有限公司	129	中铁高新工业股份有限公司
89	中国建筑土木建设有限公司	130	北京诺亚新声科技有限公司
90	北京中鼎动力科技有限公司	131	北京昊天旭日科技有限公司
91	北京华电瑞通电力工程技术有限公司	132	东方兴业网络教育服务有限责任公司
92	北京米波通信技术有限公司	133	北京美智医疗科技有限公司
93	北京泷涛环境科技有限公司	134	北京中交华安科技有限公司
94	通审软件（北京）有限公司	135	北京五维康科技有限公司
95	北京振兴华龙制冷设备有限责任公司	136	北京瑞特爱能源科技股份有限公司
96	北京思维鑫科信息技术有限公司	137	北京金康普食品科技有限公司
97	北京埃福瑞科技有限公司	138	北京滨松光子技术股份有限公司
98	北斗航天卫星应用科技集团有限公司	139	北京谊安医疗系统股份有限公司
99	北京智麟科技有限公司	140	中铁工程设计咨询集团有限公司
100	北京国力矿安科技有限公司	141	北京铁道工程机电技术研究所股份有限公司
101	北京鼎汉技术集团股份有限公司	142	北京天健源达科技股份有限公司
102	北京中实信达科技有限公司	143	北京三益能源环保发展股份有限公司
103	北京怡康软件科技有限公司	144	北京瑞凯软件科技开发有限公司
104	北京沃丰时代数据科技有限公司	145	北京金自能源科技发展有限公司
105	北京吉成环境能源科技有限公司	146	北京迪泰森环保科技有限公司
106	北京动力源新能源科技有限责任公司	147	北京视科科技有限公司
107	北京索斯克科技开发有限公司	148	北京天地通电信有限责任公司
108	北京宁宸科技有限公司	149	北京意诚远耀勘测设计有限公司
109	北京中星讯达科技有限公司	150	北京卡特刘科技有限公司
110	北京网太科技发展有限公司	151	科邦检测集团有限公司
111	中广核风电有限公司	152	北京昂宇科技发展有限公司
112	北京奥科瑞检测技术开发有限公司	153	北京迪赛奇正科技有限公司
113	北京吉视汇通科技有限责任公司	154	中美泰和生物技术（北京）有限公司
114	海丰通航科技有限公司	155	北京汇康博源医药科技有限公司
115	拍喽科技（北京）有限责任公司	156	北京世纪建通科技股份有限公司
116	北京市政路桥建材集团有限公司	157	中成进出口股份有限公司
117	北京值得买科技股份有限公司	158	北京京福安科技股份有限公司
118	北京兴财信息技术有限责任公司	159	北京冶自欧博科技发展有限公司
119	北京鼎汉检测技术有限公司	160	北京达特集成技术有限责任公司

续表 24

序号	企业名称	序号	企业名称
161	倍适（北京）科技有限公司	202	北京中船汉光信息技术有限公司
162	北京当升材料科技股份有限公司	203	北京同创信通科技有限公司
163	北京隆轩橡塑有限公司	204	北京中烟信息技术有限公司
164	北京前景无忧电子科技有限公司	205	北京英诺威尔科技股份有限公司
165	北京惠特优宝机电有限公司	206	央广视讯传媒股份有限公司
166	北京甲子科技有限责任公司	207	北京英视睿达科技有限公司
167	北京海鑫高科指纹技术有限公司	208	北京速视科技有限公司
168	北京博格思机电技术服务有限公司	209	北京中钞钞券设计制版有限公司
169	北京叩之问企业管理研究院	210	北京蝶禾谊安信息技术有限公司
170	北京海鑫科金高科技股份有限公司	211	北京华创互联科技股份有限公司
171	北京威摄智能科技有限公司	212	北京中咨路捷工程技术咨询有限公司
172	北京真视通科技股份有限公司	213	北京鼎兴达科技有限公司
173	北京网云飞信息技术有限公司	214	北京市捷瑞特弹性阻尼体技术研究中心
174	北京海华鑫安生物信息技术有限责任公司	215	北京中同蓝博医学检验实验室有限公司
175	北京奥博泰科技有限公司	216	北京迪基透科技有限公司
176	北京智联弘盛科技发展有限公司	217	京航泰（北京）科技有限公司
177	北京圣朗玛磁选技术有限公司	218	中钞特种防伪科技有限公司
178	优数通（北京）科技有限公司	219	北京海鸟窝科技有限公司
179	阳光凯讯（北京）科技有限公司	220	北京华通人商用信息有限公司
180	北京华通时空通信技术有限公司	221	北京星云祥和科技有限公司
181	北京南凯自动化系统工程有限公司	222	北京航天三发高科技有限公司
182	北京中铁诚业工程建设监理有限公司	223	北京北斗星地科技发展有限公司
183	北京博宇通达科技有限公司	224	北京资采信息技术有限公司
184	北京信城通数码科技有限公司	225	中牧实业股份有限公司
185	北京信友融科技有限公司	226	北京北纬通信科技股份有限公司
186	北京诚信能环科技有限公司	227	中国华电科工集团有限公司
187	北京中展航信息科技发展有限公司	228	北京八月瓜科技有限公司
188	北京中联税软件科技有限公司	229	北京恒通智联科技有限公司
189	北京动力源科技股份有限公司	230	中德睿智（北京）科技有限公司
190	北京凤凰医联科技有限公司	231	北京富丰雅图科技文化有限公司
191	北京四环科宝制药有限公司	232	北京电擎科技有限公司
192	中安网脉（北京）技术股份有限公司	233	雅迪莱特医疗科技（北京）有限责任公司
193	北京奥泰康医药技术开发有限公司	234	北京全路通信信号研究设计院集团有限公司
194	北京天拓明达电子科技有限公司	235	北京图腾印象数字科技有限公司
195	北京朗途天下信息科技有限公司	236	北京主导时代科技有限公司
196	北京凯恩帝机电技术有限公司	237	北京斯玛特教育科技集团有限公司
197	北京灵科智慧科技有限公司	238	北京中联税网信技术有限公司
198	北京市政路桥正达道路科技有限公司	239	北京千里途科技有限公司
199	北京翱辰科技有限公司	240	北京中建建筑科学研究院有限公司
200	北京中锐识华信息科技有限公司	241	北京中竞国际能源科技有限公司
201	北京掌引医疗科技有限公司	242	北京金史密斯科技有限公司

续表 24

序号	企业名称	序号	企业名称
243	北京旭碳新材料科技有限公司	284	北京沃易思诺科技发展有限公司
244	北京云创讯通科技有限公司	285	北京瀚恒星火科技有限公司
245	北京德馨同创科技发展有限责任公司	286	北京创臻环境技术有限公司
246	北京阿瑞新通科技有限公司	287	北京世济海虹医院管理咨询有限责任公司
247	北京飞豹通用设备有限公司	288	北京天路通科技有限责任公司
248	北京国铁华晨通信科技有限公司	289	北京华茂荣达科技开发有限公司
249	中海航（北京）信息技术有限公司	290	邦道信息技术有限责任公司
250	光谱时代（北京）科技有限公司	291	北京京港恒星科技发展有限公司
251	北京军懋国兴科技股份有限公司	292	环宇新秀（北京）国际教育科技有限公司
252	北京赛佰特科技有限公司	293	北京沃尔夫斯科技有限公司
253	中世成碳科技有限公司	294	北京艺创超达科技发展有限公司
254	北京九星智元科技有限公司	295	北京志翔领驭冷链科技有限公司
255	北京蜜獾工坊娱乐文化有限公司	296	北京国卫星通科技有限公司
256	北京康泰润丰科技有限公司	297	美钢联工程技术股份有限公司
257	大唐国际化工技术研究院有限公司	298	金诚信矿山工程设计院有限公司
258	北京诚鑫科技有限公司	299	新兴际华应急产业有限公司
259	北京旭阳数字科技有限公司	300	北京逸海京通科技有限公司
260	伊思特（北京）能源科技有限公司	301	北京微梦创新科技发展有限公司
261	北京金泰众和科技有限责任公司	302	北京德基工程咨询有限责任公司
262	北京中福通信工程有限公司	303	北京新兴华安智慧科技有限公司
263	中车环境科技有限公司	304	北京瑞智顺杰科技有限公司
264	北京朝宇慧科信息技术有限公司	305	北京鑫台华科技有限公司
265	北京宝德鑫晟科技有限公司	306	北京互联无界科技有限公司
266	北京金奔腾汽车科技有限公司	307	异象科技（北京）有限公司
267	北京翰宁智能科技有限责任公司	308	中科嘉和瑞迪（北京）环境科技发展有限公司
268	北京鑫昇科技有限公司	309	北京立信桥电子设备有限公司
269	太空智造股份有限公司	310	北京花乡花木集团有限公司
270	天天鲜米（北京）农业科技发展有限公司	311	北京盛松科技有限公司
271	北京珺辰科技有限公司	312	北京利晨先进科技发展有限公司
272	北京泰和神盾安防器材有限公司	313	北京丰舜通环保科技有限公司
273	北京碧水润城水务咨询有限公司	314	北京环尔康科技开发有限公司
274	北京赢胜事通咨询有限公司	315	北京汉能清源科技有限公司
275	北京赛恩奥尼文化传媒有限公司	316	北京东方红海科技发展有限公司
276	友帮信互联网技术（北京）有限公司	317	国信宝威（北京）科技有限公司
277	北京普路同精密设备有限公司	318	北京安博迪恩生物科技有限公司
278	北京零境科技有限公司	319	北京军尚科技有限公司
279	北京洁希亚洗染技术有限公司	320	通号通信信息集团有限公司
280	北京思维拓科技有限公司	321	北京华业恒基工程项目管理有限公司
281	北京智控美信信息技术有限公司	322	北京金自天正智能控制股份有限公司
282	北京科力华安地质灾害监测技术有限公司	323	北京信义恒科技有限公司
283	北京罗马科技有限公司	324	北京神胤百恒科技有限公司

续表 24

序号	企业名称	序号	企业名称
325	人谷科技（北京）有限责任公司	366	北京航天军创技术有限公司
326	中国质量认证中心	367	北京挪拉斯坦特芬通信设备有限公司
327	中宥（北京）科技有限公司	368	北京中捷时代航空科技有限公司
328	北京中海集成工程技术有限公司	369	北京斯蒂尔罗林科技发展有限公司
329	北京华通天畅工程监理咨询有限公司	370	北京梦想树医疗科技有限公司
330	北京燕山粉研精机有限公司	371	锐意科盛（北京）生物医学研究有限公司
331	北京峰业环保工程有限公司	372	北京中创时代科技有限公司
332	中科山水（北京）科技信息有限公司	373	北京九州云海科技有限公司
333	北京实力源科技开发有限责任公司	374	北京通广永隆科技发展有限公司
334	灵动元点信息技术（北京）有限公司	375	北京世新天成科技有限公司
335	北京航泰祥生科技有限公司	376	北京迅联泰达科技有限公司
336	北斗数睿（北京）科技有限公司	377	中住（北京）数据科技有限公司
337	北京三有利和泽生物科技有限公司	378	北京慧拓无限科技有限公司
338	北京聚智达科技有限公司	379	北京现代通号工程咨询有限公司
339	北京兴竹同智信息技术股份有限公司	380	北京广安联合电力工程设计有限公司
340	首页大数据科技股份有限公司	381	北京创企智科技服务有限公司
341	北京华路安交通科技有限公司	382	中胜信用管理有限公司
342	卓望信息技术（北京）有限公司	383	北京正阳基业科技有限公司
343	华电分布式能源工程技术有限公司	384	北京美灵生物技术有限责任公司
344	北京驳凡科技有限公司	385	北京乾有科技有限公司
345	北京凤凰医联企业管理有限公司	386	北京智教通教育科技有限公司
346	北京博大华电测控技术有限公司	387	北京精畅信息技术有限责任公司
347	北京中京丰创科技有限公司	388	北京启保科技有限公司
348	北京超凡匠心科技有限公司	389	北京川枫科技有限公司
349	中方中医药科技有限公司	390	北京时空翔龙国际航天科技有限公司
350	北京中科安和科技有限公司	391	北京中科睿智科技有限公司
351	北京众晟管理咨询有限公司	392	北京智齿众服技术咨询有限公司
352	华泰贝通软件科技有限公司	393	北京纸搬客科技有限公司
353	北京博奇电力科技有限公司	394	北京天创惠丰物联科技股份有限公司
354	北京恩宝科技发展有限公司	395	北京赛启科技有限公司
355	北京深华科交通工程有限公司	396	北青未来（北京）科技有限公司
356	北京智慧华维科技有限公司	397	金能智慧（北京）科技有限公司
357	中盛建材有限公司	398	国信电子票据平台信息服务有限公司
358	北京国铁路阳技术有限公司	399	北京中一鼎合工程管理有限公司
359	北京永华燕芸生物科技有限公司	400	北京华盛天意科技有限公司
360	中国人民银行印制科学技术研究所	401	思邈在线（北京）科技发展有限公司
361	北京海泰斯工程设备股份有限公司	402	北京房天下嘉居网络技术有限公司
362	北京天元兴业科技开发有限公司	403	北京和立健信科技有限公司
363	北京海格云熙技术有限公司	404	北京惠新百通科技有限公司
364	军嫂（北京）科技有限公司	405	北京宏恺安营停车管理有限公司
365	北京超泽时代科技发展有限公司	406	北京铭天思源科技有限公司

续表 24

序号	企业名称	序号	企业名称
407	北京海恒通达科技发展有限公司	448	医康互联（北京）科技有限公司
408	泰睿（北京）技术服务有限公司	449	北京中凯宏德科技有限公司
409	北京中教金源科技有限公司	450	北京瑞腾中天科技有限公司
410	中科搏锐（北京）科技有限公司	451	北京乾丰环境科技有限公司
411	北京天网征信服务有限公司	452	北京科英精益技术有限公司
412	北京长兴泰华科技发展有限公司	453	卓晟互联（北京）信息科技有限公司
413	京盟世纪（北京）科技有限公司	454	北京鼎星科技有限公司
414	国科创（北京）信息技术有限公司	455	北京九思泰物联网科技有限公司
415	北京一撕得物流技术有限公司	456	北京中科服科技有限公司
416	北京贝思曼新能源科技有限公司	457	万舒（北京）医药科技有限公司
417	北京京中宏新科技有限公司	458	思福盾（北京）信息技术有限公司
418	北京易可多环境科技有限公司	459	北京中研环科科技有限公司
419	北京容大友信科技有限公司	460	北京中电艾迪科技有限公司
420	中巽云科技有限公司	461	中铁电气化局集团有限公司
421	北京科华丰园微电子科技有限公司	462	北京易诚高科科技发展有限公司
422	北京隆镝科技有限责任公司	463	北京华安网信科技有限公司
423	北京网源高科软件有限公司	464	北京百途互动科技股份有限公司
424	北京北方高业科技有限公司	465	雅思汀娜（北京）科技有限公司
425	北京京辰瑞达科技孵化中心	466	北京中航测控科技有限公司
426	北京奥为安捷科技发展有限公司	467	北京市轨道交通建设管理有限公司
427	航天康达（北京）科技发展有限公司	468	中冶智诚工程技术（北京）有限公司
428	北京多达通能源科技有限公司	469	北京瑞德智尚科技有限公司
429	北京荣大科技有限公司	470	北京海金格医药科技股份有限公司
430	北京汇力智能科技有限公司	471	北京华深科技发展有限公司
431	北京市金合益科技发展有限公司	472	中创三优（北京）科技有限公司
432	北京有为信通科技发展有限公司	473	北京柏雅联合药物研究所有限公司
433	北京五力泰科技有限公司	474	北京航宇智通技术有限公司
434	北京康赞迩生物科技有限公司	475	北京宏宇泰科技发展有限公司
435	品创天下（北京）科技发展有限公司	476	华电重工股份有限公司
436	东方安卓（北京）征信有限公司	477	北京中煤时代科技发展有限公司
437	北京众驰自动化设备有限公司	478	北京金控数据技术股份有限公司
438	北京聚师网教育科技有限公司	479	北京创元启安科技有限公司
439	北京胭脂山科技有限公司	480	北京智信度科技有限公司
440	北京峰玉科技有限公司	481	北京轩慧国信科技有限公司
441	北京派尔惠德科技股份有限公司	482	北京探创资源科技有限公司
442	北京远大知新教育科技有限责任公司	483	特瓦特能源科技有限公司
443	乐居乐筑（北京）新能源科技有限公司	484	航天科工海鹰集团有限公司
444	北京全屋智能科技有限公司	485	北京佰路达通光电科技有限公司
445	北京龙图通信息技术有限公司	486	北京江隆科技有限公司
446	北京冀鹏扬天科技有限公司	487	普瑞盛（北京）医药科技开发有限公司
447	北京昱新科技有限公司	488	朗昆（北京）新环保科技有限公司

续表 24

序号	企业名称	序号	企业名称
489	天宇经纬（北京）科技有限公司	530	国食网（北京）网络技术有限公司
490	北京思源时代科技有限公司	531	中联天通科技（北京）有限公司
491	北京优瑞达科技发展有限公司	532	北京学研汇智网络科技有限公司
492	北京市华京源再生资源回收有限公司	533	北京富能通科技有限公司
493	北京普瑞众创科技有限公司	534	北京先通国际医药科技股份有限公司
494	北京导航者智能科技有限公司	535	中铁物总技术有限公司
495	北京恒卫科技有限公司	536	北京志能祥赢节能环保科技股份有限公司
496	北京弋云网络科技有限公司	537	国信优易数据有限公司
497	信诚数创科技发展（北京）有限公司	538	北京中天极科技有限公司
498	北京华信凯利科技有限公司	539	北京第六宇速科技有限公司
499	北京富维图像技术有限公司	540	北京泰可斯科技有限公司
500	北京奇淼生物科技有限公司	541	北京正弘奥能环保科技有限公司
501	北京空天高科技有限公司	542	北京航天雷特机电工程有限公司
502	北京速腾达通信技术有限公司	543	北京华宇智博科技有限公司
503	北京砼友混凝土浇筑技术有限公司	544	北京量化健康科技有限公司
504	宇斯盾（北京）科技有限公司	545	北京互联立方技术服务有限公司
505	北京曦晖康健科技有限公司	546	北京泓泰瑞成科技有限公司
506	北京世佳博科技发展有限公司	547	中大英才（北京）网络教育科技有限公司
507	北京达因瑞康电气设备有限公司	548	北京康派森医药科技有限公司
508	绿旗科技集团有限公司	549	北京佳力信联科技有限责任公司
509	北京浙星信息技术有限公司	550	新新人类（北京）科技有限公司
510	北京航宇测通电子科技有限公司	551	丰电科技集团股份有限公司
511	北京慧眼食珍科技有限公司	552	北京鑫丰南格科技股份有限公司
512	微盟云谷股份有限公司	553	北京华信佳音医疗科技发展有限责任公司
513	中广在线（北京）网络科技有限公司	554	北京汇智驰康生物科技有限公司
514	北京中微普业科技有限公司	555	北京凯斯隆机电技术开发有限公司
515	北京智华慧海智慧城市科技服务有限公司	556	北京合众汇力新型建材有限公司
516	康乐云通（北京）医疗科技有限公司	557	北京柯林泰克环保科技有限公司
517	北京汉能华科技股份有限公司	558	北京中科京盾科技有限公司
518	北京倚天凌云科技股份有限公司	559	北京一控科技有限公司
519	中交科云（北京）技术有限公司	560	北京免疫方舟医药科技有限公司
520	鑫万盛北方（北京）机电有限公司	561	北京森科医药有限公司
521	生息握持（北京）医疗科技有限公司	562	派欧尼尔环境净化工程（北京）有限公司
522	北京预制建筑工程研究院有限公司	563	中建材信息技术股份有限公司
523	易图通科技（北京）有限公司	564	北京金万维科技有限公司
524	北京证通智远科技有限公司	565	北京泷涛环境修复有限公司
525	北京至诚安邦信息技术有限公司	566	特乐意信息技术（北京）股份有限公司
526	北京市联创立源科技有限公司	567	北京星光润宇科技有限公司
527	北京网学时代教育科技有限责任公司	568	北京泛华新兴体育产业股份有限公司
528	北京兴铁电通工程技术有限公司	569	北京燕软京创科技有限公司
529	北京华远意通热力科技股份有限公司	570	北京北方科诚信息技术股份有限公司

续表 24

序号	企业名称	序号	企业名称
571	中路未来（北京）交通技术研究院有限公司	612	北京岚和永汇科技有限公司
572	北京众维力达科技发展有限公司	613	北京公联洁达公路养护工程有限公司
573	北京智远佳德科技有限公司	614	北京书韬图书有限公司
574	易科路通轨道设备有限公司	615	中电科（北京）网络信息安全有限公司
575	科贝源（北京）生物医药科技有限公司	616	北京奥铭文化传播有限公司
576	北京东源名成建筑遮阳节能技术有限公司	617	北京东方赛腾科技有限公司
577	北京中合万象科技有限公司	618	为朔医学数据科技（北京）有限公司
578	中软天辰信息科技（北京）股份有限公司	619	北京兴中农业科技发展有限公司
579	北京中星时代科技有限公司	620	中铁伟业（北京）新技术有限公司
580	北京英特信网络科技有限公司	621	北京中认环宇信息安全技术有限公司
581	五维智能信息科技（北京）有限公司	622	北京千律科技有限责任公司
582	北京航天凯恩化工科技有限公司	623	北京雁翔承顺科技有限公司
583	北京华美煜力电力技术有限公司	624	正邦创意（北京）品牌科技股份有限公司
584	北京能为科技股份有限公司	625	北京傲宇天晟科技有限公司
585	凯云联创（北京）科技有限公司	626	北京国能中电节能环保技术股份有限公司
586	北京驰宇空天技术发展有限公司	627	北京启元信息技术有限公司
587	北京百目科技有限公司	628	中烟物流技术有限责任公司
588	中科信联（北京）科技有限公司	629	北京凯明阳热能技术有限公司
589	北京欧美思教育科技发展有限公司	630	北京宜飞智慧科技有限公司
590	北京顺然天成咨询有限公司	631	北京帝信科技有限公司
591	北京和捷电气有限公司	632	北京中景橙石科技股份有限公司
592	国家知识产权局专利局专利审查协作北京中心	633	北京定慧科技服务有限公司
593	国富光启（北京）科技发展有限公司	634	北京观澜科技有限公司
594	北京辰森世纪科技股份有限公司	635	诚安荣创（北京）信息科技有限公司
595	北京慧同科技有限公司	636	北京长征宇通测控通信技术有限责任公司
596	蓝荷科技（北京）有限责任公司	637	北京卓邦电子技术有限公司
597	数知（北京）物联科技有限公司	638	北京合创医信科技有限公司
598	北京华电万方管理体系认证中心	639	北京通美达科技发展有限公司
599	北京旭泽医药科技有限公司	640	北京颖诺凯胜科技有限公司
600	北京中测云智科技有限责任公司	641	北京正能空间信息技术有限公司
601	网联客（北京）科技有限公司	642	航天科工智能机器人有限责任公司
602	龙铁纵横（北京）轨道交通科技股份有限公司	643	贝壳菁汇科技集团有限公司
603	北京时代创信科技有限公司	644	朗格优创（北京）科技有限公司
604	中清能绿洲科技股份有限公司	645	通号创新投资有限公司
605	北京天达京丰技术开发有限公司	646	隆德遐（北京）石油技术服务有限公司
606	北京航天科创技术开发有限公司	647	中易电通（北京）网络科技有限公司
607	北京腾达智源科技有限公司	648	北京金科顺达技术有限公司
608	北京普祺医药科技有限公司	649	北京天华韦康科技有限公司
609	北京联合声信海洋技术有限公司	650	北京朋正华兴光电科技有限公司
610	北京信诚创安安全技术有限公司	651	北京非创科技有限公司
611	北京世拓博图科技有限公司	652	北京百川互动科技有限公司

续表 24

序号	企业名称	序号	企业名称
653	华电中光新能源技术有限公司	694	北京斯玛特企业管理有限公司
654	北京达沃源节能技术有限公司	695	中铁建工集团有限公司
655	北京企联众创科技有限公司	696	北京盈成合创信息技术有限公司
656	北京如是我研信息咨询服务有限公司	697	北京格分维科技有限公司
657	北京久译科技有限公司	698	北京浩阳创想网络科技有限公司
658	北京中电联节能技术有限公司	699	北京逸群工程技术有限公司
659	北京龙辰泉消防设备安装工程有限公司	700	北京中科慧云科技有限公司
660	北京融值科技有限公司	701	神州畅游导航科技（北京）有限公司
661	信息港（北京）科技有限公司	702	中食净化科技（北京）股份有限公司
662	北京壹零壹科技孵化器有限公司	703	北京魔力象限科技有限公司
663	北京海鑫智圣技术有限公司	704	北京身临其境文化股份有限公司
664	北京中海远景科技有限公司	705	北京航天希尔测试技术有限公司
665	北京国创高晟信息科技有限公司	706	北京硕泰汇丰科技有限公司
666	北京江云虹欣科技股份有限公司	707	北京鼎元信广科技发展有限公司
667	北京鼎昌复合材料有限责任公司	708	北京融通新风洁净技术有限公司
668	北京顶亮科技有限公司	709	北京威沃水系统技术发展有限公司
669	北京道迩科技有限公司	710	北京同生科技有限公司
670	北京展云科技有限公司	711	北京谦益得科技有限公司
671	利卓创新（北京）科技有限公司	712	北京新松融通机器人科技有限公司
672	北京星瑞通航科技有限公司	713	北京万林世纪科技有限责任公司
673	北京硕泰汇丰环境工程有限公司	714	北京博睿阳光文化发展有限公司
674	北京天拓四方科技有限公司	715	中创奇迹（北京）科技有限公司
675	北京市轨道交通运营管理有限公司	716	中感（北京）技术有限公司
676	北京新彩量科技有限公司	717	北京华安普惠高新技术有限公司
677	北京环安生物技术服务有限公司	718	北京瑞信通智能数据技术有限公司
678	北京中视北方影视制作有限公司	719	北京装库创意科技有限公司
679	中咨环球（北京）工程咨询有限公司	720	北京紫光德润信息技术有限公司
680	北京亿中景科技发展有限公司	721	北京新水源景科技股份有限公司
681	北京同力华盛智慧水务有限公司	722	北京普汉达科技有限公司
682	北京威安国泰科技有限公司	723	北京惠友旺科技有限公司
683	北京盛锐马科技有限公司	724	北京中企讯能科技有限公司
684	北京图铭视界科技有限公司	725	北京爱特顿精控科技有限责任公司
685	北京恒冠国际科技服务有限公司	726	北京天川同展科技有限公司
686	北京世纪网展科技有限公司	727	北京艾蒂儿网络科技有限公司
687	北京筑工云网科技有限公司	728	北京中交睿达科技有限公司
688	众康光爱（北京）健康科技有限公司	729	北京创数纪信息技术有限责任公司
689	北京中投经合信息技术有限公司	730	北京兴达奇热工控制设备有限公司
690	北京威科翰文科技有限公司	731	北京中农绿源工程技术有限公司
691	思睿轲（北京）科技有限公司	732	北京三态环境科技有限公司
692	北京云能互联科技有限公司	733	北京新明星电子技术开发有限公司
693	北京华泽云防科技有限公司	734	通号智慧城市研究设计院有限公司

续表 24

序号	企业名称	序号	企业名称
735	北京高铁三瑞电子技术有限公司	776	联想新视界（北京）科技有限公司
736	北京艾普数智科技有限公司	777	北京中石恒瑞技术有限公司
737	北京欣卓越技术开发有限责任公司	778	北京中传首高冶金成套设备有限公司
738	北京捍岭科技有限公司	779	瀚德（中国）汽车密封系统有限公司
739	北京飞渡科技有限公司	780	北京中鼎昊硕科技有限责任公司
740	北京泰瑞博创科技有限公司	781	北京麻世纪流行面料研发有限公司
741	国油众盈（北京）支付科技有限公司	782	北京汽车研究所有限公司
742	捷科（北京）系统集成有限公司	783	奥福能源股份有限公司
743	天鼎联创密封技术（北京）有限公司	784	北京万里开源软件有限公司
744	北京威斯盾网络科技有限公司	785	北京建自凯科系统工程有限公司
745	金瑞都健康管理（北京）有限公司	786	国通广达（北京）技术有限公司
746	北京大观创新科技有限公司	787	北京卓奥世鹏科技有限公司
747	北京美添前景科技有限公司	788	北京北方生物技术研究所有限公司
748	北京网藤科技有限公司	789	北京小牛奔奔科技有限公司
749	中科天瑞（北京）科技有限公司	790	北京中网华通设计咨询有限公司
750	北京华晨汇宏生物技术有限公司	791	北京威标至远科技发展有限公司
751	北京瑞宝利热能科技有限公司	792	北京极目云健康科技有限公司
752	北京诚创华阳科技有限公司	793	北京中冶朴诚工程技术有限公司
753	欧亚绿邦（北京）科技有限公司	794	北京瑞兆兴业科技发展有限公司
754	大洋天地智慧停车管理集团股份公司	795	鲸力智享（北京）科技有限公司
755	北京华通兴远供热节能技术有限公司	796	北京爱学即学文化科技有限公司
756	北京华建互联科技发展有限公司	797	北京普惠职道科技发展有限责任公司
757	比美特医护在线（北京）科技有限公司	798	航天数维高新技术股份有限公司
758	北京中农精准科技有限公司	799	北京中电联环保股份有限公司
759	北京国铁东方科技发展有限公司	800	北京爱科迪通信技术股份有限公司
760	北京赛迪克金属材料有限公司	801	北京秦天科技集团有限公司
761	中国司法大数据研究院有限公司	802	华源中瑞科技（北京）有限公司
762	北京中色资源环境工程股份有限公司	803	北京快侠科技有限公司
763	北方国际合作股份有限公司	804	北京新峰天霁科技有限公司
764	蜂巢航宇科技（北京）有限公司	805	北京英诺特生物技术有限公司
765	北京时代思动科技有限公司	806	北京中睿水研环保科技有限公司
766	北京蒂本斯工程技术有限公司	807	北京斯莱克顿技术有限公司
767	通号信息产业有限公司	808	纳琦环保科技有限公司
768	北京蓝天创通科技有限责任公司	809	中创文教（北京）数字科技有限公司
769	北京众力德邦科技股份有限公司	810	北京润博同创科技有限公司
770	光大国信环保科技（北京）有限公司	811	北京中鹏航安信息技术有限公司
771	北京锐视康科技发展有限公司	812	鹍骐科技（北京）股份有限公司
772	北京众达精电科技有限公司	813	北京科耐特科技有限公司
773	中安财富（北京）国际科技有限公司	814	北京盛博协同科技有限责任公司
774	建科康诺斯（北京）环保科技有限公司	815	北京朗迪锋科技有限公司
775	北京九城口岸软件科技有限公司	816	拜西欧斯（北京）生物技术有限公司

续表 24

序号	企业名称	序号	企业名称
817	北京济全生物科技有限公司	858	北矿机电科技有限责任公司
818	北京东方圣赛达能源环境工程有限公司	859	北京华光浩阳科技有限公司
819	北京国华卓越文化发展有限公司	860	华枫信通（北京）科技有限公司
820	北京兴有丰科科技发展有限公司	861	北京英博新能源有限公司
821	北京艾尚智美科技有限公司	862	北京京燃凌云燃气设备有限公司
822	北京锐士装备科技有限公司	863	北京中恒伟创科技有限公司
823	云校（北京）科技有限公司	864	北京时代华语国际传媒股份有限公司
824	北京可为高科信息技术有限责任公司	865	北京致远万维科技有限公司
825	全球联实业集团有限公司	866	冶金自动化研究设计院
826	北京百瑞盛田环保科技发展有限公司	867	北京赛富威环境工程技术有限公司
827	北京新中新诚通信息技术股份有限公司	868	北京同普绿洲环境科技有限公司
828	北京金橙子科技股份有限公司	869	北京环球新能科技开发有限公司
829	天河智造（北京）科技股份有限公司	870	北京鼎兴达信息科技股份有限公司
830	北京丰科福润能源管理有限公司	871	北京昱栎技术有限公司
831	北京城建天宁消防有限责任公司	872	北京万维星辰科技有限公司
832	北京洪海龙腾电子商务股份有限公司	873	北京普思特信息技术有限公司
833	北京彩虹巴士科技有限公司	874	北京竹海科技孵化器有限公司
834	京电云通（北京）科技有限公司	875	北京慧通九方科技有限公司
835	北京晨星创投科技有限公司	876	北京和润恺安科技发展股份有限公司
836	北京汇智恒源科技有限公司	877	东旭科技集团有限公司
837	中铁投资集团有限公司	878	北京华宏信达科技股份有限公司
838	北京安洁康生物科技有限公司	879	中建二局第三建筑工程有限公司
839	普瑞麦迪（北京）实验室技术有限公司	880	北京市中环博业环境工程技术有限公司
840	北京航天普霖科技有限公司	881	北京中能联合工程技术有限公司
841	北京钱林恒兴科技股份有限公司	882	北京跃达康科技有限公司
842	北京国华新兴节能环保科技有限公司	883	杏树林信息技术（北京）有限公司
843	北京诚丰建材制品有限公司	884	北京明品科技有限公司
844	北京遍吉科技有限公司	885	北京满格医药科技有限公司
845	北京航天益来电子科技有限公司	886	北京泰恒众信科技有限公司
846	北京凯普林光电科技股份有限公司	887	北京金友信诚科技发展有限公司
847	北京斯克福科技有限公司	888	北京碳垣新材料科技有限公司
848	北京软云物联科技有限公司	889	北京天和众邦勘探技术股份有限公司
849	北京鞍信天硕工程技术有限公司	890	北京润丰科技发展有限责任公司
850	北京宇环通高科技有限公司	891	北京未医堂健康科技有限公司
851	北京中电拓方科技股份有限公司	892	北京铁研博发科技有限公司
852	北京雷恒科技有限公司	893	北京兴晟科技有限公司
853	江河机电装备工程有限公司	894	华仪行（北京）科技有限公司
854	北京和昱数据技术有限公司	895	中投国信（北京）科技发展有限公司
855	北京环磨科技有限公司	896	北京汇达通合科技有限公司
856	北京吉宝通科技发展有限公司	897	北京东方安杰科技有限公司
857	北京速通科技有限公司	898	同写意（北京）科技发展有限公司

续表 24

序号	企业名称	序号	企业名称
899	鲁班（北京）电子商务科技有限公司	940	北京中环国投环保技术研究院有限公司
900	北京朗森基科技发展有限公司	941	海思林科（北京）信息技术有限公司
901	北京国网富达科技发展有限责任公司	942	北京警威世纪安全设备有限公司
902	北京铭瑞欣科控制技术有限公司	943	北京磁浮交通发展有限公司
903	微微一百检测技术（北京）有限公司	944	北斗航天汽车（北京）有限公司
904	北京华电云通电力技术有限公司	945	北京碧海舟腐蚀防护工业股份有限公司
905	加道科技（北京）有限公司	946	北京中电凯尔设施管理有限公司
906	快过科技（北京）有限公司	947	北京凯安瑞医药科技有限公司
907	北京金地停车服务有限公司	948	北京采立播科技有限公司
908	全讯汇聚网络科技（北京）有限公司	949	北京中自伟业科技发展有限公司
909	北京大瑞集思技术有限公司	950	佛罗斯机械设备技术（北京）有限公司
910	北京中建空列集团有限公司	951	北京清大际光科技发展有限公司
911	中国有线电视网络有限公司	952	北京亿达基业能源科技有限公司
912	北京中环鑫汇科技有限公司	953	北京金海虹氮化硅有限公司
913	北京中航泰达环保科技股份有限公司	954	北京广研广播电视高科技中心
914	北京华创维想科技开发有限责任公司	955	北京市劳保所科技发展有限责任公司
915	北京安铁软件技术有限公司	956	北京中恒行远科技发展有限公司
916	鹏翔科技有限公司	957	北京中铭恒泰科技有限公司
917	北京润德康医药技术有限公司	958	北京信睿浩扬科技有限公司
918	北京美康基因科学股份有限公司	959	北京天一辉远生物科技有限公司
919	北京唯思德科技有限公司	960	北京创福新锐电器设备有限公司
920	通号工程局集团北京研究设计实验中心有限公司	961	北京京华云安科技有限公司
921	北京中安瑞力科技有限公司	962	澳瑞（北京）环保科技有限公司
922	北京海格神舟通信科技有限公司	963	北京博学起航教育科技有限公司
923	东旭新能源投资有限公司	964	科瑞格空调技术（北京）有限公司
924	北京诺德威电力技术开发有限责任公司	965	北京优溟特医学科技股份有限公司
925	中铁通信信号勘测设计院有限公司	966	北京唯瑞新源科技有限公司
926	北京意诚意科技有限公司	967	北京市意华健科贸有限责任公司
927	海博瑞（北京）数据科技有限公司	968	北京科天科技有限公司
928	北京兴远达科技有限公司	969	空网科技（北京）有限公司
929	北京九州铁物轨道科技服务有限公司	970	北京明正维元电机技术有限公司
930	北京三和晨光科技发展有限公司	971	北斗领航（北京）科技有限公司
931	北京碳世纪科技有限公司	972	北京华成智云软件股份有限公司
932	北京百慧生化制药有限责任公司	973	北京宝久互动科技有限公司
933	北京青龙藤网络科技有限公司	974	北京华仁颐居信息科技有限公司
934	北京草根创新农业科技有限公司	975	美尼康智能电网装备（北京）有限公司
935	五岳尚水（北京）科技有限公司	976	中电华光（北京）管道装备有限公司
936	北京环世兴宇科技有限公司	977	北京京卫健康管理有限公司
937	北京鑫东华腾体育器械有限公司	978	北京方大炭素科技有限公司
938	中国航天系统工程有限公司	979	北京桥至阳光科技有限公司
939	北京八月瓜知识产权代理有限公司	980	北京联宇信通科技有限公司

续表 24

序号	企业名称	序号	企业名称
981	北京广泰联合科技有限公司	1022	晨唐（北京）技术股份有限公司
982	北京小奇鱼网络科技有限责任公司	1023	医加壹健康科技（北京）有限公司
983	北京中科智谱科技有限公司	1024	北京星轨科技有限公司
984	淘码（北京）信息技术有限公司	1025	北京芭拉乌拉科技文化有限公司
985	北京梦想同创科技有限公司	1026	北京鸿博信通科技有限公司
986	北京番茄宝宝健康科技有限公司	1027	北京诚通物流有限公司
987	北京大唐神州科技有限公司	1028	北京爱竹兜文化发展有限公司
988	北京思方技术开发有限公司	1029	北京亮剑天下信息技术有限公司
989	北京恩吉威科技股份有限公司	1030	北京道融丰新能源科技有限公司
990	北京华意乔技术有限公司	1031	北京红谱威视图像技术有限公司
991	北京协力东方科技发展有限公司	1032	蓝夫（北京）应急技术有限公司
992	牧德科技（北京）有限公司	1033	北京腾达安顺科技有限公司
993	北京睿信佳铭科技有限公司	1034	北京阳光德美医药科技有限公司
994	北京金沃夫生物工程科技有限公司	1035	北京博明信德科技有限公司
995	北京瑞升特科技有限公司	1036	北京双旗世纪科技有限公司
996	北京喜乐付科技有限公司	1037	北京盈澜科技发展有限公司
997	北京时时科技股份有限公司	1038	北京博宬文化遗产保护中心有限公司
998	北京点石通科技有限公司	1039	北京路盟科技有限公司
999	华玻伟业（北京）激光数控设备有限公司	1040	北京天网智源科技有限公司
1000	康联达（北京）软件有限公司	1041	北京华清佰利环保工程有限公司
1001	北京校园之星科技有限公司	1042	北京中科坤润科技有限公司
1002	北京远心科技有限责任公司	1043	中视金桥（北京）科技有限公司
1003	北京昊威天承信息技术有限公司	1044	北京民用联合航空有限公司
1004	北京明铁科技有限公司	1045	北京新网长千科技有限公司
1005	北京牧家科技有限公司	1046	北京中亚通科技发展有限公司
1006	艾鲁客咨询（北京）有限公司	1047	北京华通创科系统集成有限公司
1007	北京帅安节能设备有限公司	1048	泛华建设集团有限公司
1008	北京八九点管理咨询有限公司	1049	北京迪诺斯环保科技有限公司
1009	北京源莱水处理设备有限公司	1050	北京益百科技有限公司
1010	北京云创慧科科技有限公司	1051	北京永葆健康科技有限公司
1011	北京博联创达科技发展有限公司	1052	北京科创融鑫科技股份有限公司
1012	北京博睿阳光文化发展有限公司	1053	北京尚洋东方环境科技有限公司
1013	恒盛伟业（北京）科技有限公司	1054	北京尚盈医疗科技有限公司
1014	北京中集智冷科技有限公司	1055	北京恒驰智能科技有限公司
1015	北京罡吉医药科技有限公司	1056	安科乐康（北京）诊断技术有限公司
1016	华电水务工程有限公司	1057	北京市青鹰优格遮阳技术发展有限公司
1017	北京诺为力创医药科技发展有限公司	1058	北京镭文科技有限公司
1018	北京远望谷电子科技有限公司	1059	北京市中建京海计算机工程公司
1019	北京国铁路阳软件有限公司	1060	咔咔房链（北京）科技有限公司
1020	北京曼海能源科技发展有限公司	1061	北京宏刚高科科技有限公司
1021	北京昊晨瑞森机电设备有限公司	1062	北京启梦时代科技有限公司

续表 24

序号	企业名称	序号	企业名称
1063	北京网动互联信息技术有限公司	1082	北京诺和德美医药科技有限公司
1064	北京盟达鑫源科技发展有限公司	1083	国信双创科技产业发展（北京）有限公司
1065	北京创数纪信息技术有限责任公司	1084	忆榴莲（北京）智能科技有限公司
1066	北京弘毅知行科技有限公司	1085	北京雷音电子技术开发有限公司
1067	北京青年聚合科技有限公司	1086	北京众智同辉科技股份有限公司
1068	北京正成科技有限公司	1087	光大国信环保科技(北京)有限公司
1069	北京思赢科技有限公司	1088	中车工业研究院有限公司
1070	北京市坤泰恒通环保科技有限公司	1089	天河智造(北京)科技股份有限公司
1071	华润国康（北京）医药有限公司	1090	北京城市一百物流有限公司
1072	北京华意龙达供热工程技术有限公司	1091	北京鹏达宏远科技有限公司
1073	北京金凯恒通科技有限公司	1092	贵昌科技（北京）有限公司
1074	北京提塔利克科技有限公司	1093	微微一百检测技术(北京)有限公司
1075	北京智帆金科信息服务有限公司	1094	北京澳丰源科技发展有限公司
1076	北京领航力嘉机电有限公司	1095	北京旭阳化工技术研究院有限公司
1077	北京智网科技股份有限公司	1096	中航天建设工程有限公司
1078	中矿资源勘探股份有限公司	1097	北京航天创智科技有限公司
1079	北京霄龙新风净化科技有限公司（北京霄龙环保科技股份有限公司）	1098	北京木联能工程科技有限公司
1080	中量宝（北京）科技有限公司	1099	北京多拉梦信息科技有限公司
1081	北京捷世智通科技股份有限公司		

2021

北京丰台年鉴

文化

综 述

【概况】2020年，是全面建成小康社会、脱贫攻坚和“十三五”规划收官之年，丰台区坚持以习近平新时代中国特色社会主义思想为指导，全面贯彻党的十九大和十九届二中、三中、四中、五中全会精神，在丰台区委、区政府的坚强领导下，丰台区文化和旅游局（简称区文旅局）统筹推进疫情防控和经济社会发展，多措并举推动文化事业繁荣发展、文物保护活化利用、行业秩序健康有序，圆满完成年度各项任务。

（孙 权）

【行业疫情防控】年内，丰台区文旅局坚决贯彻落实市区委有关决策部署，及时成立局（文旅小组）疫情应对处置工作领导小组，5次调整组织架构，形成“一办十二组”运行机制，制定疫情防控（分季节、分节假日）、应急处置、人员管控、应对大人流等一系列工作方案，迅速关闭和有序开放七类文旅场所。实行分类动态管控、分兵在岗把守，开展“扫地皮、全覆盖”检查，累计出动检查人员41530人次，车辆11457车次，实地督查检查文旅行业22684家次，持续督导文旅企业按照疫情防控和指引要求开展工作，确保文旅行业未发生疫情传播。

（孙 权）

【服务企业复工复产】年内，制定《关于给予丰台区中小微文旅企业一次性运营补贴资金的实施细则》，兑现文旅企业一次性补助资金194万元。全年区旅游接待游客870.3万人，营业收入95亿元，全市排名均为第5位，分别恢复到上年同期水平的57.2％和34.9％。

（王莎莎）

【文艺创作助力抗击疫情】年内，创作出一批颂扬抗疫精神、凝聚战疫力量的歌曲、书法、美术、舞蹈等群文作品，其中原创歌曲《我们相信》获2020年北京市文化艺术基金年度资助项目。录制88课时全民艺术普及课程线上播放，丰富市民居家生活。

（王莎莎）

【扶持培育基层文艺团队】年内，全区现有1426支基层群众文艺团队，包括戏曲、合唱、舞蹈等。区扶持培育的优秀文化团队卢沟桥乡小井合唱队、东高地街道航天神箭职工艺术团、丰台区文化馆卢沟晓月合唱团、丰台街道正阳北里舞蹈队在两次全市优秀群众文化项目评选中共获得32个奖项，名列各区前茅。

（王莎莎）

【推动区文化馆、图书馆法人治理结构改革】年内，推动文化馆、图书馆公共文化机构法人治理结构改革，实现理事会监管下的“管办分离”，并完成丰台区文化馆、图书馆法人治理结构改革实施方案。丰台区图书馆作为公共文明服务机构已面向社会公开发布理事招募公告。

（王莎莎）

【《长辛店红色文化旅游资源开发规划及三年行动计划》】年内，为迎接中国共产党建党100周年，根据2020年度全国文化中心建设重点任务清单，围绕革命活动旧址保护提升，完成《长辛店红色文化旅游资源开发规划及三年行动计划》编制。该规划立足长辛店红色文化旅游资源条件，提出构建“两核、两廊、四区”的文化旅游发展空间结构，将长辛店二七大罢工红色遗址群作为发展根基，以“北方红星长辛店”为名片，突出长辛店作为“中国北方工人运动的摇篮”与“机车工业老镇”的文化特色，将长辛店地区打造成为“中国工人运动纪念与红色教育基地”。并为后续红色文化旅游资源的开发和利用提供路径方向和指南。同时，配合规划的编制，完成《长辛店红色旅游资源手册》《游览手册》的编纂，6条旅游线路的设计，以及一套旅游线路导游解说词范本编纂等项工作。

（施宇龙）

文化设施

【概况】2020年，区文旅局加强区级公共文化设施建设，持续完善三级文化中心建设，围绕惠民乐民，公共文化服务水平增强，街乡镇文化中心和公共图书馆分馆覆盖率分别实现100％。制定《2020年丰台区公共文化服务提质增效工作方案》《丰台区关于公共文化服务设施有序恢复开放相关工作的实施细则》。

（王莎莎）

【4个街乡镇级综合文化中心正式对外开放】年内，4个街乡镇级综合文化中心正式对外开放。大红门街道综合文化中心设施建筑面积1390平方米，设有多功能厅、图书馆、阅览室、数字阅览室、展览室、小活动室（辅导培训室）、小剧场及市民体质测试室等市民文化活动场所。东铁匠营街道综合文化中心建筑面积2330平方米，设置有图书室、电子阅览室、非遗展厅、舞蹈排练厅、声乐排练厅、多功能厅、书画室、展览室等多个活动用场地。西罗园街道综合文化中心建筑面积约2000平方米，设有多功能厅、图书馆、培训室、排练室等文化功能厅室。长辛店镇综合文化活动中心面积约1422平方米，中心内设有图书馆、儿童阅览室、多功能厅、排练厅、红色唱吧、书画室、运动馆、心理减压室等功能厅室，并配备多媒体影像设备及现代化设施，可满足辖区群众对精神文化方面的需求。

（王莎莎）

【街乡镇级公共图书馆分馆实现100％全覆盖】年内，按照《北京市街道（乡镇）图书馆“一卡通”专项工作方案》及《2020丰台区公共图书馆总分馆制服务体系建设实施方案》总体要求，分批累计投入约337.7万元专项经费，为分馆配备“一卡通”借阅设备、电子阅览设备、馆员自助设备等7大类信息化设备共计135台，流转、配送、上架图书约25.14万册次，146车次。10月30日完成全区21个街道（乡镇）“一卡通”图书分馆100%全覆盖。

（叶　南）

【区文化馆剧场完成升级改造】12月，丰台区文化馆剧场进行观众座椅更换施工，观众厅按照剧场建筑规范标准，改造成阶梯型，确保观众观看演出的视角，设置残障人士专用通道，设置摄影摄像机位，设置残疾人专用座椅席（轮椅），整体进行改造提升，营造舒适的观看环境，确保剧场演出的观看效果，加大公益惠民开放力度，不断提升公共文化服务能力和水平。升级改造后的剧场主要用于中小型歌舞剧、话剧、戏曲、曲艺、文艺演出、会议、演讲、报告、讲座、学术讨论等活动，每年使用达200余场次。

（丰台区文化馆）

【100个街道（乡镇）社区活动中心服务品质提升】年内，结合市文旅局反馈的2019年街道（乡镇）综合文化中心服务效能市级评估情况和存在问题，形成关键问题汇总表，指导协同各街乡镇认真逐条梳理、对标对表，巩固成绩、弥补不足。9月，按照疫情常态化防控要求，各级文化设施陆续开放。制定《2020年丰台区公共文化服务提质增效工作方案》，采取“五个一”做法，即出台一个办法，召开一次会议，开展一次培训，实施一次督导，进行一次反馈，解决各街乡镇综合文化中心短期内可整改的问题，提升设施服务水平。区公共文化服务设施建筑面积为164.85万平方米，较上半年增加50.55万平方米。

（王莎莎）

【新村街道综合文化中心改扩建提升完成竣工验收》】年内，为推进基层公共文化设施建设，将新村街道综合文化中心改扩建提升列入区“疏解整治促提升”专项行动，投入226万元提升面积800余平方米，12月底项目竣工验收并投入运营。新村街道综合文化中心活动中心一层配有图书阅览室、展览展示厅、辅导室，二层配有多功能厅及培训室。辖区群众可免费前来参加各类培训及讲座等活动。多功能厅配备现代化多媒体音响设备，拥有独立的调音室，实现智能化集中控制，具备召开各类会议、演讲、多媒体教学培训、电影演示、举办中小型文艺演出等活动所需的场地条件。

（王莎莎）

【初步完成文化专项规划与街区指引文化设施的统一】年内，结合区控制性详细规划街区指引编制工作，区文旅局对全区公共文化设施现状、缺口、指标要求建议及十四五时期重点建设项目等进行梳理，初步完成文化专项规划与街区指引中文化设施的统一。

（王莎莎）

【丰台区文化馆】丰台区文化馆是区级文化馆，总建筑面积3169平方米，设有综合办公室、安全运营部、剧场管理、计划财务、文艺演出、辅导培训、非物质文化遗产办公室、创作部等8个部门。2020年，区文化馆组织文艺团队深入基层开展各种舞蹈排练、基层业务培训、会议、展览、公益演出、开展群众性文艺创作等活动。举办免费文化艺术培训班，在馆内开设12个班次的艺术培训辅导，内容涉及声乐、舞蹈、摄影、书法、合唱等，培训学员4000人次，其中馆内服务人群1000人次，馆外服务人群3000人次。举办惠民演出194场（其中“三下乡”演出5场，“我们的中国梦”文化进万家暨文化四进演出21场，星火工程演出116场，周末场演出52场），放映免费电影1500场。在10所学校、8个社区开展非遗教学展演展示活动，惠及师生、群众2000余人次。

（王莎莎）

【丰台区图书馆】丰台区图书馆包括1个总馆，21个分馆，329个社区、村图书馆。坐落于北京市丰台区西四环南路64号文化中心大楼，疫情期间216天免费开放，共接待读者41668人次，外借图书111358册次；全年举办各类文化惠民活动107场（线下阅读活动28场、线上阅读活动53场、展览15场、图书推荐11场、讲座28场），受益读者648876人次；加工分编入库新书31894万册。对外服务窗口设有图书外借、期刊外借、集体外借、期刊阅览室、自习室、多媒体阅览室、地方文献室等。

（王莎莎）

文化活动

【概况】2020年，丰台区文旅局坚持社会主义核心价值观，统筹区域资源共建共享，自觉担负起“举旗帜、聚民心、育新人、兴文化、展形象”的使命任务，在群众文化活动开展上始终遵循公益惠民服务宗旨，坚持面向基层，服务群众，使公益项目惠及普通百姓生活。通过“阵地式”自助的“周末场演出”“订单式”服务的“星火工程”文艺演出、“定向式”供给的“文化四进”文艺演出、“团队式”输出的“电影公益放映”演出等，全方位广泛开展公益惠民活动，彰显群众的主体地位，在丰富百姓业余文化生活的同时，悉心描绘普通民众的生活情感，丰富文化惠民内涵。全年全区共开展线上线下公共文化活动2757场次，惠及群众480万人次。

（王莎莎）

【节日群众文化活动】年内，围绕春节、元宵节、清明节、“五一”、端午节等重要节假日，开展网上全民艺术普及和“家庭书房”阅读推广、专题讲座、云展览、线上评选等形式多样的网上文化活动，丰富疫情期间群众精神文化生活。9月份开始，以文化馆、图书馆及各街乡镇综合文化中心为主阵地，开展“周末场演出”“百姓周末大舞台”、农村“星火工程”演出等线下惠民演出活动。

（王莎莎）

【“三下乡”集中示范活动】1月15日，丰台区2020年文化、科技、卫生“三下乡”

▲1月15日，2020年丰台区三下乡集中示范活动拉开序幕。

集中示范活动在花乡黄土岗村文化中心正式拉开序幕。区文旅局等全区10家单位分别为5个乡镇的农村居民接续送上实用、贴心的文化、科技、卫生公益服务。活动现场，各成员单位心怀文化乐民、科技富民、卫生健民的工作使命，开展了形式多样的支农惠农服务，汇集了文艺演出等服务。区文化馆组织文艺演出，为村民带来节日的欢乐；区文联组织艺术家为村民免费写春联、字画，并为农民家庭拍摄全家福照片，受到村民的广泛喜爱；区图书馆赠送图书及期刊等宣传材料。重点开展"文化服务到农家"活动，精心在花乡、卢沟桥乡、南苑乡、王佐镇、长辛店镇等5个乡镇组织综艺专场慰问演出，为乡亲们送上新春的祝福，并配送1137册图书、500册期刊和1000余副春联和书画作品。通过一系列贴近生活、贴近需求的公益惠民活动和现场服务，丰富农村居民的文化生活。"三下乡"作为服务"三农"的重要惠民活动，形成政府部门主导、社会力量参与、彰显首都特色的工作格局，实现"常下乡""常在乡"。

（王莎莎）

【2020到北京丰台过大年活动】 1月17日，举办"2020到北京丰台过大年活动"。活动以"乐游丰台过大年"为主题，分为"迎新春——溢彩缤纷过大年""戏冰雪——乐享冬趣过大年""看大戏——文化荟萃过大年""享丰味——欢欢喜喜过大年"四大版块，15项文化、旅游、体育、商业等特色活动。活动期间，通过北京电视台、千龙网、新华网等20余家媒体开展市场宣传，累计发布宣传报道30次，信息传播量189.5万人次。后因新冠肺炎疫情，活动暂停。

（施宇龙）

【"周末场演出"活动】 年内，坚持面向基层，服务群众，使公益项目惠及普通百姓生活，举办"周末场演出"，针对不同人群，设置不同的专场演出52场，涵盖京剧、评剧、儿童剧、河北梆子、综艺专场等，让百姓在家门口就可以观看到专业院团的表演。

（施宇龙）

【丰台区"文化四进"工程文艺演出活动】 "文化四进"工程文艺演出是文化惠民项目重要内容之一。5月至10月演出21场次，惠及群众6000人次，为居民提供最直接、最有效的文化服务。文艺演出走进社区、农村、部队、工地，让广大群众共享优秀文化成果。节目内容涵盖歌曲、杂技、舞蹈、声乐、魔术等。

（施宇龙）

【2020年"戏聚北京"获奖】 11月22日，2020"戏聚北京"北京市戏曲小票友京剧大赛颁奖展演在民族宫大剧院举行。丰台区选送的传统京剧《锁五龙》荣获一等奖，京剧《贵妃醉酒》《卖水》荣获三等奖，丰台区文化馆获得优秀组织奖，刘燕获得优秀园丁奖。

（施宇龙）

【第十五届"舞动北京"群众广场舞蹈大赛获奖】 12月1日，第十五届"舞动北京"群众舞蹈大赛颁奖展演在地坛体育馆举办，丰台区选送的自创曲目《四合院儿》和规定曲目《人生若只如初见》获得群众广场舞蹈大赛团体银奖。

（施宇龙）

【全民阅读推广活动】 年内，线上线下联动，开展"书香丰台"全民阅读推广活动。线上利用"书香丰台全民阅读"快手直播平台，结合"书香飘京城，悦读颂小康"主题，邀请专家学者共同发声，开展线上专题讲座、亲子阅读、阅

▲4月23日，举办世界读书日活动。

读分享等活动。全年共开展线上直播阅读推广活动53场次，累计在线观看读者61.7万人次。线下依托“丰台文化大讲堂”品牌，开展阅读活动37场次，参与读者1600余人。传统节日和重要时间节点主题展览15场次，3.7万读者参与其中。举办各类比赛5场次，累次参与500多人次。其中，丰台区推荐的选手荣获市级一等奖1人，二等奖5人，三等奖6人，北京市“书香家庭”一组。

（陈　征）

文化遗产保护

【概况】2020年，丰台区共有不可移动文物113处，其中全国重点文物保护单位4处、市级文物保护单位8处、区级文物保护单位19处、文物普查登记项目82处。

（王　川）

【举办“文化和自然遗产日”宣传展示活动】6月13日，“非遗传承 健康生活”2020年丰台区“文化和自然遗产日”宣传展示活动全面启动。丰台区聚焦非遗在人民大众健康生活中发挥的重要作用，宣传非遗在防控新冠肺炎疫情人民战争中发挥的积极作用，重点围绕传统体育、传统医药和餐饮类非遗项目，以网络平台开展非遗系列宣传活动。线上部分精选了丰台区优秀传统体育、游艺与杂技类项目八闪翻、陈氏太极拳、劈挂拳、中幡；传统医药类项目谢氏砭石疗法、桂氏驳筋通络术；传统技艺类项目俊王德顺斋“焦圈、烧饼”制作技艺、鸟笼制作技艺、风筝制作技艺和非物质文化遗产代表性项目和代表性传承人等进行综合展示。同时，通过“北京丰台APP”“北京非遗中心”“文化丰台”“发现新丰台”等新媒体平台同步联动宣传。线下部分以橱窗和展架的形式，集中展示怪村太平鼓、卢沟桥传说、京剧、评剧、米粮屯高跷、西铁营花钹挎鼓、中幡（双庙）、风筝制作技艺、谢氏砭石疗法等项目，宣传全区国家、市、区级共46个优秀非物质文化遗产代表性项目名录，集中展示丰台区近年来取得的成就。

（王　川）

【金中都城墙考古工作取得重要成果】金中都遗址位于北京市西南部，主要区域横跨现在的丰台区和西城区，北边界在长安街以南、东边界在陶然亭公园南北一线、南边界在南二环以南的位置、西边界在西三环以东的丽泽商务区一带。金中都遗址现在地表上残存的三段城墙遗迹均位于丰台区，即西城墙高楼村段和南城墙的万泉寺段、凤凰嘴段，1984年公布为北京市市级文物保护单位。2019年至2020年，为配合金中都城墙保护和展示工作，经国家文物局批准，北京市文物研究所在西城墙、南城墙及周边开展了两年的考古发掘工作，共计发掘面积2900平方米。首次发现金中都外城护城河、城墙、马面、顺城街道路等外城城墙体系，并了解这些遗迹的形制结构和营建方式。期间，为配合北京地铁14号线丽泽商务区站建设，经国家文物局批准，北京市文物研究所在占地范围内进行考古发掘，发掘面积2500平方米，发现金中都城内西南隅的一条十字街道路。此次发掘金中都外城墙、马面、护城河、城内顺城街以及十字街道路等重要遗迹，完整揭露金中都外城城墙体系。十字街道路的发现也为探索城门位置提供重要依据。此次考古发掘基本厘清外城城墙的保存状况、形制结构，及其与城外护城河、城内道路的关系，首次正式确认护城河、城墙的宽度及营建方式。完整揭露的1处马面遗迹，也是金中都考古的首次发现。发现的唐、辽墓葬为金中都外城南墙在辽南京基础上向南扩建的史实提供了新的考古学证据。

（王　川）

【西山永定河文化带建设】年内，以北京市“2020年全国文化中心建设重点任务清单”为基础，金中都城遗迹保护工程考古发掘（二期）、编制《长辛店红色文化旅游资源开发规划及三年行动计划》、举办“卢沟晓月”中秋文化活动3项具体重点任务列入市级《西山永定河文化带建设组2020年重点任务清单》，按时上报进展情况，完成年度工作目标。同时，根据丰台区推进全国文化中心建设领导小组编制印发的2020年工作要点，统筹13家责任单位，推进区级西山永定河文化带建设的7个方面23项具体工作任务。

（韩　颖）

【持续推进重点文化片区文化保护】年内，全区开展18项文物保护工作。其中“莲花池—金中都”文化板块3项：金中都城遗迹考古发掘成果保护措施、金中都城遗迹保护工程考古发掘（二期）、金中都城遗迹保护工程考古发掘（二期）保护措施。“卢沟桥—宛平城—长辛店”文化板块7项：长辛店二七大罢工旧址——劳动补习学校旧址保养维护工程、长辛店二七大罢工旧址——长辛店留法勤工俭学预备班旧址保养维护工程、长辛店二七大罢工旧址——工人夜班通俗学校旧址修缮工程、长辛店二七大罢工旧址——警察局驻地旧址修缮工程、长辛店二七大罢工旧址——长辛店留法勤工俭学预备班旧址视频监控点位增补工程、长辛店二七大罢工旧址——二七机车厂近代建筑遗存结构检测鉴定、宛平城重点文物更新应急消防设备。其他文物保护重点项目8项：丰台三圣神祠等三处壁画保护工程、王佐镇朝阳寺修缮及地面铺装工程、刘家村药王庙（二郎庙）消防设施安装工程、大富庄老爷庙消防设施安装工程、丰台区重点文物保护单位数据采集与动态管理项目（一期）、丰台区不可移动文物现状评估项目、丰台药王庙修缮工程、丰台区达园寺修缮工程。

（韩　颖）

丰台区不可移动文物名录一览表（国家级）

表 25

<table>
<tr><th>序号</th><th colspan="2">名称</th><th>类型</th><th>年代</th><th>文物级别</th><th>属地</th></tr>
<tr><td>1</td><td colspan="2">卢沟桥（含宛平城）</td><td>古建筑</td><td>金代</td><td>国家级</td><td>宛平地区</td></tr>
<tr><td>2</td><td colspan="2">金中都水关遗址</td><td>古遗址</td><td>金代</td><td>国家级</td><td>右安门街道</td></tr>
<tr><td>3</td><td colspan="2">镇岗塔</td><td>古建筑</td><td>金代</td><td>国家级</td><td>长辛店镇</td></tr>
<tr><td rowspan="7">4</td><td rowspan="7">长辛店二七大罢工旧址</td><td>长辛店二七大罢工旧址
——长辛店工人俱乐部旧址</td><td rowspan="7">近现代重要史迹及代表性建筑</td><td>近代</td><td rowspan="7">国家级</td><td>长辛店街道</td></tr>
<tr><td>长辛店二七大罢工旧址
——劳动补习学校旧址</td><td>近代</td><td>长辛店街道</td></tr>
<tr><td>长辛店二七大罢工旧址
——长辛店留法勤工俭学预备班旧址</td><td>近代</td><td>长辛店街道</td></tr>
<tr><td>长辛店二七大罢工旧址
——二七机车厂近代建筑遗存</td><td>近代</td><td>长辛店街道</td></tr>
<tr><td>长辛店二七大罢工旧址
——工人夜班通俗学校旧址</td><td>清代</td><td>长辛店街道</td></tr>
<tr><td>长辛店二七大罢工旧址
——警察局驻地旧址</td><td>明代</td><td>长辛店街道</td></tr>
<tr><td>长辛店二七大罢工旧址
——二七烈士墓</td><td>近代</td><td>长辛店街道</td></tr>
</table>

丰台区不可移动文物名录一览表（市级）

表 26

序号	名称	类型	年代	文物级别	属地
1	莲花池	古遗址	金代	市级	太平桥街道
2	大堡台西汉墓遗址	古墓葬	汉代	市级	花乡
3	丰台药王庙	古建筑	清代	市级	花乡
4	南苑兵营司令部旧址	近现代重要史迹及代表性建筑	民国	市级	南苑街道
5	福生寺	古建筑	明代	市级	长辛店镇
6	丰台娘娘庙	古建筑	明代	市级	长辛店镇
7	金中都城遗迹	古遗址	金代	市级	卢沟桥乡
8	南岗洼桥	古建筑	清代	市级	王佐镇

丰台区不可移动文物名录一览表（区级）

表 27

序号	名称	类型	年代	文物级别	属地
1	傅子范墓	古墓葬	清代	区级	和义街道
2	大红门东门房	其它	清代	区级	大红门街道
3	达园寺	古建筑	清代	区级	花乡
4	草桥遗迹	古建筑	清代	区级	花乡
5	中顶庙	古建筑	明代	区级	南苑乡
6	歙州阳宅	古建筑	明代	区级	南苑乡
7	清真寺	古建筑	清代	区级	长辛店街道
8	老爷庙	古建筑	清代	区级	长辛店街道
9	和尚塔	古建筑	清代	区级	长辛店镇
10	张辅、张懋墓前石雕	石窟寺及石刻	明代	区级	长辛店镇
11	赵登禹将军墓	近现代重要史迹及代表性建筑	近代	区级	宛平地区
12	大王庙	古建筑	清代	区级	宛平地区
13	万佛延寿寺铜观音像（含石碑）	其他	明代	区级	卢沟桥街道
14	和隆武碑	石窟寺及石刻	清代	区级	卢沟桥乡
15	水志	古建筑	清代	区级	卢沟桥乡
16	密檐塔	古建筑	明代	区级	王佐镇
17	石五供	石窟寺及石刻	清代	区级	王佐镇
18	王佐镇老爷庙	古建筑	清代	区级	王佐镇
19	极乐峰护国宝塔及佛洞群	其它	明代	区级	王佐镇

丰台区非遗项目保护名录一览表

表 28

数量	序号	名称	类别	级别	保护单位
4	1	卢沟桥传说	民间文学	国家级	丰台区文化馆
	2	怪村太平鼓	民间舞蹈	国家级	王佐镇人民政府
	3	米粮屯高跷	民间舞蹈	市级	王佐镇人民政府
	4	西铁营花钹挎鼓	民间舞蹈	市级	南苑乡人民政府
8	1	路家皮影制作技艺	民间美术	区级	马家堡街道办事处
	2	中医正骨术（杨德山）	传统医药	区级	花乡人民政府
	3	万缘双石会	传统体育、游艺与竞技	区级	南苑乡人民政府
	4	三路居开路	传统体育、游艺与竞技	区级	卢沟桥乡人民政府
	5	蹴球	传统体育、游艺与竞技	区级	卢沟桥乡人民政府
	6	海户屯秧歌	民间舞蹈	区级	南苑乡人民政府

续表 28

数量	序号	名称	类别	级别	保护单位
	7	南营少林	民间舞蹈	区级	长辛店镇人民政府
	8	孟村旱船	民间舞蹈	区级	花乡人民政府
9	1	卢沟中秋节	民俗	区级	丰台区文化馆
	2	北京泥人张泥瓦模技艺	民间美术	区级	长辛店街道办事处
	3	管氏膏药制作技艺	传统医药	区级	北京金圣方医学技术有限公司
	4	馨春开路会	传统体育、游艺与竞技	区级	南苑乡西铁营村村委会
	5	查拳	传统体育、游艺与竞技	区级	西罗园街道办事处
	6	陈氏太极拳	传统体育、游艺与竞技	区级	长辛店街道办事处
	7	吴氏太极拳	传统体育、游艺与竞技	区级	长辛店街道办事处
	8	刘家村“同乐义善蜈蚣岭”五虎少林圣会	民间舞蹈	区级	花乡造甲村村委会
	9	东管头村五虎少林会	民间舞蹈	区级	卢沟桥乡东管头村村委会
9	1	京派内画鼻烟壶	民间美术	区级	马家堡街道办事处
	2	三皇炮捶拳	传统体育、游艺与竞技	区级	南苑乡石榴庄村委会
	3	劈挂拳	传统体育、游艺与竞技	区级	西罗园街道办事处
	4	五行通臂拳	传统体育、游艺与竞技	区级	马家堡街道办事处
	5	白猿通背拳	传统体育、游艺与竞技	区级	马家堡街道办事处
	6	萧式太极拳	传统体育、游艺与竞技	区级	丰台街道办事处
	7	俊王德顺斋“焦圈、烧饼”制作技艺	民间手工技艺	区级	丰台街道办事处
	8	南营太平鼓	民间舞蹈	区级	长辛店镇辛庄村委会
	9	左安门外孙家场普善同乐五虎少林会	民间舞蹈	区级	南苑乡东铁营村委会
14	1	北京雕漆（王保罗）	民间美术	区级	西罗园街道办事处
	2	剪纸（陈玉梅）	民间美术	区级	新村街道办事处
	3	面塑（王翊竹）	民间美术	区级	东铁营街道办事处
	4	桂氏驳筋通络术	传统医药	区级	丰台街道办事处
	5	谢氏砭石疗法	传统医药	区级	五运堂中医研究院
	6	中幡（双庙）	传统体育、游艺与竞技	区级	南苑乡石榴庄村村委会
	7	扔石锁（岳各庄）	传统体育、游艺与竞技	区级	卢沟桥街道岳各庄社区居委会
	8	中幡（大红门）	传统体育、游艺与竞技	区级	大红门街道办事处
	9	八闪翻	传统体育、游艺与竞技	区级	北京泰横源投资管理有限公司
	10	鸟笼制作技艺（刘子元）	民间手工技艺	区级	东铁营街道办事处
	11	风筝制作技艺（罗焕文）	民间手工技艺	区级	方庄街道办事处
	12	大风车制作技艺（张曙光）	民间手工技艺	区级	新村街道办事处
	13	景泰蓝制作技艺（张旭）	民间手工技艺	区级	北京张同禄珐琅文化艺术有限公司
	14	北京评书（张怡）	曲艺	区级	北戏书馆

文化市场监管

【概况】2020年，丰台区文化市场综合执法大队（以下简称执法大队）围绕重要时段，开展文旅市场综合整治行动，强化市场整治，委托第三方专业机构对文化和旅游行业、文博单位开展动态安全风险分级管理体系构建，加强行业经营单位安全生产主体责任落实。安全生产督查检查队检查文化旅游企业、文博单位3150家次，出动检查人员6800人次，查出隐患1341项。行政处罚西客站候车广场内6家书店。调查网络书店涉嫌售卖盗版图书。办结全国重大跨省销售盗版教辅图书案。取缔非法教会组织。跨区查处非法出版物窝点一处。集中开展“黑旅游”综合治理和文化执法检查，立案28起，结案31起，罚款13.4285万元，罚没非法出版物2.1419万册、音视频存储卡56张，收缴淫秽光盘40余张。对3557家文化市场经营单位、889家互联网文化经营单位、200家文物保护单位执法检查2次，对全区社会旅馆、景区景点、酒店、旅行社拉执法检查46家次。立案15件，结案6件。

（李　曼）

【集中整顿交通枢纽内书店】1月3日，执法大队对北京西客站候车广场内6家发行非法出版物的书店进行精准打击，收缴非法出版物612册，没收违法所得0.28万元，罚款3.3万元。

（李　曼）

【检查教育培训机构】3月4日，丰台区文化市场综合执法大队收缴北京首冠环球教育科技有限公司无进货凭证的18种1351册盗版非法出版物，罚款2万元。

（李　曼）

【处罚非法印制书籍印厂】4月26日，执法大队查处北京市华宇信诺印刷有限公司接受非出版单位和个人的委托印刷图书，没收违法所得0.16万元、罚款2万元。

（李　曼）

【制作文旅行业普法宣传系列公益短片及小视频】6月，启动文旅行业普法宣传系列公益短片及小视频制作项目。结合职能，制作6部文旅行业公益普法小视频，利用“新形式＋新平台”的方式开展普法和法制宣传教育。

（孔小佳）

【责改网络出版单位】7月15日，执法大队对北京八福伙伴文化传播有限公司因擅自从事网络出版服务，罚款1万元。

（李　曼）

【办结跨省涉工程案件】12月25日，执法大队对北京立明博伟教育科技发展有限公司发行非法出版物立案调查，作出没收违法所得4.48万元、吊销出版物经营许可证的处罚。案件入选2020年度北京市“扫黄打非”十大案件之一。

（李　曼）

文化创意产业

【概况】2020年，丰台区文化创意产业促进中心为丰台区文化创意产业发展提供决策咨询、组织项目论证、提供信息服务、开展专题调研等工作；负责戏曲文化中心建设项目的组织实施工作。2020年丰台区规模以上文化及相关产业企业200家，共实现营业收入201.8亿元。

（李　磊）

【2020丰台文化创意大赛】7月下旬至8月上旬举办2020丰台文化创意大赛。本届大赛丰台区征集到120余个项目，其中8个项目晋级北京赛区复赛，“3D影像互动与展示”项目进入全国总决赛并荣获2020北京文化创意大赛全国总决赛年度行业引领奖，丰台区荣获最具人气赛场。在继续主办丰台文创大赛的同时，积极承办北京赛区复赛·文化科技融合分赛区、直通车赛区浙江大学赛场等活动，并做好轻奢主题赛区落地丰台的保障工作，其中直通车赛区浙江大学赛场项目“拿火音乐 LAVA MUSIC”荣获2020北京文化创意大赛全国总决赛大赛一等奖。在赛事结束后，配合市文促中心与区内相关部门协同联动，举办2020北京文创市集（丰科万达站）活动，引入2020北京文化创意大赛优质项目资源，推动大赛参赛项目从“赛场”走向“市场”。

（李　磊）

【“丰台文创训练营”活动】7月至11月，聚焦丰台区文化产业人才共性需求，开展“丰台文创训练营”活动。活动组织丰台区政府文化产业工作相关部门负责人、文化园区及企业管理者100人参加，8月中旬开展5天集中授课，陆续组织学员开展5场系列活动，为学员提供深度服务，助力辖区内文化企业发展。

（李　磊）

【“嬉戏”亲子剧场项目】7月至11月，打造“嬉戏”亲子剧场项目。7月至8月公开征集儿童体验剧剧本，最终收集剧本26部，经过儿童网络票选和专家评选，1部被选为排演剧目，4部入选项目剧本资源库。11月对排演剧目《东海夺宝》进行首演验收。

（李　磊）

【丰台特色文化街区打造项目】8月，依托西罗园地区丰富戏曲文化资源优势，完成丰台特色文化街区打造项目。项目以中国戏曲乐器文化为主题，修筑戏曲乐器造型雕塑，提升区域戏曲文化氛围和艺术感观，让戏曲文化内涵融入百姓生活，彰显首都文化特色。

（李　磊）

【参展中国国际服务贸易交易会文化服务专题展】9月5日至9日，丰台区以“妙笔生花看丰台”为主题参展2020年中国国际服务贸易交易会文化服务专题展。丰台展区通过文化＋科技深度融合的方式，集光、影、声、画多维度效果为一体，展现了丰台区文化产业的丰硕成果，为参观者呈现一幅瑰丽多彩的丰台“文化画卷”。展区设有2个重点功能区、13家文化产业园区。31家文化企业、12个特色文化项目参展。组织路演14场、现场表演51场，展陈文创产品近百件，接待单位团体30余家，参观游客3万多人次，线上直播观看量120万人次，促进文化产业招商引资，推动区域文化贸易发展。

（李　磊）

【丰台文化产业园区推介活动】 9月，组织开展两场丰台文化产业园区线上推介活动，线上观看人数达到126万人次。活动多角度展示园区特色亮点、入驻企业和产业环境，吸引社会关注，扩大园区影响力，树立园区品牌。

（李　磊）

【第八届丰台惠民文化消费季】 9月至11月，举办第八届丰台惠民文化消费季。本届消费季活动结合疫情防控常态化的要求，转变为线上线下融合模式，策划组织“丰·花”绽放、“丰·韵”梨园、“丰·惠”观影、“丰·华”校园、“丰·创”市集、“丰·范”时尚、“丰·采”赞歌、“丰·享”智能8个主题92场活动，制作系列主题活动视频16部，分别在腾讯、爱奇艺、优酷、微博、抖音等近30家媒体持续发布，浏览量达1800余万次。本届消费季线上线下参与人数700万人次，带动关联消费5000余万元。激发了区域消费热点，促进了区域文化消费。

（李　磊）

【2020（第四届）中国戏曲文化周】 10月23日至29日，2020（第四届）中国戏曲文化周主场活动在北京园博园成功举办。活动以“中国梦·中华魂·戏曲情”为主题，坚持“中国戏曲嘉年华”的定位，突出“园林中的戏曲、戏曲中的园林”的特色，通过主题活动、实景演出、5G直播、互动体验等形式，36家专业院团及民间社团在13处演出空间，为观众带来180场演出，线上直播和视频网络播放量超过2000万。戏曲周主场活动结束后，启动“戏炫生活 共享小康”常态化活动，包括“品戏”市民观赏季、“传戏”行家传习班、“有戏”戏曲体验坊三部分，持续为群众提供优质戏曲文化供给。

（李　磊）

【产业政策引导扶持】 年内，按照区委组织部《关于开展2020年丰台区“丰泽计划”优秀人才申报评选工作的通知》要求，在区委宣传部指导下，组织开展“丰泽计划”申报工作，联系驻区院校（团）、文化园区、文化企业进行申报。宣传推广《丰台区促进高精尖产业发展扶持措施》（丰九条）政策，大力开展招商引资工作，成功推动中国歌剧舞剧院迁税到丰台区。积极推进2020年度“北京市版权保护示范单位、示范园区（基地）”评选认定工作。北京国家数字出版基地获评“北京版权保护示范园区（基地）”，首科大厦文化产业园区获评“版权服务中心园区”及“北京市版权保护示范园区（基地）”，北京华景时代文化传媒有限公司获评“北京市版权保护示范单位”。

（李　磊）

媒体传播

【概况】 2020年，丰台区融媒体中心按照《中共中央关于制定国民经济和社会发展十四个五年计划和2035年远景目标的建议》和中办、国办《关于加快推进媒体深度融合发展的意见》的总体要求，深入贯彻落实习近平总书记系列重要讲话精神，扎实推进区域媒体深度融合，实施全媒体传播工程，做强新型主流媒体，建强用好县级融媒体中心。严格按照市委市政府和区委区政府的统一决策部署，做媒体融合发展的积极探索者、践行者，媒体融合发展不断取得新进展、新成效。

整合“报、台、网、端、微”资源，建立适合报纸、电视和网络新媒体的“策、采、编、发、存、评”工作流程。年内，以自身主流媒体为核心，聚力各大媒体平台，打造全媒体矩阵。通过“北京丰台”客户端总牵引，集成联动《丰台报》《丰台新闻》，“北京丰台”政务微博、微信，“丰台发布”快手号、抖音号及前线、北京、百家、头条号，实现传统媒体与新兴媒体在内容、平台、渠道等方面的深度融合，全力建设全媒体矩阵，凸显主流媒体影响力，让主流的声音更加响亮。《丰台报》撰写各类评论13篇，编辑出版67期，文字量达216万余字；《丰台新闻》共播出261期，播发新闻1317条；“北京丰台”微信公众号共计发稿2500篇（条），累计阅读量约237万次，订阅数196310个；“北京丰台”微博共计发稿5063篇（条），累计阅读量约7099万次，关注量2140392个；“北京丰台”客户端共计发稿4784篇（条），累计阅读量约2764万次，关注量676647个；今日头条“北京丰台”公众号共计发稿446篇（条），累计阅读量约25万次，关注量12260个；“学习强国”学习平台共计发稿173篇（条），累计浏览量约1431万次；央广网“丰台扶贫矩阵”平台共计发稿1453篇（条）；丰台区政府网站共计发稿950篇（条）；制作音频节目117期，原创视频节目40部，在云听推送节目100多期，浏览量20万次。“丰台发布”抖音号共发布短视频1715条，总观看量3.5亿余次，点赞量190余万次，评论21万余条；快手号共发布短视频1541条，网络直播101场，总观看量7亿余次，点赞量5200余万次，评论46万余条，粉丝从0增长到了133万，获得快手政务号2020年快手区域优秀传播力奖，跻身北京市区级新媒体短视频官方头部账号。“北京丰台”北京号、百家号推送各类稿件3000余篇，阅读量突破1400余万人次，推荐量达到2亿次，荣获《北京日报》客户端官方发布北京号2020年第一季、第二季度榜首，第三、第四季度第四名。其中，13篇文章从5万余篇稿件中脱颖而出，荣登当月热文排行榜前十名。全平台矩阵总用户量突破500万。

（孙敬尧）

【《丰台报》改版】 1月至4月间，《丰台报》按照疫情防控需求，由原来的每周一期8版变为每周两期4版。报纸围绕抗击新冠肺炎疫情；聚焦功能定位，充分发挥区位交通等方面优势，持续优化营商环境，不断提升精细化管理服务水平，积极吸引优质要素集聚，打造特色优势产业，加快培育高质量发展新动能等，宣传策划实施“丰台·战‘疫’”系列报道、复工复产、脱贫攻坚等重大选题宣传报道，开设重点专栏10余个，刊登稿件45篇170余万字。

（孙敬尧）

【广播电视】 年内，BTV新闻频道丰台时段每天首播时间为每晚19:30—21:00，重播时间为次日7:30—9:00、12:30—14:00。803丰台数字频道首播时间为每晚19:30—23:46。重播时间为次日6:30—19:30，播出的新闻类节目有《丰台新闻》，播出主要内容围绕区委扎实推进城南行动计划，积极构建丰台发展新格局战略决策的深化落实，加快中关村丰台科技园和丽泽金融商务区，特别是做强做大轨道交通和航空航天两大产业集群方面工作，以及丽泽金融商务区建设全面提速，取得新突破工作。创建国家卫生区、垃圾分类、光盘行动、接诉即办等全区重点工作展开宣传报道。相继开设“创卫在行动”“光盘行动从我做起”“中央生态环保督察在北京”等专栏，持续报道丰台区垃圾分类、创建国家卫生区工作、制止餐饮浪费践行光盘行动和环保督察工作。打造“有事您说话”专栏，积极报道全区“接诉即办”工作的成果，通过实时进展报道、成就性报道、后续跟进报道、政策解读类报道等形式，做好全面宣传报道工作。

（孙敬尧）

【打造跨域“1+5”融媒扶贫矩阵】 年内，区融媒体中心联合5个与丰台区结对扶贫帮扶的县区融媒体中心，共同打造跨域“1+5”融媒扶贫矩阵，在央广网和“北京丰台”客户端开设“乡里乡亲 扶贫同心”扶贫平台，设置“丰台扶贫矩阵”板块，发布稿件1300余条，直观呈现脱贫攻坚工作进展和成果。突出新媒体传播优势，举办“丰台涞源 携手同行”网络直播带货等活动。联动融合报道：与内蒙古扎赉特旗电视台、保定日报社、涞源县融媒体等单位组织融合报道团队，共同采访、制作接地气、见新意脱贫攻坚主题公益广告作品及专题新闻。扶贫公益广告作品《让土地长出真金白银》在2020第二届北京国际公益广告大会开幕式前的《中国梦·时代颂》主展区进行展映，充分展示丰台区决战决胜脱贫攻坚成效，营造主流宣传舆论强势。

（孙敬尧）

【学术经验交流】 年内，积极参与行业经验交流，展示媒体融合亮点成果。首次亮相2020年中国国际服务贸易交易会，设立丰台融媒展位，围绕区级融媒深度融合发展主题，重点推介云朗读线上公益活动、“1+5”丰台融媒扶贫矩阵、百姓公益短视频三大媒体融合亮点成果。9月，应邀参加中国广电媒体融合发展大会、2020第二届北京国际公益广告大会、首届中国（北京）国际视听大会，并进行主旨演讲和经验交流研讨，在“京津冀媒体融合典型案例交流会”上，“丰台区融媒体中心与新华社北京分社‘中央媒体＋区级融媒体中心PGC合作’模式探索初见成效”项目被评为2020年北京市广播电视媒体融合典型案例。北京市广播电视局对丰台区融媒体中心建设经验给予充分肯定，希望保持当前发展方向和活力。通过参与学术经验交流，拓展了融媒产品展示活动空间，推动了媒体深度融合经验学习交流，促进了融媒体中心建设与发展。

（孙敬尧）

【疫情防控宣传动员】 年内，围绕新冠疫情防控工作，开设“坚决打赢疫情阻击战”，“融媒记者在疫线”专栏，记者们深入到医院、社区、公共场所等防疫一线报道丰台区防控措施的实施、医护人员和党员干部冲锋在前的感人事迹，全面展示丰台区坚决打赢疫情阻击战的决心和工作成果。向中央电视台报送新闻6条，《北京日报》客户端编辑制作“战疫有我 丰台在行动”短视频，向北京电视台报送新闻14条。40名记者深入防疫一线社区（村）、定点医院、隔离点和疾控中心采访拍摄报道，41人工作日下沉包点社区协同工作，267人次、2个多月进行值岗坚守，扎实推进全面

▲9月8日至9日，在中国广电媒体融合发展大会上，丰台区融媒体代表做主旨发言。

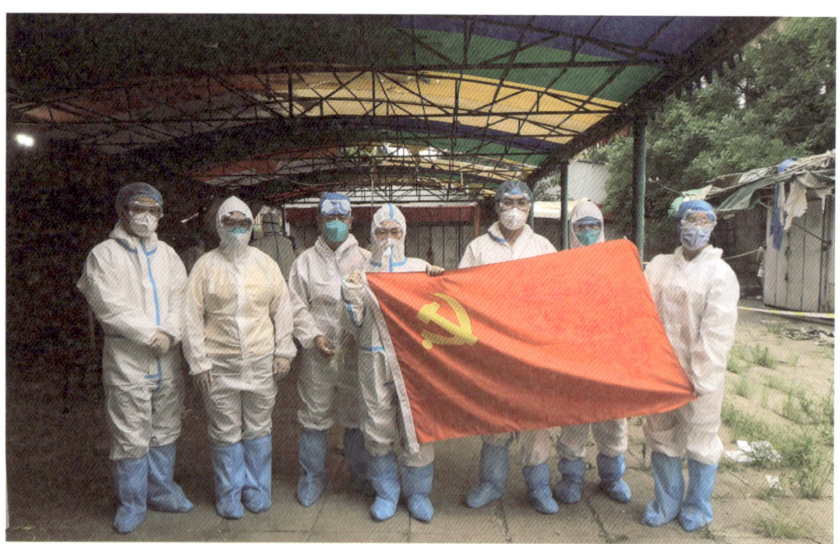

▲6月24日，融媒体中心迅速组织人员协助丰台街道、卢沟桥街道相关社区开展人员核酸检测采样工作。

抓防控、全力抗疫情、全效做宣传。“北京丰台”客户端专门开设《疫情防控 我们必胜》专栏，不间断进行政策解读、舆论引导、健康防护和教育普及。与新华社互动合作，精心策划制作“抗疫群英谱”短视频系列，累计推送31部短视频，讲好丰台生动、鲜活疫情防控典型故事。组织动员280多名社区新闻发声人和家人一起用手机记录居家防控、亲子互动、邻里互助各类微视频。打破常规，每周两期编发《丰台报》疫情防控特刊，坚持出版30期，累计发行180万份，手递手送进2万多户群众家里，向4个街道乡镇集中隔离观察点派送，在全区300多处社区张贴，拓宽防疫宣传效果。精心编播专题新闻报道，《丰台新闻》采编播发121期疫情防控专题报道，持续推出展现疫情防控工作开展、复产复工推进情况等新闻513条，开设“融媒记者在疫线”专栏，增强疫情防控期间新闻宣传的时效性。

（孙敬尧）

【新发地疫情防控报道】6月15日，区融媒体中心主要领导带队现场办公，组建疫情防控宣传、短视频制作、市场影像留存、下沉社区4个工作专班。每日组织5人次驻守新发地批发市场高风险地区，30天全程拍摄50多个小时视频素材。利用这些素材，分别制作工作汇报片、为世卫组织提供可视素材以及记录规范消杀的短片（《货车消杀规范》《流浪动物尸体消杀规范》《牛羊肉大厅所有摊位物品现状》等）。同时也为中央广播电视总台《新闻联播》《东方时空》对新发地防疫消杀工作的独家报道中提供大量核心视频素材。制作完成《疫情期间餐饮、市场、食堂消毒指引》7部公共环境消毒指引宣传片，专题汇报影像视频1部。《我们一定能战胜疫情》等抗疫宣传短视频在北京市广播电视局举办的“2020年度北京广播电视收听收看优秀作品”评选中，获得疫情防控优秀作品和融合传播优秀作品。

（孙敬尧）

【多措并举助力丰台区申创国家卫生区】年内，紧扣爱国卫生运动主题，“北京丰台”客户端、《丰台报》《丰台新闻》开设“创卫在行动”等7个专栏，通过放大创卫新闻宣传效应，引起社会广泛关注，带动形成创建国家卫生区人人有责、人人参与的良好氛围。融媒体矩阵平台累计发布图文、视频新闻490篇；发布短视频82条，累计浏览量达503.1万+、点赞量62.4万+，网络直播7场，浏览量40万+。同时，与区创卫工作小组、区文明办联合开展“创建国家卫生区，共建文明新丰台——绽放丰台之美”主题公益活动，全区394个社区近2万居民参与活动，发放各类花种近10万包。开展“清洁家园、健康生活”短视频优秀作品征集活动，征集作品500部，总播放量145.9万。

（孙敬尧）

【社区微直播体验再升级】年内，融媒体中心进一步明确打造“小而美”的社区微直播产品定位。全年开展“丰台邀您来做客”“垃圾分类我先行”“京戏云剧场”“助残脱贫决胜小康”等系

▲8月28日，丰台区创卫办与融媒体中心召开丰台区创卫主题活动东高地现场筹备会。

列网络直播，取得了很好的传播效果。2020年元宵节晚上，主动策划“网上看花灯”公益行动，北京世界公园18个自贡主题灯组、4万多盏地插灯花和南宫五洲植物乐园5000盏彩灯同时点亮。通过“丰台发布”快手号和“北京丰台”客户端把因疫情关闭的新春灯会搬上了网络，倡导在家过节，一样精彩，吸引10万网友在线观看。北京广播电视台《北京您早》《北京时间》客户端跟进播发“网上元宵灯会闪亮丰台”，当天网络直播和短视频共吸引2000多万人次观看，点赞40余万。2月20日，联合区疾控中心、丰台街道推出的“社区微直播”，在快手平台、“北京丰台”客户端开播，通过网络直播的方式，邀请疾控专家实地察看丰益花园社区疫情防控举措，在线解答网友关心的个人防护、居家消毒等问题。58分钟的直播节目，吸引全国168万网友在线围观，收获近24万网友点赞，互动评论近5000条。持续推出楼宇复产复工、防疫中的经济建设等多样态内容的社区微直播，总观看量超过500万人次。9月8日，联合依文中国手工坊深山集市在中国广电媒体融合发展大会启动仪式前开展“为深山绣娘代言，助力扶贫攻坚！”网络直播活动，首次尝试为消费者带来融媒体直播+电商模式新体验。国家广播电视总局、北京市委宣传部、北京市广播电视局相关领导到场观摩直播活动，并听取丰台区融媒体中心建设情况汇报，同时希望丰台区融媒体中心“要加快努力，力争上游”。

（孙敬尧）

【百姓短视频孵化众多“网红”产品】年内，融媒体中心坚持以短视频为突破口，突出主题主线、突出家国情怀、突出群众参与，以百姓视角制作接地气百姓短视频50部，持续爆款不断，影响力与日俱增。通过百姓短视频不断做大主流舆论宣传增量，筑牢新时代舆论宣传新阵地。同时，加快培育产品思维和用户思维，持续推出“快来看丰台”系列城市形象微视频和系列4K微纪录片，策划制作各具特色、传播力强的“云朗读”音频、快闪和公益广告等融媒体创新创优产品。组织优秀新闻节目、创新创优节目和年度广播电视行业奖及政府奖的评选和推荐。百姓短视频《你是我的眼》参加“讲好中国故事”创意大赛，荣获三等奖；连续两个季度荣获“优秀广播电视新闻作品奖”，全年四个季度获得“北京市广播电视创新创优节目奖”，实现大满贯，获奖数量位居全市第一。全年编播全国优秀纪录片90部，公益广告年度播出量达到1.9万条次。

（孙敬尧）

【创新实践“融媒云转播”“实景云党课”】年内，在北京市广电局指导下，融媒体中心携手宛平城地区党工委和北京国际云转播公司首次联合打造新时代党员教育培训平台。运用云转播技术，呈现“5G场景+课堂实景”，首次推出场景式、情境式融媒云转播实景党课2场，在“大屏+小屏”上开启“云上”课堂，让党课与党员产生共鸣，让党员干部成为党课的参与者和创作者，用创新实践传递“红色”好声音，引领党员在实践中锤炼“七种能力”，担负党和人民赋予的时代重任。

（孙敬尧）

【社区新闻发声人】年内，初步建立起覆盖全区21个街乡镇的社区新闻发声人队伍，人数规模突破1000人。同时，对来自全区350个社区（村）的近1000名社区群众进行培训，开展首批丰台社区新闻发声人骨干实操班培训，把指导、培养“新闻发声人”做为经常性工作，随时在“新闻发声人工作群”里传授新闻摄影、拍摄视频、撰稿等方面的技巧。10月12日，融媒体中心在第七届“好记者讲好故事”活动中，讲述了《北京丰台，有一群社区新闻发声人》的感人故事。融媒体中心依托全区新闻发声人队伍，主动发声，主动转发，讲好社区暖故事，传播丰台好声音。推出的网红群体“垃圾分类代言人”“小小社区新闻发声人”等，都凝聚了较高的人气，系列短视频播放量都在1000万次以上。北京市新闻工作者协会主席、暨南大学新闻与传播学院院长到东高地街道万源东里社区调研“社区新闻发声人”工作，与社区新闻发声人进行座谈交流。北京市习近平新时代中国特色社会主义思想研究中心、《光明日报》社调研组调研丰台区社区新闻发声人工作并召开座谈会。邀请丰台区“社区新闻发声人”、丰台区职业技术学校师生，参加2020第二届北京国际公益广告大会和首届中国

▲10月30日，融媒体中心创新组织开展宛平“实景云党课”活动。

▲9月22日至25日，融媒体中心联合新华社北京分社组织召开丰台区社区“新闻发声人”培训会。

▲12月1日，北京市习近平新时代中国特色社会主义思想研究中心、光明日报社联合调研组到东高地街道调研召开丰台区“社区新闻发声人”工作座谈会。

（北京）国际视听大会，现场参观学习，面对面进行实践交流，认真研究2021年公益广告、短视频主题作品创作，确保如期推出一批标志性的精品力作，为庆祝中国共产党成立100周年营造浓厚舆论氛围。

（孙敬尧）

【“客户端”创意运营】 年内，创意“北京丰台”客户端推广运营，持续推进区域媒体一体化发展。坚持“移动端定位、融媒化传播、平台化发展、新技术融合”的发展思路，以“服务群众、引导群众”为宗旨，聚焦群众喜闻乐见的短视频和网络直播形式，持续推出“有事您说话”“云朗读”“百姓短视频”等板块，以全媒体方式生动展示丰台形象，新颖讲述丰台故事。客户端下载量已突破67万，占丰台区常住人口1/3。

（孙敬尧）

【创新举办网络视听文化节目】 9月30日，融媒体中心联合北京陈铎艺术创作室、北京汽车博物馆共同主办网络文化节目《最是人间好时节》中秋网络视听朗诵会在学习强国平台首播。该节目以“情满丰台·月下共吟”为主题，特邀到田华、陈铎、敬一丹等知名艺术家及丰台区融媒体中心主持人、丰台区第五小学学生，以朗诵、歌唱的形式，为现场500名观众及全国各地线上观众奉献了一场诗意中秋视听觉盛宴。节目先后在学习强国APP、央广网、丰台官方APP——北京丰台、快手“丰台发布”、爱奇艺等多平台播出，联动宣发效果显著。在北京市广播电视局举办的“2020年度北京广播电视收听收看优秀作品”评选中，获得融合传播优秀作品。融媒体中心与创作室、博物馆之间的方式合作有利于实现资源共享，新媒体矩阵之间的跨屏传播彰显融媒创新活力。

（孙敬尧）

【新视听“云朗读”线上公益活动】 10月，联合中央广播电视总台央广网共同发起“云朗读”线上公益活动。充分利用5G和云存储技术，以全国中小学语文示范诵读库为衣钵，以“北京丰台”客户端为活动平台，采取线上指导、线上参与的方式，通过持续一个月的朗读活动，提升全国中小学生的文化水平，提高语言口头表达能力。同时，以《京津冀新视听战略合作协议》签署为契机，加强与天津市西青区融媒体中心、河北省香河县融媒体中心沟通对接，积极推动京津冀三地县级融媒体中心宣传报道协同与传播活动联动，探索建立跨区域媒体传播合作机制。

（孙敬尧）

文联活动

【概况】 2020年，丰台区文联坚持以习近平新时代中国特色社会主义思想为指导，深入贯彻党的十九大和十九届二中、三中、四中、五中全会精神，贯彻落实习近平总书记关于宣传思想工作的重要思想以及关于文艺工作的重要论述，坚定文化自信，牢牢把握社会主义先进文化前进方向，围绕举旗帜、聚民心、育新人、兴文化、展形象的使命任务，在区委区政府正确领导下，贯彻落实全区宣传思想文化建设的中心工作，以党建为统领，团结和带领广大文艺工作者，广泛深入开展理论研讨、作品创作和展示工作。全年开展送文化下乡10余场次，举办展览展示、征集赛事10余次，组织创作和展示各门类优秀文艺作品1000余件。

（孟　芳）

【文联深化改革工作】 1月4日，区委第152次常委会研究并通过《丰台区文联深化改革工作方案》。改革方案以区委办名义印发。通过深化改革，推动文联基本职能向团结引导、联络协调、服务管理、自律维权拓展，使文联联系范围和服务管理能力显著提升，对新文艺群体的影响力显著扩大，“互联网＋文联”工作进一步加强，政治性、先进性、群众性更加突出，组织活力、向心力、吸引力不断提高。更好地发挥党和政府联系广大文艺工作者的桥梁纽带作用，为加快丰台区文化强区建设贡献力量。

（孟　芳）

【运营文联“一号一刊”】 年内，在“丰台艺术家”微信公众号定期推送丰台原创文艺作品、文联资讯、文艺家信息等200余篇。制作推出2020年第1至4期《卢沟月》综合类文艺季刊。

（孟　芳）

【组织文化下乡】年内，组织所属协会书画家、摄影家走进南苑乡、卢沟桥乡、王佐镇、花乡和长辛店镇开展文化下乡送福。为村民写春联、送字画1500余幅，为村民家庭拍摄赠送全家福照片。

（孟　芳）

【组织专题创作，助力疫情防控】年内，区文联坚决贯彻中央、市委和区委部署要求，助力坚决打赢疫情防控阻击战。落实单位防控工作，选派干部下沉社区参与一线防控，组织机关全体党员干部到所在社区报到参与社区防控。团结引领所属各协会广大文艺工作者开展防控疫情主题创作，讴歌防疫一线的典型人物和感人事迹，讲好抗疫一线的丰台故事。先后征集各类文艺作品600余件，在丰台文艺家公众号上以50余个专题进行推送，并整合甄选其中的优秀作品以两期《卢沟月》主题专刊形式出版。

（孟　芳）

【意识形态工作】年内，以“三个一”工程全力做好意识形态工作。即：一个平台，坚持党建引领，提高政治站位，在机关开展人人讲党课常态化活动。一个阵地，10月，在公众号建立“艺苑先锋”党建专栏，团结带领广大艺术家倾听党的声音、了解党的政策、接受党的教育、强化党的意识。一个公约，3月，正式发布《丰台区文联文艺家协会微信群管理公约》，规范协会工作微信群管理。进一步强化文联意识形态阵地管控，做到守土有责、守土尽责、守土负责。

（孟　芳）

▲12月13日，“文艺进万家 健康你我他”中国文联新时代文明实践学雷锋文艺志愿队走进北京在宛平党群服务中心举行启动仪式。

【舞蹈主题论坛】年内，邀请舞蹈业内专家，举办9期“使命在肩，抗疫有我”后疫情时代舞蹈艺术教育创作表演主题论坛，就后疫情时代舞蹈创作表演、教学管理、艺术理论探索等热点话题与舞蹈从业者分享。主题论坛在“北京丰台”APP和“丰台文艺家”微信公众号上播出，为广大市民提供优秀的公共文化产品，收到良好社会效益。

（孟　芳）

【“南囿秋风”美术创作】年内，组织开展“南囿秋风”主题美术创作。通过“南囿秋风”全景图等37幅中国画的创作，再现“南囿秋风”历史风貌，突出城市文化底蕴和“南囿秋风”文化品牌。

（孟　芳）

【书法美术摄影作品展】年内，在北京汽车博物馆举办“使命在肩，抗疫有我”——丰台区书法美术摄影优秀作品展。展览集中展示丰台广大艺术家创作的抗击疫情主题优秀书画、摄影作品180件，生动讲述丰台抗疫故事，讴歌抗疫一线的典型人物。

（孟　芳）

【文艺志愿服务工作】年内，丰台区入选为“文艺进万家 健康你我他”新时代文明实践文艺志愿服务项目试点地区。在雷锋同志诞辰80周年时，“文艺进万家 健康你我他”中国文联新时代文明实践学雷锋文艺志愿队走进北京启动仪式在宛平党群服务中心举办。中国曲艺家协会主席、中国文艺志愿者协会名

▲8月30日，丰台区舞蹈家协会名誉顾问、著名舞蹈表演艺术家陈爱莲在“使命在肩，抗疫有我——后疫情时 舞蹈艺术教育创作表演主题论坛”上作讲座。

▲9月17日，区档案局工作人员在区退役军人事务局档案业务培训会上讲课。

誉主席等出席活动。

（孟　芳）

【文艺交流与合作】年内，推荐8个书画作品入展“辉煌七十年 致敬新时代”首都文联系统书法、美术精品展等活动，参与指导区少年宫“春天送你一首歌”诗歌朗诵会。

（孟　芳）

【创作与展演获奖】年内，由丰台区文联选送的舞蹈《我想对你说》获得2020年北京市文联团体会员单位优秀节目展演优秀节目奖。丰台区国标舞代表队参加第八届北京国标舞大赛，取得3个组别第二名、2个组别第三名，区文联获得优秀组织奖。7位书画家作品入展“辉煌七十年 致敬新时代”首都文联系统书法、美术精品展。

（孟　芳）

档案管理

【概况】2020年，是档案事业“十三五”规划的收官之年，也是“十四五”规划的开局之年，丰台区编制《丰台区“十四五”时期档案事业发展规划》，服务中心、服务大局，丰富馆藏资源，规范安全管理、提升服务效能、推进信息化建设，开创丰台区档案事业新局面。

（张　璐）

【信息档案归档】年内，区档案馆搜集2003年抗击非典型性肺炎疫情有关重要文件，整理出《丰台区非典型肺炎防治工作重要文件汇编》，供区委、区政府领导参阅，供疫情防控有关职能部门参考，为丰台区打赢疫情防控阻击战提供决策帮助。征集新型冠状病毒疫情实物档案699件，按丰台区社区防控组要求上交市社区防控组、市档案馆归档。

（张　璐）

【档案行政执法检查】年内，研究制定符合区实际情况的执法检查标准，由原来三张检查单42个检查项目增加为五张检查单70个检查项目。在全区抽取30家单位开展现场检查，随后对存在问题的8家单位逐一进行复查，确保整改落实到位。

（张　璐）

【档案法制培训】年内，邀请市档案局工作人员，围绕机关档案管理规定，在做好疫情防护工作的前提下，采取各单位设置分会场的方式线上授课，对全区各立档单位分管档案工作的领导和档案工作人员共计188人进行集中宣讲教育培训。

（张　璐）

【档案业务指导】年内，针对新备案档案工作人员、涉改的区退役军人事务局机关及下属军休所兼职档案人员、区疫情防控领导小组12个工作机构档案工作人员分别开设培训班，进行专项指导培训，共计130余人参加培训。全年通过现场指导、电话、微信等多种方式指导基层档案人员962人次，发放《丰台区档案整理实操图解》200余册。

（张　璐）

【档案资源建设】年内，接收“国庆丰台区群众游行分指挥部”文书档案120件，实物档案2件，光盘档案3张，数码照片38张；接收丰台区北方世贸轻纺城市场疏解办公室实物档案2件；接收新型冠状病毒肺炎疫情实物档案4件，图书7件。完成北京南中轴全貌拍摄任务的整理归档工作，共移交进馆数码照片842张，视频6.57G、时长1964分钟。

（张　璐）

【档案安全建设】年内，按照档案馆安全体系建设要求，维护馆库安防设施设备，坚持做好馆库“九防”工作，严格执行出入库及调归卷制度，确保档案库区安全。完成全部馆藏档案数字资源专项抽检，抽检率达到电子数据总量的10%。完成全部馆藏数字资源的本地备份，综合备份容量达到22 TB（万亿字节），参加市档案馆第四轮重要档案异地备份工作。

（张　璐）

▲11月27日，区档案馆开展消防演习。

【档案鉴定开放】年内，开展1987－1989年馆藏文书档案的开放鉴定初审工作，共完成初审鉴定136534页，向社会开放馆藏满30年到期档案（1985-1986年）3709件。完成馆藏档案目录规范化整理第三期项目，即（1949－1979）年、（1980－1983）年、(1992－1997)年剩余部分馆藏档案文件级目录202000条的整理规范工作，验收合格率达到99.9％。

（张　璐）

【档案利用服务】年内，做好疫情防控和查阅利用“两不误”，及时制定《应对新型冠状病毒疫情档案查阅利用工作方案》，全年共接待利用者4974人次，出具证明4149份，各类影像14840页，调阅案卷4559卷，电话咨询1000余人次。首次实现了民生档案中婚姻登记档案的跨馆利用。

（张　璐）

【馆藏档案数字化】年内，完成馆藏档案数字化收尾及验收工作，共积累数字化副本790万页、各类目录数据约215万条，已完成“十三五”规划任务。

（张　璐）

【基层档案信息化建设】年内，结合各立档单位的反馈和需求，对档案管理软件进行了升级和完善。统一数字化副本和其他电子文件的命名标准，为建立综合数字档案馆（室）打下坚实的数据基础。

（张　璐）

【国际档案馆日】年内，举办“国际档案日”暨北京市第十二届“档案馆日”活动。活动期间，向全区各单位发放《中国档案报》社发行的档案宣传册《兰台小红工作记》800本、档案宣传环保袋800个和丰台区档案馆编辑的《丰台记忆》1800册，对宣传档案工作、档案文化起到了积极的作用。

（张　璐）

【档案编研】年内，编辑出版第11期《丰台记忆》杂志，重点刊选了丰台区各界民众在党的领导下抗击疫情的图片及文字，讲述了面对突如其来的严重疫情，丰台区的志愿者们不计危险、舍我抗疫的全过程，共印刷1800本。完成《丰台区档案馆馆藏京剧史料选萃》编写工作。编写反映丰台区花乡和草桥村新农村建设及社区发展变化的《草桥村变迁》，被《北京档案史料》杂志采用。

（张　璐）

地方志编修

【概况】2020年是脱贫攻坚决战之年、全面建成小康社会和“十三五规划”收官之年，是全国地方志系统完成“两全目标”的决胜之年，也是防控新冠疫情的一年。区地方志办公室深入学习贯彻落实党的十九大和十九届二中、三中、四中、五中全会精神，围绕区委、区政府中心工作和北京市地方志办公室的工作要求，继续推进地方志编纂和资料征编，深入挖掘利用地方志地情资源，强化地方志资政育人职能。第二轮《丰台区志（1991—2010）》正式出版发行，《北京丰台年鉴》当年完成编纂出版。同时积极履行地方志编纂业务指导职能，推进基层修志工作，指导卢沟桥乡村志编纂工作，年底完成集结成册印刷发行。同时重点收集并整理扶贫、抗疫相关资料，为下一步专题研究积累资料。

（陈　亮）

【《北京丰台年鉴（2020）》出版发行】2020年，丰台年鉴编纂工作克服疫情影响和时间紧、任务重、人员少等困难，通过统筹协调、整合力量、加强沟通等措施，编纂工作有序推进。年鉴编辑部于4月启动编纂工作，向全区供稿单位下发年鉴编写工作通知。期间，因疫情防控要求，年鉴编辑部未能召开集中业务培训会，主要通过电话授课、接受咨询的方式和各位撰稿人联系，答疑解惑、沟通稿件内容质量等。为保证2020年鉴质量和各环节工作顺利开展，年鉴编辑部还先后召开数次年鉴业务研讨会，以会议的形式统一思想认识，讨论年鉴改版框架的调整以及收集修改稿件过程中存在的问题和困难。10月完成稿件征集。12月，经过多轮修改和领导审阅，形成定稿，报送出版社付印。《北京丰台年鉴（2020）》由中华书局出版，全书共计75万字，收录条目1600余条、表格20个、照片100余张、地图1幅。设有特载、专文、区情概览等33个类目，图文并茂、精心谋篇，系统、翔实、准确地记载了2019年度丰台地区经济社会发展各方面的情况。

（陈　亮）

【《北京丰台区志（1991—2010）》出版发行】1月初，在完成三审三校的基础上，完成了区志样书审核工作，并交付北京出版社，正式进入印刷环节。后因受新冠疫情影响，装订工作延迟至3月下旬完成。4月中旬正式出版发行。《北京丰台区志（1991—2010）》编纂工作历时十年，是北京市第二轮规划内志书，也是继2001年首轮《丰台区志》的续修。全书190万余字、93张图、1幅地图。上限始于1991年，下限止于2010年。全书运用述、记、志、传、图、表、录等体裁记述，以志为主，横分门类，纵述史实，设31编159章491节。全面、客观、系统记述了丰台区1991年至2010年间自然、政治、经济、文化与社会各个方面的历史和现状，展示了丰台区20年来改革开放的探索和成就。

（陈　亮）

【推进卢沟桥乡社区（村）志编修】年内，针对卢沟桥乡的20个（社区）村志两次审改中存在的问题，对卢沟桥乡进行督导并逐步修改规范。6月上旬，以靛厂村、卢沟桥村志为范例，区地方志办公室会同市地方志办相关工作人员对卢沟桥乡20个村的村副书记和村志执笔人给予针对性业务指导和培训，共有50余人参与培训。10月，卢沟桥乡20部村志集结印刷成册并召开发行式。卢沟桥乡率先在全市完成二轮乡（村）志的编纂工作，得到北京市地方志办公室的肯定和表扬。

（陈　亮）

【市地方志办到丰台调研】 9月25日，市地方志办副主任张恒彬一行到丰台区调研地方志等业务工作开展情况，并召开座谈会。丰台区委党史办（区地方志办）主任刘怀广，副主任卢华德等作了工作汇报。市地方志办年鉴指导处处长崔震，科研规划处处长黄迎风，第三研究处三级调研员杨华锋，区志指导处四级调研员朱磊等分别就年鉴编纂、史志工作规划、改革开放新时期研究、三轮志修编准备等工作提出指导意见。会后，调研组一行到金中都城墙遗址进行现场调研，详细了解遗迹保护情况。

（陈　亮）

【卢沟桥乡再版村（社区）志发布仪式举行】 10月16日，卢沟桥乡再版村（社区）志发布仪式在西局村西局玉璞园举办。市委党史研究室、市地方志办相关负责人参加发布仪式。卢沟桥乡志书再版工作于2018年启动，全乡各基层组织成立编纂委员会，在市区史志部门的指导下，经过搜集资料、撰写初稿、征集意见、多次修改、复审定稿等环节，历时两年多完成19本村志、1本社区志的编修工作。20本志书共计约400万字，在原版村志的基础上，调整篇章框架设计，增加城市化建设内容，突出党建引领作用和村域特色，再现全乡人民在从2008年到2018年十年间的奋斗历程。市志办及乡党委领导共同对再版志书进行启封，与会领导为20个编修单位颁发了荣誉证书。来自3个基层单位的志书编修工作人员作了交流发言，讲述了编修过程中的体会和收获。此次村落社区志发布为全市基层史志工作增添一份重要成果。卢沟桥乡本轮20部村落社区志，横陈百科，纵贯古今，通过文物古迹、革命斗争、英雄人物、文化民俗、金融服务等章节，集中反映了“四个文化”的内涵特质。

（陈　亮）

【游泳场北路社区史志园地正式开放】 11月27日，丰台区委党史办（区地方志办公室）与丰台街道联合建设的游泳场北路社区史志园地正式对社区居民开放，党史办（地方志办）主任刘怀广、副主任卢华德，丰台街道办事处副主任宁定辉，游泳场北路社区党委书记邓丽华等出席启动仪式。社区史志园地以“党史、新中国史、改革开放史、社会主义发展史教育”为主题，筹集中共党史、新中国史、北京方志等方面的图书共500余册，包括北京市委党史研究室、市地方志办组织撰写的《北京红色文化丛书》系列书籍，北京文史馆推出的《京华纪事》，丰台区委党史办、区地方志办编纂的《北京市丰台区志》《中国共产党北京市丰台区历史大事记》等，以及一批适合社区居民阅读的史志读物。园地通过图书展示丰台历史、丰台地情、丰台文脉，打造爱国主义教育的平台。下一步史志办将与游泳场北路社区加强合作共建，围绕社区居民学史、用志需要，提供史志服务，共同促进基层史志工作发展。社区史志园地是丰台区委党史办继史志园地进校园后，又一个联合共建宣传阵地的新尝试。

（陈　亮）

【搜集整理丰台扶贫和抗疫资料】 年内，积极履行“以史鉴今，资政育人”的职能，及时收集脱贫攻坚和疫情防控工作信息。丰台区对口扶贫支援协作，开展精准消费扶贫，决胜脱贫攻坚圆满收官。结对帮扶的河北省涞源县，内蒙古自治区赤峰市林西县、兴安盟扎赉特旗，青海省治多县全部脱贫摘帽，13.2万名贫困人口全部脱贫。丰台区地方志积极发挥存史功能，收集整理丰台扶贫各类资料为疫情防控大事记和专题资料的编纂积累素材，为开展相关研究做好准备。先后收集、整理丰台防疫抗疫的实时资料、文献资料和新闻报道等，包括政府公告、新闻发布、各级党政部门的行动、卫生防疫工作及医护人员救治、基层防控、市民反应、市场供应、志愿者服务、华人华侨及港澳乡亲捐款捐物等情况，形式有文字、照片、录音、视频、实物等，主动征集反映本地区、各部门、各行业在疫情防控工作中可歌可泣事迹。共收集提供疫情防控专文信息83篇，其中新发地聚集性疫情专文报道32篇，共计12万余字。

（陈　亮）

【《地名志》工作逐步推进】 年内，《地名志》编辑部全体人员克服收集资料难和考证信息难度大等各种困难，为《市地名志》编纂工作提供丰台区部分相关词条信息以及校核相关文稿共计32000余字。推进《丰台区地名志》编纂。至年底，全书共收录道路词条978条，共撰写该部分释文31万多字，向街乡镇征集《丰台区地名志志》公共建筑篇资料约92000字，撰写自然村释文，共81条，近14万字。

（陈　亮）

2021

北京丰台年鉴

教育

综 述

【概况】2020年，丰台区教委辖属教育单位281个。其中，幼儿园145所（教育部门办园28所、其他部门办园4所、地方企业办园4所、事业单位办园1所、部队办园13所、集体办园23所、民办园72所）；小学70所（教育部门办校65所、民办校5所）；初级中学11所（教育部门办校10所、民办校1所）；完全中学12所（教育部门办校11所、民办校1所）；高级中学4所（民办校）；九年一贯制学校13所（教育部门办校11所、其他部门办校1所、民办校1所）；十二年一贯制学校5所（教育部门办校4所、民办校1所）；特殊教育学校1所；中等职业学校5所；其他法人单位15个。招生42592人（幼儿园17592人、小学13590人、初中7629人、普通高中3145人、中等职业学校636人）。毕业28990人（幼儿园10971人、小学10172人、初中4648人、普通高中2425人、中等职业学校774人）。在校生140515人（幼儿园45012人、小学66600人、初中19032人、普通高中8148人、中等职业学校1536人、特殊教育学校187人）。教职工总数18278人（幼儿园7515人、小学4698人、中学5717人、中等职业学校307人、特殊教育41人），其中高级职称1777人、中级职称4450人。北京市特级教师76人、北京市骨干教师162人、北京市学科教学带头人28人。全年教育总投入54.68亿元（不包含以前年度存量资金）。中小学固定资产总值308891.250305万元（不含特教）。设立教育集群8个。

2020年，丰台区教育系统一手抓疫情防控、一手抓事业发展，落实立德树人根本任务，打赢校园疫情防控阻击战，维护教育系统安全稳定，提高教育教学质量，加快推进丰台教育现代化。

强化管控，确保校园无疫情传播。完善疫情防控医校联动、警校联动、校地联动、学段联动的“四方联动”机制，创新形成“领导包片、干部包校”监督检查机制，一对一、人盯人的追踪管理机制，形成横纵贯通、联防联控、群防群治的校园防疫管理模式和长效的、常态化指导监督体系，坚决守好校园阵地，确保师生生命健康安全。全年全系统无校内疫情传播。

抓好疫情防控与教育教学相关工作，完善优化线上教育与学生线下学习相结合的教育教学实践，关注学生心理健康，强化学生自主发展能力，充实教育资源内容，提高教育教学工作水平，完成义教入学、中高考等重点工作任务。通过各种途径及时回应师生和家长关切，发布权威信息，做好政策解读，缓解师生家长焦虑情绪。

改革创新，提高教育教学质量。围绕建设首都教育新高地目标，优化全区教育布局，推动课程改革与育人方式转变，提升教育教学水平。优化教育布局。加快推进基础工程建设。加快推进北京教育学院丰台分院实验学校市级重点建设项目和北师大实验中学丰台学校改扩建等5个区级重点建设项目；加快办理北大附小丰台学校改扩建等2项建设工程前期手续，完成周庄子家园配套幼儿园等3所幼儿园和星河城配套小学的接收工作。

持续扩大优质教育资源。完成丰台二中对看丹中学、看丹小学、人民村小学和北京教育学院附属丰台学校对分校的合并，扩大优质资源覆盖范围。加快推进首师大附中在分钟寺地区合作办学，引导优质资源向教育薄弱地区布局。完成槐树岭中学、南苑一小、苏家坡小学等7所停招学校的撤并分流工作，进一步优化资源配置。持续推进第三期学前教育行动计划，多渠道开拓资源，全年新增普惠性学前学位990个。创新方式方法，推进无证幼儿园综合治理，完成18个街乡镇86所无证园审批为社区办园点工作。

持续强化德育工作。深入挖掘地区特色资源，开展“全要素、贯通式、实践性”思政课程体系研究，推动构建符合区域特点、贯通各学段、师生充分参与融入的新型思政课程。组织“凝聚正能量、同心抗疫情”主题活动，把抗击疫情作为生动教材，引导学生树立正确的世界观、人生观、价值观。

稳步提升中高考成绩。2020年中考500分以上占比为55.96%，比上年提高9.91%；高考本科率达到89.25%，一本率达到54%，分别超出本市平均值13.24和5.71个百分点，为历年最高。4所示范高中一本率占比均超过五成。

推动学生全面发展。完成2020年青少年校园篮球、排球、冰雪特色学校、奥林匹克教育示范校的遴选、推荐和金鹏科技团、科学建议奖的申报工作。疫情期间组织金帆书画院开展线上书画创作，取得较好效果。发挥职成一体化发展优势，成功申报市级特高专业（群）、工程师学院、大师工作室等8个项目；成立丰台区老年开放大学，深入推进社区市民学习；持续开展丽泽大讲堂活动，探索线上终身教育新模式，全民终身学习的学习型城区建设氛围更加浓厚。

持续推进教育改革。继续深化课程与教学改革。利用全面开展线上教学契机，推进各校国家课程校本化实施，提高课程开发能力。不断提高干部教师的课改适应力，推动教、学、考、研、评协同共进。

深化教育督导机制改革。完成新一届中小学兼职督学换届聘任工作，进一步强化义务教育阶段学校督导评价结果在学校考核中的应用，组建专家团队，完成对公办园、民办园、社区办园点的自评及实地督评工作，持续提高教育督导对办学管理水平提升的促进作用。

努力夯实工作基础，打造优质师资队伍。加大高端教育人才培育，截至2020年底，全区有特级校长（书记）10人，正高级教师23名，特级教师88名，区级以上骨干教师2659人。完成两批次应届毕业生公开招聘和退役士兵招聘，共招聘应届毕业生338人。完成正高级教师、市级学科带头人、市级骨干教师（班主任）的初评和推荐工作，新增特级教师12人。深化教师绩效工资改革，坚持向教育教学一线、班主任、骨干教师倾斜，调动教师工作积极性。

维护校园安全稳定。扎实推进城市安全隐患治理三年行动工作，年度监督检查学校幼儿园300家次，完成率100%。制定《丰台区贯彻落实〈北京市中小学校幼儿园安全管理规定（试行）〉工作方案》，建立区级学校安全工作联席会议制度，进一步实现资源整合、协同治理。

积极开展垃圾分类、爱卫创卫工作。成立教育系统工作专班，统筹爱卫、创卫、垃圾分类、光盘行动等工作。有效开展教育系统生活垃圾分类“红绿蓝三三三”专项行动及“小手拉大手，垃圾分类你我同行”主题教育活动，节约型社会建设理念深入师生。

加强党对教育工作的全面领导。将加强党对教育工作的全面领导作为办好教育的根本保证，以加强政治建设、坚持正确办学方向、强化基层组织建设为重点，把党的教育方针落实到教育工作各方面。深入学习贯彻党的十九届五中全会精神，组建教育系统党的十九届五中全会精神宣讲团，立足实际做好宣讲工作。严格落实教工委理论中心组学习制度，开展集中学习36次。将意识形态工作纳入党组织书记抓党建工作述职评议考核，强化基层党组织主体责任和党组织书记第一责任。

持续推进校园文明建设，完成首都文明办和区委宣传部3次测评抽查加强干部队伍和基层组织建设。开展党组织领导的校长负责制调研工作。完成69名副校级及以上干部任免工作，指导基层单位完成约70名中层干部选任工作并做好备案。

加强机关干部队伍建设，分层开展公务员职级晋升和教委机关副科级干部选任等工作，涉及干部32人次。稳妥实施基层党组织换届选举及调整党组织设置，完成12个党组织换届选举和3个单位调整组织设置工作。全年完成党员发展103人，预备党员转正141人。

提高民办党建“两个覆盖”质量，新建立民办党组织3个，发展民办学校党员15人。制定教工委及领导班子成员全面从严治党主体责任清单，推动教工委和基层党组织落实全面从严治党主体责任。组建督查组，全年完成对各基层党组织全面从严治党（党建）现场督查检查。组织各基层党组织开展2019-2020年党建活动经费、2020年防疫工作专项经费自查工作。

（陶慧贤 武卫华）

【规范民办教育发展】 年内，分三批认定46所（53址）幼儿园为普惠性民办幼儿园，完成9718.5万元补贴拨付工作，涉及在园幼儿1.48万人。制定《关于落实受疫情影响支持民办幼儿园和教育培训机构稳定健康发展工作措施的方案》，帮助相关教育机构度过疫情难关。完成7家学科类教育培训机构的审批工作。

（陶慧贤 武卫华）

【做好民生服务】 年内，紧扣群众“七有”“五性”需求，有效满足群众入园、入学要求，接待来访1170人次，受理群众接诉即办3852件，完成人大代表建议、政协委员提案办理44件。与对口帮扶地区新建结对校18对，选派校长、德育干部送教，派遣教师支教36人，连续10年做好内地高中新疆班承办工作。

（陶慧贤 武卫华）

教育管理

【丰台集团集群联系人研修班教育集群特色发展论坛】 1月2日，丰台区教育集群特色发展论坛暨集团集群联系人研修班学期工作总结活动在丰台教科院举行。来自长辛店教育集群、云岗教育集群、科技园区教育集群、卢沟桥教育集群、南站教育集群、方庄教育集群、丰台镇教育集群的联系人进行了交流发言。集群联系人围绕教育集群特色资源开发、发展特色创建情况及集群发展项目实施情况进行汇报发言。北京师范大学洪成文教授针对丰台集群建设情况和联系人发言进行点评。教委基础教育相关负责人提出，丰台教育集群建设就是基于历史、基于资源、基于学生的发展来规划集群建设的。教科院最后进行

▲1月2日，丰台集团集群联系人研修班教育集群特色发展论坛在丰台教科院举行。（蔺玉刚 摄）

2019年度工作总结及下一步工作布置。

（蔺玉刚）

【教师合唱团创编防疫歌曲《守护》】 2月，丰台教师合唱团原创录制抗疫歌曲《守护》在各类媒体平台播放，词曲及编排由合唱团团员居家完成。新冠疫情来袭，同全国人民一样，丰台教育工作者时刻牵挂战斗在抗疫一线医务工作者。教师合唱团成员以此为背景，创编合唱歌曲《守护》，并录制范唱小样。合唱团全体教师克服疫情阻隔，完成识谱、练唱、录音及后期剪辑等一系列工作。

（王云鹏）

【外籍教师与中国教师专题研讨活动】 4月14日，北京教育学院丰台分院国际交流中心组织召开主题为"教学评视角下浅谈中外教师有效协同备课提升课程执行力"的网络视频研讨会。全区50多所中小学、校外机构及职业学校130多名教师参加会议，其中在职外籍教师20余名。会议采用人机耦合技术实现中英文实时互译，实现时时网络互动交流研讨，以满足参会的中外教师试听需求。

（王　恩）

【全区中小学安装体温监测设备】 4月至5月底，为配合学生返校复课，按照区教委疫情防控领导小组要求，充分利用信息化手段科学有效应对疫情，组织协调全区中小学体温监测设备的安装工作，共完成110所中小学校164址设备的安装调试工作。信息中心制定《关于丰台区教育系统防疫自动测温设备配置工作方案》，邀请丰台区科信局、学校校长、信息中心、体卫中心等各方代表组建专家组，遴选出入围供应商。区纪委驻教工委工作组和区审计局对此次入围供应商选取程序进行了全程监督和全程录像，保证了程序的完整和结果的公平、公开和公正。后分阶段对高中校、初中校、小学校完成测温仪安装，保障全区中小学返校复课及日常疫情防控工作顺利进行。

（余　敏）

【党政领导干部暑期专题培训】 8月23日至25日，丰台区教育系统举办2020年党政领导干部暑期专题培训，主题为"后疫情时代背景下的学校治理"。根据疫情防控要求，培训采用线上线下相结合方式，机关干部在会场参加培训，基层单位采用视频会议方式参训，基层参训人员范围扩大到中层干部，全系统共有1600多名干部参加培训。本次培训特别邀请了市教委、北京师范大学等市区专家、领导，分别就中高考改革、学校心理健康教育、教育教学方式变革、幼儿园管理等方面做出针对性指导。区教委工作人员从如何做好学校人事工作、如何做好学校教育自评工作两个方面对基层干部进行了专题辅导。

（朱　瑞）

【丰台区名校长（园长）工作室结业典礼】 12月28日，丰台区"十三五"名校长（园长）工作室结业典礼在区教委机关举行。经过三年探索，六个工作室的全体学员经考核均达到了合格标准，顺利结业。同时，为汇集三年间工作室的学习成果，丰台教科院制作了《蓄势待发 乘风破浪》文集，该文集从理论和实践两个层面汇集了30位名校（园）长和学员们历经三年的研修实践收获。区委教育工委、区教委领导和名校长（园长）共同为学员颁发了结业证书和理论实

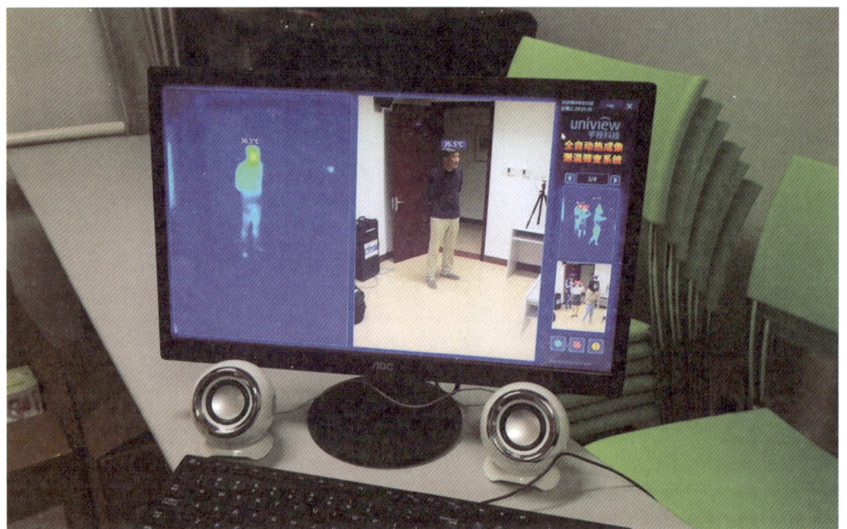

▲5月20日至29日，全区中小学校安装体温监测设备。（信息中心 摄）

▲8月23日至25日，丰台教育系统举行党政领导干部暑期专题培训。

▲12月28日，丰台区名校长（园长）工作室结业典礼。

践成果集。

（史雨淋）

【完成中小学幼儿园校长（园长）职级制评审工作】12月，按照上级文件及工作要求，丰台区教育系统进一步推进中小学幼儿园校长（园长）职级制，开展丰台区中小学幼儿园校长（园长）职级制第二次评定工作。经过材料评审、面试答辩、评审委员会讨论票决、区委教工委会议通过、公示等程序，共评定出李艳红、刘淑玲等23名高级校长（书记）、王秀莉1名中级校长（园长）和蒋炎富1名初级校长。

（朱　瑞）

【丰台区挂牌两家青少年法治教育实践基地】年内，在区委全面依法治区委员会守法普法协调小组的指导与支持下，丰台区教育系统将丰台二中、十八中附小挂牌为丰台区青少年法治教育基地，打造丰台青少年法治宣传教育品牌，努力形成丰台普法新名片。

（张晓莞）

【“小手拉大手·垃圾分类从我做起”活动】年内，丰台教委组织开展垃圾分类“小手拉大手·垃圾分类从我做起”征文比赛和宣传画大赛活动。活动面向全区小学、初中、普通高中学生以及教师，经过学校初评和推荐，共收到征文115篇（其中教师征文5篇）、宣传画155幅（其中教师作品9幅）。经过评审，共评选出征文一等奖21名（含5名教师）、二等奖20名、三等奖30名，优秀奖44名；宣传画一等奖15名（含4名教师）、二等奖29名（含5名教师）、三等奖48名、优秀奖63名。

（余　琴）

【抗击新冠疫情后勤保障】年内，区教委教育工会按照人均180元标准，分批次共下拨268.6万元抗疫经费，支持基层学校为教师购买防疫物资。同时，采买12.6万元防疫物资，慰问抗疫一线人员660余人次。选派工会干部积极参与下沉值守工作，得到了所在街道和社区的充分肯定。

（王云鹏）

【丰台教育系统疫情防控】年内，丰台区所有学校启动防疫应急响应机制，每日上报学校相关数据信息。新发地疫情后，丰台教工委、教委立即启动战时机制，对全系统教职员工和学生进行安全健康教育，并采取分批启动中小学、幼儿园线上教学工作，教育广大师生员工做好个人防护，对教职员工进行全员核酸检测，建立重点人员台账，做好疫情期间中高考特殊要求备考工作，多种形式对师生和家长进行心理健康教育，开展“凝聚正能量 同心抗疫情”主题教育活动等有效应对措施。在广大师生员工的共同努力下，截至年末，丰台教育系统18万师生保持零感染。

（翟洪臣）

【完成北京市“空中课堂”义务教育课程561课时拍摄任务】年内，根据北京市教育委员会《关于做好“空中课堂”市级课程录制基地保障工作的通知》精神，丰台分院信息中心在充分论证的基础上，根据丰台区的实际情况，组建信息中心、丰台五小、首都医科大学附属小学、北师大实验中学丰台学校四个拍

▲疫情期间，区教委工作人员参与疫情防控。

▲疫情期间，北京教委丰台分院完成北京市“空中课堂”义务教育课程561课时拍摄任务。（李进军 摄）

摄基地，积极参与北京市“空中课堂”课程录制工作。4月13日至6月22日，共拍摄完成春季义务教育学科课程477学时。8月17日至10月21日，信息中心拍摄基地完成秋季学期义务教育初中课程114学时。课程分别在歌华有线“空中课堂”12个电视频道播出和回放；在北京数字学校网站及腾讯、阿里、百度、抖音、中文在线等互联网平台提供点播，为北京市教育系统抗击新冠疫情工作做出贡献。

（刘顺长）

教育教学

【暑期线上夏令营活动】 7月至8月，丰台区教委在疫情防控常态化背景下，组织开展系列丰富多彩的线上体育、艺术、科技夏令营活动，制定区级活动方案，充分利用本区少年宫、科技馆等教育资源，开展自主性、趣味性、互动性、参与性为主的线上活动78个，参与学生超过15000人次。

（马丽娜）

【“教师网络教研+学生线上学习”研学模式探索】 2月至7月，艺体教研室设计和开展“教师网络教研+学生线上学习”教研与教学模式的新探索。开展内容与形式丰富的网络教研活动，以全方位提升丰台区中小学艺术体育教师教育教学能力，利用区教研平台、学科微信公众号等推送437节微课、202篇导学案、588份资源包，辅助全区中小学艺术体育教师探索和实践学生居家学习的指导方法与策略。928位艺术体育教师在学期末调研中，对艺体教研室网络教研促进学生居家学习指导工作的总体评价为80.06％的满分率。

（杨俐嘉）

▲“教师网络教研+学生线上学习”研学模式探索（杨利嘉 摄）

【丰台教师短期教育援藏】 11月2日，丰台分院副院长和工区会主席带领丰台分院教研员和北京十二中教师组成的专家团队到拉萨北京实验中学，进行为期五天的教育援藏活动。教研员们参观拉萨北京实验中学“山水学府生态校园”的特色校园文化并与各科教研组长见面，针对听评课和培训需求进行了沟通交流，同时开展学科专题讲座。

（蒋莎莎）

【丰台区2021年高考备考教学研讨会】 11月14日，“丰台区2021年高考备考教学研讨会”在门头沟龙泉宾馆召开，丰台教委和丰台分院相关领导出席会议。丰台区各高中校教学主管干部、高中教研员等40余人参加会议。首师大附属云岗中学和丰台二中分别就2020年高考工作总结及2021年高考备考计划进行了交流分享，丰台分院中教研教师从近三年高考语数英市区对比、等级赋分市区对比等方面进行了详细的解读与分析。

（余　琴）

【实施新高考总结研讨会】 12月15日，丰台区召开实施新高考总结研讨会议。丰台教委基教二科、丰台分院、丰台教科院相关部门领导及教师，各高中校教育教学主管干部约70余人参加会议。基教科相关负责人对丰台区首轮新高考工作进行了全面总结。北京十二中、丰台二中、大成学校、东铁营一中、北京十八中参会人员分别从学校管理、师资研训、课程建设、课堂教学、学生培养等方面进行典型经验介绍。自2017年秋季开始，丰台区普通高中与全市同步实施新高考方案，全面深化高中课程改革，努力实现从“育分”到“育人”的转变，发展素质教育，尝试满足学生可选择性发展需求。区教委高度重视高考改革，积极组织新高考调研与指导，坚持立德树人，加强顶层设计，注重统

▲11月，丰台教师赴拉萨北京实验中学开展短期教育援藏。

▲12月15日，丰台区召开实施新高考总结研讨会。

筹推进，促进普通高中高水平有特色地发展。

（余　琴）

教育督导

【丰台区教育督导工作会】 1月3日，区政府教育督导室在教委三楼报告厅召开2020年丰台区教育督导工作会。中小学、幼儿园专兼职督学、督导联系人共计300余人参加会议。会上，区政府教育督导室和教科院领导分别为2019年中小学、幼儿园论文案例获奖代表颁发证书。督导中心三个工作室进行2019年工作总结并进行案例分享。会议由督政督学科相关负责人主持，并从督政、督学、评估监测、督导基础建设四个方面对《丰台区2020年教育督导工作要点》进行了解读。

（于福薇）

【春季学期高三、初三试开学情况专项督导】 4月27日，18名专兼职督学对全区所有开设高三年级的挂牌督导学校（17所）围绕师生入校排查、校园防疫、用餐及住宿等方面进行督导检查。各学校对督导检查高度重视，对照督导报告单内容，逐项逐条进行自评分析，查漏补缺，确保疫情防控措施落实到位，春季学期教育教学工作有序推进。5月11日，41位专兼职督学采用“一对一”的督导方式，对全区开设初三年级的所有学校实施试开学情况专项督导全覆盖，重点督导检查学生入校情况、学生课间休息情况、午餐情况、学校校医配备及其它疫情防控措施等内容。

（于福薇）

【完成2020年国家义务教育质量监测工作】 9月28日，丰台区20所样本校的588名学生、20名校长和180名教师参加了2020年国家义务教育质量监测。测试学科为科学、德育。在疫情防控常态化的特殊背景下，为确保监测工作的顺利实施，区教委、区教育督导室高度重视，研究制定实施工作细则、应急预案及疫情防控工作方案，对样本校校长、副校长、监测员、信息员、责任督学、学科教师等相关人员进行了多次专题培训。9月21日、22日、25日、27日区教育督导室、督导中心的同志协同体卫中心、信息中心人员、责任督学对20所样本校开展了两轮测前视导。9月28日测试当天，市教委和区教委相关领导和工作人员深入样本校，实地巡查监测现场。全区参与此项工作的干部教师严格执行考场疫情防控要求，遵守监测工作流程，切实做好保密工作，确保了2020年国家义务教育质量监测工作圆满完成。

（于福薇）

【丰台区中小学、幼儿园2020年疫情防控专项督导】 年内，根据北京市教委召开的基础教育视频会议精神，以及市

▲1月3日，丰台区教育督导工作会在区教委召开。（于福薇 摄）

区两级关于做好疫情防控工作各项部署要求，区教委、区教育督导室组织挂牌责任督学对全区中小学幼儿园开展疫情防控专项督导，围绕学校管理、测温登记、控制聚集性活动、食堂冷链管理等12项评价内容，通过深入学校等方式对108所中小学（含140多所校址）和193所（含分园分址）幼儿园开展实地督导检查，督促学校查漏补缺，确保做好疫情防控各项工作。

（于福薇）

▲4月27日，高三年级试开学督导评估。（于福薇 摄）

学前教育

【学前教研室美术课题组成果汇报展示会】11月27日，丰台分院举办“新时代背景下幼儿园美育质量提升”论坛暨“丰台区十三五美术课题组成果汇报展示交流会”。会上，学前教研室高小芳进行《新时代美育视域下幼儿园美术活动教学策略的实践研究》主题汇报。美术课题组的相关幼儿园：丰台第二幼儿园、丰台区青塔第二幼儿园、丰台区蒲黄榆第一幼儿园、丰台区宛平幼儿园、丰台区花城幼儿园从不同美术活动类型角度阐述践行美育的理念转变和课程实践。丰台区幼儿园园长、教师共计1000余人通过线上线下方式参与活动。

（秦 燕）

▲11月27日，丰台区学前教研室美术课题组成果汇报展示会在北京教育学院丰台分院召开。（朱静 摄）

【学前教育质量提升研讨会】12月24日，由丰台区教委、学前教研室、首都师范大学联合举办的“教育信息化2.0背景下丰台区学前教育质量提升研讨会”在北京教育学院丰台分院召开。研讨会采取线上线下混合方式进行，北京师范大学教授冯晓霞、首都师范大学教授余珍有、丰台分院学前教研室主任高小芳、丰台区丰台第一幼儿园园长朱继文、丰台分院学前教研室老师秦燕分别从宏观、中观、微观层面，就学前教育课程政策和课程质量如何促进丰台区学前质

▲12月24日，教育信息化2.0背景下丰台区学前教育质量提升研讨会在北京教育学院丰台分院召开。（陈旭 摄）

量向内涵发展进行了发言。丰台区各幼儿园园长、教师以及京津冀地区教师等3000余人参加活动。

（秦 燕）

【接收配套幼儿园】年内，丰台区教委陆续接收2所小区配套建设幼儿园；接收1所开关厂配套幼儿园和1所亚林西配套幼儿园，并对其进行装修改造和装备配备。

（郝文晟）

基础教育

【暑假中小学家长大讲堂正式开讲】7月18日至19日，丰台区2020年暑假中小学家长大讲堂正式开讲。北京师范大学教授吴洪健、北京教育科学研究院研究员赵澜波分别进行题为《让假期成为绝佳的成长期》《暑期中的亲子沟通》的专题讲座。520名家长参加了讲座和丰台教委基础教育一科与丰台教科院联合组织的大讲堂活动。其主旨是让家长学会理解孩子，掌握正确的沟通与教子方法，融洽亲子关系。整个讲座既有理性的认知，更有极具操作性的实践指导，引领着家长逐步形成正确的家教观念，并通过自身行为的改善，让假期成为孩子成长的佳期。

（刘 建）

【疫情期间网络联动护佑学生心理健康】7月，丰台分院心理教研室设计开展主题为"爱·快乐·意义"的中小学生网络夏令营专题活动。学生们将自己在疫情期间的见闻，对于生命、自我、亲情和国家的认知和感悟充分表达出来。网站专题活动区发布学校主题帖792个，学生参与讨论回复发帖11040个，教师辅导回帖402个。同时，网站继续在"我需要心理支持"板块安排有专业资质、有咨询经验的优秀心理教师为学生、家长和教师服务。辅导教师在学生专区发布并回复22个问题，家长和教师专区各11个问题。每一个问题都得到了及时、充分的跟进、解答。在网络平台实时互动的基础上，心理教研室继续完善市、区、校三级心育指导服务体系，有效预防极端行为发生。

（康菁菁）

【优秀教师赴河北涞源开展帮教活动】8月15日至19日，丰台区优秀教师代表赴河北涞源，开展"2020年京冀对口帮扶涞源县小学班主任教育管理能力提升项目培训"。在开班典礼上，丰台教委相关负责人对丰台区教育发展情况进行了介绍，要求丰台区的授课教师与涞源县的教师进行充分深入的交流，在互动中发挥优秀经验的辐射作用，在总结提炼经验的过程中不断提升自我，并希望与涞源县开展长期合作，共同提高涞源县教育教学水平。丰台教科院德育研究室相关人员根据培训对象学习特点与发展需求有针对性地设计培训课程，课程内容包括一体化思维下的班级建设、班级文化建设、家校协同、师德建设等十项内容。根据课程内容，精心选择授课教师，最终北京四中璞瑅学校孙秀林、北京十八中附属小学陈辉、丰台一小吴晨、丰台一小王琳、东铁匠营一小刘佳、北京市第十二中学南站校区陈涛、北京小学丰台万年花城分校魏燕以及丰台区德育研究室简作军、杨静、刘建10位老师承担此次授课任务，涞源县100名小学班主任参加了培训。

▲学生在疫情期间创作丰富多彩的手抄报。

（刘 建）

【精神卫生日活动】10月10日，丰台区教工委、北京教育学院丰台分院与丰台区卫生健康委共同举办"10.10丰台区精神卫生日系列活动暨青少年心理健康服务专题研讨会"。会议强调了2020年精神卫生日"弘扬抗疫精神，护佑心理健康"的主题，总结了疫情期间丰台区教育和卫生系统针对不同服务群体开展心理危机干预、辅导和长程心理支持的工作经验，也对教卫联动促进群体身心健康发展的远景进行了初步阐述。与会教师聆听了专题讲座《健康心理，快乐人生——青少年心理疾病的识别与干预》，20名小学心理教师体验了音乐减压工作坊。本次活动旨在加强教育系统和精神卫生系统的互通、互助与合作，

▲7月18日至19日，丰台区2020年暑假中小学家长大讲堂老师正在进行线上讲座。（刘建 摄）

▲10月10日，丰台教育系统与丰台区卫生健康委共同举办的精神卫生日活动在北京教育学院丰台分院进行。

促进全社会关注青少年心理及精神健康。区教工委、卫生健康委、丰台分院、丰台区精防院领导以及全区80余名中小学心理专兼职教师参加了此次活动。

（康菁菁）

【第三批义务教育学校管理标准达标验收】10月27日至28日，丰台区教委进行了第三批义务教育学校管理标准化建设区级验收工作。针对本次验收，丰台区教委基教一科联合相关科室牵头制定了《丰台区义务教育学校管理标准化建设第三批次达标验收工作方案》，成立了由18个科室部门、市级专家、专职督学组成的评估组。结合当年的疫情防控工作，区教委采取了前期指导、集中汇报、资料抽查的方式进行区级验收，经过评估，20所申报学校全部达到了义务教育学校管理标准。

（李　冉）

【北京小学丰台万年花城分校办学实践研讨会】10月28日，丰台区教委举办以"让孩子拥有自主人生"为主题的北京小学丰台万年花城分校办学实践研讨会。活动由丰台区教工委、丰台区教委主办，丰台区教育科学研究院、北京小学丰台万年花城分校、北京教育音像报刊总社、现代教育报社承办。在研讨会主环节，校长做"让孩子拥有自主人生"的主题报告，市区级领导为学校骨干教师工作室颁牌，教师代表发言，国家行政学院鲁良教授、北京小学校长李明新等专家做了点评。会议期间，学校还进行了轮滑队、冰球社团、排球社团、篮球社团活动展示和四节观摩课展示。

（朱　瑞）

【中学生涯主题班会实践现场会】12月3日，丰台区教委基教一科、二科，北京教育学院丰台分院心理教研室主办的2020年丰台区中学生涯主题班会实践现场会在清华附中丰台学校召开。四位班主任分别聚焦职业探索与目标、时间管理与成长、自我认识与逐梦、学习方法与效能，同步展示了四节初二、初三年级的生涯主题班会。课后，四个分会场同步评课。在主会场，清华附中丰台学校校长作《加强心理—生涯教育，推进育人方式变革》主题报告。丰台区各中学、部分小学的校长、心育主管领导、心理教师、班主任120人参加活动。丰台区已分别在高中、小学、初中连续举办三届生涯教育现场会，旨在通过示范引领促进全区学校对生涯教育的重视和实践。

（邓　利）

【京港澳京津冀教育协同发展专题研讨会】12月18日，北京教育学院丰台分院国际交流中心举办"疫情形势下智慧校园建设的机遇与挑战"京港澳、京津冀线上线下混融式专题研讨会。北京、香港、澳门、河北、天津5地，29所学校2000余人通过线上线下参与研讨。北

▲10月28日，北京小学丰台万年花城分校举行办学实践研讨会。

▲12月3日，丰台区中学生涯主题班会实践现场会在清华附中丰台学校召开。（李涓 摄）

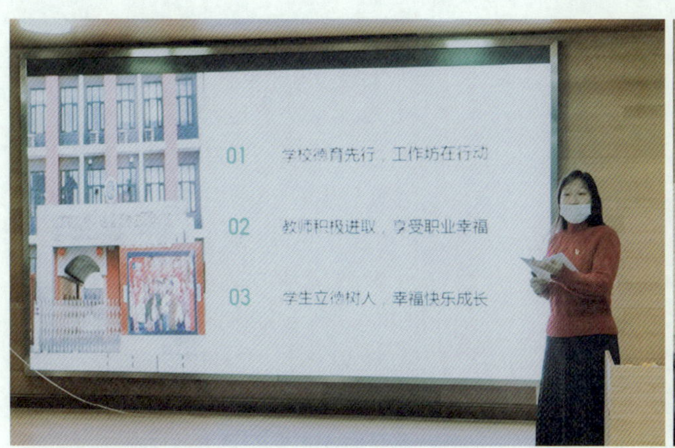

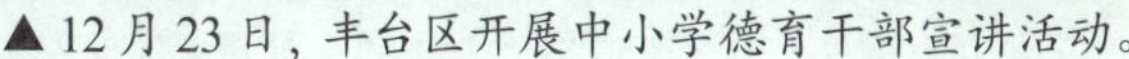
▲12月23日，丰台区开展中小学德育干部宣讲活动。

▲中华优秀传统文化习养教室种子教师培训会在丰台分院课程发展中心举行。

京市第十八中学、香港特别行政区马鞍山循道卫理小学、澳门特别行政区嘉诺撒圣心英文中学、河北省承德市宽城满族自治县松岭镇小学、天津市第七中学以及北京市教育科学研究院丰台实验小学的领导和老师分别进行主题发言。北京师范大学余胜泉教授以“迈向智慧教育新生态”微讲座与大家分享人机协同的教育智能环境，人才培养模式的变革以及创新教育生态等内容。本次研讨会充分发挥了方庄教育集群的教育资源优势，将联合香港、澳门、河北、天津多地打造区域教育共同体，携手创建优质教育生态圈。

（王梓旭）

【丰台区中小学德育干部宣讲活动】 12月23日，全区中小学70名德育干部在丰台教科院开展了主题为“建设学校班主任工作坊 促进班主任专业发展”的德育干部宣讲活动。开展学校班主任工作坊建设的德育宣讲活动，是为了更好落实《北京市教育委员会关于加强北京市“紫禁杯”优秀班主任工作室区级工作站和学校工作坊建设的通知》精神要求，从市级层面建立三级班主任队伍建设体系，即北京市“紫禁杯”优秀班主任工作室、北京市“紫禁杯”优秀班主任工作室区级工作站、学校工作坊。在专家点评环节，专家们一致认为德育干部宣讲活动“精致、精美、精彩”，学校工作坊建设应坚持三个导向，即坚持以“实际需求为导向，系统设计”，坚持以“教师专业发展为导向，科学实施”，坚持以“提高人的生命质量为导向，关注班主任的职业幸福感”。

（简作军）

【丰台区首批中小学生涯教育基地校揭牌】 12月24日，2020年丰台区教育学会教育心理研究会年会暨丰台区首批中小学生涯教育基地校揭牌仪式在丰台二中举行。在相关学校的重视与申报下，经丰台区教委基教一科和二科领导、市级专家、心理教研室教研员组成的评审组的初评、复评后，丰台区首批中小学生涯教育基地校产生。作为基地校之一，丰台二中教师代表分享了学校生涯教育工作经验。各校心理教育主管领导、心理教师及部分班主任、科任教师100余人参加了大会。

（卢元娟）

【获三项“国优”称号】 年内，在全国少先队系统“国优”评选中，丰台区大红门第一小学少先队大队、长辛店中心小学大队辅导员吕晖、北京市第

▲9月30日，丰台区在北京市第十二中学附属实验小学举办“从小学先锋 长大做先锋”新队员集体入队仪式。

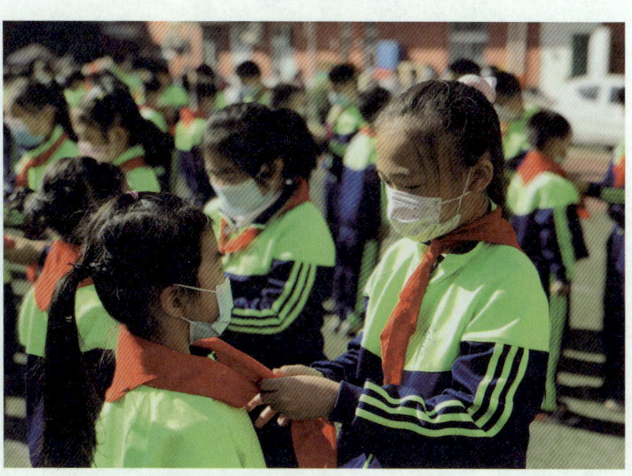
▲全面完成全童分批入队。

十二中学附属实验小学少先队员李东实，被授予全国优秀少先队集体、全国优秀少先队辅导员、全国优秀少先队员称号。

（李晓季）

【新队员集体入队仪式】年内，区委教工委、团区委、区少工委在北京市第十二中学附属实验小学举办“从小学先锋 长大做先锋”新队员集体入队仪式。仪式上红领巾宣讲团的成员带领新、老队员重温队史，铭记誓言。新队员代表发言，要从小学先锋，长大做先锋！忆队史、行队礼、唱队歌，激发队员用实际行动，为红领巾增添新时代的光荣，做一名光荣的少先队员，做共产主义事业的接班人。丰台区委、区人大领导，少先队工作者、集群辅导员代表参与了活动。

（李晓季）

【全面完成全童分批入队】年内，深入贯彻落实《关于构建阶梯式成长激励体系增强少先队员光荣感的指导意见》，贯彻落实北京市少先队改革方案任务要求，不断完善工作机制体制，加强少先队基层组织建设，创新教育和活动方式，各学校少先队组织在有目的、有计划、有实效的开展队前教育，制定入队方案及细则基础上，全面完成“全童分批入队”，全区各学校有组织、分批次地吸收适龄儿童加入少先队。至2020年底，全区有64333名少先队员。

（李晓季）

【中华优秀传统文化习养教室种子教师培训】3月31日，丰台分院课程发展中心启动第五期与第六期中华优秀传统文化习养教室种子教师培训。培训以线上线下相结合的方式开展，培训会启动以来，种子教师研修班共开展10次专家讲座、3场专题研讨会、2次研学体验、1场案例分享会。借助线上平台，实现了全国3000余人次参与培训，辐射范围涉及227个城市，形成21余万字的案例集。

（王贝贝）

驻区高校

首都经济贸易大学

【概况】2020年，首都经济贸易大学（以下简称首经贸）占地面积36万平方米，产权校舍建筑面积45.73万平方米。图书馆建筑面积2.84万平方米。全年教育经费投入112109万元，其中财政拨款90877万元、自筹经费21232万元。固定资产总值115303万元，其中教学、科研仪器设备资产值62403万元，信息化设备资产值17952万元。拥有教室419间，其中网络多媒体教室349间。拥有图书214.1248万册，计算机8209台。网络信息点349个，上网课程1355门，电子邮件系统用户7180个，管理信息系统数据总量2096GB，数字资源量中电子图书1176867册、电子期刊1346985册、学位论文8887683册、音视频147948小时。学校由北京市教委举办，为财经院校，设有2个校区，设置19个院（系、部）。开设50个本科专业，覆盖10个学科门类；具有一级学科11个；一级学科博士点4个；一级学科硕士点7个、硕士专业学位授权类别17个；博士后科研流动站4个，其中，博士后研究人员出站6人、进站1人、退站2人、在站17人。国家级一流本科专业建设点8个，北京市级一流本科专业建设点3个，北京高校重点建设一流专业4个，北京高校高精尖学科3个。北京重点实验室1个。教职工1508人，其中专任教师1003人，包括正高级179人、副高级356人；博士生导师142人、硕士生导师579人。“长江学者奖励计划”特聘教授1人；“国家高层次人才特殊支持计划”领军人才2人、青年拔尖人才1人；“国家杰出青年科学基金”获得者1人，“国家优秀青年科学基金”获得者1人；青年北京学者2人。外籍教师27人，其中副教授1人。学历教育学生中毕业生4609人，其中研究生1320人（博士生55人、硕士生1265人）、普通本专科生2512人（本科生2506人、专科生6人）、成人教育本专科生777人（本科生541人、专科生236人）。本科毕业生就业率88.97%。招生5125人，其中研究生1712人（博士生120人、硕士生1592人）、普通本专科生3253人（本科生2449人，第二学士学位450人，高端技术技能人才贯通培养试验项目354人）、成人教育本专科生160人（本科生160人）。高考北京地区提档线不限选考科目一563分，不限选考科目二554分，物理必考专业组564分，物理/化学（选考一门）专业组581分，物理/化学/生物（选考一门）专业组559分。在校生16024人，其中研究生4205人（博士生540人、硕士生3665人）、普通本专科生10611人（本科生10611人）、成人教育本专科生1208人（本科生963人、专科生245人）。留学生毕业210人、招生265人、在校生512人。网址：www.cueb.edu.cn。

（黄少卿）

【思想建设】年内，首经贸学校领导班子以习近平新时代中国特色社会主义思想为指导，深入学习贯彻党的十九大和十九届二中、三中、四中、五中全会精神，认真贯彻落实习近平总书记关于教育工作系列重要指示和全国、北京市教育大会精神，不断加强党对学校工作的全面领导，团结带领广大干部和全校师生员工坚持内涵式发展、特色发展、差异化发展，在疫情防控、党的建设、人才培养、学科建设、教学科研、师资队伍、社会服务等方面取得成果，呈现出良好发展态势。学校党政领导班子全面贯彻新时代党的教育方针，牢牢把握立德树人根本任务，制定出台一系列文件，着力探索建立健全学校“三全育人”体制机制；扎实推进思政课程改革，打造北京市首批重点马克思主义学院，在市属高校中首批开设《习近平新时代中国特色社会主义思想概论》课程；深化推进课程思政建设，试点学院课程思政建设取得初步成效，学校当选全国财经类高校课程思政联盟常务理事单位。

（黄少卿）

【新冠疫情防控】年内，面对突如其来的新冠肺炎疫情，校领导班子迅速成立新冠肺炎疫情防控工作领导小组及9个防控工作组，启动师生疫情防控信息每日零报告机制、校园应急管控措施，启用医学健康观察区，成立红庙校区医学健康观察区临时党支部。学校党政齐抓共管，压紧压实责任，领导干部坚守岗位、靠前指挥，各级党组织通力合作，组织疫情通填报、做好师生动态追踪。花乡地区升级为高风险地区后，班子迅速响应，第一时间组织进行全员核酸检测。特殊毕业季，校领导率先垂范，带领教职工高质量完成1640余名毕业生行李收整工作。学校1人荣获“北京市抗击新冠肺炎疫情先进个人”。学校做好疫情防控信息登上学习强国125次。

（黄少卿）

【党建工作】年内，获评北京高校先进党组织1个、优秀共产党员2人、优秀党务工作者1人。评选校级优秀主题党日活动27个、党建工作创新创优项目立项13项。

（黄少卿）

【师德师风建设】年内，继续实施“驼铃计划”与“驼峰计划”，评选“优秀教师”“师德先锋”“育人标兵”各10人。

（黄少卿）

【网络思想政治教育】年内，加强疫情期间教职工思想动态调研，完成两期教职工思想动态专项调研报告。创新学生思想政治教育载体，充分利用新媒体平台，开网络思想政治教育。《构建“矩阵式”深度辅导模式 打造新时代“三全育人”工作新格局》获“第六届首都大学生思想政治教育工作实效奖”一等奖。2名教师获首届全国高等学校外语课程思政教学比赛一等奖。

（黄少卿）

【学科建设】年内，建立以绩效为杠杆的学科建设经费考评体系，进一步提高应用经济学、工商管理、统计学3个北京市高精尖学科建设水平。启动第五轮学科评估和专业学位评估工作。积极组织一级学科博士点和专业硕士点申报，理论经济学、法学、马克思主义理论3个一级学科博士点和新闻与传播1个专业学位硕士点进入北京市拟新增博士硕士学位授权点推荐名单。

（黄少卿）

【人才培养】年内，全面贯彻落实大类培养要求，启动2021年新版人才培养方案修订，积极推动一流课程与优质教材建设，获批国家级线下一流课程2门，国家级线上线下混合式一流课程1门，北京市优质本科课程4门（含重点项目1门），北京市优质本科教材4部；培育优质线上教学资源，优化智慧教学环境，进一步扩充线上教学资源，47门课程在“中国大学MOOC”平台上开课；高度重视教学质量提升，继续开展课堂教学优秀奖、教学卓越奖、教学新秀奖评选，新增北京市教学名师北京市青年教学名师各1名，市级优秀本科育人团队1个。扎实推进研究生分类培养，发挥科研育人的导向作用，研究生科研成果数量与质量有较大突破，发表高水平期刊论文78篇，其中权威A类2篇、权威B类22篇、国际A类9篇、国际B类5篇。强化研究生导师管理，发挥导师研究生培养第一责任人作用，完成492名校内导师立德树人自查和导师考核、365名校外导师考核工作，新增博士生导师11名、硕士生导师51名，认定博士生导师1名、硕士生导师3名。

（黄少卿）

【科研项目申报及学术】年内，高层次项目申报数与立项率继续保持较高水平，获批类型多元化，立项率同比增幅7%，获批国家级项目经费增加一倍。共获批各类纵向项目194项，其中，国家社科基金项目29项，国家自然科学基金项目19项，省部级项目55项。修订《首都经济贸易大学期刊目录》。全校教研人员共发表论文741篇，其中中文权威A论文11篇，权威B论文67篇，CSSCI/CSCD期刊论文166篇，北大核心期刊论文78篇；国际期刊SCI、SSCI检索论文126篇，国际高水平论文发表数量实现快速显著增长。出版专著、编著、译著、教材共计123部，其中学术专著86部；获5项北京市哲学社会科学优秀成果奖。《马克思“科技—经济”思想及其发展研究》入选2019年度“国家哲学社会科学成果文库”。

（黄少卿）

【协同创新和社会服务】年内，特大

▲6月，首经贸教师在疫情防控期间为毕业生整理、寄送毕业证书，图为马克思主义学院为毕业生准备的毕业寄语。（刘娟 摄）

城市经济社会发展研究协同创新中心获批教育部2020年度省部共建协同创新中心，国家税收法律研究基地被授予“北京市模范集体”荣誉称号；成立北京经济发展研究院、北京自贸区研究院、中国ESG研究院；京津冀蓝皮书（2019）获第十一届“优秀皮书奖”一等奖，智库研究成果获批北京市领导决策咨询课题7项。获批北京市社会科学基金决策咨询项目7项，其中重大、重点项目4项。8项成果得到省部级以上领导批示。

（黄少卿）

【干部队伍和师资队伍建设】 年内，大力推进处级干部集中调整，其中提拔任用18人，交流任职8人，机构调整任职17人。坚持落实人才强校战略，新入职教职工91人，其中引进学科带头1人，补充师资78人；新增“长江学者”特聘教授、国务院政府特殊津贴专家各1人，中宣部文化名家暨“四个一批”人才工程2人；入选中宣部宣传思想文化青年英才、第二批青年北京学者计划、北京市宣传思想文化系统“四个一批”人才工程、北京市百千万人才工程、“北京市三八红旗奖章”称号、2019年中国高被引学者榜单、第十五批“海聚工程”青年项目各1人；1人获得霍英东教育基金会高等院校青年教师基金资助，2人获得北京市百千万人才工程培养经费资助。

（黄少卿）

【获第六届首都大学生思想政治工作时效奖一等奖】 1月，《构建“矩阵式”深度辅导模式 打造新时代“三全育人”工作新格局》获第六届首都大学生思想政治教育工作实效奖一等奖。该奖项总结了首经贸针对学生成长成才过程中的突出问题，构建“制度矩阵”“群体矩阵”“内容矩阵”“形式矩阵”等“矩阵式”深度辅导模式的经验，是首经贸自2017年获该奖项一等奖后再次获奖。

（黄少卿）

【获“北京市三八红旗奖章”称号】 4月，首经贸财政税务学院院长李红霞获北京市妇女联合会、北京市人力资源和社会保障局、北京市总工会颁发的“北京市三八红旗奖章”称号。在评选中，北京市共有620人获评该称号。李红霞是学校教授、博士生导师，曾获第八届北京市教学名师（2012年）、北京市“高创计划”（2016），主要研究方向为京津冀协同发展税收问题、北京市政府购买服务问题及北京市民政经费长效保障机制等。

（黄少卿）

【入选2019年中国高被引学者榜单】 5月7日，副校长王永贵连续第6年入选学术出版集团爱思唯尔（Elsevier）发布的2019年中国高被引学者(Chinese Most Cited Researchers)榜单。国内共有242个高校、科研单位、企业的2163位学者入选，其中40人来自商业、管理和会计学科领域。

（黄少卿）

【“党课开讲啦”活动举行】 6月28日，首经贸在“不忘初心”彩车前，以线上线下相结合的方式，举行纪念建党99周年表彰会暨“使命在肩、奋斗有我”主题党课“开讲啦”活动。活动中，学校领导为获“北京高校先进党组织”称号的学校会计学院党委、获“北京高校优秀共产党员”称号的张世君与石明歧、获“北京高校优秀党务工作者”的王明会分别颁奖，并由获奖代表主讲4堂“微党课”。

（黄少卿）

【入选“四个一批”人才】 年内，麻宝斌教授入选北京市宣传思想文化系统“四个一批”人才、尹志超教授入选全国文化名家暨“四个一批”人才。麻宝斌是学校城市经济与公共管理学院教授、博士生导师，曾于2006年入选“教育部新世纪人才计划”。尹志超是学校金融学院院长、博士生导师，2019年入选首批青年北京学者，研究方向为家庭金融、应用微观计量经济学。自2009年以来，学校先后有6人入选北京市“四个一批”人才。自2016年以来，学校先后有2人获“全国文化名家称号”。

（黄少卿）

【获批教育部省部共建协同创新中心】 9月，特大城市经济社会发展研究院获批教育部2020年度省部共建协同创新中心，这是学校首个国家级研究基地。特大城市经济社会发展研究院成立于2012年，主要研究方向为京津冀协同发展，所撰写的“京津冀蓝皮书”多次获得全国优秀皮书奖一等奖。学校科研机构始终致力于直接服务国家和北京市经济发展，2019年以来先后成立北京市人大预算监督研究基地、北京经济发展研究院、北京自贸区研究院以及中国ESG

▲6月28日，首经贸举行纪念建党99周年表彰会暨“使命在肩、奋斗有我”主题“党课开讲啦”活动。（曹海鹏 摄）

研究院，多项智库研究成果获北京市领导决策咨询课题、项目资助，多项成果得到省部级以上领导批示。

（黄少卿）

【“驼韵师话”及新教工入职培训活动】10月26日至30日，举办“驼韵师话”及新教工入职培训活动。首经贸党委书记韩宪洲以“新时代 新要求 新担当”为题，结合习近平总书记近年对教育尤其是高等教育方面的系列讲话精神，带领新教工全面认识了解时代背景，坚定“四个自信”，同时认识高校主旋律，深刻认识把握高等教育、高等学校以及高校教师的新定位，并以“课程门门有思政，教师人人讲育人”作为高校教师的新定位与在座教师深入分享了积极开展课程思政的体会。新教工入职培训包括思想政治专题、组织认同、校情专题、教师技能提升专题、团队建设和社会实践等模块。新教职工及往期补训人员110余人参加活动。

（黄少卿）

【党的十九届五中全会精神宣讲团报告会】11月30日，举行北京市学习贯彻党的十九届五中全会精神宣讲团报告会。市委宣讲团成员、十九届五中全会精神宣讲团成员、首经贸党委书记韩宪洲以“在全面建设社会主义现代化国家新征程中建功立业”为题，为首经贸全体学生党支部书记和学生党员代表解读“新发展阶段、新发展理念、新发展格局”重要内涵，鼓励师生联系当前实际与未来发展，在社会主义现代化构架建设中担当责任。首经贸党委副书记徐芳主持报告会。会议约200人参加。

（黄少卿）

【获批高层次国际化人才培养创新实践基地】11月，获批成为教育部首批高层次国际化人才培养创新实践基地之一。依托该基地以及各国际合作院校，首经贸与美国乔治华盛顿大学、康奈尔大学、约翰霍普金斯大学、南加州大学、圣路易斯华盛顿大学、加利福尼亚大学洛杉矶分校、加州大学伯克利分校以及英国牛津大学、爱丁堡大学、伦敦大学学院建立课程通道，1600余名学生参加4期国际组织有关讲座，34名学生参加9门国际组织课程学习，2名学生初步签订了国际组织实习协议。

（黄少卿）

【第七次学生代表大会及第三次研究生代表大会】12月13日，在校本部琢玉讲堂召开第七次学生代表大会及第三次研究生代表大会。大会选举产生了学代会常任代表25人和研代会常任代表21人，表决通过了关于学生会、研究生会的工作报告决议和章程修改决议。北京市学生联合会驻会执行主席曾俊淇，兄弟院校代表、中国人民大学研究生会主席王东升，首经贸党委书记韩宪洲、校长付志峰、副校长孙昊哲、相关单位负责人、各学院分管学生工作的副书记以及分团委书记出席会议。

（黄少卿）

【获全国高等学校外语课程思政教学比赛一等奖】12月20日，外国语学院教师李双燕、孙桐设计的《一颗红心，六手准备——思政视域下的大学英语学习策略教学》获首届全国高等学校外语课程思政教学比赛本科大学英语组一等奖。该课程选择《新大学英语综合教程·志学篇》第7单元作为实例，阐述了“一颗红心”（英语学习中的思政精神）与“六手准备”（教学理念、教学模式、教学目标、单元教学规划、授课步骤、未来工作等6个层面教学策略）之间的互动关系。比赛共有全国各高校教师主讲的1500份线上作品参赛。

（黄少卿）

【当选全国财经类高校课程思政联盟常务理事单位】12月21日，首经贸在首届全国财经类高校课程思政建设研讨会暨财经类高校课程思政联盟成立会议上当选为联盟常务理事单位。该联盟由对外经济贸易大学、中央财经大学、中南财经政法大学、首都经济贸易大学、北京工商大学、东北财经大学、上海对外经贸大学、山东财经大学、浙江财经大学等30余所财经类高校发起并成立。上述高校校领导、职能部门负责人、二级学院负责人、一线专业教师等100余人参加活动。

（黄少卿）

【获“北京市模范集体”称号】12月22日，国家税收法律研究基地在北京市劳动模范、先进工作者和人民满意的公务员表彰大会上被授予“北京市模范集体”荣誉称号。国家税收法律研究基地是首经贸联合全国人大、最高人民法院、国家税务总局共同创立的北京市哲学社会科学研究基地。自成立以来，研究基地撰写的政策建议30余篇获中央和北京市领导批示，形成国家最高税收立法、执法、司法机构相互合作，经济学、法学和管理学相融合的科研模式。

（黄少卿）

【“三全育人”体制机制构建】12月31日，加强“三全育人”顶层设计，总结试点学院经验，加强制度建设，出台《关于推进“三全育人”综合改革的实施意见（2020～2022）》《关于深化课程思政建设的意见》《关于推进试点学院课程思政建设的实施意见》《关于推进教师党支部落实课程思政建设制度化的实施意见》等四个文件，扎实推进课程思政建设，落实立德树人根本任务。

（黄少卿）

【获北京市教学名师奖】年内，首经贸教授张世君、范围分别获得第十六届北京市高等学校教学名师奖、第四届北京市高等学校青年教学名师奖。张世君是学校法学院院长、博士生导师，主要研究领域为经济法、民商法及其交叉领域；范围是学校劳动经济学院副院长、博士生导师，主要研究领域为劳动关系与劳动法、劳动争议预防与处理以及养老保险等问题研究。

（黄少卿）

首都医科大学

【概况】2020年，首都医科大学（以下简称首医）学校和附属医院总占地面积185.02万平方米，总建筑面积273.73万平方米。其中，学校占地面积

28.46万平方米、建筑面积39.21万平方米。学校和附属医院图书馆建筑面积2.48万平方米，藏书160.71万册，其中，学校图书馆建筑面积1.79万平方米，藏书112.51万册。全年教育经费投入166980.31万元，其中财政拨款127176.76万元，自筹经费22817.04万元，科研经费16986.51万元。学校和附属医院固定资产总值2973667.85万元，其中学校固定资产总值366449.12万元。学校和附属医院教学、科研仪器设备资产值384467.96万元，其中学校教学、科研仪器设备资产值206885.97万元。信息化设备资产值27900.74万元。拥有教室177间，其中，网络多媒体教室170间。拥有计算机8798台，网络信息点14712个，上网课程196门，电子邮件系统用户12287个，管理信息系统数据总量20920GB，数字资源量中电子图书352898册、电子期刊1341181册、学位论文4584363册、音视频4107小时。学校为北京市重点高等院校，是北京市政府、国家卫生健康委员会、教育部共建医药类院校，设有5个校区。学校校本部设有11个学院、1个研究中心和1所附属卫生学校，包括基础医学院、药学院、公共卫生学院、护理学院、生物医学工程学院、中医药学院、医学人文学院、全科医学与继续教育学院、马克思主义学院、国际学院、燕京医学院，脑重大疾病研究中心，附属卫生学校。有21所临床医学院（其中19所为附属医院），包括首都医科大学宣武医院（第一临床医学院）、附属北京友谊医院（第二临床医学院）、附属北京朝阳医院（第三临床医学院）、附属北京同仁医院（第四临床医学院）、附属北京天坛医院（第五临床医学院）、附属北京安贞医院（第六临床医学院）、附属复兴医院（第八临床医学院）、附属北京佑安医院（第九临床医学院）、附属北京胸科医院（第十临床医学院）、首都医科大学三博脑科医院（第十一临床医学院）、附属北京地坛医院（第十二临床医学院）、附属北京儿童医院（儿科医学院）、附属北京口腔医院（口腔医学院）、附属北京安定医院（精神卫生学院）、附属北京妇产医院（妇产医学院）、附属北京中医医院（中医药临床医学院）、附属北京世纪坛医院（肿瘤医学院）、附属北京康复医院（北京康复医学院）、附属北京潞河医院（潞河临床医学院）、中国康复研究中心（康复医学院）、中日友好医院（中日友好临床医学院），以及预防医学教学基地（北京市疾病预防控制中心）。1个预防医学教学基地（北京市疾病预防控制中心）。学校有39个临床专科学院、专科学系，32个临床诊疗与研究中心。开设24个本科专业、3个长学制专业，覆盖5个学科门类；具有一级学科14个；一级学科博士点8个、三级学科博士点59个、专业学位博士点3个；一级学科硕士点13个、三级学科硕士点77个、硕士专业学位授权类别9个；博士后科研流动站9个，其中，博士后研究人员出站42人、进站80人、在站211人。国家级一流本科专业建设点5个；北京市一流本科专业建设点2个，北京高校重点建设一流专业4个，北京高校高精尖学科3个。国家儿童医学中心1个、国家临床医学研究中心6个；省部共建国家重点实验室培育基地1个、教育部重点实验室5个、省部共建协同创新中心2个、北京实验室1个、北京高精尖创新中心2个、北京市重点实验室54个；国家工程实验室1个、国家工程技术研究中心1个、教育部工程研究中心4个、北京市工程技术研究中心10个。设有国家生命科学与技术人才培养基地、原卫生部全科医学培训中心、健康医疗大数据国家研究院、国家医疗保障研究院、北京市全科医学培训中心、首都卫生管理与政策研究基地、北京神经科学研究所等。学校和附属医院现有教职员工和医务人员40678人（校本部1572人，附属医院39106人），其中，专任教师5502人（校本部专任教师794人，临床教师4708人），包括正高级2678人，副高级4353人；有教授914人（校本部138人，附属医院776人），副教授1300人（校本部319人，附属医院981人）；有博士研究生导师795人、硕士研究生导师1172人；中科院院士3人、工程院院士3人。“国家高层次人才特殊支持计划”领军人才19人、青年拔尖人才3人；“国家杰出青年科学基金”获得者15人，“国家优秀青年科学基金项目”获得者13人；北京学者15人，青年北京学者9人。外籍教师9人，其中，教授6人。学历教育学生中毕业生4222人，其中，研究生1404人（博士生319人、硕士生1085人）、普通本专科生1935人（本科生1128人、专科生807人）、成人教育本专科生883人（本科生770人、专科生113人）。本科毕业生就业率75.40％。招生5216人，其中，研究生2009人（博士生618人、硕士生1391人）、普通本专科生2076人（本科生1636人、专科生440人）、成人教育本专科生1131人（本科生1131人）。高考北京地区提档线不限选考专业组536分、物理必考专业组546分、物理化学必考专业组586分、物理／化学（选考一门）专业组564分、物理／化学／生物（选考一门）专业组555分。在校生15965人，其中，研究生5457人（博士生1591人、硕士生3866人）、普通本专科生7332人（本科生6093人、专科生1239人）、成人教育本专科生3176人（本科生3080人、专科生96人）。留学生毕业29人、招生77人、在校生717人。网址：www.ccmu.edu.cn。

2020年，学校坚持以习近平新时代中国特色社会主义思想为指导，坚持和完善党对学校工作的全面领导，坚持立德树人根本任务，立足服务首都城市战略定位和健康中国健康北京战略部署，统筹推进校园疫情防控和事业发展，全力抗击新冠肺炎疫情，深入推进党的政治建设，大力推进新校区规划建设，有序推进“十四五”规划编制工作，成功举办纪念建校60周年系列活动。学校从“高水平研究型大学”分类办学定位出发，有序推进了全年各项工作任务的实施。

学科与师资队伍建设。统筹上报教育部对全国地方大学进行的“高水平大学和特色学科数据监测”数据与信息；凝练学科成果，组织临床医学、口腔医学等11个学科参加教育部第五轮学位授权学科评估；落实基础医学、临床医学、口腔医学高精尖学科建设规划和年度建设任务；重点支持公共卫生学科建设，增加硕士和博士专项招生计划，推动整合型公共卫生人才培养；8个学科进入ESI学科全球前1%，其中，临床医学位列ESI学科前1‰，神经科学与行为学、药理学和毒理学、免疫学、生物学与生物化学位列ESI学科前5‰，精神病学与心理学首次进入ESI学科前1%。多渠道引进高水平人才和优秀青年人才，共引进人才30人；通过北京市海外人才项目自主认定7人；与新型研发机构联合聘用高层次人才3人；市级特设岗位教授到校开展工作。率先实施临床教师分类评聘，加快推进一流临床教师队伍建设；制定高水平人才队伍建设计划，初步构建优秀拔尖人才选拔和培养体系；进一步优化编制管理和资源配置，完善了教师队伍结构提升了选聘质量；进一步加强教师个性化培养工作；进一步强化博士后流动站的建设和管理；开展科研助理岗位招聘工作。3人获批教育部特设岗位教授，1人入选百千万人才工程国家级人选、2人入选市级人选，2人获批国务院政府特殊津贴，9人入选CIBR创新人才项目，2人获北京市留学择优资助；5人入选青年北京学者；3人获北京市高校教学名师、青年教学名师奖。

教育教学与人才培养。出台研究生学术成果综合评价实施办法。推进了“5+3”人才培养模式及“以器官系统为基础，以疾病为核心”的临床阶段教育教学模式改革。完成6个国家级一流专业建设点申报，获批4个省级一流专业建设点。8门课程入选首批“双万计划”国家级一流本科课程，2门课程获国家级虚拟仿真实验教学一流课程；研究生公共外语慕课获得学堂在线优秀课程；推进课程思政建设，评选课程思政示范课程和优秀教学案例。完成临床专科学院系与临床教研室的整合，推进完善联合教研室有关职能。建立在线教学“课堂评教”体系，实现了学生随堂评价。建立并启用教师教学综合能力评价系统，强化教学工作激励。调整本专科生培养层次规模和专业结构，科学设置各专业的选考科目及分组要求，新增加助产学专业招生。克服疫情影响，通过网络双选会、微信平台、网络平台和短信平台等为毕业生提供就业信息和就业服务，采取加强重点群体就业帮扶、分类帮扶等多种途径和办法，与毕业生共克时艰，温暖毕业“寄”获得毕业生暖心点赞。

科学研究与科技成果转化。集中申报期国自然共申报2090个项目，非集中期申报99项，较去年增长24.02%。组织线上“首医论坛”，设立临床专科学院（系）开放课题，成立临床流行病学与临床试验学系。出台“首医人才计划”，促进基础临床的深度融合交流。获批心血管疾病省部共建协同创新中心。获批国家级科研项目413项，获批经费3.22亿元，其中国家自然科学基金获批367项，获批经费2.1亿元。获华夏医学科技奖10项；获中华中医药学会科学技术奖一等奖1项，三等奖1项；获北京市第十六届哲学社会科学优秀成果奖二等奖1项。获中源协和生命医学奖1人，吴阶平医药创新奖1人，吴阶平－保罗·杨森医学药学奖1人，吴阶平全科医生奖1人，树兰医学奖1人，李时珍医药创新奖1人。获得授权专利843项，其中发明专利161项。学校获批为“2020年度北京市知识产权示范单位”。建立医药健康科技成果管理系统和标准化评价体系。建立2个医工交叉研究实验室。举办医学新技术新产品应用场景展示。承担“北京市科技成果转化平台建设”、经信委“北京医药产业创新成果转化服务”、中关村技术转移服务平台后补助项目，获顺义区“成果转化统筹协调建设经费”支持等，共计510余万元；与丰台区共同申请教育部“高等学校科技成果转化和技术转移基地”认定。平稳推进学校所属企业体制改革。

国际国内交流合作。加大与“一带一路”国家高校和研究机构的合作，与巴基斯坦巴利亚大学签订合作备忘录；与巴西里约州联邦农业大学、盖茨基金会签署合作协议。获批国家留学基金委人才创新项目1项。接待美国哥伦比亚大学、英国牛津大学到校进行学术交流、洽谈合作事宜。落实京青、京鄂等对口支援合作项目，完成青海玉树“‘330’优秀青年人才孵化工程”第三期学员进修培养任务，实施玉树“‘345’本土专业技术人才培训工程”第一期培养项目，完成湖北省十堰市、湖北医药学院援合工作任务对接等。落实学校消费扶贫有关任务，采购农副产品130余万元。开展健康扶贫志愿行动，选派心理教师赴贫困地区开展健康知识传播。加强教育基金会工作，筹措资金，重点支持优秀教师奖励、学生学业奖励、学科建设与人才培养等项目。完成学校申报北京市脱贫攻坚专项奖励工作。

（王于英　陈飞飞）

【疫情防控】1月23日，首医成立疫情防控工作领导小组，在校党委领导下，全面领导和指挥学校疫情防控工作，下设七个工作组。学校党委常委会、校长办公会、疫情防控工作领导小组及时传达落实上级最新精神，定期专题研究部署疫情防控工作，明确各方责任，层层传导压力，不断完善校园疫情防控工作机制。学校坚持全面摸排，强化信息报送和值班值守；准确把握政策，实施分类管理，加强关心关爱，强化监督检查，圆满完成春季延期开学、毕业年级学生返校、秋季学期开学、常态化疫情防控等各阶段的疫情防控任务和教学科研相关任务，打赢疫情防控校园保卫战；发挥学科专业优势，组织临床与基础多个科研团队与国内外优势团队合作，就疫情防控开展科研攻坚，并取得一定的成果；组织专家工作组为北京市教育系统等上级有关部门提供有关疫情防控咨询，提交研究报告（政策建议）33篇，全国两会期间提交政协提案2个。3所附属医院确定为救治定点医院，10所附属医院、临床医学院先后组织医疗队271人，赴湖北、武汉一线开展救治工作。500多名临床研究生根据医院疫情防控工作实际需要，多学科多专业值守在医疗一线。利用38个临床专科院系平台，推荐千名专家支持全市的网上诊疗服务。组织70多名全科医学专家进行网上咨询。近千名师生志愿者参与国家和北京市疫情防控相关志愿服务，为北京乃至全国的抗疫防疫做出重要贡献。

（陈飞飞）

【推进“十四五”规划编制工作】6月初，首医启动“十四五”规划编制工作。学校把党的十九届五中全会精神贯穿“十四五”规划编制过程，从落实首都城市战略定位、“高水平研究型大学”的分类办学定位出发，结合落实统筹推进北京高等教育改革发展若干意见的实施方案，加强与新校区规划的协同，强化顶层设计、科学研判和系统谋划，出台《首都医科大学“十四五”规划编制工作方案》，成立了规划编制工作领导小组和规划编制工作七个项目组，召开“十四五”规划编制工作部署会、推进会、座谈会，深入分析“十三五”以来学校建设发展取得的成就以及面临的机遇与挑战，聚焦发展的短板与瓶颈，紧紧围绕“双一流”建设，统筹推进“十四五”规划编制工作。

（陈飞飞）

【在首次全国三级公立医院绩效考核中位居前列】7月1日，国家卫生健康委办公厅下发《关于2018年度全国三级公立医院绩效考核国家监测分析有关情况的通报》，首次亮出全国三级公立医院绩效考核成绩单。在全国2398家三级公立医院参加的绩效考核中，首医多家临床医学院附属北京天坛医院（第五临床医学院）2018年度在全国综合医院排名位居第8位，国家监测指标等级：A++；宣武医院（第一临床医学院）位居第17位，国家监测指标等级：A+；附属北京友谊医院（第二临床医学院）位居第19位，国家监测指标等级：A+。

（陈飞飞）

【中国首个牙髓间充质干细胞新药注册IND获批】8月14日，首医与北京三有利和泽生物科技有限公司共同申报的“人牙髓间充质干细胞注射液”获国家药品监督管理局药品审评中心（CDE）临床试验默示许可。该注射液是中国首个用于慢性牙周炎的间充质干细胞治疗药物，同时也是国内首个牙源间充质干细胞药物，获得默示许可标志着“人牙髓间充质干细胞”作为药物在慢性牙周炎治疗领域正式步入临床探索阶段。“人牙髓间充质干细胞注射液”中的有效成分是人牙髓间充质干细胞，取自健康志愿者拔除的智齿或正畸牙的牙髓腔，具有较强的组织再生和免疫调节等生物学及免疫学特性。该药物治疗方式为局部注射操作，相对微创更加简便。局部注射后，人牙髓间充质干细胞局限在牙周组织中发挥其生物学及免疫学特性，促进牙周组织的再生和修复。现国际上尚无治疗慢性牙周炎的干细胞药物上市，该新药临床试验获批，揭开了干细胞治疗慢性牙周炎的新篇章，有望为人类慢性牙周炎的再生治疗提供新的治疗药物和方法。

（陈飞飞）

【5个学科位居中国医院科技量值学科排行榜首位】8月21日，由中国医学科学院主办的2019年度中国医院科技量值与2019年度中国医学院校科技量值（STEM）发布会在北京举行。在2019年度中国医院科技量值学科排行榜中，首医神经外科学、神经病学、儿科学、结核病学及耳鼻咽喉科学位居第一；心血管外科学、心血管病学、变态反应学、传染病学及急诊医学位居第二；眼科学、呼吸病学、重症医学、精神病学及口腔医学位居前五；消化病学、胸外科学及妇产科学位居前十。在2019年度中国医院专科综合排行榜覆盖的40个临床专科中，学校共18个专科类别名列前十，占比45%。其中，3个临床专科连续两年名列榜首，分别为神经外科（附属北京天坛医院）、神经内科（附属北京天坛医院）及小儿外科（附属北京儿童医院）。

（陈飞飞）

【纪念建校60周年系列活动】10月21日至24日，以“共享精彩发展，共创美好未来”为主题，以“俭朴、隆重、喜庆、鼓劲”为活动原则，举办纪念建校60周年系列活动，包括开幕式、医学科学高峰论坛、医学人才培养高峰论坛、文艺晚会、医学新技术新产品及成果转化展、校友座谈会等，制作学校宣传片、更新学校建设发展成就展、编印纪念建校60周年文集《首医轶事——小故事大道理》，出版《首都医科大学学报》和《医学教育管理》校庆专刊、进行校园环境专项美化和提升。系统总结建校60年主要成就和办学经验，进一步凝聚共识、鼓舞干劲、传承精神，扩大学校社会影响力和办学美誉度，增强学校新发展阶段争创一流的源动力。

（陈飞飞）

【获北京市大学生模拟法庭竞赛一等奖】11月15日，由首都医科大学医学人文学院法学专业（卫生法学方向）6名本科生组成的代表队，在第十二届北京市大学生模拟法庭竞赛（京津冀地区）总决赛中获得大赛一等奖。该比赛由北京市教育委员会主办，中国政法大学承办，已扩大到京津冀地区高校，是一年一度的京津冀地区法学专业本科生的一项重要的学科竞赛。从2009年开始至今已历经十二届。首医已参加最近的五届比赛，共获得一等奖2次、二等奖3次。年内，首医学生获2020年北京市全市学生“学宪法 讲宪法”知识竞赛一等奖；获第三届全国人体解剖绘图大赛二等奖；获“创青春”首都大学生创业大赛北京市金奖，首次入围全国比赛并获得铜奖；获北京市第八届红十字会高校手语歌大赛二等奖；获2020年首都高校红十字会青春善言行主题辩论赛最佳辩手。首医暑期社会实践团队获北京“三下乡”暑期社会实践优秀团队；附属北京安贞医院（第六临床医学院）2017级临床医学三班荣获北京高校“我的班级我的家”优秀示范班集体荣誉称号。

（陈飞飞）

【8门课程入选首批“双万计划”国家级一流本科课程】 11月30日，根据教育部公布的首批国家级一流本科课程认定结果，首都医科大学8门课程入选，包括线下一流课程4门（生理学、神经病学、耳鼻咽喉科学、药物的波谱解析）、线上一流课程1门（传染病学）、线上线下混合式一流课程1门（大学英语）、虚拟仿真实验教学一流课程2门（药学安全实验教学虚拟仿真项目、智能化虚拟高仿真临床综合能力训练课程）。

（陈飞飞）

【获批国自然基金项目】 年内，获批国家自然科学基金项目383项（含研究所），较去年增加91项，同比增加31.2%，总经费21833万元，同比增长49.4%，获批项目数及经费额均创历史新高。获批项目中含国家杰出青年科学基金3项、优秀青年科学基金项目2项、国家重大科研仪器研制项目2项、重点项目7项、重大项目课题3项、重点国际（地区）合作与交流项目1项、组织间国际（地区）合作与交流项目1项、联合基金项目重点支持项目3项。

（陈飞飞）

【推进新校区建设】 年内，首医积极落实市政府专题会议及市领导批示精神和工作要求，始终将学校置于京津冀协同发展、首都“四个中心”功能定位、北京医药卫生健康事业发展的大格局中，对标国际一流研究型医科大学的建设目标，着力推进新校区（校本部）、国际化研究型医院、首都医学科学中心三大重点建设项目。学校党政主要领导及班子成员多次实地调研，定期专题研究，三个专项工作组加强与市政府有关委办局和大兴区委区政府的工作对接、协商沟通，形成了新校区（校本部）建设方案、国际化研究型医院建设方案、首都医学科学中心建设方案。

（陈飞飞）

北京电子科技学院

【概况】 2020年，北京电子科技学院（以下简称电科院）坚持以习近平新时代中国特色社会主义思想为指引，统筹推进疫情防控和教育改革发展，学科专业建设、教学科研工作、学生管理服务、人才队伍建设等各项工作取得新成就，办学治校水平得到新提升。电科院位于丰台区富丰路7号，是一所为全国各级党政机关培养密码保密和信息安全专门人才的普通高等学校，学院隶属于中共中央办公厅。占地面积7.6万平方米，产权校舍建筑面积6.95万平方米。图书馆建筑面积4800平方米。教育经费投入14826万元，其中财政拨款11339万元、自筹经费3487万元。固定资产总值60528.39万元，其中教学、科研仪器设备资产值12759.25万元，信息化设备资产值15628.42万元。拥有教室（网络多媒体教室）25间。拥有图书34.97万册，计算机3405台。网络信息点1260个，上网课程220门，电子邮件系统用户3000个。管理信息系统数据总量110GB，数字资源量中电子图书98324册、电子期刊256961册、学位论文2308853册、音视频26312小时。学校为理工院校，设有1个校区，设置6个院（系、部），开设9个本科专业，覆盖3个学科门类；具有一级学科7个；一级学科硕士点1个、硕士专业学位授权类别1个、工程硕士授权领域2个；国家级一流本科专业建设点2个，北京市级一流本科专业建设点1个，北京高校高精尖学科1个。有教职工319人，其中专任教师141人，包括正高级职称19人、副高级职称59人；博士生导师8人、硕士生导师47人。学历教育学生中毕业生505人，其中研究生（硕士生）59人、普通本科生446人。本科毕业生就业率96.86%。年内招生529人，其中研究生（硕士生）100人、普通本科生429人。高考北京地区提档线不限选考专业组568分、物理必考专业组606分。2020年在校生共1991人，其中研究生（硕士生）250人、普通本科生1741人。学院网址：http://www.besti.edu.cn/。

教育教学改革。推进改革总体方案贯彻落实，加强教育教学研究，制定出台《“三全育人”“五育并举”人才培养综合改革方案》《深化本科教育改革实施方案》《深化研究生教育改革实施方案》《思想政治理论课改革创新实施方案》《教师教书育人能力提升计划实施方案》等一系列配套文件，搭建起学校特色内涵建设的“四梁八柱”。

学科专业建设。积极开展2020年新增博士学位授予单位和网络空间安全一级学科博士学位授权点、公共管理类别硕士专业学位授权点的申请工作，通过北京市博士学位授予单位申请答辩。制定《一流学科建设实施办法》和《本科专业建设3年规划》，加强“信息安全”“保密管理”2个国家级和“计算机科学与技术”1个省市级一流本科专业建设，全面提升学科专业整体实力和水平。

教学科研工作。有效应对疫情影响积极开展线上教学，春季学期开出线上本科生课程97门，研究生课程30门，保证了教学进度和教学质量。3个毕业设计（论文）被评为北京高校优秀本科毕业设计（论文），3门课程被评为北京高校“优质本科课程”，3门教材课件被评为北京高校“优质本科教材课件”。全年申报科研项目61项，获批立项33项，发表论文168篇，出版著作5部，发明专利2项，获省部级以上奖励6项。

学生管理服务。推进思政课改革创新，建立书记、院长抓思政课的机制。加强课程思政建设，充分挖掘思政资源，融入思政元素。实施本科生综合素质考评，引导激励学生德智体美劳全面发展。加强一线学生工作，选优配强专职辅导员。严肃招生纪律，严格招生标准，招录本科生429名，硕士研究生100名，本科录取重点率为100%。积极稳妥做好毕业生就业工作，毕业生就业率达到95.5%。

人才队伍建设。加大人才培养和引进力度，招录16名应届博士和硕士研究生，解决28名教师职称职级晋升问题。专任教师中，45岁以下占比56.7%，高级职称占比55.3%，获得博士学位者占比56.7%，师资结构进一步优化。修订完成《专业技术职称评审实施细则》和《教职工培训进修管理办法》。1名教授获评2020年政府特殊津贴。

改善办学条件。科研楼基本竣工，教学楼大厅装修、学生公寓走廊装修等8个基建项目完成，校园基础设施条件得到进一步改善。推进校园网安全门户网站建设，增强网络信号覆盖，公文管理、组织人事等13个电子办公系统投入应用，有效提升了内部管理的水平和质量。提高图书档案以及餐饮、物业等后勤工作的服务水平，不断改善师生员工的工作学习生活条件。

（吴文征　韩禹）

【首届优秀大学生暑期夏令营活动】 8月20日至22日，电科院举办首届优秀大学生暑期夏令营活动。活动旨在吸引各高校优秀大学生报考学院研究生，提高学院研究生生源质量。疫情期间，学术讲座、座谈交流、综合考核等环节均通过线上形式开展，在全国48所高校的56名2017级优秀本科生参加。活动收到良好效果，荣获“优秀营员”称号的31名学生中，20名学生统一志愿报考了本校，2名学生录取为学院推荐免试研究生。

（韩　禹）

【与华为技术有限公司签署合作协议】 11月13日，电科院与华为技术有限公司签署“智能基座”产教融合协同育人基地合作协议。作为教育部指定的华为“智能基座”产教融合协同育人基地全国第一批试点建设高校，电科院将围绕国产化替代，在课程建设、师资培训、课外实践活动等方面与华为技术有限公司展开深入合作，通过教学改革及课程优化，建立以“鲲鹏”“昇腾”及“华为云”为技术底座的高校人才培养体系，进一步提升人才培养质量。

（韩　禹）

【学生成长需求调研】 11月，电科院在全体本科生和研究生中开展了学生成长需求调研。调研形式包括问卷调查、课程评估和座谈交流等，内容涵盖学生成长规划、专业学习、就业指导、心理状况、教学管理评价、对本科和研究生教育教学改革工作的意见建议等多个方面。通过调研，进一步掌握了学生的思想状况，了解了学生对学院改革发展的意见建议，为学院科学决策提供了依据和参考。

（韩　禹）

【规范专业技术职称评审】 11月，电科院修订实施《专业技术职称评审实施细则》。新《细则》立足贯彻中央关于教育评价改革的有关精神，坚持把师德师风作为第一标准，突出教育教学实绩，强化一线学生工作，改进科研评估，着力扭转重科研轻教学、重教书轻育人的倾向，引导教师践行教书育人使命。新《细则》的实施将进一步提高学院专业技术职称评审工作的科学化、规范化和制度化水平，加强专业技术人员队伍建设。

（韩　禹）

【马克思主义基本原理课程成果展示会】 12月25日，电科院举办“感悟真理伟力、争做时代新人”马克思主义基本原理课程成果展示会。14个学生学习小组分别围绕“人类命运共同体”“中国精神”“抗疫传奇”“脱贫攻坚”等中国现实主题，以演讲、情景表演、朗诵等形式诠释了马克思主义的基本原理。此次展示，有效提升了思政课的教学效果，激发了学生的学习热情，使学生增强了运用马克思主义立场观点方法分析问题解决问题的能力，更加坚定了对马克思主义的信仰，坚定了听党话跟党走的信念。

（韩　禹）

中国戏曲学院

【概况】 2020年，中国戏曲学院（以下简称戏曲学院）党委坚持以习近平新时代中国特色社会主义思想为指导，深入学习贯彻党的十九大和十九届二中、三中、四中和五中全会精神，学习贯彻习近平总书记给学院师生的重要回信精神，全面推进各项事业高质量发展。作为新中国唯一一所独立建制的培养戏曲艺术高级专门人才的戏曲教育最高学府，学校举办了建校70周年展播、展演、展览、研讨会等系列活动，旨在回顾历史、总结经验、展示成就、激励师生，为在新时代促进我国戏曲教育发展、戏曲高端人才培养向更高层次和水平迈进。学校占地面积54296.91平方米（不含附中），产权校舍建筑面积107501.2平方米。图书馆总建筑面积4797.79平方米。教育经费投入35689.501177万元，其中财政拨款30331.424394万元、自筹经费5358.076783万元。固定资产总值85491.43万元，其中教学、科研仪器设备资产值27308.35万元，信息化设备资产值4536.0725万元。拥有教室253间，其中网络多媒体教室51间。拥有图书33.2183万册、计算机2657台。网络信息点6481个，上网课程6门，电子邮件系统用户2383个，管理信息系统数据总量45GB，数字资源量中电子图书140万册、电子期刊8810册、学位论文200万册、音视频8万小时。学校由北京市举办（学校举办者），为艺术院校（学校性质类别），设有2个校区（包括附中），设置京剧系、表演系、导演系、音乐系、戏曲文学系、舞台美术系、新媒体艺术系、国际文化交流系8个系。开设15个本科专业，覆盖3个学科门类。具有一级学科3个；戏剧与影视学、音乐与舞蹈学、学理论3个一级学科硕士点；硕士专业学位授权类别3个。“双一流”建设学科1个，国家级一流本科专业建设点1个，北京市级一流本科专业建设点1个，北京高校“重点建设一流专业"1个。教职工426人(不含附中),其中专任教师274人,包括正高级54人、副高级98人;博士生导师4人、硕士生导师78人。青年北京学者1人,北京市教学名师5人,北京市青年教学名师3人,高创计划领军人才3人,高创计划教学名师3人,"四个一批"人才6人,长城学者8人,青年拔尖人才15人。具有博士学位教师人数占比20%,具有硕士学位教师人数57.1%;高级职称161人,占专业教师的59.4%。引进高层次人才3人。学历教育学生中毕业生664人,其中硕士研究生106人、普通本科生498人、成人教育本专科生60人(本科生29人、专科生31)。本科毕业生就业率94.37%。招生753人,其中硕士研究生131人、普通本科生524人、成人教育本专科生98人(本科生90人、专科生8人)。在校生2682人,其中硕士研究生374人、普通本科生2088人、成人教育本专科生220人(本科生197人、专科生23人)。留学生毕业16人、招生17人、在校生18人。网址:www.nacta.edu.cn。

(孙玉坤)

【获批北京市教育信息化融合应用示范基地】1月9日,北京市教委召开北京市教育信息化融合创新"双百"示范行动工作部署会,并对全市获批示范基地和示范课题的单位进行授牌。戏曲学院申报的"数字档案系统建设、管理与应用示范基地"入选2019年北京市教育信息化融合创新"双百"行动示范基地,成为北京市首批十家高校示范基地之一。

(孙玉坤)

【网上漫画抗疫】2月,为落实疫情防控责任,戏曲学院新媒体艺术系全体师生党员拿起画笔,为英雄画像,为时代讴歌,创作网上漫画抗疫作品,向抗击疫情的一线英雄致敬,普及宣传防疫知识,提醒师生注意安全防护,为打赢疫情防控阻击战贡献力量。

(孙玉坤)

【"声"援抗疫】2月,戏曲学院师生"声"援抗疫,京剧系教师唱响《天佑中华爱无限》,为抗击疫情期间闪耀光辉的人间大爱喝彩;附中教师制作由经典歌曲改编而成的《新热血颂》,为赞颂驰援武汉的医护人员、为抗击疫情加油鼓劲;表演系师生编唱京剧《全民战疫》、歌曲《万里驰援 护民安康》抗疫短片,致敬奋战在疫情一线的医护人员;戏曲形体教育专业学生编创《"形疫"决》,为防疫抗疫宣传;研究生文艺助力,以戏歌《沁园春·青囊英豪》与抗疫版豫剧《打不赢这一仗不把家还》,"声"援祖国安然渡危。

(孙玉坤)

【助力《中国家庭报》制作抗疫科普宣传漫画】2月中旬,《中国家庭报》和戏曲学院联合发起抗疫漫画科普宣传活动,组织有关师生参与《不同人群防护指导·漫画版》手册编写工作。该手册对中央赴湖北指导组防控组权威指导防控工作和对外宣传有着重要的指导意义。共完成81幅新冠肺炎科普漫画作品,其他作品在《中国家庭报》相关媒体渠道刊登,并获好评。

(孙玉坤)

【与中国动漫集团签署"动漫新媒体联合体"合作协议】4月10日,戏曲学院与中国动漫集团举行"动漫新媒体联合体"合作协议云签约仪式。新媒体艺术系近年来以戏曲学科为本体,注重发挥新媒体融合创新特质,通过教学模式创新与专业工作室教学实践,培养了一批具有文化传承意识、创新创意思维和艺术实践能力的新媒体艺术创作型人才,积累了大量具有传统艺术神韵且适应新时代发展的新媒体艺术与动漫作品。此次签约将进一步助力戏曲动漫化的创新发展。

(孙玉坤)

▲疫情期间,戏曲学院师生创作的抗疫漫画。　▲《不同人群防护指导·漫画版》节选。

▲4月16日，《清官册》在央视戏曲频道正式播出。图为剧照。

【《清官册》在央视戏曲频道播出】4月16日，由戏曲学院杜鹏教授主演的京剧《清官册》在央视戏曲频道正式播出。该剧系京剧传统经典剧目，也是马派代表剧目之一，唱念并重，由著名京剧表演艺术家张学津先生亲授，杜鹏教授与京剧系教师张亚宁、焦敬阁、部分优秀毕业生及在校生共同参加录制，同时特邀著名裘派花脸演员邓沐玮、北京京剧院优秀老生演员宋昊宇，与张学津先生长期搭档的鼓师金惠武先生和北京京剧院著名琴师艾兵先生等参与演出及录制。

（孙玉坤）

【本科生11个作品荣获北京市大学生文创设计大赛奖项】4月，在2020年北京市教委举办的首届北京市大学生文创设计大赛中，戏曲学院组织师生积极参加，共有11个作品荣获奖项，其中四项一等奖，分别为《一花一语系列包装》《H5七十周年北京建筑》《"戏"说京腔》《京味大三弦》；三项二等奖，分别为《白蛇—瑶草琪花系列香水》《<岔意>茶包》《宝莲灯》；四项三等奖，分别为《<云勾>酒杯挂件》《岔意》书签、《盛世元音》《戏精》。

（孙玉坤）

【荣获"二王经典临创大展"一等奖】7月，戏曲学院新媒体艺术系2019级戏曲绘画研究专业硕士研究生夏云国的书法作品《荆浩笔法记节选》及《圣教序节选》在北兰亭"三月三·耕心田——二王经典临创大展"中荣获一等奖。北兰亭上巳雅集活动已成功举办11年，被誉为每年春天的"书法盛宴"，是书法界中响亮的品牌。

（孙玉坤）

【《春华秋实》线上展播】9月22日，中国戏曲学院建校70周年系列活动之一《春华秋实》线上展播开启。本次活动以"七十载传承光影，跨时代筑梦荣光"为主题，共持续4个月。展播期间，学校与央视频、百度百家号等网络合作，进行140部珍贵影像视频资料线上展播。展播内容主要分为名师风采、教学成果、原创剧目、科研成果、重大比赛、国家使命和文化交流七个方面，包括记录萧长华、雷喜福、程砚秋、贯大元、茹富兰、赵桐珊等老一辈京剧艺术家、戏曲教育家教学活动的纪录片《含苞待放》，由梅兰芳、姜妙香领衔主演的京剧电影《洛神》，由张君秋、刘雪涛主演的京剧电影《望江亭》；20世纪80年代中专班毕业演出、中国戏曲学院实验京剧团建团折子戏专场，由赵荣琛、王玉敏、钮骠联袂演出的京剧电影《六月雪》；王金璐的京剧《八蜡庙》，高盛麟的京剧《独木关》，谢锐青的京剧《悦来店·能仁寺》，刘长瑜的京剧《八五花洞》，沈世华的昆曲《惊梦、寻梦、痴梦》等28部名师风采剧目。这些剧目中既有传统经典剧目，也有现代创排剧目；有一流专业京剧表演，也有戏曲名家名段、国家新年戏曲晚会；有戏韵管弦音乐会、演奏会，也有戏曲动画设计作品；有20多场地方戏曲剧种剧目展演，也有京剧名家传戏工程成果；有"国戏杯"学生戏曲大赛，还有全国艺术院校京剧学生电视大赛，几乎覆盖学校70年来本科、研究生、继续教育、附中等各类培养层次的名师风采、教学科研成果、国际交流等层面。

（孙玉坤）

【庆祝建校70周年线下展播】10月14日至12月6日，在疫情防控常态化背景下，戏曲学院压缩原先与兄弟院团、院校合作的全年线下系列剧场演出计划，在梅兰芳大剧院、北京音乐厅、长安大戏院、国家大剧院陆续举办了庆祝建校70周年线下展播。展播以在校师生为主，邀请部分艺术家和杰出校友、优秀毕业生，进行了17场集中教学成果展演。京剧系以展示教学成果展演一流专业建设成效，分别汇报演出传统吉庆剧目青春版京剧《龙凤呈祥》，优秀校友张建国、奚中路、杜镇杰、严庆谷传授的当代名家传戏工程折子戏专场。此外邀请优秀校友李宏图带领学生演出京剧全本《罗成》，并由北京京剧院艺术

▲11月，中国戏曲学院举办建校70周年线下教学展演。

家阵容配合，充分体现院校、院团联合培养人才的科学贯通。表演系多剧种折子戏专场展演，汇集表演系四位优秀研究生、梅花奖获得者，多位优秀本科生同台献艺，带来豫剧、祁剧、越剧，以及花鼓戏、黄梅戏、河北梆子等经典、精彩剧目。音乐系展示近年来戏曲作曲人才培养和戏曲音乐与民族音乐的有机融合创作成果，分别推出《师生戏曲作品音乐会》和《戏韵管弦音乐会》。继续教育部遴选大运河沿线2名国家级戏曲非遗传承人、2名省级戏曲非遗传承人、2名市级戏曲非遗传承人集中进行传承成果展演，演出茂腔、四平调、张北干磕、山东梆子、淮海小戏、瑶剧等地方戏曲剧种特色剧目。附中以京剧表演、京剧器乐专业为主组成优秀教学成果折子戏专场。

（孙玉坤）

【2020北京国际设计周“新馨向荣——中国戏曲文化创意设计展”】 9月25日至10月8日，由戏曲学院新媒体艺术系主办的2020北京国际设计周“新馨向荣——中国戏曲文化创意设计展”开展，共计展示师生作品近百件，涵盖戏曲动画、戏曲绘本、数字媒体艺术和戏曲文创设计等多种表现类型。

（孙玉坤）

【与国家博物馆签约合作】 10月10日，以新中国戏曲教育七十周年为契机，中国戏曲学院与中国国家博物馆签署战略合作协议——《中国戏曲学院与中国国家博物馆战略合作协议》。根据合作协议，双方将在文化交流、联合办展、学术科研、创作实践、人才培养等层面建立长效合作机制，共同打造产学研合作大平台，两座国字号的文化殿堂从此有了深度交汇和融合。

（孙玉坤）

【习近平总书记回信】 10月23日，习近平总书记给中国戏曲学院师生回信，信中充分肯定学校办学取得的可喜成就，对戏曲教育事业发展提出殷切希望：“希望中国戏曲学院以建校70周年为新起点，全面贯彻党的教育方针，落实立德树人根本任务，引导广大师生坚定文化自信，弘扬优良传统，坚持守正创新，在教学相长中探寻艺术真谛，在服务人民中砥砺从艺初心，为传承中华优秀传统文化、建设社会主义文化强国作出新的更大的贡献。”习总书记的重托让全院师生备受鼓舞。此前，中国戏曲学院老中青少四代师生代表，给中共中央总书记习近平写信，汇报戏曲学院70年来的发展情况，表达了为繁荣戏曲事业贡献力量的共同心声。

（孙玉坤）

【建校70周年守正创新大会】 10月30日，中国戏曲学院建校70周年守正创新大会在学院大剧场举行。文化和旅游部、北京市有关领导，学院领导班子成员、兄弟院校代表、院团代表、特邀校友、离退休老同志以及师生代表出席大会，共忆峥嵘岁月，同贺桃李芬芳。《人民日报》《光明日报》《中国教育报》《中国文化报》、中央广播电视总台等在京40多家媒体单位到场对大会进行了报道。纪念大会通过央视频、百度百家号等线上平台进行直播，五湖四海的国戏人跨屏“云”端相约，共同为母校庆生。

（孙玉坤）

【中华优秀传统文化（校外）传承基地启动挂牌】 10月，中国戏曲学院中华优秀传统文化（校外）传承基地正式落户丰台等区的7所小学和4个社区，并于安徽会馆举行项目启动和挂牌仪式，这标志着学院“戏曲双进工程”迈向新高度。

（孙玉坤）

【新中国戏曲教育70年学术研讨会】 11月，新中国戏曲教育70年学术研讨会在中国戏曲学院举办，国内老艺术家、教育家、杰出校友和相关专家学者参会研讨。会上，各位专家回顾总结了新中国戏曲教育70年历程中浸润的经验，对当下及未来戏曲教育思想理念、方式方法等进行了广泛交流，为新时代戏曲教育发展提供建设性意见和建议。

（孙玉坤）

【教育教学体制建设】 年内，戏曲学院戏剧影视文学、戏剧影视美术设计两个专业入选国家级一流专业建设点，作曲与作曲技术理论、动画两个专业入选省级一流专业建设点。年底，戏曲学院有3个本科专业获批为国家级一流专业建设点，5个专业入选省级一流本科专业建设点。本科审核评估整改稳步推进，开展教育教学思想大讨论，明确办学定位与目标；以学分制为抓手，完善教学、实践、科研、创作“四位一体”人才培养模式；建立专业评估及退出机制，推进专业及课程质量标准建设，完善课程体系，规范教学内容；加大经费保障力度，加快推进智慧教学系统建设。圆满完成北京市属高校本科教学审核评估

▲ 10月30日，中国戏曲学院举办建校70周年守正创新大会。

整改回访工作。积极探索疫情防控常态化背景下教学运行新模式和教学管理新方法，春季学期389门本科课程“云课堂”零推迟零失误，保质保量完成研究生教学任务，高质高效完成继续教育全年线上教学工作。及时调整本硕招考方式，稳妥推进招生录取工作。突出专业优势，加强语言文字工作规范化建设。

（孙玉坤）

【打造“思政＋戏曲”的思政课品牌】 年内，戏曲学院在思政课中有机融入戏曲元素，让思政课“好懂”；开办“名家领读经典”精品课，通过形象语言、艺术形式让思政课“好听”。学院作为教育部2020年深化新时代学校思政课改革创新现场推进会六个现场之一，向来自教育部有关司局和市委教工委、市教委有关处室领导及全国20多所高校的书记校长展示思政课改革创新成果，与会领导给予充分肯定。深入推进课程思政建设，通过设立“美丽课堂”和“最美课程”支持项目，鼓励专业教师挖掘戏曲艺术中蕴含的丰富德育资源，使“育德”与“传艺”有机融合，着力培养德艺双馨的戏曲艺术人才。

（孙玉坤）

【贯彻落实好总书记重要回信精神】 年内，为贯彻落实好总书记重要回信精神，学校领导班子成员深入基层进行主题宣讲，在《光明日报》等媒体刊发学习体会和理论文章进行广泛宣传，在北京高校、剧团及青海、广东等地通过讲座进行交流研讨。各二级党组织通过“三个一”行动（即：组织一次集体学习讨论、开展一次党课、组织一次主题党日活动）教育引导师生员工认真学习领会，切实统一思想和行动。

（孙玉坤）

【第十一届“国戏杯”】 年内，由北京市教育委员会主办，中国戏曲学院、北京学生活动管理中心、北京市学校中华传统文化促进会承办的第十一届“国戏杯”开赛。大赛以“弘扬国粹艺术，传承民族精神”及“均衡义务教育，提升美育教学”为主题，以面向全体学生、推进素质教育为宗旨，力求集“公益性、专业性、参与性、艺术性”于一体，立足北京、辐射全国，已经成为影响海内外的大型青少年戏曲公益赛事、艺术赛事之一。疫情期间，大赛创新办赛形式，首次采用非现场比赛、线上评审的方式开展，覆盖戏曲表演类、民族器乐类、戏曲绘画类“三大类四组别”的赛事内容，参赛总人数达到8700余人。参赛者包含从幼儿园到研究生全学段的学生，最小年龄5岁，最大年龄30岁；涵盖了北京、天津、河北、山东、黑龙江、吉林、辽宁、江苏、湖南、湖北、江西、安徽、广东、厦门、甘肃、河南等省（市）以及远在美国的青少年学生；参赛剧种包括京剧、昆曲、评剧、豫剧、河北梆子、越剧、黄梅戏等十余个，各项赛事数据都再创新高。

（孙玉坤）

【戏曲普及教育】 11月，戏曲学院为推动义务教育美育发展，促进义务教育均衡发展，根据学科特点，打破专业壁垒，整合优质教学资源，启动为期一年的京剧普及教学与票房辅导工作，选派学院10余名老中青三代优秀教师深入小学基地校开设青衣、老生、花脸、武生、花旦等京剧唱腔课，惠及1000余名小学生。特聘教授与青年教师，走进社区开展剧目指导，100多名长期参与票房活动社区居民从中受益，小学与社区授课累计484课时。

（孙玉坤）

【“为人民画像”“绿水青山”主题写生活动】 年内，戏曲学院积极响应中央、市委打赢脱贫攻坚战的战略部署，策划开展“为人民画像”“绿水青山”主题写生等活动，新媒体艺术系结合实践教学课程安排，深入怀柔区长哨营乡北湾村，创作多幅乡村题材画作，并进行展览。

（孙玉坤）

【“引智帮扶”】 年内，戏曲学院圆满完成对怀柔区长哨营乡北湾村的“引智帮扶”工作；加大扶贫产品采购力度，引入两组扶贫专柜进校园布设运营，做好新疆和田地区特色农产品的消费帮扶。

（孙玉坤）

【向国家博物馆赠送老唱片】 年内，戏曲学院向国家博物馆赠送3张珍贵老唱片，分别为1907年由百代公司灌制的著名京剧老生演员王凤卿先生《骂曹》《鱼肠剑》手刻唱片1套1张和1961年由中国唱片公司出版的著名京剧旦角演员王瑶卿先生《王瑶卿说戏》唱片1套2张。王凤卿先生的唱片是百代公司在中国灌制的第一批唱片之一，距今已

▲ 10月10日，中国戏曲学院与中国国家博物馆签署战略协议。

▲2020第十届“新加坡国际舞蹈节” 中国戏曲学院参赛节目——双人舞《艺·境》。

110余年，既有极高的艺术欣赏价值和文物收藏价值。王瑶卿先生作为京剧“王派”创始人，开创了京剧旦角“花衫”行当，京剧“四大名旦”都曾受教于他，被誉为京剧界的“通天教主”。这套《王瑶卿说戏》唱片，是他传世的唯一一套教学唱片，弥足珍贵。

（孙玉坤）

【斩获“第十届新加坡国际舞蹈节”金奖】年内，在2020第十届“新加坡国际舞蹈节”比赛中，戏曲学院表演系戏曲舞蹈教研室李丽宏副教授编创的双人舞《艺·境》荣获古典舞成人专业组编创金奖，其论文《浅谈舞蹈专业学生心理素质的培养》荣获舞蹈教育教学系列金奖。

（孙玉坤）

职业和继续教育

【丰职线上“智慧学堂”】年内，丰台区职业教育中心学校全面实施线上教学，建立科研室、教务处、学生处、外联处、信息中心“五部联动”机制，开发文化密码、专业探险、心灵驿站、生活能手、运动达人、创意小镇、养之有“素”——“七巧板”模块化优质课程，打造丰职“智慧学堂”。153名教师开设专业能力模块课程和公共基础课应用能力模块课程159门、选修课19门和研究性学习活动30个。5月25日至6月5日，开展全校范围内线上课堂教学质量视导，27名诊断专家通过在线课堂听课与查看资料相结合的方式，对教师在线课堂教学、建课情况、课程资源建设、教学组织、平台使用、师生互动、目标达成等情况进行教学诊断，共听课142节次，完成报告143份。

（薛凤彩）

【丰台区社区教育教师教学能力展示活动】7月，为响应“北京市社区教育教师教学能力展示活动”，丰台分院职成教研室开展“丰台区社区教育教师教学能力展示活动”。历时半年时间，通过“丰台区社区教育教师教学能力提升培训”“丰台区社区教育教师网络研磨课活动”、召开总结研讨会以及教研员跟踪指导四个环节完成，推荐4名教师代表丰台区参加市赛。在12月3日、4日“北京市社区教育教师教学能力决赛”中获得一等奖1名；二等奖2名；三等奖1名。

（柳　梅）

【丰台职教中心学校开创京雄职教协同发展新模式】9月21日至25日，丰台区职业教育中心学校组织职教专家团队，通过座谈、课堂听课、交流等方式，对雄安新区三县职教中心7个专业开展课堂教学诊断，并通过深入课堂、专题讲座、实践交流等形式，为雄安三县职教中心30余名骨干教师开展系列讲座、培训。10月17日，举办“京冀职教携手，共育未来工匠”首届“京雄”职业院校学生技能大赛。丰台区职业教育中心学校、北京金隅科技学校和雄安新区三县职教中心的108名选手参加中职生礼仪、计算机平面设计、电子商务—新媒体运营3个赛项的个人和团体比赛，共评选出个人和团体奖项

▲9月21日至25日，丰台职教中心学校开创京雄职教协同发展新模式，对雄安新区职教中心专业开展课堂教学诊断。

▲11月27日，丰台区在社区学院举行第十六届全民终身学习活动周活动。图为开幕式。

▲11月至12月，丰台职教中心学校获全国职业院校技能大赛教学能力比赛一等奖。

一等奖9个、二等奖16个、三等奖22个、优秀奖26个和优秀组织奖5个。京冀职教携手开创了京雄职教协同发展新模式。

（孙晓娟）

【丰台区第十六届全民终身学习活动周活动】 11月27日，以“全民智学促治理 素质提升增效能”为主题的丰台区第十六届全民终身学习活动周暨2020年职业教育活动周开幕式在丰台区社区学院举行。全区21个街乡镇的宣传部代表、受表彰市民学习之星、外聘教师代表和参加学习体验市民代表等150多人参加活动。

（刘　佳）

【丰台职教中心学校获全国比赛一等奖】 11月至12月，丰台区职业教育中心学校非遗传承与设计、影像与影视技术、电子商务、学前教育专业的4支教师团队全部获得2020年北京市职业院校技能大赛教学能力比赛一等奖。非遗传承与设计专业教师团队获得全国职业院校技能大赛教学能力比赛一等奖，这是丰台职教中心学校继2019年后再次获教学能力比赛国赛一等奖，创学校连续2年荣获3个国赛一等奖的优异成绩。

（赵彦军）

【丰台职教中心学校教育精准扶贫】 年内，丰台区职业教育中心学校坚持教育精准扶贫，助力打赢脱贫攻坚收官战。开展支教、送教、挂职、互访、教研等“手拉手”项目校际交流活动，帮助结对校提升办学水平；实施“北京访学计划”，提高建档立卡贫困户学生职业技能；通过信息化手段建立资源共享机制，向结对学校推送优质教育资源，开展各种形式优质教育资源交流活动。完成河北威县、沽源县、涞源县职教中心，内蒙古林西县职教中心、扎赉特旗中等职业学校电子商务、学前教育专业72名学生访学，选派支教教师1名。

（孙晓娟）

【市社区教育优秀成果展演活动获奖】 年内，丰台社区学院重点打造“丽泽云学堂”线上学堂，大力推进线上微课教学，停课不停学、停课不停教，为居民提供学习资源，分为公民素养、艺术生活、健康养生等5个模块30多门课程，累计发布微课110讲，微课视频1600余分钟，阅读量80948次。组织报送的诗朗诵节目“致敬最美逆行者”，在“合力抗疫情，社教谱新篇”线上颂读会暨第二届北京市社区教育优秀成果展演

▲丰台职教中心学校开展建档立卡学生剪纸团花培训。

▲诗朗诵“致敬最美逆行者”在第二届北京市社区教育优秀成果展演活动中荣获三等奖。

活动中荣获三等奖。

（刘　佳）

民办教育

【丰台教育系统民办学校党建规范化建设项目启动会】1月14日，民办学校党建办公室（以下简称党建室）在教科院组织召开“丰台教育系统民办学校党建规范化建设项目”启动会。丰台教工委、丰台教科院老师与5位民办党建指导员、11名民办党专以及26所民办学校的29位书记、支委委员参会。怡海教育集团党总支党务工作者尹小凤围绕“如何做好民办学校党组织书记”做了题为《只争朝夕、不负韶华》的发言。大地美域双语幼儿园园长赵萌围绕“作为民办学校管理者如何支持党支部做好工作”进行了题为《坚守初心使命、矢志担当作为》的交流发言。民办党建办公室负责人温学冬总结了2019年丰台教育系统民办党建工作总体情况，梳理了近期规范化建设调研基本情况，分析了当前民办党建新要求新问题，提出了今后发展的方向目标任务，阐述了下一步工作的思路设想，并解读了民办党建规范化建设项目方案。

（温学冬）

【民办学校党组织书记专题培训】10月14日，教科院民办学校党建办公室、民办党建规范化建设项目组（以下简称项目组）组织民办学校党组织书记进行《中国共产党支部工作条例（试行）》专家讲座活动。丰台教科院副院长、党建室老师，民办学校党组织（项目成员校）负责人、党建指导员及党务专职工作者共计40余人参加了活动。讲座由海淀区教育党校（海淀区中小学干部研修中心）党建工作部主任、海淀区教育系统党建研究会夏红梅老师主讲，主要采取讲授和参与式学习相结合的方式进行。专家讲座之后，民办党建办温学冬还就本学期民办学校党建下一阶段工作思路和重点工作进行了安排和布置。

（温学冬）

【民办学校党建工作调研】11月至12月初，党建办就“民办学校基本情况，党组织覆盖、工作开展，党建工作主要困难问题、意见建议以及民办中小学思政教师队伍建设”等内容，带领10名民办党建专职工作者，通过《社会组织及其党建工作情况统计表》、实地走访和电话随访、民办党组织党性工作自查报告等方式，对149所通过年检审核或新近审批的民办学校（中小学、幼儿园、培训机构等）进行集中调研，建立工作台账、形成调研报告。调研报告中，党建室还对“十三五”时期民办教育系统党建工作在“两个覆盖”、质量提升、工作格局方面的主要举措成效进行总结，对存在的主要困难问题进行分析，提出下一步工作建议。本次调研对于进一步掌握了解丰台区民办学校党建工作现状和发展水平，为“十四五”时期针对问题谋划工作举措，持续提升民办学校党建工作质量提供了决策依据。

（温学冬）

【“走进市级党建示范点”活动】12月29日，党建办建设项目组组织民办学校党组织书记开展“走进市级党建示范点”活动。本次活动由党建室主任主持，丰台教科院副院长，党建室全体人员，民办学校党组织书记（项目组成员校），民办学校党建党务专职工作者参加。活动邀请北京市市级党建示范点——丽泽中学党委书记王玲为各项目校书记进行《君朋讲习，携手发展，党建之花灿烂绽放》主题讲座。专家讲座后，民办党建室温学冬与各项目校书记共同回顾了本年度“民办党建规范化建设”项目组主要工作，并就项目校近期工作任务及下一阶段项目组工作思路举措进行布置和解读。

（温学冬）

特殊教育

【新队员入队】9月30日，丰台区培智中心学校为全体新队员举行入队仪式，大队部宣布了22名新队员名单，庄严的入队仪式活动增强了新队员们的荣誉感和使命感，校领导和教师们为新队员佩戴红领巾。全校师生参与了此次活动。

（李司琪）

【师德交流活动】10月30日，丰台区培智中心学校开展“使命在肩，奋斗有我”师德演讲交流活动。本次活动中，学校推选的9名师德师风先进典型教师

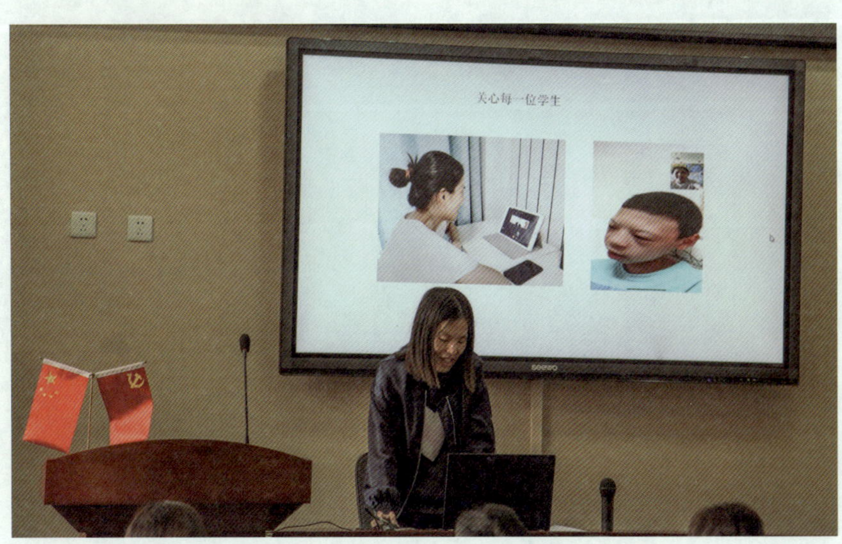

▲10月30日，丰台区培智中心学校举行师德交流活动。

▲ 11月13日，丰台区培智中心学校举行消防培训演练。

▲ 12月18日，丰台区培智中心学校举行校级研讨课活动。

分别从不同层面、不同角度诠释做一名好教师的标准，为全校教师树立了标杆，明确了奋斗的方向。

（李司琪）

【消防培训演练】 11月13日，丰台区培智中心学校以“关注消防，生命至上”为主题，从应急疏散与应急技能两个层面入手，制定详实的方案以及详细的部署，组织师生进行校园消防培训及演练。全校共110名师生参与了活动。

（李司琪）

【校级研讨课活动】 12月18日，历经2个月组内听评课、组内推课，丰台区培智中心学校共14位老师进入校级研讨课阶段。此次活动学校以《新课标》《IEP》为指导，以发展学生的能力为宗旨，以研究使用《新教材》为依托，关注每一位学生的学习需求，激发学习的主动性，重点探究如何将“分科教学”与“综合教学”有机结合，上好一节具有学科特性的综合课。此次校级研讨活动，涵盖的学科领域多、人员范围广，对课堂教学发展具有积极的推动作用，同时也为全体教师提供了相互学习、共同提升的平台。

（李司琪）

【校级班会课研讨活动】 12月下旬，丰台区培智中心学校德育处围绕“疫情防控”“垃圾分类”“节约粮食 杜绝浪费”三大主题，开展了为期两周的校级班会课研讨活动。13个班的班主任老师在研讨课中根据本班学生实际情况，以孩子们喜闻乐见的图片、视频、游戏等方式开展主题教育活动。同学们积极参与课堂，亲身体验，逐渐形成了卫生防疫、生活垃圾分类、节约粮食光盘行动的好习惯，活动效果达到了预期目标。

（李司琪）

丰台区幼儿园一览表

表 29

序号	幼儿园名称	行政负责人	邮政编码	幼儿园地址	电话号码	班数	入园人数	北京户籍入园人数	在园人数总计	北京户籍在园人数	非本市户籍在园人数	本市农业户籍在园学生	离园人数	教职工数	专任教师数	占地面积（平方米）	建筑面积（平方米）
总计						1606	17592	13399	45012	34374	10638	1862	10971	7515	3673	679012.07	481269.87
一、教育部门（含附设幼儿班）						416	4443	4284	11659	11091	568	316	2861	1426	1147	188015.97	146400.00
1	北京市丰台区育英幼儿园	田丽	100077	北京市丰台区洋桥西里33号	67210212	12	132	132	350	343	7	0	83	48	38	4006.00	2831.00
2	北京市丰台区西罗园幼儿园	王艳峰	100077	北京市丰台区洋桥北里小区32号	67227202-8007	9	99	96	239	233	6	0	79	41	31	4036.00	2539.00
3	北京市丰台区群英幼儿园	范建华	100077	北京市丰台区西罗园三区10号楼	67220618	11	217	208	362	353	9	0	76	48	37	9878.00	6192.00
4	北京市丰台区东罗园幼儿园	王秀莉	100075	北京市丰台区赵公口小区1号楼	67216759	14	139	139	393	372	21	5	104	47	42	3489.00	2367.00
5	北京市丰台区南苑教工幼儿园	张培红	100076	北京市丰台区南苑西路11号院11号楼	67991753	4	51	51	94	93	1	1	0	24	17	5291.00	2733.00
6	北京市丰台区蒲黄榆第一幼儿园	庄惠清	100075	北京市丰台区蒲黄榆三里甲3号	67625296	22	223	223	625	614	11	0	149	71	67	12270.10	14983.76
7	北京市丰台区蒲黄榆第二幼儿园	翟丽娟	100075	北京市丰台区光彩路贾家花园三号院2号楼	87822113	18	149	140	503	477	26	0	118	58	46	3212.00	2809.00
8	北京市丰台区丰台第二幼儿园	游向红	100161	北京市丰台区丰台北路望园西里17号	63822181	14	138	134	391	378	13	14	151	53	42	3786.00	4495.00
9	北京市丰台区丰台第三幼儿园	梁莉	100071	北京市丰台区五里店南里29号楼	68699985	16	164	163	417	407	10	12	55	58	45	6530.00	4792.00
10	北京市丰台区青塔第二幼儿园	权明	100141	北京市丰台区青塔小区秀园7号	68671467	13	102	101	340	328	12	9	137	52	46	7667.00	5031.00
11	北京市丰台区丰台第一幼儿园	朱继文	100071	北京市丰台区东大街27号	63867398	46	469	457	1339	1255	84	31	292	118	90	19886.00	11527.00
12	北京市丰台区丰台第六幼儿园	陈洁	100071	北京市丰台区丰台正阳小区7号楼	13552845932	15	158	158	373	373	0	0	139	53	41	6660.00	5231.00
13	北京市丰台区人民政府机关幼儿园	方宝燕	100071	北京市丰台区丰台镇北大街1号	83656449	17	198	198	433	432	1	19	58	50	43	4208.39	5193.00
14	北京市丰台区丰台第四幼儿园	刘银玉	100071	北京市丰台区造甲南里17号	63726391	19	207	161	591	471	120	33	116	64	60	4535.00	4850.00
15	北京市丰台区丰台第五幼儿园	彭俊红	100070	北京市丰台区韩庄子东里甲1号	63712246	24	365	338	665	631	34	5	139	75	69	17473.00	13318.68
16	北京市丰台区花城幼儿园	张明英	100070	北京市丰台区芳菲路88号院12号楼	63684287	17	126	126	417	409	8	5	86	51	40	6686.82	5696.00
17	北京市丰台区长辛店第一幼儿园	王晓红	100072	北京市丰台区长辛店连杨街4号	83876687	12	141	141	368	360	8	11	71	46	43	11930.01	7037.50
18	北京市丰台区方庄第一幼儿园	何艳华	100078	北京市丰台区方庄芳古园一区16号楼	67628116	12	109	109	324	324	0	1	131	44	41	3540.00	2467.00
19	北京市丰台区芳庄第二幼儿园	孔震英	100078	北京市丰台区方庄芳星园三区22号楼	67635271	20	211	201	603	537	66	0	129	65	49	8709.35	8404.71
20	北京市丰台区芳庄第三幼儿园	吴东慧	100078	北京市丰台区方庄芳城园一区8号楼	67622905	18	194	180	453	421	32	7	147	67	53	6999.00	5092.75
21	北京市丰台区实验幼儿园	彭俊娟	100078	北京市丰台区方庄芳群园二区10号楼	67652880	17	165	165	496	487	9	10	164	68	56	5990.00	5063.00
22	北京市丰台区方庄第六幼儿园	于建梅	100078	北京市丰台区方庄芳星园三区28号楼	67628836	6	60	60	192	181	11	1	47	25	20	1513.00	1324.00
23	北京市丰台区宛平幼儿园	王学明	100165	北京市丰台区晓月苑垂虹街3号	83214743	9	90	90	249	232	17	28	58	36	29	3399.00	2866.00
24	北京市丰台区嘉园第一幼儿园	郑淑敏	100067	北京市丰台区马家堡嘉园二里25号楼	67532807-8801	19	192	192	571	568	3	15	92	66	46	13021.30	10779.60
25	北京市丰台区丰台第二幼儿园葆台园	倪敏	100070	北京市丰台区葆台中街欣葆家园	83630201	6	75	67	165	151	14	29	14	23	18	3000.00	2400.00
26	北京市丰台区南苑第一幼儿园	吴海梅	100076	北京市丰台区嘉泽路1号	59244962	6	74	68	164	153	11	14	43	19	15	6000.00	4709.00
27	中央民族大学附属中学丰台实验学校幼儿园	黄萍	100074	北京市丰台区云岗西路28号山语城2区8号	83391792	9	98	96	253	250	3	59	40	48	19	4300.00	1668.00
28	北京市丰台区王佐第一幼儿园	无	100074	北京市丰台区王佐镇云岗新村78号	83315756	0	0	0	0	0	0	0	0	8	4	0.00	0.00
附设幼儿班						11	97	90	289	258	31	7	143	0	0	0.00	0.00
	北京市丰台区丰台第一小学	殷楠	100071	北京市丰台区东安街1号	63812263-8709	0	0	0	0	0	0	0	0	0	0	0.00	0.00
	北京市丰台区丰台第五小学	李磊	100071	北京市丰台区西四环南路78号	63823830	0	0	0	0	0	0	0	29	0	0	0.00	0.00
	北京市丰台区长辛店中心小学	李军玲	100072	北京市丰台区槐树岭5号院	83800548	0	0	0	0	0	0	0	0	0	0	0.00	0.00
	北京朝阳芳草地国际学校丽泽分校	张健	100073	北京市丰台区丽泽路一号院四号楼	63256917	0	0	0	0	0	0	0	0	0	0	0.00	0.00
	北京教育学院丰台分院附属学校	单骞娇	100070	北京市丰台区三环新城丰桥路6号院	83612276	8	61	54	206	176	30	2	71	0	0	0.00	0.00
	北京市丰台区长辛店学校	王立华	100072	北京市丰台区朱家坟一里44号	83843233	3	36	36	83	82	1	5	43	0	0	0.00	0.00
	中国教育科学研究院丰台实验学校	李晨辉	100071	北京市丰台区程庄路90号	63833942	0	0	0	0	0	0	0	0	0	0	0.00	0.00

续表 29

序号	幼儿园名称	行政负责人	邮政编码	幼儿园地址	电话号码	班数	入园人数	北京户籍入园人数	在园人数总计	北京户籍在园人数	非本市户籍在园人数	本市农业户籍在园学生	离园人数	教职工数	专任教师数	占地面积（平方米）	建筑面积（平方米）
二、部门办						116	1359	1204	3596	3167	429	41	967	611	246	57273.36	41785.25
29	中国航天科技集团公司第一研究院航天幼儿园	黄东	100076	北京市丰台区东高地万源东里70栋	88535451	68	835	745	2177	1959	218	9	678	368	147	37609.24	28746.24
30	中国航天科技集团有限公司第十一研究院幼儿园	周妍	100074	北京市丰台区云岗南区东里8楼	68375547	8	94	84	259	239	20	0	64	41	17	3850.00	1805.00
31	北京航天华盛幼儿园	彭菲	100074	北京市丰台区云岗南区西里22号	68376265	35	400	352	1036	881	155	21	188	178	72	14764.00	10352.00
32	芳星第一幼儿园	高洁琼	100078	北京市丰台区方庄芳星园二区16号楼	67616489	5	30	23	124	88	36	11	37	24	10	1050.12	882.01
三、集体办						204	2326	1550	6019	3821	2198	439	1412	1098	422	80090.78	47064.63
33	北京市丰台区槐房艺术幼儿园	王亚	100076	北京市丰台区南苑乡槐房北路	67913443	8	91	74	249	160	89	10	75	42	16	3000.00	3000.00
34	北京市丰台区太平桥东里幼儿园	蒋雪莲	100073	北京市丰台区太平桥东里20号	63484711	19	227	168	605	431	174	6	144	93	44	3500.00	2206.00
35	北京市丰台区西罗园第一幼儿园	杨立杰	100077	北京市丰台区西罗园一区11号楼	67216393	8	83	15	267	86	181	6	74	44	16	1532.00	950.00
36	北京市丰台区西罗园第二幼儿园	王红艳	100068	北京市丰台区海户西里五区7号楼	67222010	7	52	48	191	161	30	2	39	37	16	1500.00	1142.00
37	北京市丰台区大红门街道办事处东楼幼儿园	杨书兰	100075	北京市丰台区大红门西里28号	67221959	6	66	63	215	185	30	1	73	42	14	997.18	1118.00
38	北京市丰台区南苑镇新开路幼儿园	贯玉	100076	北京市丰台区南苑镇新开路头道街16号	67991307	5	62	21	131	43	88	5	41	28	10	1174.00	506.00
39	北京市丰台区东铁营办事处第二托儿所	阎玉娇	100075	北京市丰台区蒲黄榆四里13号楼	67678838	6	26	6	146	41	105	1	57	34	12	1544.00	933.60
40	北京市丰台区卢沟桥街道第二幼儿园	陈智慧	100039	北京市丰台区大成里居住区蔚园15号楼北门	68671451	6	56	39	187	100	87	3	41	32	12	1842.00	1758.00
41	北京市丰台区卢沟桥街道办事处五里店幼儿园	陈智慧	100166	北京市丰台区五里店南里小区17号楼	63817685	7	106	66	216	129	87	9	59	40	14	3425.00	1858.00
42	北京市丰台区芳群第二幼儿园	郭惠如	100078	北京市丰台区芳群园四区10号楼	67638316	16	129	121	457	420	37	4	166	83	32	7449.71	4200.00
43	北京市丰台区大井幼儿园	王凤娟	100166	北京市丰台区田各庄133号	83696791	7	113	65	190	125	65	48	31	33	14	2162.00	1022.00
44	北京市丰台区东管头幼儿园	鲁雪林	100071	北京市丰台区丽泽路1号院5号楼	63948281	10	107	92	320	260	60	16	31	55	22	3770.00	2460.00
45	北京市丰台区小井幼儿园	王淑香	100161	北京市丰台区小井村558号	63843365	7	81	49	208	104	104	32	45	39	14	1630.00	1270.00
46	北京市丰台区岳各庄幼儿园	刘亚丽	100160	北京市丰台区梅市口路12号院南侧	83668688	2	28	17	57	35	22	18	0	19	4	973.00	353.00
47	北京市丰台区黄土岗中心幼儿园	李秀红	100070	北京市丰台区花乡黄土岗271号	83608172	7	50	19	173	56	117	15	54	34	14	2600.00	1600.00
48	北京市丰台区新发地农工商联合公司中心幼儿园	潘学颖	100076	北京市丰台区汉龙南站京开路78号	67928075	6	77	10	145	23	122	12	34	32	12	2200.80	1114.00
49	北京市丰台区看丹村中心幼儿园	安春霞	100070	北京市丰台区看丹杨树庄临27号	63728023	8	31	25	177	99	78	32	39	45	16	7800.00	1924.00
50	北京市丰台区榆树庄园艺术幼儿园	张学敬	100070	北京市丰台区丰西北里91号	83602595	9	80	41	257	125	132	27	38	48	20	5323.40	2589.40
51	北京市丰台区草桥幼儿园	李爱香	100067	北京市丰台区草桥欣园一区3号楼	87584753	22	297	240	694	557	137	32	158	110	44	11010.00	5807.00
52	北京市丰台区卢沟桥幼儿园	梁淑梅	100165	北京市丰台区卢沟桥晓月中路8号	83896138	11	168	76	283	124	159	16	49	59	22	3970.00	2750.00
53	赵辛店幼儿园	刘萍	100072	北京市丰台区长辛店镇赵辛店村919号	83863059	9	119	65	292	155	137	26	77	51	18	4785.00	3387.24
54	张郭庄幼儿园	佟秀芳	100072	北京市丰台区长辛店镇张郭庄村367号	83869634	10	120	91	330	207	123	55	86	57	20	3602.69	2756.69
55	北京市丰台区王佐镇魏各庄幼儿园	周欣欣	100070	北京市丰台区王佐镇千灵山路199号	83386981	8	157	139	229	195	34	63	1	41	16	4300.00	2359.70
四、部队						93	997	807	2572	2008	564	79	677	499	200	65639.00	30958.28
56	中国人民解放军空军工程设计研究局幼儿园	屈文军	100068	北京市丰台区洋桥12号院	66711071	4	40	32	105	88	17	0	14	20	8	729.00	723.00
57	中国人民解放军95810部队幼儿园	刘诤	100076	北京市丰台区警备东路6号3区	66713702	10	120	97	301	240	61	30	130	52	21	7900.00	2890.00
58	空军装备研究院蓝天幼儿园分园	高立民	100076	北京市丰台区南苑镇警备东路6号2区	66713604	5	26	20	85	64	21	0	24	19	8	2217.00	960.00
59	八一电影制片厂幼儿园	胡德杰	100161	北京市丰台区六里桥北里甲1号	66834671	6	50	49	137	127	10	5	84	33	14	4340.00	2093.00
60	中国人民解放军三0二医院幼儿园	刘小焕	100039	北京市丰台区西四环中路100号	66933476	9	93	56	267	176	91	0	69	48	18	1368.00	2737.27
61	中国人民解放军海军航空兵部幼儿园	翟桂芳	100071	北京市丰台区东大街5号院	66959271	9	99	91	289	237	52	0	73	48	18	3355.00	2161.00
62	中国人民解放军62301部队幼儿园	黄筱媛	100071	北京市丰台区东安街头条19号	66870654	4	56	35	100	59	41	1	13	22	13	3762.00	2241.00

续表 29

序号	幼儿园名称	行政负责人	邮政编码	幼儿园地址	电话号码	班数	入园人数	北京户籍入园人数	在园人数总计	北京户籍在园人数	非本市户籍在园人数	本市农业户籍在园学生	离园人数	教职工数	专任教师数	占地面积（平方米）	建筑面积（平方米）
63	中国人民解放军总后勤部六一幼儿园	范茜	100071	北京市丰台区西四环南路63号院	66884413	18	242	196	532	416	116	9	89	102	40	23144.00	8885.01
64	中国人民解放军66040部队机关幼儿园	段冰	100071	北京市丰台区东大街49号	66870246	1	0	0	14	7	7	0	0	9	3	2246.00	1216.00
65	中国人民解放军军事科学院军事医学研究院幼儿园丰台分园	李丽华	100071	北京市丰台区东大街20号院	66948974	5	51	40	122	84	38	19	30	25	11	1578.00	1167.00
66	陆军装甲兵学院幼儿园	荆京	100072	北京市丰台区长辛店杜家坎21号院	66717471	11	95	85	325	263	62	0	108	63	23	6000.00	2500.00
67	中国人民解放军63963部队幼儿园	邓祖梅	100072	北京市丰台区槐树岭3号院	66862192	7	92	77	202	171	31	15	22	32	15	2300.00	888.00
68	军委办公厅第五十一研究所幼儿园	蒋宁	100072	北京市丰台区朱家坟五里3号院	66842060	4	33	29	93	76	17	0	21	26	8	6700.00	2497.00
五、企业办						43	476	333	1283	888	395	55	276	224	99	13085. 10	10600. 00
69	北京蓝天幼儿园华凯园	朱燕红	100161	北京市丰台区六里桥北里凤荷曲苑10号	52731268	12	124	100	415	337	78	2	127	67	32	3689.00	3398.00
70	北京二七车辆厂幼儿园	王永霞	100072	北京市丰台区长辛店张郭庄南路1号	83804570	12	135	100	328	244	84	25	85	57	25	3426.10	2935.00
71	北京北方车辆集团有限公司幼儿园	康伟娜	100072	北京市丰台区朱家坟二里12号	83807200	6	78	46	151	84	67	6	18	30	12	1600.00	2028.00
72	北京二七机车厂幼儿园	马国岭	100072	北京市丰台区长辛店崔村一里11号	83306612	13	139	87	389	223	166	22	46	70	30	4370.00	2239.00
六、事业单位办						6	89	77	196	168	28	13	22	35	12	3213. 00	1486. 00
73	中国北方车辆研究所幼儿园	陈海鑫	100072	北京市丰台区大灰厂东路槐树岭四号院	53654370	6	89	77	196	168	28	13	22	35	12	3213.00	1486.00
七、民办						728	7902	5144	19687	13231	6456	919	4756	3622	1547	271694. 86	202975. 71
74	北京市丰台区多智幼儿园	葛静	100072	北京市丰台区长辛店德善里19号	83885686	6	83	16	137	36	101	3	41	30	12	2000.00	1857.00
75	北京市丰台区义和双语艺术幼儿园	孙丽莉	100076	北京市丰台区和义东里三区9号楼	67952788	8	90	20	248	45	203	1	80	42	16	2200.00	1380.00
76	北京市丰台区ABC双语幼儿园	王颖	100070	北京市丰台区三环新城8号院1-16底商	51905889	0	0	0	0	0	0	0	0	0	0	0.00	0.00
77	北京市丰台区威尔夏幼儿园	王怡芳	100073	北京市丰台区华源四里8号楼	83653119	12	99	68	286	188	98	4	108	52	24	1950.00	2311.00
78	北京市丰台区如果幼儿园	张俊玲	100078	北京市丰台区方庄芳星园二区11-1号院	67683898	4	20	15	48	36	12	0	22	24	8	1500.00	966.00
79	北京市丰台区南宫方芳幼儿园	杨春红	100074	北京市丰台区王佐镇长青路113号-1	83312308	5	88	60	167	113	54	29	21	23	10	2368.00	1141.00
80	北京市丰台区惠智幼儿园	王虎	100039	北京市丰台区京铁家园三区二号	51800322	10	161	106	317	229	88	0	58	52	29	4121.00	2260.00
81	北京市北方之星艺术幼儿园	李丁丁	100071	北京市丰台区右安门外玉林东里1区5号楼	63053264	9	89	81	254	236	18	9	55	46	20	3600.00	2491.00
82	北京市丰台区红黄蓝多元智能实验幼儿园	韩雪梅	100069	北京市丰台区右安门外开阳里一区6号楼	83528183	13	125	103	453	397	56	3	92	72	30	3793.00	3719.00
83	北京市丰台区首科双语传媒幼儿园	谢燕梅	100073	北京市丰台区华源三里D区8号楼	63370805	11	180	116	361	244	117	6	33	52	25	1819.12	1202.00
84	北京市丰台区小红帽艺术幼儿园	杨立民	100141	北京市丰台区青塔小区大城里芳园9号楼	68675150	0	0	0	0	0	0	0	0	0	0	0.00	0.00
85	北京市丰台区芳茹双语艺术幼儿园	王晓慧	100068	北京市丰台区角门东里小区7号楼	67544486	11	180	162	336	271	65	0	52	40	22	2795.00	2504.00
86	北京欣宇幼儿园	杨宝玲	100068	北京市丰台区西马场北里15号	67573275	6	44	29	158	116	42	1	72	41	16	2600.00	1620.00
87	北京市邮政管理局海慧寺幼儿园	钟丽娜	100071	北京市丰台区南顶村44号楼	67233559	9	60	53	189	159	30	30	46	43	26	2225.00	1370.00
88	北京市丰台区翩翩艺术幼儿园	周敏兰	100068	北京市丰台区大红门建欣苑小区三里15号楼	87898728	6	99	47	175	90	85	0	56	37	12	1685.00	1987.00
89	北京市丰台区幼师附属实验艺术幼儿园	王呈祥	100076	北京市丰台区南苑北里一区7号楼	67066670	9	91	78	261	215	46	8	110	43	19	3226.00	2242.00
90	北京市丰台区阳光起点幼儿园	邱宇琪	100079	北京市丰台区石榴园北里24号	87259981	10	189	83	335	150	185	46	55	46	20	3100.00	2093.00
91	北京市丰台区意馨艺术幼儿园	郭小兰	100079	北京市丰台区东铁匠营政馨园二区8号楼	87686009	14	91	55	381	209	172	13	69	66	29	6339.00	3547.30
92	北京育强体育才艺幼儿园	李大军	100164	北京市丰台区成寿寺路四方景园二区7号楼	87644376	8	135	97	213	136	77	6	53	44	17	2900.00	2500.00
93	北京市丰台区高娃钢琴幼儿园	曲振锁	100141	北京市丰台区小屯路6号	68671703	16	70	55	417	337	80	9	173	124	34	9846.00	5821.00
94	北京市星桥幼儿园	赵秀珍	100165	北京市丰台区大瓦窑349号	83292374	0	0	0	0	0	0	0	0	0	0	0.00	0.00
95	北京市丰台区北大地新西区幼儿园	杨福雨	100070	北京市丰台区北大地一里14栋	63864382	7	62	49	170	131	39	3	61	33	14	1871.00	1560.00
96	北京市丰台区星星天地幼儿园	刘琳	100071	北京市丰台区丰管路1号院3号楼	83824456	8	121	52	237	115	122	62	54	38	16	1884.00	1254.00
97	北京市丰台区英才幼儿园	石娅宁	100071	北京市丰台区西四环南路60号	63850959	4	0	0	86	53	33	0	43	27	8	1450.00	1030.00
98	北京市丰台怡海幼儿园	彭波	100070	北京市丰台区南四环西路129号	63743220-8100	31	234	162	668	402	266	4	76	148	66	15200.00	10761.00

续表 29

序号	幼儿园名称	行政负责人	邮政编码	幼儿园地址	电话号码	班数	入园人数	北京户籍入园人数	在园人数总计	北京户籍在园人数	非本市户籍在园人数	本市农业户籍在园学生	离园人数	教职工数	专任教师数	占地面积（平方米）	建筑面积（平方米）
99	北京市丰台区雅瀚艺术幼儿园	吴煦	100067	北京市丰台区草桥欣园三区 11 号楼	67504980	11	111	71	286	157	129	0	86	52	22	3120.00	3172.00
100	北京市丰台区嘉萌实验艺术幼儿园	宋雪云	100074	北京市丰台区云岗南区西里 41 号楼南侧	83393986	4	40	13	67	19	48	1	24	21	8	2160.00	1560.00
101	北京市丰台区汇佳实验幼儿园	彭冬梅	100078	北京市丰台区方庄芳古园二区 6 号楼	67605452	4	70	23	109	44	65	6	25	21	8	3410.00	2370.00
102	北京市丰台区方庄鹤立实验幼儿园	李跃丽	100075	北京市丰台区方庄芳古园一区 11 号楼	67621163	3	9	4	40	13	27	0	56	16	6	3000.00	1805.00
103	北京开发红黄蓝双语幼儿园	聂娟	100078	北京市丰台区方庄紫芳园二区 7 号楼	87643053	25	157	112	639	453	186	4	219	136	60	6455.00	3378.00
104	北京市丰台区嘉园实验艺术幼儿园	李旭晨	100067	北京市丰台区马家堡嘉园二里 34 号楼	67534410	27	248	119	757	463	294	49	79	126	61	8000.00	5223.00
105	北京市丰台区宝贝星河幼儿园	韩红	100068	北京市丰台区北甲地路 6 号	67523612-8006	12	126	100	378	283	95	0	98	61	28	1309.00	2500.00
106	北京市丰台区笑笑幼教集团南洋之星幼儿园	范建华	100068	北京市丰台区马家堡路角门 14 号院	67220618	0	0	0	0	0	0	0	0	0	0	0.00	0.00
107	北京市丰台区布朗幼儿园	刘冰	100068	北京市丰台区西马场南里二区 18 号楼	87594150	10	161	117	323	267	56	0	112	56	20	4910.00	3096.00
108	北京市丰台区环雅阳光双语幼儿园	赵玉梅	100068	北京市丰台区马家堡西路 28 号院瑞丽江畔小区 7 号楼	87560980	9	79	59	221	174	47	17	68	44	19	2900.00	2756.00
109	北京市丰台区嘉德双语幼儿园	刘爱芬	100067	北京市丰台区马家堡嘉园三里 15 号楼	87568891	14	123	98	322	256	66	22	77	66	28	3483.00	2897.00
110	北京市丰台区金贝德实验幼儿园	郑丽青	100076	北京市丰台区南苑和义东里一区 1 号院	67994299	9	81	52	211	145	66	2	60	39	20	2264.00	2530.00
111	北京市丰台区明悦峰景双语幼儿园	李向杰	100166	北京市丰台区青塔西路 58 号院 31 号楼	63877204	8	135	75	237	155	82	4	45	40	14	4200.00	3500.00
112	北京市丰台区立杰小红帽艺术幼儿园	魏玉荣	100070	北京市丰台区丰葆路富锦嘉园小区三区	83623548	22	258	167	626	396	230	0	204	98	45	8360.00	5440.00
113	北京市丰台区美格双语幼儿园	闫红艳	100070	北京市丰台区万年花城万芳园一区 6 号楼	63622283	9	65	44	301	163	138	0	55	39	18	3288.00	2400.00
114	北京市丰台区青塔东里幼儿园	耿珊	100141	北京市丰台区青塔东里小区 19 号楼附楼	68218455	4	12	4	78	19	59	0	68	25	10	2000.00	1531.00
115	北京市丰台区海嘉实验幼儿园	刘俊霞	100073	北京市丰台区万泉寺 256 号万润风景小区 10 号楼	63339096	8	69	47	231	166	65	45	55	43	18	2900.00	2000.00
116	北京市丰台区嘉恒小哈佛友爱谷幼儿园	臧彦	100078	北京市丰台区方庄南路 29 号	87685008	11	193	111	338	197	141	15	34	49	23	4000.00	4000.00
117	北京市丰台区大地美域双语幼儿园	尹丹	100166	北京市丰台区小屯西路天鸿美域家园南区 6 号楼	68633339	12	180	138	411	347	64	209	85	56	24	4600.00	4591.26
118	北京市丰台区汇英阳光音乐幼儿园	曲焕芝	100141	北京市丰台区大成南里春园 10 号楼	68692263	5	33	16	98	55	43	0	46	27	10	1600.00	1567.00
119	北京市丰台区德美双语幼儿园	张海静	100141	北京市丰台区大成南里一区 10 号楼	51750919	8	107	53	248	135	113	2	38	46	16	1875.00	1605.00
120	北京市丰台区北方之星幼儿园	贾琳	100070	北京市丰台区丰桥路三环新城 7 号院 14 号楼	83293916	17	180	116	520	336	184	15	124	78	35	3705.00	4211.00
121	北京市丰台区阳光起点锦城幼儿园	陆东霞	100161	北京市丰台区新发地天伦锦城小区 14 号	83711638	10	146	45	318	107	211	33	54	48	25	4000.00	1800.00
122	北京市丰台区世纪阳光幼儿园	董燕	100072	北京市丰台区长辛店长云路 2 号院 17 号楼	83849778	8	140	104	251	191	60	17	25	35	16	3500.00	2098.00
123	丰台区糖果双语幼儿园	郜俊军	100069	北京市丰台区右安门外大街右安门街道办事处社区服务中心	83404388	17	182	111	396	256	140	3	205	72	34	2600.00	2095.00
124	北京市丰台区万恒恩卓幼儿园	常晓磊	100166	北京市丰台区小屯西路 66 号院万恒家园 5 号楼	83838508	11	119	72	277	190	87	25	91	49	22	5000.00	3032.00
125	北京市丰台区邦尼幼儿园	景萍	100079	北京市丰台区宋庄路 26 号院 7 号楼	53306800	13	168	118	318	219	99	4	60	51	24	2826.00	2279.00
126	北京市丰台区二十一世纪实验幼儿园	刘馨	100070	北京市丰台区六圈路 2 号院 c-5	83629860	10	107	100	313	239	74	35	84	51	22	4159.00	2800.00
127	北京市丰台区东方剑桥顶秀欣园幼儿园	柳忠芳	100079	北京市丰台区永定门外石榴庄南里 1 号院 4 号楼	87616698	8	94	58	275	198	77	1	67	46	23	1008.00	1311.00
128	北京市丰台区乐嘟嘟实验幼儿园	王红	100070	北京市丰台区丰台南路鸿业兴园二区 3 号楼	83817297	9	84	64	250	194	56	0	92	41	19	3729.00	2320.00
129	北京市丰台区一诺童话幼儿园	李晓静	100076	北京市丰台区槐房北路临 1 号	13264140226	13	69	29	259	150	109	25	134	72	26	8200.00	5988.00
130	北京市丰台区星空俊才实验艺术幼儿园	韩红	100068	北京市丰台区镇国寺北街 6 号院 9 号楼	87567351	13	171	117	410	308	102	2	159	68	26	3387.00	5844.00
131	北京市丰台区大成幼儿园	张娜	100039	北京市丰台区大成路大成南里三区 27 号楼	57190146	9	116	48	268	154	114	61	88	46	18	3200.00	2400.00
132	北京市丰台区幸福泉阳光花园幼儿园	陈菲菲	100068	北京市丰台区马家堡东路 101 号院 5 号楼	59780949	7	51	40	120	90	30	0	15	34	14	2200.00	1538.00

续表 29

序号	幼儿园名称	行政负责人	邮政编码	幼儿园地址	电话号码	班数	入园人数	北京户籍入园人数	在园人数总计	北京户籍在园人数	非本市户籍在园人数	本市农业户籍在园学生	离园人数	教职工数	专任教师数	占地面积（平方米）	建筑面积（平方米）
133	北京市丰台区艾德森幼儿园	张莹	100077	北京市丰台区马家堡东路189号院13号楼	67565983	9	176	119	271	192	79	1	27	58	18	3700.00	3782.00
134	北京市丰台区高娃钢琴艺术幼儿园	曲振镇	100141	北京市丰台区小屯路149号	51142291	42	428	331	1048	834	214	25	226	174	84	15000.00	5964.48
135	北京市丰台区太阳花幼儿园	杨静	100068	北京市丰台区马家堡东路168号院1号楼	87248663	9	71	51	207	127	80	0	71	42	18	4100.00	2135.00
136	北京市丰台区先策恒爱幼儿园	邱晨	100074	北京市丰台区王佐镇南宫路临6号	83398622	10	57	43	223	185	38	12	70	49	20	5853.00	3050.00
137	北京市丰台区学苑幼儿园	王棽棽	100075	北京市丰台区永外双庙村125号院9号楼	87618867	9	85	52	238	161	77	4	15	40	11	5100.00	2607.00
138	北京市丰台区桃李芳园艺术幼儿园	李莉	100076	北京市丰台区久敬庄路久敬佳园二区11号楼	67903910	12	116	71	302	196	106	2	101	63	31	5200.00	3200.00
139	北京丰台区北京市第十二中学实验幼儿园	袁冬焰	100166	北京市丰台区张仪村西路2号院	68627910	12	137	65	366	160	206	13	83	53	26	6300.00	4200.00
140	北京市丰台区乐点幼儿园	李嘉玉	100161	北京市丰台区西局南街49-1	83477777	16	294	200	482	323	159	3	1	94	36	8206.57	6565.00
141	北京华杉幼儿园有限公司	张丽	100141	北京市丰台区青塔西路58号院20号楼	83918983	8	75	63	156	135	21	0	0	47	18	2690.14	1323.64
142	北京蓝天蓓尔幼儿园有限责任公司	屈珍	100070	北京市丰台区新村二里（4-2）	63781995	10	106	66	280	204	76	21	0	45	22	9134.91	13820.20
143	北京共童幼儿园有限公司	杨征	100071	北京市丰台区成寿寺成安路7号院1号楼	56693392	4	22	22	48	48	0	0	0	27	8	2333.72	1389.73
144	北京洛克启蒙幼儿园有限公司	王晓慧	100068	北京市丰台区角门东里小区37号楼	67563730	3	50	40	50	40	10	0	0	20	6	2039.90	1463.60
145	北京市丰台区布朗金泰幼儿园	李莹	100073	北京市丰台区丽泽路3号院	63256275	7	90	69	223	179	44	4	0	35	14	2216.50	2221.50

丰台区小学一览表

表 30

序号	学校名称	行政负责人	邮政编码	学校地址	电话号码	校舍情况（平方米）					图书（册）	计算机（台）	固定资产总值（万元）	
						占地面积	建筑面积	教学及辅助用房					合计	其中：仪器设备总值
								合计	其中					
									普通教室	实验室				
	总计					808668	456514	236602	188108	10177	2272233	18239	106120.63	37436.94
一、教育部门和集体办						781768	430755	226946	181069	9882	2197233	17789	102957.48	36810.05
1	北京市丰台区东高地第一小学	沈静洁	100076	北京市丰台区东高地斜街1号	67991703	11499	5713	2785	2547	75	32528	141	1461.62	306.16
2	北京市丰台区东高地第二小学	陈丽颖	100076	北京市丰台区东高地万源东里75栋	67991704	12025	4651	2812	2436	70	30531	319	869.60	520.04
3	北京市丰台区东高地第三小学	陈翠敏	100076	北京市丰台区东高地梅源小区内	68759890	19097	7999	5012	4303	192	50175	568	2345.39	681.85
4	北京市丰台区东高地第四小学	徐艳红	100076	北京市丰台区东高地万源南路2号	88524604	8608	4896	2958	2623	74	25804	218	880.38	558.16
5	北京市丰台区五爱屯小学	杨静	100076	北京市丰台区南苑西宏苑小区6号楼	67967757	7820	5325	2724	2291	149	27135	192	1368.21	644.68
6	北京市丰台区槐房小学	辛洁	100076	北京市丰台区槐房村335号	67916420	15066	5007	2129	1922	0	15735	150	932.61	120.31
7	北京市丰台区南苑镇第一小学	张广利	100076	北京市丰台区南苑镇公所胡同22号	67991392	0	0	0	0	0	0	0	0.00	0.00
8	北京市第十八中学附属实验小学	王志清	100078	北京市丰台区方庄芳星园二区9号楼	67629257	6932	4482	3147	2596	144	25343	220	1037.13	665.52
9	北京市丰台区东铁匠营第一小学	徐绯	100075	北京市丰台区蒲黄榆路胡村1号	67624096	23727	8666	6485	4722	439	34567	261	1679.65	628.20
10	北京市丰台区芳城园小学	刘爱华	100078	北京市丰台区方庄芳城园二区1号	67617131	7894	3776	2477	2252	123	23224	222	1130.48	437.62
11	北京市丰台区芳古园小学	申瑞芝	100078	北京市丰台区芳古园一区19号楼	67629801	18505	8610	4794	3663	227	50706	451	1896.86	1026.56
12	北京市丰台区蒲黄榆第一小学	张小军	100075	北京市丰台区蒲黄榆西里3号楼	67669123	3565	2858	1782	1487	86	21311	197	703.15	411.67
13	北京市丰台区成寿寺小学	武金英	100078	北京市丰台区成安路16号	67633640	13867	10806	5121	3847	120	66478	455	6498.96	425.35
14	北京市丰台区芳星园第二小学	孙曾红	100078	北京市丰台区芳星园三区21号	67638304	6182	3397	1993	1726	87	16914	195	685.23	176.28
15	北京市丰台区芳群园第一小学	王君霞	100078	北京市丰台区方庄芳群园一区14号	67634832-8011	6600	2814	1654	1262	80	16751	104	429.51	159.80
16	北京教育科学研究院丰台实验小学	祁红	100079	北京市丰台区顺八条8号院二区3号楼	87662326	11922	6883	3378	2858	156	23070	269	5283.16	1022.81
17	北京市丰台区大红门第一小学	闫卫华	100075	北京市丰台区大红门西前街24号	67267294	8669	7070	4623	3616	164	69882	441	2000.37	907.34
18	北京十一学校丰台小学	曹君	100079	北京市丰台区石榴庄南里2号	67621920	11462	4976	1858	1546	69	29170	209	888.37	631.91

续表 30

序号	学校名称	行政负责人	邮政编码	学校地址	电话号码	校舍情况（平方米）					图书（册）	计算机（台）	固定资产总值（万元）	
						占地面积	建筑面积	教学及辅助用房					合计	其中：仪器设备总值
								合计	其中					
									普通教室	实验室				
总计						808668	456514	236602	188108	10177	2272233	18239	106120.63	37436.94
19	北京市丰台区东罗园小学	王艳荣	100075	北京市丰台区马公庄5号楼	67221314	5563	3970	2080	1636	67	23903	296	797.29	279.19
20	北京市丰台区时光小学	林燕鸣	100079	北京市丰台区石榴园北里20号楼	67245135	7727	4716	2517	2022	145	25032	117	1025.65	330.46
21	北京市丰台区东铁匠营第二小学	许芳	100079	北京市丰台区北铁营259号	67021601	8846	4481	1975	1616	86	18641	97	772.35	296.71
22	北京市丰台区西罗园小学	王芃芃	100068	北京市丰台区海户西里12号	67233006	6210	3510	2358	2030	80	18953	178	563.61	239.38
23	北京市丰台区草桥小学	林艳玲	100067	北京市丰台区草桥欣园四区	67527447	15560	5272	3095	2682	131	31212	179	1298.04	376.81
24	北京市丰台区角门小学	张会军	100068	北京市丰台区角门东里甲30号	67541724	7225	3799	3221	2582	99	26194	93	1194.43	326.63
25	北京市丰台区西罗园第六小学	房建国	100068	北京市丰台区西罗园南里9号楼	67232530	5848	4297	2491	2138	129	25297	109	776.77	156.30
26	北京市丰台区西马金润小学	赵秀云	100068	北京市丰台区西马场南里二区25号	87597043	6600	5426	2890	2268	106	24883	168	1388.97	290.82
27	首都医科大学附属小学	张悦峰	100069	北京市丰台区右安门外东二条51号	63529419	12053	7437	4060	3572	125	52365	345	997.66	590.85
28	北京舞蹈学院附中丰台实验小学	刘洪	100069	北京市丰台区右安门外翠林小区三里4号楼	83401920	9510	5772	2694	2417	70	21615	93	635.98	207.84
29	北京市丰台区西罗园第五小学	张建超	100077	北京市丰台区西罗园三区16号楼	67223982	17315	10538	4829	3753	189	38077	291	2230.31	1130.86
30	北京市丰台区玉林小学	梁秀桥	100069	北京市丰台区右安门外玉林里18号	63291380	8859	7491	4119	3273	146	25000	170	1541.32	354.32
31	北京市海淀区实验小学丰台分校	郑海生	100055	北京市丰台区莲花池南里15号	63261968	15557	8464	4256	3092	280	33909	257	1297.97	702.14
32	北京朝阳芳草地国际学校丽泽分校	张健	100073	北京市丰台区丽泽路一号院4号楼	63256917	9590	8950	2474	1816	198	32375	405	3861.82	1088.13
33	北京市丰台区太平桥第二小学校	杨国梅	100073	北京市丰台区太平桥8号	63468617	7903	4647	2175	1455	87	16983	174	484.30	263.29
34	北京市丰台区靛厂小学	李德华	100039	北京市丰台区卢沟桥乡靛厂村甲300号	63891221	11259	4273	2672	2120	117	18500	132	820.16	156.03
35	北京市丰台区丰台第一小学	殷楠	100071	北京市丰台区东安街1号	63812263-8709	44860	32101	13383	10994	0	126762	1214	3946.94	2169.12
36	北京市丰台区丰台第五小学	李磊	100071	北京市丰台区西四环南路78号	63823830	53220	30633	15874	13061	896	129507	997	6059.97	2162.54
37	北京市丰台区师范学校附属小学	李艳红	100071	北京市丰台区文体路30号	63822914	16179	9665	5962	4443	82	64619	1498	3947.25	2458.53
38	北京市丰台区丰体时代小学	张拥军	100166	北京市丰台区丰体南路一号院10号楼	63821729-8204	7660	4370	2257	1929	87	23468	216	631.42	417.48
39	北京市丰台区丰台第七小学校	王莉	100071	北京市丰台区丰台东大街东里12号	63821456	4922	2946	1770	1594	48	21953	208	511.69	265.09
40	北京市丰台区小井小学	孙向东	100161	北京市丰台区小井村338号	63875308	5256	4481	1817	1530	120	20175	216	666.75	331.66
41	北京市丰台区丰台第二中学附属实验小学	何石明	100166	北京市丰台区小屯西路兴景路300号	83738485	18500	11100	5163	3445	148	27586	240	1106.82	360.70
42	北京市第十二中学附属实验小学	李有毅	100166	北京市丰台区丰仪路3号院	82666086	11813	9810	4504	2889	674	17256	121	754.87	567.96
43	北京市丰台区卢沟桥第一小学	李静	100165	北京市丰台区卢沟桥城内街155号	83891403	10450	2240	1706	1298	119	17250	150	588.13	421.37
44	北京市丰台区卢沟桥第二小学校	张利民	100165	北京市丰台区卢沟桥南里32号	83893491	7347	3125	1846	1597	80	26663	220	669.13	341.70
45	北京市丰台区长安新城小学	张波	100141	北京市丰台区大成南里一区11楼	68691098	5916	4809	1760	1536	87	37621	182	1192.87	449.00
46	北京市丰台区丰台第八小学	孙淑凤	100070	北京市丰台区韩庄子二里8号楼	63720715	6912	3945	2328	2016	86	24464	156	799.13	411.29
47	北京市丰台区丰台第五小学万柳分校	曹洁	100070	北京市丰台区万柳园小区10号楼	63302794	6215	3684	2243	1764	115	20987	188	1089.30	650.56
48	首都经济贸易大学附属小学	张晓红	100070	北京市丰台区南大元290号	63736204	11559	5169	3203	2507	114	48974	272	1484.78	612.08
49	北京小学丰台万年花城分校	刘显洋	100071	北京市丰台区万年花城万芳园二区4号楼	83616001	12600	14536	4775	3587	0	44014	315	5786.39	987.14
50	北京市丰台区丰台第二小学	刘海莉	100070	北京市丰台区丰台南路107号	63726582	7324	3882	2567	2167	76	26098	120	586.81	277.89
51	北京市丰台区纪家庙小学	王红	100070	北京市丰台区于家胡同59号	63359123-8003	6500	4043	2200	1804	100	15933	179	951.27	331.84
52	北京铁路分局北京铁路职工子弟第十一小学	杨凤娥	100070	北京市丰台区葆台村140号	63736807	15448	10480	3471	2141	212	20280	180	1362.70	331.25
53	北京市丰台区新发地小学	徐学敏	100160	北京市丰台区天伦锦城12号楼	83721271	9683	9230	5413	4222	462	48730	249	3259.23	782.93
54	北京市丰台第八中学附属小学	陈军英	100070	北京市丰台区富锦嘉园三区12号	83623899	7279	4784	3297	2851	105	23207	141	1060.04	272.84
55	北京市丰台区黄土岗小学	李静	100070	北京市丰台区后黄土岗3号	63726855	10031	4206	2611	2052	106	41635	257	993.70	321.79
56	北京市丰台区丰台第二中学附属看丹小学	单巍巍	100070	北京市丰台区建新路36号	63736476-8001	8290	3671	2287	1755	348	31594	187	892.25	392.14

续表 30

序号	学校名称	行政负责人	邮政编码	学校地址	电话号码	校舍情况（平方米）					图书（册）	计算机（台）	固定资产总值（万元）	
						占地面积	建筑面积	教学及辅助用房					合计	其中：仪器设备总值
								合计	其中					
									普通教室	实验室				
总计						808668	456514	236602	188108	10177	2272233	18239	106120.63	37436.94
57	北京市丰台区阳春小学	刘彤	100070	北京市丰台区羊坊村 111 号	83700080	10180	3237	2531	2312	76	23591	195	1230.78	280.45
58	北京市丰台区四合庄小学	张颖	100070	北京市丰台区花乡育仁里 2 号院	83621316	9832	3722	2266	1571	189	20795	162	959.93	347.77
59	北京市丰台区长辛店第一小学	吴亚民	100072	北京市丰台区长辛店大街 145 号	83874239	14112	6807	4324	3715	136	49996	300	2243.02	736.83
60	北京市丰台区长辛店第七小学	李旭红	100072	北京市丰台区长辛店陈庄大街 4 号	83867767	4710	3160	2295	1990	65	35187	222	601.47	338.85
61	北京市丰台区丰台第一小学长辛店分校	陈宝忠	100072	北京市丰台区长辛店张郭庄南路 3 号	83876578	10601	3718	2669	2156	76	18705	115	539.52	282.70
62	北京市丰台区扶轮小学	孙少红	100072	北京市丰台区长辛店崔村一里 7 号	83305703	11433	7408	2604	2086	159	34961	201	1178.51	753.81
63	北京市丰台区长辛店中心小学	李军玲	100072	北京市丰台区槐树岭 5 号院	83800548	40504	10737	4253	3552	197	58824	370	3750.69	1180.82
64	首都师范大学附属云岗小学	张德江	100074	北京市丰台区云岗北区西里 7 号	68741436	21660	10316	8373	5269	481	68729	571	1719.56	810.94
65	北京大学附属小学丰台分校	李正辰	100074	北京市丰台区王佐镇云岗新村 78 号	83315796	21707	7768	3556	3067	128	35406	431	2615.22	646.98
二、民办						26900	25759	9656	7039	295	75000	450	3163	627
66	北京市丰台区康华小学	田艳红	100075	北京市丰台区大红门路 60 号	67254217	0	0	0	0	0	0	0	0.00	0.00
67	北京市第十八中学嘉泰丰台学校	王志清	100075	北京市丰台区光彩路 67 号院	87809961	8700	10133	2024	1563	0	4000	150	328.00	200.00
68	北京第二实验小学怡海分校	见培炎	100070	北京市丰台区南四环西路 129 号富泽园 9 号楼	63743221	7500	10115	5136	3361	215	50000	225	1049.00	161.24
69	北京市丰台区晓月苑小学	杨淑芬	100165	北京市丰台区卢沟桥南里晓月苑一里 14 号楼	83214815	10700	5511	2496	2115	80	21000	75	1786.14	265.66
70	北京市蓝天丰苑学校	刘乙辰	100076	北京市丰台区南苑五爱屯东街头 2 号	67997625	0	0	0	0	0	0	0	0.00	0.00

丰台区中学一览表

表 31

序号	学校名称	行政负责人	邮政编码	学校地址	电话号码	校舍情况（平方米）					图书（册）	计算机（台）	固定资产总值（万元）	
						占地面积	建筑面积	教学及辅助用房					合计	其中：仪器设备总值
								合计	其中					
									普通教室	实验室				
总计						1298329	895789	378023	249311	50472	1807181	18633	202770.62	67857.80
一、教育部门和集体办						1178116	806945	348263	232455	46692	1752926	17678	187296.37	65339.20
1	北京市丰台区南苑中学	刘爱丽	100076	北京市丰台区南苑西路 1 号	67997576	16474	6614	3203	1520	530	9136	87	1838.53	283.21
2	北京市丰台区东铁匠营第二中学	王新燕	100079	北京市丰台区石榴园北里 4 号	67251236	11536	6305	4132	2943	782	11066	160	1390.64	485.12
3	北京市佟麟阁学校	蒋玫	100075	北京市丰台区大红门路 60 号	67214329-8209	14239	8075	3012	1758	476	26313	175	1552.48	619.97
4	北京市丰台区和义学校	王海燕	100076	北京市丰台区南苑北里三区 12 号楼	67983090	27512	10789	6973	5800	579	45066	406	2453.25	1045.14
5	北京教育科学研究院丰台学校	张广利	100076	北京市丰台区西红门南二街 201 号院 1 号楼	59248368	12000	10285	3745	2576	314	16785	249	1290.72	281.20
6	北京市航天中学	柳学袖	100076	北京市丰台区万源北路 3 号	67991659-8101	28874	20704	11876	5295	1546	54553	277	2121.16	1452.89
7	北京十一学校丰台中学	刘笑	100079	北京市丰台区石榴街四街 1 号	-	0	0	0	0	0	0	0	0.00	0.00
8	北京市芳星园中学	王瑛琨	100078	北京市丰台区方庄芳城园三区 10 号	67684478	12613	6451	2962	1658	564	19970	245	1584.76	430.16
9	北京市第十八中学左安门分校	李金栋	100164	北京市丰台区四方景园五区 9 号楼	87684833	18500	8721	4674	3401	566	15840	235	2912.36	285.97
10	北京四中璞瑅学校	丁岚	100078	北京市丰台区方庄紫芳园六区 7 号	67909183	21230	8456	5073	3599	305	23057	333	1605.40	830.92
11	北京市丰台区东铁匠营第一中学	丁建军	100075	北京市丰台区刘家窑东里 7 号楼	67629568	21925	15724	6355	4203	1135	54530	582	2907.84	1461.76
12	北京市第十八中学	管杰	100078	北京市丰台区方庄芳星园二区 11 号楼	67696709	51450	44858	20038	13092	2658	109622	1191	21993.80	8318.95
13	北京市右安门外国语学校	冯雪	100069	北京市丰台区右安门外玉林东里三区 19 号	63291397	10333	6344	2966	1966	561	12005	161	1573.36	643.68
14	北京市西罗园学校	王朝欣	100077	北京市丰台区西罗园二区 21 号楼	87293306	20115	9290	4450	2971	715	45250	220	1169.24	421.50

续表 31

序号	学校名称	行政负责人	邮政编码	学校地址	电话号码	校舍情况（平方米） 占地面积	建筑面积	教学及辅助用房 合计	其中 普通教室	其中 实验室	图书（册）	计算机（台）	固定资产总值（万元） 合计	其中：仪器设备总值
总计						1298329	895789	378023	249311	50472	1807181	18633	202770.62	67857.80
15	北京市第十二中学南站学校	殷国庆	100077	北京市丰台区洋桥北里5号	67213111	21421	13661	5381	3820	547	67234	338	2551.18	945.58
16	北京市赵登禹学校	徐唯	100067	北京市丰台区马家堡嘉园一里17号	67573220	41714	21191	10941	8062	891	52525	647	6007.73	2372.22
17	北京师范大学实验中学丰台学校	蔡晓东	100069	北京市丰台区右安门外开阳里一街甲1号	63539322	39508	18363	7824	4657	1699	69698	872	6390.48	3646.74
18	北京市丰台区卢沟桥中学	刘凤林	100165	北京市丰台区晓月中路垂虹街2号	83219580	13904	7931	4486	3556	384	18691	165	1815.87	477.87
19	北京十一学校中堂实验学校	刘艳萍	100071	北京市丰台区梅市口路2号院	68277115	0	0	0	0	0	2695	15	29.50	5.70
20	北京教育学院附属丰台实验学校	郝玉伟	100141	北京市丰台区大成南里四区24号	68673789	33984	19887	7761	5497	1256	40042	477	2998.42	1442.51
21	清华大学附属中学丰台学校	王殿军	100073	北京市丰台区西客站南路27号	63475285	22817	17459	6700	3946	927	64934	564	4209.60	1897.95
22	北京市丰台区丰台第二中学	何石明	100071	北京市丰台区丰台镇东安街头条3号	63800782	76813	62788	18882	10905	3247	146993	1424	24499.35	6843.18
23	北京市大成学校	徐朝晖	100141	北京市丰台区青塔小区C区	68671815	42983	21074	7508	5106	1462	67435	846	6897.52	2180.16
24	北京市第十二中学	蒋炎富	100071	北京市丰台区益泽路15号	83666020	132632	124035	54716	28730	8057	215953	1856	39692.34	10229.80
25	北京市丰台第八中学	李宏	100071	北京市丰台区北大地一里16号	63841055	18367	14384	6920	4938	1171	42002	603	2497.87	1713.99
26	北京市首都师范大学附属丽泽中学	张曙光	100071	北京市丰台区西四环南路62号	63825292	44902	28296	12312	7560	2169	83201	583	4597.45	2288.78
27	中国教育科学研究院丰台实验学校	李晨辉	100071	北京市丰台区程庄路90号	63833942	56299	29646	12116	8869	854	64928	383	6879.21	3322.85
28	北京市丰台区黄土岗中学	冯明	100160	北京市丰台区黄土岗后街87号	83721356	15300	8298	4971	2859	827	15334	109	1258.63	228.32
29	北京教育学院丰台分院附属学校	单霭娇	100070	北京市丰台区三环新城丰桥路6号院	83612276	22083	11050	6204	4644	610	26197	412	6147.63	491.36
30	首都经济贸易大学附属中学	李智勇	100070	北京市丰台区新华街2号	63726654	14673	11678	5810	3507	1406	50048	555	3592.25	1698.22
31	北京市丰台区长辛店学校	王立华	100072	北京市丰台区朱家坟一里44号	83843233	28824	16110	4712	3152	652	48643	291	1883.31	754.71
32	北京市第十中学	梁晓华	100072	北京市丰台区长辛店南关东里1号	83881559	57650	34944	12709	7372	2963	57248	1065	7140.42	3491.32
33	北京市丰台区长辛店第一中学	高云虎	100072	北京市丰台区长辛店扶轮胡同45号	83876126	13422	7269	3668	2421	760	14628	217	1218.79	590.00
34	首都师范大学附属云岗中学	张进兵	100074	北京市丰台区云岗北区东里1号	83318806	38000	16019	7808	5228	1601	61719	789	5369.27	2080.68
35	中央民族大学附属中学丰台实验学校	肖志彬	100074	北京市丰台区王佐镇西王佐村25号	83314725	46638	21162	8725	6025	1020	59358	577	6224.86	1640.67
36	中国人民大学附属中学丰台学校	汤步斌	100074	北京市丰台区王佐镇民族苑路9号	83930205	106700	133300	55433	49076	2663	40227	540	543.15	368.00
	北京市丰台区槐树岭学校（撤）	-	-	-	-	22681	5784	3217	1743	795	0	29	458.00	68.10
二、其他部门						10000	8412	4812	648	0	300	55	2453	109.01
37	北京市第十二中学体育分校	张炳	100071	北京市丰台区文体路32号	63823086	10000	8412	4812	648	0	300	55	2453.04	109.01
三、民办						110213	80432	24948	16208	3780	53955	900	13021	2409.59
38	北京市圣云中学	杨效欣	100165	北京市丰台区卢沟桥晓月苑一里14号	83218989	0	0	0	0	0	0	0	0.00	0.00
39	北京市丰台区振华民生学校	杨广宇	100166	北京市丰台区卢沟桥乡大瓦窑525号	83291054	4500	4140	2660	2300	60	3105	75	45.00	28.00
40	北京市第八中学怡海分校	刘志毅	100070	北京市丰台区南四环西路129号	63798086	37800	31878	9599	5155	2187	25000	400	3550.00	575.00
41	北京市中桥外国语学校	张磊	100068	北京市丰台区草桥东路26号	87889930	11826	6277	5106	3451	786	5700	70	5787.46	1487.76
42	北京市明德中学	陈秀萍	100073	北京市丰台区骆驼湾37号	83062818	0	0	0	0	0	0	0	0.00	0.00
43	北京市第十二中学高中分校	史卫东	100071	北京市丰台区益泽路15号	83666027	0	25	0	0	0	150	11	8.00	5.50
44	北京市丰华中学	崔东	100072	北京市丰台区朱家坟一里45号	83806697	0	0	0	0	0	0	0	0.00	0.00
45	北大附属实验学校	李伟杨	100160	北京市丰台区明春苑小区内	83709292	56087	38112	7583	5302	747	20000	344	3630.76	313.33

2021

北京丰台年鉴

卫生健康

卫生监督与管理

【概况】2020年，丰台区卫生健康委充分发挥卫生服务机构专业优势，落实公共卫生政策、引导社区力量参与防控、开展健康知识宣教，提升基层公共卫生治理能力，持续做好常态化疫情防控。积极把国家卫生区创建工作与助力疫情防控和推动新时代爱国卫生运动相结合，注重宣传引导，全面动员组织广大干部群众参与城市精细化管理和卫生区创建工作，实现爱国卫生组织机构街乡镇、社区（村）全覆盖。累计26万余人次参与“周末卫生日”活动。开展国家中医药综合改革试验区建设，深化丰台区紧密型专科医联体建设。推进“智慧家医”服务改革，形成“五个智慧”服务模式，累计为71.92万名签约居民提供服务。全年，辖区出生7467人，出生率为6.44‰；死亡9750人，死亡率为8.41‰；人口自然增长率为-1.97‰。因病死亡人数为9472人，占死亡总人数的比例为97.15%。死因顺位前十位依次为：心脏病、恶性肿瘤、脑血管病、呼吸系统疾病、内分泌，营养和代谢疾病、消化系统疾病、损伤中毒、神经系统疾病、传染病、精神障碍和泌尿生殖系统疾病。丰台区户籍人口期望寿命82.71岁，男性80.26岁、女性85.32岁。全年接受健康管理65岁及以上老年人167900人，管理率70.84%。全区社区卫生服务机构共为符合条件的居家养老老年人签订居家医养结合协议1238人，提供肌肉注射、管道护理、伤口护理、健康教育、心理咨询、健康管理等上门服务17558人次。

（米　兰）

【医疗工作】年内，丰台区有5家区属机构，其中区属三级医院1家、二级医院4家（含1家妇幼保健院）。5家区属机构全年门诊130.7489万余人次，急诊22.4177万余人次，入院1.9952万余人次，出院20309人次，病床使用率45.63%，平均住院10.4日（不含精神专科医院），住院手术6088人次。医护比1 ∶ 1.25。采血39332.2个单位，其中街头采血26701.6个单位、团体献血11987.1个单位、全血11401.1个单位、成分血586个单位。持续开展深化医疗卫生改革，直属公立医院全部完成公立医院章程制定。继续落实21家社区卫生服务中心的名中医身边工程；完成100名健康养老护理员培训；持续开展高层次人才扎根基层五联动项目。

（米　兰）

【卫生监督】年内，丰台区辖区内监督户数6434户，全年监督27894户次，监督覆盖率99.66%。全区共有公共场所单位2609户，监督检查11769户次，共实施行政处罚858起，罚没金额758800元；医疗卫生机构526户，监督检查3702户次，共实施行政处罚27起，罚没金额15万元；计划生育应监督单位40户，开展监督检查194户次，共实施行政处罚1起，罚没金额10900元。全年共完成高三开学、初三开学、全面开学、幼儿园复园、培训机构复训的评估与督导工作1213所次。食源性致病菌监测完成157件样品采样，食品中化学污染物及有害因素监测样品共301件，食源性疾病监测共监测标本224件。完成5个农村环境综合整治建制村水质检测，水质合格率100%。审批卫生许可证1849户，其中新办606户、延续506户、变更347户、竣工验收70户、审查认可73户、校验134户、注销113户。

（田　龙）

【爱国卫生运动暨创建国家卫生区】5月26日，丰台区召开创建国家卫生区启动大会，全面启动创卫工作，成立爱国卫生运动暨创建国家卫生区工作领导小组，推进基层爱国卫生运动组织建设，形成常态化工作机制，共建立爱国卫生组织20705个。年内，全面开展筒子楼简易楼治理工作，制定《丰台区在筒子楼简易楼开展爱国卫生运动的工作方案》，实施66个“三无小区”“失管小区”专项治理。按照“四有一无”标准，治理地锁、拆除违法建设、改善小区环境。总投资1.2亿元，对全区75条背街小巷进行环境精细化整治提升。对全区5964条、757万平方米背街小巷纳入专业化管理，实现背街小巷全过程、全时段、全覆盖监管。持续开展21次周末卫生日活动，社区党员、居民、

▲5月26日，丰台区召开创建国家卫生区启动大会。（郑直 摄）

志愿者24万人次参与，出动车辆6700余台次，清理大街小巷3.4万条，清理垃圾超4500吨。推动农村旱厕改造，落实病媒生物防制工作，加强食品行业监管，指导新发地市场整治环境秩序，拆违4.5万平方米，硬化路面铺油36万平方米，安装各类道路标识、标志牌177个，优化撤除隔离护栏3974米，粉刷、修补墙面9965平方米。持续改善区域环境质量。

（邓莉颖）

【卫生健康教育】 年内，区卫生健康委举办19场覆盖学校、机关、农村、社区、企业5类人群的区级健康讲座，直接受众1689人。

（奚藤藤）

▲2020年12月，王佐镇社区卫生服务中心志愿者为辖区居民开展健康宣教。

【医疗设施建设】 年内，全区医疗设施在建项目基建总投资29308万元。社区卫生服务中心装修改造项目改造面积3400平方米。大力推进丰台区紧密型专科医联体的建设，构建了“1+1+N”的纵向紧密型专科医联体建设模式，制发了《丰台区紧密型专科医联体管理办法（暂行）》，年内试点6个紧密型专科医联体，包括北京天坛医院丰台区急诊抢救诊疗中心（丰台医院）、北京天坛医院丰台区神经外科诊疗中心（丰台医院）、北京天坛医院丰台区神经病学全程慢病管理诊疗中心（南苑医院）、北京天坛医院丰台区神经病学中西医结合诊疗中心（丰台中西医结合医院）、北京天坛医院丰台区脑血管病诊疗中心（铁营医院）、中国康复研究中心铁营医院丰台区骨与关节康复诊疗中心。辖区内23家社区卫生服务中心全部加入医联体，社区卫生服务中心医联体覆盖率为100%。完成区域内南苑医院和蒲黄榆社区卫生服务中心两家中医药健康文化体验馆的建设；积极推进丰台区中医药博物馆二期建设工程；本年基层医疗卫生机构中医诊疗量占基层医疗卫生机构诊疗总量比例达到27.79%。

▲2020年10月21日，区卫生健康委召开丰台区智慧家医研讨交流。（王晨 摄）

（薛　峰）

【智慧卫生建设】 年内，区属单位信息化建设总投入2000万元。投入使用的智慧卫生运行高效，社区卫生信息平台覆盖23家区属社区卫生服务中心。全区社区卫生服务机构门诊778.2万人次，急诊5500人次，出诊6718人次。新建电子健康档案162.39万份。药品供应链完成西药订单10358单，中药饮片代煎服务494777付。

（吕媛媛）

【对口支援协作】 年内，与河北省涞源县，内蒙古自治区扎赉特旗、林西县，青海省治多县共建立结对协作关系37个，向受援地区自主派驻医疗卫生技术人员68人次，接收受援地区59名医务人员来京进修学习。区内5家医疗机构与房山区18家社区卫生服务机构形成对口协作关系。

（刘小瑜）

▲9月30日，新建急救站通过市级验收。（贾志辉 摄）

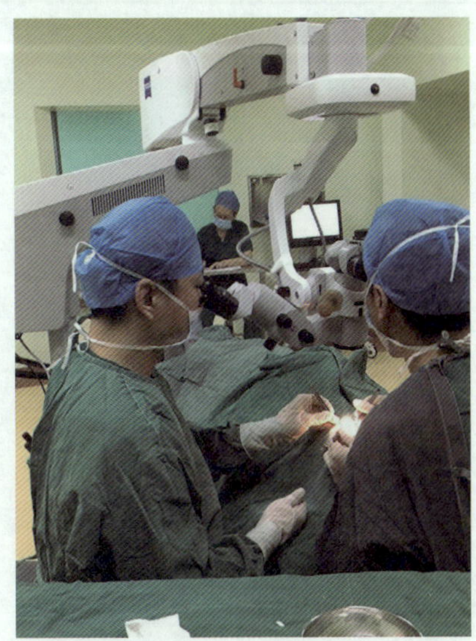

▲2020年5月20日，丰台区南苑医院进行结对帮扶手术示教。

▲2020年10月，丰台妇幼保健院高秀菊老师为青海玉树人民医院医护人员进行培训。

基层卫生

【社区卫生】年内，全区共有社区卫生服务中心23家，正常运行21家，其中区政府办13家、非区政府办8家；规划设置社区卫生服务站157个，已建成157个，正常运行146个，其中区政府办60个，非区政府办86个。完成21个社区卫生服务中心及139个社区卫生服务站的标准化建设。全区社区卫生服务机构在岗4526人，其中卫生技术人员3472人，包括全科医生503人、护士902人。全区社区卫生服务机构门诊778.2万人次，急诊5500人次，出诊6718人次。持续发挥"智慧家医"品牌作用和优势，家庭医生签约71.89万人，签约率35.50%，其中重点人群签约38.50万人，签约率97.78%。建立居民个人健康档案163.81万份，建档率80.89%。与市区10家二级、三级医院签订对口支援协议，支援专家涵盖内科、外科、妇科、儿科等主要专业。双向转诊，全年上转患者98943人次，下转4742人次。

（吕媛媛）

【农村卫生】年内，全区有村卫生室16个，均为村办，覆盖率100%。乡村医生岗位217个，其中乡村医生143人、执业（助理）医师74人，全年诊疗量1.86万人次。

（吕媛媛）

【职业卫生】年内，区卫生健康委开展各级医疗机构放射医疗设备医用辐射监测，医用辐射设备合格率92.31%。完成3家非医疗机构放射性危害因素监测调查工作，配合市疾控中心完成3家非医用辐射机构放射性职业病危害因素检测。登记、审核职业病、疑似职业病、农药中毒病例26例，访视新确诊病例1例。

（奚藤藤）

疾病防治

【新冠肺炎防控】年内，全区共报告新型冠状病毒肺炎确诊病例274例，其中死亡0例，危重型0例，重型4例，普通型214例，轻型56例；报告新型冠状病毒肺炎无症状感染者23例，累计完成流行病学调查658次。共启用集中隔离点共45个，累计接收集中隔离观察人员13360人。完成区级定点收治机构、高风险人员定点医院改造建设和医护人员配备，累计诊断收治确诊、疑似、无症状感染者病例315人，收治高风险人员489人，并实现患者治愈率100%，死亡率0。其中1名患者成为全市首例成功捐献血浆的新冠肺炎痊愈患者。在全市率先全面推行"双专员""双进入"机制，社区卫生服务

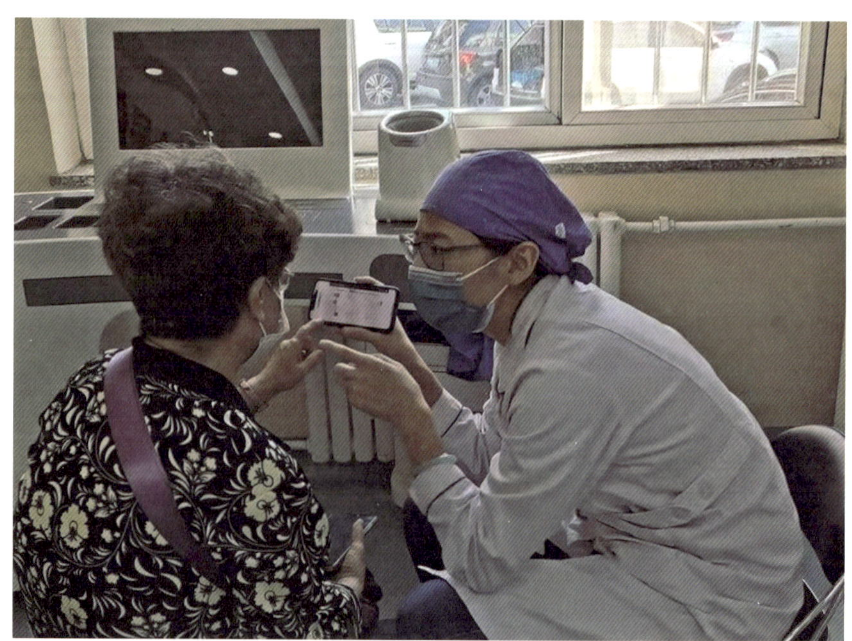

▲2020年3月2日，马家堡社区卫生服务中心家医助理为居民讲解如何线上咨询。（王晨 摄）

中心主任进入街乡镇，兼职担任街乡镇主任（乡镇长）助理，408名专业医务人员进入社区（村），兼职担任社区（村）居（村）委会主任助理、公共卫生委员会副主任委员，基本实现街乡镇、社区（村）全覆盖。同时由社区卫生服务机构主任及家庭医生分别担任街乡镇、社区（村）“公共卫生专员”，在社区（村）、各机关企事业单位及非公组织配备专职或兼职的1名“健康专员”，充分发挥卫生服务机构专业优势，落实公共卫生政策、引导社区力量参与防控、开展健康知识宣教，提升基层公共卫生治理能力，持续做好常态化疫情防控。

（奚藤藤）

【传染病防治】年内，全区无甲类传染病报告。乙类传染病2003例，死亡22例，发病率排在前三位的传染疾病分别是流行性感冒、其它感染性腹泻病、肺结核。报告手足口病239例。

（奚藤藤）

【计划免疫】年内，全区基础免疫共计132652剂次，加强免疫共计108385剂次；流动人口基础免疫共计74303剂次，加强免疫共计46419剂次。应急接种共计3种疫苗，累计42剂次。计划外疫苗共计24种，累计接种321712剂次。为60岁以上老年人接种免费流感疫苗86657支，为中小学生接种免费流感疫苗79456支，免费疫苗共接种171183支，自费疫苗共接种73813支。

（奚藤藤）

【慢病防治】年内，全区新建19个健康示范社区、4家健康示范餐厅食堂、1家健康超市。全区免费开展心血管病高危人群筛查、癌症早诊早治、脑卒中筛查和窝沟封闭预防龋齿等民生工程，完成990名居民的心血管病初筛调查和251名高危对象的临床筛查、2740人长期随访。完成城市和农村癌症早诊早治临床筛查906例。完成3797例肿瘤患者的社区随访。

（奚藤藤）

【艾滋病筛查】年内，全区新报告艾滋病病毒感染者及病人189例。全区二级、三级医疗机构共筛查254710人次，较上年383889人次增长-50.7%，其中592例确认阳性。全区共有5家免费自愿咨询检测门诊。

（奚藤藤）

【结核病防治】年内，全区报告肺结核患者578人，收治管理425人，报告患者登记管理率73.5%。定点医疗机构收治患者174人，病原学阳性84人。同期登记管理活动性肺结核患者数525人，治疗成功患者468人，成功治疗率91.9%。

（奚藤藤）

【精神病防治】年内，全区有严重精神障碍在册患者8265人，报告患病率为3.926‰，在册规范管理率为94.79%，在册规律服药率87.62%。精神分裂症患者服药率91.74%，面访率86.63%，免费服药惠及率77.19%。全区共有5家免费自愿咨询检测门诊。

（奚藤藤）

妇幼卫生

【妇女保健】年内，全区宫颈癌筛查8510人，诊断宫颈癌前病变10例，宫颈微小浸润癌0例，宫颈浸润癌0例，早诊率为100%；乳腺癌筛查8594人，诊断乳腺导管上皮内癌变0例，乳腺癌9例，早诊率100%。全区助产机构分娩产妇总数为10002例，其中剖宫产产妇数为4390例，平均剖宫产率为43.89%。助产机构分娩初产妇总数为6190例，其中初产妇剖宫产数为2690例，初产剖宫产率为43.46%。区常驻孕产妇死亡数1人，死亡率7.56/10万。区妇幼保健院婚前医学检查5135人，登记结婚8798人，婚检率58.37%。

（艾　颖）

【儿童保健】年内，全区户籍活产7467例，比上年减少2624例；新生儿死亡数15人，死亡率2.01‰；婴儿死亡数23人，死亡率3.08‰，5岁以下儿童死亡数25，死亡率3.35‰。围产儿出生缺陷发生率16.83‰，主要出生缺陷病种为外耳其他畸形，先天性心脏病，多指（趾），其他，小耳（无耳）。管理辖区0岁至6岁儿童共103175名，儿童保健覆盖率为99.08%；系统管理101401名儿童，系统管理率为98.28%。营养不良与佝偻病发生率为0.29%；0岁至6岁儿童中单纯性肥胖儿童3161名，肥胖发生率为3.09%。托幼园所在册儿童43477名，系统管理率为99.90%。

（艾　颖）

计划生育

【计生协会】2020年，区计划生育协会开展独生子女家庭意外伤害险投保金额87.0099万元，住院补贴保险政府投入经费168.625万元，两种保险财政补贴保费总计255.6349万元。加强计生特殊家庭心灵慰藉，全区共4541名计划生育家庭特殊扶助人员，按1户2名联系人建立日常联络和沟通。

（赵　玲）

【计生工作】年内，区卫生健康委开展计划生育行政执法督察。配合区委组织部、统战部等单位，审核各类先进候选人计划生育情况、配合审核各级党代表候选人、先进单位等信息1600余人。办理两孩以内生育登记6853例，办理再生育行政确认160例，病残儿鉴定0例。符合计划生育奖励扶助政策发放奖励扶助金5895.8235万元。享受独生子女父母奖励14158人，发放金额79.5655万元。农村计划生育家庭奖励扶助对象8057人，发放奖励扶助金1691.97万元。为女方年满55周岁、男方年满60周岁的独生子女父母发放一次性奖励，发放人数4150人，发放金额415万元。发放计划生育家庭特别扶助金3528.288万元。独生子女意外伤残、死亡对其父母的一次性经济帮助181人，发放金额181万元。计划生育困难家庭帮困42户，按每户1000元标准一次性发放帮困金5万元。

（伊慧敏）

【计生关怀】 年内，加大对计划生育特殊家庭关心关爱力度，为417名新进入特殊家庭人员发放“北京市计划生育特殊家庭扶助卡”。健全落实计划生育特殊家庭“双岗”联系人、家庭医生签约服务和就医“绿色通道”。

（伊慧敏）

【计生药具服务管理】 年内，发放免费避孕药具12种，共计1120箱，总金额707102.98元。全区免费避孕药具发放网点573个。

（赵　玲）

【计生宣传教育】 年内，为提高免费婚前检查、孕前优生健康检查参检率，加强计生政策宣传，制作4000个印有“幸福生活从免费婚检孕检开始”宣传瓷杯，配送至丰台区21个街乡（镇）、区妇幼保健院及安徽庐江（驻京）流动人口计划生育协会，发放给目标人群知情自愿参加婚、孕检。

（赵　玲）

2020年丰台区社区卫生服务中心一览表

表32

序号	机构名称	地址	电话
1	卢沟桥社区卫生服务中心	北京市丰台区大成南里二区3号楼	63820716
2	新村社区卫生服务中心	北京市丰台区首经贸北路8号院4号楼	63621386
3	宛平社区卫生服务中心	北京市丰台区晓月苑清音街1号	83216921
4	马家堡社区卫生服务中心	北京市丰台区马家堡嘉园二里14号	67534558
5	铁营社区卫生服务中心	北京市丰台区横一条甲18号院3号楼	87624420
6	和义社区卫生服务中心	北京市丰台区和义东里二区6号	67953209
7	右安门社区卫生服务中心	北京市丰台区右安门外开阳里二街5号	63538453
8	西罗园社区卫生服务中心	北京市丰台区西罗园一区26号楼	67219766
9	蒲黄榆社区卫生服务中心	北京市丰台区蒲安西里16号	67616028
10	大红门社区卫生服务中心	北京市丰台区大红门东后街156号	87288041
11	方庄社区卫生服务中心	北京市方庄芳群园三区1号	67609064
12	长辛店镇社区卫生服务中心	北京市丰台区射击场路23号	83861652
13	王佐社区卫生服务中心	北京市丰台区王佐镇西王佐356号	83316357
14	丰台社区卫生服务中心	丰台区永善里1号楼	63825181
15	花乡社区卫生服务中心	北京市丰台区纪家庙路168号	63726782
16	卢沟桥国医社区卫生服务中心	北京市丰台区西局南街137号	63895187
17	鑫福里社区卫生服务中心	北京市丰台区永外鑫福里小区甲6号	87284788
18	云岗社区卫生服务中心	北京市丰台区云岗南区西里20号楼	68374253
19	东高地社区卫生服务中心	丰台区东高地南平房3号	68381098
20	二七南社区卫生服务中心	丰台区长辛店街道崔村二里18号	83306531
21	二七北社区卫生服务中心	北京市丰台区张郭庄南路甲1号	83804470
22	朱家坟社区卫生服务中心	丰台区朱家坟四里13号	83807069

2021
北京丰台年鉴

体育

综 述

【概况】2020年，丰台体育以保障广大人民群众基本体育权益为出发点，以发展人民体育为中心，进一步加强公共体育服务职能。区体育局下辖5个事业单位。截至年底，全区有体育场馆1275个，全民健身工程535个，社会体育指导员10774人。丰台区运动员在全国和市级体育比赛中共获奖牌156枚，其中金牌55枚。丰台区现有人均公共体育场地用地面积0.33平方米，在北京市中心城区排第3位。

（赵艳涛）

【体教融合】年内，区体育局和区教委配合，秉持“体教融合、学训并进”的教育理念，坚持资源共享、责任共担、人才共育、特色共建的体教融合工作指导方针，遵循教育、体育工作发展规律，推进学生健康促进工程，加强体育后备人才培养力度，全力推进冰雪运动，促进本区体教事业全面发展。

（赵艳涛）

【体育经营单位管理】年内，完成13家体育经营单位安责险购买工作。完成17家体育经营单位的三级安全达标工作。严格按照高危险性体育项目行政审批的各项要求，经过现场勘查和资料审核，完成29家经营单位的行政许可工作。根据国家体育总局体育场地普查要求，对全区各体育公共系统、教育系统、经营性单位、各街道社区、企事业单位等各类体育场地进行普查。主要普查内容为体育场地所属单位基本情况、场地基本情况、大型场馆运营情况等，并完成数据上报、统计、分析，撰写《丰台区体育场地普查报告》。

（赵艳涛）

【体育经营安全生产检查】年内，召开两次丰台区体育经营单位安全生产工作会，区内200余家体育经营单位300余人参加会议。共出动1804人次，检查体育经营单位902家（包含专职安全员督查检查数量），对334家体育经营单位下达限期整改通知书及安全生产督查检查通知单。在“元旦”“春节”“清明”“端午”“五一”“中秋”“十一”等节假日及重大活动期间开展重点执法检查。

（赵艳涛）

群众体育

【概况】2020年，丰台区群众性体育活动品质不断提升，从以数量为主向重视质量、为民方便转变。在区政府疫情防控工作总体要求下，举办线上线下群众参与的各项赛事活动。完成2020年“健康丰台人”运动素质公开赛，在丰台区21个街道、乡镇举办10场预赛及1场总决赛。成功举办第34届卢沟桥醒狮越野跑。与市体育局、市社体中心联合举办北京市定向越野赛，共有189支队伍，近千名市民参与。受疫情影响，特别创新推出云竞技挑战赛、智运会棋类、“一起跳”广场健身操舞大赛、“承者风范”武林万人争霸赛等4项线上赛事。全年共组织承办全区各类健身赛事活动近20大项185场次，受众人群达到40万人次。支持创建2个全民健身示范街道、5个体育特色乡镇。全区现共有1000余支健身队伍。

（赵艳涛）

【卢沟桥醒狮越野跑活动】9月14日，为纪念中国人民抗日战争暨世界反法西斯战争胜利75周年，北京第34届卢沟桥醒狮越野跑活动启动仪式在中国人民抗日战争纪念馆（简称“抗战馆”）举行。启动仪式上，群众代表表演《我的祖国》配乐诗朗诵，现场队伍齐声高歌《黄河大合唱》。与以往不同，本届活动首次采用“线上＋线下”方式举办，参加启动仪式的主会场统战队伍从抗战馆向卢沟桥健步走、五个分现场（亦庄开发区国际企业文化园、奥林匹克森林公园、首钢园、通州大运河森林公园、丰台绿堤公园）参加队伍越野跑7.5公里，另外还有3000余人通过“云上跑”形式参加活动，即10月7日前，个人自选时间、自选场地进行越野跑7.5公里或21.0975

▲9月14日，北京第三十四届卢沟桥醒狮越野跑活动启动仪式在中国人民抗日战争纪念馆举行。

公里（半程马拉松）。

（赵艳涛）

【第八届北京国际风筝节】9月28日至10月1日，2020年第八届北京国际风筝节国际风筝线上邀请赛暨首届中国风筝锦标赛在丰台区永定河西岸的北京园博园举行。北京国际风筝节从2013年开始至今已经成功举办八届，在推动风筝运动发展和体育交流上发挥了重要的作用，风筝节期间进行的国际风筝线上邀请赛也为来自世界各地的风筝运动员提供了竞技平台。2020年，在中国风筝协会的支持下，举办首届中国风筝锦标赛，让风筝节更有可看性，赛事包括龙串类风筝、硬板串类风筝、软板串类风筝、硬翅串类风筝、软翅串类风筝、动态类风筝（风力机械传动）、串类最长类风筝7项传统风筝赛，盘鹰类风筝套路赛、打斗风筝个人赛2项竞技风筝。为了提高北京国际风筝节的社会影响力，增强赛事的广泛参与性，讲好品牌赛事故事，让更多不能亲临比赛现场的风筝爱好者能感受这项运动的魅力，同时响应北京市政府文旅促消的号召，赛事活动期间，推出线上播、线下游。北京市体育总会携手人民网，对赛事进行全程录播，携手神舟国旅推介北京园博园，以园博园城市园林特点带动城市旅游线路促消费，全方位展现市级国际品牌赛事的风采，吸引更多风筝爱好者参与其中，共同助力北京国际风筝节的成功举办。专业赛事加上系列活动，让2020年北京国际风筝节在疫情后大放异彩。在本次风筝节上，全国20多个省区市的风筝大师、在京外籍游人、风筝爱好者通过比赛切磋风筝技艺，通过展示制作和放飞表演、线上风筝放飞展等活动进行交流。最终经过激烈角逐，北京市风筝协会代表队、赤峰市玉龙代表队、天津南开风筝俱乐部、沈阳市风筝协会队、辽阳市风筝协会、四川省风筝队在锦标赛各项比赛中拔得头筹。张永清、潘广军、陈兴泉、赵世明、周明明获得特色风筝表演赛最佳创新奖、最佳放飞奖、最佳人气奖、最佳造型奖、最佳工艺奖。

（赵艳涛）

▲9月，在第八届北京国际风筝节上，参赛选手准备放飞京剧脸谱风筝。

▲10月15日，"丰采杯"全民健身双升（拖拉机）比赛现场。

【"丰采杯"全民健身双升（拖拉机）比赛】10月15日，为进一步推动棋牌体育项目发展，弘扬和传承棋牌文化，由丰台区总工会、区体育局、区体育总会主办，区桌游协会承办的2020年"丰采杯"全民健身双升（拖拉机）比赛在合生广场一层中庭举办。来自丰台区38家委办局、街乡镇、企事业单位的200余名选手报名参赛。经过激烈角逐，来自东高地街道的欧阳国清、许刚获得一等奖；来自区农业农村局的冯少林、郑跃晋，区委党史办的王真胜、王艳梅，南苑乡的魏喜宏、张大立获得二等奖；来自长辛店街道的王辉、郭丙刚、王乐甫、章广伟，区农业农村局的唐解霞、马超晖，区卫生局健康委的霍文强、田龙获得三等奖；来自南苑街道的孙静、廖芳，区信访办的周连卿、韩延春，东铁匠营街道的邢志辉、肖俊亭，区应急管理局的张振淮、窦爱国，南苑街道的李丹丹、丁晓红，卢沟桥街道的李燕、董振华，东高地街道的龚继萍、李翠玲，东铁匠营街道的刁岳红、高彤获得四等奖。

（赵艳涛）

【"一区一品"家庭定向越野、8公里接力比赛】10月31日，2020年丰台区全民健身系列赛事活动"一区一品"家庭定向越野、8公里接力比赛在北京园博园举办，来自全区委办局、街乡镇、企事业单位的185个家庭、10支接力队650名运动员参赛。最终，家庭定向越野取得优异成绩的家庭分别为一等奖：区人防办、丰台街道；二等奖：丰台街道、右安门街道、大红门西马厂南里社区；三等奖：区科技馆、大红门西马厂南里社区、区住建委；四等奖：区统计局丰台调查队、丰贸投资、南苑街道、太平桥街道、区卫健委、南苑街道办（两个家庭）、园博园管理中心。8公里接力比赛前8名代表队分别为：区人防办、云岗街道、307医院、南苑街道、区机关事务管理服务中心、区住建委、宛平城地区、区卫健委。

（赵艳涛）

【第四届"青少杯"乒乓球团体比赛】 10月，2020北京市体育公益活动社区行暨丰台区第四届"青少杯"乒乓球团体比赛经过激烈比拼，圆满落幕。本次赛事共有300余名青少年、乒乓球爱好者及家长参加，整个赛事为混合团体赛，设有男单、女单、混双。比赛采取乒乓球比赛与冰雪体验相结合的方式。本次比赛一二年级组、三四年级组、五六年级组、初中组四个项目分别决出了一二三等奖。

（赵艳涛）

【世界公园GT卡丁车场开业】 11月7日，世界公园GT卡丁车场正式开业。这是北京南城最大、最专业的卡丁车场，拥有京津冀地区第一个、全国第三个立交桥式赛道。该卡丁车场有室外、室内两种场地。室外赛道总长753米，最宽处13米，最窄处7米，高低落差3.5米，弯道最大倾角 -13°。

（赵艳涛）

【广场健身操舞大赛】 11月30日，由丰台区体育局、丰台区体育总会主办，丰台区健身操舞协会承办的第六届"一起跳"广场健身操舞大赛（海选）——"一起+家跳"短视频云赛事，经过两个多月的"跳跃"圆满落下帷幕。本次大赛在新冠疫情防控常态化的新形势下，延续"一起跳"品牌赛事的基础，创新融入"家"的元素，广场健身操舞结合家庭成员体育运动，通过"云"上展、"云"上赛，以"家"为健康主体，调动家庭健身的积极性。大赛吸引了全区500多组家庭2000余人报名参赛，近10万人次云观赛，参赛热情空前高涨，掀起丰台区全民健身活动的热潮。

（赵艳涛）

▲10月1日，丰台区第四届"青少杯"乒乓球团体比赛开始。图为选手们准备开始比赛。

▲10月1日，在丰台区第四届"青少杯"乒乓球团体比赛上，选手们正在鏖战。

竞技体育

【概况】 2020年，全区竞技成绩稳步上升，代表丰台区参加北京市青少年锦标赛足球、田径、短道速滑等夏冬季14个项目比赛，获得28金、20银、34铜；其中短道速滑锦标赛获得10金，位于各区首位，金牌总数列全市第七名。组队参加北京市青少年U系列冠军赛击剑、摔跤、花样滑冰等13个夏冬季项目比赛，获26金、19银、28铜，其中短道速滑冠军赛取得11金2银4铜的优异成绩，金牌总数与东城区并列第一，奖牌总数全市排名第二。在北京市青少年棒球锦标赛上，丰台区16名运动员组队参赛，获得第二名。在丰台体育中心棒垒球场举办的北京市青少年垒球锦标赛乙组和丙组赛事中，丰台区11名队员组队参加乙组比赛，最终获得冠军。在丰台体育中心棒球场举办的2020年北京市青少年U系列垒球冠军赛中，丰台区获得第三名。

（赵艳涛）

【第四届京津冀校园足球夏令营邀请赛】 8月25日至29日，“驰骋绿茵，无悔青春”——第四届京津冀校园足球夏令营邀请赛活动在北京高鑫青训基地举办。参赛选手为京津冀三地8支球队的150多名青少年及足球爱好者，最终角逐出团体一二三等奖。在比赛后，优胜队和芳城园小学队进行了挑战赛。知名讲师还通过颠球、绕杆跑、足球射门等专业技能对参赛者进行足球技能训练，提高足球水平。组委会为助力东奥，还为三地参赛者增加了旱地冰壶、旱地冰球及冰雪知识的宣传专区。比赛最终结果为：小学组第一名冯家府小学女子队，第二名晨青金狮足球队，第三名森翔足球队、首经贸附小足球队；初中组第一名高鑫足球队，第二名张北足球队，第三名京西公益足球队、六易星足球俱乐部；芳城园小学队获得挑战赛优胜奖。

（赵艳涛）

【参加2020年北京市青少年射箭锦标赛】 10月13日，2020年北京市青少年射箭锦标赛在北京市朝阳区第二少儿业余体校射箭场举行，丰台区有21名运动员报名参赛。经过三天的激烈角逐，运动员们共获得金牌4枚、银牌10枚、铜牌13枚。

（赵艳涛）

▲10月13日，在2020年北京市青少年射箭锦标赛上，丰台区选手正在比赛。

▲11月，在北京市青少年短道速滑锦标赛上，丰台区代表队取得佳绩。

▲11月，在北京市青少年短道速滑锦标赛上，丰台小将们取得佳绩。

【参加北京市青少年短道速滑锦标赛】11月8日，在世纪星国际冰雪体育中心举办的北京市青少年短道速滑锦标赛上，丰台区代表队以10冠居首。本次比赛共有来自东城、朝阳、海淀、丰台、石景山、门头沟、通州、昌平、大兴、密云、延庆等11个区的61名短道速滑小将参赛，设男子和女子U16、U14四个竞赛组别，竞赛项目包括500米、1000米和1500米比赛。比赛采用满足国际滑联和中国滑冰协会标准的录像回放系统及终点计时系统，裁判团队基本来自全国比赛团队，所有裁判员均为国家一级以上。比赛充分融合“科技冬奥”理念，首次在市级冰雪项目比赛中采用VR全景现场直播，并结合实时图片直播，累计参与观看人数达2.5万人。广大冰雪爱好者通过“北京竞技场”微信公众号的直播窗口，即可足不出户欣赏到精彩赛事。经过激烈角逐，共产生36枚奖牌，分别由6个区获得：丰台区夺得10枚金牌，东城区获得1金4银1铜，延庆区获得1金1银4铜，石景山区获得5银5铜，朝阳区和昌平区各获得1银1铜。

（赵艳涛）

【参加北京市青少年短道速滑联赛】12月20日，丰台区短道速滑队队员马子惠在北京市青少年短道速滑联赛中刚出发就不慎摔倒，但她奋起直追，弯道超越，最终进入决赛夺得冠军。丰台体育与《北京日报》联合推出马子惠的报道，《人民日报》、央视网、中国新闻社、中国之声、《环球时报》《中国新闻周刊》等众多媒体进行了转载，一起传播体育精神，传递社会正能量。

（赵艳涛）

【丰台区运动员注册】年内，完成2020年度运动员注册工作，22个夏季项目（23个小项，含新增手球和橄榄球人员注册）注册人数2516人。6个冬季项目，注册人数437人，其中冰球164人、花样滑冰43人、短道速滑121人、高山单板滑雪22人、高山双板滑雪59人、冰壶28人。

（赵艳涛）

体育设施建设

【概况】2020年，继续坚持“绿地＋运动场”的“绿动融合”模式建设全民健身场地。指导卢沟桥街道、方庄地区、长辛店街道、和义街道、南苑乡完成“北京市全民健身示范街道”“北京市体育特色乡镇”创建工作。为各街乡镇拨付基层体育经费总计444.6563万元，开展全民健身工作。完善“体质测定”网络系统建设。

（赵艳涛）

【建设多功能运动场地和健走步道】年内，完成多功能运动场地建设27.5片、健走步道不少于4公里。该建设项目分布在园林局新建公园绿地、留白增绿空间及现有社区内，共包含5个社区、14个公园绿地，为篮球场6片、足球场6片、网球场1片、乒乓球长廊4.5片、羽毛球场3片、棋苑7片，健走步道5.861公里。建设运动场地为长辛店街道槐树岭社区1片标准足球场、1片笼式足球场、1片羽毛球场；东铁匠营街道宋家庄社区1片篮球场、2片羽毛球场；南苑街道玉兰香雪公园0.5片篮球场；卢沟桥乡西局村玉璞园1片乒乓球长廊、1.61公里（1.5米宽）健走步道；王佐镇山语城社区2片棋苑；南苑乡石榴庄公园1片笼式足球场、1片网球场；万丰公园0.5片篮球场；丰台花园0.5片乒乓球长廊；丽新嘉园1片棋苑；瓦林苑公园1.031公里（1.5米宽）健走步道；大红门锦苑绿化工程2片篮球场、0.5片乒乓球长廊、1片棋苑；张郭庄绿地0.5片乒乓球长廊、3片棋苑、0.46公里（1.5米宽）健走步道；方庄城市公园1片篮球场（两个半场分两处）、1片笼式足球场、0.5片乒乓球长廊、0.4公里（1.2米宽）健走步道；辛庄公园1片笼式足球场、0.85公里（1.5米宽）健走步道；莲花池公园1片篮球场、1.5片乒乓球长廊；槐房钓鱼公园东侧1片笼式足球场；西铁匠营公园0.55公里（1.2米宽）健走步道；东河沿代征绿地绿化工程0.195公里（2.3米宽）健走步道；岳各庄城市休闲森林公园0.765公里（1.5米宽）健走步道。

（赵艳涛）

【全民健身路径工程器材更新】年内，根据《北京市全民健身条例》《北京市全民健身工程管理办法（修订）》相关要求，丰台区对2012年安装的全民健身工程器材进行更新。为保证器材更新工作顺利完成，结合丰台区全民健身器材更新工作实际情况，制定《2020年丰台区全民健身工程器材更新工作方案》。截至11月底，完成全部2217件器材更新工作。

（赵艳涛）

【白盆窑健走步道开放】9月27日，白盆窑健走步道正式向市民开放。该步道是配合南苑森林湿地公园建设的项目。丰台区将步道建设集中在白盆窑村疏解腾退后的绿地上。步道北至奥莱村、南至高立庄村，东至京沪高铁，西至樊羊路，从北到南集中分布于四个区域。

（赵艳涛）

疫情防控

【服务域内在鄂北京人员返京】年内，按照区政府疫情防控工作总体要求，丰台体育中心科技体育馆作为丰台区在鄂北京人员返京分流集散点，丰台体育局积极做好场地保障相关工作。自3月25日开始至6月2日，接收湖北返京人员，共分流返回丰台区人员10362人。

（赵艳涛）

【为核酸检测提供场地】年内，在新发地疫情发生后，为缓解核酸检测场地压力，将体育中心篮球场作为区直机关工委和街道社区核酸检测场地，连续7天共检测21000人；抽调9名同志下沉社区参与疫情防控工作，组织党员回社区报到工作。组织并抽调20人，支持4个街道核酸检测点工作；抽调2人参加隔离点工作。

（赵艳涛）

冰雪运动

【概况】 2020年，丰台区继续推动第五届欢乐冰雪季、冰雪大篷车进基层等冰雪运动开展。冰雪季系列活动参与总人数14万人次，冰雪公益体验活动5000余人次参与。《滑冰大课堂》活动992人次参与，《滑雪大课堂》活动体验总人数1900人次。坚持开展丰台区冰雪大篷车进基层活动，将VR模拟滑雪器、仿真冰场、滑雪机等冬季运动项目带到群众身边，全年共计完成60场次，覆盖全区21个街道乡镇，直接参与12000人。12月2日，应北京冬奥组委残奥部邀请，协助完成2020年国际残疾人日暨第五届中国残疾人冰雪运动季活动，受到冬奥组委残奥部的肯定和感谢。

（赵艳涛）

【国家冰雪运动训练科研基地】 年内，国家冰雪运动训练科研基地项目各个场馆及配套设施全部完工，国家冰雪运动训练科研基地按期投入使用。为配合北京市非首都功能疏解要求，拥有120多年历史的中车北京二七机车有限公司于2018年3月正式全面停产，国家体育总局为全力备战2022年北京冬奥会，实现“参赛也要出彩”的目标，与中车集团签订了战略合作协议，利用二七机车公司已关停厂房，改建成为集训练、科研为一体的国家冰雪运动训练科研基地。项目内容确定本着因地制宜、提升长辛店地区文化生活水平的角度科学决策，该项目以中国有优势的冰上项目为主导，科研训练项目为提升，将中国基础较差的越野滑雪、跳台滑雪等放弃，全力打造丰台区奥运奖牌大本营。项目规划总建设面积14万平方米，总投资7亿元。建设内容包括1个大道速滑馆、3个冰球馆、风洞实验室和跳台滑雪、越野滑雪、U型槽、空中技巧、雪上技巧、雪车雪橇等专项训练设施，并配套改造建设运动员生活区。

（赵艳涛）

【丰台区第五届欢乐冰雪季】 1月17日，由北京冬奥组委文化活动部、北京市体育局、北京市体育总会指导支持，中华全国体育基金会、北京市体育基金会、北京奥运城市发展基金会、丰台区人民政府等相关单位共同主办，“‘助力冬奥 有我更精彩’2019-2020北京市丰台区第五届欢乐冰雪季”在丰台区南宫飞象冰球俱乐部启动，来自丰台区各街乡镇的近600名市民在当天的活动中参与冰雪运动，感受冰雪魅力。本届欢乐冰雪季系列活动由启动仪式、冰上趣味运动会、万人冰雪大课堂、社会体育指导员培训、冰雪嘉年华公益体验、大众冰雪比赛及“冰雪大篷车”进基层7个部分组成。冰雪季系列活动分别在万龙八易滑雪场、南宫国际冰上运动中心、冰之宝滑冰馆等8家滑雪、滑冰及冰雪嘉年华场地开展。活动设置在形式和内容上更注重趣味性和参与性，参加人员既有零基础的市民，也有高水平的滑雪、滑冰爱好者，参与人员覆盖面也更加广泛，活动覆盖全区108个机关企事业单位，21个街乡镇，323个社区、64个行政村，让更多人参与到冰雪运动中来，营造北京浓郁的冬奥氛围。

（赵艳涛）

【冰雪嘉年华公益体验活动】 年内，与辖区内冰雪场地合作，分别在长辛店镇辛庄、王佐镇南宫、西铁营万达广场、槐房万达广场、晓月湖组织开展冰雪公益体验活动，在各冰雪场地布置冬奥知识展板，普及冬奥知识，采取集体预约的方式，由各单位自行选择场地、时间，并按分配名额集中组织免费体验活动，带动更多市民感受冬季冰雪运动的乐趣，5000余人次参与了活动。

（赵艳涛）

【冰雪大课堂】 年内，利用南宫国际冰上运动中心及冰之宝滑冰馆两处室内场馆全年开放的时间优势，积极开展《滑冰大课堂》活动，增加冰上运动项目及场次，拉长冰雪季活动周期，增加参与冰上运动人群，992人次参与活动。利用万龙八易滑雪场优质滑雪资源开展了《滑雪大课堂》活动，以政府购买服务的方式，为参与者提供滑雪装备，现场教学等服务，每次体验3小时，满足了广大滑雪爱好者的需求，滑雪体验总数

▲1月11日，丰台区第五届欢乐冰雪季在王佐镇南宫飞象冰球俱乐部启动。图为启动仪式上民众参与冰上毛毛虫比赛。

量达到1900人次。

（赵艳涛）

【“冰雪大篷车”进基层】年内，开展了丰台区冰雪大篷车进基层活动，利用该活动可全年开展和场地布置灵活等优势，深入社区、机关、企业、学校等单位，积极开展冬奥会观赛礼仪、冰雪运动知识普及和冰雪器材展示活动，全年共计完成60场次，覆盖全区21个街道乡镇，直接参与达12000人，将VR模拟滑雪器、仿真冰场、滑雪机等冬季运动项目带到群众身边，让居民在“家门口”就能体验到冰雪运动的乐趣，真正做到惠民、便民、利民，扩大受众人群，满足更多冰雪爱好者体验需求，得到了广大市民的高度赞誉和一致好评。

（赵艳涛）

丰台区体育局经营单位明细一览表

表33

（截至2020年底）

序号	经营单位名称	地址	项目
1	北京一生和球体育文化发展有限公司	丰台北路32号院A座523号	足球
2	北京谈小娱文化体育有限公司	丰台区百强大道10号B座607	台球
3	北京龙飞育华文化艺术有限公司	丰台区百强大道10号楼21-22层2单元2108	摔跤
4	北京青云堂体育文化有限公司	丰台区百强大道10号楼2单元1108号	武术
5	北京华科葆台体育俱乐部有限公司	丰台区葆台北路3号院	高尔夫
6	北京思桦健身服务有限公司	丰台区北甲地路10号院1号楼1-5幢2层AB-02室	健身
7	北京研歌江水文化传媒有限公司（京游天下）	丰台区北甲地路10号院商业三层05	台球
8	上海海济斯健康管理咨询有限公司北京分公司（生命时钟）	丰台区北京西站南路国投财富广场3号写字楼2楼	健身
9	朗彬（北京）体育发展有限公司（大红门文化活动中心羽毛球馆）	丰台区彩虹城四区	羽毛球、篮球
10	润阳光（北京）国际健身俱乐部有限公司	丰台区菜户营甲88号鹏润家园3A3B106	健身、游泳
11	北京聚宝汇体育文化有限公司	丰台区菜户营甲88号鹏润家园豪苑A座303	瑜伽
12	北京壹迈体育文化有限责任公司	丰台区菜户营桥东58号财富西环大厦904	健身
13	北京赫威休闲健身有限公司	丰台区草桥东路8号院1号楼1幢-1层	健身 游泳
14	北京刘楠体育有限公司	丰台区草桥东路8号院1号楼G-201	乒乓球
15	北京瑞吉诺体育有限公司	丰台区草桥欣园三区1号楼地下一层01号	健身
16	北京竹引清泉网络技术有限公司	丰台区草桥欣园四区9号楼底商B118-B119	健身
17	拳能体育发展（北京）有限公司	丰台区草桥欣园四区一号楼底商1005A室	拳馆
18	北京骏逸达体育文化有限公司	丰台区成寿寺方于路58号院1号楼底商二层	健身
19	印象瑜伽（北京）文化发展有限公司	丰台区成寿寺路鑫源国际1号楼110底商	瑜伽
20	茉祺一生（北京）科技有限公司	丰台区城南嘉园益城园14号楼101内F2-01A	健身
21	北京爱乐动体育文化发展有限公司第二分公司	丰台区城南嘉园益城园14号楼101内二层F2-	轮滑
22	北京龙腾武道科技发展有限公司	丰台区城南嘉园益城园15号楼四层04-11	散打 拳击
23	北京云川银星台球俱乐部有限公司	丰台区城南嘉园益城园15号楼四层04-16	台球厅
24	北京南烽武术文化有限公司	丰台区城南嘉园益城园16号楼3层商业03号B082	跆拳道
25	北京优游宝宝科技有限公司	丰台区城南嘉园益城园16号楼三层301内B034	亲子游泳
26	北京吉速健身有限公司	丰台区城南嘉园益城园16号楼商业05—03	健身
27	北京锦阳益园文化有限公司	丰台区城南嘉园益城园甲8号楼	游泳 健身
28	北京云婵健康管理中心	丰台区大成路19号	瑜伽
29	北京吉鸿健康管理有限公司（大成）	丰台区大成路28号院3号楼1-107	健身

续表 33

序号	经营单位名称	地址	项目
30	北京华程十力文化传播有限公司（YOKO 健身）	丰台区大成路 8 号翠微百货五层	健身
31	北京金台饭店大成路分店	丰台区大成路 9 号	游泳
32	北京鑫泰热点体育文化发展有限公司	丰台区大成路 9 号	健身
33	北京炎润恒武商贸中心	丰台区大成路南里一区 20 号楼 2 层 2-5	健身
34	北京华夏醒狮体育文化发展有限公司	丰台区大成南里 2 区 3 号楼 3-4 层（丰台区水衙沟路南侧）	足球
35	北京博为智动健身中心	丰台区大成南里三区 1 号楼 103	健身
36	北京睿智贤明文化发展有限公司	丰台区大成南里一区 9 号楼三层 3-3a 房间	跆拳道
37	北京一群小象体育有限责任公司	丰台区大红门后街 143 号 26 幢 101	篮球 羽毛球
38	北京恭圣通健身中心（普通合伙）	丰台区大红门街道马家堡东路 106 号	健身
39	北京艾特联盟体育发展有限公司	丰台区大红门西路 19 号 1 幢 3 层	羽毛球
40	莫纳（北京）体育发展有限公司	丰台区大红门西路 19 号 1 幢 3 层 F393 室	瑜伽
41	北京万思乐学教育咨询有限公司	丰台区大瓦窑北路 1 号院 1 号万科城长中心	跆拳道
42	北京魅力风尚体育发展有限公司	丰台区大瓦窑北路 2 号院 1 号楼底商 110	健身
43	北京国奥绿茵体育有限发展有限公司	丰台区靛厂路商业街	足球 篮球
44	北京鸿永铭体育管理有限公司	丰台区靛厂路商业街 2 号楼 5 层 523 号	健身 跆拳道 足球 篮球 轮滑 儿童体能
45	北京瀛海海道源体育发展有限公司	丰台区靛厂路商业街 2 号楼 5 层地下一层	柔道 跆拳道
46	北京慧德搏毅体育文化有限公司	丰台区靛厂路商业街 2 号楼地下一层	散打 泰拳
47	北京维奇力量体育服务有限公司	丰台区靛厂商业街 1 号楼四层 409 室	健身
48	北京雏鹰乒乓球俱乐部（靛厂）	丰台区靛厂商业街 2 号楼 4 层东南侧	乒乓球
49	北京百纳烟台山酒店管理有限公司	丰台区靛厂商业街 5 号楼	羽毛球
50	北京中成天坛假日酒店有限公司	丰台区定安东里 1 号	健身、游泳
51	乐迈耀能（北京）健身服务有限公司	丰台区东高地万源西里甲 42 栋 B1	健身 游泳
52	北京颐方园体育娱乐有限责任公司	丰台区东铁匠营成寿寺路甲 12 号	健身 游泳 羽毛球
53	北京恒松园游泳馆	丰台区东铁匠营南三环中路小铁营 10#	健身 游泳
54	北京美之越体育服务有限公司	丰台区东铁营街道塔园 12 号 9 幢 B103、104 号	健身、游泳
55	北京嬉游空间室内娱乐活动有限责任公司	丰台区杜家坎南路 9 号 A 座三层南区	儿童乐园、攀岩
56	北京艾顿健身有限公司	丰台区方庄 6 号院 2 号楼底商	健身
57	北京桔子家健康科技有限公司日月天地店	丰台区方庄芳城园一区 17 号楼 3 层 A-304	瑜伽
58	北京柏林瀚体育文化发展有限公司方庄分公司	丰台区方庄芳古园三区 1 号方庄体育公园内	体育公园
59	北京好特热国际酒店管理有限公司	丰台区方庄芳星园二区 12 号	温泉游泳
60	北京隐空间体育发展有限公司	丰台区方庄南路 15 号楼 4 层 2 座 501-1	健身
61	北京英华联众文化发展有限公司	丰台区方庄南路 29 号 1 层 101	台球
62	北京超越炫动健身服务有限公司	丰台区方庄南路 2 号 24 层 2 单元 2701	健身
63	北京艾迪克森健身有限公司	丰台区方庄南路 2 号楼 2 单元 18 层 1810 号	健身
64	晶城阳光（北京）国际健身俱乐部有限公司 + 私教工作室	丰台区方庄南路 58 号院 11 号楼 -01 层 -103 室	游泳、健身
65	北京热塞台球俱乐部有限公司	丰台区方庄南路 9 号院	台球
66	北京宏正远大健康咨询有限公司	丰台区方庄南路 9 号院 7 号楼 2 层 203 室	武术
67	北京乐旋体育有限公司	丰台区方庄蒲芳路 9 号 8 号楼 5 层 0506B	健身
68	北京华术启航文化发展有限公司	丰台区方庄蒲芳路 9 号楼 gogo 新世纪 8 号楼四层	武术
69	北京星光天地艺术培训中心	丰台区方庄蒲芳路 9 号楼 gogo 新世纪物美超市五层 513 号	跆拳道
70	北京弈海春秋文化传播有限公司丰台第一分公司	丰台区方庄蒲芳路 9 号蒲方路 9 号院 6 号楼等 3 幢内 8 号楼 4 层 L4-33、L4-35	围棋

续表 33

序号	经营单位名称	地址	项目
71	北京简单干净教育科技有限公司方庄分公司	丰台区方庄蒲芳路 9 号院 8 号楼 4 层 L4-402 号	围棋
72	北京快乐橘子健康管理有限公司	丰台区方庄蒲芳路 9 号院 8 号楼 50 层 502-1	健身
73	蓝旗海星（北京）国际健身有限公司	丰台区方庄桥北璞瑅公馆商业街 B01	亲子游泳
74	北京优肯飞扬体育文化有限公司	丰台区方庄体育公园内	篮球
75	北京毅搏文化发展有限公司	丰台区芳城园一区 10 号楼 1 层 10-195	跆拳道
76	北京嘉艺恒丰体育文化传播有限公司	丰台区芳城园一区 17 号楼天地日月大厦 B 座一层	太极拳
77	北京远诚羽毛球馆	丰台区芳城园一区 1 号楼地下车库内	羽毛球
78	北京臻艾文化传播有限公司	丰台区芳菲路 60 号院 2 号楼 5 层 515	健身
79	北京领尚阳光体育健身有限公司	丰台区芳菲路 60 号院 3 号楼 3 层 304	健身
80	卡路里体育管理（北京）有限公司蒲黄榆路店	丰台区芳古园一区 18 号楼蒲黄榆新城广场三层 7-9 号 keep	健身
81	北京真朴教育科技发展有限公司	丰台区芳古园一区 8 号院 9 号楼 4 层	围棋
82	北京洁子瑜伽健身有限公司(方庄店)	丰台区芳星园三区底商 001 号	瑜伽
83	北京小卓飞鸟健身有限公司	丰台区丰葆路 23 号三层 304 内 01	健身
84	大飞哥哥（北京）健身有限公司	丰台区丰葆路 23 号四层 409-2	健身、体能
85	北京伽瑜文化有限公司 空中瑜伽 FLY Yoga	丰台区丰葆路 23 号智慧广场 4 层 413	瑜伽
86	北京鸿源腾飞体育文化有限公司（原正道腾飞）	丰台区丰葆路 23 号智慧广场花园写字楼二层	跆拳道
87	北京观心灵瑜伽文化传播有限公司（VV 空中瑜伽）	丰台区丰葆路 23 号智慧广场花园写字楼四层	瑜伽
88	北京千禧园体育文化有限公司	丰台区丰葆路 88 号院 1 号楼 2 层 265 号（永旺二层）	健身
89	北京超动能体育文化有限公司	丰台区丰葆路 88 号院 1 号楼 3 层 318 号	儿童运动馆
90	北京金基喆体育发展有限公司	丰台区丰北路甲 45 号楼 1 层 108	跆拳道
91	北京三兴行健身管理有限公司	丰台区丰北路甲 79 号 79-2 幢 3 层 1 号	健身
92	北京壹健阳光国际健身俱乐部有限公司（西国贸）	丰台区丰管路 16 号 8 号楼	健身游泳
93	威康健身管理咨询（北京）有限公司北京第四分公司（万达）	丰台区丰科路 6 号院 1 号楼 5 层	健身
94	北京玄游文化发展有限责任公司	丰台区丰科路 6 号院万达广场 3 层 A 号	台球、射箭、保龄球
95	北京乐迈体育发展有限公司（阳光游泳）	丰台区丰桥路 6 号新城阳光写字楼 b1 层	健身 游泳
96	北京蓁元瑜伽健身有限公司	丰台区丰桥路 8 号三环新城 8 号院 3 号楼	瑜伽
97	北京益丰体育发展有限公司	丰台区丰桥路 8 号院 13 号楼 42	健身
98	北京卓越龙冠体育文化发展有限公司丰台分公司	丰台区丰桥路六号院甲 11 号 101 内 1-02	拳击 泰拳 散打
99	北京珍珑棋弈文化交流有限公司	丰台区丰桥路六号院甲 11 号 1 层 101	围棋
100	北京启慧睿德体育文化有限公司（金梧桐）	丰台区丰桥路六号院甲 8 号一区 20 号	儿童体能
101	北京领尚超越体育发展有限公司（超人健身三环新城 7 号院店）	丰台区丰桥路七号院甲 12 号 2 层 01-09	健身
102	北京优昂体育文化有限公司	丰台区丰台北路 18 号院 5 号楼二层 20、21 号	健身
103	北京蓝海鱼之乐科技有限公司	丰台区丰台北路 18 号院 5 号楼三层 302 内 28、29 室	婴儿游泳
104	北京俊美玩铁健身搏击俱乐部有限公司	丰台区丰台北路望园东里 28 号号楼 01	健身
105	北京晗兴健身有限责任公司	丰台区丰台东路 58 号 211 房间	健身
106	北京乐之杰文化传播有限公司（夜时尚台球）	丰台区丰台东路育芳园 19 号地下一层	台球

续表 33

序号	经营单位名称	地址	项目
107	北京雨跃童游泳俱乐部有限公司	丰台区丰台街道文体路 58 号	游泳
108	北京云川博睿赛文体育文化发展有限公司（文体路）	丰台区丰台街道文体路 58 号	台球
109	北京市丰铁文化宫	丰台区丰台路 122 号	羽毛球、乒乓球、台球
110	北京文三方文化发展有限公司	丰台区丰台南路 116 号院 4 号楼	台球
111	北京奥健德青少年体育俱乐部（十二中）	丰台区丰台南路 93 号十二中内	游泳馆
112	三阳恒泰（北京）商贸有限公司	丰台区丰体南路 1 号院 10 幢一层 107A	台球
113	北京活力时代体育发展有限公司	丰台区丰体南路一号院 11 幢 1 层 101	健身
114	北京叶炼健身服务有限公司	丰台区丰仪路 1 号院 2 号楼 1 至 2 层 101	健身 瑜伽
115	北京华凯商务有限公司	丰台区风荷曲苑 1 幢 -2 至 -1 层	游泳
116	北京尚巍文化传播有限公司	丰台区福宜街 9 号院昆仑中心 202 室	健身
117	爱客（北京）体育发展有限公司（莫纳瑜伽）	丰台区光彩路 155-9	瑜伽
118	活荔（北京）健身服务有限公司	丰台区光彩路 1 号楼二层 101-D-2 号	瑜伽
119	美岸（北京）体育发展有限公司	丰台区光彩路 65 号院 1 号楼 2 层	瑜伽
120	北京明智拓维健身有限责任公司丰台分公司（彩虹城健身游泳）	丰台区光彩路 66 号院 7 号楼	健身、游泳
121	北京市丰台区健之缘盛体育俱乐部	丰台区光彩路 69 号	足球
122	北京洁子瑜伽健身有限公司第二分公司	丰台区光彩路京港城生活广场二层	瑜伽
123	北京指星船祺体育文化发展有限公司	丰台区光彩路京港城生活广场二层	健身
124	北京壹健光彩国际健身俱乐部有限公司	丰台区光彩路联宏大厦地下一层	健身、游泳
125	拳能体育发展（北京）有限公司丰台分公司	丰台区广安路 9 号院 11 号楼地下一层 1208-01	拳馆
126	北京愉缇港健身俱乐部有限公司	丰台区广安路 9 号院 11 号楼地下一层 1220	健身 游泳
127	北京花香盛世国际体育文化发展有限公司	丰台区广安路 9 号院国投财富 9 号楼 B1	篮球
128	北京洁妮澌贝比国际管理咨询有限公司	丰台区郭公庄中街 20 号院 5 号楼 1 至 2 层 103	亲子游泳
129	北京猩动力健身工作室	丰台区郭公庄中街 20 号院 8 号楼 1 至 2 层 101	健身
130	北京童力童行体育文化传播有限公司	丰台区果园 7 号楼 3 层 301-16	儿童运动馆
131	北京昭华悦动体育发展有限公司	丰台区果园 7 号楼 3 层 301-22	乒乓球
132	弘武祥（北京）科技有限公司第二分公司	丰台区果园 8 号楼 601-01	拳击、健身
133	北京功夫娃文化传播有限公司分公司	丰台区果园路 7 号楼 2 层 201-2017	武术
134	威康健身管理咨询（北京）有限公司北京第六分公司	丰台区果园路 8 号合生广场 4 层	健身
135	北京易动体育文化发展有限公司丰台区第一分公司	丰台区果园路 8 号合生广场二层	轮滑
136	雪乐山（北京）体育文化有限公司北京第五分公司	丰台区果园路 8 号合生广场三层	模拟滑雪
137	北京瑞得在线白龙马上网服务中心	丰台区海户西里 1 号地下一层	台球
138	北京一呈健身服务有限公司	丰台区航丰路 1 号院 2 号楼地下一层 -102	游泳、健身
139	金丝悦悦国际教育科技（北京）有限公司	丰台区花乡高立庄 616 号新华国际教育中心 B 栋 1 层 106 室	亲子游泳
140	金丝悦悦国际教育科技（北京）有限公司	丰台区花乡高立庄 616 号新华国际教育中心 B 栋 1 层 106 室	游泳健身
141	北京金辉锦晟体育场馆管理有限公司（首经贸游泳馆）	丰台区花乡张家口 121 号校内体育馆	游泳健身

续表 33

序号	经营单位名称	地址	项目
142	北京青酷体育文化传播有限公司	丰台区华源四里 1 号楼 02 层 12020	健身
143	北京恋尚空间体育文化发展有限公司	丰台区华源四里 1 号楼 2 层 12018	健身
144	北京不健不散体育发展有限公司	丰台区华源四里 2 号楼 2 层 22018 室	健身
145	北京天奥天健身俱乐部有限公司	丰台区华源四里甲 1 号楼地下一层	游泳健身
146	北京欣动亚飞健康管理有限公司	丰台区华源四里甲 7 号 -1 层 13#-B05 至 -B12	健身
147	北京阿布溜溜体育发展有限公司丰台第三分公司	丰台区槐房南路 6 号院三层 3007	轮滑
148	北京正清武道科技文化有限公司	丰台区槐房南路 6 号院万达广场 3 层 3037	空手道
149	北京洛悠悠健身有限公司	丰台区槐房南路 6 号院万达广场 3 层 3057 3093BA	瑜伽
150	北京桑尼体育有限公司	丰台区槐房南路 6 号院万达广场 3 层 3079,3080	儿童运动馆
151	北京功夫娃文化传播有限公司第二分公司	丰台区槐房南路 6 号院万达广场二层 2F2058	跆拳道
152	北京古德菲力体育发展有限公司丰台分公司	丰台区槐房南路 6 号院万达广场三层	健身
153	北京艾尚瑞智体育文化发展有限公司	丰台区槐房南路 6 号院万达广场三层 3001	轮滑
154	北京天弘利博体育发展有限公司（天弘跆拳道）	丰台区槐房西路 316 号院	跆拳道
155	北京瑞吉诺运动科技有限公司	丰台区槐房西路南庭新苑北区 18 号楼底商	健身
156	北京爱乐映画教育科技有限公司	丰台区槐房西路南庭新苑北区西门南 10 米	跆拳道
157	北京君羿体育文化有限公司	丰台区槐房西路万达广场 1 层	射箭
158	翊广隶（北京）体育文化发展有限公司	丰台区黄土岗宜兰园三区西侧	室外足球
159	飞猫跳动体育发展（北京）有限公司	丰台区纪家庙 89-06	蹦床
160	北京启航无限体育文化发展有限公司北京第一分公司	丰台区纪家庙 89-07	体能训练
161	创乐城（北京）体育产业有限公司	丰台区纪家庙 89-12	攀岩
162	北京黑岩石体育发展有限公司	丰台区纪家庙 89 号	滑雪
163	北京鲸图科技有限公司	丰台区纪家庙 89 号	卡丁车
164	北京旭日星空体育发展有限公司	丰台区纪家庙 89 号（北京经济技术开发区科创五街 38 号院 1 号楼 A 座 3 层 A3008 号）	羽毛球
165	北京办办里斯体育文化有限公司	丰台区纪家庙 89 号 -09	篮球
166	北京奥攀体育科技有限公司	丰台区纪家庙 89 号 -11	攀岩
167	北京市二零无限网络科技有限公司	丰台区纪家庙 89 号 -25	平衡车
168	北京天恒盛业体育文化发展有限公司	丰台区纪家庙南里 1 号	乒乓球
169	中卫世纪健康大数据有限公司	丰台区纪家庙南里 1 号院	羽毛球
170	北京星雏鹰体育发展有限公司	丰台区嘉园三里 3 号楼亲子广场 2 层	乒乓球
171	北京康健搜候体育文化发展有限公司	丰台区贾家花园 3 号院 6 号楼 -101	健身、游泳
172	北京祥健源体育文化有限责任公司角门分公司	丰台区角门 18 号枫竹苑一区 23 号楼	游泳
173	北京数字空间体育有限公司	丰台区角门南路鑫厚市场北部	篮球馆
174	北京圣煌时代台球中心	丰台区角门西里 13 号楼	台球
175	北京宝力豪体育健身有限公司丰台第一分公司	丰台区金泽西路 8 号院 1 号楼 -4 至 22 层 101 内 3 层 301、302、303、304	健身
176	首都航天机械有限公司	丰台区警备东路 1 号	游泳
177	北京卓越龙冠体育文化发展有限公司北京市丰台区分公司	丰台区警备东路 6 号二区北段	跆拳道
178	北京鑫雨轩教育科技有限公司	丰台区久敬佳园一区 3 号楼 01 层 01 层商业 05 号 B	跆拳道
179	北京伽岳健身有限公司	丰台区骏景园北区 1 号楼 3 层 301、302	游泳 健身
180	北京海润天忆石体育有限公司	丰台区看杨路 102 号	羽毛球 气排球

续表 33

序号	经营单位名称	地址	项目
181	阜北聚宝（北京）商贸有限公司	丰台区康辛路19号院刘孟家家园8号楼底商1-002	台球
182	北京天瑞鸿林体育健身俱乐部有限公司	丰台区科丰万达西门一层	瑜伽
183	北京丰科园商务服务有限公司	丰台区科兴路1号	羽毛球 乒乓球 网球
184	北京君力阳光体育发展有限公司	丰台区科学城恒宣街2号阳光四季社区	健身 游泳
185	北京千玺晟体育文化有限公司	丰台区丽泽路16号院1号楼1至5层101内5层01a01b-02号	健身
186	北京内研有然文化发展有限公司	丰台区丽泽路16号院1号楼1至5层105内5层09-10号	瑜伽
187	北京西矿建设有限公司新青海喜来登酒店分公司	丰台区丽泽路喜莱登酒店19层	游泳
188	北京爱尚金泰体育文化有限责任公司	丰台区丽泽路一号院18号楼一层二层	游泳、健身
189	北京益生东霆健身服务有限公司万丰路分公司（华信大厦）	丰台区莲宝路288号院华信大厦地下二层	健身 游泳
190	北京龙星武跃体育文化发展有限公司	丰台区莲香园配套商业H幢1层	射箭、格斗
191	北京英图在线台球俱乐部	丰台区莲香园小区底商	台球
192	北京由颐文化传媒有限公司	丰台区邻枫路1号2层1-62内212-2030A	健身
193	北京周大乐和他的小伙伴们体育发展有限公司（硬健身）	丰台区邻枫路5号院1号楼底商二楼	健身
194	北京北国物业管理有限责任公司	丰台区临泓路37号院8号院三单元B1层	健身
195	北京美逸能量屋体育运动发展有限公司	丰台区六里桥风荷曲苑13号楼116室	儿童体能
196	北京九号黑捌体育俱乐部有限公司	丰台区六里桥太平华源一里	台球
197	北京尚西康体休闲俱乐部	丰台区六里桥太平华源一里15号	台球
198	北京优速乐动体育有限公司	丰台区六里桥太平桥华源一里4号	羽毛球
199	北京一鸣少年文化传播有限公司	丰台区卢沟桥杜家坎环岛北侧集美家居四层	跆拳道
200	北京政通文化传媒有限公司（礌迈健身）	丰台区卢沟桥杜家坎环岛北侧集美家居四层81020	健身
201	北京东方丽人健身中心丰台瑜伽分部	丰台区卢沟桥街道大成路8号B1-1	瑜伽
202	北京天宫翔体育休闲有限公司	丰台区卢沟桥乡田各庄321号	高尔夫练习场
203	北京中隆兴雅国际体育文化传媒有限公司	丰台区卢沟桥乡田各庄321号	马术 网球
204	北京乐跑教育咨询有限公司	丰台区卢沟桥乡万丰路305号北京亿潼隆连锁超市有限公司万丰路购物中心3层S06	儿童体育
205	北京龙源景扬体育中心	丰台区卢沟桥乡小井村1470号	羽毛球、健身、足球
206	北京欧迪澜国际教育咨询有限公司	丰台区卢沟桥乡小屯村梅市口路133号E105-107	亲子游泳
207	人人攀岩（北京）体育文化有限公司北京丰台分公司（胜古体育西局体育馆）	丰台区卢沟桥乡玉璞路6号-2室	攀岩
208	北京乐羽时代羽毛球馆	丰台区卢沟桥乡郑常庄甲1号	羽毛球
209	北京风雨阳体育有限责任公司卢沟桥分公司	丰台区卢沟桥晓月二里8号	游泳、健身
210	浅隐文化发展（北京）有限公司	丰台区马官营南路风荷曲苑东门3号楼505	瑜伽
211	北京拾光瑜伽有限公司	丰台区马家堡东路101号院2号楼1层2-2	瑜伽
212	北京尚与谷文化发展有限公司（清风围棋）	丰台区马家堡东路106号1002室	围棋
213	北京磨砺健康咨询有限公司	丰台区马家堡东路106号1号楼3层301-1室	健身
214	北京步睿克斯健身服务有限公司	丰台区马家堡东路106号2号楼10层1006	健身
215	北京弘武堂体育文化传播有限公司	丰台区马家堡东路106号2号楼13层1307	空手道
216	北京浩林休闲健身有限公司	丰台区马家堡东路106号院2号楼地下一层	乒乓球
217	健酷空间（北京）体育管理有限公司	丰台区马家堡东路168号海上海底商4号	健身

续表 33

序号	经营单位名称	地址	项目
218	北京薄荷合瑜伽文化发展有限公司	丰台区马家堡东路168号海上海底商7号	瑜伽
219	北京蓝酷反击撞球馆	丰台区马家堡东路20号	台球
220	北京际高迅捷上网服务有限公司（夜时尚）	丰台区马家堡东路6号院14号楼B1	台球
221	北京竞宇悦动体育发展有限公司O2健身	丰台区马家堡东路71号	健身 游泳
222	印美伽业（北京）文化发展有限公司	丰台区马家堡东路七克拉	瑜伽
223	北京浩迈国际健身俱乐部有限公司（亲子广场店-壹健身）	丰台区马家堡嘉和路10号地下一层	健身 游泳
224	北京赛点成金台球俱乐部	丰台区马家堡街道晨光小区16-20	台球
225	北京奥亨腾达台球有限公司	丰台区马家堡街道星河苑2号院22号楼地下一层	拳击
226	北京市吉跳龙羽毛球运动中心一分部	丰台区马家堡路88号	羽毛球
227	北京时尚椰子体育文化发展有限公司	丰台区马家堡西路15号1339-F1-C063	健身
228	北京锋向标健身有限公司	丰台区马家堡西路15号18层1802号	瑜伽、舞蹈
229	北京乐健时尚健身有限公司	丰台区马家堡西路15号19层1-2202号	健身
230	北京玛娅瑜伽健身服务有限责任公司	丰台区马家堡西路15号2—1202	瑜伽
231	北京形体部落体育文化发展有限公司丰台区分公司	丰台区马家堡西路15号时代风帆大厦2层203室	健身
232	美树文化发展（北京）有限公司角门西分公司	丰台区马家堡西路15号时代风帆金街写字楼2层1100	瑜伽
233	北京洋桥瑞丽物业管理有限责任公司	丰台区马家堡西路23号瑞丽江畔小区东门	游泳
234	北京宝云都商贸有限责任公司（力诺健身）	丰台区马家堡西路公益西桥地铁B口北160米中国移动二层	健身
235	北京勤华体育文化发展有限公司（嘉园）	丰台区马家堡西路嘉园三里3号楼2层天阳亲子广场	跆拳道场
236	北京萨纳坦日国际瑜伽文化中心	丰台区马家堡西路时代风帆大厦1区1101号	瑜伽
237	北京伽来健身服务中心	丰台区马家堡西路星河苑2号院2号楼01底商	瑜伽
238	北京易燃健身服务有限责任公司	丰台区马家堡西马厂南里二区4号楼1层商业06	健身、瑜伽
239	北京蓝速健身服务有限公司（星河苑）	丰台区马家堡星河苑2号院3号楼底商	健身
240	北京云尚云海文化发展有限公司	丰台区梅市口路12号院4号楼商铺	台球
241	北京动因体育场馆管理有限公司	丰台区梅市口路133号G座3层（京荟广场）	篮球
242	北京瑞弟健身有限公司	丰台区梅市口路43号西楼302	健身
243	北京爱尚鑫嘉境体育文化发展有限公司丰台第一分公司	丰台区梅市口路民岳家园门前商业三层	健身
244	北京圣德春宾馆有限责任公司（R8台球厅）	丰台区南顶路281号地下一层	台球
245	北京宏义体育文化发展有限公司（帝都健身）	丰台区南方庄2号院和合大厦底商	游泳健身
246	北京南宫泉怡园度假村（蹦床）	丰台区南宫泉怡园农庄北门	蹦床馆、健身 瑜伽
247	北京卓越龙冠体育文化发展有限公司	丰台区南三环东路23号1号楼1至2层	武术
248	北京妙伽健身有限公司	丰台区南三环西路16号1号楼01层101内19C	瑜伽
249	北京阿布溜溜体育发展有限公司丰台第五分公司	丰台区南三环西路16号1号楼3F301内1718	轮滑
250	北京辰茂南粤苑酒店有限公司	丰台区南三环西路86号	游泳 篮球 健身
251	北京德晟道体育文化传播有限公司	丰台区南三环西路91号赋霖商厦2层	跆拳道
252	北京天兆润年体育文化发展有限公司（劲格格斗）	丰台区南三环西路91号院1号楼17层2单元2017（宝隆大厦1500平地下一层，一个安全出口）	格斗 健身
253	北京东方聚龙体育运动有限公司（京城射箭）	丰台区南三环西路首地大峡谷顶层	室内射箭
254	北京果果客影视有限公司（维斯沃儿童水育馆）	丰台区南三环中路首地大峡谷3层12A-12B	儿童游泳

续表 33

序号	经营单位名称	地址	项目
255	北京云川博睿赛文体育文化发展有限公司（刘家窑店）	丰台区南三环中路小铁营 10 号 5 层	台球
256	北京弈友围棋文化传播有限责任公司	丰台区南三环中路小铁营 10 号恒松园 7 号楼 4 层	围棋
257	北京清风悠扬教育文化有限公司	丰台区南四环西路 129 号	游泳
258	北京木子盛世健身服务有限公司	丰台区南四环西路 188 号八区 1 号楼 3 层	健身
259	北京星跃健身有限公司	丰台区南四环西路 188 号三区 9 号楼第二层 201	健身
260	北京耀恒台球娱乐中心	丰台区南四环西路 188 号十八区 30 栋地下一层 E1808#（园区）	台球
261	忆昔年（北京）科技有限公司	丰台区南四环西路 188 号十八区 30 幢地下一层 -102 第 W1804	健身
262	水悦国际教育科技（北京）有限公司	丰台区南四环西路 76 号花乡奥莱村 12 号 12101	亲子游泳
263	北京嘉安体育发展有限公司	丰台区南四环中路 138 号 25 幢 1 层、2 层	卡丁车
264	北京优伽健康管理有限公司	丰台区南四环中路城南嘉园底商 2 号楼 23-24	瑜伽
265	北京魅嗨尔斯健身有限公司	丰台区南苑槐房西路 318 号院 17 号楼 14 号二层	健身
266	北京犀牛人体育发展有限公司	丰台区南苑槐房西路南庭新苑南区 B4-04 号	瑜伽、格斗
267	北京天晟嘉成科技发展有限公司（行瑜伽）	丰台区南苑乡槐房西路 317 号院南庭新苑南区底商	瑜伽
268	北京梵逸体育发展有限公司	丰台区鹏润家园豪苑 B 座 2108	瑜伽
269	北京剑高励业体育发展有限责任公司	丰台区鹏润家园文苑 A 座击剑馆	击剑
270	北京博艺星餐饮有限责任公司	丰台区蒲安北里 3 号楼一层	台球
271	北京米斯特艾克斯健身俱乐部有限公司	丰台区蒲芳路甲 8 号 -10-12 号地下	健身
272	北京菲拓国际体育文化发展有限公司	丰台区蒲芳路璞瑅公馆 3 号商业楼前地下一层	跆拳道
273	北京华弈方源文化传播有限公司	丰台区蒲芳园四区 2 号楼 206	围棋
274	北京壹健会国际健身俱乐部有限公司	丰台区蒲黄榆蒲黄路 8 号院 9 号楼物美大卖场地下一层	健身
275	北京静湖瑜伽健身服务有限公司	丰台区七里庄冠京写字楼 B 座 4 层	瑜伽
276	北京极木体育发展有限公司	丰台区汽车博物馆东路 1 号院 2 号楼 121-122-123-125	健身
277	北京晨旭动力体育文化发展有限公司	丰台区汽车博物馆东路 1 号院 2 号楼 2 层 219	健身
278	北京宝力豪体育健身有限公司丰台分公司	丰台区汽车博物馆东路 2 号院 5 幢 -2 至 -1 层 -101 内 -1 层 -101	健身
279	乐豚健身（北京）有限公司	丰台区汽车博物馆南路诺德中心 2 期 -6 号楼 2 层	健身
280	中恒冠世体育发展（北京）有限公司	丰台区汽车博物馆南路盈坤世纪 H 座	游泳、健身
281	北京卡莫阅益健身服务有限公司卡莫华夏幸福分公司	丰台区汽车博物馆西路 8 号院 1 号楼华夏幸福创新中心 2 层 203 室	瑜伽
282	北京花涧堂瑜伽健身俱乐部有限公司	丰台区汽车博物馆西路诺德中心二期 11 号楼东侧下沉花园	瑜伽
283	北京灿羽至呈体育文化有限公司	丰台区青塔东里 7 号楼 62 幢 167 物美 6 层	健身
284	鸿博健体（北京）体育服务有限公司	丰台区青塔西路 52 号院 10 号楼 1 至 2 层 3 单元甲 35	健身
285	北京四十五体育文化有限公司	丰台区区汽车博物馆东路 1 号院 4 号楼地下一层 -115 号（园区）	台球
286	北京万龙八易体育运动有限公司	丰台区射击场路甲 12 号	滑雪
287	北京明智优健体育有限责任公司	丰台区石榴中心 10 号楼 B1 层	健身
288	北京康雄体育科技有限公司	丰台区石榴庄西街 232 号 1 幢 3 层 10 号（北区）	健身
289	北京皓森万武体育文化有限公司	丰台区石榴庄西街 232 号 1 幢等 10 幢内 2 幢 3 层 3-807（西区）	武术
290	曜日星辰（北京）教育科技有限公司	丰台区石榴庄西街 232 号 1 幢京港城 3 层	轮滑
291	女孩男孩体育文化发展（北京）有限公司	丰台区世界花卉大观园西区花神街 9 号 801	少儿游泳

续表 33

序号	经营单位名称	地址	项目
292	北京梦羽嘉体育文化发展有限公司	丰台区双庙村125号院1号楼地下室	拳击馆
293	北京健者行体育科技有限公司（嘉业大厦店）	丰台区顺三条21号嘉业大厦二期1号楼12A09	健身
294	北京三人行环球健身服务有限公司（嘉业大厦店）	丰台区顺三条32号嘉业大厦二期1号楼6层601	健身
295	北京紫菁阁健康管理咨询有限公司	丰台区顺三条嘉业大厦2号楼802室	瑜伽
296	北京明辉伟诚台球俱乐部有限公司	丰台区四方景园三区	台球
297	北京健乐美健康管理有限公司	丰台区宋家庄路71号3号楼908	健身
298	快快乐动（北京）网络科技有限公司	丰台区宋庄路71	健身
299	北京新氧休闲健身有限公司	丰台区宋庄路71号扑满山二层	健身
300	奥成格斗兄弟（北京）体育文化有限公司	丰台区宋庄路71号院2号楼608室	跆拳道
301	北京美桐瑜伽文化传播有限公司	丰台区宋庄路71号院2号楼908室	瑜伽
302	北京飞翔空间体育有限公司	丰台区太平桥路11号楼1层商C122	搏击
303	北京动力港湾科技有限公司	丰台区太平桥路17号尚西生活广场底商	健身
304	北京耿铭齐文化发展有限公司	丰台区太平桥西路华源1街4号楼西侧地下	台球
305	北京爱尚鑫嘉境体育文化发展有限公司丰台健身第二分公司	丰台区万芳园14号楼一层101	游泳、健身
306	北京赛乐湃儿教育科技有限公司	丰台区万芳园一区15号楼1层商业01	婴儿游泳
307	北京必燃健身服务有限公司	丰台区万丰路300号4号楼109号	健身
308	一凡圣世（北京）体育发展有限公司	丰台区万丰路302号	跆拳道
309	北京杜北国际体育发展有限公司	丰台区万丰路308号8502室	跆拳道
310	云端乔氏（北京）台球厅有限公司	丰台区万丰路310号三层302室	台球
311	北京天悦国际瑜伽有限公司	丰台区万丰路312号4层	瑜伽
312	言资道（北京）健康科技有限公司	丰台区万丰路526号	健身
313	北京菲比体育文化传播有限公司	丰台区万丰路68号院和谐广场3层307号328号	体能训练
314	北京阿布溜溜体育发展有限公司丰台分公司	丰台区万丰路68号院和谐广场3层327号	轮滑
315	北京菲雅迪文化发展有限公司	丰台区万丰路68号院和谐广场6层602	台球
316	中健银座健身发展（北京）有限公司	丰台区万丰路68号院和谐广场7层701号	健身
317	北京万捷利体育技术服务有限公司	丰台区万源北路3号航天中学体育馆	游泳
318	北京神箭天宇体育发展有限公司	丰台区万源西里灯光球场	篮球、毛球
319	北京南宫温泉度假酒店有限公司	丰台区王佐镇福宫路39号	游泳、台球
320	北京南宫温泉水世界健身有限公司	丰台区王佐镇南宫村文化广场西侧	游泳
321	北京南宫泉怡园度假村	丰台区王佐镇南宫南路6号	游泳
322	北京羽博羽毛球俱乐部有限公司	丰台区王佐镇南宫世界地热博览园内	羽毛球、篮球
323	北京恒拓体育文化发展有限公司	丰台区王佐镇南宫体育公园101号	网球
324	北京南宫世界地热博览园有限公司	丰台区王佐镇南宫体育公园1号	篮球 足球 网球 拓展
325	纵横百年（北京）马术有限公司	丰台区王佐镇王庄村	马术
326	北京汇忠体育文化有限公司	丰台区王佐镇怡泉路西侧6号院6号楼2-1	跆拳道
327	北京京南荣耀体育发展有限公司（飞象冰球）	丰台区王佐镇中环路西侧1号院	冰球
328	北京简一素心文化传播有限公司	丰台区魏家村南路21号院5号楼二层底商	瑜伽
329	北京边锋世纪文化传播有限公司	丰台区文理桥北里莲怡园一区10号楼	台球
330	东方安颐（北京）国际酒店有限公司	丰台区文林北街2号及文林北街2号院1号楼	游泳
331	海之寰（北京）体育文化有限公司	丰台区文体路58号	足球、篮球、网球
332	北京丰羽和健身俱乐部有限公司	丰台区文体路58号后院	羽毛球、网球、篮球
333	北京芮桐英杭体育文化发展有限公司	丰台区吴家村三顷地甲2号2号楼一层一号	游泳、健身
334	北京玉邻隆健康管理有限责任公司（练练）	丰台区五里店北里一区4号楼5层510室	健身

续表 33

序号	经营单位名称	地址	项目
335	北京金利泽体育文化有限公司（胜古体育西局体育馆）	丰台区西局前街 13 号	羽毛球、篮球、平衡车
336	北京东领炫美健身中心有限公司西罗园分公司	丰台区西罗园 1 号二区体育场	篮球 足球 羽毛球
337	北京爱德力康体育发展有限公司（云顶健身）	丰台区西罗园二区 12 号楼南侧	健身 游泳
338	北京东乐创兴商贸有限公司梵璞丽泽分公司（木子瑜伽）	丰台区西罗园二区 12 号楼南侧	瑜伽
339	中健领航（北京）体育发展有限公司	丰台区西罗园二区 14 号楼 1 层 108 室（15 号楼 203）	健身
340	北京金琳空间体育文化中心	丰台区西罗园二区 25 号楼 101	健身 游泳
341	德益仁（北京）国际健康科技有限公司（山西金辇大厦）	丰台区西罗园洋桥西里甲 1 号	游泳 健身 瑜伽
342	北京帝都尚品科技文化有限公司	丰台区西马场路 6 号院 14 号楼地下一层	游泳、健身
343	北京怡然兴涛健身中心	丰台区西马场路 6 号院怡然家园 9 号楼二层	拳击
344	北京冰星桑莱特体育科技有限公司（冰之宝）	丰台区西三环南路 10-3 号 3B010	滑冰
345	北京精图博艺健身俱乐部有限责任公司	丰台区西三环南路 23 号 6 层	羽毛球
346	北京趣动旅程体育发展有限公司第八分公司	丰台区西三环南路 27 号 4-200 居然之家 1 号楼 3 层 3F-3	儿童体能
347	北京居然怡生健康管理有限公司萌兽第一分公司	丰台区西三环南路 27 号居然之家 5 层 1233-1-5-306	蹦床馆、攀岩
348	北京领尚卓越健身服务有限公司（超人健身）	丰台区西三环南路 55 号顺和财富中心	健身
349	雪乐山（北京）体育文化有限公司六分公司	丰台区西三环南路甲 27 号 017	模拟滑雪
350	北京睿忎文化发展有限公司	丰台区西三环南路甲 27 号 2 层 008 号	卡丁车
351	北京方程竞速体育文化有限公司	丰台区西三环南路甲 27 号 2 层 016 号	平衡车
352	北京潘朵拉纯真游泳有限公司	丰台区西三环南路甲 27 号 2 层 021 号	儿童游泳
353	骑迹一生（北京）体育文化发展有限公司	丰台区西三环南路甲 27 号 2 层 152 号	马术
354	北京居然怡生健康管理有限公司丰台分公司	丰台区西三环南路甲 27 号居然之家四层 4-101	健身 游泳
355	金蟾子武学文化（北京）有限公司	丰台区西四环环中路 1112 号阅园一区 7 号楼 101	武术
356	北京玛雅岛酒店管理有限公司	丰台区西四环南路 188 号	游泳
357	北京资和信壹健身服务有限公司	丰台区西四环南路 1 号 6 层 06	健身
358	北京中都巅峰运动发展有限责任公司	丰台区西四环南路 35 号院 1 号楼 3 层 306	健身
359	北京恒时体育文化发展有限公司	丰台区西四环南路 55 号	围棋
360	北京京乐城跆拳道培训中心	丰台区西四环南路 55 号	跆拳道
361	北京市丰台区悟之道体育俱乐部	丰台区西四环南路 55 号丰台体育中心内	柔道
362	北京瑞剑体育发展有限公司	丰台区西四环南路 55 号丰体中心内	击剑
363	北京上达文化艺术交流有限公司	丰台区西四环南路 55 号丰体中心内	乒乓球
364	北京速立方体育文化有限公司	丰台区西四环南路 55 号丰体中心内	卡丁车
365	北京天贶太和体育发展有限公司（游泳）	丰台区西四环南路 55 号丰体中心内	游泳
366	北京雏鹰乒乓球俱乐部	丰台区西四环南路 72 号冶金自动化院内三层	乒乓球
367	北京道懿有道休闲健身有限公司	丰台区西四环南路 88 号 5 幢三层 A303 室	跆拳道
368	易族（北京）体育健身有限公司	丰台区西四环中路 77 号	游泳 健身
369	莱客（北京）体育有限公司	丰台区西四环中路 78 号院 11 号楼 1 至 3 层 101 内 1 层 F102	健身
370	北京布鲁汉玉泉营体育发展有限公司	丰台区西铁营 278 号 -112	室内篮球

续表 33

序号	经营单位名称	地址	项目
371	哈啰功夫文化传播（北京）有限公司第九分公司	丰台区西铁营中路1号万达广场3层3002/3003室	武馆 跆拳道
372	北京木翌泰体育文化有限公司	丰台区西铁营中路1号万达广场4层4F-B号	格斗馆
373	北京阿布溜溜体育发展有限公司丰台二分公司	丰台区西铁营中路1号院1号楼-5-16层101内4F4003号	轮滑
374	北京一嗨体育发展有限公司	丰台区西铁营中路1号院1号楼-5-16层101内8F801~809室	健身
375	北京中诚宏利商贸有限责任公司	丰台区小郭庄西路44号(南厂东院)2幢一层101室	羽毛球、篮球
376	北京万开文化创意有限公司	丰台区小井村万丰路小井桥南100米一层	游泳
377	北京京乐城跆拳道培训中心	丰台区小井广安路343号院内北侧厂房	跆拳道
378	北京澳图体育发展有限公司	丰台区小屯村梅市口路133号E座101房间	蹦床馆、攀岩
379	球里巴巴（北京）体育文化发展有限公司	丰台区小屯村梅市口路133号E座101房间	台球 乒乓球
380	北京丰誉文化股份有限公司第一分公司	丰台区小屯村梅市口路133号E座302.303号	少儿体能
381	北京锋牛体育文化发展有限公司(光猪圈)	丰台区小屯路2号院5号楼1至2层	健身
382	蓝青（北京）体育文化发展有限公司	丰台区小屯路博龙家园2号院5号楼	健身
383	北京鑫晟永源体育服务有限公司	丰台区小屯路甲2号1号楼1-9	台球
384	北京千人文化发展有限公司	丰台区小屯路假日风景G区1号楼2单元1721	健身
385	北京汇乐天地体育文化发展有限公司	丰台区小屯路梅市口133号E座202	轮滑
386	北京金赛体育发展有限责任公司道格健身俱乐部	丰台区小屯路美域家园南区7号楼	健身、游泳
387	北京优昂时光健身服务有限公司	丰台区小屯西路111号院1-2号	健身、游泳
388	清儿流体育文化（北京）有限公司	丰台区小屯西路111号院1号楼102	健身
389	北京皓雅勃皓体育休闲有限公司	丰台区小屯西路66号	台球厅
390	北京金城聚博体育文化传播有限公司(金基喆)	丰台区晓月四里3号楼2层201-11	跆拳道
391	北京盛睿体育发展有限公司	丰台区晓月五里6号楼3层314	跆拳道
392	北京爱艺树文化艺术有限公司	丰台区晓月苑八里8—2底商6门	跆拳道
393	北京东方起航文化发展有限公司	丰台区晓月苑文化广场南侧	篮球
394	北京森雨沃泽悦尔斯健身有限公司	丰台区晓月苑五里3号楼1至2层商业1-120	健身
395	北京语亭体育文化有限公司(YT瑜伽)	丰台区晓月苑五里3号楼1至2层商业3-208	瑜伽
396	北京飞步体育俱乐部有限公司	丰台区新村街道康辛路路口	足球
397	北京莲云文化艺术中心	丰台区新发地天伦锦城	瑜伽
398	北京清泉时代科技有限公司	丰台区新发地天伦锦城	围棋
399	中福丽宫（北京）体育发展有限公司	丰台区新宫体育健身休闲园8号中福4号楼底商	健身 游泳
400	肌鳄部落（北京）体育有限公司(原遇见)	丰台区星河苑2号院3号楼1层03-01（含地下）	健身
401	莫纳壹伽（北京）体育发展有限公司	丰台区星河苑2号院4号楼1层04-01	瑜伽
402	北京领悦时尚文化传媒有限公司	丰台区休闲街丰桥路6号院3号楼	健身
403	北京威绅体育文化发展有限公司	丰台区洋桥南三环西路3号1号楼1-2层	网球
404	北京丰奔博发围棋培训中心	丰台区怡海花园北门底商二层	围棋
405	北京怡海花园游泳健身俱乐部有限公司	丰台区怡海花园富泽园2号楼后	健身游泳
406	北京雅谦文化有限公司	丰台区怡海花园恒丰园7-12号楼商业B区2段2层5号	亲子游泳
407	北京乐飞美容俱乐部有限公司	丰台区怡海花园恒丰园7号楼3层301	健身
408	北京达德丰科技发展有限公司(今天艾尚)	丰台区怡海花园恒泰园7号楼104室	瑜伽

续表 33

序号	经营单位名称	地址	项目
409	北京炫彩美型体育发展有限公司	丰台区怡海路4号6号楼一层4-10号	健身
410	小沐苍（北京）管理咨询有限公司	丰台区永外大红门西马场甲14号集美家居1层	婴儿游泳
411	北京傲士传奇体育文化有限公司	丰台区永外大红门西马场甲14号集美家居2层	跆拳道
412	上海宝燕乐园有限公司北京丰台分公司	丰台区永外大红门西马场甲14号集美家居3层	婴儿游泳
413	北京大红门国际会展中心	丰台区永外高庄138号	温泉游泳
414	北京众之月健身服务有限公司	丰台区永外顺三条十号1-16	健身 游泳
415	北京云婵健康管理中心-丰台店	丰台区游泳池场北路东口中润佳商务大厦417室	瑜伽
416	北京深港国际健身服务有限公司	丰台区右安门开阳里二街（物美超市三层）	健身
417	北京二商集团有限责任公司康泰文化分公司	丰台区右安门外草桥镇国寺191号	羽毛球、网球、乒乓球、足球
418	斯凯伦（北京）健身有限公司	丰台区右安门外大街开阳里六区15号地下一层	健身 游泳
419	北京百越人合体育发展有限公司	丰台区右外大街9号商业用房一层8A	乒乓球
420	北京太熟悉桌球厅	丰台区右外大街开阳里一区4号楼地下一层	台球
421	北京斯莱斯体育休闲俱乐部有限公司（练习场）	丰台区玉泉营草桥实业总公司南侧30米	高尔夫练习场
422	北京鑫汇桥体育休闲俱乐部有限公司（草桥羽毛球馆）	丰台区玉泉营桥东南角200米草桥羽毛球馆	羽毛球
423	北京赢二十四科技有限公司	丰台区育仁南路1号院6号楼2层205、206号	健身
424	北京进军盛世体育文化发展有限公司	丰台区岳各庄东路靛厂村委会南侧	足球
425	北京晨漪瑜伽健身有限公司	丰台区岳各庄岳各庄阅园一区5号楼底商2-3	瑜伽
426	北京森俊天成体育文化有限责任公司	丰台区阅园一区8号楼1层106A	健身
427	北京火蛇台球城	丰台区云岗北区东里15号	台球厅
428	北京航天华盛科贸发展有限公司	丰台区云岗北区三院	羽毛球 乒乓球
429	北京航天塞力文化发展有限公司	丰台区云岗路199号	健身
430	北京劲度引体体度育发展有限公司	丰台区云岗路商业餐饮A座144号3层301	健身
431	北京市良方雅斯国际美容院（普通合伙）	丰台区云岗南区物美大卖场（西南侧）	健身
432	北京卡梅利多教育咨询有限公司	丰台区云岗南区西里1号7号楼3层（注册地址西城区）	国际象棋
433	北京万凤仪家文化传播有限公司	丰台区云岗南区云岗餐厅	瑜伽
434	北京浦金凯航国际酒店管理有限公司	丰台区云岗西路17号院A座	游泳
435	北京京铁实业有限公司动禾道体育健身分公司	丰台区造甲街5号动禾道健身中心内	篮球
436	北京紫薇静馨文化发展有限公司	丰台区张郭庄南路厂外食堂5幢62号	瑜伽
437	北京财富壹佰体育发展有限责任公司	丰台区长青路88号院61号楼3层	跆拳道
438	北京和辰物业管理有限公司	丰台区长辛店槐树岭4号	露天游泳场
439	北京龙之天文化传播有限公司	丰台区长辛店槐树岭4号	跆拳道
440	北京燕岭宾馆	丰台区长辛店槐树岭4号	篮球、羽毛球
441	北京唯益金球文化发展有限公司	丰台区长辛店辛庄南路7号	乒乓球
442	海克利尔（北京）科贸有限公司	丰台区长辛店杨公庄1号C20幢1层101号	蹦床
443	北京耕海文化有限公司	丰台区长辛店镇园博园南路渡业大厦B1层B105室	健身
444	北京泰宇力健健身俱乐部有限责任公司	丰台区长辛店镇张家坟村镇岗塔路商业综合体四号楼一层108（辛庄南路公交站）	健身
445	北京墅身荟体育科技有限公司	丰台区长兴路16号院1号楼2层208	健身
446	北京释放空间台球俱乐部有限公司	丰台区镇国寺北街4号院2号楼地下一层	台球
447	北京健酷时尚体育文化有限公司	丰台区镇国寺北街8号院1号楼商业02-2	健身
448	北京世纪雄风体育发展中心（绅雅台球）	丰台区郑常庄京铁家园二区8号楼地下一层	台球
449	北京燃部落体育发展有限公司	丰台区政馨园三区5、6号楼5.6-2幢2层2F-09	健身

续表 33

序号	经营单位名称	地址	项目
450	北京鑫鑫超越健身服务有限公司	丰台区政馨园三区 5、6 号楼二层	健身
451	悦刻（北京）健身有限责任公司	丰台区紫芳园六区 1 号楼 1 层 2 单元 104	瑜伽
452	北京鹏程航远体育有限责任公司	丰台区紫芳园三区 3 号楼 1 至 2 层 103	健身
453	北京斯跑沃健身有限公司	丰台区紫芳园四区 2 号楼 1 层 117	健身
454	北京尤金体育文化有限公司	丰台区紫芳园四区 3 号楼 2 层	健身
455	北京归位休闲健身有限公司	丰台区紫芳园四区 3 号楼 2 层 118-2	瑜伽
456	北京吉晟体育发展有限公司（菲灵健身）	丰台区紫芳园四区 3 号楼地下一层	游泳、健身
457	李思健身服务（北京）有限公司	丰台区总部基地 188 号 8 区一幢 1 号楼 3 层	健身
458	北京甲壳虫体育文化有限公司	丰台区总部基地七区、十五区	足球 篮球
459	北京南极星鑫光体育文化发展有限公司	丰台区总部基地外环西路临 6 号	羽毛球
460	北京永合体育发展有限责任公司（场帝足球公园）	丰台区总部基地西永合庄	足球
461	超凡聚力体育文化发展（北京）有限公司	丰台区纪家庙南里 2 号	篮球
462	北京奥健德青少年体育俱乐部（十二中科丰校区）	丰台区西四环南路 93 号	击剑、羽毛球、篮球、排球
463	北京花香盛世国际体育文化发展有限公司（大红门）	丰台区大红门西路 19 号三层	篮球、羽毛球

丰台区全民健身活动场地及健走步道一览表

表 34　　（截至 2020 年底）

序号	所属街道、乡镇	具体地址	场地项目
1	卢沟桥街道大井社区专项活动场地	大井东街丰体中心停车场西侧	乒乓球长廊
2	宛平街道晓月苑文化广场专项活动场地	晓月苑东路	乒乓球长廊
3	大红门街道彩虹城社区专项活动场地	彩虹城五区南侧	篮球场
4	大红门街道彩虹城社区专项活动场地	彩虹城五区南侧	笼式多功能
5	大红门街道彩虹城社区专项活动场地	彩虹城五区南侧	乒乓球长廊
6	卢沟桥乡岳各庄村休闲公园专项活动场地	卢沟桥乡岳各庄村村委会北侧	笼式多功能
7	卢沟桥乡万泉寺村休闲广场专项活动场地	万泉寺东路 9 号院	笼式多功能
8	西罗园街道万芳亭公园专项活动场地	万芳亭公园内	乒乓球长廊
9	西罗园街道万芳亭公园专项活动场地	万芳亭公园内	笼式多功能
10	新村街道怡海花园社区专项活动场地	怡海花园社区内	篮球场
11	卢沟桥街道芳园社区专项活动场地	芳园社区大成路北侧 21 号	乒乓球长廊
12	长辛店街道杜家坎社区专项活动场地	长辛店杜家坎 8 号院	门球场
13	西罗园街道万芳亭公园专项活动场地	万芳亭公园内	笼式多功能
14	新村街道银地社区专项活动场地	银地社区西侧	篮球场
15	长辛店街道杜家坎社区专项活动场地	长辛店杜家坎 9 号院	篮球场
16	郭庄子门球专项活动场地	卢沟桥乡郭庄子公园内	门球场
17	卢沟桥乡小瓦窑村专项活动场地	卢沟桥乡小瓦窑公园	篮球场
18	卢沟桥乡小瓦窑村专项活动场地	卢沟桥乡小瓦窑公园	篮球场
19	卢沟桥乡小瓦窑村专项活动场地	卢沟桥乡小瓦窑公园	门球场
20	卢沟桥乡小瓦窑村专项活动场地	卢沟桥乡小瓦窑公园	笼式多功能
21	大井村网球专项活动场地	卢沟桥乡大井村天弓高尔夫球场西侧	网球场
22	纪家庙村门球专项活动场地	花乡纪家庙村纪通东路东侧	门球场
23	草桥村门球专项活动场地	花乡草桥村草桥幼儿园西园南侧	门球场
24	看丹村门球专项活动场地	花乡看丹村看丹公园内	门球场

续表 34

序号	所属街道、乡镇	具体地址	场地项目
25	黄土岗村笼式多功能专项活动场地	花乡黄土岗村宜兰园三区西侧公园	笼式多功能
26	王佐镇篮球专项活动场地	西王佐中心村西王佐村	篮球场
27	王佐镇篮球专项活动场地	佃起清水绿洲二期内	篮球场
28	王佐镇篮球专项活动场地	怪村村西	篮球场
29	小井村笼式多功能专项活动场地	小井村体育公园内	笼式足球场
30	怪村笼式多功能专项活动场地	怪村	笼式足球场
31	南苑乡乒乓球长廊专项活动场地	南苑村	乒乓球长廊
32	南苑乡乒乓球长廊专项活动场地	西铁营村	乒乓球长廊
33	南苑街道乒乓球长廊专项活动场地	南苑公园	乒乓球长廊
34	大红门街道棋苑专项活动场地	顶秀欣园东苑花园	棋苑
35	大红门街道棋苑专项活动场地	建欣苑东区三里南东侧小广场	棋苑
36	大红门街道棋苑专项活动场地	建欣苑社区四里	棋苑
37	大红门街道棋苑专项活动场地	苗西 14 号楼北侧	棋苑
38	大红门街道棋苑专项活动场地	东方里 2 号楼对面	棋苑
39	大红门街道棋苑专项活动场地	石榴庄南里甲 8、乙 8 号院、东二区	棋苑
40	大红门街道棋苑专项活动场地	石榴庄东街甲 8 号院东二区	棋苑
41	大红门街道棋苑专项活动场地	光彩路社区花园	棋苑
42	大红门街道棋苑专项活动场地	远洋文化广场	棋苑
43	大红门街道棋苑专项活动场地	马家堡东路 168 号院海上海小区	棋苑
44	东铁匠营棋苑专项活动场地	方庄南路 58 号院（晶城秀府小区）	棋苑
45	东铁匠营棋苑专项活动场地	横道沟西街 2 号院（文成建筑小区）	棋苑
46	东铁匠营棋苑专项活动场地	苇子坑 43 号院（翠庭园小区）	棋苑
47	东铁匠营棋苑专项活动场地	宋庄路 26 号院 8 号楼前广场	棋苑
48	东铁匠营棋苑专项活动场地	宣祥家园中心花园	棋苑
49	东铁匠营棋苑专项活动场地	东木樨园 6 号楼中心花园	棋苑
50	东铁匠营棋苑专项活动场地	宋庄路 71 号院	棋苑
51	东铁匠营棋苑专项活动场地	宋庄路 26 号院	棋苑
52	东铁匠营棋苑专项活动场地	群三社区辖区部队	棋苑
53	东铁匠营棋苑专项活动场地	芳城园第二社区小花园	棋苑
54	方庄棋苑专项活动场地	芳城园第一社区 12 号楼前	棋苑
55	方庄棋苑专项活动场地	新华街五里西区广场	棋苑
56	方庄棋苑专项活动场地	北大街北里社区广场	棋苑
57	丰台街道棋苑专项活动场地	北大街北里健身场	棋苑
58	丰台街道棋苑专项活动场地	南开西里社区	棋苑
59	丰台街道棋苑专项活动场地	正阳小花园	棋苑
60	丰台街道棋苑专项活动场地	东大街东里社区小花园 2 组、20 号院 3 组	棋苑
61	丰台街道棋苑专项活动场地	19 号院社区南区军民园小区	棋苑
62	丰台街道棋苑专项活动场地	丰管路甲 52 号院 3 件，56 号院 2 件，5 号院 1 套	棋苑
63	丰台街道棋苑专项活动场地	前泥洼社区二区 12 号楼前，二区 25 号院西院	棋苑
64	丰台街道棋苑专项活动场地	东大街社区 66 号院	棋苑
65	丰台街道棋苑专项活动场地	程庄路 20 号院	棋苑
66	卢沟桥街道棋苑专项活动场地	梅市口路甲 10 号院	棋苑
67	卢沟桥街道棋苑专项活动场地	珠江紫台社区青塔西路 58 号院三期下沉广场	棋苑
68	卢沟桥街道棋苑专项活动场地	春园社区（小屯路东里 1 号院休闲广场）	棋苑
69	卢沟桥街道棋苑专项活动场地	春园休闲广场	棋苑
70	卢沟桥街道棋苑专项活动场地	304 颐园小区门球场走廊	棋苑
71	卢沟桥街道棋苑专项活动场地	304 颐园小区 5 楼南侧廊架	棋苑

续表 34

序号	所属街道、乡镇	具体地址	场地项目
72	卢沟桥街道棋苑专项活动场地	304 颐园小区 5 号楼、7 号楼、8 号楼、3 号楼、2 楼前	棋苑
73	卢沟桥街道棋苑专项活动场地	长安新城第一社区（大成南里一区 14 号楼）	棋苑
74	卢沟桥街道棋苑专项活动场地	长安新城二区 10 号楼西侧健身广场	棋苑
75	太平桥街道棋苑专项活动场地	万泉寺北路 16 号院、12 号院活动广场	棋苑
76	太平桥街道棋苑专项活动场地	太西里社区电力小区	棋苑
77	太平桥街道棋苑专项活动场地	太西里社区西里小区	棋苑
78	太平桥街道棋苑专项活动场地	太西里社区联建小区	棋苑
79	太平桥街道棋苑专项活动场地	菜户营甲 88 号院鹏润家园内	棋苑
80	宛平地区棋苑专项活动场地	晓月苑一里小花园	棋苑
81	宛平地区棋苑专项活动场地	晓月苑二里 2 号楼，9 号楼前	棋苑
82	宛平地区棋苑专项活动场地	晓月苑三里农商行门前	棋苑
83	宛平地区棋苑专项活动场地	晓月苑八里 2 号楼与八里 4 号楼之间	棋苑
84	宛平地区棋苑专项活动场地	晓月苑四里中心广场靠东侧，6 号楼前面	棋苑
85	宛平地区棋苑专项活动场地	晓月苑五里 4 号楼前	棋苑
86	宛平地区棋苑专项活动场地	新月家园小广场	棋苑
87	宛平地区棋苑专项活动场地	城南第二社区耐火厂院	棋苑
88	宛平地区棋苑专项活动场地	城南第二社区卢沟桥南里 34 号楼院内	棋苑
89	宛平地区棋苑专项活动场地	宛平文化广场 7 套，二里农商行门前 1 套	棋苑
90	新村街道棋苑专项活动场地	明春苑社区健身场	棋苑
91	新村街道棋苑专项活动场地	恒富街 2 号院广场	棋苑
92	新村街道棋苑专项活动场地	芳菲路社区内	棋苑
93	新村街道棋苑专项活动场地	怡海花园富润园 2、3 号楼中间；11 号楼南侧	棋苑
94	新村街道棋苑专项活动场地	看丹路 4 号院	棋苑
95	新村街道棋苑专项活动场地	帝京路 3 号院 2 号楼西侧空地	棋苑
96	新村街道棋苑专项活动场地	育仁里社区门前	棋苑
97	右安门街道棋苑专项活动场地	开阳里第三社区	棋苑
98	长辛店街道棋苑专项活动场地	卢井社区，园博嘉园 4 号院	棋苑
99	和义街道棋苑专项活动场地	世嘉丽晶一区	棋苑
100	和义街道棋苑专项活动场地	松林庄活动站	棋苑
101	和义街道棋苑专项活动场地	和义西里休闲花园	棋苑
102	和义街道棋苑专项活动场地	和义东里第三社区	棋苑
103	和义街道棋苑专项活动场地	和义东里第一社区	棋苑
104	南苑街道棋苑专项活动场地	翠海明苑小区	棋苑
105	南苑街道棋苑专项活动场地	中福丽宫品牌基地	棋苑
106	南苑街道棋苑专项活动场地	南庭新苑社区内	棋苑
107	花乡棋苑专项活动场地	六圈村	棋苑
108	花乡棋苑专项活动场地	黄土岗村	棋苑
109	花乡棋苑专项活动场地	白盆窑村	棋苑
110	花乡棋苑专项活动场地	新发地社区	棋苑
111	花乡棋苑专项活动场地	天娇俊园南北区 2 套，期颐百年老年活动站内 1 套	棋苑
112	花乡棋苑专项活动场地	亿朋苑小区一期 2 套，纪通东路 55 号院 1 套，万兴广场门前健身广场 1 套	棋苑
113	花乡棋苑专项活动场地	草桥大观园 1 套，草桥欣园一区广场 1 套，风景东侧广场 1 套，锅炉房南侧游乐场 1 套，恋日花都 3 套，恋日一期广场 1 套，恋日一期院内 1 套，欣园二分部 1 套，欣园二项目四区 2 号楼前 1 套，欣园二项目四区 3 号楼前 1 套，欣园四分部院内 1 套，欣园一分部 1 套，欣园一项目一分部 1 套	棋苑
114	花乡棋苑专项活动场地	高立庄村高鑫家园	棋苑
115	花乡棋苑专项活动场地	葆台村欣葆家园	棋苑
116	卢沟桥乡棋苑专项活动场地	周庄子村周庄子家园	棋苑

续表 34

序号	所属街道、乡镇	具体地址	场地项目
117	卢沟桥乡棋苑专项活动场地	小瓦窑村玉泉园林花木中心瓦林苑公园	棋苑
118	卢沟桥乡棋苑专项活动场地	太平桥村	棋苑
119	卢沟桥乡棋苑专项活动场地	金鹏天润社区（原三路居村）	棋苑
120	卢沟桥乡棋苑专项活动场地	东阳建筑工程有限公司	棋苑
121	南苑乡棋苑专项活动场地	南苑村健身文化广场	棋苑
122	南苑乡棋苑专项活动场地	北京国际露营公园	棋苑
123	南苑乡棋苑专项活动场地	小镇农场	棋苑
124	南苑乡棋苑专项活动场地	南苑御槐园小区	棋苑
125	南苑乡棋苑专项活动场地	西铁营村	棋苑
126	王佐镇棋苑专项活动场地	洛平精品采摘园	棋苑
127	王佐镇棋苑专项活动场地	鑫湖家园小区（4套）小区外16台，小区里4台	棋苑
128	王佐镇棋苑专项活动场地	张各庄太平广场	棋苑
129	王佐镇棋苑专项活动场地	南宫村社区文化广场	棋苑
130	王佐镇棋苑专项活动场地	米粮屯村	棋苑
131	王佐镇棋苑专项活动场地	王庄庄户中心	棋苑
132	王佐镇棋苑专项活动场地	南宫雅苑南营北里1.2号楼	棋苑
133	王佐镇棋苑专项活动场地	南宫雅苑南营智苑25号楼西南	棋苑
134	王佐镇棋苑专项活动场地	鑫海家园健身广场	棋苑
135	云岗街道	翠园社区航天三院体育场北边	笼式足球
136	南苑街道	机场社区通信营院内	笼式足球
137	丰台街道	东大街50号院（第四干休所）	棋苑
138	大红门街道	远洋文化广场	笼式足球
139	大红门街道	远洋文化广场	篮球
140	西罗园街道	西罗园街道万芳亭公园	笼式足球
141	卢沟桥街道	大井社区7号楼东侧5个，3号楼西侧5个	棋苑
142	卢沟桥街道	梅市口路15号院西府景园小区健身广场	棋苑
143	卢沟桥街道	金家村288号院3号楼东南角1个， 3号楼北东侧3个，西侧1个	棋苑
144	卢沟桥街道	西四环中路112号阅园一区3号楼和4号楼之间 圆形小广场西侧	棋苑
145	卢沟桥街道	靛厂路9号院海丰家园小区10号楼北侧	棋苑
146	卢沟桥街道	张仪村路4号院南院	棋苑
147	卢沟桥街道	望园路9号院保利欣苑小区4号楼西健身园4个， 4号楼北2单元对面凉亭1个	棋苑
148	卢沟桥街道	美域家园社区北区6号楼	棋苑
149	卢沟桥街道	建邦枫景社区小区西门外南侧小广场	棋苑
150	卢沟桥街道	北京市丰台区青塔西路52号院万绿园	棋苑
151	卢沟桥街道	青塔西路52号院万科紫台	棋苑
152	太平桥街道	丽源路56号院 精图文化广场 （西三环南路 东方威尼斯对面胡同东100米）	篮球
153	太平桥街道	丽源路56号院 精图文化广场 （西三环南路 东方威尼斯对面胡同东100米）	篮球
154	东高地街道	万源东里社区南侧运动场	篮球
155	东高地街道	三角地第二社区北侧空地	篮球
156	东高地街道	万源东里社区南侧运动场	网球
157	东高地街道	三角地第二社区北侧空地	网球
158	东高地街道	东高地运动场内	门球
159	南苑街道	机场南苑场站礼堂旁	篮球
160	南苑街道	机场采购中心对面	篮球
161	长辛店街道	618厂篮球场（朱南）	篮球

续表 34

序号	所属街道、乡镇	具体地址	场地项目
162	长辛店街道	槐树岭 4 号院室外篮球场（槐树岭）	篮球
163	长辛店街道	崔村一里 44 楼小广场健身园西侧（崔二里）	门球
164	长辛店街道	槐树岭 4 号院 38 栋平方门前（槐树岭）	门球
165	长辛店街道	陈庄社区	门球
166	长辛店街道	618 厂网球场（朱南）	网球
167	长辛店街道	34 号楼西侧 2 个，3 号楼东侧小广场 2 个，12 号楼北侧 2 个，44 号楼北侧 4 个	棋苑
168	长辛店街道	园博府小区 2 号院 1 个，3 号院 6 个，4 号院 3 个	棋苑
169	长辛店街道	朱北社区居委会西侧 2 个，干休所办公楼东侧 4 个，永定佳苑 1 个。朱南社区老年协会 3 个	棋苑
170	长辛店街道	朱南社区一里小花园	棋苑
171	长辛店街道	朱家坟三角地健身场北方宾馆南侧	棋苑
172	云岗街道	云岗田城中里 7 号楼田城社区办公楼前新增一套	篮球
173	云岗街道	丰台区大灰厂路 88 号云岗街道文化活动中心西侧新增一套	篮球
174	云岗街道	云岗街道田城社区内 11 院	篮球
175	云岗街道	云岗街道田城社区内	笼式足球
176	云岗街道	云岗街道田城社区内 11 院	笼式足球
177	云岗街道	丰台区大灰厂路 88 号云岗街道文化活动中心西侧	笼式足球
178	云岗街道	云岗翠园社区航天三院体育场北边网球场三块	网球
179	云岗街道	云岗街道田城社区内	乒乓球长廊
180	云岗街道	云岗北区社区北区西里 23 楼西侧一块	门球
181	云岗街道	云岗北里社区 15 楼前一块	门球
182	云岗街道	云岗南一社区南区 20 甲楼前 4 块	门球
183	云岗街道	云西路社区电厂院内	门球
184	云岗街道	镇岗南里 20 号楼 5 个，镇岗南里 3 号院 5 号楼 5 个，304 场站门口 5 个	棋苑
185	云岗街道	南区东里甲 4 号楼 3 个，健身广场 4 个，画廊 1 个，南区西里 24 号楼 1 个，南区西里 32 号楼 1 个	棋苑
186	宛平城地区	永合庄村	篮球
187	宛平城地区	绿堤公园内	篮球
188	宛平城地区	晓月家园六里	棋苑
189	宛平城地区	晓月苑社区 2 套	棋苑
190	宛平城地区	卢沟桥南里 14 号楼花坛 2 个，18 号楼 3 个	棋苑
191	卢沟桥乡	周庄子庄怡公园内	篮球
192	卢沟桥乡	郭庄子村委会	篮球
193	卢沟桥乡	郭庄子公园内	篮球
194	卢沟桥乡	大瓦窑原村委会院内	篮球
195	卢沟桥乡	大瓦窑原村委会院内	笼式足球
196	卢沟桥乡	靛厂村原村委会	笼式足球
197	卢沟桥乡	郭庄子公园内	门球
198	卢沟桥乡	大瓦窑原村委会院内	门球
199	卢沟桥乡	靛厂村原村委会	门球
200	卢沟桥乡	岳各庄村西公园	网球
201	卢沟桥乡	小瓦窑村公园内	乒乓球长廊
202	卢沟桥乡	周庄子庄怡公园	乒乓球长廊
203	卢沟桥乡	天元公园南园 16 个，北园 9 个，双林苑小区 1 号楼东北角 2 个，小屯村平房区 3 个	棋苑
204	卢沟桥乡	岳各庄 1 套	棋苑
205	花乡	天骄俊园南区西侧	篮球
206	花乡	新发地村期颐百年北区北公园内	篮球

续表 34

序号	所属街道、乡镇	具体地址	场地项目
207	花乡	葆台村居库北侧	笼式足球
208	花乡	天骄俊园南区西侧	笼式足球
209	花乡	南极星羽毛球馆科技园区外环西路（西外环）	笼式足球
210	花乡	葆台村居库北侧	网球
211	花乡	富锦家园小区文化站东侧	网球
212	花乡	天骄俊园南区西侧	网球
213	花乡	花乡新发地村期颐百年北区北公园内	乒乓球长廊
214	花乡	草桥村中桥外国语学校对面	乒乓球长廊
215	花乡	期颐百年北区北公园外、造甲村文化大院内	乒乓球长廊
216	花乡	天伦锦城村民活动中心内	乒乓球长廊
217	花乡	天骄俊园南区西侧	乒乓球长廊
218	花乡	郭公庄幸福家园东侧绿化带	乒乓球长廊
219	南苑乡	南苑乡槐房村槐新公园内	篮球
220	南苑乡	南苑乡南苑村	篮球
221	南苑乡	南苑乡西铁营村	笼式足球
222	南苑乡	南苑乡槐房村槐新公园内	乒乓球长廊
223	南苑乡	南苑乡西铁营村	乒乓球长廊
224	长辛店镇	长辛店镇社区卫生服务中心后院中医药科普园	棋苑
225	长辛店镇	太平岭森林公安派出所斜对面	篮球
226	王佐镇	西王佐村委会西侧	篮球
227	王佐镇	王佐镇翡翠山小区东侧公园内	篮球
228	王佐镇	西王佐村委会西侧	笼式足球
229	王佐镇	西王佐村委会西侧	网球
230	王佐镇	西王佐村委会西侧	门球
231	王佐镇	西王佐村委会西侧	乒乓球长廊
232	王佐镇	西王佐村委会西侧	棋苑
233	马家堡街道	嘉囿城市休闲公园	篮球
234	马家堡街道	嘉囿城市休闲公园	篮球（半场）
235	马家堡街道	嘉囿城市休闲公园	乒乓球长廊
236	马家堡街道	嘉囿城市休闲公园	羽毛球场
237	南苑乡	丰宜公园西	篮球
238	花乡	看丹公园	篮球
239	南苑乡	三营门公园	篮球
240	花乡	看丹公园	笼式足球
241	花乡	看丹公园	乒乓球长廊
242	卢沟桥街道	岳各庄花园	乒乓球长廊（半片）
243	东高地街道	东高地公园	乒乓球长廊（半片）
244	卢沟桥乡	郑常庄公园	乒乓球长廊（半片）
245	花乡	看丹公园	羽毛球场
246	南苑乡	三营门公园	羽毛球场
247	花乡	看丹公园	门球场
248	卢沟桥乡	郑常庄公园	门球场
249	南苑乡	嘉囿城市休闲公园二期	棋苑
250	南苑街道	小龙河绿地	乒乓球长廊（半片）
251	长辛店街道	槐树岭社区	笼式足球
252	长辛店街道	槐树岭社区	足球场（标准，更换草坪）
253	长辛店街道	槐树岭社区	羽毛球场
254	东铁匠营街道	宋家庄社区	篮球场
255	东铁匠营街道	宋家庄社区	羽毛球场

续表 34

序号	所属街道、乡镇	具体地址	场地项目
256	南苑街道	玉兰香雪公园	篮球（半场）
257	卢沟桥乡	西局村玉璞园	乒乓球长廊
258	卢沟桥乡	万丰公园	篮球（半场）
259	卢沟桥乡	丽新嘉园小区	棋苑
260	王佐镇	山语城社区	棋苑
261	南苑乡	石榴庄公园	笼式足球
262	南苑乡	石榴庄公园	网球场
263	园林绿化局	大红门锦苑绿化工程	篮球
264	园林绿化局	大红门锦苑绿化工程	乒乓球长廊（半片）
265	园林绿化局	大红门锦苑绿化工程	棋苑
266	园林绿化局	张郭庄绿地	乒乓球长廊（半片）
267	园林绿化局	张郭庄绿地	棋苑
268	园林绿化局	方庄城市公园	笼式足球
269	园林绿化局	方庄城市公园	篮球（半场）
270	园林绿化局	方庄城市公园	乒乓球长廊（半片）
271	园林绿化局	丰台辛庄公园	笼式足球
272	园林绿化局	莲花池公园	篮球
273	园林绿化局	莲花池公园	乒乓球长廊
274	园林绿化局	莲花池公园	乒乓球长廊（半片）
275	园林绿化局	丰台花园	乒乓球长廊（半片）
276	园林绿化局	槐房钓鱼公园东侧	笼式足球
277	园林绿化局	久敬庄公园	篮球（半场）
278	园林绿化局	久敬庄公园	乒乓球长廊（半片）
279	南苑乡	马家堡消防公园	健走步道
280	南苑乡	中顶庙花园	健走步道
281	长辛店街道	长馨秀园	健走步道
282	南苑乡	林木家园	健走步道
283	南苑乡	果园村福海公园	健走步道
284	南苑乡	三营门公园	健走步道
285	卢沟桥乡	郑常庄公园	健走步道
286	南苑乡	红门佳荫公园	健走步道
287	卢沟桥乡	西局村玉璞园	健走步道
288	卢沟桥乡	小瓦窑瓦林苑公园	健走步道
289	丰台区园林绿化局	东河沿代征绿地绿化工程	健走步道
290	丰台区园林绿化局	岳各庄城市休闲森林公园	健走步道
291	丰台区园林绿化局	张郭庄绿地	健走步道
292	丰台区园林绿化局	方庄城市公园	健走步道
293	丰台区园林绿化局	丰台辛庄公园	健走步道
294	丰台区园林绿化局	西铁营公园	健走步道

2021

北京丰台年鉴

社会生活

民 政

【概况】2020年，丰台区委社会工作委员会（区民政局）在区委区政府的领导下，落实市、区工作部署要求，坚守为民服务初心、践行执政为民使命，严格政策落实，注重工作创新，深化改革发展，社会建设和民政事业取得新成效。制定出台《丰台区社会救助审批权限委托乡镇人民政府、街道办事处实施方案》。社会组织493家，其中社团69家，民办非企业单位（组织）424家。备案社区社会组织3859个。全年完成无丧葬补助居民丧葬补贴审批577件。制定下发《第二届丰台区见义勇为宣传月活动工作方案》，12月成立丰台区见义勇为评审委员会。全年共办理婚姻登记、档案查询、补领婚姻登记证16816余件，执法合格率达到100%。全年销售福利彩票2.62亿元（完成计划任务2.4亿元的109%）。新建规范化捐赠站点11家。开展第七届“慈善北京、你我同行”慈善图片巡展活动。试点开展区域养老服务项目，满足老年人多元化服务需求，完成区养老服务指导中心装修改造工程。开展丰台区行政区划调整工作，12月31日得到北京市民政局批复，同意丰台区部分行政区划变更。

（王　庚）

【社会救助】年内，丰台区城乡低保对象（含困补）5383户、9420人，累计支出资金1.29亿元。城乡特困供养人员139人，累计支出资金429.92万元，认定低收入203户，396人，累计支出资金25.82万元。享受临时救助对象1081户，2072人次，支出资金390.44万元。享受教育救助46人，支出资金20.19万元。享受供暖救助4337户，累计支出资金533.08万元。累计支出征地超转资金3.02亿元。以上各项资金累计支出4.45亿元。城乡低保标准从家庭人均1100元调整为1170元，城乡特困人员基本生活费标准从1650元调整为1755元。以“七有”“五性”为重点，全年投入510余万元积极发展服务类社会救助，持续开展精准救助服务项目。

（王　庚）

【社会救助委托审批权限下放】年内，制定出台《丰台区社会救助审批权限委托乡镇人民政府、街道办事处实施方案》，自9月1日起，丰台区社会救助受理、审核、审批业务均由街乡镇相关部门组织实施，提升便民、惠民、利民服务效果和水平。

（王　庚）

【社会组织发展】年内，全区共有社会组织493家，其中社团69家，民非424家。备案社区社会组织3859个。完成社会组织行政许可事项46项，行政执法合格率100%。强化社会组织年度检查，依法依规对全区443家社会组织实施年度检查，完成年检组织401家，年检率90.5%。完成60家社会组织规范建设评估，持续保持五年内累计评估率100%。完成25家社会组织重点抽查审计工作。严格落实社会组织党建入章、源头党建要求。完成33家行业协会商会与行政机关脱钩工作。利用市建设专项资金150万元，扶持9个社会组织服务项目、聘请第三方对项目进行监管。

（王　庚）

【殡葬管理】年内，共完成21个街乡（镇）无丧葬补助居民丧葬补贴审批577件。开展殡葬领域漠视侵害群众利益问题专项整治工作，制定印发《丰台区殡葬领域漠视侵害群众利益问题专项整治工作方案》，共进行行政执法检查37件，行政处罚6件，遏制了殡葬服务市场特别是殡葬用品销售网点违规违纪和不规范问题。持续开展公墓类专项检查工作，制定《丰台区民政局2020年度公墓类专项执法检查工作方案》，重点对全区经营性、公益性公墓新建、新售、新葬以及合同到期续租未整改的超面积墓进行专项执法检查。

（王　庚）

【清明节祭扫服务保障】清明节期间，认真做好祭扫服务保障工作。3月21日至4月12日，以“加强疫情防控，平安文明祭扫”为主题，丰台区5家公墓共接待祭扫群众75306人，完成代为祭扫1149件，累计疏导祭扫车辆28428辆，累计上岗服务人数9200人。

（王　庚）

【见义勇为权益保护】年内，制定下发《第二届丰台区见义勇为宣传月活动工作方案》，开展以“弘扬见义勇为精神，让社会充满正气正义”为主题的见义勇为宣传月活动。12月成立丰台区见义勇为评审委员会。

（王　庚）

【婚姻登记】年内，共办理婚姻登记、档案查询、补领婚姻登记证16816余件，执法合格率达到100%，其中结婚登记8032件，离婚登记6415件，补发结婚证1863件，补发离婚证490件，出具（无）婚姻登记记录证明16件，档案查询6000余件。创新多元服务，推广婚姻家庭文化，将颁证仪式纳入结婚登记流程，全年累计为3000余对新人举行颁证仪式。加强部门联动，全年协助公证处等部门累计核实当事人婚姻状况500余件。

（王　庚）

【福利彩票管理与发行】年内，销售福利彩票2.62亿元（完成计划任务2.4亿元的109%），其中电脑票销售2.49亿元，即开票销售0.13亿元，累计销售额占全市11.33%。福利彩票累计销售全市排名第三。根据北京市民政局福彩销售体制改革指导意见，撤销区级福利彩票发行机构，实行全市福利彩票销售统一管理。

（王　庚）

【社会捐赠】年内，新建规范化捐赠站点11家。下拨街乡（镇）困难群众捐赠救助款3.98万元，下拨定向捐赠款22.37万元。接收社会爱心企业定向捐赠物品折合人民币共计93万余元。开展“爱心暖阳”系列之“战疫情奔小康”为主题的社会捐助活动，共接受捐赠资金34.57

万元。接受全新衣物共计1860件，价值9.59万元，八成新及以上衣物50105件，价值131.9万元。

（王 庚）

【慈善宣传】年内，结合疫情防控常态化工作，制定《丰台区2020年慈善宣传活动方案》，在丰台街道开展第七届“慈善北京、你我同行”慈善图片巡展活动，21个街乡（镇）设立慈善宣传分会场开展“中华慈善日”宣传活动。活动现场向居民发放《慈善法》宣传折页2000余张，宣传手袋2000余个。活动期间全区范围内张贴慈善宣传海报900余张，向公众展示全区近年的慈善故事，塑造慈善典型，弘扬慈善美德，正面引导大众践行慈善行为。

（王 庚）

【养老服务】年内，全区养老床位数共11207张，养老护理员共计1259名，养老服务机构内入住老人4508人，养老机构床位使用率达到55.9％。为全区80466名户籍老年人发放高龄津贴、护理补贴和困难补贴共计1.97亿元。为独居老人、残疾老年人等特殊群体开展巡视探，累计132344人次。开展低龄帮高龄志愿服务，组建志愿服务队伍277支，志愿者4995人，开展服务10304次，服务老年人36234人次。完成495户9000余人次的“喘息服务”。

（王 庚）

【养老机构建设】年内，试点开展区域养老服务项目，满足老年人多元化服务需求，对养老机构服务质量115大项4600小项进行排查，发现问题立行整改。对丰台区43家养老服务单位进行品牌评定，优秀品牌7家、良好品牌8家。38家养老机构完成标准化制度建设，9家养老机构完成标准化体系建设，28家养老机构评定服务质量星级。开工建设养老机构46家，正在运营40家。社区养老服务驿站85家，正在运营67家。建成运营26家养老照料中心，其中7个街乡加密建设2–3个照料中心。区老年综合服务中心主体完工。完成区养老服务指导中心装修改造工程。

（王 庚）

【残疾人福利保障】年内，持续深化落实残疾人两项补贴制度，共发放生活补贴2986.06万元、54992人次；护理补贴1084.38万元、81863人次。贯彻落实残疾人服务机构相关政策，为机构拨付2019年度运营补贴资金199.67万元，2月至4月疫情期间一次性运营补贴资金42.7万元，落实综合责任险、雇主责任险的投保工作，共投保机构床位335张，家庭床位30张，投保雇员95人，市财政补贴69504元，机构自付16172.4元，正在运营的机构投保率100％。

（王 庚）

【行政区划调整】按照区委区政府工作要求，开展丰台区行政区划调整工作。9月27日，中共北京市丰台区第十二届委员会第十二次全体会议审议通过《丰台区行政区划调整方案》，会上，区委书记徐贱云作专题讲话，区委副书记、代区长初军威就《调整方案》作了具体说明。9月30日，区政府向市政府提请审议丰台区行政区划调整事项。经第98次市政府常务会议研究同意，12月31日得到北京市民政局批复，同意丰台区部分行政区划变更。

（王 庚）

【流浪乞讨人员救助】年内，积极落实北京市关于《进一步和改建流浪乞讨救助工作的实施意见》，出台丰台区关于《进一步加强和改进流浪乞讨救助工作的实施方案》。借力科技化、信息化手段，通过全国救助寻亲网、DNA数据比对、人脸识别等信息化手段发布寻亲公告，帮助走失的救助人员及时找到家人，全年共发布寻亲24条，成功找到家人17人，共接待并救助流浪乞讨人员1073人。

（王 庚）

【儿童福利和保护】年内，为86名困境儿童发放困境儿童生活费136万余元，发放临时价格补贴5万余元；为32名困境儿童办理事实无人抚养儿童保障待遇；为4名困境儿童报销医疗费0.8万余元；为3名孤儿发放助学金3.5万元。建立丰台区困境儿童和留守儿童保障工作联席会议制度，联合区教委、区卫健委组织召开丰台区落实强制报告责任培训会，共有25家社工机构、20个中小学校、19家医疗机构负责人参加培训。举办全区基层儿童工作队伍暨社区（村）儿童主任培训班，392名儿童工作主要负责人参训培训。

（王 庚）

▲2020年，第七届“慈善北京 你我同行”慈善巡展活动。

社会建设管理

【概况】2020年，丰台区委社会工作委员会(区民政局)在区委区政府的领导下，落实市、区工作部署要求，坚守为民服务初心，践行执政为民使命，严格政策落实，注重工作创新，深化改革发展，社会建设和民政各项事业取得新成效。印发《丰台区社会建设工作领导小组成员调整建议名单》《丰台区社会建设工作领导小组协商议事规则》《丰台区关于构建“七有”“五性”监测评价指标体系的实施方案（试行）》《丰台区社区工作准入管理办法（试行）》《丰台区2019年社会建设工作总结和2020年社会建设工作要点》文件5个。持续统筹推进街道工作和“吹哨报到”改革，完成丰台区2020年度街道工作和“吹哨报到”改革重点任务35项清单。完善社区议事协商工作，完成全区11个社区议事厅示范点和35个楼门院示范点创建工作。持续加大对社区工作准入日常监督检查力度，委托第三方开展2020年丰台区社区减负工作评估项目。举办“社区邻里节”活动，全区337个社区共举办活动674场次，参与居民5万余人。做好全区353个社区的疫情防控督导检查工作，确保社区防控督查落实到位。完成社工职业水平证书登记服务工作，组织21个街乡镇首次通过网上登记方式。推进社区党组织网络建设，批准新建17个社区党组织。

（王　庚）

【推进街道工作和“吹哨报到”改革】年内，持续统筹推进街道工作和“吹哨报到”改革。专班秘书组与各牵头单位密切配合，全面走访21个街乡（镇）进行实地调研，挖掘特色亮点工作，加大交流和市级推报，圆满完成丰台区2020年度街道工作和“吹哨报到”改革重点任务35项清单。

（王　庚）

【打造社区治理亮点】年内，深化基层治理创新，完善社区议事协商工作，完成全区11个社区议事厅示范点和35个楼门院示范点创建工作，制定出台《丰台区2020年城乡社区协商工作方案》《丰台区2020年楼门院示范点建设实施方案》，推进社区治理工作向楼门院延伸。实施《丰台区社区治理“领头雁”工程“社区干部社区议事协商能力提升”项目》，指导街道社区分层协商，解决小区停车、物业管理、环境整治等难题。总结推广新村街道怡海花园“1+4+1”多元化新型社区治理模式，方庄地区“掌上四合院”，探索创新马家堡街道嘉园二里社区“楼委会”自治模式，为打造社区治理新格局积累了经验。

（王　庚）

【社区减负评估项目】年内，持续加大社区工作准入日常监督检查力度，综合社区减负工作实际，委托第三方开展2020年丰台区社区减负工作评估项目。依据《丰台区社区工作准入管理办法（试行）》，对全区20个街乡镇337个社区进行实地走访、社区座谈、群众满意度调查，核验社区机构和表彰创建工作挂牌规范、社区表格（系统）清单填报、全市社区开具证明事项目录和群众满意度评价体系建立情况。

（王　庚）

【社区服务建设】年内，举办“社区邻里节”活动，搭建平台促进资源对接，指导街乡镇、社区开展非遗手工传艺坊、冰雪大篷车、普惠金融特色服务活动，全区337个社区共举办活动674场次，参与居民5万余人。通过街道推荐、实地调研开展社区服务空间开放式建设试点，制定《2020年社区服务空间开放式建设工作方案》，推进社区服务建设工作的开展。通过接收配套和租赁等方式，帮助街乡（镇）解决社区办公和服务用房问题，为街道解决68处社区用房租赁项目，涉及经费1338万余元，协助街乡镇申请区级专项资金440万元，对13处新接收社区用房进行装修改造。

（王　庚）

【社区疫情防控工作】年内，做好全区353个社区的疫情防控督导检查工作，全年组织开展5轮“全覆盖式”社区督导检查，实地走访慰问疫情重点社区，查看社区封闭式管理、社区消杀、重点人员管控、七小门店管控、社区公共活动场所管理、核酸检测、智能门禁安装等相关情况，确保社区防控督查落实到位。在鄂及新疆返京人员转运工作中，按照市、区防控组工作要求，牵头制定《丰台区在鄂北京人员返京分流闭环转送工作方案》，成立北京西站转运专班，负责北京西站内在鄂返京人员和在

▲10月17日—25日，丰台区举办“邻里守望相助 共建美好家园”第二届“社区邻里节”活动。

新疆返京人员从北京西站到集散点转送工作，3月25日至6月2日共接转在鄂返京人员10013人，10月27日至29日共接转新疆返京人员89人。在防控常态化巡查指导工作中，下派53名干部包片到社区，完成每周社区常态化疫情防控巡查指导，汇总上报巡查情况，截至年底共报送周报30余次。开展专项检查并及时汇总上报检查情况，落实农村疫情防控工作，每日汇总上报农村疫情防控进展情况，截至年底共报送日报情况40余次。

（王　庚）

【社会工作队伍建设】年内，做好社工职业水平证书登记服务工作，组织21个街乡镇首次通过网上登记方式。举办志愿服务微创投大赛，依托“社工+志工”模式开展社区治理创新实践，大赛评选出20个优秀项目予以资金支持，挖掘丰台区志愿服务人才，促进志愿服务组织发展。全年新建6个社会心理服务中心，完成新村、马家堡、卢沟桥、大红门、右安门街道及花乡地区社会心理服务中心的建设任务。开展分层次精准培训，组织新入职社工、志愿者骨干、专业社会工作人才等进行培训，共计培训700余人。通过线上网课的形式举办丰台区社会工作者初级、中级继续教育培训班，对持证社工进行继续教育，开展社工专业技术等级考前辅导，为全区4125名社区工作者进行考前辅导培训。

（王　庚）

【社区党建】年内，批准新建17个社区党组织，推进社区党组织网络建设，优化细化“社区党委—社区党支部—楼门（院）党小组—党员”的党建工作体系，开展党建引领楼门院议事会建设，引导居民自我服务、自我管理。开展社区党组织“三有三提升”工作法试点工作，结合社区实际选定3个具有代表性试点社区党组织（分别是，新村街道怡海花园社区党委，马家堡街道嘉园二里社区党委，卢沟桥街道长安新城第一社区党委）推进工作开展。发挥党建引领作用，利用党建工作协调委员会平台，整合区级下沉干部、街乡干部、社区工作者、社区民警、在职党员、物业保安人员、协管员、志愿者等各类防控力量，联动辖区单位、产权单位、物业、六小门店等辖区单位，做好疫情防控、垃圾分类、物业管理、“吹哨报到”向社区延伸。

（王　庚）

人力资源管理

【概况】2020年，丰台区人力资源和社会保障局，认真落实中央和市、区统筹推进疫情防控和经济社会发展决策部署，克服经济下行压力和叠加疫情影响，坚持减负担、稳岗位、扩就业多措并举，保民生、兜底线、促和谐数管齐下，圆满完成各项工作任务。规范人事管理，组织事业单位专项招聘，全年共招聘426人。深化制度改革，科学调整设置事业单位岗位。修订《丰台区事业单位科级领导干部选拔任用工作方案》。吸引人才，搭建产学研用合作平台，推进博士后工作站建设，在站博士后31人。加强人才培育，挖掘优秀人才参与高端领军人才职称评审直通车工程，4人通过直通车评审获得高级职称。

（陈曦霞）

【规范人事管理】年内，组织事业单位专项招聘，坚持“为用而考，严谨施考”的原则，给予用人单位更大的选人用人自主权，全年共招聘426人。规范事业单位人员调动手续，共办理人员调入、调出审批及调转手续694人。严格事业人员考核奖励，坚持管理、专技、工勤分类考核，兼顾教师学年考核和专业技术人员聘期考核，共考核备案18236人。做好专业技术人员岗位晋级工作，按照单位有空岗、个人有条件、申报有程序的“三有”原则，统一部署专业技术人员岗位晋级工作，共审核备案1521人。做好评比达标表彰工作，颁发北京市“中国人民志愿军抗美援朝出国作战70周年”纪念章，完成抗击新冠肺炎疫情国家级和北京市先进集体、先进个人表彰推荐评选工作，发挥表彰的激励作用，营造崇尚先进、创先争优的良好氛围。

（陈曦霞）

【深化制度改革】年内，做好规范管理事业单位改革过渡工作，科学调整设置事业单位岗位，立足单位职能和实际需要，逐一调整教育、卫生、环卫等300家事业单位的岗位设置，重新核定管理、专业技术、工勤岗位数量。推进非公办学校职称评审工作，让67家非公办学校465名教师切实享受到职称制度改革的红利。修订《丰台区事业单位科级领导干部选拔任用工作方案》，形成系统完备、科学规范、有效管用、简便易行的

▲9月9日—11日，丰台区组织社区“领头雁”议事协商能力提升培训班。

干部选拔制度机制，全年30家单位选拔科级干部138人。

（陈曦霞）

【吸引人才聚集】 年内，搭建产学研用合作平台，推进博士后工作站建设，全区设站企业19个，新申报设置博士后工作站7家，在站博士后31人。推进聚才引智服务平台建设，修订《丰台区“企业聚才引智之家”管理办法》，引入“会员企业绿卡制”，重点吸引区域综合贡献程度排名百强企业、高精尖产业领军企业以及成长性良好的中小型企业入会。做好人才引进工作，进一步规范企业的发展潜力、财政贡献、公共义务等指标体系，其中引进非京生源235人、高层次人才37人、留学人才35人。制定《办理北京市工作居住证实施细则》，精准支持企业的人才需求，工作居住证新办续签2665人。积极稳妥推进积分落户工作，共有171人获得积分落户资格。

（陈曦霞）

【加强人才培育】 年内，挖掘优秀人才参与高端领军人才职称评审直通车工程，实施重点企业、重点人选“一对一服务”，上报市局备案人员16人，4人通过直通车评审获得高级职称。在疫情背景下，依托网络开展专业技术人员继续教育工作，共组织2663名专业技术人员参加培训及考核。积极克服疫情影响，严密组织人事考试及资格审核工作，组织实施4场公务员笔试考试，使用考场721个，服务考生2.14万人次。开展全国卫生专业技术资格考试报名资格联审工作，审核通过7648人；完成一级建造师、经济师专业技术资格审核工作，审核通过2610人。

（陈曦霞）

社会保障

【概况】 丰台区人力资源和社会保障局（简称区人力社保局）是区政府工作部门，单位规格为正处级。区人力社保局贯彻落实党中央有关人力资源和社会保障工作的方针政策、决策部署和市委、区委有关工作要求，在履行职责过程中坚持和加强党对人力资源和社会保障工作的集中统一领导，主要职责：贯彻执行国家和本市有关人力资源和社会保障方面的法律、法规、规章、政策，负责拟定本区人力资源和社会保障事业发展规划、计划，并组织实施；负责本区人力资源和社会保障各项改革、政策及城乡一体化建设中相关问题的落实情况和调查研究；负责拟定本区人力资源市场发展规划和人力资源流动政策并组织实施，依法管理人力资源市场，促进人力资源合理流动、有效配置，协助开展本区《北京市工作居住证》的审核、报批；负责本区城乡劳动力开发利用和就业工作，拟订并落实统筹城乡的就业发展规划和政策，保持就业形势稳定，负责职业技能鉴定和资格认定工作，建立统筹城乡劳动者的职业培训体系，落实高校毕业生就业政策，会同有关部门落实技能人才的培养和激励政策；负责统筹建立覆盖城乡的养老、失业、工伤社会保障体系，落实城乡社会保险及补充保险政策和标准，会同有关部门负责社会保险及补充保险基金管理和监督，保持社会保险基金平稳运行；会同有关部门指导本区事业单位人事制度改革，事业单位工作人员和机关工勤人员的综合管理，企事业单位专业技术人员的专业技术评定、继续教育的综合管理，推进深化职称制度改革及本区博士后工作的管理以及积分落户申报工作；负责本区机关事业单位工资、福利的综合管理及科级以下退休、退职人员的管理服务；会同相关部门落实本区农民工相关政策，协调解决重难点问题，维护农民工合法权益；落实劳动关系政策，完善劳动关系协调机制，指导用人单位与劳动者依法建立劳动关系，负责本区劳动、人事争议调解仲裁工作，组织实施劳动监察，协调劳动者维权工作，依法查处有关案件；承担本区人力资源市场的安全监管职责，对以区人力社保局名义举行的招聘、录用等活动承担安全主体责任；明确与区医保局的有关职责分工，建立两部门信息共享和政策衔接工作机制以及完成区委、区政府交办的其他任务。区人力社保局内设17个科室，具体为：办公室、人力资源开发科（知青办公室、环境保护科）、事业单位人事管理一科、事业单位人事管理二科、工资福利与退休科、专业技术人员管理科、劳动关系科、职工养老保险科、工伤保险科、就业促进科、人力资源市场科、职业能力建设科、社会保险基金监督科、法制科、财务科、组织人事科、信访办公室。2020年区人力社保局共有行政编制63名，下属二级单位共9家，分别为丰台区社会保险基金管理中心、丰台区劳动人事争议仲裁院、丰台区劳动服务管理中心、丰台区劳动保障监察队、丰台区劳动能力鉴定中心、丰台区人力资源公共服务中心、丰台区人事考试中心、丰台区职业能力建设指导中心和丰台区职业技能鉴定管理中心。

2020年，丰台区人力资源和社会保障局领导班子紧紧依靠和团结带领全局干部，认真落实中央和市、区统筹推进疫情防控和经济社会发展决策部署，克服经济下行压力和叠加疫情影响，坚持减负担、稳岗位、扩就业多措并举，保民生、兜底线、促和谐数管齐下，圆满完成各项重点工作任务，取得新进展，全区新增就业3.18万人，城镇登记失业率2.78%，控制在指标（3%）以内。人力资源和社会保障局被评为“全国清理整顿人力资源市场秩序专项行动取得突出成绩单位”“北京市三八红旗集体”，1位同志获得“北京市先进工作者”，2位同志获得丰台区“抗疫之星”。

（陈曦霞）

【援企稳岗打好政策支持就业“组合拳”】 年内，起草《关于新形势下做好就业创业工作的若干政策措施》，提出14条举措，稳定就业规模；制订《关于疫情防控企业一次性吸纳就业补贴有关问题的通知》，为在春节期间开工生产、配送疫情防控急需物资的重点企业给予一次性吸纳就业补贴；出台《丰台区企业风险预警和防范规模裁员工作方案》，对33家预警企业实行专人对接，实时掌握企业员工总数、用工需求和存在困难，跟进指导服务。用好用足国家和市级就业政策，共审批各项企业帮扶资金3.7亿元，涉及企业8485家。审核灵活就业社保补贴等市级促进就业资金3.3亿元、区级自谋职业社会保险补贴等就业资金3037万元。全区新增就业3.18万人，城镇登记失业率2.78%，控制在指标（3%）以内。

（陈曦霞）

【精心帮扶抓住重点群体就业“牛鼻子”】年内，开通“就在身边”服务平台，量身定制就业困难人员就业援助方案，挖掘人力资源机构岗位开发能力，促进失业人员再就业。开展“春风行动暨就业援助月”“民营企业招聘月”“百日千万网络招聘”等专项服务活动，提供就业岗位2.5万个，通过公益性就业组织安置就业困难人员149人。落实“京8条”，用好“京尤码”，开展“毕业生春季网络招聘”“暑期就业服务”专项活动，对1851名离校未就业毕业生和困难家庭毕业生开展“点对点”帮扶，高校毕业生就业率达到96.8%，困难家庭毕业生100%就业。

（陈曦霞）

【以训稳岗用好职业技能培训“工具箱”】年内，推进技能提升三年行动计划，落实援企稳岗培训补贴措施，编制《援企稳岗政策解答》，通过“丰台人人就业”微信公众号、映客直播、北广传媒等多种渠道做好政策宣传。制定《丰台区关于重点行业中小微企业认定工作方案》，共认定精准支持重点行业中小微企业6330家。共审核援企稳岗培训补贴申请3014批次，资金7794.1万元，惠及5.6万人，拨付企业培训补贴资金2759万元，惠及1602家企业、1.79万人。

（陈曦霞）

【创业创新培养创业带动就业“领头羊”】年内，加强高技能人才队伍建设，抓好首席技师、首席员工培育，鼓励企业创建首席技师工作室。推荐国家级技能大师工作室2家、北京市技能大师工作室6家、北京市政府技师特殊津贴15人。开展“新形势下创新创业形式及孵化行业研究”创业课堂活动，为初创企业提供线上营销策划培训，宣讲“投贷奖”及“房租通”政策，发放免费创业工位补贴63.96万元。组织开展第三届“创业丰台”创业创新大赛，共征集81个项目报名参赛，选送7个项目参加市创业大赛，2个项目获得优秀奖，一个项目获得抗疫专项奖，打造了丰台区创业创新工作品牌。

（陈曦霞）

【对口支援站上就业脱困扶贫“新起点”】年内，以脱贫摘帽为新起点，为吸纳劳动力较多的企业搭建对接平台，协助宣传推广特色农产品，提高就业岗位稳定性。组织涞源县、林西县等帮扶地区122名致富带头人来京培训、协助受援地区线下培训贫困人口156人，带动贫困人口脱贫增收。跟踪统计在京就业人员返岗复工情况，通过包车“点对点”的方式协助1600余名贫困地区劳动力返京复工。与受援地区联合开展线上“春风”招聘活动和重点企业专场招聘活动，依托“人人就业”网开启远程面试，让当地劳动力足不出户享受到就业招聘服务。

（陈曦霞）

【推进基金扩面征缴及时足额发放各类待遇】截至11月底，全区共有参保单位6.1万家，同比增长7.42%；各项社保基金征缴71.24亿元，同比减少35.53%。累计支付各类保险待遇139.34亿元，同比增加14.49%。共计审批退休10415人，为全区24.71万名企业退休职工、1.93万名机关事业单位退休人员调整了养老保险待遇，同时提高了2.89万名城乡居民的基础养老金、1.7万人福利养老金以及其他各类待遇，共涉及资金3.39亿元。是年，企业退休人员平均养老金4259.05元/月，同比增长6.55%；城乡居民平均养老金水平894元/月，同比增长2.88%；城乡无保障老年人平均福利养老金水平755元/月，同比增长2.72%。

（陈曦霞）

【落实社保减免缓政策减轻企业经营负担】年内，成立社保费减免工作协调小组，通过直播等形式开展线上政策宣传讲解。累计为5.57万家中小微企业减免三项社会保险费50.81亿元。开展企业缓缴申请服务，累计缓缴三项社会保险费7.31亿元。积极落实北京市疫情期间延长缴纳社保费相关政策及已扣缴社保费退费政策，共为1437家单位办理退费1.24亿元，有效减轻疫情期间企业经营压力。

（陈曦霞）

【不见面服务提升经办服务水平】年内，升级“丰台区社保中心网上综合服务平台”，通过线上预审、网上办结，90%的窗口业务实现网上办理，“不见面”办结业务8.47万件；优化社保咨询平台，升级微信公众号“智能+人工”客服功能，在业务科室设立“咨询专员”，借助“知你客服”第三方平台，及时回复咨询需求，充分发挥“丰小保”交互功能，给用户带来分级分类的人机互动问答体验；通过“丰台社保中心开讲啦”直播、录制指导视频等对群众关注度高的社保政策、业务经办、材料收取等进行讲解培训；规范退休审批行为，推出受审分离制度，开通“烦事找我退休无忧”抖音号，用群众听得懂的“白话”为群众解读和宣传职工退休政策；采取视频鉴定、预约鉴定、专场鉴定等不同方式，为771名职工进行劳动能力鉴定。简化工伤认定审理流程，通过首都之窗、邮寄等途径实现“不见面”申请，做出工伤认定结论919件。打通“一窗通办”平台和“好差评”系统，落实错时延时服务制度，通过“早晚延时办”“午间不间断”和“周末预约办”，延时办理业务3904笔。

（陈曦霞）

【加大社保稽核查处力度强化基金安全防控】年内，加大社保稽核查处力度，督促用工单位规范参保行为，累计受理投诉举报案件428件，稽核补缴各项社会保险费1672.22万元。做好领取社保长期待遇人员资格认证工作，针对长期居住异地领取待遇人员信息进行核对变更，及时对迁出本市的享受待遇人员添加异地标识，纳入资格认证范围。完善工伤认定管理规范，严格案件审批流程，实地调查取证21次，做出不予受理、不予认定及中止决定29件。进一步完善预算绩效管理体系，开展以基金支付环节为重点的专项检查，聘请第三方对重点业务实施的规范性、合规性进行实地检查，多角度防控基金风险。

（陈曦霞）

【构建和谐劳动关系体系维护劳动关系稳定】年内，加强政府、企业和职工三方协调机制建设，持续推进集体合同和工资集体协商，全区监控企业劳动合同签订率为99.57%，续订率为99.62%。加大劳动法规政策宣传力度，对全区38家和谐劳动关系先进单位和501家“双百双规范”企业进行通报表彰，形成良好的用工导向。从严规范劳务派遣行政许可，加大对特殊工时资料审查与情况核实力度，共审批特殊工时单位129家。建立健全劳动关系风险监测预警体系，强化企业裁员指导与风险防控，通过市局风险平台系统派单，摸排企业53家。指导企业灵活采取调岗安置、待岗分流、企业管理层主动降薪和审慎协议解除合同等方式开展裁员，共有9家企业报备经济性裁员，涉及986人，未发生集体访事件。

（陈曦霞）

【多元化处理争议案件提升仲裁调解效能】年内，强化劳动人事争议源头预防，举办“疫情期间劳动争议热点问题解读”等在线直播研讨交流活动，引导员工和用人单位共克时艰。建立由仲裁员、调解员、公益律师组成的前端调处团队，打造分层递进的调处模式。拓宽案件受理渠道，开通邮寄立案和仲裁网上预申请系统，改进案件审理方式，探索设置“微信仲裁庭”，为当事人提供线上开庭、交换证据、签署笔录等服务，开启“不见面”远程处理集体案件新模式。共受理劳动争议案件6547起，同比减少8.54%，未发生大规模的集体劳动争议和社会影响大的个案事件。

（陈曦霞）

【加大监察执法力度维护劳动者合法权益】年内，调整“区根治拖欠农民工工资工作协调小组”，以政府投资项目和问题台账为重点，落实行业主管部门及属地职责，确保政府投资项目实现“零拖欠”。充分发挥“两网化”平台作用，助力各街乡镇完善基层社会治理机制，利用基层网格人头熟、地方近、信息灵等特点，定点、定人、定责，对网格内企业的生产经营、用工管理、工资发放、劳资纠纷等情况进行实时跟踪监测报告。加大对劳动用工企业的日常巡视检查力度，深入开展专项执法检查，以清理整顿人力资源市场秩序为重点，对劳务派遣、中介等重点行业和领域进行摸排部署。优化服务流程，对于非紧急救助、群体访等时效性要求较高的事项，增加案前调解的办理流程，为到访群众提供“先行调解，调解不成，再行立案”的选择，降低投诉案件的立案数量。全年共受理投诉、举报案件1214起，涉及职工3905人，妥善处理集体访165起。

（陈曦霞）

居民生活

【居民收入稳定增长】年内，丰台区居民人均可支配收入66799元，比上年增加1584元，增长2.4%，增速比上年下降6.0个百分点，低于全市增速0.1个百分点。其中，人均工资性收入38803元，比上年增加1150元，增长3.1%，工资性收入对可支配收入增长的贡献率为72.6%；人均转移净收入17388元，比上年增加1109元，增长6.8%，其中人均离退休金收入增长7.0%；人均财产净收入9905元，比上年减少376元，下降3.7%；人均经营净收入703元，比上年减少299元，下降29.8%。工资性收入和转移净收入仍然是可支配收入的主体，占比84.1%，是拉动收入增长的重要因素。

（王燕燕）

【居民消费增速提高】年内，丰台区居民人均消费支出38472元，比上年减少4996元，下降11.5%，增速比上年下降17.7个百分点。其中，人均食品烟酒支出8387元，比上年减少310元，下降3.6%；人均衣着支出1791元，比上年减少472元，下降20.8%；人均居住支出14565元，比上年减少216元，下降1.5%；人均生活用品及服务支出2110元，比上年减少89元，下降4.0%；人均交通和通信支出3977元，比上年减少1183元，下降22.9%；人均教育、文化和娱乐支出2516元，比上年减少2057元，下降45.0%；人均医疗保健支出4348元，比上年减少167元，下降3.7%；人均其他用品及服务支出779元，比上年减少502元，下降39.2%。

（王燕燕）

民族宗教

【概况】2020年，民族宗教工作以党的十九大及习近平总书记系列重要讲话精神为指导，以提升民族宗教工作水平为主线，加强和创新民族宗教事务管理，维护民族宗教领域和谐稳定。区内共有51个少数民族、7.2万人（第六次人口普查数据），人口较多的少数民族为满族、回族。宗教场所8个，其中天主教堂2个、基督教堂2个、清真寺3个、道观1个。

（胡　玥）

【民族团结工作】年内，关心关注少数民族困难群体，春节开展看望慰问活动；加强对清真企业的服务和管理，审核办理清真企业许可18个，综合执法检查110次，处理投诉3起。

（胡　玥）

【宗教领域疫情防控】 7月底前，落实“双暂停一延迟”的要求，累计为宗教场所补充价值11.9万元的防疫物资和消毒器具，组织多方力量确保圣诞节期间宗教活动场所的安全平稳，组织教职人员和义工同工进行核酸检测85人次。

（胡　玥）

【宗教团体换届】10月，指导天主教、基督教、伊斯兰教三个宗教团体顺利完成换届工作。换届前对三个宗教团体进行专题调研，为换届工作做好充分准备。科学统筹宗教团体换届事宜，落实防疫措施，保证换届过程的安全顺利。

（胡　玥）

【专题培训】11月，组织民族宗教干部和宗教教职人员学习贯彻新修订的《北京市宗教事务条例》，组织相关人员参加市委统战部组织的专家辅导，并通过向基层提供专业书籍和宣传材料，在社区、宗教场所以及驻区高校张贴海报进行普法宣传。

（胡　玥）

【推进宗教领域依法治理】年内，指导宗教团体学习贯彻《北京市宗教活动场所教职人员管理办法》等四个法规文件，推动落实“四个办法”。协助完善宗教团体管理制度，促进宗教团体的健康发展。治理非法聚会、对参与地下教会信教人员进行摸排和教育转化。

（胡　玥）

红十字事业

【概况】2020年，丰台区红十字会认真贯彻落实党的十九届四中、五中全会精神，以习近平新时代中国特色社会主义思想为指导，围绕全区中心工作和重点任务，团结一心，攻坚克难，全力以赴抗击新冠肺炎疫情，在主责主业和疫情大考中履职尽责、主动作为、勇于奉献，展现出红十字人良好的精神风貌和强烈的责任担当，被评为中国红十字会抗击新冠肺炎疫情先进集体。

（赵开清）

【新冠肺炎疫情防控】年内，接收社会捐赠款物96批次，累计价值1221余万元，第一时间用于防疫一线。新发地疫情期间，拨发2365顶救灾帐篷支援街道社区和基层卫生服务机构开展防疫工作；拨发口罩、酒精、消毒液、防护服、隔离服、护目镜、鞋套、面罩、维生素E乳、爱心健康包、微波炉、冰箱等物资916034件，有力地补充了疫情防控物资短缺的状况。自筹资金161余万元，购买慰问物资关心关爱一线防疫人员，拨付资金给基层单位用于购买防控用品，为区级防控工作保驾护航。自筹资金20余万元，用于救助受疫情影响的203户困难家庭。在正常开展防疫物资保障工作的前提下，派出全会四分之三的干部参加一线疫情防控工作。

（赵开清）

【组织体系建设】10月10日，召开丰台区红十字会第五届理事会第六次（扩大）会，会议选举张婕任丰台区红十字会会长，审议通过了丰台区红十字会2019年度工作报告和募捐款收支情况报告。

（赵开清）

【博爱募捐和人道救助】年内，募捐资金160余万元，其中定向捐款10万元。累计救助各类困难家庭1545户，发放救助款物290余万元。开展“99公益日”互联网众筹项目，“呵护两癌女性计划”和“精准帮扶助困项目”筹款25.5万元，救助区内21名两癌女性患者和对口援助地区50户困难家庭。

（赵开清）

【应急救护培训】年内，搭建“空中课堂”，采取网络直播方式，普及红十字运动基本知识、自救互救知识和新冠肺炎疫情防控知识，举办线上有奖知识竞答。采取线上线下相结合的授课模式，将急救培训“进校园”“进警队”“进社区”，针对不同群体，录制和讲授课程。救护培训普及受众人数17025人，开展各类培训班22班次，取证人员450人，有8个校区开展应急疏散演练活动，发放各类宣传材料及物品2000份，外伤急救包2500余个，举办救护师资培训班1期，培训初级师资26名。成立丰台区红十字（消防）应急救援队。

（赵开清）

【招募造血干细胞志愿者】年内，大力推动献血捐髓工作，开展22期知识讲座，21期宣传招募和血样采集活动，招募造血干细胞采样志愿者259人，全年有5名志愿者配型成功并实施捐献，发放慰问金2.5万元。

（赵开清）

【扶贫助困】年内，在脱贫攻坚战中，形成广泛参与、合力攻坚的社会动员体系。全年拨付河北涞源、内蒙古林西县和扎赉特旗扶贫款物58.47万元，救助305户因病返贫因病致困家庭，捐赠担架20付、多功能应急箱12个、家庭急救包100个，支援口罩16000只。与房山区红十字会开展城乡“手拉手”精准帮扶，拨付资金6万元，救助60户困难家庭。

（赵开清）

【红十字青少年活动】年内，在线上线下开展各种形式的红十字青少年活动。丰台区2所学校的红十字特色青少年活动和11名优秀红十字青少年，荣获北京市红十字组织的2019年度“十佳百优”称号。

（赵开清）

残疾人事业

【概况】2020年，区残疾人联合会在编人员35人，其中行政编制8人、事业编制27人。全区共有持证残疾人46803人。积极做好疫情防控工作，确保4.6万残疾人生命安全。开展丰台区“十三五”时期残疾人事业发展规划评估和“十四五”时期残疾人事业发展规划编制工作。完成残疾人小康进程实施方案总结工作。举办第30次“全国助残日”活动。实施无障碍环境建设三年行动计划，整改无障碍设施1848个。职业技能培训215人，新安置残疾人就业576人。残疾人享受两项补贴18708人，走访慰问残疾人家庭6620户。开展残疾人需求采集1990户。市级以上网络载体刊发信息稿件151篇。残疾人专门协会开展各类活动38次。市级以上残疾人文体赛事中获得冠军4人、亚军5人、季军5人。丰台区温馨精康园、丰台区女企业家联谊会被北京市残联评为助残社会组织抗击新冠肺炎疫情先进集体。

（闫根旺）

【疫情防控】 1月23日，区残联成立新冠肺炎疫情防控工作领导小组，制定区残联内部防控工作方案和办公区防控工作方案及人员监测报告制度，指导、动员街道乡镇残联和残疾人工作者按照属地管理要求做好疫情防控工作。1月29日，区残联向全区残疾人及亲属发出抗疫号召，开通法律咨询热线、心理咨询热线。落实防控措施，对全区21家温馨家园、31家残疾人职康站、57家盲人按摩机构做到指导督查全覆盖，对托养近300名残疾人的温馨精康园，严格执行全封闭管理，动态掌握机构和残疾人情况，实现对托养机构全天候监督。发挥五个专门协会和20家助残社会组织作用，采取线上服务和开展各种活动等形式满足疫情期间残疾人的服务和精神文化需求，停学不停课，居家不停活动。对4014名精准帮扶对象进行问需回访，对新发地11个封闭小区345户困难残疾人家庭发放慰问金28.3万元，为488名四类特困残疾人提供“四包”服务。社会各界为残疾人和福利机构捐款捐物110余万元。确保4.6万残疾人的生命安全。

（闫根旺）

【市领导疫情防控调研】 2月19日，北京市政府副市长张家明到丰台区温馨精康园调研残疾人服务机构疫情防控工作，实地检查疫情防控措施落实情况，到长辛店街道装技所社区看望参加社区值守的残联和社区工作人员。他强调，残疾人是疫情防控的重点人群，关系社会稳定，要格外关心关爱。要加强对残疾人服务机构防控工作，做好残疾人和工作人员的防护。残联要发挥好桥梁纽带作用，为党和政府分忧，为残疾人解难，守好疫情防控安全防线。市政府副秘书长韩耕、市残联理事长吴文彦、副区长张婕参加调研活动。

（闫根旺）

【国家卫健委专家组疫情防控调研】 6月28日，国家卫健委专家指导组到丰台区温馨精康园调研指导残疾人托养机构新冠疫情防控工作。专家组详细了解疫情排查工作、人员值守、内部管控、疫情处置及新冠疫情应急预案、疫情防控管理流程、日常监测制度等情况。要求切实担负起责任，严格实行全封闭管理，构建联防联控严密防线，做到看好门、管好人。市委统战部副部长、市民宗委主任钟百利，区委常委、区委办主任李岚陪同调研。

（闫根旺）

【残联党建】 坚持党建引领，助力疫情防控。1月30日，区残联机关党支部向全体党员干部发出抗疫号召，分三批选派13名党员干部两次下沉社区支援疫情防控工作。其他党员“吹哨报到”，参加社区疫情值守189人次。全体党员为抗疫和困难党员捐款5070元。深化党群共建，推出残联各部室负责人作为党建指导员参与协会工作，将党建工作延伸到专门协会。全年集体学习16次，讲党课2次，召开民主生活会1次、组织生活会2次、谈心谈话108次，开展主题党日活动12次。党员转正1名。

（闫根旺）

【区政府残工委扩大会议】 4月22日，区政府残疾人工作委员会扩大会议暨2020年丰台区残疾人工作会议召开，区政府残工委委员，各街乡镇主管领导、残联理事长参加会议。区政府残工委副主任、区政府办副主任韩天顺主持会议。区政府残工委副主任、残联党组书记理事长赵勇向大会报告工作，审议通过了《区政府残工委2020年工作要点》。副区长苏扬出席会议并讲话。

（闫根旺）

【区残联七届三次主席团会议】 11月27日，区残联第七届主席团第三次全体会议召开。会议听取审议通过区残联理事长赵勇代表执行理事会所作工作报告，对第七届主席团主席、副主席、委员进行调整，区政府副区长张婕当选为第七届主席团主席。

（闫根旺）

【全国助残日活动】 5月17日是第三十次全国助残日，活动主题是“助残脱贫，决胜小康”。丰台区克服疫情影响，结合无障碍环境整改，在线上开展“寻找最佳无障碍三公里”直播活动，通过线下竞赛与线上直播相结合的方式与残疾人朋友们欢度“全国助残日”。直播活动在“北京丰台”客户端和“快手”平台同步播出，市残联、区残联、区税务局、区文化和旅游局、团区委、区融媒体中心等单位领导和助残社会组织代表及社会各界进行在线互动，近4万名观众参与直播活动。

（闫根旺）

【肢残日座谈会】 8月4日，中国肢残人协会主席王建军、中肢协脊髓损伤委员会副主任秘书长张宁、区残联理事长赵勇、如常集团副总裁孙景焱等领导参加丰台区肢残人协会召开的“善举善行·8.11肢残人日贫困残疾人慰问活动座谈会”，并看望慰问肢残人家庭。

（闫根旺）

【无障碍环境建设】 年内，实施北京市无障碍2019—2021年三年专项行动计划，聚焦城市道路、公共交通、公共服务场所、信息交流4个重点领域17项重点任务，投入资金1900万元，排查点位12436个，上账整改点位10950个，整改无障碍设施1848个，年度任务整改率100%，建成马家堡政务服务中心、科技园区、丰台建行等无障碍示范单位。完成了网站无障碍改造。为402个社区和温馨家园配备信息化设备。

（闫根旺）

【十四五残疾人事业发展规划编制】年内，丰台区“十四五”时期残疾人事业发展规划纳入全区总体规划和专项规划体系，并牵头开展研究编制工作。《规划》共分4部分13章，分析面临形势，概括总结“十三五”时期残疾人事业发展成就，明确指导思想、基本原则、主要目标和主要任务。

（闫根旺）

【接诉即办】年内，区残联提高政治站位、优化工作机制、规范工作程序，坚持问题导向，坚持民有所呼我有所应，处理残疾人反映诉求97件，全区年度综合评分98.91分，获月均考评量30件以下委办局排名第二名。

（闫根旺）

【残疾人社会保障】年内，为2000名低保重残、70周岁以上精准帮扶对象家庭提供为期一年的居家服务。享受生活补贴4678人、护理补贴14030人，劳动年龄段残疾人享受助残券2015人。2718名残疾人享受城乡居民养老保险补贴。1532名残疾人参加自主创业社会保险。燃油补贴发放3281人。“两节”期间筹资563万元，为6620户残疾人家庭送去温暖。

（闫根旺）

【残疾人教育就业】年内，随班就读385人，送教上门23人，22名残疾儿童享受彩票公益金助学补贴，12名残疾人享受大专、本科继续教育补贴。慰问残疾儿童463名，特教老师、职康老师173人。残疾人职业培训215人，新安置残疾人就业576人。审核按比例就业单位1862家、分散就业5329人。建成帮扶性就业基地26个,135名残疾人实现就业。1572名残疾人获自主创业和灵活就业政策扶持。

（闫根旺）

【残疾人康复服务】年内，残疾人基本康复服务覆盖率纳入全区“七有”“五性”指标体系。为3124名残疾人提供居家康复培训。铁营医院与中康研究中心建成紧密型医联体。康复服务机构20家，1131人享受康复服务。政府购买服务4项，近万名残疾人受益。200名残疾儿童享受康复补贴。辅具申请3.8万人，提供辅具4.6万件。6000名严重精神病患者免费服药，6269人享受监护人补贴。

（闫根旺）

【残疾人维权】年内，新办残疾人证1968人。专门协会开展活动38次。完成8个街道、10个温馨家园托管式改革。残疾人信访维权服务40件，举办“庭院式”法律服务讲座10场。提供法律救助服务11件。温馨家园志愿助残服务实现常态化。对1990名新办证残疾人开展需求采集。

（闫根旺）

【残疾人宣传信息】年内，围绕抗击新冠疫情，第30次全国助残日等重要节日、无障碍环境整改等重点工作和残疾人自强典型、助残先进进行宣传，在市级以上的报刊媒体刊发信息151篇，北京日报 app 刊登6篇，丰台报刊登4篇，区残联微信公众号和网站刊发信息277篇。

（闫根旺）

【残疾人文体活动】年内，举办丰台区“喜迎新春”“我梦最美”温馨家园、社区(村)残疾人文艺展演。在市社区(村)残疾人艺术汇演、专职委员技能大赛、助残志愿者技能赛上获亚军3人、季军1人；在京冀蒙、京津冀邀请赛和北京市“健康杯”残疾人体育大会上，丰台区残疾人获冠军4人、亚军2人、季军4人。

（闫根旺）

人口管理

【概况】2020年，丰台分局人口管理和基层工作大队(以下简称人口基层大队)，按照市局和分局的总体工作部署，在分局党委的集中统一领导下，在相关职能部门的协调配合下，紧紧围绕疫情防控工作，深入开展社区人员滚动排查，推进智慧社区建设应用，组织开展了“来京人员和出租房屋自主申报”“三清三个一批”等一系列专项工作，在维护社会面稳定、提升社区基础打防管控建上实现了“三升三降”，即三升：全区394个社区(村)中，230个社区实现零发案，同比上升74%；发生入室盗窃案件出租房屋登记率为70.9%，同比上升6.2个百分点；流动人口违法犯罪人员登记率为63%，同比上升1.3个百分点。三降：全区入室盗窃案件立案323起，较上年同期965起下降了66.5%；全区出租房屋发生入室盗窃案件103起，同比上年下降66.7%；全市从丰台区共抓获流动人口违法犯罪人员3514人，同比下降47.9%。

（李占文）

【新冠肺炎疫情防控】年内，为及时有效应对突发新型冠状病毒感染肺炎疫情，按照市局、分局工作部署，人口基层大队牵动相关职能部门和各派出所，细化网格化管理责任，围绕全区97个7×24小时值守警务室、1367处小区(村)出入口防控卡点及396处“三无”小区，制定规范明确社区民警开展疫情防控职责任务，组织985名社区警务队民警对上述点位开展每日巡视一次、打卡一次、检查一次，确保人员值守到位、责任落实到位、点位看护到位。为配合国家卫健委专家组开展好流行病调查工作，按照市局整体部署，人口基层大队迅速行动，抓紧研究，从全局范围内抽调了5名政治素质过硬、群众工作能力强的现职干部投入专班运行，并建立早晚会商制度，加强内外联动，强化协作，全力保障了流调工作安全有序进行。自开展流调工作以来，专班人员出动30车次、85人次，会同疾控专家协助流调确诊病例25人，走访密切接触者180人，协助采集病毒样本23件，调取相关监控录像26处，查找疑似关联人员14人，向疾控专家提供有价值线索400余条。流调专家肖贵勇谈到：“丰台警察为我们提供的参考性建议，对查找密接人员起到了很大帮助，少走了很多弯路，节省了大量的时间，真正让流调工作跑到了病毒前面。”

（李占文）

【民警兼任社区（村）党组织副书记】 年内，为进一步加强基层党组织建设，提高本局兼任社区（村）党组织副书记民警政治素质和战斗力，丰台分局从健全和完善监督机制入手，推行民警副书记外网评价平台，在制定推出《分局关于开展民警任社区（村）党组织副书记工作考核办法专项方案》的基础上，围绕党组织副书记职责定位，以实现15个方面成效为蓝图，细化分解出任职副书记民警5项13点规定动作，同步设定4项16点外部考评内容，依托分局“美丽丰警”公众号开通社区考评模块，10月起，每月组织全区社区（村）书记对属地任职的392名副书记民警开展评价，形成了内外部双百评估指标体系。同时，结合向群众报告工作，通过网上网下互动、现实虚拟融合的形式，全面掌握群众诉求、倾听民意心声，准确把握工作方向，着力补齐工作短板，从而更加充分发挥民警副书记在加强基层党组织建设、服务辖区群众、推进社区治理等方面的积极作用。

（李占文）

【推进“智慧社区”建设】 为贯彻落实好2018年5月24日北京市社区科技创安工作推进电视电话会议精神，本局自2018年7月启动全区“智慧社区”建设工作。制定完善方案措施，规范有序推进。公安分局出台了多项工作方案及代区制定了全区推进工作方案，确定了35个小区进行试点建设工作，并联同区综治办、区房管局、区住建委、区经信办5部门制定下发了《丰台区推行住宅小区安全防范设施建设和使用工作意见》，强力推进智慧社区建设。积极争取政府支持，合力推进建设任务。在公安分局主要领导的协调下，区委政法委的支持下，确定房管局将老旧小区综合整治项目与“智慧社区”建设相结合，遵循标准要求，迅速推进实施；与丰台区住建委共同组织70家丰台区新建住宅小区项目负责人召开了丰台区新建住宅小区“智慧社区”建设部署会，进一步完善了建设工作，并成立了4个工作小组，合力推动全区的智慧社区建设。深度拓展建设应用，提升实战效果。公安分局协调各相关部门架构了互联网端社区基础要素平台，在市局搭建了区级社区基础要素边界接入平台，为警务实战应用提供数据支撑。截至年底，已累计推进建设56处“智慧小区”，安装智慧门禁1509套，车辆道闸67套，新安装摄像头1723个，人脸识别探头306部，通过智慧安防系统，先后抓获在逃人员5人，涉案嫌疑人5人，建设应用后的智慧小区均实现了入室盗窃零发案。

（李占文）

【来京人员和出租房屋自主申报】 年内，围绕“来京人员和出租房屋自主申报工作”确立了“管理”和“服务”两个重点。在“管理”方面，选取成寿寺、东铁匠营派出所为试点派出所，先期在辖区内推广使用，以房屋管理为主要抓手，抓住中介公司、出租大院、公寓（自建楼）等房屋出租主体，以罚促管大力推行使用。特别是7月14日市局在昌平召开流动人口和出租房屋管理现场会后，分局迅速着手研究出租房屋自主申报、出租房屋处罚两项工作常量，协调纳入“平安行动”考核项目，动员社区民警、流管员切实加大实有人房管理力度，有效提升基层基础工作管理水平。在“服务”方面，分局高度重视居住登记卡线上自主申领工作，组织开展专题培训会，并研究制定《来京人员线上申领居住登记卡办理工作规范》，明确工作内容、审核时限以及分局、派出所、流管站三级监督责任，确保群众的线上申请按时得到反馈，避免投诉等问题发生。

（李占文）

【互联网受理核发电子居住证（卡）】 为深入推进简政放权、放管结合、优化服务改革，进一步优化本市营商环境，着力推进“一网通办”，落实疫情常态化防控要求，11月20日起，停止发放实体《北京居住证》和《北京市居住登记卡》，2021年起本市全面推行电子居住证（卡）。大队先后组织召开3次工作培训会，围绕办理流程、政策宣传、设备运维等方面，对居住证（卡）业务线上、线下受理、审核等全环节进行重点培训，对变化部分重点解读，确保窗口办理人员学透彻、把握准，准确解答群众问题，避免误导群众，减少投诉等问题发生。

（李占文）

【城乡结合部重点地区综合整治】 年内，联合区政法委等部门，以10个城乡结合部重点地区综合整治为契机，带动全局进一步收紧地皮，有效净化社会面治安秩序，切实提升人民群众获得感、幸福感和安全感。开展集中清理整治行动1152次，出动警力8931人次、发动政府职能部门力量2.7万人次；走访检查各类房屋3.5万户、审查核录流动人口9.5万人，新发现登记出租房屋3104户、流动人口9211人；发现整改问题隐患412件，配合政府部门关停取缔违法房屋321处，处罚违规房主182人，抓获各类违法犯罪人员66人；实现刑事案件立案同比下降44.4%、治安案件立案同比下降21.9%、社区可防性案件同比下降35.6%。

（李占文）

【推进就近办理临时身份证业务】 深化“放管服”改革推进减证便民工作，全力推进市局就近办理临时身份证业务。9月1日，分局作为市局试点在局属32个派出所开通了临时身份证办理业务，最大限度增设临时身份证办理窗口，切实做到让群众“一站式”办理，“少跑路、多办事”的工作效果，便利了群众。丰台分局是全市第一个所有32个户籍派出所增设临时身份证办理窗口的分局。

（李占文）

【第七次人口普查户口整顿】 年内，自开展第七次全国人口普查工作以来，牵动全区街乡镇和派出所开展七人普户口整顿工作。加强与区统计局和区发改委等部门沟通，保持工作顺畅，数据鲜活准确。为解决七人普工作中突出难点问题，会同区人口普查办公室召集区法院、区民政局、区金融办等8家政府部门就群众销户后面临困难的政策适用及便民措施等进行会商，指导部分困难派出所统一执法尺度和答复口径，避免了群众偏激行为的发生。较好地完成分局14600余人应销未销人员的销户等重点工作，最大限度完善了人户一致率。

（李占文）

【推进全局拥军工作和谐开展】年内，积极与区武装部、区退役军人事务局做好对接，全力做好疫情期间征兵政审、转业军人和随迁家属落户问题，共征兵政审2470人、入伍176人，完成各类转业军人和随迁家属落户2437人。2020年荣获市级退役军人事务工作优秀单位、市级征兵先进工作单位。

（李占文）

消费者权益保护

【概况】2020年，丰台消协围绕中消协"凝聚你我力量"的本年主题，以"预付式消费、个人信息保护"为重点开展宣传教育活动，加强消费维权理论研究。通过12345接诉即办平台共处理消费者投诉49件。通过96315系统受理消费者投诉4826件，解决4686件，解决率97.1%，挽回经济损失95万元，其中接待涉及疫情类消费电话咨询1023件。

（马彩莲）

【诚信服务承诺日常督导检查】年内，按照市消协要求开展诚信服务承诺单位评比活动，对辖区内开展诚信承诺活动的13家企业进行日常督导检查，确保其落实诚信服务承诺。在区消协的监督指导下，各诚信服务承诺单位在经营活动中，能够不忘诚信经营初心，持之以恒做好诚信服务工作，自觉遵守法律法规要求和行业道德，强化了企业自律意识，完善了服务保障体系和消费争议解决机制。

（马彩莲）

【围绕中消协年主题开展工作】年内，围绕中消协"凝聚你我力量"的年主题，推动落实消费环节和赔偿环节的赔偿先付制度和消费争议快速和解机制，不断提高消费环境安全度、经营者诚信度和消费者满意度。开展年主题宣传，传播消费维权社会共治理念。加强消费教育引导，增强消费者的维权意识和能力，培育成熟理性的消费群体。推进消费投诉便利化，适应互联网时代信息传递新形势，畅通在线投诉渠道。推进消费者评测，听取消费者意见，围绕问题、短板查原因、补漏洞，以改进工作方法，提升消费者的满意度。加强投诉数据统计分析和舆情监测，准确把握消费维权工作动态和方向，为相关机构开展消费维权工作提供有效参考。加强消费维权志愿者队伍建设，让消费者能够更好地参与到消费维权工作中来。

（马彩莲）

【部门协同联动提升消费纠纷解决效能】年内，以市场消费环境建设联席会议为平台，发挥各职能部门在解决消费环境突出问题上的联动优势。加强与区法院、区人民调解委员会的沟通协作，使消费纠纷调解更加顺畅便利。联合行政部门开展消费调解能力提升班培训，为"小事不出社区、大事不出街乡"工作提供有效支撑，大型商超、市场等专兼职企业调解人员，街乡镇及社区、居委会有关工作人员参加了培训。

（马彩莲）

【推动区域消费环境建设】年内，在商业聚集区悬挂宣传横幅，在社区电梯间张贴宣传海报，在商超播放消费维权宣传片，邀请公益人士斯琴高娃老师录制彩虹维权系列广播，制作发布微信H5、短视频等宣传材料，提高消费者权益保护工作的公众知晓度和参与度。积极作好央视"3·15"晚会应急预案，针对媒体曝光问题，第一时间组织执法人员对相关企业进行摸排检查，并及时上报情况。结合消费维权形势，及时调整宣传方向，向老年人、残疾人等弱势群体倾斜。结合"信用让消费更放心"新的消费维权年主题，开展系列宣传活动。

（马彩莲）

2021

北京丰台年鉴

街乡（镇）

丰台街道

【概况】丰台街道位于丰台区中部，是区委、区政府所在地，东起西三环南路和造甲村街，南临丰台南路和看丹路与新村街道毗邻，西至程庄路和京山铁路线与卢沟桥乡接壤，北至丰北路和丰体南路与卢沟桥街道相连，途经辖区公交线路54条，地铁9号线、10号线、14号线贯穿辖区。2020年，辖区总面积9.18平方公里，下辖26个社区。有常住人口43375户118686人，流动人口35136人，外籍人口131人。有汉族113632人，回族、蒙古族等32个少数民族5406人；新出生2425人，出生率2.04‰，死亡1471人，死亡率为1.24‰。驻辖区单位3000余家。有医院6所，社区卫生服务站7个。有中学6所，小学5所，幼儿园10所。敬老院2个。有200平方米为民服务大厅、800平方米地区文化中心，有17处文化广场（含社区文化广场14处）。实现区级财政收入28156万元，同比增长3.5%，征收房产税91.1万元，同比减少40.7%。年内，经中央精神文明建设指导委员会复查，丰台街道办事处继续保留“全国文明单位”荣誉称号；北京市授予丰台街道办事处“首都文明街巷”称号、“北京市2019年度市级交通安全先进单位”。

（谭宇新）

【平安建设】年内，街道持续推进主要领导负总责、处级领导挂片、科室进社区、网格长包网格的层级负责制落实。严密社会面综合防控，发挥社区志愿者红袖标、商户红袖标、物业保安红袖标、巡防队员红袖标四支巡防队伍作用，完成“元旦”“两会”“服贸会”、疫情防控等重点时期、重点会议期间的安全防范。推进辖区重点项目建设，巡查丰台火车站、丰台医院等工程施工现场262次；协调错峰施工、降噪降尘、减少扰民，为受扰居民争取经济补偿；督促施工方规范工地管理，立案处罚工地29起，罚款56.22万元。推进“疏解整治促提升”工作开展，拆违工作完成103%，取缔无证无照经营场所，治理占道经营、压缩培训机构、地下空间和人防工程治理完成年度目标，实现“散乱污”企业、“开墙打洞”、违法群租房、违规户外广告治理“动态清零”。畅通信访渠道，接待来信、来访121件次349人次。做好蛋壳公寓房屋126处、租客302人的矛盾化解。开展安全生产专项检查，检查生产经营单位4338家次，下发整改单1223家次，发现隐患1302处，复查1149家。开展消防安全夜查11次，组织全民消防集中培训4场，消防安全线上培训6400人。完成2600具灭火器的年检工作，为无物业管理的老旧多层楼配备灭火器662个，建设消防科普教育基地，依托桥南亿潼隆院内单位建立微型消防站。开展冷链食品整治，出动执法人员1639人次，检查16312次，整改各类隐患1274处，拆除冷库面积10平方米。以“平安丰街”建设为主线，开展扫黑除恶、反恐防暴、重点领域防控等专项行动，梳理不稳定因素。

（谭宇新）

【城市管理】年内，街道开展综合执法、落实“门前三包”责任，检查治理商铺193家。开展街巷长巡查1422次，清查问题54个，整改46起，启动响应机制8起。全面推进垃圾分类，发放宣传品10万余份，入户宣传54679户，开展宣传讲座、活动50场次，提高居民的知晓率和参与率；撤桶并站，精简、规范桶站637组，大件、建筑垃圾暂存点38个；招募志愿者参与桶前值守，值守率95%。将北大地三里、丰管路52号院2个垃圾分类较好的小区打造为示范小区。深化筒子楼整治，加大餐饮企业禁控烟工作检查。发动15000余人次参与周末大扫除活动，清理面积18660平方米，清理卫生死角200余处、堆物堆料800余吨，发放灭蚊蝇药物450瓶、消杀12次，发放各类灭鼠设施225箱（个）。加强水污染防治，落实“河长制”工作，累积巡查1848人次、巡河2780公里。开展“清管行动”计划，清掏200余处点位。加强河道内外环境整治，地表水水质考核成绩为Ⅴ类，全年达标。深化大气污

▲11月5日，丰台街道119消防宣传月活动在彩虹南社区北侧小广场举行。（丰台街道 供图）

▲6月25日，东大街西里社区在文化广场组织厨余垃圾变废为宝培训。（丰台街道 供图）

染防治“一微克”行动，处罚违规渣土车25辆，罚款43000元。推进绿化工作开展，砍伐危死树41株，修剪30余处；治理杨柳飞絮268株，投入18.7万元引进专业绿化公司，对4.9万平方米的绿地进行日常养护维护。

（谭宇新）

【社区建设】年内，街道持续推行“党建+社区治理”机制，完善“两级组织、三级管理”社区治理服务体系，实行“综合窗口”“全能社工”模式，实现“一门一窗”受理居民业务事项。加强社区工作者和协管员队伍建设，落实社区减负要求，培育社区社会组织，发动各类社会力量参与社区议事、志愿服务、环境治理、人口普查等工作。调整社区工作者30人，服务站人员续签服务协议38人，招聘协管员19人，新成立游泳场北路社区，统一制作安装“两委一站”标牌，开展北京市第二届“社区邻里节”活动53场。投入1200余万元清运无主和大件垃圾、“口袋公园”改造提升、小区环境整治和停车管理、小区道路“微整治”等，改善小区环境建设。做好全国第七次人口普查登记工作，完成彩虹南社区人口普查试点工作，迎接国务院人普检查。指导26个社区组建物业管理委员会65个、成立业主委员会12个，街道业委会（物管会）组建率87.5%，业委会（物管会）党组织覆盖率100%，物业服务企业覆盖率81.82%。组织辖区物业公司、业委会、物管会培训10余次。开展“学文明条例 做文明市民”“创建国家卫生区 共建文明新丰台—绽放丰台之美”“垃圾分类 文明同行”“一米行动”“公筷行动”“光盘行动”等一系列主题活动，倡导文明健康的生活方式。开展“周末百姓大舞台”“丰街五雅”百姓文化艺术节、“八一建军节歌颂英雄云展演”“2020年丰台街道战疫原创作品宣传展示云交流”“跃动丰街杯”系列比赛、“冰雪大篷车”走进丰台街道、“疫在家 云竞技”丰台街道家庭运动挑战赛等活动，形成具有浓厚区域特色的文化品牌。完成193名非京籍儿童入学资格审核，开设1处社区办园点，关停1处无证自办园。

（谭宇新）

【民生服务】年内，街道围绕“七有”（即：幼有所育、学有所教、劳有所得、病有所医、老有所养、住有所居、弱有所扶）、“五性”（即：便利性、宜居性、多样性、公正性、安全性），紧盯民生需求，加强政务服务中心建设，优化政务服务流程，推进“一网一门一次”改革，实施“早晚弹性办、午间不间断、周六不打烊”的“一站式”服务。接收退休人员档案2041份、失业人员档案937份，办理城乡居民医疗保险参保3630人次，退役军人信息采集14323人，发放“光荣之家”牌匾4500个。落实大病和困难人群基本医疗救助待遇，发放救助金177万元，开展残疾人服务2164人（次），各类住房服务5613次，精防患者服务573人（次）。发放高龄津贴53.1万元，为老服务35366人（次）。核报军工补助11927万元。做好税源政策宣传，引进1家企业入驻。开展新时代爱国卫生运动，街道、社区建立爱国卫生组织

▲10月22日，丰台街道百姓大舞台活动在丰台花园举行。（丰台街道 供图）

859家。建立2个农贸市场、19家医疗机构、188个健康教育宣传栏等创卫重点点位台账，实施动态更新。申报新华街北社区创建健康社区，共创建8个健康社区、建成8条健康步道、9个健康主题广场和3个健康主题公园。组建一支84人的健康指导员队伍，定期开展宣传活动，制作张贴各类健康教育宣传材料15000余份。

（谭宇新）

【接诉即办】年内，街道坚持“民有所呼、我有所应”，深化“离案包片”负责制，持续开展“到居民家中坐坐”大走访活动，完善接件、派件、处置、回访程序，打造全链条、全天候24小时热线处理机制，加大科室所队、社区的热线办理流程培训，引进“接诉即办”智能系统，对科室、社区实行全程跟踪、重点督办，利用回访智能系统，通过导入电话数据，掌握案卷办理进度。坚持日调度、周汇报、月分析制度，梳理重点、高发、群众集中反映案卷，进行集中研判，依托“吹哨报到”机制，倡导处级领导、科室负责人、社区书记、物业企业单位负责人四级联动处置，实现从“接诉即办”到“未诉先办”，优先解决好居民群众的操心事、烦心事、揪心事，提升居民群众安全感、幸福感和满意度。全年共接收热线案卷9792件，环境网格案卷5482件。

（谭宇新）

【基层党建】年内，街道开展“送理论、下基层、进家门、入人心”活动，打造“线上＋线下”学习教育新模式，依托“学习强国”APP平台，实施动态学习领悟，注册党员4299人，组织理论中心组学习12次，领导班子参加区委理论中心组学习扩大会议11次。开展“不忘初心、牢记使命”主题教育整改落实“回头看”，推进街道、片区、社区、辖区单位“四位一体”学习宣讲体系，班子成员带头上讲台辅导宣讲，开展理论宣讲37场(次)。聚焦疫情防控、物业管理、垃圾分类、“接诉即办”的主题宣传报道，25家中央、市属媒体刊发150条，《丰台报》、丰台电视台等区级以上媒体刊发360条。落实《中共中央关于加强党的政治建设的意见》，健全完善街道、社区、“两新”组织党的领导制度、健全街道社区两级党建工作协调委员会运行机制，整合党建资源共享互惠。贯彻落实《党支部工作条例》《党员教育管理工作条例》，落实“三会一课”等组织生活制度，做好社区“两委”换届选举摸底，推进党支部标准化规范化建设。组织基层党组织书记培训，参加区举办的社区治理“领头雁”工程“社区干部社区议事协商能力提升”培训、以及全市“月讲坛”培训。开展“在职党员顶岗一日”行动，推荐区级“三全”社区10个，“防疫之星”22名，发展党员25人(火线入党1人)，帮扶51名困难党员。细化街道党工委全面从严治党主体责任清单，配合市委巡视组、区委巡察组对街道、向阳社区巡察“回头看”和24个社区巡察，抓好街道5个方面、社区4方面16个问题的整改。开展“代表在倾听”主题活动，征求意见建议10次，接待群众询问200人(次)，帮助解决疑难问题6件，走访慰问困难家庭26户。持续开展“北京榜样”“最美丰台人”等道德模范人物选树，弘扬社会主义核心价值观。推动街道党群服务中心体系建设，建成街道级党群服务中心1个，楼宇党群服务站2个，社区党群服务站26个。

（谭宇新）

【疫情防控】年内，街道党工委坚决贯彻落实党中央关于疫情防控决策部署和市委区委指示要求，第一时间成立丰台街道新冠肺炎疫情防控领导小组，制定工作方案。街道班子成员全部下沉片区督导，街道全体干部、117名区派干部、22名市派干部下沉社区参与社区疫情防控，聘用92名保安对136个小区实行封闭管理24小时值守。接收辖区爱心企业和爱心人士捐赠防疫物资21批次、价值42.8万余元。投入1400余万元用于购买防疫物资、进行三无小区封闭改造、安装人脸识别系统和聘用保安加强卡口值守。做好离鄂返京和入境等人员的闭环转运管控工作，闭环转运湖北武汉、新疆喀什等返京人员1000余人次，排查中高风险地区来京10000余人，组织核酸检测8万余人次。开展常态化疫情防控冷库整治工作，建立健全冷库、餐饮、美容美发、农贸市场、商超以及从业人员6本台账，做到冷链食品排查全覆盖。

（谭宇新）

丰台街道社区居委会一览表

表35

社区居委会名称	社区居委会地址	社区居委会所辖范围	建成时间	常住人口（＊户＊人）	对外办公电话
彩虹北社区居委会	彩虹北11号楼	东至东安街头条19号院社区，南至程庄路16号院，西至程庄路，北至卢沟桥路。	2017年	3024户8021人	83692931
东安街头条19号院社区居委会	丰体南路8号院	东临63号院社区，南与东安街社区相邻，西至程庄路，北至丰体南路。	2002年	2245户4393人	66873463 66873464 66873461
63号院社区居委会	西四环南路63号院内	东临西四环南路，南与北大地西区社区接壤，西与东安街头条19号院相接，北至丰体南路。	2002年	2752户4819人	66940255 66400257
北大地西区社区居委会	北大地三里8号楼前平房	东临西四环南路，南至丰台区电话局，西毗16号院，北邻63号院。	2002年	1145户2829人	63808087 63814487

续表 35

社区居委会名称	社区居委会地址	社区居委会所辖范围	建成时间	常住人口（＊户＊人）	对外办公电话
北大地16号院社区居委会	北大地三里北大地16号院社区居委会	东迄北大地西区，南迄总后第二干休所，西至东安街头条19号院，北至西四环南路63号院。	2002年	1438户3446人	66941369 63804988
东安街社区居委会	福顺里4号楼北侧	东起西四环南路，南到京广铁路沿线，西至程庄路口东，北起东安街头条路南侧。	2002年	2020户4819人	63856433 63801991
东安街头条社区居委会	东安街头条15号楼东侧	东至西四环南路辅路，南至丰台医院北墙，西至头条19号院东门，北起丰台八中难墙。	2002年	2092户4818人	63814522 63805242
北大街北里社区居委会	近远路北大街北里8号楼西侧	东迄东大街，南至首师大附属丽泽中学，西至西四环，北至丰北路。	2002年	3182户7035人	63814633 63816859
东大街西里社区居委会	东大街西里平方1号	东至东大街，南至七里庄路，西至七里庄斜街，北与海航大院相接。	2002年	1726户3824人	63815998 63807462
北大街社区居委会	北大街南里10号楼南侧平房	东至丰华苑西街，南至黄楼路，西至西四环南路北大街桥，北至北大街。	2002年	2280户5804人	63814611 56024908
东幸福社区居委会	东幸福街院内平房	东至丰台区文体路，南至东幸福街路、文体路64号院，西至丰台西四环南路，北至铁路党校路。	2002年	2009户4564人	63846136 63864969
永善社区居委会	电报局街3号楼前平房	东起文体路、中医医院、16号居民楼，南邻京张、京沈铁路干线，西至西四环南路，北靠东幸福街。	2002年	2123户5147人	63846960 63803312
正阳北里社区居委会	正阳北里小区同盛里7号楼前北侧	东起东大街335路汽车总站(垃圾楼)，南邻丰台火车站，西至丰台镇文体南路，北至正阳农贸市场。	2002年	2168户5866人	63842776 63833165 63869648
东大街东里社区居委会	东大街东里6号楼前平房	东起泥洼路，南邻丰管路，西至东大街，北靠丰台北路。	2002年	3347户10420人	63820013 63837576
东大街社区居委会	游泳场北路9号院华鼎写字楼1层东侧	东至东营里1号院东墙，南至游泳场北路中心线和东营里胡同中心线，西至文体路中心线，北至七里庄路中心线。	2002年	2779户6784人	6389 0611 6380 0684 8381 8024
前泥洼社区居委会	丰管路前泥洼小区一区4号楼	东至前泥洼路，南至丰草河，西至东营里，北至丰管路。	2002年	2858户6594人	63865130 63807164
南开西里社区居委会	南开西里23号楼北侧	东至西四环南路，南至看丹路，西至看丹铁路桥，北至京山京广铁路线。	2002年	2358户6209人	63797517 63736261 63726603
向阳社区居委会	新华街三里9号楼北侧	东临胜利街，南至新华街北社区，西毗西四环南路，北起京原铁路。	2002年	2462户4686人	51106584 51106784
建国街社区居委会	新华街一里甲一号	东迄造甲街，南至新华街，西沿胜利街向北经建国街至电务段西墙，北至京张、京沈铁路线。	2002年	1996户3959人	52837714 52835424
新华街北社区居委会	新华街一里甲一号	东临西四环辅路，南临新华街，西东兴路，北与建国街社区为邻。	2002年	3276户8075人	52838141 52971790
新华街南社区居委会	新华街一里甲一号	东起造甲街，南临丰台南路，西至西四环南路，北靠新华街。	2002年	1941户6152人	52832471 52835034
程庄路16号院社区居委会	程庄路16号院39楼对面	东起东安街头条19号院社区，南接彩虹南社区，西邻程庄路，北至彩虹北社区。	2002年	1400户2597人	66943451 63802523
丰益花园社区居委会	丰管路与前泥洼路交叉口东50米	东起丰管路1号院东围墙，南至丰管路，西至丰管路3号院西围墙，北至北京十二中学北围墙。	2009年	2800户8825人	63899664 63890193
丰管路社区居委会	丰管路9号院西侧平房内	东至地铁十号线出口，南至东营里路、连接丰管路，西至泥洼路南段、连接公安部宿舍楼西墙，北至泥洼路30号院、32号院北侧马路。	2011年	1637户5241人	63863370
游泳场北路社区居委会	东大街41号楼	东至东营里2号院东侧路，南至正阳大街3号院，西临东幸福街和正阳北里小区，北至游泳场北路中心线和东营里胡同中心线。	2020年	2875户5585人	63946840 63946966 63948146
彩虹南社区居委会	程庄路20号院北门旁边	东邻东安街19号院，南邻总后药检所，西邻程庄路，北邻程庄路16号院。	2013年	1231户2892人	52412913 52291842

（谭宇新）

卢沟桥街道

【概况】卢沟桥街道始建于1968年，位于丰台区北部，与“两区、一乡、九街”交界，(两区：石景山和海淀；一乡：卢沟桥乡；九街：北侧与石景山鲁谷街道、八宝山街道和海淀区万寿路街道、永定路街道、羊坊店街道相邻，东侧与太平桥街道接壤，南侧与丰台街道、新村街道交界，西侧与宛平街道相连)。辖区面积59.73平方公里。2020年，常住人口26万余人。下辖社区38个，与卢沟桥乡12个行政村相融交织，交叉管辖，是丰台区管辖社区最多的街道，属于典型的城乡结合部街道。辖区内国家机关、文化、教育、商业、企业单位分布相对集中。有中建一局、中铁电气化集团公司、铁路通信号集团公司、中国电子工业出版社等中央、市属单位128家；有中国人民解放军八一电影制片厂、解放军总医院第五医学中心等驻区部队11个；有公安派出所、工商所等9个区政府职能部门派出机构；企事业单位5400余家。

（黄　婧）

【平安建设】年内，街道全方位启动常态化应急值守机制，发动志愿者15万人次参与社会面防控。建成智慧平安小区126个，建立“志愿者分时上岗、干部错峰盯守”机制。推进社会矛盾调处，完成“七五”普法任务，深化“四访”工作机制(即下访、问访、约访、回访)，接待群众来信、来电、来访287人次，解决群众诉求问题278件。

（徐小玉）

【城市管理】年内，街道推进“一塔一店”整体改造，组建青塔村、五里店专项工作领导小组，参与研究棚改方案10余次，对111户居民和10家中央、市属国有企业走访调研，召开企业、居民多方座谈，听取意见建议。针对青塔村开展集中整治和封闭管理，拆除五里店惠昌大院违法建设3245平方米，做好五里店地区改造指挥部服务保障。落实“街长制”“河长制”工作制度，街道、社区累计巡河3970公里，街巷洒水、降尘127次，解决环境问题42件，250条背街小巷实施专业保洁，大成路非法鸽子市实施常态管控。处理市容卫生类网格案卷1.2万余件，清运垃圾渣土、生活垃圾、堆物堆料1300余车，协调整治第二轮中央环保督察件19件。

（徐小玉）

【社区建设】年内，街道组织开展社区工作者全员培训，645名社区干部脱产学习，加强社区工作者职业技能培训，257名社区干部通过初、中级社工师评审。完成5个新建社区筹建，开展“社区之家”“一刻钟便民服务圈”争创活动。街道5个新建社区完成社区党委换届选举工作。5个新建社区在册党员421名，社区党委通过党员大会选举产生。书记得票率99％，第一届委员会委员平均得票率97％。5个社区党委选举产生第一届党委委员25名，平均年龄42.1岁，大专及以上学历100％，“一身兼”100％。其中党委书记5名，副书记5名，专职委员5名。党员居委会委员比例58.14％，“两委”交叉任职比例56.2％。

（徐小玉）

【民生服务】年内，街道实现失业人员就业1087人，困难人员就业774人，采集空岗信息2920个。监察劳动用工单位2438家，取缔“黑职介”5家，追讨拖欠民工工资258.3万元。组织实施各类专项救助、优抚、残疾、老龄、妇幼、计生、红十字等民生保障资金4310万元，救助困难人员21042人次1127.41万元。提升“喘息服务”养老驿站、“连心通”“低龄帮高龄”服务水平，引进11个规范蔬菜直通车。

（徐小玉）

【接诉即办】年内，街道实施“日调度、周总结”模式，推进社区7*24小时全响应工作机制，发挥“党建引领、街乡吹哨、部门报到”平台功能，对重难点问题从街道层面加强统筹调度，落实二次督办和三次回访机制，明确五级职责制度。强化主动治理，“未诉先办”，集中整治群众反映的突出问题，全年受理居民诉求4.5万件。

（徐小玉）

【基层党建】年内，街道定期研究党风廉政、意识形态、重点领域党建工作，班子成员与机关社区干部谈心交心154人次，深入社区调研392次。督导基层党组织开展为民办实事项目117项，落实党组织服务群众经费1613.6万元。制

▲12月27日，卢沟桥街道美域家园设置生活垃圾分类驿站。（刘平　摄）

定领导班子主体责任清单7项24条，领导班子成员责任清单29项81条。量化机关效能目标12项183条，制定为民办实事项目10项，公开政务信息75条，专项督查督办179件，50余篇实用信息被《丰台组工》《丰台信息》《丰台政务》刊发，255条外宣信息被区级以上报刊和新闻媒体采用。

（徐小玉）

【非首都功能疏解】 年内，街道持续深化京津冀协同发展和首都城市总体规划布局，量化任务清单18项，开展16个失管小区微整治，实施专项拆除行动76次，拆除违法建设5万余平方米，清理占道经营重点点位7处，取缔无照经营单位、餐饮商户16家，治理违法群租房127处，整治人防工程13处，完成3条背街小巷的整治工作，4处便民商业网点建成使用，群租房、新生违建、“散乱污”企业等实现“动态清零”。

（徐小玉）

【垃圾分类】 年内，街道开展垃圾分类宣传，组织各类培训600余次，悬挂条幅近800条。引导在职党员和党组织“双报到、双带头”，组织1000余人“桶前值守”，安装智能监控摄像头552个，完成764个垃圾桶站硬件升级，引导群众参与“光盘行动”，建成垃圾分类驿站24个，检查责任单位3318家，处罚20余万元，提升家庭厨余分出率。大成郡和美域家园被评为北京市垃圾分类第一批示范小区。

（徐小玉）

【安全监管】 年内，街道以经营、生产、消防、交通、食品、药品安全、预防煤气中毒为重点，逐级签订安全责任书，完成25家小微企业标准化创建和906家企业城市风险评估，检查辖区生产经营单位5062家次，下达整改通知书1268份，发现隐患3772处，隐患整改率100%。开展重点地区安全生产综合整治，入户362次，查收不合格液化石油气罐635个，关停约谈违规企业69家。

（徐小玉）

【扶贫协作】 年内，街道继续实施河北涞源县、青海治多县结对帮扶协议，投入扶贫支援资金60万元，推进生态畜牧业合作帮扶、公益性岗位建设等扶贫项目落地实施。疫情期间，向湖北十堰市张湾区捐赠防疫口罩。向南马庄乡中心小学捐赠学习用品1万余元，惠及贫困学生320人。采取线上线下和大宗采购等方式扩宽扶贫产品销售渠道，实施消费扶贫36万余元。

（徐小玉）

【精神文明建设】 年内，街道开展新时代爱国卫生运动，1.2万人参与周末城市清洁日活动，探索建立社区家庭医生工作室，组织“健康大课堂”“家庭医生见面会”“网上健康直播间”9场，近20万群众受益。持续拓展“六个卢沟”文化品牌效应，开展“聚力卢街‘艺’起抗疫”“健身云起舞·卢沟悦满圆”“健身云竞技 抗‘疫’体能王”等文体活动，举办周末百姓大舞台演出12场。

（徐小玉）

【疫情防控】 年内，街道成立疫情防控领导小组，设立社区防控、协调保障、社会维稳、消杀处置等7个工作组，建立工作协调、信息报送、每日会商、检查督导、包片负责5项工作机制。运用“双下沉”“双报到”机制，街区党员干部、在职党员分时、分组、分岗下沉社区，参与防控。成立42个一线临时党支部，设立“党员先锋岗”。抽调骨干力量参与4个集中隔离点防控工作，制定大井、五里店等平房区“常态化封闭”措施，累计居家隔离2万余人，集中隔离307人。新发地批发市场聚集性疫情发生后，全面摸排新发地、玉泉东等大数据人员12675人，组织核酸检测74场、检测13.47万人次。通过“文明卢街”发布防疫信息203条，115篇经验做法被新华社、《北京日报》、北京电视台、《前线》等中央、市级媒体刊播。

（徐小玉）

▲4月26日，卢沟桥街道蓝天救援队到北京市大成学校消杀。（高培蕾 摄）

卢沟桥街道社区居委会一览表

表 36

社区居委会名称	社区居委会地址	社区居委会所辖范围	建成时间	常住人口（*户*人）	对外办公电话
丰台路口社区	望园西里17号楼北门	位于西四环南路东南侧，东临望园路，南至望园北路，西临西四环南路，北起广安路，面积0.4平方公里。社区有楼门院10个，楼房44栋，楼房多建于80年代初期，老旧结合社区，其中以单位型住宅区为主	2000年	2780户 5750人	63831978 63809981
望园社区	丰台区望园东里三号平房	位于丰台区望园东里3号平房，东至万丰路，西至西四环南路，南至丰北路，北至望园北路，面积0.33平方公里	2008年	4184户 9455人	63825041 63865104
六里桥南里社区	小井294号(天云五金建材院内)	东至西三环南路辅路，南至西局北街，西至望园东路，北至广安路。管辖小区：海军小井润园二区	2002年	2419户 4550人	63768774 63801054 63846984
六里桥北里社区	丰台区莲怡园东路与吴家场路交叉口	东至西三环中路，南至体委宿舍，西至八一厂，北至莲花桥南，吴家场路南侧；管辖面积0.3平方公里	2000年	2307户 4716人	63967558 63460084
八一厂社区	六里桥北里甲1号八一厂院内3号楼西侧	位于卢沟桥街道东北角，京港澳高速路辅路附近，东至六里桥北里社区，西至六里桥社区，南至六里桥京港澳高速公路辅路，北至莲宝路，主要包括六里桥北里甲1号院、六里桥北里9号院	2000年	2025户 5199人	66824652 66834569 63325056
六里桥社区	六里桥北里甲15号	位于莲怡园东路附近，东至八一厂西墙外，西至莲怡园东路东侧，南至京港澳高速北侧，北至韩建集团南侧和八一厂南墙。主要包括六里桥北里居民区、六里桥7、8、9、10号院、六里桥3、4、5、6号楼，共计26栋居民楼，及奈伦大厦、天程大厦	2000年	2058户 3780人	63438902 63438102
莲怡园社区	莲怡园一区5号楼西侧二层红楼	莲怡园一区，莲怡园二区，马官营家园，中景未山赋小区，万丰路66号院	2002年	3348户 10044人	63366110 63447615
莲香园社区	丰台区莲宝路2号院盛今大厦1F	东至：莲怡园东路 南至：京港澳高速辅路 西至：莲宝中路 北至：莲宝路	2001年	2400户 4800人	63992399
岳各庄社区	西四环中路112号阅园一区5号楼底商	东至——战备路、南至——卢沟桥路、西至——梅市口路、北至——水衙沟路	2000年	5479户 16437人	83666985 83668451 83667896
金家村第一社区	北京市丰台区西四环中路326号东易日盛B座625室	东至万丰路密码局东墙，西至西四环路东侧，南至水衙沟路，北至西客站车站客运段南墙。主要包括靛厂锦园小区（居民）、靛厂绣园（居民）、圆梦园小区（居民）、靛厂五队平房区、金家村村西四个院、金家村三排小楼、西府兰庭小区（靛厂路52号院）：1号楼—3号楼、靛厂路6号院：1号楼-3号楼、5号楼-10号楼、红旗渠大厦（万丰路29号院）：1-2号楼、海丰家园（代管）：2号楼、3号楼、5号楼-10号楼、12号楼、13号楼	1997年	3115户 7320人	88253872
金家村第二社区	金家村一号院内平房	位于万丰路金家村桥南侧，东至万寿路南沿路辅路西侧，西至北京铁路局动车车辆段，南至国家密码局和海军干休所住宅小区海丰家园，北至新开渠南侧，主要包括金家村一号院小区2、3、5、6、7、8、10、11共8栋住宅楼；2、金家村288号院小区1、2、3、4、5共五栋住宅楼；3.金家村283号院小区1、2共两栋住宅楼	2003年	1554户 3411人	51763504 52850460
青塔东里社区	丰台区青塔东里7号院16至17号楼西平房	东至西四环中路，西至青西社区，南至大成路，北至莲花河与海淀区相邻	2000年	3911户 8400余人	68159751 68187002 68158433
青塔西里社区	丰台区青塔中街44号院3号楼西侧一层	东靠北京大理石厂，南至大成路，西至青塔西路，北至京九铁路沿线，辖区面积0.25平方公里。社区主要包括青塔村、青塔西里4、5、6号院、青塔中街40、44号院、青塔西里14号楼、大成路11、13号院、郑常庄308号院	2002年	5100户 11968人	68671244 68673280

续表 36

社区居委会名称	社区居委会地址	社区居委会所辖范围	建成时间	常住人口（*户*人）	对外办公电话
蔚园社区	丰台区大成里蔚园社区 12 号楼东侧平房	东到青塔西路，南至春蔚路，西临芳塔路，北邻凉水河	2000 年	2770 户 5600 人	68671324 68671434
秀园社区	大成里青塔街心公园南侧	东至青塔西路；南至大成路；西至芳秀路；北至春蔚路．	2000 年	2590 户 5931 人	68671639 68676766
芳园社区	丰台区大成里芳园 6 号楼西侧平房	东至芳秀路，南至大成路，西至芳春路，北至京九线。	2000 年	2381 户 5953 人	68671602 68671524 68671194
春园社区	丰台区大成里春园 9 号楼北侧	春园社区东至青塔五街芳春路，西至小屯路，南至武警三师南墙，北至小瓦窑东里南路	2001 年	2678 户 7500 人	68674784 68695420
小瓦窑西里社区	张仪村路 4 号院 2 号楼	东至小屯路，西至张仪村路，南至四号院南院，北至吴家村路，主要包括张仪村路四号院小区，共 8 栋居民楼	2000 年	2291 户 6953 人	88690346 88690045
小屯社区	小屯路 106 号	青塔西路以西、西五环以东，京石高速以北，紧邻园博大道	1990 年	1500 户 2100 余人	83696606 63891685
大瓦窑社区	丰台区大瓦窑村 305 号（张仪村水站院内）	东至小屯西路，与假日风景社区、卢沟桥乡郭庄子村交界；南至大瓦窑中路；西至张仪村路；北至丰仪南路，与康南社区，卢沟桥乡小瓦窑村、张仪村交界	2000 年	1445 户 3634 人	83292009 63709969
五里店第一社区	卢沟桥路南侧，五里店农场对面二层楼	东起程庄路北口，西至西道口立交桥，北起京港澳高速南侧，南至丰西路北侧，辖区总面积约 6 平方公里	2000 年	4822 户 13332 人	63866007 63825042
五里店第二社区	五里店南里小区 17 号楼	位于丰台区卢沟桥路，东临五里店南路，南至丰西路 41、45 号院，西毗外运仓库，北起五一社区。社区面积为 0.142 平方公里，共有 37 栋楼房，其中居民楼 29 栋，平房院落 3 个	2002 年	3391 户 7500 人	63825043 63814420
丰西路社区	丰台西路 41 号院平房	位于卢沟桥街道西南片，东临丰台街道，西至公交 390 总站西墙。与五一、五二社区交界，南与新村街道接壤，北起油泵厂南墙	2001 年	3147 户 9182 人	83652213 83653794
油泵厂社区	丰台区卢沟桥路北油小区内平房	位于丰台区卢沟桥路南侧附近，东至程庄路，西至五里店南路，南至油泵厂南墙，北至卢沟桥路，主要包括程庄路 3 号院 1-12 号楼、和光里小区 1-4 号楼、9-15 号楼，其中居民住宅楼 21 栋楼，和光里 2 号楼是综合楼，12 号楼是幼儿园，共计 23 栋楼	2002 年	2521 户 7282 人	63812179 63830541
大井社区	大井 266 号	东：西四环南路辅路以西、卢沟桥路以南； 南：丰体南路辅路以北、大井南里西侧围栏； 西：大井桥以东、卢沟桥路以北； 北：京石高速南辅路以南	1989 年	2590 户 7148 人	63846987 63856612 63810243
长安新城第一社区	大成南里一区 13 号楼 1 层 104、105	东起青塔西路，北至大成路，西至青塔五街，南至水衙沟路，辖区面积 0.28 平方公里	2006 年	4153 户 11087 人	68696269 68696369
京铁家园社区	北京市丰台区京铁家园 2 区 8 号楼 2 层	位于卢沟桥街道北部，东至西翠路南延，南至京铁家园南路，西与卢沟桥乡交界，北至京九铁路线	2005 年	3321 户 10118 人	51806811 51806369

续表 36

社区居委会名称	社区居委会地址	社区居委会所辖范围	建成时间	常住人口（*户*人）	对外办公电话
民岳家园社区	丰台区梅市口路10号院民岳家园居委会	位于岳各庄北桥西部，梅市口路东附近，东至梅市口路10号院东墙内，彩福街西侧，西至梅市口路12号院西墙内（珠江峰景三期东墙），西府景园小区西墙内，南至梅市口路甲10号院（装甲兵老干部楼）南墙内，梅市口路12号院南墙内，北至梅市口路15号院北墙内，梅市口路10号院北墙内。主要包括民岳家园小区一期1号-4号楼、二期2号、3号、5号-9号楼、三期5号-7号楼；西府景园小区2号-6号楼、8号楼；梅市口甲10号院（装甲兵老干部楼）；及魏家村20号院万和园3号、5号、6号楼居民事务	2006年	4441户 12000人	83658795 63869639
丰体时代社区	丰体南路1号院3号楼212、201室	丰体时代花园社区位于丰台区体育中心西侧。东至大井社区，西至丰体西桥，南至丰体南路，北至卢沟桥路，主要包括丰体时代1、2、3、4、5、6、7、8、9号楼	2009年	2450户 5890人	63876708 63875209
保利益丰社区	西局西路58号院保利百合底商58-73	保利益丰社区位于六里桥长途汽车站南面，东至西三环南路，西至西局西路，南至南马连道路，北至西局北街，主要包括保利百合花园小区、益丰苑小区	2011年	2419户 5603人	63770704 63770801
珠江紫台社区	青塔西路58号院珠江峰景小区60号底商二层	珠江紫台社区位于青塔西路58号院珠江峰景小区60号楼底商二层，东至民岳家园西墙，西至青塔西路，南至万绿园小区南墙，北至岳各庄北路	2012年	1828户 6986人	63877633 63877806
假日万恒社区	大瓦窑北路2号院2号楼2层	坐落在小屯西路，东至小屯路西侧假日风景A、C东墙院内，西至小屯西路，北至小屯路街心公园南例，南至京港澳高速路北200米	2012年	2430户 6054人	83205843 83205842
科兴佳园社区	靛厂路26号院15号楼二层	科兴佳园社区位于丰台区靛厂路附近，社区四至范围是东至302医院小区西墙，南至水衙沟路，西至锦园小区东墙，北至靛厂路	2014年	1486户 4664人	55498624 88172170 55498617 66930888
长安新城第二社区	大成南里三区1号配套综合楼	东至西四环中路、南至水衙沟路、西至青塔东路、北至大成路，管辖小区：大成郡小区、大成时代公寓楼	2014年	1741户 3325人	68291302 68291307 68291303
美域家园社区	小屯路美域家园南区3号楼底商二楼	1. 美域家园社区北区：北至美域家园小区北区北侧围墙，南至小屯中路，西至小屯西路，东至北京城乡超市西侧围墙。（北京城乡超市1-2层商铺为卢沟桥地区办事处管辖，3层以上居民由美域家园管辖。） 2. 美域家园社区南区：北至小屯中路，南至兴源路，西至小屯西路，东至美域家园小区东侧围墙	2014年	2381户 6323人	88608852 88608821
建邦枫景社区	双林东路105院建邦枫景小区1号楼一层	丰台区双林东路105号院	2014年	1815户 4820人	63709551 63709557
和风四季社区	程庄南里8号楼西侧绿地	和风四季社区位于丰台区程庄路附近，东至程庄路，西至丰台汽车站东墙，南至丰台西路，北至程庄中路，占地面积0.26平方公里。主要包括和风四季小区4号楼、5号楼、6号楼、8号楼、14号楼、程庄路65号楼，程庄子56号院，程庄子70号院、程庄子71号院。程庄南里小区2号楼、3号楼、9号楼、10号楼、11号楼、12号楼、13号楼（代管居民事务）	2014年	1611户 2815人	83653036 83653026

（徐小五）

▲11月9日，太平桥街道在应急消防科普教育基地举办“119”宣传月启动仪式。（侯燕伟 摄）

太平桥街道

【概况】太平桥街道位于丰台区的中北部，地处二、三环之间，京石高速、地铁7号、9号线从辖区穿过，有北京西站、莲花池长途汽车站等交通枢纽。东与西城区接壤，北与海淀区毗邻，西南分别与卢沟桥、新村、右安门街道和南苑乡搭界，并与卢沟桥乡6个村交叉相连，是典型的城乡结合部地区，下辖16个社区。2020年，辖区面积9.81平方公里，常住人口76677人。辖区内有中央单位及市属企业42家，非公企业366家。有电力医院、三路居医院、清华大学附属丰台学校等医疗教育资源。新引进注册资金1000万元以上企业3家，留区税收300万元。完成地区财政收入2.98亿元，同比增长9.4%，完成全年任务的（2.81亿元）106.2%。年内，首科大厦党总支被授予“北京市抗击新冠肺炎疫情先进集体”称号；莲花池社区获得“首都绿化美化花园式社区”称号。

（侯燕伟）

【平安建设】年内，街道完善物防、技防建设，继续推广启用“互联网+”智慧门禁系统，提升精准化服务水平，惠及辖区6万余人；完善综治信息化系统功能，利用辖区1587个监控探头，以网格化定点与巡逻车不定时巡查相结合的立体式、多层次的防控体系，加强车辆、人员管控，提升辖区安全防范水平。建立电话、邮箱、微博等“多位一体”举报平台，拓宽群众对扫黑除恶的监督举报途径，开展专项集中整治6次。完成3000余人次消防安全大培训，完成企业安全普查5043家，安装独立烟感报警器1631个、电动自行车充电装置7处，发放各类宣传材料2.4万余份。

（侯燕伟）

【城市管理】年内，街道拆除违法建设7566平方米，完成全年任务195%，完成率排名全区第二，新生违法建设“动态清零”。清理整治占道经营重点点位4处，无证无照经营点位3处；完成3条背街小巷（精治类）环境整治工作；开放6条主路的路侧停车，共提供车位649个。依法取缔违法群租房65处，整治率100%；完成地下空间整治任务5处、失管小区专项整治3个。完成精图社区“月季花进社区”项目，共种植月季花1.2万棵，种植面积1200平方米；完成首科花园小区、广安路垂直绿化工程2000延米，修剪12个小区594棵枯枝危险树木。加强市容环境、秩序环境等整治工作，做好日常检查及各类应急处置工作，街道获得年度环境建设样板单位称号。完成东管头社区周边裸地整治500平方米，种植沙地柏6000株。街道PM2.5（细颗粒物）平均浓度为40.5微克/立方米，TSP（总悬浮颗粒物）平均浓度为106微克/立方米，同比分别下降7.95%和13.11%，空气质量持续改善。建立环保问题联合处理机制，“吹哨”区生态环境局15次，重点解决油烟异味和噪音扰民等问题。

（侯燕伟）

【社区建设】年内，街道指导16个社区完善落实议事协商机制，强化协商联动，充实议事队伍，推进议事协商制度化、规范化和程序化。推进社区治理向小区治理、楼门院治理深化，指导太东里社区创建丰台区楼门院示范点，利用专项经费打造“楼门院文化”，改善小院围墙环境及文化墙。创建精图社区丰台区“全科社工”试点，东管头社区创建常态化疫情防控示范区，16个社区全面推进常态化疫情防控建设。街道成立业委会24家、物管会21家，业委会（物管会）组建率100%，超额完成绩效考评指标，物业服务覆盖率97.8%，物业企业党的组织覆盖率100%。推进服务大厅“一窗受理”新模式，提升为民办事的效率和服务水平。疫情期间实行政务服务事项“零见面”办理模式，编制服务事项清单50项，全年共办理事项1.2万余人次。

（侯燕伟）

【民生服务】年内，街道累计发放民政资金730余万元。走访慰问低保、残疾人、计生困难家庭、高龄老人等特殊人员200余名，发放慰问资金31万余元。

为363户家庭办理政策房备案等相关手续，发放市场租房、公租房补贴150余万元。全面推进劳动用工治欠保支工作，为60名农民工追讨工资80万元。深化为老服务工作，持续做好辖区5个社区养老服务驿站的管理服务及可持续发展运营，为高龄、失能、困难老人发放养老服务补贴津贴2.3万人次482.2万元。完成对辖区无障碍设施全面普查，将200余栋楼房3169个元素纳入无障碍设施改造台账，完成19个点位无障碍设施69个元素的改造、贴标识工作。完成就业389人，完成率121.6%。做好困难人员摸查和企业用工调查，全年摸查困难人员263人次，调查用工单位42家。发放失业保险金、临时价格补贴等各类补助金190余万元，为1080人申请灵活就业保险补贴76万余元，为29名灵活就业人员报销药费近9万元。办理户籍人口一孩生育登记137人，二孩登记57人，再生育审批7个家庭，户籍人口计划生育政策符合率100%。完成110人独生子女父母年老时一次奖励审核及发放工作，为6个家庭办理独生子女光荣证。完成124名非京籍儿童入学审核工作。取缔芭芘、卓睿达2所非法幼儿园。指导太西里、蓝调社区2所无证幼儿园完成审核备案工作，并申报成为社区办园点。

（侯燕伟）

【接诉即办】年内，街道规范案件办理流程，提高办件质量，制定完善“接诉即办”制度3项，加强案件督办。上线全区首个街道级“12345”数据实时分析系统平台，实现热线案件数据实时、全面、准确分析，提升工作效率。接到市区转办及电话来访等信访件91件，同比减少7件，按期答复率100%。

（侯燕伟）

【基层党建】年内，街道完成楼宇级党群服务中心（站点）建设任务，其中，首科大厦建成2000平方米的集党建文化长廊、多功能孵化中心、党员教育活动室、政务服务站、法律服务工作站为一体的综合性的党群服务中心，完成市委专项调研验收工作，其政务服务站成为丰台区首个党政融合楼宇政务服务站，辐射5个楼宇，为600余家企业提供“点单式”个性化服务；国投财富广场完成“党建三强”文化品牌建设，财富西环党群服务中心站完成“党建引领品质楼宇”的建设，初步形成“一楼一品”态势。通过“云课堂”方式，组织298名基层党组织负责人、党务工作者等进行为期3天培训。组建社区“两委”换届选举专班，完成社区“两委”班子和队伍的考察；加强人才储备，开展“新时期社区建设”等主题论坛，近距离考察社区干部。加强“双覆盖”工作，新摸排接转96名“两新”党员，新发展党员16人，新建党支部1个，完成1个党委、8个支部换届和党员统计工作。截至年底，共有“两新”党员508人，党组织74个。

（侯燕伟）

【疫情防控】年内，街道成立疫情防控领导小组并制定工作方案，构建“1室8组”（1室即：领导小组办公室；8组即：医疗保障组、环境与交通保障组、宣传和舆情保障组、商品供应保障组、社会稳定组、社区防控协调组、后期保障组、监督检查组）联防联控机制。召开69次街道党工委（扩大）会、39次专题会部署落实疫情防控工作。坚持“党建协调委员会主导，商务楼宇党组织联动”，广泛动员社区党员、“双报到”党员及社会力量共同参与，组建22个疫情防控一线临时党支部，设立党员先锋岗49个。全年开展防疫检查2184次，送达责令整改通知书及公示单100余份，督促经营、管理单位落实疫情防控主体责任。联合党员、物业、楼宇党务工作者等多方力量成立8个楼宇工作组，指导疫情防控复工复产工作。全年完成重点人员排查、居家管控、卡口值守、消毒消杀、重点地区人员转运等各项工作；组织排查1.4万余名大数据人员，做到应检尽检，应管尽管；完成50余场近6万人核酸检测任务。全年未发生一、二级风险人员失管失控情况。提供精准服务，助力全面复工复产达产。通过逐户宣传政策、逐户进行协商，为企业减负，协调动员各产权主体，为辖区企业减免租金共1618万元。截至年底，辖区近千家楼宇企业复工率100%，复工人员100%。

（侯燕伟）

【群团工作】年内，街道开展职业、企业沟通会10次，发展工会会员103人，建立独立工会1家，联合工会1家。着力在“妇女之家”营造上下功夫，开展“北京市第三届妇女创新创意大赛暨手工技能大赛”、最美绿色家庭创建等30余场妇联活动。新建20个团支部，清理“空壳团支部”，成立首科大厦团总支，“丰台区青年创新创业基地”正式落户首科大厦。

（侯燕伟）

【垃圾分类】年内，街道印发垃圾分类社区考核评分规则，对社区进行月度考核，动态调整考评规则。创建“曝光台”和“公示榜”，通报社区垃圾分类情况。组织街道、社区干部、物业、企业、文明引导员、志愿者等400余人，开展“桶边打卡一刻钟”行动，监督指导居民分类投放。优化桶站设置、升级垃圾桶设备，方便居民分类投放。威尔夏大道小区完成北京市垃圾分类示范小区创建工作。建成2处厨余垃圾转运站，满足地区42个小区厨余垃圾转运需求，规范化设置394组桶站。

（侯燕伟）

【退役军人服务】年内，街道打造街道“迷彩一生·老兵志愿服务队”品牌，在街道、社区成立18支志愿服务队，专注首都老兵社会服务和矛盾化解。持续做好退役军人信息采集，为中国安能建设集团有限公司150余名退役军人提供上门信息采集服务，为34位退役军人办理保险接续工作，为3名新入伍义务兵家庭悬挂光荣牌，发放义务兵优待金，为9名参加抗美援朝的志愿军老兵申请纪念勋章等。获得“北京市退役军人工作先进集体”称号。

（侯燕伟）

【文化建设】年内，街道改造社区全民

健身活动场地7处；投入3万余元完善地区文化设施标识标牌，引入社会力量开展文化活动项目18个，惠及辖区群众近4万人次。引入专业社会组织，采取“点餐式”服务，深入打造“悦动莲花”主题文化体育活动品牌，组织开展百姓大舞台、“文化四进”等文艺演出活动30余场，举办全民健身体育节8场，社区级体育活动98场。组织开展辖区百姓周末大舞台、传统文化进社区等文体活动70余场，开展基层文体骨干培训、志愿者培训8场，开展国民体质监测工作，全年测试554人。

（侯燕伟）

▲10月13日，太平桥街道全民健身体育节登山比赛在北宫森林公园举办。（侯燕伟 摄）

【人口普查】 年内，街道组织开展第七次人口普查实地踏勘21次，召集参与边界划分协调会4次，与丽泽管委会和北京西站地区管委会分别开展协调4次。选聘普查指导员和普查员465人，发放普查“两员”（普查员和普查指导员）入户物资、人口普查宣传资料10万余份。组织线上线下业务培训15次，指导三路居社区6个普查小区完成北京市人口摸查试点工作，开展人口普查宣传月活动16场。

（侯燕伟）

太平桥街道社区居委会一览表

表37

社区居委会名称	社区居委会地址	社区居委会所辖范围	建成时间	常住人口（*户*人）	对外办公电话
蓝调社区	三路居路88号院3号楼5单元102号	东至菜户营西路，南至三路居南路，西至莲花河东侧辅路，北至嘉莲苑小区北院墙	2012年	2522户 4697人	63254672 63254716
菜户营社区	菜户营88号院鹏润家园雅园西北角	东至西二环辅路西侧，西至京九铁路东侧，南至菜户营桥北侧，北至天伦北里小区南侧围墙	1993年	1437户 3288人	63356436 63356022
太中里社区	西客站南路甲3号	东至西站南路，西至太平桥路，南至马连道南街，北至广安路	1980年代	2620户 4785人	63323524 63455730
太南里社区	太西里45号平房	东至太平桥路向东到西站南路南段，南至丽泽桥，西至西三环路，北至银河路	2002年	2938户 5708人	63369280 63370297
三路居社区	丰台区三路居101号院东侧平房	东至莲花河西侧，南到丽泽路北，西至三路居中学，北到马连道粮库	2002年	2313户 5374人	63457898 63287189
太平桥东里社区	太平桥东里10号楼东北侧平房	东至湾子街，西至北京西站南路，南至太平桥东里33号楼南墙，北至广安路	1985年	3660户 6910人	63369119 63363553
太西里社区	太平桥西里25号楼	东至太平桥路，南至太平桥西路，西至西三环辅路，北至广安路	1980年代	3512户 8336人	63373024
万润社区	万泉寺256号万润风景小区5号楼西侧底商	万润风景小区	2008年	1260户 2280人	63250959
天伦北里社区	天伦北里小区15号楼105室	东临西二环路，西临京九铁路线，南临鹏润家园，北临西城区鸭子桥路	2002年	1718户 3606人	63356337 63357657

续表 37

社区居委会名称	社区居委会地址	社区居委会所辖范围	建成时间	常住人口（*户*人）	对外办公电话
万泉寺社区	万泉寺南里小区14号楼对面	东临凉水河路，南至东管头街，西毗骆驼湾西路，北至丽泽路	2000年	2521户 6702人	63338084
精图社区	西三环南路甲16号院	北至西局东街；东至太平桥路；南至丽泽路；西至西三环南路辅路	2005年	1498户 2697人	63480981 63480971
万泉寺东社区	万泉寺北路16号院4号楼1层	东至柳村路，西至无名路、北至丽泽路辅路，南至无名路	2010年	2120户 3542人	57502529
东管头社区	丽泽雅园东侧停车场灰色二层小楼	东至三路居路，西至西站南路，南至丽泽路，北至丽源路	2000年	3246户 5712人	63257911
丽湾社区	丽泽路1号院9号楼外南侧一层	东至京九铁路线，南至丽泽路辅路，西至莱户营西街路，北至三路居路东端	2012年	1521户 3396人	63386915
首威社区	华源四里1号楼底商12026室	东至西客站南路，南至丽源路、西至太平桥路、北至威尔夏北侧路	2008年	2952户 6370人	63328924 63371535
莲花池社区	水口子街	东至湾子与西城区接壤，西至西三环中路与卢沟桥街道相连，南至广安莲花池路，北至莲花池公园与海淀交界	2003年	1275户 3274人	63289862 63481756

（侯燕伟）

新村街道

【概况】新村街道位于丰台区中南部，与花乡基本重叠，北至南三环以内，丽泽商务区南侧铁路线，与太平桥、右安门街道相邻；最东至草桥，与马家堡街道相邻；南至京良路，与大兴区接壤；西至丰台西站，与宛平地区相邻。2020年，辖区总面积50.28平方公里，国有土地约37平方公里。管辖8.9万户21.9万人，流动人口79432人，有34个社区、2个筹备组。辖区有大学3所、普通高中1所、初中3所、小学8所、幼儿园7所，社区医疗卫生机构8个。

（徐立松）

【平安建设】年内，街道签订地下空间安全管理责任书260份，约谈地下空间承租人、产权人6次，组织人力950余人次，入户清理宣传86次；清理整治市区挂账地下空间5处，其中人防工程4处、普通地下室1处；配合区民防办对街道12个防空袭警报器进行维护维修。疫情期间检查26个员工宿舍，关闭其中不合格员工宿舍2处，检查地下车库30处、口部房5处，发放宣传资料40份。接待群众来电来访178人次；办理网信139人次、纸信104件次182人次。完成小微企业创建工作任务指标25家；城市安全隐患治理三年行动上账隐患23家；安全生产责任险工作考核183家，指标任务150家；一般制造业退出1家。安全生产检查单位3469家次，发现隐患548条，出动人员7000余人次。安装烟感报警器3150个、充电桩201处；清离、规范电动自行车停放及充电行为近500台次，督促辖区餐饮单位清理油烟道100余处，疏通消防通道70余次；为韩二社区内老旧小区逐楼门设置140组干粉灭火器，提升老旧小区消防应急基础能力；组织开展全民消防大培训活动，16208人参加培训；发放《火灾风险隐患指南》《家庭防火安全提示》等宣传品4000余份。清理“僵尸车”185辆。开展社会化宣传30余次，发放宣传材料、宣传品1300余份。

（徐立松）

【城市管理】年内，街道销账违法建设91处100435.5平方米，清理占道经营重点点位4处。完成右安路、右安门路、千禧旺超市西侧路、风和日丽小区东侧路、资和信北路和资和信南路4条背街小巷环境整治工程和丰桥路重点大街环境整治工程，周边环境得到提升。右安门路和右安路入围“2020北京最美街巷”，是丰台区唯一入围的街道。完成汇丰东路南侧和樊羊北路东侧环境整治、新村四里拆违后环境整治和明春苑小区15号楼北侧环境整治、看丹路南侧绿化改造、丰台南路绿化带花卉种植和丰西北里微型公园环境整治等9个小额环境整治项目。完成辖区台账内背街小巷的“一扫二保”，即每天至少一次清扫、两次保洁工作；门前三包责任书签订率100%，上帐率100%，完成整改第三方公司下发社区门前三包检查问题252件。清运大件垃圾、无主垃圾、堆物堆料、绿地垃圾4560车。安装垃圾分类硬质宣传横幅302块、“点位图、信息公示牌”150块、“两榜一表牌”（“两榜”是红黑榜，红黑榜是指表扬公示牌和曝光公示牌；“一表”是桶站值守人员排班表）150块、大件垃圾公示牌150块、装修垃圾公示牌150块；更新垃圾分类旧标志9860张，张贴桶站分类公示牌1200张；购置厨余垃圾破袋器1400个，定制垃圾桶手拉环5000套。制作发放《致居民一封信》2万份、宣传折页5万份、分类投放指引3000张、基础信息公示牌1000张、分类引导牌2500张、北京市垃圾强制分类图标1000份。为33个失管弃管小区安装垃圾桶架320个，配置垃圾桶860个，购置厨余垃圾车10台，并选聘3家运维公司负责垃圾分类运维与桶站值守工作。推动建设青秀城、芳菲路88号院2个小区为街道示范小区，其中青秀城小区通过2020年第一批垃圾分类示范小区的验收。全年PM2.5（细颗粒物）平均浓度为39微克/立方米，TSP（总悬浮颗粒物）平均浓度为110微克/立方米。完成提升整治40家餐饮单位油烟减排改造工作。现场梳理中央环保督查51件、市级环保督查165件，并全部办结。接收第二轮中央环保督察移交问题34个，办结31个。完成汛期排查危房5450间次，码放沙袋1300包，抽排水约1000立方米，处理危树26棵，解决积水问题66个，转移群众4人，动员社会力量6800余人次。全年巡河1591人次20.88公里。完成6个老旧小区内部供水管网改造工程和3个自备井置换。协同处理各类突发供水、排水事件16件。办理停车场备案84个，其中专用停车场48个，公共停车场36个。完成中海九号、樊家村路、万芳路、怡康路、丰台东路等24条道路1100个停车位进行道路停车居民认证工作。

（徐立松）

【社区建设】 年内，街道指导社区开展议事协商会议400余次，整理议事协商典型案例9篇。指导万年花城第一社区创建议事协商厅示范点、芳菲路社区3个楼门创建议事协商示范楼门。新村辖区100个小区共组建业委会19个、物管会56个，物业服务覆盖率88%；业委会物管会组建率75%。组织社区干部培训9次，350人参加，社区工作者继续教育培训费报销14人9400元，调整社工专业技术等级129人，提高社区干部专业化、职业化水平。办理生育保险报销14人次、医疗保险报销1人次、工伤保险报销3人次、工伤认定2人次，新招录社工28人、退休4人、辞职20人。发放社工工资5864万元，发放老积极分子生活补助、医疗补助50.1万余元。非京籍儿童入学审核580人，审核通过580人。举办文化活动90次，指导社区开展“社区邻里节”活动69场次，组织750人参加三级体育指导员培训。为造甲南里、科学城第二社区更换灯管、维修屋顶；为三环三、富丰园、韩一韩二、万柳西园、三环一、科二社区维修办公用房屋顶，加固防水层。投入88万余元完成新建社区办公用房装修；为新建社区购置电脑、空调、打印机，花费27万余元。青秀城、芳菲路获评市级垃圾分类示范小区。

（徐立松）

【民生服务】 年内，街道办理80岁以上高龄津贴业务3043人，发放高龄补助4636050元。发放残疾人生活补贴300人1815414.9元；发放残疾人护理补贴480人779400万元。发放精神残疾监护人补贴432人3034308万元。有低保家庭325户568人，发放低保金额7698352.64元，办理新申请低保31户51人。医疗救助345人次376530.74元（含城市特困人员），重大疾病救助230人次613712元，住院押金减免120000元，大额支出39人次166154元，临时救助264人次453887元，低保家庭供暖补助50户58012.9元。新申请市场补贴32户、公租补贴22户，续约35户，变更100户，终止102户，新申请公租94户。公租房复核上报57批次，涉及675人次。有残疾人3023人，新建残疾人事档案2份；慰问残疾人家庭386户32.55万元，慰问55名残疾儿童；为160名困难残疾人家庭提供家政保洁、生活照料；发放残疾人燃油补贴216人5.72万元。开展健康讲座456次，发放慢性病防控相关宣传材料19400余份，新建成1个健康社区；艾滋病综合防治宣传34场。开展红会救助，元旦、春节期间救助19户23000元，红十字博爱周救助10户10000元。办理独生子女父母年老时一次性奖励218人，办理独生子女证15个、流动人口生育联系单840份、两孩以内北京户籍生育登记服务单789份。组织开展丰台区适龄妇女长效筛查和体检500余人。发放低保两节慰问金297户21.25万元。发放军工两节慰问金44人44000元；发放优抚人员过节费101人10.1万元。双拥慰问三支部队20万元。劳动保障监

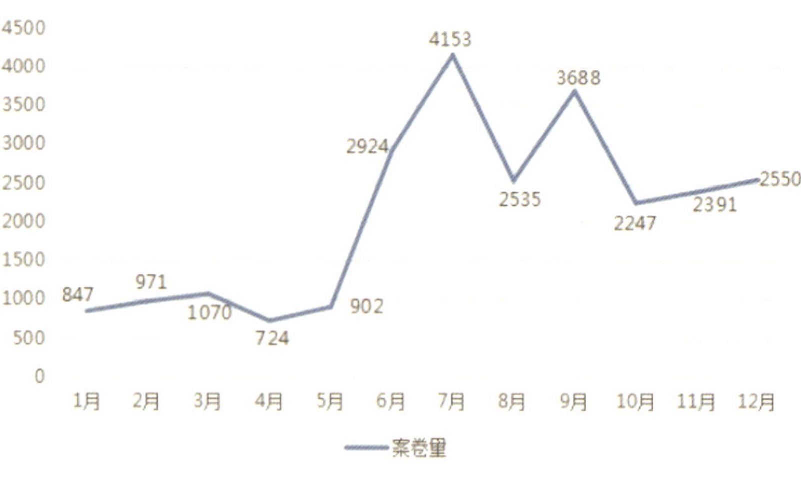

（徐立松）

察员日常巡查2500家，发放宣传资料25000余份。

（徐立松）

【接诉即办】年内，街道受理市“12345”热线交办诉求25002件，其中疫情6962件、物业管理3418件、市场管理1693件、投诉1623件、施工管理1477件、违法建设1261件、供水960件，均按期办结。街道“接诉即办”响应率100%，解决率78.12%，满意率82.94%。建立“接诉即办”工作平台，实现案件网络流转以及34个社区和3个筹备组的全覆盖，网络回复、证据材料收集、剔挂账流转实现标准化、便捷化；制定街道“接诉即办”考核办法，落实首接、首派承办单位负责制，坚持每日调度的工作举措，坚持对回访案件的督办制度；发挥小区议事协商机制的优势，同居民一起共谋解决办法，共商解决途径，共建解决机制，降低群众的集中诉求；依靠城市运行保障应急队伍，专门处理无物业老旧小区地下管道堵塞、房屋漏雨、道路或墙面破损、责任盲区的暴露垃圾、小堆无主建筑装修渣土等问题，提高问题处置效率。

（徐立松）

【基层党建】年内，街道研究制定全面从严治党工作安排及责任清单，下发“全面从严治党工作提示”至社区。新发地疫情期间，街道干部下沉占54.54%，70人下沉新发地周边小区，排查10.8万余户，核酸检测20万余人。党建引领辖区人大代表、街区两级党建工作协调委员会、“双报到”党员党组织物业企业联合会、商会、侨联等各方力量抗击疫情，捐款捐物60万元，参与社区值守、核酸检测等重点工作。协调推进6家非公企业建立党组织，4个商务楼宇建成党群服务站，建成街道党群活动中心。疫情期间，新发展党员50名，其中7人抗疫一线入党。

（徐立松）

【疫情防控】新冠疫情发生以来，街道第一时间成立疫情防控领导小组，根据实际将社区分为有疫情、有物业、无物业、区指定四类，每日汇总基础数据、重点人台账、人力投入等三大类28个项目数据，形成“作战图”。实行班子成员包片负责制，每日制定包片督导事项。街道在疫情防控期间负责34个社区、3个社区筹备组和区指定的5个新建小区。对小区实行封闭管理，形成154个封闭单元。严格落实市区疫情防控政策，对三无小区等力量薄弱区域，聘请保安人员充实防控力量。截至6月11日，辖区共出现确诊病例8例，涉及银地、万二、青秀城、怡海、富丰园5个社区。针对富丰园小区发生4例的极高危情况，街道成立工作专班，全面加强出入口管理、情绪稳控、服务保障等各项工作。6月13日凌晨，按照市委市政府、区委区政府要求封闭新发地周边5个小区、1处写字楼、1处平房区和2家市场、2个单位。新村街道6月14日升级为中风险地区、6月21日升为高风险地区、7月2日降为中风险地区、7月17日回归低风险地区，7月16日最后一个楼门解封。新发地和外围社区累计进行核酸检测20万余人。

（徐立松）

▲2月6日，社区干部、党员志愿者参与疫情防控。（曹鲁功 摄）

【便民服务体系建设】年内，街道围绕生活性服务业品质提升工作，以一刻钟服务圈和五分钟蔬菜服务圈为抓手，挖掘利用疏解整治空间资源，优化升级改造，促进商业便民服务设施的完善。挖掘社区现有的地下空间、人防工程、疏解腾退空间等资源，协调产权单位，依托相关政策，补齐社区缺失的业态和网点数量，对老旧小区多、网点不足的社区补充新建、升级改造业态网点，或通过线上方式补充社区业态，满足便民服务社区全覆盖的要求；打造以怡海花园社区为中心的涵盖鸿业兴园、科一、科二3个社区11个小区的“生活性服务品质圈”，服务居民13438户6万余人，升级周边业态和创新商业模式，提升生活服务业规范化、连锁化、便利化、品牌化、特色化；创新发展“互联网＋生鲜、餐饮、洗染、家政”等新型业态业种。年内有基本便民商业网点574家，建设提升便民服务网点8家，完成全年任务的160%。街道基本便民服务100%全覆盖。

（徐立松）

【社保工作】年内，街道社保业务下沉5189笔；医保报销1140人次5743568.81元；变更医院6713人次；补换卡3872张，领卡3979张，撤销挂失13张；城镇居民医疗保险新参保1471人，新发社保卡1469张；城乡居民养老保险参保389人，申请灵活就业705人。

（徐立松）

【人口普查】年内，街道选聘986名普

查“两员”（普查指导员和普查员）开展全国第七次人口普查工作，完成6726个建筑物的标绘，划分1259个普查小区，10月11日第七次全国人口普查入户摸底工作正式开始，社区所有普查“两员”进行地毯式入户摸查，11月1日至15日正式开始短表登记工作。11月16日至30日开展长表登记和职住表调查，同时开展数据比对复查工作，完成户籍地复查、居住地复查等13批次31541条数据的核查工作。

（徐立松）

新村街道社区居委会一览表

表 38

社区居委会名称	社区居委会地址	社区居委会所辖范围	建成时间	常住人口（*户*人）	对外办公电话
草桥社区居民委员会	北京市丰台区草桥28号院11号楼6单元底商	北至南三环，东至草桥东路，南至南四环，西至京开路	2002年	1439户 3700人	67547941
电力机社区居民委员会	丰台区丰西北里14-1-1	北至银建出租车有限公司、京广铁路干线，东至丰裕路，南至丰台西站，西至丰西铁路一场、丰沙线	2002年	1405户 2964人	51222599
芳菲路社区居民委员会	北京市丰台区芳菲路88号院3-2-102	北至首经贸中街南侧，东至芳菲路88号院东侧，南至芳菲路88号院南侧，西至芳菲路东侧	2011年	2258户 6328人	83600694
丰西社区居民委员会	丰西北里危改小区综合楼2楼	北至刘庄子、东至东羊圈，骆驼庄、南至东老庄76号、西至丰裕路	2002年	1700户 5012人	51858872
风格与林社区居民委员会	北京市丰台区宜兰园三区23号楼06底商	北至马家楼路南侧建材城南侧，东至右安路南郊花圃，南至丰南路北侧，西至京沪铁路	2011年	1479户 3300人	83712648
富丰园社区居民委员会	丰台区富丰园小区9号楼后平房	北至看丹路，东至西四环南路，南至海鹰路，西至京沪铁路	2002年	4163户 11656人	52229360
富锦嘉园社区居民委员会	北京市丰台区富锦嘉园二区9号楼三层	北至六圈路、东至丰葆路、南至御康公园、西至中海苏黎世家	2005年	3485户 8700人	83623479
韩庄子第二社区居民委员会	韩庄子四里1号楼北侧平房	北至韩庄子小马路、东至科怡路、南至科兴路、西至西四环辅路	2002年	2566户 5768人	63716972
韩庄子第一社区居民委员会	韩庄子东里3号楼南侧对面平房	北至丰台南路，东至地铁9号线，南至韩庄子小马路，西至看丹桥。	2002年	2930户 7000人	63716306
鸿业兴园社区居民委员会	鸿业兴园二区2号楼一层西侧	为东至鸿业兴园小区东侧路中心线、南至康辛路中心线、西至四合庄西路中心线、北至丰台南路中心线	2011年	2598户 7200人	83817576
看丹社区居民委员会	看丹404号看丹健康科技产业园	东至京沪铁路；西至榆树庄；南至杨树庄；北至西道口	2002年	1502户 1800人	52361162
科学城第二社区居民委员会	恒富街2号阳光四季小区东侧小白楼	北起科兴路，东临万寿路延线，南至南四环西路，西毗锦丰路	2002年	3015户 7645人	52832284
科学城第一社区居民委员会	丰台区科学城宝隆公寓旁二层小红楼（科学城第一社区服务站）	北起科兴路、东起锦丰路、南至 百强大道、西至西四环辅路	2002年	3132户 5447人	59477342
明春苑社区居民委员会	北京市丰台区明春东园19号楼旁平房	北至高立庄铁路桥（南环铁路桥）、东至樊羊路、南至京良路、西至大兴路	2002年	3000户 7500人	83709165
桥梁厂第二社区居民委员会	北京市丰台区新村二里5号楼北侧院内	北至丰东路，东至樊羊路，南至怡海花园，西至三兴汽车厂	2002年	3042户 8300人	63791908
桥梁厂第一社区居民委员会	丰台区葛村西里12号楼北侧平房	东至樊家村，西至刘家村，南至丰台东路，北至三环新城	2002年	1509户 2900人	63736296

续表 38

社区居委会名称	社区居委会地址	社区居委会所辖范围	建成时间	常住人口（*户*人）	对外办公电话
青秀城社区居民委员会	马家楼路一号院 23 号楼东侧底商	北至康新路。东至京开辅路，西至京九铁路，南至马家楼路	2013 年	3127 户 13000 人	83678392
三环新城第二社区居民委员会	北京市丰台区丰桥路 8 号院甲 14 号底商	北至铁路，东至育芳园北路，南至桥梁厂第一社区，西至地铁十号线丰台站	2009 年	2785 户 8650 人	83626387
三环新城第三社区居民委员会	丰桥路三环新城 8 号院 3 号楼甲 2-58	北至京广线，东至丰桥路七号院 1 号楼，南至育芳园北路，西至丰桥路七号院 11 号楼	2009 年	3079 户 9000 人	83209728
三环新城第一社区居民委员会	丰桥路 8 号院 14 号楼外底商 1 单元 36 号	北至育芳园北路，东至康庄东路，南至桥梁厂第一社区，西至地铁十号线	2009 年	2209 户 7500 人	52361128
首经贸中街社区居民委员会	丰台区首经贸中街 1 号院 1 号楼底商首经贸中街社区服务站	北至首经贸北路以南，东至首都铁路卫校以西，南至首经贸中街以北，西至芳菲路以东	2011 年	2182 户 5620 人	83600994
万年花城第二社区居民委员会	丰台区樊羊路 15 号院 10 号楼一层	东至万芳路西侧，西至樊羊路东侧，南至首经贸北路，北至丰台东路南侧	2011 年	2000 户 3668 人	83203078
万年花城第一社区居民委员会	万芳园一区 2 号楼 3 单元一层	北至丰台东路，东至芳菲路，南至首经贸大学南路，西至首经贸北路	2009 年	2691 户 6670 人	83688405
万柳西园社区居民委员会	南三环西路 91 号院 1 号楼一层 103	北至铁路，东与万柳园社区接壤，南至郑王坟南界线，西至王家胡同	2002 年	3142 户 8700 人	63383941
万柳园社区居民委员会	丰台区万柳园小区 1 号楼居委会	北到柳村铁路，东起玉泉营桥，南邻南三环西路，西与万柳西园社区接壤	2002 年	2449 户 7300 人	63302250
怡海花园社区居民委员会	怡海花园富润园 11 号楼 108 室	北起康辛路，东临旧车交易市场，南至四环路，西毗万寿路南延线	2002 年	7890 户 28800 人	63721489
银地社区居民委员会	北京市丰台区新发地银地家园西路 4 号	北至丰台南路；南至银地家园 C 区南端；西至银地西路	2002 年	1532 户 3287 人	83722684
银地二	北京市丰台区银地西路 15 号院燕保银地家园 4 号楼	东至银地家园 C 区东侧，南至北水嘉伦水产品市场，西至京沪高铁，北至丰台南路	2018 年	3600 户 9000 人	83716604
优筑社区居民委员会	樊家村甲 4 号院枫泽园小区 6 号楼底商 8 号	北至京广铁路，东至西南三环连接育芳园，南至丰台东路北侧，西至汇丰家园西侧	2011 年	2725 户 7038 人	83209129
育芳园社区居民委员会	北京市丰台区育芳园商业街底商	北至育芳园北路，东至芳菲路西侧，南至丰台东路，西至万芳路	2002 年	1284 户 3750 人	63737942
育仁里社区居民委员会	丰台区育仁里小区 6 号楼东侧育仁里居委会	北至南四环西路，东至樊羊路，南至五圈，西至小马路	2002 年	2598 户 6300 人	83621890
造甲村社区居民委员会	北京市丰台区造甲村 90 号	北至丰台火车站、东至刘家村、南至丰南路、西至新华街	2002 年	1039 户 2598 人	63716973
造甲南里社区居民委员会	丰台区造甲南里 20 号院 3 号楼底商造甲南里社区	东至造甲南里 20 号院，西至宝丰大厦，南至造甲南里 20 号院，北至丰台南路	2002 年	1076 户 2750 人	63712764
中海九浩苑社区居民委员会	中海御鑫阁 2 号楼底商	东至加来庄东侧，南至六圈南路，西至丰葆路，北至马草河	2018 年	3696 户 6000 人	83608060

（徐立松）

右安门街道

【概况】右安门街道成立于1956年。位于丰台区中东部，辖区东至北京南站与东城区相邻，南至京山铁路与西罗园街道相连，西至菜户营与卢沟桥乡、太平桥街道接壤，北至护城河与西城区隔河相望。2020年，辖区总面积4.7平方公里，下辖17个社区居委会。常住人口7.7万人，流动人口1.4万人。有法人单位1347家，其中中央单位2家，市属及区属单位19家；经济发展主要以第二产业和第三产业为主，其中批发和零售业约占34%；服务业约占30.4%；社会科学文化约占16.4%；住宿餐饮业约占15%。辖区有大学1所、中学3所、小学3所、幼儿园4所，养老机构1个。途经辖区公交线路30余条。

（邓慧颖）

【平安建设】年内，街道完成中国人民抗日战争暨世界反法西斯战争胜利75周年、全国"两会"、服贸会等重大活动安保维稳工作。加强社会治安防控体系建设，建成17个智慧平安小区，安装25处"智慧门禁"，升级2处"雪亮工程"相关设施，安装6个高空抛物专用摄像头。落实安全生产责任制，深入推进城市安全隐患治理三年行动，完成1777家生产经营单位的安全生产条件普查任务，查出并消除安全隐患1081处。开展排除电梯安全隐患特种设备专项工作，确保居民出行安全，以消防安全为重点，排查"三合一"、群租房、地下室等场所重大火灾隐患。化解信访问题和矛盾纠纷，解决群众信访诉求76件。开展蛋壳公寓经营风险处置工作，解决240名租户诉求，处置率91%。

（邓慧颖）

【城市管理】年内，街道开展创建国家卫生区工作，配合和保障第二轮中央生态环保督察工作，持续改善空气质量，继续开展"一微克"行动，落实裸地苫盖、洒水降尘、扬尘管控等规定要求，加大对"小散乱污"企业、餐饮行业低空污染、工地扬尘等污染源治理力度，开展联合执法行动214次、渣土车专项执法121次。深化落实"河长制"，组织街乡级、社区级河长巡河949次，当班河长巡河110次，发现并整改水污染、违规垂钓等问题342件。全面规范沿街门店、商铺经营行为，加强"门前三包"常态化管理，走访商超、门店5325家次。建成右外大街东南角、佑安医院南侧口袋公园2处，打造2650平方米绿色休闲空间。贯彻落实《北京市生活垃圾管理条例》，深入推行《右安门街道生活垃圾分类工作方案》。发动机关干部、社区志愿者等力量参与"桶前值守"，举办"小手拉大手，垃圾分类我先行""垃圾分类新时尚 文明家庭我践行"评选等活动。

（邓慧颖）

▲5月16日，在嘉金大厦南广场开展垃圾分类宣传活动。（右安门街道 供图）

【社区建设】年内，街道推出玉林西里社区协商议事厅示范点和东庄、东滨河路社区楼门院治理示范点，动员社区居民、驻区单位、社区民警、物业服务企业共同参与社区建设，发挥人大代表"家""站"平台作用，开展"人大代表在倾听"活动，调动窦珍志愿服务联合会等枢纽型社会组织，将志愿服务融入社区治理。深化党建引领物业管理，46个物业管理区域，建成物管会40个、业委会5个，组建率98%，物业服务覆盖率98%。成立业委会（物管会）功能型党支部45个，成立物业服务企业功能型党支部44个，业委会（物管会）党组织覆盖率100%。

（邓慧颖）

【民生服务】年内，街道举办2场招聘会，320家企业提供就业岗位490个，新增城镇就业522人，动态消除"零就业家庭"。加强困难群众帮扶，发放各类社会救助资金170余万元、残疾人两项补贴180余万元。发放养老助残金、失能老年人护理补贴、困难老年人养老服务补贴1100余万元。"两节"期间走访慰问困难党员、残疾人、空巢老人等支出50余万元。全年保障106户家庭取得公租房市级备案资格，60户家庭取得市场住房补贴备案资格，发放142份公租房选房通知单，61户家庭入住公租房。成立"社会服务型、矛盾化解型"两支志愿者服务队，打造"首都老兵"服务品牌。规范社区生活"一刻钟便民服务圈"建设，抓好百姓"菜篮子"工程，辖区建成160个便民服务商业网点，32个蔬菜零售网点，确保便民早餐、美容美发、家政等七项基本便民服务功能全覆盖。推进"一窗受理、集成服务"改革，提供"早晚延长办""午间不间断""周末不休息"延时服务。

（邓慧颖）

【接诉即办】年内，街道"接诉即办"

接收并办结案卷9343件，其中住房类2373件，占25.39%；市容环境类1313件，占14.05%；城乡建设类1106件，占11.83%；公共安全类896件，占9.59%；交通管理类530件，占5.67%；环境保护类459件，占4.91%；市政管理类392件，占4.19%；公共服务类361件，占3.86%；物业管理类334件，占3.57%；卫生健康类327件，占3.49%。市直派件"三率"综合成绩排名第一，市直派件、区转派件"三率"综合成绩全区排名第五，全年共收到锦旗3面、表扬信6封，媒体报道6次。翠林三里社区获得"北京市2019–2020年度'接诉即办'工作先进集体"称号。

（邓慧颖）

【基层党建】年内，街道组织理论中心组（扩大）学习17次，党工委书记带头讲党课。围绕"党的十九届五中全会""众志成城 共抗疫情""北京榜样·最美丰台人"等内容广泛开展宣传宣讲。街道微博发布400条、微信公众号105期，信息采用排名全区前列。完成新建社区筹备及党组织选举工作，招录28名社区工作者，充实社区力量。统筹推进社区"两委"换届选举工作，提升基层党组织组织力。建成850平方米街道级党群服务中心，并与灏腾投资达成建设全市首家"楼宇党群服务中心"合作意向，强化党建阵地建设，夯实党建基础。围绕"接诉即办"、疫情防控等工作开展专项监督，加强"四种形态"特别是第一种形态的运用。着重抓好党员干部的党性教育、警示教育、廉政教育，增强党员干部的廉洁自律能力。落实领导干部个人事项报告、干部因私出国（境）管理、离京报备等制度。开展社区表格、微信工作群、政务APP清理规范自查自纠工作，为社区减负。

（邓慧颖）

【疫情防控】年内，街道党工委牵头成立疫情防控工作领导小组，坚持每日防控例会制度，统筹抓好疫情防控各项工作。做好辖区336家重点防控场所疫情防控及居家隔离10081人次管控服务，完成辖区69185名居民核酸检测任务。在疫情防控一线成立临时党支部16个，将市、区、街下沉干部、卫生防疫人员、公安干警、物业人员等各系统党员全部纳入，与社区工作人员一同奋战在抗击疫情最前线。通过机关党员下沉一线、在职党员回社区报到、群众党员志愿服务等形式，推动"党员顶岗一日，社工轮休一天"制度落实。3700余名党员参与捐款献爱心活动，捐款40余万元。

（邓慧颖）

【教体文卫】年内，街道完成非京籍儿童入学审核，扩大学前教育资源，推动3所民办幼儿园转为普惠性幼儿园，助力1所社区办园点完成申办工作。投入50余万元建设全民健身公共体育设施。强化文化阵地建设，在社区增设文化体育类宣传栏，补充更新图书1000余册。投入近100万元改造提升街道级综合文化中心。建设街道级社会心理服务站点，开通2条心理援助热线，建立1个心理援助群，为居民提供专业便利的心理咨询服务。举办第八届"美丽社区杯"乒乓球比赛，组织国民体质监测与国家锻炼标准测试。开展冬奥知识普及，组织冬季健身、冰雪体验等冰雪文化体育活动，助力北京冬奥会。组织开展"疫在家 云竞技"、百姓周末大舞台、趣味运动会等线上线下活动80场。

（邓慧颖）

【疏解整治促提升】年内，街道拆除违法建设5179平方米，腾退土地4000平方米，整治无证无照经营2处、普通地下室5处、人防工程7处，背街小巷环境整治提升10条，治理群租房51处，建设提升便民商业网点3个。

（邓慧颖）

【对口帮扶】年内，街道采购扶贫产品571725.7元，其中结对扶贫地区产品79560元。开展消费扶贫进社区专场演出及扶贫产品展销活动，邀请首农双创中心、双创中心丰台分中心到活动现场展销内蒙古扎赉特旗、河北涞源、湖北张湾等地特色扶贫产品，并联手建设银行、北京银行办理扶贫爱心卡，销售扶贫产品1400元，办理扶贫爱心卡24张。帮助受援地充实村建文化活动场所资源，捐赠图书1000册。

（邓慧颖）

右安门街道社区居委会一览表

表39

社区居委会名称	社区居委会地址	社区居委会所辖范围	建成时间	常住人口（*户*人）	对外办公电话
翠林一里社区	翠林一里9号楼108室	翠林一里1、2、3、4、6、7、8、9、13、14、15、16、17、18、19号楼；鼎立水岸家园1、3号楼	2000年	2743户 5715人	83402050
翠林二里社区	翠林二里社区10号楼前平房	东至开阳路，西至右安门外大街，北邻翠林一里社区，南邻翠林三里社区。翠林二里社区1、2、3、4、5、6、7、8、10、11、12、13、14、16、17、19、20号楼。	1996年	1639户 3512人	83402974
翠林三里社区	翠林三里甲2号	翠林三里小区，翠林三里社区1、2、10、11、12、13、14、15、16、17、18、19、20、22号楼	1995年	1383户 2650人	83404565

续表 39

社区居委会名称	社区居委会地址	社区居委会所辖范围	建成时间	常住人口（*户*人）	对外办公电话
玉林里社区	玉林里 20 号楼对面	右安门外二环路以南，凉水河以北。北至玉林东路；东起玉林里东路西侧，南起凉水河北至二环路以南；西至佑安医院东侧 (2、4、5、6、8、9、11、12、13、14、15、16、17、20、21、22、23、24、26、27、28、29、30、31、32、33、34、35、36、39、38、40 号楼，（32 栋居民楼），1 号楼为商务会馆，3 号楼现在为空，甲 4 号为永健门诊，7 号院为人大生活处及民主法治出版社，10 号院为一商兰枫叶，18 号院为玉林小学，19 号院为天岳恒玉林供暖分公司，25 号楼为时代经济出版社，37 号院为社区服务中心（老年驿站）、卫生服务站，甲 40 号院为辽金城垣博物馆）	玉林小区成立于 1987 年，玉林里社区居委会成立于 2000 年	2884 户 5768 人	63055431
玉林西里社区	玉林里 60 号楼西侧平房	玉林里 42、43、44、46、48、49、50、51、52、56、57、59、60、61 号楼；祖家庄 1、2、3 号楼；西头条 10 号院 1、2 号楼；西头条 6 号院 2、3 号楼；霍道口 1 号楼及院内外平房；菜户营东街 210 号楼；霍道口 56 号东西院、霍道口 57、58、59、60 号院；菜户营 198 号院、菜户营 263 号院	2002 年	2204 户 4462 人	63051329
西铁营社区	97 号院北侧凉水河南岸	百合园小区 1、2、3、4、5 号楼；家和园小区 1、2 号楼；4 个自然村内居民户（897 户）	百合园 1999 年建成；家和园小区 2005 年建成	百合园、家和园常住人口共 1212 户、3564 人；（897 户拆迁后无法统计）	83972571
东滨河路社区	丰台区右安门外东滨河路开阳桥西南角	开阳里一街 1 号楼、开阳里一街 3 号楼、开阳里一街 5 号楼、开阳里一街 7 号楼、开阳里一街 10 号楼、迦南大厦、东滨河路 2 号院 3 号楼北微宿舍、东滨河路 2 号院 4 号楼邮票厂宿舍、东滨河路 2 号院 5 号楼国电宿舍、世纪金色嘉园 6、7、8 号楼、开阳路 3 号院 1、2 号楼，右外西庄 4 号楼、西庄北里 16-18 号院	2002 年	2520 户 6300 人	63514055
东庄社区	右安门外东庄小区幸福四巷东庄社区居委会	东庄 4/5/6/7/8/9/10/11/12/13/14/15/16/17/18/19/20/21/22/23/24 号楼、幸福路 6 号院 1/2/3 号楼	2000 年	2072 户 5325 人	83135501
玉林东里一区社区	北京市丰台区右安门街道玉林东里一区居委会	玉林东里一区社区（房修 1、2，干修 3、4，6、8、9、10、11、12、13、14、15、16、17、19、大街一号楼北段、南段）	1990 年	1894 户 3895 人	63054360
玉林东里二区社区	玉林东里二区 13 号楼对面平房	13 号楼、14 号楼、15 号楼、17 号楼、西二条 5 号楼、西二条 6 号楼、8 号楼、9 号楼、玉东二 5 号楼、玉东二 6 号楼、西二条 1 号楼、西二条 2 号楼、西三条 4 号楼、戏校南楼、戏校北楼、甲 1 号楼、10 号楼、甲 10 号楼、乙 10 号楼、丙 10 号楼、地图 10 号楼、悦璟轩小区 20 号楼	2002 年	1347 户 2808 人	63054248
玉林东里三区社区	右外大街西后街 7 号	玉林东里三区社区位于丰台区右安门外，北起西三条，南至凉水河，东临右外大街，西至玉林东路。社区辖区面积：0.03 平方公里。叉车宿舍 1#2#3#；服装宿舍 5#6#7#8#9#12#16#（1-5 门）17#（9-14 门）；供电宿舍 10#11#；牛奶宿舍 13#14#；陶然亭宿舍 15#、16#6 门天坛宿舍 17#（1-8 门）	2000 年	1740 户 4100 人	63292179
永乐社区	北京市丰台区开阳里六区 12 号楼南侧	开阳里三区 16 至 22 号楼开阳里六区 9 至 14 至 16 号楼	2000 年	1513 户 3745 人	83409662

续表 39

社区居委会名称	社区居委会地址	社区居委会所辖范围	建成时间	常住人口（*户*人）	对外办公电话
开阳里第一社区	丰台区开阳里三街51号开阳里第一社区居委会	开阳里一区1、2、3、7、8、9、10、12、13号楼，开阳里二区2、4、5、7、9、13号楼，右外4号院1号楼、2号楼	2006年	1331户 3022人	63571668
开阳里第二社区	丰台区右安门外开阳里三区6号楼	开阳里三区1号楼、5号楼、7号楼、8号楼、15号楼；雪花院：开阳里三区9-11号楼及平房；右外大街22号院1-3号楼及平房；	2000年	1738户 3621人	63571209
开阳里第三社区	右外开阳里东巷西庄1号楼西侧开三社区	开阳里第三社区居委会位于右安门外，东起开阳路，西至开阳里西巷，南起开阳里三街，北至开阳里一街。由开阳里四区2、6、7、8号楼；开阳里五区1、2、4号楼；开阳里七区1、2、3、4、5、6、7号楼；西庄1、2、3号楼及平房；西庄2街50号组成。	2003年	1744户 3963人	83534424
开阳里第四社区	开阳里六区3号楼开阳里第四社区居委会	开阳里六区（1、2、3、4、5、6、7、8号楼）开阳里八区（1、2、3、4、5、6、7、9、10、号楼）开阳里东巷甲24号院（1栋楼房+平房1-25号）	开阳里六区2002年 开阳里八区2002年 开阳里东巷甲24号院1989年	开阳里6区(872户2187人)开阳里8区(461户1232人)开阳里东巷甲24号院(228户513人)	83528088
亚林苑一社区	丰台区西铁营西路1号院7号楼西侧	昆仑域小区1-17号楼。1、2、5、9号楼为商品房。3、7、10号楼为两限房。4、6、8、11、12、13号楼为叠拼别墅。14、15号楼为配电室。16号楼为售楼处。17号楼为幼儿园。	2018年	1175户 1380人	83406978

（邓慧颖）

马家堡街道

【概况】马家堡街道位于丰台区东南中部，东与西罗园街道、大红门街道接壤，西与新村街道相邻，南与南苑街道交界，北与右安门街道隔路相望；辖区内南三环中路、角门北路、角门路、嘉和路、枫竹路、南四环路、马家堡路、马家堡中路、马家堡西路和嘉园路贯穿东西南北，构成便利的交通网。辖区呈长方形，东西宽1.53公里，南北长3.21公里。2020年，辖区面积4.95平方公里，居民小区73个，居民51221户，常住人口114473人，流动人口28882人，设16个社区居委会。

（金中波）

【平安建设】年内，街道开展扫黑除恶专项行动，查找上报问题线索3条，处罚违规中介4家、罚款28万元。开展“平安示范”创建活动，整治群租房屋240处。开展木箱厂宿舍平房区综合整治，275户搬离平房区，206户更换承租本。加强53名安置帮教人员管理，做好蛋壳公寓风险处置工作，化解矛盾242户。居民安全感满意度99.53%，比上年提升8个名次，位列全区第8位。完成25家小微企业标准化创建、571家企业风险评估和120家企业安责险投保任务，对590家企业风险源和113家重点监管企业开展隐患排查。消除瓶装液化石油气安全隐患2处，整改施工工地隐患557处次。日常检查责任单位3211家次，发现并整改隐患728处次。辖区连续三年没有发生安全责任事故。

（金中波）

【城市管理】年内，街道拆除违法建设112处9845平方米，完成183.8%。完成一条背街小巷整治和一条精品大街的改造工程，查处占道经营387起，罚款6.3万元，实现占道经营“动态清零”，保持“散乱污”企业“动态清零”。实现区级执法部门431项执法权向街道综合行政执法队的转移下放，深化“吹哨报到”机制改革，全年“吹哨”76次，其中处罚物业单位2家，责令物业单位整改1家。成立物业“三率”提升工作专班，针对60个小区实施“一小区一策略”，物业“两会”组建率81.7%，党组织覆盖率97.8%。空气重污染和大风雷电预警27次，推进29家餐饮单位完成高效油烟净化器升级改造工作。检查施工现场21家次，确保落实扬尘污染防控“六个百分百”要求。绿化、硬化、苫盖裸地12块，加强46条背街小巷清扫保洁，设置24小时巡查岗，巩固无煤化成果。完成11件中央和区级环保督查件“回头看”整治任务，街道PM2.5（细颗粒物）浓度43.7微克/立方米。完成角门北路、彩虹路两条道路改造提升任务，嘉园南街完成产权移交和道路建设。打通嘉和路向东的断头路，解决群众出行难题，并建设透明隔音屏，合理施划道路两侧停车线。完成公共停车场属地审核和专用停车场备案工作。推进桶站规范化建设，加大检查问责力度，约谈处罚物业单位12家，完成垃圾分类示范片区创建验收任务。研判解决南珠苑小区自来水发黄问题，协调资金实施嘉园二里42号楼楼顶防水项目，拆除地锁5000余副，查处非法小广告、店外经营、广告牌匾等违法行为为662起，占道经营类举报同比下降64.6%。处理市容环境问题930件，问题响应率100%。

（金中波）

【民生服务】年内，街道就业任务完成116.8%，城镇登记就业率53.18%。报销医药费149.2万元，发放失业救济金243.3万元、低保金704万元、军工工资100余万元、优抚对象伤残抚恤30余万元。办理城镇居民医疗保险509人，异地养老金资格认证245人，退休医保关系转接220人。发放疫情和医疗救助物资款项106万元。“两节”走访慰问1150户，发放慰问金26万元。申报事实无人抚养待遇儿童4人，助学救助12人，发放救助金3万元。成立470人的“低龄帮高龄”志愿服务队，做好居家养老人员日常联络帮扶。申报残疾人服务207人次。为149户重度困难残疾人提供“居家服务”，发放重度困难残疾人补贴156万元、严重精神障碍患者看护补贴57万元。

（金中波）

【社区建设】年内，街道完成嘉园二里社区办公用房热力管线改造工作，为社区配置打印复印一体机32台，为12个社区上报无障碍设施改造计划。4个社区的志愿服务列入丰台区扶持志愿服务项目，服务居民600余人次。

（金中波）

【接诉即办】年内，街道调研制定《加强“接诉即办”工作的意见》，狠抓主要领导调度日、定期会商研判、班子成员现场调度和接待群众、月考评排名公示、领导约谈、入户走访等八项制度落实。加强与诉求人的沟通工作，做到事事有联系，件件能见面，不断提高满意率。处置各类诉求案件4.1万件，全年考核全区排名第10位。

（金中波）

【基层党建】年内，街道绘制基层党组织组织结构树，落实“五有”党支部建设、“四大专项行动”“三会一课”等基本制度，开展党组织设置专项检查1次、党务公开和党委委员分工核查2次，举办党务培训班4期，发展党员35名，疫情期间火线入党1名。加大对时代风帆楼宇党建品牌创新的支持力度，与首经贸大学马克思主义学院联合举办学习培训班8期。9月19日，市委书记蔡奇到凯德MALL检查爱国卫生运动，在党群服务中心召开全市新时代爱国卫生运动座谈会。街道党群服务中心开展党群活动110余场，保障市级会议2次、领导和单位参观调研6次，接受北京电视台采访3次。嘉园二里社区开展党建引领社区治理创新实践，物业公司进驻37号和39号楼。

（金中波）

【疫情防控】年内，街道通过党建引领建立三级网格防控体系，强化地区人、事、物、资金的统筹调度，发放各类防护物资107.95万元，9800余名干部群众日夜坚守实施封闭管理、居家观察保障、公共区域消杀、防护宣传等岗位，通过“一把手”负总责、“举旗帜亮身份”、防控建在楼门上、党旗召唤物业协防群控等措施，确保“四方责任”落地。街道设立7个核酸检测点，按照应检尽检原则，分批次组织核酸检测11.4万人次。提前对农贸市场进行暂时关闭并全面消杀，预判木箱厂宿舍平房区和角门11号院疑似阳性病例形势，立即启动战时机制，防止疫情扩散。推动社区防控常态化，持续做好入境进京人员和国内中高风险地区来京人员落地管控工作。拆除违章冷库3个，整改23家。完成1650家商超、门店返京人员疫情防控和复工复产推进工作，检查指导覆盖率

▲5月27日，在城南嘉园社区组织“防疫有我 清洁家园”活动。（李冉 摄）

100%。街道保持“零病例”。

（金中波）

【精神文明建设】年内，街道组织开展疫情防控、清洁家园、垃圾分类、“除四害讲卫生”“光盘行动”等文明引导宣传活动1100余次；开展“北京榜样·最美丰台人”、学习之星、抗疫之星选树工作，1名社区书记被评为市级首都市民学习之星，不断提升群众文明素养。

（金中波）

【文化体育】年内，街道推广“国粹艺术进社区”品牌文化活动，组织线上线下文化活动140余场，完成13场周末百姓大舞台演出，举办趣味运动会、健步行、国民体质测试、健康锻炼知识讲座等活动60余场，参与3.9万余人次。

（金中波）

马家堡街道社区居委会一览表

表 40

社区居委会名称	社区居委会地址	社区居委会所辖范围	建成时间	常住人口（*户*人）	对外办公电话
嘉园一里社区	嘉园一里 11# 楼西侧平房	东至马西路、南至角门北路、西至嘉园路、北至三环路	2002 年	4013 户 9692 人	87579801/02
嘉园二里社区	嘉园二里 4# 楼与 11# 楼之间平房	东至马西路、南至嘉和路、西至嘉园路、北至角门北路	2002 年	4840 户 18173 人	87579803/04
嘉园三里社区	嘉园三里小公园南侧居委会	东至马西路、南至旱河、西至嘉园路、北至嘉和路	2002 年	4683 户 12492 人	87579805/06
西里第一社区	马家堡西里 31# 楼北侧平房	东至马中路、南至角门北路、西至马西路、北至马草河	2002 年	4378 户 9078 人	87579807
西里第二社区	马家堡南街 39 号院办公楼一楼	东至马老路、南至康复中心南墙、西至马中路、北至马草河	2002 年	1450 户 4200 人	87579808
西里第三社区	马家堡西里 7# 楼 1 门 101	东至马老路、南至马草河、西至马西路、北至三环路	2002 年	1532 户 4898 人	87579809
双晨社区	角门西里 1# 楼西侧平房	东至马中路、南至嘉和路、西至马西路、北至角门北路	2002 年	2664 户 6500 人	87579810/11
角门东里西社区	角门东里 75# 楼旁平房	东至马老路、南至旱河、西至马西路、北至嘉和路经马中路康复中心南墙	2002 年	2203 户 6105 人	87579602
晨宇社区	马家堡路一轻技校北侧	东至马家堡路、南至 14 路总站、西至马家堡中路、北至角门西路	2002 年	1426 户 3595 人	87579812
欣汇社区	角门 13 号院 6# 楼 20 门 001,002	东至马家堡中路、南至名都嘉园北墙、北至角门西路、西至马家堡西路	2002 年	4901 户 11928 人	87579813
富卓苑社区	富卓苑小区北侧平房	东至马家堡路、南至水产研究所南墙、西至马家堡西路、北至 14 路总站	2002 年	4602 户 10309 人	87579816
玉安园社区	北甲地路 6 号院 8# 楼 3 层	东至嘉园路、南至镇国寺北街、西至草桥欣园东墙、北至三环路	2002 年	4137 户 12707 人	87579815
城南嘉园社区	城南嘉园益城园甲 8 号	东至马家堡西路经枫竹苑二期南墙至公路五处西墙、西至嘉和路、南至四环路、北至星河城三期南墙	2004 年	2180 户 6961 人	87579818
枫竹苑社区	枫竹苑北路 9# 楼（工商银行上）三楼	东至马家堡老路、西至马家堡西路、南至大红门铁路、北至富卓苑社区南界	2004 年	2503 户 7371 人	87579817
星河苑社区	星河苑小区北侧平房	东至马家堡西路，南至城南嘉园北墙，西至嘉和路，北至旱河南侧	2007 年	3509 户 9072 人	87579819
镇国寺社区	镇国寺北街 4 号院 10# 楼一层	东至嘉园路、南临旱河、西邻草桥欣园东墙、北至镇国寺北街	2013 年	2200 户 6198 人	87567951

（金中波）

西罗园街道

【概况】西罗园街道位于丰台区东北部，成立于1988年5月。东起木樨园立交桥中心线，西到右安门外大街草桥路口，北起北京南站东南侧，南至角门路。凉水河由西北向东南蜿蜒过境，境内长2公里，马草河经海户西里汇入凉水河。辖区西北紧邻北京南站，南三环中路、马家堡东路、马家堡路、角门路纵横交错，交通便利。2020年，辖区面积2.86平方公里，设17个社区居委会。常住人口8.3万人，流动人口2.36万人。新出生104人。有中小学校5所、职高1所、托幼园10所，少年宫1所；医院2家，社区卫生服务中心1家、卫生服务站5家；养老院1所，驻辖区部队2个。有中央及市属企业6家；驻京外地办事机构7家。中国评剧院和北京京剧院坐落于辖区内，中国评剧大剧院是集戏剧、歌舞、音乐、演出为一体的一所多功能文化场所。街道2020年度被评为“北京市控烟示范单位”。

（董　雪）

【平安建设】年内，街道拆除违法建设7157平方米，完成率238.6%。完成万芳亭公园西南门及洋桥东北角两个占道经营点位治理，完成率100%；新增便民服务网点6处，完成率120%；完成群租房治理118处，完成率107%，整治人防工程7处、普通地下室8处，完成率100%；完成角门东里一社区老旧小区试点改造；马家堡东路（北段）精品大街环境提升，6条背街小巷（达标类）环境整治及6个失管小区专项整治。创建禁毒宣传公众号，举办“西罗园街道抖音禁毒宣传大赛”活动。安全生产检查2629家次，“京安工程”检查系统企业覆盖率97.15%，下达限期整改通知单1173份，发现隐患1825条，整改1799条，整改率98.57%。检查辖区单位消防安全53家次，指导21个院落完成消防车通道标线标志施划；整治彩钢板隐患75处3191平方米，建成电动自行车集中充电点位27处。

（董　雪）

【城市管理】年内，街道执行环境检查社区评分考核体系，检查社区卫生68次、门前三包卫生11次62处，背街小巷8次32处，行业环卫8次9处。处理“检查吧”环境问题点位261处、各类环境投诉问题200件。落实《北京市生活垃圾管理条例》，在辖区17个社区、学校、幼儿园开展生活垃圾分类宣传及培训180场，发放宣传画、册、环保垃圾袋77000余份，张挂宣传标语154条，入户宣传31634户。17个社区成立“蓝马甲”垃圾分类劝导队，组织2万余人次参加桶站值守。厨余垃圾分出率20.37%。街道河长巡河1835人次，社区河长巡河4320人次。辖区河流考核断面均达标。完成补种树木20棵，树木有害生物防控1次，应急树木修剪132棵，非应急树木修剪400棵。完成“北京市控烟示范单位创建工作”，13个家庭申创无烟家庭。消纳堆积垃圾1000吨、老旧小区生活垃圾1500吨。疫情期间出动消毒人员800人次、消毒面积70万平方米。

（董　雪）

【社区建设】年内，街道召开疫情工作推进会和研判会20余次，制订社区疫情防控工作制度7个，发放工作提示指引460余条，向区防控组报送信息80余条。17个社区58个居住小区关闭出入口79个，保留必需的73个。为社区聘用保安96人，安装帐篷30顶、遮阳伞70把，社区防控24小时值守。依托社区人员、下沉干部、志愿者、物业、保安人员等870余人共同值守，发放居民出入证117975张，实现小区封闭管理。发放口罩32447个、测温器317个、手套9650双、消毒液307桶、酒精211桶。居家观察16500人，安装智能门磁监控120个。收集整理社区疫情防控实物档案23份移交区档案馆。落实《北京市物业管理条例》，召开物业管理推进会3次，组织社区视频学习2次，发放宣传材料200余份。街道居民小区58个，完成43个小区业委会或物管会的建立。成立业委会（物管会）56个，物管会组建率96.6%，物业服务覆盖率89.7%。

（董　雪）

【民生服务】年内，街道完成便民服务大厅改造升级，实现“一窗办理”。在全区首推法定工作日“早晚弹性办”“午间不间断”和“周末不休息”延时服务，开展网上、电话不见面办理方式，做到真正“便民”。采集就业空岗信息2206条，组织免费招聘洽谈会2场，实现475

▲08月28日，西罗园街道在北京十二中南站学校组织防爆演练。（李爽 摄）

名失业人员就业，完成率101%；275名就业困难人员就业，完成率108%；职介推荐城乡劳动力就业200人；失业率控制在1.95%。享受低保救助321户513人，发放低保金538万元；低保医疗救助96人次，救助金额22万元；各类生育服务登记313人，一次性独生子女奖励131人39550元，一次性经济帮助8人。为505名残疾人发放慰问金或康复补贴335900元；为272名残疾人发放燃油补贴70720元；为46户困难残疾人家庭发放慰问金31000元；为68名残疾人申请助残用品；为210名残疾人开展法律服务讲座。新办各类残疾人证246个。

（董　雪）

【接诉即办】年内，街道受理"12345"市民热线诉求11666件，疫情类案卷2095件，诉求为小区物业疫情防控措施落实不到位、企业复产复工及健康宝等相关问题，针对疫情诉求实行一级响应办理机制，要求承办部门及社区第一时间受理，2小时内反馈办理结果，各类疫情案卷解决率67.14%，满意率60.55%。日常类诉求9571件，其中环境卫生类1343件，占14.03%；小区配套设施类1099件，占11.48%；停车管理和私装地锁类859件，占8.97%；住房修缮701件，占7.32%；违法建设类687件，占7.18%。案卷总体解决率60.28%，满意率62.88%。街道受理"12345"市民热线网络工单828件。组织"吹哨报到"21次。接待群众来访11批，网上信访信息系统登记36件，按时限办结。

（董　雪）

【基层党建】年内，街道党工委按照《党委（党组）落实全面从严治党主体责任规定》和"一岗双责"要求，制定年度履行全面从严治党主体责任清单及领导班子成员个人个性化责任清单、《〈党委（党组）落实全面从严治党主体责任规定〉宣传教育实施方案》及年度任务安排。召开党工委会50次、党工委专题会14次，共研究395个议题，其中党建类议题192个，占议题总数的49%。领导干部带头以各种形式学习习近平新时代中国特色社会主义思想，理论学习不间断，全年组织理论中心组学习24次，其中交流研讨9次。以党建协调委员会深化共治共享，指导社区将辖区单位、小区物业、产权单位纳入议事协商平台，细化三项清单，共同对辖区重点工作和难点问题研究解决，全年社区层面形成解决项目清单24个。对新发展26名党员进行集中培训。引导居民科学防疫，营造稳定社会氛围，化解负面舆情49件（次）。在人民网等主流媒体刊登报道134篇；在街道微信公众号和政务微博发布信息329条。工会建会26家，发展会员100余人，开展"青年大学习"15次，团干部培训2次，新成立团支部17个。

（董　雪）

【疫情防控】疫情发生后，街道立即制定《西罗园街道关于新型冠状病毒感染的肺炎疫情防控工作方案》，建立"1+9+17"工作机制，形成1个领导小组、9个工作保障组、17个社区防控组。辖区内确诊病例3例，密接者58人；接收武汉返京人员33人，湖北其他地区返京人员314人；接管境外返京人员51人；录入大数据筛查信息9638条，接收外街乡镇数据189条。4709名党员爱心捐款54万元。17个社区设立核酸检测点，分批开展集中核酸检测11次6.26万人次。进行商业服务业检查4961次、行业大排查274家1924人。

（董　雪）

【法律服务】年内，街道完成重大行政执法决定法制审核案件3件，协调律师完成合同审核法律服务64件。提供在线法律咨询828人次，举办法制讲座7次，代写法律文书5份，对17个社区司法专干进行业务培训。完成街道政务公开全清单梳理公示，信息公开行政诉讼胜诉1例。

（董　雪）

【文体活动】年内，街道组织社区新时代文明实践站政策理论宣讲、"爱国卫生月"、《北京市文明行为促进条例》主题宣传教育、"社区邻里节""马西右"群众文化节、周末百姓大舞台、第六届戏曲票友PK赛文艺演出等活动60余场，近1万名居民参与。为鑫福里、西罗园一区、角门东里一社区3个社区新配置健身器材。为花椒树、洋桥北里、西罗园二区、角门东里一、角门东里二5个社区完成全民健身路径工程器材更新。举办"西罗园街道全民云运动会"、妇女、青年及非公党建运动会4场。

（董　雪）

西罗园街道社区居委会一览表

表 41

社区居委会名称	社区居委会地址	社区居委会所辖范围	建成时间	常住人口（*户*人）	对外办公电话
西罗园一区居委会	丰台区西罗园一区9号楼西侧	东至百荣世贸商城，西至西罗园第四社区，南至南三环路，北至东城区交界。	1987 年	1594 户 4624 人	87815575
西罗园二区居委会	丰台区西罗园二区3号楼东侧平房	东至西罗园第一社区，西至西罗园第三社区，南至南三环中路，北至西罗园路。	1996 年	2804 户 6847 人	87266798
西罗园三区居委会	丰台区西罗园第三社区中心花园东侧	东至西罗园第二社区，西至马家堡东路，南至南三环中路，北至西罗园路。	1996 年	2400 户 6700 人	51331086
西罗园四区居委会	丰台区西罗园四区32号楼南侧	东至西罗园第一社区，西至马家堡东路，南起西罗园路，北至东城区革新里与西罗园北路。	1988 年	3378 户 8500 人	67268439
角门东里一区居委会	丰台区角门东里小区21号楼西侧平房	东起马家堡东路，西与角门东里二社区接壤，南起角门路，北至角门北路。	1999 年	2600 户 7000 人	67520879
角门东里二区居委会	丰台区角门东里角门小学南侧平房	东至角门东里第一社区，西至马家堡路，南至角门路，北至角门北路。	2003 年	798 户 1842 人	67542378
海户西里南社区居委会	丰台区马家堡东路71号立业大厦103室	东起凉水河西岸，西至马家堡东路，南起北京显像管厂宿舍南墙小路，北至马草河南岸。	1996 年	932 户 3046 人	59732438
海户西里北社区居委会	丰台区洋桥海户西里26楼前居委会	东至凉水河，西至马家堡东路，南至马草河，北至南三环中路。	1996 年	1821 户 4230 人	67213205
洋桥东里居委会	丰台区洋桥东里1号楼南侧居委会	东起马家堡东路，西至马家堡路与洋桥西里相对，南起南三环中路，北至凉水河南滨河路。	1995 年	3570 户 3570 人	87284957
洋桥西里居委会	丰台区洋桥西里社区15号楼北侧小楼一层	东起马家堡路，西至300路公交总站，南起南三环西路，北至凉水河南滨河路。	1986 年	2497 户 7240 人	87271776
洋桥北里居委会	北京市丰台区西罗园幼儿园南侧	东至马家堡路，西至北京南站路，南至凉水河，北至洋桥北里北门与四路通社区接壤。	1994 年	3541 户 10000 人	67256330
花椒树社区居委会	丰台区马家堡路68号院南侧平房	东至马家堡东路，西至马家堡路，南至凉水河，北至马家堡路。	1994 年	1517 户 4187 人	87207032
四路通社区居委会	丰台区洋桥北里4号楼西侧红色小楼	东至马家堡路，西至北京南站路，南至洋桥北里社区，北至北京南站。	2003 年	1353 户 3441 人	67260493
马家堡东里社区居委会	丰台区马家堡东路59-5机电大厦	东至马家堡东路，西至马家堡路，南至马草河，北至南三环西路。	1987 年	2491 户 5849 人	58413632
鑫福里社区居委会	丰台区马家堡东路71号立业大厦103室	东至翠源居小区，西至马家堡东路，南至临泓路，北至海户西里社区。	2003 年	2381 户 6700 人	59732448
洋桥村社区居委会	丰台区马家堡东路71号立业大厦103室	东至马家堡东路，西至马家堡路，南至角门北路，北至马草河。	1993 年	2315 户 6008 人	59732428
角门东里三社区居委会	丰台区临泓路37号8-4底商	东至福海小区；南至临泓路，西至旱河，北至角门甲4号院	2019 年	1123 户 3112 人	87880029

（董　雪）

东铁匠营街道

【概况】东铁匠营街道是新中国成立后北京市第一批街道之一，是北京市在丰台区的老工业基地，具有鲜明的经济时代特征。街道位于丰台区最东部，辖区总面积12.9平方公里，辖区北部与东城区（原崇文区）、方庄地区相邻，东部与朝阳区接壤，南部与大红门街道、南苑乡搭界，西部与东城区、西罗园街道相连，北部毗邻京津城际高速铁路、京广铁路、南二环路、南护城河。南三环路东西贯通辖区，地铁5号线、10号线、14号线、亦庄线纵贯辖区，蒲黄榆路、榴乡路南北横跨辖区，紧邻京津塘高速公路。市属道路4条，分别是蒲黄榆大街、成寿寺路、东铁营大街、石榴庄大街；区属道路227条；背街小巷408条，长度35737米，面积341698平方米。2020年，社区居委会27个，居民小区202个，居民总人口数20.1万人，实有居住人口数17.3万人。辖区企业11975家，留区税收前三名的企业分别是北京中恒实信贸易有限公司、北京劲松口腔医院有限公司、北京化工原料公司。

（冯　垚）

【平安建设】年内，街道围绕疫情防控，以疏解整治促提升为抓手，推进安全保障、安全生产、信访、扫黑除恶等工作，提升群众安全感满意度。完成全国“两会”、服贸会、十九届五中全会安保任务，维护辖区的政治安全和社会平安稳定，各类安保活动共发动群防群治力量20000余人次。为治安巡防队员配备10辆巡逻电动自行车，提高见警率。召开5次街道党工委专题研究会，传达市、区委扫黑除恶专项斗争工作精神，召开工作推进会3次、整改分析会2次、联席例会6次，街道各成员单位开展宣传活动30余次。完成群租房治理130处、人防地下空间整治8处、普通地下室7处。做好安全生产工作，处级领导每月带队错时夜查30余次，科长每周带队安全检查至少5次，对辖区企事业单位进行日常安全检查4905次，覆盖率95.91%，全年督促整改隐患6638项。摸排专项整治隐患27项，全部整改完成。开展天然气使用隐患治理安全检查，燃气安全隐患治理回头看等行动。联合城管办、综合行政执法队、市场监管所对使用瓶装液化石油气的各类单位进行检查。按要求完成安责险投保106家，完成8000余家生产经营单位安全生产条件普查工作；组织辖区内生产经营单位安全生产管理人员及企业负责人开展安全生产大培训，培训100人；完成688家企业城市安全风险评估工作；组织完成1320名楼门院长、志愿者、社工的全民消防培训任务。统筹推进做好信访工作，接市、区级信访件53件，坚持每月和重点时段人民内部矛盾纠纷排查相结合，一般矛盾排查6次，人民内部矛盾纠纷大排查2次，配合做好横七条16号院办理房产证问题等信访重点工作。

（冯　垚）

【城市管理】年内，街道完成清理整治既有违法建设台账年度任务，实现新生违法建设零增长。开墙打洞“动态清零”，拆除既有违法建设9415.49平方米；清运垃圾渣土60余吨、大件垃圾220余吨，清除小广告1000余起；处理举报912次，检查规范环卫设施116处，规范“门前三包”1700余处；开展联合执法行动，出动2500余人次，专项整治点位160个，拆除地锁2000余个，拆除违规户外广告牌226块；对横道沟西街路等5条道路进行交通疏堵工作；对顺四条、沙子口路、石榴庄大街等14条道路开展路侧停车电子收费居民认证工作，为1000余位居民办理停车优惠资格申请；处理违法建设、占道经营、黑摩的、渣土车、夜间施工及施工扬尘等各种违法行为2000余起。

（冯　垚）

【社区建设】年内，街道在98个“三无”、失管小区及87个独栋楼门院安装人脸识别系统，在109个平房区安装智能门禁系统。完成辖区17.2万人应检尽检、愿检尽检的核酸检测工作。成立宋庄路第三社区，并完成居委会选举工作。建设木樨园第一社区服务空间开放式试点，创建宋庄路第二社区等3个市级楼门院示范点、刘家窑第二社区为市级社区议事厅示范点，打造共治共建共享社会治理格局。新招录24名社区工作者，开展各类培训20场。核定138个物业管理区域，坚持党建引领、党员带头，新组建物业管理委员会78个。

（冯　垚）

【民生服务】年内，街道加大对辖区困难群体的主动作为，利用下社区的机会发现并收集辖区内困难群体诉求，按照相关政策给予帮扶，做到应保尽保、应救必救。加强宣传和落实80周岁以上老年人助残卡补助发放管理工作，新增80岁以上老年人1065人，高龄津贴发放10385150元；为60周岁的老年人办理《老年人优待证》。办理北京市生育登记416个、独生子女证24个；为1120人发放独生子女父母奖励费64875元；发放独生子女父母年老时一次性奖励577人577000元，为28人发放独生子女意外死亡一次性经济帮助款280000元，为18岁以下独生子女家庭投保527人；办理流动人口生育服务登记463人次，享受特别扶助127个家庭186人，享受独生子女伤残家庭特别扶助177个家庭258人。完成年度无偿献血34300毫升，非法行医跟随执法4家。为31名因疫情导致生活困难残疾人发放慰问金36000元。为600名残疾人发放居家助残券16800元。疫情期间采取线上线下结合方式为14名少年儿童提供康复服务，发放康复补贴61455元。为180名肢体残疾人举办居家康复培训540场次。街道残疾人就业帮扶基地为15名残疾人解决就业。依托温馨家园在助残日、国庆节等重要节日期间组织开展活动14次，服务残疾人500余

▲10月22日，街道退役军人服务站举行为志愿军老战士颁发出国作战纪念章仪式。（东铁匠营街道 供图）

▲3月15日，红狮家园社区工作者为居家隔离人员送外卖物品。（东铁匠营街道 供图）

人次。推进无障碍环境建设，上账设施点位503个。

（冯　垚）

【接诉即办】年内，街道受理“12345”市民服务热线16519件，其中市中心直派诉求12156件，占73.59％；区中心转派诉求4363件，占26.41％。诉求热线中疫情诉求2759件，占16.7％；日常诉求13760件，占83.3％，整体响应率100％、解决率54.22％、满意率61.77％。诉求案件转派网格化管理平台12184件。深化党建引领，发挥社区党组织的战斗堡垒作用，形成社区居委会、物业企业、业主委员会和居民多方参与的社区共建、共治、共享治理体系，提高辖区居民幸福感、满意度。

（冯　垚）

【基层党建】年内，街道党工委切实加强理论武装，以习近平新时代中国特色社会主义思想为指导，全面落实《中共中央关于加强党的政治建设的意见》《中国共产党重大事项请示报告条例》和《中国共产党支部工作条例（试行）》。新建6个机关党支部、2个事业单位党支部，实现以大部室为成员单位的10个支部设置。结合国有企业退休党员组织关系转接等工作，对社区党支部进行优化调整，注重发挥离退休党员作用。选优配强街道纪工委委员、社区纪检委员、党风政风监督员，对街道600余名公职人员依法履职、秉公用权、廉洁从政从业以及道德操守情况进行监督检查。建立街道党工委、社区党委、基层党支部三级党组织联动共抓机制，发挥全面从严治党引领保障作用，调动辖区居民积极性，为做好疫情防控、垃圾分类、物业管理提供政治保障和组织保证。

（冯　垚）

【疫情防控】年内，街道坚决打好疫情防控阻击战，排查各类来、返京人员6万余人，确诊病例3人，处置医学密接人员493人，核实各类落地人员5018人。做好入境进京人员和离鄂返京人员闭环转运安置。组织社区志愿者开展疫情防控、垃圾分类等各类服务活动项目387项，举办活动1740场次，138740名志愿者参与各项服务工作，服务对象129852人。

（冯　垚）

【文化体育】年内，街道落实防控要求，调整不同防控等级下的公共文化和体育活动形式和内容，做到疫情防控和公共文体服务供给两手抓、两不误。全年开展群众文体活动400余场，放映电影40场，图书馆图书流通借阅1253人次，街道文化队伍排练270场次，服务居民13700余人次。辖区鸟笼技艺成功申报第五批市级非物质文化遗产代表项目；在丰台区“六个十”评选工作中，推选“城南雅韵 国乐飘香”为优秀品牌文化活动，推选“面塑”为优秀传统文

▲12月18日，东铁匠营街道评剧团在街道综合文化中心开展评剧专场演出。（东铁匠营街道 供图）

化项目；街道舞蹈队获北京市“礼让斑马线”舞蹈比赛二等奖。推进创建全民健身示范街道工作，为四方景园社区改造健身小广场，为鑫兆雅园社区、木樨园第二社区、成寿寺社区、同仁园社区、红狮家园社区进行健身器材更新维护67件；街道气排球队获北京市民气排球赛中年组季军、丰台区第十三届全民健身体育节气排球比赛第三名；在“健康丰台人”素质公开赛中，街道获得三等奖。协调职能部门集中办公审核儿童入学资料，完成儿童入学电脑派位，审核通过171人，7名儿童家长补缴社保后进入民办校就读。

（冯　垚）

东铁匠营街道社区居委会一览表

表 42

社区居委会名称	社区居委会地址	社区居委会所辖范围	建成时间	常住人口（*户*人）	对外办公电话
蒲黄榆第一社区	蒲黄榆三里4号楼2-102	东至蒲路；西至景泰路；南至丰源路；北至二环路。	2000年	2471户 4841人	67623874
蒲黄榆第二社区	蒲黄榆四里13号楼101室	东至蒲路；西至崇文交界处；南至师范学校路；北至丰源路。	2000年	2151户 3900人	67600560 67661765
蒲黄榆第三社区	蒲黄榆五巷1号楼对面平房	东至蒲路；西至蒲五巷；南至安乐林路；北至师范学校路。	2000年	2602户 4141人	67650322
蒲安里第一社区	刘家窑北里15-4-103	东至蒲黄榆十一巷；西至定路；南至刘家窑路；北至安乐林路。	2000年	2664户 4891人	67699700 67606912
蒲安里第二社区	蒲安东里8号楼107室	东至蒲路；西至蒲安里26、29号楼西侧；南至刘家窑路；北至安乐林路	2000年	2871户 5024人	67698532
刘家窑第一社区	刘家窑南里14号楼侧平房	东至皮革路；西至定安路；南至南三环中路；北至刘家窑路。	2000年	3224户 5942人	87630570 87675870
刘家窑第二社区	刘家窑东里9号楼楼下北侧平房	东至蒲路；西至皮革路；南至南三环中路；北至刘家窑路。	2000年	3630户 6265人	87665960 87629112
刘家窑第三社区	南三环中路15号院	东至皮革路；西至城印小区西侧；南至南三环中路；北至万事吉公寓南墙。	2000年	2433户 4905人	67623160
木樨园第一社区	东木樨园11号楼北侧	东至沙子口路街；西至永外大街；南至南三环中路；北至东城交界。	2000年	4608户 8415人	67229231 87259221 87288371
木樨园第二社区	南三环中路67号院玩具城东墙外	东至定安路；西至沙子口路；南至南三环中路；北至东城交界。	2000年	2596户 4958人	87891141 87284071
同仁园社区	南三环中路20号院后门西侧临1号	东至同仁东路；西至光彩路；南至晨光路；北至南三环中路。	2000年	5212户 11171人	67661092
横七条路第一社区	横七条11号院3号楼3门103	东至横七条路；西至同仁东路；南至顺八条路；北至南三环东路。	2000年	1448户 2071人	67646702 67676400
横七条路第二社区	顺四条16号院2号楼地下室	东至宋庄路；西至横七条路；南至顺五条；北至南三环东路	2000年	5114户 8866人	67698496 87610049
横七条路第三社区	横七条44号院平房	东至宋庄路；西至横七条路；南至大红门交界；北至顺五条路。	2000年	4274户 8347人	67677732 87613401
宋庄路第一社区	横一条17号楼前	东至横一条路；西至锁厂东墙；南至顺三条路；北至南三环东路。	2000年	1992户 3917人	87623970 67622848
宋庄路第二社区	广顺园北侧红楼	东至横一条路、横三条路；西至宋庄路；南至顺八条路；北至顺四条路、顺六条路。	2000年	2411户 3356人	67653960 67690897
宋庄路第三社区	横一条15号院元熙华府2-103	东至横一条路；西至宋庄路、横三条路；南至顺六条路、顺四条路；北至顺三条路。	2020年	2135户 3160人	67682018 67682068

续表 42

社区居委会名称	社区居委会地址	社区居委会所辖范围	建成时间	常住人口（*户*人）	对外办公电话
成寿寺社区	横一条甲 18 号院 2 号楼底商	东至成寿寺中路；西至横一条路；南至南窑路；北至通建公司门前路	2000 年	5467 户 9372 人	67633802 67647780
南方庄社区	南方庄世纪星小区 6 号楼 102	东至方庄南路；西至横一条；南至江西厦南路；北至南三环东路。	2000 年	4333 户 7509 人	87672314 87676201
成仪路社区	翠庭园小区 3 号楼 104 号	东至文成建筑小区东侧路；西至横一条路；南至朝阳区交界；北至南窑北路、横道沟路。	2000 年	7212 户 12588 人	87616960 87676422
政馨家园社区	政馨园二区 1 号楼 3 单元 106 号	东至横一条延长线；西至红狮家园北区；南至大红门、石榴庄；北至顺八条。	2006 年	4755 户 9320 人	87691570 67683590
四方景园社区	四方景园五区 1 号楼 2 层东侧 7-8 号	东至京津塘高速路东，南至成寿寺中路、颐方园北侧路，西至方庄南路，北至四方景园一区、二区南侧路。	2005 年	3289 户 7260 人	67685240 67690840
四方景园第二社区	四方景园五区 1 号楼 2 层西侧	东至成寿寺路；西至方庄南路；南至四方景园一区、二区南侧路；北至南三环东路。	2018 年	2864 户 5564 人	67664030
宋家庄社区	宋家庄经适房 2 区 2 号楼 108	东至宋庄路；西至一区 6 号楼西墙；南至三区南侧护栏、四区南墙；北至顺八条。	2012 年	4811 户 10459 人	87619522 67683622
鑫兆雅园社区	宋庄路 26 号院 10 号楼 2 层办公区（庄子皮衣工厂店西侧，万科红小区）	东至宋家庄交通枢纽东侧路和宋庄路，南至 73 号院南墙与大红门街道交界和宋家庄交通枢纽南侧路，西至石榴庄与大红门交界处，北至宋庄路 26 号院万科红小区北墙和石榴庄路。	2012 年	2054 户 3600 人	67608300
红狮家园社区	宋庄路 26 号院 5 号楼 1 门 103（邮编 100079）	北起顺八条；南至鑫兆雅园万科红 10 号楼北侧；东起政馨一区；西至宋庄路。	2012 年	2050 户 4528 人	87619762
华苇景苑社区	成安路 7 号方庄公馆三层	南至成仪路；北至成寿寺中路、颐方园北侧路；东至分钟寺关家坑中路；西至文成建筑小区东侧路、名都饭店东侧门前路。	2016 年	3546 户 6758 人	56693316

（冯　垚）

方庄地区

【概况】方庄地区位于丰台区东部，成立于1985年5月。东起分钟寺桥，南起南三环辅路，西至蒲黄榆路，北至南二环辅路。2020年，辖区总面积3.14平方公里。下辖16个社区居委会。户籍人口21335户50474人，常住人口81978人，其中汉族人口占95.5%。新出生467人，其中京籍264人、流动人口203人。有法人单位2144个，其中中央单位8家，市属单位6家，区属单位15家；有医院2所，社区卫生服务中心1个、社区卫生服务站5个；有技校2所，中学4所，小学6所，小学初中一贯制学校1所，幼儿园11所；有养老机构5家，其中养老驿站4家，养老照料中心1家。途经辖区公交线路26条，地铁5号、14号线贯穿辖区。年内，实现区级财政收入3.90亿元，同比增长13.37%，代征房产税290.22万元。街道获北京市安全生产先进集体、北京市“接诉即办”工作先进集体、北京市控烟示范单位、首都文明街巷等称号。

（乌兰塔娜　魏翠霞）

【平安建设】年内，街道把维护首都政治安全放在首位，持续开展扫黑除恶斗争，开展社会矛盾纠纷排查，加强重点人“1+N”管控，完成全国“两会”、国庆和北京服贸会等重要节点稳控工作。完善信访矛盾分级化解督办机制，接访80人次，接市区批办件21件，结案14件。推进“雪亮工程”和“智慧社区”建设，安装高点监控设备4套、智能门禁配套设施88个。完善应急管理体系，制定地区高层住宅应急疏散预案，加强应急处突演练。检查重点行业企业4682家次，发现安全隐患847条，企业覆盖率、执法检查率、隐患整改率均100%。完成3415家生产经营单位第二次安全生产条件普查，完成地区消防科普教育基地的选址、建设和挂牌工作。全年群众安全感满意度街乡镇系统排名第二。

（乌兰塔娜　魏翠霞）

【城市管理】年内，街道落实地区12条主要大街、101条背街小巷的实名制管理；落实河长制，累计巡河5084人次8136公里。开展"门前三包"治理394次，取缔无证无照游商280起。完成蒲黄榆50号楼失管小区建设工作，拆除芳群园二区西门彩钢屋顶810.82平方米。联合区交通委、方庄交通大队对辖区交通秩序乱点进行治理54次，清理道路和小区内"僵尸车"28辆，协调清理共享单车40余次。运用"科技＋环保"手段，推进18个空气监测小微站建设。全年地区PM2.5（细颗粒物）累计浓度38.6微克/立方米，同比下降4.93％；TSP（总悬浮颗粒物）累计浓度104微克/立方米，同比下降10.3％。实现中央第一生态环境保护督察组督察期间"零举报"。

（乌兰塔娜 魏翠霞）

【社区建设】年内，街道规范264人社工队伍建设，设立下属"六大委员会"（即人民调解、治安保卫、公共卫生、社会福利、文化体育和共建共治委员会）。强化"一刻钟便民服务圈"和"社区之家"建设，创建完成5个社区之家。完善社会组织与志愿服务体系建设，备案社会组织70个，志愿者服务组织52个，实名注册志愿者5810人。依托"掌上四合院"，组织居民围绕社区建设问题开展交流讨论，引导居民主动参与社区治理。坚持党建引领，统筹谋划业委会（物管会）组建工作，促进物业管理服务提升。完成21个业委会、20个物管会及其功能型党支部的组建工作，业委会（物管会）的组建率、物业服务覆盖率、党的组织和工作覆盖率均达100％。群三社区9号院成立丰台区第一个物管会并通过业主投票方式共同决定引入物业公司，古二社区业委会通过物业评价体系建设试点工作，组织业主投票表决实现物业费上调。

（乌兰塔娜 魏翠霞）

【民生服务】年内，街道完成政务大厅升级改造工程项目，整合对外服务窗口14个，推行"前台综合受理、后台分类审批、窗口统一出件"服务模式，推进全国政务服务"好差评"标准试点和"错峰延时办理服务"，接待办事群众37417人次，好评率100％。实现城乡劳动力就业396人、创业59人、带动就业112人。组织失业人员培训30余场，推荐失业人员再就业228人，社区安置就业333人，安置区灵活就业38人。完成参保4584人，提供社会化管理服务8737人。救助困难人员184人次33.4万元。为623名失能人员发放护理补贴337.3万元；为3924名高龄老人发放津贴715.4万元、低保金258.5万元；发放精神障碍患者看护补贴40.2万元、残疾人补贴110余万元。

（乌兰塔娜 魏翠霞）

【接诉即办】年内，街道实施"双轮日会商"，推进"热线接件"向"见面办件"转变，建立"办事处＋社区＋物业＋业委会（物管会）＋相关委办局"的处置联动平台，推动"吹哨报到"、业委会等机制与"未诉先办"工作融合。强化考核排名机制，实行周排名、月考核，纪工委全程跟踪督导，实行案件办理末位约谈制度，促进解决率和满意率提升。抓好主动治理、"未诉先办"，集中解决古二社区二次供水改造、星二智能门禁等群众反映的突出问题。全年受理8938件，纳入考评2940件，"三率"得到提升。

（乌兰塔娜 魏翠霞）

【基层党建】年内，街道坚持把党的政治建设摆在首位，强化党支部规范设置，落实"三会一课"、组织生活会、民主评议党员等制度，培训基层党组织带头人150余人次。推进基层党组织换届选举，实时更新换届工作台账。落实《关于新形势下党内政治生活的若干准则》，开好专题民主生活会、专题组织生活会，梳理形成7大类13项问题清单39个整改项目。组织地区工委理论中心组学习15次、党员学习20余次，组织4000余名党员观看电影《秀美人生》、参观"纪念中国人民志愿军抗美援朝出国作战70周年"等活动。发展党员43名，培训预备党员及发展对象100余人。聚焦党建引领基层治理，发挥党的政治优势和组织优势，推进社区智能民情图建设，构建党建引领社区治理框架下的物业管理体系。深化地区、社区两级党建协调委员会和"双报到"机制，在职党员回社区报到2200余人，组织志愿活动50次。

（乌兰塔娜 魏翠霞）

▲12月4日 芳群园三区物管会与金鸿新诚物业公司签约仪式。（方庄地区 供图）

【疫情防控】年内，街道落实党中央疫情防控决策部署和市、区工作要求，抓好新冠疫情防控工作。第一时间成立地区防控领导小组，组建社区、社会面工作专班，健全“工委–社区党委–物业党组织”联防联控机制，组建临时党支部17个，设立党员先锋岗83个，统筹60余家成员单位、3000余名党员下沉防控一线。应对新发地疫情，组织17场5万余人的核酸检测工作。坚持常态化防控和创卫行动相结合，开展新时代爱国卫生运动，组织2万余人次参与周末大扫除活动。秋冬季抓好重点场所日常检查，严格落实冷链食品溯源监管，41家冷库使用单位做到“人物地”同防。

（乌兰塔娜 魏翠霞）

【疏解整治促提升】年内，街道拆除违法建设7154平方米，完成率132.3%；开展“拔钉子”行动，超额完成2处任务；清理整治占道经营点位9个、地下空间16处、群租房105处，完成“留白增绿”7公顷，完成1个失管小区专项整治工作，提升便民商业网点2个。“开墙打洞”“散乱污”、新生违建等全面实现“动态清零”。完成第七次全国人口普查工作。

（乌兰塔娜 魏翠霞）

【老旧小区改造】年内，街道坚持把改善居民生活居住环境与地区发展需求结合起来。老旧小区改造项目涉及芳城园一区、芳城园三区、芳古园一区第二社区、芳星园二区4个小区25栋楼7020户居民，共76万平方米。结合地区“接诉即办”工作，协调解决居民反映的老旧小区综合整治相关问题139件、“十二五”老改遗留问题35件。芳城园一区、芳城园三区、芳古园一区第二社区3个小区，完成楼本体外墙改造、外窗更换、屋面保温、防水、路面改造等项目。推进“住有所居”向“住有宜居”提升，不断增强群众的获得感、幸福感和安全感。

（乌兰塔娜 魏翠霞）

▲2月1日，联合检查方庄地区商超疫情防控措施落实情况。（方庄地区 供图）

【垃圾分类】年内，街道落实市、区关于垃圾分类的部署要求，推进生活垃圾分类。按照“四有三选配”标准，规范垃圾桶站建设300处。设置大件垃圾资源化处理终端1处，处理大件垃圾760车，实现大件垃圾不落地。推动垃圾分类进小区、进楼院、进家门，完善定时定点投放、分类收运机制，试点探索星二甲三号院“上门回收”。开展垃圾分类大讲堂、户外集中宣传、“一对一敲门行动”等各类宣传活动100余次，张贴宣传海报1200余张，发放宣传资料10000张、《致北京市民的一封信》32000张，提升居民源头分类意识。统筹在职党员、志愿者3000余人，引导群众参与“光盘行动”，推动垃圾源头减量。

（乌兰塔娜 魏翠霞）

【优化营商环境】年内，街道落实“丰九条”，整合优化地区营商环境。建立“一企一策”台账，走访重点财源企业及京外注册企业150余家。健全社会信用体系，成立丰台首个企业自律诚信试点——“诚信方庄自律联合会”，强化企业自律约束，打造方庄商圈“诚信”示范样板。联合会共有理事会成员7个、监事会成员3个、共建单位7个、普通会员80个。开发“诚信方庄”小程序，导入方庄企业数据4000余条，开设“指尖投诉”模块，承诺24小时内响应。深化方庄商圈改造升级，按照重点区域、T型区域、全覆盖升级改造规划，推进改造升级项目实施。全年完成留区税收4.6亿元。

（乌兰塔娜 魏翠霞）

【精神文明建设】年内，街道探索方庄文化“3+1”模式（“3+1”指文化协会、文化活动奖励制度、文化需求征集和评价制度以及“一社区一对策”措施），加强文体团队建设，有文体团队60余支，开展百姓周末大舞台线上活动11场，完成文化“四进”演出工作。加强“文图两室”建设，持续推进“家庭书房阅读卡”进社区，实现北京市公共图书馆“一卡通”通借通还。推进全民健身街道创建，举办地区第十二届文化体育节、助力冬奥冰雪项目体验、线上科学健身大讲堂、家庭对抗赛等系列活动，为“古一一”（即芳古园一区第一社区）等9个社区更换健身器械86件，丰富群众精神文化生活。实施场馆惠民政策，与辖区的菲灵健身签订共享协议，缓解地区大型公益性体育场馆短缺情况。

（乌兰塔娜 魏翠霞）

方庄街道社区居委会一览表

表 43

社区居委会名称	社区居委会地址	社区居委会所辖范围	建成时间	常住人口（*户*人）	对外办公电话
芳古园一区第一社区居委会	芳古园一区 23 号楼 105 室	位于方庄地区西北方，与芳古园一区第二社区毗邻，东起芳群路，西至蒲黄榆路，南起蒲芳路，北至芳古园中路。	1989 年	2036 户 5337 人	67649308
芳古园一区第二社区居委会	芳古园一区 3 号楼 3 单元 101、102	位于玉蜓桥东南角，北至二环辅路、东至芳群路、南至芳古园中路与芳古园一区第一社区相邻、西至玉蜓桥至蒲黄榆路	1992 年	1966 户 4200 人	67639305
芳古园二区社区居委会	芳古园二区 13 号楼 201 号	位于方庄地区西北部，北邻南二环路，西面与芳古园一区第二社区相邻。北至南二环辅路，东至芳古路，南至芳城路，西至芳群路。	西院 1990 年 东院 2000 年	1080 户 2800 人	67696519
芳城园一区社区居委会	芳城园一区 13 号楼	位于方庄地区东北方，北临东南二环路，南临芳城路，东至方庄路，西至芳古路。	1992 年	5842 户 12000 人	67670550
芳城园二区社区居委会	芳城园二区 6-106	位于方庄地区的中心，方庄环岛东北角。与芳城园一区、芳城园三区社区毗邻。北侧是芳城路，东临芳星路，南侧是蒲方路，西到芳古路。	1992 年	1100 户 2600 人	87689423
芳城园三区社区居委会	芳城园三区 16 号楼对面	位于方庄地区东北方．东临方庄路，西至芳星路，南为蒲芳路，北至芳城路	1993 年	2268 户 4700 人	87211390
芳群园一区社区居委会	芳群园一区 13-1-103	位于方庄地区西北方，北邻芳古园一区社区南邻芳群园三区西邻蒲黄榆大街东临芳群园二区社区。东临芳群路，南至群星路，西毗蒲黄榆大街，北起蒲芳路。	1992 年（时代芳群 2003 年）	2388 户 5200 人	67623134
芳群园二区社区居委会	芳群园二区 5-1-103	位于方庄地区中心。北邻芳古园二区社区南邻芳群园四区西邻芳群园一区东临芳星园一区社区．北至蒲方路东至芳古路南至群星路西至芳群路。	1992 年	2662 户 5600 人	67636861
芳群园三区社区居委会	群三区甲 12 号楼	位于方庄地区西南方，北临芳群园一区社区，东临芳群园四区社区，南至南三环东路，西至蒲黄榆路．北至群星路，东至芳群路，南至南三环东路，西至蒲黄榆路。	1992 年	2662 户 5700 人	67642622
芳群园四区社区居委会	芳群园四区 6 号楼 103	位于方庄地区西南方，西邻芳群园三区社区，北邻芳群园二区，东邻芳星园三区区南临南三环，北至群星路东至芳古路南至南三环西至芳群路。	1992 年	1812 户 3300 人	67638845
芳星园一区社区居委会	芳星园一区 4-104	位于方庄地区中心环岛东南方，东起芳星路，西至芳古路，南起群星路，北至蒲芳路。	1994 年	1228 户 2600 人	67674742
芳星园二区社区居委会	芳星园二区 15-201、19-101	位于方庄地区东方，北邻蒲芳路，东起方庄路、南邻群星路、西至芳星路。	1991 年	2329 户 4500 人	67698630 67686857
芳星园三区社区居委会	芳星园三区 26-4-101	位于方庄东南方，北临方庄市场，东起方庄路，西至芳古路，南起南三环辅路，北至芳星路。	1992 年	3500 户 7500 人	67630201
芳城东里社区居委会	芳城东里 6 号楼 5 门 101 室	位于方庄地区东北方，西侧与城三社区相临。东临朝阳区，南至紫芳路，西至方庄路，北接南二环护城河。	2005 年	1369 户 3700 人	87623480
紫芳园社区居委会	紫芳园三区 4 号楼 1-2 层	位于方庄地区东方，与朝阳区交界处，北至紫芳路，东至方庄东路，南至璞瑅步行街，西至方庄路。	2007 年	3100 户 6737 人	87655090
紫芳南里社区居委会	紫芳园璞瑅 1 号 203 室	位于方庄地区东方，东面与朝阳区接壤，西至方庄路东 南至南三环，北至步行街。	2013 年	2506 户 5504 人	67624900

（乌兰塔娜 魏翠霞）

南苑街道

【概况】南苑街道位于京城正南，丰台区东南部，人称“天安门前第一镇”。历史上是元、明、清三代的皇家苑囿旧址，元称飞放泊，明称南海子，清称南苑。1954年南苑镇政府改为南苑镇办事处，1990年改为南苑街道办事处。东与东高地街道相接，西至南苑乡新宫村，北与和义街道为邻，南与大兴区交界。2020年，辖区面积13.62平方公里，下辖12个社区。居民28221户，常住人口63000人，流动人口9792人，其中包括汉族、回族、满族、蒙古族、朝鲜族等13个民族。辖区内有市、区属单位24家，其中市级9家、区级15家，驻区部队37支；有清真寺和基督教堂各1座；公立幼儿园4所、小学4所、中学2所、中专1所；医院1所，社区卫生服务站2个，有养老照料中心1个、养老驿站3个。途经辖区公交线路22条。

（徐　倩）

【平安建设】年内，街道推进安全生产专项整治三年行动，建立常态化街道领导带队夜查机制，对辖区生产经营单位开展日常检查3254家次，发现并整改隐患882项。收到市、区网上各类来信及来访37件次50余人次，接待群众来访、电话反映情况50件次300余人次，开展各类矛盾排查6次，召开信访联席会4次，发现各类重点矛盾问题及纠纷6件、重点信访人3人。解决堆物堆料、群租房、出租大院疏解等安全隐患702件。化解蛋壳公寓经营风险纠纷129件。全时全域打造“平安南苑”，持续推进雪亮工程、智慧社区建设，全面提高群众安全感。年度群众安全感、满意度全区排名第三。

（徐　倩）

【城市管理】年内，街道拆除违法建设12455平方米，任务完成率135.8%。推动完成南苑棚改拆迁区域90000平方米“留白增绿”任务。完成1家无证无照经营单位整治任务，占道经营整治“动态清零”。截至年底，辖区街道级河长累计巡河193次1019公里，社区级河长累计巡河1014次1998公里。重视垃圾分类工作，成立南苑街道垃圾分类工作专班，召开专题会议5次、调度会议11次、失管小区选聘会1次，培训专场4场，开展日常检查18次，立案处罚7起，罚款13760元。持续推行“街巷长制”，在47条街巷设置街长9名，巷长30名，招募“小巷管家”47名，实现辖区重点街巷全覆盖。完成105条背街小巷日常环境卫生保洁工作。强化生态环境保护，开展环境检查246次，其中处级领导带队检查108次，领导带队检查和检查总数均居全区第一位。

（徐　倩）

【社区建设】年内，街道贯彻落实《北京市物业管理条例》，探索建立物业管理长效机制，成立13个物管会，7个业委会；修订完成12个社区的居民自治公约；开展阳光星苑南区社区议事厅示范点建设工作，指导社区完成议事厅示范点建设；推进合顺家园社区成为丰台区楼门文化示范点，深化楼门院治理；开展邻里节活动，组织12个社区开展24项邻里节活动，推进志愿服务制度化、常态化，在第35个“国际志愿者日”以“汇聚志愿之光 点亮美好生活”为主题，结合社区实际，围绕安全保障、环境整治、扶老助残、邻里关爱等方面，广泛动员志愿者开展社区志愿服务活动12场次；开展红房子专项治理，解决飞腾家园门口乱停车问题、拆除小区内地锁、整治小区环境、安装门禁、清理安全通道、对小区文化广场进行改造等，提高飞腾家园小区居民满意度。新建生活性服务业网点4家。在阳光星苑南区新建养老服务驿站1家。

（徐　倩）

【民生服务】年内，街道为2132户独生子女家庭6314人投保意外伤害保险，完成143人“两癌”筛查以及长效体检工作；在南庭新苑南区社区完成心灵家园建设，为计生特殊家庭提供“心灵”休息场所；红十字会送温暖活动慰问21人，慰问金额23000元；受理保障性住房申请75户；受理低保新申请21户32人；受理医疗救助610人次，救助金额938223.54元；受理重大疾病救助164人次，救助金额623292.87元；享受残疾人两项补贴487人，发放补贴5958人次170.9万余元；享受严重精神障碍患者看护补贴182人，发放补贴金额317906元；受理临时救助89人次，救助金额326350元。

（徐　倩）

【接诉即办】年内，街道围绕《关于优化提升市民热线反映问题“接诉即办”工作的实施方案》及“七有五性”工作要求，市民诉求处置中心组织落实辖区“接诉即办”工作。受理“12345”市民诉求7560件，包括疫情、垃圾分类、物业管理等特殊案件1563件，日常案件5997件，响应率100%、解决率83%、满意率85%。推动解决群体性诉求7件、历史遗留问题2件。街道“接诉即办”考评综合成绩全区排名第六。

（徐　倩）

【基层党建】年内，街道做好疫情防控工作，安排市、区、街三级干部140余名下沉社区，划分疫情责任区133个，建立一线临时党支部14个；建立班子成员党支部工作联系指导点制度，做实党建协调委员会，召开2次议事会，新纳入物业企业单位14家，更新资源清单51项、需求清单53项、项目清单16项；发挥党建引领，抓好垃圾分类、物业治理“两个关键小事”，发动200多名在职党员周末参加桶前值守，成立物业企业党组织14个，物管会（业委会）党组织19个，实现党组织覆盖率100%；抓实“两委”换届工作，梳理更新街道120个党组织台账，按照“以稳为主、局部调整、能上能下”的原则，完成“两委”候选人资格联审540人次，新提拔、调整、转任社区干部43人，新招录社工25

人，完成12个社区党委和1个社区党总支换届工作；把好党员发展入口关，审核发展13名党员，按期转正13名党员；完善党统信息，完成2600余名党员的14项基本信息维护更新，网上转接党员组织关系300余人次。

（徐 倩）

【疫情防控】年内，街道完成南苑宏昌、速8酒店新型冠状病毒疫情防控隔离点留观任务。开展市场防疫领域工作，完成13轮“双公示”监督检查，检查生产经营单位2340家次，为“七小门店”提供消杀物资150份，组织动员辖区企业全部从业人员709人进行两次集中核酸检测。联合相关单位对辖区商业网点开展7轮疫情防控、复工复产及冷链食品安全监督检查。应对新发地、河北等疫情，建立核酸检测1小时快速响应机制，设置应急核酸检测场4个，储备核酸检测力量293人，组织核酸检测23场6万余人次；严格落实居家观察措施，做好1.7万余人居家管控；配合区属部门，做好243人闭环转运。

（徐 倩）

【双拥共建】年内，街道持续优化双拥品牌，强化地区部队、居民群众的良性互动，推广“最可爱的人帮助最困难的人”双拥品牌，驻街部队节日慰问困难、孤寡老人，强化地区部队、居民群众的良性互动。贯彻落实国家优抚政策和无军籍军队退休人员的优待政策，发放各种补助，为行动不便的优抚对象提供上门服务，帮助解决生活中遇到的困难。获“北京市双拥模范单位”称号。

（徐 倩）

【文教建设】年内，街道完成翠海明苑社区第一办园点审批工作。为南苑公园、警备东路6号院、京粮悦谷、诚苑中里、西红门3号院更换健身器材65件；投入近6万元在嘉园一幼旁绿地建设安装乒乓球场；配合区体育局实施玉兰香雪公园篮球场项目；争取财政资金186万元，建设阳光星苑南区综合文化活动室。开放丰台区图书馆南苑分馆，馆藏量1.2万册，全馆实行“一卡通”管理。邀请文化艺术界名人在图书馆举办文化沙龙，联合知名教育学者尹建莉开发家庭教育网络系列课程4次，组织线下沙龙2场次，受众人数10000人。组织开展国家体育锻炼标准及国民体质测试等大型体育活动300人次，社区人群体质达标率100%。组织周末百姓大舞台等惠民演出14场次、放映电影30余场，开展云上展演等活动，参与者超过4000余人次。

（徐 倩）

南苑街道社区居委会一览表

表44

社区居委会名称	社区居委会地址	社区居委会所辖范围	建成时间	常住人口（*户*人）	对外办公电话
红房子社区	丰台区南苑五爱屯西街3号院	东至五爱屯东街，西至五爱屯西街三号院，北至南苑西路，南至新建街	1972年	1248户 3491人	67932278
东新华社区	南苑东长街12号	东至南苑工商所，南至警备东路、警备西路，西至南苑中学东墙，北至新华里2号院北侧外墙	2002年	2017户 4592人	67969050
西宏苑社区	北京市丰台区南苑街道五爱屯东街21号	东至五爱屯东街西侧新建街路口，西至五爱屯西街东侧，南至团河北路西侧农居混住区，北至新建街南侧烟酒店	2002年	1785户 3819人	67950379 67985966
槐房社区	北京市丰台区南苑槐房南里300号	槐房社区地处南苑街道西北部，属农居混杂型社区，管辖范围东起益顺庄，西至槐房西路，南起南苑西路，北至公益庄，管辖面积为2.52平方公里。	2002年	1283户 2537人	67914020
机场社区	北京市丰台区警备东路六号三区	位于南苑街道西侧。东至104国道并与东高地街道相邻，西至南苑大队，北至警备西路，南至大兴区交界	2000年	4286户 7855人	67065030
翠海明苑社区	丰台区南苑街道翠海明苑北区1-4-102（临时）	位于南苑街道西部，东至槐房西路，西至新宫铁路，南至新宫范家庄北路，北至南苑西路，管辖小区：翠海明苑小区、六必居宿舍楼小区、南苑西路68号平房区。	2012年	2134户 4200人	67901518 67901576
南庭新苑南区社区	丰台区槐房西路318号院	东至范家庄东路，南至丽枫街，西至槐房西路，北至诚苑路	2012年	2591户 5358人	67005968 67005966
南庭新苑北区社区	槐房西路316号院	东至范家庄东路，西至槐房西路，南至范家庄路北，北至范家庄北路	2010年	4497户 9713人	67005773
合顺家园社区	丰台区南苑西路11号院合顺家园小区8号楼6单元	东至京粮悦谷小区，西至槐房110kv变配电站，北至京粮悦谷小区，南至南苑西路	2019年	1320户 2996人	67966978 67959110

续表44

社区居委会名称	社区居委会地址	社区居委会所辖范围	建成时间	常住人口（*户*人）	对外办公电话
阳光星苑社区	北京市丰台区南苑西红门路18号院	阳光星苑北区小区。东至嘉则路，南至嘉则中路南一街与阳光星苑南区社区毗邻，西至槐房西路南延，北至西红门路。	2016年	2688户 5824人	67967876
阳光星苑南区社区	北京市丰台区西红门南一街206号院公园懿府21号楼东侧二门	东至嘉则路，西至槐房西路南延，南至规划南苑镇南三号路，北至西红门南一街	2018年	2491户 5480人	67965573 67992197
诚苑社区	南苑街道诚苑南里小区2号楼西侧地下室	东至五爱屯西街路，西至诚苑中、南里西墙，北至诚苑中里北围墙，南至西红门路	2020年	3083户 7865人	67931509

（徐　倩）

大红门街道

【概况】大红门街道位于丰台区东部，分布于南中轴路两侧，面积9.56平方公里，东接东铁营地区和朝阳区，西邻西罗园办事处，北至南三环，南至南四环，与南苑乡6个行政村有区域重叠。2020年，有建制居民小区134个，划设32个社区，管辖户数94342户，常住人口176146人，流动人口68821人。辖区内有派出所2家，消防救援队2支，有社区卫生服务中心、社区医院、社区卫生服务站14家，有中学9所、小学3所、幼儿园24所。

（康晓燕）

【平安建设】年内，街道完成违法群租房整治130处、普通地下室隔断拆除12处、人防工程隔断拆除9处、无证无照整治8处、彩钢板拆除1700平方米。投入240万元，新装摄像头276个、人脸识别门禁系统12套，老旧小区公共区域视频覆盖率100%。推进25家小微企业标准化创建、8家纳入安全生产隐患排查治理标准清单编制。209家单位投保安责险，完成企业风险评估784家，建成消防科普教育基地1处，发放安装独立式感烟报警器3960个。持续落实安全生产专项整治三年行动计划，完成21家上账单位整改核销工作。检查施工、改造、装修或维修工程88处，整改隐患121项；检查有限空间单位73家，发现整改隐患75项；检查76家瓶装液化石油气使用企业，整改隐患64处；检查天然气使用企业125家，整改隐患127项；检查各类场所3840家次，发现整改隐患2055处；完成新建电动自行车充电桩（棚）9处；清理可燃物约72.3吨。组织安全培训、宣传、演练93场次，发放宣传品1万余份，张贴宣传海报700余份。完成第二次生产经营单位安全生产条件普查工作，核查10766家。做好蛋壳公寓风险处置工作，化解矛盾群体1573人。群众安全感较上年提高6个名次。

（康晓燕）

【城市管理】年内，街道拆除违法建设18处，建设面积33965.22平方米，占地面积12318.85平方米。完成西马场南路及西马金润南侧路背街小巷整治提升工程和“留白增绿”任务点位木樨园桥东南角绿地复垦项目。治理违规户外广告设施7处。推进大气污染防治，PM2.5（细颗粒物）平均浓度39微克/立方米，TSP（总悬浮颗粒物）平均浓度105微克/立方米。推进垃圾分类及减量工作，开展垃圾分类宣传活动121次、培训23次。加强桶站规范化建设，将原1761组桶站调整为500组，规范建设率100%。完成安装垃圾分类语音播报装置100个、张贴垃圾桶标志12000个。开展垃圾分类督查整改工作，检查3000余次，

▲9月5日，西马场南里社区垃圾分类宣传活动走进驻区部队。（大红门街道 供图）

发现并整改问题1198个。检查垃圾分类立案处罚61起78000元。推进赵公口小区及海户屯小区失管小区综合整治工程，并引进物业管理。完成建欣苑六里拆违后环境提升工程、石榴园北里东门马路及停车场硬化工程、远洋活动中心广场西侧空地环境提升工程等138个惠民工程。取缔无照游商1850起，清理张贴非法小广告900处、拆除违规广告牌匾98处，立案801起，处罚金额316101元；加强燃气安全专项执法检查工作，检查公服用户410次，立案8起，行政处罚17000元；加强施工工地管理检查，立案处罚8起，罚款52000元；加强渣土车违法行为查处，处罚无准运件运输车辆81起，行政处罚79000元。全面推进创卫工作，建立爱国卫生组织机构1090个；社区、居民、志愿者等主动参与“周末卫生大扫除”活动2.4万人次。

（康晓燕）

【社区建设】年内，街道组建业委会（物管会）62个，组建率80.5%。在社区党委引领下，发挥业委会（物管会）作用，制定议事规范，多方协商共治，依法履职尽责。完成怡然家园社区楼门院示范点创建，通过集民意、民智、民主，探索“微自治”服务路径，发挥楼门自治作用。完成建欣苑社区议事厅示范点创建工作，推动多元主体共同参与社区治理。建设街道心理服务中心，开展居民心理活动月、社工心理减压、心理指导师培训等系列活动。完成第七次全国人口普查任务，石榴庄东街社区代表北京市完成国家级事后质量抽查工作。

（康晓燕）

【民生服务】年内，街道完成辖区失业人员再就业764人、就业困难人员就业515人。协调解决21件拖欠农民工工资事件，涉及176人184万元。组织清理整顿黑职介活动3次，取缔1家。为11名残疾儿童申请康复训练费用，为137名残疾人发放养老助残补贴，为427名下肢残疾人发放燃油补贴。为残疾人及职康站学员开展为期2周职业技能培训，受众100多人次。全面排查居民楼、社区服务站、政务服务大厅等场所无障碍设施建设，针对存在问题及时整治完善。红十字会救助生活困难群体25人次，无偿献血326.5份。继续与河北省涞源县开展扶贫协作，组织走访慰问、消费扶贫等活动，投入帮扶资金90万元。推进3524名退役军人信息采集和发放光荣牌3230块。开展居家养老巡视探访、百名“孝星”评选、“敬老月”系列活动。办理城乡居民基本医疗保险7132人，申请灵活就业社会保险补贴636人，报销各类人员医药费331.8万余元。为665户低保及生活困难补助家庭发放低保金及生活困难补助金1345万元。发放393户低保人员集中供暖补贴58万元、失业保险金253.8万元。为24名退役士兵补缴社会保险18.4万余元。慰问社会化退休人员2076人次。

（康晓燕）

▲5月27日，怡然家园“微自治”模式打造后的小区外景。（大红门街道 供图）

【接诉即办】年内，街道市民诉求处置中心接收“12345”热线群众诉求20331件，同比增加8545件。其中市中心直派诉求15097件，区中心转派诉求5234件。完成4个社区的智能民情图建设工作。全区街乡镇综合考核成绩91.70分，排名第17位，同比上升2个名次，群众诉求响应率100%，同时解决率、满意率也有提升。

（康晓燕）

【基层党建】年内，街道组织理论中心组学习12次，学习中央市、区会议精神及重要讲话精神议题22个，选派68名街道党员干部、发动3000余名在职党员充实社区，完成社区值守、入户核查、居民生活服务保障等各项疫情防控工作。召开党建协调委员会会议229次，解决辖区实际问题2000余个。利用“双报到”平台，开展主题党日活动792次，发动6045名在职党员主动认领2150个垃圾分类宣传和桶前值守等服务岗位。持续深化“吹哨报到”工作机制，全年“吹哨”96次，解决一批群众反映强烈的痛点难点堵点问题。实现63个业委会（物管会）和66个物业服务企业项目部党的组织全覆盖。推进32个社区“智能民情图”建设。整顿软弱涣散基层党组织，2个市级后进社区实现提升转化。

（康晓燕）

【疫情防控】年内，街道落实疫情防控重大责任，组织下沉干部、社区干部、在职党员、志愿者、物业保安和协管员等7000余人，构筑起群防群治的严密防线。落实134个小区、193个卡口封闭管理要求。完成7.89万户居民核查、4万人居家观察、344人集中隔离转运、13.3万人核酸检测、309个冷库清理整治任务。推动辖区443个“三类场所”、3家工业企业、55家宾馆酒店、979家街面门店的复工复产。排查相关人员13025人，检查“三类场所”（指各类商务楼宇及其使用单位、商场和餐馆等人员密集场所）10082次。检查“七小”门店（是指无证无照、设施简陋、易发生消防、食品安全等隐患的小商户，代表类型有：小餐饮、小食杂、小旅店、小歌厅、小发廊、小洗浴、小建材等七类）“双公示”制度落实情况2401户次，确保各项常态化防控措施落实落地。

（康晓燕）

【文体活动】 年内，街道加大社区文化设施建设，发挥怡和世家综合文化中心文化阵地作用。开展书法、科普、舞蹈、体育等培训活动；组织“周末百姓大舞台”“红门好声音”卡拉OK比赛、“家庭书房”阅读计划走进大红门活动、羽毛球比赛等文体活动。完成12场“周末百姓大舞台”和2场“星火工程”演出。

（康晓燕）

大红门街道社区居委会一览表

表45

社区居委会名称	社区居委会地址	社区居委会所辖范围	建成时间	常住人口（*户*人）	对外办公电话
西罗园南里社区	西罗园南里2-3号楼之间平房	东至：海户西路 南至：西罗园南里华远社区 西至：凉水河东岸 北至：三环中路	2002年	2400户 6583人	87205340
西罗园南里果园社区	珠江骏景北区5号楼301室	东至：永南西辅路 南至：凉水河 西至：海户路 北至：南三环中路	2002年	4134户 8925人	87266237
西罗园南里华远社区	西罗园华远小区1号楼7单元南侧中心广场半地下房屋	东至：海户路 南至：凉水河 西至：凉水河 北至：祥瑞园	2002年	2277户 5931人	67248640
海户屯社区	大红门海户屯13号楼东侧平房	东至：大红门路 南至：京温西路 西至：珠江骏景中区东路 北至：三环路	2002年	983户 2718人	67270373
木樨园南里社区	南三环中路68号楼自然美大楼803室	东至：金三环宾馆西侧小马路西边； 南至：南至晨光路路北；西至：大红门北路； 北至：北至南三环中路。	2002年	2702户 6132人	67259114
东罗园社区	丰台区东罗园2号楼西侧社区居委会	东至：赵公口长途站西侧；南至：光彩北路8号院； 西至：金三环宾馆外墙；北至：南三环中路辅路。	2002年	2561户 6619人	87205342
南顶村社区	丰台区南顶村42号楼西侧二层小红楼一层	南起南顶路西口，北至众人众市场北墙， 东起慧时家园西墙，西至高庄医药宿舍西墙。	2002年	1720户 5167人	67270376
南顶路社区	丰台区南顶路23号院南顶村4号楼平房	东至：清真肉饼店与时村社区接壤；南至：南顶路大街；西至：跃城西墙；北至：石榴庄大街南侧。	2002年	2697户 6551人	67270377
康泽园社区	丰台区康泽园小区14-101	东至：牛羊市场；南至：凉水河北； 西至：大红门北路；北至：南顶路。	2002年	1719户 4120人	67270378
时村社区	光彩路慧时欣园3A首层	东至光彩路、南至南顶路、 西至慧时欣园小区西围墙、北至晨光路。	2002年	2412户 7863人	87897269
石榴园北里第一社区	丰台区石榴园北里16-2-101、8-4-101	东至：时光小学；南至：石榴园中路； 西至：光彩路；北至：建邦华府。	2004年	2569户 6935人	67270380
石榴园北里第二社区	丰台区石榴园北里21号楼7单元102	东至：榴乡路；南至：石榴庄路； 西至：农贸市场和时光小学；北至：晨光路。	2004年	2412户 4960人	87252259
石榴园南里第一社区	丰台区石榴园南里13号楼平房	东至：石榴园南里中路；南至：光彩路； 西至：南顶路；北至：石榴庄中路。	2006年	2119户 4806人	67213774
石榴园南里第二社区	丰台区石榴园南里小区1号楼1层17号房屋	东至：榴乡路；南至：南顶路； 西至：与石南一相连；北至：石榴庄路。	2006年	1988户 4496人	67270394
石榴庄东街社区	丰台区怡和世家小区5号楼南侧平房	东至：朝阳区红寺村；南至：世华水岸社区及凉水河； 西至：榴乡路；北至：东铁营街道鑫兆雅园社区。	2002年	2895户 6659人	87610532
光彩路社区	赵公口小区17号楼208室	东起光彩路，西至赵公口长途汽车站， 北至南三环辅路，南至北京网球运动管理中心。	2002年	2189户 4378人	87203775

续表 45

社区居委会名称	社区居委会地址	社区居委会所辖范围	建成时间	常住人口（*户*人）	对外办公电话
大红门东街社区	丰台区大红门南里二轧钢宿舍院内锅炉房	东至：大红门东桥 南至：南四环南路 西至：南中轴路 北至：凉水河	2002 年	1717 户 4043 人	67225220
苗圃东里社区	大红门西后街 2 号楼东侧平房	北至凉水河；东至大红门路；南至大红门路；西至南苑路	2002 年	2351 户 5318 人	67271041
西马场南里社区	马家堡东路 168 号院海上海花园 19 号楼裙楼	东至：南中轴路 南至：南四环路 西至：马家堡东路 北至：大红门西路	2002 年	1664 户 5046 人	87248159
苗圃西里社区	苗圃西里 15 号楼 7 单元对面平房	东至：永南路西侧 南至：大红门西路北侧 西至：建欣苑东区社区 北至：凉水河	2002 年	1597 户 4910 人	87827995
建欣苑社区	大红门建欣苑小区四里南院西侧	东临建欣苑东区社区，西临远洋自然社区，南至大红门西路，北至临泓路	2002 年	3500 户 8075 人	67270389
西马场北里社区	丰台区西马场北里 20 号楼北侧平房	东至：马家堡东路，南至：怡然家园社区，西至：马家堡路，北至：角门路	2002 年	2718 户 6577 人	67582103
西马小区社区	丰台区马家堡东路三星庄园一号院养老院一层	东至：马家堡东路 南至：南四环路 西至：马家堡路 北至：角门南路	2002 年	2211 户 8421 人	67539711
彩虹城社区	丰台区光彩路 66 号院 1 号楼底商	东至榴乡路西侧，西至光彩路南段，南至世华水岸，北至南顶路，面积 0.33 平方公里	2006 年	3213 户 6876 人	87808194
怡然家园社区	西马场路 6 号院 12 号楼底商	东至：马家堡东路；南至：角门南路；西至：马家堡路；北至：西马场北里	2006 年	2254 户 5983 人	52230072
顶秀欣园社区	石榴庄南里 1 号院 6 号楼 110—111 号	东至：金桥西街，南至：金桥西街，西至：日新家园，北至：南顶路	2007 年	2261 户 5700 人	87610938
远洋自然社区	马家堡东路 108 号院 1 号楼底商	东临大红门西路 4 号，西到马家堡东路东侧街；南起大红门西路北侧街，北毗临泓路 36 号院止	2007 年	1680 户 4200 人	58031046
世华水岸社区	光彩路 72 号院外 2 号综合楼	东至：宋庄南路 南至：凉水河 西至：光彩路 北至：彩虹城社区	2011 年	1490 户 4100 人	87862321
彩虹城第二社区	丰台区大红门总工会大院内平房	东至：光彩路 南至：凉水河北岸 西至：清真食品公司 北至：南顶路	2013 年	2156 户 4780 人	87862476
建欣苑东区社区	丰台区建欣苑东区三里 15 号楼底商房屋	东至：苗圃西里社区西侧红墙，南至：大红门西路，西至：春泽路，北至：临泓路，包括建欣苑一里、三里北、三里南，临泓路 6 号院 1 号楼、2 号楼。	2014 年	2407 户 4886 人	87168013
金润家园社区	西马场南里一区 16-3-101	东至：七克拉小区 南至：十八中分校 西至：马家堡路 北至：怡然家园小区	2016 年	4120 户 10152 人	87595343
石榴庄东街第二社区	丰台区榴乡路 84 号院 27 号楼东侧一层	东至：石榴庄八号路，南至：石榴庄一号路，西至：榴乡路，北至：石榴庄村北村界	2018 年	420 户 630 人	67618897

（康晓燕）

东高地街道

【概况】东高地街道位于丰台区东南部，办事处驻地东高地斜街2号。西北距丰台体育中心14公里。东南与大兴区接壤，西与南苑毗邻，北与和义相接。2020年，辖区面积约3.27平方公里，下辖10个社区居委会，常住人口4.6万人，汉族约占97％，有满、蒙古、朝鲜、苗、瑶、侗、藏、白、土家、锡伯、维吾尔、壮等少数民族。驻地主要单位有航天一院等中央在京企事业单位，是典型的单位型街道。辖区内有中学2所、小学4所、幼儿园4所，青少年科技馆1所，综合性医院1所。地区是新兴的城镇，布局合理，区划分明。以南大红门路为界，路东为居住区，路西为科研生产区。地区交通方便，过境路有3条。南苑东路西接南苑路，通向市区和丰台镇。南大红门路是104国道的北起点。万源北路向东通往大兴。公共汽车线路有10余条。辖区有3000平方米地区文化中心、1处文化广场和1处24

小时自助图书馆，地区绿化面积达100万平方米以上，被评为“北京市花园式街道办事处”。

（徐　畅）

【平安建设】年内，街道加大对群租房的整治工作，整治群租房5处，完成区下达群租房年度整治任务指标100%。持续推进“智慧平安小区”建设，新增高清摄像头42处。检查生产经营单位2441家次，动员检查人员1786人次，发现并消除安全隐患990处，新建电动自行车充电桩14处，涵盖点位240个，化解“飞线”充电的安全隐患。街道被评为“北京市安全社区”并正式授牌。

（徐　畅）

【城市管理】年内，街道持续开展“疏整促”行动，拆除违法建设10处1857平方米，完成率173%，排名全区第2名。解决老旧小区、背街小巷环境脏乱差问题。投资3400余万元对13条背街小巷进行改造。为老旧小区加装电梯12部，并完成对楼体外墙节能改造、增加保温层、修复防水、道路修复及绿化补植等工作。全年水断面考核达标，治理裸露土地1000余平方米，无土壤污染情况。

（徐　畅）

【社区建设】年内，街道按照《北京市居民委员会选举工作指导规程》，指导5个社区完成辞职、补选等工作；加强“两委一站”干部队伍建设，开展在疫情防控工作中考察社区干部工作，完成10个社区110名社区干部考察工作，调整1名、新任4名社区书记，为建强“两委一站”干部队伍奠定基础。开展市级楼门院治理示范创建和社区议事厅创建，以梅源社区楼门院创建示范引领，完成市级创建验收；加大三社联动，推进志愿服务规范化，指导万源东里社区“雷锋来社区，五号送服务”、六营门社区雷锋精神传承计划之“至臻守护”、西洼地社区航天综合助老利用专项经费开展志愿服务项目，提升社区志愿服务组织专业化水平。根据市区要求，“两委一站”工作机构牌子规范到位；明确社区出具的盖章证明事项，对社区表格填报、挂牌情况进行全面排查清理。贯彻落实《北京市物业管理条例》，探索社区治理新模式，成立物业管理专班，完成辖区内11个小区物管会和5个小区业委会全部组建工作，在15个小区业委会（物管会）成立功能型党支部，1个小区业委会成立正式党组织，全面实现物业服务覆盖率、业委会（物管会）组建率、党组织覆盖率100%。选聘人口普查“两员”195名，完成普查区域边界修订和确认、市级和区级专项试点、建筑物标绘及普查小区划分、“两员”选聘、人口摸查专项试点、摸底登记、正式登记、职住表登记等各阶段工作，共标绘建筑物1041个，划分普查小区256个。

（徐　畅）

【民生服务】年内，街道新增低保家庭8户、低收入家庭3户，终止低保家庭18户40人；社会临时救助32户，医疗救助115人，救助清洁能源自采暖24户、集中供暖120人，新生教育救助1人；落实保障房政策，公租房补贴复审86户家庭；为低保、低收、大病、重残等7户困难家庭申请公租房配租；辖区享受高龄老人津贴5932人、失能老人护理补贴659人、养老服务补贴137人，完成申请失能评估派单655人，为辖区20名空巢独居老人提供居家养老服务和居家关怀。组织开展以“战役情 奔小康”为主题社会捐助活动，接受社区捐助衣物4575件，接受机关干部和社区居民捐款8545元；慰问34名烈属，完成12名抗美援朝老兵抗美援朝纪念章申领材料申报工作；开展健康宣传活动5场，帮扶慰问残疾人2200余人次；全年安置失业人员再就业281人，完成指标的140.5%；推荐城乡劳动力成功就业110人，完成指标的110%；采集2202个空岗信息；实现创业52人，带动就业97人，城镇登记失业率控制在0.96%。维护劳动者权益，接待劳动者咨询42起、投诉举报案件9起，追讨拖欠工资10多万元。

（徐　畅）

【接诉即办】年内，街道制定“接诉即办”工作实施意见，实行“一把手”高位调度、中心协调统筹、各部门全力办件，提升“接诉即办”水平。中心共接办群众诉求3227件，其中市直2587件、区转640件，办结诉求2587件，群众诉求响应率100%。进行廉政意见回复90人次，开展“12345”工单核查12件，处理各种问题线索4条，处理、接待来信来访6件，提

▲9月7日，航天万源商务楼宇党群服务中心。（徐素群 摄）

醒谈话4人，批评教育1人，配合区纪委执行处分决定1人。全年“接诉即办”综合成绩全区第四。

（徐 畅）

【基层党建】年内，街道党工委理论中心组开展学习20次，举办为期3天的社区副职以上干部培训班，邀请北京市优秀社区党委书记面对面授课，提升社区书记解决实际问题的能力。成立“两委”换届选举工作专班，建立候选人资格条件预审和联合复审机制，选优配强社区党组织书记和“两委干部”。召开街道党建工作协调委员会会议，与11个成员单位共同制定8项党建共建项目清单，把区域化党建工作落实落细。成立区域化党建协调委员会党群工作分会，制定《分会工作制度》。航天万源商务楼宇工作站升级为航天万源商务楼宇党群服务中心，创造“安商、稳商、兴商”的营商环境，万源楼宇商圈被列入北京市楼宇统战工作示范点创建项目。完成23家单位3633名党员的组织关系接转工作。召开“心相连，大走访”座谈会、交流会120场，制作发放退休人员问答手册4000本，全面介绍街道、社区的工作情况和党员们关心的问题。

（徐 畅）

【疫情防控】新冠疫情暴发后，街道及时组织召开新冠疫情防控工作会，成立“疫情防控领导小组办公室”，制定街道和社区防控方案，建立街道领导小组会商机制。与航天一院、711医院等辖区单位共建联防联控机制，落实“四方责任”（指在疫情期间，把全市动员起来，全面落实属地、部门、单位、个人的四方责任，建立全社会共同防控体系）；以社区为单位，推动“吹哨报到”工作向社区延伸，建立社区专员和社区党建指导员制度，安排20名机关干部担任社区专员，4名副处级调研员担任党建指导员，成立11个疫情防控临时党支部，织牢抗疫“防护网”。组织116名街道干部、38名区派干部下沉社区，与社区干部共同完成卡口值守、入户摸排、包楼包片、人员转运和集中隔离点服务管理等防控工作。做好常态化疫情防控准备，建立储备应急隔离点1个、核酸检测点2个，成立5个应急处突工作小组。全年疫情跟踪数据报送系统录入市区派单排查、社区摸排疫情相关人员11675人。组织辖区居民开展大规模核酸检测17场，检测17640人，组织东高地社区卫生服务中心医务人员对重点人员上门核酸检测211人次。2月8日发生1例输入型病例，辖区本地无感染病例。

（徐 畅）

【意识形态建设】年内，街道把牢意识形态工作主动权，发挥社区新闻发声人等宣传队伍作用，对8起负面舆情迅速反应、及时发声，重点信息阅读量超过1.8万人次，微信公众号发布信息331条，新华社、《北京日报》等中央市属媒体报道228次，东高地社区新闻发声人被授予“北京市离退休干部先进集体”。

（徐 畅）

【精神文明建设】年内，街道开展新时代文明实践活动，发动共青团员200余人次回社区报道参与垃圾分类守桶行动与社区清洁等活动，服务时长近1000小时；不断加强妇女之家、儿童之家建设，夯实联系服务妇女群众工作阵地，惠及妇女1000余人；开展最美家庭评选、垃圾分类亲子活动等各类教育培训活动10余场。

（徐 畅）

【垃圾分类】年内，街道完成撤桶并站达标建设，284个桶站完成公示牌设置。建立垃圾分类驿站2处，大件垃圾、装修垃圾暂存点各7个，安装遮雨棚284个、语音提示器130个、便利性拉环850余个。加强桶前值守，抓好“设桶、盯桶、管桶”三个环节，919名垃圾分类引导员统一标识，带证上岗。督促辖区餐饮和商超践行“光盘行动”，家庭厨余垃

▲3月13日，东高地街道万源南里社区疫情防控一线临时党支部成立。（刘翔宇 摄）

▲10月11日，东高地街道角二社区开展垃圾分类宣传活动，工作人员正在向小朋友介绍垃圾分类知识。（李欣 摄）

圾分出率、桶站建设达标率和分类驿站覆盖率居全区前列。

（徐　畅）

【文化体育】年内，街道更新社区健身器材92件，开展文化活动30余场，辅导培训20余次，正式对外开放图书馆分馆，举办各类体育赛事活动12余场，深入推进全民健身工作，带动地区群众科学建设，制定培训计划，辖区单位投资1500余万元完成东高地体育场改造，新增体育指导员80名。

（徐　畅）

东高地街道社区居委会一览表

表46

社区居委会名称	社区居委会地址	社区居委会所辖范围	建成时间	常住人口（*户*人）	对外办公电话
东高地社区	东高地50栋东侧平房小院东高地社区居委会	东临东高地一中，南临新建航天中学、航天部一院礼堂及航天科技集团总医院，西面是首都航天机械公司文化活动中心及游泳馆，北面是大兴南场地界。	1950年代	3956户 9370人	68384775
三角地第一社区	东高地三角地43栋东侧平房三角地第一社区居委会	东起东高地斜街，西至三角地47栋西侧马路，南起南苑东路，北至小龙河南岸。	1950年代	1190户 2664人	88537647
三角地第二社区	东高地益丰园小区1号楼东侧三角地第二社区居委会	南起凉水河畔，西至772所西墙，东北与大兴区相连。	1997年	1027户 2610人	88537544
西洼地社区	东高地街道西洼地3号楼西侧西洼地社区居委会	西洼地社区隶属东高地街道办事处辖区内，东临首都航天机械厂100号变电站，南邻104国道，西面北面止于303所院墙。	2001年	1063户 2876人	67961086
六营门社区	东高地六营门社区9栋西侧平房六营门社区居委会	东临104国道，南邻空一所，西邻航天科技集团大院，北临六营门加油站。	1986年	950户 2055人	88524326
万源东里社区	东高地万源东里54栋北侧平房万源东里社区居委会	万源东里社区东临大兴红星公社吉庆市场，南接万源南里社区，北至旧宫西路，西靠万源中路。	2000年	1665户 4022人	68758090
万源西里社区	东高地万源西里50栋西侧万源西里社区居委会	西到南大红门路、东到万源路大街、南至万源南路、北至万源北路。	2000年	2037户 4264人	68756750
万源南里社区	东高地街道万源南里社区33栋东南侧万源南里社区居委会	东侧大兴、南侧东营房社区、西邻梅源社区、北靠东里社区。	2000年	1987户 5272人	68199658
梅源社区	东高地梅源社区1号楼南侧梅源社区居委会	万源南路以南，东营房部队以北，104国道以东，万源南里社区、东营房社区以西。	1990年代	2778户 7316人	68751930
东营房社区	东高地桃源里12栋西侧东营房社区居委会	东至长征高科技公司，南至东营房部队，西至梅源社区，北至东营房路。	1990年代	1650户 3747人	68754018

（徐　畅）

和义街道

【概况】和义街道位于丰台区东南部，东与大兴区旧宫镇树桥村、朝阳区小红门乡毗邻，东南与东高地街道相邻，西南与南苑街道接壤，北与南苑乡、大红门街道为邻，形成“你中有我、我中有你”“犬牙交错”的地域特点。和义地区原为大兴区行政区域，主要是北京市南郊农场用地，成立于1998年12月，1999年2月划入丰台区。街道东西最大距离约3.9公里，南北最大距离约2公里，辖区面积7.38平方公里，下辖9个社区居委会。2020年，常住人口4.1万人，户籍人口2.9万人，流动人口1.2万人。辖区内有6条城市道路，其中南苑路和槐房路为主干路，大红门南路为次干路，通久路、久敬庄路和龙和路为支路。途经辖区公交线路14条，地铁8号线贯穿其中。设有社区卫生服务中心1个，社区卫生服务站2个，初中1所，小学2所，幼儿园4所，公共图书馆（室）11个，温馨家园1个，社区服务站9个，文化体育活动室10处，驻区部队4支。

（续　珊）

【平安建设】年内，街道落实安全生产

单位主体责任，签订安全责任书718份，开展安全检查2430家次、消防安全夜查30余次，整改隐患1000余处，限期整改179处，发放各类宣传材料5000余份。持续推进城市安全风险评估、安责险投保、小微企业安全生产标准化创建等基础工作。组织开展有限空间、危险化学品、“飞线充电”、燃气安全等15个专项整治工作，发现并解决隐患较突出问题150起。推进彩钢板建筑“存量”拆除工作，拆除面积2260平方米。强化社区微型消防站24小时值守制度，督促物业定期清理可燃物，开展消防安全入户宣传。完成夏季防汛和日常水、电、气、暖应急抢修，定期开展应急演练，提高应急处置能力。成立街道平安建设领导小组，建立多部门参与的工作协调机制。实施“雪亮工程”，辖区监控探头覆盖率超过90%。实现每个社区100名以上治安巡逻员实名登记，完善街道、派出所联勤联动机制，提高见警率，加强夜间巡逻，营造社会治安环境，群众安全感满意度调查全区排名第五名。推进扫黑除恶专项斗争，启动维稳工作应急机制，完成重要会议、重大活动期间维稳安保工作。针对通久步云商厦关停遗留问题，搭建沟通协商平台，围绕小区综合治理中的居民诉求，信访、司法和业务部门，走进社区主动接访。定期检查企业用工情况，调处违反劳动法规事件3起。街道、社区人民调解委员会调处民间纠纷143件，社区法律顾问覆盖率100%，开展法制宣传活动20余场次，完成“七五”普法工作。

（续 珊）

【城市管理】年内，街道以“疏整促”为抓手改善区域环境，拆除违法建设12767平方米，完成总任务的106.4%，完成违建图斑摸排调查摸底，分类开展治理，坚持新生违建“零容忍”；退出一般制造业1家，整治群租房38处，提升便民服务网点3处，“散乱污”、占道经营等实现“动态清零”，实现常住人口总量4.1万人的调控目标。协调南郊和义农场，拆除先行启动区内670平方米办公用房，清理小龙河东侧废弃集装箱，完成赵王庄、大泡子等约5万平方米腾退土地管控，督促施工方加强日常扬尘污染管控治理。完成万泽龙物流地块1万平方米建筑物的拆迁腾退，为通久路二期项目打通提供保障。完成第二轮中央环保督察工作，办结环保信访诉求。落实环保网格化监管，明确34个环保网格员，按照15类污染源进行巡视检查。按要求启动空气重污染预警，以扬尘管控为重点，监督工地规范施工，对3条道路进行大修，降低道路尘负荷，执法部门查处空气污染违法问题27起。辖区PM2.5累计浓度38.5微克/立方米，降幅排全区第四名，TSP累计浓度105微克/立方米，降幅排全区第一名。街道、社区河长定期开展巡河检查，小龙河红星公社宿舍断面平均水质达Ⅳ类，同比提升1个水质类别；完成3处自备井置换。

（续 珊）

【社区建设】年内，社区召开各类会商会100余次，协商解决环境卫生、物业管理、治安防范、便民服务等各类重点难点问题。社区社会组织开展疫情防控、垃圾分类、重点时段安全保障等志愿服务活动5000余次。开展宣传动员，将垃圾分类、文明行为促进、健康生活等新风尚传递到辖区单位、居民家中，“和”我“义”起共治共管。全面落实物业管理条例和三年行动计划要求，加强前期谋划，坚持业委会应建能建，实现一边组建、一边发挥作用，物业“三率”达100%。成立物业联合党支部和独立党支部，加强协调联动快速处置，着力破解多产权、多物业小区管理难题，推动形成可持续、良性运行的小区管理模式。协调对接首开集团，实现全街道10万平方米非经资产移交房屋由天岳恒物业公司统一管理，设立固定服务站点和24小时服务热线，及时处置居民反馈问题。

（续 珊）

【民生服务】年内，街道优化政务服务大厅办事流程，加强街道、社区综合窗口平台建设，落实延时服务机制。促进劳动就业，实现城乡劳动力就业242人。办理灵活就业、失业登记、退休、养老、医疗、住房等各项业务约1.6万件，服务辖区居民3.1万人次。完成90名非京籍适龄儿童在京入学审核。新增暖心驿站1家，深入防疫一线慰问职工，依法依规维护妇女儿童合法权益。医疗救助、临时救助困难群众400余人次。年审及新申报独生女子特扶家庭及伤残家庭扶助对象86户133人。慰问贫困残疾人、残疾儿童、失独家庭老人400余人次，发放慰问金、慰问品40余万元。依托养老驿站、第三方服务机构，推广“喘息服务”，开展巡视探访、低龄帮高龄等为老服务活动。持续推进家庭医生签约工作，完成年内无偿献血任务，9个社区均创建完成区级以上健康社区，其中3个市级健康社区。搭建平台实现与北京市公共图书馆“一卡通”服务联网。改造提升和义西里小公园健身场地及和义西里活动室，增加图书阅览、社会组织活动交流等功能。举办13场周末大舞台演出，创建市级全民健身示范街道，优化45支社区体育团队，开展20余场体育活动。

（续 珊）

【接诉即办】年内，街道制定实施《和义街道主动治理、“接诉即办”管理办法》，建立主要领导调度、诉求办理全过程督导机制。实行物业企业与社区“双派单”制度、执法部门与社区联动机制、社区与居民议事协商机制，解决群众“小散急难”问题。整治久敬佳园小区违建问题，拆除既有违法建设141处2435平方米。针对市民反映的跨部门、跨区域难点诉求，及时“吹哨”“吹”准“哨”，全年“吹哨”30余次。受理市民诉求6429件，解决率、满意率均在95%左右，考核排名全区第三名，较上年提升七名。

（续 珊）

【基层党建】年内，街道落实区委巡察工作要求，自查并完成整改问题17个。履行管党治党主体责任，抓好28项党建重点任务落实，工委会研究党建

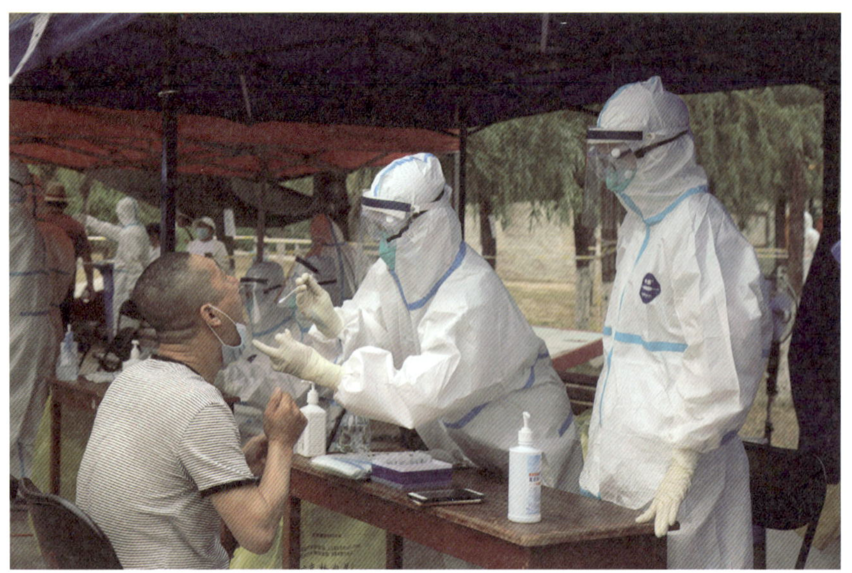

▲6月17日，和义街道在东里健身园开展重点人群集中核酸检测工作。（蒋瑶 摄）

议题146个、“三重一大”事项183项，组织落实党建引领“街乡吹哨、部门报到”改革任务35项。修订完善领导班子和班子成员主体责任清单，开展社区党委书记抓党建述职评议。发挥党建协调委员会共建共治作用，制定“三项清单”54项，协调解决问题41个。完成司法所、统计所转隶和综合执法改革，实现355项执法权下沉。推进社区“两委”换届，选优配强社区“两委”班子成员，优化社区干部队伍结构；推进党支部规范化建设，强化党员教育管理，确保党员发展质量。巩固疫情防控工作机制成效，制定实施社区治理任务23项，对251家“两新”组织开展“大走访、大摸排”，实施社区全响应服务，建设智能民情图系统，组织开展第七次人口普查，进一步摸清人口底数。纪工委（派出监察组）开展疫情防控专项监督检查50余次，针对“接诉即办”，从办理态度、流程和效率进行全程监督，形成考核末位提醒约谈、重点案件及时备案等监督机制。开展全员教育提醒和重点岗位约谈提醒。全年运用监督执纪第一种形态13人次，推进党内监督常态化、具体化。

（续　珊）

【疫情防控】年内，街道统筹部署43项常态化防控任务，组织落实好各项防控工作措施，加强与社区卫生服务中心、派出所等重点单位定期会商，保持辖区“零”感染。落实小区、平房区封闭管理，加强卡口值守，组织动员街道社区党员1700余人参与社区防控，开展多轮次中高风险返京人员排查管控，完成8467人居家隔离观察，持续做好跟踪监测和服务保障。安全转运149名离鄂返京人员；在新发地疫情暴发后，迅速组织动员核酸检测，设立4个集中采样点，完成12场次2.7万人次集中核酸采样；启用星程酒店集中观察点，完成2批次220人集中隔离管控任务。压实社会面防控责任，督促企业落实主体责任，建立复工企业登记备案、重点单位重点问题“双约谈、双训诫、双处理”等工作机制，疫情期间检查辖区单位2800余次；开展茹义菜市场专项治理，持续抓好冷链食品监管，开展企业走访服务，有序恢复辖区生产经营秩序。

（续　珊）

【精神文明建设】年内，街道发布微信手机报151期，中央、市级、区级媒体宣传报道128条，处置32件网民关注问题，确保舆情平稳。

（续　珊）

【国家卫生区创建】年内，街道组建成立创卫工作领导小组，形成“一办六组”（一办：街道爱卫（创卫）办公室；六组：市容环境、环境保护、病媒生物防制工作组、食品安全工作组、卫生和健康促进工作组、社区工作组、宣传工作组、纪检监督组）工作网络，建立249家爱卫组织机构。开展爱国卫生运动，围绕治脏、治乱、治差，推进“三整治一提高”（三整治：招标投标专项整治、质量安全专项整治、投资控制和资金管理专项整治；一提高：进一步提高监察

▲6月1日，和义街道西一社区举办“小手拉大手”垃圾分类宣传活动。（蒋瑶 摄）

工作有效性)专项行动,组织周末大扫除、病媒生物防制，整治提升2处筒子楼环境。整治提升两条背街小巷，实施北里三区失管小区整治提升工程，更新改造北里三区6栋楼自来水主管道，实施小区环境微提升项目，建成小区公共停车场4处，改造公共空间约1.5万平方米。

（续　珊）

【垃圾分类】年内，街道举办垃圾分类知识讲座，开展“小手拉大手”宣传活动，动员社区志愿者，党员，机关、社区干部参与桶前值守。按照“四有三选配”（四有是必备垃圾分类LOGO、公示牌、宣传栏、便利性措施即遮雨棚、脚踏或拉环；三选配是视情况可设置语音播报、监控设备和洗手装置)标准，规范小区垃圾桶站145组，建设小区大件垃圾和装修垃圾暂存点8处。加强执法检查，处罚违规问题198起。压实厨余垃圾分出、生活垃圾减量、分类设施达标、桶前值守等重点指标任务，厨余垃圾分出率保持在20%以上，考核排名居全区前列。加强两个示范试点小区建设，强化人员配备、提升硬件设施标准，总结推广经验做法。

（续　珊）

【精准扶贫】年内，街道深化与河北涞源地区杨家庄镇、烟煤洞乡结对帮扶工作，完成烟煤洞乡养殖产业扶贫协作项目，组织社区对接3个贫困村，走访慰问67户贫困户，采购帮扶农副产品14.73万元，帮助受援地区打赢脱贫攻坚战。

（续　珊）

和义街道社区居委会一览表

表47

社区居委会名称	社区居委会地址	社区居委会所辖范围	建成时间	常住人口（*户*人）	对外办公电话
南苑北里第一社区	南苑北里一区11号楼南侧	北起嘉禾庄路，南至南苑北马路，东临南中轴路，西毗南苑北里第二社区	2000年	2277户 5200人	67904090 67904070
南苑北里第二社区	南苑北里三区六号楼东侧	东至南苑北里第一社区，西至大红门南路，南至南苑北马路，北至嘉禾庄	2000年	1583户 3213人	67904093 67904075
和义东里第一社区	丰台区和义东里三区1号楼南侧平房	东起金贝德幼儿园围墙与大兴交界，南以太阳城路，西至东里五区四号楼，北至和义饲料厂南墙	2000年	1714户 4302人	67904096 67904097
和义东里第二社区	和义东里六区甲8号	东至院墙与大兴交界、西至南中轴路、北至太阳城路、南至酒厂路	2000年	2308户 5585人	67904101 67904073
和义东里第三社区	和义东里五区10号楼南侧平房	北起和义铁路线、南至和义太阳城路、东临和义东里第一社区、西毗南苑路	2000年	2078户 5231人	67904102 67904103
和义西里第一社区	和义西里北街8号	北至通久路、东至南中轴路、南至南苑北马路、西至槐房路	2000年	1253户 3407人	67904105 67904107
和义西里第二社区	和义西里四区2号楼东南侧二层小楼	北起五环食品厂路，南至嘉禾庄路，东临南中轴路，西毗大红门南路	2000年	1739户 4787人	67904109 67904058
和义西里第三社区	和义西里四区2号楼东南侧	北起五环食品厂路，南至西里四区，东临加油站西路，西毗大红门南路。	2005年	1632户 4373人	67904114 67904140
久敬庄社区	久敬佳园小区一区一号楼西侧平房	东起九孔闸；西至槐房路；南起和义铁道；北至南四环中路	2003年(2010年划归和义街道)	2968户 6774人	67904116 67904117

（续　珊）

长辛店街道

【概况】长辛店街道地处丰台区西南部。位于卢沟桥西侧,东临永定河、大宁水库,西至镇岗塔,与云岗街道、王佐镇相邻,南接云岗街道南岗洼，北到园博园，与石景山区、门头沟区接界，南北长、东西窄，西侧有南北走向的两道丘陵，地势西高东低。属城乡结合部。有京广铁路、京九铁路、京港澳高速、京周公路南北向穿过。2020年，辖区面积46.63平方公里，下设29个社区，常住人口44591户104206人。辖区内有中央企业5家，驻军部队10支。驻区企业以铁路、军工业为主，为丰台区重工业集中地。

（王天杭）

【平安建设】年内，街道推进“智慧社区治理系统”“平安社区”建设，安装智慧社区治理系统门禁56处，建设社会治安综合防控体系，完成25家小微企业安全生产标准化创建，安责险推广参保企业106家。重点监管企业隐患排查治理信息系统推广应用79家，组织424家企业开展城市安全风险评估工作，安装独立式感烟报警器3488具，完成全民消防培训6440人，建设消防科普教育基地。抓好食药安全，结合风险分级评定开展科学分类监管，全年共检查市场主体4614户次，开展食品快检600件，合格率100%。

（王天杭）

【城市管理】年内，街道以全局视角部署创建国家卫生城区工作，分解“创卫”184项创建工作考核任务。开展周末大扫除400余次，引导1804名志愿者和62个社会组织参与，深入责任区卫生死角，清理暴露垃圾、清除“四害”孳生地。落实大气污染防治精细化管理各项措施，2020年PM2.5（细颗粒物）累计浓度区级排名第5位，TSP（总悬浮颗粒物）累计浓度全区并列第2位，空气质量持续改善。抓好河长制巡河职责落实，各级河长参与巡河5676人次，完成巡河里程2.4万公里，推动九子河支沟清淤工作，生态环境建设稳中向好。组织签订《家庭垃圾分类承诺书》7万份，创新垃圾分类“四个四”（即落实桶站点、洗桶点、暂存点、中转点四点位建设。紧抓开放式桶站无接触式投放、破袋器、桶盖加锁、语音提示四措施改造。严格落实分拣员、监督员、宣传员、指导员四员制度。紧盯厨余垃圾分出率、其他垃圾减量率、可回收垃圾、有害垃圾四分类分拣到位）工作法，探索垃圾就地无害处理新渠道，创建2个垃圾分类示范小区，建成1处垃圾分类驿站，通过《北京新闻》等市级媒体进行报道。发挥社会多元力量“守桶行动”值守率100%。家庭厨余垃圾分出率、分类设施建设达标率、桶站值守率等综合得分93.1，全区排名第8位。

（王天杭）

【社区建设】年内，街道规范29个社区“两委一站”标识牌199块，按照“3+4”（3个市级保留、4个区级保留）填报社区表格，保留9个微信群，推动社区治理落到实处；开展“微协商”活动，形成2个三级协商联动机制、2个社区协商案例；朱南社区2个楼门院被列为区级建设治理示范点，以特色“楼门文化”带动居民自我服务管理；开展社区邻里节57场，营造邻里守望相助的氛围；完成第7次人口普查工作，选聘190名普查指导员、262名普查员，摸底登记居民5.6万户，发放宣传品5.7万份。开展记“疫”2020等系列文化活动53场，参观居民4900余人次，开展群众文化活动100场，全民健身活动77场，举办“周末百姓大舞台”演出32场，完成目标任务。

（王天杭）

【民生服务】年内，街道紧扣“七有”“五性”，完善居家养老体系，建设东山坡养老驿站，覆盖居家养老“15分钟生活圈”，全年组织助老活动34场，累计服务7500余人次，建立三级就业服务网络，为辖区单位及就业服务对象提供有针对性的精细化服务，实现灵活就业619人，社区安置就业500人，失业率控制在2.1%以内，全面提振疫情影响下的就业形势。用好下沉审批权限，落实社会救助信息化，全年累计发放低保救助款913万元，为灵活就业人员申请社会保险补贴，发放各类补贴资金781万元，受理住房保障业务504户，审核发放住保资金421万元，兜住政策救助底线。完成13520名国企退休人员的医保、养老等关系转接，纳入社会化管理。

（王天杭）

【接诉即办】年内，街道建立专人专班、专项负责的“扁平化”工作机制。从职能科室抽调骨干成员6名成立“接诉即办”工作专班，坚持每日早会，加大统筹调度力度。协调辖区21家供暖企业及单位，排查问题点位418处。加强辖区央企和部队沟通联动，督促履行主体责任，探析群众诉求的根本原因和症结。全年“接诉即办”综合评分92.69，全区排名第13位。

（王天杭）

【基层党建】年内，突出抓好习近平新时代中国特色社会主义思想学习教育。全年完成中心组学习12次，开展十九届五中全会专题宣讲。为庆祝建党100周年，对长辛店革命旧址进行提升改造，推动地区红色资源优势转化，坚持以上率下，高度重视党工委自身建设，共召开党工委会议41次，研究议题633个。加强党的基层组织建设，规范机关、社区和“两新”187个党组织设置，以社区工作月度点评为抓手，建立处级领导干部联系支部制度，实现社区党组织工作督导全覆盖。对在疫情防控工作中表现突出的机关、社区和下沉干部予以表彰，25人被评选为“抗疫之星”。严格执行中央八项规定及其实施细则，针对社区表格、牌匾、街道微信工作群的清理开展2次专项检查。持续开展规范督查检查考核，推动基层党建重点任务落实落细。

（王天杭）

【疫情防控】新冠肺炎疫情暴发后，街道发挥党建协调机制，设置64处值守卡点，实现小区封闭式管理。组织119名下沉干部充实基层防控力量。动员1032名志愿者、362名在职党员参与防控值守，机关、社区及“两新”组织党员5185名自愿捐款44万元。先后完成3个集中隔离点，6轮次服务保障，累计保障460名在观人员解除隔离。组织6批次53435人集中核酸检测，完成中风险地区全员检测任务。帮扶生活服务业有序复工，保持市场防控高压态势，健全18家冷库台账，拆除1家，停用5家。协调为中小微企业减免房租9家次137万元，复工率97.6%。全年实现留区税收11919万元，同比增长84.4%，增速排名全区第2位。

（王天杭）

【疏解整治促提升】年内，街道拆除违法建设并销账89处42550平方米，指标完成率106.38%；新建及规范完成便民服务网点12处，完成背街小巷整治提升3条，棚户区腾退65户，公厕改造64座，协调解决50余起因旱厕改造引起的居民使用问题。新增机动车停车位535个，提供错峰停车位60个。注重疏解整治与优化提升的衔接，做好“腾笼换鸟”文章。协助建设国家冰雪运动训练科研基地，各场馆及配套设施投入使用，周边环境提升项目稳步推进。利用朱家坟南里腾退空间，开展全区唯一一处“小空间 大生活”城市微空间改造，将时代记忆与便民功能融入设计理念，为居民休闲娱乐提供便利。配合打造“二七厂1897文化科技创新城”，导入新产业、新业态、新功能，让120年的老厂区重新焕发活力，成为新晋网红打卡地。组建优化营商环境工作专班，提升服务质量，推动落实“丰九条”，助力企业发展。

（王天杭）

【老旧小区改造】年内，街道大力抓好党建引领物业“三率”提升，促进物业服务企业融入社区治理，除单一产权和部队产权小区外，35处居住区100%完成业委会（物管会）组建，其中，组建业委会14个，占比40%。业委会（物管会）党组织覆盖率97.1%、物业服务覆盖89.74%、物业企业党组织覆盖100%。调动产权单位共建共治共享，探索筒子楼改造“三点一到位”的“长辛店模式”，完成15栋筒子楼改造，加大失管小区整治力度，8个小区、71000平方米的内部空间和外围秩序改造基本完成，惠及居民1124户，同步引入物业，建立日常维护长效机制，切实地提升了居民幸福感。

（王天杭）

【结对帮扶】年内，街道深化与河北涞源县东团堡乡、青海省治多县立新乡结对帮扶，投入10万元用于治多县立新乡扶贫助学，巩固朱西社区与汤子岭村、槐树岭社区与北辛庄村、朱南社区与扎西村、装技所社区与岗察村、装工院社区与叶青村对口帮扶关系，通过捐赠图书、文体用品等方式，帮助贫困地区儿童更好地投入学习、生活，决战决胜脱贫攻坚。

（王天杭）

长辛店街道社区居委会一览表

表48

社区居委会名称	社区居委会地址	社区居委会所辖范围	建成时间	常住人口（*户*人）	对外办公电话
合成公社区	长辛店东山坡三里58号	东起京石高速公路；南至长辛店苗圃；西毗长辛店大街；北到长辛店大街198号	2002年	1638户 4863人	83840401 83842556
南墙缝社区	长辛店西后街120号	东临长辛店大街，西至京广铁路，南到九子河，北到火神庙口胡同	2002年	2542户 4525人	83878943 83879212
东山坡社区	长辛店卢西嘉园13号楼	北至杜家坎环岛、南与合成公社区相接，东至京港澳高速路西侧，西至长辛店大街东侧	2002年	2680户 6317人	83865270 83872830
北关社区	长辛店街道教堂胡同29号	东起京周公路西侧，西至京广铁路东侧，南起火神庙口 北至玉皇庄道口	2002年	1290户 3366人	83840420 83845518
西峰寺社区	长辛店西峰寺北上坎69号	东至京九铁路、南至赵辛店、西至51所、北至二七机车厂南门	2002年	1214户 2324人	83875753 83872813
玉皇庄社区	玉皇庄社区6号楼前平房	东起京广铁路线、西至二七通信工厂花园北里、南起二七花园路、北至二七厂路	2002年	2314人	83883753 83840407
陈庄社区	长辛店花园北里甲14号	北至二七通信工厂宿舍北围墙和长辛店公园北围墙，南到二七通信工厂南围墙，东临京广线，西与东南街社区和建设里社区接壤	2002年	2012户	83875751 83880252
东南街社区	长辛店福康里2号	东起通信工厂宿舍区东围墙，西至二七车辆厂厂消防队，南起陈庄大街，北至东南街44号	2002年	1242户 2549人	83840419 83881171
崔二里社区	长辛店崔村一里7号扶轮小学西侧	东临九子河，南至二七厂技校，西邻建设里社区，北至崔村街。	2002年	2048户 4840人	83305750 83305225
建设里社区	长辛店崔村一里15号平房	北起长兴路10号院，南至二七机车厂西门，西到连山岗，东至东南街	2002年	2165户 5078人	83300098 83303568
光明里社区	长辛店胜利里甲12号	东到建设二里，西至连山岗村，南起北京二七轨道交通装备有限责任公司西门，北至连山岗	2002年	2229户 5850人	83303068 83306388
装工院社区	长辛店杜家坎19号院22楼	东起大灰厂东路，南至二七厂路，西至长兴路，北邻204大院	2002年	1771户 3816人	66717061 83880958

续表 48

社区居委会名称	社区居委会地址	社区居委会所辖范围	建成时间	常住人口（*户*人）	对外办公电话
车辆厂社区	长辛店张郭庄南路 12 号	北与张郭庄村接壤，南与总库部队相接，西邻装工院，东到杜家坎社区	2002 年	2857 户 10000 人	83873925 83872231
杜家坎社区	长辛店杜家坎 9 号院老干办旁	北至张郭庄南路 40 号院北墙、杜家坎 9 号院北墙与沙锅村交界；南至二七厂路路口；东至杜家坎 1 号院、杜家坎 3 号院、杜家坎 9 号院东墙；西至车辆厂、装工院住宅区。	2002 年	1300 户 2960 人	83875746 83885761
张郭庄社区	太子峪周转房 A1-3-201	西至槐树岭实验厂，南至杜家坎社区，东至二七车辆厂，北至东河沿村	2002 年	2599 人	83873674 83880122
装技所社区	槐树岭 3 号院生活服务中心 3 层	东临张郭庄社区，西到槐树岭社区，南与芦井社区接壤，北至大灰厂东路	2002 年	1026 户 1755 人	66862094 66862177
槐树岭社区	长辛店槐树岭 4 号院 38 栋平房东侧	东至装技所社区，南至白草洼村，西至中国北方车辆研究所西墙，北至大灰厂东路	2002 年	1772 户 4793 人	83800878 83803407
芦井社区	长辛店万兴路 3 号院 14 号楼	北至莲石路、南至杨家坟、东至园博园、西至北宫国家森林公园	2002 年	4148 户 6639 人	83877607 83872312
朱南社区	长辛店街道朱家坟二里八楼北侧	朱南社区位于长辛店西南，蟒牛河从社区中部穿过，社区辖区东到京周公路以西 200 米，西至京九铁路东侧约 300 米，北至朱云路，南至赵辛店村四队，社区东西总长约 1.1 千米，南北长约 1 千米。	2002 年	3230 户 8456 人	83867653 83842429 83807421
朱北社区	长辛店朱家坟五里一号院	北至 51 所北围墙南至朱云路西至六处围墙 618 厂东围墙东至十一厂西围墙	2002 年	844 户 2502 人	83840345
朱西社区	张家坟东里朱西社区	北至珠江御景，南至中国人民解放军 66058 部队，西至航天部第三研究院、东至北京北方车辆厂集团有限公司	2002 年	1861 户 5125 人	83871730 83807277
赵辛店社区	长辛店乡赵辛店村 929 号	东临万利特轻工机械厂，北临长辛店大街，南临北岗洼大桥，西临朱家坟	2002 年	1523 户 3012 人	83875760 83876151
北岗洼社区	长辛店乡北岗洼村 203 号	北至二老庄、南至南岗洼村、东至京周路、西至京九铁路	2002 年	2583 人	83840415 83872815
张家坟社区	长辛店太子峪周转房 C1-101，C1-102	东临九子河，南至朱家坟路，西邻云岗北区北起辛庄路。包含 7 个自然村：张家坟、李家峪、二老庄、仇家沟、董家坟、马家坟、吕村	2002 年	1151 户 2096 人	83875754 83871701
珠光嘉园社区	长辛店长云路 2 号院 10 号楼 1 层	北至镇岗塔北路，南至 618 厂南路，东至太子峪南路，西至辛庄路口	2014 年	1510 户 3851 人	83866917
珠光逸景社区	太柏西路 1 号院 2 号楼 2 层	东至太柏路，南至吕村北街，西至太子峪路，北至连杨北街	2014 年	2093 户 4780 人	83866337 83860687
红山郡社区	鑫博西路 4 号院红山郡小区 1 号楼 2 层	东至鑫博路，南至大灰场东路，西至鑫博西路，北至鑫和街	2018 年	6332 人	83865172
长馨园社区	安康路 2 号院 2 号楼底商	东至规划南七路，南至通信工厂宿舍北墙，西至南八路，北至长兴路	2014 年	4083 人	83861592
中奥嘉园社区	连兴街 1 号院 2 楼 1 单元 103 号	东至长兴路，南至连杨街，西至太柏东路，北至长兴路	2015 年	3672 人	83819131

（王天杭）

宛平城地区

【概况】宛平城地区位于丰台区中西部，东与新村街道、卢沟桥街道交界，南与大兴区接壤，西与房山区、长辛店街道、长辛店镇交界，北与石景山区毗邻，辖区面积42.67平方公里。2020年，常住人口数46208人。下辖晓月苑社区、晓月苑二社区、城南社区、城南二社区、城北社区、宛平城社区、沸城社区、老庄子社区、景园社区和东关社区10个社区和2个行政村，其中景园社区新成立于2018年1月15日，宛平城东关社区新成立于2018年11月7日，居民主要分布在高速路以南的楼房区和东关楼房区，农民集中居住于卢沟桥西、北天堂村、永合庄村，人口分布不均衡，73%以上人口居住在晓月苑地区。属于典型的城乡结合部。整个区域沿永定河呈西北至东南狭长地带，城内交通发达，路网密集，铁路、公路、城轨纵横交错，京广、京九、京石、京山、丰沙等专线贯穿境内。宛平地区是西山－永定河文化带的重要组成部分，也是永定河绿色生态发展带丰台段的核心区域。辖区内的宛平城、卢沟桥、赵登禹墓、抗日战争纪念馆和雕塑园，是重要的爱国主义教育基地，作为国家级历史文物保护单位，景区年游客接待量达百万人次，多次承接国际性、国家级纪念活动。同时又有宛平湖、晓月湖、绿堤公园等生态旅游资源，毗邻丰台科技园区。从政治意义、地理位置、人口结构、城乡发展进程等各方面来看，都是一个非常有代表性的地区办事处。

（李　煜）

【平安建设】年内，街道完成抗战胜利75周年和全民族抗战爆发83周年纪念活动保障任务，疫情防控坚持群防群治，党员干部全部在重点点位进行蹲点值守，发动志愿者开展全天候巡逻，运用智慧民情图实现24小时不间断监控管理。加强信访事项研究化解，落实领导干部接待日，变上访为走访、约访和下访，全年信访诉求共70件142批次187人，化解率90%以上，满意率95%以上。调解矛盾纠纷12起，全部调解成功，做到"小事不出社区（村），大事不出宛平"。对辖区彩钢板建筑、电动自行车充电、宅基地和出租大院、地下空间、危化企业、文博单位等9个领域的安全治理工作进行专项治理。加强社区、村微型消防站人员力量及消防器材配备，强化社区、村日常消防安全宣传与隐患防范治理。清理整治群租房30处，完成年度目标。加强安全隐患排查整治，实现重点村销账，摸排检查两村各类生产经营场所安全隐患，发现消防隐患7处、安全生产和违法经营行为21处，全部整治完成。开展各领域执法检查，主要涉及"三类场所"疫情防控、垃圾分类、大气污染防治、施工工地管理、街面环境秩序等，全年共立案处罚306起，罚款193470元。

（李　煜）

【城市管理】年内，街道完成"疏整促"专项行动任务，完成102748平方米拆违任务，做好"留白增绿"，整治腾退散乱污企业，建成占地800亩的北天堂滨河公园，实现永定河丰台段全线见绿。绿堤公园连续五年位居全区郊野公园绿化养护水平第一，建成丰台区首家区级"互联网＋全民义务植树"基地。提升污染防治管理水平，打好蓝天保卫战，PM2.5（细颗粒物）、TSP（总悬浮颗粒物）累计浓度分别位居全区第四位、第五位。各级河长共巡河866人次2275.25公里，上报各类问题30余处。按时办理完成中央环保督察件21件。在永定河生态补水期间封闭入口，开展宣传和沿线巡查，完成夏季防汛任务。完成6个失管小区专项整治工程。持续推进农村人居环境整治，完成供水管网建设、路灯修建等工作。

（李　煜）

【民生服务】年内，街道实行便民服务"一站式"办公，推行疫情期间"不见面"服务，优化营商环境。围绕地区便民商业网点短板问题，利用"疏整促"腾退空间，引入物美集团入驻辖区，新建蔬菜、早餐、便利店等生活性服务业6家。新建景园社区养老服务驿站，委托专业养老服务机构为40名老人进行定期巡视探访。通过扶贫农副产品交易平台购买贫困地区产品，全年消费扶贫27.66万元，助力对口地区实现全面脱贫。处理农民工讨薪事件13起，涉及人员113人，金额213.52万元。开展国家卫生城区创建工作，成立宛平城地区创卫专班工作小组，与356家企业建立联系，完善爱国卫生组织台账的录入，开展公共区域病媒生物日常防治，重点行业和单位防蚊蝇和防鼠设施合格率超过95%。

（李　煜）

【社区建设】年内，在"院儿长制""院儿长议事厅"基础上，街道设立民情民意工作室，通过"街、乡、村、社区、实施公司"五方联动、共同维护宛平城内群众生命财产安全，降低重大活动保障、文物保护等多重安全隐患，完成城内街首批90户严重危房搬迁。推动宛平城地区控制性详规编制工作。发挥党建协调委员会的作用，将物业纳入社区治理体系，共同抓好垃圾分类和物业管理，发动居民、党员、志愿者、辖区单位等多方参与，城南社区银海星月小区被评选为北京市生活垃圾分类示范小区。做好物业管理小区划分，成立29个物管会＋1个业委会的管理队伍，物业"三率"100%，提前三个月完成年度目标任务。发挥好街巷长、楼门长、院儿长等作用，带动社区党员、居民志愿者、辖区单位、非公企业等共同参与"家门口"的大小事务。完成第七次人口普查工作、联合清理野生大麻33000株。

（李　煜）

【接诉即办】年内，街道在原有的"日汇报、周调度、月专题"基础上，建立主要领导每日调度机制，探索出"书记抓，抓书记。人民群众的诉求有一件，办一

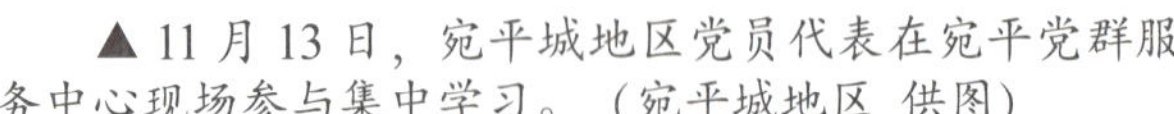
▲11月13日，宛平城地区党员代表在宛平党群服务中心现场参与集中学习。（宛平城地区 供图）

▲11月13日，宛平城地区党员代表在宛平党群服务中心收听收看实景云党课。（宛平城地区 供图）

件，解决满意一件；把每一次办诉作为民办实事的生动实践；把每一次办诉作为传帮带、培养年轻干部的过程”四步工作法。2020年沸城社区获北京市“接诉即办”先进集体称号，晓二社区邱鸿雁获北京市“接诉即办”先进个人称号。

（李 煜）

【基层党建】 年内，街道以党建引领全面工作，明确年度重点党建任务7大项25条，制定党工委及班子成员全面从严治党主体责任清单10份，推动层层落实。召开工委会43次、主任办公会24次，组织理论中心组学习12次。改造提升新时代文明实践所，打造宛平县史馆、书记工作室等具有地区特色的思想文化宣传阵地，同时保留文化会展中心功能，完成地区1500平方米党群服务中心建设。全年承接会议、活动50余场次。探索建设现场教学点，打造宛平实景云党课，在“大屏＋小屏”上开启“云上”课堂，用创新实践传递“红色”好声音。全面推进社区（村）“两委”换届选举，组建4个检查组多轮次开展换届选举指导检查，调整任命两名“80后”社区书记。组织62名地区青年干部开展“奋斗青春 追梦宛平”培养工程3期，开设为期两天的社区（村）书记培训班，分层分类开展干部培训。摸排非公企业党员情况，94家在册非公企业中3名党员亮出身份，2名党员转入党组织关系，新建7家非公团组织、3家联合团组织。组织开展团员线上学习，2020年团组织工作排名全区第二。地区总工会为防疫一线职工送去牛奶、八宝粥、方便食品等2400余份，惠及职工1762人次。发挥人大街工委职能，开展“代表在倾听”、代表与选民共议垃圾分类等活动。办结政协提案4件。

（李 煜）

【疫情防控】 年内，街道围绕“看门、找人、看护”主线工作，半夜集结、紧急抽调，先后14轮次抽调1021人次支援地区防控专班、核酸检测、集中观察、分流转运、社区（村）门岗值守等。建设地区集中观察点，承担区级集中观察任务，作为地区第一道防线，实现集中观察点平稳运行，累计留观310人。完成密接、湖北返京等人员转运，共转运密接及居家无条件隔离人员53人。在12个社区、村设立一线临时党支部，建立党员服务岗，10名抗疫人员获丰台区抗“疫”之星，5个社区（村）获丰台区“三全”（即人员排查全覆盖、重点管控全落实、服务保障全到位）社区称号。推进复工复产，落实全区重点市场领域防控，对辖区单位持续开展监督检查，督促落实防控措施。持续开展农副产品、冰鲜肉类溯源，全面加大辖区社会单位防控监督，每日出动执法力量加强市场领域、“三类场所”

▲3月10日，宛平城地区园博园疫情防控隔离点及隔离点党支部建立。（宛平城地区 供图）

等地的检查，共检查辖区单位700余家7000余次。加强大王庙宗教规范管理，要求严格落实“两暂停”，加强人员管控和消杀措施。街道全年保持零感染零疑似的低风险状态，用“宛平红”守护好“宛平健康绿”。通过实施智慧化管理等措施，推动落实常态化管理，与辖区5家物业企业建立党建联盟开展联防联控。组织各相关领域人员开展核酸检测和疫苗接种，全年共检测约31000人次，组织疫苗接种1391人次。

（李　煜）

【精神文明建设】年内，街道每季度专题听取地区意识形态相关情况，研讨部署相关工作。对接中央电视台、人民网、新华社、北京日报等主流媒体加强阵地建设，全年共在中央、市属媒体刊发报道60余篇，通过《北京日报》、北京丰台官方发布报道30余条，地区官方微信公众号发布信息297条。与宛平生活网建立良性沟通，发挥自媒体正面引导舆论的作用。

（李　煜）

【文体活动】年内，街道组织开展“月圆卢沟 情浓宛平”中秋系列活动及以“隔离不隔爱 宛平更多彩”为主题文化活动，协调做好疫情期间读者借阅工作。举办2020全民健身宣传系列活动近100场，丰富群众文体生活。

（李　煜）

宛平街道社区居委会一览表

表49

社区居委会名称	社区居委会地址	社区居委会所辖范围	建成时间	常住人口（*户*人）	对外办公电话
宛平城社区	丰台区宛平城地区卢沟桥城内街64号	城内街、桥西街、城北街	2002年	1283户 2245人	83891410
宛平城东关社区	丰台区宛平城地区卢沟桥北里2号楼	卢沟桥北里楼房区及东关1号院、沙岗平房区	2018年	2236户 5086人	83215092
城北社区	丰台区卢沟桥小郭庄西路甲1号	城北路1号楼及城北路、石景山南站、齐庄子村、大瓦窑781、782、783号院等平房区	2002年	1046户 2214人	83292755
城南社区	丰台区宛平城地区晓月东路路东（交警楼东侧）	银海星月、皓月家园、甲八号院及南里1、3等多个楼房院	2002年	1765户 5562人	83891705
城南第二社区	丰台区宛平城地区垂虹街7号对面	卢沟桥南里34、46、52等多个楼房区及沙岗、洪泰庄等平房区	2012年	1047户 2637人	83217951
景园社区	丰台区宛平城地区晓月中路20号院5号楼	新月家园、晓月景园、交警楼、60、62楼	2018年	1447户 4058人	83215125
晓月苑社区	丰台区宛平城地区晓月东路游泳馆东侧	晓月苑一、二三里	2002年	2574户 6377人	83214629
晓月苑第二社区	丰台区宛平城地区晓月苑五里1号楼底商1-2层	晓月苑五里	2006年	3493户 5048人	83211352
沸城社区	丰台区宛平城地区晓月苑八里2号楼底商5号	晓月苑四里、七里、八里	2012年	3296户 10388人	83218093
老庄子社区	丰台区宛平城地区北天堂8号	晓月苑六里、沙岗村128号院、农场路平房区	2000年	596户 1838人	63775549
北天堂村	丰台区宛平城地区北天堂村8号	北天堂村	1958年成立村党支部	300户 700人	63775366 63775003
永合庄村	宛平城地区永合庄村	永合庄平房区	1962年	1376人	83628676

（李　煜）

云岗街道

【概况】云岗街道位于丰台区西南部，东与长辛店街道、长辛店镇为邻，西与王佐镇相连，北与门头沟区接壤，辖区面积8.53平方公里，2020年，常住人口4.8万人，辖区内主要有航天科工集团第三研究院、航天科技集团十一院、航天六院101所、北京京丰燃气热电有限公司和新兴际华应急救援科技有限公司等47家中央、市区属单位；有1所中学、1所小学，1所北京市丰台区职业教育中心学校，1个青少年科技站，3所幼儿园以及航天三院教育中心。下设9个社区居委会。

（何　丹）

【平安建设】年内，街道有1600名治安志愿者，完成“两会”、疫情防控安保、“服贸会”维稳工作等各类敏感期社会面防控工作。为云岗派出所购买巡逻电动自行车10辆（加装巡逻灯）、巡逻头盔10顶、执勤肩灯20个，提升“见警率”；为社区安装门禁830余个。居民安全感、满意度排名第一。完成20家小微企业安全生产标准化创建工作；生产经营单位安全生产普查完成100%；专项整治各类安全隐患23条，整改销账完成率100%；参与城市安全风险源评估企业266家，风险源上报率100%；出动6900余人次，检查生产经营单位3482家次，完成率116.1%，开具检查记录单3482份；发现整改隐患805项，整改率100%。对9个社区开展“飞线充电”安全隐患问题大排查，完成整改隐患125起。完成9个电动自行车充电棚的建设及188个电动自行车集中充电口的安装。为60岁以上户籍老年人家庭安装独立感烟报警装置1575个，完成率100%。

（何　丹）

【城市管理】年内，街道投资300余万元，对北区体育场和派出所门前两条背街小巷全面整治；投资70余万元，对云岗铁路沿线部分路段进行整治，拆除私搭乱建，清理垃圾杂物，碎石铺装9500平方米。投资1400余万元，打造辖区绿色休闲空间。组织第三方公司依照图斑拆除辖区1948处存量违法建设，并建立台账；核实、拆除19处国土卫片违建点位，规范、拆除违规广告牌匾11块、废弃电子显示屏10块。各级河长巡河2000余次；摸排建立小微水体整治台账，完成6个小微水体销账任务；各街巷长巡街800余次，发现并解决问题159个，清理堆物堆料和无主垃圾12吨。安装垃圾分类公示牌62块；合桶并站，规范桶站建设135个，建立1个垃圾暂存点、2个垃圾分类驿站，完成静欣苑等4个垃圾分类示范小区的创建工作。整改大气污染问题30多起，苫盖裸地2万余平方米。街道PM2.5（细颗粒物）浓度34微克/立方米，同比下降17%，全区排名第2名；TSP（总悬浮颗粒物）浓度97微克/立方米，同比下降11.8%，全区排名第1名。

（何　丹）

【社区建设】年内，街道建成9个物业管理委员会和1个业主委员会，并同步建立党组织。与王佐镇共建物管会，街道与王佐镇各推荐社区书记进入南二社区新福小区物业管理委员会，建立多方联动服务机制，探索街镇共建、共治、共享新模式，构建新型物业合作体系。坚持“人防+技防”，指导社区建立“1+N”帮扶小组，制定《推进智慧社区治理系统工作方案》，投资近50万元，为15个“三无小区”安装“智慧社区治理系统”16套。投资21万元为无物业小区安装监控摄像头高清枪机23个、球机3个。组建第七次全国人口普查工作领导小组及工作组，制定数据处理设备管理办法、保密制度等系列制度，划分9个普查区、207个普查小区，选聘60多名普查指导员、210多名普查员。结合公安、计生、民政基本台账，核查登记21176户51924人。

（何　丹）

【民生服务】年内，街道有154家七类生活性服务业网点，其中42家商超菜站便利店、60家餐饮、41家美容美发店、6家家政服务、5家洗染企业；17个末端配送网点、15个再生资源回收站。申请公益性就业组织人员区经费3299304元、市经费2346500元。帮助360名失业人员和182名就业困难人员实现就业，完成全年任务指标120%和128%；70人创业带动就业人员120人，为195名城镇登记失业人员发放失业金226.8万元，报销失业期间门（急）诊药费、住院医疗费1.56万元；社会化管理退休人员（企业职工养老保险退休人员）8149人，“五七工”退养76人；享受城镇老年人福利养老金待遇441人；享受城乡居民养老保险待遇156人，享受城乡居民医疗保险待遇5626人（其中“一小”4360人，“一老”871人，“残疾和无业居民”395人）；办理社保卡挂失补换领卡手续8315人次；修改变更定点医院1441人次；为退休人员、“一老一小”人员报销年度门（急）诊药费、住院医疗费572.58万元。公租房入住资格及补贴资格复核42户，资格终止12户；完成56户的市场租房补贴调标、6户租住平房家庭房屋安全鉴定工作；发放公租及市场租房租金补贴215万元。推荐2人当选北京市孝星，为地区5名高龄困难老人家庭办理困难补贴，巡视探访118位老人，为183名85岁困难、高龄老人提供家政服务，为1060位老人配置智能手杖。为161名困难残疾人发放生活补贴98.49万元，为205名困难残疾人发放护理补贴32.17万元。审核发放重症精神障碍患者监护补贴525人次23.5万元。为203户327人办理享受低保待遇，新增19户32人，终止9户12人，变更35户64人；临时救助19户33人，救助金额6.1万元；医疗救助287人次44.8万元，大额医疗救助11人次5.67万元，慈善医疗救助34人次14321.91元。办理《独生子女父母光荣证》11个、流动人口生育服务单49件；审核户籍人口二孩申请142件、再生育服务单5件。完成劳动保障举报、投诉案件53起，涉及19家单位，涉案79人，监督发放工资、保险金、经济补偿金等17.75万元；巡查用人单位376家次。投资989630.56元打造区级示范性残疾人温馨家园。为35名残疾人发放机动轮椅车燃油补助9100元；为26名残疾儿童发放儿童节慰问金5800元；累计发放助残券补助72.2万元。安置残疾人就业12人（含职康站残疾人帮扶就业7人）；投入162446.69元对街道办事处、政务服务中心、两个温馨家园等13个对外窗口场地，50个元素的无障碍设施进行改造。

（何　丹）

【接诉即办】年内，街道受理市民热线诉求687件，其中直派500件、区转187件，解决率75.94%，满意率88.28%，市长热线年度考核成绩位于全区第二。受理“12345”市民诉求2218件，其中直派1706件，转派512件。“接诉即办”直派综合排名全区第一。被中共北京市委全面深化改革委员会“接诉即办”改革专项小组评为“2019–2020年度‘接诉即办’改革工作先进集体”。

（何　丹）

【基层党建】年内，街道新组建业委会功能型党支部1个，物管会功能型党支部9个，物业企业项目部功能型党支部3个。完成国有企业退休人员党组织关系转接，接收89个党支部3099名国企退休党员。完成机关4个支部书记、委员改选工作；发展党员12名，14名预备党员按期转正。召开街道和社区党建工作协调委员会全体会议及专题会议；建立9个临时党支部，全面动员多方力量参与社区疫情防控；获评丰台区“三全”社区4个、抗“疫”之星8人。

（何　丹）

【疫情防控】年内，街道制作下发《社区防控工作要求》109期，各社区建立防控组织体系，加强联防联控机制，开展地毯式排查，建立台账。完成武汉返京转运43次，转运123户172人；组织中高风险人群大型集中核酸检测14次，检测28658人；组织中高风险返京人群入户核酸检测35次，检测189户293人，转送高风险人员前往集中隔离点6次。组织辖区市场领域重点人群400余人接种新冠疫苗。发放口罩、手套等103.6万元的防疫物资，其中发放集中核酸检测工作人员慰问补助137人次2.64万元。慰问辖区企业因疫情、病情致困的5名职工，发放慰问金9500元。为辖区返京人员安装摄像头103个，拆除违规冷库3家。

（何　丹）

【精神文明建设】年内，街道推进群众性精神文明“五个创建”，云岗地区稻香村、金象大药房被评为“北京市文明商户”。12位航天人、志愿者等被评为地区“北京榜样”人物，航天十一院沈宏鑫被评为“2020北京榜样”6月第四周周榜人物。魏文竹家庭、张菊家庭、李溯滋家庭、张庆林家庭被评为丰台区“最美家庭”，张庆林家庭被评为“首都最美家庭”。推进新时代文明实践所、站建设，制定各项制度规范，各所、站开展主题活动50余场。

（何　丹）

【宣传报道】年内，街道与地区航天单位建立宣传协作机制，打造疫情防控新媒体宣传阵地“线上小喇叭”，10余家市级以上媒体报道航天科技助力云岗地区疫情防控“网红机器人”。在学习强国、人民网、央广网等市级以上媒体刊发报道127条。街道微信公众号、政务微博发布新闻信息170余条。撰写各类疫情总结文件13篇、防控专班《云岗街道新型冠状病毒防控情况信息》197篇。公众账号“北京市丰台区云岗街道总工会”刊发文章48篇。

（何　丹）

【工会工作】年内，街道工会开展职工沟通会4次，发放宣传材料500余份，新增小微企业2家，新发展会员120人，办理京卡120张。为1名在档困难职工子女发放助学金4000元。“暖·互助”二次报销核查883人次113047.49元。开展“一元捐”“十元捐”两场捐款活动，捐款1060元。建设暖心驿站1家。签订工资集体协商、集体合同16份，覆盖126家企业、覆盖职工2190人，签订率100%。完成会员服务1408人次。

（何　丹）

【帮扶救助】年内，街道实现社区和受援地深度贫困村结对帮扶全覆盖，捐赠73515.5元的防疫物资；落实区级帮扶资金60万元；购买120120元的扶贫物资；引导辖区社会组织、商会向受援地捐赠34万元的物资。结对内蒙古扎赉特旗乡镇阿拉达尔吐苏木和种畜场通过国家扶贫攻坚普查工作，完成脱贫攻坚任务。

（何　丹）

云岗街道社区居委会一览表

表50

社区居委会名称	社区居委会地址	社区居委会所辖范围	建成时间	常住人口（*户*人）	对外办公电话
北里社区	北京市丰台区云岗北里11楼西侧北里社区	北里社区位于云岗街道的北部，辖区面积1.8平方公里，南起云岗东西铁路线以北，北至长辛店乡南界线以南，东起体育场路，西至物资部小区。	2002年	3280户 8383人	68741486
北区社区	北京市丰台区云岗北区西里甲3号北区社区	东临镇岗塔，西至森林公园路，北到长辛店乡南界线，南接云岗路。	2002年	3106户 7899人	68741479

续表 50

社区居委会名称	社区居委会地址	社区居委会所辖范围	建成时间	常住人口（*户*人）	对外办公电话
翠园社区	北京市丰台区云岗翠园小区 10 号楼西侧翠园社区	位于云岗北侧，东与镇岗塔路相邻，南与北区社区相邻西至森林公园路与北里社区相邻，北至云岗北环路	2002 年	858 户 1980 人	68741467
大灰厂社区	北京市丰台区大灰厂路 88 号大灰厂社区	北至北宫公园、南至建化厂铁路桥、西至建化厂油库、东至北宫公园正门	2002 年	1850 户 4399 人	83379003
南一社区	北京市丰台区云岗南区东里 13 楼东侧平房南一社区	东至王佐佃起村、西至云岗新村路、南起南区区间路、北至云岗路	2002 年	2973 户 5477 人	68741460
南二社区	北京市丰台区云岗南区东里 23 号院南二社区	东至王佐镇佃起村西头，南至房山区良乡北侧贺照云，西至王佐乡大富庄村，北至云岗南区区间路路南。	2002 年	4729 户 8633 人	83397321
田城社区	北京市丰台区云岗东王佐北路 5 号院 7 楼 201 号	东临北里社区，南至王佐东路，西毗王佐镇侯家峪，北起航天试验技术研究院六院 101 所	2002 年	1419 户 3487 人	68741471
云西路社区	北京市丰台区云岗西路 9 号院 3 号楼东侧云西路社区	云岗街道云西路社区位于丰台区云岗街道的西南部，西起田城路，东至云岗街心公园，南起大灰厂路，北至大灰厂铁路一线。	2002 年	1264 户 3874 人	68741462
镇岗南里社区	北京市丰台区云岗镇岗南里 22 楼东侧镇岗南里社区	东至云岗储备厂，南至云岗路，西至云岗中学东侧，北至北区东里 34 乙楼以南	2002 年	1393 户 3847 人	68741467

（何　丹）

卢沟桥乡

【概况】 卢沟桥乡是丰台区5个乡镇之一，地处京城西南、丰台区中部，地跨西二环至西五环，与海淀、西城、石景山三区接壤。2020年，行政总面积56.3平方公里，下辖5个社区，17个行政村，8个直属公司，5个事业单位，常住人口9万余人。乡党委下设7个二级党委，25个党总支，215个党支部，党员4347名。完成集体经济总收入37.9亿万元，人均收入42928元，完成留区税收5.9亿元，位列5个乡镇第二名。引入注册资金亿元以上企业22家，千万元以上企业117家。聚焦增进民生福祉，努力改善辖区环境质量，纵深推进农村人居环境治理，2020年整治成效平均分位列全区第一名。

筑牢疫情防控之壁。在新冠肺炎疫情阻击战中坚定不移坚持党的全面领导，成立以书记为组长的疫情防控领导小组及工作专班，带领全乡156名党员干部、101名市区两级下派干部冲锋在前，与全乡各级干部职工8000余人坚守疫情防控前沿阵地，落实“四方责任”；主动接管莲玉嘉园等5个空白点小区，做好区管6个集中隔离点服务保障工作，严格落实楼宇、农贸市场、商超等重点场所社会面防控措施；历时三天完成16.2万人次核酸检测任务，做到“应检尽检”；指导岳各庄农产品批发市场实行“批零分开”，对5300名市场从业人员进行免费核酸检测，保障首都人民“菜篮子”的安全，用实际行动把每一个疫情防控环节做实、做细，筑牢阻击疫情的铜墙铁壁。

扎深思想武装之根。巩固深化“不忘初心、牢记使命”主题教育成果，坚持把习近平新时代中国特色社会主义思想和党的十九届五中全会精神理论学习引向纵深，围绕疫情防控、基层社会治理、复工达产等中心工作“以学促行”，开展理论中心组学习17次，涵盖学习内容32项。聚焦疫情防控、保障服务等举措成效以及疫情防控典型人物事迹，全年在中央、市区各类媒体平台刊发报道350余篇次，官方微信公众号“今日卢沟”推出《我们在行动——上下齐动员 抗“疫”保家园》系列报道120条，纪实全乡各级基层党组织共同战“疫”工作成效。完成村（社区）志编修工作，外延功能，内承文明，为全乡建设提供更多助力。

夯实组织建设之基。注重在疫情之中提升党组织战斗力，在疫情防控一线成立26个临时党支部，示范带动干部群众勇于担当、攻坚克难，锻造一支能打大仗、能打胜仗的干部队伍。岳各庄村获“北京市抗击新冠肺炎先进集体”称号，全乡21人获得丰台区“抗疫之星”称号，8个社区、村获得“丰台区三全社区”称号。持续推进党支部规范化建设，全年新建支部4个、撤销支部5个。探索“中心+驿站”模式，建成乡级党群服务中心和商务楼宇党群中心，打造“企业家精神论坛”“党建联盟”等服务平台，编辑印制《卢沟两新专刊》，夯实“两新”党建工作基础。全乡有在册商务楼10座、商务楼宇党群服务中心1座、楼宇党群服务站5个，从业人员100人以上的企业全部单独建立党组织，实现党的工作全覆盖。

畅通人才发展之径。坚持经常性教育一体推进、全员覆盖，依托中国人民大学农业与农村发展学院卢沟桥乡教学科研基地，以“在线学、云开班”的形式，为基层212个党支部书记开设网络培训课堂，做好疫情后工作的“谋篇布局”。着力推进中青年人才培养，建立《卢沟桥乡中青年人才队伍台账》，与中国人民大学农业与农村发展学院本科生共同建立“卢沟青年说”讲堂，畅通优秀年轻干部发展渠道。2020年度完成任职31人，免职13人；完成公务员职务职级并行29人，新招录公务员2人。

落实从严治党之责。坚持党要管党、全面从严治党，签订领导班子及领导干部落实主体责任清单9份。把区委巡察作为推动全面从严治党向纵深发展的有力契机，做好区委巡察整改和规自领域专项巡视问题整改。突出重点监督，以问题为导向，针对防疫场所防控责任落实、“接诉即办”等重点工作开展8次专项检查。立足日常监督，紧盯“三重一大”制度执行情况、垃圾分类、“两个条例”“光盘行动”等工作，强化经常性监督检查，运用好执纪监督“四种形态”。2020年，全乡共受理信访件42件，其中区转件30件，其他部门转办12件。先后提醒谈话19人，立案8人，受党纪政务处分9人，发出纪律检查建议书3份。

▲ 6月16日，岳各庄批发市场开展疫情防控消杀工作。（蔡晖 摄）

凝聚共治共享之力。落实党建工作协调委员会机制，发动、引导成员单位党组织与乡社区、村开展共治共享活动171次，形成“三项清单”88条。加强党对工会、共青团、妇联等群团组织的领导，发挥民主参政、民主监督和联系群众的作用。定期听取乡人大、乡政府工作汇报，召开乡人大第十六届七次会议，促进人大代表在疫情防控大局中充分发挥主体作用，为全乡疫情防控和经济社会发展做出积极贡献。建立统战工作新格局，成立中都科技大厦新联会，为广泛联系和团结新的社会阶层人士开辟新渠道。

▲ 12月11日，万开基地打造城市共享空间。（蔡晖 摄）

助力企业复工复产。坚持疫情防控和经济发展“两手抓”，落实各项纾困惠企政策，对54家重点企业进行走访，协助全乡25家重点楼宇及规模商超减免商户租金1.24亿元，助力企业复工达产。其中，居然之家减免租金2400余万元，岳各庄市场减免租金1500余万元，中都科技大厦减免租金近200万元。深入贯彻落实“丰九条”工作要求，加大对金融、科技等高精尖企业的扶持力度。

着力推进重点项目建设。坚持重点项目带动“穿针引线”，保证集体经济稳中求进。完成XJ-08商业金融用地一期工程主体结构封顶。F05项目定位高端商务酒店，与北京万开基业企业管理有限公司达成合作，并签署租赁协议。金唐西联大厦项目定位超5A级智能写字楼及商业配套，建筑面积约17万平方米，完成整体装修。立足打造立体化、多元化时尚购物新地标的丽泽天地项目完成验收。郭庄子村引进中建交通集团有限公司，完成工商税务变更手续。

着力规范集体土地管理。落实区委《关于加强农村集体土地和房屋管理工作的意见》，从摸清底数入手，建立经营性房产和土地台账制度，开展涉地农村集体经济合同自查自纠工作，落实区联席会审议程序。全年4个新建项目通过区联席会审议，涉及面积37.02万平方米，金额31.41亿元；提请区审议租赁类项目40件，建筑面积200平方米以下租赁到期项目150件，加强集体土地和房屋规范管理。统筹推进集体土地租赁房建设，西局集租房一号项目实现开工建设，小屯、郭庄子、张仪村集租房项目推送至“多规合一”平台审核。

提质增速推进城市化进程。围绕北京城市总体规划和丰台分区规划，持续推进《卢沟桥乡城市化试点方案》编制和实施。加大滞留户腾退力度，清理滞留户39户，确保棚改工作推进。完善岳各庄棚改项目综合实施方案；完成万泉寺棚改项目拆迁工作；完成小井棚改东区回迁房项目地块腾退。深入挖掘土地一级开发潜能，大瓦窑新村项目一期和大瓦窑馨城项目完成入市交易。

切实保障生活秩序平稳有序。新发地疫情结束后，坚持常态化疫情防控各项举措不放松，开展冷链、冷库等隐患执法大检查，共检查企业953家，上账冷库267户，确保乡域范围内冷链管控常态化、无漏洞。坚持监管服务并重，立案查处涉疫类违法行为637件，确保群众生活必需品和防疫物资价格平稳；建立安心餐饮单位名录，搭建复工达产“微平台”，确保群众用餐源头安全放心。引导岳各庄市场开辟“食讯网”线上社区超市，实现“无接触售卖”，疫情期间完成线上交易3万余单，辐射周边社区370个，充分保障群众生活的“米袋子”“菜篮子”。

营造安全稳定社会环境。完成中国人民抗日战争暨世界反法西斯战争胜利75周年等重大活动保障工作。完成全乡16个小区智慧社区建设，安装视频监控设备2253个，在疫情防控期间发挥重要作用。继续深入推进城市安全隐患治理三年行动，挂账销账率100%，获“2019年度北京市安全社区”称号。着力打造“阳光信访”“责任信访”和“法治信访”，畅通群众诉求渠道，化解3件信访积案，信访及时受理率100%，按期办结率100%。持续强化食品药品安全保障，受理食品经营许可479户，开展日常监督检查4285户次，快速抽样检测食品450个样次，合格率100%。

“疏整促”专项行动持续推进。坚持以疏解非首都功能为“牛鼻子”，持续开展疏解整治促提升专项行动，全年拆除违法建设12.6万平方米，完成城乡结合部改造拆迁任务13.29万平方米，整治群租房110处，“散乱污”“开墙打洞”和地下空间违规住人实现“动态清零”。推进“腾笼换鸟”，完成卢沟桥村、郑常庄村、张仪村、大井村4个区级挂账村环境整治任务，建设提升4个便民商业网点，“留白增绿”4.8公顷，做好疏解后规划再利用，增强群众获得感。

精细化治理能力持续提升。全面落实生活垃圾管理条例，规范垃圾分类桶站、驿站，完善垃圾分类基础设施建设，全乡各社区、村共配备“四类”垃圾桶3000余个，实现垃圾分类硬件全覆盖。开展专题宣讲83场、宣传4212人次。全面推进国家卫生区创建，印发《卢沟桥乡落实丰台区创建国家卫生区实施方案》，成立乡创卫工作领导小组，搭建“一办七专班”组织架构。开展新时代爱国卫生运动，检查250条背街小巷，发现并处理问题6189处次，配备企事业单位专职或兼职人员负责，建立点位1252个，全区排名第四。

生态环境质量持续优化。完成第二轮中央环保督察迎检工作。加大扬尘污染管控力度，PM2.5（细颗粒物）累计浓度40.7微克/立方米，全区倒排名第10名，同比下降5.3%，TSP（总悬浮颗粒物）累计浓度107微克/立方米，同比下降12.3%。深入落实“河长制”，全乡考核断面水质持续达标。完成新一轮百万亩造林工程年度绿化73.42亩。坚持标准不降、力度不减，落实人居环境整治长效管控机制，全乡农村人居环境整治成效位列“北京市整治较好的十个乡镇”第七名，丰台区第一名。

坚持以群众满意为先。不断深化“接诉即办”，全年受理群众诉求14000余件，响应率100%，解决率和满意率同比分别上升10.72%、21.65%，综合评分95.35分，获2020年“北京市‘接诉即办’工作先进集体”称号。全面落实物业管理条例，提高物业管理“三率”，坚持问题导向、责任到人、合力推进，全乡党组织工作覆盖率、物业管理覆盖率100%，业主委员会（物管会）组建率92%，丽泽景园小区、西局欣园北区成立业主委员会，提升基层治理能力。

坚持以惠及民生为本。构建政务服务“一网通办”，开展“延时服务”，为群众提供更加舒适的办事体验，全年接待群众咨询13836次，受理8413件，办结率100%。深入落实疫情期间“援企稳岗”措施，完成失业人员再就业940人，推荐城乡劳动力成功就业710人，开展企业巡查623家。2019年，获市级劳动保障系统先进单位。完成城乡居民养老保险参保11320人，参保率100%。加强政策宣传，争取市区优惠政策，申请各项资金2063万元。坚持以城带乡、协调发展、共同繁荣，助力涞源县塔崖驿、王安镇脱贫摘帽，发挥岳各庄农产品批发市场规模优势，深化与内蒙古林西县、房山区霞云岭乡生态保护和绿色发展结对协作，真正做到“扶上马、送一程”。

坚持以文化建设为方。发挥新时代文明实践中心阵地作用、聚力作用、辐射作用，开展线上抗击新冠肺炎疫情知识科普、“北京榜样·最美丰台人”“身边好人”选树、垃圾分类志愿服务等活动，满足群众多样化文化需求。疫情期间通过线上线下结合的新模式，全年开展公共文化活动50余场次，其中“吉祥卢沟”中秋歌会多平台观看量累计超过190万次；采用线上直播方式举办的卢沟桥乡第九届“万丰晓月杯”戏曲名家交流会，惠及更多戏曲爱好者，“卢沟文脉”品牌影响力进一步深化。

（刘　洋）

花乡

【概况】花乡位于北京城区西南部，距天安门10余公里，区域面积50.3平方公里，东临南苑乡，西接宛平城地区，北与丰台街道、卢沟桥乡相邻，南与大兴区接壤。下辖黄土岗、草桥、新发地、郭公庄、六圈、羊坊、高立庄、葆台、纪家庙、樊家村、看丹、榆树庄12个村，草桥欣园第一社区、草桥欣园第二社区、纪家庙社区、天伦锦城社区、郭公庄幸福家园社区、四合欣园社区、白盆窑天兴家园、刘孟家园社区、三乐花园社区、育菲园社区10个社区和1个总公司（下辖工业公司、农业公司、经贸公司和物资公司4个分公司）。花乡种养花卉的历史有800年之久，是“中国花木之乡”和“国家重点花文化示范基地”。2020年全年集体经济总收入约66.45亿元，同比增长14.77%；农民人均所得34393元。

强化党建引领，基层组织建设不断增强。压实党建责任，构建乡、村、党支部三维责任体系，推进主体责任落实。巩固“两委”换届成果，督导软弱涣散村2个，整改重点提升村1个。加强党支部规范化建设，新成立党支部44个，按期完成换届党支部15个，建立乡处级领导党支部工作联系点20个。引领攻坚疫情防控，发挥基层党组织战斗堡垒作用和党员先锋模范作用，成立疫情防控一线临时党支部21个，设立100个“党员先锋岗”、324个党员责任区，引领属地和“双报到”党员2800余名，网格化、全方位值守。完成党员干部教育培训，推进党群服务中心建设。不断规范党务公开，督导经费使用和项目实施。审核20个社区、村党组织服务群众经费项目61个，共800万元；党建活动经费使用102.32万元。巩固“双报到”机制，在职党员回花乡报到3122名，各社区、村党组织开展服务活动775项，在职党员参与15166人次。发挥“两新”党组织作用，完成重点楼宇党建工作。开展“不忘初心、牢记使命”主题教育整改落实“回头看”自查，专项整治工作方案中的28条整治问题均按照整改时限完成整治。处级领导班子专题民主生活会整改方案中立行立改任务3项9条、近期整改任务1项3条和中长期整改任务1项2条，均按照整改时限完成和持续进行。党建引领提升物业“三率”成果显著，新组建完成物业管理委员会25个、业委会7个。业委会、物管会组建率和物业覆盖率100%，党组织覆盖率100%。筹备村和社区“两委”换届选举，全面动员部署，组织相关培训，严格按程序推进工作，实现选好配强村和社区“两委”班子、优化班子结构的目标。筑牢意识形态安全防线，学习落实《中国共产党宣传工作条例》，落实意识形态工作责任制，与24个基层党组织签订意识形态工作责任书，全年发现整改问题17处。做好舆情应对工作，全年处理疫情防控、民生保障、交通秩序、环境治理等方面舆情90余件，推动解决市民诉求。培育和践行社会主义核心价值观，线上线下相结合，助力新时代文明实践。刘孟家园社区被评为丰台区首批“新时代文明实践示范站”。加强党对统一战线和群团工作的领导，发挥统战工作领导小组作用，加强社区（村）专（兼）职统战干部队伍和国数基地统战示范点建设，完善统战台账，全乡有各类统战人士237名。推进民族宗教工作，关心扶持集中在新发地市场等区域的40余名维吾尔族同胞，加强聚会点及宗教活动场所的综合管理，维护民族宗教工作安全稳定。坚持党管武装，完成兵役登记、征兵、民兵整顿及国家重大活动安保执勤、战备工作。支持人大、工青妇等群团组织依法开展工作，开展群众宣传、志愿服务等活动，黄土岗村志愿服务队被团中央全国青联评为“抗疫先进集体”。持续推进党风廉政建设。注重教育筑牢防线，回复党风廉政建设意见714人次，否定3人次，对婚丧喜庆事宜进行备案3人次。紧盯节点纠治“四风”，通报曝光作风建设典型案例。坚持失责必问，接收并办理信访举报件54件。运用“四种形态”，严格监督执纪问责。开展约谈提醒29人次，批评教育4人，给予诫勉处理3人。

▲9月6日，新发地市场全面复市。（花乡 供图）

新冠肺炎疫情防控取得成效。2020年新冠疫情期间，特别是新发地批发市场聚集性疫情发生后，花乡党委政府第一时间抽调机关干部90余名到各村、社区、楼宇企业指导抗疫工作。做好重点人员管控工作，对近3万人进行全封闭管理，遏制疫情扩散蔓延。落实应检尽检政策，新发地疫情期间开展核酸检测8批次，检测162666人。做好区域内外78个隔离点、1万余人精准转运安置，商户扶助和大货车司机控稳等善后工作。坚持“批零分开、干湿分离、功能分区”原则，完成对新发地市场的升级改造，保障全市蔬菜水果的稳定供应。抓好常态化疫情防控。落实“双进入”要求，常态化、智能化做好小区、楼宇等公共场所人员出入和居民健康监测管理。强化冷链等风险领域的督查整改。为打赢疫情歼灭战，花乡实业集团全体人员下沉一线。天伦锦城社区党总支、黄土岗村党总支分别荣获全国、全市抗疫先进集体称号。

经济高质量发展迈出坚实步伐，区域经济发展继续保持活力。北京国家数字出版基地先导区注册企业253家，入驻率90%。四合庄、高立庄村、樊家村、草桥村约55万平方米产业项目开工建设，持续探索新产业、新业态、新模式。有序推进疫情防控期间复工复产工作，帮助企业解决在疫情防控、生产经营中遇到的问题。农村集体经济监管不断强化。规范和完善“四议一审两公开”“三务公开”运行制度，加强农村集体“三资”管理，完成16家集体经济组织、236家集体企业的清产核资。梳理集体经济合同555份，涉及合同总金额约206.3亿元，确保合同全部整改到位，并依法依规签订新合同。对口扶贫协作扎实深入，疫情期间，统筹全乡向湖北十堰市张湾区、青海省治多县帮扶乡镇捐款190万元。完成5家万企帮万村工作，捐赠帮扶款33.04万元。与治多县支援合作项目4项，涉及资金160多万元。对贫困户开展“一对一”帮扶，三年帮扶18000元。招商引资和税源建设成效显著，全年新引进企业358家，其中注册资金5000万元以上27家，1亿元以上10家。完成重点税源企业的精准对接服务，走访辖区大型企业80余家。营商环境持续优化，配合区社会信用体系建设联席办完善信用信息双公示工作机制，全年开展信用宣传活动62次，全面提升社会公众知信、守信意识。

落实城市总规，区域环境品质持续提升。围绕新总规和分区规划，聚焦城市化发展主线，优化城乡空间布局。中部组团项目一期上市地块及回迁房地块规划指标通过市规自委绿隔大会审议；纪家庙村、羊坊村、看丹村、榆树庄村棚改项目有序推进；樊家村劳动力安置项目和草桥村、葆台村集体土地租赁住房项目开工建设；高立庄村商业办公区项目完成主体施工；郭公庄B地块和造甲村南地块完成上市；北京口腔医院新址红线范围内实现进场施工。推进丰台火车站改扩建及地铁16号线一期工程，依法依规推进重点工程地上物腾退工作。完成现状城乡建设用地减量目标，“疏整促”专项行动成效显著。坚持严控增量和疏解存量相结合，拆除既有违法建设39.4万平方米，超额完成全年任务。完成棚户区改造及重点项目拆迁95户，整治群租房92处，拆除违规户外广告牌匾21块，完成新发地村和黄土岗村两个挂账重点村人口疏解任务。花乡国际家居建材市场和草桥汇丰汽配城实现升级改造，完成旧车市场周边哌活扰序整治行动。“开墙打洞”和“散乱污企业”治理实现动态清零。腾退空间优化利用更加有效，新建和规范便民网点9处；不断拓展城市绿色生态空间，完成新一轮百万亩造林工程378亩，城乡结合部规划建设绿地6公顷。

社会治理效能增强，城市精细化管理水平提升。开展农村人居环境专项整治行动，拆除自管旱厕12座，完善辖区专业停车场51处，开展文明交通宣传活动68次。组织各社区、村开展垃圾分类工作，完成辖区516处垃圾桶站规范设置，创建生活垃圾分类模范小区2个（六圈富锦家园三区、国际花园），完成辖区11个厨余垃圾暂存点对接工作。乡域生态环境质量改善，PM2.5和TSP浓度持续下降。建立完善14类污染源精细化管理台账，全年开展巡查检查工作1.4万余次。完成中央环保督察工作，办理移交案件19件，办结率100%。落实重污染预警工作，严守“无煤化”整治成果。

维护辖区安全稳定。完成“两会”“服贸会”等重大活动的服务保障，确保“四个不发生”。营造安全稳定社会氛围，群众安全感不断提升，第三季度群众安全感全区并列第一。完成安全社区创建工作，落实安全生产目标责任制，继续推进彩钢板建筑专项整治工作，拆除彩钢板建筑18135平方米。

民生保障更加有力。就业服务工作成效显著，超额完成劳动力再就业、困难人员就业、创业任务。社会保障工作持续增强，全年办理参保缴费6961人。完成2020年城乡医疗集中参保缴费工作，开展“根治欠薪”专项整治行动。不断完善困难群体帮扶体系，开展为民办实事项目，为特困、低保、低收入家庭、低保边缘家庭实施资金帮扶15万元，为特殊家庭老人发放慰问金12万元。以社区为主体，组建志愿者队伍80多人，继续开展“低龄帮高龄”活动。推进教育、卫生、文体事业发展，加强无证园管理，组织5家具备条件的无证幼儿园申报备案，增加社区办园6家。结合创卫工作，以“五清五消”为抓手，开展爱国卫生运动13次，参加12078人次，清理卫生死角843处，清理背街小巷449条，清除暴露垃圾151吨，发放宣传品8242份。完成“星火工程”演出28次，举办“健康丰台人”“冰雪大篷车”冬季冰雪项目等群众体验活动。

（闫晓辉）

南苑乡

【概况】南苑乡位于丰台区东侧，距离天安门5公里，北起南二环路、南至南五环路、西起京开高速路、东至丰台区东边界。乡域总面积约60.2平方公里，其中乡辖面积约16.4平方公里，与南苑、

▲11月，成寿寺村集体土地租赁住房项目实景。（文促中心 供图）

东高地、和义、大红门、东铁营、马家堡、西罗园、方庄、右安门9个街道相邻。全乡下辖9个行政村，1个乡级经济组织，7个村级经济组织和7个社区。2020年，常住人口67500人，流动人口25445人。

落实“四方责任”，精准施策，疫情防控成效显著。成立乡疫情防控工作领导小组，下设16个工作专班，建立5项责任制，绘制3个流程图，召开会议37次，统筹防控工作。制定《疫情防控工作方案》，根据形势变化动态调整，确保防控领域全覆盖，风险人员管控全落实。编发防控《工作日报》《工作指导》等文件539期、《检查情况通报》46期。

坚持党建引领，筑牢社区（村）防控防线。全乡23个村、社区、集体经济组织全部成立防控临时党支部。处级领导挂点包片，130名乡机关干部下沉防控一线。调动辖区单位、在职党员、志愿者共3000余人，共同参与一线防控。加强农村防控，落实干部驻村。全乡6个社区（村）被评选为丰台区“三全”（即人员排查全覆盖、重点管控全落实、服务保障全到位）社区，12名党员干部被评选为区级“抗疫之星”。

坚持人物同防，落实常态化防控举措。选取汇睿天诚酒店、侨园饭店、南苑速8酒店、宏昌宾馆，改造为区级集中隔离点，累计完成3638人的留观、收治工作。严格进口冷链食品监管，做到“人地物”同防。落实居家观察人员管控，服务居家观察人员7996人，管理、转运密接人员302人。集中组织辖区7.97万人开展核酸采样，实现全员检测总目标。

坚持多措并举，提质增效，经济发展企稳回升。统筹推进复产复工，推广“北京健康宝”和“京心相助”平台使用，全面提高复工率。持续优化营商环境，落实惠企纾困措施，疫情期间协调为企业减免房租5147万元。守望相助，助力受援地打赢脱贫攻坚战，三年累计向受援地区提供各类帮扶资金及物资支持885万元，签署各类帮扶协议38份，获2020年“北京市扶贫协作奖—组织工作奖”。

推动产业优势形成。全年报审集体房屋租赁项目82个，产业面积15.13万平方米，实现集体增收8615万元。持续优化营商环境，走访重点企业50余家。以“北京消费季”“服贸会”为契机，推动商业综合体外摆经营，拉动消费增长。开展区域产业规划研究，打造西铁营商圈品牌。构建全员招商工作格局，全年新注册企业225家。

强化农村“三资”监管。深化内控体系建设，保障集体资产保值增值。规范对外投资管理，全年报审重大经济事项28项，涉及资金35.3亿元。完成资产清查工作，开展665份涉地合同自查自纠。指导集体经济组织完成季度公示，实现乡、村两级财务公开备案管理。结合年度经责审计和财务收支专项审计，加快推动审计问题整改。

坚持规划引领，加快推进“城市化”建设。南苑村回迁房地块地上物腾退全部完成，整建制农转居工作稳步开展。右安门北甲地棚改项目规划综合实施方案通过审议；东铁营棚改回迁安置房地块宅基地腾退工作全部完成；成寿寺项目作为全市第一个开工建设的集租房项目竣工，901套租赁房源全部租罄，成为全国首个投入运营的示范项目，创造多方共赢的发展新模式。

集中力量，紧抓重点项目。石榴庄项目土地全部实现入市交易。推进大红门居民安置选房工作。分钟寺一级开发项目地块实现全区首批上市交易，回笼资金179.6亿元，回迁房E地块39万平方米全部开工建设。统筹推进时村、东罗园村、分钟寺村旧村改造。

规划引领，开展问题整改。推进市委、区委规自领域巡视巡察反馈问题整改工作，强化规划的严肃性、权威性。市委专项巡视涉及全乡整改任务10项，整改完成6项，需长期整改4项。区委专项巡察反馈问题15项，整改完成9项，明确整改措施和整改时限6项。开展“拔钉子”行动，围绕新宫车辆段、回迁房等工程，“拔钉子”24宗。全乡40家工地实现开复工总面积369.8万平方米。完成固定资产投资18.8亿元、建安投资16.5亿元。

不断加强基层治理，以人民为中心“接诉即办”。处级领导包片指导，推动诉求有效解决，力求“未诉先办”。发挥“吹哨报到”和“党建协调委员会”机制作用，搭建7个社区民主协商议事平台，全年办理市民热线诉求13538件。集中解决东罗园村村民子女入学难等一批群众关心的问题。年度“直派”“转派”综合得分93.27，综合考评排名全区乡镇

▲久敬庄公园

第一名。

抓好“关键小事”。构建党建引领下的物业管理体系，统筹推进物业管理、垃圾分类工作。组建“一长四员”（一长是指楼门长；四员是指分类宣传员、指导员、分拣员和监督员）队伍533人，设置垃圾分类桶站164处。开展垃圾分类主题党日活动，设置“党建引领垃圾分类”主题文化墙，组织各社区、村签订《生活垃圾分类承诺书》，机关带头开展垃圾分类示范创建。全乡13个住宅小区，实现物业管理覆盖率、物业企业党的组织和工作覆盖率双100%，业委会（物管会）组建率84.6%，生活垃圾分类工作综合排名全区第三，切实将“关键小事”抓出成效。

平安建设成效显著。深入推进城市安全隐患治理三年行动，开展“5·12”防灾减灾日、安全生产月等主题宣传15次，组织消防演练80次，全面提升辖区消防综合应急救援能力，获“北京市安全社区”称号。组建24支防汛抢险队伍，完成强降雨防汛20次。落实两会、国庆等重大活动期间安保维稳任务。开展社会矛盾纠纷大排查，全年办理信访件727件，办理率100%。推进扫黑除恶专项斗争，做好蛋壳公寓应急处置，实现“大事不出、小事也不出”的工作目标。

坚持减量发展，强化整治，“疏整促”持续深化。疏解整治促提升专项行动任务全面完成。全年共拆除违法建设11.29万平方米，取缔违法群租房90处；整治无证餐饮7户；城乡结合部改造拆迁腾退9.75万平方米、腾退土地4.87公顷，实现新生违法建设、占道经营、散乱污企业治理“动态清零”。211条街巷保持“开墙打洞”无新增、无反弹。区级考核14项任务中，2项超额完成。其中“留白增绿”、战略留白、城乡结合部改造绿化三项排名全区第一。

深化南苑—大红门地区市场疏解成果，坚决守好南中轴。内控外管，推进全产业链整治，确保两个“只减不增”。对辖区内“住改商”“住改仓”、仓储物流点位全面排查，全时段开展大货车路侧交易整治，打击隐蔽、残存、零星的“小批发”业态，坚决防止传统业态反弹回潮。坚持把“疏整促”作为解决首都发展问题的“金钥匙”，实时关注外迁商户动态，坚定“二次创业”的信心和决心。

打造南中轴高品质环境。做好南苑路、临泓路等五条道路两侧环境整治。新建时村千百家超市等便民网点4个。在南中轴节点位置打造久敬庄公园、云林芳歌公园、秀林秋彩公园，打造百姓家门口公共开放空间。完成平原造林8.07公顷，“留白增绿”26.83公顷，战略留白7.56公顷，被评为“首都义务植树先进集体”。统筹谋划疏解腾退空间再利用，全力保障区政务服务中心顺利投入使用。完成第七次全国人口普查入户工作。

坚持精细治理，科学施策，生态文明效益凸显。合力打好污染防治攻坚战。完成第二轮中央环保督察迎检工作。动态更新14类污染源台账，重点强化对施工工地、拆除工地、汽修企业的污染源管控。巩固105块裸地治理成果，实现裸地治理全覆盖。加大对扬尘类违法行为的执法监管力度，全年立案124起，罚款130.2万元。持续巩固“无煤化”治理成果，确保不反弹。空气质量达标天数同比增加40天，居民蓝天幸福感增强。

实施水污染防治行动计划。全面落实“河长制”和总河长令，推进“当班河长”工作模式，乡、村两级河长加大巡河频次，涉河非法排污、违法建设保持“动态清零”，河道考核断面水质全部达标。全年累计巡河6712公里，处理各类涉河问题50余件。加强对辖区内雨污排水管线的排查。开展全国取用水管理联网登记，保证供水安全。组织节水宣传，大红门锦苑一、锦苑二社区创建节水型社区，双石二社区15户居民被评选为“丰台区节水家庭”。

创建国家卫生区。组建乡级公共卫生委员会体系，结合实际设立10个工作专班，制定乡、村两级创卫实施方案。统筹农村人居环境整治和美丽乡村建设，东罗园村、时村通过市级美丽乡村建设三年考核验收。开展“周末卫生日”活动，累计参与7200人次，集中清理街巷180余条，整治占道经营120处。开展“清洁家园、健康生活、共创卫生城区”夏季大扫除、“冬季灭鼠”等活动，发放病媒生物防治药剂900余件，消除病媒生物孳生环境。城乡环境建设管理综合排名全区第七。

坚持以民为本，深化服务，群众满意度稳步提升。推进政务中心延时服务，提升群众办事便利度。落实大厅无障碍设施升级改造，“零接触、不见面”办理业务681人次。稳步推进就业，实现城乡劳动力就业520人。加大弱势群体帮扶力度，走访慰问残疾人家庭428户。城乡居民医疗保险累计参保6888人、养老保险实际缴费3599人。采集退役军人及优抚对象信息1077条，发放悬挂光荣牌1036块。

创新社区治理，打造活动品牌。完善楼门院党建引领机制，创建双石—社区楼门院治理示范点，以“同住地球村、共筑和谐社区”为主题开展宣传，引导居民自觉爱护楼内环境。培育社区社会组织队伍10支，发挥回社区报到党员、志愿者的带头作用，为社区居民提供公共服务。开展第二届社区邻里节活动，打造社区治理活动品牌。实现社区智能民情图建设全覆盖，为创新社会治理新格局奠定基础。

创新活动方式，提升服务效能。探索线上、线下互动融合的活动新模式，开展惠民文化演出29场。围绕世界文化遗产日，打造云端博物馆和非遗展示平台，网上开展各类培训60余次。组织云上阅读季、云上体育月、居家健身挑战赛等系列线上活动40余场。推动文体设施升级，更新、维修健身器材47件。强化文体骨干培养，全乡6个团队项目被评为丰台区“六个十”示范项目。开展社体指导员培训，打造“四球一钓”精品特色品牌体育项目，创建北京市体育特色乡镇。

坚持依法行政，注重成效，政府建设全面加强。持续加强党风廉政建设，推进联系点领导“八个一”工作，建立“八小时以外”廉政监督防线。坚持依法行政，办结督查督办事项92件。持续优化营商环境，不断提升政务大厅服务水平。深化政务公开，主动公开政府信息1454条，办复依申请公开18件，办复区长信箱投诉45件。自觉接受人大和社会监督，办理区人大建议5件、区政协提案4件，办复率100%。

（龚子潇）

长辛店镇

【概况】长辛店镇位于北京市区西南、丰台区西部的永定河西岸。东距卢沟桥1公里，北隔永定河与石景山区相望，西北隔山和门头沟区相邻，西南与王佐镇和房山区接壤。长辛店镇是北京西南的交通咽喉，京石、京周、京原等公路，京广、京原、京九复线等铁路皆在镇域内穿过。长辛店镇属于燕山山脉浅山区，是北京中心城区地貌特征显著的丘陵地带。2020年，全镇总面积62.44平方公里，有9个行政村、37个自然村，农村人口约1.5万人。农村集体经济总收入实现3.03亿元；人均可支配收入27460元，同比上升6.46%；留区税收完成1.42亿元。

坚持以习近平新时代中国特色社会主义思想武装头脑。镇党委理论学习中心组开展学习25次、集体研讨3次，带动全镇各级党组织持续抓好党的政策理论知识学习。借助区委党校资源，开展联合办学，采取专题解读、案例教学、百姓宣讲团微信“云宣讲”等形式，组织4期习近平新时代中国特色社会主义思想轮训班，集中培训党员干部610余人次，形成理论学习常态化、制度化。组织镇领导班子开展“不忘初心、牢记使命”主题教育常态化和整改落实“回头看”，针对整改落实情况开展全面自查自纠，增强“四个意识”、坚定“四个自信”、做到“两个维护”。

疫情暴发后，第一时间成立疫情防控领导小组，迅速进入“战时”状态。发挥基层党组织战斗堡垒和党员先锋模范作用，成立13个临时党支部，设立党员先锋岗44个，745名党员直接联系群众7526户，“把住口、看住房、管住人”。主动排查全镇农户、344个出租大院，对来自重点地区人员严格落实居家观察等管控措施，组建家庭医生团队34个，推进“智慧家医”签约服务1.7万人，做好2个集中观察点的服务保障工作。赵辛店村、长辛店村、张郭庄村3个村被评为“三全”（“三全”是指人员排查全覆盖，人员管控全落实，服务保障全到位）社区，按程序一线发展党员1名。新发地疫情出现后，镇村党员干部迅速开展“敲门行动”和大数据排查，查出一名密接人员，送检确诊后，第一时间封控所在大院，完成镇域内核酸检测工作，控制疫情苗头。全面排查企业、商市场、冷链食品管理等重点场所和环节，拆除冷库13家，关停1家。

▲2月23日，长辛店镇隔离点工作人员为隔离人员送餐。（长辛店镇党建办提供）

2月23日，长辛营造法治环境，全力维护社会秩序和谐稳定。2020年度是国家七五普法的终期验收之年，长辛店镇司法所组织法治文艺演出活动四场，分批次为各行政村订购配发普法图书、挂图，内容涉及新民法、婚姻法、宪法等相关法律读本，为基层学法、用法提供必要条件。完成张郭庄村参评北京市级民主法制示范村的验收自查工作。在年度重要时间节点、敏感时期强化维稳安保工作，共发动群防群治志愿者10万余人次，巡逻车辆1000余辆次参与社会面巡逻防控。持续开展城乡结合部重点村整治工作，消除火灾及安全隐患800余处。赵辛店村在辖区各主要道口安装19套机动车道闸系统、路口加装治安探头80余处。做好矛盾纠纷排查化解工作，接待群众来信来访143件次，均已按照信访程序办结，化解1件历史积案。社区矫正和安置帮教工作中，长辛店镇司法所继续保持本地区社区矫正管控“零情况、零事故”的工作成绩。围绕治安突出问题进行专项整治，依法打击扰乱破坏防疫秩序、市场秩序、社会秩序等违法犯罪行为，群众安全感、满意度持续提高。落实安全生产责任制，领导带队夜查、日常不间断巡查，检查企业4935家次。推进城市安全隐患治理三年行动计划，持续抓好市委市政府安全生产督察反馈意见的整改工作，35处挂账隐患全部销账。加强有限空间作业监管，加大对出租院落的管控力度，逐一明确业态、人员，建立台账，实行动态跟踪，全力排除安全隐患。重拳整治非法小诊所。做好防火、防汛等防灾减灾工作。

坚持新发展理念，推进经济高质量发展。落实“丰九条”，促进新兴企业发展，对接有发展潜力企业，交流洽谈项目，规范营业执照前置办理环节，合理利用绿退项目楼宇资源，提升招商品质和规模，新增注册资本500万元以上企业92家，同比增加84%。注册资金总量15.4亿元，同比增长34%。疫情期间，实行“一企一策”，服务商务楼宇、企业、市场落实各项防控措施，助力339家企业复工复产、复商复市。加强税源建设，梳理现有经营企业台账，走访重点企业商户，吸引异地纳税企业回属地纳税，夯实财源基础，纳税企业数量由年初600余家增加到2000余家，增长率230%，完成税收约1.42亿元。规范农村三资管理。落实“村地区管”要求，针对集体土地管理乱象，制定《长辛店镇农村集体涉地经济合同管理办法(试行)》，规范合同签订文本，加强备案审查。开展合同清查规范工作，梳理872份合同，解除问题合同434份，整改问题合同159份，纳入动态管理279份。完善财务管理制度，制定《工程服务类项目管理细则》《规范指导集体经济组织大额资金存储办法》等规章制度，促进村级集体资产保值增值。清理规范130个村属二级企业，减少到20家。加强项目支出管理，对棚改项目开展全过程跟踪审计，保障补偿款项支付合法合规。落实棚改瘦身要求，重新启动辛庄村非宅腾退工作，降低项目成本。推动基础设施加速建设。聚焦基础设施短板，统筹推进44个重大项目，保障重点工程有序复工。推进道路设施建设，芦井路A段一期工程建设完成，推动棚改安置房项目与周边配套市政道路建设同步实施。完善电力基础设施建设，完成张郭庄110千伏变电站项目主体结构、装修工程，北宫220千伏变电站110千伏配套送出工程完成招投标程序。

落实城市总规，加快城市化建设。对标新版城市总规，学习贯彻丰台分区规划，推进落实减量发展要求，充分研究区域经济发展，配合区规自分局开展“街区指引”规划编制工作，开展大灰厂村、赵辛店村和长辛店村的回迁房及资金平衡地块意向选址工作。研究“十四五”规划和二〇三五年远景目标，聚焦基础设施短板弱项，专题研讨“十四五”规划，推动河西中低运量轨道交通线、市郊铁路吕村站、河西再生水厂配套管线、棚改安置房配套支路及管线等项目和工程纳入区“十四五”规划。落实市、区工作要求，加强对滞留户的政策宣传，清理滞留户31户，推进非宅腾退工作，签约461户。保障回迁房项目建设施工，张郭庄、张家坟回迁地块实现全面开工，张郭庄二期回迁房部分楼主体结构封顶，辛庄村A-15地块回迁房6栋楼主体结构封顶，李家峪回迁地块“场干地净”，开工手续获得批复。完成《太子峪村规划综合实施方案》编制工作，通过专家会审核。加快经营性土地入市，协调相关部门推动上市地块规划审批，释放空间资源，张家坟15-1和21-5上市地块实现预挂牌。

开展城乡环境整治，提升地区生态品质。推进“疏解整治促提升”专项行动。提前完成年度拆违销账任务，拆除面积32.43万平方米，完成率103%。整治无证无照经营4家，退出一般制造业企业3家，超额完成目标。清理整治群租房80间，新生违法建设、“开墙打洞”实现“动态清零”。开展第七次全国人口普查工作，赵辛店001号普查小区作为北京市被抽查的9个小区之一，通过国家人口普查复核。改善农村人居环境。推进国家卫生区创建工作，镇村两级共投入资金1000余万元，重点对大灰厂村、

▲5月15日，长辛店镇环境办在亿家旺广场开展垃圾分类活动。（长辛店镇 供图）

太子峪村、赵辛店村及长辛店村人居环境进行整治，清理整治各类问题点位3300余处，全年改造户厕74户，开工建设公厕15座。以“周末大扫除”“五清”（“五清”是清扫可燃杂物、清理电动自行车、清整生命安全通道、清查仓储库房、清洗餐饮油烟道）等活动为载体，开展爱国卫生运动，引导群众参与环境整治。推进垃圾分类工作，规范设置垃圾分类桶站340座，配置垃圾桶1775个。福生园小区正式挂牌市级垃圾分类示范小区，年度环境综合考评位于全区第二。做好迎接第二轮中央生态环保督察工作，核查上报群众反映问题12件。落实“河长制”，镇村两级河长巡河901次，开展小微水体整治12处，疏浚清淤镇管8条河道，逐步恢复水系生态。推进土地复垦及绿化工作，按期完成年度184亩平原造林任务，在张郭庄村、辛庄村、赵辛店村、张家坟村建设完成4处“留白增绿”公园。深化“一微克”行动，严控扬尘污染，加强清扫保洁、洒水降尘、裸地治理及污染源监管，开展环保执法检查128次，整改点位81处，全镇PM2.5（细颗粒物）平均浓度33.2微克/立方米，PM2.5累计浓度排名全区第一；TSP（总悬浮颗粒物）平均浓度101微克/立方米，两项指标均同比下降。坚持以人民为中心，开展“接诉即办”工作，全年受理群众诉求11349件，吹哨69次，开展综合执法67次，应急处置2次，快速解决一批包括疫情防控、物业管理、城市管理类民生诉求，解决率和满意率同比提升，“接诉即办”综合成绩较上年上升6个名次。落实物业管理条例，实现居住小区物业管理全覆盖，物业管理“三率”达100%。在赵辛店村探索推进农村社区物业管理经验，破解农村治理难点。依法依规推进村规民约修订工作，选举成立得秀社区居委会，填补社区管理空白点。

夯实民生保障基础，提升群众满意度。落实援企稳岗政策，新增劳动力转移就业587人，城镇登记失业率1.93%，完成年度目标。加强困难群众兜底保障，发放各类社会补助救助资金526万元。提升养老服务水平，推动农村幸福晚年驿站建设，扩大“喘息服务”覆盖范围。完成16项重要民生实事项目，新增车位551处，规范便民蔬菜网点和菜市场4处，增设路灯133盏、电动车充电棚26个，解决群众“停车难”“出行难”“买菜难”等日常生活需求。分类治理辖区幼儿园，取缔3家存在安全隐患的无证幼儿园，指导3家幼儿园通过社区办园点审核备案。完成43名非京籍适龄儿童入学联审工作。完成北京十中槐树岭校区（新疆学校）项目地上物腾退，移交区教委实施。推进“智慧家医”签约工作，组建34个家庭医生团队，签约17200人。开展长辛店镇第三届全民健身运动，举办长辛店镇冰雪嘉年华，营造迎冬奥良好氛围。建成镇级综合文化中心，开展文艺汇演、木偶剧、手工制作等各类惠民文化活动106场，接待参观、健身等人员5500余人次，满足群众文化需求。举办“星火工程”演出18场、“长欣杯”百姓大舞台文艺演出11场，展现辖区群众的良好精神风貌。

（王　祺）

▲11月20日，长辛店镇各村开展百姓大舞台演出。（长辛店镇党建办供图）

王佐镇

【概况】王佐镇地处丰台区河西地区，北部毗邻门头沟区，南部、西部与房山区相连，东部与云岗街道、长辛店镇交界，镇域面积61.33平方公里，下辖8个行政村（36个自然村）、4个社区。2020年，常住人口56168人，户籍人口18518户41864人，其中农业户籍人口14648人，农民人均劳动所得24147元。

2020年，王佐镇应对疫情冲击，全力推进“健康王佐、美丽王佐、生态王佐、宜居王佐、平安王佐、和谐王佐”建设，统筹做好疫情防控和经济社会发展各项任务，全年集体经济总收入83033.2万元，完成留区税收1.48亿元，政府财政收入1.48亿元，经济运行保持在合理区间。

坚持人民至上，严格落实疫情防控“四方责任”（是指在疫情期间，全面落实属地、部门、单位、个人的四方责任）。坚决按照“外防输入、内防反弹”的总体部署，坚持“四早”（指早发现、早报告、早隔离、早治疗）原则，把疫情防控作为重大政治任务，建立“镇班子成员+村（社区）‘两委’成员+基层党员”三级防控网络。报送王佐疫情防控工作情况247期，依托“健康王佐”及时传达市区精神及镇域工作动态，做到信息共享、资源共用。利用“五个全面”工作法（指村、社区全面摸排底数的工作方法。一是全面动态更新出租房屋台账；二是全面联系流动人口到位；三是全面联系出租房屋房主；四是全面做好居家观察台账；五是全面联系为员工租房的单位负责人），全面摸排湖北、新疆、大连、青岛等中高风险地区进京和新发地接触人员，累计排查55829人。

实施精准防控，筑牢镇域疫情防线。严格落实村、社区封闭管理，减少出入口157个，实施24小时查证、测温、登记，严把防控入口。推进“智能防疫”，打造“人防＋技防、管控＋服务”四位一体的防控新模式。通过领导班子挂村包片，督导疫情防控和复工复产复学工作，镇机关抽调93名干部，下沉到90个检查点进行包干盯岗，村（社区）发动辖区在职党员、志愿者近1300人参与一线抗疫，凝聚工作合力，筑牢抗疫防线。

全链条精准监管，助力专项防控攻坚。抽调骨干力量，参与美高美酒店、南宫温泉度假酒店集中医学观察点服务保障。成立在鄂返京工作组，完成166人滞留湖北人员闭环转送。成立核酸检测专班，开展核酸检测15场49748人次，切实做到“应检尽检、愿检尽检”。做好市场、商超、学校等重点场所管控，对500余个点位进行外环境检测，开展冷库专项治理，关停29个、拆除1个，切断冷库传播途径。

加强多方统筹，完善服务保障机制。通过设立便民蔬菜点、“移动超市”“点对点”服务等方式，夯实服务群众的工作机制。疫情期间创新政务服务“网上办、线下办、帮代办”及“错峰办理”新模式，为群众提供人性化政务服务。助推复工达产，建立“零报告”及专题调度制度，开展专项检查，累计出动7974人次，发放防疫指引和宣传材料4568份，覆盖率100%，助力企业复工达产，逐步恢复区域经济发展活力。

锚定发展方向，谋划经济发展新格局。结合分区规划，编制王佐镇“十四五”规划。谋划日常疫情防控中的经济发展，重视招商引资工作，与各类企业、银行对接，争取优质企业资源落地发展。同时加强税源建设，开展企业实地走访21家，逐家核实、宣传政策，了解企业实际需求。全年新注册登记企业329家，其中注册资金500万元以上企业3家，1亿元以上1家。

提速产业升级，打造休闲农业发展新引擎。转变经营理念，持续降低疫情对经济发展影响。怪村落地承办“丰台区第三届农民丰收节”，助推“油菜花田”“向阳花海”等网红打卡地影响力；佃起村首年恢复传统水稻种植，打响“稻花香里说丰年”品牌第一枪；西庄店“绿野仙踪”郊野乐园会同洛平精品采摘园、西王佐农业文化体验园、多彩南宫综合体，加快形成“一村一品一镇一业”的发展格局，乡村旅游品牌影响力不断增强。全年旅游接待118万人次，旅游收入1.05亿元。

推进项目建设，不断增强经济发展新动力。抓住政策机遇，争取支农惠农、产业引导、科普益民等各类政策资金14366万元。加强经济薄弱村帮扶，制定帮扶工作方案，落实帮扶要求，为每个经济薄弱村下拨100万元的资金支持。

▲9月19日，怪村承办丰台区第三届农民丰收节开幕。（王佐镇 供图）

▲5月17日，王佐镇佃起村首届插秧节启动仪式——放稻田蟹和鱼苗。（王佐镇 供图）

同时，为经济薄弱村争取项目支持，沙锅村侯家峪支沟项目获得财政支持429万元，西庄店丰收节项目获得资金支持15万元。

加强结对帮扶协作，构建跨区域发展“联合体”。组织镇域企业开展爱心捐款48.06万元，助力湖北十堰市柏林镇抗击疫情。加大与涞源县银坊镇扶贫协作，开展实地调研和对接沟通，实现精准帮扶。与房山区青龙湖镇签订结对协作战略合作框架协议，深化生态环境、文化旅游、综合执法等方面合作，打造资源融合、互利互惠、合作共赢的地区发展联合体。

坚决精准施策，打赢蓝天保卫战。强化治理，完善重污染应急预案，压实精细化管理责任，加强监测平台运用，固化发现、核查、反馈问题机制，健全14类污染源台账，抓好裸地、堆场、工地、拆除现场等扬尘问题整治，完成38处问题点位整改。2020年TSP（总悬浮颗粒物）、PM2.5（细颗粒物）累计浓度排名分列全区第二、第三位，推动区域生态环境质量持续好转。

坚持扎实推进，打响净土保卫战。坚持预防为主、保护为先原则，加强建设用地风险管控和农用地分类管理，抓好农村土壤污染防治，大力推动生态农业，利用镇域农业生产空间和资源，做好“留白增绿”以及闲置、撂荒农用地复垦复种，完成土地复垦0.14公顷，实施新一轮平原造林576.86亩，完成全年播种蔬菜1664.7亩、粮食113.8亩的种植任务。

强化系统治理，打好碧水保卫战。完善16条小微水体台账，重点对沙锅村支沟、侯家峪支沟等6条小微水体开展综合治理。坚决落实“河长制”，狠抓重点河湖“四乱”（四乱是指乱占、乱采、乱堆、乱建）治理，完成入河排污口“一口一档”建设，确保考核断面水质持续稳定达标。抓好饮用水监督管理，排查水源地风险，定期开展水质化验，保障饮用水安全。

加快推进重大项目建设。推进京良路西延项目，完成红线范围内宅基地、非宅、林木、地上物及其附属物测算、4000平方米非宅拆除。加快青龙湖核心区土地上市，做好青龙湖核心区B地块拆迁、规划调整等工作，建设用地范围内实现“场光地净”。攻坚青龙湖核心区C北地块8户滞留户及京西驾校拆迁腾退，扫清地块上市障碍。启动怪村、魏各庄农村集体土地租赁房项目，完成规划调整。推动青龙湖再生水厂中水回用工程实施，配合做好王佐法院项目前期及征地手续申报、河西第二水厂建设地上物初步调查等工作。

坚持稳中求进，功能疏解谋发展。落实企业准入制度，持续推进不符合产业功能发展的企业退出，抓实一般制造业疏解，坚决治理“散乱污”，严禁占道经营、无证无照、“开墙打洞”。拆除既有违法建设约16.5万平方米，超额完成全年拆违专项任务，销账15.6万平方米，销账面积全区排名第三。腾退土地26.3万平方米，完成量全区排名第三。完成社会面彩钢板销账任务38130.95平方米。完成第七次人口普查入户工作，加强人口调控。

挖掘自身潜力，空间利用求发展。继续加快疏解腾退空间统筹利用，围绕改善生态环境、提升城镇品质、完善公共服务设施，建设“规范化、连锁化、品牌化”生活性服务业网点6处。推进规划自然资源领域专项巡视问题整改，健全长效管控机制，巩固“大棚房”整治成果，完成32宗浅山区一般违法图斑整改，保障土地依法合规利用。

加大整治力度，持续提升促发展。推进美丽乡村建设和人居环境整治，开展“厕所革命”，新建公厕27处，户厕改造294处。建立健全村庄道路保洁、污水处理等基础设施运维长效管理机制，加大背街小巷清扫保洁力度，对重点街道加强巡查管控，抓实地域交界处、重点地块、重点村联合整治。持续开展道路两侧环境秩序治理，落实门前三包，打造优美宜居生活环境。

组织全民参与，垃圾分类靓家园。落实新修订生活垃圾管理条例，线上、线下多渠道宣传垃圾分类新风尚，加强桶站人员值守，实现垃圾分类基础设施覆盖率95%、桶站值守率50%、居民知晓率90%以上、居民参与率20%、厨余分出率20%、生活垃圾减量率提高8%。打造南宫雅苑全品类回收驿站、沙锅村“门前两桶”上门回收、西庄店定时定点投放试点等垃圾分类新模式。南宫雅苑8号院成为全市首批生活垃圾分类示范小区。

聚焦“七有”要求，满足“五性”需求。规范辖区10所社区幼儿园办园点，同步取缔3所无证幼儿园，切实改善学龄前教育环境。利用“互联网+”联合区级部门举办4次招聘会，实现城镇新增就业615人，指标完成率115%。扩大城乡养老保险、城乡医疗保险、独生子女家庭意外险的参保覆盖面，提高城乡居民的社会保障水平。推进养老驿站建设，加强老人、残疾人、困难群众的兜底帮扶和保障。做好万佛寺、朝阳寺、古刹海潮庵等文物保护修缮，同时开展丰富多彩的文化体育活动，建设提升公共体育设施，丰富群众业余文化生活。

优化“接诉即办”，强化“未诉先办”。发挥“一个中心”“两个平台”内外联动优势，依托“吹哨报道”机制，解决群众反映突出问题，畅通微信、24小时电话等即时信息渠道，提高“接诉即办”响应速度。定期召开热线调度会，梳理、分析、总结接办问题，加强督办考评管理，提高诉求解决率和满意率。同时转变理念，坚持“向前迈半步”，围绕痛点、难点、焦点，超前研判谋划，主动开展工作，同时加强网格监督员巡查检查，上报处理各类问题8000余件，切实推进“未诉先办”。全年共承办诉求案卷11348件，同比增长122.12%；诉求案卷解决率60.17%，同比增长40.21%；满意率65.29%，同比增长43.49%；综合评分65.12，同比增长22.75%。“吹哨报到”19次，共出动各类执法人员189人次，解决各类问题18项。

夯实社会治安防控体系。推进扫黑

除恶专项斗争，排查梳理“八黑”场所（即黑物流、黑物业、黑开采、黑旅游、黑中介、黑作坊、黑窝点、黑截访），加强综合执法联合打击力度，取缔无资质渣土消纳场和无照经营摊贩，抓好重点人员管理，消除涉稳安全隐患。深化基层基础建设，发挥“三站三室”作用，加强视频监控与巡逻防控、情报研判、应急处置的结合，实现矛盾摸排、社会面防控、志愿者管理规范化，有效净化社会治安环境。

强化规范管理，稳步提升安全管理环境。完成市级安全社区创建，翡翠山、山语城成为争创减灾示范社区。加大食品药品安全监管频次和监测力度，推进“阳光餐饮”工程。落实安全生产责任，持续开展隐患排查整治，抓好15家小微企业标准化创建，完成74家企业安责险参保，三年行动挂账隐患整改28家。新建自行车充电设备20个，充电口262个。联合区应急局、消防支队推进庄户“一址两站”建设。

加强科学管理，有序推进社区规范建设。坚持统筹调度，构建党建引领社区治理框架下的物业管理体系。完成1个社区楼门院治理示范点创建、5个业委会及1个物管会的组建，物业管理“三率”实现100%。成立南宫景苑社区居民委员会，调整翡翠山社区居民委员会，推进社区调整划分，提升社区服务管理效能。健全民主议事协商、楼门院长治理机制，推进社区减负和挂牌，不断推进规范化建设管理水平，引导社区共建、共治、共享，为长效建设与深化发展提供基础保障。

（何雅静）

人物 荣誉

先进人物

全国先进人物

2020 年度全国未成年人思想道德建设先进个人
黄 伟 丰台区委宣传部

2020 年度全国劳动模范
郜春海 交控科技股份有限公司董事长、城市轨道交通列车通信与运行控制国家工程实验室主任
韩 青 马家堡街道时代风帆楼宇党委书记、北京丰贸投资管理有限公司党群服务中心主任
夏 华 依文集团董事长、依文服饰股份有限公司董事长

2020 年度全国先进工作者
周 瑾 北京市第十二中学高级教师

民盟中央“思想政治建设和宣传工作先进个人”
张雪梅 民盟丰台区工委

民盟中央“社会服务工作先进个人”
陶旭光 民盟丰台区工委

“大排查 早调解 护稳定 迎国庆”专项活动表现突出个人
王万山 丰台区司法局

全国禁毒工作先进个人
李 伟 丰台公安分局

全国抗击新冠肺炎疫情先进个人
傅天雷 丰台公安分局

全国最美基层民警
傅天雷 丰台公安分局

全国食品安全工作先进个人
李 勉 丰台公安分局

全国百佳刑警
刘 燚 丰台公安分局

全国抗疫最美家庭
曹桂丹、张 晨 丰台区妇女联合会

新冠肺炎疫情防控工作中作出突出贡献的全国三八红旗手
姜 萍 丰台区妇女联合会

全国五好家庭
曹桂丹 丰台区妇女联合会

2020 年度全国检察宣传先进个人
梁崇龙、郭 鑫、孟凡玉 丰台区检察院

全国关心下一代工作先进工作者
郑福来 丰台区红十字会

全国抗击新冠肺炎疫情优秀城乡社区工作者
于霄霞 新村街道办事处

“全国十佳”基层公共就业服务人员
刘欣妍 南苑街道政务服务中心

2020 年第一季“十佳最美讲解员身影”
张 涛 北京汽车博物馆

2020 年第一季“最美讲解员身影”优秀奖
曾红娟 北京汽车博物馆

“抗击新冠肺炎”个人特殊贡献奖
王晓晨　北京汽车博物馆

2019 年度电子政务年度人物
祖　鹏　丰台法院

全国法院先进个人
齐　军　丰台法院

全国法院系统 2020 年度优秀案例分析评选活动优秀奖
毕凯丽　丰台法院

全国法院第三十一届学术讨论会优秀奖
罗兆英、舒　翔、徐舒扬　丰台法院

全国法院第三十一届学术讨论会三等奖
黄　昊、陈志博　丰台法院

全国法院第三十一届学术讨论会二等奖
宋如超、郑　莉、钟秋玲、王培松　丰台法院

第十五届西部法治论坛二等奖
刘钟泽　丰台法院

第二届全国法院百场优秀庭审
张　炎　丰台法院

北京市先进人物

2020 年度北京市劳动模范
尹文君　北京英视睿达科技有限公司董事长兼总经理
刘舒翊　丰台街道北大地西区社区党委书记、居委会主任
闫　东　北京中苑盛世投资管理有限公司党委书记、董事长
孙淑红　北京三兴汽车有限公司安全生产部部长
张云洁　北京市丰台区鸿华房地产开发经营有限公司总经理
张文学　北京动力源科技股份有限公司总工程师
张桂琴　北京绿山谷芽菜有限责任公司董事长
武丽君　北京谦君律师事务所律师
林巧玲　花乡花木集团有限公司高级工程师
金晏华　北京华远意通热力科技股份有限公司职工
郑小丹　北京元六鸿远电子科技股份有限公司副董事长
赵婷婷　集美控股集团有限公司大红门商场市场部负责人
施颖秀　丰台区颐养康复养老照护中心院长
穆慧妍　北京万丰志欣大连海鲜农家菜餐饮有限公司总经理、丰台区餐饮住宿服务行业协会会长
戴鹏飞　卢沟桥乡岳各庄村党总支书记、村委会主任

2020 年度北京市先进工作者
丁洪伟　丰台区河道管理一所副所长
马淑乾　丰台区生态环境局生态环境综合执法大队一级主任科员
王　凯　丰台区信访办公室党组书记、主任
巴德实　北京市公安局丰台分局治安支队副支队长
邓艳芳　丰台区第五小学高级教师
成路平　丰台区不动产登记事务中心副主任
刘玉宾　丰台区审计局电子数据审计科科长
刘红兰　大红门社区卫生服务中心主管护师
刘　婷　丰台法院执行局实施一组组长
安　萌　丰台区房屋经营管理中心右安门外分中心书记、主任
李国栋　丰台区司法局行政复议应诉科科长
李春红　丰台中西医结合医院心血管科护士长
李　洁　丰台区疾病预防控制中心首席专家、主任医师
杨　蕊　北京汽车博物馆党组书记、馆长
吴　浩　方庄社区卫生服务中心主任
辛　欣　丰台区人民检察院一级检察官
汪建飞　北京市公安局丰台分局太平桥派出所一级警长
宋　巍　北京市公安局丰台分局刑侦支队禁毒大队探长
张　蔚　丰台区城市管理综合行政执法监察局治违办主任
金　朝　丰台区人民检察院第六检察部主任
周宗宝　丰台区园林绿化局长辛店绿化队高级工程师
郑淑敏　丰台区嘉园一幼园长兼书记
赵爱芹　丰台区职业与成人教育集团党委书记、丰台区职业教育中心学校校长
信振江　丰台区疾病预防控制中心主任
洪　峰　南苑街道办事处城市管理办公室副主任
贾善勇　丰台中西医结合医院外一科副主任医师
贾　强　丰台区市场监督管理局特种设备检测所副所长
徐崇伟　丰台区环境卫生服务中心环境卫生科科长
徐锦华　丰台中西医结合医院急诊内科主治医师
郭少民　丰台区市场监督管理局食品市场科科长
黄　伟　南苑乡林业工作站负责人
黄　艳　丰台区人力资源公共服务中心流动党员管理服务科副科长
寇富弄　首都师范大学附属丽泽中学高级教师
葛彩英　方庄社区卫生服务中心主任医师
董晓根　丰台区疾病预防控制中心微生物检验科科长
董　梅　丰台区税务局货物和劳务税科科长

北京市三八红旗奖章获得者

姜丽洁　人力资源和社会保障局
刘怀玉　丰台区司法局
张　哲　丰台区检察院
王　静　丰台区法院
刘艳霞　和义街道办事处
曾红娟　北京汽车博物馆
陈　青、张海燕、韩立新、韩　晶、程晓丽、
林巧玲、王　静、沈艳婷、李长虹、廖　媛、
关　芳、曾红娟、李雪梅、穆慧妍　丰台区妇女联合会

北京市理论宣讲示范基地工作先进工作者

于江华　花乡

北京市助残社会组织抗击新冠肺炎疫情先进个人

安钟岩、邢尹立、关文博、冯　璐　丰台区残联

北京市抗击新冠肺炎疫情先进个人

丁黎亮、王福明　丰台公安分局
陈欢琴　和义街道
于湉湉　马家堡街道
王丽杰　新村街道办事处

北京市第四次全国经济普查先进个人

陈红英　卢沟桥街道办事处

首都绿化美化先进个人

范先元　太平桥街道
王雪莹　东铁匠营街道办事处

2020 年度首都环境建设先进个人

杨宜臻　右安门街道办事处

北京市 2019-2020 年度“接诉即办”改革工作先进个人

刘占香　右安门街道办事处
李杨楠　王佐镇政府

北京市安全生产先进个人

孙宏伟　南苑街道平安建设办公室副主任

2020 首都最美劳动者

王　亮　北京汽车博物馆

北京市第六批五星级志愿者

封　雷　北京汽车博物馆

北京市安全生产先进个人

孔祥忠　北京汽车博物馆

北京市金牌优秀讲解员

胡子雨　北京汽车博物馆

2020 年“八小时约定”首都职工演讲比赛活动优秀奖

朱　玥　北京汽车博物馆

2020 年“八小时约定”首都职工演讲比赛活动铜奖

马欣蕊　北京汽车博物馆

先进集体

全国先进集体

中国红十字会抗击新冠肺炎疫情先进集体

丰台区红十字会

全国抗击新冠肺炎疫情先进集体

花乡天伦锦城社区党总支部

全国侨联系统抗击新冠肺炎疫情先进集体

丰台区侨联
丰台区侨联怡海社区“侨之家”

全国侨联系统优秀“侨胞之家”

怡海社区“侨之家”

民盟中央“思想政治建设和宣传工作先进集体”

民盟丰台区工委

民盟中央社会服务工作先进集体

民盟丰台区工委金融支部

全国公安机关全警实战大练兵标兵集体
丰台公安分局视频警务大队

全国模范人民调解委员会
卢沟桥街道人民调解委员会

全国民政系统抗击新冠肺炎疫情先进集体
丰台区委社会工委区民政局养老工作科

第四批全国“扫黄打非”进基层示范点
太平桥街道

全国检察机关信息工作表现突出的集体
北京市丰台区人民检察院办公室

基层理论宣讲先进集体
丰台区委宣传部

第六届全国文明单位
新村街道怡海花园社区

国家一级博物馆
北京汽车博物馆

青少年音乐教育实践基地
北京汽车博物馆

2019 首都景区融合创新发展典范
北京汽车博物馆

中国汽车科普实训基地
北京汽车博物馆

国家知识产权实用新型专利
北京汽车博物馆

中国旅游业年度智慧景区创新奖
北京汽车博物馆

2020 年度“抗击新冠肺炎”团队特殊贡献奖
北京汽车博物馆

第五届中国青年志愿服务项目大赛银奖
北京汽车博物馆的“汽博最亮的志愿星——心智障碍者志愿服务融合项目”

新华网“新华知识创享家”
11 月月度内容热力榜 Top10 第 9 名
北京汽车博物馆的新华号文章《云听汽博：中国汽车工业人物故事 — 李刚》

“2019 缪斯慕博物馆海报设计推介”十佳作品
北京汽车博物馆的“从 1949 走来：致敬旗迹”系列主题海报

“百项网络正能量专题活动”称号
北京汽车博物馆的“移动 5G 公益项目——云博物馆”项目

维护国防利益和军人军属合法权益工作先进单位
丰台区法院民二庭

全国法院第七届百优微电影奖
丰台区法院微电影《“担事儿”小院》

全国基层法院先进组织单位奖
丰台区法院审管办（研究室）

全国法院一站式多元解纷和诉讼
服务体系建设先进单位
丰台区法院立案庭（诉讼服务中心）

全国法院第三十一届学术讨论会组织工作先进单位
丰台区法院审管办（研究室）

2019 年互联网 + 智慧法院先进单位
丰台区法院综合办公室

2020 年政法智能化建设智慧法院优秀创新案例
丰台区法院综合办公室案件流转平台

北京市先进集体

2020 年度北京市模范集体
丰台区市场监督管理局
丰台区疾病预防控制中心新型冠状病毒防控体系检验技术组
北京市公安局丰台分局西罗园派出所
丰台区税务局第一税务所
丰台区丰台第二中学物理教研组
北京晶澳太阳能光伏科技有限公司研发中心
北京海鑫科金高科技股份有限公司研发中心

北京市三八红旗集体
北京市致诚律师事务所
北京市丰台区财政局国库科（支付中心）
东铁匠营街道红狮家园社区
北京市丰台区审计局
北京市公安局丰台分局警务支援大队互联网监控中心
北京市丰台区不动产登记事务中心
北京中都盛业投资管理有限公司
金思黛健康管理（北京）有限责任公司
丰台区职业能力建设指导中心
新村街道怡海花园社区
北京市丰台区人民法院行政审判庭
国家知识产权局专利局专利审查协作北京中心
北京市思想政治工作优秀单位
丰台区妇女联合会
丰台法院行政庭
新村街道怡海花园社区

北京市体育特色乡镇
花乡

2019 年度首都绿化美化先进单位
花乡草桥村

北京市理论宣讲示范基地工作先进单位
花乡

北京市抗击新冠肺炎疫情先进集体
花乡黄土岗村党总支部
新发地派出所
丰台区委社会工委区民政局
新村街道怡海花园社区

北京市助残社会组织抗击新冠肺炎疫情先进集体
北京市丰台区温馨精康园
北京市丰台女企业家联谊会

首都文明单位
丰台区综合投资集团有限公司

北京市先进基层党组织
新发地派出所

北京市模范集体
西罗园派出所

书香北京评选优秀社区
马家堡街道西里第二社区

2020 年度应急值守工作基层先进单位
马家堡街道办事处

北京市控烟示范单位
马家堡街道办事处
方庄地区办事处

首都拥军优属拥政爱民模范单位
卢沟桥街道办事处
丰台区文化和旅游局公共服务科
丰台区委社会工委区民政局
南苑街道办事处

北京市安全生产先进单位
方庄地区办事处

北京市 2019-2020 年度“接诉即办”先进集体
方庄地区办事处
云岗街道办事处

首都文明街巷
方庄地区办事处

首都绿化美化花园式社区
太平桥街道莲花池社区
王佐镇翡翠山社区

北京市丰台区第四次全国经济普查
新村街道万柳西园社区

第十五届北京市思想政治工作优秀单位
新村街道怡海花园社区

北京市 2020 年度市级交通安全先进单位
王佐镇政府

北京市安全社区
王佐镇政府

北京市生活垃圾分类示范村
王佐镇西庄店村

北京市中小学生社会实践大课堂
王佐镇怪村

北京市综合减灾示范社区
王佐镇山语城社区

北京市综合减灾示范社区
王佐镇翡翠山社区

北京市节水型小区
王佐镇山语城社区

2020 年度北京市禁毒工作示范街乡
右安门街道办事处

北京市中小学生社会大课堂资源单位（2020 年 -2021 年）
北京汽车博物馆

首都未成年人道德建设创新案例
北京汽车博物馆

“第十四届（2019）北京阳光少年活动”优秀组织奖
北京汽车博物馆

2020 年疫情防控期间北京市“放心餐厅”
北京汽车博物馆

2020 年北京市职工心理发展促进职工心灵驿站
北京汽车博物馆

2020 北京文化创意大赛瑞丽轻奢品牌创意赛区优秀合作机构
北京汽车博物馆

2020 年首都科普联合行动优秀组织单位
北京汽车博物馆

“夜赏北京文化之美 -2020 首届北京网红打卡地”文化艺术类网红打卡地
北京汽车博物馆

第二届北京科学传播大赛优秀组织单位
北京汽车博物馆

2020 年北京红色故事讲解员大赛优秀组织单位
北京汽车博物馆

统计资料

丰台区2020年国民经济和社会发展统计公报

一、综合

经济发展：初步核算，全年实现地区生产总值1854.2亿元，比上年增长0.3%。其中，第一产业增加值0.7亿元，下降15.6%；第二产业增加值285.1亿元，增长6.1%；第三产业增加值1568.4亿元，下降0.7%。三次产业结构为0.04∶15.4∶84.6。

2020年地区生产总值

表53

指　标	绝对数（亿元）	比上年增长（%）
地区生产总值	1854.2	0.3
按产业分		
第一产业	0.7	-15.6
第二产业	285.1	6.1
第三产业	1568.4	-0.7
按行业分		
农、林、牧、渔业	0.7	-15.4
工业	118.6	8.9
建筑业	167.3	4.2
批发和零售业	151.3	-3.0
交通运输、仓储和邮政业	68.0	-13.3
住宿和餐饮业	27.9	-26.3
信息传输、软件和信息技术服务业	100.4	-8.7
金融业	285.0	23.0
房地产业	224.5	-11.5
租赁与商务服务业	156.9	-5.1
科学研究和技术服务业	235.5	8.2
水利、环境和公共设施管理业	21.7	-0.8
居民服务、修理和其他服务业	19.9	-18.7
教育	71.6	3.5
卫生和社会工作	78.0	0.8
文化、体育和娱乐业	34.6	-2.6
公共管理、社会保障和社会组织	92.3	-4.3

图1　2016-2020年地区生产总值及增长速度

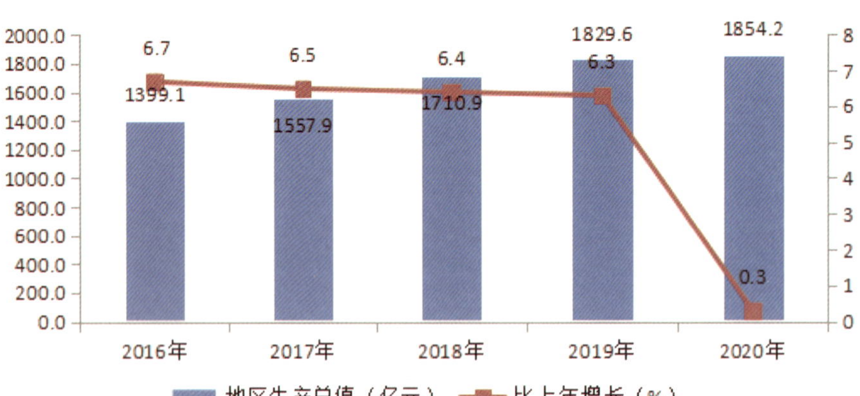

财政：全区完成一般公共预算收入129.9亿元，比上年增长1.7%。其中，增值税35.2亿元，下降14.8%；企业所得税20.8亿元，下降21.2%；房产税16.8亿元，下降7.7%；城市维护建设税7.1亿元，下降30.5%。一般公共预算支出279.6亿元，比上年增长10.7%。其中，用于城乡社区事务、卫生健康、社会保障和就业、科学技术的支出分别增长37.8%、19.9%、19.7%和17.1%。

图2　2016-2020年一般公共预算收入及增长速度

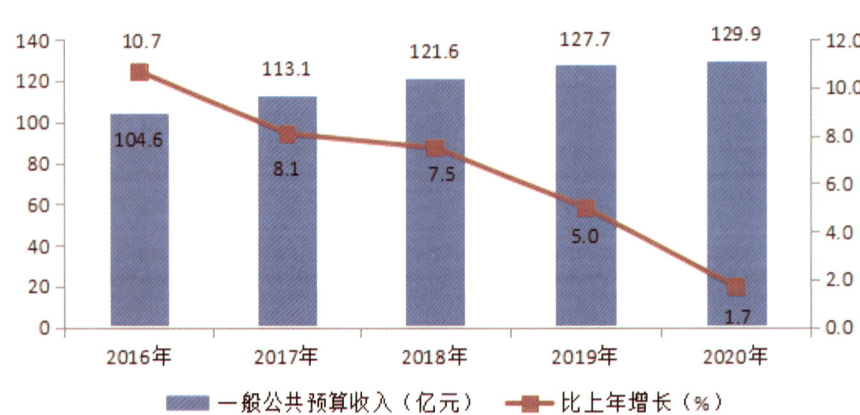

二、农业

全年实现农林牧渔业总产值1.6亿元，比上年下降18.1%。其中，林业产值1.2亿元，下降21.2%；农业产值4564万元，下降4.1%。

全区12个农业观光园全年共接待123.7万人次，比上年下降31.8%；实现总收入1.1亿元，下降36.8%。

三、工业和建筑业

工业：全年规模以上工业企业实现工业总产值330.4亿元，比上年增长9.5%。从主要行业看，专用设备制造业增长1.7倍，医药制造业增长11.5%，电力、热力生产和供应业增长1.2%。

全年规模以上工业企业实现销售产值321.3亿元，比上年增长9.5%。其中，内销产值304.1亿元，增长5.9%；出口交货值17.2亿元，增长1.8倍。

全年规模以上工业企业实现利润总额62.1亿元，比上年增长1.2倍。从主要行业利润实现情况看，非金属矿物制品业实现利润14.9亿元，专用设备制造业实现利润9.4亿元，计算机、通信和其他电子设备制造业实现利润7.8亿元，医药制造业实现利润6.8亿元，汽车制造业实现利润5.9亿元，印刷和记录媒介复制业实现利润5.3亿元。

2020 年规模以上工业总产值

表 54

指　标	绝对数（亿元）	比上年增长（%）
工业总产值	330.4	9.5
其中：现代制造业	172.6	22.7
其中：高技术产业	117.8	37.7
其中：专用设备制造业	56.6	169.3
电力、热力生产和供应业	47.0	1.2
医药制造业	42.7	11.5
铁路、船舶、航空航天和其他运输设备制造业	40.6	-1.3
非金属矿物制品业	39.0	-9.2
计算机、通信和其他电子设备制造业	23.2	-2.5
通用设备制造业	14.9	-11.4
仪器仪表制造业	14.2	-15.0
印刷和记录媒介复制业	14.2	-4.3
电气机械和器材制造业	8.5	4.8

建筑业：全区具有资质等级的总承包和专业承包建筑业企业完成总产值2301.9亿元，比上年下降7.5%。其中，在北京地区完成产值377.8亿元，下降14.9%；在外省完成产值1924.1亿元，下降5.9%。

四、金融

年末全区金融机构各项存款余额8212.5亿元，比上年末增长10.4%。其中，储蓄存款3164.3亿元，增长21.9%。各项贷款余额5722.7亿元，比上年末增长12.3%。

五、固定资产投资和房地产开发

固定资产投资：全年固定资产投资（不含农户）比上年增长4.4%。其中，基础设施投资增长7.6%，建安投资增长5.3%。分产业看，第一产业投资比上年增长19.9%；第二产业投资增长1倍；第三产业投资增长2.4%。

房地产开发：全年房地产开发投资比上年增长2.6%。其中，住宅投资增长52.3%；办公楼投资下降28.7%；商业营业用房投资下降66.9%。

全区商品房施工面积1333.5万平方米，比上年下降6.1%。

2020 年房地产开发和销售主要指标

表 55

指　标	单　位	绝对数	比上年增长（%）
商品房施工面积	万平方米	1333.5	-6.1
其中：住宅	万平方米	632.8	-2.0
其中：本年新开工	万平方米	226.5	47.7
商品房竣工面积	万平方米	146.7	-17.1
其中：住宅	万平方米	31.1	-68.5
商品房销售面积	万平方米	99.8	-32.9
其中：住宅	万平方米	65.0	-50.4
商品房待售面积	万平方米	165.5	-3.4
其中：住宅	万平方米	71.3	9.7

其中，本年新开工面积226.5万平方米，增长47.7%。全年商品房竣工面积146.7万平方米，下降17.1%。

六、市场消费

全年实现社会消费品零售额1318.9亿元，比上年下降9.9%。其中，实现网上零售额42.4亿元，增长32.5%。在限额以上批发和零售企业中，中西药品类实现零售额13.6亿元，比上年增长2%；汽车类实现零售额143.8亿元，下降23.1%。

全年限额以上批发和零售业实现商品购销总额5957.8亿元，比上年增长3.7%。其中，商品购进总额2901亿元，增长5.1%；商品销售总额3056.8亿元，增长2.5%。

2020 年社会消费品零售额

表 56

指　标	零售额（亿元）	比上年增长（%）
社会消费品零售额	1318.9	-9.9
按限额标准分		
限额以上	694.7	-1.2
限额以下	624.2	-17.9
按行业分		
批发业	392.9	-7.5
零售业	853.1	-9.1
住宿业	3.5	-48.1
餐饮业	69.5	-26.3

图 3　2016-2020 年社会消费品零售额及增长速度

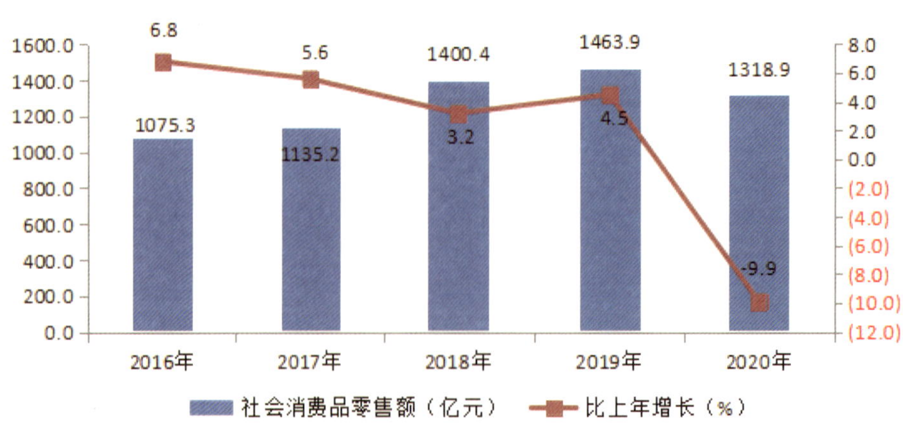

七、对外经济和旅游

对外经济：全年进出口总额149.6亿美元，比上年下降14.9%。其中，进口106亿美元，下降14.6%；出口43.6亿美元，下降15.4%。

旅游：全区A级及以上和其他主要旅游区（点）全年接待游客1056.7万人次，比上年下降33.5%。其中，入境游客0.7万人次，下降91.4%。实现总收入1.1亿元，比上年下降59.1%。其中，门票收入7577万元，下降58.8%。

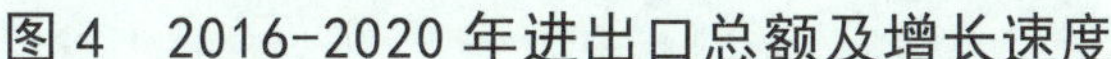
图4　2016-2020年进出口总额及增长速度

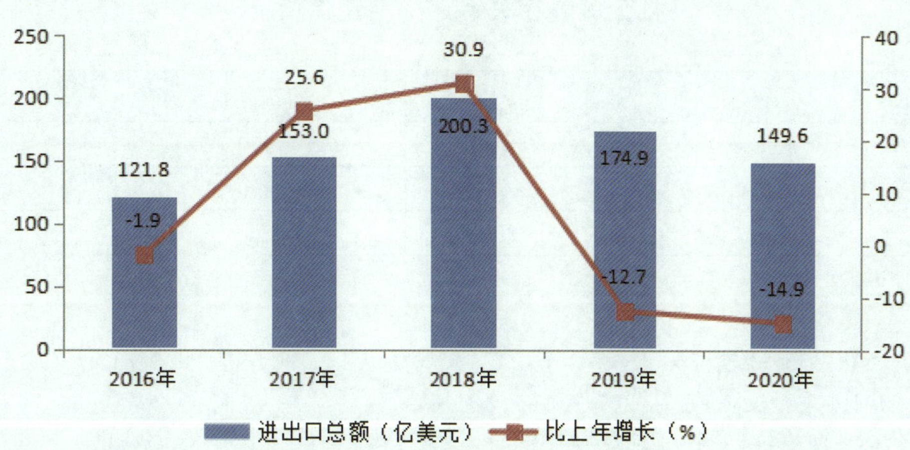

八、人民生活、就业和社会保障

人民生活：全年全区居民人均可支配收入66799元，比上年增长2.4%。全区居民人均消费支出38472元，比上年下降11.5%；恩格尔系数为21.8%，比上年提高1.8个百分点。全区居民人均住房建筑面积29.75平方米。

图5　2016-2020年全区居民人均可支配收入及增长速度

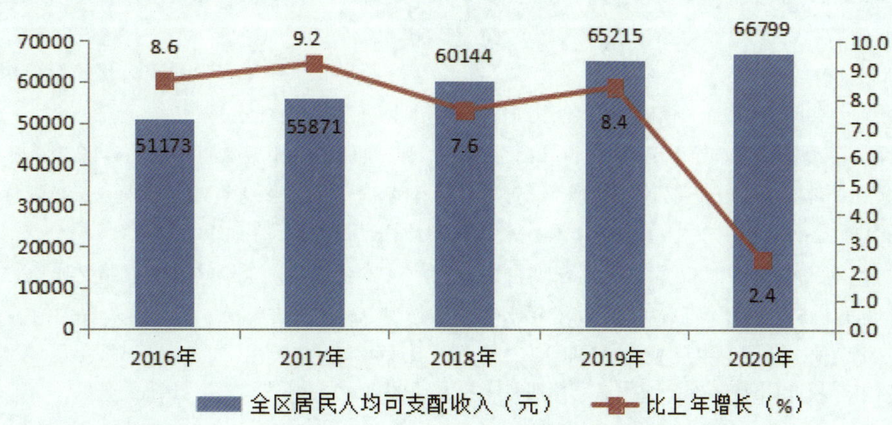

就业：全年城镇新增就业3.2万人。年末城镇登记失业率为2.78%，比上年末提高1.4个百分点。

社会保障：年末全区参加基本养老、基本医疗、失业、工伤和生育保险人数分别为106.7万人、116.2万人、76.5万人、72.4万人和79.4万人，分别比上年末增加4.8万人、5.7万人、1.4万人、–0.8万人和11.5万人。年末参加城乡居民养老保险的农村居民为9.6万人，比上年末增加403人。

全区享受城市最低生活保障的人数为9275人，享受农村最低生活保障的人数为145人。

年末全区有各类收养性单位43家，床位10441张，年末在院人数4423人。全区有社区服务中心17个。

社会保障相关待遇标准变化情况

表57　单位：元/月

指　标	2020年	2019年
城市居民最低生活保障标准	1170	1100
农村居民最低生活保障标准	1170	1100
职工最低工资标准	2200	2200

九、科技、教育、文化、卫生、体育

科技：全年专利申请量与授权量分别为16032件和10052件，分别比上年增长26.4%和39.1%。其中，发明专利申请量与授权量分别为6870件和2721件，分别增长16.9%和25.7%。签订各类技术合同3257项，比上年下降15%；技术合同成交总额1081.4亿元，增长7.5%。

年末中关村示范区丰台园投产开业企业2000家，全年实现总收入6900亿元，比上年增长10%。其中，技术收入830亿元，增长0.5%。全年实现利润总额410亿元，增长5.9%。出口总额120亿元，增长15.9%。

教育：全区普通高中招生3145人，在校生8148人，毕业生2425人。初中招生7629人，在校生19032人，毕业生4648人。小学招生13590人，在校生66600人，毕业生10172人。幼儿园入园幼儿17592人，在园幼儿45012人。职业教育招生636人，在校生1536人，毕业生774人。成人教育招生223人，在校生830人，毕业生330人。

文化：年末全区有公共图书馆2个，馆藏图书120万册；档案馆1个，馆藏案卷14.5万卷件。文化馆（站）22个，文化广场31个，各类群众文化团体1426个。非物质文化遗产保护项目46项，其中国家级4项。

卫生：年末全区共有卫生机构548个，比上年末增加13个；其中医院79个。医疗机构共有床位12738张，比上年末增加116张；其中医院12276张。全区卫生技术人员24669人，比上年末增加1340人；其中执业（助理）医师9621人，注册护士10721人。全区医疗机构共诊疗1747万人次，健康检查61.5万人次。

体育：年末全区有体育场馆1275个，全民健身工程535个，社会体育指导员10774人。持续推动冰雪运动，欢乐冰雪季、冰雪大篷车活动蓬勃开展。我区运动员在全国和市级体育比赛中共获奖牌156枚，其中金牌55枚。

十、环境、能源和安全生产

环境：全区有密闭式清洁站237座，生活垃圾无害化处理率为100%。城市道路日清扫保洁面积2179万平方米。全区细颗粒物（PM2.5）和可吸入颗粒物（PM10）年均浓度值分别为36微克/立方米和61微克/立方米，分别比上年下降14.3%和14.1%。二氧化硫和二氧化氮年均浓度值分别为3微克/立方米和29微克/立方米，分别比上年下降25%和19.4%。

全区林木绿化率为34.4%。城市绿化覆盖率为47.54%，比上年提高0.2个百分点。

能源：全年能源消费总量444.02万吨标准煤，比上年下降5.05%。万元地区生产总值能耗0.2395吨标准煤，按可比价格计算，比上年下降5.31%。

安全生产：全年共发生道路交通死亡事故47起，比上年减少20起；死亡47人，减少20人。发生生产安全死亡事故6起，比上年减少1起；死亡6人，减少1人。发生火灾240起，比上年减少17起；死亡3人，增加2人。

公报注释：

1. 本公报中数据均为初步统计数。
2. 地区生产总值及各产业、各行业增加值绝对数按现价计算，增长速度按可比价格计算。
3. 规模以上工业企业是指年主营业务收入2000万元及以上的全部法人工业企业。
4. 限额以上批发零售企业是指年主营业务收入2000万元及以上的批发企业和年主营业务收入500万元及以上的零售企业。
5. 恩格尔系数是指居民食品支出占消费支出总额的比重。
6. 体育场馆数为第六次全国体育场地普查数据（时点为2013年12月31日），包括标准和非标准的所有体育场地。
7. 因四舍五入关系，本公报数据存在分项与合计不等情况。

资料来源：

本公报中财政数据来自丰台区财政局；进出口数据来自丰台区商务局；就业数据来自丰台区人力资源和社会保障局；社会保障数据来自丰台区人力资源和社会保障局、丰台区民政局；专利数据来自丰台区市场监督管理局；技术合同数据来自丰台区科学技术和信息化局；教育数据来自丰台区教育委员会；文化数据来自丰台区文化和旅游局；档案数据来自丰台区档案局；卫生数据来自丰台区卫生健康委员会；体育数据来自丰台区体育局；环境卫生数据来自丰台区环境卫生服务中心；环境保护数据来自丰台区生态环境局；园林绿化数据来自丰台区园林绿化局；道路交通和生产安全数据来自丰台区应急管理局；火灾数据来自丰台区消防支队；其他数据来自丰台区统计局和国家统计局丰台调查队。

附 录

组织机构负责人名录

中共北京市丰台区委员会

书 记 徐贱云

副书记 初军威（3月任） 高 峰

常 委 梁家峰 吴继东 李正斌 李 岚（女）
葛海斌 李树元 周新春 张 鑫（5月任）

丰台区委工作机构负责人

区委办公室主任 李 岚（女）

区委组织部部长 葛海斌

区委宣传部部长 梁家峰

区委统战部部长 李 岚（女）

区委编办主任 纪福平

区委区政府研究室主任 赵鹏飞

区委网信办主任 杨晓辉（4月免） 孙永文（6月任）

区直机关工委书记 李振茹

区委老干部局局长 李海秋

中共北京市丰台区纪律检查委员会

书 记 李正斌

副书记 马若怡（女） 董明月（女，满）李 振

常 委 鲍书田（3月免） 刘金鹏 蒋加强

北京市丰台区监察委员会

主 任 李正斌

副主任 王和友（4月免） 马若怡（女） 董明月（女，满）
李 振

委 员 刘金鹏 张 涛 倪贵东 穆 健

丰台区第十六届人民代表大会常务委员会

主 任 张巨明

副主任 王建斌 王振华 李 屹
王百玲（女） 刘 颖（女，不驻会）

丰台区人大工作机构负责人

办公室主任 赵万军

研究室主任 刘藏生（女）

代表联络室主任 李 军

财政经济办公室主任 张世伟

法制办公室主任 巴恩来（满族）

教育科技文化卫生体育办公室主任 毕永丰

城市建设环境保护办公室主任 俞亚茹（女）

农村办公室主任 尚振国

丰台区人民政府

区 长 王力军（4月免） 初军威（12月任）

副区长 周新春 张 鑫 张 婕（女）
李春滨 周宇清（9月免） 刘永宗
苏 扬（挂职干部，4月任） 刘怀生（11月任）

丰台区政府工作机构负责人

区政府办公室党组书记、主任 杨 杰

区政务服务局党组书记 郝 博（6月免）
阎一平（6月任）
局长 郝 博

区国资委党委书记、主任 李大维

区信访办党组书记、主任 王 凯（女）

区政府外事办主任 梁彦梅（女）

区民政局党组书记、局长 裴玉珍（女）

区委社工委书记 裴玉珍（女）

区人力资源社会保障局党组书记、局长 肖 敬

区投资促进服务中心党组书记、主任 时 祥

区商务局党组书记 凌佩利
局长 凌佩利（4月任）

区文化和旅游局党组书记 史文彬
局长 樊 维（女）

区卫生健康委党委书记、主任　刘婉莹（女）
区住房城乡建设委党组书记　颉换成
主任　颉换成（4月免）
李国龙（4月任）
区城市管理委党组书记、主任　纪亚辉
区科学技术和信息化局党组书记、局长　张永梅（女）
区委教育工委书记　房书勇
区教委主任　杨晓辉（5月任）
区房管局党组书记、局长　苏　军
区生态环境局党组书记、局长　芮元鹏
市规划自然资源丰台分局党组书记、局长　李文忠
园林绿化局（绿化办）党组书记、局长　王世义（8月免）
刘立宏（8月任）
气象局党组书记、局长　冯永芳(女)
水务局党组书记　阎一平（6月免）杨　云（女，6月任）
局长　赵　钢（8月免）杨　云（女，8月任）
体育局党组书记　吕庆春
局长　李　伟
中关村科技园区丰台园工委书记　周新春（7月免）
张　鑫（7月任）
主任　周新春（5月免）
张　鑫（5月任）
丽泽金融商务区工委书记、管委会主任　颉换成
金融办党组书记、主任　游　海
发展和改革委员会党组书记、主任　郭晓一（女）
应急管理局党委书记、局长　贾效明
统计局党组书记　刘庆文（5月免）　赵　钢（6月任）
局长　韩　伟
审计局党组书记、局长　刘月梅（女）
财政局党组书记、局长　陈　燃
市场监督管理局党组书记、局长　李广隆
区委农工委书记　肖文燕（女，6月免）　陈　阳（6月任）
农业农村局局长　肖文燕（女，6月免）　陈　阳（8月任）
税务局党委书记、局长　金志雄（满族）
医疗保障局党组书记、局长　李云鸿（3月任）
民族宗教事务办公室党组书记、主任　马士有
城市管理综合行政执法局党组书记、局长　苏爱军
城市管理监督指挥中心党组书记、主任　姜东升
北京南站地区管委会书记、主任　李春滨

政协北京市丰台区第十届委员会

主　席　刘　宇
副主席　连　宇　冯晓光　段德珍（女）　张兆旗（回族）
张振军　徐朝辉
秘书长　赵冬辰（12月免）　肖文燕（12月任）

区政协工作机构及负责人

区政协办公室主任　张永金
区政协研究室
（文史资料委员会）主任　杜彦奎
区政协专委会工作一室
（教文卫体委员会）主任　解明珠（女）
区政协专委会工作二室
（经济科技委员会）主任　刘少华
区政协专委会工作三室
（人口资源环境和建设委员会）主任　付学江
（农业和农村委员会）主任　许　伟
区政协专委会工作四室
（社会法制委员会民族宗教和
港澳台侨委员会）主任　王卫军
区政协专委会工作五室
（提案委员会）主任　许　翔（女）
区政协专委会工作六室
（学习委员会）主任　文姜丽（女）

丰台区各民主党派负责人

民革丰台区工委主委　张兆旗(回族)
民进丰台区工委主委　徐朝辉
民盟丰台区工委主委　张振军
民建丰台区工委主委　张　婕（女）
农工民主党丰台区工委主委　韩秀娟(女)
九三学社丰台区工委主委　刘　颖
致公党丰台区工委主委　王艳霞(女)

丰台区社会团体负责人

丰台区总工会主席　王建斌（9月免）　王振华（9月任）
共青团北京市丰台区委员会书记　杨　勇（12月免）
刘博涵（12月任）
丰台区妇女联合会主席　姜　萍（女）
丰台区工商联主席　田秀华
党组书记　施晓义
区归国华侨联合会主席　洪　鑫
区红十字会会长　张　鑫（6月免）
张　婕（女，6月任）
区红十字会党组书记、常务副会长　田秀文（女）
丰台区文学艺术界联合会主席　张小龙
科学技术协会党组书记、常务副主席　邓继林
残疾人联合会主席　张　鑫（11月免）
张　婕（女，11月任）
残疾人联合会党组书记、执行理事会理事长　赵　勇

丰台区事业单位负责人

区委党校校长　高　峰

常务副校长　管洪波

党史工作办公室（地方志办公室）主任　刘怀广

机关事务管理服务中心党组书记、主任　白子荣

档案馆馆长　王　野

地震局党组书记、局长　李桂喜

融媒体中心党组书记、主任　乔晓鹏

环境卫生服务中心党委书记、主任　杨桂红（女）

房屋经营管理中心党委书记　苏　军

主任　隗乐明

农村合作经济经营管理站党组书记、站长　卢大文

房屋征收中心党组书记、主任　李国龙

文化创意产业促进中心（戏曲文化发展中心）

党组书记、主任　吴　婧（女）

国家统计局丰台调查队党组书记、队长　朱　南

北京汽车博物馆党组书记、馆长　杨　蕊

北京园博园管理中心党组副书记、主任　花伟军

卢沟桥文化旅游区办事处党组书记、主任　李　卫

丰台区企业负责人

丰台区烟草专卖局（公司）党组书记、局长（经理）　曹　盛

国网北京丰台供电公司党委书记　石　健（10月任）

经理　董　毅（10月任）

北京丰贸投资经营管理有限公司党委书记、董事长　张　达

总经理　孔媛媛

丰台区国有资本经营管理中心党支部书记　裴　红

总经理　刘江伟

丰台区综合投资集团有限公司党委书记、董事长　郝永昶

总经理　朱京强

世界公园总经理　王　文

中国邮政集团有限公司北京市丰台区分公司

经理兼党委书记　刘　震（4月免）

齐　震（4月任）

丰台区政法军事机构负责人

政法委书记　吴继东

检察院检察长　李继胜（1月任）

法院院长　祖　鹏

区人民武装部部长　朱德友

政委　李树元

区人民防空办公室主任　刘　涛

司法局党组书记、局长　廉　峰

公安分局政委　田　静（女，3月免）

藏学民（7月任）

交通支队支队长　赵宏伟

政委　许春生

北京市交通委员会丰台运输管理分局局长　刘　辉

消防救援支队支队长　刘永利（8月免）　戴俊寿（8月任）

政委　雷永利

丰台区街道、乡（镇）负责人

大红门街道办事处

工委书记　赵胜利

主　任　肖斌（10月免）　王晓莉（女，11月任）

东高地街道办事处

工委书记　杨　云（8月免）　孙绪勇（8月任）

主　任　张好生（3月任）

东铁匠营街道办事处

工委书记　李雪松

主　任　李振国（1月任）

方庄地区办事处

工委书记　邹　凌（1月任）

主　任　戴伟明（4月免）　张晓东（4月任）

丰台街道办事处

工委书记　李广民

主　任　孙绪勇（8月免）　肖斌（10月任）

和义街道办事处

工委书记　赵春丽（女）

主　任　熊柏华

卢沟桥街道办事处

工委书记　高文娟（女，6月免）　李　岩（10月任）

主　任　李　岩（10月免）　杜哲明（10月任）

马家堡街道办事处

工委书记　徐爱华(6月免)　王　涛(6月任)

主　任　王　涛(6月免)　王　峰(6月任)

南苑街道办事处

工委书记　刘立宏（8月免）　杨建林（12月任）

主　任　杨建林

太平桥街道办事处

工委书记　何岳飞

主　任　付国钢

西罗园街道办事处

工委书记　刘海东

主　任　杜哲明(10月免)　贾晓方(10月任)

新村街道办事处

工委书记　刘治国

主　任　高　松

右安门街道办事处
工委书记 赵长河
主　　任 李斐然（女，5月任）
长辛店街道办事处
工委书记 彭松涛
主　　任 苏晓文
云岗街道办事处
工委书记 李　忠
主　　任 夏远峰（7月免） 孙　晖（7月任）
宛平城地区办事处
工委书记 薄　澜（女）
主　　任 杨　勇
卢沟桥乡党委书记 李春生
人大主席 骆增全
乡　　长 郭新占
南苑乡党委书记 刘怀生（12月免）
人大主席 辛殿军
乡　　长 张晓光
花乡党委书记 王世义（6月任）
人大主席 康至宁
乡　　长 彭松涛（2019年12月免）卢英博（1月任）
长辛店镇党委书记 穆志军
人大主席 陈国林
镇　　长 张晓东（4月免） 夏远峰（9月任）
王佐镇党委书记 陈阳（6月免） 高文娟（女，6月任）
人大主席 郑春华
镇　　长 杨国强

中共北京市丰台区委主要文件目录

中共北京市丰台区委文件目录

表 51

序号	文件名称	发文字号	印发日期
1	中共北京市丰台区委关于印发《区委常委会 2020 年工作要点》的通知	京丰发〔2020〕1 号	2020.3.9
2	中共北京市丰台区委关于印发《区委常委会 2020 年议题计划》的通知	京丰发〔2020〕2 号	2020.3.9
3	中共北京市丰台区委关于新时代加强和改进政协工作的实施意见	京丰发〔2020〕3 号	2020.4.2
4	中共北京市丰台区委北京市丰台区人民政府关于印发《丰台区创建国家卫生区实施方案》的通知	京丰发〔2020〕4 号	2020.5.29
5	中共北京市丰台区委北京市丰台区人民政府印发《丰台区关于开展质量提升行动的实施方案》的通知	京丰发〔2020〕5 号	2020.5.29
6	中共北京市丰台区委关于区委常委调整分工的通知	京丰发〔2020〕6 号	2020.9.18
7	中共北京市丰台区委关于成立丰台区第十六届人民代表大会第八次会议临时党委的决定	京丰发〔2020〕7 号	2020.12.15
8	中共北京市丰台区委关于成立政协北京市丰台区第十届委员会第五次会议临时党委的决定	京丰发〔2020〕8 号	2020.12.15
9	中共北京市丰台区委北京市丰台区人民政府关于印发《北京市丰台区生态环境保护工作职责分工规定》的通知	京丰发〔2020〕9 号	2020.12.26
10	中共北京市丰台区委关于制定丰台区国民经济和社会发展第十四个五年规划和二〇三五年远景目标的建议	京丰发〔2020〕10 号	2020.12.28

中共北京市丰台区委办公室文件目录

表 52

序号	文件名称	发文字号	印发日期
1	中共北京市丰台区委办公室北京市丰台区人民政府办公室关于印发《丰台区评比达标表彰活动管理实施细则（试行）》的通知	京丰办发〔2020〕1号	2020.1.16
2	文联（见保密电脑）	京丰办发〔2020〕2号	2020.1.23
3	中共北京市丰台区委办公室北京市丰台区人民政府办公室关于进一步做好新型冠状病毒感染的肺炎疫情防控工作的通知	京丰办发〔2020〕3号	2020.2.1
4	中共北京市丰台区委大事记（2019年12月）	京丰办发〔2020〕4号	2020.2.3
5	中共北京市丰台区委大事记（2020年1月）	京丰办发〔2020〕5号	2020.2.20
6	中共北京市丰台区委办公室关于印发《丰台区政协2020年协商工作计划》的通知	京丰办发〔2020〕6号	2020.3.10
7	中共北京市丰台区委大事记（2020年2月）	京丰办发〔2020〕7号	2020.3.30
8	中共北京市丰台区委办公室关于印发《丰台区离退休干部工作领导责任制》的通知	京丰办发〔2020〕8号	2020.4.2
9	2019年全面从严治党工作考核结果暨政治生态分析研判问题清单反馈意见的整改方案BM	京丰办发〔2020〕9号	2020.4.26
10	丰台区委大事记3月份	京丰办发〔2020〕10号	2020.4.23
11	丰台区委大事记4月份	京丰办发〔2020〕11号	2020.5.26
12	丰台区委大事记5月份	京丰办发〔2020〕12号	2020.7.7
13	中共北京市丰台区委办公室北京市丰台区人民政府办公室关于印发《丰台区违法用地违法建设责任追究实施办法》的通知	京丰办发〔2020〕13号	2020.7.30
14	中共北京市丰台区委办公室关于印发《2020年丰台区全面从严治党（党建）工作考核实施方案》的通知	京丰办发〔2020〕14号	2020.7.30
15	中共北京市丰台区委办公室北京市丰台区人民政府办公室关于印发《丰台区乡镇机构改革工作方案》的通知	京丰办发〔2020〕15号	2020.9.1
16	区纪委区监委派驻机构改革（见BM电脑）	京丰办发〔2020〕16号	2020.9.2
17	区管企业纪检监察体制改革（见BM电脑）	京丰办发〔2020〕17号	2020.9.2

续表 52

序号	文件名称	发文字号	印发日期
19	中共北京市丰台区委办公室北京市丰台区人民政府办公室关于印发《丰台区加强物业管理工作提升物业服务水平三年行动计划（2020-2022 年）》的通知	京丰办发〔2020〕19 号	2020.9.15
20	中共北京市丰台区委办公室关于调整丰台区规划自然资源领域专项巡视整改落实工作领导小组成员和任务分工的通知	京丰办发〔2020〕20 号	2020.9.30
21	中共北京市丰台区委办公室北京市丰台区人民政府办公室关于印发《丰台区巩固疫情防控成果深化党建引领社区治理“五个一”工作实施方案》的通知	京丰办发〔2020〕21 号	2020.10.28
22	中共北京市丰台区委办公室北京市丰台区人民政府办公室关于印发《丰台区议事协调机构管理办法》的通知	京丰办发〔2020〕22 号	2020.11.4
23	中共北京市丰台区委办公室北京市丰台区人民政府办公室关于印发《北京市丰台区长辛店镇机构改革方案》的通知	京丰办发〔2020〕23 号	2020.11.4
24	中共北京市丰台区委办公室北京市丰台区人民政府办公室关于印发《北京市丰台区王佐镇机构改革方案》的通知	京丰办发〔2020〕24 号	2020.11.4
25	中共北京市丰台区委大事记（8 月）	京丰办发〔2020〕25 号	2020.11.13
26	中共北京市丰台区委大事记（9 月）	京丰办发〔2020〕26 号	2020.11.13
27	中共北京市丰台区委办公室北京市丰台区人民政府办公室关于印发《加强丰台区公共卫生应急管理体系建设三年行动计划(2020-2022 年)》的通知	京丰办发〔2020〕27 号	2020.11.30
28	中共北京市丰台区委办公室印发《关于加强丰台区公立医院党的建设工作的实施意见》的通知	京丰办发〔2020〕28 号	2020.12.12
29	中共北京市丰台区委办公室印发《关于进一步加强区委常委会会议议题管理提高会议质量的实施办法》的通知	京丰办发〔2020〕29 号	2020.12.25
30	中共北京市丰台区委办公室关于印发《区领导带队督查 2020 年全面从严治党（党建）工作方案》的通知	京丰办发〔2020〕30 号	2020.12.24
31	中共北京市丰台区委办公室北京市丰台区人民政府办公室印发《关于认真做好全区村和社区“两委”换届工作的实施意见》的通知	京丰办发〔2020〕31 号	2020.12.25
32	中共北京市丰台区委办公室北京市丰台区人民政府办公室印发《丰台区城市协管员队伍管理体制改革实施方案》的通知	京丰办发〔2020〕32 号	2020.12.28
33	中共北京市丰台区委大事记（10 月）	京丰办发〔2020〕33 号	2020.12.26
34	中共北京市丰台区委大事记（11 月）	京丰办发〔2020〕34 号	2020.12.26

丰台区人民政府主要文件目录

丰台区人民政府文件目录

丰政发 [2020] 1 号　关于印发区十六届人大七次会议审议批准的《北京市丰台区人民政府工作报告》的通知
丰政发 [2020] 2 号　关于 2020 丰台区政府报告分工方案的通知
丰政发 [2020] 3 号　关于开展第七次全国人口普查的通知
丰政发 [2020] 4 号　关于在市场体系建设中建立公平竞争审查制度的实施意见
丰政发 [2020] 7 号　关于印发《丰台区 2020 年重要民生实事项目》的通知
丰政发 [2020] 9 号　关于印发《北京市丰台区进一步加快推进城乡水环境治理工作三年行动方案（2019 年 7 月 –2022 年 6 月）》的通知
丰政发 [2020] 10 号　关于部分职能部门与街乡镇共有职权权限划分的指导意见
丰政发 [2020] 11 号　关于印发《北京市丰台区国家森林城市建设总体规划（2019–2035 年）》的通知

丰台区人民政府办公室文件目录

丰政办发 [2020] 3 号　关于印发《丰台区推进城市安全发展实施方案》的通知
丰政办发 [2020] 4 号　关于印发《丰台区关于应对新冠肺炎疫情支持企业发展的若干措施（暂行）》的通知
丰政办发 [2020] 6 号　关于印发《丰台区污染防治攻坚战 2020 年行动计划》的通知
丰政办发 [2020] 9 号　关于代区长副区长区政府党组成员工作分工的通知
丰政办发 [2020] 10 号　关于印发《丰台区 2020 年非本市户籍适龄儿童少年接受义务教育证明证件材料审核实施细则》的通知
丰政办发 [2020] 11 号　关于印发《丰台区 2019 年本市户籍无房家庭适龄儿童接受义务教育证明证件材料审核实施细则》的通知
丰政办发 [2020] 12 号　关于印发《丰台区进一步支持中小微企业应对疫情影响保持平稳发展若干措施（暂行）》的通知
丰政办发 [2020] 15 号　关于 9 处区级挂账火灾隐患销账的通知
丰政办发 [2020] 16 号　关于对存在突出、区域性火灾隐患单位实施挂牌督办的通知
丰政办发 [2020] 18 号　关于代区长副区长工作分工的通知

索 引

说 明

1. 本索引采取主题索引，主题词首按汉语拼音序排列，首字相同按第二字音序，其余类推。
2. 主题词后的数字表示该词及内容页码，a、b、c 字母在三栏文中分别表示左、中、右栏。
3. 大事记、人物与荣誉、统计资料、图片、附录等内容部分不作索引。

"1+4+N"监督格局 124b
"1+X"稳控机制 150b
"12 星座与二十四节气" 297b
"12345"接诉即办平台 150b
12368"吹哨报到"诉源治理平台 160c
2019 年度国家科技进步奖 306b
2019 增材制造全球创新应用大赛颁奖典礼 305b
2020 北京市民营企业百强榜单 307b
"2020 北京信息消费节" 297b
"2020 到北京丰台过大年活动" 332a
2020 国际高层建筑奖 177a
2020 年北京市丰台区"美丽丰台科普行"活动 297c
2020 年度城市备受关注商业新地标 177a
2020 年度激光加工行业——荣格技术创新奖 307a
2020 年丰台区级孵化机构专项政策解读培训 296b
2020 年"丰台区'千家商户亮诚信'——信用进商圈"活动 298b
2020 年丰台区"信用进社区"诚信宣传活动 298c
2020 年国家技术创新示范企业 308c
2020 年新增加的民营企业中小百强榜单 307b
2020 年中关村金种子企业项目路演 310b
"379"扶贫模式 109c
3D 打印专家院士工作站 305c
3D 打印专家院士工作站首席专家 305c
3D 影像互动与展示 337b
450nm—200W 蓝光半导体激光器 307a
5.12 防灾减灾日 174a

A

阿尔法公社 180a
爱国卫生运动 8b, 472c
"爱·快乐·意义"的中小学生网络夏令营专题活动 355b
"爱心羊"认购活动 147c
安康杯 138a
暗格藏烟 205a

B

"八个一律"标准 288c
"八黑"场所 494a
拔钉行动 160b
白盆窑健走步道 394c
百万亩造林工程 2b, 8b, 58b, 259b, 484b, 486b
百姓周末大舞台 331c
版权服务中心园区 338b
保安行业"清网"专项活动 154b
保障性住房 255b
北大附小丰台学校 348b
北京版权保护示范园区（基地） 338b
北京磁浮交通发展有限公司 304c, 307b
北京大地泰华会计师事务所 178a
北京当升材料科技股份有限公司 305a
北京地景设计艺术节 138a
北京电子控股有限责任公司 309b
北京冬奥会 2a, 30c
北京丰台 338c

北京丰台科技园建设发展有限公司 305b
“北京丰台”客户端 342a
《北京丰台年鉴（2020）》 345b, 345c
《北京丰台区志（1991—2010）》 345c
北京国家数字出版基地 338b
北京国卫星通科技有限公司 314a
北京海航金融控股有限公司 183c
北京华景时代文化传媒有限公司 338b
北京 IBI 创业训练营 35c
北京集成电路产业发展股权投资基金有限公司 184c
北京加中天使科技有限公司 306b
北京交通大学 304b, 309b
北京教育学院丰台分院实验学校 348b
北京京港地铁有限公司 309b
“北京竞技场”微信公众号 394a
北京菊花文化节志愿服务 141a
北京凯普林光电科技股份有限公司 307a
北京科创基金 304c
“北京冷链”平台注册 84c
北京丽泽城市航站楼投资发展有限公司 178c
北京丽泽天街 177a
北京六合伟业科技股份有限公司 307c, 308c
北京南宫农业科技园 297a
北京南站 290a
北京南站地区管理办公室 290a
北京全路通信信号研究设计院 304c
北京市版权保护示范单位 338b
北京市城市慢行交通品质提升工作方案 287c
北京市地铁运营有限公司 309b
北京市地铁运营有限公司技术创新研究院 304c
北京市第十二届“档案馆日” 345a
北京市定向越野赛 390b
北京市广播电视创新创优节目奖 341b
北京市基础设施投资有限公司 309b
北京市结构长城杯金奖 304c, 312c
北京市抗击新冠肺炎疫情表彰大会 102c
北京市科学技术奖励大会 307a
北京市科学技术一等奖 304c
北京市农业科技园区 297a
北京市青少年短道速滑锦标赛 394a
北京市青少年锦标赛 392c
北京市青少年垒球锦标赛 393a
北京市青少年射箭锦标赛 393a
北京市青少年 U 系列冠军赛 393a
北京市首贷普惠金融政策宣讲会 309a
北京市职业院校技能大赛教学能力比赛 372b
北京市中低速磁浮交通运营示范线 307b
北京市总部经济集聚区 304a
北京首创新城镇建设投资基金 184b
北京首科创融科技孵化器有限公司 305c
北京斯坦福科技孵化器有限公司 305c
北京四环科宝制药有限公司 307c
北京天拓四方科技有限公司 308c
北京文创市集 337c
北京协同创新轨道交通研究院 304c, 309b
北京旭阳科技有限公司 308c
北京瑶医医院 93a
北京英视睿达科技有限公司 308c
北京元六鸿远电子科技股份有限公司 314a
北京圆心科技有限公司 183c
北京值得买科技股份有限公司 307b
北京中关村轨道交通产业发展公司 304b
北京中航泰达环保科技股份有限公司 309a
北京中捷时代航空科技有限公司 314a
北师大实验中学丰台学校 348b
北水慧采（北京）科技有限公司 184a
毕马（中国）轨道交通研究院 304b
碧水保卫战 247b
滨水文化公园（一期）设计方案 180b
冰雪大篷车 395a, 396a
“不忘初心、牢记使命”主题教育 31a
《不同人群防护指导·漫画版》 367c

C

财经类高校课程思政联盟成立会议 361b
财政审计 193a
《草桥村变迁》 345b
拆违控违 271b
“产供销全链条”消费扶贫模式 113a
长江学者 360a
长辛店二七大罢工红色遗址群 330b
长辛店红色旅游资源手册 330b
长辛店街道 473a
长辛店街道社区居委会一览表 475a
长辛店镇 489b
长征五号 B 运载火箭 212c
唱片《骂曹》 370c
唱片《王瑶卿说戏》 370c
唱片《鱼肠剑》 370c
陈铎艺术创作室 342a

沉浸式互联展示平台 308b
陈留村公交站台候车亭 286b
成立增材制造中心 213a
城市安全风险评估 202a
城市道路交通文明畅通提升行动计划 288a
城市工作委员会 250a
城市微空间改造 475a
城市运行指挥体系 272b
“承者风范”武林万人争霸赛 390c
出租汽车承包金减免 286c
喘息服务 9a, 58c, 433c, 471c, 491b
“创青春”首都大学生创业大赛 364c
“创卫在行动” 340c
“创业丰台 2020”创新创业大赛 305c
吹哨报到 3b, 449c, 453a, 459b, 465c, 469b, 487c
《春华秋实》线上展播 368b
“春天送你一首歌”诗歌朗诵会 344a
春运安全运输保障 284b
纯电动出租汽车推广 286a
“从地球到宇宙”展板 297b
“从小学先锋 长大做先锋” 358a
村干部职务犯罪报告 158a
错峰延时办理服务 61a, 459b

D

打造“丰泽计划”人才品牌 35c
大红门街道 464a
大红门街道社区居委会一览表 466a
单身青年交友活动 141a
党的十九届五中全会 1b, 36c, 44a
“党课开讲啦”活动 360b
党员之家 130c
第 23 届北京·香港经济合作研讨洽谈会 311c
第 34 届卢沟桥醒狮越野跑 203c, 390c
第 40 届青少年科技创新大赛 143c
第 55 颗北斗卫星 213b
第八届北京国标舞大赛 344a
第八届北京国际风筝节 391a
第八届丰台惠民文化消费季 338a
第二次网信委工作会 38b
第二届中国铁路发展论坛 304b
第二批专精特新“小巨人”企业 307c
第二十一届中国专利奖 307c
第七次全国人口普查 196b
第七届“好记者讲好故事”活动 341c
第三届 3D 打印产业创新发展年度演讲 305b
第三届“创业北京”创业创新大赛丰台区决赛 305c
第三届农民丰收节 492b
第三届增材制造全球创新应用大赛 307a
第三届中国国际进口博览会 183a
第三届中国航天创新创业大赛决赛 304b, 306a
第三届中国医疗器械创新创业大赛 306a
第三轮城市南部地区发展行动计划 2b, 23a
第三批大众创业万众创新示范基地 304c
第十二届北京市大学生模拟法庭竞赛 364c
第十届新加坡国际舞蹈节 371a
第十届中国医疗设备行业数据发布大会 306c
第十六届全民终身学习活动周 372a
第十五届“舞动北京”群众广场舞蹈大赛 332c
第十一届“国戏杯” 370a
第十一届“优秀皮书奖” 360a
第四届京津冀校园足球夏令营邀请赛 393a
第四届中国戏曲文化周 338a
第五届欢乐冰雪季 395b, 395a
地铁 11 号线 181b
地铁 14 号线 181a
地铁 16 号线 181b
地铁 16 号线丰台站 92a
地铁 19 号线 258c
地铁丽泽商务区站 181a
地铁菜户营站 181a
地铁东管头南站 181b
地铁东管头站 181a
地铁房山线北延 258b
地铁红莲南里站 181b
地震活动 279b
电网规划 278b
电网运行 277c
电子居住证 426b
电子诉讼 163a
顶岗一日 42a, 59b, 78b, 447b
东方证券承销保荐有限公司北京分公司 180a
东高地街道 467a
东高地街道社区居委会一览表 470a
东海夺宝 337c
东铁匠营街道 455a
东铁匠营街道社区居委会一览表 457a
东兴基金管理有限公司 178a
动漫新媒体联合体 367c
动态清零 429b, 434a, 438b, 449c, 460a, 471a, 484b, 488b, 490c

对口协作 188a
对口支援 421b
多脑区血氧监测仪项目 306a

E

"e点知"无人值守设备 297b
儿童福利 417c

F

"法律进校园"普法宣传活动 158a
反恐宣传 153c
返校复课 92b, 92a
方庄地区 458a
方庄街道社区居委会一览表 461a
方庄文化"3+1"模式 460c
防范化解金融风险 156c, 157c
房屋租赁市场 255b
"放管服"改革 59c
非公党建 147b
非首都功能疏解 434a
分期复市 99c
"分小萌"垃圾分类示范引导站 138c
"丰采杯"全民健身双升（拖拉机）比赛 391b
"枫桥经验"新模式 63c
"丰青爱·心健康"精准帮扶项目 139a
丰台1+5融媒体扶贫矩阵 117a
《丰台报》 338c, 339a
丰台创新中心项目 304c
"丰台发布"抖音号 338c
丰台扶贫矩阵 339b
丰台轨道交通前沿研究联合基金项目 296c
丰台国有自然资源资产管理报告 251c
丰台航空航天创新中心 313a
《丰台记忆》 345a
丰台街道 429a
丰台街道社区居委会一览表 431a
"丰台涞源 携手同行"网络直播带货 339b
丰台区2020年小学生线上天文知识竞赛活动 297b
丰台区"城市大脑"——城市精细化管理大数据工程 299b
丰台区创建国家卫生区启动大会 384c
《丰台区档案馆馆藏京剧史料选萃》 345b
《丰台区档案整理实操图解》 344c
《丰台区地名志》 346c
丰台区第四届"青少杯"乒乓球团体比赛 392a
《丰台区非典型肺炎防治工作重要文件汇编》 344b
丰台区高层次人才引进暨支持高精尖产业发展政策宣讲会 310b
丰台区货车非法改装专项整治工作部署会 285b
丰台区机动车维修企业安全生产月 285a
丰台区"系好安全带、路上防意外"主题宣传活动 288a
丰台区建设国家服务业扩大开放综合示范区宣传推介会暨项目签约仪式 312a
丰台区老年开放大学 348c
丰台区青少年机器人线上竞赛 145a
丰台区首届知识产权推介周暨第十四届中国专利周 300b
丰台区书法美术摄影优秀作品展 343c
丰台区"水上平安交通 安全伴我成长"主题活动 285a
《丰台区体育场地普查报告》 390a
丰台区图书馆 331b
丰台区文化馆 331b
《丰台区文联深化改革工作方案》 342c
丰台区"一盔一带"安全守护行动 288a
《丰台区志（1991—2010）》 345b
《丰台区专利促进与保护管理方法（试行）》 300a
丰台十条 88c
丰台特色消费季活动 3a
丰台V科技 297c, 297b
丰台文创训练营 337c
丰台文化创意大赛 337b
丰台文化大讲堂 333a
丰台西站 291c
丰台辖区喷烤漆房标准化治理改造工作推进会 287a
丰台新十条 89c
《丰台新闻》 338c
"丰台邀您来做客"网络直播 340c
"丰台艺术家"微信公众号 342c
丰台园国际化发展专项资金政策论证会 309a
丰台运输管理分局 284a
丰台站改建工程 90c
"丰台·战'疫'" 339a
丰益110KV（千伏）输变电站 181b
丰泽计划 297a, 338b
丰职"智慧学堂" 371b
FIN-TALK论坛 182c
福利彩票 416c
扶贫助困 423c
服务贸易交易会 230a
富邦华一银行 182c
妇女代表联系制度 142b
妇女之家 142b
复工复产 483c, 490a, 492a

复学 92b

G

干部下沉 75c, 82a, 95a
高等学校成果转化和技术转移基地 296a
高考备考教学研讨会 352c
歌曲《守护》 350a
歌曲《我们相信》 330a
耕地保护 252a
工匠人才创新工作室 138a
公共卫生专员 387a
公益瑜伽网上互动课程 137b
共底贮箱 214c
共识教育实践教学基地 47b
怪村太平鼓 333b
关键小事 488a
光盘行动 3a, 33a, 37c, 42c, 62b, 430b, 434a, 451a
轨道交通 253c
轨道交通产业并购基金 304c
轨道交通智能化发展论坛 304b
轨道上的京津冀 11a
国际 LEED 金级认证 304c, 312b
国家安全教育日 45b
国家冰雪运动训练科研基地 395a
国家服务业扩大开放综合示范区 33c
国家卫生区 274b
国家义务教育质量监测 353c
国家知识产权局专利局专利审查协作北京中心 314b
国家制造业转型升级基金 304c
国庆丰台区群众游行分指挥部 344c
国网商用电动汽车投资有限责任公司 179c
国信优易数据股份有限公司 307c
国有企业办社会 204b
国有资本经营预算 189a

H

航天杰出青年奖 215a
航天科工惯性技术有限公司 308c, 314b
毫米波雷达传感器项目 306b
好差评 60a
核酸检测 96b
和义街道 470a
和义街道社区居委会一览表 473a
河长制 277a, 429c, 433b, 488c, 493a
Hicool 获奖项目 306b
Hicool 全球创业者大赛颁奖典礼 306b
海丰通航科技有限公司 314b
海格通信产业园 304c
海聚工程 360a
海鹰产业园 304c
“红绿蓝三三三”专项行动 349a
红色文化 37c, 43b
红外体温筛查系统 307c
“后疫情时代背景下的学校治理” 350b
湖南投资大厦 178c
互联网企业党建工作会 39a
“互联网 + 全民义务植树”基地 477b
“互联网 + 政务服务” 59c
花乡 485a
华电重工股份有限公司 308c
华能资本服务有限公司 184a
华为终端企业解决方案授权店 309c
华夏幸福创新中心 310b
《滑冰大课堂》活动 395a
《滑雪大课堂》活动 395a
汇亚大厦 182b
婚姻登记 416c
《货车消杀规范》 340b

I

IN(3D)NOVATION——3D 打印引领应用创新 305b

J

机动车维修行业网格化管理协调会 284b
基于磁流体动力学的宽频惯性基准技术项目 306b
纪录片《含苞待放》 368b
假口罩案 157b, 162b
监督执纪“四种形态” 4b
“健康丰台人”运动素质公开赛 390b
健康养老护理员 384b
“讲好中国故事”创意大赛 341b
交控科技股份有限公司 308c, 313c
交通综合治理行动计划 288a
郊野公园 264a
教育帮扶 112c
教育培训“云课堂” 46b
接诉即办 3b, 8b, 58b, 431a, 433c, 439a, 443a, 446c, 450b, 453a, 456a, 459b, 462c, 465c, 468c, 471c, 474b, 477c, 481a, 484c, 487c, 491a, 493c
结对帮扶 106c, 434b, 473c, 475c, 481c, 493a

金中都南街 181a
进口冷链食品追溯体系 199c
经济责任审计 193b
京津冀蓝皮书 360c
京剧《八蜡庙》 368b
京剧《八五花洞》 368b
京剧电影《六月雪》 368b
京剧电影《洛神》 368b
京剧电影《望江亭》 368b
京剧《独木关》 368b
京剧《贵妃醉酒》 332c
京剧《龙凤呈祥》 368c
京剧《卖水》 332c
京剧《清官册》 368a
京剧全本《罗成》 368c
京剧《全民战疫》 367b
京剧《锁五龙》 332c
京剧《悦来店·能仁寺》 368b
京侨空巢陪伴计划 147a
京投公司 304c,304b
“京戏云剧场” 340c
“京雄”职业院校学生技能大赛 371c
精准脱贫 2a
景区景点 233c
净土保卫战 247c
久译科技项目 308b
就业扶贫 111b
居民消费 422c

K

“抗疫群英谱”短视频 340a
科级干部选拔任用“1+3”制度 34c
科技三下乡科普宣传活动 297a
空气质量 438c
空中课堂 351c, 352a
口袋公园 430a
“快来看丰台”系列城市形象微视频 341a
昆仑湖（北京）科技公司 304b
昆曲《惊梦、寻梦、痴梦》 368c

L

垃圾处理 269c
垃圾分类 3a, 8b, 31c, 44b, 62b, 270a, 271c, 274a, 430b, 439c, 442a, 452b, 460b, 469c, 473a
垃圾分类代言人 341c
垃圾分类青年宣讲小分队 138c
垃圾分类“四个四” 474a
“垃圾分类我先行” 340c
《兰台小红工作记》 345a
蓝马甲 138b
蓝天保卫战 247a, 273c
劳模创新工作室 137b
老旧小区综合整治 3a, 9a, 11b, 460a
冷库管理规范 84c
冷链运输企业防疫管理 287b
丽金线 181b
丽泽 220KV（千伏）变电站 181b
丽泽城市航站楼 176b, 176a, 178c, 296c, 296a
丽泽金融商务区 2b, 11a, 32b, 176a
丽泽金融商务区城市运动休闲公园 180c
丽泽金融商务区市场所 181c
丽泽 SOHO 177b, 177a
丽泽云学堂 372c
联行网络科技有限公司 305a
“两委”换届选举 478a, 485c
“两新”党建 35b, 35a
亮证经营 97b
列车运行控制方法、装置、车载设备及列控系统 307c
列车自主运行智能控制铁路行业工程研究中心 309c
邻里驿站定制化标签 37b
零见面 8a, 38a, 58a, 59a, 438c
“零见面”审批 80c
留白增绿 58b, 462b, 464c, 477b, 484b, 488b, 493a
《流浪动物尸体消杀规范》 340b
柳村路 181a
六保 57a
六稳 57a
绿工组 288b
绿色出行守护 287c
卢沟桥传说 333b
卢沟桥街道 433a
卢沟桥街道社区居委会一览表 435a
卢沟桥乡 482a
卢沟桥乡再版村（社区）志 346a
“卢沟晓月”中秋文化活动 333c
《卢沟月》 343a

M

马家堡街道 449a
马家堡街道社区居委会一览表 451a

《马克思“科技—经济”思想及其发展研究》 359c
马子惠 394a
“迈向智慧教育新生态”微讲座 357a
慢行优先、公交优先、绿色优先 287c
“美丽丰警·百名标兵”品牌 152b
“美丽丰台科普行”主题式科普活动 297b
“美丽街巷我的家”宣传 37c
美丽乡村 8b
米粮屯高跷 333b
“妙笔生花看丰台” 337c
民生教育集团 180b
民营企业百强 148b
民营企业产权保护调解室 165c
民营企业科技创新百强 307b
民营企业社会责任百强榜单 307b
民营企业文化产业百强 307b
名家领读经典 370a
名校长（园长）工作室 350c
母婴关爱室 138b

N

拿火音乐 LAVA MUSIC 337c
纳税服务 192a
南宫飞象冰球俱乐部 395b
南宫自然艺术科普馆 297a
“南囿秋风”主题美术创作 343c
南苑—大红门地区 32c
南苑街道 462a
南苑街道社区居委会一览表 463a
南苑湿地森林公园 259c
南苑乡 486c
《你是我的眼》 341b
《牛羊肉大厅所有摊位物品现状》 340b
农村集体土地租赁房项目 493b
农村“两站两员” 289b

O

欧泰大厦 222b

P

棚户区 253c, 256b, 258b
批零分开模式 100c
平安幸福中心 182b
平安幸福中心“云端会客厅” 182b
《平凡英雄》MV 166a
普惠性民办幼儿园 349b
普惠性学前学位 348b

Q

七看干部 34b
“七巧板”模块化优质课程 371b
“七小”门店 466a
“七有”“五性” 3a, 5a, 5b, 10b, 41b, 57c, 430c, 474b, 493c
气候变化 248b
气候评价 280b
“千人千题”考试 60b
侨之家·怡海社区 146a
“亲”“清”新型政商关系 147a
清华大学 309b
青年工作联席会议 141b
青年讲师团 138b
青年抗疫宣讲团 138c
青年科技论文评选活动 144c
青少年法治教育实践基地 351a
青少年心理健康服务专题研讨会 355c
区级领导包片督导机制 75b
区委十二届十二次全会 33a
区委十二届十三次全会 33b
区委十二届十四次全会 33b
全国财经类高校课程思政建设研讨会 361b
全国抗击新冠肺炎疫情表彰大会 102b
全国科技工作者日活动 143c
全国科普日主场活动 143b
全国劳动模范 307b

R

“让孩子拥有自主人生”实践研讨会 356b
《让假期成为绝佳的成长期》 355a
《让土地长出真金白银》 339b
人才聚集 420a
人防管理“234”工作法 173a
人牙髓间充质干细胞注射液 364b
人员情绪识别系统 308b
认罪认罚从宽制度 157a
“融媒记者在疫线”专栏 339c
融通创新方向示范基地 304c
入境进京人员 82c, 83a

S

三个带头 39b

“三个一”服务 44c
三会两书 125b
三级监督体系建设 152c
“三级联控”工作体系 75c
三级消杀标准化体系 84b
三件大事 31b
“三金一定单”扶贫模式 108a
“三清三个一批”清查 153a
“三全”社区 431b, 478c, 481a, 487a, 489c
三全育人 358c, 361c
三峡资产管理有限公司 184c
“三下乡”集中示范活动 331c
三项监督 125a
三月三·耕心田——二王经典临创大展 368b
扫黑除恶 8b, 429b, 438b, 455a, 458b, 471a, 493c
扫黑除恶专项斗争 151a, 159c
森林公安大队 155a
山水学府生态校园 352c
山寨指路牌 269a
商标受理e服务 300b
商务区地铁接驳车 181c
上市挂牌 194a
社会保险基金预算 189a
社会工作队伍 419a
社会救助 416a
社区青年汇 138c
社区微直播 340c, 341a
社区新闻发声人 341c
审判辅助性事务跨域协作机制 162c
渗沥液处理厂二期工程 270c
生态修复 252c
失管小区专项治理 32b
诗朗诵“致敬最美逆行者” 372a
时代风帆楼宇餐饮联合团支部 140a
实景云党课 478a
石榴行动 146a
十四五规划 187a
十四五人防建设规划 172b
市场监管所 198b
世界公园GT卡丁车场 392a
视频警务大队 153c
“视线盲区，请勿靠近”盲区反光提示贴 289a
疏解非首都功能 2a
书香丰台 332c
“疏整促”专项行动 8a, 11b, 31c, 429b, 447c, 474c, 484b, 490c
《暑期中的亲子沟通》 355a
数字货币 195c
数字金融科技示范园 176b, 179b
数字经济&服务业开放高地与信用经济创新动能 311c
首都交警车控大数据研判平台 288b
首科大厦文化产业园区 338b
双报到 59b, 443b, 459c, 465c, 485b
双清零 81a
双人舞《艺·境》 371a
双万计划 365a
水环境治理 277a
水生态建设 277a
水土保持 276c
水资源 275c
“税邮微服务”微信小程序 292b
税源管控 192a
四方责任 40a, 57a, 125c, 469b, 487a, 491c
“四访”工作机制 433a
四个服务 31b
四个纳入 39b
“四个一批”人才工程 360a
“四个中心”功能建设 31c
四就近 44c
四有三选配 473b
四种形态 125b, 447a, 483a, 485c

T

太平桥街道 438a
太平桥街道社区居委会一览表 440a
特大城市经济社会发展研究院 360c
特殊教育 373c
天佑中华爱无限 367b
通号城市轨道交通技术有限公司 308c
通用技术高新材料集团 304b
桶前值守 3a, 42c, 139b, 434a
脱贫攻坚战 9a, 187c
驼峰计划 359a
驼铃计划 359a
驼韵师话 361a

W

宛平城地区 477a
宛平街道社区居委会一览表 479a
宛平“实景云党课” 341b
万企帮万村 106b, 118a, 486a

万泉 110KV（千伏）变电站 181b
王佐镇 491c
“网上看花灯”公益行动 341a
网上元宵灯会闪亮丰台 341a
威立雅（中国）环境服务有限公司北京分公司 180a
危险化学品 202c
危险驾驶案 155b
微信“云宣讲” 489b
文化服务到农家 332a
文化和自然遗产日 333a
“文化四进”工程 332c
《我们一定能战胜疫情》 340b
我在扎赉特有一亩田 115b
无障碍设施 60c, 439a, 489a
“五个全面”工作法 492a
“五个智慧” 384a
五看班子 34b
五清 491a
“五新”建设 30c
舞蹈《我想对你说》 344a

X

西罗园街道 452a
西罗园街道社区居委会一览表 454a
西罗园特色文化街区 337c
西铁营花钹挎鼓 333b
西站南路 181a
戏歌《沁园春·青囊英豪》 367b
戏聚北京 332c
戏曲双进工程 369c
“嬉戏”亲子剧场 337c
夏家胡同公租房 182a
线上丰台区公民科学素质大赛 143b
线上教育 348b
“乡里乡亲 扶贫同心”扶贫平台 339b
消防服务 282b
消费扶贫 113a
“小手拉大手·垃圾分类从我做起” 351a
“小手拉大手·垃圾分类你我同行”主题教育活动 349a
小 V 蜂志愿者 141a
小巷管家 462b
小小社区新闻发声人 341c
小学生水上交通安全教育读本 285a
谢氏砭石疗法 333b
新保投资管理有限公司 179b
新村街道 441a
新村街道社区居委会一览表 444a
新村街道综合文化中心 331a
新发地便民菜市场 99a
新发地批发市场聚集性疫情 1b, 7a, 37a, 94b, 434c, 485c
新发地市场封闭管理 94c
新发地市场复商复市 32c
新发地市场临时交易区 97c
新型冠状病毒（2019-nCoV）抗原检测试剂盒（乳胶法） 86c
新冠肺炎患者治愈出院 81a
新冠肺炎疫情防控工作领导小组会 76a
新机场线北延 181b
新三板精选层设立暨首批企业晋层仪式 309a
“新时代背景下幼儿园美育质量提升”论坛 354a
新馨向荣——中国戏曲文化创意设计展 369a
新型多温区 SCR 脱硝催化剂与低能耗脱硝技术及应用 306b
新型冠状病毒肺炎 386c
新中国戏曲教育 70 年学术研讨会 369c
信用北京暨第六届信用中关村高峰论坛 311c
“信用交通 驾培先行”主题宣传活动 285c
星火工程 331c
行政应诉 151b
《蓄势待发 乘风破浪》文集 350c
学校班主任工作坊 357a
雪亮工程 150c, 153c, 446a, 458c, 471a

Y

延期开学 78c
延时服务 452c
央企商业保理子公司 194c
养老服务 417a
冶金自动化研究设计院 301a
一案四查 125b
一办六组 472c
一窗办理 452c
一大一网 205a
一区三园 304a
“一区一品”家庭定向越野 391c, 392a
“一起跳”广场健身操舞大赛 390c, 392a
“一微克”行动 11b, 32a, 430a, 446b, 491a
一刻钟便民服务圈 433b, 446c, 459a
医疗帮扶 112c
医疗设备售后服务体系提升及持续发展线上高峰论坛 306c
依法行政 151a
依文集团 85c, 163c

“一站式”服务 430c
“一站式”民警维权平台 153a
一重集团融创科技发展公司 304b
疫情防控 1a, 7a, 31b, 32b, 35b, 57a, 59a, 62a, 75a, 431c, 434c, 439b, 447b, 450c, 453b, 456b, 460a, 463a, 465c, 469a, 472a, 474c, 478b, 481b, 482a, 485c, 485b, 487a, 492a
《疫情防控 我们必胜》 340a
谊安医疗系统股份有限公司 305a
约谈易到用车平台 284a
银行业信贷资产登记流转中心 183b
银税互动 190b
优秀广播电视新闻作品奖 341b
“有事您说话”专栏 339a
右安门街道 446a
右安门街道社区居委会一览表 447a
语言翻译志愿服务队 139a
预约式标准化核酸检测采样点 98c
豫剧《打不赢这一仗不把家还》 367b
原创歌曲《丽泽小苗》 164c
“圆梦礼包”青少年帮扶行动 141a
“月说新案”新闻通报会机制 164b
云端上的宣讲团 1a
云岗街道 480a
云岗街道社区居委会一览表 481a
“云朗读”线上公益活动 342b
“云朗读”音频 341b
“云”培训 110c
云调解 163b
云瞳 288b
云宣讲 36c
“运政小助手”小程序 286a

Z

灾害性天气 280c
战时机制 94c
“战疫有我 丰台在行动”短视频 339c
招商服务 229c
政策性住房 254a
政府性基金预算 188c
政府债务 189a
政务服务 225c
知产 e 客厅 299c
职工互助 137c
职工技协杯 138a
职工暖心驿站 138a
职业教育活动周 372a
《执子之手 与子偕老 相期美满 相守幸福》连体明信片 292c
“志愿北京”平台 139c
“治堵大家谈”节目 284c
“智慧家医” 3a, 43c, 384a, 386a, 491c
“智慧家医”工作室 155a
智慧社区 153c, 426a
智慧卫生 385c
智能基座 366a
智能职工之家 138a
中车集团 304c
中车装备转型升级基金 304c
中低速磁浮交通系统关键技术及应用 307b
中幡（双庙） 333b
中关村发展集团 304b
中关村丰台园 2b, 11a, 32c
中关村丰台园轨道交通产业创新发展行动计划 304b
中关村航空航天特色园区 304c
中关村科技园区丰台园 304a
中关村科技园区丰台园 3D 打印数字维创中心 305b
中关村科技园区丰台园欧盟软着陆平台 305c
中关村科技园区丰台园增材制造共享中心 305c
中关村论坛技术交易大会 310c
中国城市轨道交通运行控制系统研究与产业化中心 313a
“中国大学 MOOC”平台 359b
中国东方资产管理股份有限公司北京市分公司 183c
中国广电网络股份有限公司 178a
中国国际服务贸易交易会 182c, 304b
中国航天基金会 304b
中国华电科工集团 304c, 306b
《中国家庭报》 367c
《中国梦・时代颂》 339b
中国农业银行北京丰台支行财智私行活动 183b
中国农业再保险股份有限公司 179a
中国融资担保业协会 180b
中国商业地产创新大会 177a
中国铁道科学研究院 304b
中国铁道科学研究院集团有限公司 309b
中国铁道学会 304b
中国铁路工程集团有限公司 314c
中国铁路通信信号集团有限公司 314c
中国中铁 304c
中国铁物大厦 178a
中国戏曲文化周 3b, 37c, 37a
中国戏曲学院建校 70 周年守正创新大会 369b

中国医疗设备优秀民族品牌奖 306c
中国宇航学会 304b
中国证券金融股份有限公司 183b
中国专利奖银奖 307c
中华联合财产保险股份有限公司 178b
中化环境控股有限公司 308c
中核商业保理有限公司 179c, 183b
中加创新创业合作论坛 306b
中建材信息技术股份有限公司 313c
中铁印尼雅万高铁项目 306c
中小学生涯教育基地校 357c
“中心＋驿站”模式 482c
中学生涯主题班会实践现场会 356c
中央环保督察 2b, 33a, 124c, 471b, 486b, 488c
中央媒体＋区级融媒体中心 PGC 合作 339c
中央生态环保督察在北京 339a
重点工程开复工 90a
周末场演出 331c, 332b
周末卫生大扫除 3a, 465a
周末卫生日 384a, 488c
“助残脱贫决胜小康” 340c
注册公园 263a
转型发展 220c
紫光集团有限公司 309b
“紫禁杯”优秀班主任工作室 357b
自然生态建设 248c
《最是人间好时节》中秋网络视听朗诵会 342a